損失補償法
コンメンタール

西埜 章

keiso shobo

はしがき

　本書は,「損失補償法」のコンメンタールである.損失補償法という統一的法典があるわけではないから,本書の書名に違和感を抱かれる方が多いかもしれない.本書においては,土地収用法をはじめとして,損失補償について規定している個別実定法の法条をまとめて「損失補償法」と総称している.

　本書は,「損失補償法総論」と「損失補償法各論」の2部構成となっている.「総論」では損失補償の一般理論(損失補償の概念,実定損失補償の体系,損失補償の根拠,損失補償の要否,損失補償の内容,事業損失補償,付随的損失の補償,損失補償の支払い)について考察し,「各論」では,損失補償を規定している主要な法条を10の行政領域(土地収用法関係,都市計画法関係,農地法関係,自然環境保全法関係,空港騒音防止法関係,自衛隊・駐留アメリカ合衆国軍隊法関係,文化財保護法関係,災害防止法関係,伝染病予防法関係,国有財産法・地方自治法関係)に分けて,個別的に補償の性質,補償の要否,補償の内容,補償の手続等について考察している.損失補償法に関する文献は数多いが,「総論」と「各論」を連携させながら,その両者をまとめて考察するという試みは,これまでほとんどなされてこなかった.そのような中で,これに近い考え方に立って企画されているのは,西村宏一＝幾代通＝園部逸夫編『国家補償法大系第4巻〔損失補償法の課題〕』(日本評論社,1987年)である.同書は,「損失補償実体法総説」「損失補償手続法総説」「損失補償法の個別的問題」に分けて考察している.前二者は「損失補償法総論」に相当し,後一者は「損失補償法各論」に相当するものである.ただ,同書は,「総論」の部分は簡潔であり,また,多数の論者による分担執筆になっているため,総論と各論の連携はあまり意識されていないようである.本書では,「各論」の前に「総論」を配置し,また,関連問題や関連事項について,「前述○○頁」「後述○○頁」とクロスレファレンスを付して該当頁数を記することなどによって,「総論」と「各論」を融合させ,少しでも多角的な検討が可能となるように配慮している.

　コンメンタールとはいっても,その定義は必ずしも明確ではない.一般に「注釈書」と呼ばれているものがこれに相当する.コンメンタールの役割は,

はしがき

個別的規範に即して,その意義を明らかにし,関連する解釈問題についての解決を示し,実務の運用指針についてその在るべき形を提示することにある(『コンメンタール民事訴訟法Ⅰ〔第2版〕』(日本評論社)の「はしがき」参照).しかし,損失補償法の分野においては,個別実定法における損失補償規定の解釈は,いくつかの実定法を除いて,大半が行政実務家の解釈に委ねられており,これまで研究者による解釈指針はあまり提示されてこなかった.本書もまた,「各論」では行政実務家の執筆した文献を整理しただけであり,残念ながら行政実務をリードできるような水準にはなっていない.その主たる理由は,損失補償についての行政実態を把握していないことによるものである.多くの個別実定法においては,現実に損失補償がなされた事例があるのかどうか,あるとすればどのくらいあるのか,その補償額はどのくらいであるのか,などについては極めて不分明である.今後は,「各論」における個別実定法ごとの損失補償の実態を正確に把握した上で,帰納的に「総論」を再検討する必要がある.このことは以前から指摘されていたところであるが,未だに行われていない.

損失補償法の文献は,その多くが「総論」に関するものである.「各論」に関するものは極めて少ない.また,「各論」に関しても,土地収用法や土地区画整理法等の若干のものを除けば,その文献は,行政実務家による個別実定法の『逐条解説書』であり,その中で損失補償の該当条文について簡単に解説されているにすぎず,損失補償の実態については,ほとんど触れられていない.行政実務家の関心は,行政運営に置かれていて,損失補償には置かれていないように見受けられる.損失補償の重要性を考えれば,損失補償の実態を積極的に公表し,検証の資料として提示してもらいたいものである.

「総論」に関する文献が多いのに比して,「各論」に関する文献が少ないことの理由は,研究者には研究課題が山積していて,そこまで手をのばす時間的余裕がないこと,土地収用法や土地区画整理法等の若干の個別実定法を除けば,損失補償について論争されることは稀であること,国家賠償訴訟に比して損失補償訴訟の判例が少ないこと,したがって,それに対して研究関心が向くことがほとんどないこと,などにあるのではないかと思われる.しかし,このような状況は,やむをえないこととして放置されるべきではない.個別実定法における損失補償(損害補償)の規定は,政策上の補償は別にして,憲法29条3項や14条1項等の趣旨を具体化したものであり,被収用者等の被る損失(損害)の補償にとって非常に重要な役割を担っている.

はしがき

　本書を貫流する理念は，完全補償の原則，公負担平等の原則，正義・公平の原則である．簡潔にしか述べていないので，その理念が随所に表現されているというわけではないが，背後にあるものとして読んでいただきたいと思う．

　本書は，読者層としては，主として，国・地方公共団体等の用地担当職員や不動産鑑定士を念頭に置いている．いずれの方も，いわば実務家として，日頃から損失補償の諸問題に接しておられるが，多忙のために，理論的な検討をする時間的余裕がないことが多いのではないかと思われる．国民生活の質的な向上のためには，自然環境や生物多様性の保全等に配慮しながら，公共事業を適切に進めることが必要であるから，土地の収用・買収や公共事業の実施に当たられる職員に課された任務は，一段と重要性を増してきている．この任務を果たすためには，損失補償法の「総論」にも目を向けながら，実務の処理を再検討する機会を持つことが肝要であろう．

　前述したように，国家賠償訴訟に比して，損失補償訴訟が格段に少ないため，弁護士が損失補償訴訟を扱う機会はそれほど多くはない．それでも，工夫次第では，国家賠償訴訟のほかに損失補償訴訟を提起して争うこともできないではないから，国民の権利・利益の擁護のためには，損失補償法の「総論」「各論」に精通しておくことも必要であろう．とりわけ，「各論」の領域では，行政実務家の主導になっているので，弁護士としての視点から改めて検証してもらいたいものである．

　本書の執筆に当たり，多くの著書・論文・判例評釈等を参照させていただいた．文献参照についてお礼を申し上げるとともに，的はずれの批判をしたり，思わぬ誤解をしている箇所については，ご宥恕をお願いする．また，「各論」についての文献渉猟については，時間的制約もあって十分とはいえないので，文献情報等についてご教示いただければ幸いである．

　本書の刊行については，勁草書房の井村寿人社長と同社の竹田康夫編集部部長にお世話になった．本書を『国家賠償法コンメンタール』の姉妹編として刊行することができたのは，ひとえにお二人のご高配によるものである．記して深謝の意を表する次第である．

2018 年 6 月 30 日

　　　　　　　　　新潟は威徳寺に咲く沙羅双樹の白い花を愛でつつ

　　　　　　　　　　　　　　　　　　　　　　　西　埜　　章

目　次

はしがき

凡例

第 1 部　損失補償法総論

第 1 章　損失補償の概念 …………………………………………… 3
　第 1 節　概　説　(3)
　第 2 節　伝統的な損失補償概念とその拡張動向　(11)
　第 3 節　損失補償の外延　(18)
　第 4 節　任意買収と損失補償　(27)
　第 5 節　実定法上の損失補償概念　(30)

第 2 章　実定損失補償法の体系 …………………………………… 33
　第 1 節　概　説　(33)
　第 2 節　損失補償と損害補償　(33)
　第 3 節　財産権の剝奪・使用・制限等　(38)
　第 4 節　事業損失補償　(40)
　第 5 節　生活権補償　(41)
　第 6 節　付随的損失の補償　(43)
　第 7 節　土地の買取請求・買取り・買入れ　(43)

第 3 章　損失補償の根拠 …………………………………………… 47
　第 1 節　概　説　(47)
　第 2 節　合理的根拠　(48)
　第 3 節　法律上の根拠　(51)

目　次

　　第4節　憲法上の根拠　(53)
　　第5節　損失補償基準要綱等　(57)

第4章　損失補償の要否 …………………………………… 61
　第1節　概　説　(61)
　第2節　財産権の剥奪と損失補償の要否　(62)
　第3節　財産権の制限と損失補償の要否　(65)

第5章　損失補償の内容 …………………………………… 97
　第1節　概　説　(97)
　第2節　財産権の剥奪と正当な補償　(98)
　第3節　損失補償の具体的内容　(104)
　第4節　財産権補償　(108)
　第5節　生活権補償　(110)
　第6節　精神的損失補償　(126)
　第7節　事業損失補償　(140)
　第8節　財産権の制限と正当な補償　(141)

第6章　事業損失補償 ……………………………………… 147
　第1節　概　説　(147)
　第2節　事業損失の概念と種別　(147)
　　第1款　事業損失の概念　(147)
　　第2款　事業損失の種別　(165)
　第3節　事業損失補償の要否　(168)
　第4節　事業損失補償の法的根拠　(172)
　第5節　事業損失補償の法的性質　(176)
　第6節　補償額の算定　(182)
　第7節　その他の事業損失補償　(185)

目 次

第 7 章　付随的損失の補償 ……………………………………………… 189
　第 1 節　付随的損失の概念と種別　(189)
　第 2 節　付随的損失補償の必要性　(194)
　第 3 節　付随的損失補償の対象　(196)

第 8 章　損失補償の支払い ………………………………………………… 199
　第 1 節　支払時期　(199)
　第 2 節　個別払いの原則　(205)
　第 3 節　支払いの方法　(205)

第 2 部　損失補償法各論

第 1 章　概　説 ……………………………………………………………… 209
　第 1 節　実定損失補償法の類型　(209)
　第 2 節　第 1 部「損失補償法総論」との関係　(210)
　第 3 節　損失補償の実態　(216)
　第 4 節　「各論」の文献の偏在　(217)

第 2 章　土地収用法関係 …………………………………………………… 219
　第 1 節　概　説　(219)
　第 2 節　土地収用法　(219)
　　第 1 款　概　説 (219)
　　第 2 款　損失補償の義務者・権利者 (211)
　　第 3 款　個別払いの原則 (224)
　　第 4 款　損失補償の方法 (228)
　　第 5 款　事業認定時価格固定主義（その 1）(231)
　　第 6 款　事業認定時価格固定主義（その 2）(242)
　　第 7 款　明渡裁決時価格算定主義 (248)
　　第 8 款　残地補償 (249)

vii

目　次

　　　第 9 款　物件移転料補償等（275）
　　　第10款　原状回復困難な土地使用の補償等（301）
　　　第11款　現物補償（307）
　　　第12款　請求・要求の方法（329）
　　　第13款　通常受ける損失の補償（331）
　　　第14款　細目政令（368）
　　　第15款　損失補償の制限（370）
　　　第16款　起業利益との相殺の禁止（373）
　　　第17款　補償請求者に関する特例（380）
　　　第18款　加算金・過怠金（381）
　　　第19款　測量，事業の廃止等による損失の補償（386）
　　　第20款　損失補償の裁決手続（402）
　　　第21款　緊急に施行する必要がある事業等のための土地の使用（407）
　　　第22款　生活再建措置（409）
　　　第23款　審査請求（413）
　　　第24款　訴　訟（418）
　　　第25款　執行不停止（444）
　　第3節　公共用地の取得に関する特別措置法　（445）
　　　第1款　概　説（445）
　　　第2款　損失補償（447）

第3章　都市計画法関係 ……………………………………… 455
　　第1節　概　説　（455）
　　第2節　都市計画法　（456）
　　　第1款　概　説（456）
　　　第2款　土地立入り等に伴う損失の補償（462）
　　　第3款　計画変更に伴う損失の補償（465）
　　　第4款　土地の買取請求・買取り（469）
　　　第5款　生活再建措置（475）

目　次

　　第 3 節　景観法　（477）
　　　第 1 款　概　説（477）
　　　第 2 款　現状変更の規制による損失の補償（481）
　　　第 3 款　形態意匠の制限による損失の補償（484）
　　第 4 節　都市再開発法　（488）
　　　第 1 款　概　説（488）
　　　第 2 款　土地の買取り（492）
　　　第 3 款　土地の立入り等に伴う損失の補償（494）
　　　第 4 款　91 条補償（497）
　　　第 5 款　97 条補償（501）
　　　第 6 款　清算等（504）
　　　第 7 款　建築施設の部分による対償の給付（508）
　　第 5 節　土地区画整理法　（511）
　　　第 1 款　概　説（511）
　　　第 2 款　土地の立入り等に伴う損失の補償（521）
　　　第 3 款　建築物等の移転・除却に伴う損失の補償（524）
　　　第 4 款　仮換地の指定等に伴う損失の補償（534）
　　　第 5 款　減価補償金・清算金（539）
　　第 6 節　都市緑地法　（560）
　　　第 1 款　概　説（560）
　　　第 2 款　標識の設置等に伴う損失の補償（565）
　　　第 3 款　行為制限に伴う損失の補償（568）
　　　第 4 款　土地の買入れ（573）
　　第 7 節　都市公園法　（576）
　　　第 1 款　概　説（576）
　　　第 2 款　監督処分に伴う損失の補償（581）

第 4 章　農地法関係 ……………………………………………… 591
　　第 1 節　概　説　（591）

ix

目　次

　　第 2 節　農地法　（591）

　　　第 1 款　概　説（591）

　　　第 2 款　農地の買収の対価（594）

　　　第 3 款　立入調査に伴う損失の補償（597）

　　第 3 節　土地改良法　（599）

　　　第 1 款　概　説（599）

　　　第 2 款　換地を定めない場合等の清算・仮清算（605）

　　　第 3 款　一時利用地の指定等に伴う損失の補償（607）

　　　第 4 款　交換分合の清算金（612）

　　　第 5 款　測量・検査等による損失の補償（614）

　　　第 6 款　障害物の移転等による損失の補償（617）

　　　第 7 款　土地改良事業による損失の補償（618）

第 5 章　自然環境保全法関係 …………………………………… 623

　　第 1 節　概　説　（623）

　　第 2 節　自然環境保全法　（624）

　　　第 1 款　概　説（624）

　　　第 2 款　自然環境保全地域内の行為制限等による損失の補償（632）

　　　第 3 款　訴えの提起（637）

　　　第 4 款　都道府県自然環境保全地域内の行為制限等による損失の補償（638）

　　第 3 節　自然公園法　（641）

　　　第 1 款　概　説（641）

　　　第 2 款　国立公園・国定公園内の行為制限等による損失の補償（648）

　　　第 3 款　訴えの提起（675）

　　　第 4 款　都道府県立自然公園内の行為制限等による損失の補償（677）

　　第 4 節　森林法　（679）

　　　第 1 款　概　説（679）

　　　第 2 款　保安林の指定による損失の補償（687）

　　　第 3 款　保安施設地区における受忍義務に伴う損失の補償（694）

第4款　土地の収用・使用によって受ける損失の補償（695）
　　第5款　立入調査等に伴う損失の補償（699）
　第5節　鳥獣保護管理法　（702）
　　第1款　概　説（702）
　　第2款　鳥獣保護区等における行為制限等による損失の補償（706）
　第6節　種の保存法　　（708）
　　第1款　概　説（708）
　　第2款　管理地区等における行為制限等による損失の補償（713）

第6章　空港騒音防止法関係 …………………………………………… 717
　第1節　概　説　（717）
　第2節　航空機騒音防止法　（718）
　　第1款　概　説（718）
　　第2款　移転の補償・土地の買入れ（722）
　　第3款　農業等の経営上の損失の補償（726）
　　第4款　成田国際空港・大阪国際空港に係る損失補償（729）
　第3節　特定空港周辺特別措置法　（731）
　　第1款　概　説（731）
　　第2款　建築の制限等による損失の補償（734）
　　第3款　土地の買入れ（736）
　　第4款　移転の補償・土地の買入れ（738）

第7章　自衛隊・駐留アメリカ合衆国軍隊法関係 …………………… 743
　第1節　概　説　（743）
　第2節　自衛隊法　（744）
　　第1款　概　説（744）
　　第2款　防衛出動時における物資の収用等（746）
　　第3款　展開予定地域内の土地の使用等（750）
　　第4款　訓練のための漁船の操業の制限または禁止による損失の補償（752）

目　次

　第3節　周辺整備法　（755）

　　第1款　概　説（755）

　　第2款　移転の補償・土地の買入れ（758）

　　第3款　農業・林業・漁業等の経営上の損失の補償（761）

　第4節　米軍特別損失補償法　（765）

　　第1款　概　説（765）

　　第2款　損失の補償（765）

　第5節　米軍漁船操業制限法　（769）

　　第1款　概　説（769）

　　第2款　損失の補償（770）

第8章　文化財保護法関係 ……………………………………… 775

　第1節　概　説　（775）

　第2節　文化財保護法　（776）

　　第1款　概　説（776）

　　第2款　国宝の修理等による損失の補償（788）

　　第3款　重要文化財の現状変更等の制限による損失の補償（791）

　　第4款　重要文化財の公開による損失の補償（794）

　　第5款　埋蔵文化財の現状変更行為の制限等による損失の補償（798）

　　第6款　史跡名勝天然記念物の現状変更の制限等による損失の補償（809）

　　第7款　史跡名勝天然記念物の保存のための行為制限等による損失の補償（815）

　第3節　古都保存法　（818）

　　第1款　概　説（818）

　　第2款　特別保存地区内における行為制限による損失の補償（821）

　　第3款　特別保存地区内の土地の買入れ（825）

第9章　災害防止法関係 …………………………………………… 829

　第1節　概　説　（829）

目　次

第2節　災害対策基本法　(830)
第1款　概　説 (830)
第2款　応急公用負担等による損失の補償 (839)
第3款　応急措置業務従事者に対する損害補償 (845)

第3節　消防法　(849)
第1款　概　説 (849)
第2款　防火対象物の改修・使用禁止等による損失の補償 (854)
第3款　破壊消防による損失の補償 (858)
第4款　消防従事者の災害補償 (865)

第4節　水防法　(870)
第1款　概　説 (870)
第2款　応急公用負担による損失の補償 (873)
第3款　公務災害補償 (876)
第4款　水防従事者に対する災害補償 (880)

第5節　河川法　(883)
第1款　概　説 (883)
第2款　工事の施行に伴う損失の補償 (890)
第3款　洪水時等における緊急措置に伴う損失の補償 (895)
第4款　高規格堤防における原状回復措置等による損失の補償 (899)
第5款　水利使用の許可等に係る損失の補償 (902)
第6款　河川予定地における行為制限に伴う損失の補償 (906)
第7款　河川予定立体区域における行為制限に伴う損失の補償 (908)
第8款　監督処分に伴う損失の補償 (910)
第9款　立入り等に伴う損失の補償 (916)

第6節　砂防法　(919)
第1款　概　説 (919)
第2款　公用負担に伴う損失の補償 (921)
第3款　立入り等に伴う損失の補償 (923)
第4款　補償金額に関する訴訟 (925)

目　次

第7節　海岸法　(926)
　第1款　概　説 (926)
　第2款　監督処分に伴う損失の補償 (929)
　第3款　海岸保全施設の新設または改良に伴う損失の補償 (933)
　第4款　他の管理者の管理する操作施設に関する監督に伴う損失の補償 (936)
　第5款　漁業権の取消し等に伴う損失の補償 (938)
　第6款　災害時における緊急措置に伴う損失の補償 (941)

第8節　道路法　(945)
　第1款　概　説 (945)
　第2款　非常災害時における土地の一時使用等に伴う損失の補償 (948)
　第3款　道路の新設または改廃に伴う損失の補償 (951)
　第4款　監督処分に伴う損失の補償 (960)
　第5款　道路予定区域内の行為制限による損失の補償 (963)

第9節　その他の災害防止法　(966)
　第1款　概　説 (966)
　第2款　土地の立入り等に伴う損失の補償 (966)
　第3款　みぞかき補償 (970)
　第4款　地すべり等防止法上の監督処分 (972)

第10章　伝染病予防法関係 …………………………………… 975

第1節　概　説　(975)

第2節　家畜伝染病予防法　(978)
　第1款　概　説 (978)
　第2款　手当金の交付 (981)
　第3款　指定家畜に係る補償金等 (987)

第3節　狂犬病予防法　(990)
　第1款　概　説 (990)
　第2款　損害の補償 (992)

第4節　植物防疫法　(995)

第 1 款　概　説（995）

　　　第 2 款　防除による損失の補償（999）

第 11 章　国有財産法・地方自治法関係 ……………………………… 1003

　第 1 節　概　説　（1003）

　第 2 節　国有財産法　（1004）

　　　第 1 款　概　説（1004）

　　　第 2 款　普通財産の貸付契約の解除に伴う損失の補償（1005）

　　　第 3 款　土地の立入りに伴う損失の補償（1009）

　第 3 節　地方自治法　（1011）

　　　第 1 款　概　説（1011）

　　　第 2 款　普通財産の貸付契約の解除に伴う損失の補償（1012）

事項索引 ………………………………………………………………… 1031

判例索引 ………………………………………………………………… 1045

裁決例索引 ……………………………………………………………… 1052

凡　例

〔文献略語〕

秋山・国家補償法	秋山義昭『国家補償法』（ぎょうせい，1985年）
阿部・国家補償法	阿部泰隆『国家補償法』（有斐閣，1988年）
阿部・解釈学 II	阿部泰隆『行政法解釈学 II』（有斐閣，2009年）
阿部・再入門下	阿部泰隆『行政法再入門（下）〔第2版〕』（信山社，2016年）
今村・国家補償法	今村成和『国家補償法』（有斐閣，1957年）
今村・制度研究	今村成和『損失補償制度の研究』（有斐閣，1968年）
今村・入門	今村成和著・畠山武道補訂『行政法入門〔第9版〕』（有斐閣，2012年）
今村・人権叢説	今村成和『人権叢説』（有斐閣，1980年）
宇賀・国家補償法	宇賀克也『国家補償法』（有斐閣，1997年）
宇賀・行政法概説 II	宇賀克也『行政法概説 II 行政救済法〔第6版〕』（有斐閣，2018年）
碓井・都市行政法精義 I	碓井光明『都市行政法精義 I』（信山社，2013年）
海老原＝廣瀬・買収と補償	海老原彰＝廣瀬千晃『公共事業のための用地買収と損失補償』（プログレス，2003年）
遠藤・計画行政法	遠藤博也『計画行政法』（学陽書房，1976年）
遠藤・スケッチ	遠藤博也『行政法スケッチ』（有斐閣，1987年）
遠藤・実定行政法	遠藤博也『実定行政法』（有斐閣，1989年）
遠藤・行政救済法	遠藤博也『行政救済法』（信山社，2011年）
雄川・法理	雄川一郎『行政の法理』（有斐閣，1986年）
小澤・収用法上，下	小澤道一『逐条解説土地収用法（上）（下）〔第3次改訂版〕』（ぎょうせい，2012年）
兼子・行政法学	兼子仁『行政法学』（岩波書店，1997年）
小高・収用法	小高剛『土地収用法』（第一法規，1980年）
小高・行政法各論	小高剛『行政法各論』（有斐閣，1984年）
小高・買収と補償	小高剛『くらしの相談室・用地買収と補償〔第4版〕』（有

凡　例

	斐閣，2003 年）
小高編・理論と実際	小高剛編『損失補償の理論と実際』（住宅新報社，1997 年）
小高・研究	小高剛『損失補償研究』（成文堂，2000 年）
佐久間・用地買収	佐久間晟『用地買収の理論と実践』（プログレス，2004 年）
塩野・行政法 II	塩野宏『行政法 II 行政救済法〔第 5 版補訂版〕』（有斐閣，2013 年）
芝池・救済法講義	芝池義一『行政救済法講義〔第 3 版〕』（有斐閣，2006 年）
芝池・読本	芝池義一『行政法読本〔第 4 版〕』（有斐閣，2016 年）
下山・国家補償法	下山瑛二『国家補償法』（筑摩書房，1973 年）
杉村・講義	杉村敏正『全訂行政法講義総論（上巻）』（有斐閣，1981 年）
杉村編・救済法②	杉村敏正編『行政救済法 (2)』（有斐閣，1991 年）
鈴木＝高原・収用法 50 講	鈴木禄弥＝高原賢治編『土地収用法 50 講』（有斐閣，1973 年）
全国建設研修センター・用地取得と補償	全国建設研修センター編『用地取得と補償〔新訂 9 版〕』（全国建設研修センター，2016 年）
園部編・法律相談	園部逸夫編『都市計画・区画整理・収用の法律相談〔第 4 版〕』（有斐閣，1996 年）
高田・収用法	高田賢造『新訂土地収用法』（日本評論社，1968 年）
高田・正当な補償	高田賢造『正当な補償』（日本評論社，1956 年）
高田・制度論	高田賢造『公用収用制度論』（日本不動産研究所，1963 年）
高田＝国宗・収用法	高田賢造＝國宗正義『土地収用法』（日本評論新社，1953 年）
高原・財産権	高原賢治『財産権と損失補償』（有斐閣，1978 年）
竹村・収用法と補償	竹村忠明『土地収用法と補償』（清文社，1992 年）
田中・賠償補償	田中二郎『行政上の損害賠償及び損失補償』（酒井書店，1954 年）
田中・行政法上	田中二郎『新版行政法上巻〔全訂第 2 版〕』（弘文堂，1974 年）
田中・行政法下	田中二郎『新版行政法下巻〔全訂第 2 版〕』（弘文堂，1983 年）
田辺・要論	田辺愛壹『損失補償要論〔第 2 版〕』（東京出版，1992 年）
田辺・みちしるべ	田辺愛壹『損失補償のみちしるべ』（東京出版，1996 年）
田辺・制度	田辺愛壹『損失補償制度』（清文社，2003 年）
田辺＝海老原・用地買収	田辺愛壹＝海老原彰『用地買収と生活補償』（プログレス，2008 年）
中川＝兼子・収用税金	中川善之助＝兼子一監修『土地収用・税金〔改訂版〕』（青林書院新社，1976 年）
西埜・違法性	西埜章『国家賠償責任と違法性』（一粒社，1987 年）

西埜・損失補償	西埜章『損失補償の要否と内容』（一粒社，1991年）
西埜・予防接種	西埜章『予防接種と法』（一粒社，1995年）
西埜・概説	西埜章『国家補償法概説』（勁草書房，2008年）
西埜・国賠法コメ	西埜章『国家賠償法コンメンタール〔第2版〕』（勁草書房，2014年）
西埜＝田辺・損失補償法	西埜章＝田辺愛壹『損失補償法－理論と実務の架橋』（一粒社，2000年）
西埜＝田辺・理論と実務	西埜章＝田辺愛壹『損失補償の理論と実務』（プログレス，2005年）
華山・理論と現実	華山謙『補償の理論と現実』（勁草書房，1969年）
原・公物営造物法	原龍之助『公物営造物法〔新版〕』（有斐閣，1974年）
原田・要論	原田尚彦『行政法要論〔全訂第7版（補訂2版）〕』（学陽書房，2012年）
廣瀬・用地買収	廣瀬千晃『起業者と地権者のための用地買収と損失補償の実務』（プログレス，2012年）
藤田・総論	藤田宙靖『行政法総論』（青林書院，2013年）
藤田・土地法	藤田宙靖『西ドイツの土地法と日本の土地法』（創文社，1988年）
松尾・損失補償法理	松尾弘『財産権の保障と損失補償の法理』（大成出版社，2011年）
松尾・損失補償法	松尾弘『基本事例から考える損失補償法』（大成出版社，2015年）
松下・収用の実務	松下一成『土地収用の実務』（学陽書房，2008年）
美濃部・原理	美濃部達吉『公用収用法原理』（有斐閣，1936年．復刻版，1987年）
美濃部・公用負担法	美濃部達吉『公用負擔法』（日本評論社，1936年）
宮崎・補償と鑑定	宮崎賢『用地補償と鑑定評価〔新版〕』（清文社，1997年）
宮田・国家責任法	宮田三郎『国家責任法』（信山社，2000年）
柳瀬・公用負担法	柳瀬良幹『公用負担法〔新版〕』（有斐閣，1971年）
渡辺・収用法論	渡辺宗太郎『土地収用法論』（弘文堂書房，1929年．復刻版，清水弘文堂書房，1967年）
渡辺・土地と財産権	渡辺洋三『土地と財産権』（岩波書店，1977年）
渡辺・財産権論	渡辺洋三『財産権論』（一粒社，1985年）
綿貫＝木村・判例土地法土地	綿貫芳源＝木村実『判例土地法〔土地収用法〕』（ぎょうせ

凡　例

収用法	い，1974年〜，加除式）
改正土地収用法解説	建設省計画局総務課編『改正土地収用法解説』（大蔵省印刷局，1968年）
土地収用法令研究会編・改正土地収用法の解説	国土交通省総合政策局総務課土地収用管理室監修＝土地収用法令研究会編『改正土地収用法の解説〔平成13年改正完全対応版〕』（大成出版社，2004年）
行政法大系⑥	雄川一郎＝塩野宏＝園部逸夫編『現代行政法大系第6巻〔国家補償〕』（有斐閣，1983年）
国家補償法大系④	西村宏一＝幾代通＝園部逸夫編『国家補償法大系第4巻〔損失補償法の課題〕』（日本評論社，1987年）
土地収用法令研究会編・Q&A	土地収用法令研究会編『土地収用法の解説と運用Q&A〔改訂版〕』（ぎょうせい，2014年）
改正損失補償基準	中央用地対策連絡協議会監修・補償実務研究会編著『改正損失補償基準』（大成出版社，1999年）
公共用地審議会答申	公共用地審議会「公共用地の取得に伴う損失の補償を円滑かつ適正に行なうための措置に関する答申」（昭和37年3月20日）
損失補償基準要綱	公共用地の取得に伴う損失補償基準要綱（昭和37年6月29日閣議決定）
損失補償基準要綱の施行について	公共用地の取得に伴う損失補償基準要綱の施行について（昭和37年6月29日閣議了解）
損失補償基準要綱解説	公共用地補償研究会編著『公共用地の取得に伴う損失補償基準要綱の解説』（大成出版社，2013年）
用対連基準	公共用地の取得に伴う損失補償基準（昭和37年10月12日用地対策連絡会決定）
用対連基準細則	公共用地の取得に伴う損失補償基準細則（昭和38年3月7日用地対策連絡会決定）
公用負担執務資料	最高裁事務総局編『公用負担関係事件執務資料』（法曹会，1985年）
公用負担訴訟実務	法務省訟務局内行政事件訴訟実務研究会編『公用負担関係訴訟の実務』（三協法規，1998年）
新・実務民訴講座⑩	鈴木忠一＝三ケ月章監修『新・実務民事訴訟講座10巻〔行政訴訟II〕』（日本評論社，1982年）
争点	成田頼明編『行政法の争点』（有斐閣，1980年）

凡　例

争点〔新版〕	成田頼明編『行政法の争点〔新版〕』（有斐閣，1990 年）
争点〔第 3 版〕	芝池義一＝小早川光郎＝宇賀克也編『行政法の争点〔第 3 版〕』（有斐閣，2004 年）
行政法の争点	高木光＝宇賀克也編『行政法の争点』（有斐閣，2014 年）
行政判例百選 II〔第 7 版〕	宇賀克也＝交告尚史＝山本隆司編『行政判例百選 II〔第 7 版〕』（有斐閣，2017 年）
注解憲法 II	樋口陽一＝佐藤幸治＝中村睦男＝浦部法穂『憲法 II〔注解法律学全集〕』（青林書院，1997 年）
ハンドブック	補償実務研究会編『用地補償ハンドブック〔第 5 次改訂版〕』（ぎょうせい，2014 年）

〔判例略語〕

最大判	最高裁判所大法廷判決
最判	最高裁判所判決
高判	高等裁判所判決
地判	地方裁判所判決
支判	支部判決

〔判例集等略語〕

民集	最高裁判所民事判例集
刑集	最高裁判所刑事判例集
裁判集民事	最高裁判所裁判集民事
高民集	高等裁判所民事判例集
下民集	下級裁判所民事判例集
行集	行政事件裁判例集
訟月	訟務月報
判時	判例時報
判タ	判例タイムズ
判例自治	判例地方自治

〔雑誌等略語〕

ジュリ	ジュリスト
判評	判例評論
曹時	法曹時報

凡　例

法時　　　　　　　　法律時報
法協　　　　　　　　法学協会雑誌
法教　　　　　　　　法学教室
法セミ　　　　　　　法学セミナー
民商　　　　　　　　民商法雑誌
判例自治　　　　　　判例地方自治
ひろば　　　　　　　法律のひろば
法資　　　　　　　　法令解説資料総覧
民研　　　　　　　　民事研修
最判解説民事篇〔○○年度〕　最高裁判所民事判例解説〔○○年度〕
昭和○○年行判解説　昭和○○年行政関係判例解説
昭和○○年度重判解説　昭和○○年度重要判例解説

〔法令等略語〕
行訴法　　　　　　　行政事件訴訟法
民訴法　　　　　　　民事訴訟法
国賠法　　　　　　　国家賠償法
収用法　　　　　　　土地収用法
細目政令　　　　　　土地収用法第88条の2の細目等を定める政令
公共用地取得特別措置法　公共用地の取得に関する特別措置法
水特法　　　　　　　水源地域対策特別措置法
密集市街地整備法　　密集市街地における防災街区の整備の促進に関する法律
農山漁村活性化法　　農山漁村の活性化のための定住等及び地域間交流の促進に
　　　　　　　　　　　関する法律
鳥獣保護管理法　　　鳥獣の保護及び管理並びに狩猟の適正化に関する法律
種の保存法　　　　　絶滅のおそれのある野生動植物の種の保存に関する法律
特定空港周辺特別措置法　特定空港周辺航空機騒音対策特別措置法
航空機騒音防止法　　公共用飛行場周辺における航空機騒音による障害の防止等
　　　　　　　　　　　に関する法律
沿道整備法　　　　　幹線道路の沿道の整備に関する法律
国民保護法　　　　　武力攻撃事態等における国民の保護のための措置に関する
　　　　　　　　　　　法律
武力攻撃事態法　　　武力攻撃事態等及び存立危機事態における我が国の平和と
　　　　　　　　　　　独立並びに国及び国民の安全の確保に関する法律

凡　例

周辺整備法	防衛施設周辺の生活環境の整備等に関する法律
米軍用地特措法	日本国とアメリカ合衆国との間の相互協力及び安全保障条約第6条に基づく施設及び区域並びに日本国における合衆国軍隊の地位に関する協定の実施に伴う土地等の使用等に関する特別措置法
米軍特別損失補償法	日本国に駐留するアメリカ合衆国軍隊等の行為による特別損失の補償に関する法律
米軍漁船操業制限法	日本国とアメリカ合衆国との間の相互協力及び安全保障条約に基づき日本国にあるアメリカ合衆国の軍隊の水面の使用に伴う漁船の操業制限等に関する法律
古都保存法	古都における歴史的風土の保存に関する特別措置法
歴史まちづくり法	地域における歴史的風致の維持及び向上に関する法律
明日香法	明日香村における歴史的風土の保存及び生活環境の整備等に関する特別措置法
美術品損害補償法	展覧会における美術品損害の補償に関する法律
急傾斜地法	急傾斜地の崩壊による災害の防止に関する法律
土砂災害防止法	土砂災害警戒区域等における土砂災害防止対策の推進に関する法律
感染症予防法	感染症の予防及び感染症の患者に対する医療に関する法律

〔表記方法〕

① 引用文献・判例は，原則として，各章または各節ごとに改めて著者名・論文名（書名）・発行年・頁数，判決の年月日・判例集の巻・号・頁数を表記した．
② 文献・判決において大きく表記されている拗音・促音については，戦前の文献を除いて，原則として小さく記した．
③ 文献・判決の引用中，筆者が補った部分は〔　〕で示した．
④ 判例評釈・解説については，「判批」「解説」として区別したが，その区別は必ずしも厳密なものではない．
⑤ 著者・論者については，すべて敬称を省略した．
⑥ 判例・文献・条文の引用に当たっては，漢数字は原則として算用数字に改めた．
⑦ 引用文中の斜線「／」は，改行を示す．

第 1 部

損失補償法総論

第1章　損失補償の概念

第1節　概　説

●1　本書の対象とする損失補償

1　本来の意味における損失補償

　本書は，損失補償について規定している実定法の総合的コンメンタールである．損失補償の概念を明確にしなければその目的を達成することができないというものではないが，ある程度その概念を明確にしておいた方が全体理解する上で便宜であろう．

　損失補償について規定している実定法は，土地収用法（収用法）を初めとして極めて多数に上る．それらは，土地等の収用または使用（以下，「収用・使用」という）に関するもの，土地の立入り・調査に関するもの，土地の利用制限に関するもの，など多種多様な内容を有しているが，それでも，その根底には，損失補償として共通の性質を有している．その共通の性質を損失補償概念として捉え，これをめぐる主要な問題点について一般的に考察した上で（第1部「損失補償法総論」），個別具体的に損失補償を規定している主要な法条を取り上げて，その解説を試みる（第2部「損失補償法各論」）ことが本書の目的である（美濃部・原理286頁は，「損失補償は必ずしも公用収用に付いてのみ認められ居るものではなく，其の他尚種々の場合に認められて居るもので，公用収用に付いての損失補償もそれ等の種々の補償制度の中の一の場合たるに過ぎぬ．随つて収用に付いての損失補償の性質を明にするにも，先づ一般の損失補償に付いて其の性質を明にすることが必要である」と説いていた）．

　損失補償規定としては，収用法の規定（68条〜94条）が最も重要である．これについては，これまでにも収用法のコンメンタールの中で詳細な解説がなされてきた．しかし，損失補償についての規定は，それにとどまらず，他の多くの法律の中にも存在しており，それらの中にも重要なものが少なくない．本書においては，それらの規定をも考察の対象とする．

第 1 章　損失補償の概念

　損失補償の概念については，後述するように，これまでは伝統的な損失補償概念が通用してきた．ここでは，これを「本来の意味における損失補償」と呼ぶことにする（文献の中には，「講学上の損失補償」と呼んでいるものもある．全国建設研修センター・用地取得と補償 70 頁参照）．

2　その他の損失補償

　本書は，本来の意味における損失補償を中心的な考察対象とするが，それだけではなく，任意買収の場合の損失補償や結果責任あるいは公法上の危険責任に属するものも広く含めて，考察の対象とする．それらは，本来の意味における損失補償とは性質を異にするものではあるが，公負担平等原則や正義・公平の理念を基礎にして補償がなされるべき点においては共通するものであるから，ここで一緒にまとめて考察することにする（損失補償概念を広く捉えて考察すべきことを主張するものとして，若干視点を異にするが，小幡純子「国家補償の体系の意義」同『国家賠償責任の再構成―営造物責任を中心として』349 頁以下（弘文堂，2015 年．初出 2008 年）参照）．

　また，政策上の補償も，本来の意味における損失補償ではないが，損失補償法の中に含めて捉えた方が，全体の展望に資するのではないかと思われる．

　予防接種事故補償や刑事補償は，結果責任または公法上の危険責任に属するものである．しかし，これをも含めていると，本書の考察対象が極めて広範なものとなる．また，紙面の制約もあるので，本章において簡単な説明をするにとどめて，第 2 部「損失補償法各論」においては取り上げないことにする．

　なお，本書は，私人の財産権等に対するいわゆる「一般補償」を考察の対象にしている．公共施設等に対する「公共補償」は，それとは性質・機能を異にしているので，本書では原則として触れないことにする（公共補償については，さしあたり，公共用地補償研究会編著『公共補償基準要綱の解説』（大成出版社，2013 年），全国建設研修センター・用地取得と補償 6 頁，537 頁以下，三宅豊博「損失補償基準」行政法大系⑥ 366 頁以下参照）．

● 2　公用負担と損失補償

1　公用負担の概念と種別

　1　公用負担の概念　　本書で扱う土地の収用・使用や土地の利用制限等は，公用負担と呼ばれている．公用負担とは，美濃部達吉によれば，「公益上必要

な特定の事業の需要を満たし又は特定の物の効用を全うする爲めに，人民に課せらるる公法上の經濟的負擔」（美濃部・公用負担法4頁）であり，田中二郎によれば，「特定の公益事業（公共の利益となる事業）の需要を充たすために強制的に人民に課せられる経済的負担」（田中・行政法下151頁）である（公用負担の概念については，なお，柳瀬・公用負担法1頁以下，高田賢造「公用負担法」杉村章三郎＝山内一夫編『精解行政法〔下巻〕』438頁以下（光文書院，1971年）参照）．

2 公用負担の種別 公用負担は，人的公用負担と物的公用負担に分けられ，物的公用負担は，さらに公用収用・公用制限・公用使用・公用権利変換に分けられる．

公用収用とは，財産権そのものを取得するものであり，公用制限とは，私人の所有権その他の財産権をそのまま認めながら，その利用に制限を加えるものである．公用使用とは，公益事業のために他人の所有に属する土地その他の財産権に使用権を設定し，権利者がその使用を受忍すべき義務を負う場合をいう．公用権利変換とは，土地の平面的または立体的な利用の増進を図るために，土地や建築物の権利関係の変換をもたらす作用を指す．公用使用は，公用制限の一種とされている（美濃部・原理17頁以下，同・公用負担法11頁以下，柳瀬・公用負担法23頁以下，120頁以下，田中・行政法下158頁，高田・前掲442頁以下，小高・行政法各論222頁等参照）．

2 公用収用と損失補償

美濃部達吉は，「公用収用」の要素について，「其の觀念を如何に定義するのが正確であるかは尚後に述ぶべき所であるが，先づ其の觀念を構成する要素に付いて謂ふと，それには凡そ五の要素を分つことが出來る．第一にそれは如何なる効果を得る爲めにするものであるかと謂へば，或る權利を取得するが爲めにするものであり，第二に如何なる權利を取得するのであるかと謂へば，或る特定の財産權を取得するのであり，第三に其の取得は如何なる手段に依るかと謂へば，自由意思に基づく契約に依るのではなく，國家的權力に依るのであり，第四に如何なる目的の爲めに斯かる國家的權力に依る財産の取得が認めらるるかと謂へば，それは專ら公益の目的に供するが爲めに認めらるるものである．此等の四點の外に通説としては尚完全なる損失補償を爲すことが其の觀念の要素を爲すものとせられて居る．以下此等の五種の要素に付き順次これを説明し，

第1章　損失補償の概念

最後に其の定義を揚げようと思ふ」と説いている（美濃部・原理7頁）．そして，その上で，「公用収用の要素としての損失補償」について，次のように述べている（42頁以下）．すなわち，「公用収用は特定の財産権の有償的の取得であり，其の取得者（収用者）は原権利者（被収用者）がこれに依つて受くる損失に付き完全なる補償を爲すを要する．／公用収用には此の如く必ず損失の補償を要するものであることは爭を容れない所であるが，併し損失補償が公用収用の觀念上の要素を爲すや否やについては，學説は必ずしも一致しない．」「それは法律の定め方如何に依つて解答を異にすべき問題で一概には斷言し難い所であるが，一般の収用の場合に付いて謂ふと，法律は収用の効果の發生を損失補償の拂渡に繋らしめて居るのであつて補償の拂渡が無い限りは収用は其の効果を發生し得ない．法律が斯ういふ立場を取つて居る限り，損失補償を以つて収用の結果として生ずる収用以外の別箇の制度であるとする見解は到底これを支持することを得ない．収用が物の収用であつて價値の収用ではないといふやうな見解や，収用は個人的自由に對する侵害であつて資本的價値に對する侵害ではないとするやうな見解は，餘りに譬喩的であつて眞實に適するものではなく，物の収用は經濟的價値ある物を其の價値と共に収用するものであることは疑を容れぬ所であるが，併し収用が補償の拂渡を以つて其の効果發生の要件として居る制度の下に於いては，収用と損失補償とは不可分の關係に結び付けられて居るもので，収用が行はれたが爲めに其の結果として損失補償の義務が生ずるとは，實際的には勿論論理的にも主張し得べき所ではない．即ち此の場合には損失補償は収用の一要素を爲すもので，損失補償を支拂ふことに依つて始めて其の目的物たる財産を取得し得るのである．」

美濃部『公用収用法原理』は，このように「公用収用の要素としての損失補償」について述べた上で，「損失補償」について，「法律の別段の定めある場合の外一般の公用収用に付いて謂へば，損失補償は収用の一要素を爲すもので，完全な損失補償を爲すのでなければ収用は其の効果を發生し得ないことを原則とする」と説いている（同書46頁．なお，柳瀬・公用負担法260～261頁参照）．

このように，公用収用には，損失補償がその一要素となるのである．

3　公用使用と損失補償

公用使用とは，特定の公益事業のために，他人の所有に属する土地その他の財産権について使用権を設定し，所有者その他の権利者は，公共事業のための

使用を受忍すべき義務を負う場合をいう（美濃部・公用負担法92頁，田中・行政法下158頁，小高・行政法各論222頁等参照）．公用使用は公用制限の一種とされているが，損失補償に関しては，他の公用制限と異なり，公用収用と同様に扱われるべきものである．そのことは，収用法の第6章第1節が「収用又は使用に因る損失の補償」と題されていることからも明らかである．

公用使用は，一時的使用と継続的使用に分けられる（田中・行政法下158頁，柳瀬・公用負担法125頁以下，小高・行政法各論226頁等参照）．一時的使用は，権利に対する比較的軽微な制限である．測量・調査等のために他人の土地に一時的に立ち入る場合や非常災害に際しての応急負担としての他人の土地・物件を使用する場合である．収用法91条をはじめとして，都市計画法28条，都市再開発法63条，水防法28条，河川法22条，道路法69条等多くの法律の中に補償規定が置かれている．

継続的使用は，権利に対する重大な制限であり，原則として土地収用の場合と同様の手続等を経て補償される．収用法68条以下の一連の規定をはじめとして，都市計画法69条，土地区画整理法79条等多くの法律の中に補償規定が置かれている．

4 公用制限と損失補償

公用制限とは，特定の公益事業の需要を充たすために，または公益上必要な特定の物の効用を全うするために，特定の権利に課せられる制限である．前者の目的のための制限を負担制限といい，後者の目的のための制限を公物制限という（田中・行政法下156頁，柳瀬・公用負担法91頁，小高・行政法各論221頁以下等参照）．

公物制限は，制限される権利の対象それ自体が公益上必要であるために課される制限である．私有公物や公の保存物（重要文化財等）がその代表的なものである．これに対して，負担制限は，制限される権利の対象それ自体が公益事業のために必要であるわけではなく，他に存する公益事業のために必要であることを理由に課される制限である．負担制限にあっては，公益という目的は直接には事業を経営することによって達せられ，制限は単にそれを助けることによって間接にこれに寄与するものであり，その事業のための負担として課されるにとどまるものである（田中・行政法下157頁，柳瀬・公用負担法96頁以下等参照）．都市計画法による都市計画制限や自然公園法上の特別地域等における

第1章　損失補償の概念

建築制限等がその代表的なものであり，災害防止法関係の諸法律の中にも負担制限を課しているものが少なくない（河川法55条, 57条, 58条の4, 58条の6, 砂防法4条, 海岸法8条, 急傾斜地法7条, 土砂災害防止法10条等）．

公用制限のこれらの種別のうち，損失補償が特に問題となるのは負担制限である．一定の作為，不作為，受忍の義務を負わせることになるが，法律上に補償規定があるものもあればないものもある．また，補償規定が置かれていても，しばしば補償の要否が問題となる．補償規定がなくても，直接憲法29条3項に基づく補償の要否が問題となることもある．さらに，補償が必要とされても，その補償の内容（範囲）が問題となる（後述141頁以下, 668頁以下等参照）．

5　公用権利変換と損失補償

公用権利変換とは，土地の平面的または立体的な利用を増進するために，一定の地区内の土地の区画・形質を変更し，または地上の建築物を除却・新設し，その結果，権利者の意思にかかわりなく強制的に，土地所有権その他土地に関する権利および地上の建築物に関する権利関係に直接に変換をもたらす作用をいう（田中・行政法下196頁，柳瀬・公用負担法335頁，小高・行政法各論231頁以下等参照）．公用権利変換は，公用収用，公用使用，公用制限と並ぶ物的公用負担の一種であり，これには，公用換地と権利変換の種別がある．

公用換地とは，土地の宅地または農地としての利用を増進するために，一定の地区内における土地の区画を整理し，形質を変更し，その結果，権利者の意思にかかわりなく強制的に，土地所有権その他土地に関する権利に交換分合その他の変更を加えることをいう．土地区画整理法に基づく土地区画整理事業が，その代表的な例である（後述511頁以下参照）．これに対して，権利変換とは，事業施行区域内の宅地，建物に関する権利を，新しく建築される建築物（再開発ビル）およびその敷地に関する権利に変換，移行させる立体的換地の作用をいう．都市再開発法による第1種市街地再開発事業の手法がその代表的な例である（後述488頁以下参照）．

公用換地については，損失補償自体の規定はないが，土地区画整理法上の減価補償金（109条）や清算金（110条）が損失補償に相当するものと解することができる．また，権利変換については，都市再開発法上の第1種市街地再開発事業において権利変換を希望しないで地区外に転出する者に対する補償金等（91条）や土地明渡しに伴う損失補償（97条）等が損失補償に相当する．

●3 損失補償の類似概念

1 損失補償と損害賠償

1 損失補償と損害賠償の相対化 損失補償は適法に加えられた損失の補償であり、損害賠償（国家賠償）は違法に加えられた損害の賠償である。損失補償と損害賠償とは、基本的には、加害行為が適法であるか違法であるかによって区別される。かつては、このように、損失補償と損害賠償は対立的に捉えられていた（例えば、美濃部達吉『日本行政法上〔再版〕』343頁以下（有斐閣、1940年）、同・原理288頁参照）。

ところが、現在では、損失補償と損害賠償の相対化が支配的傾向である（相対化傾向については、西埜・違法性2頁以下参照）。被害者の救済や両者の境界線上の事象の出現がその理由である。例えば、事業損失補償について考えてみれば、それが損失補償であるのか損害賠償であるのかは、被害者にとってはそれほど重要なことではないし、また、両者のいずれかに分類することはしばしば困難を伴う（後述176頁以下参照）。

裁判例をみると、県が発注した河川工事で発破を使用し、付近の養鰻池で冬眠中の鰻が大量へい死したので、県が養鰻池の経営者に損失補償したところ、住民がこの公金支出は違法であるとして住民訴訟を提起したという事案におけるものではあるが、神戸地判昭和61・10・29（判タ637号99頁）は、次のように判示している。「従来、不法行為に基づく損害賠償と適法行為に基づく損失補償とは異なる制度、異なる理論に基づいて発展してきたものであるが、今日においては、双方から接近しいずれの場合にも損害の公平負担の見地から、被害者の損害の補塡に重点を置いて問題を解決しなければならない事情が生じており、本件のような公共工事により第三者にもたらされるいわゆる事業損失は、その一例というべきで、原告ら主張のように損害賠償を請求すべき場合には損失補償を一切請求できないと解することは相当でない。」

2 損失補償と損害賠償の区別 しかし、違法な侵害に対しては差止請求ができるのに対して、適法な侵害に対してはそれが許されないことなど、損害賠償と損失補償には依然として顕著な相違が認められる。両者の相対化傾向に留意しつつも、両者の基本的な差異にも留意する必要がある（西埜・国賠法コメ5～6頁参照。ただし、両者が内容上も相違するか否かについては、見解が分かれている。河上正二「民法から見た土地収用と補償」広中俊雄先生古稀記念『民事法

第 1 章　損失補償の概念

秩序の生成と展開』514〜515 頁（創文社，1996 年）参照）．

　裁判例の中には，現在においても，損失補償と損害賠償の峻別を説くものがある．養殖場の敷地内の井戸水を使用してトラフグ養殖を行っていた者が，付近の河川工事により井戸水に濁りが生じ，また，工事に伴う騒音・振動等により養殖していたトラフグが大量死したとして，憲法 29 条 3 項，河川法 89 条 1 項・8 項等に基づき損失補償を請求したという事案において，名古屋高判平成 23・11・30（判例自治 366 号 26 頁）は，次のように判示している（なお，後述 178 頁参照）．「憲法 29 条 3 項は，国等の公権力が，公共の目的のために法律等に基づき行う適法な財産権に対する剥奪（公用徴収）や制限（公用制限）が上記範囲を超える場合にその財産権の主体が被る特別な財産上の損失に対する補償責任を定める規定であり，国等が特定の行政目的を達するために行う事業（いわゆる公共事業）がそれに伴って生じる騒音や振動等により第三者に財産上の損害を与えたような場合の損害は，同項による補償を要する対象に含まれないものというべきである．けだし，我が国の法制にあっては，上記のような憲法 17 条，29 条 3 項の規定を踏まえ，違法な公権力の行使により損害を被った場合の国等の損害賠償責任に関しては，民法の不法行為制度と軌を一にして，過失責任主義を基本とする制度を採用しているものと解されるから，上記のような公共事業によって生じた損害については，私人の行う事業によって生じた損害と同様，故意又は過失と違法性がある場合に限って，国等がその賠償責任を負うものとしているというべきである．」

　3　「補償」と「賠償」　本来，「損失」に対しては「補償」が，「損害」に対しては「賠償」が対応すべきものであるが，実定法上は必ずしもこのように対応しているわけではない．「損害補償」という用語を使用している法律もある（災害対策基本法 84 条，水防法 45 条，河川法 22 条 6 項，新型インフルエンザ等対策特別措置法 63 条等．後述 33 頁以下参照）．また，日常的にも，損失と損害，補償と賠償は，ほぼ同じような意味で使用されることが少なくないようである．しかし，用語の問題にすぎないとはいえ，それぞれの法的性質を表現するものであるから，できるだけ使い分けられるべきであろう．

2　損失補償と国家補償・国家責任

　1　国家補償　損失補償という用語に類したものとして，国家補償という用語がある．国家補償は，一般に，損失補償と損害賠償のほか，「結果責任に

基づく国家補償」を含めて，広い意味で使用されており，国・公共団体の活動によって国民に生じた損害・損失の塡補制度の総称である（今村・国家補償法2～3頁，西埜・国賠法コメ7頁等参照）．

　結果責任に基づく国家補償とは，原因行為に対する非難に基づかないで，生じた損害結果のみに着目して負うべき国・公共団体の塡補責任をいう．そのほか，結果責任の一種ではあるが，それとは別の公法上の危険責任の範疇もある．結果責任あるいは公法上の危険責任の代表的事例は，予防接種事故補償と刑事補償である（西埜・概説271頁以下参照）．予防接種によって引き起こされた生命・身体・健康の被害については，侵害が適法であるか違法であるかを問わずに，結果の発生のみに着目して，予防接種法上の補償給付の規定により救済される（予防接種法15条）．刑事事件で無罪となった場合にも，同様に，公訴の提起や有罪判決が適法であるか違法であるかを問わずに，刑事補償法の規定によって補償を受けることができる（刑事補償法4条）．

　2　国家責任　　国家補償のほかに，「国家責任」という用語が使用されることもある．国家責任は，広義では国家補償と同義であるが，狭義では国家賠償を指している（宮田・国家責任法2頁以下は，「国家補償」を金銭的救済中心の考え方であるとして，民主的法治国家の観点から「国家責任」の語を使用している）．

第2節　伝統的な損失補償概念とその拡張動向

1　伝統的な損失補償概念とその揺らぎ

1　伝統的な損失補償概念

　損失補償は，「公法上の損失補償」と呼ばれたり，「適法行為に基づく損失補償」と呼ばれたりしている．文献における損失補償の代表的な定義は，「公法上の損失補償とは，國家，公共團體其の他國家的公權を授與せられて居る者が，其の國家的公權の行使に因り，特定人に對し，其の者自身の責に帰すべき事由に基づくのではなくして，經濟上に特別の損失を生ぜしむべき場合に，其の損失を補塡するが爲めに，其の損失の原因を爲した國家的公權の主體が，損失を受けた者又は受くべき者に對して負ふ所の公法上の金錢給付義務を謂う」（美濃部・原理289～290頁），「適法な公権力の行使によって加えられた財産上の特別の犠牲（besonderes Opfer）に対し，全体的な公平負担の見地からこれを調

節するためにする財産的補償をいう」(田中・行政法上211頁．なお，田中・賠償補償207頁以下参照)，あるいはまた，「適法な公権力の行使により，直接又は間接に，個人の財産権を侵害することとなる場合において，国がその損失を塡補すること，又はそのための制度を指す」(今村「損失補償」同・制度研究24頁(初出1965年))，というものである．このような定義は，これまで多くの文献において議論の余地のないものとして使用されてきた(塩野・行政法II356頁，原田・要論269頁，秋山・国家補償法145頁，宮田・国家責任法223頁，藤田・総論582頁，全国建設研修センター・用地取得と補償59頁等参照)．このような定義を，ここでは，「伝統的な損失補償概念」(あるいは「本来の意味における損失補償」)と呼ぶことにする．

2 損失補償概念の揺らぎ

これまで確固としたものとして理解されてきた「損失補償」の概念が，最近になっていくらか揺らぎ出してきた．損失補償概念の要素とされてきた公権力性，適法性，財産上の特別犠牲性等について新しい考え方が登場してきたためである．損失補償の概念規定にあまりこだわるべきではないが，損失補償法の領域を一応画する必要があるから，再検討の意義はあるであろう．ここでは，損失補償概念の拡張動向を批判的に検討した後に，任意買収（任意取得）の対価の損失補償性について考察する．

●2 損失補償概念の3要素

伝統的な損失補償概念の要素としては，①「公権力」の行使による損失，②侵害行為の「適法性」，③「財産上の」特別の損失，の三つを摘出することができる．これらの3要素からすれば，公用収用や公用制限に対する補償が損失補償に該当することは明確であるが，刑事補償や任意買収（任意取得）の対価が損失補償に該当するか否かは，必ずしも明確とはいえない．なぜならば，刑事補償が「適法行為」に基づく損失補償といえるか否か，その損害が「財産上の」特別損失といえるか否か，疑問となるからである．また，任意買収が民法上の売買契約によることからすれば，この場合の損失が，「公権力」の行使による損失に該当するか否かも疑問となるところであろう．

● 3 損失補償概念の拡張動向

1 概 説

　上記の伝統的な損失補償概念は，損失補償と損害賠償の明確な区別に立脚するものである．損失補償が「適法行為に基づく損失補償」と呼ばれ，損害賠償（国家賠償）が「違法行為に基づく損害賠償」と呼ばれてきたのは，このことの端的な表現である．しかし，近時の損失補償と損害賠償の相対化動向は，損失補償概念に対して少なからず影響を与えることになった．このことは，最近の学説・判例をみれば明らかであり，次第に損失補償概念が拡張されつつあるものといってよい．

2 「適法性」の放棄

　文献の中には，過失に対する責任が損害賠償であり，公益上の特別の犠牲に対する責任が損失補償であって，そこでは侵害行為の適法・違法は何ら区別の基準とはならない，と説くものがある（山田準次郎「損失補償と無過失責任」同『国の無過失責任の研究』8頁（有斐閣，1968年．初出1963年））．これは，損失補償が「適法行為」に基づくものであるという伝統的な概念に対して，最も明瞭な形で疑問を提起したものである．これほど明瞭ではなくても，補償の本質的な前提は，公益目的を達するための行為によって損失を受けたということであって，その行為の適法性は補償の本質的な前提要件ではない，との見解（雄川一郎「行政上の無過失責任」同・法理405頁（初出1965年）．同旨，芝池・救済法講義203頁，室井力編『新現代行政法入門（1）』271頁（法律文化社，2001年〔芝池執筆〕）も説かれている．

3 「財産上の」特別の損失の放棄

　財産権への侵害だけではなくて，生命・身体・健康への侵害をも損失補償法理の下に置こうとする見解が有力になっている．その具体的事例として，予防接種事故補償の損失補償的構成を挙げることができる．国家行為により侵害される直接の対象が財産権以外のことであるのは，損失補償制度では必ずしもめずらしいものではなく，財産権の侵害は損失補償概念の必要的前提条件ではない，ということがその理由とされている（塩野・行政法 II 383〜384頁，原田尚彦「予防接種事故と国家補償─損失補償理論の適用をめぐって」同『行政判例の役

第1章　損失補償の概念

割』236頁（弘文堂，1991年．初出1987年），芝池・救済法講義198～199頁，中島茂樹「憲法を規準とした財産権の内容形成」立命館法学287号36～37頁（2003年）等参照．予防接種事故集団訴訟の東京地判昭和59・5・18（訟月30巻11号2011頁）や大阪地判昭和62・9・30（訟月34巻9号1767頁），福岡地判平成元・4・18（判時1313号17頁）は，このような考え方を採用している（ただし，同じく予防接種事故集団訴訟の名古屋地判昭和60・10・31訟月32巻8号1629頁は，このような考え方を否定している）．

4　「公権力性」の放棄

　公共事業のための用地の取得は，その大部分が任意買収（任意取得）によって行われている．任意買収は，民法上の売買契約の形式によるものであり，公権力の行使によるものとはいえない．しかし，最終的には収用手続に移行することが可能であることを理由に，一般に，その買収対価は損失補償と同性質のものとして扱われている（さしあたり，宇賀『行政法〔第2版〕』447頁（有斐閣，2018年）参照）．ただ，任意買収の場合の対価をも損失補償に含めることになると，公権力性の要素が相当に薄められることになるのは否定できない（後述29頁参照）．

4　損失補償概念の再検討

1　「適法性」の放棄に対する疑問

　適法性の要素を放棄することは，損害賠償と損失補償の区別を著しく不鮮明にすることになる．前述のように，論者は，公益上の特別の犠牲であるか否かは侵害行為の適法・違法とは直接連動しないと主張するが，違法な侵害行為に基づく損害が何故に公共の福祉のための特別の犠牲であるのか，その理由は必ずしも明確ではない．違法な侵害行為は，本来，法律による行政の原理に反するものであり，それ故に公共の福祉にも反することになるはずである（因みに，柳瀬良幹『人権の歴史』232頁（明治書院，1949年）は，「處分が違法であるといふことは，考へてみれば，實はそういふ處分が存在することは公益のためではないといふ立法者の判斷を示すものではないかと思はれる」と説いている）．相手方は，適法な侵害行為による特別の犠牲に対してはこれを受忍しなければならないが，違法な侵害行為に対しては何ら受忍する義務はない．侵害行為が適法な場合と違法な場合とでは，基本的に相違している．損失補償は，やはり侵害行為の適

法性と結びつけて捉えられるべきであろう（宇賀・国家補償法388頁，同・行政法概説II 500頁，藤田・総論582頁，西埜・損失補償23〜24頁等参照）．

2 「財産上の」特別の損失の放棄に対する疑問

1 財産権への侵害による損失　「財産上の」特別の損失とは，財産権への侵害による損失のことである．生命・身体・健康への侵害による損害も，なるほど，最終的には金銭的価値に換算されざるをえないが，これは，財産権への侵害による損失とは区別されるべきである．憲法29条3項は，「私有財産」を対象として明示しているのであって，金銭的価値に換算されうる法益のすべてを対象にしているのではない．財産権であるからこそ，意図的に侵害されうるのである．人的公用負担の場合でも，生命・身体・健康への侵害までが意図されているわけではない（松島諄吉「損失補償」遠藤博也＝阿部泰隆編『講義行政法II〔行政救済法〕』71頁（青林書院新社，1982年），西埜・損失補償29〜30頁参照）．

ただ，生活権の侵害や精神的損失は，それ自体は財産上の損失とはいえないが，財産権への適法な侵害に伴って生じたものであるから，「財産上の」特別の損失として捉えることができる．本書では，生活権補償や精神的損失補償も，損失補償概念に含ませている．

損失補償について経済的側面から考察した文献（岩田規久男「損失補償の経済的側面」経済學論集（東京大学経済学会）43巻1号41頁（1977年），同『土地と住宅の経済学』209〜210頁（日本経済新聞社，1977年））においては，従来の伝統的損失補償概念では生活権補償や精神的損失補償を捉えることができないとして，「損失補償とは，適法な公権力の行使により，直接または間接に，国が個人に損失を蒙らせる場合に，国がその損失を填補すること，またはそのための制度を指す」と定義している．傾聴すべき見解ではあるが，財産権への侵害を上記のように理解すれば，「財産上の」特別の損失の要素を放棄するまでもないであろう．

2 裁判例　裁判例の中には，予防接種事故集団訴訟の前掲東京地判昭和59・5・18等とは逆に，このことを明言しているものが少なくない．前掲東京地判昭和59・5・18の控訴審判決（東京高判平成4・12・18高民集45巻3号212頁）をはじめとして，次のようなものがある．ALS患者選挙権訴訟の東京地判平成14・11・28（判タ1114号93頁）は，「憲法29条は，全体として私有財

第 1 章　損失補償の概念

産制度のあり方を規定しており，同条の構造及び沿革からして，同条3項は，財産権が特別の犠牲となった場合の損失補償を規定するものと解される」と述べているし，ミャンマー（ビルマ）人に対する難民不認定処分国賠請求訴訟の東京地判平成 15・4・9（判時 1819 号 24 頁）も，「財産的損害に対する損失補償を規定した同項〔29 条 3 項，筆者注〕の規定を，非財産的損害に対してまで一般的に類推適用することができるかどうかについては疑問がある」と説示している．戦後補償に関する関釜訴訟控訴審判決（広島高判平成 13・3・29 訟月 49 巻 4 号 1101 頁）も，「生命・身体は，その本質上いかなる補償を伴ってもこれを適法に公共のために用いることは正義・公平に反しできないものであるから，国の行為による生命・身体に対する侵害は，日本国憲法 29 条 3 項の解釈上，これを補償の対象に含めることはできないものと解するのが相当である」と明言している．

3　他の救済制度の存在　損失補償の合理的根拠として，財産権の保障に加えて「負担の公平・平等の原則」が挙げられている（後述 48 頁参照）．前述の損失補償の定義における「特別の犠牲」という言葉が，このことを端的に表現している．「財産上」の特別の損失の要素を不要とする見解は，この公負担平等原則を論拠にして，財産権の侵害であれ，生命・身体・健康の侵害であれ，公負担平等原則に違反する損失は特別の犠牲として補償されるべきである，と主張するものであろう．

なるほど，生命・身体・健康の侵害も，公負担平等原則に違反するものは補償されるべきである．しかし，そうであるからといって，それを損失補償として捉えて，損失補償概念を拡張しなければならないというものではない．生命・身体・健康の侵害の救済は，それとは別個の救済制度，例えば，結果責任（原因行為に対する非難に基づかないで，不法な結果のみに着目して塡補責任が認められるべき場合）や危険責任（特別の危険状態の形成から生じた損害は，その危険状態を形成した者が塡補責任を負うべき場合）において捉えることもできるからである（西埜・損失補償 28 頁参照）．

前述したように，本書は，本来の意味における損失補償だけではなく，より広く，損失補償の周辺にあるものも含めて，考察の対象にしている．しかし，このことは，本来の意味における損失補償の概念を拡張してもよいということではない．損失補償概念は，その法的性質に着目して，他の救済制度とできるだけ明確に区別されるべきである．

3 「公権力性」に対する疑問

1 公権力の行使を概念要素とする見解 任意買収（任意取得）それ自体は，公用収用とは異なり，典型的な公権力の行使とはいえない．ここでいう公権力の行使が，「私人に対して必然的に損失を惹起させるような行政行為または行政強制」を意味するのであれば（杉村・講義287頁），任意買収がこれに該当しないことは明瞭である．文献においては，「損失補償は，『公権力の行使』により生じる損失の塡補である．厳密な論議はなされていないが，ここでの公権力の行使は国賠法1条上の公権力の行使と同様に広く理解してよいとみられ，適法な行政指導などを原因行為とする損失補償の余地もあるであろう．一方，契約締結またはその解除を原因とする金銭給付等は，損失補償であるとはいえない」との見解（高田敏編著『新版行政法』371頁〔有斐閣，2009年〔平岡久執筆〕），「損失補償は公権力の行使に基づく補償である．この点で，私法上の損害賠償や契約上の反対給付と区別される．例えば土地収用の損失の補償は土地の売買代金に類似するが，収用は意図的な強制による財産権の剝奪であって，収用の補償が任意の契約による反対給付でないことは明らかである」との見解（宮田・国家責任法223頁），「損失補償はまず，公権力の行使によって生じた損失をいうのであって，従って，国や公共団体による公共目的での財産権取得であっても，いわゆる『任意取得』のように，民法上の契約締結による場合の対価は，ここでいう損失補償ではない．ただ，行政実務や日常生活においては，これらも含めて『補償』あるいは『損失補償』と称することがあるので，注意をしなければならない」との見解（藤田・総論582頁）が説かれている（同旨，三宅・前掲（行政法大系⑥）340頁，南博方ほか編『行政法（2）〔第3版〕』22頁（有斐閣，1996年〔玉国文敏執筆〕）等）．

2 公権力の行使を概念要素としない見解 しかし，任意買収とはいえ収用に移行する可能性があることから，任意買収の公権力性を肯定するのが多数説である．ただ，任意買収の対価を損失補償に含めるとしても，その論拠を別のところに求めることも可能であろう．すなわち，公共事業のための土地等の取得により特定の個人に特別の犠牲を課するという点では，収用も任意買収も同じであり，この観点からすれば，収用の場合の補償だけではなくて，任意買収の場合の対価をも損失補償概念に含めて理解することには，相当の理由があるように思われる．公権力性に関する限りは，この要素は必ずしも損失補償概念の常素ではないという見解（芝池・救済法講義197頁）も有力である．なお，

この点については，後に項を改めて検討する（後述29頁以下参照）．

4 伝統的な損失補償概念の維持

したがって，公権力性を除いては，伝統的な損失補償概念が維持されるべきである．これに対して予想される批判は，これでは被害者救済という現代的要請に応じることができないのではないか，ということであろう．確かに，伝統的な損失補償概念を維持する立場に立てば，損失補償の側面からアプローチすることには限界があることを認めざるをえない．しかし，それは損失補償的救済が困難であることを意味するだけであって，結果責任や公法上の危険責任等からの救済が別個に考えられうるのである（西埜・予防接種157頁以下参照）．

第3節　損失補償の外延

1　概　説

損失補償の概念は，その外延を明らかにすることによってより明確となる．損失補償と損害賠償の相対化や結果責任に基づく国家補償の範疇の出現に伴い，損失補償の境界線が不鮮明となってきた．公用収用や公用制限による損失の補償が損失補償の典型的な事例であることはいうまでもないが，そのほかにも損失補償に属するようにみえるものが少なからず存在する．ここでは，そのうち第三者補償，政策上の補償，行政計画変更補償，予防接種事故補償，刑事補償を取り上げて，その帰属を検討することにする．

2　第三者補償

1 第三者補償の意義

第三者補償とは，財産権侵害の直接の相手方ではないが，その影響により間接的に何らかの損失を被った者（第三者）に対する補償をいう．第三者補償としては，みぞかき補償（収用法93条．同条の規定によるみぞかき補償は，一般に，事業損失補償の一種と解されている），事業損失補償，少数残存者補償・離職者補償（損失補償基準要綱45条，46条）等が代表的なものである（ただし，事業損失補償は第三者補償に限定されない．松尾・損失補償法理157頁，163〜164頁参照）．

直接の相手方に対する補償が損失補償に属することは当然であるが，これに

対して，間接的な被害者は自己の財産権が直接的に侵害されているわけではないから，たとえ損失の塡補を求めることができるにしても，この塡補が損失補償であるのか損害賠償であるのか，あるいは，それ以外のものであるのか，必ずしも明瞭とはいい難い．損失補償であれ損害賠償であれ，塡補されればよいのであって，その性質を論ずることにはさして実益が認められない，との考え方があるかもしれないが，損失補償法体系の明確化のためにも，また，実定法上補償規定が欠けている場合の補償請求訴訟上の方法論のためにも，第三者補償をいずれに分類するかは，軽視できない問題である．

2 第三者補償の性質

第三者補償は，一般に，損害賠償的性質を有するものと解されている（下山・国家補償法 268 頁参照）が，「公法上の間接補償」であると解する立場（高田・前掲（「国家補償」杉村＝山内編『精解行政法上巻』）435 頁）や「損失補償的結果責任」であると解する立場（秋山・国家補償法 227 頁）もある．そのほか，「政策的補償」であると解する見解（村上敬一「損失補償関係訴訟の諸問題」新・実務民訴講座⑩ 136 頁）も見受けられる．しかし，財産権の適法な侵害行為に通常付随するような損失の補償は，性質上は，むしろ損失補償に属するものと考えるべきであろう．例えば，少数残存者補償や離職者補償についていえば，少数残存者や離職者が出ることは当初から予測され，認容されていたことであるから，これらの者が被る損失は土地収用（任意買収の場合を含めて）に通常付随するものとして，損失補償的性質を有するものといってよい（秋山・国家補償法 189～190 頁，芝池・救済法講義 220～221 頁等参照）．

● 3 政策上の補償

1 政策上の補償の意義

政策上の補償とは，憲法上は要請されているわけではないが，何らかの立法政策として認められる補償をいう（橋本公亘「憲法上の補償と政策上の補償」争点 177 頁，渡邊亙「いわゆる『政策上の補償』をめぐる法的問題」白鷗大学法制研究会 WP03/09（平成 21 年 6 月）1 頁以下．http://web.hakuoh.ac.jp/hogaku/pdf/h21houseikennkyuukai3.pdf，福永実「国家補償による救済」現代行政法講座編集委員会編『行政手続と行政救済〔現代行政法講座Ⅱ〕』292 頁以下（日本評論社，2015 年）等参照）．その具体例としては，伝染病に罹患し，「と殺・殺処分」により殺さ

第1章 損失補償の概念

れた家畜に対する補償（家畜伝染病予防法58条）を挙げることができる（今村・国家補償法57頁，同・制度研究73頁参照）．

　損失補償を「財産権への適法な公権力の行使に基づく損失の補償である」と定義する立場からすると，政策上の補償もまた損失補償概念に包摂されるように見受けられないではない．しかし，この種の損失は，本来は所有者が無補償で受忍すべきものであって，憲法上は補償を請求しうるものではないから，本来の意味での損失補償には含まれないものと考えるべきであろう．もっとも，このようにいうことは，この種の補償を損失補償法の領域で扱ってはならないということを意味するものではない．政策上の補償も，一旦実定法上に規定されれば，憲法上の補償と同様に，法律上の請求権として認められることはもちろんである（福永・前掲296頁，西埜・概説203頁およびそこに掲記の文献参照）．本書では，政策上の補償を定めている実定法をも取り上げて考察することにする．

2　政策上の補償の具体例

1　家畜伝染病予防法58条等　　具体例としては，上述の家畜伝染病予防法58条のほか，持続的養殖生産確保法9条，森林病害虫等防除法8条，植物防疫法20条，4条3項，狂犬病予防法6条10項，14条，18条等が挙げられている（福永・前掲293頁）．

2　航路事業廃止等交付金　　また，具体例として，「本州四国連絡橋の建設に伴う一般旅客定期航路事業等に関する特別措置法」10条に基づく航路事業廃止等交付金が挙げられることがある（原田・要論280頁，田辺・制度203頁以下等）．裁判例をみても，神戸地判平成16・1・20（判例集不登載）は，交付金決定処分取消等請求事件においてではあるが，「本州四国連絡橋の供用により，交通手段として競合する一般旅客定期航路事業が大きな影響を受けるが，これは，公共事業のために土地が取得ないし使用される場合とは異なり，交通手段の競合による事実上の影響とみるべきものであり，本来的には損失補償の対象とはならないものである．／けれども，本州四国連絡橋の供用により，一般旅客定期航路事業者の中には，事業の廃止や縮小を余儀なくされ，それに伴い離職者も相当数発生することが見込まれ，これらの広範かつ多大な影響を事業者のみの対応や地域経済社会の自立的な調整によって解決することが困難であることや，これを放置すると社会的な混乱を招くおそれがあること等の観点

から，法によって特に助成措置として交付金を交付することとしたものである（……）．／このように，本件交付金は，損失補償金ではなく，助成金ないしは補助金に過ぎないのであり，一般旅客定期航路事業者が，一般旅客定期航路事業のために資本を投下したとしても，その投下資本のすべてを当然に被告が助成すべきであるということにはならず，その投下資本の未回収分のうち被告が交付金で助成する範囲をどの程度と規定するかは，すぐれて立法政策上の問題である」と判示している．

しかし，これに対しては，「事業者に交付金を支給するのは憲法29条3項の要請によるというべきである」との批判的な見解（阿部・国家補償法331頁，西埜「バイパス新設による旧道沿道者の損失と補償の要否」日本土地環境学会誌創刊号46～47頁（1994年））もある．

3 みぞかき補償等 そのほか，みぞかき補償（収用法93条）や少数残存者・離職者補償（損失補償基準要綱45条，46条）についても，これを政策上の補償であるとする見解（原田・要論279～280頁，小高剛「用地取得と損失補償の現状」小高編・理論と実際52～53頁，西谷剛「生活再建補償」小高編・理論と実際116頁，133頁以下等）がある．しかし，公共事業の施行のために特別の損失を受けたのであるから，これに対する補償は，憲法上の補償であると解すべきであろう．

●4 行政計画変更補償

1 行政計画変更補償の意義

行政計画が後に生じた新しい事情のために変更された場合に，この計画の存続を信頼して行動した者が損失（損害）を被ることがある．このような場合の国・公共団体の塡補責任を「計画担保責任」または「計画保障責任」という（計画担保責任については，手島孝『計画担保責任論』7頁以下（有斐閣，1988年），宮田三郎『行政計画法』277頁以下（ぎょうせい，1984年），同・国家責任法303頁以下，宇賀克也「計画担保責任」争点〔新版〕172～173頁，同・国家補償法215頁以下等参照）．行政計画変更の具体例としては，都市計画の変更，企業誘致政策の変更，世界都市博覧会の中止等がある（後述465頁以下参照）．

2 行政計画変更補償の性質

行政計画の変更による損失の塡補責任の性質については，行政と相手方の間

に契約が締結されている場合には，債務不履行による損害賠償となる．しかし，一般には，契約が締結されていない場合の塡補責任が問題となり，この場合には，不法行為に基づく損害賠償説と適法行為による損失補償説が対立している．企業誘致政策変更訴訟の最判昭和56・1・27（民集35巻1号35頁）をはじめとして，判例は損害賠償説に立っているが，学説上は損失補償説も有力である（原田・前掲（『行政判例の役割』）228頁，同・要論132頁，澤野順彦「行政計画（活動）の変更と損害賠償責任（下）」NBL577号44頁（1995年）等）．具体的事案にもよるが，当該行政計画の変更が適法と評価されるものであれば，これによって生じた損失に対する塡補責任は，損失補償として性格づけられるべきであろう（西埜・国賠法コメ454頁以下参照）．

③ 公共事業の中止と損失補償の要否

これに類似したものとして，「公共事業の中止と損失補償の要否」の問題がある．公共事業の中止もまた，広い意味では，行政計画の変更に該当する．これに計画担保責任の理論が当てはまるかどうかについては，直接これを論じたものは見当たらないが，共通する点が少なくないであろう（西埜「公共事業の見直し（中止）と損失補償」季刊用地2002年夏季号40頁以下，田辺愛壹『公共事業の中止─八ッ場ダム・住民の生活再建』6頁以下（プログレス，2010年）参照）．なお，この問題点については，後に項を改めて考察する（後述391頁以下）．

④ 実定法上の規定

実定法の中には，行政計画の変更による損失の補償を明定しているものがある．例えば，収用法92条，都市計画法52条の5，57条の6，60条の3等である．これらの規定は，事業計画の廃止・変更に伴う損失の補償を定めたものである（後述391頁以下，465頁以下参照）．

●5 予防接種事故補償

① 予防接種法上の補償の性質をめぐる学説の対立

1 予防接種法上の規定　予防接種法は，定期の予防接種等を受けた者が，疾病にかかり，障害の状態となり，または死亡した場合に，当該疾病，障害，死亡が当該定期の予防接種等を受けたことによるものであると厚生労働大臣が認定したときは，医療費・医療手当，障害児養育年金，障害年金，死亡一時金，

葬祭料を給付する，と規定している（15条，16条，17条）．

2 補償の「性質」と「憲法上の根拠」の区別　　上記の「給付」（補償）の性質を検討するについては，補償の「性質」の問題と補償の「憲法上の根拠」の問題とを一応区別しなければならない（成田頼明「予防接種健康被害救済制度の法的性格について」田上先生喜寿記念『公法の基本問題』479頁（有斐閣，1984年），梅原康生「結果責任に基づく国家補償」杉村編・救済法②190頁，西埜・予防接種155頁参照）．前者が，予防接種事故補償を国家補償体系上どこに位置づけるかという理論的問題であるのに対して，後者は，予防接種法上の補償給付を上回る補償を憲法上のどの条項に基礎づけるかという解釈技術的問題であるからである．

3 補償の性質をめぐる学説の対立状況　　予防接種事故と一口にいっても，その発生原因はさまざまである．予防接種法15条は，過失の有無を問わずに適用されるが，ここでは，予防接種事故の典型として，接種時には知りえなかった被接種者の異常体質に起因する場合または原因不明の場合等の不可避の事例を念頭において考察する．

　補償の性質については，損害賠償説，損失補償説，結果責任説，公法上の危険責任説等が主張されている．損害賠償説は，不法行為の概念は固定的なものではなく，広く違法行為を指すものと解すべきであり，予防接種事故補償は損害賠償の性質を有すると説く．損失補償説は，損失補償概念を拡張し，予防接種事故補償を損失補償の性質を有するものと理解する．結果責任説は，損害賠償でもなければ損失補償でもなく，第3の範疇である結果責任に属するものと位置づける．公法上の危険責任説は，予防接種事故は国の形成した特別の危険状態からから生じたものであるとして，結果責任とは別の公法上の危険責任として捉えようとする．

4 判例の動向　　下級審の裁判例であるが，損失補償説に立つものとして，前掲東京地判昭和59・5・18，前掲大阪地判昭和62・9・30，前掲福岡地判平成元・4・18がある（西埜・予防接種174頁以下参照）．東京地判昭和59・5・18は，「憲法13条後段，25条1項の規定の趣旨に照らせば，財産上特別の犠牲が課せられた場合と生命，身体に対し特別の犠牲が課せられた場合とで，後者の方を不利に扱うことが許されるとする合理的理由は全くない．従って，生命，身体に対して特別の犠牲が課せられた場合においても，右憲法29条3項を類推適用し，かかる犠牲を強いられた者は，直接憲法29条3項に基づき，被告

国に対し正当な補償を請求することができると解するのが相当である」と判示している.

しかし，同種訴訟の前掲名古屋地判昭和60・10・31は，このような考え方には批判的であり，憲法29条3項ではなくて，25条1項に基づいて補償請求権を導き出している．また，前掲東京地判昭和59・5・18の控訴審判決である前掲東京高判平成4・12・18は，次のように述べて損失補償説を否定した上で，結論として国賠責任を肯定している．「もともと，生命身体に特別の犠牲を課すとすれば，それは違憲違法な行為であって，許されないものであるというべきであり，生命身体はいかに補償を伴ってもこれを公共のために用いることはできないものであるから，許すべからざる生命身体に対する侵害が生じたことによる補償は，本来，憲法29条3項とは全く無関係のものであるといわなければならない．したがって，このように全く無関係なものについて，生命身体は財産以上に貴重なものであるといった論理により類推解釈ないしもちろん解釈をすることは当を得ないものであるというべきである.」

2 学説の検討

1 損害賠償説・損失補償説について　このように学説は対立しており，それぞれ一長一短がある．損害賠償説は結果不法説に立脚しているが，典型的な予防接種事故の場合には，被害が発生したからといって，当該予防接種を直ちに違法と評価することはできない．違法の評価は，結果ではなくて，行為を基準にして（行為不法説に立って）なされるべきである．また，損失補償説については，予防接種事故は，生命・身体・健康への侵害であるため，損失補償の対象にすることはできない（ただし，損失補償の対象は財産権に限定されないとの反対説も有力である．塩野・行政法Ⅱ383〜384頁，原田・前掲（『行政判例の役割』）236頁，梅原・前掲189頁，芝池・救済法講義202頁以下，同・読本430頁，小幡・前掲349頁等）．

2 結果責任説について　結果責任説は，結果責任を「原因行為に対する非難に基づかないで不法な結果の発生のみに着目して賠償責任が認められるべき場合」と定義し，予防接種事故補償をこの結果責任の中の「違法無過失の行為に基づく損害の賠償」に分類している（今村・国家補償法133頁）．しかし，事故が無過失とはいえ，違法行為に基づくものであるということであれば，これに対する責任は損害賠償の性質を有することになるはずであろう．無過失違

法行為も有責違法行為も，違法行為という点では同じであり，両者を別個の範疇に分けることの意義は，法的救済制度の存在する現在においては，乏しいように思われる．結果責任説へのこのような批判に対して，今村は，「もともと結果責任の語は，『国家補償の谷間』の存在を浮彫りにするためのものであって，危険責任以外のものを，この『第三の類型』から除いてしまうことは，『谷間』の存在を曖昧ならしめるのに役立つだけである」と主張している（今村「予防接種事故と国家補償」同『人権論考』293頁（有斐閣，1994年，初出1986年））．しかし，当面の問題は補償の性質論であり，また，私見においても，結果責任から除かれたものを無救済で放置しておこうとするわけではない．

3 公法上の危険責任説について　　したがって，残るのは公法上の危険責任説ということになる．予防接種事故補償は，予防接種の勧奨による特別の危険状態の形成から生じた非意図的な結果に対する補償として，公法上の危険責任の性質を有するものとして位置づけられるべきである．それは，特別の危険状態の形成が適法である点において，違法行為に対する責任である損害賠償と区別され，損害が生命・身体・健康に対する非意図的侵害によるものである点において，本来の意味における損失補償と区別される（西埜・予防接種162頁以下参照）．

●6　刑事補償

1　刑事補償の性質をめぐる学説の対立

1　刑事補償法上の規定　　刑事補償とは，刑事司法権の行使によって抑留または拘禁後に，裁判で無罪が確定した場合に，その無罪が確定した者に対して国が負う補償責任をいう．憲法40条およびこれに基づく刑事補償法が定めている．補償の内容については，刑事補償法4条1項は，抑留または拘禁による補償について，その日数に応じて1日千円以上1万2千5百円以下の割合による額の補償金を交付する，と規定している．

なお，これを上回る損害があるときは，別途国賠法1条1項に基づいて損害賠償請求をすることも可能である（同法5条）．ただし，この場合には，検察官・裁判官等の職務行為の違法性や故意過失を立証しなければならない（西埜・国賠法コメ329頁以下，352頁以下参照）．ここでは，故意・過失が認められない典型的な事例を念頭において考察する．

2　補償の性質をめぐる学説の対立状況　　刑事補償の法的性質については，

第 1 章 損失補償の概念

従来から種々の学説が対立していた．旧刑事補償法が成立したのは1931（昭和6）年であるが，これは明治憲法下の国家無答責の時代においてであった．戦前においても学説の対立があったが，1950（昭和25）年の新刑事補償法は新憲法40条に基づくものであり，また，新憲法17条により国家無答責の法理が放棄された後のものである．現在の学説は，当然のことながら，この基本的な法事情の相違を踏まえてのものでなければならない．

　学説は，損失補償説，無過失損害賠償説，結果責任説，公法上の危険責任説等に大別される．損失補償説は，広義の損失補償の概念の中に刑事補償を含めて理解する．無過失損害賠償説は，違法行為に対する損害賠償責任であるという．結果責任説は，発生した結果は不法であり，そこに補償の必要が認められるとして，結果責任を定めたものであると主張する．公法上の危険責任説は，誤判の場合も未決勾留の場合も，刑事司法権の行使により相手方を特別の危険状態に置いたものであり，損害はこの特別の危険状態から生じたものであると説く（学説の対立状況については，西埜「刑事補償の法的性質」法政理論30巻4号81頁以下（1998年）参照）．

2　学説の検討

1　損失補償説について　　刑事司法権が刑事訴訟法や刑事訴訟規則等に基づいて適法に行使された以上，たとえ結果として無実の者を逮捕・勾留し，無実の者に対して公訴の提起や有罪の判決をし，刑の執行を行うことになったとしても，これをもって遡ってその行為自体を違法と評価することは相当でない．しかし，生命や身体の自由の侵害と財産上の特別の損失とは，区別して扱うべきである．財産権であるからこそ，意図的に侵害されうるのである．この点からすれば，刑事補償を本来の意味における損失補償概念に包摂することはできない．

2　無過失損害賠償説について　　無過失損害賠償説は，結果不法説に立脚するものである．しかし，行為の適法・違法の評価は，行為を基準にして（行為不法説に立って）行うべきであって，結果的に判断すべきものではない．単に無過失であるだけではなくて，行為自体の違法性も否定されるべきであろう．

3　結果責任説について　　結果責任説は，国家補償を損失補償，損害賠償，結果責任の3つの類型に区別して，刑事補償を結果責任に分類する．結果責任説の中には，誤判の場合の補償責任と未決勾留の場合の補償責任を区別して，

前者は違法無過失行為に対する責任であり，後者は適法行為による不法な結果に対する責任であるが，ともに結果の不法に基づく責任である点で共通しているとして，結果責任であると説くもの（今村・国家補償法29頁，宮田・国家責任法298頁，芝池・救済法講義311頁等）がある。しかし，誤判の場合も未決勾留の場合も刑事司法権の行使は適法であると解すべきであり，この点では両者を区別すべき理由は薄弱である（高田卓爾『刑事補償法』35頁〔有斐閣，1963年〕，梅原・前掲172頁参照）。

結果責任を国家補償の第3類型として樹立したことは，結果責任説の大きな功績である。しかし，損失補償でもなければ損害賠償でもないものをすべて結果責任に分類したために，結果責任はいわば無過失責任の寄せ集めの感を呈している。結果責任の中には，性質的に種々雑多なものが混在しているのである。

4 公法上の危険責任説について　残るのは，公法上の危険責任説である。被害は，刑事司法権の行使により相手方を特別の危険状態に置いたことにより生じたものであることからすれば，刑事補償を公法上の危険責任に分類するのが妥当である。刑事司法権は，本来無実の者に対しても誤って行使される危険性を内包している。ある者に対して刑事司法権を行使することにより，その者を特別の危険状態に置いたことになる。これにより損失（損害）が発生した場合には，特別の危険状態を形成した国が補償責任を負わなければならない。

第4節　任意買収と損失補償

●1　任意買収の対価と損失補償

　任意買収とは，公共用地を当事者の合意に基づく民法上の売買の形式で取得することをいう（今村・制度研究145頁，藤田・土地法212頁，小高・研究39頁等参照）。任意買収の対価についても，これを損失補償の中に含めて取り扱うのが通例である（鈴木＝高原・収用法50講34頁〔遠藤博也執筆〕，全国建設研修センター・用地取得と補償67頁以下，宮崎・補償と鑑定44頁以下等参照）。しかし，損失補償が「公権力」の行使による損失の補償であるとすると，任意買収の場合の対価が何故に損失補償に含まれることになるのか，疑問となるところであろう。

第1章　損失補償の概念

●2　任意買収と任意取得

　最近，任意買収という用語に代えて，「任意取得」という用語を使用すべきであるとの見解が説かれている（補償実務研究会「損失補償に市場原理の反映を」月刊用地1995年12月号67頁以下．なお，損失補償基準要綱解説31頁，三宅・前掲339頁以下，田辺・みちしるべ35頁以下，小澤・収用法下8頁，全国建設研修センター・用地取得と補償3頁，67頁，海老原＝廣瀬・買収と補償3頁等も「任意取得」という用語を使用している）．すなわち，「任意」という言葉は，意思決定について他から何らの強制力が働かない状態において契約に至ることを指すものであるが，「買収」という言葉は，形式は契約の形をとるものの，その契約に至る過程には強制力が働いていることを意味し，したがって，厳密な用語としては任意取得か強制収用のいずれかであって，任意買収は任意取得と強制収用の中間にあって双方の意味を含む用語であり，どちらにウェイトを置くかによって全く意味が異なってくる，との見解である．任意買収という用語の再検討を迫るものである．

　しかし，この見解は，補償額算定に際して，市場原理を反映すべきであるとの主張に主眼があるのであって，任意取得に対する対価は「損失補償」と全く性質を異にし，損失補償概念に包摂されない，とまで主張するものではないようである．任意取得による場合も「正当な補償」が必要であると主張するものであり，この点では，従来の見解とそれほど相違するものではない．

●3　任意買収における公権力性

① 背後にある強制性

　任意買収の場合の対価も損失補償に含まれるとすると，損失補償概念における「公権力性」の要素は，きわめて曖昧なものとなる．そこで，この点については，文献において一般に，次のように説明されている．すなわち，通常の売買の場合には，私的自治の原則により取引は当事者の自由な意思に委ねられているが，公共用地の取得の場合には，それは単なる仮象として存在するにすぎず，公共用地には通常代替性がないため強制取得も可能とされているから，所有者としてもその土地を手放さないという選択の余地がない，と（今村・制度研究145頁，小高・研究39頁，同「用地取得と損失補償の現状」小高編・理論と実際17頁以下，秋山・国家補償法146頁，三辺夏雄「公共用地の取得に伴う生活補償

について」高柳信一先生古稀記念『行政法学の現状分析』396 頁（勁草書房，1991年），宇賀・国家補償法 389 頁，430 頁，田辺・みちしるべ 35 頁等）．

任意買収とはいっても，公共用地の強制取得と実質において相違がないから，この場合の買収対価は損失補償と性格を同じくするというわけである．任意取得の用語を使用する文献においても，この点は同じである．損失補償基準要綱の解説書においても，「公共用地の取得は最終的には強制収用の可能性を含むものであるから，たとえ任意取得であっても土地収用法に規定する通常生ずる損失をも合わせて補償すべきものと考える」と説かれている（損失補償基準要綱解説 20 頁．そのほか，全国建設研修センター・用地取得と補償 3 頁，67 頁以下，華山謙「公共事業の施行と補償」行政法大系⑥ 301 頁等参照）．

2 公権力性の稀薄性

このように，任意買収は公用収用と実質的には異なるところがなく，それに代替しうる性質をもっている，との理由から，依然として公権力性を維持しようとするのが通説であるが，それによっても任意買収における公権力性の存在を適切に説明できるか否か，なお疑問の残るところである．なるほど，任意買収の場合には実質的に収用に近いものもあるが，他方では，ほぼ任意に近い形で取得される場合も少なくないように思われる．例えば，古墳土地買収行為差止請求住民訴訟（京都地判平成 7・5・12 判例自治 142 号 47 頁）では，全くの任意な交渉による買収の対価が問題になっていた．本件訴訟において，原告（住民）らは，公共用地の取得に対する補償金額は，損失補償基準要綱や用対連基準，用対連基準細則に従って行われた鑑定価格を上限とするものであり，本件の場合も鑑定価格を上限とすべきである，と主張していたが，同判決は，「公共用地取得の用地事務は，協議がまとまらなければ法的強制力をもって収用（土地収用法）することを後見とし，任意な買収という形を採りながら土地収用と同じ効果を上げる制度である．／したがって，全くの任意な交渉による本件の買収と同列に扱うことはできず，原告らの主張は前提において理由がない」と判示している．このような場合には，たとえ公権力性が認められるとしても，それはきわめて薄いものとならざるをえない．

3 公権力性の不要性

任意買収の対価を損失補償に含めるのであれば，むしろ，公権力性の要素は

第 1 章　損失補償の概念

損失補償概念の常素ではないと考えるべきである．任意買収の対価は，「本来の損失補償」（藤田宙靖『第 4 版行政法 I（総論）』517 頁（青林書院，2003 年））と異なる面があることは否定できないが，公共事業のための土地の取得に対する補償という面では共通しているから，損失補償概念に包摂することは許容されてよい．文献の中には，「損失補償のメルクマールとして，加害行為の権力性を挙げる必要は必ずしもないものと思われる」と説くもの（芝池・救済法講義 197 頁．なお，同・読本 428〜429 頁）がある．的確な指摘であるというべきである．

第 5 節　実定法上の損失補償概念

● 1　学問上の損失補償概念と実定法上の損失補償概念

　これまで述べてきたのは，学問上の（講学上の）損失補償概念についてである．実定法上の損失補償概念は，学問上の損失補償概念と必ずしも同じではない．実定法上では，損失補償という用語が学問上の損失補償とは異なる意味で使用されていたり，逆に，別の用語が学問上の損失補償と同じ意味で使用されたりしている例が少なくない（この点については，宇賀・国家補償法 391〜392 頁参照）．なお，損失補償を定めている実定法の体系については，後に章を改めて考察する（第 2 章「実定損失補償法の体系」）．

● 2　実定法上で損失補償が別の意味で使用されている例

　実定法上では，「損失補償」あるいは「損失の補償」の用語は種々の意味で使用されている．そのいくつかの例を示しておこう．

1　消防法上の補償規定

　消防法 6 条 2 項は，防火対象物の改修等の命令を取り消す旨の判決があった場合において，「当該命令によつて生じた損失に対しては，時価によりこれを補償するものとする．」と規定している．この場合の補償の性質については，損害賠償的結果責任であるとする見解（秋山・国家補償法 228 頁），あるいは危険責任思想に立つ無過失責任であるとする見解（雄川・法理 411 頁）などがあり，いくらかの見解の対立があるものの，無過失の不法行為責任を規定したものであるという点では大体一致している（今村・入門 199 頁，塩野・行政法 II

第5節　実定法上の損失補償概念

381頁，宇賀・国家補償法391頁等参照）。同法29条3項は，破壊消防の場合についても，「損失の補償の要求があるときは，時価により，その損失を補償するものとする。」と規定しているが，これについても，結果責任を定めたものであるとする見解が有力である（原田尚彦「即時強制にともなう補償の性質」時の法令502号46～47頁（1964年），宇賀・国家補償法391頁等）。この点については，後に項を改めて考察する（後述855頁以下参照）。

2　文化財保護法上の補償規定

文化財保護法41条，52条は，文化庁長官による国宝の修理・公開等によって損失を受けた者に対する補償を定めている。この場合の補償の性質については，結果責任の一種であるとの立場（今村・入門200頁，塩野・行政法II 383頁，芝池・救済法講義311頁），無過失責任の立法化の一種であるとの立場（阿部・国家補償法325頁），危険責任の立法化の一種であるとの立場（秋山・国家補償法232頁）等が有力であり，いずれも学問上の損失補償とは区別している。この点についても，後に項を改めて考察する（789頁参照）。

3　実定法上で別の用語が損失補償の意味で使用されている例

これに対して，学問上の損失補償概念に該当するにもかかわらず，実定法上では別の用語がそれに当てられていることがある。例えば，建築基準法11条1項は，同法3条2項の規定により同法第3章の規定等の適用を受けないが，公益上著しく支障があると認められる建築物について，特定行政庁はその除却，修繕，使用の禁止・制限等を命ずることができるとして，この場合には，「当該建築物の所在地の市町村は，当該命令に基づく措置によつて通常生ずべき損害を時価によつて補償しなければならない。」と規定している。「損害」を補償しなければならないと規定しているが，ここでは適法な公権力の行使による財産権侵害の補償が問題となっているのであるから，学問上の損失補償を定めたものと理解すべきである。

また，農地法10条において買収の「対価」が規定されているが，これも学問上の損失補償に該当するものと理解すべきである（宇賀・国家補償法392頁参照）。農山漁村活性化法5条8項2号，7条2項4号，密集市街地整備法34条2項4号，沿道整備法10条の2第2項4号等も，所有権移転の「対価」につ

31

第1章 損失補償の概念

いて規定しているが,これも損失補償を規定しているものといってよい.

第2章　実定損失補償法の体系

第1節　概　説

　損失補償について規定している法律は，極めて多数に上る．ただ，それらの法律が規定している損失補償が，本来の意味における損失補償に当たらないものも少なくない．また，「損害補償」という用語を使用している法律も少なからず存在しており，それらは損失補償という用語を使用している法律群と区別されるべきであるか否かが問題となる．

　ここでは，前章「損失補償の概念」で説明した本来の意味における損失補償を規定している法律群を中心にして，体系的整理を行うが，損失補償以外の結果責任や公法上の危険責任等を規定している法律群についても若干の考察をする．第2部「損失補償法各論」で個々の実定法における損失補償規定の解説を行うに際しての予備的考察である．

第2節　損失補償と損害補償

● 1　「損失補償」「損失の補償」「損失を補償」

　法律の条項に「損失補償」（または「損失補償等」）という見出しを付している法律，あるいは条文の中で「損失補償」という用語を使用している法律は，海岸法，災害対策基本法，地すべり等防止法など，多数存在する．また，条項に「損失の補償」という見出しを付している法律，あるいは条文の中で「損失の補償」という用語を使用している法律も，都市再開発法，都市緑地法，周辺整備法など，相当数存在する．さらに，「損失を補償」という表現をしている法律も少なくない．ただ，「損失補償」の用語を使用している法律は，同時に，「損失の補償」あるいは「損失を補償」の用語を使用しているものが大半であるから，「損失補償」「損失の補償」「損失を補償」は，ほぼ同義語として使用されているものといってよい．例えば，都市再開発法では，97条の見出しは

「損失補償」となっているが，その2項では「損失の補償」の用語が使用されている．また，収用法では，第6章を「損失の補償」と題しているが，その70条の見出しは「損失補償の方法」となっている．

●2　「損害補償」「損害の補償」「損害を補償」

　法律の条項に「損害補償」という見出しを付している法律，あるいは条文の中で「損害補償」という用語を使用している法律は，新型インフルエンザ等対策特別措置法，災害対策基本法，国民保護法など，少なからず存在する．また，「損害の補償」という見出しを付している法律，あるいは条文の中で「損害の補償」という用語を使用している法律も，美術品損害補償法，国民保護法など，相当数存在する．さらに，「損害を補償」という表現をしている法律もある．

　ただ，国民保護法をみれば明らかなように，「損害補償」と「損害の補償」は同義語として使用されているものといってよい．同法は，160条の見出しは「損害補償」であるが，168条は「次に掲げる費用のうち，第164条から前条まで（第165条第2項及び前条第2項を除く．第3項において同じ．）の規定により地方公共団体が支弁したもので政令で定めるものについては，政令で定めるところにより，国が負担する」として，その4号において，「第159条から第161条までに規定する損失の補償若しくは実費の弁償，損害の補償又は損失の補てんに要する費用（地方公共団体に故意又は重大な過失がある場合を除く．）」と規定している．このことは，「損害を補償」という表現をしている法律についても同じである．

●3　「損失補償」と「損害補償」の異同

[1]　法律例

　個別実定法をみると，「損失補償等」と「損害補償」を別の条文で規定しているものが散見される．いくつかの事例で示せば，災害対策基本法は，82条（損失補償等）1項において，「国又は地方公共団体は，第64条第1項（同条第8項において準用する場合を含む．），同条第7項において同条第1項の場合について準用する第63条第2項，第71条，第76条の3第2項後段（同条第3項及び第4項において準用する場合を含む．），第76条の6第3項後段若しくは第4項又は第78条第1項の規定による処分が行われたときは，それぞれ，当該処分により通常生ずべき損失を補償しなければならない．」と規定している．そ

第 2 節　損失補償と損害補償

して，他方では，84条（応急措置の業務に従事した者に対する損害補償）1項において，「市町村長又は警察官，海上保安官若しくは災害派遣を命ぜられた部隊等の自衛官が，第65条第1項（同条第3項において準用する場合を含む．）の規定又は同条第2項において準用する第63条第2項の規定により，当該市町村の区域内の住民又は応急措置を実施すべき現場にある者を応急措置の業務に従事させた場合において，当該業務に従事した者がそのため死亡し，負傷し，若しくは疾病にかかり，又は障害の状態となつたときは，当該市町村は，政令で定める基準に従い，条例で定めるところにより，その者又はその者の遺族若しくは被扶養者がこれらの原因によつて受ける損害を補償しなければならない．」と規定し，その2項において，「都道府県は，第71条の規定による従事命令により応急措置の業務に従事した者がそのため死亡し，負傷し，若しくは疾病にかかり，又は障害の状態となつたときは，政令で定める基準に従い，条例で定めるところにより，その者又はその者の遺族若しくは被扶養者がこれらの原因によつて受ける損害を補償しなければならない．」と規定している．

また，新型インフルエンザ等対策特別措置法をみると，62条（損失補償等）1項は，「国及び都道府県は，第29条第5項，第49条又は第55条第2項，第3項若しくは第4項（同条第1項に係る部分を除く．）の規定による処分が行われたときは，それぞれ，当該処分により通常生ずべき損失を補償しなければならない．」と規定し，他方，63条（損害補償）1項は，「都道府県は，第31条第1項の規定による要請に応じ，又は同条第3項の規定による指示に従って患者等に対する医療の提供を行う医療関係者が，そのため死亡し，負傷し，若しくは疾病にかかり，又は障害の状態となったときは，政令で定めるところにより，その者又はその者の遺族若しくは被扶養者がこれらの原因によって受ける損害を補償しなければならない．」と規定している．

さらに，国民保護法も，159条（損失補償等）1項は，「国及び地方公共団体は，第81条第2項，第3項若しくは第4項（同条第1項に係る部分を除く．），第82条，第113条第1項若しくは第3項（同条第1項に係る部分に限る．），同条第5項（同条第1項に係る部分に限る．）において準用する災害対策基本法第64条第7項若しくは第8項，第125条第4項又は155条第2項において準用する同法第76条の3第2項後段（同条第3項又は第4項において準用する場合を含む．）の規定による処分が行われたときは，それぞれ，当該処分により通常生ずべき損失を補償しなければならない．」と規定し，他方，160条（損害補

償）1項は，「国及び地方公共団体は，第70条第1項（同条第3項において準用する場合を含む.），第80条第1項，第115条第1項又は第123条第1項の規定による要請を受けて国民の保護のための措置の実施に必要な援助について協力をした者が，そのため死亡し，負傷し，若しくは疾病にかかり，又は障害の状態となったときは，政令で定めるところにより，その者又はその者の遺族若しくは被扶養者がこれらの原因によって受ける損害を補償しなければならない.」と規定している．

そのほか，消防法29条3項は，「消防長若しくは消防署長又は消防本部を置かない市町村においては消防団の長は，消火若しくは延焼の防止又は人命の救助のために緊急必要があるときは，前2項に規定する消防対象物及び土地以外の消防対象物及び土地を使用し，処分し又はその使用を制限することができる．この場合においては，そのために損害を受けた者からその損失の補償の要求があるときは，時価により，その損失を補償するものとする.」と規定し，他方で，36条の3第1項は，「第25条第2項（第36条第8項において準用する場合を含む.）又は第29条第5項（第30条の2及び第36条第8項において準用する場合を含む.）の規定により，消火若しくは延焼の防止若しくは人命の救助その他の消防作業に従事した者又は第35条の10第1項の規定により市町村が行う救急業務に協力した者が，そのため死亡し，負傷し，若しくは疾病にかかり又は障害の状態となつた場合においては，市町村は，政令で定める基準に従い条例の定めるところにより，その者又はその者の遺族がこれらの原因によって受ける損害を補償しなければならない.」と規定している．水防法28条，45条，河川法22条3項・6項等も同様である．

2 両者の異同

上記の法律例の各条項をみれば，「損失補償等」の対象が財産的損失であるのに対して，「損害補償」の対象は生命・身体的被害になっている．財産権は公共の福祉のために意図的に侵害できるのに対して，生命・身体・健康は，いかに公共の福祉のためとはいえ，意図的に侵害することはできないものである．このように，主として被害対象（被害法益）の相違により，両者が区別されている．

災害対策基本法の解説書（防災行政研究会編『逐条解説災害対策基本法〔第3次改訂版〕』519～5207頁（ぎょうせい，2016年））によれば，「本条〔84条，筆者

注〕は，本法第82条第1項が物的応急公用負担の場合における損失補償，第2項が都道府県知事が行う従事命令の場合の実費弁償について規定しているのに対して，人的応急公用負担の場合における死亡，負傷等に係る損害補償について規定している」ということである．また，新型インフルエンザ等対策特別措置法の解説書（新型インフルエンザ等研究会編『逐条解説新型インフルエンザ等対策特別措置法』248頁（中央法規出版，2013年））によれば，「医療の実施の要請等に基づき医療を行った医療関係者に対する損害補償は，新型インフルエンザ等患者への医療提供は感染拡大と発症による健康被害を最小限に抑えるため極めて重要な業務であるとともに直接患者と接する業務であるという業務の特殊性や，新型インフルエンザ等のウイルス等に感染し，発症するリスクが高いという感染リスクの高さといった特別な事情に鑑み，設けているものである」ということである．

ところが，景観法70条1項のように，財産権への意図的侵害であるにもかかわらず，通常生ずべき「損害」を補償する，と規定しているものがある．ただ，これが損失補償と損害賠償を意識的に区別して規定したものであるか否かは，必ずしも明確ではない．生命・身体・健康上の被害が対象になっているわけではないが，本来の意味における損失補償とは若干性質が異なるという意味で，「損害」という用語が使用されているのではないかとも考えられる．

3 結果責任・公法上の危険責任

災害対策基本法，水防法，消防法，河川法等で規定している「損害補償」は，身体的被害に対する補償を定めたものであり，いわば一種の公務災害補償を定めたものである．このことからすれば，本来の意味における損失補償概念には該当しないことになる．また，国民保護法160条等の規定も，同様のものといってよい．ここでは，違法性も故意・過失も要件とされておらず，責任類型からみれば，結果責任または公法上の危険責任に属するものである．

4 文化財保護法の改正

文化財保護法の旧41条1項，45条2項，52条1項，55条3項等は，「損害を補償」という用語を使用していた．法改正により，現在では，「損失を補償」という用語に改められている．この改正がどのような事情によるものであるかは，必ずしも明確ではないが，「損害」という用語使用に疑問が提起され，

再検討された結果ではないかと思われる（今村・人権叢説226～227頁，内田新「文化財保護法概説・各論（5）」自治研究59巻12号37頁（1983年），同「文化財保護法概説・各論（8）」自治研究60巻4号58頁以下（1984年）参照）．

第3節　財産権の剥奪・使用・制限等

● 1　財産権の剥奪に対する損失補償

　財産権の剥奪に対する損失補償を規定している法律としては，まず，収用法がある．損失補償法については一般法は存在しないが，収用法がそれに類する地位を有している．同法は，第6章を「損失の補償」と題して，68条～94条に損失補償についての規定を設けている．公共用地取得特別措置法20条，21条は，緊急裁決の場合の損失補償について規定している．

　また，農地法は，農地の買収対価を規定している．その10条は「対価」という見出しで，「対価は，政令で定めるところにより算出した額とする．」と規定している．この対価は，講学上の損失補償に該当する（前述31頁，後述595頁参照）．農山漁村活性化法5条8項2号，7条4号，密集市街地整備法34条2項4号，沿道整備法10条の2第2項4号等も，所有権移転の「対価」について規定しているが，これも損失補償を規定しているものといってよい．

　さらに，海岸法22条は，漁業権の取消し等による損失の補償を規定している．河川法22条3項は，土石，竹木その他の資材の収用に対する損失補償を規定している．

　そのほか，米軍用地特措法は，1条において，「この法律は，日本国とアメリカ合衆国との間の相互協力及び安全保障条約第6条に基づく施設及び区域並びに日本国における合衆国軍隊の地位に関する協定を実施するため，日本国に駐留するアメリカ合衆国の軍隊（以下「駐留軍」という．）の用に供する土地等の使用又は収用に関し規定することを目的とする．」とし，3条において，「駐留軍の用に供するため土地等を必要とする場合において，その土地等を駐留軍の用に供することが適正且つ合理的であるときは，この法律の定めるところにより，これを使用し，又は収用することができる．」として，14条において，この法律に特別の定めのある場合を除くほか収用法の規定を適用する，と定めている．

2 土地の立入り・一時使用等に対する損失補償

　土地の立入り・一時使用等に対する損失補償を規定している法律も少なくない．基本的な規定は収用法91条であり，その1項は，「第11条第3項，第14条又は第35条第1項の規定により土地又は工作物に立ち入つて測量し，調査し，障害物を伐採し，又は土地に試掘等を行うことに因つて損失を生じたときは，起業者は，損失を受けた者に対して，これを補償しなければならない．」と規定している．また，都市計画法は，25条において「調査のための立入り等」を，26条において「障害物の伐除及び土地の試掘等」を規定し，28条において「土地の立入り等に伴う損失の補償」の見出しの下で，「国土交通大臣，都道府県又は市町村は，第25条第1項又は第26条第1項若しくは第3項の規定による行為により他人に損失を与えたときは，その損失を受けた者に対して，通常生ずべき損失を補償しなければならない．」と規定している．

　同趣旨の規定は，都市再開発法63条，土地区画整理法73条，首都圏近郊緑地保全法6条7項，密集市街地整備法194条1項，特定外来生物による生態系等に係る被害の防止に関する法律14条，道路法69条，地すべり等防止法6条8項，急傾斜地法5条8項等にも置かれている．

3 財産権の制限に対する損失補償

　財産権（中心となるのは土地所有権）の利用制限に対する損失補償を規定している法律も少なくない．自然環境保全法は，33条1項において，「国は，第25条第4項，第26条第3項第7号若しくは第27条第3項の許可を得ることができないため，第25条第5項，第26条第4項若しくは第27条第4項において準用する第17条第2項の規定により許可に条件を付されたため，又は第28条第2項の規定による処分を受けたため損失を受けた者に対して，通常生ずべき損失を補償する．」と規定している．また，自然公園法は，64条1項において，「国は国立公園について，都道府県は国定公園について，第20条第3項，第21条第3項若しくは第22条第3項の許可を得ることができないため，第32条の規定により許可に条件を付されたため，又は第33条第2項の規定による処分を受けたため損失を受けた者に対して，通常生ずべき損失を補償する．」と規定している．同趣旨の規定は，景観法24条，鳥獣保護管理法32条，湖沼水質保全特別措置法34条，都市緑地法7条，古都保存法9条，森林法35条等

にも置かれている.

　自衛隊法は, 105条1項において,「防衛大臣は, 自衛隊の行う訓練及び試験研究のため水面を使用する必要があるときは, 農林水産大臣及び関係都道府県知事の意見を聴き, 一定の区域及び期間を定めて, 漁船の操業を制限し, 又は禁止することができる.」と規定し, 2項において,「国は, 前項の規定による制限又は禁止により, 当該区域において従来適法に漁業を営んでいた者が漁業経営上こうむつた損失を補償する.」と規定している. また, 米軍漁船操業制限法は, 1条において,「防衛大臣は, 日本国とアメリカ合衆国との間の相互協力及び安全保障条約に基づき日本国にあるアメリカ合衆国の陸軍, 空軍又は海軍が水面を使用する場合において, 必要があるときは, 農林水産大臣の意見をきき, 一定の区域及び期間を定めて, 漁船の操業を制限し, 又は禁止することができる.」とし, 2条1項において,「国は, 前条の規定による制限又は禁止により, 当該区域において従来適法に漁業を営んでいた者が漁業経営上こうむつた損失を補償する.」と規定している. これらの規定も, 財産権の制限に対する損失補償を定めるものである.

第4節　事業損失補償

　事業損失の補償を定めている実定法が少なからず存在する. そのいくつかをみておくことにしよう.

●1　収用法等におけるみぞかき補償

　収用法93条は, みぞかき補償について定めた規定である. みぞかき補償は事業損失補償の一種であり, また, 土地所有者・関係人以外の者に対してなされることからすれば, 第三者補償でもある (前述18頁, 後述397頁参照). 同条にならって同趣旨の規定を置くものとして, 河川法21条, 海岸法19条, 道路法70条等がある.

●2　周辺整備法等における事業損失補償

　周辺整備法は, 13条1項において,「自衛隊の次に掲げる行為により, 従来適法に農業, 林業, 漁業その他政令で定める事業を営んでいた者がその事業の経営上損失を受けたときは, 国がその損失を補償する.」として, ①航空機の

離陸，着陸等のひん繁な実施，機甲車両その他重車両のひん繁な使用または艦船若しくは舟艇のひん繁な使用で政令で定めるもの，②射撃，爆撃その他火薬類の使用のひん繁な実施で政令で定めるもの，③その他政令で定める行為，を掲げている．航空機騒音防止法は，10条1項において，「特定飛行場の設置者は，政令で定めるところにより，当該飛行場における航空機の離陸又は着陸のひん繁な実施により，従来適法に農業その他政令で定める事業を営んでいた者がその事業の経営上損失をこうむつたときは，その損失を補償する．」と規定している．特定空港周辺特別措置法は，7条1項において，「特定空港の設置者は，航空機騒音障害防止特別地区内の土地について第5条第2項（同条第5項において準用する場合を含む．）の規定による用益の制限により通常生ずべき損失を，当該土地の所有者その他の権原を有する者に対し，補償しなければならない．」と規定している．

3 米軍特別損失補償法における事業損失補償

米軍特別損失補償法は，1条1項において，「日本国とアメリカ合衆国との間の相互協力及び安全保障条約に基づき日本国にあるアメリカ合衆国軍隊又は日本国における国際連合の軍隊の地位に関する協定に基き日本国内にある国際連合の軍隊（以下「アメリカ合衆国軍隊等」と総称する．）の左に掲げる行為により，従来適法に農業，林業，漁業又は政令で定めるその他の事業を営んでいた者がその事業の経営上損失をこうむつたときは，国がその損失を補償する．」として，①防潜網その他の水中工作物の設置もしくは維持，水面の利用上必要な施設であって政令で定めるものの除去・損壊もしくは変更または水質の汚毒，障がい物の遺棄その他水面の利用を著しく阻害する行為であって政令で定めるもの，②防風施設，防砂施設，防災施設その他農地，牧野もしくは林野等の利用上必要な施設であって政令で定めるものの除去・損壊もしくは変更または農地・牧野もしくは林野等の利用を著しく阻害する行為であって政令で定めるもの，③その他政令で定める行為，を掲げている．

第5節　生活権補償

生活権補償のうちの生活再建措置について定めている実定法が，若干存在する．そのいくつかをみておくことにしよう．

第2章　実定損失補償法の体系

●1　水源地域対策特別措置法における生活再建措置

　水特法8条は,「関係行政機関の長,関係地方公共団体,指定ダム等を建設する者及び整備事業を実施する者は,指定ダム等の建設又は整備事業の実施に伴い生活の基礎を失うこととなる者について,次に掲げる生活再建のための措置が実施されることを必要とするときは,その者の申出に基づき,協力して,当該生活再建のための措置のあつせんに努めるものとする.」と規定して,①宅地,開発して農地とすることが適当な土地その他の土地の取得に関すること,②住宅,店舗その他の建物の取得に関すること,③職業の紹介,指導または訓練に関すること,④他に適当な土地がなかったため環境が著しく不良な土地に住居を移した場合における環境の整備に関すること,を掲げている.

●2　収用法・公共用地特別措置法における生活再建措置

　収用法139条の2は,「第26条第1項（第138条第1項において準用する場合を含む.）の規定によつて告示された事業に必要な土地等を提供することによつて生活の基礎を失うこととなる者は,その受ける対償と相まつて実施されることを必要とする場合においては,次に掲げる生活再建のための措置の実施のあつせんを起業者に申し出ることができる.」と規定して,①宅地,開発して農地とすることが適当な土地その他の土地の取得に関すること,②住宅,店舗その他の建物の取得に関すること,③職業の紹介,指導または訓練に関すること,を掲げている.また,公共用地取得特別措置法47条は,「特定公共事業に必要な土地等を提供することによつて生活の基礎を失うこととなる者は,前条の規定による要求をする場合において必要があるとき,又はその受ける対償と相まつて実施されることを必要とする場合においては,生活再建又は環境整備のための措置で次の各号に掲げるものの実施のあつせんを都道府県知事に申し出ることができる.」と規定して,①宅地,開発して農地とすることが適当な土地その他の土地の取得に関すること,②住宅,店舗その他の建物の取得に関すること,③職業の紹介,指導または訓練に関すること,④他に適当な土地がなかったため環境が著しく不良な土地に住居を移した場合における環境の整備に関すること,を掲げている.

3 その他の法律における生活再建措置

そのほか，同趣旨のものとして，都市計画法74条，大都市地域における住宅及び住宅地の供給の促進に関する特別措置法86条，国土開発幹線自動車道建設法9条，琵琶湖総合開発特別措置法7条，発電用施設周辺地域整備法4条，米軍用地特措法26条等がある．

第6節　付随的損失の補償

付随的損失とは，土地収用や土地利用制限等に通常付随して生ずる損失をいう．枚挙に暇がないほど，極めて多くの個別実定法が付随的損失の補償を規定している（収用法88条，都市再開発法97条，自然公園法64条，災害対策基本法82条等）．個別法上では，「通常生ずべき損失」「通常生ずる損失」「通常受ける損失」「通常受けるべき損失」という用語が使用されているが，同義語であるといってよい．これは，広義における財産権補償に含まれる（後述109頁参照）．

第7節　土地の買取請求・買取り・買入れ

1 損失補償の代替的機能

土地の買取請求や買取り，買入れを規定している実定法が少なくない．これは，土地の利用が規制されている場合に，被規制者としては，損失補償よりも土地を買い取ってもらった方が救済になる場合があり，また，行政側としても，土地所有権自体を取得した方が行政目的達成のために都合がよい場合があるからである．損失補償の代替的機能を果たしており，これも，広い意味では，損失補償に相当するものといってよい（荒秀＝小高剛編『都市計画法規概説』334頁（信山社，1998年〔小高執筆〕，荒秀「土地利用規制と補償」行政法大系⑥ 285頁，安本典夫『都市法概説〔第3版〕』390頁（法律文化社，2017年）等参照．なお，後述144頁，469頁以下参照）．

2 土地の買取請求

土地の買取請求について規定しているのは，都市計画法52条の4，57条の

5，68条，密集市街地整備法285条等である．都市計画法52条の4第1項は，「市街地開発事業等予定区域に関する都市計画において定められた区域内の土地の所有者は，施行予定者に対し，国土交通省令で定めるところにより，当該土地を時価で買い取るべきことを請求することができる．」と規定している．また，密集市街地整備法285条は，「都市計画法第52条の4第1項から第3項までの規定は，施行予定者が定められている防災都市計画施設の区域内の土地の当該施行予定者に対する買取請求について準用する．」と規定している．

●3 土地の買取り

土地の買取りについて規定しているのは，都市計画法56条，都市再開発法7条の6，公有地の拡大の推進に関する法律5条，国土利用計画法19条，32条〜35条，被災市街地復興特別措置法8条，沖縄県における駐留軍用地跡地の有効かつ適切な利用の推進に関する特別措置法15条，沖縄県の区域内における位置境界不明地域内の各筆の土地の位置境界の明確化等に関する特別措置法20条，地方拠点都市地域の整備及び産業業務施設の再配置の促進に関する法律22条，大都市地域における住宅及び住宅地の供給の促進に関する特別措置法8条等である．

これらのうち，いくつかのものをみれば，まず，都市計画法56条1項は，「都道府県知事等（前条第4項の規定により，土地の買取りの申出の相手方として公告された者があるときは，その者）は，事業予定地内の土地の所有者から，同条第1項本文の規定により建築物の建築が許可されないときはその土地の利用に著しい支障を来すこととなることを理由として，当該土地を買い取るべき旨の申出があつた場合においては，特別の事情がない限り，当該土地を時価で買い取るものとする．」と規定している．また，都市再開発法7条の6第3項も，「建築許可権者（前項の規定により，土地の買取りの申出の相手方として公告された者があるときは，その者）は，市街地再開発促進区域内の土地の所有者から，第7条の4第1項の許可がされないときはその土地の利用に著しい支障を来すこととなることを理由として，当該土地を買い取るべき旨の申出があつたときは，特別の事情がない限り，当該土地を時価で買い取るものとする．」と規定している．

4 土地の買入れ

　土地の買入れについて規定しているのは，都市緑地法17条，首都圏近郊緑地保全法4条，特定空港周辺特別措置法8条，周辺整備法5条，航空機騒音防止法9条，歴史まちづくり法29条，沿道整備法11条，古都保存法11条，明日香法2条等である．

　これらのうち，いくつかのものをみれば，まず，都市緑地法17条1項は，「都道府県等は，特別緑地保全地区内の土地で当該緑地の保全上必要があると認めるものについて，その所有者から第14条第1項の許可を受けることができないためその土地の利用に著しい支障を来すこととなることにより当該土地を買い入れるべき旨の申出があつた場合においては，第3項の規定による買入れが行われる場合を除き，これを買い入れるものとする．」と規定している．また，特定空港周辺特別措置法8条1項も，「特定空港の設置者は，航空機騒音障害防止特別地区内の土地の所有者から第5条第2項（同条第5項において準用する場合を含む．）の規定による用益の制限のため当該土地の利用に著しい支障をきたすこととなることにより当該土地を特定空港の設置者において買い入れるべき旨の申出があつた場合においては，当該土地を買い入れるものとする．」と規定している．

5 土地の買取請求・買取り・買入れの異同

　このように，実定法上では，買取請求・買取り・買入れの用語が使用されている．しかし，これら三者間に相違があるのか否か，あるとすればどのように使い分けられているのかは，必ずしも明確ではない．

　都市計画法52条の4等における買取請求については，但書において，「ただし，当該土地が他人の権利の目的となつているとき，及び当該土地に建築物その他の工作物又は立木に関する法律（明治42年法律第22号）第1条第1項に規定する立木があるときは，この限りでない．」となっているのに対して，買取りについて規定している同法56条1項では，「許可されないときはその土地の利用に著しい支障を来すこととなることを理由として，当該土地を買い取るべき旨の申出があつた場合」となっている．買入れについて規定している都市緑地法17条1項も，ほぼ同趣旨である．このような法文上の相違からすれば，おそらく，買取請求の場合は施行予定者等に買い取るか否かについて裁量の余

第2章　実定損失補償法の体系

地が認められていないのに対して，買取りや買入れの場合には，施行予定者等に裁量の余地が認められているということではないかと思われる．土地の買取りを規定している条項では，「特別の事情がない限り」という文言が付加されていることからしても，特別の事情の存否についての判断に際しては，裁量の余地が認められているものと解さざるをえない．もちろん，裁量の余地が認められているとはいっても，その裁量の範囲は極めて狭いものというべきであろう（後述145頁，472頁参照）．

　都市再開発法7条の6第3項も，前述のように，土地の買取りについて規定している．この趣旨について，文献においては，「この制度において，『土地の利用に著しい支障を来すこととなる』ことが買取りを行う実質的要件であるのか，それとも土地所有者がそのような理由を挙げている以上，その理由の実質の存否に立ち入ることはせずに，特別の事情のない限り申出に応じなければならないのかが問題となる．円滑な再開発の実現を図る趣旨から，理由の実質の存否にまで立ち入るべきではないと考えたい」と説かれている（碓井・都市行政法精義Ⅰ456頁）．

第3章　損失補償の根拠

第1節　概　説

　損失補償の根拠については，合理的根拠（理論的根拠）と法的根拠（法律上の根拠）を区別することができる．前者は何故に損失補償が必要であるかについての問題であるのに対して，後者は損失補償を定めた実定法の存否についての問題である．合理的根拠が認められる場合であっても法的根拠が存在するとは限らないから，両者は一応区別される必要がある．

　合理的根拠の探究の必要性について，田中「公法上の損失補償制度に就て」同・賠償補償 207 頁（初出 1937 年）は，戦前においてすでに，次のように説いていた．「我が現行實定法上の損失補償制度を見ると，規定はまちまちで，そこには未だ明確な統一的原理を發見し得ないのみならず，個々の規定に付ても，それが果して合理的根據に基くものであるかどうかの疑はしい場合が多い．法律上根據のない偶然性・不劃一性を排し合理的な制度を樹立する爲めには，先づ損失補償の法律制度としての合理的根據をたづねねばならぬ．此の制度の意義並に其の合理的根據を理解することによつて，實定法規の運用に一定の基準を與へ得るのみならず，將來に於ける立法に對しても正しい指針を與へ得るであらう．」そして，その上で，合理的根拠についての学説を既得権説，恩恵説，公用徴収説，特別犠牲説に分けて，これらのうち特別犠牲説が比較的妥当な見解であるとしていた（同書 221～222 頁）．

　ここでは，主として法的根拠について考察し，合理的根拠については簡単に触れるにとどめる．法的根拠としては，法律上の根拠と憲法上の根拠がある．

　そのほか，法的根拠とはいえないが，実務上重要な機能を果たしているものとして，損失補償基準要綱や用対連基準等の補償基準がある．これらの補償基準は，起業者の内部基準であり，本来は任意買収の場合の基準にすぎないが，現実には，収用法上の補償規定の内容を具体化したものとして，法律上の補償規定と同列に扱われることが少なくない．

第3章　損失補償の根拠

第2節　合理的根拠

● 1　学説の分類

1　概　説

　憲法29条3項は,「私有財産は, 正当な補償の下に, これを公共のために用ひることができる.」と規定している. しかし, この条項は, 私有財産を公共のために用いる場合には正当な補償を要することを定めているだけであって, 何故に損失補償を要するかという損失補償の合理的根拠を示しているわけではない. したがって, 合理的根拠は別に求められなければならないが, これについては, 平等原則, 財産権保障, 生活権保障等が考えられる. これらのうちのいずれに重点を置くかによって, 学説は, ①平等負担説, ②財産権保障説, ③平等負担・財産権保障説, ④平等負担・財産権保障・生活権保障説に分類される. ③説が通説である（学説の分類と分析については, 下山・国家補償法285頁, 松島諄吉「損失補償」遠藤博也＝阿部泰隆編『講義行政法Ⅱ〔行政救済法〕』47頁以下（青林書院新社, 1982年), 秋山・国家補償法152頁, 遠藤博也「損失補償の基本原則」中川＝兼子・収用税金173頁以下, 同・スケッチ193頁, 阿部・国家補償法260頁, 小高・買収と補償9〜10頁, 同・研究197頁以下, 小澤・収用法下1頁以下等参照).

2　平等負担説

　この説は, 公共のために特定の個人のみに財産上の損失を与えることは平等負担の原理に反するから, この不平等を全体の負担において是正しなければならず, これが損失補償である, という. 土地収用における損失補償についてではあるが,「土地収用において被収用者が損失の補償を与えられるのは, 違法にその権利を剝奪せられたためでもなく, 又対価の支払を条件として権利の移転を承諾したためでもなく, 権利は法律の規定に基いて適法に一方的に取得せられ, 従って被収用者はそれに依っては法律上は単に失うべきものを失ったに止まり, 有すべきものを失ったのではなく, 従って又, その限りにおいては補償を受くべき理由はないのであるが, ただそれがそれとは別に存する平等の理想に違反するものであるために, この別に存する平等の見地から補償が与えら

れるのであって，これが土地収用における損失の補償の根拠である．即ち土地収用において被収用者が損失の補償を与えられるのは，決して単に損失を受けたがためではなく，一にその受けた損失が不平等の損失であるがためである」との見解（柳瀬・公用負担法257〜258頁．なお，同『人権の歴史』64頁以下（明治書院，1949年））が，その代表的なものである．

3 財産権保障説

この説は，公共のために特定個人の私有財産を侵害した場合には，財産権不可侵の原則を貫徹するために損失補償が必要となる，と説く．「憲法は財産剥奪のなかに財産不可侵の原則を貫くために，損失部分を貨幣価値の形で復旧しようとしたのである．これが憲法が補償を認めた合理的な理由である」との見解（結城光太郎「『正当な補償』の意味」公法研究11号84頁（1954年））が，その代表的なものである．

4 平等負担・財産権保障説

この説は，平等負担の原則と財産権保障に損失補償の合理的根拠を求める立場である．すなわち，財産権の保障と平等負担の原則との両方から考察を加える必要があるとして，財産権保障については，「近代憲法は，個人の財産権を保障し，その上に，資本主義経済を発展させた．損失補償制度は，かかる私有財産制に不可欠の礎石として，近代憲法により，ほとんど例外なく，明文の規定をもって補償されて来たのである」と説明し，平等負担の原則については，「国が個人の損失を補償するということは，いうまでもなく，個人の損失を全体の負担に転嫁することを意味することである．従ってそれは，個人の損失を，その者の負担に止めておくことは適当ではない，と考えられる場合には，十分に理由のある制度だということになる．そして，このような事態は，近代憲法の基本原則の一たる平等原則に反する場合に考えられることであるから，結局，損失補償制度というものは，不平等な負担を平等な（すなわち全体の）負担に転嫁するための技術的手段だということになるのであって，ここに，この制度の，機能面における存在理由が見出されることになる」との見解（今村・制度研究24頁以下）が，その代表的なものである（同旨，小高・収用法365頁．なお，兼子・行政法学163頁，原田・要論269頁，藤田・総論583頁以下，全国建設研修センター・用地取得と補償64頁等参照）．

裁判例の中にも，この立場に立つことを明言しているものがある．福岡地大牟田支判昭和 55・2・25（訟月 26 巻 5 号 730 頁）は，「損失補償の根拠については被告主張のとおり種々の見解が唱えられているが，当裁判所は被告所論のとおり私有財産の補償と平等負担の原則から説く見解を妥当と考える」と説示している．

5 平等負担・財産権保障・生活権保障説

　この説は，平等負担の原則と財産権保障のほかに，生活権保障を加えて，これらの 3 原理から損失補償を根拠づけようとする．すなわち，「損失補償制度は，私有財産制と密接な関係があるとはいうものの，単にこれに尽きず，憲法上の他の諸原理との関連，公用収用制度の変遷に伴う生活権保障の側面，その他手続的な側面など，多面的な複雑な相貌をそなえた問題なのである．……近時の損失補償制度の展開にみられる新しい傾向は，単なる財産権の保障をこえて『生活』の保障が要請されている」との見解（遠藤・前掲（中川＝兼子・収用税金）174〜175 頁．なお，同・実定行政法 230〜231 頁，同・行政救済法 199 頁参照）が，その代表的なものである（同旨，渡辺・土地と財産権 240 頁以下，宮崎・補償と鑑定 20 頁以下）．

● 2　学説の検討

1 生活権補償の合理的根拠

　土地・建物等の財産権自体については，平等負担・財産権保障説が妥当であることにはほとんど異論はない．しかし，損失補償の中には財産権補償だけではなく，生活権補償や精神的損失補償も含まれるから，これらがこの説によって適切に説明できるか否かが問題となる．生活権補償とは，個人の生活基盤の侵害に対して生存権保障の理念に基づいてなされる補償のことであるから，これを説明するためには，むしろ，平等負担・財産権保障・生活権保障説が妥当であろう．

2 精神的損失補償の合理的根拠

　精神的損失補償の要否については，否定説が通説・判例であるが，最近では肯定説も有力になっている．否定説に立てば，ここでこれ以上触れる必要はないが，本書では後述するように（126 頁以下），肯定説に立っているので，補償

の合理的根拠を一応明らかにしておかなければならない．そこで，肯定説が挙げている理由をみると，その主たるものは，先祖伝来の土地を去ることに伴う精神的苦痛は財産権補償によってはこれを慰謝することができない，ということである．この理由からすれば，ここでもまた平等負担・財産権保障説では十分でないということになる．しかし，同時に，平等負担・財産権保障・生活権保障説でも適切に説明することは困難である．精神的損失に対する補償を適切に説明するものとしては，平等負担・財産権保障説に「個人の尊重」を付加した説が妥当であろう．

第３節　法律上の根拠

　損失補償の具体的内容は，財産権補償，生活権補償，精神的損失補償，事業損失補償等に大別される．以下，それぞれについて，法律上の根拠について考察するが，ここでは簡単な検討にとどめて，後に改めて詳論することにする（後述 108 頁以下，117 頁以下，135 頁以下参照）．

1　財産権補償についての法律上の根拠

　土地の収用・使用による財産権侵害については，収用法 68 条以下に一般的な補償規定がある．そのほか，公共用地取得特別措置法 23 条，27 条，30 条，土地区画整理法 78 条，109 条，道路法 69 条，70 条，海岸法 18 条，19 条，河川法 21 条，22 条，消防法 29 条 3 項，水防法 21 条 2 項等も財産権補償を規定している（前述 38 頁参照）．

　公用制限による財産権侵害については，都市緑地法 10 条 1 項，自然公園法 64 条 1 項，古都保存法 9 条 1 項等が「通常生ずべき損失」の補償を規定している．また，都市計画法 52 条の 5，57 条の 6，60 条の 3 等は，都市計画の変更・廃止による財産的損失の補償を規定している（前述 39 頁参照）．

2　生活権補償の法律上の根拠

　生活権補償については，公共用地取得特別措置法 47 条 5 項や都市計画法 74 条 1 項等のわずかな法律の中に「生活再建措置」について規定されている（前述 42 頁，後述 475 頁以下参照）．最近の収用法の改正により，同法 139 条の 2 にも生活再建措置が規定された（後述 409 頁以下参照）．しかし，これらの規定は

第3章　損失補償の根拠

訓示規定にすぎないと解するのが行政実務の動向である．損失補償基準要綱は，その45条において少数残存者補償を，46条において離職者補償を定めているが，これは要綱であって，法的根拠とはいえない．

●3　精神的損失補償の法律上の根拠

法律上の根拠としては，収用法88条が考えられる．同条は，「通常受ける損失」の補償を定めた規定である．通常受ける損失の中に精神的損失も含まれるとすれば，これが法律上の根拠となりうるが，反対説が少なくない（後述355頁以下参照）．

●4　事業損失補償の法律上の根拠

事業損失には，財産的損失，身体的被害，精神的被害の種別がある（後述165頁以下参照）．これらのうち財産的損失については，実定法上に若干の補償規定を見出すことができる．例えば，みぞかき補償についての収用法93条，道路法70条，河川法21条等がその代表的な例である．航空機騒音や道路騒音等の防止対策を定めている法律（航空機騒音防止法8条の2，9条，周辺整備法4条，5条，特定空港周辺特別措置法8条，9条，沿道整備法13条等）も，防音工事費の助成や建物の移転補償等を定めており，事業損失補償の法律上の根拠といってよい（前述40頁，後述396頁以下参照）．

そのほか，空港・道路からの騒音被害等については，国賠法2条1項（公の営造物の設置管理の瑕疵に基づく損害の賠償責任）に基づいて，その設置管理者である国・公共団体の損害賠償責任が肯定された事例が少なくない．大阪空港騒音公害訴訟の最大判昭和56・12・16（民集35巻10号1369頁），国道43号線騒音公害訴訟の最判平成7・7・7（民集49巻7号1870頁）が著名である．新幹線の高架橋による日照阻害についても，同様に，国賠法2条1項に基づいて損害賠償責任が認められている（鹿児島地判平成19・4・25判時1972号126頁）．これらの判例は，損害賠償的構成をしたものであるが，実質的には損失補償責任を認めたものと解することもできる（後述176頁参照）．

第4節　憲法上の根拠

● 1　直接憲法29条3項に基づく補償請求の可否

1　学説の動向

　法律上の根拠さえ明確であれば，それ以上に憲法上の根拠を問題にする必要はない．しかし，法律上の根拠が欠けていたり，あるいは法律上の根拠があっても，その補償内容が不十分と思われる場合には，直接憲法29条3項の規定に基づいて補償（または差額）を請求できるか否かが問題となる．

　このような場合については，学説は立法指針説，違憲無効説，直接請求権発生説に分かれている（学説の分類については，野村武司「判解」行政判例百選II〔第7版〕517頁参照）．立法指針説は，憲法上の規定は単なる立法の指針を定めたものにすぎなず，法令に明文の規定がなければ損失補償の請求をすることができない，という．この説は，現行憲法施行当初には有力であったが，これでは明治憲法27条についての当時の通説と同じであり，現行憲法29条の趣旨には適合しないとの批判が強くなり，現在ではほとんど主張されていない．

　したがって，残るのは後二説である．違憲無効説は，当該法律は違憲無効になるという．これに対して，直接請求権発生説は，直接憲法29条3項に基づいて補償を請求できると説く．かつては違憲無効説が有力であったが，今村成和が直接請求権発生説を主張して以来，この説の支持者が徐々に多くなってきて，現在ではこれが通説となっている（学説の長短については，今村・国家補償法70頁以下，阿部・国家補償法262頁以下，同・解釈学II 393頁以下，宮田・国家責任法227頁，塩野・行政法II 359～360頁，宇賀・国家補償法394頁以下，同・行政法概説II 503頁以下等参照）．

2　判例の動向

　判例をみると，かつては違憲無効説に立つものもあったが，現在では直接請求権発生説が判例となっている．最初の最高裁判例は，最大判昭和43・11・27（刑集22巻12号1402頁）であり，傍論においてではあるが，直接請求権発生説に立つべきことを判示した（下級審のものとしては，すでに東京地判昭和34・3・25判時180号9頁が，直接請求権発生説に立って損失補償の支払いを命じて

第3章　損失補償の根拠

いた）．

　最大判昭和43・11・27の事案は，河川附近地制限令違反に関する刑事事件であるが，同令に損失補償の規定がないために，同令の違憲無効が争われたものである．同判決は，次のように述べている．「〔河川附近地制限令〕4条2号による制限について同条に損失補償に関する規定がないからといって，同条があらゆる場合について一切の損失補償を全く否定する趣旨とまでは解されず，本件被告人も，その損失を具体的に主張立証して，別途，直接憲法29条3項を根拠にして，補償請求をする余地が全くないわけではないから，単に一般的な場合について，当然に受忍すべきものとされる制限を定めた同令4条2号およびこの制限違反について罰則を定めた同令10条の各規定を直ちに違憲無効の規定と解すべきではない．」

　最高裁のその後の判例においても，この最判昭和43・11・27が引用されている．最判昭和50・3・13（裁判集民事114号343頁），最判昭和50・4・11（訟月21巻6号1294頁），最判平成22・2・23（裁判集民事233号55頁）等である．下級審の裁判例も，この最高裁判例に従っている（京都地判昭和48・1・26訟月20巻1号12頁，大阪高判昭和49・9・11訟月20巻12号87頁，山口地判昭和61・3・13訟月32巻12号2756頁等）．

　そのほか，予防接種事故集団訴訟の東京地判昭和59・5・18（訟月30巻11号2011頁）も，最大判昭和43・11・27を引用した上で，「従って，生命，身体に対して特別の犠牲が課せられた場合においても，右憲法29条3項を類推適用し，かかる犠牲を強いられた者は，直接憲法29条3項に基づき，被告国に対し正当な補償を請求することができると解するのが相当である」と判示している．

　このように，直接請求権発生説が判例であるが，すでに特別の手続が法定されている場合には，その手続を踏まなければならない．最判昭和62・9・22（裁判集民事151号685頁）は，「自然公園法17条3項の工作物建築等の許可を得ることができなかったことによる損失に対する補償については，同法35条，36条に，憲法29条3項の趣旨に基づく特別の規定が設けられている以上，その補償請求は，もっぱら右規定所定の手続によってすべきであって，それによらずに直接国に対し補償を求める訴えは不適法というべきである」と判示している．

3 学説・判例の検討

憲法29条3項の「正当な補償」が完全な補償を意味するものとすれば、立法府の判断を待つまでもなく裁判所において客観的な判断が可能であるから（注解憲法 II 254頁〔中村睦男執筆〕参照）、直接請求権発生説の説くところが妥当である。すでに直接請求権発生説が通説・判例となっている現在においては、違憲無効説を主張することの意義は薄いのではないかと思われる。

2 生活権補償の憲法上の根拠

生活権補償については、憲法29条3項の「正当な補償」の範囲外として、25条に基礎づける見解（松島諄吉「正当補償条項の再検討（上）」ジュリ491号26頁（1971年）、小高剛『土地収用法入門』147頁（青林書院、1978年））がある。なるほど、生活権補償は25条の理念に基づくものであり、29条3項の「正当な補償」に含めることは、同条項の文言に必ずしも忠実とはいえない面がある。しかし、公共事業による生活基盤の侵害は、財産権侵害に付随して生ずるものであるから、これを財産権自体の侵害と別異に扱うべき理由はない。25条単独ではなくて、これと29条3項を統一的に捉えることによって、生活権補償を「正当な補償」の一内容と解することができる。25条1項をプログラム規定と解し、29条3項を直接適用できる実定法的意義を有するものと解する通説・判例の立場からしても、このような見解の方がすぐれているものといってよい。そのほか、13条と14条1項も、憲法上の根拠としてあげることができる（宇賀・国家補償法456頁、田辺＝海老原・用地買収105頁以下、西埜・損失補償178～179頁等参照。なお、後述120頁以下参照）。

損失補償について経済的側面から考察した文献（岩田規久男「損失補償の経済的側面」経済學論集43巻1号44頁（1977年）、同『土地と住宅の経済学』213頁（日本経済新聞社、1977年））は、この点について次のように説いており、参考となる。すなわち、「われわれの損失補償基準は、単に、財産権を保障した憲法29条だけではなく、基本的人権の享有を保障した憲法11条、個人の尊重を保障した憲法13条、法の下の平等を保障した憲法14条、生存権を保障した憲法25条等を含めた、憲法全体を貫ぬく精神そのものに依拠するものといえよう。」

第3章　損失補償の根拠

●3　精神的損失補償の憲法上の根拠

　精神的損失補償については，生活権補償と異なり，25条に基礎づけることはできないが，憲法解釈の方法論自体には両者に共通したものがある．すなわち，憲法13条と14条1項を29条3項に結合して統一的に解釈するという方法である．精神的損失が財産権侵害に付随して生ずる以上は，これを無補償で放置することは，平等原則に違反するものというべきである．また，土地の上で「精神的生活」（渡辺・土地と財産権218頁）が営まれているということに着目すれば，土地を奪われることによる精神的苦痛に対しては，個人の尊重の原則からも回復されなければならない（塩野・行政法Ⅱ371～372頁，宇賀・国家補償法458頁以下，西埜・損失補償266～267頁等参照．なお，後述137頁参照）．

●4　事業損失補償の憲法上の根拠

　事業損失（残地のみならず，広く周辺地に生ずるものを含む）の補償についても，ほぼ同様に考えることができる．土地収用や公共事業施行のために特定人に特別の損失（被害）を負わせることは，14条の平等原則に反し，13条の個人尊重の原則にも反することになる．しかも，この場合の損失は，土地収用や公共事業の施行によって生ずるものであり，財産権侵害と密接な関連性を有している．このように考えれば，29条3項に13条と14条を結合することによって，これらを根拠に直接補償請求することが可能となる（なお，後述173頁以下参照）．

　裁判例としては，市道の形状変更による隣接地の評価額減少に対して事業損失補償が求められた事案がある．一審の鹿児島地判平成11・4・30（判タ1026号149頁）は，「公権力により土地所有権が直接に侵害ないし制限される場合とはいい難く，憲法29条3項の損失補償の対象とすることは困難といわざるを得ない」と判示したが，その控訴審の福岡高宮崎支判平成12・4・25（綿貫＝木村・判例土地法土地収用法2983-31-225頁）は，「公共の利益のために私人の財産権を直接収用ないし制限する場合のみならず，そのような公用収用等を伴わない公共事業の施行によるものであっても，それにより実質的に公用収用等と同視すべき程度に財産権の本質的な侵害・制限がある場合も，直接憲法29条3項の損失補償請求の対象となる場合もあり得ないではない」と判示している（本件一審判決・控訴審判決については，田辺・制度166頁以下，松尾・損失補

償法 192 頁以下参照．なお，後述 174 頁参照）．

第5節　損失補償基準要綱等

1　概　説

1　起業者の内部基準

　損失補償基準要綱や用対連基準等は起業者の内部基準であり，法的根拠ではない．損失補償基準要綱等はあくまで任意買収（任意取得）の基準であり，起業者の内部基準にとどまるものである（藤田・総論 588 頁，小澤・収用法下 9 頁，河上正二「民法から見た土地収用と補償」広中俊雄先生古稀記念『民事法秩序の生成と展開』519 頁（創文社，1996 年），福井秀夫「財産権に対する『完全な補償』と土地収用法による『移転料』の法と経済分析（下）」自治研究 80 巻 4 号 61～62 頁（2004 年），全国建設研修センター・用地取得と補償 73～74 頁，宮崎・補償と鑑定 7 頁等参照）．裁判例をみると，例えば，岡山地判平成 14・2・19（判例自治 230 号 90 頁）は，「同要綱は，県又は市町村が，土地収用法その他の法律により土地等を使用し，又は使用することができる事業に必要な土地等の取得又は土地等の使用に伴う当該損失の補償に関し，具体的な基準を定めることによって適正な損失の補償の実現を図るものであって，それ自体，地方公共団体内部における損失補償に関する事務取扱要領を定めたものに過ぎず，損失補償請求の法的根拠となりえないことが明らかである」と判示している．

2　「損失補償基準要綱の施行について」の改正

　2002（平成 14）年 7 月 2 日の改正前の「公共用地の取得に伴う損失補償基準要綱の施行について」（閣議了解）の第一の後段は，「この要綱は，収用委員会の裁決の場合においても基準となるものと認められる」としていたが，改正により，この部分は削除された．その理由については，①この部分は，法律の根拠を欠く一般補償基準要綱が収用委員会を拘束することになる，との疑問を招きかねないこと，②実質的にも，平成 13 年制定の細目政令には，一般補償基準要綱の規定内容の大半が盛り込まれたことから，この部分の存在価値が消失したこと，によるものと思われるが，それでも，「細目政令の規定内容は相当抽象度が高いから，具体の裁決事案へのこの規定の適用に当たって，起業者又

は用地対策連絡協議会の作成した補償基準の細則等を援用する必要性は，依然として高い」と説かれている（小澤・収用法下10頁．なお，全国建設研修センター・用地取得と補償71〜72頁参照）．

3 通達（通知）等

そのほか，「通達（通知）」や用対連の「理事会決定」の形式で補償が認められている例もある（後述172頁，183頁参照）．これらも起業者の内部基準であり，法的根拠とはいえないが，実際には重要な基準として機能している（華山謙「公共事業の施行と補償」行政法大系⑥312頁参照）．

2 裁判例

裁判例において，これらの補償基準を援用しているものが少なくない．そのいくつかを次に紹介しておくことにしよう．

1 事例（その1）

土地が国道敷として任意買収されたが，残地が生じたため，残地補償を求めた事案において，前掲京都地判昭和48・1・26は，実定法上に補償規定がない場合には憲法29条3項に基づいて損失補償を請求することができるとしながらも，「原告会社の残地である本件土地について，被告国が残地補償をしなかったのは正当であり，原告会社にだけ，受忍限度をこえた特別の犠牲を強いたものとは到底いえないばかりか，被告国の京都国道工事事務所は，国道用地買収に当り，前記基準表〔近畿地方建設局用地事務取扱内規の別表の残地補償基準表，筆者注〕に従い，衡平に事務処理をしたものである．そうして，この基準表自体も客観的妥当性と合理性を保有しているとしなければならない」と判示している．

2 事例（その2）

土地の収用裁決につき，収用裁決取消訴訟と損失補償請求訴訟が主観的予備的併合の形態で提起された事案において，福岡地判平成4・3・24（訟月38巻9号1753頁）は，主観的予備的併合を認めた上で，損失補償額の算定について，本件係争地の損失補償額の算定方法は，収用法第6章，都市計画法70条，損失補償基準要綱7条，8条，建設省の直轄の公共事業の施行に伴う損失補償基準等に照らして違法，不当な点はない，と判示している．

3 事例（その3）

土地収用に伴い，この土地上にある建物の賃借人に対して移転補償（借家人補償）をすべきか対価補償をすべきかが争われた事案において，東京地判平成4・11・27（判例自治110号87頁）は，収用法88条の規定の具体的適用については，損失補償基準要綱が策定され，これを受けて用対連基準が定められており，各起業者においてその趣旨に沿った運用がなされている，とした上で，「原告に対する補償は移転補償をもってなすべきであるが，その具体的内容としては，基準〔用対連基準，筆者注〕34条及び細則第18により，新たに賃借する他の建物についての権利金等の一時金相当額及び従前の建物の賃借料と新たに賃借りする場合に支払われる賃料相当額との差額の2年分程度をもって土地収用法上相当な補償というべきである」と判示している．

4 事例（その4）

土地の収用裁決につき，前記事例（その2）と同様に，収用裁決取消請求訴訟と損失補償請求訴訟が主観的予備的併合の形態で提起された事案において，大津地判平成10・2・9（判例自治177号73頁）は，主観的予備的併合を認めた上で，損失補償額の算定について，収用法71条1項の「相当な価格」の評価基準については損失補償基準要綱7条1項，8条1項・4項が「一応の解釈基準となる」と判示している．

5 事例（その5）

収用地上の立木の伐採補償額の正当性が争われた事案において，大阪地判平成20・8・22（判例自治318号60頁）は，「基準単価表，補償基準等及び要綱の制定経緯に照らせば，これらの基準は合理的なものと推認され，これらの基準に従って決定された損失補償額についても，特段の事情がない限り，合理的であると推認することができ，この点は平成13年法律第103号による法の改正に伴い令が制定された下においても変わるところはない」と判示している（同趣旨，大阪地判平成22・4・16判例自治338号74頁）．

6 事例（その6）

収用委員会の裁決における補償額が不当であるとして，増額請求がなされた事案において，東京地判平成28・5・19（判例自治421号72頁）は，次のよう

第3章　損失補償の根拠

に判示している.「用対連補償基準等及びこれらをひな形とする各起業者の補償基準（品川区補償基準等及び品川区土地評価要領を含む.）は，本件要綱〔損失補償基準要綱，筆者注〕及び本件細目政令を適切かつ統一的に運用し，補償の公平を図るために策定された基準であり，土地収用法に基づく収用に係る実務指針とされているところ，被告が本件各土地に対する補償額の算定の基礎とした品川区土地評価要領の前記内容……は，本件細目政令1条1項に沿った内容であり，十分な合理性を有するものであるということができるから，品川区土地評価要領に従って算定した補償額は，特段の事情がない限り，合理的であって正当なものとして是認し得るというべきである.」「原告は，品川区補償基準等が起業者内部の規範にすぎず，これに依拠して補償額を算定することは，法律の留保の原則に違反するなどと主張している. しかしながら，品川区補償基準等は，その規定内容に鑑みれば，本件細目政令と同旨の規定を置くとともに，その内容をより具体化し，これを運用するための細目を定めるものであり，土地収用法及び本件細目政令の趣旨に沿ったものであるということができる. そうである以上，品川区補償基準等に基づいて本件工作物等に対する補償額を算定すること自体が，法律の留保の原則に違反するものであるということはできない.」

●3　裁判例の検討

　上記の裁判例は，一見すると，損失補償基準要綱等の内部基準を法的根拠に類似するものとして取り扱っているようにもみえないではない. しかし，仔細にみれば，あくまでも損失補償基準要綱等の内部基準が法令の解釈基準として合理的であるとして適用したものであって，内部基準を何らの検討なしに直接適用したものではないと理解すべきである. 基本的には，内部基準は法的な根拠とはいえないとの考え方が背後にあるものと思われる.

第4章　損失補償の要否

第1節　概　説

1　公用負担の種別と損失補償の要否

　損失補償の要否をめぐって問題が生ずるのは，主として財産権の制限（公用制限）の場合である．財産権の剥奪（公用収用）の場合には，損失補償の要否はあまり問題にならない．財産権の剥奪の場合には，損失補償が必要であることが明白であることが多いし，逆に，本人の側で無補償で受忍すべきことが明白であることも多いからである．公用権利変換の場合には，変換を希望しないときには損失補償が必要となるが，この場合に補償が必要であることは明確である．せいぜい，公用換地における減歩に対する補償の要否や公用換地・権利変換における清算金等が十分であるか否かが問題となる程度である．

　土地の使用（公用使用）は，財産権の剥奪ではなく，一般に，公用制限の一種とされている（前述7頁参照）．しかし，土地の使用に対して補償が必要であることは，財産権の剥奪の場合とほぼ同様である．そのことは，収用法の第6章第1節が「収用又は使用に因る損失の補償」と題されていることからも明らかである．したがって，本章において財産権の制限というときは，原則として，公用使用を除いたものを指している．

2　要否の基準が問題となる場面

　損失補償要否の基準が問題となるのは，財産権を規制するような法律の制定に際してだけではない．損失補償の規定がなくても，直接憲法29条3項に基づいて補償請求できるとの通説・判例の下では，裁判所が補償要否を判断する際にも，補償要否の基準が問題となる．裁判所に訴えが提起される前に，行政に対して補償請求がなされる場合にも，行政が判断する際の基準が必要となる．

　補償要否の基準をめぐって，これまで実に多くの考え方が提唱されてきた．しかし，未だに定説がない状況である．本章においては，損失補償要否の基準

第4章　損失補償の要否

についての学説・判例の動向を整理・分析し，若干の試論を展開することにする．

第2節　財産権の剥奪と損失補償の要否

1　概　説

　財産権の剥奪についても，一般的にいえば，補償要否の基準は「特別の犠牲」の有無である．しかし，この基準は，これまでもっぱら財産権の制限の場合に適用されてきた．財産権の剥奪の場合には，この基準はほとんど実践的機能を果たしていない．特別の犠牲の存否について論議するまでもなく，補償要否の判断が容易である場合が多いからである．

　ただ，財産権の剥奪の場合であっても，補償の要否が必ずしも明確とはいえない場合もないわけではない．生活権補償や精神的損失補償の要否がその一例である．また，旧伝染病予防法には汚染建物の処分に対する補償の規定が置かれていたが，現行の感染症予防法には，補償の規定は置かれていない．しかし，その理由は，必ずしも明確とはいえないようである．

2　損失補償が不要な場合

1　受忍すべき理由が明確な場合

　財産権が剥奪（または破壊）される場合であっても，本人の側に受忍すべき理由がある場合，あるいは，財産的価値がすでに消滅している場合は，損失補償は不要である（今村・国家補償法57頁，塩野・行政法Ⅱ362頁，西埜・損失補償46頁等参照）．例えば，国家刑罰権の行使による没収（刑法19条），行政上の処分としての没収（未成年者飲酒禁止法2条，未成年者喫煙禁止法2条），違反建築物の除却処分（建築基準法9条1項），不衛生食品等の廃棄（食品衛生法54条）等による損失に対しては，相手方はこれを無補償で受忍しなければならない．このような事例においては，最初から損失補償が不要であることは明瞭である．

2　受忍すべき理由が明確でない場合

　1　家畜伝染病予防法上の殺処分　　　しかし，相手方に受忍すべき理由があ

るといえるか否か，微妙な場合もないではない．例えば，伝染性疾病に罹患した家畜の殺処分の場合がその適例である．

家畜伝染病予防法は，16条において患畜等の所有者のと殺の義務を規定し，17条において患畜等を殺すべき旨を命ずる権限を都道府県知事に与え，58条において「手当金」「特別手当金」の定めを設けているが，この場合の補償（手当金・特別手当金）の性質が問題となる．この点については，学説・判例上は，一般に，家畜が伝染性疾病に罹患したこと自体は所有者の責任ではないにしても，すでに罹患した家畜の殺処分を受忍することは，所有者としての社会的責任に属するものであり，補償の規定が設けらたのは，殺処分を円滑に実施するためという考慮に加えて，所有者の生活を安定させようとする立法政策的考慮によるものである，と解されている（家畜伝染病予防法上の手当金等については，後に改めて考察する．後述 975 頁以下参照）．

2　旧伝染病予防法上の汚染建物の処分　これに類するものとして，かつて旧伝染病予防法上の汚染建物の処分の場合の補償規定（19 条の 2）の性質が問題となったことがある．これを政策上の補償と解するものが多数である（今村・制度研究 73 頁，下山・国家補償法 267 頁，松島諄吉「損失補償」遠藤博也＝阿部泰隆編『講義行政法Ⅱ』46 頁（青林書院新社，1982 年），阿部・国家補償法 261 頁，内野正幸「正当な補償」行政判例百選Ⅱ〔第 4 版〕349 頁（1999 年）等）が，憲法上必要な補償を定めたものであると解する見解もないわけではない（田中・賠償補償 232 頁，同「紹介・今村成和・国家補償法，雄川一郎・行政争訟法」国家学会雑誌 72 巻 11 号 1022～1023 頁（1958 年），高辻正巳「財産権についての一考察」自治研究 38 巻 4 号 11 頁（1962 年）等）．

なお，1998（平成 10）年の「感染症の予防及び感染症の患者に対する医療に関する法律」は，伝染病予防法，性病予防法，後天性免疫不全症候群の予防に関する法律を廃止して制定されたものであるが，補償の規定を置いていない．補償の規定が置かれなかった理由は，①感染症に起因する物的損失の形態が様々であって定形化できないこと，②財産権が財産的価値を喪失していること，③補償の必要があれば，憲法 29 条 3 項に基づいて請求すればよいこと，などであるとされている（感染症法研究会『詳解感染症の予防及び感染症の患者に対する医療に関する法律』111 頁（中央法規出版，2000 年），須藤陽子『行政強制と行政調査』174 頁（法律文化社，2014 年），福永実「国家補償による救済」現代行政法講座編集委員会編『現代行政法講座Ⅱ〔行政手続と行政救済〕』298 頁（日本評論社，

2015年）参照）．しかし，損失を定形化できないというのは旧伝染病予防法の時代でも同じであり，財産権が財産的価値を喪失していても政策的補償を与えることは可能であり，憲法29条3項に基づいて請求できるということになれば，憲法上の補償ということになるのではないかと思われる．いずれにしても，補償規定を設けなかった理由は，あまり明確とはいえないようである（後述977頁参照）．

3 消防法上の消防対象物の処分　さらに，消防法29条2項によれば，延焼のおそれがある消防対象物の処分について補償は不要とされている．その理由については，文献において，これは「財産権の対象となる目的物が経済的に無価値となった場合」であるから，憲法上の保障は及ばず，特別の犠牲とはならないからである（松島・前掲56頁，塩野・行政法Ⅱ362頁），あるいは，破壊消防の対象となる建物等が公共の安全に危害を及ぼす状態にあるからである（宇賀・行政法概説Ⅱ505頁），と説かれている．これに対して，同条3項に該当する場合は，補償は必要とされているが，この理由については，最判昭和47・5・30（民集26巻4号851頁）は，「原審が適法に確定した事実関係……に徴すれば，……K消防団長が右建物を破壊したことは消防法29条3項による適法な行為ではあるが，そのために損害を受けた被上告人らは右法条によりその損失の補償を請求することができるものといわなければならない．したがって，結論において右と同趣旨に帰する原審の判断は正当である」と説示している．しかし，このように明確に区別できるかどうか疑問がないわけではないが，これについては，後に項を改めて考察する（後述858頁以下参照）．

3　生活権補償の要否

　財産権の剥奪に対しては，原則として損失補償がなされなければならない．その場合の補償は，財産権補償が中心となるが，これに加えて生活権補償が必要となる場合もある．ただ，生活権補償が常に必要とされるわけではないから，どのような場合に必要とされるのか，その要否の基準が問題となる．詳細については後述することにして（112頁以下），結論からいえば，生活権補償は財産権の剥奪に伴って生じた生活基盤の侵害に対する補償であるから，生活基盤の侵害が生じているか否かが補償要否の基準とされるべきである．この基準からすれば，生活権補償が必要となるのは，山間地におけるダム建設による水没の場合など，比較的狭く限定されてくるものと思われる．

4 精神的損失補償の要否

財産権の剥奪に伴って，精神的損失が生ずることがある．この損失に対して補償が必要であるか否かについては，見解が対立している．詳細については後述することにして（127頁以下），結論からいえば，本書は肯定説（積極説）に立っている．ただ，肯定説に立ったとしても，どのような場合に精神的損失補償が必要とされるのか，その要否の基準は，生活権補償の場合以上に明確ではない．通常の場合は，財産権補償さえ適正であれば，それ以上に精神的損失補償が必要とされることはないであろう．それが必要とされるのは，ここでもまた，山間地におけるダム建設による水没の場合や用地交渉に応ずることによる心労の発生の場合など，比較的狭く限定されてくるものと思われる．

第3節　財産権の制限と損失補償の要否

1 概　説

損失補償の要否をめぐって最も問題なるのは，財産権の制限についてである（さしあたり，小高「公用制限と損失補償」法学雑誌28巻3＝4号457頁以下（1982年）参照）．憲法29条3項の「公共のために用ひる」の意味については，財産権の剥奪の場合だけではなく，広く財産権の制限の場合も含まれると解するのが通説・判例である（注解憲法Ⅱ245頁〔中村睦男執筆〕参照）が，この見解の下でも財産権の制限のすべてに対して補償が必要とされるわけではないから，補償が必要な場合と必要でない場合との区別が明らかにされなければならない．このことは，実定法上に補償規定が欠けていても，直接憲法29条3項に基づいて補償を請求できるとする通説・判例の下においては，なおさらである．

補償要否の基準については，これまで数多くの学説が提唱されてきたが，それぞれ一長一短があり，未だ定説がない．ここでは，①警察制限と公用制限，②内在的制約と社会的制約，③形式的基準と実質的基準について，その内容と問題点を整理・分析した後に，複数基準による総合的判断の必要性を説くことにする（学説の動向については，さしあたり，荒秀「土地利用規制と補償」行政法大系⑥261頁以下参照）．

第4章　損失補償の要否

●2　警察制限と公用制限

1　消極的制限と積極的制限

　従来は，公共の安全秩序の維持という消極目的のために課せられる財産権の制限（警察制限）に対しては補償は不要であるが，公共の福祉の増進という積極目的のために課せられる財産権の制限（公用制限）に対しては補償が必要である，と説かれていた．一般的傾向としては，警察制限については無補償で受忍すべき場合が多い（例えば，宅地造成等規制法8条や地すべり等防止法18条のような災害防止上の規制）のに対して，公用制限については補償が必要となる場合が多い（例えば，古都保存法8条，9条，自然環境保全法25条，33条のような土地利用規制）から，このような説明が誤りというわけではない．しかし，警察制限であっても補償が必要となる場合があるし，逆に，公用制限であっても補償が必要でない場合もあるから，このような場合には，上記のような基準では補償要否の説明が困難となる．

2　警察制限と補償の要否

　警察制限であっても補償が必要となる事例としては，奈良県ため池保全条例事件を挙げることができる．同条例は，その4条2号において，「ため池の堤とうに竹木若しくは農産物を植え，又は建物その他の工作物……を設置する行為」を禁止していたが，これは警察制限に当たるものといってよい．同条例に損失補償の規定がないために，その要否が争点の一つとなった．最大判昭和38・6・26（刑集17巻5号521頁）は，このような制限は災害を防止し公共の福祉を保持するために社会生活上やむをえないものであり，財産権を有する者が当然受忍しなければならないものであるから，憲法29条3項の損失補償は必要でない，と判示したが，これに対しては批判的見解が少なくない（田中・行政法上216頁，遠藤・実定行政法233頁，今村・制度研究36頁，塩野・行政法Ⅱ364頁，宇賀・国家補償法406頁，兼子・行政法学166頁，芝池・救済法講義207頁，野呂充「警察制限・公用制限と損失補償」行政法の争点164〜165頁等）．

　同判決は，消極目的のための制限には補償は不要であるとするが，このように規制目的の積極・消極によって補償の要否を判断することには，少なからず疑問の残るところである．制限することには合理性があるにしても，そのことは必ずしも無補償を正当化するものではない（岩田規久男「損失補償の経済的側

66

面」経済學論集（東京大学経済学会 43 巻 1 号 46 頁 (1977 年), 塩野・行政法 II 364 頁等参照). 上記のような制限の場合には，補償が必要であると解すべきであろう.

3 公用制限と補償の要否

次に，公用制限であっても，補償が必要とされない場合の事例としては，市街化調整区域における開発行為の規制を挙げることができる．この場合には，論者によってその理由づけは若干異なるものの，一般に補償は不要であると解されている（野呂・前掲 165 頁，生田長人『都市法入門講義』230～231 頁（信山社，2010 年），西埜・損失補償 97 頁等参照).

4 警察制限と公用制限の相対性

警察制限であるか公用制限であるかによって補償の要否を決定することが妥当でないことのもう一つの理由は，警察制限と公用制限の区別が現在においては相対的・流動的であるということである．例えば，用途地域における用途規制についていえば，従来は一般に警察制限と理解されてきたが，今日においては，むしろ公用制限に近い性質を有するものと理解すべきであろう．少なくとも，警察制限と公用制限は，截然と区別できなくなってきている（小高・前掲（法学雑誌 28 巻 3 = 4 号）463 頁，高田敏『社会的法治国の構成』274～275 頁（信山社，1993 年），磯部力「土地利用規制と損失補償」季刊環境研究 64 号 70 頁（1987 年），安本典夫「土地利用規制と補償 (1)」立命館法学 223 = 224 号 413 頁（1993 年），塩野・行政法 II 365 頁，宇賀・国家補償法 409 頁，西田幸介「用途地域制限と損失補償の要否」法政法学 22 = 23 合併号 165 頁（1998 頁），藤田・総論 596 頁，西埜・損失補償 52～53 頁等参照).

5 地下ガソリンタンク移設事件

1 事案の概要 　ガソリンタンク（地下タンク）に近接して国が国道に地下道を新設したために，ガソリンタンクの経営者がその地下タンクを移設しなければならなくなり，道路法 70 条 1 項に基づいて移設工事費の補償を請求し，補償の要否が問題となった事案がある（訴訟自体は損失補償裁決取消等請求事件である).

2 判例の動向 　一審の高松地判昭和 54・2・27（行集 30 巻 2 号 294 頁），

控訴審の高松高判昭和54・9・19（行集30巻9号1579頁）は，道路法70条1項に基づいて補償を認めたが，上告審の最判昭和58・2・18（民集37巻1号59頁）は，次のように判示して，補償を否定した（なお，後述955頁以下参照）．

「道路法70条1項の規定は，道路の新設又は改築のための工事の施行によって当該道路とその隣接地との間に高低差が生ずるなど土地の形状の変更が生じた結果として，隣接地の用益又は管理に障害を来し，従前の用法に従ってその用益又は管理を維持，継続していくためには，用益上の利便又は境界の保全等の管理の必要上当該道路の従前の形状に応じて設置されていた通路，みぞ，かき，さくその他これに類する工作物を増築，修繕若しくは移転し，これらの工作物を新たに設置し，又は切土若しくは盛土をするやむを得ない必要があると認められる場合において，道路管理者は，これに要する費用の全部又は一部を補償しなければならないものとしたものであって，その補償の対象は，道路工事の施行による土地の形状の変更を直接の原因として生じた隣接地の用益又は管理上の障害を除去するためにやむを得ない必要があってした前記工作物の新築，増築，修繕若しくは移転又は切土若しくは盛土の工事に起因する損失に限られると解するのが相当である．したがって，警察法規が一定の危険物の保管場所等につき保安物件との間に一定の離隔距離を保持すべきことなどを内容とする技術上の基準を定めている場合において，道路工事の施行の結果，警察違反の状態を生じ，危険物保有者が右技術上の基準に適合するように工作物の移転等を余儀なくされ，これによって損失を被ったとしても，それは道路工事の施行によって警察規制に基づく損失がたまたま現実化するに至ったものにすぎず，このような損失は，道路法70条1項の定める補償の対象には属しないものというべきである．」

3　学説の動向　この最判昭和58・2・18については，一般に賛意が表されている（原田尚彦「判解」ジュリ815号・昭和58年度重判解説46頁（1984年），阿部・国家補償法271頁，宇賀・国家補償法403〜404頁，芝池・読本436頁，曽和俊文「損失補償（1）損失補償法の基本構造」法教424号77頁（2016年），桑原勇進「判解」行政判例百選II〔第7版〕507頁等）が，やや批判的な見解（塩野・行政法II 363頁）もないわけではない．

4　判例・学説の検討　上記の判例・通説は，従来は何ら法的支障なく設置されていたものが，新たに近接して地下道が建設されたことによって移設を余儀なくされた場合には，警察規制に基づく損失が「たまたま現実化するに至

ったにすぎない」として，このような警察規制は内在的制約にすぎないと解するものである．しかし，これまで適法に地下タンクを設置し，営業していたにもかかわらず，何故に無補償で移転しなければならないのか，その理由は必ずしも明確ではない．一審判決も控訴審判決も補償を認めていたのであり，補償を肯定することにも相当の理由がありそうである（これに対して，一審判決・控訴審判決を批判するものとして，川村佟一「道路法70条1項に規定する損失補償に係る一考察―収用裁決及び一審・控訴審判決を中心として―」月刊用地1982年12月号8頁以下）．この点については，後に項を改めて考察する（後述957頁以下参照）．

● 3 内在的制約と社会的制約

1 内在的制約

　財産権の内在的制約には補償は不要である，との内在的制約論は，従来からしばしば主張され，今日においても有力に主張されている．この説は，警察制限補償不要説と一部重なっており，公共の安全秩序の維持という消極目的のための警察制限は，財産権の内在的制約であるから補償を要しない，と説く（荒秀「損失補償の個別的問題―鉱業権関係」国家補償法大系④131頁）．しかし，内在的制約論は，この範囲にとどまるものではなく，その射程はより広範囲に及んでいる．すなわち，積極目的のための制限であっても内在的制約に該当する場合には補償は不要である，と説かれることがある（成田頼明ほか「自然公園法における公用制限と補償（3・完）」補償研究1968年9月号69頁）．

2 社会的制約

　内在的制約論に近似した考え方として，社会的制約論がある．社会的制約論は，積極目的のための財産権制限に対して補償が不要であることを説明する理論として登場したものであるが，内在的制約論と社会的制約論は同趣旨の学説として扱われることも少なくない．両説の関係については，文献において，「財産権が，各国における制度の成立と共に当然に内包していたその意味での内在的（歴史的）制約……と並び，新たに20世紀の社会的要請に伴い法律の定めるところによって課せられる社会的（現代的）制約との2種類のものが観念的に区別されることになると，両者は具体的にそれぞれどのようなものを意味し，また，具体的にどのような違いをもたらすかが問題となる．……しかし

現実には，ある財産権の制約のどこまでが先の意味での内在的（歴史的）制約であって，どこからが，社会的（現代的）制約になるかということは，必ずしも常に明確であるわけではない」として，今日においては両説が極めて接近していることが指摘されている（藤田・土地法 140～141 頁）．そこで，文献の中には，内在的制約という用語に代えて社会的制約という用語を使用すべきである，という見解（荒秀『建築基準法論（II）』279 頁（ぎょうせい，1987 年）．同旨，磯部・前掲（季刊環境研究 64 号）70 頁）も主張されている．あるいは，「財産権に内在する社会的制約」という表現をする文献（原田・要論 271 頁）もある．

3　判例の動向

　財産権の内在的（社会的）制約には補償を要しないとの考え方は，一般論としては正当である．判例においても，鉱業法 64 条の規定による制限について，東京高判昭和 55・9・17（判時 982 号 122 頁）は，「鉱業権は，その性質及び機能にかんがみ，公共の福祉と調和するようもともと権利の内在的制約として右 64 条による制限が予定されているものであるから，同条の制限によって鉱業権者が破るべき不利益は，正当な補償を必要とする特別の犠牲には当たらないというべきである」と判示している（上告審の最判昭和 57・2・5 民集 36 巻 2 号 127 頁は，原審の判断を是認）．また，チクロ使用禁止事件において，東京高判昭和 53・11・27（訟月 24 巻 12 号 2650 頁）も，「チクロの場合の如く，一旦は食品添加物の指定を受けながら，その後の自然科学の発達によってその安全性に疑問が抱かれて，指定の取消がなされることがあっても，それは，化学的合成品である食品添加物に本来内在する制約であるというべきである．従って，チクロの食品添加物指定を信頼して，チクロを使用して食品の製造，販売をなしていたという控訴人が，右指定の取消によって，チクロ含有の商品の販売上損失を蒙ったとしても，特別の規定をまたずに，禁反言ないし信義誠実の原則によって当然に被控訴人が控訴人の損失を補償すべきものである，とはいえない」と判示している（一審の東京地判昭和 52・6・27 訟月 23 巻 6 号 1073 頁も同趣旨）．

4　批判的検討

　問題となるのは，どのような観点から内在的（社会的）制約であるか否かを判断するかである．内在的（社会的）制約論は受け入れられやすい考え方であ

るから，それだけに，その範囲を確定するについては慎重でなければならない．公共性や国・公共団体の財政的事情が過度に重視されてはならない．鉱業法64条についての前掲東京高判昭和55・9・17については，本件の採掘制限による不利益は，社会的効用とは無関係な目的によるものであるから特別の犠牲となりうる，との見解（松島・前掲（遠藤＝阿部編『講義行政法Ⅱ』）75～76頁）もあるのである．

4 形式的基準と実質的基準

1 形式的基準・実質的基準総合説

　特別の犠牲であるか，それとも内在的（社会的）制約にすぎないかを判断するについては，①形式的基準（侵害行為が一般的であるか否か）により判断する立場（形式的基準説），②実質的基準（侵害の程度が本質的なものであるか否か）により判断する立場（実質的基準説），③両者の総合により判断する立場（形式的基準・実質的基準総合説）がある．現在では形式的基準説はほとんど説かれておらず，後二説が有力である．

　形式的基準・実質的基準総合説は，侵害行為の対象が一般的であるかどうか（形式的基準），および侵害行為が財産権の本質的内容を侵すほどに強度なものであるかどうか（実質的基準）の両要素を客観的・合理的に判断して補償の要否を決すべきである，と主張する（田中・行政法上214～215頁）．

2 実質的基準説

　これに対して，実質的基準説は，侵害の程度が本質的なものであるか否かによって判断しようとする．ここでは，代表的所説として，今村説，松島説，遠藤説，阿部説，安本説，小高説を取り上げることにする．

　1　今村説　実質的基準説の代表的論者である今村成和は，「（イ）財産権の剥奪又は当該財産権の本来の効用の発揮を妨げることとなるような侵害については，権利者の側に，これを受忍すべき理由がある場合でない限り，当然に補償を要するものと解すべきである．（ロ）右の程度に至らない財産権行使の規制については，（a）当該財産権の存在が，社会的共同生活の調和を保ってゆくために必要とされるものである場合には，財産権に内在する社会的拘束の表われとして補償を要しないものと解すべく（たとえば建築基準法に基づく建築の制限），（b）他の特定の公益目的のために，当該財産権の本来の社会的効用と

71

は無関係に，偶然に課せられる制限であるときには（たとえば，重要文化財の環境保全のため，あるいは国立公園内における自然風物の維持のための制限など），補償を要する」と説いている（今村・制度研究31頁．なお，同・入門174〜175頁参照）．

2 松島説 松島諄吉は，形式的基準・実質的基準総合説が依然として妥当性を有するとしながらも，実質的基準に重点を置いて，当該財産権をして本来的機能を発揮させ，当該財産権が保障される所以となった従来の目的に適合させるために加えられる財産権の制限は，財産権の本体たるその本来的機能を侵害せず，したがって無償でなされる財産権の制限であるが，これに対し，「公共の福祉の観点から，その財産権に従来とは異なった目的を与えるために，当該財産権について，その本来的機能を奪うということがある．この場合には，自己の責に帰すべき理由もなく，その財産権の本来的機能を剥奪する侵害が加えられるのであるから，これについては当然その損失の補償が与えられる」と説いている（松島・前掲（遠藤＝阿部編『講義行政法II』）60頁．なお，同「新・都市計画法と損失補償の問題」ジュリ403号32頁（1968年）参照）．

3 遠藤説 遠藤博也は，「地域的特性」と「一般通常人がとるであろう利用行為」に着目して，次のように説いている（遠藤・スケッチ256頁．なお，同・計画行政法210頁以下，同・実定行政法249頁参照）．「地区指定をしたにはそれなりのわけがあったはずであり，やはり，それぞれの土地柄ないし地域的特性が地域指定をするにふさわしいものであったからであろう．すなわち，実質的にみるかぎり，特定の地区指定ならびにその趣旨にいちじるしく反する行為をさけるべき義務は，無から有を生じたほどの新規な創設というよりは，ある程度漠然としてすでに存在していたものに，はっきりとした形を与えたといういみで，確認的な要素もみとめられるものといえよう．」「地域特性に即して一般通常人がとるであろう利用行為を基準として，規制による権利侵害の程度の強弱，財産権にとって内在的・必然的か外在的・偶然的かの判断をすべきだということになる．……もちろん，この場合にあっては，一般通常人がとるであろう利用行為は，単一のものではなく，相当の幅をもって考えるべきであろうが，しかし，この幅をはみだす行為については，さきの判決のいう『申請権の濫用』にあたることになるわけである．」

4 阿部説 阿部泰隆は，従来の学説を批判的に検討した上で，「点数制による補償の要否の表示」を提案して，次のように説いている（阿部・国家補

償法281〜282頁．なお，同・解釈学Ⅱ403頁以下参照）．「損失補償の要否については，単一の基準ではなく，各種の基準を組み合わせる必要がある．それを主に規制の根拠・目的と規制の程度との相関関係という観点から考える．すなわち，どのような理由なり目的で，どの程度の厳しい規制をするかの組み合わせにより補償の要否が決まると考える．規制の目的なり根拠は表に掲げた通りとりあえず9つ，規制の程度は4つ取りあげた．」

5 安本説 安本典夫は，「地域的制約性」を基点にして，「土地利用には一定の地域的制約性があり，地区指定したのは，その地域の特性からそのような行為はふさわしくないということが一般的に受け止められてきたようなところで，地区指定がそれに明確な形を与えた，という場合，それは補償の要否の判断における要素となりえる」と説いている（安本・前掲（立命館法学223＝224号）429〜430頁．なお，同『都市法概説〔第3版〕』388頁（法律文化社，2017年）参照）．

6 小高説 小高剛は，「この種の規制は，たとえば，古都の歴史的風土や自然公園の景観の保持など，指定地域内の財産の本来の効用とは無関係に，かつ，その効用の発揮を妨げるような内容，性質の規制を加えるものである．その意味において，受忍の限度を超えて，財産上の犠牲を強いることになるから，その損失に対して補償を必要とするのである」と説いている（小高「土地利用規制と最高裁判所判決」曹時47巻1号20頁（1995年）．なお，同「土地利用規制と損失補償をめぐって」環境研究49号49〜50頁（1984年）参照）．

3 学説の検討

1 形式的基準・実質的基準総合説について 形式的基準・実質的基準総合説について検討すると，個別的行為による侵害であっても補償を要しない場合や，一般的侵害であっても補償を要する場合があるから（今村・国家補償法55頁以下，遠藤・スケッチ243頁，棟居快行「公用収用法理の展開と発展可能性(1)」神戸法学雑誌32巻2号385頁（1982年），戸波江二「直接憲法29条3項に基づく損失補償請求の可否」国家補償法大系④269頁等参照），これらの場合には形式的基準に依拠することはできない．なるほど，個別的行為による侵害については通常は補償を要するであろうが，これは実質的基準によっても補償を要する場合に該当する．形式的基準は，せいぜい特別の犠牲の存在の有無を判断する際の状況証拠として機能するにすぎない（西埜・損失補償51頁参照）．近時の

重要な事例（都市計画法や自然公園法等による利用制限）においては，最終的には実質的基準によって判断せざるをえないであろう．したがって，形式的基準・実質的基準総合説においても，実質的基準に重点を置かざるをえず，実質的基準説との差違は，実はそれほど大きなものではないということになる（塩野・行政法 II 361〜362 頁，宇賀・国家補償法 400〜401 頁等参照）．

2　今村説について　そこで，次に，実質的基準説である上記の諸説を検討すれば，今村説はドイツにおける「私的効用説」に依拠したものである．今村説については，すでに別の拙著で論じたことがある（西埜・損失補償 76〜77 頁）が，そこで述べたことを要約すれば，次のようになる．すなわち，①今村説における第 1 基準の「財産権の本来の効用」とは何かが問われるべきである．論者の意図とは別に，財産権者本人の利用目的・利用方法に優先するような一定の財産権の本来の効用が前提にされてしまうおそれがある．財産権の本来の効用の範囲を確定するについては，慎重な配慮が必要となる．また，②今村説の第 2 基準（ロ）（b）「他の特定の公益目的のために，当該財産権の本来の社会的効用とは無関係に，偶然に課せられる制限には，補償を要する」については，この種の制限も財産権の本来の効用の発揮を妨げる場合に当たるのではないか，という疑問がある．例として挙げられている「国立公園内における自然風物の維持のための制限」について考えてみれば，この種の制限により土地の基本的利用方法が制限されるのであるから，本来の効用の発揮が妨げられることになるのではないかと思われる．③したがって，今村説の第 2 基準の方が第 1 基準よりも具体的である点に着目して，第 1 基準を一般的基準とし，第 2 基準を具体的基準として，今村説を再構成すべきであろう．今村説の意義は，従前の学説が財産権の剥奪または本質的制限には補償が必要であると説くにとどまり，本質的制限とは何かについて具体的基準を提示するに至らなかったのに対して，「財産権の本来の効用」を基軸にして具体的基準を提示したという点にある．

今村説に対する上記のような私の分析・評価に対して，安本典夫は，「今村教授の意図は，おそらく，一方で，たとえば住宅地として利用されるべき土地で，建築禁止に至る程度の制限は『本来の効用』の発揮を妨げることになり，他方で，建築自体は禁止されないが（したがって，上の意味での『本来の効用の発揮を妨げる』にはあたらないが），その地域の居住環境維持の目的ではなく，たまたま発見された重要な遺跡の周辺環境の維持目的のために建築物の高さ等

に厳しい制限がかけられる時，それは当該財産権の『本来の社会的効用』とは無関係の制約である，とするものである」と説いている（安本・前掲（立命館法学 223＝224 号）424 頁）．今村説は，本来の効用の発揮を妨げることになる場合のほかに，その程度に至らない場合でも，他の公益目的のために，当該財産権の社会的効用とは無関係に偶然に課せられる制限には補償を要する，と説いているから，二者択一ではなくて，中間的な場合もあるということであろう．裁判例においても，例えば，自然公園法上の損失補償請求事件において，東京地判昭和 57・5・31（行集 33 巻 5 号 1138 頁）は，「同項が土地の収用，権利のはく奪その他実質的にこれと同視しうる場合にのみ補償を要する規定であると解することは相当でないし，また，従前の利用方法に変更がない場合には補償を要しないということもできない」と判示しているが，これは今村説の上記の見解に近いものといってよい．

　しかし，「本来の効用の発揮を妨げる」ことに該当するのは，建築禁止だけではなく，本質的制限もこれに該当する．建築の禁止も本質的制限も，本来の効用の発揮を妨げるという点では，質的な差異は認められない．特別保存地区内の建築物の高さが厳しく制限されたため，それを超える高さの建築物の新築・改築・増築行為の許可を得ることができない場合には，それは本来の効用の発揮を妨げることになり，それにより損失が発生していれば，補償が必要となるのである（小高・買収と補償 6 頁は，「実質的基準によれば，行政活動や公共事業の際に加えられる財産上の制約の中には，第一に，財産権の本質的内容を侵害するほどに強度なもの，つまり財産権の本来の効用の発揮を妨げる程度の侵害をもたらすものがあり，これについては補償を当然に必要とすると考えられています」と説いている）．

　なお，付言すれば，杉村敏正は，今村説の有意義性を認めながらも，今村説に対する遠藤博也や阿部泰隆の批判的見解を紹介しつつ，次のように説いている（杉村『続・法の支配と行政法』219～220 頁（有斐閣，1991 年）．なお，同「公用負担」公法研究 29 号 132～133 頁（1967 年）参照）．「今村説も，財産権に内在する社会的制約に基づく損失として補償を要しないものと，『特別の犠牲』としての補償を要するものとの区別についての一般的な基準を提示するものであって，多種多様な土地利用規制に対する損失補償の要否については，遠藤教授が指摘されるように，侵害行為の一般性・個別性，侵害内容の強弱，侵害目的の消極性・積極性，侵害目的の必然性・偶然性，既得権侵害・現状保全などの

諸基準の総合判断によって，これを個別・具体的に検討する必要がある（遠藤『実定行政法』231〜234頁参照）．」

3 松島説について　松島説はドイツの「目的背反説」に依拠したものであるが，松島説についてもすでに別著で論じたことがある（西埜・損失補償77〜78頁）．そこで述べたことを要約すれば，次のようになる．すなわち，①「財産権の本来的機能」の意味が問題となる．そして，それに関連して，誰が本来的機能を決定するのかも問題となる．また，②財産権の本来的機能を奪うこととなる基準として，「財産権に従来とは異なった目的を与える」ことが挙げられているが，「従来の目的」自体が必ずしも明確とはならないのではないか，ということである．

松島説は，ドイツの学説の詳細な分析を経て展開されたものであり，我が国の学説を検討する際に参考となる点が少なくない．しかし，財産権の「本来的機能」や「従来の目的」があらかじめ一定方向で規定されてしまうことになれば，財産権の保障はきわめて弱いものになってしまうおそれがある．この点での慎重な検討が必要であろう（松島説の「本来的機能」について批判的に検討したものとして，岩田・前掲（経済學論集43巻1号）43〜44頁）．

4 遠藤説・安本説について　遠藤説と安本説は，「地域的特性」または「地域的制約性」の要素を重視するものである（この考え方に近いものとして，塩野宏「国土開発」山本草二ほか『未来社会と法』214頁（筑摩書房，1976年），同・行政法 II 365頁）．ドイツの判例・学説における「状況拘束性」の理論に近い考え方であり，比較的受け入れやすいものといってよい．しかし，地域的特性にしても地域的制約性にしても，当該土地の現状から一定の法的制約下にあると規定するものであるが，何ゆえに当該土地がそのような性質を有するものとして規定されるのか，その理由は必ずしも明確ではない．また，たとえ「地区指定をしたにはそれなりのわけがあったはずである」にしても，そのことはその制限を無補償で甘受すべきことを正当化するものではないであろう．環境・景観保護や文化財保護等のために土地の利用規制が必要であり，当該規制自体は適法であるとしても，それは国民全体の利益のために一部の権利者の犠牲の上でなされるものであるから，それによって生じた損失は特別の犠牲に当たるものというべきである（同旨，玉巻弘光「土地利用規制と損失補償の要否」東海法学9号358頁（1993年））．

遠藤説における「一般通常人がとるであろう利用行為」の観念は，主観的な

要素の強い基準であり，一定の立場を前提にして補償の要否が判断されるというおそれがある．「一般通常人」ということで，客観性を確保しようとするのであろうが，一般通常人という判断基準自体が必ずしも明確とはいえないものである．ドイツにおけるのとは異なり，我が国においては，これまで建築は原則的に自由であると考えられてきたのであるから，このような国民的土壌からすれば，一般通常人＝理性的人間の行動を基準にして無補償の結論を導くことには疑問を払拭できない．国民の意識が徐々に変化し，将来的には我が国においても「建築自由の原則はもはや通用しない」（遠藤・スケッチ260～261頁）ということになるとしても，現時点での国民意識はそこまでには至っておらず，「一般通常人がとるであろう利用行為」のレベルをあまり高く設定することはできないであろう．

5　阿部説について　阿部説は，これまでのような抽象的・一般的な補償要否の基準に代えて，具体的な点数制による補償要否の基準を提示するものである．補償要否の判定基準の「表」に掲記された点数も，相当に説得力を有しているものといってよい．補償の要否は各種の要素を総合的に判断して決せられるべきであるという点では，あまり異論はないものと思われる（塩野・行政法Ⅱ362頁，宇賀・国家補償法401頁等参照）．ただ，その際の判定基準について，規制の根拠・目的と規制の程度とが同じレベルにおいて考慮されることになれば，結果的には，内在的（社会的）制約として無補償で規制される場合が極めて広く認められることになるのではないかと危惧される．

6　小高説について　小高説は，今村説に近い考え方である．ここでもまた，「財産の本来の社会的効用」とは何かが問われることになる．自然公園の景観を保持するための制限は，指定地域内の財産（土地）の本来の社会的効用とは無関係に課せられる制限であり，その社会的効用の発揮を妨げるような制限である，と説いているところからすれば，指定地域内の土地の「本来の社会的効用」は，遠藤説や安本説ほどには，地域的特性や地域的制約性によってあらかじめ規制されているものではない，ということになる．「財産の本来の社会的効用」が，このようなものであるとすれば，自然・景観保護のための利用制限は，その多くがこの本来の社会的効用の発揮を妨げることとなるであろう．そうであるとすれば，「財産権の本質的制限」と「財産権の本来の社会的効用の発揮を妨げる場合」とは，ほぼ重なることになるように思われる．

　小高説と今村説とでは，自然公園法上の指定地域内の土地利用規制について

みれば、そこから生ずる損失は特別の犠牲に当たり、補償を要するという結論においては共通している。ただ、その理由づけにおいて次のような相違が認められる。すなわち、指定地域内の土地利用規制は、今村説では、財産権の本来の効用の発揮を妨げる程度には至っていないが、他の特定の公益目的のために、当該財産権の本来の社会的効用とは無関係に、偶然に課される制限であるということであるが、小高説では、それは本来の社会的効用とは無関係に、財産権の本来の社会的効用の発揮を妨げることとなるような規制であるということである。本来の社会的効用とは無関係に課される制限であるとする点では両説は同じであるが、今村説では本来の効用の発揮を妨げる程度に至っていないのに対して、小高説では本来の効用の発揮を妨げることになるのであるから、ここでは「本来の社会的効用」という言葉が異なった意味で使用されていることになる。

●5 判例の動向とその検討

1 判例の動向

　裁判例は、森林法、文化財保護法、自然公園法等に基づく土地の利用制限は一般に財産権の内在的（社会的）制約であるが、これを超えて特別の犠牲を課する場合には憲法29条3項に基づく損失補償が必要であり、自然公園法35条1項（現64条1項）等はこれを法定化したものである、という点で大体一致している（環境庁自然保護局企画調整課編『自然公園法の解説』267頁（中央法規出版、1977年）参照）。主要な裁判例の中から補償要否の基準についての説示部分だけを取り出して、次に紹介しておこう。いずれも自然公園法上の不許可補償に関する事案であるが、結論において補償を否定している（裁判例については、第2部第5章の第3節「自然公園法」の箇所で再度紹介・分析する。後述653頁以下参照）。

　1　瀬戸内海国立公園不許可補償請求事件　　前掲東京地判昭和57・5・31（以下、「①判決」という）は、次のように判示している。「〔自然公園法上の〕右のような利用行為の制限は、自然の風景地を保護し、その利用の増進を図るという公園法の行政目的のために課されるものであり、その制限の態様いかんによっては当該財産権の本質的内容を侵害することもありうることであり、また、当該財産権の効用とは無関係に偶然に課される制限であることを否定することは困難である。そうすると、同法に定める利用行為の制限を全て所有権の内在

的制約とし，土地所有者は当然にこれを受忍すべき義務があるとみることは相当でない．同法35条1項が要許可行為について許可を得ることができない場合について通常生ずべき損失を補償すべき旨規定したのは，右のような趣旨によるものと解される．したがって，同項が土地の収用，権利のはく奪その他実質的にこれと同視しうる場合にのみ補償を要する規定であると解することは相当でないし，また，従前の利用方法に変更がない場合には補償を要しないということもできない．」

2　室生赤目青山国定公園不許可補償請求事件　東京地判昭和61・3・17（行集37巻3号294頁．以下，「②判決」という）は，次のように判示している．「自然公園内にあってすぐれた風致及び景観を有する土地の所有者に対して，その土地所有権の行使につき右のような公共の福祉を実現するために必要でかつ合理的な範囲内の制限を加えることは，その土地が自然公園内にあり，すぐれた風致及び景観をもつものとして存在し，利用されてきたという当該財産権本来の性質に応じてその財産権の内容を定めるものというべきである．そうすると，右のように自然公園内におけるすぐれた風致及び景観を保護するために必要でかつ合理的な範囲内において制限を加えることは，当該土地所有権自体に内在する社会的制約の具体化であるということができるから，このような制限によって生ずる損失は，これを補償することを要しないものといわなければならない．」

3　富士箱根伊豆国立公園不許可補償請求事件　東京地判平成2・9・18（行集41巻9号1471頁．以下，「③判決」という）は，次のように判示している．「本件不許可決定により受けた本件土地の利用行為の制限（本件建物の新築の制限）が財産権の内在的制約の範囲を超えて特別の犠牲に当たる場合でなければ，損失の補償を求めることができないというべきところ，本件不許可処分による制限が特別の犠牲に当たるか否かは，本件土地を含む周辺一帯の地域の風致・景観がどの程度保護すべきものであるか，また，本件建物が建築された場合に風致・景観にどのような影響を与えるか，さらに，本件不許可処分により本件土地を従前の用途に従って利用し，あるいは従前の状況から客観的に予想され得る用途に従って利用することが不可能ないし著しく困難となるか否か等の事情を総合勘案して判断すべきである．」

2 判例の検討

上記裁判例について検討すれば，②判決のように，必要でかつ合理的な範囲内において制限を加えることは，当該土地所有権自体に内在する社会的制約の具体化であるから補償は不要である，といえるかどうかは疑問である．制限の必要性・合理性を根拠に補償を不要とする見解については，ドイツにおいても我が国においても少なからず批判が存在するところである（西埜・損失補償60頁以下参照）．②判決の論理からすると，果たして現実に補償が認められる場合があるのかどうか，また，そもそも自然公園法35条（現64条）条の規定は何故に存在するのか，疑問とならざるをえない．

③判決は，周辺地域の風致・景観の保護の必要度，建物新築による風致・景観への影響度，従前の利用方法の継続可能性等の諸事情を総合勘案して判断すべきであるとしている．従前の利用方法に変更を加えるか否かだけを補償要否の基準とすることは疑問であるが，③判決のように，その他の諸事情をも総合して判断すべきであるというのであれば，それなりに評価してよいであろう（詳細な判例分析については，西埜・損失補償78頁以下，後述660頁以下参照）．

①判決は，今村説に依拠したものであり，一般論としては妥当なものと評価することができる．ただ，後述するように，申請権濫用の法理により，結論として請求を棄却しており，疑問の余地がないわけではない（後述663頁参照）．

●6　状況拘束性理論とその批判的検討

1 判例・学説における「状況拘束性」

上記のように，最近の判例・学説の中には，ドイツの状況拘束性（Situationsgebundenheit）の理論（土地の状況拘束性を理由にして補償不要の結論を導く考え方．ドイツの状況拘束性の理論について詳説したものとして，遠藤・計画行政法212頁以下，藤田・土地法268〜269頁，倉島安司「状況拘束性と損失補償の要否（上）（中）（下）」自治研究76巻6号108頁以下（2000年），77巻1号97頁以下（2001年），77巻3号111頁以下（2001年），西埜・損失補償63頁以下，同「財産権の制限と損失補償の要否」法政理論33巻1号21頁以下（2000年）等参照）に強く影響を受けているものが見受けられる．前掲の裁判例でいえば，②③判決がその代表的事例である．学説上でも，前記の遠藤説・安本説のほか，「土地利用に対する侵害が財産権に内在する社会的制約の範囲内にあるかどうかの問題については，状況拘束という視点が重要である．状況拘束性とは，当該土地が存在す

る位置・状態および自然環境等から，一定の土地利用を止めさせ，それによる損失を受忍すべき社会的義務性が生じることを意味する」と説くもの（宮田・国家責任法243頁）がある．

2　ドイツの判例動向

　連邦通常裁判所においても連邦行政裁判所においても，自然保護や記念物保護のための財産権制限に対する損失補償要否の基準として，これまで状況拘束性の理論が重要な役割を果たしてきた．状況拘束性の理論は，学説上有力に説かれてきた私的効用説と目的背反説から発展してきたものであるといわれている（vgl. S. Parodi, Eigentumsbindung und Enteigunung im Natur-und Denkmalschutz, 1984, S. 51）．この判例理論は，我が国の学説・判例にも大きな影響を及ぼしている．著名な判例は，我が国においてすでに紹介されているので（前掲文献参照），ここでは，連邦通常裁判所の判例を一つだけ紹介しておくことにしよう．

　事案は，ニーダーザクセン州において，景観保護地域に編入されたために砂の採取ができなくなったことによる損失の補償の要否が争われたというものである．ニーダーザクセン州の自然保護法50条1項は，土地の利用者その他の権利者は，この法律に基づく措置によって財産権の社会的制約を超えるような利用権の制限を課せられた場合には，損失補償請求権を有する，と定めていた．1993年7月16日の判決（BGHZ 123, 242）は，概略次のように判示している．すなわち，「自然・景観保護のための措置が当該財産権者にとって受忍されえないような負担を課するものであるか否かの判断に当たっては，当裁判所は，補償義務のない社会的制約と補償義務のある収用的効果を持った侵害行為との区別について発展させてきた原則を援用する．それによれば，すべての土地は，その状態，性質並びに景観・自然へのその位置づけ，したがって，その『状況』（Situation）によって形成される．財産権者は，自己の権能の行使の際には，そのことを考慮しなければならない．したがって，すべての土地には，いわばその状況拘束性（Situationsgebundenheit）から導き出される権利の内在的制約が課されており，そこから利用・処分権の制限が明らかとなる．この限界が個別的にどのように引かれるべきかは，公共の利益と当該財産権者の利益との衝突の価値判断に基づいて確定されるべきである．土地の状況に条件づけられた負担が認められるのは，公共の福祉を見失わない，理性的で分別のある財

産権者であれば，土地の状態と周囲の環境を考慮して一定の利用形態を思いとどまるであろうと思われる場合である．このためには，通常，その利用方法が過去においてすでに実現されていたか否かという，これまでの利用と状態が重要である．もちろん，すでに行われていた利用のみが目指されるのではなく，むしろ，土地の状態と性質に従って客観的に現れる，許容される利用可能性が禁止または本質的に制限されるか否かが決定的である．特別の，社会的制約を現実化する状況（Situation）は，ある土地が現行景観保護法に従い保全価値のある性質を有しているということから生ずる．本件財産権者は，本件土地をこれまで林業的に利用してきた．この利用形態の継続は，砂採取禁止によっては妨げられない．財産権者は，したがって，土地の状態と性質に従って客観的に現れる利用形態を何ら禁止されるものではない．このような事情の下で，当該財産権者に自己の土地に含まれている砂の採取が許可されないということは，この土地の上記の状況拘束性に照らして，自然保護法50条による損失補償によって調整されなければならないような，受忍されえない負担ではない．」

③ 批判的検討

1 状況拘束性の問題点　我が国においてもドイツにおいても，判例・学説は，表現は若干異なるにしても，補償要否の基準として状況拘束性を重視する傾向にある．状況拘束性を重視する立場に立てば，一般に，現状を凍結するにすぎない制限には補償は不要であるということになる．これが緩和されても，せいぜい，ドイツの連邦通常裁判所の前掲判例が示すように，これまで実現されていない利用方法でも，土地の状況から客観的に現れる利用可能性は補償なしに制限されない，ということまでであろう．

　しかし，状況拘束性の理論は，補償なしに土地の利用権を制限する考え方であり，財産権の保障という点からは，慎重な検討を要するところである．土地は常に何らかの状況の下にあるとしても，そのことが直ちに土地の利用制限と無補償を正当化するものではない．当該土地の事実上の状況から土地所有権者の義務が引き出されることになれば，特別の実定法上の根拠なしに，土地財産権者に義務が課せられるということになってしまう（vgl. J. Rozek, Die Unterscheidung von Eigentumsbindung und Enteignung, 1998, S. 82 f.）．公共の安全・秩序を害するような利用の仕方が，財産権の内在的制約として無補償で制限・禁止されるのは当然であるが，自然・景観を害するにすぎないような利用形態が

無補償で制限・禁止されるというためには，状況拘束性だけでは，その論拠は薄弱である．状況拘束性の理論は，利用制限を正当化するにしても，補償なしに受忍すべきことまでを正当化するものではない（vgl. F. Ossenbühl, Staatshaftungsrecht, 5. Aufl., 1998, S. 172 f.）．

ドイツの連邦通常裁判所や連邦行政裁判所の判例では，状況拘束性からする制約は調整義務のない内容規定（社会的制約）の具体化であると解されている（西埜・前掲（法政理論33巻1号）29頁参照）．しかし，少なくとも我が国においては，状況拘束性（または地域的特性，地域的制約性）から生ずるとされる制約は，従来の意味での内在的（社会的）制約性をはるかに超えているのではないかと思われる．社会的制約の意味・範囲が拡大したといえるためには，それなりの根拠が必要であって，土地基本法2条（土地についての公共の福祉優先）や3条（適正な利用及び計画に従った利用）の規定の趣旨からこれを説明するのは，論拠不十分であろう．

2 利用制限の必要性と補償の要否　このように考えれば，状況拘束性を補償要否の主要な基準として持ち出すことには疑問があるということになる．現状を凍結するにすぎない場合には補償は不要であるとの見解についても，ほぼ同じことがいえる．前述したように，我が国の判例においては，自然公園法等による利用制限に対して損失補償を肯定した事例は皆無であるが，補償の否定理由が「当該利用制限は内在的（社会的）制約の範囲内にある」ということであれば，建物の建築や土石採取の制限・禁止が何故に無補償の内在的（社会的）制約の範囲内にあるのか，その理由は不鮮明である．自然・景観の保護の必要性は認められるにしても，そのことと利用制限に対する補償の要否は別の問題であり，混同されてはならない（宇賀・国家補償法410〜411頁は，自然公園法上の規制について，「特定の者の土地利用規制により，国民全体が外部経済を享受するという関係にあり，したがって，国民全体の負担において，補償することが公平にかなう場合がありうる」と説いている．なお，藤村和夫「土地利用規制と損失補償」季刊環境研究64号85頁（1987年），亘理格「都市計画と景観保全法制」山下健次編『都市の環境管理と財産権』45頁（法律文化社，1993年）参照）．補償の要否は，制限の程度（本質的制限であるか否か）を中心にして判断されるべきであり，制限の目的や状況拘束性等は，二次的な基準として捉えられるべきである（この点についてのアメリカの判例動向については，下村誠「損失補償の要否における規制目的の役割」桃山法学23号67頁以下（2014年）参照）．

第4章 損失補償の要否

●7 文化財保護法上の規制と損失補償

1 文化財保護のための規制と状況拘束性

　上記のことを文化財保護のための土地財産権の制限を例にして考えてみることにしよう．文化財保護法（以下，「法」という）は，公益と私益を調整するための方法の一つとして，文化財の種類・性質に応じて，いくつかの損失補償の規定を設けている（後述786頁以下参照）．

　文化財の所在する土地は，文化財保護のために利用規制に服しなければならない．なるほど，当該土地がそのように規制されるということは，当該土地がそのような環境の下にあるということである．したがって，これをもって状況拘束性（または地域的特性・地域的制約性）と呼ぶのであれば，これは言葉の問題であるから，格別異を唱える必要はない．しかし，一般に，状況拘束性は補償不要を導くための基準であるから，この基準の適用には慎重を要するところである．

2 埋蔵文化財の現状変更禁止と補償

　これを埋蔵文化財についてみれば，土木工事，砂利採取，自然崩壊等によって偶然にに遺跡が発見されることがある．このような場合にも，文化庁長官に届け出なければならない（法93条）．遺跡の発見に関する届出があった場合に，その遺跡が重要なもので調査を行う必要があるときは，文化庁長官は，土地の所有者または占有者に対し期間および区域を定めて，その現状変更行為の停止または禁止を命ずることができる（法96条2項）．そして，この命令によって損失を受けた者に対しては，国は，その通常生ずべき損失を補償する（同条9項）．

　このように，現状変更停止命令によって損失を受けた場合には，通損補償がなされることになっている．現状変更停止命令によって生ずる損失が「特別の犠牲」に該当することがあることを認めたものである．しかし，実際に，この通損補償がどの程度なされているかということになると，極めて疑問とならざるをえない．正確に把握しているわけではないが，ほとんど補償の事例はないのではないかと思われる．その理由は，おそらく現状変更停止命令が出された事例がほとんど存在しないということと（内田新「文化財保護法概説・各論(15)」自治研究61巻3号41頁（1985年）参照），現状変更停止期間は3か月で

あり，期間延長が許されるものの，その場合でも通算6か月を超えることができないのであり，この程度の期間内の現状変更停止は受忍義務の限度内にあると考えられていること，などによるものであろう．

3 行政指導による現状変更停止と補償の要否

現状変更停止命令が出された事例がほとんど存在しない理由は，停止命令を出す前に，行政指導によって現状変更停止要請を受諾させているからである（1981年の日本土地法学会のシンポジウムにおける椎名慎太郎の発言（日本土地法学会編『環境アセスメント・埋蔵文化財と法』土地問題双書16号165頁（1982年）参照）．しかし，行政指導に任意に従ったにせよ，現状変更停止によって損失を被っている以上は，それに対する補償を必要とするというのが筋道であろう．また，上記の期間内の現状変更停止が受忍義務の限度内にあるというのは，必ずしも理解容易なものではない．確かに，現状変更停止命令によって受ける損失が軽微である場合もあるであろうから，その場合には損失補償は不要である．しかし，相当の損失を受けることも予想されないではないから，その場合には通損補償がなされなければならないはずである．通損補償の規定があるにもかかわらず，補償がなされていないということであれば，補償規定の存在理由が問われなければならない（西埜「埋蔵文化財の保護と損失補償」日本土地環境学会誌8号1頁以下（2001年）参照．なお，後述799頁以下参照）．

●8 都市計画制限と損失補償

1 都市計画制限と損失補償の要否

1 都市計画制限の種別　次に，都市計画制限を例にして損失補償の要否について考察することにしよう．都市計画制限は，公用制限の一種であるが，損失補償の要否についてしばしば論議されている．

都市計画法には，土地の利用規制を定めている条項が少なくない．一般に，都市計画制限と称されているが，その種類は多様であり，分類の仕方も一様ではない．これには広義のものと狭義のものがある．広義の都市計画制限は，①市街化区域または市街化調整区域内の開発行為の規制，②地域地区内における建築等の規制，③狭義の都市計画制限に分類される．狭義の都市計画制限には，①市街地開発事業等予定区域内における建築等の規制（52条の2～52条の5），②都市計画施設等の区域内における建築等の規制（53条～57条の6），③都市

第4章 損失補償の要否

計画事業の認可・承認を受けた事業地内での建築等の規制（59条〜75条），などがある（後述460頁参照）．

2 損失補償の要否　これらの都市計画制限については，制限それ自体に対する損失補償を定めた条項は見当たらない．その主たる理由は，一般に，①規制の程度が重大ではないこと，②財産権の内在的制約であること，③相隣関係論によれば補償は不要であること，④買取請求が認められていること，などの点にあると考えられている（都市計画制限と補償の関係については，荒秀＝小高剛編『都市計画法規概説』332頁以下（信山社，1998年〔小高執筆〕），坂本武「損失補償法の個別的問題—都市計画関係」国家補償法大系④61頁以下，野呂充「都市計画制限と損失補償」広島法学20巻2号253頁以下（1996年），生田長人『都市法入門講義』222頁以下（信山社，2010年），渡井理佳子「都市計画法53条と損失補償の要否」法学研究81巻12号617頁以下（2008年）等参照）．

ただ，都市計画法には，損失補償を定めた規定がないわけではない．52条の5，57条の6，60条の3である．これらの条項は，都市計画の変更・廃止に伴う損失の補償について定めたものであるが，この点については，後に都市計画法の条解の箇所で改めて考察することにする（後述465頁以下参照）．

2 判例の動向

1 東京都都市計画建築制限損失補償請求事件（その1）　裁判例をみると，東京地判昭和42・4・25（行集18巻4号560頁）は，「原告は，右のような建築制限特に不相当に長期間にわたる建築制限による損失は，憲法第29条第3項に基づく土地収用法第68条または第88条により補償すべきものであると主張するが，右に述べたように，都市計画ないし都市計画事業による建築制限は，公共の福祉のために所有権に対し一般的に加えられた内容的制約であって，これをこえた特定の者の財産権の行使の自由に対する特別の制限ではなく，したがってこれにより損失を受けたとしても，右各法条によりその損失を補償すべきものではないと解するのが相当であるから，原告の右主張は失当である」と判示している．

2 東京都都市計画建築制限損失補償請求事件（その2）　また，東京地判昭和47・2・29（行集23巻1=2号69頁）は，「右建築制限によりその土地の利用が制約されることになるけれども，それは以上のような観点から新規の建築を規制するといういわば消極的制限にとどまり，現在の土地利用に対して特

別の負担を課するものではないし，しかも，建築の全面的禁止ではなく，法定の許可を得た建物もしくは法令の許容範囲内の建物を建築することは認められていたのである．かような建築制限の目的，その態様，程度等を総合的に判断すれば，右建築制限は，都市計画または都市計画事業の実施上必要やむをえない公共の福祉のための制限であるということができる．してみると，それによる土地利用の制限は，右土地の所有権に内在する社会的制約に基づくものであって，土地所有者においてこれを受忍すべきものと解するのが相当であるから，憲法第29条第3項によってその損失を補償することは必要でないというべきである」と判示している．

3 盛岡市道区域決定処分取消等請求事件 さらに，長期間にわたって都市計画法上の制限を受けてきた原告が，都市計画決定の取消しと憲法29条3項に基づく損失補償請求等をした事案において，盛岡地判平成13・9・28（判例集不登載）は，「一般に都市計画法53条の建築制限は，都市内に位置する不動産の所有権を有する者が同然に負担すべき内在的制約の範疇に属するものと解すべきところ，原告らが別紙物件目録記載1ないし3の土地を第三者へ処分することは，法的に何ら制限がない上，都市計画道路の区域に属している土地であっても，都市計画法54条に定める基準の範囲内で，都道府県知事の許可を得て，建築物を建築することは可能であることからすると，本件処分による権利制限の程度が収用等の場合と同視すべき程に強度なものであるということはできない．／そうすると，本件各不動産に対する建築制限は，公共の福祉の実現のために社会生活上一般に受忍すべきのとされる限度を未だ超えるものではないというべきである」と判示している．その控訴審の仙台高判平成14・5・30（判例集不登載）も，同趣旨の判断をしている．その上告審の最判平成17・11・1（裁判集民事218号187頁）は，「原審の適法に確定した事実関係の下においては，上告人らが受けた上記の損失は，一般的に当然に受忍すべきものとされる制限の範囲を超えて特別の犠牲を課せられたものということがいまだ困難であるから，上告人らは，直接憲法29条3項を根拠として上記の損失につき補償請求をすることができないものというべきである」と判示して，原審の判断を是認している．

3 判例の検討

上記の判例は，いずれも主として財産権の内在的制約論から補償不要の結論

を導き出している．しかし，財産権の内在的制約論からの無補償については，これまでにいくらかの疑問も指摘されてきたところである（杉村・前掲（公法研究 29 号）131 頁以下，遠藤博也『都市計画法 50 講〔改訂版〕』178 頁以下（有斐閣，1980 年），藤田・総論 628 頁以下．生田・前掲 233 頁以下等参照）．これらの都市計画制限のうち，市街化調整区域と地域地区における建築等の規制に対する損失補償の要否については，すでに拙著・損失補償 94 頁以下で考察しているので，そちらを参照していただきたい（その後の文献として，西田・前掲（法政法学 22＝23 合併号）167 頁以下，福永実「損失補償と互酬性（reciprocity）(1)」大阪経大論集 58 巻 6 号 151 頁以下（2008 年）がある）．

● 9 　複数基準による総合的判断

学説・判例の動向を一瞥すれば，損失補償要否について未だ確固とした基準が定立されていないことが明らかとなる．ただ，最近の動向としては，複数の基準により総合的に判断するという傾向を認めることができる（塩野・前掲（『未来社会と法』）213 頁，同・行政法 II 362 頁，阿部・国家補償法 280〜282 頁，遠藤・実定行政法 234 頁，宇賀・行政法概説 II 505 頁，由喜門眞治「アメリカの土地利用規制と損失補償（3・完）」民商 107 巻 6 号 895 頁以下（1993 年），福永・前掲 158 頁，野呂・前掲（行政法の争点）164 頁，下村・前掲（桃山法学 23 号）67 頁，矢島基美「財産権の制限と補償の要否」別冊ジュリ『憲法の争点』155 頁（2008 年），原田大樹「損失補償」法教 452 号 61 頁（2018 年），西埜・損失補償 82 頁以下等参照）．複数基準としては，①制限の目的，②制限の程度，③土地の状況，④従前の利用方法，⑤制限の期間，⑥被規制者の受ける利益，などが挙げられている．

● 10 　本質的制限

1　財産権の本質的内容

前記の複数基準の中では，「制限の程度」が最も重要なものである（この点についてのアメリカ法の動向については，下村・前掲 67 頁以下参照）．重大な侵害，すなわち財産権の剝奪と同視しうるような「本質的制限」に対しては，原則として補償が必要である．財産権の本質的な制限とは，財産権の「本質的内容」または「核」を侵害することである．しかし，本質的内容または核とはいっても，それが一体何を意味するかについては，現在のところまだ明確にされてい

ない．実質的基準説に立つ場合には，まず，この言葉の意味を明確にすることが必要であろう．

この問題について経済的側面から考察した文献（岩田・前掲 44 頁．なお，同『土地と住宅の経済学』213 頁（日本経済新聞社，1977 年）参照）は，次のように説いており，参考となる．すなわち，「われわれの補償基準からすれば，なにが特別の犠牲か，あるいは，なにが『強度の本質的侵害』かは，侵害の内容には依存せず，侵害によって蒙る損失の大きさそのものによって定義される．したがって，補償の要否の問題とは，どのような原因に基づく損失を補償すべきかということではなく，国家権力の行使によって，個人が蒙るどの程度の大きさの損失を，個人の基本的人権を侵害するほどの損失と考えて補償するか，という問題に帰着する．」

2 本質的内容の意味

文献においては，財産権の本質的内容とは，財産権の核を構成している部分をいい，これが失われれば財産権はその価値の大半を喪失するという「本体的部分」をいう，と説くもの（大澤正男『土地所有権制限の理論と展開』38 頁（成文堂，1979 年））がある．何が本体的部分に該当するかは財産権の種類によって異なるが，土地についていえば，建築，土石採取，樹木の伐採等がそれに属する．これらのうち，建築的利用が最も中心的な部分を構成しており，これが禁止される場合には，原則として財産権の本質的内容の侵害，すなわち本質的な制限がなされているということになる．旧美観地区（平成 16 年の景観法制定に伴い，美観地区は景観地区に代えられて廃止）や風致地区における利用規制について損失補償の定めがないのは，厳しい基準の下ではあるが，建築が可能であり，この程度の規制では未だ本質的な制限に当たらないと考えられたからである．土石採取についても，良質の土石を埋蔵している土地については，土石の採取は重要な利用形態であるから，これが禁止されることになれば，原則として本質的な制限がなされることになる．樹木の伐採についても同様であり，森林的経営が行われている土地について樹木の伐採が禁止されることになれば，原則として本質的な制限があったものと考えるべきである．

3 批判的見解とその検討

しかし，このような考え方に対しては，強い批判が予想される（例えば，高

田敏『社会的法治国家の構成―人権の変容と行政の現代化―』289～290頁（信山社，1993年）は，特別の犠牲のランクづけを試みて，「公共の福祉が大きければ大きいほど，特別の犠牲の程度が低くなる」と説いている。なお，遠藤・スケッチ245頁，255頁，原田・要論274頁，安本・前掲（立命館法学223＝224号）433～434頁等参照）。土地については，権利者の自由な利用に任せるべきではないという見解が有力になっているし，土地基本法2条も，土地について「公共の福祉優先の原則」を謳っている。このような傾向からすれば，財産権の本質的内容を建築的利用等を中心にして捉える考え方は，時勢に適合しないものとして排斥されることになりかねない。

しかし，建築の不許可によって土地の本質的制限がなされることは否定できず，制限の必要性・合理性から財産権の内在的（社会的）制約で無補償でよいというのは説明困難である。制限の必要性・合理性，あるいは状況拘束性・地域的特性は，制限の適法性の判断基準としては十分機能するが，補償要否の基準としては，それだけでは機能しないものと考えるべきであろう（又坂常人「判批」判評340号171頁（1987年），玉巻・前掲（東海法学9号）318頁以下，岩田・前掲（経済学論集43巻1号）46頁以下，小祝慶紀「自然公園法の損失補償制度―損失補償制度の要否基準をめぐる法と経済学―」國士舘法學38号58頁以下（2006年），西埜・損失補償82頁以下等参照）。

● 11　制限の期間

1　学説の動向

学説は，土地の利用規制が長期間に及ぶ場合には，それが本質的制限に当たらない場合であっても，補償が必要となることがありうる，と説くものが多数である（遠藤・計画行政法226～227頁，杉村・前掲（『続・法の支配と行政法』）225頁，秋山・国家補償法170頁，宇賀・行政法概説Ⅱ515～516頁，岡田正則「判解」行政判例百選Ⅱ〔第7版〕519頁，安本・前掲（『都市法概説〔第3版〕』）197頁，387頁，松尾・損失補償法理191頁以下，西埜・損失補償86～87頁等参照）。

2　判例の動向

1　都市計画道路区域内ホテル増改築制限事件　しかし，判例動向をみると，この点については，いずれも消極的である。ホテルの経営者が，ホテルのある土地がA市の都市計画道路の区域内にあり，都市計画決定以来30年以上

にわたって，ホテルの増改築につき都市計画法に基づく制限を受けているとして，当該都市計画事業の施行予定者である被告に対して，このような営業上の不利益は一般的に当然受忍すべきとされる制限の範囲を超えて，特別の犠牲を課されたものであるとして，憲法29条3項に基づいて損失補償の請求をした事案において，岡山地判平成14・2・19（判例自治230号90頁）は，概略次のように判示している．すなわち，①都市計画法は，この建築制限（同法53条，54条による不許可）によって土地所有者等が不利益を受けることがあるとしても，これに対する損失の補償については何ら規定するところがないが，これは，都市計画法が，都市の健全な発展と秩序ある整備を図り，もって国土の均衡ある発展と公共の福祉の増進に寄与するとの見地から，都市計画の内容およびその決定手続，都市計画制限，都市計画事業その他の都市計画に関し必要な事項を規定するものであり（同法1条），かかる負担は，都市計画自体が極めて高い公共性を有することに照らすならば，当該土地の所有者等にとって当該土地が有する公共的性質に鑑み，土地という私有財産に内在する制約として受忍すべき性質のものと解される．②もともと，都市計画事業の遂行に当たって，現実には，予算・人員等を中心に社会的経済的に多大の制約が存在し，都市計画決定から事業の完成に至るまでには10年あるいは20年といった長期間を要することも少なくないことからすると，建築制限が前記期間をはるかに超える長期間に及んだとしても，それ自体，都市計画法が全く予定しないところであるとまでいうことはできず，当該土地の所有者等において受忍すべき範囲の負担であるといわなければならない．③本件土地にみられるように，当該土地に係る都市計画事業の進行が大きく遅れ，すでに都市計画決定以来30年以上が経過しているとしても，それが都市計画区域内における都市計画事業全体の進捗状況に照らし，やむをえないものである場合には，特段の事情が存在する場合を除き，憲法29条が保障する私有財産制度の本質に照らし，当該土地の所有者等に公共の福祉の実現に伴う内在的制約を超える特別の犠牲を課するものということはできない．④これを本件についてみると，都市計画決定以来30年以上経過しており，その間において原告に課された負担は後に事業化決定がなされ，土地収用がなされた段階で土地の適正な時価に基づく損失補償がなされたとしても，なお補填されえない損失が発生しているといえなくはないが，津島飛行場線の必要性自体が消滅しているわけではなく，かつ，その事業の進捗率が他の都市計画事業の進捗率との比較においても遜色がないことなどの事情

からすると，本件土地のある区間にあっては30年以上にわたり事業化されておらず，今後も当面事業化の見込みが立っていないとしても，憲法の規定する私有財産制の保障の趣旨に明らかに反する事態にまで立ち至っているということはできない．

2 市道区域決定処分取消等請求事件　事案は，原告所有の土地が都市計画決定により60年以上にわたって建築制限が課されてきたことに対して，当該都市計画決定の取消しと国賠法1条に基づく損害賠償，予備的に憲法29条3項に基づく損失補償の請求がなされたものである．先にも紹介した（前述87頁参照）が，論点が異なるので再度取り上げることにする．一審の前掲盛岡地判平成13・9・28は，本件建築制限を内在的制約の範囲内であるとして請求を棄却し，控訴審の前掲仙台高判平成14・5・30も，原審の判断を是認した．

上告審の前掲最判平成17・11・1は，「原審の適法に確定した事実関係の下においては，上告人らが受けた上記の損失は，一般的に当然に受忍すべきものとされる制限の範囲を超えて特別の犠牲を課せられたものということがいまだ困難であるから，上告人らは，直接憲法29条3項を根拠として上記の損失につき補償請求をすることはできないものというべきである」と判示して，原審の判断を是認し，上告を棄却した．しかし，これには藤田宙靖裁判官の補足意見が付されており，結論において本件建築制限は特別の犠牲とまではいえないとしながらも，次のように述べていることに注目すべきである．すなわち，「当該制限に対するこの意味での受忍限度を考えるに当たっては，制限の内容と同時に，制限の及ぶ期間が問題とされなければならないと考えられるのであって，……これが60年をも超える長きにわたって課せられている場合に，この期間をおよそ考慮することなく，単に建築制限の程度が上記のようなものであるということから損失補償の必要は無いとする考え方には，大いに疑問がある．」

③ 学説・判例の検討

この藤田裁判官の補足意見については，文献においては，賛意を表するものが多数である．この補足意見を支持した上で，期間の経過について民法162条の「所有権の取得時効」を参考にして，「都市計画決定にある程度の期間を要するのは予測可能であること，高度の公共性が存在していることからすれば，10年ではなく20年を採用し，20年が経過した時は長期間が経過したと見る余

地がある」と説くもの（渡井・前掲（法学研究81巻12号）627頁）がある．

　ただ，制限の期間もまた決定的な基準ではなく，あくまでも一つの目安にすぎない．結局，これは前述の「制限の程度」の基準と密接に関連しており，むしろ制限の程度を量る尺度の一つとして位置づけた方がよいかもしれない（戸部真澄「判解」ジュリ1313号・平成17年度重判解説57頁（2006年）は，規制の程度の下位基準であると説いている．同旨，野呂・前掲（広島法学20巻2号）278頁，曽和俊文「損失補償（2）損失補償の各論的問題，結果補償」法教425号83頁（2016年））．

12　損失補償規定がある場合の補償の否定

　行政実務においても裁判例においても，自然公園法等による土地の利用規制に対して，損失補償請求が斥けられている．例外的に補償がなされているのは，森林法35条に基づく指定補償だけであり，これは「保安林の指定による損失補償及び受益者負担に関する要綱について」（昭和34・12・11農林事務次官通達）および都道府県の「保安林の指定による損失補償に関する要綱」により行われている（赤木壯「損失補償の個別的問題—森林法関係」国家補償法大系④108〜110頁，宇賀・国家補償法410頁参照．なお，後述690頁以下参照）．しかし，自然公園法等が損失補償の規定を設けているからには，この規定に基づいて補償の要否が決せられるべきであって，再度補償要否の一般的判断基準を持ち出して補償の要否が判断されるべきではない．自然公園法等は「通常生ずべき損失」（通損）の補償を定めているのであるから，当該利用規制によって通損があったか否かが補償要否の判断基準となる．

　このような考え方に対しては，文献の中には批判的な見解もないわけではない．すなわち，「土地の計画的利用のために定立された面的な利用制限には，もはや憲法上も補償は不要であるとの解釈を確立して，補償を定めた法律の規定を整理するとともに，反面，個別事業のために局所的個別的に課された公用制限には，補償を確実かつ適正に実施していくべきである．運用されもしない補償規定を数多く法令中に存置しておくのは，まさに羊頭狗肉で，国民の誤解を生む．法治国にとっては，むしろ有害である」との見解（原田・要論274頁）が，その代表的なものである．

第4章 損失補償の要否

● 13　土地の買取り（買入れ）制度と損失補償要否の基準

1　損失補償の代替的機能

　損失補償の要否が明確でなく，また，損失補償の必要性が明確になったとしても，被規制者としては損失補償よりも土地を買い取ってもらった方が救済になる場合がある．また，行政側としても，土地所有権自体を取得した方が行政目的達成のために都合がよい場合がある．そこで，実定法上に土地の買取り（買入れ）制度が導入される例が増加している．買取り制度は，ここでは，損失補償の代替的機能を果たしている（荒・前掲（『建築基準法論（II）』）297頁，同「土地利用規制と補償」行政法大系⑥ 285頁以下，木下慎哉「損失補償法の個別的問題―古都保存関係」国家補償法大系④ 103～104頁，阿部・国家補償法 292頁，藤田・総論 629頁，玉巻・前掲 326～327頁，野呂・前掲（行政法の争点）165頁等参照．ただし，買取請求の運用例はあまりなく，買取りが補償の代替的機能を果たしているとはいえない，との指摘（原田・要論 277頁）もある）．土地の買取り等について規定している法律をいくつかみておくことにしよう（なお，前述43頁以下，後述144頁以下参照）．

2　国土利用計画法・公有地の拡大の推進に関する法律

　国土利用計画法は，「総合的かつ計画的な国土の利用を図ることを目的」として制定されたものである．同法は，19条1項において「規制区域に所在する土地について土地に関する権利を有している者は，第14条第1項の許可の申請をした場合において，不許可の処分を受けたときは，都道府県知事に対し，当該土地に関する権利を買い取るべきことを請求することができる．」と規定し，同条2項において「都道府県知事は，前項の規定による請求があつたときは，当該土地に関する権利を，近傍類地の取引価格等を考慮して政令で定めるところにより算定した第12条第3項の規定による公告の時における土地に関する権利の相当な価額……で買い取るものとする．」と規定している．

　また，公有地の拡大の推進に関する法律は，「公有地の拡大の計画的な推進を図ることを目的」にして制定されたものである．同法は，5条において「地方公共団体等に対する土地の買取り希望の申出」を，6条において「土地の買取りの協議」を，7条において「土地の買取価格」を規定している．

3　都市緑地法等

　都市緑地法は，都市における緑地の保全および緑化の推進に関し必要な事項を定めることにより，健康で文化的な都市生活の確保に寄与することを目的として制定されたものであり，特別緑地保全地区における種々の行為の制限を規定している（14条）．そこで，自己所有の土地でありながら利用の仕方が大幅に制限される者が出てくることが予想されるため，土地の買入れの制度を設けている（17条）．それによれば，都道府県（または指定都市）は，特別緑地保全地区内の土地で当該緑地の保全上必要があると認めるものについて，その所有者から建築物の新築・増改築，宅地の造成，木竹の伐採等の許可を受けることができないためその土地の利用に著しい支障をきたすことになるとして，当該土地を買い入れるべき旨の申出があった場合には，これを買い入れるものとし，この場合の土地の価額は時価によることとしている（市川一朗「都市緑地保全法の概要」自治研究49巻12号70〜71頁（1973年），小高・前掲（法学雑誌28巻3＝4号）477頁参照）．そのほか，古都保存法11条，首都圏近郊緑地保全法4条，都市計画法56条等にも同趣旨の規定が置かれている．

14　租税優遇措置

　そのほか，損失補償ではないが，租税優遇措置を設けて，公用制限に対する補償の代替的機能を担っている例もある．文献においては，「土地利用規制に関して，規制地区としての指定に対する補償（指定補償）が行われず，建築の許可申請に対する不許可処分に対する補償（不許可補償）も実際には認められていない状況下で，固定資産税を非課税とすることによって，被規制損失の軽減が図られていることがある．国立公園，国定公園の特別地域のうちの特別保護地区等がその例である（地税348条2項7の2号）．国家補償制度の下での被害者救済機能・損害（損失）分散機能の限界は，このような租税優遇措置によって，ある程度は代替されうることにも留意が必要であろう」と説くもの（宇賀・概説Ⅱ543頁．同旨，安本・前掲（『都市法概説〔第3版〕』）389〜390頁．なお，荒・前掲（行政法大系⑥）284〜285頁参照）がある．

　裁判例をみると，前掲岡山地判平成14・2・19は，建築制限が長期間に及んでいる事案において，「本件土地が建築制限を受けている期間は，現時点でも建築制限を受ける堅固な建物の法定耐用年数の半分を超える長期に及んでおり，かつ，今後も10年近くにわたり事業化の見通しが立っていないことからすれ

第4章 損失補償の要否

ば，何らかの救済措置を講じるのが相当であるといえるけれども……，都市計画決定された都市施設のある地域では将来事業を実施する際に支障となるような大規模建築物の建築が制限される反面，〔1〕都市計画施設予定地については，固定資産税の減免を行っており，計画決定している地域か，事業認可している地域か，また総面積に占める予定地積の割合によって異なるが，0・70から0・95の補正率を乗じていること，……」と述べている．

第5章　損失補償の内容

第1節　概　説

●1　論争点

　財産権の剥奪または本質的制限に対しては，権利者側に受忍すべき事由がない限り，損失補償がなされなければならない．その場合の損失補償の内容については，憲法29条3項は，「正当な補償」が必要であると定めている．しかし，「正当な補償」の意味は必ずしも明確ではなく，これまでこれをめぐって多くの論争がなされてきた．

　論争点は，三つに大別される．その一は，憲法29条3項の「正当な補償」の意味ををめぐる完全補償説・相当補償説・折衷説の対立である．その二は，付随的損失補償や生活権補償，精神的損失補償等も「正当な補償」の範囲に含まれるか否かという問題である．その三は，財産権制限の場合の「正当な補償」の内容である．

　損失補償の内容として重要なものは，財産権補償，生活権補償，精神的損失補償および事業損失補償である．前三者については本章で考察するが，事業損失補償については，分量が多くなっているため，次章において独立の章立ての下で考察することにする．

●2　任意買収と正当な補償

　このことは，任意買収の場合についてもほぼ同じである．任意買収が民法上の売買契約であるにしても，その買収対価については，憲法29条3項の「正当な補償」が基準とされるべきである（宮崎・補償と鑑定46頁以下，前述27頁以下等参照）．しかし，広島地判昭和53・2・27（判タ369号277頁）は，「任意買収はあくまで民法上の売買契約である」として，憲法29条3項は任意買収には適用されない，と判示している．

第5章　損失補償の内容

第2節　財産権の剥奪と正当な補償

● 1　学説・判例の動向

1　学説の動向

　「正当な補償」の意味については，学説は，大別すれば，完全補償説，相当補償説，折衷説に分類することができる．これは，本来，財産権補償，それも権利対価補償のレベルにおける論争である（宇賀『行政法〔第2版〕』456頁（有斐閣，2018年），同・行政法概説Ⅱ 519頁参照）．しかし，現在では，付随的損失の補償等を含めて，広い意味で「完全な補償」が論議されることが多くなっている．

　完全補償説は，正当な補償とは完全な補償を要する趣旨であると主張し（結城光太郎「『正当な補償』の意味」公法研究11号84頁（1954年），柳瀬良幹『人権の歴史』64頁以下（明治書院，1949年）等），相当補償説は，相当または妥当な補償を意味するという（佐藤功『日本国憲法概説〔全訂第5版〕』284頁（学陽書房，1996年），田中・行政法上217頁，宮沢俊義（芦部信喜補訂）『全訂日本国憲法』289頁（日本評論社，1978年）等）．折衷説は，完全な補償を要する場合と相当な補償で足りる場合を分けて，「小さな財産」（国民がその生活を営むための日常必需的財産）については完全な補償が必要であるが，「大きな財産」（貧乏や失業の原因をつくった資本主義発展の原動力となった財産）については相当な補償で足りると説く（高原・財産権20頁．財産権二分論について詳論するものとして，田辺＝海老原・用地買収63頁以下〔田辺執筆〕）．折衷説の中には，既存の財産法秩序の枠内における個別的な侵害行為には完全な補償を要するが，既存の財産法秩序を構成する特定の財産権の「権利関係の変革を目的として行なわれる侵害行為」には必ずしも完全な補償を要しない，と説くもの（今村・制度研究74頁，同・入門179頁，杉村・講義289頁等）もある．折衷説は相当補償説の一種であるが，ここでは区別しておくことにする（学説の分類については，高田敏『社会的法治国の構成』276頁以下（信山社，1993年），宮田・国家責任法253頁，宇賀・行政法概説Ⅱ 517〜518頁，田辺＝海老原・用地買収16頁以下〔田辺執筆〕，西埜・損失補償108頁以下等参照）．かつては相当補償説が通説であったが，現在では，完全補償説が通説になっている．

98

2 判例の動向

1　最大判昭和 28 年　判例をみると，最大判昭和 28・12・23（民集 7 巻 13 号 1523 頁．以下，「最大判昭和 28 年」という）は，戦後の農地改革の際に農地を国により買収された旧地主が，買収対価は憲法 29 条 3 項にいう「正当な補償」に当たらないとして，その増額変更を訴求した事案において，次のように判示して，相当補償説に立脚した．

「憲法 29 条 3 項にいうところの財産権を公共の用に供する場合の正当な補償とは，その当時の経済状態において成立することを考えられる価格に基き，合理的に算出された相当な額をいうのであって，必しも常にかかる価格と完全に一致することを要するものでないと解するを相当とする．けだし財産権の内容は，公共の福祉に適合するように法律で定められるのを本質とするから（憲法 29 条 2 項），公共の福祉を増進し又は維持するため必要ある場合は，財産権の使用収益又は処分の権利にある制限を受けることがあり，また財産権の価格についても特定の制限を受けることがあって，その自由な取引による価格の成立を認められないこともあるからである．」なお，最大判昭和 30・10・26（民集 9 巻 11 号 1690 頁）も，相当補償説に立って，最大判昭和 28 年を引用している．

2　最判昭和 48 年　しかし，最判昭和 48・10・18（民集 27 巻 9 号 1210 頁．以下，「最判昭和 48 年」という）は，都市計画の街路用地に決定されたため，建築基準法 44 条 2 項（昭和 43 年の改正前のもの）の建築制限を受けている土地につき，土地収用による損失補償額の算定に当たって，このような建築制限付きの土地として評価すれば足りるか否かが争われた事案において，次のように判示して，完全補償説に立脚した．

「土地収用法における損失の補償は，特定の公益上必要な事業のために土地が収用される場合，その収用によって当該土地の所有者等が被る特別な犠牲の回復をはかることを目的とするものであるから，完全な補償，すなわち，収用の前後を通じて被収用者の財産価値を等しくならしめるような補償をなすべきであり，金銭をもって補償する場合には，被収用者が近傍において被収用地と同等の代替地等を取得することをうるに足りる金額の補償を要するものというべく，土地収用法 72 条（昭和 42 年法律第 74 号による改正前のもの．以下同じ．）は右のような趣旨を明らかにした規定と解すべきである．そして，右の理は，土地が都市計画事業のために収用される場合であっても，何ら，異なるものではなく，この場合，……被収用者に対し土地収用法 72 条によって補償すべき

相当な価格とは，被収用地が，右のような建築制限を受けていないとすれば，裁決時において有するであろうと認められる価格をいうと解すべきである．」なお，最判平成9・1・28（民集51巻1号147頁）も，傍論ではあるが，完全補償説に立って，最判昭和48年を引用している．

3 最判平成14年 ところが，最判平成14・6・11（民集56巻5号958頁．以下，「最判平成14年」という）は，電力会社の変電所建設のために土地等を収用された者が，収用法71条の規定は「正当な補償」を定める憲法29条3項に違反するとして，損失補償額の変更を求めた事案において，次のように判示して，再び相当補償説に立脚している．

「①憲法29条3項にいう『正当な補償』とは，その当時の経済状態において成立すると考えられる価格に基づき合理的に算出された相当な額をいうのであって，必ずしも常に上記の価格と完全に一致することを要するものではないことは，当裁判所の判例（最高裁昭和25年（オ）第98号同28年12月23日大法廷判決・民集7巻13号1523頁）とするところである．土地収用法71条の規定が憲法29条3項に違反するかどうかも，この判例の趣旨に従って判断すべきものである．」「②土地収用法は，事業認定の告示があった後は，権利取得裁決がされる前であっても，土地所有者等が起業者に対し補償金の支払を請求することができ，請求を受けた起業者は原則として2月以内に補償金の見積額を支払わなければならないものとしている（同法46条の2，46条の4）から，この制度を利用することにより，所有者が近傍において被収用地と見合う代替地を取得することは可能である．」「③これらのことにかんがみれば，土地収用法71条が補償金の額について前記のように規定したことには，十分な合理性があり，これにより，被収用者は，収用の前後を通して被収用者の有する財産価値を等しくさせるような補償を受けられるものというべきである．」なお，同趣旨のもととして，成田空港訴訟の最判平成15・12・4（訟月50巻10号2952頁）がある．

●2 学説・判例の検討

学説・判例は，現在では，学説名が示すほどには明確に区別されない．相当補償説と完全補償説の差異は，特別例外的な場合を除いては，ほとんど認められない状況である．しかし，それでも基本的な問題点であることに変わりはないから，次に簡単に検討しておくことにしよう．

1 学説の検討

1 完全補償説について　完全補償説は，完全な補償が必要とされる理由について，財産権保障に重点を置くか平等原則に重点を置くかにより見解が分かれてはいるが，正当な補償とは完全な補償を意味するという点においては一致している．ただ，完全補償説の代表的文献は，いずれも昭和20年代に公刊されたものであり，自作農創設特別措置法による農地買収対価の合憲・違憲の問題を意識して書かれたものであるために，やや観念的な論争に終始していた．また，完全な補償とはいっても，その内容については，必ずしも明確にされていたわけではない．

2 相当補償説について　相当補償説は，完全な補償を下回りうることを認めている．しかし，完全な補償を下回りうる場合とはどのような場合であるのか，あまり明確とはいえない．折衷説とは異なり，大きな財産（独占財産）であれば合理的で相当な補償で足りる，と説くわけではないから，現行憲法適用下においては，そのような場合を想定することは困難であろう．そうであるとすれば，完全補償説とは別に，相当補償説を説く意義はほとんど見出されないことになる．

また，相当補償説に対しては，この説は財産権侵害の正当化理由あるいは許容性を説明しているのではないか，との疑問を指摘することもできる．財産権の剥奪・制限の必要性が認められるにしても，そのことから直ちに相当な補償で足りるとの結論は出てこない．公益上の必要性は，財産権侵害の許容性（適法性）の要件であって，損失補償の内容までを決定するものではないからである（法学協会編『註解日本国憲法上巻』569頁（有斐閣，1953年）参照）．

そのほか，1965（昭和40）年6月に，「農地被買収者に対する給付金の支給に関する法律」が制定され，旧地主に対して再補償されたという事実も，相当補償説に対する疑問として挙げることができる．これは，農地買収対価が正当な補償とはいえなかったということを示しているのではないかと思われる（田辺＝海老原・用地買収19頁〔田辺執筆〕参照）．

3 折衷説について　折衷説は，相手方の経済状態や財産の種類・性質によって「財産権補償」に差をつけるものであるが，憲法29条3項と14条1項に照らして疑問である．一歩譲っても，どのような基準によって小さな財産と大きな財産を区別するのか，という難問が残ることになる．また，折衷説に立つ別の文献においては，「権利関係の変革を目的として行われる侵害行為」の

例として農地買収が挙げられているが，これは連合国の管理政策として行われたものであるから，適例とはいえない．「権利関係の変革を目的として行なわれる」ことは，侵害行為を正当化する理由にはなりえても，相当な補償を正当化する理由にはなりえないであろう．

4 過大補償の否定　完全補償説は，完全な補償が必要であると主張するものであって，過大補償を肯定するものではない．過大補償は，必要以上に高額な補償であるから，完全補償説の立場においても，これが避けられるべきことは当然である（阿部泰隆「適正補償のための解釈論及び立法論」小高編・理論と実際 62 頁以下，宇賀・国家補償法 431 頁参照）．損失補償の最終的な負担者は，公共事業の利用者や国民であることに留意すべきである．ただ，具体的事案において過大補償であるが否かについては，慎重な検討が必要であろう．むしろ，現実には，「過少補償」となっていることが問題なのである．

2　判例の検討

1 最大判昭和 28 年について　一般に，最大判昭和 28 年は相当補償説に立つものと理解されている．しかし，これに対しては，そのように断定することは早計であるとして，この最高裁判決は公共の福祉の観点から定められた統制価格が正当な補償＝完全な補償に当たるという考え方をしたものである，との見方（樋口陽一「正当な補償」憲法判例研究会編『日本の憲法判例』142 頁（敬文堂，1969 年），渡辺洋三『財産権論』224 頁以下（一粒社，1985 年），宇賀・前掲（『行政法〔第 2 版〕』）456 頁等）もある．なるほど，農地については自由な取引が制限され，価格が統制されていたのであるから，局部的にみれば，その当時における完全な補償といえなくもない．しかし，一般的にみれば，買収対価が極端に低かったことは否めないから，「常識的に考えて正当な補償とはいえない」という見解（田中・賠償補償 273 頁，杉村章三郎「農地改革に関する憲法問題」公法研究 1 号 15 頁（1949 年）参照．なお，前掲最判昭和 28 年における井上登，岩松三郎，真野毅，斎藤悠輔の 4 裁判官の反対意見も，この点を指摘している）の方が説得力を有している．また，人為的に価格を統制しておいて，その後に買収・収用すれば統制価格での補償が完全な補償であるということになれば，財産権保障の意義は著しく減殺されることになる．

農地改革の必要性・合理性は認められるにしても，そのことと農地の買収対価が正当な補償に当たるか否かとは本来別個の問題である．当時の買収対価が

正当な補償足りえたというのは，おそらく常識的観念に反するのではないかと思われる．最大判昭和28年は，買収対価が正当な補償の範囲内にあることを縷々説明しているが，どのように説明しても，所詮，憲法に適合していたということは困難であろう．それにもかかわらず，この判決が結論において支持されうるのは，農地改革に伴う一連の強制措置が「超憲法的措置」として実施されたからにほかならない（田中・賠償補償271頁以下参照）．

2 最判昭和48年について これに対し，最判昭和48年は，完全補償説に立脚しているものと理解することができる．この実質的変更は自然の成り行きであった．

3 最判平成14年について このように，つい最近までは，最大判昭和28年の射程は，農地改革の際の農地買収対価に限られるべきであって，先例的機能はほとんど有していない，との見解が支配的であった（原田尚彦「判解」別冊ジュリ・憲法の争点〔新版〕123頁（1985年），宇賀・国家補償法433頁，西埜・損失補償128頁等参照）．ところが，最判平成14年は，通常の土地収用についても，最大判昭和28年を引用して再び相当補償説に立っている．評釈等の中には，最判平成14年は最大判昭和28年が示した法理を再確認したとの見方（青野洋士「判解」ジュリ1240号116頁（2003年〔調査官解説〕），同「判解」曹時57巻1号198頁（2005年〔調査官解説〕）．なお，小高剛「判批」法教266号147頁（2002年），吉田尚弘「判解」平成14年行政判解説178頁（2003年），中谷実「正当な補償」ジュリ増刊・憲法の争点157頁（2008年）．永松正則「判解」行政判例百選Ⅱ〔第7版〕509頁，西村淑子「判解」行政判例百選Ⅱ〔第7版〕513頁もこの見解に近い）もあるが，評釈等の多くは，むしろ最判平成14年は最判昭和48年の延長線上にあるものと理解している（林知更「判解」法教『判例セレクト2002』11頁（2003年），大隈義和「判批」判評531号2頁（2003年），小澤・収用法下6頁，清水晶紀「判批」上智法学論集47巻2号182頁（2003年），館田晶子「判解」ジュリ1246号・平成14年度重判解説18頁（2003年），今村・入門179〜180頁，高橋正人「判批」法学68巻3号559頁（2004年）等）．

最判平成14年は，収用法71条に基づく補償額が市場価格を下回る場合の合憲性を説明するために，最大判昭和28年を引用したものである．しかし，収用法71条の合憲性については，完全補償説の立場からしても現在ではほぼ異論がないのであるから，相当補償説を説く①の部分は，かえって理解を困難にしている（同旨，田辺＝海老原・用地買収22〜23頁〔田辺執筆〕．なお，塩野・行

政法 II 369 頁，藤田・総論 601 頁，宇賀・行政法概説 II 520〜521 頁参照）．文献の中には，最大判昭和 28 年の先例性を否定した上で，次のように説くもの（松本哲治「『正当な補償』について」奈良法学会雑誌 20 巻 3 = 4 号 37 頁（2008 年））があり，傾聴すべきである．「合憲であると評価できるのであれば，農地改革判決は引用の必要がなく，端的に完全補償説に依拠した判断が下されるべきであった．そして，完全補償説では違憲と評価せざるをえないがそれでも合憲だとするのであれば相当補償説の採用が必要となるが，その場合，相当補償説の適否は，農地改革判決が先例として存在するという理由によるのではなく，この点についての先例は存在しないという前提で，白地から，大法廷で検討の上で判断されるべきであった．平成 14 年判決は，昭和 48 年判決の完全補償説で合憲と説明可能であるかのような表現を用いつつ，農地改革判決を先例として引用して小法廷で判断したという点で，多くの問題点をかかえこんだ判決であったと評価すべきである．／もちろん，以上は決して相当補償説を採用すべきだという趣旨ではない．」

第 3 節　損失補償の具体的内容

● 1　具体的内容の重要性

1　「完全な補償」の意味

1　「正当な補償」の意味　　損失補償の内容については，憲法 29 条 3 項は，「正当な補償」が必要であると定めている．しかし，「正当な補償」の意味は必ずしも明確とはいえず，これまでこれをめぐって多くの論争がなされてきた．

学説の分岐点は，前述したように，主として，農地買収対価の合憲性を如何にして説明するかということにあった．この事例を除外すれば，実質的には学説相互間に顕著な差異は認められず，完全な補償が必要であるという点で大体一致している．農地買収は占領下の特殊な事情の下でなされたのであるから，この事例をめぐる論争は，「正当な補償」の意味を明らかにする上において，あまり有益であったとはいえない．最大判昭和 28 年の先例性は，ほとんどないもといってよい（遠藤博也「損失補償の基本原則」中川＝兼子・収用税金 179 頁，阿部・国家補償法 299 頁，松本・前掲 36 頁等参照）．現在，重要なのは，完全な補償か相当な補償かという抽象的論議よりも，むしろ補償の具体的内容である

（下山・国家補償法357頁，渡辺・財産権論221頁，華山謙「『正当な補償』について」法資25号115頁（1981年），秋山・国家補償法178頁，小高剛「公用収用と補償問題」ジュリ476号『特集土地問題』269頁（有斐閣，1971年），戸波江二「財産権の制限と補償」法セミ467号75頁（1993年），小澤・収用法下5頁，内野正幸「正当な補償」行政判例百選Ⅱ〔第4版〕349頁（1999年），海老原＝廣瀬・買収と補償23頁，工藤達朗「財産権と正当な補償」棟居快行ほか編『プロセス演習憲法〔第4版〕』325頁以下（信山社，2011年），西埜＝田辺・理論と実務71頁〔西埜執筆〕，西埜・損失補償129頁等参照）。実務において，これまで「正当な補償」の意味をめぐる論議にほとんど関心が寄せられなかったのは，理論が抽象的論議に流れすぎていたためであろう。

「正当な補償」の意味については，現在では，権利対価補償をめぐる論争を超えて，その具体的な内容の問題に移行している。したがって，「完全な補償」の意味についても，付随的な損失の補償等を含むか否という論争に重点を移しているものといってよい。

2　戦前の美濃部・渡辺説　因みに，戦前においてすでに，美濃部・原理42頁は，「公用収用は特定の財産権の有償的の取得であり，其の取得者（収用者）は原権利者（被収用者）がこれに依つて受くる損失に付き完全なる補償を爲すを要する」と説いていた（なお，同・公用負担法97頁，115頁，169頁以下参照）。また，渡辺・収用法論136頁は，「以上観察するところの學説及び立法例に依り，土地収用に於ける損失補償の範囲は，完全のものであるべきこと，即ち，被収用地の客観的價格の補償の外に，更に，土地収用の結果と見るべき被収用者のその他の總ての財産上の損失の補償をも包含すべきものであることが，明かとなつた」と説いていた。現行憲法下においては，この見解の意義は，一層大きいものと評価することができる。

2　損失補償の具体的内容

損失補償の具体的内容については，これを種々の観点から分類することができる。ここでは，まず，金銭補償と現物補償に分けた上で，次いで，金銭補償を，①財産権補償，②生活権補償，③精神的損失補償，④事業損失補償，に分類することにする（生活権補償の中には，生活再建措置のようなものも含まれている）。④については，後に第6章「事業損失補償」として章を改めて考察することにして（147頁以下），ここでは概略を示すにとどめる。そのほか，金銭補

償としては，付随的損失の補償（通損補償）も問題となるが，これについても，第7章「付随的損失の補償」として章を改めて考察する（189頁以下）．

これらの具体的内容についてここで考察しておくことは，第2部「損失補償法各論」での各法条の考察の際に有効であろう．

● 2　金銭補償と現物補償

1　金銭補償の原則

損失補償の種別としては，まず，金銭補償と現物補償の区別がある．これは，本来は損失補償の方法についての区別であるが，補償の内容にも関連している．

金銭補償とは金銭による補償をいい，現物補償とは現物による補償（土地・建物の提供，耕地・宅地の造成等）をいう．憲法上は，いずれの補償によるかについて何ら規定はないが，法律上では，金銭補償が原則であり，現物補償は例外とされている（収用法70条）．

金銭補償の原則を採用した理由としては，①市場経済を前提とする社会においては，財産権の経済的価値は金銭をもって評価することが可能であり，被収用者は補償で得た金銭により，原則として，市場において従前の土地等に見合った土地等の入手が可能であること，②被収用者は損失補償を金銭で受け，それを任意に活用することによって従前と同程度の生活を再建することが可能であり，金銭補償は被収用者の自由を最もよく保障する補償であること，③補償義務者が現物を提供することが困難である場合が多く，補償義務者に現物補償を義務づけることは収用を不可能とするおそれがあること，などが挙げられている（高田・収用法344頁，小澤・収用法下35頁以下，竹村・収用法と補償430頁等参照．なお，後述228頁以下参照）．

裁判例をみると，例えば，神戸地判平成8・8・7（判時1596号55頁）は，「土地収用法は，(1) 市場経済を前提とする社会においては財産的価値及びその損失は全て金銭という価値尺度をもって評価可能なこと，(2) 金銭は最も融通性の高い資産であるから金銭補償が行われれば，土地所有者は従前の土地と同価値の代替地を望むときには補償金によってこれを取得し得ること，(3) 現物補償を原則とすれば起業者には確実にこれを提供し得る手段が欠けることなどから，金銭補償を原則とし，ただ，市場経済が有効に機能しない場合には，金銭補償では被収用者の生活を保持し得ないことがあることに鑑み，例外として替地による補償を認めている」と判示している．

2 例外としての現物補償

　現物補償は，例外的に認められるものである．その種類としては，収用法をみると，替地による補償（収用法82条），耕地の造成による補償（同法83条），工事の代行による補償（同法84条），移転の代行による補償（同法85条），宅地の造成による補償（同法86条）がある．

　例外的にせよ，現物補償が認められている理由は，①金銭補償によっては被収用者の生活再建が困難である場合があること，②起業者が代替地を保有しているような場合には，替地による補償が当事者双方にとって好都合であること，などである．

3 現物補償の重要性

　このように，現物補償は例外的に認められるものであるが，被収用者の生活再建のためには，金銭補償よりも現物補償が有効である場合が少なくない（宇賀・国家補償法444〜445頁，鈴木＝高原編・収用法50講142頁〔高原執筆〕，西谷剛「生活再建補償」小高編・理論と実際114頁，松下・収用の実務306頁等参照）．とりわけ，替地による補償や耕地の造成による補償は，従前と同程度の生活を維持するためには最も適切なものである．

　しかし，例えば，替地による補償は，「その要求が相当であり，且つ，替地の譲渡が起業者の事業又は業務の執行に支障を及ぼさないと認めるとき」に収用委員会の裁決によって認められるものであり（収用法82条2項），いつでも認められるというわけではない．裁判例をみると，収用委員会が金銭による損失補償を裁決したことに対して，原告らが収用法133条に基づき，損失補償金に代えて替地による補償を求めた事案において，前掲神戸地判平成8・8・7は，替地補償要求の相当性について，「替地の要求が相当であるとは，被収用者側に，金銭補償によったのでは代替地の取得が困難であり，かつ，代替地を現実に取得しなければ従前の生活，生計を保持し得ないと客観的に認められる特段の事情の存する場合をいう」とした上で，本件においては特段の事情が認められないとして，請求を棄却している．法律上は，このように解釈せざるをえないとしても，起業者は，被収用者からの要求がある場合には，できるだけこの要求に沿うように努力すべきであろう（現物補償の必要性を説くものとして，三辺夏雄「公共用地の取得に伴う生活補償について」高柳信一先生古稀記念『行政法学の現状分析』417頁以下（勁草書房，1991年），松下・収用の実務306頁参照．な

お，後述 230 頁，308 頁以下参照).

第4節　財産権補償

●1　財産権補償の概念

　財産権補償とは，一般に，財産権自体に対する補償を指しているが，ここでは，この狭義の財産権補償のほかに，付随的損失の補償（ただし，生活権補償と精神的損失補償を除く）を含めて広く捉えることにする．付随的損失は土地収用や任意買収に通常付随して生ずる財産的損失であり，これに対する補償も広義の財産権補償に属するものといってよい．残地補償についても，財産上の損失に着目すれば，広義の財産権補償に含めて捉えることができる．
　文献の中には，「通損補償は財産権の収用に必然的に伴うものであり，結局は財産的損失として把握できるものに対する補償である」として，通損補償を財産的価値補償とあえて異質のものとして区別する必要がない，と説くもの（西谷剛「生活再建補償」小高編・理論と実際 117 頁）がある．上記の私見に近い見解であるが，異質のものではないにしても，性質上の相違があることは否めないから，区別して理解した方が補償額の算定等において有意義ではないかと思われる．
　財産権補償については，本節では概略的説明にとどめて，具体的内容については，第2部「損失補償法各論」での収用法等の補償規定の考察の際に詳説することにする．

●2　狭義の財産権補償

　狭義の財産権補償とは，財産権自体に対する補償（権利対価補償）をいう．補償額は財産権の客観的価値，すなわち，一般取引価格（市場価格または再取得価格）に従って算定される（収用法71条，損失補償基準要綱7条，用対連基準8条参照）．
　ただ，このように一般取引価格によるべきであるとしても，土地収用は一連の手続を経て行われるものであるから，どの時点を補償額算定の基準時とすべきかという問題が生ずる．収用法71条は，起業利益（開発利益）を否認するために，1967（昭和42）年の改正により「事業の認定の告示の時」と改められ

た（後述231頁以下参照）．この事業認定時価格固定制については，学説・判例は合憲と解している（阿部・国家補償法302頁，高田・前掲（『社会的法治国の構成』）285頁，小高・研究10頁，小澤・収用法下52頁以下，広島地判昭和49・5・15判時762号22頁，東京地判昭和63・6・28行集39巻5＝6号535頁，東京地判平成9・2・27判例自治167号70頁，前掲最判平成14・6・11等参照）が，完全補償説の立場から批判がないわけではない（後述233頁参照）．

任意買収の場合には，算定の時点は「契約締結の時」である（損失補償基準要綱3条）．ただし，収用法26条1項による事業認定の告示があった起業地については，事業認定の告示の時の価格に契約締結時までの物価の変動に応じた修正率を乗じて得た額が補償額となる（損失補償基準要綱47条．後述232頁参照）．

● 3　付随的損失の補償

付随的損失の補償（通損補償）とは，土地収用や土地利用制限等に通常付随して生ずる財産的損失の補償をいう．建物等の移転料補償，農業補償，営業補償，漁業補償，動産移転料補償，仮住居費補償等（収用法88条，損失補償基準要綱24条以下，用対連基準28条以下等参照）がその主要なものである．みぞかき補償（収用法75条，93条等）も，広い意味では付随的損失の補償に含められてよい．この種の補償については，後に第7章「付随的損失の補償」として章を改めて考察する（後述189頁以下）．生活権補償や精神的損失補償も，広い意味では付随的損失の補償であるが，財産権補償とは性質を異にするので，ここでは除外しておくことにする．

● 4　残地補償

残地補償とは，同一所有者に属する一団の土地の一部が収用されたことによって，残地が不整形となったり，面積狭小となったりして，その利用価値や交換価値が減少した場合の補償をいう（収用法74条，損失補償基準要綱41条，用対連基準53条参照）．残地に通路，みぞ，かき，さくその他の工作物の新築・改築等をする必要が生じた場合の工事費の補償（収用法75条，損失補償基準要綱44条，用対連基準60条）も，残地補償に含められてよい．残地補償も，広い意味では前述の付随的損失の補償に該当する．残地補償については，残地に関する事業損失の補償の要否や残地の評価方法等が問題となる（残地補償につい

ては，さしあたり，西埜＝田辺・理論と実務184頁以下〔田辺執筆〕参照．なお，第6章「事業損失補償」，後述249頁以下の収用法74条の解説参照）．

第5節　生活権補償

● 1　生活権補償の概念

1　生活権補償の定義

　財産権補償のほかに，生活権補償が必要となる場合がある．生活権補償という用語は，最近の文献において頻繁に使用されているが，必ずしも明確な定義がなされているわけではない．また，「生活権補償」という用語は必ずしも一般的用法というわけではなく，「生活補償」や「生活再建補償」の用語を使用する文献も少なくない（生活権補償の概念については，西埜・損失補償159頁以下参照）．

　文献における生活権補償（生活補償，生活再建補償）の定義については，個人の生活基盤の侵害に対して生存権保障の理念に基づいてなされる補償をいう，という点で大体一致している．しかし，これは一般的・抽象的な定義であるから，これにどのような内容を盛り込むかは，論者によって，また使用する場面によって必ずしも一様ではない．

2　最広義・広義・狭義の生活権補償

　文献における用例を概観すると，生活権補償は，①最広義，②広義，③狭義，の3様の意味で使用されている（池田敏雄「制度上の生活権補償と問題点」関西大学法学論集31巻2〜4合併号377〜378頁（1981年）は，生活権補償の用例を本書と同様に三つに区別しているが，その区別の基準は本書と相違している．なお，高原・財産権169頁以下，市橋克哉「生活権補償の性格」争点〔新版〕270頁参照）．

　1　最広義の生活権補償　最広義での使用例としては，「本稿の目的である生活補償は，その適用範囲が広く，土地等の対物補償，移転料等の対人補償，利潤補償等の生活補償および狭義の生活補償など，すべてが含まれると考えてよく，これらの各種の補償が合して従前の生活の再現が実現されることになる」との見解（高原・財産権173頁）がある．また，「生存権的土地権利者たる被補償者にとって，土地が，収用法や『要綱』が前提としているような意味で

の『財産権』ではなく，生活権を支えるものとしての『財産権』である以上，その補償は単なる地価相当分に限られるべきではなく，土地の上に成り立っている生活権の侵害に対する補償をも含むべきものであると考えられるのはは当然であろう」として，生活権補償の項目の下に，第三者補償（少数残存者補償・離職者補償）と事業損失補償について論ずる見解（渡辺・土地と財産権 205 頁以下，223 頁以下）もある（これに近い用例として，三辺・前掲 420 頁，田辺・要論 82 頁，松尾・損失補償法理 141 頁以下，福井秀夫「憲法 29 条 3 項に基づく『正当な補償』の概念―損失補償と損害賠償における『対価補償』・『通常生じる損失に係る補償』の異同」宇賀克也責任編集『行政法研究 19 号』17〜18 頁（信山社，2017 年））．この用例では，生活権補償は，財産権補償や付随的損失の補償（通損補償）までも含めて極めて広く捉えられている．

2　広義の生活権補償　広義における生活権補償は，最広義におけるものから財産権補償（付随的損失の補償を含む）と精神的損失の補償を除いた残余の損失補償である．一般に生活権補償と呼ばれる場合は，この広義におけるものを指している（木村実「生活権補償の性格」争点 272 頁，宇賀・行政法概説 II 522 頁参照）．少数残存者補償，離職者補償，生活再建措置がその代表的なものである．

3　狭義の生活権補償　狭義における生活権補償は，水没補償を例にすれば，「水没する有形，無形の財産や権利を対象としたものではなく，水没者が水没地において従来とにかく生活をしていたという事実に対して支払われる補償」である（華山・理論と現実 93 頁参照）．生活費補償や薪炭生産者補償がその代表的なものである．

4　本書の対象　このように，生活権補償と一口にいっても，最広義・広義・狭義の用例が考えられるが，一般的には広義で用いられている．この方が生活権補償を理解する上において有効であると思われるので，本書においても，以下，広義における生活権補償を考察対象にする．

③　生活権補償をめぐる諸問題

生活権補償をめぐって問題となるのは，その要否，法的根拠，補償内容等である．筆者はかつて，拙著『損失補償の要否と内容』（一粒社，1991 年）の第 4 章「生活権補償」において，生活権補償の概念，生活権補償の要否，生活権補償の法的根拠，生活権補償の内容と補償額の算定，の項目に分けて学説・判

第 5 章　損失補償の内容

例・行政実務の動向を整理し，分析したことがあるが，その後もこれらの諸問題をめぐって多くの文献や裁判例・裁決例が見出される．

●2　生活権補償の必要性

1　学説の動向

1　先駆的業績　土地収用や任意買収によって生活基盤が侵害される場合に，何らかの生活権補償が必要であることを説いた先駆的業績としては，金澤良雄「総合開発に伴う損失補償」法時 25 巻 2 号 11 頁以下（1953 年），今村成和「公共用地の任意買収と損失補償」同『損失補償制度の研究』141 頁以下（有斐閣，1968 年．初出 1963 年），高原賢治「生活補償に関する一考察」同『財産権と損失補償』158 頁以下（有斐閣，1978 年．初出 1972 年）を挙げることができる（杉村敏正「公用負担」公法研究 29 号 129 頁，141 頁（1967 年）も，「財産補償から生活補償への補償拡充」の必要性を説いていた．篠岡博「『補償』の基本権理論」公法研究 25 号 134 頁以下（1963 年）も，基本権理論の視点から生活権補償の必要性を強調していた）．

それらのうち金澤良雄の所説を紹介すれば，「近代憲法は，私有財産をみとめ，財産権の完全補償をみとめるとともに，職業の自由を保障している．これは，財産権の完全補償が行われるならば，あとは，各人の意思なり，能力なりに応じて，自由に職業を選べばよい，あるいは，選ぶことができる，という考え方である．……ところが，後者が，現実に，客観的に，不完全とならざるをえない現状（とくに，水没関係者等の場合に然り）では，前者だけで足れりとすることは不十分であろう．生存の保障が，補償問題の重要な一環としてとりあげられねばならない今日の意義は，ここにある」（同 19 頁）ということである．

2　最近の教科書等　最近の行政法の教科書・体系書や損失補償について論ずる文献は，そのほとんどが生活権補償を取り上げており，生活権補償が必要であることについてはほぼ見解が一致している．憲法の教科書においても，生活権補償の必要性を説いているものが少なくない（浦部法穂『憲法学教室〔第 3 版〕』237 頁（日本評論社，2016 年）等）．

その主要なものを行政法の教科書等でみると，「その他の補償項目」という見出しの下で，「通常生ずべき損失として生活権侵害を位置づけるには，精神的損失におけると同様，それが法的な価値として認められること，その算定を裁判官に委ねることができるかどうかの二つ……をクリアしなければならな

第 5 節 生活権補償

い. 前者についていえば, 精神的損失と異なり, 生活権侵害は民法の不法行為法上に明確な位置づけが与えられているとはいい難い. しかし, この侵害が, いずれにせよ国家権力を背景にしていることからすると, その侵害に特段の配慮を求めるものとして, 憲法 25 条をあげることができるであろう」との見解（塩野・行政法 II 374 頁），「憲法 29 条 3 項に基づく財産補償制度の限界—生活補償の必要性」という見出しの下で生活権補償の必要性を説く見解（原田・要論 278〜279 頁），「生活権補償」という見出しの下で,「財産上の損失の補償にとどまらず, 生活ないし生存権の保障を図ることができるような補償が与えられることが望ましいと考えられる. こうした方向の補償として, 金銭補償に代わる現物補償（とくに土地. 土地収用 82〜86 条）や生活権補償がある」との見解（芝池・救済法講義 217 頁），「憲法 29 条 3 項は, 私有財産を公共のために用いた場合について,『正当な補償』をすることを定めているが, 財産権の補償のみでは, 従前の生活水準を維持しえない者が生じうる. そのため, 生活権補償の要否について, かねてより, 学界等で議論がなされている」と述べた上で, 損失補償基準要綱等の消極的態度を批判的に検討し,「通常生ずる損失の補償」や「現物給付」「生活再建措置」等の活用によって生活権補償の拡充を説く見解（宇賀・行政法概説 II 522 頁以下），「損失補償は, 失われた財産に対し財産的塡補を行う制度であるが, 失われた財産の財産的価値自体が仮に充分に塡補されたとしても, それだけでは埋め切れない損失がなお残るという事実が存在することは, 一般に否定し得ない. ……このような生活上の損失については, それが生活の基盤たる財産を失ったことから生じた生活上の損失であって, 一種の経済的損失であるということができるから, 精神的損失の場合とは事情が大いに異なるといわなければならない. この損失についてどのように考えるかが, いわゆる『生活補償（生活権補償）』の問題である」と述べた上で, 生活権補償の程度（範囲）と法的根拠等について論ずるもの（藤田・総論 620 頁以下），などがある.

また, 損失補償について論じた文献でみると, 財産価値補償と生活再建補償とは本質を異にする別物ではないとして, 両者の関係について,「財産価値補償と生活再建補償とは, 一方でその基本を同じくしつつ, 他方で前者の及ばない領域があるという関係にある. いいかえれば, ①基本的には前者を通じて後者が実現されるという関係にあり, したがって生活再建のためには従来のいわゆる財産価値補償を充実させることが一つの方法になるとともに, ②財産価値

補償では及ばないいくつかの措置が生活再建のために必要であってその充実を図ることがもう一つの方法となる，という二つの関係として表れると考えられる」として，生活再建補償の重要性を説く見解（西谷・前掲115頁），「移転を余儀なくされる被補償者の立場が，このように従前の生活基盤を強制的に破壊されるという重大なものであるため，ここに生活補償が必要となる根拠がある．財産を進んで売りに出した者ならば，財産を手放す前と後とは財産価値において等しければよい．しかし，従前の生活基盤を追われる被補償者にとっては，収用（買収）がなかったと同様の財産状態にするだけでは足りず，収用がなかったと同程度の生活状態の復元が図られなければならない」との見解（田辺＝海老原・用地買収102頁〔田辺執筆〕），損失補償を経済的側面から考察して，生活権補償の必要性を説く見解（岩田規久男「損失補償の経済的側面」経済學論集（東京大学経済学会）43巻1号41頁以下（1977年））がある（そのほか，生活権補償の必要性を説くものとして，市橋・前掲270頁，松尾・損失補償法理149〜150頁，三辺・前掲393頁以下，全国建設研修センター・用地取得と補償592頁，福井・前掲（行政法研究19号）15〜16頁等参照）．

2 判例・行政実務の動向

1 判例・裁決例の動向 判例や裁決例は，当然のことながら，生活権補償の必要性それ自体については触れていない．判断の中心となっているのは，あくまでも，生活権補償の法的根拠の有無である．

2 電源開発要綱等 行政実務においては，比較的早い段階で生活権補償に類する補償が行われていた．それは，権利として請求できる性質のものとは考えられていなかったにしても，学説に先駆けて実施されていたということは，注目されるべきことである．そのことは，総理府資源調査会の「水資源の開発に伴う補償処理に関する勧告」（昭和27年12月23日）や閣議了解「電源開発に伴う水没その他による損失補償要綱」（昭和28年4月14日．以下，「電源開発要綱」という）をみれば明らかである（その具体的内容については，西埜・損失補償166〜167頁参照）．

3 損失補償基準要綱等 ところが，昭和37年3月20日の公共用地審議会答申は，生活権補償について，「それらの要求の多くは，土地等の取得及びこれに伴う通常損失に対する補償が十分でないために生ずるものと考えられる．したがって，これらの補償を適正に行うならば，生活権補償というような補償

項目を別に設ける必要は認められず，公共の利益となる事業の施行に伴い生活の基礎を失うこととなる者がある場合には，必要により，生活再建の措置を講ずるようにすべきである」と述べて，消極的態度を示すことになった．この答申を受けて決定された損失補償基準要綱（昭和 37 年 6 月 29 日閣議決定）は，生活権補償の項目を設けておらず，また，「損失補償基準要綱の施行について」（昭和 37 年 6 月 29 日閣議了解）も，「この要綱に基づき補償が適正に行なわれるならば，いわゆる『生活権補償』のような補償項目を別に設ける必要は認められず，公共の利益となる事業の施行に伴い生活の基盤を失うこととなる者がある場合には，必要により，生活再建のため土地又は建物の取得のあっせん及び職業の紹介又は指導の措置を講ずるよう努めるものとする」と述べている．

したがって，答申や損失補償基準要綱等の基本的立場は，生活権補償に消極的であるということができる．ただ，生活権補償を全く認めないというわけではなく，そこでいわれている生活再建措置は生活権補償の一種であるし，損失補償基準要綱は，45 条において「少数残存補償」を，46 条において「離職者補償」を定めており，これらも生活権補償の一部であるといってよい．

4 点検委員会の見解　1995（平成 7）年 6 月に中央用地対策連絡協議会（用対連）に「損失補償基準点検委員会」が設置され，そこでの検討結果を踏まえて，1998（平成 10）年 6 月に用対連基準および同細則の改正が行われた．点検委員会の「見直しの視点等」は，「『生活権補償』を正面から認めて対応すべきとの意見もあるが，これまでの補償実務を踏まえると，この考え方を 180 度変えて制度を構築することは，なお論議が必要である」と述べている．そして，「財産権補償」と「従前の生活状態の回復（＝生活再建）」はその目的を全く異にしているわけではないとして，「全体として被補償者の生活の再建の実現のために，<u>従来のいわゆる財産的価値補償をできるだけ充実させるという方向で</u>，個々の基準を見直すことが必要である」としている（改正損失補償基準 4 頁）．

このような点検委員会の見解は，点検委員会自身が説いているように，1962（昭和 37）年の公共用地審議会の「答申」とその基本スタンスを同じくするものであり，見直しの必要は生じていない，とするものである．ただ，点検委員会の「見直しの視点等」は，「当時と比べ，生活水準も向上し，価値観も大幅に多様化するなど，これまでのデータや事業形態では対応しがたい状況が生じており，生活再建の実現を図る上でも，<u>さらにきめ細かい対応が必要</u>になって

いる」ことを付加している（この点については，武貞稔彦『開発介入と補償―ダム立ち退きをめぐる開発と正義論―』52 頁以下（勁草書房，2012 年）参照．なお，小高「補償基準のみなおしの視点」同・研究 294 頁以下（初出 1999 年）参照）．

③ 学説・判例等の検討

1 学説の検討　学説上は，生活権補償の必要性を肯定することで一致している．見解が分かれているとすれば，その法的根拠の問題であるが，この点については，後に項を改めて検討する．

2 判例の検討　判例は，生活権補償の必要性については直接触れていない．ただ，法的根拠を極めて厳格に要求していること，また，憲法 29 条 3 項の「正当な補償」の範囲外としていること（前掲東京地判昭和 63・6・28）などから推測すれば，消極的な動向にあるのではないかと思われる．収用委員会の裁決例についても，ほぼ同様のことがいえる．

3 行政実務の検討　総理府資源調査会の勧告や電源開発要綱が，比較的早くから生活権補償に積極的に取り組んでいたということは，注目すべきことである．損失補償基準要綱は，この動向に逆行するものであったが，それでも生活権補償を全面的に否定することはできなかった．

その後の点検委員会の見解も，「従来のいわゆる財産的価値補償をできるだけ充実させるという方向で，個々の基準を見直すことが必要である」と指摘するにとどめており，生活権補償を正面から認めるにはなお論議が必要であるとしている．これは，「生活権補償の独自性」を認めない考え方に立つものである．財産権補償を充実させても，それには限界があるのであり，その限界を超えて財産権補償を行えば，過大補償となるおそれがある．生活権補償は財産権補償の充実によってではなく，生活権補償の独自性を認めることによって拡充すべきものである．

上述のように，点検委員会の見解は依然として生活権補償に消極的であり，これを受けた用対連基準の改正も，生活権補償を正面からは盛り込んでいない．ただ，点検委員会の見解が「全体として被補償者の生活の再建の実現のために，従来のいわゆる財産価値補償をできるだけ充実させるという方向で，個々の基準を見直すことが必要である」と指摘したことを受けて，用対連基準は，被補償者の生活再建の実現に向けていくつかの配慮をしている．それらは，厳密な意味での「生活権補償」ではないが，生活権補償に一定の理解を示したものと

して捉えることができる。そのようなものとしては、①残地取得の規定化（54条の2）、②土地の使用に代わる取得の規定化（25条の2）、③法令改善費用運用損補償（28条2項）、④借家人補償の充実（同基準細則第18）、⑤営業廃止補償の拡充（同基準細則第26～27-2）等をあげることができる（詳細については、西埜＝田辺・損失補償法98頁以下〔田辺執筆〕参照）。

改正土地収用法も、生活権補償を正面から規定していない。しかし、「生活再建のための措置」の規定（139条の2）を新設したことは、生活権補償に一定の配慮をしたものと評価することができる。

●3　生活権補償の法的根拠

1　概　説

生活権補償についての先駆的業績である前記の金澤説は、他面では、「この問題は、根本的には、社会政策問題として検討されねばならないのかもしれない」と述べている（前掲19頁）。これは、生活権補償は立法化によって認められるのであり、それまでは権利としての性質を有するものではないということではないかと思われる。これに対して、高原説は、必ずしも明確というわけではないが、少数残存者補償・離職者補償を収用法上に根拠づけていることとその論旨からすれば、権利としての生活権補償を肯定しているものと理解することができる。

現在の文献のほとんどは、生活権補償の必要性を認めている。これは、生活権補償の合理的根拠を認めると同時に、その法的根拠を法律上、あるいは憲法上に求めているものである。しかし、これを政策上の補償であると解する見解もないわけではなく、行政実務もまた、政策上の補償として捉えている。

2　法律上の根拠

1　生活再建措置規定の倫理的規定性

(1)　倫理的規定にすぎないと解する見解　　生活再建措置を規定している法律がいくらか存在することは、前述したとおりである（42頁参照）。ただ、これらの生活再建措置の規定がそれを権利として認めたものか否かについては、見解が対立している。行政実務上は、行政の努力目標を定めているものであり、倫理的規定にすぎないと解されている（前述52頁参照）。

裁判例をみると、徳山ダム建設差止訴訟の岐阜地判昭和55・2・25（行集31

巻2号184頁）は，ダム建設に伴う水没予定地区の住民が，環境権，人格権，財産権を違法に侵害されるとして，ダム建設事業の差止めを求めた訴訟（ダム建設差止請求事件）において，傍論としてではあるが，水源地域対策特別措置法（水特法）8条の「生活再建措置のあつせん」が憲法29条3項の正当な補償に該当するか否かについて，次のように判示している．「水特法は，……8条において，指定ダム等の建設に伴い生活の基礎を失うこととなる者のための生活再建措置のあつせんについて規定している．ところで，憲法29条3項にいう正当な補償とは，公共のために特定の私有財産を収用または使用されることによる損失補償であり，それはあらゆる意味で完全な補償を意味するものではなく，当該収用または使用を必要とする目的に照らし，社会的経済的見地から合理的と判断される程度の補償をいうと解すべきであり，本件において，ダム建設に伴い生活の基礎を失うことになる者についての補償も公共用地の取得に伴う一般の損失補償の場合と異ならず，あくまでも財産権の保障に由来する財産的損失に対する補償，すなわちその基本は金銭補償であり，本来これをもって右にいう合理的な補償というべきであり，かつ，これをもって足りるところ，これのみでは，財産権上の損失以外の社会的摩擦，生活上の不安も考えられるため，前記水特法の諸規定により，これらを緩和ないし軽減する配慮に出て，財産上の損失，補償とは別にとくに水特法8条において，生活再建措置のあつせん規定を定めたものであり，要するに右規定は関係住民の福祉のため，補償とは別個に，これを補完する意味において採られる行政措置であるにすぎないと解すべきである．すなわち，右生活再建措置のあつせんは，憲法29条3項にいう正当な補償には含まれず，したがって，これが懈怠による何らかの損害を観念し得るとしても，それをもって，憲法29条違反による損害といえず，無名抗告訴訟として本件ダム建設行為差止の根拠となし得ない．」

(2) **権利性を肯定する見解**　しかし，このような捉え方に対しては，生活再建措置を単なる行政措置としてではなく，法的権利として捉えるべきであるという考え方も主張されている．「紛争アセスメントないし社会影響アセスメントを欠き，具体的な経過において生活再建措置があまりにもズサンであるという場合には，単なる『行政措置』であるという理由で済ますことは許されず，異なる結論を導く可能性もあると思われる」との見解（遠藤博也「公共施設周辺地域整備法について」北大法学論集31巻3＝4号合併号下巻1641頁（1981年）），「水特法8条の生活再建措置のあつせんは，生活補償の一環として正当な補償

の内容をなすもので，行政の運用にまかされた単なる行政措置ではなく，憲法29条3項の正当な補償を実現するための法律上の義務と解する必要がある」との見解（大江正昭「判批」法政研究48巻1号171頁（1981年）），などがある（兼子・行政法学167頁もこれに近い）．

　(3) **考察**　　このように，生活再建措置の法的権利性については，これを肯定する見解もないではないが，学説においても判例・行政実務においても，否定的見解が多数である（この点については，藤田・総論622頁以下参照）．肯定的見解も，法律上というよりも憲法上認められると解するようである．「努めるものとする」という法文からすれば，筆者もまた，否定的見解に与せざるをえない．しかし，このことは，法律上の根拠を欠くということを意味するだけであって，憲法上の根拠については改めて検討しなければならない．

　2　少数残存者補償・離職者補償の法律上の根拠　　電源開発要綱や損失補償基準要綱において少数残存者補償・離職者補償が定められているが，これが一般に法的権利性を有しないと解されていることは，生活再建措置と同様である．文献においても，「政府は『公共用地の取得に伴う損失補償基準要綱』を定めて，行政上の措置として『少数残存者補償』の制度を創設し，なにがしかの補償を支払うこととした．間接被害への政策補償の一例である」との見解（原田・要論279～280頁），「本法〔収用法，筆者注〕上は，これら2種類の補償については根拠がなく，立法論としてはともかくとして，解釈論としては，本法上このような補償を認める余地はない」との見解（小澤・収用法下332頁），生活権補償を憲法29条3項の「正当な補償」の一環として捉えながらも，少数残存者補償と離職者補償を行政上の措置であると解する見解（福井・前掲（行政法研究19号）17頁以下），などがある．

　しかし，文献の中には，早くから，収用法93条の拡張解釈によって少数残存者補償を法的権利として認めようとする見解（高田・正当な補償111頁，同・制度論247頁）が説かれていた．離職者補償についても，収用法93条の拡張解釈を説く見解（松本仁「精神的損失・事業損失・生活補償」民商83巻1号94頁（1980年））が説かれていた．

　確かに，文理解釈としては，収用法93条に少数残存者補償や離職種補償を含めることは困難であろうから，批判的見解には一理あるものといってよい．しかし，少数残存者や離職者が被る損失は重大な生活権の侵害であり，土地収用等に付随して生ずるものであることを考慮すれば，この種の損失に対する補

償について全く法的根拠が存在しないというのもおかしなことである（近藤昭三ほか『行政法〔第2巻〕』148頁（有斐閣，1980年〔海老澤俊郎執筆〕）参照）．そこで，収用法93条ではなくて，88条の類推適用を説く見解（田辺＝海老原・用地買収105頁以下〔田辺執筆〕）がある．88条は第三者補償の規定ではないが，少数残存者・離職者が受ける損失も「通常受ける損失」であると考えられるからである（西埜・損失補償173頁以下参照）．

③ 憲法上の根拠

1 判例・裁決例の動向

判例は憲法29条3項等を生活権補償の憲法上の根拠とは捉えていない．そのことは，例えば，徳山ダム建設差止訴訟の前掲岐阜地判昭和55・2・25をみれば明らかである．同判決は，生活再建措置は憲法29条3項の「正当な補償」に含まれないと判示している．また，緊急裁決処分取消等請求事件の前掲東京地判昭和63・6・28も，「憲法29条は，私有財産を財産権として，すなわち経済的な交換価値として保障しようとする規定であって，右の保障を通じて非財産的性格を有する生活権が保障されることがあるにしても，生活権を直接保障する規定ではないから，右主張はこれをそのまま採用するわけにはいかない」と判示している．その控訴審の東京高判平成5・8・30（行集44巻8＝9号720頁）も，「〔憲法〕29条3項にいう正当な補償が財産的損失を経済的な交換価値として補償しようとするものであるから，主張するところの生存権的価値の補償をも含むものでないことは既に判示したとおりであり，控訴人らは行政実務上でも営業補償等の生活権補償を行っていることを指摘するが，右のような行政措置は，同法29条3項の補償とは別異な政策的配慮に基づくものと認めるのが相当であるから，理由がない」と判示している．

裁決例も同様である．その2, 3をみれば，発電所建設に伴う損失について，財産権の補償に加えて，憲法25条の生存権に基づく補償が求められた事案において，「土地所有者および関係人は……財産権のみならず憲法第25条が保障する健康で文化的な最低限度の生活を営む権利が侵されないよう（国民の生活権）に，完全補償を要求すると主張しているが，……憲法第25条に規定される生存権の法的性質についても立法者に対する政治的，道徳的義務を強調したものないし立法により具体化した範囲内で国民は権利の実現を要求しうると解されているのが通例であるので，土地収用法に規定される以上の補償を行う義

務は起業者には存しないものというべきである」とされた事例（愛知県収用委員会裁決昭和46・8・31土地収用裁決例集〔昭和46年度版〕562頁），今までの生活を継続していく権利（生活権）は収用法に優先する憲法によって保障されているとして，宅地の代替地が要求された事案において，「Aは，憲法は土地収用法より優先するとして憲法第13条，第25条または第29条3項に基づき土地を指定しないで宅地の代替地を要求する．しかし，憲法第13条及び第25条は抽象的法原理を宣言したものにすぎないので，前記各項を根拠にしての代替地の要求は認められない」とされた事例（徳島県収用委員会裁決昭和61・8・25土地収用裁決例集〔昭和61年度版〕934頁），などがある．

2　学説の動向　仮に法律上の根拠が存在しないとしても，直接憲法上の規定に基づいて生活権補償の請求が認められる余地がないわけではない．学説上は，生活権補償を憲法上に根拠づける見解が有力である．ただその場合でも，どの条項を憲法上の根拠とするかについては見解が分かれており，学説は四つに大別される．①憲法29条3項に基礎づける見解（西谷・前掲115～116頁，三辺・前掲422頁，松下・収用の実務306頁），②25条に基礎づける見解（松島諄吉「正当補償条項の再検討（上）」ジュリ491号26頁（1971年），小高剛『土地収用法入門』147頁（青林書院，1978年）），③29条3項と25条に基礎づける見解（渡辺・土地と財産権243～244頁，下山・国家補償法269～270頁，塩野・行政法Ⅱ374頁，市橋・前掲271頁，注解憲法Ⅱ254頁〔中村睦男執筆〕等），④29条3項，25条のほかに，13条，14条に基礎づける見解（宇賀・国家補償法456頁，芝池・救済法講義222頁，松尾直「人権と損失補償」徳山大学総合経済研究所紀要9号134頁（1987年），田辺＝海老原・用地買収106頁〔田辺執筆〕等），である．

3　判例・学説の検討　判例・裁決例は消極的であるが，29条3項の趣旨からすれば，生活権補償も「正当な補償」に含まれるものと解すべきである．

また，学説について考察すれば，学説は分かれてはいるが，学説間にそれほど大差があるわけではない．上記の②説は生活権補償を29条3項の「正当な補償」の範囲外とするものであるが，直接25条を根拠に請求することができると説明するには，なお相当の理論的障害を克服しなければならない．29条3項と25条等を統一的に捉える方が説得力を有するのではないかと思われるが，少数残存者補償・離職者補償は財産権の喪失自体に対する補償ではないから，これをも29条3項の「正当な補償」に含めることは解釈論の域を超えるものであるとの批判が予想される．しかし，公共事業のために第三者の生活基盤が

侵害されるという事実に着目すれば、財産権自体の侵害の場合と別異に扱うべき理由はないように思われる。生活基盤の侵害は、財産権自体の侵害ではないにしても、財産権侵害に伴って生じたものであるし、従来そこで生活していたという事実もまた、広い意味では財産的価値の一種とみなされてよいからである。したがって、生活権補償の憲法上の根拠の説明としては、29条3項に25条や13条、14条を加えて統一的に捉える④説が妥当であろう（なお、前述55頁参照）。

●4 生活権補償の種別と内容

1 生活権補償の種別

生活権補償を憲法29条3項の「正当な補償」の範囲内と解する立場に立てば、次に生活権補償の具体的内容が明確にされなければならない。これまで実定法上に生活権補償を規定したものが極めて少なく、たとえ規定されていても訓示的・倫理的なものにすぎないと解されてきたのは、「正当な補償」の範囲外として処理されていたためであろう。

ここでは、生活権補償の具体的内容を①狭義の生活権補償、②少数残存者補償・離職者補償、③生活再建措置に分類して、それぞれについて考察することにする。

2 狭義の生活権補償

狭義の生活権補償とは、生活基盤の侵害に対する最も基礎的な補償をいう（前述111頁参照）。実定法も損失補償基準要綱等も、これについては消極的であるが、行政実務においてはしばしば認められてきた。生業補償、生活費補償、天恵物補償等がその代表的なものである。生業補償は、通常の営業補償と区別された比較的小規模な生業変更に伴う損失の補償であり、生活費補償は、移転前後の一定期間の生活費の補償である。天恵物補償は、従前の生活上の便益に対する補償であり、山菜収益に対する補償がその代表的なものである（華山・理論と現実93頁以下、西埜・損失補償181～182頁参照）。

生業補償としては、薪炭生産者補償が主たるものであるが、この補償額算定について、電源開発要綱31条は、推定年間収益の1年分を補償額としている。その他の行政実務も、収益に一定期間を乗ずるという方法で行われていたようである（華山・理論と現実94～97頁参照）。

生活費補償の補償額は，生活費の1年分とされる例が多かったようである．天恵物補償の補償額については，「建設省の直轄の公共事業の施行に伴う損失補償基準」（昭和38年建設省訓令）57条（現在の「国土交通省の公共用地の取得に伴う損失補償基準」（平成13年国土交通省訓令の62条（特産物補償））は，「当該特産物を収穫することによって得られる平年の純収益を資本還元した額を補償するものとする．」と規定している．実態調査によれば，純益の資本還元額という方法と粗所得の3年分という方法の二つが行われてきたとのことである（華山・理論と現実94〜98頁，農林大臣官房総合開発課編『水没補償実態調査』86頁（1955年）参照）．

③ 少数残存者・離職者補償

1　概説　少数残存者とは，同一集落内の大部分の住民が移転したにもかかわらず，自己の土地・建物が土地収用や任意買収の対象とならなかったために，そこに残存することになる少数者が被る生活上の不便等の損失に対する補償をいう．また，離職者補償とは，会社・事業所等が土地収用や任意買収により閉鎖されたために，そこに雇用されていた者が職を失うことにより被る損失の補償をいう．これらは，土地・建物等の権利者以外の第三者に生ずる損失の補償（第三者補償）であり，損失補償基準要綱45条，46条，用対連基準61条，62条等が定めている．

2　少数残存者補償　少数残存者補償は，補償項目別にすれば，残存者の生活上の不便，残存者の所得の減少，残存者の財産の事実上の減価等に対する補償である（華山・理論と現実226頁，小高・買収と補償306頁以下参照）．実態調査によれば，例えば，山口県富田川川上ダムの場合は，66世帯中52世帯が移転し，14世帯が残留したが，この14世帯に対して，共同生活不能，田畑の減収，交通の不便化，神社維持等の相当額が補償されている（渡辺洋三＝野島信正＝大屋和恵「損失補償の実態と理論」社会科学研究（東大社研）21巻4号29頁（1970年），中島徹「『生活補償』の法的性格」早稲田大学大学院法研論集28号178頁（1983年）参照）．また，岡山県旭川湯原ダムの場合は，二川村の深谷集落は7戸が残存し，黒抗集落は10戸が残存したが，「迷惑料」として，前者に対し全部で260万円，後者に対し全部で100万円が支払われたとのことである（生天目健蔵『土地収用法と補償の実態』279頁（自由国民社，1959年），農林大臣官房総合開発課編・前掲247頁参照）．

なお，少数残存者が転出者とともに移転を申し出た場合には，その申出が不当なものでない限り，できるだけその希望に沿うべきある．また，土地・建物の適正な価格での買取りのほか，各種の生活権補償がなされるべきである（建設行政実務研究会編『収用と補償〔建設行政実務講座2巻〕』567頁（第一法規，1978年）参照）．平成13年の国土交通省訓令53条1項は，「ダム築造等の大規模な工事の施行によって，生活共同体の大部分が移転するため，残存者が生業を維持し，又は生活を継続することが社会通念上ほとんど不可能となると認められるときは，残存者の移住を認めるものとし，移住に要する費用及び移住に伴い通常生ずる損失を補償するものとする．」と規定している．

3　離職者補償　離職者補償については，電源開発要綱47条は，年間賃金の1年分を補償額とし，この期間は実情に応じて伸張することができるとしている．損失補償基準要綱46条や平成13年国土交通省訓令68条は，再就職に通常必要な期間中の従前の賃金相当額の範囲内で妥当と認められる額を補償することができると規定している．この期間は1年以内であり，「従前の賃金相当額の範囲内で妥当な額」とは，従前の賃金相当額の80％程度であるとのことである（損失補償基準要綱解説192頁参照）．

4　「正当な補償」としての把握　少数残存者補償については，この種の損失も，土地収用や任意買収に付随する損失であるから，「正当な補償」の範囲内の問題として処理されるべきである．立法化されずに要綱・基準で済まされている点に，立法者の消極的態度をみることができる．

また，離職者補償については，上記の補償額が適正な額といえるか否かは，それぞれの実情が異なるので，その妥当性を判断することは容易ではない．しかし，損失補償基準要綱や建設省訓令（国土交通省訓令）の生活権補償に対する消極的態度からすれば，行政実務において十分な補償額が支払われてきたとは思われない．離職者補償を憲法29条3項の「正当な補償」の範囲内として把握しない限り，問題の解決は困難であろう．

4　生活再建措置

1　生活再建措置の種別と内容　生活再建措置とは，補償金とは別個に，生活再建のためになされる各種の行政措置をいう．本書では，これも生活権補償に含めて理解することにする．「損失補償基準要綱の施行について」（昭和37年6月29日閣議了解）は，「第2　精神的損失に対する補償等の取扱いについ

て」において,「公共の利益となる事業の施行に伴い生活の基礎を失うこととなる者がある場合には,必要により,生活再建のため土地又は建物の取得のあつせん及び職業の紹介又は指導の措置を講ずるよう努めるものとする.また,建物等の移転に伴い,建築基準法その他の法令の規定に基づき施設の改善を要する場合の費用については,融資のあつせん等の措置を講ずるよう努めるものとする.」としている.実定法上の規定としては,先に紹介したように(前述 41 頁以下),水特法 8 条,公共用地取得特別措置法 47 条,都市計画法 74 条等があり,最近の土地収用法の改正により,同法 139 条の 2 においても生活再建措置が定められた.

閣議了解や法令上に挙げられている生活再建措置を分類すれば,①宅地等の土地の取得のあっせん,②住宅等の建物の取得のあっせん,③職業の紹介・指導・訓練,④他に適当な土地がなかったため環境が著しく不良な土地に住居を移した場合の環境の整備,⑤融資のあっせん,資金の貸付・交付,などになる(前述 42 頁参照).

2 生活再建措置の問題点　　しかし,閣議了解は法的根拠とはいえないし,実定法上の規定も「努力義務」を定めているにすぎない.これは,生活再建措置が立法政策的な問題と考えられているからである(藤田宙靖「改正土地収用法をめぐる若干の考察」同『行政法の基礎理論〔下巻〕』360～361 頁(有斐閣,2005 年.初出 2002 年),国土交通省総合政策局土地収用管理室監修=土地収用法令研究会編『Q & A 土地収用法—平成 13 年改正のポイント—』153 頁(ぎょうせい,2001 年)参照).

文献においては,実定法上の規定を踏まえた上で,次のように説くものがある(全国建設研修センター・用地取得と補償 595 頁).「これらの法令等の規定は,生活再建措置として,補償とあいまって実施すべきことを起業者等並びに被補償者に指示したものであるにもかかわらず,具体策については,誰が,どのような内容で,どの程度の生活再建を立案し実施するかということが必ずしも明確にされておらず,現行の実定法上の制度が生活再建対策として十分適応でき,有効に活用できる状況にはなっていない.具体的には,国,地方財政上の制度の弾力性の欠如により,国,地方公共団体等の実情に応じた行政上の展開が十分なされていないことが指摘できよう.したがって,これらの制度を有機的に活用するための予算措置,責任体制の確立,水源地域対策基金制度のような基金制度の確立が,広く公共事業全体に適用できるような制度の創設が必要であ

ると考えられる.」また，水特法8条の生活再建措置について，その実態調査を踏まえて，「閣議了解」等を批判的に検討したものもある（三辺・前掲410頁以下参照）.

根本的な解決のためには，生活再建措置の憲法上の根拠を再検討する必要がある．補償金と併せて生活再建措置を実施することは，単なる政策上の補償ではなく，「正当な補償」の内容として，憲法上の要請であると解すべきであろう（田辺・制度148頁参照）.

第6節　精神的損失補償

1　精神的損失補償の概念

1　精神的損失の概念

精神的損失補償とは，土地の収用や任意買収に伴う精神的損失に対する補償をいう．本書において主として論ずるのは，ダム水没の場合の精神的損失についてである．これは，ダム建設のための土地収用や任意買収により先祖伝来の土地を手放すことによって生ずる精神的苦痛であり，先祖伝来の土地に抱く愛着心への侵害である．精神的損失という場合は，この事例で説明されるのが通例であるが，精神的損失としては，そのほかにもいくつかのものが挙げられている．買収交渉に応じなければならない精神的苦痛，将来の生活設計についての精神的苦痛，などである（田辺・制度176頁以下，西埜＝田辺・理論と実務124頁以下〔田辺執筆〕，小澤・収用法下318頁．なお，宇賀・国家補償法458頁以下参照）.

そのほか，文献の中には，重要文化財の公開に起因する滅失等の補償についても精神的損失の補償が必要であるとして，次のように説くもの（内田新「文化財保護法概説・各論(8)」自治研究60巻4号65頁（1984年））がある．すなわち，「法が目的とする公開の促進を阻害する最大の要因は，宗教上の問題と個人有物件についての所有者の秘蔵意識であることを想起すれば，滅失等の事実を生じたときに，所有者の精神的損失までも塡補するとすることが公開促進の鍵となる．この観点から精神的損失を塡補する必要性を考慮する必要もある．文化財の精神的価値を，所有者がその有する田畑等に抱く愛着心と異なるものではないとする見解もありうるであろうが，社寺の仏像，建造物が有する精神

的価値は，当該社寺のの関係者にとり単なる愛着心ということができるものではないと考える．」

2 精神的損失補償の諸問題

精神的損失補償については，精神的損失の概念，精神的損失補償の要否，補償の法的根拠，補償額算定，などが論議されている．主要な課題は，その要否と法的根拠についてである．判例・通説は否定説に立っているが，最近では肯定説も有力になっている．

筆者は，すでに1988年に，「精神的損失の補償」というテーマで，この諸問題について論じたことがある（法政理論20巻3号．その後，『損失補償の要否と内容』（一粒社，1991年）に収録）．そこでは，精神的損失補償の必要性と法的根拠を収用法88条と憲法13条，14条，29条3項に求めるべきことを説いた．重複を避けるために，前稿で述べたことはなるべく繰り返さないようにするが，それでも論理展開の便宜上重ねて論述することがある（なお，後述335頁以下参照）．

● 2 精神的損失補償の必要性

1 学説の動向

1 否定説 かつての学説は，精神的損失に対しては補償は必要ではないとの否定的見解が優勢であった．高田賢造（高田・収用法363～364頁，同・制度論231～232頁），松島諄吉（松島「精神的苦痛や期待利益の喪失などは補償されるか」鈴木＝高原編・収用法50講151頁），國宗正義（國宗「補償の基本的問題」用地問題研究会編『用地と補償〔第1輯〕』9頁（港出版合作社，1958年）），渕上臣（渕上「補償の基本的諸問題」用地問題研究会編『用地と補償〔第4輯〕』70頁（港出版合作社，1959年））らの所説が，その代表的なものである．

2 肯定説 しかし，これに対して，肯定説も有力に説かれていた．金澤良雄（金澤・前掲（法時25巻2号）18頁），華山譲（華山・理論と現実116頁），鈴木禄弥（鈴木『物権法の研究』84～85頁（創文社，1976年）），渡辺洋三（渡辺・土地と財産権217頁）らの所説が，その代表的なものである．

これを現在の行政法の教科書・体系書でみると，「憲法29条3項が正当な補償というとき，それを公平負担の観点から完全補償とみる限り，その損失が財産的損失に限定されるとすることにはならない．精神的損失を認めることの障

害は，財産権の収用に際して生ずる精神的苦痛を，独立した救済の対象として認めることができるかどうか，また，具体的に客観的な評価とその塡補の方法があるかどうかにある．……わが国においては，先祖伝来の土地環境についての特別の主観的感情が存在していること，通常の売買取引が成立しない場合であることからすると，独立の精神的損失についての補償項目を立てることができるように思われる」との見解（塩野・行政法Ⅱ 372 頁），従前の消極説は，財産が財産として自由に取引され，経済的に評価されるという前提がある場合にのみ通用する議論であるとした上で，「山奥の村がダム建設のために水没する場合が典型例で，その土地は経済的に評価するときわめて安く，村民が先祖伝来の土地を意思に反して離れなければならないという苦痛は，その財産に対する補償をもって慰謝することはできまい」との見解（阿部・解釈学Ⅱ 424 頁），「精神的損失を一律に受忍義務の範囲内として処理することは適切でなかろう．損失補償を義務づけるものは，財産権保障の理念のみならず，平等原則でもあることに照らせば，公共事業のために特定の者が受忍の限度を超える精神的損失を受けた場合，それを全体の負担において調整することは当然ともいえる」との見解（宇賀・行政法概説Ⅱ 528 頁），「『普通の人』を想定すると，長年住み慣れた土地を奪われるときにはかなりの精神的苦痛を感じることもあるだろう．精神的苦痛には個人差を含め事案により差があることは否定できないが，これについて補償を認めない従来の行政実務の方針は多少緩和することも検討に値する」との見解（芝池・読本 442 頁），などがある．

損失補償について論じた文献においても，「損失補償制度が，全体的な公平負担の見地から，財産上の特別の犠牲に対する調節をなすものであるとすれば，財産を物的側面からみるだけでなく，被補償者の主観的側面にも目を向けるべきではないだろうか」として，精神的損失に対する補償の必要性を説く見解（田辺・制度 173 頁以下）がある（同旨，廣瀬・用地買収 82 頁）．そのほか，損失補償を経済的側面から考察した文献においても，精神的損失補償の必要性を説くもの（岩田・前掲（経済学論集 43 巻 1 号）41 頁以下）がある．

2　判例の動向

訴訟においては，もっぱら精神的損失補償の法的根拠が争点となり，判決はそれに対する応答である．したがって，判決は，厳密にいえば，精神的損失補償の必要性に対する判断とはいえないが，それでもおおよその動向を知ること

第6節　精神的損失補償

はできるであろう.

1　先祖伝来の土地を失うことの精神的苦痛　裁判例としては，先祖伝来の土地が収用されたことに伴う精神的損失の補償の要否が争われた事案において，「第一審原告は補償額決定に際し，本件土地が先祖伝来の土地であることをも考慮に加えるべきであると主張するけれども，土地収用法第72条〔現71条に相当，筆者注〕にいわゆる『相当な価格』とは当該土地の一般的利用価値，換言すれば客観的評価における価格を指すものであることは多言を要しないところであり，土地所有者が当該土地に対し有する愛着心その他主観的な価値は補償額決定に際しこれを考慮に加える必要がないものと謂わなければならないから，第一審原告の右主張は理由がない」とされた事例（高松高判昭和30・11・9行集6巻11号2519頁），同じく，先祖伝来の土地が収用されたことに伴う精神的損失の補償の要否が争われた事案において，「土地収用法第88条に所謂通常受ける損失とは，財産上の損失を意味し，精神上の損失を包含しないものと解する．蓋し土地の収用又は使用により精神上の損害を生ずるのは土地所有者又は関係人が，当該土地につき特殊な愛着の情を有するとか，その他特段の事情ある場合に限るべく，かかる損害は通常生ずる損害とはなし得ないからである」とされた事例（徳島地判昭和31・5・2行集7巻11号2830頁），などがある．

2　転居による精神的苦痛　都市計画道路事業のために土地を収用された者が，土地に対する補償や移転料補償のほかに，転居による心労・不安等に対する補償を請求した事案において，「原告は，登記手続・住民登録手続の手数，転居による心労・不安，通学区域変更による不便等に対する補償をいうが，これらは土地収用に伴う受忍義務の範囲内に属し，『通常受ける損失』（法88条）に当たらないというべきである」とされた事例（東京地判昭和58・3・28行集34巻3号543頁）がある．

また，最近のものとしては，圏央道あきる野IC代執行手続執行停止決定事件で，転居による精神的，肉体的負担に対する補償の要否が争われた事案において，「前記申立人らは，代執行手続に基づき，これらの建物を引渡し，これらが取り壊されることによって，財産的な損害を被ることはいうまでもないが，それ以上に，これまで慣れ親しんだ生活環境を失い，新たな場所への転居を余儀なくされ，生活環境が大幅に変化し，かつ，こうした変化に馴染むため相応の精神的，肉体的負担を強いられることになるといえる．／このように，住み

第5章　損失補償の内容

慣れた生活環境からの転居によって，前記各申立人らが長年かけて形成してきたいわば居住の利益が失われるというべきであるところ，仮に，将来，本案判決において本件裁決が取り消され，前記各申立人らがその所有（又は共有）土地の返還を受け，かつ，取り壊された建物等についてはその評価額相当額の補償を受けたとしても，いったんは転居を余儀なくされたことによって新しい環境への順応を強いられるという精神的，肉体的損害は既に発生しているのであって，こうした損害は事後の金銭的補償によって容易に回復される性質のものではないし，また，いったん喪失した転居前の生活環境を金銭的補償を用いて完全に再現することも困難というべきであるから，結局のところ，前記のような居住の利益は，いったん転居を余儀なくされ，住居等の生活環境を取り壊されることによって容易に回復し難いものとなるというべきであり，前記申立人らが本件各土地上に長年居住していることを考慮すると，その損害の程度も決して小さいものではないというべきである．……たしかに，従来は，住居の収用については財産権の喪失という点のみが取り上げられ，住居の喪失に伴って慣れ親しんだ環境を奪われ，それまでに築き上げた居住の利益を失うという不利益については，単なる主観的利益にすぎないとして軽視される傾向があったことは否定できない．しかしながら，こうした居住の利益は，自己の居住する場所を自ら決定するという憲法上保障された居住の自由（憲法22条1項）に由来して発生するものであって，人格権の基盤をなす重要な利益であり，特に上記申立人らのように一時的な仮住まいではなく，定住の意思をもって，いわば終の栖として居住している者の利益は，その立場に置かれた者には共通して極めて重要なものとなるのであって，単なる主観的利益として切り捨てることのできる性質のものではないし，また，財産的な損害と異なり，自己の生活に密着した個別的な利益であるがゆえに，いったん失ってしまうと容易に他のもので置き換えることができない非代替的な性質を有するというべきであって，これを単なる財産的損害にすぎないとする相手方知事の主張は失当である」として，代執行により行訴法25条2項にいう回復困難な損害が生ずると認めた事例（東京地決平成15・10・3判時1835号34頁）がある．

しかし，その抗告審においては，一転して，「相手方らは，本件明渡裁決の執行により，本件各土地を前記のような居住地や農地等として使用をすることができないことにより有形無形の損害を被るところ，このような損害のうち有形の財産的な損害は金銭賠償が可能であり，その余の損害も，次のとおり金銭

賠償あるいは原状回復が可能であるか，代替的な回復あるいは金銭賠償により十分に塡補することができるものと認められる．……相手方らは，前記のとおり新たな場所への転居を余儀なくされ，相応の精神的，肉体的負担を強いられるとはいえ，あきる野市内ないしその付近において現住居と経済的，社会的，文化的に同一な地域社会ないし地縁社会の範囲内に移転することは十分可能である（……）から，転居により直ちに故郷や居住の利益を失うというものではないし，その精神的，肉体的負担も土地建物に対する金銭賠償により十分に塡補することができるものというべきである．……金銭賠償あるいは原状回復が可能であるか，代替的な回復あるいは金銭賠償により十分に塡補することができるものと認められる」とされた（東京高決平成15・12・25訟月50巻8号2447頁）．

3　文化財的価値を失う精神的苦痛　文化財的価値を失うことの精神的苦痛については，輪中堤の占用許可が河川改修工事のために取り消されたので，占用許可を受けていた者が輪中堤の文化財的価値の補償を求めた事案において，「本件輪中堤の文化財的価値及びその客観性につき判断するに，同堤は控訴人方のもと私有堤（その後環状堤の大部分は占用堤）であるが，……その歴史的，社会的，学術的価値，即ち文化財的価値は極めて高く，しかも，それは，例えば先祖伝来の土地といった如き個人の主観的価値感情の域にとどまらず，広く社会より承認され，社会的にオーソライズされた客観的価値にまで高まっているというべきである．……従って右価値についての損失は，前記土地収用法88条にいう『(権利者が)通常受ける損失』に該当するというべきである」とされた事例（名古屋高判昭和58・4・27行集34巻4号660頁）がある．

しかし，その上告審においては，輪中堤の文化財的価値の補償を否定するに当たり，「土地収用法88条にいう『通常受ける損失』とは，客観的社会的にみて収用に基づき被収用者が当然に受けるであろうと考えられる経済的・財産的な損失をいうと解するのが相当であって，経済的価値でない特殊な価値についてまで補償の対象とする趣旨ではないというべきである」とされた（最判昭和63・1・21訟月34巻8号1683頁．なお，後述361頁以下参照）．

③　行政実務・収用委員会の裁決例の動向

1　要綱等における取扱い　行政実務においては，かつて，感謝金，協力金などの名目で，実質的には精神的損失の補償に相当するような補償金が支払

第5章　損失補償の内容

われる例が少なくなかった．電源開発要綱（昭和28年4月14日閣議了解）は，補償項目として「謝金」を規定していた（当時の状況については，西埜・損失補償245頁以下参照）．これは，謝金等を法的請求権として認めていたものではないにしても，当時，行政実務において広く行われていたということは，今日からみれば注目に値するものといってよい．

ところが，昭和37年の公共用地審議会の「答申」は，補償項目の整理統一を図る必要があるとして，精神的損失の補償について，次のように述べてこれを否定した．すなわち，「公共用地を適法な手続により取得する場合において，たとえ精神的苦痛を与えることがあるとしても，これは社会生活上受忍すべきものであって，通常生ずる損失とは認めることができないものであるから，この種の補償項目は，設ける必要がない．従来は，謝金等の名目により，実際には，財産的補償の補足として支払われた事例があるが，このような補償は，土地の取得及びこれに伴う通常損失に対する補償が十分でないために生ずる場合が多いものと考えられる．しかしながら，財産的補償は，補償基準に基づき適正に行うべきであって，このような不明確な名目による補償は，行わないようにすべきである．」

この答申を受けて決定された損失補償基準要綱（昭和37年6月19日閣議決定）は，当然のことながら，精神的損失の補償を補償項目として挙げておらず，「損失補償基準要綱の施行について」（昭和37年6月29日閣議了解）は，「従来一部において行なわれてきた精神損失に対する補償，協力奨励金その他これらに類する不明確な名目による補償等の措置は，行なわないものとする」と補足している．したがって，これ以降，任意買収による場合においても，精神的損失の補償はほとんど否定されることになった．

それから30数年後の点検委員会の「見直しの視点等」も，精神的損失補償について，「生活再建を考える立場からすれば，個別の人的要素への配慮を必要とする意見についても一定の理解が必要であるが，そこには一定の客観性が必要であり，また当然に一定の受忍限度が存在するので，当然に精神的損失が全て補償の対象となると考えるべきではない．また，実務的にも個々の主観的な損失について，これを適正に測定しうる基準を考えることも困難である」と述べている．そして，これに付加して，「誰がみても一般の被補償者に比べ，時間，労力の負担になっているような場合など，<u>時間的利益の喪失として客観化できるもの</u>について通損として対応する」と説いている（改正損失補償基準5

頁).このような点検委員会の見解は,昭和37年の公共用地審議会の答申と比較すれば,一歩前進したものと評価することができる.

2 収用委員会の裁決例 収用委員会の裁決例においても,精神的損失に対する補償は否定されている.判例の動向についてと同様に,争点はもっぱら法的根拠の存否にあるので,補償の必要性そのものに直接応答しているわけではないが,それでもおおよその動向を知ることができる.

主要なものとしては,老後は狭いながらも土のある生活,前栽に緑の植木のある生活が安らぎの場となるはずであるのに,この点が全く考慮されていないとして,これが失われることに対して補償が請求された事案において,「収用法上損失の補償の対象は,財産上の損失に限られ,生活上又は精神上の価値の減少は,それのみにとどまる場合は損失の対象にならない」とされた事例(大阪府収用委員会裁決昭和44・6・3土地収用裁決例集〔昭和44年度版〕32頁),用地買収交渉過程において精神的・物質的な損害を被ったとして,これに対する慰謝料が請求された事案において,「当委員会は起業者が適法に裁決申請してきたものである以上精神的苦痛があったとしても社会生活上受忍すべきものであると思われるので慰謝料は認めない.裁決申請以前の用地買収交渉過程の慰謝料については,当委員会の権限外の事項である」とされた事例(愛知県収用委員会裁決昭和45・12・21土地収用裁決例集〔昭和45年度版〕593頁),住宅の移転に伴う精神的苦痛に対して補償が請求された事案において,「土地所有者の主張は結局,本件土地に対する土地所有者の愛着,即ち,感情的価値の喪失に対する補償を要求するものであるが,土地の収用による損失の補償は,事業認定時において当該土地の有する客観的価値を基準とすべきであり,又,通常受ける損失とは収用の直接の効果として現実に生じ,又は生じることが明らかな損失のうち,客観的,社会的にみて被収用者でなくてもその地位にある限り,当然受けると認められる財産上の損失に限るべきであり,被収用者の個人的,主観的理由により受けると認められる精神上の苦痛は,たとえ与えられることがあっても,社会生活上受忍すべきものであって,補償の対象ではない」とされた事例(大阪府収用委員会裁決昭和51・11・9大阪府収用委員会・土地収用項目別裁決例集〔昭和48~59年度〕119頁),同居によって生じた精神的・肉体的苦痛および収用裁決申請がマスコミ等に取り上げられたことによって生じた精神的・肉体的苦痛に対して補償が請求された事案において,「かかる精神的・肉体的損害に対する補償は,土地収用法上はこれを認め得ないことは明らかであ

る」とされた事例（宮城県収用委員会裁決昭和 60・6・17 土地収用裁決例集〔昭和 60 年度版〕79 頁），事業の計画決定の日より 30 年の長きにわたって精神的，肉体的，経済的に圧迫を受けており，受忍の限度を超えた被害を受けたとして，これに対する損害賠償が請求された事案において，「精神的被害等を原因とするこれらの損害賠償要求については，土地収用法上規定されておらず，当委員会は土地所有者兼関係人 A の申立ては，これを採用しない」とされた事例（愛知県収用委員会裁決昭和 61・3・5 土地収用裁決例集〔昭和 60 年度版〕774 頁），環境破壊補償としてのふるさと補償や精神的損失に対する補償等が請求された事案において，「いずれも，法第 88 条の規定による通常受ける損失にあたらない」とされた事例（東京都収用委員会裁決昭和 62・3・31 土地収用裁決例集〔昭和 61 年度版〕190 頁），収用手続における時間的・経済的・精神的損失に対する補償が請求された事案において，「精神的損失に対する補償は，法 88 条に規定する土地の収用に伴い通常受ける損失の補償に当たらない」とされた事例（京都府収用委員会裁決平成 18・5・22 土地収用裁決例集〔平成 18 年度版〕778 頁），などがある（裁決例については，小澤・収用法下 321～322 頁参照．なお，後述 359 頁以下参照）．

4 学説・判例・行政実務の検討

1 学説の検討　かつては否定説が優勢であったが，現在では否定説はほとんど説かれていない．行政法の教科書・体系書をみる限り，濃淡の差はあるものの，ほとんどのものが精神的損失補償に触れている．その必要性については，これを明確に否定するものは見当たらない．見解が分かれているのは，これを法律上，あるいは憲法上に根拠づけることができると解するか，単なる政策上の措置にすぎないと解するかの点についてである．

このような学説動向の変遷は，その要因を「精神的損失の独自性」についての認識いかんに求めることができる（西埜・損失補償 252 頁以下参照）．財産的損失と精神的損失は別のものであり，財産権補償が十分であっても，それによっては回復されない精神的損失があるということの認識である．文献においては，「独立の精神的損失についての補償項目を立てることができるように思われる」との見解（塩野・行政法 II 372 頁），あるいは，「一般的には，財産的価値の塡補と精神的苦痛の回復とは別問題であるとの認識をこそ出発点とすべきであろう」との見解（藤田・総論 621 頁）が説かれているが，このことを明言

していない文献も，おそらく精神的損失の独自性を暗黙裡に認めているものと思われる．

2 判例・裁決例の検討 訴訟においては，もっぱら法的根拠の有無が争点になっており，判決はそれに対する判断であって，精神的損失補償の必要性についてのものではない．裁判例の中には，先にも紹介したように，「定住の意思をもって，いわば終の栖として居住している者の利益は，その立場に置かれた者には共通して極めて重要なものとなるのであって，単なる主観的利益として切り捨てることのできる性質のものではないし，また，財産的な損害と異なり，自己の生活に密着した個別的な利益であるがゆえに，いったん失ってしまうと容易に他のもので置き換えることができない非代替的な性質を有するというべきであって，これを単なる財産的損害にすぎないとする相手方知事の主張は失当である」と説示して，精神的損失の独自性を認めているもの（前掲東京地決平成15・10・3）もないわけではないが，概していえば，裁判例は，精神的損失補償については依然として消極的であるといってよい．収用委員会の裁決例についても，ほぼ同様である．判例・裁決例の評価は，後に法的根拠の項目の下で改めて検討することにする．

3 行政実務の検討 答申・要綱等は，社会生活上受忍すべき程度を超えるような精神的苦痛がありうるにもかかわらず，これをすべて社会生活上受忍すべきものであるという．また，財産権補償によっては回復しえない精神的苦痛がありうるにもかかわらず，財産権補償さえ適正であれば精神的苦痛が回復されるものと考えている．そこでは，精神的苦痛の独自性が全く否定されているものといってよい．「損失補償基準要綱の施行について」が，「不明確な名目による補償」と述べているのは，このことを如実に示している．

●3 精神的損失補償の法的根拠

精神的損失に対する補償の必要性が肯定されたとしても，その法的根拠をどこに求めるべきかという問題がある．法的根拠としては，法律上の根拠と憲法上の根拠が考えられる．学説・判例の動向を整理しながら，精神的損失補償の法的根拠について考察することにする（前述51頁以下参照）．

1 法律上の根拠

法律上の根拠として挙げられるのは，収用法88条である．同条は，「通常受ける損失」の補償（通損補償）を定めた規定である．通常受ける損失の中に精

神的損失も含まれるのであれば，これが法律上の根拠となりうることになる（後述355頁以下参照）．

1　学説の動向　かつての精神的損失補償不要説は，精神的損失は収用法88条の「通常受ける損失」に含まれないと解していた（高田・収用法364頁，同・制度論225頁，松島・前掲151頁等）．しかし，これに対して，最近では，精神的損失も「通常受ける損失」に含まれるという解釈が有力になってきている（塩野・行政法Ⅱ371～372頁，山岸敬子「文化財関係―公用収用と文化財的価値」国家補償法大系④124頁以下，西埜＝田辺・理論と実務138頁〔田辺執筆〕，廣瀬・用地買収83頁等）．収用法の逐条解説書においても，限定的ではあるが，「一般的には精神的損失に対する補償は必要としないといってよいのであるが，およそ精神的損失に対する補償は一切不要であるとまでする考え方はとれないのであり，特殊の場合には，例外的にこれを認むべき余地があるとしなければならない」と説かれている（小澤・収用法下326～327頁）．

2　判例・裁決例の動向　判例は，精神的損失は収用法88条の「通常受ける損失」に含まれないということで大体一致している．輪中堤訴訟の控訴審判決（前掲名古屋高判昭和58・4・27）は，輪中堤の文化財的価値およびその客観的価値を認めているから，実質的には精神的損失を通常受ける損失に含ませる考え方に一歩近づいているように思われないでもないが，その上告審判決（前掲最判昭和63・1・21）は，一転して，88条には経済的価値でない特殊な価値は含まれないと判示した．この最高裁判決は，精神的損失の補償について直接判断したものではないが，輪中堤訴訟においては，実質的には，祖先が代々維持・管理してきた輪中堤を失うことに伴う精神的苦痛の補償が問題となっていたのであるから，同判決が，収用法88条の「通常受ける損失」を「経済的・財産的な損失」に限定したということは，精神的損失は含まれないという判例動向を確認したものといってよい（宇賀・行政法概説Ⅱ527頁，西埜・損失補償257頁以下参照）．

収用委員会の裁決例においても，精神的損失は収用法88条の「通常受ける損失」に含まれないとされている（前掲の大阪府収用委員会裁決昭和44・6・3，愛知県収用委員会裁決昭和45・12・21，大阪府収用委員会裁決昭和51・11・9，宮城県収用委員会裁決昭和60・6・17，愛知県収用委員会裁決昭和61・3・5，東京都収用委員会裁決昭和62・3・31，京都府収用委員会裁決平成18・5・22，東京都収用委員会裁決平成14・11・14土地収用裁決例集〔平成14年度版〕460頁等．裁決例に

第 6 節　精神的損失補償

ついては,なお小澤・収用法下 321〜322 頁参照).判例・要綱等とほぼ同じ考え方に依拠したものである.

3　行政実務の動向　昭和 37 年の公共用地審議会の答申や同年の閣議了解「損失補償基準要綱の施行について」等は,精神的損失補償の必要性について否定的であるが,これは同時に,精神的損失は「通常受ける損失」に含まれないという解釈に基づくものである.

4　学説・判例等の検討　収用法 88 条は,明文でもって財産上の損失に限定しているわけではない.従来は,財産権補償に焦点が当てられていたために,88 条の解釈においても財産上の損失に限定されていたにすぎない.生活権補償や精神的損失補償の必要性が主張されている今日では,88 条の中にそれらの損失を取り込むことは,十分可能であるように思われる(この点については,収用法 88 条の解説の箇所で改めて考察する.後述 360 頁以下参照).

「通常受ける損失」とは,一般に,通常の事情の下で生ずる損失であって,特別の事情の下で生ずるものは含まれないと解されている.従来は,精神的損失は特別の事情の下で生ずるものと考えられていたようであるが,先祖伝来の土地を去らなければならないという立場に立たされた者は,それが収用によるか任意買収によるかを問わず,誰しも通常,精神的苦痛を感ずるのではないかと思われる.これを特別の事情に基づくものであるというのは,財産権補償中心の伝統的理論に囚われたものであって,精神的損失の独自性を理解しないものである.

このような解釈に対しては,立法者意思に反するとの批判がなされるかもしれない.しかし,収用法 88 条が明文で精神的損失の補償を否定しておらず,また,補償を認めるべき合理的理由が存在する今日においては,解釈論としては,むしろ従来の考え方を維持することの方が難しいであろう(西埜・損失補償 262 頁以下参照).

2　憲法上の根拠

上記のように,収用法 88 条は精神的損失補償の法的根拠となりうるものであるが,仮にこれが否定されたとしても,直接憲法上の規定に基づいて補償請求するという方途が残されている.

1　学説の動向　憲法上の根拠としては,29 条 3 項を挙げる見解(鈴木・前掲 84〜85 頁,塩野・行政法Ⅱ 372 頁),13 条,14 条,29 条 3 項を挙げる見解

(宇賀・国家補償法460頁，西埜・損失補償266〜267頁，西埜＝田辺・理論と実務138〜139頁〔田辺執筆〕等），などがある．

2 判例・行政実務の動向 訴訟上，精神的損失補償の憲法上の根拠が直接争点となったものは見当たらないが，ややこれに近いものがある．予防接種事故集団訴訟の東京地判昭和59・5・18（訟月30巻11号2011頁）は，憲法13条後段，25条1項の規定の趣旨に照らし，憲法29条3項を類推適用して国の補償責任を肯定した上で，慰謝料の支払いを命じており，そこでは慰謝料の法的根拠は29条3項に求められている（同じく予防接種事故集団訴訟の大阪地判昭和62・9・30訟月34巻9号1767頁，福岡地判平成元・4・18判時1313号17頁もほぼ同趣旨）．

要綱等の行政実務は精神的損失補償の必要性に消極的であり，収用委員会の裁決例も消極的であるから，当然のことながら，憲法上の根拠については触れていない．

3 学説・判例等の検討 憲法29条3項は，これまで財産的損失の補償についての規定であると考えられてきた．「正当な補償」の意味について完全補償説に立ったとしても，これに精神的損失補償をも含ませることについては，批判的見解も少なくないものと思われる．

そこで，筆者は，20数年前に公刊した拙著『損失補償の要否と内容』において，29条3項に13条と14条1項を結合して，統一的に解釈することを提唱した（同書266〜267頁）．現在においても，この私見は変わっていない．

すなわち，財産権侵害に伴う損失で平等原則（公負担平等原則）に反するものは，すべて回復されるべきであり，それが同時に，「個人の尊重」の趣旨にも適合することになる．換言すれば，精神的損失が財産権侵害と相当因果関係に立つ以上は，これを無補償で放置することは，平等原則に違反するものというべきである．また，土地の上で「精神的生活」（渡辺・土地と財産権218頁）が営まれているということに着目すれば，土地を奪われることによる精神的苦痛に対しては，個人の尊重の原則からも回復がなされなければならない．

「正当な補償」の解釈に当たっては，平等原則と個人尊重の原則の精神が加味されるべきである．29条3項単独ではなくて，13条と14条1項を結合して統一的に解釈することによって初めて，妥当な結論を導き出すことが可能となる．

なお，予防接種事故集団訴訟の前掲東京地判昭和59・5・18や前掲大阪地判

昭和62・9・30は，憲法29条3項の類推適用や勿論解釈により慰謝料の請求を認めている．しかし，同じく精神的苦痛に対する補償であっても，生命・身体・健康への侵害によるものと財産権侵害によるものとでは，憲法上の根拠が相違するのではないかと思われる（西埜・予防接種180頁以下参照）．本書では，財産権侵害に伴う精神的損失の補償について考察しているのであり，この損失は，ある種の財産権侵害に通常付随するものであるから，予防接種事故補償と同列に扱うことはできない．

4 精神的損失補償の補償額算定

1 概　説

　精神的損失補償の必要性を肯定し，法的根拠として法律上または憲法上の根拠を提示しえたとしても，果たして補償額の算定が可能であるか否かの問題が残っている．判例・行政実務が必要性についても法的根拠についても消極的であり，学説も従来消極的であったために，これまで補償額の算定についてはあまり検討されてこなかった（西埜・損失補償268頁以下参照）．

2 補償額算定の困難性とその克服

　従来からも精神的損失補償の補償額算定の困難性が指摘されてきた．ただ，当時においても，「その具体的補償額は，財産的損害のようには計算できないが，その点では，不法行為の慰謝料の場合も同じであって，そのことのゆえにこれを否定する理由とはなりえない」との見解（渡辺・土地と財産権218〜219頁）も説かれていたところである．筆者も，20数年前に，「確かに，補償額の算定は容易とはいえないであろう．しかし，このことは，民法不法行為法や国賠法における慰謝料の算定についてもいえることであって，精神的損失の補償に限ったことではない」と説いたことがある（西埜・損失補償269頁）．

　最近においては，「評価に関しては，精神的苦痛それ自体が主観的なものであるので，客観的，金銭的評価が困難であることは認めなければならないが，民事の損害賠償訴訟においても，裁判官の判断に最終的には委ねられているところであり，ここで別異に解する理由はないと思われる」との見解（塩野・行政法Ⅱ372頁．同旨，宇賀・行政法概説Ⅱ527〜528頁）が説かれている．

第5章　損失補償の内容

③　補償額算定の基準

　補償額算定が可能であるとしても，算定の具体的基準を何に求めるべきかは，さらに困難な問題である．とりあえず考えられるものとしては，民法不法行為法における慰謝料算定理論を借用するという方法と，昭和37年の「答申」および「損失補償基準要綱」が出される前に行われていた行政実務を参考にするという方法，の二つがある．

　前者の方法について考えてみると，財産権侵害に伴う精神的苦痛についても同様のことがいえるか否か，問題となるところである．ただ，かつての行政実務においては，家族数と居住期間が重要な基準とされていたのであり，これは，民法不法行為法における慰謝料の類型化・定額化と軌を一にするところがある．精神的苦痛の度合いは，各人各様であり，これを個別的に見積もることは至難のわざであるから，損失補償法の側からアプローチするにしても，類型化・定額化に至らざるをえないのではないかと思われる（詳細については，西埜・損失補償270頁以下参照）．

　また，後者の方法については，家族数と居住期間が主要な基準とされていた（華山・理論と現実94頁以下，同「公共事業の施行と補償」行政法大系⑥ 319頁以下，西埜・損失補償271頁以下等参照）．結局，これも，不法行為法における慰謝料の類型化・低額化と軌を一にするものといってよい．

第7節　事業損失補償

　事業損失補償とは，公共事業の実施に伴い，日陰・臭気・騒音・振動等によって生ずる損失に対する補償をいう．従来から，一般に，事業損失補償は損害賠償的性格を有するものと解されてきたが，適法な侵害行為に通常付随する程度のものは，適法な侵害行為と不可分のものとして，むしろ損失補償に属するものと考えるべきであろう．事業損失補償については，章を改めて次章で考察する（第6章「事業損失補償」）．

　事業損失については，収用地・使用地の残地に生ずるものについて，収用法74条や93条の解釈をめぐっても問題となる．この点については，収用法上の損失補償の箇所でも考察する（後述253頁以下，396頁以下参照）．

第8節　財産権の制限と正当な補償

1　補償内容確定の困難性

　財産権の制限に対しても，それが本質的制限である場合には，権利者側に受忍すべき事由がない限り，憲法29条3項の「正当な補償」が必要である．しかし，これまでは，財産権剥奪の場合の損失補償の内容に焦点が当てられていた反面，財産権制限の場合の損失補償の内容については，あまり論議されてこなかった．理論的には，ここでもまた完全な補償が必要であるが，財産権剥奪の場合と比較して特殊性が見出されるために，その具体的内容の確定は一層困難な作業である．

2　学説の動向

1　概　説

　財産権の制限に対する補償は，財産権の制限に伴い「通常生ずる損失」（通損）の完全な補償でなければならない．問題は，この通損の範囲をどのようにして確定すべきかということである．これについては，明文の規定はないが，不許可補償を中心にしてみれば，理論的には，相当因果関係説，地価低落説，実損補塡（補償）説，地代説等が考えられる（学説・判例の動向については，原田尚彦「公用制限における補償基準」公法研究29号179頁以下（1967年），同・要論276～277頁，小高剛「公用制限と損失補償」法学雑誌28巻3=4号479頁以下（1982年），荒秀『建築基準法論（II）』302～303頁（ぎょうせい，1987年），阿部・国家補償法283頁以下，同・解釈学II 411頁以下，宇賀・国家補償法461頁以下，塩野・行政法II 377頁，芝池・救済法講義212～213頁，安本典夫『都市法概説〔第3版〕』387～388頁（法律文化社，2017年），野呂充「警察制限・公用制限と損失補償」行政法の争点165頁，西埜・損失補償141頁以下等参照）．各学説ともその内容はまだ十分に固まっていないので，学説相互間の差異がどこに存在するのか，あるいは学説相互間に対立といえるほどのものが存在するのか，必ずしも明確とはいえない（この場合の財産上の損失について解説したものとして，環境庁自然保護局企画調整課編『自然公園法の解説』270～271頁（中央法規出版，1977年）参照．なお，後述669頁以下参照）．

2 相当因果関係説

この説は，土地利用制限によって土地所有者が被る損失のうち，当該利用制限と相当因果関係にあると認められるものはすべて補償されるべきであるという．この説によれば，土地所有者に生じた余分の出費はもちろんのこと，計画中の将来得べかりし利益の喪失も，相当因果関係が認められる限り，通損に含まれる．

3 地価低落説

この説は，土地の利用制限による損失の補償は，継続的な利用制限によって生ずる土地の利用価値の低下に対して支払われるべきであるという．土地の利用価値の低下は土地の価格に反映するから，この説によれば，損失補償の範囲は，地価の低落分を基礎にして算定されることになる．すなわち，許可が得られた場合に予想される土地の価格と，不許可になった場合の土地の価格との差額が補償額とされる．

4 実損補塡説

この説は，土地の利用制限によって現実に生ずる積極的な損失だけが補償されるべきであるという．この説によれば，例えば，古都保存法6条による歴史的風土特別保存地区の指定に伴い，木竹の伐採が禁止された場合（同法8条）には，立木の市場価値だけが補償の対象となり，将来の期待利益の喪失や地価低下は補償の対象とならない．

5 地代説

この説は，当該目的達成のために当該土地を使用しているわけで，公用使用と同じ結果をもたらすものであるから，補償額の算定に当たっては，地代相当額を基礎とすべきであるという．

●3 判例の動向

1 概　説

裁判例の蓄積が少ないので，判例の動向はまだ明確とはいえない．次に二つの裁判例を紹介しておこう．いずれも結論において補償は不要であると判断したが，補償の内容については，地価低落説に立つものと実損補塡（補償）説に立

つものに分かれている．いずれも，自然公園法上の通損補償に関する事案におけるものである（後述 668 頁以下参照）．

2 地下低落説に立つ裁判例

東京地判昭和 57・5・31（行集 33 巻 5 号 1138 頁）は，「土地の利用制限に対する損失補償は，土地の利用価値の低下が土地所有者にいかなる損失を及ぼしたかを客観的に評価し，補償すべきものであるが，土地の利用価値の低下は，結局利用制限によって生じた地価の低下に反映されるから，（自然）公園法の不許可補償は，当該不許可決定に伴う土地の利用制限が地価の低落をもたらしたか否かを客観的に算定し，それを補償の基準とするほかはないと解するのが相当である」と判示している（原田・要論 276 頁は，最判昭和 48・10・18 民集 27 巻 9 号 1210 頁も同旨の発想によるものと理解している）．

3 実損補塡説に立つ裁判例

東京地判昭和 61・3・17（行集 37 巻 3 号 294 頁）は，「『通常生ずべき損失』とは，……例えば，自然公園として指定される以前の当該土地の用途と連続性を有しあるいはその従前の用途からみて予測することが可能であるような当該土地の利用行為を制限されたことによって生ずる損失，当該利用行為に基づく現状の変更が，その土地が自然公園として指定されている趣旨と調和させることが技術的に可能な程度にとどまるものであるにもかかわらず，その利用行為を制限されたことによって生ずる損失，その他離作料，物件移転費等予期しない出費を現実に余儀なくされた場合におけるその積極的かつ現実的な出費による損失を指すものと解するのが相当である」と判示している．

● 4　学説・判例の検討

1 各学説の問題点

学説・判例は，まだ十分に成熟していない段階にある（学説・判例の検討については，西埜・損失補償 151 頁以下参照）．地価低落説に対しては，財産権に生ずる客観的な価値の減少を補償することは法文上の通損補償の意義になじまず，また，財産上の価値減少に伴う補償であれば地域指定の時点で支払うべきであるのに，実定法上の規定はそのようになっておらず，さらに，いつの段階での地価の低下をいうのか不明である，との批判がある．実損補塡説に対しては，

現状不変更義務を内容とする公用制限の場合に果たして積極的な損失が発生するということがありうるか疑問である上に，積極的な実損の補償だけでは不十分である，との批判がある．

地価低落説は，地価低下分のほかに損失が生じない場合には，妥当な考え方である．しかし，通常はそれ以外にも種々の損失が生ずるであろうから，この場合には，この説では補償範囲に取り込むことができない．実損補塡説と同様に，狭きに失する場合があるであろう．

2 相当因果関係説の妥当性

相当因果関係説に対する主たる批判は，補償額が所有者の主観的意図や思惑によって大きく左右されることになり，場合によっては法外な額になることが予想されるという点にある．しかし，これは，相当因果関係説の真意からすれば，適切な批判とはいい難い．相当因果関係説といえども，所有者の主観的意図をすべて認めようとしているわけではない．民法416条1項（損害賠償の範囲）が定めているような「通常生ずべき損害」が，ここでの「通常生ずべき損失」と捉えられるべきであり，このように考えれば，主観的意図の多くはここから排除されることになる（後述672頁参照）．

文献の中には，次のように説くもの（阿部・解釈学Ⅱ415頁）があり，傾聴すべきである（なお，藤田・総論632頁参照）．すなわち，「一般理論として相当因果関係説か，他の説かというよりも，相当因果関係のある適切な範囲は何かという問題提起をすべきで，それは場合により逸失利益であり，地価低下分であり，実損であるということになる．あるいはこの3つは場合によっては同じものになることもあろう．」

● 5　土地の買取制度

1 買取制度の趣旨

財産権制限の場合にも「正当な補償」が必要であるが，実際問題としては，損失補償の要否や損失補償の内容について不明確な場合が少なくない．鑑定技術が向上しているとはいっても，補償額の算定はきわめて困難である．また，被規制者としては，損失補償よりも土地を買い取ってもらった方が救済になる場合があり，行政側としても，土地所有権自体を取得した方が行政目的達成のために都合がよい場合もある（小高・行政法各論230頁参照）．そこで，このよ

うな場合のために，実定法上に土地の買取制度が導入される例が増加している．現行実定法上では，「土地の買取請求」「土地の買入れ」「土地の買取り」などの用語が使用されている（前述43頁以下参照）．

2 実定法上の規定例

「土地の買取請求」について規定しているものとしては，例えば，都市計画法52条の4第1項は，「市街地開発事業等予定区域に関する都市計画において定められた区域内の土地の所有者は，施行予定者に対し，国土交通省令で定めるところにより，当該土地を時価で買い取るべきことを請求することができる．」と規定している．

「土地の買入れ」について規定しているものとしては，例えば，都市緑地法17条1項は，「都道府県等は，特別緑地保全地区内の土地で当該緑地の保全上必要があると認めるものについて，その所有者から第14条第1項の許可を受けることができないためその土地の利用に著しい支障を来すこととなることにより当該土地を買い入れるべき旨の申出があつた場合においては，……これを買い入れるものとする．」と規定している．

「土地の買取り」について規定しているものとしては，例えば，都市計画法56条1項は，「都道府県知事等（……）は，事業予定地内の土地の所有者から，……建築物の建築が許可されないときはその土地の利用に著しい支障を来すこととなることを理由として，当該土地を買い取るべき旨の申出があつた場合においては，特別の事情がない限り，当該土地を時価で買い取るものとする．」と規定している．

3 買取請求・買入れ・買取りの異同

これらの三者間に相違があるか否か，あるとすればどのように相違するのか，必ずしも明確ではない．この点についてはすでに考察したので，そちらを参照していただきたい（前述45頁参照）．

4 買取価格と「正当な補償」

土地の買取制度における買取（買入れ）価格は，時価によるものとされている．例えば，都市緑地法17条4項は，「第1項又は前項の規定による買入れをする場合における土地の価額は，時価によるものとする．」と規定している．

第5章 損失補償の内容

また,特定空港周辺特別措置法8条2項は,「前項の規定による買入れをする場合における土地の価額は,時価によるものとする.」と規定している.

買取制度が損失補償の代替的制度であるとすれば,この時価の算定に際しても,「正当な補償」が基準とされなければならない.

第6章　事業損失補償

第1節　概　説

　事業損失補償をめぐって種々の問題が提起されている．事業損失の概念，事業損失補償の要否，法的根拠，法的性質，補償額の算定等の問題である．これらの諸問題は，損失補償と損害賠償の双方に関連しており，それ故，損失補償だけではなく，損害賠償についての基礎的知識も必要となる．空港・道路騒音公害訴訟等の判例をみても明らかなように，ここでは，損害賠償と損失補償の相対化傾向が認められる（日本エネルギー法研究所編『損失補償と事業損失』1頁以下（日本エネルギー法研究所，1994年），月刊用地1994年9月号に掲載の諸論文，松尾・損失補償法理155頁以下等参照）．

　事業損失についての難問は，法的性質とも関連するが，騒音被害等を受忍すべき法的義務（受忍義務）の法的根拠をめぐる問題である．判例・学説が対立しているところであり，本章においては，損失補償の概念要素としての「侵害行為の適法性」に関連させて考察する．

　そのほか，収用法上の「残地に生ずる事業損失に対する補償の要否」も問題となる．かつては消極説が多数であったが，現在では積極説が有力になっている．この問題点については，収用法74条の解説の箇所においても考察する（後述253頁以下参照）．

第2節　事業損失の概念と種別

第1款　事業損失の概念

● 1　学説・判例における定義

1　学説における定義

　文献における事業損失の定義をみると，「公共事業の施行に伴う損失補償に

第**6**章　事業損失補償

は，大別して土地等を収用し，または使用することによって生じた損失を補填する『収用損失』と，起業地以外にもたらされる損失にかかわる『事業損失』とがある」と定義するもの（小高「いわゆる『みぞ・かき補償』について―事業損失の一側面―」同・研究189頁），「公共事業の施行に伴う損失には，土地等を収用しまたは使用することによって生じた損失を補償する収用損失と，起業地以外にもたらされる事業損失がある．後者は，公共事業により生ずる不法行為の類で，日照被害，騒音，臭気，振動，電波障害，水質汚濁などをいう」と定義するもの（阿部・国家補償法318頁，同・解釈学Ⅱ421頁），「残地およびその周辺土地が，収用事業の施行（道路，空港等の建設工事そのものと道路，空港等の提供とがある）に伴う，段差，通路の廃絶，日陰，臭気，騒音その他これに類するものによって受ける不利益又は損失が，損失補償の対象となるかどうかが問題となる．これが収用損失に対する意味での事業損失である」と定義するもの（塩野・行政法Ⅱ375頁），「事業損失とは，①公共事業の施行予定，②工事の施工過程，③工事完成後の施設の形態・構造または④施設の供用に起因して，取得・使用される土地，残地または周辺土地の所有者，利用者等が被る損失である」と定義するもの（松尾・損失補償法理155頁），「事業損失という言葉は土地等の取得それ自体に伴う損失である収用損失と対比して用いられ，『事業』『損失』はそれぞれ『公共事業』『損失補償』を想起させるものとなっている．起業損失とも呼ばれる」と定義するもの（高木光「事業損失」ジュリ993号150頁（1992年）），「事業損失とは，公共事業の施行により被収用者（被補償者）以外の第三者に発生する損失をいう．公共用地の取得に伴う損失（収用損失）とは異なり，収用の結果行われる事業の施行によって生じる損失である」と定義するもの（田辺・制度151頁），「一般に土地収用法制度において，土地が収用の対象となったことから直接に生じる損失（例えば所有権の喪失そのもの）を『収用損失』と言い，これに対し，その土地が一定の事業の用に供せられる結果として生ずる損失（例えば，その土地が道路となることにより，周辺の土地に生じる騒音・振動・排気ガス等による被害）を『事業損失』と言う」と定義するもの（藤田・総論577頁），などがある．

2　判例における定義

　裁判例をみると，名古屋高金沢支判平成5・4・26（行集44巻4＝5号363頁）は，事業損失を「事業の施行予定，工事の施行過程又は工事完成後におけ

る施設の形態，構造，供用に起因して被収用者又は周辺住民が被る損失又は損害をいう」と定義している．また，鹿児島地判平成 11・4・30（判タ 1026 号 149 頁）は，「事業損失は，いわゆる収用損失が公共事業のための権利取得裁決又は明渡裁決という公権力により直接的に生じる損失であるのに対し，間接的，派生的に生じる損失というべきものである」と説示している．

3 学説・判例の検討

1 残地に生ずる事業損失　事業損失の定義は，文献によって必ずしも一様ではないが，概していえば，収用損失と対置されて，公共事業の施行（事業の計画から維持管理に至るまでのすべての段階を含む）に伴って起業地以外に生ずる損失である，とされている．問題となるのは，「残地」に生ずる事業損失も含めるか否かという点である（藤田・土地法 195 頁以下参照）．結論からいえば，事業損失は残地にも生ずるのであるから，区別することなく，同様に扱うべきであろう．したがって，厳密に表現すれば，事業損失とは，公共事業の施行に伴って，残地の所有者または周辺土地の所有者（第三者）に生ずる損失である，ということになる（松尾・損失補償法理 155 頁参照．なお，後述 263 頁以下参照）．

具体的には，日照阻害，騒音，振動，臭気，水質汚濁，排気ガス，地下水位低下，道路と敷地の高低差等である．しかし，そこには公共事業の施行に伴って生じた損失（損害）であるという共通性は認められるが，その中には種々の性質・態様のものが混在しており，また被害の程度も様々である．

2 事業損失の性質上の相違　事業損失の中には，収用損失に近い性質のものがある．みぞかき補償（収用法 75 条，93 条等）がそれであり，本書では，これを広義における財産権補償の中の付随的損失の補償（通損補償）の一種として位置づけている（前述 109 頁参照）．これに対して，公共事業の施行に伴う騒音・振動等の被害については，財産権補償の場合とは異なった考慮が必要であるから，同列に論ずることはできない．騒音・振動等による被害の補償は，むしろ生活権補償や精神的損失補償に近いものとして位置づけられるべきである．事業損失の中で特に問題となり，訴訟が多いのはこの種の被害をめぐるものである．

3 事業損失の予見・認容による区別　事業損失の中には，収用や公共事業の施行等の際に予見されていたものもあれば予見されていなかったものもあ

る。土地収用や公共事業の施行に通常随伴するものとして当初から予見され，認容されていた損失は，適法行為に基づく損失補償として取り扱われるべきであるが，予見されず，認容もされていなかった損害は，損失補償としてではなく，損害賠償として取り扱われるべきである．このような概念上の区別からすれば，前者だけが事業損失に包摂され，後者はそこから除外されることになる．

● 2 受忍義務の法的根拠

1 損失補償の概念要素の充足

1 損失補償の概念要素　損失補償の概念要素として，一般に，①「公権力」の行使による損失，②侵害行為の「適法性」，③「財産上の」特別の犠牲，が挙げられている．ただ，前述したように，公権力性は損失補償概念にとって必須の要素ではないから（前述17頁参照），ここでは①の要素の充足は問題とならず，②と③の要素だけが考察の対象となる．

③の「財産上の」特別の犠牲については，後述のように，事業損失の種別として，財産的損失のほかに精神的被害も含まれている．それ故，これは財産上の特別の犠牲とはいえないのではないかとの疑問が生ずるかもしれない．しかし，前述のように，「財産上の」特別の犠牲とは「財産権への」侵害による特別の犠牲という意味である（15頁参照）．精神的被害は財産権（土地・建物等）に対する侵害に付随して生ずるものであるから，この点についての損失補償の概念要素は満たされているものと考えてよい．

したがって，残るのは，②の要素が充足しているか否かである．これについては，受忍義務の法的根拠の存否が争点となっている．法的根拠がなければ，その侵害行為は違法と評価され，損失補償概念に包摂されないことになる．

2 問題の所在　空港・道路等の公共施設より生ずる騒音被害等に対して，しばしば差止請求訴訟と損害賠償請求訴訟とが提起される．これまでの判例動向は，損害賠償請求（ただし，過去の分についてのみ．厚木基地第4次訴訟（民事訴訟）の東京高判平成27・7・30判時2277号84頁は，将来分の損害も一部認容したが，上告審の最判平成28・12・8裁判集民事254号35頁は，将来分の損害賠償請求に係る訴えを却下している）は一部認容するが，差止請求は却下または棄却するというものである．大阪空港騒音公害訴訟の最大判昭和56・12・16（民集35巻10号1369頁）が，民事上の差止請求を不適法であると判示して以降，空港騒音公害訴訟の裁判例の大半がこれに従っている（ただし，最大判昭和56年

以降でも、民事訴訟としての差止請求（自衛隊機について）を適法とするものもある。小松基地訴訟の金沢地判平成3・3・13訟月37巻10号1789頁、同訴訟の第3次・第4次訴訟の金沢地判平成14・3・6訟月49巻1号1頁、厚木基地第2次訴訟の横浜地判平成4・12・21訟月47巻3号452頁である）。これに対して、道路騒音公害訴訟の判例は、国道43号線騒音公害訴訟の神戸地判昭和61・7・17（訟月33巻6号1313頁）のように、請求の趣旨の不特定等を理由にして却下しているものがあるものの、その控訴審の大阪高判平成4・2・20（訟月39巻3号349頁）は民事訴訟上の請求として適法であると判示し、上告審の最判平成7・7・7（民集49巻7号1870頁）も、明示的ではないが、原審判断を是認している。しかし、差止請求を適法であるとした裁判例も、結論においては、請求を斥けている。

ただ、最近、下級審の裁判例ではあるが、民事訴訟としての差止請求を一部認容したものも出始めており（尼崎公害訴訟の神戸地判平成12・1・31訟月47巻8号2041頁、名古屋南部公害訴訟の名古屋地判平成12・11・27訟月48巻2号163頁）、注目されるところである。また、最近の厚木基地第4次訴訟（行政訴訟）の横浜地判平成26・5・21（判時2277号38頁）、その控訴審の東京高判平成27・7・30（判時2277号13頁）のように、行政訴訟としての自衛隊機差止訴訟を適法とした上で、差止請求を一部認容したものも出始めており、これもまた注目されるところである（ただし、その上告審の最判平成28・12・8民集70巻8号1833頁は、差止めの訴えを適法とはしたが、結論において、一審原告らの差止請求を斥けている）。

差止請求を不適法として却下するか、適法とした上で棄却するかはともかくとして、現実において差止請求が認められないことになれば、被害者としては依然として騒音被害等を受忍せざるをえないことになる。しかし、周辺住民が騒音被害等を何故に受忍しなければならないのか、その法的根拠は必ずしも明確ではない。差止請求を拒否しつつ、損害賠償を認めるという判例動向からすれば、被害の発生は違法と評価されるのであるから、騒音被害等の受忍を定める法的根拠がなければならないはずである。法治国家においては、法的根拠なくして受忍の義務を課することはできないからである。

2 受忍義務の法的根拠

1 概説 この問題については、これまであまり論議されてこなかった

第**6**章　事業損失補償

(西埜「受忍義務の法的根拠」日本土地環境学会誌 5 号 1 頁以下（1998 年）参照）．事業の公共性（社会的有用性）から差止請求を認めることができないとの判断が先行して，その法的根拠の問題にはあまり目が向けられなかったためである．また，損害賠償を一部認容することで被害者救済の目的が達せられているとして，それ以上に，受忍義務（「受忍義務」という言葉の多義性については，大貫裕之「いわゆる受忍義務についての一整理」東北学院大学論集（法律学）59 号 1 頁以下（2001 年）参照．また，受忍義務を「義務」概念の側面から検討したものとして，神橋一彦「行政法における『義務』の概念」同『行政訴訟と権利論』301 頁以下（信山社，2003 年．初出 1999 年）参照）の法的根拠が問題にされなかったためである．しかし，法的根拠なくして騒音被害を受忍しなければならないというのは，法治国家においては説明困難であろう．最近になって，この問題について詳論する文献が増えてきている．

　受忍義務の法的根拠については，見解が対立している．判例・学説を整理し，分析することにするが，この問題は事業損失補償の法的性質と密接に関連している．

2　判例の動向

(1)　権限行使に随伴するものとして受忍義務を容認する判例

(i)　**厚木基地第 1 次訴訟判決**　　受忍義務について明文で判示しているものとして，まず，厚木基地第 1 次訴訟の上告審判決（最判平成 5・2・25 民集 47 巻 2 号 643 頁）を取り上げることにする．同判決は，自衛隊機の飛行差止請求について，次のように述べて，基地周辺住民の受忍義務を導き出している．すなわち，「防衛庁長官は，自衛隊に課せられた我が国の防衛等の任務の遂行のため自衛隊機の運航を統括し，その運航の安全及び航行に起因する障害の防止を図るため必要な規制を行う権限を有するものとされているのであって，自衛隊機の運航は，このような防衛庁長官の権限の下において行われるものである．そして，自衛隊機の運航にはその性質上必然的に騒音等の発生を伴うものであり，防衛庁長官は，右騒音等による周辺住民への影響にも配慮して自衛隊機の運航を規制し，統括すべきものである．しかし，自衛隊機の運航に伴う騒音等の影響は飛行場周辺に広く及ぶことが不可避であるから，自衛隊機の運航に関する防衛庁長官の権限の行使は，その運行に必然的に伴う騒音等について周辺住民の受忍を義務づけるものといわなければならない．」

(ii)　**新潟空港訴訟判決**　　これに近い考え方は，新潟空港訴訟の上告審判決

(最判平成元・2・17民集43巻2号56頁)においても示されていた．同判決は，「飛行場に航空機が発着する場合に常にある程度の騒音が伴うことはやむをえないところであり，また，航空交通による利便が政治，経済，文化等の面において今日の社会に多大の効用をもたらしていることにかんがみれば，飛行場周辺に居住する者は，ある程度の航空機騒音については，不可避的なものとしてこれを甘受すべきであるといわざるをえず，……」と判示して，受忍義務を導き出している．

(iii) **厚木基地第4次訴訟判決**　最近の裁判例をみると，厚木基地第4次訴訟（行政訴訟）において，一審の前掲横浜地判平成26・5・21は，前掲の厚木基地訴訟最高裁判決を引用して，次のように判示している．「厚木基地最判によれば，厚木飛行場における自衛隊機の運航に関する防衛大臣の権限の行使は，その運航に必然的に伴う騒音等について周辺住民の受忍を義務付けるものであるから，同権限の行使は，騒音等により影響を受ける周辺住民との関係において，公権力の行使に当たる行為である（以下，これを「自衛隊機運航処分」という．）．／このように自衛隊機運航処分は防衛施設である飛行場の周辺住民に対し騒音等の受忍を義務付けるものであるが，ここにいう義務付けとは，周辺住民に対し防衛大臣との関係において何らかの作為又は不作為を要求したり，その法的地位に変更を加えたりするものではない．その趣旨は，周辺住民は自衛隊機の運航に伴い必然的に発する騒音等にさらされることとなるが，その騒音等による被害が社会生活上受忍すべき限度にとどまる限り，これを甘受しなければならないというものであると解される（宇賀克也『行政法概説〈2〉行政救済法（第4版）』（有斐閣，平成25年）184頁参照）．」

その控訴審の前掲東京高判平成27・7・30も，次のように判示している．「自衛隊機の運航は，その性質上必然的に騒音等の発生を伴うものであり，防衛大臣は，上記騒音等による周辺住民への影響にも配慮して自衛隊機の運航を規制し，統括すべきものであるが，このような影響は自衛隊の飛行場の周辺に広く及ぶことが不可避であるから，防衛大臣の上記権限の行使は，自衛隊機の運航に必然的に伴う騒音等について周辺住民の受忍を義務付けることとなるので，これら周辺住民との関係において，公権力の行使に当たる行為ということになる．／(イ) 以上は，厚木基地最判の述べるところであるが，厚木飛行場における自衛隊機の具体的な運航の権限は，防衛大臣により航空機使用者に与えられているものの，本件自衛隊機差止めの訴えは，自衛隊内部における

具体的な運航権限の付与に係る違法性を主張してその排除を求めるものではなく，運航による騒音等の被害を受けている周辺住民においてその被害の受忍を義務付ける権限の行使を違法であるとしてその排除を求めているのであるから，この周辺住民に対する公権力の行使に当たるという意味での防衛大臣の自衛隊機に関する運航統括権限及びこれに基づく運航を問題とすべきこととなる．そして，周辺住民が騒音等の被害の受忍を義務付けられるのは，個々の自衛隊機の運航そのものというよりは，厚木飛行場における日常的な自衛隊機の離発着による騒音等によってもたらされているのであるから，抗告訴訟の適否に関する判断の対象となる行政処分についても，個々の運航を根拠付ける具体的な権限の付与としての命令ではなく（この関係では周辺住民は処分の名宛人にはなっていない．），防衛大臣が，その付与された運航に関する統括権限に基づいて行う，自衛隊法107条5項により周辺住民に対して騒音等についての受忍を義務付けることとなる自衛隊機の運航という事実行為に求められるべきものである．」

　その上告審の前掲最判平成28・12・8は，受忍義務については直接触れずに，次のように判示している．「自衛隊機の運航にはその性質上必然的に騒音の発生を伴うところ，自衛隊法107条1項及び4項は，航空機の航行の安全又は航空機の運航に起因する障害の防止を図るための航空法の規定の適用を大幅に除外しつつ，同条5項において，防衛大臣は，自衛隊機の安全性及び運航に関する基準，自衛隊が設置する飛行場及び航空保安施設の設置及び管理に関する基準を定め，その他航空機による災害を防止し，公共の安全を確保するため必要な措置を講じなければならない旨を定めている．／以上の自衛隊法等の定めによれば，防衛大臣は，我が国の防衛や公共の秩序の維持等の自衛隊に課せられた任務を確実かつ効果的に遂行するため，自衛隊機の運航に係る権限を行使するものと認められるところ，その権限の行使に当たっては，我が国の平和と安全，国民の生命，身体，財産等の保護に関わる内外の情勢，自衛隊機の運航の目的及び必要性の程度，同運航により周辺住民にもたらされる騒音による被害の性質及び程度等の諸般の事情を総合考慮してなされるべき高度の政策的，専門技術的な判断を要することが明らかであるから，上記の権限の行使は，防衛大臣の広範な裁量に委ねられているものというべきである．」同判決は，このように述べた上で，結論として，本件飛行場における自衛隊機の運航に係る防衛大臣の権限の行使は，裁量権の範囲を超えまたはその濫用となると認められ

るときには当たらない，と判示している．同判決は，受忍義務という言葉を使用していないが，厚木基地第1次訴訟の前掲最判平成5・2・25と異なる趣旨ではなく，その延長線上にあるものとみてよいだろう（同旨，福田護「岐路にに立つ裁判官（2）厚木基地航空機飛行差止訴訟の現場から—最高裁第一小法廷平成28年12月8日判決の検討—」判時2330号8頁（2017年））．

(iv) **大阪空港騒音公害訴訟最高裁判決における伊藤補足意見**　このような考え方は，すでに，大阪空港騒音公害訴訟の前掲最大判昭和56・12・16における伊藤正己裁判官の補足意見の中に見出すことができる．伊藤裁判官の補足意見は，「航空運送事業の免許を付与し，あるいは事業計画変更の認可をするについて，法は，運輸大臣が当該事業活動による第三者の法益侵害の可能性の有無及びその程度を考慮してその許否の判断をすべきものとし，これによって第三者の権利，利益を可及的に侵害から擁護することとするとともに，なおも避けえざる不利益はこれらの者において受忍すべき義務を課しているものと解するのが相当であ〔る〕」というものであった．

(2)　**受忍義務の法的根拠について厳しい判例**　これに対して，受忍義務の法的根拠について比較的厳しい判断を示している裁判例もないわけではない．

(i)　**厚木基地第2次訴訟一審判決**　厚木基地第2次訴訟の前掲横浜地判平成4・12・21は，自衛隊機の運航活動は公権力の行使に当たる事実行為ではないとして，その差止請求を民事訴訟として適法としているが，民事訴訟として不適法となる「公権力の行使に当たる行為」について，次のように述べている．行訴法3条2項の「その他公権力の行使に当たる行為」には事実行為も含まれ，この場合の「事実行為」とは，「行政庁が一方的に行う事実行為であって，国民が法律上これを受忍すべく義務づけられているもの」を指しているが，「我が国においては，法律による行政の原理とくに法律の留保の原則が，実定法上の原則として承認されているから，右のような公権力の行使に当たる事実行為が認められるためには，法律上それを基礎づける根拠がなければならない．しかも，それは，講学上いわゆる目的規範・組織規範・手続規範等では足りず，行政庁が一方的に行う事実行為を受忍すべき法的義務を国民に課する根拠規範でなければならないとともに，ある者に対して公権力の行使たる性質を持つ行為が，他の者に対してもそうであるとは限らないから，誰に対して受忍義務を課する規定であるかも検討されなければならない」とした上で，自衛隊法，生活環境整備法等の諸規定を検討して，結論として，いずれの規定も原告らに自

第6章　事業損失補償

衛隊機の運航活動に伴って生ずる騒音を受忍すべき義務を課す根拠規範であるということはできず，「公権力の行使に当たる事実行為」とはいえない，と判示している（ただし，同判決は，厚木基地における騒音は自衛隊機と米軍機の双方によるものであり，自衛隊機による騒音の程度を把握するに足るだけの証拠はないから，自衛隊機による受忍限度を超える侵害行為及び被害の存在を認めることはできないとして，差止請求を棄却している）．

(ii) **小松基地第3次・第4次訴訟一審判決**　小松基地第3次・第4次訴訟の前掲金沢地判平成14・3・6は，「法治主義，法律による行政の原則に照らし，上記のように広範性のある騒音の発生が必然的であるという社会的事実から当然に周辺住民に騒音受忍義務が発生するとか，周辺住民への配慮責務が行政庁に課せられていることから，法律上の明確な根拠なくして周辺住民に騒音受忍義務その他の義務を課し得るとするのは困難であるといわざるを得ない」と判示している．

(iii) **大阪空港騒音公害訴訟最高裁判決における団藤裁判官等の反対意見**　このような考え方は，すでに，大阪空港騒音公害訴訟の前掲最大判昭和56・12・16における団藤重光裁判官と中村治朗裁判官の反対意見の中に見出すことができる．団藤裁判官の反対意見は，差止請求の場合の受忍限度は損害賠償請求の場合の受忍限度よりも一段と厳格なものであることを認めつつも，「本件空港の使用については空港管理規則が定められて権力的規制がされているが，それは営造物の合目的的・効率的な利用のためであって，その規制の対象となるのは営造物の利用者にかぎられ，また，航空法等の関係法規によれば，航空運輸行政の主務官庁たる運輸大臣は空港の供用を一定限度において義務づける権限を有するが，この権限は単に航空機の安全・円滑な航行の達成を目的とするにすぎない．要するに，法律が本件空港の使用についてみとめている権力的規制は，住民に対する関係でこれに受忍を命じる趣旨に出たものと解することはできない」と述べている．中村裁判官の反対意見も，「管理者が具体的に営造物の供用を決定した以上，たとえその利用の結果が上記営造物の使用権能の及ぶ範囲を超える場合でも，供用決定自体が取り消されない限り右第三者においてこれを受忍しなければならない拘束を受けるものとしていると解することは相当でなく，供用決定にこのような効果まで認めるためには，法律が特にその必要を認めてかかる効果を付与したと解すべき特段の根拠がなければならないと考える」と述べている．

第2節　事業損失の概念と種別

3　学説の動向　　学説は，一般に，上記の最高裁判例（とりわけ厚木基地第1次訴訟の上告審判決）の考え方に批判的であり，周辺住民に受忍義務を課するためには，実体的・手続的規定が必要であると説いている．

(1) **原田・阿部・藤田説**　　その主要なものを紹介すれば，「部外者である付近住民を法律関係の当事者としてまき込むことを予定する特段の手続ないし実体法上の定めのない以上，部外者たる国民にまで受忍義務を課すといった法的効果をもつものではない」との見解（原田尚彦「大阪国際空港訴訟」同『行政判例の役割』93頁（弘文堂，1991年．初出1982年）），「かりに免許や事業計画の変更が第三者の法益侵害の可能性を考慮している……としても，そのことから，第三者は自己の法益侵害を争うには免許や事業計画の変更の取消訴訟を提起する以外に方法がないというような効力が生ずるものではない．そうした効力を認めるには法律がとくにその必要を認めてかかる効果を付与したと解すべき特段の根拠を要する（中村意見）のである」との見解（阿部泰隆『行政救済の実効性』73～74頁（弘文堂，1985年）．なお，同・解釈学II138頁），「『名宛人に許された活動に通常伴う周辺（第三者）への影響』の中には，通常の日常生活上私人相互間で当然受忍しなければならないような（言い換えるならば，民事不法行為法上受忍義務の限度内として評価されるような）不利益の程度を超えるものもあり得る（例えば，建設された公共施設等による日照・振動・騒音・臭気等のいわゆる『事業損失』の中には，しばしばこのようなものがあり得よう）．少なくともこう言った場合，本書の考えによれば，行政行為による第三者の利益の『侵害』ということになるのであって，右に見たような意味での（第三者の立場をも充分に衡量した上での）法律の根拠（もしくは，先に見たような，広い意味での適正手続）が必要になる，ということになるのである」との見解（藤田宙靖『第三版行政法 I』92頁（青林書院，1993年）．この藤田説を敷衍したものとして，大貫・前掲13頁以下参照）がある．

(2) **宇賀・畠山・高木説**　　また，同方向のものとして，「この判決〔厚木基地第1次訴訟最高裁判決，筆者注〕は，防衛庁長官の権限の行使は，周辺住民に騒音の受忍を義務づけるというが，法律の留保の原則からして，私人に受忍義務を課すためには，作用法に根拠規範がなければならないが，少なくとも明示的には，かかる根拠規範は存在しない．……明示の根拠規範なしに，かかる受忍義務を認めることは，法律の留保の原則を形骸化させるおそれがある」との見解（宇賀・行政法概説II183頁），「一般的に定義され，理解されてきた騒音

等の受忍義務は周辺住民にはないのであって，最高裁は，『受忍義務』の意義に，従来の判例学説とは異なる内容・機能をもたせていると考えなければならない」との見解（畠山武道「厚木基地第一次訴訟」公害・環境判例百選131頁（1994年）），厚木基地訴訟最高裁判決について，「本件では，通常の行政処分の内容として想定されるような具体性を持った『実体的受忍義務』がどこに表示されているとみるのか不明であり，内容の不明確な行政処分は無効であるという法理との関係が問題となろう．また，……配慮義務から直接に『実体的受忍義務』を導くことはできないという問題もある」との見解（高木光『行政訴訟論』342頁（有斐閣，2005年））がある．

(3) **神橋説等**　さらに，判例における「受忍義務構成」を批判して，自衛隊法107条5項の規定は「防衛大臣に対して自衛隊機の運航について一定の基準を策定することや『必要な措置』を講ずることを義務付けるにとどまり，自衛隊機運航行為そのものについての根拠規範といえるかどうかは疑問である」との見解（神橋一彦「受忍義務構成のゆくえ—第四次厚木基地訴訟（自衛隊機飛行差止請求）第一審判決について—」立教法学91号12頁（2015年），同『行政救済法〔第2版〕』240頁以下（信山社，2016年））もある．

そのほか，同趣旨のものとして，岡田正則「公共事業の公権力性と差止訴訟—厚木基地訴訟（第一次）最高裁判決の再検討—」法時70巻6号99～100頁（1998年），山田洋『道路環境の計画法理論』104頁以下（信山社，2004年），須藤陽子「判解」行政判例百選Ⅱ〔第7版〕313頁，などがある．

4　判例・学説の検討
(1)　判例の検討
(i) **最高裁判例等にみる受忍義務の導出方法**　大阪空港騒音公害訴訟の前掲最大判昭和56・12・16は，周辺住民の受忍義務について触れるところはないが，前記伊藤裁判官の補足意見がこれを説明している．すなわち，運輸大臣には周辺住民の法益侵害に配慮して航空運送事業の免許や事業計画変更の認可をなすべき義務があり，その反面において，その義務を尽くしてもなお避けえざる不利益については，周辺住民にこれを受忍すべき義務を課している，という理論構成である．そこでは，受忍義務は，運輸大臣の免許・認可という行政処分に当然付随するものとして導き出されている．新潟空港訴訟の前掲最判平成元・2・17は，航空機の離着陸に伴いある程度の騒音が発生することは不可避であるとして，このことから，周辺住民の受忍義務を根拠づけている．厚木基

地訴訟の前掲最判平成5・2・25は，周辺住民への影響に対する防衛庁長官の配慮義務を前提にして，自衛隊機の運航には騒音の発生が不可避であるとして，このことから周辺住民の受忍義務を導き出している．

伊藤裁判官の補足意見および上記の各最高裁判例をみると，受忍義務の根拠は，明文の規定ではなくて，行政庁の行政処分等に求められており，騒音被害等の発生はそれに当然付随するものとして捉えられている（最判平成5・2・25についての調査官解説（大内俊身「判解」最判解説民事篇〔平成5年度（上）〕303～304頁（1996年）参照）．法令の規定に基づいて行政処分等が適法になされている限りは，そのことは同時に騒音被害等の受忍義務を包含しているものと理解すべきである，というわけである．

民事上の差止請求を適法とする裁判例も，事業の公共性を理由に受忍義務を未だ超えていないとして，請求を棄却している．事業の公共性が高いことが，差止請求を棄却する理由とされており，ここでも，受忍義務の存在について明文の法的根拠は示されていない．

(ⅱ) **騒音の程度**　航空機（自衛隊機を含めて）の離着陸には騒音の発生は不可避である．その騒音の程度が「通常の程度」内のものであれば，周辺住民がこれを受忍しなければならないのは当然である．この場合には，法的根拠の問題は格別生じない．しかし，航空機の離着陸の際の騒音の程度は，極めて高いのが通常である．この場合には，受忍を義務づける法的根拠が必要となるが，一見するところ，明文の法的根拠は存在しない．

しかし，「通常の程度」を超える場合であっても，それがすべて法的根拠に基づかないものといえるか否かは，一つの問題である．航空機の離着陸には騒音の発生が不可避であることからすれば，「通常の程度」を超えることは，空港の供用行為，航空運送事業の免許付与行為，自衛隊機の運航に関する防衛庁長官（当時．現防衛大臣）の権限行使等を定める法規定に当初から含まれていたことであり，騒音の発生はこれらの行為に通常随伴するものとして，周辺住民の受忍を義務づけるものと解することも不可能ではない．判例における受忍義務の説明は，十分とはいえないにしても，おそらくこのような考え方に基づいているのではないかと思われる．厚木基地第4次訴訟の前掲横浜地判平成26・5・21は，「その被害が社会生活上受忍すべき限度内にある限りこれを受忍すべきである」と説示して，このことを明らかにしている．

しかし，騒音の程度がいかなる場合であっても，すべて行政庁の権限行使等

に含まれていると考えるべきではない．その程度は，通常の程度を超えてはいるが，行政庁の権限行使等に通常随伴する程度（以下，「特別の程度」という）内のものでなければならない．この「特別の程度」をどのレベルに設定すべきかは難問であり，残念ながら，ここで詳論するほどにはまだ考えが煮詰まっていない．

いずれにしても，現実の事例においては，この「特別の程度」をも超えている場合が少なくないように思われる．その場合には，受忍の義務を課す明示の規定がない以上は，周辺住民には受忍の義務がないといわざるをえない．

判例の中には，これに近い考え方を述べているものがある．表現は異なるものの，次のように判示していることに注目すべきである．新潟空港訴訟の前掲最判平成元・2・17 は，「飛行場周辺に居住する者は，ある程度の航空機騒音については，不可避のものとしてこれを甘受すべきであるといわざるをえず，その騒音による障害が著しい程度に至ったときに初めて，その防止・軽減を求めるための法的手段に訴えることを許容しうるような利益侵害が生じたものとせざるをえないのである」と判示している．

また，厚木基地第 1 次訴訟の前掲最判平成 5・2・25 も，「本件飛行場の使用及び供用による騒音等の被害は，それが原審認定のような情緒的被害，睡眠妨害，生活妨害にとどまるものであるとしても，上告人らがこれを当然に受忍しなければならないような軽度の被害であるということはできず，……」と述べて，過去の損害賠償請求を棄却した原審の判断を破棄し，この部分につき原審に差し戻している．橋元四郎平裁判官の補足意見は，「法廷意見の説示するように，自衛隊機の運航に関する防衛庁長官の権限の行使は，その運行に必然的に伴う騒音等について周辺住民の受忍を義務づけるものといわなければならない．しかしながら，自衛隊機の運航により一定限度以上の被害を受けることがないという周辺住民の利益は，法律上の利益というべきであるから，右の利益を有する周辺住民は，自衛隊機の運航に関する権限の行使の適法性を争って行政訴訟を提起する原告適格ないし訴えの利益を有するものと解すべきである」と述べている．

さらに，最近の厚木基地第 4 次訴訟（行政訴訟）の前掲東京高判平成 27・7・30 は，「原告らの被る騒音等による被害が不相応に大きい場合には，必要性のない受忍を強いるものであって，いかに裁量権の行使とはいえ，その権限を付与された法令の趣旨，すなわち，自衛隊機の運航を規制するに当たって災

害防止等の措置を講ずべきものとした自衛隊法107条5項の趣旨に反することになるから，裁量権の範囲を逸脱又は濫用するものとして違法となる場合もある」と説示している．

(iii) **公共性と受忍義務**　民事上の差止請求を適法とする裁判例においても，結論においては，請求は棄却されている．その理由は，例えば，小松基地訴訟の前掲金沢地判平成3・3・13によれば，「未だ社会生活上受忍すべき限度を超えるものとはいえない」ということである．同判決においては，損害賠償請求との関係では「航空機騒音による被害が受忍限度を超えたものとして，違法性を帯びるものと認めるのが相当である」というのであるから，騒音の程度は「通常の程度」を超えていることは明らかである．それにもかかわらず，差止請求との関係では受忍すべき限度を超えていないというのは，結局，自衛隊機の離着陸は有事における防衛行動を円滑に実施するためのものであり，高度の「公共性」が認められる，ということからであろう．

このような考え方は，国道43号線騒音公害訴訟の前掲最判平成7・7・7においても示されている．同判決は，「原審は，……本件道路がその沿道の住民や企業に対してのみならず，地域間交通や産業経済活動に対してその内容及び量においてかけがえのない多大な便益を提供しているなどの事情を考慮して，上告人らの求める差止めを認容すべき違法性があるとはいえないと判断したものということができる」として，原審判断を是認している．川崎大気汚染公害訴訟（2〜4次）の横浜地川崎支判平成10・8・5（訟月45巻12号2135頁）も，「本件道路からの大気汚染物質の排出の危険性は差し迫ったものではなく，本件道路の有する公共性を犠牲にしてまでも本件道路からの大気汚染物質の排出を差し止めるべき緊急性があると認めることはできず，その他に右緊急性を認めるに足りる証拠もないから，本件道路の道路端から50m以内の沿道地域に居住する差止原告らの差止めの必要性を認めることはできない」と判示している．

「社会生活上受忍すべき限度」とは，身体的被害にまで及んではならないという趣旨ではないかと思われる．通常の程度を超えるが公共性の故にそれでも受忍すべき限度があるというのは，一般論として正当である（現実の騒音がこの限度内にとどまっているか否かは問題であるが，ここではその議論はしないでおくことにする）．この受忍すべき限度を，「特別の受忍限度」と呼ぶことにするが，問題は，「公共性」が特別の受忍限度内の騒音に対して受忍すべき義務を

課する法的根拠といえるか否かということである．周辺住民に受忍義務を課するには，騒音を発生させる事業に公共性がなければならないことは当然である．この意味での公共性は，受忍義務の合理的根拠であることは確かであるが，法的根拠であるとまでいえるかどうかが問題となる．「公共性」についての前掲判例をみると，公共性があることが直ちに受忍義務の法的根拠であるかのような説明になっており，説明不足であることは否めない（事業損失と公共性の関係については，岩田規久男「損失補償の経済的側面」経済学論集（東京大学経済学部）43巻1号48頁以下（1977年）参照）．

そこで，この点について若干補足すれば，空港の供用行為，航空運送事業の免許付与行為，防衛庁長官（防衛大臣）の運航活動に関する権限行使等が法令に基づくものであれば，このような諸行為を法的に根拠づける規定は，それらに当然付随する程度の騒音の発生は不可避なものとして当初から認容しているものと解すべきである．そうでなければ，違法な侵害となり，これに対して差止請求が認められなければならないはずである．特別の受忍限度をも超える騒音被害がある場合には，これは不可避なものとして当初から認容されていたものではないから，公共性の有無を問わず，受忍義務を課する法的根拠が存在しなければならない．

(iv) **違法性段階説**　差止請求を適法としつつもこれを棄却するという前掲判例は，違法性段階説に立脚している（違法性段階説については，石田喜久夫『差止請求と損害賠償』22頁以下（成文堂，1987年），澤井裕『事務管理・不当利得・不法行為』115～116頁（有斐閣，1993年），阿部泰隆＝淡路剛久編『環境法〔第4版〕』419頁（有斐閣，2011年〔大塚直執筆〕），宇賀・国家補償法320～321頁等参照）．これは，賠償違法と差止違法を区別し，差止めの場合の違法性の方が強くなければならないとする見解である．このことを強調する判例としては，小松基地訴訟の前掲金沢地判平成3・3・13，国道43号線騒音公害訴訟の前掲大阪高判平成4・2・20，同訴訟の前掲最判平成7・7・7等を挙げることができる．また，最近では，厚木基地第4次訴訟（行政訴訟）の前掲横浜地判平成26・5・21，その控訴審の前掲東京高判平成27・7・30を挙げることができる．差止請求を不適法として却下する前掲判例は，違法性段階説に立脚するものではないが，差止請求を斥ける点では，違法性段階説とそれほど相違するものではない（本田純一＝伊藤高義「国道43号線訴訟判決の問題点」判タ638号21頁（1987年）参照）．

しかし，前述のように，特別の受忍限度内の騒音被害については差止めが認められず，周辺住民がこれを受忍しなければならないものとすれば，これをもって違法な侵害と理解することには疑問を払拭することができない．何故に違法な侵害を受忍しなければならないのか，その説明は法治国家においては困難である．差止めが認められないのであれば，むしろ，その侵害は適法なものとして理解されるべきである（本田＝伊藤・前掲21頁以下，西埜・損失補償199頁以下参照）．

(2) 学説の検討

(i) **違法性段階説** 学説は，一般に，周辺住民に受忍義務を課するためには，明文の法的根拠が必要であるが，自衛隊法その他の法令上に受忍義務を定めた規定は存在しない，と解している．このような考え方からすれば，周辺住民には受忍義務はないのであるから，騒音被害等に対しては当然，差止請求をすることができるということになるはずである．

学説が通常の受忍限度を超え特別の受忍限度内の騒音被害に対しても差止請求を認容すべきであると主張するのであれば，論旨は一貫している．しかし，差止めの場合の受忍限度は損害賠償の場合の受忍限度よりも高いと考えるのであれば，判例における前記の違法性段階説と同じであり，差止請求は棄却され，騒音被害等を受忍しなければならないから，その法的根拠が示されなければならない．法的根拠が存在しないことは，前記学説自身の説くところであるから，そこには理論的整合性が欠けているということになる．上記「判例の検討」の箇所で述べたところが，そのままここでも当てはまるものといってよい．

前述のように，空港の供用行為等は周辺住民に対する騒音影響を不可避のものとして伴っている．当初から予見され，認容されていたものであるから，騒音等の程度が特別の受忍限度内にとどまっている限りは，行政庁の権限行使の法的根拠をもって同時に受忍義務の法的根拠と解すべきである．そうでなければ，空港の供用行為等は現実に不可能となる．これに対する差止請求は，適法であるにしても，特別の受忍限度内にある限りは，結局，公共性の故に受忍限度を超えていないものとして棄却されざるをえないであろう．

(ii) **特別の受忍限度** 騒音被害等は事業損失の一種であるが，事業損失に対する補償の性質については，これまでは一般に損害賠償として理解されてきた．文献においては，「この意味での『法律の根拠』が無い場合には，『事業損失』につき第三者の受忍義務は本来生じ得ず，第三者は損害賠償を求め得るこ

とになるのであって,受忍義務の存在を前提とした損失補償が与えられるものと考えるべきではない」と説くもの(藤田・前掲(『第三版行政法I』)93頁),同じ著者によるが,「この立論については,まず『通常随伴するものとして予見される』ということが,事実上の因果関係をいうのであれば,その点において生命・身体・健康における損失と精神的損失との間で違いは無く,他方,法が『容認』するか否かを問題とするのであれば,身体上の侵襲に限らず,精神的損失であっても損害賠償法上の受忍限度を超えるものを,そもそも法が容認すると見ることができるのか(これを肯定してこそ,この見解の本来の意義が存在する筈である),等々の理論的問題がありそうである」と説くもの(藤田・総論617頁)がある.これは理論的な帰結を示したものであり,私見に対する批判でもあるが,通常の受忍限度を超える被害も公共性の故に受忍されざるをえない場合があるのではないかと思われる(ただし,身体的被害については,事業損失補償の対象から除かれる.後述167頁参照).受忍を義務づける明文の法的根拠が存在しないからといって,それらをすべて違法であると評価すべきではない.騒音被害等の発生は,それが特別の受忍限度内にとどまっている限りは適法な損失であると解すべきであり,これに対する填補責任の性質は,損害賠償ではなくて,損失補償であるということになる(本田=伊藤・前掲21~23頁,西埜・損失補償212頁以下参照).損害賠償の性質を有するのは,特別の受忍限度をも超えて騒音被害等を発生させる場合である.この場合には,差止請求も認められるべきである.

上記の私見に対しては,また,「被害の大小(および財産損害かどうかという被害の性格)はその被害を与えた行為の適法・違法とは相関しないのではないか.被害を与えたという点に関しては(それが受忍の範囲を超えるならば)その大小に限らずその加害行為は違法であり,その原因となった行為が公共事業であるという点ではやはり被害の大小にかかわらず適法である.補塡を要する被害の幅の中に線を引いて一方を適法行為によるもの,他方を違法行為によるものとするのは不自然ではないか」との批判(西谷剛「生活再建補償」小高編・理論と実際142頁)がある.しかし,私見は,公共性の故に「特別受忍限度」内の騒音等の被害は適法であると理解しているのであり,むしろ,公共事業であるが故に被害の程度にかかわらず(特別の受忍限度をも超える),すべての被害を適法とすることの方が不自然ではないかと思われる.

(iii) **ドイツの判例・学説動向**　ちなみに,ドイツの連邦通常裁判所の判例と

学説を概観しておこう．

連邦通常裁判所の判例は，比較的簡単に受忍義務を肯定している．例えば，高圧線下の土地に対する補償の要否が問題となった事案において，1973年1月25日判決（BGHZ 60, 119）は，電力線は一般的なエネルギーを供給するという公共的任務に奉仕するものであるということを理由に，土地所有者の受忍義務を根拠づけている．また，道路新設による騒音被害に対する補償の要否が問題となった事案においても，1975年3月20日判決（BGHZ 64, 220）は，道路の供用決定により，同時に沿道者の受忍義務が根拠づけられる，と判示している（西埜「事業損失補償の法的性質―道路騒音を中心にして―」月刊用地1992年9月号33頁以下，同「騒音・振動」ドイツ憲法判例研究会編『未来志向の憲法論』398頁（信山社，2001年）参照）．

学説上では，受忍を義務づけるためには法的根拠を要するとの見解が少なくない．しかし，一般に，土地所有者は法律に基づく行政行為による作用を受忍しなければならず，この行政行為を規定する法律上の根拠が受忍義務の法的根拠となる，と解されている（西埜・前掲（月刊用地1992年9月号）37頁，同・前掲（『未来志向の憲法論』）399～400頁参照）．

(3) **まとめ**　受忍義務の法的根拠について，判例・学説の動向を概観し，若干の私見を付加したが，「大山鳴動して鼠一匹」の感がしないでもない．ここにおける結論は，法的根拠についての判例の考え方を基本的に受容しながらも，それを制限するために，「特別の受忍限度」を設定し，これを超える騒音については受忍義務の法的根拠は存在しないから，これに対する差止請求が認容されるべきである，というものである．判例・学説における違法性段階説は，違法な侵害でありながら差止めを否認するというものであり，法治国家においては説明困難である．特別の受忍限度内の騒音は適法な侵害であると捉えて，これに対する被害者救済は損失補償的構成によってなされるべきであろう．

第2款　事業損失の種別

1　概　説

事業損失は種々の観点から分類することができる．ここでは，とりあえず，被害の性質により，財産的損失，精神的被害および身体的被害の三つに分類しておくことにする（今村・制度研究158頁は，①土地家屋等物件の損傷または交換

価値の低落，②営業上の損失，③肉体的または精神的な苦痛・障害による損失，に分類している．また，全国建設研修センター・用地取得と補償569～570頁は，①事業の実施段階による分類，②侵害の態様による分類，③損害の発生態様による分類に分けている）．後述するように，身体的被害は事業損失に含まれないと解すべきであるが，一般には，身体的被害も広く事業損失に含めて理解されている．

ただ，身体的被害と精神的被害の区別は，必ずしも明確とはいえない（宇賀・国家補償法326頁，西埜・損失補償195頁参照）．厚木基地第4次訴訟（行政訴訟）の前掲東京高判平成27・7・30は，「睡眠妨害は，健康被害に直接結び付き得るものとして，その影響を軽視できない」と説示している（一審の前掲横浜地判平成26・5・21，同訴訟の民事訴訟の東京地判平成26・5・21判時2277号123頁も，ほぼ同趣旨）．

2　財産的損失

ここでいう財産的損失とは，公共事業の施行に伴って付随的に生ずる損失で，財産的性質を有するものをいう．例えば，地下水位の低下（水枯渇）は，当初から予見され，不可避のものとして認容されていた限りは，事業損失として捉えられる．地下水位の低下から財産的損失（深井戸の新設費用等）が発生するからである．また，事前に予見されていなかったとしても，公共事業の施行に伴って付随的に生じたと認められるものも，これに含めてよいであろう（ただし，公共事業による水枯渇が不法行為によるものであるとして，民法709条に基づいて地方自治体の損害賠償責任が肯定された事例（東京高判平成24・5・9判時2159号63頁）もある）．

みぞかき補償の場合も同様であって，みぞかき等の工事費等が財産的損失として発生する．

3　精神的被害

精神的被害の具体例としては，騒音・振動による不快感・焦燥感，睡眠妨害による精神的苦痛等が考えられる．これらは，社会共同生活をしていく上では，ある程度は受忍されなければならない．身体的被害とは異なり，精神的被害については事業の公共性が考慮される必要がある．すなわち，通常の意味での受忍限度を超える被害であっても，公共事業の施行のためには受忍されるべき場合があるということである．そうでなければ，公共事業の施行はその大半が不

可能になってしまう．当初から予見され，やむをえないものとして認容されていた程度内であれば，この種の精神的被害は，適法行為によるものとして事業損失に包摂されてよい．しかし，この程度をも超えるものは，もはや予見・認容されていたものとはいえないから，「適法行為に基づく損失」ではなく，「違法行為に基づく損害」となる．

4 身体的被害

　身体的被害の具体例としては，日照阻害による健康被害，騒音・振動による難聴・頭痛・胃腸障害等が挙げられている．しかし，いかに公共性の高い事業であるにしても，身体的被害までを発生させることは，当初から予見・認容されていたとはいえない．それは，適法行為に通常付随する損失としてではなくて，むしろ違法行為に基づく損害として捉えられるべきものである．したがって，厳密にいえば，身体的被害は事業損失に含まれないことになる（西埜・損失補償195頁．同旨，松尾・損失補償法理163頁，廣瀬・用地買収50頁）．

　文献の中には，次のように説くものがある（宇賀・国家補償法326頁）．損害賠償説に立つものであり，本書とは視点を異にするものであるが，結論においては首肯しうるものである．すなわち，「精神的被害と身体的被害は，明確に分離できるものではなく，精神的ストレスの蓄積が胃腸障害のような身体的障害に発展していくことが多い．身体的被害まで認められれば，それが軽微なものであっても，損害賠償請求との関係においては，受忍限度を超えたものと認定してよいであろう．もし，重大な身体的障害が発生しているようであれば，差止請求との関係においても，受忍限度を超えているといえよう．」

　裁判例をみると，横田基地騒音第1次・第2次訴訟の控訴審判決（東京高判昭和62・7・15訟月34巻11号2115頁）も，「被侵害利益が，例えば，生命権又は身体権であるときは，生命侵害や身体傷害をもたらすような侵害行為は直ちに違法性を帯びるものと解すべきである」と判示している．また，最近の厚木基地第4次訴訟（行政訴訟）の前掲東京高判平成27・7・30は，「睡眠妨害は健康被害に直接結び付き得るものとして，その影響を軽視できないのに比して，それ以外のものについては生活妨害や精神的苦痛に係るものであり，一定額の金銭賠償を受けることにより慰謝される余地があるとみることもできる」と判示している．その上告審の前掲最判平成28・12・8も，「上記騒音によって第1審原告らが主張するような心筋梗塞等の循環器系疾患や胃炎等の消化器系疾

第6章 事業損失補償

患といった具体的な健康被害が生じたものとは認定されていないものの，特に上記睡眠妨害の程度は相当深刻であるなど，上記被害は第1審原告らの生活の質を損なうものであり，軽視することができない」と判示している．

第3節　事業損失補償の要否

● 1　受忍限度の二段階的構成

１　通常の受忍限度と特別の受忍限度

　事業損失補償の要否については，事業損失の種別と程度を考慮すべきである．種別ごとの検討は後に改めて行うことにして，まず事業損失の程度については，受忍限度を二段階的に構成することが必要である．前述したところではあるが，再度説明すれば，通常の意味での受忍限度だけではなくて，その意味での受忍限度を超える程度であっても，事業の「公共性」の故に，当初から予見され認容されていた程度（特別の受忍限度）内であれば，これもまた受忍されるべきである，というように受忍限度を二段階的に区別して理解すべきである（横田基地公害1次・2次訴訟の前掲東京高判昭和62・7・15は，「通常の受忍限度」と「特別の受忍限度」という用語を使用している．ここでは，この呼称だけを借用することにする）．そして，通常の受忍限度内にある被害に対しては損失補償は不要であるが，それを超えて特別の受忍限度内にあるものについては，「特別の犠牲」として「損失補償」が必要であり，これをさらに超えるものについては「損害賠償」が必要となる，と理解すべきである（西埜・損失補償199頁参照）．

　通常の受忍限度を超える被害も，公共事業の施行のためには，発生もやむをえないものとして認容されざるをえない．特別の受忍限度内の被害は，いわば当初から予見・認容されていたものであり，したがって，適法な侵害であるというべきである．このような考え方は，「賠償違法」と「差止違法」を区別する見解（違法性段階説）に似ているが，特別の受忍限度内の被害を適法なものと捉えている点で，基本的に相違している．特別の受忍限度を超える被害のみが違法と評価され，それに対する差止請求と損害賠償請求が認められるのであり，違法性は一元的・統一的に捉えられる（西埜・損失補償198頁以下参照．これにやや近い見解として，芝池・救済法講義197頁参照）．

2 文献における批判

このような考え方に対しては，批判が少なくない．この点については，前述したので繰り返さない（164頁参照）．

●2 財産的損失・精神的被害の補償の要否

1 財産的損失の補償の要否

財産的損失は，通常の受忍限度を超える場合には，特別の犠牲として補償されなければならない．問題は，どの程度に達すれば通常の受忍限度を超えたものとみなされるかということである．ある程度の事業損失は，社会共同生活をするについて受忍されるべきものであるから，この種の損失のすべてについて補償が必要となるわけではない．ただ，財産的損失に関する限りは，被害者側で特別の財産的出費が必要となる以上は，通常はこの受忍限度を超えているものと考えてよいであろう．公共事業の施行のためとはいえ，特定の人だけに特別の出費を負担させるべき理由はないからである．したがって，例えば，みぞかきの工事が必要になった場合，電波障害のため新たに受信施設が必要になった場合，地下水位の低下のために深井戸や代替施設が必要になった場合等には，これらの工事や施設の設置のための費用が特別の出費となり，その補償が必要となる．

2 精神的被害の補償の要否

公共事業の施行は，通常の受忍限度を超えるような騒音・振動（空港騒音，道路騒音，新幹線騒音等）の受忍を周辺住民に強要することがあり，これによって精神的被害（安眠妨害，焦燥感等）を発生させることが少なくない．通常の受忍限度を超えるような騒音・振動は本来回避されるべきであり，回避された後に事業が施行されるべきであるが，現在の技術水準では残念ながら騒音・振動の発生は不可避である．他面，現在の経済的・社会的情勢からすれば，事業の施行を断念することも困難であろう．被害の発生を憂慮しつつも，航空機の離着陸等を承認せざるをえないのが実情である．この点において，身体的被害との相違を認めることができる．

しかし，事業の公共性と補償の要否は別問題であり，この場合には，その被害は当然救済されなければならない．ただ，それが損失補償としてであるか損害賠償としてであるかは，被害の程度によって異なってくる．すなわち，当初

第**6**章　事業損失補償

から予見・認容されていた程度（特別の受忍限度）内であれば，それは適法行為に基づくものであり，損失補償ということになる．しかし，この程度をも超える場合には，もはや適法行為によるものとはいえず，損害賠償として性格づけられるべきであり，この場合には，差止めも認められなければならない．

●**3**　事業損失と反射的利益論

1　判例の動向

1　肯定的裁判例　裁判例の中には，反射的利益論によって事業損失補償を否定するものがある．交通渋滞を緩和するため国道の一部が高架化されたことに伴い，旧道沿道者が店舗「のれん会館」の顧客の減少により事実上営業の継続を断念せざるをえなくなったことを理由に補償を求めた事案において，金沢地判平成4・4・24（行集43巻4号651頁）は，一般的に事業損失であることを理由に損失補償の対象から外すことは相当ではないとしながらも，次のように述べて請求を棄却している．「従来，原告が本件土地において沿道サービスを目的とするのれん会館を経営し得ていたのは，被告が一般国道8号を公衆の通行の用に供し，多数の運転者が当該道路を利用していたことの反射的な効果というべきであって，今回，被告が，従来のように地上を走行する方法に加えて，高架道路を走行する方法を運転者に提供したことにより，のれん会館の駐車場に進入する自動車の数が減少したとしても，右は運転者の多くが交差点における渋滞を避けようとしてより便利な後者の方法を選択している結果にすぎないから，このような反射的な営業上の利益の損失は，補償の対象となるものではないと解すべきであり，このことは，仮に被告が一般国道8号の一部を高架化した本件改築工事のような方法によらず，他にバイパスを開設することによって当該道路の混雑を解消した場合との比較，均衡からいっても合理的である．」

また，市道の形状変更による隣接地の評価額減少に対する損失補償請求事件において，鹿児島地判平成11・4・30（判タ1026号149頁）も，「公道通行の利益，自由は，原則として，道路管理者が道路を公共用物として維持，管理し，公共の用に供していることの反射的利益として，一般公衆においてこれを享受しているに過ぎないのであって，このことは道路に隣接する土地所有者についても同様であるというべきである」と判示している．

そのほか，立体交差工事による踏切の閉鎖により交通量が減少し，店舗の売

上げが減少したとして，損害賠償・損失補償が請求された事案において，東京地判昭和59・3・7（ジュリ836号判例カード149事件，151事件）は，原告ら主張の営業利益は反射的利益にすぎない，と判示している（西埜・国賠法コメ666頁参照）．

2　否定的裁判例　これに対して，前掲鹿児島地判平成11・4・30の控訴審判決である福岡高宮崎支判平成12・4・25（判例集不登載）は，次のように判示しており，注目される．すなわち，「公用収用等を伴わない公共事業の施行によるものであっても，それにより実質的に公用収用等と同視すべき程度に財産権の本質的な侵害・制限がある場合（直接に公用収用の対象でない権利に関するいわゆる第三者損害ないし間接被害）も，直接憲法29条3項の損失補償請求の対象となる場合もあり得ないではないと解するのが相当である.」

2　学説の動向

1　肯定的見解　この問題点について詳論したものは見当たらないが，判例評釈においていくらか触れているものが散見される．

反射的利益論に好意的なものとしては，前掲金沢地判平成4・4・24の評釈において，「ひとまず事業損失の補償を肯定するとしても，直ちに原告が本件で要求するような損失の補償が認められるわけではない．いわゆる反射的利益のように，その性質上補償に適さないものについては，事業損失としても補償されるべきでないのである．……本判決は，まず，一般的に事業損失の補償を肯定したが，これは判例，学説の傾向に従ったものといえる．その上で，原告が求めた本件建物の廃棄に関する損失については，反射的な営業上の利益の損失は補償の対象とならないとして，補償を否定しており，これについては正当と評価できる」と説くもの（長谷川恭弘「判批」民研436号38～39頁（1993年）．同旨，中條隆二「判批」平成4年行判解説330～331頁（1994年），杉山義尚「判批」日本エネルギー法研究所編・前掲（『損失補償と事業損失』）222頁），などがある．

2　否定的見解　これに対して，反射的利益論にやや批判的なものとしては，前掲福岡高宮崎支判平成12・4・25について，「従来の通説・判例を超えたものと評価できる」とした上で，「原告の被る損失は，本件工事により便益を受ける者の全体において負担されるべきものであり，この事業損失の補償に要する経費は，結局，臨港交通施設である天保山シーサイドブリッジを設置す

る費用の一部と解し，原告の受ける経済的損失は，被告が計上している『直轄港湾改修費』に包含されているとみるべきである」と説くもの（田辺・制度169頁）がある．

3 判例・学説の検討

このように，判例・学説上はいくらかの見解の対立があるが，いずれの立場に立っても，現在においては，道路の自由使用の性質から直ちに補償不要の結論を導くことの問題性が認識されている．要するに，事業損失補償の要否の基準は，損失が「反射的利益の喪失であるか否か」ではなくて，「受忍限度を超えているか否か」でなければならないのである（同旨，中嶋静夫『困難事例にみる用地取得・損失補償の実務』253～254頁（新日本法規，2017年））．

第4節　事業損失補償の法的根拠

1　財産的損失の補償の法的根拠

1 法律上の根拠

補償が必要であるとしても，その法的根拠がなければ，補償されないことになる．そこで，法的根拠についてみると，財産的損失については，実定法上に若干の補償規定を見出すことができる（前述40頁参照）．例えば，みぞかき補償についての収用法93条，道路法70条，河川法21条等がその代表的な例である．空港周辺や道路騒音等の防止対策を定めている法律，例えば，航空機騒音防止法5条～9条，周辺整備法4条，沿道整備法12条，13条等も，防音工事費の助成や建物の移転補償等を定めている限りにおいて，財産的損失補償の法的根拠といってよい．航空機騒音防止法10条や周辺整備法13条等が，航空機の離着陸等による農業等の経済上の損失を補償すると規定しているのも，この財産的損失補償の根拠規定である．

2 通達・用対連理事会決定

そのほか，「通達（通知）」や用対連の「理事会決定」の形式で補償が認められている例もある（詳細については，全国建設研修センター・用地取得と補償579頁以下，小高・買収と補償231頁以下，ハンドブック225頁以下参照．なお，後述

183 頁参照).

　電波障害については,「公共施設の設置に起因するテレビジョン電波受信障害により生ずる損害等の費用負担について」(昭和 54・10・12 建設事務次官通知, 最近改正平成 15・7・11),「公共施設の設置に起因するテレビジョン電波受信障害により生ずる損害等に係る費用負担に関する申し合せ」(昭和 54・10・23 用対連理事会決定, 最近改正平成 15・6・23) があり, 地下水位の低下については,「公共事業に係る工事の施行に起因する水枯渇等により生ずる損害等に係る事務処理要領の制定について」(昭和 59・3・31 建設事務次官通知, 最近改正平成 15・7・11),「公共事業に係る工事の施行に起因する水枯渇等により生ずる損害等に係る事務処理について」(昭和 59・9・19 用対連理事会決定, 最近改正平成 15・6・23 改正) がある.

　また, 日照阻害については,「公共施設の設置に起因する日陰により生ずる損害等に係る費用負担について」(昭和 51・2・23 建設事務次官通知, 最近改正平成 15・7・11) があり, 地盤変動については,「公共事業に係る工事の施行に起因する地盤変動により生じた建物等の損害等に係る事務処理要領の制定について」(昭和 61・4・1 建設事務次官通知, 最近改正平成 15・7・11),「公共事業に係る工事の施行に起因する地盤変動により生じた建物等の損害等に係る事務処理要領の制定について」(昭和 61・4・25 用対連理事会決定, 最近改正平成 15・6・23) がある.

　さらに, 2004 (平成 16) 年 6 月 23 日には, 用対連の「申し合せ」として,「公共事業に係る工事の施行に起因する騒音により生ずる損害等に係る事務処理指針 (案) について」と「公共施設の設置に起因する日陰により生ずる農作物に対する損害等に係る事務処理指針 (案) について」が出されている.

3　憲法上の根拠

　このように, 若干の法令上の規定や通達 (通知) 等があるが, 事業損失には種々のものがあるから, 法令・通達等に規定がない場合が予想される. また, 通達等は法令ではないから, それを根拠にして被害者が法的権利として請求できるものではない. したがって, このような場合に, 何を法的根拠として請求すべきかが問題となる.

　学説上では, 収用法 93 条の類推適用あるいは拡張解釈が主張されている (高田・収用法 383〜384 頁, 平井孝「事業損失等」広岡隆ほか編『行政法学の基礎

知識（2）』490頁（有斐閣，1978年）等参照）．この見解が否定されたとしても，なお，直接憲法の規定に基づいて補償請求することができるか否かが検討されなければならない．土地収用や公共事業の施行に付随し，当初から予見・認容されていた財産的損失には，広く憲法29条3項の補償が及ぶものと解することができる．事業損失は，土地収用や公共事業と一体のものとして，「私有財産を公共のために用ひる」場合に当たるものと解すべきである（小高・収用法409頁，同・研究206頁参照）．また，これを無補償で放置することは，14条の平等原則に反し，13条の個人尊重の原則に反することになる．29条3項に13条と14条を結合することによって，憲法上直接補償請求することが可能となる（前述56頁参照）．

　裁判例としては，市道の形状変更による隣接地の評価額減少に対して事業損失補償が求められた事案がある．一審の前掲鹿児島地判平成11・4・30は，「公権力により土地所有権が直接に侵害ないし制限される場合とはいい難く，憲法29条3項の損失補償の対象とすることは困難といわざるを得ない」と判示したが，その控訴審の前掲福岡高宮崎支判平成12・4・25は，「公共のために私人の財産権を直接収用ないし制限する場合のみならず，それにより実質的に公用収用等と同視すべき程度に財産権の本質的な侵害・制限がある場合も，直接憲法29条3項の損失補償請求の対象となる場合もあり得ないではない」と判示している（本件一審判決・控訴審判決については，田辺・制度166頁以下，松尾・損失補償法192頁以下参照）．

●2　精神的被害の補償の法的根拠

1　法令・通達上の補償規定の欠如

　騒音・振動による不安感や焦燥感等の精神的被害の大半は，空港，幹線道路等の騒音・振動によって発生している．通常の受忍限度を超える被害は，当初から予見・認容されていた程度（特別の受忍限度）を超えない限り，適法行為に基づく事業損失として補償されるべきである．しかし，実定法上に補償規定を見出すことができない．おそらく，損失補償基準要綱をはじめとして，実務上は損失補償としてではなくて損害賠償として扱われているのと同様に，立法者もこれを損害賠償として捉えているためであろう．しかし，通常の受忍限度を超えるが特別の受忍限度内にある被害に対する塡補責任は，むしろ損失補償として扱うべきであり，これについての補償規定が欠けているのは実定法の不

備というべきである．ここでもまた，直接憲法の規定に基づいて補償請求できるか否かが検討されなければならない．

2　憲法上の根拠

　憲法上の根拠規定として考えられるのは，さしあたり29条3項である．ただ，この条項の適用に対しては，これは財産的損失には適切であっても，精神的被害には適切でない，との批判が予想される．これまでは，29条3項は財産的損失についての補償規定であると理解されてきたのであるから，このような批判には一理あるものといってよい．しかし，精神的被害は，適法な財産権侵害と全く無関係に生ずるものではなく，土地収用（買収）や公共事業の施行によって生ずるものであり，財産権侵害と密接な関連性を有している．そこで，29条3項と憲法の他の条項，すなわち14条の平等原則や13条の個人の尊重の原則を結合することによって，これらを根拠に直接補償請求をすることが可能となる（前述56頁参照）．

●3　国家賠償法2条

1　損害賠償的構成

　空港・道路からの騒音や排気ガスによる被害について，国賠法2条1項（公の営造物の設置・管理の瑕疵に基づく損害の賠償責任）に基づいて，設置・管理者（国・公共団体）に対して損害賠償の請求がなされることが少なくない．損害賠償責任を肯定した著名な判例は，大阪空港騒音公害訴訟の前掲最（大）判昭和56・12・16と国道43号線騒音公害訴訟の前掲最判平成7・7・7である（西埜・国賠法コメ1059頁以下参照）．前者は，次のように判示している．後者も，ほぼ同じ判断枠組みを示している．これらは，事業損失補償を損害賠償として捉えているものである．

　「国家賠償法2条1項の営造物の設置又は管理の瑕疵とは，営造物が有すべき安全性を欠いている状態をいうのであるが，そこにいう安全性の欠如，すなわち，他人に危害を及ぼす危険性のある状態とは，ひとり当該営造物を構成する物的施設自体に存する物理的，外形的な欠陥ないし不備によって……危害を生ぜしめる危険性がある場合のみならず，その営造物が供用目的に沿って利用されることとの関連において危害を生ぜしめる危険性がある場合をも含み，また，その危害は，営造物の利用者に対してのみならず，利用者以外の第三者に

対するそれをも含むものと解すべきである．すなわち，当該営造物の利用の態様及び程度が一定の限度にとどまる限りにおいてはその施設に危害を生ぜしめる危険性がなくても，これを超える利用によって危害を生ぜしめる危険性がある状況にある場合には，そのような利用に供される限りにおいて右営造物の設置，管理には瑕疵があるというを妨げず，したがって，右営造物の設置・管理者において，かかる危険性があるにもかかわらず，これにつき特段の措置を講ずることなく，また，適切な制限を加えないままこれを利用に供し，その結果利用者又は第三者に対して現実に危害を生ぜしめたときは，それが右設置・管理者の予測しえない事由によるものでない限り，国家賠償法2条1項の規定による責任を免れることができないと解されるのである．」

2 損失補償的思考

上記の最高裁判例は，国賠法2条1項に基づいて損害賠償的構成をしているが，その背後には損失補償的思考を垣間見ることができる．大阪空港騒音公害訴訟の最高裁判決は，「前記の公共的利益の実現は，被上告人らを含む周辺住民という限られた一部少数者の特別の犠牲の上でのみ可能であって，そこに看過することのできない不公平が存することを否定できないのである」と述べている．また，国道43号線騒音公害訴訟の最高裁判決も，「その公共性は沿道住民という一部少数者の特別の犠牲の上でのみ実現されているものであり，そこには看過することのできない不公平の存在を否定できないことが明らかである」と述べている．

第5節　事業損失補償の法的性質

● 1　学説の分類

1 概　説

本書における事業損失概念からすれば，これに対する補償が適法行為に基づく損失補償であることはすでに明らかである．しかし，このような考え方はまだ少数説であるから，学説の対立状況を踏まえた上で，改めて説明を付加することにする．学説は，損害賠償説，損失補償説，結果責任説，区別不要説の四つに大別される（小高・研究202～203頁，西埜・損失補償208頁以下参照）．

2 損害賠償説

1 損失補償基準要綱の立場　この説は，事業損失に対する補償の性質を損害賠償として理解する．この立場に立つのは，1962（昭和37）年の公共用地審議会の答申と，それに基づく損失補償基準要綱である．答申は，「取得しようとする土地及び残地以外の土地」について，「事業施行中又は事業施行後における日蔭，臭気，騒音等により生ずる不利益，損失，損害等については，これらが社会生活上受忍すべき範囲をこえるものである場合には，別途損害賠償の請求が認められることもあろうが，損失補償の項目として取り上げるべきものではない」と提言した（残地についても，これに準ずるものとしている．なお，加藤一郎「事業損失の補償について」補償研究1966年8月号36頁，三宅豊博「損失補償基準」行政法大系⑥378～380頁参照）．これを受けて，損失補償基準要綱41条（残地等に関する損失の補償）も，「事業の施行により生ずる日陰，臭気，騒音その他これらに類するものによる不利益又は損失については，補償しないものとする．」と規定している．

したがって，答申や要綱によれば，これらの事業損失に対しては損失補償が与えられないが，これでは説明不足と考えたためか，「損失補償基準要綱の施行について」（昭和37・6・29閣議了解）は，次のように補足している．「これらの損害等が社会生活上受忍すべき範囲をこえるものである場合には，別途，損害賠償の請求が認められることもあるので，これらの損害等の発生が確実に予見されるような場合には，あらかじめこれらについて賠償することは差し支えないものとする．」

2 用対連の見直しの視点　事業損失については，用対連基準の改正に際して，見直しのための点検が行われた．しかし，結局，従来どおりとされている．すなわち，1995（平成7）年6月に用対連に設置された「損失補償基準点検委員会」は，「見直しの視点等」として，「日照阻害，騒音などのニューサンスに係る損失については，現在までに個別に事務処理要領を作成して運用してきたところであるので，現行どおり別途処理することが妥当である．また，ニューサンスによる地価下落についても，民間事例とのバランスを考えると，現時点で補償すべき必要性を認められない」と述べている（点検委員会の検討結果は『一般補償基準等の点検に関する調査研究』（公共用地補償機構，1997年）としてまとめられており，中央用地対策連絡協議会監修・補償実務研究会編著『改正損失補償基準』（大成出版社，1999年）に収録されている）．

第6章　事業損失補償

　このような点検委員会の見解は，点検委員会自身が認めているように，1962（昭和37）年の公共用地審議会の答申とその基本スタンスを同じくするものである．ただ，点検委員会の『調査研究報告書』は，「接面道路の工事により駐車場等への出入りが一時的に出来なくなる場合については，受忍限度を超える場合があると認められる．こうした事例が実務上一般的に想定され，統一的な取扱いが必要といえるのであれば，基準化する方向で検討すべきである」と述べており，この点では一歩前進と評価することができる．

　点検委員会の基本的な考え方は，「ニューサンスに係る損失については，不法行為による損害に対する賠償であり，財産補償を内容とする補償基準とは異なるので，現行どおり別途処理することが妥当である」ということである（公共用地補償機構・前掲3頁以下）．これは，事業損失補償の法的性質についての損害賠償説に立つものである．

　3　文献における見解　文献の中には，損害賠償説に立ちつつ，収用法93条や道路法70条の「みぞかき補償」は「賠償を立法政策により収用補償に転換させた制度」であるとした上で，「不法行為が定形的に予見される場合には，被害防止策をとるか事前賠償しなければ事業を開始してはならないという制度を作るべきで〔ある〕」と説くもの（阿部・国家補償法318頁以下．なお，同・解釈学II 421～422頁参照），「いかに公共性の高い施設であっても，生命や健康に重大な危険をもたらす場合にまで差止めの可能性を否定してしまうことは妥当でなく，その意味では，賠償的構成の方がすぐれているといえよう」と説くもの（宇賀・国家補償法316頁），「第一に，近傍地の所有者との公平，また第二に，適法行為に対する損失補償と違法な行為（不法行為）による損害の賠償の違い，という考え方の筋を明確にしておくために，原則的には，この要綱〔損失補償基準要綱，筆者注〕の採るような考え方の方が適切であろうと考える」と説くもの（藤田・総論615頁．なお，同・土地法202頁参照），などがある．

　4　裁判例　裁判例としては，養殖場の敷地内の井戸水を使用してトラフグ養殖を行っていた者が，付近の河川工事により井戸水に濁りが生じ，また，工事に伴う騒音・振動等により養殖していたトラフグが大量死したとして，憲法29条3項，河川法89条1項・8項等に基づき損失補償を請求した事案において，名古屋高判平成23・11・30（判例自治366号26頁）は，「憲法29条3項は，国等の公権力が，公共の目的のために法律等に基づき行う適法な財産権に対する剥奪（公用徴収）や制限（公用制限）が上記範囲を超える場合にその財産

権の主体が被る特別な財産上の損失に対する補償責任を定める規定であり，国等が特定の行政目的を達するために行う事業（いわゆる公共事業）がそれに伴って生じる騒音や振動等により第三者に財産上の損害を与えたような場合の損害は，同項による補償を要する対象に含まれないものというべきである」として，このような場合は，不法行為に基づく損害賠償責任の問題であると判示している．

3 損失補償説

　この説は，事業損失に対する補償の性質を損失補償として理解する．「事業のための犠牲であるという点では収用損失も事業損失も同一の平面で処理しなければならない」「不法行為の負担を永久に負うより，初めに損失補償として処理されている方がはるかに合理的である」，などの考え方である（小高・研究203頁，木村実「道路公害と事業損失」月刊用地1992年6月号40頁，松下・収用の実務270頁．なお，高原・財産権193頁，本田＝伊藤・前掲（判タ638号）22頁参照）．

　損失補償説を詳細に説いているのは，松尾・損失補償法理である．同書は，その論拠として，適法に開始された公共事業の一環として当初から想定された負の影響であり，想定外の違法行為による結果（損害賠償の対象）とは区別可能であり，公共事業が不法行為を前提に進められるという「背理」を回避するためにも，損害賠償とは概念上区別すべきであるとした上で，損失補償を損害賠償と区別する実益として，①起業者が国・地方公共団体の場合は損失補償の方が会計手続上容易であること，②損害賠償は違法性を要件とするから差止請求訴訟が可能になり，適法な公共事業の遂行に支障を来すおそれがあること，③損害賠償であれば訴訟は長期化傾向にあり，被害者にとって大きな負担となるのに対して，損失補償であれば，収用の場合は起業者が予め権利取得裁決で定められた権利取得の時期までに残地に生じた事業損失補償を供託しなければ権利取得裁決は効力を失うなど，権利者に有利な場合があること，④損失補償説に立っても，当初の公共事業として想定外の種類・程度の侵害を生じさせたときは，違法行為として損害賠償請求に移行しうるから損害賠償と段階的に両立可能であること，を挙げている（161～162頁）．

第6章 事業損失補償

4 結果責任説

この説は，事業損失に対する補償の性質を結果責任の一種として理解する．すなわち，損害賠償でも損失補償でもない，第三の類型として位置づけようとする．「適法な公共用地の取得によって間接的にもたらされた結果であり，公共のために犠牲に供されるという事実に変わりがないのであるから，損失補償の制度を補完する一種の結果責任としての補償が認められて然るべきであろう」との考え方である（秋山・国補法227頁．なお，今村・制度研究158～159頁，稲本洋之助＝真砂泰輔編『土地法の基礎』374頁（青林書院新社，1978年〔小高剛執筆〕）参照）．

5 区別不要説

この説は，事業損失補償の法的性質について，損失補償であるか損害賠償であるかという区別はあまり意味がないとして，重要なことは，被害をどのように処理することが妥当であるかということである，と主張する（小賀野晶一「事業損失の法的性格とその位置づけ」日本エネルギー法研究所編・前掲35頁以下）．これに近いものとして，「私は，いわゆる第三者補償は損害賠償と損失補償の両方の性質をもつものと考えたい．あえてどちらかに割り切ろうとせずに，そのような性質のものと理解すればよい．損失補償か損害賠償かの精緻な議論が積み重ねられてきたなかで，『両方の性質をもつ』というのはいささか乱暴ないい方のようにみえるかもしれない．しかし，原因行為が適法であり，加害行為は違法であることは事実であって，そこに生じた被害の補塡を説明する場合に，どちらに着目して説明するかということは理屈上は平等の可能性をもっている．だから，どちらに着目して説明しているのかを明らかにさえしていればどちらの説明もありうる」と説くもの（西谷・前掲134頁）もある．

●2　学説の検討

学説の分類自体はそれほど厳密なものではないが，一般には上記のような分類がなされているから，ここでもそれに従って検討することにする．

1 損害賠償説について

損害賠償説に対する主要な批判は，不法行為は違法なものであり，本来阻止されなければならないにもかかわらず，それが行われることを許容するということは，法治国家においては説明困難ではないか，ということである（本田＝

伊藤・前掲（判タ638号）22頁，浅野直人「国道43号線事件最高裁判決をめぐって」判タ892号100頁（1996年），西埜・損失補償212頁等参照）．被害の発生が予見される場合は，事業の施行を断念するか，あるいは被害の発生をやむをえるものとして認容した上で事業を施行するか，のいずれかを選択しなければならない．後者が選択されるのであれば，被害の発生は，むしろ適法なものとして捉えられるべきである．

　ただ，このことは，通常の受忍限度を超えてはいるが予見・認容された範囲（特別の受忍限度）内にとどまっている被害についていえることであって，予見・認容された範囲をも超える被害については，別の考察を必要とする．この種の被害は，当初から予見もされず認容もされていなかったのであるから，適法でないことはいうまでもない．したがって，特別の受忍限度を超える被害に関する限りでは，損害賠償説の説くところが妥当である．

2　損失補償説について

　上記の説明から明らかなように，本書は基本的には損失補償説に立脚している．しかし，この説がすべての被害についてその補償を損失補償として性格づけようとするのであれば，次のような疑問が生ずることになる．すなわち，当初から予見され認容された範囲（特別の受忍限度）をも超える被害は違法と評価されるべきであるから，これをも損失補償の側面から把握することは困難ではないか，ということである．予見・認容された範囲をも超える被害については，損失補償としてではなくて，むしろ損害賠償として把握すべきであろう．

3　結果責任説について

　この説が，事業損失補償を損害賠償でもなければ損失補償でもない，第三の類型であると位置づけていることについては，事業損失の特色を比較的よく捉えているものと評価することができる．しかし，損害賠償ではないとしている点は首肯し得るにしても，損失補償ではないと結論づけている点については疑問がある．前述のように，事業損失が当初から予見され，やむを得ないものとして認容されていることからすれば（ただし，特別の受忍限度内のものに限る），そこに意図的な侵害行為の場合（公用収用等）との本質的な差異を見出すことは困難である．

第6章　事業損失補償

4　区別不要説について

　この説は，事業損失補償の法的性質を問題とすること自体に疑問を提起する．損失補償と損害賠償の相対化，あるいは違法性の相対化に依拠するものである．柔軟な発想を目指す点においては評価できるが，事業損失補償の位置づけが不明確なままでは，かえって被害者救済のアプローチに支障が生ずるおそれがある．とりわけ，差止請求の可否について問題となるであろう．

第6節　補償額の算定

● 1　概　説

　事業損失に対して補償が必要であり，補償の法的根拠があるとしても，その補償額の算定は容易ではない．しかし，補償額の算定が困難であるのは，何も事業損失補償に限ったことではなく，他の多くの分野においても見受けられる問題である．民法不法行為法や国賠法における慰謝料の算定が，その適例である（西埜・損失補償216頁以下参照）．事業損失の中の精神的被害については，民法不法行為法や国賠法における処理方法を参考にしながら，算定基準を明確にしていくことが必要であろう．

　事業損失の中には，補償額の算定基準が比較的明確なものもある．財産的損失についての工事費の補償，代替施設の設置費用の補償等である（事業損失補償研究会編『事業損失補償基準の解説』47頁以下（東京出版，1991年），三宅・前掲381～382頁以下等参照）．しかし，財産的損失であっても，地価低下分の補償のように，その算定基準が必ずしも明確とはいえないものもある．

　事業損失補償は，現実には，通達・要綱等の各種の行政基準（内部基準）によって行われている．行政基準がないか，あっても不十分な場合には，訴訟を提起して裁判所の判断を仰ぐことになる．特に，空港・道路騒音については，訴訟による解決を求める傾向が強い．

● 2　財産的損失の補償額算定

1　みぞかき補償

　財産的損失のうち，みぞかき補償の対象となるのは，通路，みぞ，かき，さくその他の工作物の新築・改築・増築・修繕や盛土・切土等に要する工事費の

全部または一部である（後述265頁以下参照）．工事費の補償額は，社会通念上妥当と認められる程度の工作物の新築・改築等に要する額であり，その程度を超える場合には，工事費の一部のみが補償される．道路と敷地に高低差が生じた場合は，搬入路を設置するための工事費や，事情によっては，敷地を道路面と同じ高さにするために要する工事費が補償される．この工事が技術的・経済的に合理的と認められない場合には，高低差によって生じた敷地の地価低下分が補償されなければならない（秋田地判昭和49・4・15判時1012号62頁参照）．

2 電波障害

「通達（通知）」や用対連の「理事会決定」による事務処理については前述した（172頁参照）が，説明の便宜上，再度取り上げることにする．まず，電波障害については，障害の除去に要する費用が補償額となる．通常は，共同受信施設の設置等による改善（現物補償）とその維持管理費および諸経費が支払われる．一般的基準としては，「公共施設の設置に起因するテレビジョン電波受信障害により生ずる障害等の費用負担について」（昭和54・10・12建設事務次官通知，最近改正平成15・7・11改正）と用対連の「申し合せ」（昭和54・10・23用対連理事会決定，最近改正平成15・6・23）がある．

3 地下水位の低下

地下水位の低下（水枯渇）については，井戸を深くして施設の改善を図ったり，代替施設として水道を敷設したりするのに必要な工事費が補償額となる．一般的基準としては，「公共事業に係る工事の施行に起因する水枯渇等により生ずる損害等に係る事務処理要領の制定について」（昭和59・3・31建設事務次官通知，最近改正平成15・7・11）と用対連の「事務処理について」（昭和59・9・19用対連理事会決定，最近改正平成15・6・23）がある．

4 日照阻害

日照阻害については，日陰ができることによって新たに必要となる暖房費，照明費，乾燥費，その他の諸経費が補償額となる．一般的基準としては，「公共施設の設置に起因する日陰により生ずる損害等に係る用負担について」（昭和51・2・23建設事務次官通知，最近改正平成15・7・11）がある．

5 騒　音

　騒音については，その軽減・除去のために，一定の要件を充たしたものについて，住宅等の防音施設工事費の助成がなされる（航空機騒音防止法5条～9条，沿道整備法12条，13条等）．しかし，騒音・振動等の公害による地価の低下に対する補償については，これまであまり検討されてこなかった．地価低下分の補償がなされない場合には，経済的にみて転居することが困難となる．航空機騒音防止法9条や特定空港周辺特別措置法8条，9条等の規定により，移転補償や土地の買入れがなされる場合であっても，低下した地価を基準にして補償額が算定されたのでは，結果的に地価低下分の補償がなされなかったことになる．騒音地域からの転出を容易にするためにも，地価低下分の補償が必要であり，そのための補償額算定基準の確立が緊要な課題である（西埜「騒音による地価の低下と補償の要否」日本土地環境学会誌2号52頁以下（1995年）参照．なお，後述724頁参照）．

6 用対連の「申し合せ」

　そのほか，2004（平成16）年6月23日に，用対連の「申し合せ」として，「公共事業に係る工事の施行に起因する騒音により生ずる損害等に係る事務処理指針（案）について」および「公共施設の設置に起因する日陰により生ずる農作物に対する損害等に係る事務処理指針（案）について」が公表された．そこでは，工事騒音による健康上の支障や生活上の支障，公共施設による日陰により生じた農作物の収穫減に対する「費用負担」の算定方法等について規定されている（この指針案については，中央用地対策連絡協議会事務局「事業損失に係る指針案について」用地ジャーナル2004年9月号4頁以下参照）．

●3　精神的被害の補償額算定

　どの程度の精神的被害を受けるかは，各人各様であって，一律ではない．しかし，被害者が大量に出ている場合（空港騒音・道路騒音等）には，補償額算定の困難性を解消するために，補償額の類型化・定額化が必要である．

　そこで，何を具体的基準として類型化・定額化を行うかが問題となる．この問題は，一般的には，騒音の強弱と騒音の質的相違に着目することによって解決される．すなわち，騒音の強弱は居住地域によって異なり，また，騒音の質は発生原因が航空機によるか道路交通によるかなどによって異なるから，これ

らを基準にして類型化・定額化がなされることになる．この点については，騒音公害訴訟（横田基地・厚木基地騒音訴訟，国道43号線騒音訴訟等）における裁判例が参考にされてよい．これらは損害賠償訴訟におけるものであるが，損失補償についても同じように妥当するものといってよい．

　最近の裁判例をみると，厚木基地第4次訴訟（民事訴訟）の前掲横浜地判平成26・5・21は，「原告らは，厚木飛行場に離着陸する航空機騒音により共通損害を被っていると主張し，包括的な損害賠償請求として一律に1か月当たり2万円の慰謝料を請求している．慰謝料は，裁判所がその事件に関する一切の事情を斟酌して自由な心証をもって決定しなければならないものである．そこで，当裁判所は，ここまでの全ての事実を前提として，本件における侵害行為の態様と侵害の程度，被侵害利益の性質と内容，侵害行為の持つ公共性の内容と程度，侵害行為の継続の経過及び状況，その間に採られた被害の防止に関する措置等の一切の事情を考慮し，次のとおり，原告らそれぞれの居住する地域における騒音の大きさに応じて，共通する最小限度の被害の程度に対応するものとして，基準となるべき1か月当たりの慰謝料額を定めることとする」とした上で，具体的に次のような基準を提示している．すなわち，75W値の地域—4000円，80W値の地域—8000円，85W値の地域—1万2000円，90W値の地域—1万6000円，95W値の地域—2万円，である．

第7節　その他の事業損失補償

　最後に，事業損失補償問題について考える際に，極めて興味のある事例をいくつか取り上げることにしよう．

● 1　道路の夜間照明による作物の収穫減少

1　問題の所在

　道路照明（夜間照明）による作物の発育不良は，事業損失の一種であるが，これまであまり論議されることがなかった．それは，被害の例がなかったということではなくて，因果関係が明確でなかったり，被害額がそれほど大きくなく，受忍の範囲内とされたきたためであろう．

　道路の夜間照明は，道路交通の安全（交通事故の防止）のための重要な設備であり，道路と一体のものとして把握される．道路照明により作物の発育に障

第6章 事業損失補償

害が生じるとしても，その故に道路照明設備を設置しないというわけにはいかない．このような事情を考慮すれば，補償の法的性質は，原則として損失補償であると理解すべきである．

2 法的根拠

補償の法的性質について損失補償説に立つとしても，それとは別に，法的根拠の問題がある．法的根拠としては，ここでは憲法29条3項が考えられる．本件の被害は，公共事業に付随して生ずる「特別の犠牲」に該当するものとして，直接憲法29条3項を根拠にして補償請求することができると解すべきである（西埜「道路の夜間照明による作物の発育不良と損害賠償（損失補償）」道路管理研究委員会北陸ブロック会議（2001年10月4日）レジュメ，小賀野晶一「道路照明灯（夜間照明）による作物の発育不良と損害賠償請求について」『道路管理に関する検討業務報告書』43頁以下（道路環境研究所，2002年）参照）．

2 高圧送電線下の地価低下等

1 問題の所在

高圧送電線下およびその周辺においては，電磁波（磁界）による健康被害や眺望・景観が損なわれるという損害（損失）が発生し，このために，周辺の土地価格が低下することがある．損失補償基準要綱は，「空間又は地下の使用に係る補償」を規定しているが，『損失補償基準要綱解説』は，「送電線の場合にはさらに電波障害等の問題が生ずることも予想されるが，これらは事業損失の問題として解決すべきであろう」と説明しているにすぎない（同書108頁）．

2 法的根拠

しかし，土地価格の低下に限定して考えてみても，この低下は事業損失であり，その性質は損害賠償ではなくて損失補償として把握されるべきである．この場合も，公共事業に付随して生ずる「特別の犠牲」として，憲法29条3項に基づいて補償請求をすることができると解すべきであろう（高圧送電線下の被害に対する補償問題については，永野秀雄「電磁波環境訴訟の理論と争点（下）」人間環境論集2巻2号39頁以下（2002年）参照）．

3 防止対策

電磁波の発生は，周辺の居住者に健康障害をもたらすおそれがある．2007（平成19）年6月，経済産業省の「電力設備電磁界対策ワーキンググループ」は，送電線や変電所等からの電磁波（磁界）について，国が制限値を設けて規制する必要性で合意した．これを受けて，経済産業省は，電気事業法の技術基準に関する省令（省令）を改正している（電気設備に関する技術基準を定める省令27条，27条の2）．

●3 バイパス新設による旧沿道者の損失

1 問題の所在

バイパスの新設は，交通渋滞の解消や道路騒音の低減等にとって有効な方法であり，全国各地で推進されている．しかし，反面において，バイパスの新設とその供用開始により，旧道の沿道者が甚大な損失を被ることがある．このような損失は，通常は，社会生活を送る上で国民・住民として当然受忍すべき範囲内であるとされ，補償の対象となっていないが，その理由は必ずしも明確なものではない．

2 憲法上の補償か政策上の補償か

本事例に類似するのは，本州四国連絡橋の建設に伴うフェリー業者への補償である．1981（昭和56）年6月に，本州四国連絡橋の建設に伴う一般旅客定期航路事業等に関する特別措置法が制定されたが，同法による交付金は，一般に政策上の補償であると考えられている（前述20頁参照）．しかし，このような捉え方に対しては，交付金の法的性質を憲法上の補償であると理解する立場もないわけではない（阿部・国家補償法331頁．渡船業者に対する補償の要否を論じたものとして，田辺・制度203頁以下参照）．

本州四国連絡橋の建設に伴うフェリー業者への交付金を憲法上の補償であるとすれば，バイパスの新設による旧道沿道者の損失に対しても憲法上の補償が必要となる場合が考えられる．バイパスの新設が適法とはいえ，それに伴って，これまで営まれてきた健全な営業がその存続を危うくされる場合には，私有財産を公共のために用いる場合に当たるものとして，憲法29条3項に基づき正当な補償を要するものと解すべきであろう（西埜「バイパス新設による旧道沿道者の損失と補償の要否」日本土地環境学会誌創刊号41頁以下（1994年）参照）．

第7章　付随的損失の補償

第1節　付随的損失補償の概念と種別

1　付随的損失の概念

1　概　説

　付随的損失とは，土地収用や土地利用制限等に通常付随して生ずる損失をいい，「通損」と呼ばれている．これに対する補償は「通損補償」と呼ばれており，権利対価補償とは別個に，土地等の権利者に付随的に生ずる損失の補償である（竹村・収用法と補償 568 頁，三宅豊博「損失補償基準」現代行政法大系⑥ 351 頁以下，小高・買収と補償 39 頁，田辺・制度 147 頁，松尾・損失補償法理 74 頁等参照）．しかし，このような捉え方に対しては，「通損補償は財産権の収用に必然的に伴うものであり，かつ，結局は財産的損失として把握できるものに対する補償である．移転費の支出，失われた営業収入など財産上の損失にほかならない．こう考えれば，通損補償をもってあえて財産価値補償とは異質のものというには及ばない」との反対説（西谷剛「生活再建補償」小高編・理論と実際 117 頁）もある．

　自然環境保全法や自然公園法等における行為制限等に付随する通損に対する補償は，土地等の収用・買収の場合のような権利対価補償の存在を前提にするものではない（松尾・損失補償法理 74～75 頁参照）．しかし，行為制限等に通常付随するものであるから，これも付随的損失に含められてよい（高田・正当な補償 67 頁は，「通常受ける損失の補償という観念は，土地収用法上の問題たるばかりでなく，公法上の損失補償の法理に共通する問題であるということができる」と説いている）．

2　狭義・広義・最広義の付随的損失

　1　狭義の付随的損失　　収用法 88 条は，「通常受ける損失の補償」について定めている．そこでいう「通常受ける損失」の意義については，解釈上争い

第7章　付随的損失の補償

のあるところであるが，同条の見出しが「通常受ける損失の補償」となっている点を捉えて，これを狭義に解し，同条にいう「離作料」以下の文言を指すとの見解（高田・正当な補償72〜73頁，同・制度論222頁，田辺・制度147頁）がある．これを「狭義の付随的損失」と呼ぶことにする．

美濃部・原理358〜359頁は，明治33年土地収用法（昭和26年廃止）の54条について，次のように説いていた．「通常受くべき損失とは，通常の事情の下に於いて，言い換ふれば被収用者自身の個人的な特別の事情に基づくのでなく，客觀的社會的に觀て收用に基づき被收用者が受くべきことを思考せらるる人的な經濟的損失（persönlicher Schaden）を謂ふのである．移轉料も勿論其の一種であつて，鑛業法及び森林法には移轉料に付き別に規定を設けて居らぬから，同法に所謂『通常受クヘキ損失』の中には移轉料をも包含するが，土地収用法には移轉料は別にこれを規定して居るのであるから，それは除外せられる．」

2　広義の付随的損失　上記の狭義の付随的損失に対して，これを広義で捉える立場がある．損失補償基準要綱等である．同要綱は，第4章を「土地等の取得又は土地等の使用により通常生ずる損失の補償」と題して，第1節「移転料等」（24条〜28条の2），第2節「立木補償」（29条〜30条），第3節「営業補償」（31条〜33条），4節「農業補償」（34条〜37条），第5節「漁業権等の消滅又は制限により通常生ずる損失の補償」（38条〜40条），第6節「残地等に関する損失の補償」（41条〜42条の2）を定めているほか，第7節「その他通常生ずる損失の補償」（43条）を定めている．43条は，「前6節に規定するもののほか，土地等の取得又は土地等の使用によって土地等の権利者について通常生ずる損失は，これを補償するものとする．」と規定している．用対連基準や「国土交通省の公共用地の取得に伴う損失補償基準」（平成13年1月6日国土交通省訓令）第4章も，ほぼ同じである．狭義の付随的損失に比して，建物等の移転料，立木補償，残地補償等が含まれているので，これを広義の付随的損失と呼ぶことにする．

3　最広義の付随的損失　上記の広義の付随的損失に加えて，事業損失や生活権侵害，精神的損失も付随的損失に含めて捉える立場がある（塩野・行政法Ⅱ370頁以下，藤田・総論612頁以下等）．事業損失や生活権侵害等も，収用や任意買収に通常付随して生ずるものであるから，このような捉え方には相当の理由があるものといってよい．これを最広義の付随的損失と呼ぶことができ

る．ただ，本書においては，事業損失に対する補償や生活権侵害に対する補償等は独自の補償項目として扱うことにしているので，ここでは，これらも最広義の付随的損失に含まれることを指摘するにとどめる．

3 期待利益の喪失

期待利益の喪失，すなわち将来得べかりし利益（逸失利益）の喪失も付随的損失に含まれるか否かという問題がある．この問題は，主として収用法88条の通損補償の箇所で論議されているが，学説は一般に積極的に解している（後述337頁以下参照）．個別法の中には，通損の中に期待利益を含むことを明定しているものが散見される（海上運送法27条2項，港湾法41条3項等．高田・制度論237頁，宇賀克也「損失補償の行政手続（1）」自治研究69巻1号38頁（1993年）参照）．

4 実定法上の通損の規定

1 4通りの用語　通損について規定している実定法が少なくない．それらの法律は，「通常生ずべき損失」と規定しているもの，「通常生ずる損失」と規定しているもの，「通常受ける損失」と規定しているもの，「通常受けるべき損失」と規定しているもの，に分けることができる（「通損」の歴史的経緯については，高田・収用法353～354頁，同・制度論219頁以下参照）．

一つの法律の中で，「通常生ずべき損失」と「通常受ける損失」の二つの用語が使用されている例がある．都市再開発法は，63条で「通常生ずべき損失」の補償を，97条で「通常受ける損失」の補償を規定している．また，森林法も，39条の7，45条で「通常生ずべき損失」の補償を，58条で「通常受ける損失」の補償を規定している．これによって使い分けがなされているのかどうかは，必ずしも定かではない．

2 通常生ずべき損失　「通常生ずべき損失」という用語を使用しているものとしては，都市計画法28条，景観法24条，土地再開発法63条，土地区画整理法78条，101条，都市緑地法7条，土地改良法53条の8，118条，生産緑地法6条，自然環境保全法33条，自然公園法64条，鳥獣保護管理法32条，種の保存法44条，湖沼水質保全特別措置法34条，航空法49条，航空機騒音防止法9条，特定空港周辺特別措置法7条，周辺整備法5条，自衛隊法105条，国民保護法159条，古都保存法9条，災害対策基本法82条，災害救

助法5条,河川法22条,海岸法12条の2,宅地造成等規制法7条,地すべり等防止法6条,急傾斜地法5条,大規模災害からの復興に関する法律34条,大規模地震対策特別措置法27条,土砂災害防止法5条,家畜伝染病予防法60条の2,植物防疫法20条等がある.

3 通常生ずる損失 「通常生ずる損失」という用語を使用しているものとしては,電気通信事業法132条,電気事業法62条,64条がある.

4 通常受ける損失 「通常受ける損失」という用語を使用しているものとしては,収用法88条,都市再開発法97条,密集市街地整備法232条,森林法58条等がある.

5 通常受けるべき損失 「通常受けるべき損失」という用語を使用しているものとしては,都市公園法28条,道路法91条,森林法35条,採石法23条,土地改良法122条,全国新幹線鉄道法11条等がある.

このように,「通常生ずべき損失」「通常生ずる損失」「通常受ける損失」「通常受けるべき損失」の4通りの用語が使用されている.しかし,内容的にほとんど差異がないのではないかと思われる.ここでは,4者を同義語として捉えておくことにする.

5 損失補償基準要綱等

損失補償基準要綱43条は,「通常生ずる損失」という用語を使用している.用対連基準28条以下も,「通常生ずる損失」という用語を使用している.国土交通省の前掲訓令の30条以下も,「通常生ずる損失」という用語を使用している.

●2 付随的損失補償の種別

1 通損の分類方法

上記の法律群が使用している「通常生ずべき損失」等の言葉が同義語であるとしても,この中には種々のものが含まれている.

通損は,これを種々の観点から分類することができる.文献においては,①財産的損失と精神的損失,②積極的損失と消極的損失,に分ける見解(小澤・収用法下287〜288頁),①既存財産減少の場合,②新たな出費を伴う場合,③期待利益の喪失の場合,に分ける見解(田辺・制度150頁),①土地上の建物,その他の物件の移転に伴って通常支出を余儀なくされる費用(いわば積極損害),

②そうした移転がなければ得られたであろう利益（得べかりし利益）の喪失（いわば消極損害），に分ける見解（松尾・損失補償法理71頁以下），などがある．ここでは，これらの見解を参考としながらも，より具体的に次のように分類して，通損補償の全体を把握することにする．

2 通損補償の分類

通損を最広義で捉える立場に立って分類すれば，次のようになる．

1 移転料等の補償 建物等の移転料，動産移転料，仮住居等の使用に要する費用，家賃減収補償，借家人に対する補償，改葬費の補償，祭祀料の補償，移転雑費の補償，立木補償等がある（収用法77条，公共用地取得特別措置法23条，損失補償基準要綱24条以下，用対連基準28条，31条以下等）．これらは，土地等の取得または使用に伴い通常生ずる建物移転料等の損失に対する補償である．

2 営業上の損失の補償 営業補償，農業補償，漁業補償がある（収用法88条，航空機騒音防止法10条，周辺整備法13条，損失補償基準要綱31条以下，用対連基準43条以下等）．これらは，土地等の取得または使用に伴い通常生ずる営業上の損失に対する補償である．

3 残地に生じた損失の補償 残地補償，残地工事費補償等がある（収用法74条，75条，損失補償基準要綱41条以下，用対連基準53条以下等）．これらもまた，土地等の取得または使用に伴い通常生ずる残地価格減少等の損失に対する補償である．

4 土地の立入り・調査による損失の補償 測量・調査等のための土地の立入り等に伴う損失の補償がある（収用法91条，都市計画法28条，道路法69条，地すべり等防止法6条等）．これらもまた，土地等の取得または使用に伴い通常生ずる損失に対する補償である．

5 公用制限による損失の補償 不許可補償（自然環境保全法33条，自然公園法64条，景観法24条，古都保存法9条等），指定補償（森林法35条）等がある．これらは，自然環境保全等のために土地等の利用制限が課せられたことに伴って通常生ずる損失に対する補償である．

6 事業損失補償・生活権補償・精神的損失補償 これらの補償は，最広義における付随的損失の補償（通損補償）に含まれるが，それぞれ独自性を有するので，本書においては，前述したように，独立した項目の下で扱っている

第**7**章　付随的損失の補償

（前述110頁以下，126頁以下，147頁以下参照）．

●3　付随的損失補償の法的性質

　通損補償は，単なる政策上の補償ではなく，憲法29条3項に基づく「正当な補償」に含まれると解するのが通説である（宇賀・国家賠償法439頁，同・行政法概説Ⅱ522頁，田辺・制度148頁，松尾・損失補償法理76頁等参照）．したがって，この考え方によれば，収用法88条は憲法29条3項に基づくものであり，また，仮に法律や要綱等に通損補償の規定がなくても，直接憲法29条3項に基づいて補償請求することができる場合があることになる．例えば，生活権補償や精神的損失補償等を最広義での付随的損失に含めて考えれば，そのことが明瞭となる．しかし，生活権補償や精神的損失補償についての判例動向は，これらが収用法88条の「通常受ける損失」に該当することには否定的であり，さらに憲法29条3項に基づく請求にも否定的である（前述110頁以下，後述355頁以下参照）．

第2節　付随的損失補償の必要性

●1　学説・判例の動向

1　学説の動向

　付随的損失補償が必要であることについては，学説は大体一致している．すでに戦前においても，美濃部・原理318頁，358頁は，収用の目的物である権利の客観的価格だけではなく，そのほかに被収用者の受ける損失は，すべて補償されなければならないとして，「其の他通常受くべき損失」を挙げていた（なお，同・公用負担法175頁以下参照）．

　最近の行政法の教科書でみると，「その他の補償項目」の見出しの下で，精神的損失補償や生活権補償について論ずるもの（塩野・行政法Ⅱ370頁以下），「『通常生じる損失』に対する補償」の項目の下で，事業損失補償，精神的損失補償，生活権補償について論ずるもの（藤田・総論612頁以下），などがある．これらは，付随的損失補償の必要性を認めた上で，それをめぐる諸問題について論じているものである（そのほか，同旨，芝池・救済法講義211頁，宇賀・行政法概説Ⅱ521～522頁等）．

損失補償に関する文献は，より詳細に付随的損失補償の必要性を説いている．「公用収用の場合には，自ら望んで移転したり，営業を休廃止するわけではなく，公共事業のために，それを強いられるわけであるから，損失補償の基礎にある平等原則からして，全体の負担において，かかる損失を補塡することが必要であろう」と説くもの（宇賀・国家補償法 439 頁），「被補償者が自由取引で取得したであろう対価のみを補償したのでは，被補償者に生じた損失を完全に塡補したことにはならない．物件の移転料とか営業を一時休止するために生じる出費等の付帯的損失は，被補償者にとっては本来不必要な出損であり，あるいはまた当事者の意に反して収益の機会の剝奪に基づくものであるからである．ここに，被収用財産の客観的価値以外に被収用財産の収用に伴って付帯的にあるいは結果的に生じる損失を，いわゆる『通常受ける損失』として補償すべき根拠がある」と説くもの（田辺・制度 147 頁），一般の民間取引においては通損補償は当事者の合意によって売買代金の中に含められるか，土地所有者等の売主が負担することになるが，公共事業の起業者による用地取得の場合は事情が異なるとして，①土地所有者等は自ら主体的に土地所有権等の売却を計画し，実行するものではなく，通損補償に当たるコスト処理について予定も準備もできないままに収用・買収に応じざるをえない場合が少なくないこと，②土地等の権利対価補償の額は更地主義によって限界づけられているために，物件の移転費用等の積極的損害も営業上の得べかりし利益等の消極的損害も，いずれも権利対価補償に含めることができないこと，を挙げて，「これらが，権利対価補償とは独立に，通損補償の項目が必要とされる理由である．したがって，通損補償は，たんに『バスケット・クローズ』としての意味をもつだけではなく，独自の存在意義をもちうるものと解される」と説くもの（松尾・損失補償法理 75〜76 頁），などがある．

2　判例・行政実務の動向

　判例も行政実務も，法律あるいは損失補償基準要綱等に規定された通損補償の要件を充足しているか否かを比較的厳格に検討している．法律・要綱等に規定されていない通損については，直接憲法 29 条 3 項に基づく補償をも否定する傾向にある．生活権補償や精神的損失補償の否定がその適例である（生活権補償，精神的損失補償の否定動向については，前述 114 頁以下，後述 358 頁以下参照）．

第7章　付随的損失の補償

● 2　学説・判例等の検討

　通損補償の必要性については，学説はほぼ一致してこれを肯定しているから，この点については論議する必要はない．判例は，当然のことながら，法律上の根拠の有無を検討するだけである．行政実務は，通損補償の必要性を認めて損失補償基準要綱等に盛り込んだものであるが，要綱等も，それ以上の通損に対しては，補償の必要性を否定するものであろう．この問題は，結局，収用法88条の解釈論（後述331頁以下参照）と通損補償を直接憲法29条3項に基づいて請求することができるか否かの問題に結びついてくる．

第3節　付随的損失補償の対象

● 1　相当因果関係にある損失

1　通常の事情の下において生ずる損失

　付随的損失（通損）は，収用，任意買収，公用制限等に通常付随して生ずるものに限定される．文献をみると，「損失も，それが補償の対象となるのは，『通常受ける』ものに限定せられる．それは，収用に基づいて被収用者が受ける損失であって，しかも通常の事情の下において生ずるものであり，特別の事情に基づく損失を含まない．その損失が特別の事情に基づくや否やの判断の基準をいかに考うべきであるかというと，損失が既存財産の減少をきたしまたは新たなる経費の支出を要する場合にあっては，収用とそれらの損失との間に相当因果関係のあるものに限定して補償するのが妥当である．けだし，損失補償の制度が，一方の蒙った損害を他方に塡補せしめて，公平の原理を貫く制度である以上は，塡補すべき損失の範囲はやはり，普通に予想される因果関係の範囲に限定し，それをこえる損害までことごとく補償すべしとすることは，因果関係を無限にみとめることとなり，かえって公平の原理に反することとなるからである」と説くもの（高田・収用法364頁），「通損補償を請求するためには，損失が土地所有権等の権利取得によって『通常』生じるものと認められなければならない（収用88条，要綱43条，建基59条，国交65条）．しかも，それは，(a) 一般的・客観的な観点から判断して，買収・収用と損失の間に相当因果関係が認められることを要し，被買収・収用者の主観的・個別的理由による特別

の事情に基づく損害は含まれないと解されている」と説くもの（松尾・損失補償法理80頁），「『通常生ずべき損失』とは，通常の事情のもとにおいて生ずる損失であつて，個人的な事情，偶発的な事情等特別の事情に基づく損失は含まれないものである．即ち，『通常生ずべき』とは，不許可等の処分と相当因果関係にあるものとの意味であつて，本項の損失は，これらの相当因果関係あるものに限定して補償されるものである」と説くもの（環境庁自然保護局企画調整課編『自然公園法の解説』272頁（中央法規出版，1977年）），などがある．

2 損失補償と損害賠償

この問題は，とりわけ，収用法88条の「通常受ける損失」や自然公園法64条の「通常生ずべき損失」の意味をめぐって論議されてきた（後述331頁以下，668頁以下等参照）．ただ，同じく相当因果関係という用語が使用されていても，それは損害賠償におけるものと若干異なることが指摘されている（小澤・収用法下283〜284頁参照）．しかし，損失補償と損害賠償とで相当因果関係の捉え方を異にするということは，必ずしも自明の理というわけではない（後述674頁参照．なお，損失補償理論における相当因果関係理論の適用に対する批判として，宮崎・補償と鑑定30頁以下参照）．

●2 具体的範囲

1 通損の範囲

通損の範囲は，一般論としては，上記のように解するのが通説・判例であるが，個別具体的にその範囲を画するということになると，必ずしも明確に判断できるわけではない．例えば，精神的損失が通損といえるか否かについては，判例・行政実務が否定的であることは，前述したとおりである（128頁以下参照．なお，後述358頁以下参照）．

また，公用制限に伴う通損についても，その範囲を確定することは容易ではない．これは，補償の内容にも関連する問題である（前述141頁以下，後述668頁以下参照）．

2 法令施設改善費の補償

法令施設改善費が補償されるべきであるか否かという問題がある．これについては，収用法77条（移転料の補償）の箇所で詳説するが，同法88条におい

第**7**章　付随的損失の補償

ても,「通常受ける損失」として補償が必要となるか否かが問題となる（松尾・損失補償法理82頁以下は,「通損補償の法的性質と範囲」の章の中でこれについて論じている）．

　これが争われた事案としては，土地の収用により製薬会社が工場を移転せざるをえなくなったが，医薬品の品質規制（GMP規制）に即した構造設備の改善費用の補償の要否が問題となったものがある．一審の大阪地判平成4・6・26（行集43巻6＝7号847頁）は，概略次のように判示している．①既存不適格建物の移築に伴い，これを法令の規定に適合させるために改善すべきことは，既存不適格建物の所有権に内在する制約であり，既存不適格建物の所有者に等しく課された義務である．しかも，改善の結果は，財産的価値として所有者に帰属するのであって，改善のために要する費用（以下「法令改善費用」という.）の額自体を，被収用者の損失と認めることはできない．②もっとも，既存不適格建物といえども，従前は適法な建物として存立を認められていたものが，収用を原因として，その構造の改善を要することになったのであるから，改善時期が繰り上がったことによる損失，すなわち，物件移転時期から，社会通念上，収用がなければ改善を必要としたであろう時期までの期間の法令改善費用の運用利益相当額については，収用によって，土地所有者が通常受ける損失として，収用法88条に基づき，その補償を要するものというべきである．控訴審の大阪高判平成6・11・29（行集45巻10＝11号1900頁）も，同趣旨の判断をしており，上告審の最判平成11・1・22（判例自治203号78頁）も，この原審判断を是認している．

　この問題点については，後に収用法77条の箇所で考察するので（281頁以下），ここでは，同法88条でも問題になることを指摘するにとどめる．

第8章　損失補償の支払い

第1節　支払時期

● 1　事前補償の原則

1　プロイセン憲法9条

　明治憲法が模範としたドイツのプロイセン憲法9条は，「所有権は侵されない．公共の福祉のために，およびあらかじめ損失補償をして，急迫の場合には少なくとも仮に補償額を決定して，法律の定めるところにより，剥奪または制限される．」と規定していた．このプロイセン憲法の影響を受けて制定された諸ラントの土地収用法においては，一般に，①公用収用の対象は土地所有権およびそれに関する物権的権利であること，②公益に奉仕する特定企業のために行われること，③私権の譲渡がなされること，④行政行為によること，⑤補償と引替えになされること，といういわゆる「古典的収用概念」が基礎に置かれていた（高橋正俊「古典的収用概念の崩壊について」小嶋博士退職記念『憲法と行政法』365頁以下（良書普及会，1987年），西埜『公法上の危険責任論』15頁以下（東洋館出版社，1975年）参照）．これは，事前補償を義務づけたものである．

2　日本国憲法29条3項

　これに対して，日本国憲法29条3項には，事前補償（＝同時補償）を義務づけた明文の規定はない．しかし，このことは，事前補償を否定するものでないし，また，立法者の裁量に委ねたということでもないであろう．事後補償になれば，財産権保障が弱くなり，また，「正当な補償」の趣旨に反する結果ともなりうるからである．正当な補償には，支払時期も含意されているものと解すべきである．

第 **8** 章　損失補償の支払い

③　判例の動向とその検討
1　判例の動向
(1) **食糧管理法違反被告事件**　この点についての最高裁判例は，食糧管理法違反被告事件における最大判昭和 24・7・13（刑集 3 巻 8 号 1286 頁）が最初である．同判決は，「憲法は『正当な補償』と規定しているだけであって，補償の時期についてはすこしも言明していないのであるから，補償が財産の供与と交換的に同時に履行さるべきことについては，憲法の保障するところではないと言わなければならない．もっとも，補償が財産の供与より甚しく遅れた場合には，遅延による損害をも填補する問題を生ずるであろうが，だからといって，憲法は補償の同時履行までをも保障したものと解することはできない」と判示している．事前または同時補償は憲法上の要請ではないとしたものである．

(2) **成田空港訴訟**　公共用地取得特別措置法は，「緊急裁決」の場合の事後補償を定めている（20 条 1 項，21 条 1 項，30 条 1 項）．これを合憲とするのが裁判例の動向である（東京地判昭和 63・6・28 行集 39 巻 5 = 6 号 535 頁，その控訴審の東京高判平成 5・8・30 行集 44 巻 8 = 9 号 720 頁等）．

最高裁の判例としては，事業認定処分取消請求・特定公共事業認定処分取消請求事件（成田空港訴訟）におけるものであるが，最判平成 15・12・4（訟月 50 巻 10 号 2952 頁）がある．同判決は，次のように判示して，緊急裁決制度における補償を合憲であるとしている．

「公共用地の取得に関する特別措置法（平成 11 年法律第 160 号による改正前のもの．以下「法」という．）7 条の規定による特定公共事業の認定を受けた起業者は，収用委員会に対し，法 20 条 1 項の規定により緊急裁決を申し立てることができ，緊急裁決においては，損失の補償に関する事項でまだ審理を尽くしていないものがある場合においても，権利取得裁決又は明渡裁決がされ（同項），概算見積りによる仮補償金が定められるものとされている（法 21 条 1 項）．緊急裁決は，公共の利害に特に重大な関係があり，緊急に施行することを要する事業に必要な土地等を取得するため（法 1 条，7 条），明渡裁決が遅延することによって事業の施行に支障を及ぼすおそれがある場合に特に認められるものであり（法 20 条 1 項），緊急裁決において定められた権利取得の時期又は明渡しの期限までに仮補償金の額の払渡し又は供託がなければ，緊急裁決は失効するとされている（法 27 条，土地収用法 100 条）．そして，収用委員会は，緊急裁決の後も引き続き審理して，遅滞なく補償裁決をし（法 30 条 1 項），補償裁決

で定められた補償金額と緊急裁決で定められた仮補償金の額とに差額があるときは，年6分の利率により算定した利息を付して清算するものとされ（法33条1項，2項，34条1項），緊急裁決においては最終的な補償義務の履行を確保するために起業者に担保の提供を命ずることが（法26条1項），補償裁決においては起業者が裁決に基づく義務の履行を怠った場合に支払うべき過怠金を定めることが（法34条2項），それぞれできるとされ，法は，最終的に正当な補償がされるための措置を講じている．／憲法29条3項は，補償の時期については何ら規定していないのであるから，補償が私人の財産の供与に先立ち又はこれと同時に履行されるべきことを保障するものではないと解すべきである（最高裁昭和23年（れ）第829号同24年7月13日大法廷判決・刑集3巻8号1286頁）．そして，上記関係規定が定める補償に関する措置に不合理な点はないから，法が定める緊急裁決の制度が憲法29条3項に違反するとはいえない．以上は，上記大法廷判決の趣旨に徴して明らかである．」

(3) **米軍楚辺通信所（象のオリ）用地等暫定使用訴訟** 米軍用地特措法の一部を改正する法律附則2項および米軍用地特措法15条が憲法29条3項に違反するか否かが争われた訴訟において，最判平成15・11・27（民集57巻10号1665頁）は，次のように判示している．

「上記暫定使用に伴う損失の補償に係る関係規定をみるに，附則2項及び特措法15条1項の規定による土地の暫定使用をするためには，防衛施設局長が，あらかじめ損失の補償のための担保を提供することが必要であり（同項），この担保の提供は，暫定使用の期間の6月ごとに，あらかじめ自己の見積もった損失補償額に相当する金銭を供託して行うものとされ，その見積額は，当該土地の暫定使用前の直近の使用に係る賃借料若しくは使用料又は補償金の6月分を下回ってはならないものとされており（同条2項），防衛施設局長は，土地所有者等の請求があるときは，損失の補償の内払として担保の全部又は一部を取得させるものとしている（同条4項）．また，暫定使用によって土地所有者等の受ける損失の補償については，暫定使用の時期の価格によって算定しなければならず（特措法16条1項），収用委員会は，明渡裁決をする場合には，併せて暫定使用による損失の補償を裁決しなければならない（同条2項）．そして，明渡裁決において定められた当該土地等の明渡しの期限までに補償金の払渡し又は供託がされないときは，明渡裁決は，その効力を失う（特措法14条，土地収用法97条，100条2項）．／憲法29条3項は，補償の時期については何

ら規定していないのであるから，補償が私人の財産の供与に先立ち又はこれと同時に履行されるべきことを保障するものではないと解すべきである（最高裁昭和23年（れ）第829号同24年7月13日大法廷判決・刑集3巻8号1286頁参照）．そして，上記関係規定が定める暫定使用及びこれに伴う損失の補償は，その補償の時期，内容等の面で何ら不合理な点はないから，憲法29条3項に違反しないものというべきである．このことは，上記大法廷判決の趣旨に徴して明らかである．」

2 判例の検討　憲法29条3項と支払時期の関係については，学説上の論議は，主として前掲最大判昭和24・7・13の評釈等において展開されている．それ故，学説の動向は，判例の検討を通じて知ることができる．

最大判昭和24・7・13の評価については，学説は，二つに大別することができる．その一は，立法政策の問題とする見解である．同判決を引用した上で，「補償金支払いの時期を何時にするかは，全く立法政策の問題であるということができよう（もっとも，補償が財産の供与より甚しく遅れた場合には，その遅延による損失をも補償の対象としなくてはならない）」との見解（成田頼明「道路占用許可の取消と損失補償」山内一夫＝雄川一郎編『演習行政法』98頁（良書普及会，1972年））がその代表的なものである（同旨，今村成和「判解」行政判例百選Ⅱ〔第1版〕300頁（1979年））．その二は，事前補償が憲法上の原則であるが，合理的な理由があれば，例外的に事後補償も許容されるという見解である．「憲法29条3項は，補償の時期については，立法者に白紙委任していると考えるべきではないと思われる．『正当な補償』という文言の中に，補償の時期についての一定の要請も含意されていると考えられる」との見解（宇賀・国家補償法472～473頁．同・行政法概説Ⅱ531～532頁参照）がその代表的なものである（同旨，近藤昭三「判解」憲法判例百選〔第3版〕106頁（1974年），木村実「判解」行政判例百選Ⅱ〔第2版〕323頁（1987年），戸波江二「判批」国家補償法大系④273頁以下，佐藤美由紀「判解」行政判例百選〔第6版〕526頁（2012年），小早川光郎＝青柳馨編著『論点体系・判例行政法3』584頁（第一法規，2016年〔堀内元城執筆〕）等）．

憲法29条3項の「正当な補償」の趣旨は，補償の支払時期についても密接に関係する．立法政策の問題とすることは，正当な補償の趣旨に反するものであるから，上記の第二説が支持されるべきである．このような視点から前掲最大判昭和24・7・13をみれば，同判決は，やや無造作に事前補償は「憲法の保

障するところではない」と説示したのではないかと思われる.

　ただ，このように学説や判例評釈は分かれているが，第一説も事前補償を理念的原則として認めており，第二説も合理的な理由があれば例外を認めているので，両説の相違は，実はそれほど大きくはない（佐藤・前掲 526 頁，國井義郎「判解」行政判例百選 II〔第 7 版〕511 頁参照）．もっとも，同判決については，「〔これは〕第二次大戦直後の極めて困難な食糧事情の下，食糧管理法による供出米の買入代金の支払に関する事案において述べられたものであって，これをあらゆる損失補償について文字通りに通用する先例として良いかは問題である」との見解（藤田・総論 638 頁）もあり，こちらの見方の方が妥当といえそうである.

　なお，最判平成 15・12・4 については，判例評釈等において賛意を表するものが多数である（宇賀・行政法概説 II 533 頁，井上典之「判批」民商 130 巻 6 号 1185 頁（2004 年），佐藤・前掲 527 頁）．これは，この規定が例外的な場合を定めたものと解することによって首肯することができる．最判平成 15・11・27 についても，同趣旨の評価がなされるものと思われる.

4　戦前における美濃部の見解

　法事情が異なるものの，戦前においてすでに美濃部・公用負担法 171 頁が，次のように説いていたことに注目すべきである（なお，同・原理 297 頁以下参照）．すなわち，「公用収用に於ける損失補償は前拂を原則とする．損害賠償であれば損害が先づ加へられ其の結果として賠償義務を生ずるのであるが，収用制度に於ける損失補償は，原則としては，補償金額を支拂ひ又は少くともこれを供託することに依つて，収用が始めて其の効果を生ずるのである．一般法に依る収用に在つては，是れが絶對の原則であり，補償金額の支拂又は供託は収用の効果発生の條件とせられて居る（土収 62 條）．／併しながら補償金の前拂を要することは，必ずしも収用制度の本質から来る必然の要素ではない．それは被収用者の経濟的安全を擔保する爲めの原則であり，其の基礎を爲す思想は一に公平の要求に在るのであるから，若し其の要求よりも一層強い公益上の必要が有れば，補償金の後拂を認めたとしても，敢て収用の本質に反するものではない．實際にも特別法に依る収用に在つては，往々収用の効果が先づ完成し，補償金は事後に於いて支拂はるるものとして居るものは，必ずしも稀ではない．」

第8章　損失補償の支払い

5　事後補償が認められる場合

事柄の性質上，事後補償を認めざるをえない場合がある．立入り補償がその適例である．例えば，収用法91条1項は，「損失が生じたときは」と規定しているが，これは事後補償を定めたものである（後述387頁参照）．

●2　土地収用法上の事前補償

1　補償金の払渡し

事前補償が憲法29条3項の「正当な補償」に含まれるか否かについては，このように若干見解が対立しているが，実定法上では，明文で事前補償を定めているものがある．収用法によれば，起業者は，権利取得裁決または明渡裁決において定められた権利取得の時期または明渡しの期限までに権利取得裁決または明渡裁決に係る補償金の払渡しをしなければならない（95条1項，97条1項）．そして，起業者が権利取得裁決の時期または明渡しの期限までに権利取得裁決または明渡裁決に係る補償金の払渡しをしないときは，権利取得裁決または明渡裁決はその効力を失う（100条1項・2項）．

2　補償金の支払請求制度

収用法46条の2は，補償金の支払請求制度を定めている．これは，1967（昭和42）年の法改正において創設されたものである．46条の2第1項は，土地所有者または土地に関して権利を有する関係人（先取特権を有する者，質権者，抵当権者，差押債権者または仮差押債権者である関係人を除く）は，事業認定の告示があった後は，権利取得の裁決前であっても，起業者に対し補償金の支払いを請求することができる，と規定している．請求を受けた起業者は，2か月以内に，自己の見積りによる補償金を支払わなければならない（46条の4第1項）．最判平成14・6・11（民集56巻5号958頁）が説示しているように，「この制度を利用することにより，所有者が近傍において被収用地に見合う代替地を取得することは可能である」のである（後述241頁参照）．

第2節　個別払いの原則

1　個別払いの原則の意義

　収用法69条は,「損失の補償は,土地所有者及び関係人に,各人別にしなければならない.但し,各人別に見積ることが困難であるときは,この限りでない.」と規定している.これは「個別払いの原則」を定めたものであり,損失補償基準要綱5条にも同様の規定がある.

　損失補償を受けることができる者は,「土地所有者及び関係人」である（収用法68条,損失補償基準要綱4条）.個別払いの原則は,土地所有者および関係人一人一人に補償することによって,本来の補償を受けるべき者に間違いなく補償金が支払われることを保障しているのである（後述224頁以下参照）.

2　個別払いの留意点

　任意買収の場合の用地交渉は,土地所有者および関係人とそれぞれ個別に行われるべきである.複数の権利者があるときは,そのうちの有力者を重視しがちであるが,有力者に遠慮がちな人達を疎かにしてはならない.権利者各人は,自分の物を処分するか否かの自由を有するからである（西埜＝田辺・理論と実務261頁以下〔田辺執筆〕参照）.

第3節　支払いの方法

1　金銭補償の原則

　収用法70条は,「損失の補償は,金銭をもつてするものとする.」と規定して,金銭補償の原則（金銭支払いの原則）を採用している（前述106頁,後述229頁参照）.収用法以外の諸法律も,金銭補償を原則としている.

2　金銭の支払方法

　金銭の支払いは,通貨でもってなされる.これは,民法上の原則でもある（民法402条参照）.ただ,この点については,判例上,銀行振出小切手や郵便

為替証書等による支払いも認められている．そこで，2001（平成13）年の収用法の改正により，補償金の払渡し方法の合理化が図られた．収用に反対の被補償者が裁決の失効を狙って意図的に不在などの対応をし，補償金の受領を拒むことがあり，起業者に多大の負担と時間的なロスを与えることがあったため，100条の2は，書留郵便等により補償金を発送すれば裁決は失効しないものとした（小澤・収用法下484頁以下，国土交通省総合政策局土地収用管理室監修・土地収用法令研究会編『Q＆A土地収用法─平成13年改正のポイント─〔完全施行版〕』113～114頁（ぎょうせい，2002年．以下，「土地収用法令研究会編・平成13年改正のポイント」という），土地収用法令研究会編・Q＆A244頁，松下・収用の実務71頁参照）．実務においては，小切手による場合が多いようである．

●3　発送時期

100条の2第1項は，「当該権利取得の時期から国内において郵便物が配達されるために通常要する期間を勘案して政令で定める一定の期間前までに，補償金等を受けるべき者の住所（国内にあるものに限る．）にあてて発送した場合における前条第1項の規定の適用については，当該補償金等の全部は，当該権利取得の時期までに払い渡されたものとみなす．」と規定している．この政令で定める「期間」は，施行令1条の21では，13日とされている．これは，権利取得の時期との間に中13日を置くという意味である（小澤・収用法下487頁，土地収用法令研究会編・平成13年改正のポイント121頁参照）．

●4　任意買収の場合の前払い制度

公共事業のために必要な土地の取得は，その大部分が任意買収によっている．任意買収の場合は，契約書に記載する条件により補償金の支払いがなされる．国が買収する土地についていえば，会計法22条，同条に基づく政令により財務大臣との協議を経て，70％以内の前払いがなされている．特殊法人等による土地の任意買収についても，70％以内の前払い制度が採られている（西埜＝田辺・理論と実務267頁以下〔田辺執筆〕，全国建設研修センター・用地取得と補償37頁，河川事業補償研究会編『河川事業補償の法令実務』21頁（ぎょうせい，2008年）参照）．

第2部

損失補償法各論

第 1 章　概　説

第 1 節　実定損失補償法の類型

　損失補償について規定している実定法は多数存在するが，紙幅の制約上，それらのすべてについて解説することはできない．第2部においては，それらのうちの重要なものに絞って，逐条解説を試みることにする．

　第1部第2章「実定損失補償法の体系」においても，実定損失補償法について概説した．重なるところもあるが，ここでは，これから行う考察のために，若干視点を変えて，実定損失補償法を俯瞰しておくことにする．

1　行政領域による分類

　損失補償について規定している実定法は，種々の観点から分類することができる．ここではまず，①土地収用法関係，②都市計画法関係，③農地法関係，④自然環境保全法関係，⑤空港騒音防止法関係，⑥自衛隊・駐留アメリカ合衆国軍隊法関係，⑦文化財保護法関係，⑧災害防止法関係，⑨伝染病予防法関係，⑩国有財産法・地方自治法関係に分類しておくことにする．

　①には土地収用法（収用法），公共用地取得特別措置法等が，②には都市計画法，都市再開発法，都市緑地法，都市公園法，土地区画整理法等が，③には農地法，土地改良法等が，④には自然環境保全法，自然公園法，森林法，鳥獣保護管理法，種の保存法等が，⑤には航空機騒音防止法，特定空港周辺特別措置法等が，⑥には自衛隊法，周辺整備法，米軍特別損失補償法，米軍漁船操業制限法等が，⑦には文化財保護法，古都保存法等が，⑧には災害対策基本法，消防法，水防法，河川法，砂防法，海岸法，道路法等が，⑨には家畜伝染病予防法，狂犬病予防法，植物防疫法等が，⑩には国有財産法，地方自治法が属する．

2　対象行為による分類

　実定損失補償法は，また，その対象行為からみれば，①土地・建物等の収

第1章 概 説

用・使用による損失に対する補償を定めるもの（収用法68条以下，都市計画法69条，自衛隊法103条等），②土地への立入り等による損失に対する補償を定めるもの（収用法91条，土地区画整理法73条，自然公園法64条，森林法49条等），③事業の廃止・変更による損失に対する補償を定めるもの（収用法92条，都市計画法52条の5，57条の6，60条の3，森林法59条等），④みぞかき補償を定めるもの（収用法93条，森林法58条，河川法21条，海岸法19条，道路法70条等），⑤公用制限による損失に対する補償を定めるもの（自然環境保全法33条，自然公園法64条，文化財保護法125条，河川法57条，道路法91条等），⑥監督処分に伴う損失に対する補償を定めるもの（河川法76条，道路法72条，海岸法12条の2等），などに分類される．

第2節　第1部「損失補償法総論」との関係

　第1部「損失補償法総論」（以下，「総論」という）は，第2部「損失補償法各論」（以下，「各論」という）で出てくる諸問題について，一般的に論述したものである．「各論」においては，「総論」で述べたことを基軸にして，個別条項ごとに解説するが，部分的に重複する場面も少なくない．

● 1　損失補償の基本原理

　「総論」で述べたことを基本原理としてまとめれば，①完全補償の原則，②公負担平等の原則，③正義・公平の原則，ということになる．実定損失補償法の各条の解釈においては，これらの基本原理が基底に置かれるべきである．以下，それぞれについて要説する．

1　完全補償の原則

　「総論」の第5章「損失補償の内容」において詳論したように（98頁以下参照），憲法29条3項の「正当な補償」の意味については，完全補償説，相当補償説，折衷説の対立がみられる．これは，本来財産権剥奪に対する権利対価補償のレベルにおける論争であるが，これとは別のレベルにおいて，完全補償説が説かれることがある．すなわち，「正当な補償」は，財産権補償だけではなく，付随的損失補償や生活権補償，精神的損失補償等を含めて完全でなければならないとの見解である．むしろ最近では，完全補償という場合は，こちらの意味で使用されることが多いのではないかと思われる．本書においても，この

意味で使用することにする.

　実定諸法における損失補償の規定は,「正当な補償」を視座にして解釈されなければならない. 個別具体的な補償が「正当な補償」であるか否かは, 広く付随的損失補償, 生活権補償, 精神的損失補償, 事業損失補償等を含めて判断されるべきである. それらが考慮されて初めて, 完全な補償であるといえることになる.

2　公負担平等の原則

　「正当な補償」が上記の意味での完全な補償を意味するという「完全補償説」は, 公負担平等の原則によって支えられる. この原則自体は, これまで損失補償法においてしばしば説かれていたものであり, 別段目新しいものではない. しかし, これまでは, 公負担平等の原則は単なる理念として説かれていたにすぎず, そこから何か具体的な内容が導かれるということではなかった.

　公負担平等の原則は,「国家補償」の包括的な責任根拠である. それは, 損失補償だけではなく, 国家賠償と結果責任（または公法上の危険責任）をも根拠づけている. ただ, この原則は, 国家賠償については国賠法という一般法があるため, 直接的には損失補償と結果責任（または公法上の危険責任）の理論的根拠となっている（西埜・概説8頁参照）.

　個別実定法をみると,「損害補償」について規定しているものが少なくない（災害対策基本法84条, 新型インフルエンザ等対策特別措置法63条, 国民保護法160条, 消防法36条の3, 水防法45条, 河川法22条6項等）. これらは, 主として生命・身体・健康を被害法益とするものであるが, これらの侵害に対する補償を憲法29条3項の規定に基づく「正当な補償」に読み込むことは困難である.「損害補償」の性質は結果責任（または公法上の危険責任）であると捉えて, これを支える理論的根拠を公負担平等の原則に求めるべきであろう. 損害補償を具体的に根拠づけているのは, 公負担平等の原則である.

3　正義・公平の原則

　正義・公平の原則は, 日本国憲法を支える普遍的原理であり, 憲法上の基本原理である. 憲法29条3項の「正当な補償」も, 公負担平等の原則も, いわば正義・公平の原則を具体化したものである. この原則は, 損失補償や損害補償に関する個別実定法の解釈指針として機能することになる.

第1章　概　説

　正義・公平の原則は，換言すれば，「条理」であり，「社会通念」である．それは現行法の解釈指針であると同時に，立法改革の指針でもある．立法改革に際しては，条理や社会通念を見定めて，これを基準にしてなされなければならない．

　実定法上に損失補償規定がない場合であっても，直接憲法29条3項に基づいて補償請求することができると解するのが判例・通説である．この考え方の下では，条理に基づいて補償の要否が判断されることになる．

● 2　損失補償要否の基準

1　基準の抽象性

　個別実定法においては，少数ではあるが，損失補償要否の基準について比較的詳細に規定しているものがある．収用法，土地区画整理法，土地改良法，米軍漁船操業制限法等である．しかし，大部分のものは，抽象的な基準を掲げるか，基準らしきものを定めないで，「……によって損失が生じたときは，補償しなければならない」と規定しているにすぎない（ただ，立法関係者によれば，立法指針としては，損失補償の基準をなるべく詳しく書くという方針であった，とのことである．林修三「損失補償についての立法指針について」季刊環境研究64号55〜56頁（1987年）参照）．

　自然環境保全法や自然公園法におけるように，損失補償の規定はあるものの，実際にはほとんど補償された実例がないものもある．これらの法律においては，補償要否の基準が抽象的で，当該条文の解釈だけでは，補償の要否を判断するのは困難である．結局，「総論」の第3章「損失補償の要否」での考察を参考にせざるをえないが，「総論」での叙述も，残念ながら，一般的，抽象的であった．すでに30数年前に，「この問題は一般的基準では決着がつかないので多様な個別的分野についての学説，判例の集積がまたれる」と説かれていた（荒秀「土地利用規制と補償」行政法大系⑥296頁）が，「各論」において，いくらかでもこの作業を進めることにしたい．

2　基準の不統一

　個別実定法をみると，同種の事例でありながら，補償規定があるものとないものがある．例えば，標識の設置については，都市緑地法7条や自然環境保全法48条には損失の補償規定はあるが，都市再開発法64条や土地区画整理法

212

81条,森林法39条,道路法45条等には補償規定は見当たらない.また,立入調査による損失については,補償規定を設けているものが大半であるが,中には設けていないものもある(景観法,鳥獣保護管理法,種の保存法,古都保存法,消防法等).その区別の理由は,必ずしも定かではない(補償要否の規定が不統一であることは,すでに早い段階で指摘されていた.荒秀「開発許可制度と住民の損失」ジュリ372号47頁以下(1967年).なお,同・前掲(行政法大系⑥)258頁以下参照).最終的には直接憲法29条3項に基づいて補償請求できるとの判例・通説からすれば,それほど重要なことではないかもしれないが,統一がとれていないことは否めない.

3 損失補償の内容

1 概　説

　損失補償の内容(範囲)については,「各論」においても,財産権補償,事業損失補償,生活権補償,精神的損失補償,付随的損失補償等が問題となる.これらについては,当該関係法条の解釈だけでは,適切な解決を導くことは困難である.ここでも,「総論」での考察を参考にする必要がある.

2 財産権補償

　財産権補償について定めている基本法は収用法であるが,この法律にあっても,財産権補償の内容を明確にするためには,「総論」の第5章「損失補償の内容」の第2節「財産権の剥奪と正当な補償」,第4節「財産権補償」等での考察を参考にすべきである.その他の諸法律における財産権補償についても同様であり,とりわけ,憲法29条3項の「正当な補償」が主要な解釈基準となる.

3 現物補償

　現物補償については,収用法82条~86条が基本的な規定である.これらの規定等における現物補償の趣旨を明確にするためには,「総論」の第5章「損失補償の内容」の第3節「損失補償の具体的内容」での考察を参考にすることができる.

4 事業損失補償

空港騒音や「みぞかき」補償等の事業損失に対する補償を定めている個別法が少なくない（収用法93条，空港騒音防止法9条，特定空港周辺特別措置法7条，河川法21条，海岸法19条，道路法70条等）．これらの法律で規定している事業損失補償については，当該法条の解釈だけでは適切な解決に導くことは困難である．ここでも，「総論」の第6章「事業損失補償」での考察を参考にする必要がある．

5 生活権補償

生活権補償の中の生活再建措置については，明文で定めている個別実定法がいくらか存在する（収用法139条の2，公共用地取得特別措置法47条，都市計画法74条等）．これらの規定における生活再建措置の法的性質を明確にするためには，「総論」の第5章「損失補償の内容」の第5節「生活権補償」での考察を参考にすべきである．

6 精神的損失補償

精神的損失補償については，明文で定めた個別実定法は存在しない．収用法88条の規定が精神的損失補償を含むものか否か論議されているが，この解釈論を展開するについては，「総論」の第5章「損失補償の内容」の第6節「精神的損失補償」での考察を踏まえなければならない．

7 付随的損失の補償

付随的損失とは，土地収用や任意買収に通常付随して生ずる損失（通損）をいい，これに対する補償は「通損補償」と呼ばれている．個別実定法をみると，通損補償について定めているものが多数存在する（収用法88条，都市緑地法10条，自然公園法64条，災害対策基本法82条等）．しかし，これらの規定は，収用法の規定を除いて，「通常生ずべき損失を補償しなければならない」と規定するだけである．補償の内容（範囲）を明確にするためには，「総論」の第7章「付随的損失の補償」での考察を踏まえておく必要がある．

8 土地の買取請求等

損失補償それ自体ではないが，それに代替する機能を有する「土地の買取制

度」について規定している実定法が少なくない（都市計画法52条の4, 56条, 都市再開発法7条の6, 都市緑地法17条, 古都保存法11条, 特定空港周辺特別措置法8条等）．これらの規定を理解するためには，「総論」第5章「損失補償の内容」の第8節「財産権の制限と正当な補償」での考察を参考にすべきである．

4　補償の手続・訴えの提起

1　補償の手続等についての先駆的な業績

　補償の手続・訴えの提起については，「総論」では何も考察していない．本書の企画当初においては，損失補償の手続等についても考察する予定であったが，予想外に「各論」の頁数が膨らんだため，紙面の制約の関係で断念することにした．他日を期することにしたい．ただ，幸いにして，損失補償の手続については，すでに定評のある文献（小高剛「損失補償手続法総説」国家補償法大系④31頁以下，大場民男「損失補償請求訴訟の諸問題」国家補償法大系④193頁以下，小澤道一「損失補償の手続と救済手続―その不統一と問題点―（1）（2）（3）」自治研究64巻5号43頁以下，7号59頁以下，9号32頁以下（1988年），宇賀克也「損失補償の行政手続（1）（2）（3・完）」自治研究69巻1号28頁以下，2号33頁以下，3号32頁以下（1993年）等）が詳論している．これらの文献を参照しながら，「各論」での個別実定法における補償の手続・訴えの提起について若干の考察をした．これらの文献においては，一様に，個別実定法間における立法の不統一が指摘されている．

2　実定法間での不統一

　補償の手続についての規定は，各実定法間で大きな相違がある．また，同じ法律の中でも，損失補償の種類によって相違しているものがある（例えば，土地改良法118条，119条，121条，122条参照）．比較的詳細な規定が置かれているもの（自然環境保全法33条，自然公園法64条，鳥獣保護管理法32条，種の保存法44条，航空機騒音防止法11条，12条，16条，自衛隊法105条，米軍特別損失補償法2条〜4条等）がある一方で，全く規定が置かれていないものも少なくない（災害対策基本法，消防法，水防法，狂犬病予防法等）．

　訴えの提起についても，各実定法間で大きな相違があり，また，同じ法律の中でも損失補償の種類によって相違していることがある（例えば，森林法35条，45条，60条，188条参照）．比較的詳細な規定が置かれているもの（都市再開発

第1章　概　説

法85条, 農地法55条, 自然環境保全法34条, 自然公園法65条, 鳥獣保護管理法32条, 種の保存法44条, 文化財保護法41条, 航空機騒音防止法14条, 15条, 17条, 自衛隊法105条, 米軍特別損失補償法5条, 6条等) がある一方で, 全く規定が置かれていないものも少なくない (土地改良法, 特定空港周辺特別措置法, 古都保存法, 災害対策基本法, 消防法, 水防法, 道路法, 狂犬病予防法等).

なお, 収用法132条の「審査請求の制限」, 133条の「訴訟」については, 「各論」の第2章第2節第23款「審査請求」, 第24款「訴訟」において若干の考察をした (後述413頁以下, 418頁以下).

第3節　損失補償の実態

1　実態把握の必要性

「総論」においては, 主として損失補償の理論的な側面に焦点を当てて考察した. そのため, そこでは損失補償の実態については, ほとんど触れていない.

損失補償の実態把握の重要性については, 文献においてすでに30数年前に, 次のように説かれていた (華山謙「公共事業の施行と補償」行政法大系⑥298〜299頁). すなわち,「演繹的な思考方法は, その結論と現実とを検定する帰納的な思考法によって補完されるべきであり, とくに補償問題に関しては, 補償の正当性を判断するには, 行われた補償と発生した損失との検定作業が不可欠である. ところが, 補償は損失の事前に行われなければならないとされている. したがって, 憲法29条から演繹される補償理論は, 必ず補償後の被補償者の実態把握によって検定を受ける必要があるのである. ／ところが, この検定の作業は, 従来ほとんど行われたことがなかった. 従来の補償理論は, この点で机上のものであり, 偏頗なものであったということができよう. 事実の検定を受けていない机上の空論は, その実践にさいして自信を失うのが当然である.」

2　実態把握の困難性

損失補償の実態については, 「各論」において考察する予定であった. しかし, 損失補償の実態について触れている資料や文献は極めて少なく, 実態を明確にすることは極めて困難であることが判明した. この点については, 今後資料の収集等に努めながら, 明確にしていくことにしたい.

第4節 「各論」の文献の偏在

1 文献の偏在

　「各論」についての文献は，損失補償関係に限定してみると，領域によって著しく偏在している．収用法，都市計画法，自然公園法，土地区画整理法のように相当の文献がある領域があるのに対して，空港騒音防止法関係，自衛隊・駐留アメリカ合衆国軍隊法関係，災害防止法関係，国有財産法・地方自治法関係等のように，文献が極めて少ないか，ほとんど存在しない領域もある．

　また，収用法，都市計画法，土地区画整理法を除いて，文献の多くは行政実務家（担当行政機関の職員）が執筆したものであり，研究者の執筆したものはほとんど見当たらない．筆者も，「総論」については，これまでいくらかの考察をしたことがあるが，「各論」の分野については，ほとんど考察したことがなかった．本書「各論」の執筆に当たって参考にした文献の大半は，行政実務家の執筆したものである．藤田宙靖『最高裁回想録─学者判事の七年半─』152頁（有斐閣, 2012年）は，通常あまり目にすることのない特殊法の法規定について，「多くの行政法学者は，行政救済法には詳しくとも，このような特殊法の分野の実態規定については，殆ど知るところが無い．その結果は，好むと好まざるとに拘わらず，これらの法令を考案した省庁の担当者の解説が，現存する唯一の参考文献であるという事態を招くことになる」と説いている．的確な指摘というべきである．

2 研究者の役割

　実定損失補償法についての研究者による文献が少ないのは，研究課題が山積していて，そこまで手をのばす時間的余裕がないこと，収用法，都市計画法，土地区画整理法等の若干の実定法を除けば，損失補償について論争されることは極めて少なく，それに対して研究関心が向くことはほとんどないこと，などにその理由があるのではないかと思われる．

　しかし，このような状況は，やむをえないこととして放置されるべきではない．個別実定法における損失補償の規定は，政策上の補償は別にして，憲法29条3項等の趣旨を具体化したものであり，被収用者等の財産権等の補償にとっては極めて重要な役割を担っている．行政実務家は，一般に，損失補償よ

第 1 章　概　説

りも，行政の運営に関心が向かうため，損失補償についての解説は簡単に済ます傾向にある．そのことは，運用指針や要綱等をみれば明らかである．

　個別実定法の解釈指針を明確にすることは，研究者の責務である．行政実務家とは異なった視点から，損失補償の在るべき姿を探究し，損失補償法規の統一的解釈指針を示すべきである．行政実務家は，各行政領域ごとの専門家ではあっても，広く全領域にわたって関心を有するわけではない．そのために，立法に際しても，法の解釈に際しても，全体的な展望をすることなく，自己の行政領域ごとに判断する傾向になりがちである（省庁間の権限争い）．そのために，損失補償についても，行政領域間で区々の取扱いがなされることになるのではないかと思われる．

第2章　土地収用法関係

第1節　概　説

　土地収用法（収用法）関係として，ここでは，収用法と公共用地取得特別措置法を取り上げて考察する．

　収用法は，後述するように，第6章「損失の補償」（68～94条）において，損失補償について定めている．損失補償については，一般法はないので，この収用法第6章の規定が損失補償の一般法のような地位を占めている．後に取り上げる多くの法律において収用法の規定が準用されているのは，このためである．例えば，土地の立入りに伴う損失の補償や当事者の収用委員会への裁決申請等については，明示的あるいは黙示的に収用法の規定が準用あるいは参考にされている．

第2節　土地収用法

第1款　概　説

1　本法の沿革

　土地収用の法制度は，1875（明治8）年の「公用土地買上規則」（太政官達第132号）にまで遡ることができるが，本格的な法制度は，1889（明治22）年の土地収用法において基礎づけられた．この法律は，プロイセン土地収用法を継受したものである（國宗正義『土地法立法原理』18頁以下（青林書院新社，1980年），同『ドイツ土地収用法』3頁以下（建設綜合資料社，1985年）参照）が，明治憲法が明治22年，民法典が明治29年，刑法典が明治40年に制定されたことを考えれば，土地収用法がこれだけ早い段階で制定されたことは驚くべきことである（美濃部・原理55頁以下参照）．同法は，損失補償についても，すでに，「公共ノ利益ノ為メノ工事ニシテ必要アルトキハ此法律ノ定ムル所ニ依リ損失ヲ補償シテ土地ヲ収用又ハ使用スルコトヲコトヲ得」（1条前段），「収用又ハ使

用スヘキ土地其ノ他ノ補償金額ハ所有者及関係人ヲシテ相当ノ価値を得セシムルヲ目的トシテ之ヲ定ムヘシ」(17条) と規定し，そのほか，残地補償 (18条) や移転料補償 (21条) 等について規定していた．1900 (明治33) 年に，新たに土地収用法が制定され，明治22年法は廃止されたが，新法は明治22年法を基本的に継承しつつ，その後の民法典の制定を踏まえて上で，それとの整合・調和を図り，また収用適格事業を拡大し，さらに「通常受クヘキ損失ノ補償」の規定を盛り込むなど，より精緻な内容としたものである．

戦後，新憲法の制定に伴い，土地収用制度を民主的なものに改めるために，1951 (昭和26) 年に，旧法を廃止して，現行土地収用法 (以下，本節において「本法」という) が制定された．本法は，明治33年法に種々の改良が加えられて，極めて詳細な内容となっているが，その基本構造は旧法をほぼ踏襲したものである (本法の沿革については，さしあたり，小澤・収用法上2頁以下参照)．

2 本法第6章「損失の補償」の構成

損失補償について最も詳細に定めている法律は本法である．文献においては，「土地収用における損失の補償が所謂公法上の損失補償 (öffentlichrechtliche Entschädigung) の一種であり，その代表的のものであることは，改めて言うまでもないところである．寧ろ公法上の損失補償の法理は主として土地収用における損失の補償を本として構成せられたものである」と説かれている (柳瀬・公用負担法256頁)．

本法は，第6章を「損失の補償」と題して，これを第1節「収用又は使用に因る損失の補償」，第2節「測量，事業の廃止等に因る損失の補償」に分けて規定している．第1節は，①通則的規定 (68〜70条，89条)，②補償額の算定基準に関する規定 (71〜73条)，③通損補償に関する規定 (77条，88条)，④残地に関する補償規定 (74〜76条，90条)，⑤拡張収用に関する補償規定 (78〜80条，81条)，⑥現物補償に関する規定 (82〜87条)，⑦原状回復困難な土地使用に関する補償規定 (80条の2)，⑧損失補償に関する細目を政令に委ねる旨の規定 (88条の2)，⑨補償金支払請求に関連する規定 (90条の2〜90条の4) で構成されている．また，第2節は，①立入調査による損失補償に関する規定 (91条)，②事業の廃止等による損失の補償規定 (92条)，③隣接地に関する工事費の補償規定 (93条)，④これら三つの補償に関する裁決手続等に関する規定 (94条) で構成されている．

第2款　損失補償の義務者・権利者

> （損失を補償すべき者）
> **第68条**
> 　土地を収用し，又は使用することに因つて土地所有者及び関係人が受ける損失は，起業者が補償しなければならない．

1　本条の趣旨と要点

1　本条の趣旨

　本条は，損失補償の義務者を起業者とする旨を定めたものである．これを「起業者払いの原則」という．かつては，収用権の主体は国であるか起業者であるかをめぐって，国家主体説と起業者主体説の対立があり，いずれの立場に立つかによって補償義務者が異なっていた（この論点については，さしあたり，渡辺・収用法論33頁以下，美濃部・原理81頁以下，柳瀬・公用負担法267〜268頁参照）が，現在では，この議論にはほとんど実益は認められない（小高・収用法375頁，小澤・収用法下17〜18頁，鈴木＝高原・収用法50講15〜16頁〔遠藤博也執筆〕等参照）．

2　本条の要点

　本条の要点は，補償の義務者・権利者である．義務者については，「起業者」の意義と起業者適格が問題となり，権利者については，漁業者に対する補償が問題となる．判例・学説上の対立はほとんど見当たらない．

2　補償の義務者・権利者

1　補償義務者

　1　起業者の意義　補償義務者は，「起業者」である．起業者の定義について，8条1項は，「この法律において『起業者』とは，土地，第5条に掲げる権利若しくは第6条に掲げる立木，建物その他土地に定着する物件を収用し，若しくは使用し，又は前条に規定する土石砂れきを収用することを必要とする第3条各号の一に規定する事業を行う者をいう．」と規定している．具体的事業についての起業者は，3条各号や各事業の根拠法の定めるところにより決定

される.

2 起業者適格　起業者適格については，次の点に留意すべきである．まず，起業者は，権利・義務の帰属主体となりうる法人格を有する者でなければならない．国の行う事業の中には，当該事業の施行について権限を有する行政機関を起業者として表示すべきこととされているものがある（例えば，道路法12条）が，これは事務処理の便宜上の理由からであって，行政機関に起業者適格があるというわけではない．このことは，損失補償請求訴訟の被告適格について問題となることがある（鹿児島地判昭和45・6・4訟月16巻10号1191頁参照．後述439頁参照）．

次に，法定受託事務として処理される事業については，起業者適格が国であるのか地方公共団体であるのかが問題となる．ただ，地方自治法の改正により，かつての機関委任事務が廃止されて，第1号法定受託事務となった現在では，第1号法定受託事務として処理される事業も地方公共団体の事務であり，地方公共団体が起業者であることが明確になっている（小澤・収用法上158〜159頁，後述924頁等参照．ただし，損失補償責任ではなく，損害賠償責任が問われた場合の被告については，別の考慮が必要となることもありうる．この点については，西埜・国賠法コメ1108頁以下参照）．

2　補償権利者

1 土地所有者・関係人　損失の補償を受ける者（補償権利者または補償請求権者）は，被収用者である．具体的には，土地所有者および関係人である．土地所有者および関係人の定義については，8条2項・3項が定めている．それによれば，「土地所有者」とは，収用または使用に係る土地の所有者をいい，「関係人」とは，当該土地に関して地上権，永小作権，地役権，採石権，質権，抵当権等の所有権以外の権利を有する者をいう．

2 補償を受けることができない者　これに対して，次に掲げるものは，補償を受けることができない．まず，①事業認定の告示後に新たな権利を取得した者は，関係人に含まれない（8条3項但書）から，損失補償を受けることができない．また，②起業者が過失なくして権利者であることが確定できなかった者も，損失補償を受けることができない（48条4項，49条2項．ただし，それらの権利者は，別途，民事上の手段により起業者以外の者に対してその権利を主張して救済を求めることができる）．さらに，③損失補償が各人別に見積り難

いために一括して所有者に払い渡される場合には（69条但書），所有者以外の関係人は，起業者から直接補償を受け取ることはできない．そのほか，④準関係人（43条2項）は，関係人ではないので，損失補償を受けることができない（準関係人の保護については，小澤・収用法上573頁以下，小高・買収と補償65〜66頁等参照）．⑤土地所有者または関係人は，26条1項の規定による事業の認定の告示後に土地の形質の変更をしたり，工作物を新築・改築・増築したり，物件を附加増置したりしたときは，あらかじめこれについて都道府県知事の承認を得ていなければ，これに関する損失の補償を請求することができない（89条1項）．

3 漁業者に対する補償 補償権利者について問題となるのは，漁業者に対する補償である．補償権利者は漁業協同組合であるのか，組合員であるのかが問題となる．この点については，①漁業権の主体は組合であり，補償金は組合に支払うべきであるとする説，②漁業補償は，組合に対してではなく，組合員に対してなすべきであるとする説，③漁業権は組合と組合員の双方に帰属するとする説，の三説が対立している（学説の分類については，小高・収用法376頁，木村実「損失補償法の個別的問題―漁業関係」国家補償法大系④149頁以下，小澤・収用法上177頁，松尾・損失補償法159頁等参照）．最判平成元・7・13（民集43巻7号866頁）は，補償金は漁業協同組合に帰属すると判示して，①説に立っており，学説上もこのような見解が有力である．

この点について，損失補償基準要綱解説は，「共同漁業権は法人としての漁業協同組合に帰属するものとし，組合員の漁業を営む権利は組合の制定する漁業権行使規則の定めるところにより行使することができる権利である旨最高裁判所は判示している」と説明している（42頁）．

なお，漁業権の取消し・変更等による損失補償について定めているのものとして，例えば，海岸法22条があるが，これについては，海岸法の箇所で説明する（後述938頁以下参照）．

4 反射的利益の享受者 損失補償基準要綱4条（補償を受ける者）は，「損失の補償は，第5章に規定する場合を除き，土地等の権利者に対してするものとする．」と規定している．この趣旨について，損失補償基準要綱解説は，「本条は，補償を受ける者の範囲を規定することによって，損失の補償は原則として土地等の権利者に対してのみ行うものであることを宣明し，単なる反射的利益を現に享受しているにすぎない者に対しては損失の補償を行わない旨を

明らかにしたものである」と説明している（41頁）．また，文献の中にも，補償の相手方となるのは原則として土地等の「権利」者であるとして，「これらの権利には，社会通念上権利と認められる程度にまで成熟した慣習上の利益も含まれるが（同〔損失補償基準要綱〕2条5項），単なる反射的利益については，法的には何らの保護も与えられておらず，公共事業による当該利益の喪失は本来受忍すべき性質のものであって，このような反射的利益を享受している者は補償の対象とならない（例，バイパス建設により顧客を失うこととなる旧道沿いのガソリンスタンドの経営者等）」と説くもの（三宅豊博「損失補償基準」現代行政法大系⑥349頁）がある．

しかし，仮にこのような見解が一般論として妥当であるとしても，何が反射的利益に当たるのか，必ずしも明確ではない．生活権補償，精神的損失補償，事業損失補償等が排除されるべきか否かについては，その必要性を説く見解も有力になってきている．この点については，後に項を改めて考察する（355頁以下参照）．

第3款　個別払いの原則

（個別払の原則）
第69条
　損失の補償は，土地所有者及び関係人に，各人別にしなければならない．但し，各人別に見積ることが困難であるときは，この限りでない．

●1　本条の趣旨と要点

1 本条の趣旨

1　個別主義と代位主義　損失補償の支払方法については，個別主義と代位主義がある．本条は，個別主義を原則とし（個別払いの原則），代位主義を例外としたものである．その理由は，①権利の内容からいえば，所有権とその上にある他の権利との内容の合計は常にそれらの権利の存在しない単独の所有権の内容と等しいものであるから，この点からみるときは代位主義にも理由があり，また損失の補償額の算定を簡単にするという長所もあるが，しかし，②実際は，所有権とその上にある他の権利とは各独立の経済的機能を有し，各独立の価格を有するのが通常であり，その結果，それらの権利の価格の合計は他の

権利の存在しない単独の所有権の価格を超えることが往々にしてあるので，代位主義の方法によっては各被収用者は完全な補償を受けることができない場合がありうるからである（柳瀬・公用負担法275頁．なお，高田・収用法282～283頁，小高・収用法378頁，小澤・収用法下23頁以下，竹村・収用法と補償428頁等参照）．

　また，これを別の面からみれば，代位主義が例外とされるのは，①これによる場合は，争いがあるときは補償の分割につき民事訴訟手続に従って処理することとなり，相当の時間を要すること，また，②土地所有者への一括支払いにより，土地所有者の一般財産への混入によって事後の問題処理手続が煩雑となるおそれがあること，などの短所が認められるからである（小澤・収用法下23～24頁，竹村・収用法と補償428頁等参照）．

　裁判例をみると，公共用地取得特別措置法上の緊急裁決処分取消等請求事件の東京地判昭和63・6・28（行集39巻5＝6号535頁）は，次のように説示している．「収用法69条は，損失の補償に関わる関係権利者が一つの収用につき複数である場合には，損失の補償は各人別に定め，これを各人別に払うことを原則とする旨を規定しているが（以下この原則を「個別主義」という．），同条ただし書は，損失補償を各人別に見積ることが困難であるときは，個別主義によらないことを認めている．右のただし書が置かれたのは，関係権利者の間に権利関係に紛争があるなど各人別に損失の補償を見積ることが困難である場合にも個別主義を貫徹すると，裁決において常に各関係者の権利内容を審理の上確定しなければならず，裁決をするのに過大な負担がかかるとともに，裁決を著しく遅延させることになりかねず，速やかに損失補償を決定して裁決を行うという公共の利益に適合しない事態が生じることを慮ったからにほかならない．しかし一方，個別主義によらない場合には，その一括された損失の補償の分割は，関係権利者の間で合意に達しない限り，最終的に民事訴訟によらざるを得ず，右訴訟が長引けば，実際上損失の発生の時点と現実にそれが塡補される時点との間に大きな時間的間隔が生ずる結果となることを考えると，右のただし書の規定の適用は，慎重でなければならないと解される．」

2　損失補償基準要綱　損失補償基準要綱5条も，「損失の補償は，各人別にするものとする．ただし，各人別に見積ることが困難であるときは，この限りでない．」と定めている．この趣旨については，「本条は，損失の補償をそれぞれの土地等の権利者に対して各人別にする個別主義を原則とし，個別主義

により難いときに限って代位主義により得る旨を定めたものであって，表現に若干の差異はあるにしても，土地収用法第69条の規定と同趣旨のものである」と説かれている（損失補償基準要綱解説43頁）．

2 本条の要点

本条の要点は，個別主義と代位主義との関係，代位主義が適用される事例，代位主義が採られている場合の支払先等である．個別主義と代位主義との関係については前述したので，以下においては，それ以外の要点について考察する．いずれの点についても，判例・学説上の対立は見当たらない．

●2 代位主義が適用される事例

1 「困難であるとき」の意味

各人別に見積もることが「困難であるとき」とは，各人別に見積もることが絶対に不可能である場合だけではなく，極めて困難であって常識的に不可能と認められる場合，すなわち，相当の程度を超える手段と費用等を用いなければ各人別に見積もることができない場合をも含む，と解されている（小高・収用法379頁．なお，高田・収用法280頁，小澤・収用法下24頁，竹村・収用法と補償429頁，鈴木＝高原・収用法50講130〜131頁〔松島諄吉執筆〕等参照）．どのような場合がこれに当たるかは，個々具体的な事案に即して，時間，労力，経費等を考慮しながら総合的に判断せざるをえない．

2 主要な事例

「困難であるとき」として代位主義が適用される事例としては，本法に規定するものを中心にして説明すれば，次のようなものがある（詳細については，小高・収用法379〜380頁，小澤・収用法下24頁以下，竹村・収用法と補償429〜430頁等参照）．

1　担保物権　各人別に見積もることが困難な場合の例としては，まず担保物権がある．104条本文は，「先取特権，質権若しくは抵当権の目的物が収用され，又は使用された場合においては，これらの権利は，その目的物の収用又は使用に因つて債務者が受けるべき補償金等又は替地に対しても行うことができる．」と規定しており，これらの場合については，代位主義が採られていることを示している．その理由は，担保物権に対する補償は担保物に対する補

償と渾然一体となっており，また，担保物権者に対する補償の要否・補償額は債務者の一般財産（総財産）の状況いかんによって異なってくるので，担保物権者に対する補償を個別に見積もることが困難である，ということである．一括して算定された補償金は，土地所有者等担保権の設定された権利を有する者に払い渡されるから，担保物権者は物上代位権の行使により自己の権利を保全するためには，補償金が支払われる前に差押えをしなければならない（園部編・法律相談464頁〔矢野勝久執筆〕，小高・収用法379頁，小澤・収用法下26頁以下等参照）．

2　仮登記または買戻特約の登記がされた権利に係る補償　裁決手続開始の登記前に仮登記または買戻しの特約の登記がされた権利に係る補償金等は，一括して供託されるものとされている（95条4項）．その理由は，仮登記権者または既登記の買戻権者とその権利の対象となっている権利を有する者の損失は，条件の内容，実現可能性の程度等にかかっており，その補償額の割合は当事者の交渉に待つほかないのが通例であるから，両者を名宛人として総額を裁決し，供託することとされている，ということである（小高・収用法380頁，園部編・法律相談464頁〔矢野執筆〕，小澤・収用法下25頁，竹村・収用法と補償429頁等参照）．

3　差押えまたは仮差押えの執行がされた権利に係る補償　裁決手続開始の登記前に差押えまたは仮差押えの執行がされた権利に係る補償金等は，一括して配当手続を実施すべき機関（配当機関）に払い渡され，差押債権者または仮差押債権者は配当機関から配当を受けるものとされている（96条）．その理由は，収用または使用によって差押債権者または仮差押債権者の被る損失は，差押債権者もしくは仮差押債権者たる地位の喪失（収用の場合）または差押えもしくは仮差押えの執行の目的物の価値の減少（使用の場合）であるが，このような損失に対する補償は差押えまたは仮差押えの執行に係る権利に対する補償から分離して個別に算定することはできない，ということである（小高・収用法379～380頁，園部編・法律相談464頁〔矢野執筆〕，小澤・収用法下25頁，竹村・収用法と補償429頁等参照）．

3　判　例

代位主義の適用を認めた裁判例として，次のようなものがある．公共用地取得特別措置法の緊急裁決に係る事例で，土地の所有者とその使用借権者との間

で使用借権の補償額について争いがあった事案（緊急裁決処分取消等請求事件）におけるものであるが，前掲東京地判昭和63・6・28は，次のように判示している．「使用借権に対する損失の補償額を算定するには，当該権利の具体的内容としての使用態様，使用状況，使用期間等の事項を認定する必要があり，これら事項が認定できなければ，使用借権に対する損失の補償額も確定できないことは明らかである．……被告委員会は本件緊急裁決における調査，審理では右Aの使用借権につき，その具体的内容としての前記諸事項を全く把握できなかったこと，そのような事態にたち至ったのは，被告委員会が各人別の見積りの手続を怠ったことによるものではなく，専ら本件第一期事業に反対するAの側に本件緊急裁決の審理に協力する姿勢がなかったことによるものであると認められる．そうすると，本件緊急裁決当時，被告委員会が，本件18番地に対する損失の補償を，同土地の所有者Bと関係人Aとに区分して各人別に見積ることは困難であることは明らかというべきであって，収用法69条ただし書の規定をいかに厳格に解しても，これに該当するといえるから，被告委員会が同土地に対する仮補償金を右の二人につき一括して定めたことは適法というほかない．」

●3　代位主義が採られている場合の支払先

代位主義が採られている場合の補償金等の支払先は，①特定の被収用者への一括払渡し，②配当機関への払渡し，③供託，の3通りがある．ただし，③の場合は，補償金の受領者（供託所）は土地に関する権利者ではないから，厳密な意味では代位主義とはいえない（小澤・収用法下22頁，34〜35頁，竹村・収用法と補償428頁参照）．

第4款　損失補償の方法

（損失補償の方法）
第70条
　損失の補償は，金銭をもつてするものとする．但し，替地の提供その他補償の方法について，第82条から第86条までの規定により収用委員会の裁決があつた場合は，この限りでない．

第2節　土地収用法

1　本条の趣旨と要点

1　本条の趣旨

本条は，金銭補償の原則（金銭支払いの原則）を定めている（前述205頁参照）．損失補償の種別としては，金銭補償と現物補償の区別がある（前述106頁参照）．これは，本来は損失補償の方法についての区別であるが，補償の内容にも関連している．

金銭補償とは金銭による補償をいい，現物補償とは現物による補償（土地・建物の提供，耕地・宅地の造成等）をいう．憲法上は，いずれの補償によるかについて何ら規定はないが，法律上では，金銭補償が原則で現物補償は例外とされている．

損失補償基準要綱6条も，1項において「損失の補償は，原則として，金銭をもってするものとする．」と規定し，2項において「土地等の権利者が金銭に代えて土地又は建物の提供，耕地又は宅地の造成その他金銭以外の方法による給付を要求した場合において，その要求が相当であり，かつ，真にやむを得ないものであると認められるときは，事情の許す限り，これらの給付を行うよう努めるものとする．」と規定している．

2　本条の要点

本条の要点は，金銭補償の原則の論拠，金銭の支払方法，現物補償の論拠，現物補償と生活再建との関係等である．いずれの点についても，判例・学説上の対立は見当たらない．

2　金銭補償の原則

1　金銭補償原則の論拠

金銭補償の原則を採用した理由としては，①市場経済を前提とする社会においては，財産権の経済的価値は金銭をもって評価することが可能であり，被収用者は補償で得た金銭により，原則として，市場において従前の土地等に見合った土地等の入手が可能であること，②被収用者は損失補償を金銭で受け，それを任意に活用することによって従前と同程度の生活を再建することが可能であり，金銭補償は被収用者の自由を最もよく保障する補償方法であること，③補償義務者が現物を提供することが困難である場合が多く，補償義務者に現物

補償を義務づけることは不可能であること，などが挙げられている（小高・収用法381頁，園部編・法律相談465頁以下〔矢野執筆〕，小澤・収用法下35頁以下，竹村・収用法と補償430～431頁，神戸地判平成8・8・7判時1596号55頁等参照）．

2 金銭の支払方法

金銭の支払いは，通貨でもってなされる．これは，民法上の原則でもある（民法402条参照）．ただ，この点については，判例上，銀行振出小切手や郵便為替証書等による支払いも認められている．そこで，2001（平成13）年の改正により100条の2が追加され，現金のほか，「小切手等」が支払手段として明定された（小澤・収用法下484頁以下，国土交通省総合政策局土地収用管理室監修・土地収用法令研究会編『Q&A土地収用法─平成13年改正のポイント─』123～124頁（ぎょうせい，2001年），土地収用法令研究会編・Q&A244頁，松下・収用の実務71頁等参照．なお，前述205頁参照）．実例としては，小切手による場合が多い（損失補償基準要綱解説46頁参照）．

●3 現物補償

1 現物補償の論拠

現物補償は例外的に認められるものであるが，その種類としては，替地による補償（82条），耕地の造成による補償（83条），工事の代行による補償（84条），移転の代行による補償（85条），宅地の造成による補償（86条）がある．

例外的にせよ，現物補償が認められている理由は，①金銭補償によっては被収用者の生活再建が困難である場合があること，②起業者が代替地を保有しているような場合には，替地による補償が当事者双方にとって好都合であること，などである（前述107頁参照）．

2 生活再建と現物補償

このように，現物補償は例外的に認められるものであるが，被収用者の生活再建のためには，金銭補償よりも現物補償の方が有効である場合が少なくない（宇賀・国家補償法444～445頁，西谷剛「生活再建補償」小高編・理論と実際114頁等参照）．とりわけ，替地による補償や耕地の造成による補償は，従前と同程度の生活を維持するためには最も適切なものである．しかし，例えば，替地による補償は，「その要求が相当であり，且つ，替地の譲渡が起業者の事業又

は業務の執行に支障を及ぼさないと認めるとき」に収用委員会の裁決によって認められるものであり（82条2項），いつでも認められるというわけではない．

裁判例をみると，収用委員会が金銭による損失補償を裁決したことに対して，原告らが収用法133条に基づき，損失補償金に代えて替地による補償を求めた事案において，前掲神戸地判平成8・8・7は，替地補償要求の相当性について，「替地の要求が相当であるとは，被収用者側に，金銭補償によったのでは代替地の取得が困難であり，かつ，代替地を現実に取得しなければ従前の生活，生計を保持し得ないと客観的に認められる特段の事情の存する場合をいう」とした上で，本件においては特段の事情が認められないとして，請求を棄却している（前述107頁，後述312頁参照）．

第5款　事業認定時価格固定主義（その1）

（土地等に対する補償金の額）
第71条
　収用する土地又はその土地に関する所有権以外の権利に対する補償金の額は，近傍類地の取引価格等を考慮して算定した事業の認定の告示の時における相当な価格に，権利取得裁決の時までの物価の変動に応ずる修正率を乗じた額とする．

● 1　本条の趣旨と要点

1　本条の趣旨

補償額は，財産権の客観的価値，すなわち，一般取引価格（市場価格または再取得価格）に従って算定される（本条のほか，損失補償基準要綱7条，用対連基準8条参照）．

ただ，このように一般取引価格によるべきであるとしても，土地収用は一連の手続を経て行われるものであるから，どの時点を補償額算定の基準時とすべきかという問題が生ずる．本条は，起業利益（開発利益）を否認するために，1967（昭和42）年の改正により，「事業認定の告示の時」（手続保留地にあっては手続開始の告示の時）と改められた．裁決時主義から事業認定時主義への変更である．

この事業認定告示時（以下，単に「事業認定時」という）価格固定制については，学説・判例は合憲と解している（阿部・国家補償法302頁，同・解釈学Ⅱ

386〜387 頁，高田敏『社会的法治国の構成』285 頁（信山社，1993 年），小高・研究 10 頁，小澤・収用法下 52 頁以下，広島地判昭和 49・5・15 判時 762 号 22 頁，広島地判昭和 49・12・17 行集 25 巻 12 号 1614 頁，前掲東京地判昭和 63・6・28，東京地判平成 9・2・27 判例自治 167 号 70 頁，最判平成 14・6・11 民集 56 巻 5 号 958 頁等参照）が，完全補償説の立場からの批判がないわけではない（前述 109 頁，後述 233 頁参照）．

なお，事業認定時価格固定主義が採られているのは，土地または土地に関する所有権以外の権利に対する補償金の額についてであり，その他の補償金（移転料や営業上の損失等）の額については，裁決時（明渡裁決時）主義が採られている（73 条参照）．

2 本条の要点

本条の要点は，事業認定時価格固定制，「相当な価格」の意味，補償金支払請求制度等である．本条は，損失補償に関する中心的な条文であり，判例・学説が対立している点が少なくない．

3 任意買収の場合

任意買収の場合には，土地等の取得または土地等の使用に係る補償額の算定の時点は，「契約締結の時」である（損失補償基準要綱 3 条）．ただし，収用法 26 条 1 項による事業認定の告示があった起業地内の土地等については，事業認定の告示の時の価格に契約締結時までの物価の変動に応じた修正率を乗じて得た額が補償額となる（損失補償基準要綱 47 条．損失補償基準要綱解説 193 頁以下，園部編・法律相談 478〜479 頁〔大久保幸雄執筆〕，大久保幸雄『〈新訂〉公共用地の取得に伴う損失補償基準の考え方 322 問』359 頁（大成出版社，2013 年）等参照）．大都市における道路・河川等の公共事業のために土地を取得する場合には，都市計画法上の事業認可または事業承認（都市計画法 59 条）を受けて，任意買収により処理する方法を採用する例が圧倒的に多い，といわれている（竹村・収用法と補償 460〜461 頁参照）．

●2 事業認定時価格固定制

1 改正の趣旨

1967（昭和 42）年の収用法改正の主たる目的は，起業利益の帰属の適正化と

補償価格の公平化である．立案者は，次のように説いている（改正土地収用法解説7頁）．すなわち，「裁決時価格の原則は，開発利益を不当に起業者―国民一般からとり上げるとともに，土地所有者間の不公平を招き，公共用地取得の円滑，迅速化を妨げている．地価対策の急務なることもあわせ考えれば，今や裁決時価格の原則は，いかに理の当然のように見え，収用の本質に深く根ざしているかの如く考えられてきたとしても，もはやこれを固持してゆくことは，何とか考えなおさなければならない．財産権の保護の上から許される限度内で，従来の被収用者に与えられている補償の実質とも，総合的に均衡をとりつつ，この社会的要請にこたえるため，創意をこらす必要がある．」

2 価格固定制度の問題点

本条が予定している前提条件は，起業利益（開発利益）の発生により地価が上昇したことと，地価の上昇に比較して物価の上昇が低いこと，である．それ故，①起業利益に比較して起業損失が大きい場合，②土地価格が下落または地価の上昇がない場合，③物価の上昇よりも地価の上昇が低い場合などでは，価格固定制度の有効性が問題となる（竹村・収用法と補償447頁以下，松下・収用の実務235頁以下，土地収用法令研究会編・Q＆A 248～249頁．藤田・総論605頁以下等参照）．

3 価格固定制に対する学説の対立状況

土地価格固定制度に批判的なものとしては，必ずしも違憲であると断じているわけではないが，次のような見解がある．改正の目的を①ゴテ得（ゴネ得）の排除，②起業利益（開発利益）の排除，③事業の認定が行われて収用の予定されたものについては価格の上昇はありえないという考え方，の3点であるとして，これらについて順次検討した上で，「要するに，収用の目的物に対する補償額が上の如く改められたことについては，その目的乃至理由について種々の疑問があり，必ずしも補償の本質に合致したものとは認め難く，延いては損失の補償はそれが認められる理由に合致する如く定めるべきことを要求しているものと解せられる憲法（29条3項）の趣旨に適合しているや否やについても疑惑を免れない」との見解（柳瀬・公用負担法282頁以下．なお，同『自治法と土地法』81頁以下（有信堂，1969年）参照），「土地所有者等が支払請求を行わない場合，および，これを行っても支払時期のズレの存することなどの実態が見

第2章　土地収用法関係

受けられるところから，依然として，従前の財産価値の復元の困難性と，それに加えて，起業利益を受ける近傍類地の土地所有者等との間での比較において，憲法14条に定める『平等原則』につき，違憲の疑いの余地があり，また90条に定める，残地に生ずる『起業利益との相殺の禁止』規定の趣旨とも首尾一貫せず，抵触する一面がある」との見解（竹村・収用法と補償463頁），である（そのほか，批判的なものとしては，今村・制度研究133頁以下，同「公益優先論への疑問—土地収用制度論—」自由と正義19巻3号24～25頁（1968年），杉村敏正『憲法と行政法』185～186頁（勁草書房，1972年），宮田・国家責任法281～282頁等がある）．

　これに対して，前述のように，多くの文献は賛意を表している．事業認定時価格固定制は憲法29条3項に適合すると解する見解は，おおむねこの立場に属する．この立場に立って明言しているものとしては，「支払請求制度は，これに関連した過怠金・加算金制度や起業者の周知措置の義務規定等とあいまって，被収用者に対して，算定時期と支払時期とを一致せしめ，代替地を取得しうるに足る補償金の支払いを保証し，そして，このことが周辺地の所有者等とのバランスを確保することを可能にしている」との見解（小澤・収用法下51頁）がある．

4　物価スライド制

　スライドの期間は，補償金の支払請求をした者については，事業認定の告示の時から支払期限（支払請求から2月，または裁決手続き開始の登記から1週間のいずれか遅い方）までであり，補償金の支払請求をしなかった者については，事業認定の告示の時から権利取得裁決時までである．

　スライドの方法は，細目政令の16条および付録の式に定められている．16条によれば，修正率は，総務省統計局が作成する消費者物価指数のうち全国総合指数（全国総合消費者物価指数）および日本銀行が作成する企業物価指数のうち投資財指数を用いて，付録の式により算定する，とされている．これらの両指数を用いることとしたのは，既存の統計指数のうちで，速報性と権威があり，また各月別の数値が得られるためである，と説明されている（改正土地収用法解説103頁．なお，詳細については，小澤・収用法下63頁以下参照）．

● 3　価格固定の対象

1　概　説

　価格固定の対象は，土地収用の場合は，「収用する土地又はその土地に関する所有権以外の権利に対する補償金」（土地代金）である．土地所有権だけではなく，抵当権や賃借権等に対する補償金の額もその対象となる．

　土地使用の場合は，「使用する土地又はその土地に関する所有権以外の権利に対する補償金の額」（使用料）が価格固定の対象となる（72条）．原状回復困難な使用の補償も，価格固定の対象となる（80条の2第2項）．ただし，緊急使用（122条，123条）の場合は，使用の時期の価格によって算定される（124条1項）．

　残地も価格固定の対象となる（74条2項）．ただし，この場合の補償金の支払請求は，87条の規定によりその収用の請求に必要な手続をした場合に限ってすることができる（46条の3）．残地収用の場合は，土地所有権は価格固定されるが，残地に関する所有権以外の権利（賃借権等）は価格固定されず，権利取得裁決時で算定される（76条3項．その理由については，小澤・収用法下61～62頁参照）．

　5条の権利，6条の物件および7条の土石砂れきの収用・使用の補償金も，価格固定の対象となる（138条1項）．

　これに対して，移転料や営業補償等は価格固定の対象とはならない．前述したように，これらについての補償金は，明渡裁決時の価格よって算定される（73条）．

2　土地に対する補償

　価格固定の第一の対象は，土地である．事業認定時の相当な価格に権利取得裁決時までの物価をスライドして算定される．物価スライドについては，前述したとおりである．

　土地には，土留，よう壁，石垣，石段等の土地の附加物も含まれる．これらは，土地を構成するものとして，土地と一体的に評価される．

　損失補償基準要綱7条は，「取得する土地（土地の附加物を含む．以下同じ．）に対しては，正常な取引価格をもって補償するものとする．」と規定している．土地に土地の附加物を含めた趣旨については，「土地の附加物は土地そのもの

の構成部分であるから，その価値は土地に含まれているものであって，土地の価格と別に補償する必要のないことを明らかにしたものである」と説明されている（損失補償基準要綱解説52頁）．

3 土地に関する所有権以外の権利に対する補償

土地に関する所有権以外の権利についても，事業認定時の相当な価格に権利取得裁決時までの物価をスライドして算定される．土地に関する所有権以外の権利とは，地上権，永小作権，地役権，採石権，質権，抵当権，使用貸借または賃貸借による権利のほか，先取特権，入会権等の権利である（5条1項，損失補償基準要綱解説71頁参照）．これらのうち，質権，抵当権，先取特権に対する補償金は，原則として，土地に対する補償金に含められ，個別に見積もられることはない．地上権，永小作権，賃借権については細目政令3条が，地役権については同政令4条が，使用借権については同政令5条が定めている．占有権については同政令6条が定めており，「相当な価格は，零とする」としている．採石権については，同政令に定めはない（詳細については，小澤・収用法下93〜94頁参照）．

●4 「相当な価格」の意味

1 市場価格主義

1 客観的な価格　　相当な価格については，文献においては，権利者が主観的に感ずる価値ではなく，客観的な価格を意味し，単に被収用者の一身の事情のみに基づく偏愛価値または感情価値はこれに入らないが，同じく感情的な価値であっても，収用の目的物自体の事情に基づき何人にも承認される好感価値は，客観的な価格の構成要素であるから，当然損失に算入される，と説かれている．これに対して，土地を取得するために支出した代価やその後その土地に対してなした投資，その土地を特別の用途に用いることを前提として生じる価値，その土地から現在得られている利益，その土地の現在の利用方法，などは考慮されない，と説かれている（柳瀬・公用負担法281〜282頁，高田・収用法286頁以下，国宗正義「補償の種類と性質」中川＝兼子・収用税金215頁以下，小高・収用法390頁以下，宮田・国家責任法257〜258頁，小澤・収用法下67頁以下等参照）．

2 地価公示法等の規定　　同趣旨の規定として，地価公示法9条は，「土

地収用法（昭和26年法律第219号）その他の法律によつて土地を収用することができる事業を行う者は，公示区域内の土地を当該事業の用に供するため取得する場合（当該土地に関して地上権その他当該土地の使用又は収益を制限する権利が存する場合においては，当該土地を取得し，かつ，当該権利を消滅させる場合）において，当該土地の取得価格（当該土地に関して地上権その他当該土地の使用又は収益を制限する権利が存する場合においては，当該権利を消滅させるための対価を含む。）を定めるときは，公示価格を規準としなければならない。」と規定している．また，同法2条は，1項において，「土地鑑定委員会は，都市計画法（昭和43年法律第100号）第4条第2項に規定する都市計画区域その他の土地取引が相当程度見込まれるものとして国土交通省令で定める区域（国土利用計画法（昭和49年法律第92号）第12条第1項の規定により指定された規制区域を除く。以下「公示区域」という。）内の標準地について，毎年1回，国土交通省令で定めるところにより，2人以上の不動産鑑定士の鑑定評価を求め，その結果を審査し，必要な調整を行つて，一定の基準日における当該標準地の単位面積当たりの正常な価格を判定し，これを公示するものとする。」と規定し，その2項において，「前項の『正常な価格』とは，土地について，自由な取引が行なわれるとした場合におけるその取引（農地，採草放牧地又は森林の取引（農地，採草放牧地及び森林以外のものとするための取引を除く。）を除く。）において通常成立すると認められる価格（当該土地に建物その他の定着物がある場合又は当該土地に関して地上権その他当該土地の使用若しくは収益を制限する権利が存する場合には，これらの定着物又は権利が存しないものとして通常成立すると認められる価格）をいう。」と規定している（地価公示制度と補償額算定との関係については，鈴木＝高原・収用法50講122頁以下〔安達信太郎執筆〕参照）．

また，「不動産鑑定評価基準」の第5章第3節は，「正常な価格」を「現実の社会経済情勢の下で合理的と考えられる条件を満たす市場で形成されるであろう市場価値を表示する適正な価格」と規定している．

3 判例の動向　裁判例においても，同様の傾向にある．例えば，現況は農地であるが宅地としての利用価値を有する土地を収用する場合の「相当な価格」が争われた事案（昭和42年の改正前の事案）において，大阪高判昭和39・11・9（下民集15巻11号2641頁）は，「土地収用法第71条，第72条の規定によると，損失の補償は裁決時における『相当な価格』をもってなさるべきものであり，ここに『相当な価格』とは，収用土地の客観的取引価格と解するを相

当とするところ，客観的取引価格は，土地の現在の地目が何であるかということよりもむしろその客観的利用価値によって形成されるものであるから，土地の地目が公簿上も現況もともに畑であっても，それが他方では宅地的要素をも併有し，容易に宅地として利用しうる状況にあり，宅地として，利用価値を有する場合には，宅地の価値をも加味して評価し，損失の補償をなすのが相当である」「また被控訴人は，本件土地は被控訴人が昭和5年5月に代金その他諸経費に7,042円余を投じて購入したものであるところ，これにその後の土地価格騰貴率716倍を乗じて本件裁判時の金額に換算すると5,042,072円（坪当り13,072円）となる旨主張し，これをもって被控訴人主張の補償額算定の資料とするけれども，土地収用の損失補償額は裁決時における取引価格を標準とすべきもので，過去に投入した費用をそのまま資料とすべきものでないから，右主張を基礎とした補償額は是認できない」と判示している．

また，道路建設に伴う土留擁壁設置による残地の減価の補償が争われた事案（昭和42年の改正前の事案）において，大阪地判昭和48・7・5（行集25巻8＝9号1123頁）は，「相当な価格は，その土地の客観的交換価値によって判断されるべきであって，土地所有者の主観的事情により左右されるべきではない．それ故，原告が単にその所有地を前記のような方法で利用する計画を立てていたというような事情は，土地の価格算定に当って考慮されるべきものではない」と判示している．

2 「近傍類地」の意味

「近傍類地」は，近傍地および類地を含むものである．その趣旨は，収用する土地の近傍にその土地と同様の環境，形状を有する土地の取引事例がない場合も考えられるので，このような場合に近傍地または類地の取引価格を基準とすることができるようにした，ということである（改正土地収用法解説58頁，損失補償基準要綱解説59頁，竹村・収用法と補償440～441頁，小高・収用法388頁等参照．ただし，小澤・収用法下79頁は，これとは若干異なる解釈をしている）．

3 算定方法

1 細目政令の規定　「相当な価格」の算定方法については，細目政令1条1項は，「収用する土地についての法第71条の相当な価格は，近傍類地の取引事例が収集できるときは，当該取引事例における取引価格に取引が行われた

事情，時期等に応じて適正な補正を加えた価格を基準とし，当該近傍類地及び収用する土地に関する次に掲げる事項を総合的に比較考量し，必要に応じて次項各号に掲げる事項をも参考にして，算定するものとする．」と規定し，①位置，②形状，③環境，④収益性，⑤その他一般の取引における価格形成上の諸要素を挙げている．取引事例比較法を基準としつつ，収益還元額，再調達原価および課税評価額を参考とする趣旨である（小澤・収用法下79頁参照）．

2　損失補償基準要綱・用対連基準の規定　損失補償基準要綱7条1項は，「取得する土地（土地の附加物を含む．以下同じ．）に対しては，正常な取引価格をもつて補償するものとする．」と規定し，その2項は，「前項の場合において，当該土地に建物その他の物件があるときは，当該物件がないものとしての当該土地の正常な取引価格によるものとする．」と規定している．そして，その上で，8条1項は，「前条の正常な取引価格は，近傍類地（近傍地及び類地を含む．以下同じ．）の取引価格を基準とし，これらの土地及び取得する土地の位置，形状，環境，収益性その他一般の取引における価格形成上の諸要素を総合的に比較考量して算定するものとする．」と規定している．用対連基準9条も，「正常な取引価格は，近傍類地（近傍地及び類地を含む．以下同じ．）の取引価格を基準とし，これらの土地及び取得する土地について，次の各号に掲げる土地価格形成上の諸要素を総合的に比較考量して算定するものとする．」と規定して，土地を宅地，農地，林地，その他の土地に分類して，土地価格形成上の諸要素を具体的に規定している．

3　判例の動向　土地所有者等の被収用者からすれば，「相当な価格」は憲法29条3項の「正当な補償」でなければならない．最判昭和48・10・18（民集27巻9号1210頁）は，「土地収用法における損失の補償は，特定の公益上必要な事業のために土地が収用される場合，その収用によって当該土地の所有者等が被る特別な犠牲の回復をはかることを目的とするものであるから，完全な補償，すなわち，収用の前後を通じて被収用者の財産価値を等しくならしめるような補償をなすべきであり，金銭をもって補償する場合には，被収用者が近傍において被収用地と同等の代替地等を取得することをうるに足りる金額の補償を要するものというべく，土地収用法72条（昭和42年法律第74号による改正前のもの．以下同じ．）は右のような趣旨を明らかにした規定と解すべきである．そして，右の理は，土地が都市計画事業のために収用される場合であっても，何ら，異なるものものではなく，この場合，……被収用者に対し土地

第 2 章　土地収用法関係

収用法72条によって補償すべき相当な価格とは，被収用地が，右のような建築制限を受けていないとすれば，裁決時において有するであろうと認められる価格をいうと解すべきである」と判示している（前述99頁参照）．

　下級審の裁判例においても，上記の最高裁判例が引用されている．大阪地判昭和52・4・26（行集28巻4号354頁）は，旧都市計画法16条1項に基づく土地の収用による損失補償の「相当な価格」が問題となった事案（本件事業認可告示時は，昭和43年2月28日）において，「土地収用法71条にいう『事業の認定の告示の時における相当な価格』とは，右時点（本件では都市計画法70条1項により都市計画決定認可告示の時）において完全な補償となる額でなければならず，収用土地の所有権に対する補償の場合には，その額は被収用者が右時点において近傍で被収用地と同等の代替地を取得することをうるに足る額でなければならないと解される（最高裁昭和46年（オ）第146号，昭和48年10月18日第一小法廷判決，民集27巻9号1210頁参照．右判例は昭和42年法律第74号による改正前の土地収用法に関するものであるが，右改正後の土地収用法による収用土地所有権の補償については右判例は右記の趣旨で参考とすべきである）」と判示している．

　また，大阪地判平成20・8・22（判例自治318号60頁）は，起業利益が問題となった事案において，次のように判示している．「土地収用法における損失の補償は，特定の公益上必要な事業のために土地が収用される場合，その収用によって当該土地の所有者等が被る特別な犠牲の回復を図ることを目的とするものであるから，法71条が規定する『相当な価格』とは，事業認定告示の時（都市計画事業にあっては事業認可の告示の時）において，被収用者が近傍において被収用地と同等の代替地等を取得することを可能にするに足りる金額をいうものと解するのが相当である（最高裁昭和46年（オ）第146号同48年10月18日第一小法廷判決・民集27巻9号1210頁，最高裁平成5年（行ツ）第11号同9年1月28日第三小法廷判決・民集51巻1号147頁参照）．そして，事業認定（事業認可）の告示の時点において既に事業の施行が予定されることによって当該事業の起業地の地価が上昇している場合には，当該地価の上昇分は，事業認定（事業認可）告示時点における当該土地の客観的かつ正常な取引価格を構成するものというほかないから，法71条にいう『相当な価格』に含まれ，補償の対象になるものというべきである．令〔細目政令，筆者注〕1条3項2号が，法71条の相当な価格を算定する場合において，土地を収用する事業の施行が予

定されることによって当該土地の取引価格が低下したものと認められるときは，当該事業の影響がないものとして算定する旨のみ規定し，土地を収用する事業の施行が予定されることによって当該土地の取引価格が上昇したものと認められる場合について当該事業の影響を排除すべき旨規定していないのも，このような理解を前提としているものと考えられる．」

5　補償金支払請求制度

1　支払請求制度の趣旨

1　憲法29条3項適合性　補償金支払請求制度とは，事業認定時価格固定制を採用したことに対応して，この基準時以降に被収用者に補償金の前払請求権を与えて，周辺地で同様の土地を入手することができるようにすることによって，周辺の権利者との公平を維持しようとするものである（改正土地収用法解説75頁参照）。事業認定時価格固定制の憲法29条3項適合性は，土地等に係る価格固定と補償金の支払時期を一致させることによって担保される（竹村・収用法と補償457頁，土地収用法令研究会編・Q&A248頁等参照）。そこで，本法は，補償金の支払請求制度を定めて（46条の2），被収用者が補償金の支払いを請求したときは，起業者は，2か月以内に自己の見積りによる補償金を支払わなければならないものとした（46条の4）。補償金の支払請求は，裁決申請の請求と合わせてしなければならないが，すでに起業者が裁決の申請をし，または他の土地所有者もしくは関係人が裁決申請の請求をしているときは，支払請求だけを単独で行うことができる（46条の2第2項）。

2　判例の動向　判例をみると，最判平成14・6・11（民集56巻5号958頁）は，「土地収用法は，事業認定の告示があった後は，権利取得裁決がされる前であっても，土地所有者等が起業者に対し補償金の支払を請求することができ，請求を受けた起業者は原則として2月以内に補償金の見積額を支払わなければならないものとしている（同法46条の2，46条の4）から，この制度を利用することにより，所有者が近傍において被収用地と見合う代替地を取得することは可能である」「これらのことにかんがみれば，土地収用法71条が補償金の額について前記のように規定したことには，十分な合理性があり，これにより，被収用者は，収用の前後を通じて被収用者の有する財産価値を等しくさせるような補償を受けられるものというべきである」と判示している（前述100頁参照）。

2 支払請求制度の問題点

補償金の支払請求制度があっても，被収用者が請求すれば直ちに補償金が支払われるというわけではない．46条の4第1項によれば，支払期限は2か月以内となっている（裁決手続開始の登記がされていないときは，その登記がされた日から1週間以内）．この事情については，文献において，「このように，支払請求制度は，厳密にいえば，算定時期・支払時期一致の原則を保証しているとはいい難い．しかしながら，右の2か月余の期間は，起業者の権利確認作業，支払準備，前払いの相手方を固定するため裁決手続開始の登記という手続を経由せざるをえない事情を考慮すると，やむをえざるものと考えられる」と説かれている（小澤・収用法下50～51頁）．

また，事業認定の告示時に補償金の支払いを受けたとしても，収用地と環境条件が同等の土地を近傍類地に求めることが困難な場合が少なくない，という問題も指摘されている（竹村・収用法と補償461頁，阿部・解釈学Ⅱ387頁等）．

第6款　事業認定時価格固定主義（その2）

> （土地等に対する補償金の額）
> 第72条
> 　前条の規定は，使用する土地又はその土地に関する所有権以外の権利に対する補償金の額について準用する．この場合において，同条中「近傍類地の取引価格」とあるのは，「その土地及び近傍類地の地代及び借賃」と読み替えるものとする．

● 1　本条の趣旨と要点

1　本条の趣旨

本条は，使用する土地等の補償金の算定方法について規定したものである．土地等を使用する場合にも，使用料（地代等）が事業認定の告示の時に価格固定される．起業利益が使用料に反映されるからである．ただ，土地の収用の場合と土地の使用の場合とでは，その理論づけについて両者間で若干の相違がある．すなわち，①事業の認定により使用の対象とされることになるのは，土地の一定の空間範囲に限られ，土地の完全所有権の及ぶすべての空間を使用の対象とするものではないこと，②使用の方法および期間に関する具体的な内容等

は，事業認定の時点ではなく，収用委員会の裁決により，その時点で確定すること，などである（竹村・収用法と補償476頁．なお，小澤・収用法下107～108頁参照）．文献の中には，このような両者の相違から，立法論としてではあるが，「土地を収用する場合の事業認定・価格固定理論を，土地の使用の場合にそのままもち込むことは適当ではないと考えられる．……土地の使用の場合には，裁決時補償主義の採用につき検討する余地があると考えられる」と説くもの（竹村・収用法と補償477頁）がある．

使用料は，年払いや月払いではなく，全額の一時一括払いである（95条1項）．

2 本条の要点

本条の要点は，「相当な価格」の意義，「相当な価格」の算定方法等である．使用の対象となる土地は，地表と空間・地下に分けることができる．それぞれに応じて算定方法が異なる．損失補償基準要綱は，19条において「土地の使用に係る補償」を，20条において「空間又は地下の使用に係る補償」を分けて定めている．大深度地下使用の補償については若干見解の対立がみられるが，その他の点については，判例・学説上の対立は見当たらない．

2 「相当な価格」の意味

1 使用する土地に対する補償金

1 「相当な価格」の意味　使用する土地に対する補償金と使用する土地に関する所有権以外の権利に対する補償金の算定が問題となるが，重要なのは前者であるので，以下，これを中心にして考察する．

「相当な価格」とは，71条の場合とほぼ同様である．使用によって土地所有権の行使が妨げられる程度に応じて，自由な市場において形成されると考えられる客観的な使用料であり（小澤・収用法下109頁参照），土地所有者に対する権利行使の制限による当該土地の客観的利用価値の減少分である（小高・収用法401頁参照）．

2 土地の使用の態様　土地の使用には種々の態様があり，大別すれば，①地表の使用と②空間または地下の使用がある．これらの態様に応じて，算定方法が異なる．

第2章　土地収用法関係

3　地表の使用

(1) **算定方法**　地表使用の例としては，工事用搬入道路や工事用資材置場が代表的なものである．地表使用の場合は，使用期間中土地所有権に基づく土地利用が全面的に妨げられることになるので，それに対応した補償額が算定される．算定方法としては，積算法（対象不動産について，価格時点における基礎価格を求め，これに期待利回りを乗じて得た額に必要諸経費等を加算して賃料を求める手法），賃貸事例比較法，収益分析法（対象不動産が一定期間に生み出すであろうと期待される純収益を求め，これに必要諸経費を加算して賃料を求める手法）がある（小澤・収用法下109～110頁，竹村・収用法と補償477～478頁等参照）．

(2) **細目政令の規定**　この点について，細目政令11条は，その1項において「使用する土地についての法第72条において準用する法第71条の相当な価格は，近傍類地の使用に関する契約の事例が収集できるときは，当該契約における地代又は借賃に，当該契約が締結された事情，時期等及び権利の設定の対価を支払っている場合においてはその額を考慮して適正な補正を加えた額を基準とし，当該近傍類地及び使用する土地の第1条の規定により算定した価格，収益性，使用の態様等を総合的に比較考量して算定するものとする．」と規定し，2項において「前項の相当な価格は，近傍類地の使用に関する契約の事例が収集できないときは，使用する土地の第1条の規定により算定した価格，収益性，使用の態様等を考慮して算定するものとする．」と規定している．

(3) **損失補償基準要綱の規定**　損失補償基準要綱は，19条において「土地の使用に係る補償」を定めており，1項において「使用する土地（空間又は地下のみを使用する場合における当該土地を除く．以下この条において同じ．）に対しては，正常な地代又は借賃をもって補償するものとする．」と規定し，3項において「第1項の正常な地代又は借賃は，使用する土地及び近傍類地の地代又は借賃に，これらの土地の使用に関する契約が締結された事情，時期等及び権利の設定の対価を支払つている場合においてはその額を考慮して適正な補正を加えた額を基準とし，これらの土地の第8条の規定により算定した正常な取引価格，収益性，使用の態様等を総合的に比較考量して算定するものとする．」と規定している．用対連基準も，24条に同文の規定を置いている．

(4) **用対連基準細則の規定**　通常は賃貸事例比較法によるが，事例がなかったり，また，当事者間の特殊な事情があったりなどした場合には，この方法によることができず，積算法か収益分析法によらざるをえない．そこで，用対

連基準細則第11は，使用する土地の正常な取引価格に，宅地，宅地見込地および農地については6%，林地およびその他の土地については5%を乗じて得た額を1年間の地代または借賃の参考とする，と規定している．これは，「地代又は借賃相当額＋公租公課等相当額」とされている．この算式は，積算法の手法に基づくものである．

4　空間・地下の使用

(1) **概説**　空間使用または地下使用の場合には，土地利用の阻害が全面に及ぶことはない．地表の使用は一定の制限の下で可能であるから，原則として，土地利用が妨げられる程度に応じて算定した額を補償すれば足りる．

この点について，細目政令12条は，1項において「空間又は地下のみを使用する場合における使用する土地についての法第72条において準用する法第71条の相当な価格は，前条の規定にかかわらず，当該土地について同条の規定により算定した価格に，当該土地の利用が妨げられる程度に応じて適正に定めた割合を乗じて算定するものとする．」と規定し，2項において「前項の場合において，当該空間又は地下の使用が長期にわたるときは，前項の規定にかかわらず，第1条の規定により算定した当該土地の価格に，当該土地の利用が妨げられる程度に応じて適正に定めた割合を乗じて算定することができるものとする．」と規定している．

損失補償基準要綱20条は，1項において「空間又は地下の使用に対しては，前条の規定により算定した額に，土地の利用が妨げられる程度に応じて適正に定めた割合を乗じて得た額をもつて補償するものとする．」と規定し，2項において「前項の場合において，当該空間又は地下の使用が長期にわたるときは，同項の規定にかかわらず，第8条の規定により算定した当該土地の正常な取引価格に相当する額に，当該土地の利用が妨げられる程度に応じて適正に定めた割合を乗じて得た額を一時払いとして補償することができるものとする．」と規定している．この趣旨については，「本条は，送電線又は地下鉄，トンネル等空間又は地下のみを使用する場合における補償額算定に関する規定である．／第1項は通常の使用を想定したもので土地の使用料を基準とし，第2項は長期間の使用を想定したもので土地の価格そのものを基準とすることとしている」と説明されている（損失補償基準要綱解説107頁）．ここでいう「長期」とは，20年以上を指すものと解されている．

特別高圧送電線や山岳トンネル等の場合は，比較的高い空間または深い地下

を使用するものであり，土地の使用目的によっては何ら地表の利用を制限しない場合も考えられる．このような場合は，土地所有権の範囲外の行為として補償は不要であり，強制使用の手続をとる必要はない．しかし，土地の利用に対して建築制限等何らかの制限を加えることも考えられるから，このような場合には，土地の利用が妨げられる程度に応じて補償が必要となる（損失補償基準要綱解説108頁，小高・収用法403頁，小澤・収用法下112頁等参照．使用に伴う土地利用の阻害率については，小澤・収用法下112～113頁参照）．

特別高圧送電線のための空間使用や地下鉄・トンネルのための地下使用の場合は，使用期間が長期に及ぶことになる．しかし，この場合でも補償金は一括して権利取得の時期までに支払われ（95条，100条参照），賃借料の定期払いは認められていない．そのため，将来土地価格が著しく変動したとしても，地代等の値上げは認められず，追加補償がなされることはないので，このことが問題点として指摘されている（小澤・収用法下113頁，竹村・収用法と補償480頁等参照）．

(2) **空間使用**　空間使用の例は，特別高圧送電線の設置の場合が代表的なものである．このような場合に，いかなる権利を設定するかについては，従来の取扱いは種々であるが，電力会社の補償事例では地役権や賃借権を設定している例が多いといわれている（損失補償基準要綱解説107頁，遠山允人「損失補償法の個別的問題―線下補償関係」国家補償法大系④182頁以下参照）．裁判例をみると，高圧送電線架設による土地利用の阻害率について，名古屋地判昭和49・12・23（判時777号37頁）は，「前記認定の本件土地の状況および使用態様から考えて，阻害率即ち使用権設定による損失を所有権価格の20パーセントとするのが相当であると思料する」と判示している．

(3) **地下使用**　地下使用の例は，地下鉄，トンネルの設置等が代表的なものである．地下鉄の場合は，区分地上権を設定している例が多いが，山岳トンネルの場合は，トンネルの出入口付近の土地のみを取得し，その他の部分には権利の設定を行っていない例が多いといわれている（損失補償基準要綱解説107頁，小高・収用法403頁等参照）．

ここで，「大深度地下使用と補償の要否」について簡単に考察しておこう．大深度地下は，かつては井戸や温泉井に利用されていたほかは，ほとんど利用されていなかった．大深度地下空間は，地表の地権者が通常利用しない空間であったが，技術の進歩により開発が可能となったことから，この大深度地下空

間を公共的に利用することが課題となった。そこで、これをめぐる諸問題を総合的に検討するために、1995（平成7）年6月に臨時大深度地下利用調査会法が制定され、これに基づいて同年11月に臨時大深度地下利用調査会が設置された。

浅深度・中深度地下空間の使用に対して補償が必要であることについては、ほとんど異論がない。これに対して、大深度地下空間の使用に対して補償が必要であるか否かについては、見解が分かれている（この問題については、さしあたり、成田頼明「公共事業等のための地下利用——とくに大深度地下利用の立法化をめぐって」争点〔新版〕277頁、戸波江二「憲法から考える」法セミ466号74頁、467号76頁（1993年）、阿部泰隆「大深度地下利用の法律問題（1）（2）（3）（4完）」法時68巻9号35頁以下、68巻10号63頁以下、68巻11号62頁以下、68巻12号57頁以下（1996年．同『まちづくりと法　都市計画、自動車、自転車、土地、地下水、住宅、借地借家』239頁以下（信山社、2017年）に収録）、平松弘光『大深度地下利用問題を考える』18頁以下（公人社、1997年）等参照）。前記調査会の「中間取りまとめ」（1997（平成9）年6月13日）においては、両論併記になっているが、その第一の考え方として、既存物件等（井戸・温泉井等）に対する補償を除いて、「実質的には損失はない」ことを理由とする補償不要説を挙げている。

「中間取りまとめ」に続いて、同調査会は、1998（平成10）年5月27日に、内閣総理大臣に「答申」を提出した。その骨子は、補償の要否については、「大深度地下を使用する権利の取得に関する補償については、不要であると推定されるが、例外的ながらも損失が生じる場合には補償がなされるべきである」というものである。この答申を受けて、2000（平成12）年5月19日に「大深度地下の公共的使用に関する特別措置法」が成立した。損失補償については、同法32条、37条が定めており、その内容は答申に沿ったものである（山田協「大深度地下の公共的使用に関する特別措置法について」ジュリ1186号82頁以下（2000年）参照）。

2　使用する土地に関する所有権以外の権利に対する補償金

使用する土地に地上権、永小作権、賃貸借による権利等の用益物権が設定されている場合には、細目政令には別段の定めはないが、土地使用により当該権利の行使が妨げられる程度に応じて補償されるものと思われる。高圧送電線の

第2章　土地収用法関係

架設による空間使用やトンネルによる地下使用の場合には，例えば耕作についていえば，当該権利の行使が妨げられることは少ないであろう．

担保物権に対する補償は，通常，土地に対する補償と分別しえないので，収用の場合と同様に，土地に対する補償に一括して見積もられる（小澤・収用法下115～116頁，竹村・収用法と補償481頁等参照）．

第7款　明渡裁決時価格算定主義

> （その他の補償額算定の時期）
> 第73条
> 　この節に別段の定めがある場合を除くの外，損失の補償は，明渡裁決の時の価格によつて算定してしなければならない．

●1　本条の趣旨と要点

1　本条の趣旨

本条は，収用・使用する土地等に対する補償以外の補償について，算定の時期を明渡裁決の時であると定めたものである．これによれば，事業認定時に価格固定されない補償については，原則として，明渡裁決時を基準にして算定されることになる．これは，1967（昭和42）年の法改正により採用された「裁決二分主義」の結果によるものであり（裁決二分主義の問題点については，松下・収用の実務232頁以下参照），権利取得裁決に係る補償項目と明渡裁決に係る補償項目との仕分けをする規定であるとみることができる（小澤・収用法下117頁参照）．

2　本条の要点

本条の要点は，明渡裁決の対象とならない補償項目と明渡裁決の対象となる補償項目との区別である．いずれに分類するかについては，現物補償の項目について説明の仕方に若干の相違が認められる（小澤・収用法下118～119頁，竹村・収用法と補償481頁以下参照）が，大まかにいえば次のようになる．

●2　明渡裁決の対象とならない補償項目

「別段の定めがある場合」とは，権利取得裁決で判断される補償項目に係る

場合であり，原則として，事業認定時価格固定制に係る補償項目である．具体的には，これまでにも説明してきたところであるが，次のようなものがある．
① 土地等に対する補償（71条，72条）
② 残地補償（74条2項）
③ 収用された残地に対する補償（76条1項，71条）
④ 収用された残地に存する所有権以外の権利に対する補償（76条3項．権利取得裁決時の価格）
⑤ 原状回復の困難な場合の使用の補償（80条の2第2項）
⑥ 使用に代わる収用がされた土地およびその土地に関する所有権以外の権利に対する補償（81条，71条）
⑦ 耕地の造成による補償（83条2項）
⑧ 宅地の造成による補償（86条2項）　明渡裁決の対象でもある．

3　明渡裁決の対象となる補償項目

明渡裁決の対象となり，明渡裁決時の価格で算定される補償項目には，具体的には次のようなものがある．
① 工事費用の補償（75条）
② 移転料の補償（77条）
③ 収用物件の補償（80条）　78条または79条に基づく収用請求がある場合である．6条に基づく物件の収用の場合は，事業認定時で価格固定され，権利取得裁決で判断される（138条1項，71条）．
④ 工事の代行による補償（84条2項）
⑤ 移転の代行による補償（85条2項）
⑥ 宅地の造成による補償（86条2項）　権利取得裁決の対象でもある．
⑦ 通常受ける損失の補償（88条）

第8款　残地補償

本款においては，74条（残地補償），75条（工事の費用の補償）および76条（残地収用の請求権）を，「残地補償」としてまとめて考察する．

第2章　土地収用法関係

> **（残地補償）**
> **第 74 条**
> ①　同一の土地所有者に属する一団の土地の一部を収用し、又は使用することに因つて、残地の価格が減じ、その他残地に関して損失が生ずるときは、その損失を補償しなければならない。
> ②　前項の規定による残地又は残地に関する所有権以外の権利に対する補償金の額については、第 71 条及び第 72 条の例による。

● 1　本条の趣旨と要点

1　本条の趣旨

　同一の経済的目的に供されている一団の土地の一部が収用・使用された場合に、残地が面積狭小や不整形等となり、残地の評価額が従前に比して下落することがある。このような場合には、その一部を全体から切り離して評価し、その価格を補償したのみでは、被収用者は完全な補償を受けたことにはならない。そこで、本条は、このような残地の評価額の減少分を補償すべきことを定めたものである。1 項は残地補償の要件を定め、2 項は残地補償金額の算定方法を定めている。この補償は、「正当な補償」、すなわち、収用の前後を通じて被収用者の財産価値を等しくするような完全な補償であるべきであり（前掲最判昭和 48・10・18）、本法に規定がなくとも、憲法上当然に認められるものである（柳瀬・公用負担法 285～286 頁、宇賀・国家補償法 435 頁、小澤・収用法下 121 頁、西埜＝田辺・理論と実務 185 頁〔田辺執筆〕等参照）。

　残地補償については、本条のほかに、75 条（工事の費用の補償）と 76 条（残地収用の請求）が定めている。

　なお、損失補償基準要綱 41 条も残地補償について規定しているが、本条とほぼ同趣旨である（損失補償基準要綱解説 172 頁以下参照）。

2　本条の要点

　本条の要点は、残地補償の要件、補償額の算定等である。

　本条における最大の問題は、事業損失補償の要否である（事業損失補償については、前述 147 頁以下参照）。この問題点については、30 年ほど前の論稿においてであるが、すでに、「古くから論じられて来ながらも未だ理論的な合致が

見られず，法律実務の上でも必ずしも統一的な処理がなされるには到っていない，土地収用法上の難問中の難問の一つである」と説かれていた（藤田宙靖「残地補償と起業利益ならびに事業損失との関係について」同・土地法 206 頁（初出 1986 年））．

そのほか，本条による残地補償と 75 条による工事費用の補償の関係（後述 265 頁参照），残地に利益が生じた場合の利益と損失の相殺を禁止している 90 条との関係（後述 373 頁以下参照）も問題となる．

2　残地補償の要件

1　残地補償の 3 要件

本条は，残地補償について三つの要件を定めている．①同一の土地所有者に属する一団の土地の一部を収用し，または使用すること，②一団の土地の一部を収用し，または使用することによって損失が発生すること，③残地の価格が減じ，その他残地に関して損失が生ずること，である（詳細については，高田・収用法 313 頁以下，小高・収用法 406 頁以下，鈴木＝高原編・収用法 50 講 132 頁以下〔松島諄吉執筆〕，小澤・収用法下 121 頁以下，竹村・収用法と補償 487 頁以下等参照）．

2　同一の土地所有者・一団の土地

1　同一の土地所有者　まず，一団の土地所有者が同一でなければならない．「同一の土地所有者」とは，二筆以上の場所的に連続性のある土地で，その「所有権」の帰属者が同一人であることをいう．概念的には明確であるが，現実には，「同一の土地所有者」といえるか否か，問題となる事例も少なくない．

一団の土地に同一人が地上権，小作権，賃借権等の用益権を有していても，この要件を充たさない．これについては，「元来残地補償は，仮に本条のような特別の規定がなくとも当然に認められるべき性質のものであるとすれば，右の損失も当然補償されるべきものと考えられる．その補償の根拠条文は 88 条であると解される」と説かれている（小澤・収用法下 122 頁）．

2　一団の土地　「一団の土地」とは，宅地，工場敷地，農地等の同一の利用目的に供されている一体の土地をいう．一団の土地であるかどうかは，必ずしも登記簿上一筆の土地である必要はなく，数筆にまたがっている土地であ

っても一体として単一の経済目的に供されておれば、一団の土地に当たる。損失補償基準要綱41条の解説では、「一団の土地は、土地収用法に規定する一団の土地と同義、すなわち単一の経済目的に利用されている連続した土地評価上の単位とする一画地に限定して解すべきである」と説かれている（損失補償基準要綱解説173頁）。

3 損失の発生

「収用し、又は使用することに因つて」生じる損失には、収用損失と事業損失がある。ここでいう「損失」の中に事業損失も含まれるというのが通説・判例であるが、事業損失は原則として含まれないとの見解も有力である。この点については、後に改めて検討する。

損失には、土地所有者の受ける損失だけではなく、「関係人」（例えば、残地借地権者）の受ける損失も含まれる。そのことは、本条2項のほか、84条の規定からも明らかである。

4 残地の価格減少等

「残地の価格が減じ」とは、土地の収用・使用の結果、残地の面積の狭小化、不整形化等が生じて、その経済的価値が減少し、市場価格が低下することをいう。

「その他残地に関して生ずる損失」とは、残地および残地にある物件の利用価値の減少、残地の管理費の増加等をいう。もっとも、この損失は、「残地価格の減少」に反映するから、残地の価格減少との区別は、あまり明確とはいえない。

● 3 補償額の算定等

1 価格固定制適用の理由

「例による」とは、71条に定める算定方法（事業認定時価格固定制等）によるという意味である。残地補償へ価格固定制を適用する動機または理由は、①残地補償は土地の収用に伴い収用対価に付随して当然に認められるものであるから、収用対価に価格固定制が導入される以上、残地補償にもこれを適用すべきであること、②価格固定制を残地補償に適用しないときには、収用対価と残地補償とで算定時点が異なることとなり、土地評価が複雑となること、③支払請

求制度により算定時期と支払時期とを一致させる措置が講じられていること，などである（小澤・収用法下 131 頁参照）．

しかし，残地補償に価格固定制を適用することに批判的な見解もないわけではない．立法論としてではあるが，「残地に隣接する土地は，起業利益を享受するのであるから，残地にも等しくこれを受けさせるべきであるとする理論に従えば，残地補償に係る補償額算定の基準日（価格時点）を，事業認定の告示の日とする必要はない……．価格固定制度の残地補償への適用の根拠ならびに理由は，必ずしも明確であるとはいえないように思われる」と説くもの（竹村・収用法と補償 490 頁）がある（批判的なものとしては，そのほか，高田・収用法 317 頁参照）．

2 補償の申立てがない場合の取扱い

残地補償の申立てがない場合にも，収用委員会は残地補償の裁決をしなければならないか，という問題がある．これについては，一般に，残地補償の申立てがない以上，あえて補償裁決をする必要がない，と説かれている．ただし，残地補償の申立てがない場合でも，収用委員会が補償の裁決を行った例は多数存在する（裁決例については，小澤・収用法上 704 頁参照．なお，土地収用法令研究会編・Q & A 252 頁参照）．

また，収用手続において残地補償の申立てをせずに，損失補償に関する訴えにおいて補償の請求をすることができるか，という問題もある．これについては，見解が分かれているが，収用委員会の裁決手続と訴訟手続は制度を異にするから，明文の規定がない以上，許容されるものと解すべきであろう（高田・収用法 316 頁，小澤・収用法上 705 頁参照）．

●4 残地に生ずる事業損失に対する補償の要否

1 問題の所在

前述のように，事業損失とは，公共事業の施行に伴って残地または周辺地に生ずる損失である（149 頁）．それは，残地だけではなく，広く周辺地に生ずるものをも含んでいる．しかし，事業損失の補償については，本法には明文の規定がなく（75 条，93 条のみぞかき補償を除いて），残地に生ずる事業損失の補償の要否についても，本条の解釈において学説・判例が分かれている．

本条は収用損失に対する補償を定めたものであり，事業損失に対する補償を

定めたものではないと解すれば，事業損失に対する補償の法的根拠は，別の法条に求めなければならない．それは，残地だけではなく広く周辺地に生ずる事業損失に対する補償の法的根拠ということになる（前述172頁以下参照）．

2 学説の動向

1 学説の分類とその論拠 残地に生ずる事業損失に対する補償の要否については，学説は消極説と積極説に大別される．かつては消極説が多数説であったが，現在では積極説が優勢である（学説の動向については，柳瀬・公用負担法287頁以下，小高・収用法408～409頁，小澤・収用法下133頁以下，松下・収用の実務264～265頁等参照）．このほか，消極説を基本としながらも，両説の中間的な見解も説かれており，この見解をここでは折衷説と呼んでおくことにする．

消極説の論拠は，①「収用し，又は使用することに因つて」生ずる損失とは，土地に関する権利の剥奪・制限に起因して残地に生ずる損失を意味するもので，土地の収用と事業の執行は区別されるべきであり，本法による補償は収用損失に限定されるべきであること，②事業損失も本法の対象となることになれば，被収用者にはその損失が補償されるのに対して，被収用者以外の者（第三者）には補償されないことになり，不均衡が生ずること，③事業損失に対する補償は，土地収用と切り離して，別途，被収用者のみならず，同様の損失を受けるすべての者に対する事業損失に対する補償として解決されるべきであること，などである．

これに対して，積極説の論拠は，①土地収用といっても，それは特定の事業のための収用であるから，収用と事業とは不可分の関係にあり，その事業のために残地に生ずる損失は等しく収用による損失と考えるべきであること，②75条の補償は事業損失補償であり，この規定は，本法が事業の結果としての損失をも収用に基づく損失として認めていることを示すものであること，③被収用者は完全補償を受けることができる立場にあるのであるから，付近地と不均衡が生じてもやむをえないこと，などである．

2 消極説─渡辺説 消極説の代表的なものとして，渡辺説を紹介しておこう．次のように説いている（渡辺・収用法論161～162頁）．すなわち，この問題に関する我が国の学説・判例は一様ではないとした上で，「自分は消極説を採る．その何れを採るかは，茲に所謂起業損失を以て果して土地収用そのも

のの結果と見得るか，否か，に依つて決せられる．然るに，土地收用とは土地所有權の剝奪または制限であつて，積極論者の主張するが如き土地收用の條件たる公共起業の執行は固より土地收用そのものと同一視すべきものではない．從つて土地收用の結果たる損失は，土地所有權の剝奪または制限そのものより生じたる損失以外には存し得ないのである．併し，この場合消極説を主張することは，決して，起業損失は常に顧慮せらるべきでない，といふことを意味するのではない．起業損失も補償せられることを正當とすることがあり得る．而して，被收用者との間に於いてかかる法律關係が認められる場合には，それは恰も土地收用の結果としての損失補償の如き外觀を取得する．併し，かくの如き損失補償關係の發生は，決して被收用者との間にのみ限らるべきものではない．それは同じ性質の起業損失を蒙る總ての被害者との間に發生すべきものである．而して，被收用者以外の者との間のかかる損失補償關係が，土地收用に因る損失補償關係であり得ないことは，いふまでもないことである．從つて，かかる關係に於ける被收用者も，土地收用に依る損失補償關係に立つものでないことは，明らかである．要するに，起業損失が補償せらるべきであるか，否か，及び，如何なる範圍に於いて補償せらるべきであるか，などの問題は，被收用者との間の關係に於いても，一般公共起業に因る損失補償の問題として，土地收用に於ける損失補償の理論から獨立して，解決せらるべきものである．」

3　積極説―柳瀬説　積極説の代表的なものとして，柳瀬説を紹介しておこう．次のように説いている（柳瀬・公用負担法288～289頁）．すなわち，「土地を收用する以上はそれは必ず一定の事業の用に用いられるもので，即ち土地の收用とそれの一定の事業への供用とは離るべからざるものであるから，その結果としての所謂起業損失は，その意味においては，間接ではあるが，やはり收用に起因する損失であり，被收用者として受ける損失と見得るものであって，それの他の損失と異なるところは，ただ被收用者にのみ生ずる損失ではなく，被收用者以外の者についてもまた生ずる損失である点のみである．故に，若しもその際，被收用者でない者もまたその補償を受け得る途が講ぜられ，又は被收用者以外の者は補償を受け得ないのに獨り被收用者のみがこれを受け得ることが是認せらるるに足るだけの理由が示されるならば，右の前の説〔消極説，筆者注〕からも敢て被收用者に対してこれを拒むべき理由はない筈である．そしてそのうち，前の点は固より立法に依って解決する外ない問題であるが，後の点の説明は必ずしも困難ではなく，普通に言われている如く，被收用者は被

収用者以外の者と異なり，収用に依って生じたすべての損失に対して補償を受くべき地位にある者であり，そして所謂起業損失もまた，右に述べた如く，間接ではあるが収用に起因する損失の一であることを考えれば，その理由は容易に了解することができる.」

4 折衷説

(1) **藤田説** 折衷説の代表的なものとして，藤田説を挙げることができる．事業損失も残地補償の対象となるか否かについて，肯定説・否定説（積極説・消極説）の対立を詳細に検討した上で，次のように説いている（藤田・土地法 200～205 頁）．少し引用が長くなるが，この問題点についての基本的な文献であり，最も理論的に掘り下げて検討しているものであるから，紹介しておくことにする．「結論的に言って，土地収用法外において，個別法ないし憲法 29 条 3 項の規定等による事業損失の補填の途が確保されている限り，土地収用法上の技術的な処理としては，近傍第三者のそれと共通する残地所有者の事業損失は（「みぞ・かき・さく補償」等，現行法自体が個別的に認めているものを除き）一般に残地補償の対象としないこととする否定説の立場の方が，その限りにおいては結果的に合理的であるように考える．又，このような考え方に立った方が，残地補償をめぐる様々の問題について，理論的に，より合理的な解決をもたらし得るということも，既に前節で見た通りである.」

この藤田説は，続けて，あらゆる事業損失を残地補償の対象外とするのも行き過ぎではないかとして，「右のような原則的な考え方は，残地所有者と近傍第三者との間に共通の事業損失が発生する，という事態を前提すればこそ，その合理性が肯認されるものなのであって，仮に，近傍第三者には生じない，残地所有者にのみ固有の事業損失というものが生じ得るとするならば，これに対して『第一の公平』〔残地所有者と，およそ収用ないしその結果として行われる公共事業からの影響を全く受けることのない，一般国民との間において存在する負担の公平．筆者注〕の見地から，土地収用法上補償を行ったとしても，何ら『第二の公平』〔残地所有者と近傍第三者との間の公平の問題．筆者注〕の見地からする問題は生じない筈だからである．／こうして私は，従来しばしばなされて来たように〝およそ事業損失は残地補償の対象となるか否か〟という二者択一的な問題の建て方をすることは，恐らく適当ではないのではないか，と考える．換言するならば，事業損失の中には，場合により，残地補償の対象とされるべきものもあり，又，そうでないものもある，というべきである」と説いている.

そして，その上で，「残地に生ずる事業損失が，日照・騒音・振動による損失といった，いわゆるニューサンス系のものであり，単に残地のみでなく近傍地一般に生ずるようなものである場合，しかもこれに対する救済の途が他に存在するような場合には，これに対する補塡を残地所有者が残地補償として受け得ないとしても，必ずしも同人が『不平等な損失』を蒙る結果になるとは言えないように思われる．しかしそれでは，この種の損失が，特に残地所有者にのみ固有の損失として生ずるようなことは考えられないであろうか」として，「残地に特別固有な損失」の事例として，「北側斜面に位置する住宅地について，敷地の南側に隣接する道路が北側に拡張された為，残地と道路間に高度差が生ずることとなった，というようなケース」を挙げている．

　(2)　**小澤説**　上記の藤田説と同方向の発想をして，より詳細な検討を試みているもの（小澤・収用法下 140 頁以下）もある．すなわち，これは補償決定のルートを本法に求めるのが妥当であるのか，それとも民法等本法の外に求めるのが妥当であるのかという問題であるとして，この問題に対する判断のメルクマールを，①当該事業損失の発生が確実に予見でき，かつ，損失額・損害額が客観的に評価しうるか否か，②収用委員会の能力からみて判断するのに適しているか否か，③本法外の救済手段が整備されているか否か，④残地と周辺地との均衡において問題はないか，に求める立場である．このメルクマールからすると，精神的または身体的損失は損害賠償のルートにより救済を受けるべきであるが，事業施行による地価の低下については，裁決時において明確になっている場合が多いから，これを本条に基づいて補償するのが妥当である，ということになる．

3　判例の動向

　判例は，積極説に立っている．戦後の判例・裁判例を次にいくつか紹介しておくことにする（戦前の判例については，高田・収用法 314 頁，小澤・収用法下 135 頁等参照）．

　1　建物・庭園の総合的美的均衡損傷事件　閑静な高級住宅地にある邸宅の土地の一部が収用され，残地上の建物と庭園の総合的な美的均衡が損なわれた上に，東側が新設の主要幹線道路に接することになるため，閑静な環境が交通量の増加による喧噪等に曝されることになり，利用価値が低下し減価が生ずるとして，残地補償を求めた事案がある．一審の東京地判昭和 35・7・19（行

集11巻7号2052頁）は，利用価値の減少を認めて，本件残地の減価率は7.5%であるとした上で，「前記鑑定人は，その鑑定書中において，前記のように本件残地の主観的価値及び客観的価値を綜合した価値の減少を3%程度と結論しているのであるが，右は同鑑定人が，右結論の算出過程において，本件残地の客観的価値の評価に，いわゆる起業利益を加味したゝめであると推測されるので，右の結論は当裁判所の首肯しないところである」と判示している．

その控訴審の東京高判昭和36・11・30（行集12巻11号2325頁）は，原審の判断をほぼ是認して，「上記認定の本件残地の利用価値の減少は，残地の価格の減少の要因となり，必然的にその交換価値の減少をきたすものと解するを相当とし，みぎは本件収用地の収用によって残地に生じた損失であるから，起業者である控訴人は右損失を補償しなければならない」と判示している．

2 道路建設土留擁壁設置残地価格減少事件　道路建設に伴う土留擁壁設置により残地の価格減少が生じたが，74条のいう損失には起業損失（事業損失）も含まれるとして残地補償を求めた事案がある（昭和42年の改正前の事案）．被告は，消極説に立って，「法74条に規定する『収用による損失』とは，収用による権利の剝奪または制限に起因する損失を意味し，収用の目的である事業の施行の結果生じる損失いわゆる起業損失は含まれないというべきである．右のことは，起業損失を含むとすれば，収用裁決時には未だその損失の範囲が確定的に把握し得ないことになって不都合である一事をもってしても明らかである」と主張していた．これに対して，一審の大阪地判昭和48・7・5（行集25巻8＝9号1123頁）は，積極説に立って，次のように判示している．すなわち，「土地の被収用者は収用の前後においてその財産額に増減がないように補償されるべきであるから，当該収用の事業の施行の期待による土地価格の騰貴すなわちいわゆる起業利益も土地の補償価格の算定にあたり考慮されるべきであり，また一部収用において，当該事業施行の結果，残地の価格が低落した場合，そのいわゆる起業損失も，間接ではあるが，収用に起因する損失というべきであるから，補償されるべきである．」「本件残地は専ら土留擁壁の設置によって利用価値が減少したものであり，右利用価値の減少はひいて交換価値の低下をもたらすものと解されるから，右は本件収用によって残地に生じた損失であって，起業者である被告は右損失を補償しなければならない．」

その控訴審の大阪高判昭和49・9・13（行集25巻8＝9号1116頁）も，積極説に立って，より詳細に，概略次のように判示している．長文にわたるが，こ

の問題点について的確に説示しているので，紹介しておくことにしよう．すなわち，①同一の土地所有者に属する一団の土地の一部を収用・使用することにより残地が生じた場合における残地補償について，収用法（ただし本件においては昭和42年改正前の土地収用法）は，残地補償に関し，（イ）残地の価格の減少（74条前段），（ロ）残地に通路，みぞ，かき，さくその他の工作物の新築，改築，増築もしくは修繕または盛土もしくは切土をする必要が生じたときのその費用（75条），（ハ）その他残地に関して生ずる損失（74条後段）について補償する旨規定している．本件において被控訴人の請求する損失補償がこの（イ）の損失ないし残地の一般的利用価値の減少に因る損失であり，かつ，本件事業の施行により生じた損失の補償であることは，その主張から明らかである．②控訴人は，残地価格の減少による損失とは土地所有権の剥奪，制限そのものより生じた損失（所謂収用損失）に限るべきであると主張するが，土地収用は一定の事業の用に供するためになされるものであり，土地の収用とそれの一定の事業への供用とは不可分のものであって，被収用地を使用して行われる事業の種類，性質，規模等の如何によっては，その残地につき単なる形状の変化，面積の縮少等収用そのものに基づく価格の減少以外に，さらに残地の価格ないし利用価値の減少を招来する場合が存することは明らかであり，このような場合における残地価格ないし利用価値の減少による損失（所謂起業損失）は土地収用と密接不可分の関係にあり，これも収用に起因する損失であり，このような損失についても補償するのでなければ，土地収用における補償の完全性を期することはできないというべきであるから，控訴人の主張は採用できず，残地につき生じた所謂起業損失についてもこれを補償すべきものと解するのが相当である．③法に事業の施行によって生ずる損失の補償を禁止する規定はなく，かえって，法75条には法93条の規定による補償（これが所謂起業損失に対する補償であることは明らかである）と同種の補償をなすべきことを定めている．法75条に列挙された損失は，元来法74条の損失に包含されるべき性質のものであり，法75条の規定の存在からして，残地につき生じる所謂起業損失の補償を同条に列挙されたものに限り，それ以外のものには及ぼさないのが法の趣旨であると解することもできない．④所謂起業損失は，残地のみならずその近傍の土地についても同様に生じる場合もあり，このような場合に，近傍の土地の損失に対する補償がなされず，残地についてのみ補償をすることは一見不均衡といえるけれども，被収用者は，その他の者と異り収用により生じた総

ての損失の補償を受けるべき地位にあるものであるから，残地につき損失が存する以上はその補償を受ける権利があるものというべく，このような不均衡が生じるとしても，これは法律上やむをえないところであり，これを理由として被収用者に対する所謂起業損失の補償を否定することは相当でない．⑤控訴人は，法90条が所謂起業利益と損失の補償との相殺を禁止していることから，補償すべき損失の中に所謂起業損失も含むとすると被収用者は起業による利益を保持しながらさらに損失の補償を得て二重の利得を得ることになるというが，仮に控訴人主張のような被収用者に有利になる場合があるとしても，右規定の存在をもって残地補償について所謂起業損失の補償を否定する根拠とすることも相当でない．⑥控訴人は，被控訴人主張の本件残地の価格ないし利用価値減少は，道路工事による損失であり，その補償の要否，範囲は道路事業の一環として決せられるべきである旨主張するが，残地補償について所謂起業損失も包含されることは上記説示のとおりであり，原判決認定の土留擁壁の設置は本件事業である道路建設工事の一部分であり，土留擁壁設置による本件残地の減価は，結局，本件事業の施行による損失というべきである．⑦残地補償は，被収用者に対する補償であり，法93条その他道路法70条等による被収用者以外の者に対する補償と異なり，残地につき生ずる損失に対し完全な補償をなすべき性質のものであるから，その損失が道路の構造に基因するものであるとしても，これを本件事業の施行による損失として補償の対象とすべきものと解するのが相当である．

3　立体交差工事残地価格低下事件　一般国道に面していた土地の一部が収用され，立体交差工事が行われたため，残地が架橋上の国道とは接しないことになったことにより，自動車の出入や通行に支障が生じたとして，残地の価格低下等による損失の補償を求めた事案（昭和42年の改正前のもの）がある．一審では積極説・消極説の対立という形ではなくて，残地の価格低下があったか否かという点で争われていたが，秋田地判昭和49・4・15（判時1012号62頁）は，「本件土地がもと右国道に接面していたのに対し，本件残地は高架上の本件国道と直接接面しないこととなり，右高架下に取り残され，右国道から本件残地に至るには歩道階段か幅員約3.6メートル，全長約270メートルの前記取付道路によらざるをえなくなるなど本件踏切改良工事によって受ける利益よりマイナス面のほうが大きいものというべく，前記認定の諸事情を総合勘案すれば，これによる本件残地の価格の低下は本件裁決が示した裁決時の本件土

地の価格坪当り24,000円の2割に相当する坪当り4,800円とみるのが相当であるから，本件残地全体として総額2,909,136円の損失が生じたものというべきである」と判示している．これは，積極説に立脚したものである．

その控訴審では，控訴人は消極説に立って主張し，被控訴人は積極説に立って主張した．仙台高秋田支判昭和53・2・27（判時1012号68頁）は，次のように判示している．「本件踏切改良工事によって本件残地の価格の低下をもたらすべき要素が発生しているものと認められる．しかしながら，他方，本件国道の道路条件が著しく改善され，交通が極めて円滑になるなど，本件残地の価格を高騰させるべき要因も同時に生じていることが認められる．……そうすると，前記のような本件残地価格の減価要因が発生したからといって，そのことから直ちに本件残地価格が低下したものとは認め難く，かえって《証拠略》を総合すると価格の低下はないことを窺うことができる．」「なお，《証拠略》において，残地価格の低下の有無につき残地の受ける利益を考慮しているが，この点は，土地収用法第90条の起業利益との相殺の禁止の規定に抵触するものではないと解すべきである．けだし，一般に事業の施行により残地について利益と損失とが同時に発生する場合において，残地価格の減価分を利益を度外視して損失分のみを計算することによって算定することは，事実上不可能といわざるを得ない．したがって，残地の価格が減じたか否かは，実際問題として利益と損失とを総合して判断する以外に方法はなく，その結果利益と損失とは相殺されざるを得ないことになるが，土地収用法第90条の規定が，このようないわば観念上の相殺まで禁止し，右の不可能な損失の算定を強いる趣旨とは解されないのである．／以上要するに，本件残地の価格が低下したとする被控訴人の主張は，これを認めるに足りる証拠がないことに帰する．したがって，残地の損失についての請求は，その余の点を判断するまでもなく理由がない．」

その上告審の最判昭和55・4・18（裁判集民事129号575頁）は，次のように述べて，原審の判断を是認している．「本件に適用された土地収用法旧71条及び74条（昭和42年法律第74号による改正前のもの）のもとにおいて，残地補償の額は，収用裁決の時における当該残地の価格によって算定すべきものであるところ，当該事業の施行が残地の価格に及ぼす影響のうち利益と損失とを明確に区別することができない場合に，それらを総合的に勘案することは，同法90条の相殺禁止規定に抵触するものではないと解するのを相当とする．右と同旨の原審の判断は，その適法に確定した事実関係のもとにおいて，正当とし

第2章　土地収用法関係

て是認することができ，原判決に所論の違法はない.」

4　国道高架化店舗顧客減少事件　一般国道に面して店舗を有していた者が，国道を高架化するために土地の一部が収用され，高架化されたことに伴い，店舗の顧客が減少し，事実上営業の継続を断念せざるをえなくなったとして，当該店舗の廃棄に対する補償のほか，残地の価格低下分の補償を求めた事案がある．残地補償に係る争点に限定してみれば，被告が消極説に立って主張したのに対して，金沢地判平成4・4・24（行集43巻4号651頁）は，事業損失が74条によって補償の対象となるか否かについて，積極説に立って次のように判示している（ただし，結論において請求棄却）.「一般に，土地収用そのものによって直接的に損失が生じたという関係がなくとも，収用された土地においてその目的たる公共事業が展開されることにより，利用方法に制約を受けるなどして残地に関する損失をもたらす場合のあることは否定できないところ，およそ土地収用は，特定の公共事業のために行われるものであって，両者は密接不可分の関係にあるから，後者のような損失についても『土地の一部を収用し，又は使用することに因って』生じた損失ということができる．／そして，このような事業損失を補償することによって収用に至らなかった近傍第三者との間の不均衡を招くとしても，土地収用法は，収用を受けた者は原則としてこれにより生じたすべての損失について補償を受ける権利を有するとの理念，すなわち起業者と被収用者との公平をより重視する立場をとっていると見られうるから，右のような事態は法自体が許容していると考えられる．／また，みぞ，かき，さく等の工作物について補償することを定めた法75条は，事業損失のうちで補償されるものを特に列挙した限定的な規定と解する必然性はないし，起業利益との相殺禁止を定めた法90条についても，当該事業が残地の価格にもたらす影響のうち利益と損失とを明確に区別することができない場合には，これらを総合的に勘案することができるとの見解（最高裁昭和53年オ第615号事件・昭和55年4月18日第二小法廷判決参照）をとれば，少なくともその限度では被収用者に二重の利得を与える結果となるとの批判は免れよう．／以上のとおり，一般的に事業損失であることを理由に損失補償の対象から外すことは相当でないと判断する.」

その控訴審の名古屋高金沢支判平成5・4・26（行集44巻4＝5号363頁）は，原審の判断をほぼ是認している．

4 学説・判例等の検討

1 学説の検討 消極説といえども，事業損失に対する補償は不要であるとしているわけではない．事業損失に対する補償の要否は，残地におけるものだけではなく，周辺地におけるものをも広く含めて，一般的な損失補償法理や損害賠償法理に依拠して判断すべきであると解するものである．消極説をこのようなものであると理解すると，補償という点に関しては，結果的には，積極説とあまり変わらないということになる．74条で補償するか，一般的な損失補償法理（または損害賠償法理）によって補償するかの相違にすぎないということになる．

なるほど，残地に生ずる事業損失も「収用・使用に因って」生じた損失である．積極説が説いているように，「事業の施行と収用または使用とは離るべからざる関係にあり，その事業のために土地を供することは，収用または使用において当然予見せられるところである」（高田・収用法313～314頁．なお，美濃部・原理339頁，柳瀬・公用負担法288頁参照）といってよい．しかし，74条の文言からすれば，収用または使用によって生ずる損失に騒音・振動・日照阻害等のニューサンス的なものまで含めて解釈することは，解釈論としてはやや無理があるのではないかと思われる．これらのニューサンス的な損失（損害）は，周辺地に生ずるものも広く含めて，一般的な損失補償法理（または損害賠償法理）によって救済を図ることの方が法解釈として一貫することができる（松島諄吉「損失補償」遠藤博也＝阿部泰隆編『講義行政法Ⅱ〔行政救済法〕』76～77頁（青林書院新社，1982年）参照）．

したがって，収用・使用によって生ずる損失とは，原則として収用損失を指し，事業損失については，次条の定める「みぞかき補償」に限って認めているものと解すべきである．

2 判例の検討 判例は積極説に立っている．これは文献における積極説の影響，とりわけ美濃部説・柳瀬説からの影響を強く受けているのではないかと思われる．例えば，前掲仙台高秋田支判昭和53・2・27が「事業の施行と収用とは離るべからざる関係にあり……」と述べている箇所は，美濃部説・柳瀬説からの引用である（美濃部・原理339頁，柳瀬・公用負担法288頁参照）．

この判例動向に対しては，行政実務家の執筆した判例評釈には批判的なものが少なくない．前掲大阪高判昭和49・9・13については，本法74条に規定される残地補償の対象に事業損失が含まれるか否かは，結局のところ実体法とし

て規定された法文の解釈の問題であって，その際には74条以外の各条項との総合的な判断を行い，さらに本法以外の救済手段が考えられるか否か，残地と周辺地との均衡において問題はないかといった観点からも検討すべきであるとした上で，概略次のように説くものがある．すなわち，①本件判決は収用法75条は74条に含まれる事業損失のうちみぞかきに係るものについてさらに特別な規定を置いたものと解しているが，むしろ74条は収用損失のみを規定し，同条の対象になっていない事業損失のうちみぞかき等に係るものについては実務上の必要に応じて75条で特別に補償規定を設けたと解する方が妥当である．②本件判決は残地補償の対象には事業損失も含まれるとした上で，被収用者であるが故に起業利益と損失の補償とを相殺されてはその他の者との間に事実上の不均衡が生ずるので収用法90条はこれを防止する趣旨であるとするが，むしろこの点については，事業損失は74条の対象外と考えて90条は事業損失を含まない収用損失について起業利益との相殺を定めたものと解する方が合理的である．③公平，公正という観点からしても事業損失は残地に限るものでなくその近傍地にも生ずる場合が多いのに，被収用者に対してのみその損失が補償され，その他の者には補償されないという不均衡，不公平な結果が生ずる．残地に限らない事業損失に対する補償を残地に限って収用法で認めていると解するのは，不合理である．④以上のようにみてくると，事業損失については，収用法以外の他の手段，例えば憲法29条3項に基づく直接請求あるいは不法行為を理由とした損害賠償請求などにより被収用者も近傍の土地所有者も等しく救済を受けられる途を探るべきであり，収用法上の技術的な処理としては，事業損失は（みぞかき補償等，現行法自体が個別的に認めているものを除く），一般的には残地補償の対象とはならないとする方が，理論的にまた結果的にもより合理的な解決をもたらすと考えられる（瀬口芳広「判解」街づくり・国づくり判例百選155頁（1989年）．同旨，坂田隆史「判解」街づくり・国づくり判例百選153頁）．極めて簡潔に積極説の問題点を指摘しており，解釈論として強い説得力を有しているものと評価することができる．

　ただ，前掲大阪高判昭和49・9・13の結論は，必ずしも積極説に依拠しなければ導くことができないというものではない．前記の藤田説や小澤説に立って，いわば折衷説的に，場合を分けて考えることもできる．すなわち，本件の事案を仔細にみれば，前記藤田説のいう「残地に特別固有な損失」，あるいは，小澤説のいう「確実な評価が可能な損失」とみることもできるのではないかと思

われる.

　最判昭和55・4・18は,「当該事業の施行が残地の価格に及ぼす影響のうち利益と損失を明確に区別することができない場合に」という条件付きであり, 必ずしも明確といえないが, 積極説に近い立場に立っているのではないかと思われる. 本判決については, 90条（起業利益との相殺の禁止）の解説の箇所で改めて検討するので, そちらを参照していただきたい（後述376頁参照）.

（工事の費用の補償）
第75条
　同一の土地所有者に属する一団の土地の一部を収用し, 又は使用することに因つて, 残地に通路, みぞ, かき, さくその他の工作物の新築, 改築, 増築若しくは修繕又は盛土若しくは切土をする必要が生ずるときは, これに要する費用を補償しなければならない.

1　本条の趣旨と要点

1　本条の趣旨

　本条は, 一団の土地の一部が収用・使用される結果, 残地を従前の用法に従って利用するために一定の工事が必要となる場合に, これに要する費用を補償することを定めたものである. 損失補償基準要綱42条, 用対連基準54条, 国土交通省訓令「国土交通省の公共用地の取得に伴う損失補償基準」58条にも, 同趣旨の規定が置かれている.

　本条については, 74条の残地補償の一つの態様を定めたものであり, 解釈上は74条に包含されるものであると解する見解（高田・収用法312頁, 小澤・収用法下144頁等）がある. 前掲大阪高判昭和49・9・13も,「法75条に列挙された損失は, 元来法74条の損失に包含されるべき性質のものであ〔る〕」と説示している（これに対する批判については, 瀬口・前掲「判解」155頁参照）. しかし, 本条は, 74条の対象になっていない事業損失のうち, みぞ・かき等に係るものについて, 最も多く発生する典型的な事例として明示し, 74条の解釈に際して疑義が生じないようにするために特別に設けられたものであると解すべきであろう. 残地以外の同種の損失の補償については, 93条が定めている.

　本条の補償は, 明渡裁決事項である（84条2項, 前述249頁参照）. したがっ

第2章　土地収用法関係

て，補償額算定の基準時は，明渡裁決時であるということになる．

なお，84条は「工事代行による補償」を定めているが，これについては84条の箇所で改めて考察する（後述321頁以下）．

2　本条の要点

本条の要点は，工事の必要性，工事の種類・内容，補償の権利者・義務者等である．判例・学説上は，前述したように，本条と74条の関係について若干の対立はあるが，その他の点では対立は見当たらない．

●2　工事の必要性

1　本条の補償の要件

本条の補償の要件は，①同一の土地所有者に属する一団の土地の一部を収用し，または使用すること，②それによって残地に通路，みぞ，かき，さくその他の工作物の新築，改築，増築もしくは修繕または盛土もしくは切土をする必要が生ずること，である．①については，74条に規定するところと同一であるから，説明を繰り返さない．したがって，ここで問題となるのは，もっぱら，②の「工事の必要性」の要件が充たされているか否かということである．

2　「工事の必要性」の要件

工事の必要性が認められるか否かの判断は，従前の利用方法を続けるためには工事を必要とするか否かの観点から行われる．被収用者が予定している利用計画は，原則として考慮されない（小澤・収用法下145頁，竹村・収用法と補償505頁等参照）．損失補償基準要綱42条の解説においては，「工事をしなければ残地の利用価値を保持するうえに不都合を生ずることが明らかに認められる場合」と説明されている（損失補償基準要綱解説176頁）．

裁判例をみると，松江地判昭和45・3・25（行集21巻3号603頁）は，「本件残地の現況が畑であることは当事者間に争いがない．そして，原告らは本件残地を近く宅地として使用する予定であり，宅地の用に供するためには盛土が必要であるから盛土工事に要する費用をもって残地補償金とすべき旨主張する．しかし，土地収用法75条によって盛土工事に要する費用を補償しなければならないのは，盛土することが残地を従来の用法に用いるために不可欠な場合のみであり，盛土しなければ当初予定していた目的に供することができないとい

うだけでは右の場合に当らないものと解すべきである．従って，たとえ原告らが残地を宅地として使用する予定であったとしても，それだけでは盛土工事費用の補償を請求することはできない」と判示している（ただし，収用によって面積が2分の1に減少し，残地の形状が長方形から台形になったことによる残地の価格減少分については補償を認めている）．

3 工事の種類・内容

　工事の種類・内容は，残地を従前の利用目的に従って維持するために必要と認められる範囲に限定される．この点について，損失補償基準要綱解説は，「通常その不都合を除却し得るに相当と認められる程度に行えば足る」と説明している（176頁）．また，同解説は，事例として，「例えば，道路工事のため宅地の一部が取得され，残地と道路面との間に高低差が生じ，又は増大した場合には，高低差の程度，土地の用途，建物等と道路との接近状況等を勘案して，階段若しくは斜路の設置又は盛土若しくは切土をする費用を補償する必要がある」と説明している（176頁）．

　用対連基準細則第36-2は，用対連基準54条による工事に伴い建物その他の工作物の移転・嵩上げ，立木の伐採・移植の必要が生じた場合は，これに通常要する費用およびこれに伴い通常生ずる損失を補償するとした上で，建物その他の工作物の移転に伴い通常生ずる損失として，仮住居に要する費用，動産移転料，家賃の減収額等を挙げている．

4 補償の権利者・義務者

　補償権利者は，土地所有者に限定されない．関係人も請求することができる（84条1項参照）．関係人としては，借地権者等の用益権者が中心であるが，そのほか物件の所有者も関係人として請求することができる場合がある（小澤・収用法下149頁，竹村・収用法と補償506頁等参照）．補償の義務者は，起業者である．

（残地収用の請求権）
第76条
　① 同一の土地所有者に属する一団の土地の一部を収用することに因つて，残地を従来利用していた目的に供することが著しく困難となるときは，土地所

第2章　土地収用法関係

> 有者は，その全部の収用を請求することができる．
> ② 前項の規定によつて収用の請求がされた残地又はその上にある物件に関して権利を有する関係人は，収用委員会に対して，起業者の業務の執行に特別の支障がなく，且つ，他の関係人の権利を害しない限りにおいて，従前の権利の存続を請求することができる．
> ③ 第1項の規定によつて収用の請求がされた土地に関する所有権以外の権利に対しては，第71条の規定にかかわらず，近傍類地の取引価格等を考慮して算定した権利取得裁決の時における相当な価格をもつて補償しなければならない．

1　本条の趣旨と要点

1　本条の趣旨

　本条は，残地を従前の利用目的に供することが著しく困難となった場合の残地収用（拡張収用）について定めたものである．土地が収用され，残地を従来の利用目的に供することが著しく困難となる場合には，残地補償を受けるよりも，その残地を買い取ってもらった方が土地所有者にとって利益になることが少なくない．

　残地収用制度を設けた理由については，学説上，これまで種々の見解が説かれてきた．文献の中には，学説を，①従来の用法に執着する土地所有者の感情の尊重にあるとする説（渡辺・収用法論288頁），②完全な補償を受けさせるところにあるとする説（美濃部・原理231頁），③残地を保有した場合になお残る財産利用の自由に対する拘束を除去すること，または従来利用してきた目的に供しえない土地はもはや保有したくないとする土地所有者の感情の満足にあるとする説（柳瀬・公用負担法184頁），④当事者双方の利益にあるとする説（武井群嗣＝田中好『土木行政〔自治行政叢書〕』571頁（常盤書房，1935年）），⑤完全補償と当事者双方の利益にあるとする説（高田＝国宗・収用法231頁），などに分類するもの（小澤・収用法下151頁．なお，柳瀬・公用負担法182頁以下，小高・収用法415頁参照）がある．そして，その上で，「感情の尊重ないし満足という主観的な説明方法は，客観的な財産価値の補塡を目的とする損失補償制度に関する説明方法としては，あまり適切なものとはいえない．また，起業者にとっては，残地を取得しても，ほとんどの場合その管理が煩雑になるだけで，

取得によるメリットがある場合は少ないから，この制度は，一般に起業者にとって利益となるような性質のものではなく，専ら土地所有者側の利益となる制度であるというべきであって，当事者双方の利益にあるとの説は正確を欠く」と説いている（小澤・収用法下 151〜152 頁．同旨，竹村・収用法と補償 507 頁）．

74 条および 75 条の場合とは異なり，本条は，土地収用の場合にのみ適用され，土地使用の場合には適用されない．

2 本条の要点

本条の要点は，残地収用の法的性質，残地収用の要件，残地収用の請求，関係人の権利存続請求，損失の補償等である．判例・学説上，対立している事項が少なくない．

2 残地収用の法的性質

1 形式上の「収用」

残地は，本来，起業地として必要とするものではない．本条に規定する残地収用も本法上の収用ではあるが，収用上の必要に基づくものではなく，補償上の必要に基づくものである．実質的には，損失補償の一方法として，土地所有者の起業者に対する買取請求としての意味を持っているが，形式上は「収用」という擬制をとって立法化されたものである．収用であるとともに，損失補償でもあるという性質を併有している．本条が第 6 章に置かれている理由もここにある．それ故，収用についての本法の規定のうちでどの部分の適用があるのか，という点で問題が生ずることがある（高田・収用法 322 頁，小高・収用法 415 頁，小澤・収用法下 153 頁，竹村・収用法と補償 507 頁等参照）．

2 審査請求の可否

残地収用の法的性質がこのようなものであることから，残地収用の請求の認否に関する不服を審査請求の理由とすることができるか否かについて，見解が分かれている．「第 132 条 2 項との関係では，収用であることが理由となって，不服申立てができることとなっている」との見解（高田・収用法 323 頁）が多数説であるが，「元来，右の拡張収用は，事業遂行という公益上の必要に基づくものではなく，補償の一環であるという性格を持つものであり，その意味で公益的事項ではないのであるから，拡張収用に係る不服については，133 条 2

項・3項の訴訟により司法救済を受けるのを適当とし，審査請求の理由となしえないと解すべきものである」との見解（小澤・収用法下697頁）も有力である（後述414頁以下参照）．

●3 残地収用の要件

1 残地収用の2要件

残地収用の要件は，①同一の土地所有者に属する一団の土地の一部を「収用」すること，②それによって残地を従来利用していた目的に供することが著しく困難となること，である．このうち①の要件は，「収用」の場合のみに本条による残地収用の請求ができることを除いては（一団の土地の一部を「使用」する場合には，本条の適用はない），74条について説明したところと同じである．ここでは，もっぱら②の要件について検討すれば足りる．

この2要件が充足された場合には，収用委員会は，裁量の余地はなく，残地収用の裁決をすることを義務づけられる（柳瀬・公用負担法185頁，小澤・収用法下155頁，竹村・収用法と補償509頁等参照．「請求権はその要件を具えるときは，収用委員会の特別の措置をまたずに，請求によって収用の効果が形成される」との見解（高田・収用法323頁）もある）．

2 従来利用していた目的に供することが著しく困難となる場合

1 従来利用していた目的　「従来利用していた目的」とは，権利取得裁決時において当該残地が現実に供されている具体的な用途をいう．将来予定している目的に供しえないというだけでは，この要件を充たさない（柳瀬・公用負担法184頁，小澤・収用法下154頁参照）．ただし，予定された目的のために現実に使われていなくても，予定を実現するための工事に着手している等外部的事情によって客観的に予定の意思が推定できるような場合は，残地収用制度の趣旨からみて，その予定も「従来利用していた目的」に当たると解すべきである（美濃部・原理236頁，小高・収用法415頁，小澤・収用法下154頁，竹村・収用法と補償508～509頁等参照）．

2 著しく困難となるとき　「供することが著しく困難となるとき」とは，残地の利用が物理的に困難となる場合だけではなく，利用可能だが不相当に多額の費用を要する場合等，社会的・経済的に困難となる場合も含まれる（柳瀬・公用負担法184頁，小高・収用法416頁，鈴木＝高原編・収用法50講135頁

〔松島諄吉執筆〕，小澤・収用法下 155 頁，竹村・収用法と補償 509 頁，土地収用法令研究会編・Q＆A 254 頁等参照）．

4 残地収用の請求

1 残地の一部の収用請求の可否

収用請求することができるのは，原則として残地の全部についてである．残地の一部のみの収用を請求することは，原則として許されない．起業者が残地を取得した後，その管理が煩雑となることに加えて，分割請求を認めるべき合理的理由を見出し難いからである．ただし，残地の一部のみが利用困難となり，他の一部は従来の利用目的に供することができる場合には，その利用困難となった部分についてのみ，残地収用の請求をすることができる（美濃部・原理 237 頁，高田＝国宗・収用法 232 頁，柳瀬・公用負担法 184 頁，小高・収用法 416 頁，鈴木＝高原編・収用法 50 講 135 頁〔松島執筆〕，小澤・収用法下 158 頁，竹村・収用法と補償 510 頁等参照）．

2 請求権者

残地収用の請求権を有する者は，土地所有者に限定されている．関係人にはこの権利は与えられていない．残地収用の請求をするか否かは，もっぱら土地所有者の自由であり，関係人の同意を要しない．これは，残地収用の趣旨から派生する制度上の制約である（高田・収用法 323 頁，小高・収用法 416 頁，小澤・収用法下 162 頁，竹村・収用法と補償 509〜510 頁等参照）．

土地所有者が残地収用の請求をすると，関係人が権利の存続を希望する場合でも，その意思に反して，権利も消滅することになる．この場合には，残権利の消滅補償を受けることができる（101 条 1 項，95 条 4 項後段，96 条参照）．また，このような場合の救済として，関係人の存続請求について 2 項が定めているが，この点については後に項を改めて考察する．

起業者には，この請求権は与えられていない．そのため，土地所有者が残地収用を請求しない場合には，起業者は供用困難となったことによる損失を補償しなければならなくなり，起業者にとって酷である，との指摘がある（渡辺・収用法論 270 頁以下，柳瀬・公用負担法 184〜185 頁参照．なお，小澤・収用法下 162 頁参照）．

3　残地収用の請求手続

請求は，意見書によってしなければならない（87条）。土地所有者は，残地収用の請求を前提として補償金の前払いを受けようとするときは，あらかじめ，収用委員会に対して請求に係る意見書を提出しておかなければならない（46条の3）。

●5　関係人の権利存続請求

1　存続請求の趣旨

前述のように，残地収用請求権は土地所有者のみが有し，残地収用の請求をするのに関係人の同意を必要としない。このため，関係人は，土地所有者の請求・不請求の選択に自己の権利の運命を委ねる結果となる。また，元来残地は事業のために必要な土地ではないから，消滅を望まない権利者の意思に反してまでも，収用の効果（101条1項）を及ぼすべきではない。そこで，本条2項は，関係人に権利の存続の請求を認めて，土地所有者が残地収用の請求をしなかったのと同様の法律関係の存続を認めたものである（101条1項但書参照）。

この存続請求が認められたときは，当該関係人は，残地収用がなかった場合と同じ法律関係に立つことになる。存続する権利はあくまで従前の権利であり，その権利の内容・効力・欠陥等は，従前と同じである。存続が認められた権利の権利者と従前の土地所有者との法律関係は，そのまま，当該権利者と新しく土地所有者となる起業者とに引き継がれることになる（高田・収用法323～324頁，小高・収用法417頁，小澤・収用法下164頁等参照）。

2　存続請求権者

1　残地に関して権利を有する関係人　「残地に関して権利を有する関係人」とは，権利取得裁決時において残地に関して借地権等の用益権，抵当権等の担保物権，土地に関する仮登記権，買戻権等を有する者をいう。残地に関する権利者であれば足り，必ずしも本来の収用地についての関係人である必要はない。

事業の認定の告示後に残地について新たに権利を取得した者が「関係人」に含まれるか否かについては，8条3項但書との関係で見解が分かれているが，但書の適用を受けず，ここにいう「関係人」に該当するとの見解が有力である。その理由は，「残地については何らの公示もされないままに8条3項ただし書

を適用することは，取引安全の見地から許されない」ということにある．この見解からすれば，告示後残地についてのみ権利を有するに至った者は，当然に存続請求をなしうるし，また，本来の収用地と残地とを合わせた一団地全体について権利を有するに至った者も，本来の収用地については関係人たる地位を有しないが，残地については関係人として扱われるべきことになる（小澤・収用法下 165 頁参照）．

裁決手続開始の登記後に新たな権利を設定し，または既存の権利を承継により取得した者も，その地位を起業者に対抗することができる．その理由は，事業認定や裁決手続開始の登記は起業残地を対象とするものではなく，したがって，当該残地は，それらの手続による効果を受けることがないからである（小澤・収用法下 165 頁，竹村・収用法と補償 511 頁参照）．

2　物件に関して権利を有する関係人　「物件に関して権利を有する関係人」にも存続請求権が認められている．「物件」とは，建物・工作物等をいい，物件に関して権利を有する「関係人」とは，借家人や建物抵当権者等をいう．

3　存続請求の要件等

存続請求の要件は，①起業者の業務の執行に特別の支障がないこと，②他の関係人の権利を害しないこと，の二つである．

1　起業者の業務の執行に特別の支障がないこと　残地は，本来収用されるべき土地でないから，事業の施行に支障がないものであるが，存続の請求をする結果起業者の業務執行に特別の支障が生ずることも予想されないではないので，そのような支障がないことが要件とされている．特別の支障がある例として，これまで一般に，起業者において職員宿舎を設置する等，業務の執行に好都合な計画がある場合，当該残地を起業者の事業のための材料置場とする等の特別の事情があるような場合，などが挙げられてきた．

しかし，残地は本来事業のために必要な土地として事業認定を受けたわけではないから，単なる起業者の都合だけで存続請求を否認するようなことは許されるべきではない．したがって，この「特別の支障」の存否については，厳格に判断されるべきである（小澤・収用法下 166 頁，竹村・収用法と補償 512 頁参照）．

2　他の関係人の権利を害しないこと　「他の関係人の権利を害しないこと」が要件とされている．残地収用されることに利益を有する関係人の収用受

忍を妨げてはならないということである．そのような例として，これまで一般に，借家人が存続請求をする結果，移転・移築を希望する建物の所有者は，土地所有者のなした残地収用を受忍して地上権の補償と移転する利益を失い，もっぱら借家人のなす存続請求に従わざるをえないような場合が挙げられてきた．この例からも明らかなように，借家人等の物件に関する権利者は，事実上，物件所有者（建物所有者＝地上権者等）の意向を無視してまで独自の存続請求を行うことはできないことになる（小澤・収用法下167頁，竹村・収用法と補償512頁参照）．

3 存続請求の手続 存続請求は，収用委員会に意見書を提出することによって行う（87条）．

●6 損失の補償

1 残地に対する補償

残地収用は，実質的には一種の買取請求であるが，形式的には収用の形を採っているから，本来の収用と同様に，本法第6章の収用の規定に従うことになる．したがって，収用された残地に対する補償金額は，事業認定告示時で価格固定されるのが原則である．土地所有者は，残地収用の請求と同時に，残地収用に係る補償金の支払請求（前払請求）をすることもできるが，この場合には，あらかじめ，収用委員会に対して請求に係る意見書を提出しておかなければならない（46条の3，87条但書）．

2 残地に関する所有権以外の権利に対する補償

残地に関する所有権以外の権利とは，残地に関する地上権，賃借権等の用益権をいう．残地に関する所有権以外の権利に対しては，本条3項が，71条に対する特則として，「権利取得裁決の時」における相当の価格をもって補償すべきものとしている．本章の構造は，71条・72条の適用がない場合には，73条の「明渡裁決時の価格」によるべきことを原則としているのであるが，本条3項はこの原則の適用をも排斥しており，その意味で73条の特則でもあることになる（高田・収用法325頁参照）．

したがって，残地に関する所有権以外の権利に対する補償金（残権利が消滅する場合の残権利の対価）は，事業認定告示時で価格固定されず，権利取得裁決時で算定されることになる．その理由は，残地収用の請求ができるのは土地

所有者だけであるから，3項の例外措置を設けないと，賃借権者等の所有権以外の権利を有する者は残地収用の請求ができないにもかかわらず，価格固定されることになるという不公平を受けることになり，これを是正する必要があるからである（小高・収用法418頁，小澤・収用法下167頁，竹村・収用法と補償512頁等参照）．

第9款　物件移転料補償等

本款においては，77条（移転料の補償），78条（移転困難な場合の収用請求権），79条（移転料多額の場合の収用請求権），80条（物件の補償）を，「物件移転料補償等」としてまとめて考察する．

> **（移転料の補償）**
> **第77条**
> 　収用し，又は使用する土地に物件があるときは，その物件の移転料を補償して，これを移転させなければならない．この場合において，物件が分割されることとなり，その全部を移転しなければ従来利用していた目的に供することが著しく困難となるときは，その所有者は，その物件の全部の移転料を請求することができる．

1　本条の趣旨と要点

1　本条の趣旨

本条は，物件の移転料の補償について定めたものである．本条の補償は，事業の用に供される収用・使用の目的物に対する対価補償ではなく，収用・使用に伴う付随的な損失に対する補償である（今村・制度研究77頁，小澤・収用法下168頁，平岡久「建物の『移転料』補償と『収用』」小高編・理論と実際184頁等参照．これに対して，「移転の強制とこれに必要な出捐は，義務者にとって明らかな損失にほかならず，収用に伴ういわゆる『付帯的損失』とみるべきものではなく，正に収用による『本質的な損失』そのものである」と説く見解（国宗正義「補償の種類と性質」中川＝兼子・収用税金195～196頁）もある）．

土地の収用・使用に伴い，最もその例が多い物件移転に関する補償について，88条（通常受ける損失の補償）とは別に本条の規定が設けられ，これに関連してさらに78条から80条までの規定が設けられている．

第2章 土地収用法関係

2 本条の要点

本条の要点は，移転主義，物件・移転の意義，法令施設改善費，公法上の制限に違反する物件の移転料，不法占拠物件に対する移転料，移転料の算定，補償の権利者・義務者等である．重要な論点が揃っており，判例・学説が対立している箇所が少なくない．

●2 移転主義

1 移転主義の問題点

1 移転主義 収用地・使用地上にある建物等の物件は，6条に当たる場合を除いて，本来は事業にとっては不要なものであり，除却する必要がある．本法は，公共事業のために必要とするものについては，起業者にこれを取得させ，それ以外のものは他の場所に移転させるという「移転主義」を採用している．

移転料補償の論拠については，一般に，次のように説かれている．すなわち，①土地の収用・使用は，一般の土地取引とは異なり，公共の必要から一方的に行われるもので，物件の移転も収用・使用が行われたために余儀なくされたものであるから，移転のために要する費用を物件の所有者に負担させるのは妥当とはいえないこと，②土地の対価は建物等がないものとしての土地の評価額によることとされているから（損失補償基準要綱7条2項参照），土地等の対価のほかに建物等の移転料が補償されないと，代替地を取得することができるのみで，従前の生活を維持するために必要な建物等を取得することができず，衡平の見地からみて極めて不合理なことになること，③収用・使用によって直接生じる損失に対する補償ではないが，収用・使用と相当因果関係を有する出費の一種として，起業者がこれを補償するのが相当であること，などである（高田・収用法326頁，小高・収用法420頁等参照）．

2 移転主義をめぐる学説の動向

(1) **批判的な学説** このような移転主義については，諸外国の立法例が収用主義を原則としていることを視野に入れつつ，批判的に検討して，立法論としてではあるが，次のように説く見解（小澤・収用法下169～170頁）がある．すなわち，①今日，建物については，補償額の積算上は曳家や解体移築が想定されても，建物所有者が曳家や解体移築を行うことは稀であり，除却新築で対応しているのが実情である．古い建物の場合には，解体移転をするよりも今の

生活に合った建物を新築するというのが通常人の行動である．②物件の他の一たる立木については，庭木・果樹のようなものを除いて，大半は，伐採除却を適当とし，厳格な意味での「移転」，すなわち移植がふさわしいものとはいえない．③このような土地取引の実情からすれば，本法のとるような移転主義は異例ともいうべきである．④このように考えると，移転主義から収用主義に転換することが今後根本的に検討すべき課題である．

　また，別の観点から，「移転主義の問題点」と題して，個別具体的に詳細に論証する文献（松下・収用の実務217頁以下）もある．

(2)　その他の学説　　しかし，このような見解に対しては，移転主義が内包する問題点を意識しながらも，次のように説く見解（竹村・収用法と補償524～525頁）がある．すなわち，①77条は物件移転補償の原則を採用しているが，建物を対象とする補償の場合では，所有者がこれを他に移転して再築する例はほとんどなく，新築するのが通常である．②しかし，このような状況の生ずる大きな原因の一つは，都市計画法に基づく計画決定等により，長い期間にわたり建築制限の網を被せ，建築規制をしたところにある．③そうだとすると，これらの事情を無視して単に現象面のみをとらえ，移転補償額の大小や中古の建物売買市場の存否等の理由により，明治33年法制定以来，今日まで90年にわたり存続してきた本条の「移転補償の原則」を変更しようとするような考え方には，にわかに賛同し難い．④事業に必要としないものは移転させるという損失補償理論上からくる帰結は，今日でも当然の前提として尊重すべきである．

　また，「立法論における移転主義から収用主義への転換については，建築物の実態や実際の移転実態を踏まえての思想の展開という象徴的な意味合いはあるものの，実質的には現行法の下でも収用主義は容易に実現できるのであり，必ずしも切実な立法の実質的必要性があるわけではない．収用主義として用意された適切なルートを採らず，脱法的に法改正なく収用法77条の中で潜脱された収用主義がまん延する傾向が生まれていることこそ，法治主義の観点から問題視されなければならない」との見解（福井秀夫「財産権に対する『完全な補償』と土地収用法による『移転料』の法と経済分析（下）」自治研80巻4号68頁（2004年））も説かれている．

3　学説の検討　　このように，本法の移転主義については，若干学説上の対立が認められる．ただ，移転主義に批判的な見解も，立法論としてであって，現行法の解釈論としてではない．また，移転主義を擁護する見解も，移転主義

を厳格に維持しようとするものではなさそうである．現行法の解釈論としては，移転主義に批判的な見解を視野に入れながら，弾力的な解釈を施すように工夫すべきであろう．

2 移転義務

本条前段は，「その物件の移転料を補償して，これを移転させなければならない．」と規定している．そこで，「移転させなければならない」という移転義務を，収用の効果の規定の中ではなく，補償の規定の中に置いている理由は何であるのかが問題となる．

この点について，立案関係者は，次のように説明している（高田・収用法327〜328頁）．すなわち，「この点は，現行法立案に当たり特に検討した点であった．それはひとえに，第77条後段，第78条，第79条および第85条の規定を引き出すためには，『移転させなければならない』という文言を明記しないときは，文意として続く意味をもたすことができないためである．換言すれば，それはこれらの条文を引き出すための表現形式にすぎない，ということである．以上の論は，現行法立案当時の研究の結論であったことを明らかにしておきたい．このことを誤解して，およそ移転せしめる場合は，いかなる場合にも物件の移転料を補償しなければならない趣意なりとすることは，正しい解釈とはいえない．」要するに，移転義務については別に102条が定めており，移転義務の根拠条文は102条である，ということである．

●3 物件・移転の意義

1 物件の意義

1 移転の対象 移転補償の対象となるのは，収用・使用する土地にある「物件」である．土地に定着するか否かを問わない．土地に定着するものとしては，建物，工作物，立木等がこれに当たるが，土地とは別個の不動産として独立の所有権の客体と認められるものに限られる．したがって，擁壁，石段，石垣，地中の岩石，土砂，土留施設等の土地の附加物は，土地とは独立の財産ではなく，土地そのものの構成部分として土地と一体として評価され，移転補償の対象とはならない．これに対して，土地に定着しない動産の例としては，野積みの砂利・石材，仮植中の庭木，土地に存置された機械，足場，五重塔，石燈篭等がある（小高・収用法420〜421頁，小澤・収用法下176頁，竹村・収用

2　建物　建物は，物件の典型的なものである．建物に付属したガス管，水道管，下排水管等は，建物移転料の一環として算定される．

家屋の中にある家財道具，商品，諸材料等は本条の補償の対象にはならず，88条の通損補償の対象となる．

3　立木　庭木・果樹等のように移植が可能なものについては，掘起し，運搬，植付けに要する費用等の移植に通常必要とする費用が補償される．用材林立木のように伐期に到達すれば，各種用材として本来伐採されることが予定されているものについては，立木の伐採補償がなされる．薪炭林立木，移植することが相当でない果樹，竹林についても，同様の補償がなされる．これに対して，利用価値のない雑木の類は，土地の構成部分として扱われ，土地とは別個の補償を要しないものと解されている．

2　移転の意義

「移転」とは，当該物件を撤去し，収用地・使用地から他の場所へ運搬し，そこで従前と同様の形態を再現（復元）することをいう．本法中「移転」の文言は，本条のほか，78条，79条，85条，102条，102条の2等にも散見される．この意義には，①収用地・使用地からの撤去・運搬・再現の全体を意味する場合と，②収用地・使用地からの撤去のみを意味する場合の二通りがある．本条その他の条文中で「移転料」というときの「移転」，本条，78条，79条，85条等の「移転」は前者の意味であり，102条，102条の2等の「移転」は後者の意味である（小澤・収用法下180頁，園部編・法律相談505頁〔大久保幸雄執筆〕，竹村・収用法と補償518～519頁，福井・前掲62頁以下等参照）．

因みに，用対連基準細則の第15は，建物の移転について，「『移転』とは，従前の価値及び機能を失わないよう，土地等の取得に係る土地に存する建物を当該土地の外に運び去るすべての方法をいうものとする．」と定義している．文献の中には，このような定義を広義説と呼んで，上記の撤去・運搬・再現と定義する狭義説と区別しているもの（平岡・前掲187頁以下）がある．

● 4　法令施設改善費

1　問題の所在

建物等の移転に伴い建築基準法，工場立地法，水質汚濁防止法等の法令の規

定に基づき施設を改善することが必要となる場合があるが，このような場合に，施設の改善に要する費用（法令施設改善費）は補償されるべきか，という問題がある．

2 行政実務の動向

1 公共用地審議会答申　公共用地審議会答申は，「建物その他の物件の移転料」の中で，「物件の移転に伴い，建築基準法その他の法令の規定に基づき施設の改善を要する場合の費用について，補償することとしている補償基準があるが，これらの法令に基づく義務は，財産権に内在する負担として通常受忍すべきものであるから，補償することは，妥当ではなく，別途，融資のあっせん等，補償と相まって行うべき生活再建のための措置によって処理すべきである」としていた．

2 損失補償基準要綱等の規定　この答申を受けて，損失補償基準要綱24条2項は，「建物等の移転に伴い建築基準法その他の法令の規定に基づき必要とされる施設の改善に要する費用は，補償しないものとする．」と規定している．「損失補償基準要綱の施行について」の第二は，「建物等の移転に伴い，建築基準法その他の法令の規定に基づき施設の改善を要する場合の費用については，融資のあつせん等の措置を講ずるよう努めるものとする．」としている．この点について，損失補償基準要綱解説は，「〔24条〕第2項は，建築基準法その他の法令の規定に基づき施設の改善を要する場合の費用は補償の対象とならないことを明らかにしている．これらの法令に基づく義務は，財産権に内在する負担として通常受忍すべきものであるから，補償することは，妥当ではない．なお，用対連基準においては，第28条第2項ただし書で，建物等の移転に伴って改善時期が早まったことによる損失として，改善費用を金融機関に預け入れる等の方法により得られたであろう運用益相当額を補償することとしている」と説明している（118頁）．

用対連基準28条2項は，「建物等の移転に伴い木造の建築物に代えて耐火建築物を建築する等の建築基準法その他の法令の規定に基づき必要とされる既設の施設の改善に要する費用は，補償しないものとする．ただし，法令の規定に基づき改善を必要とする時期以前に当該既設の施設の改善を行うこととなつたときは，それにより通常生ずる損失を補償するものとする．」と規定している．

細目政令17条2項は，「物件の移転に伴い建築基準法（昭和25年法律第201

号）その他の法令の規定に基づき必要となる当該物件の改善に要する費用は，前項の費用には含まれないものとする．」と規定して，法令施設改善費は移転料に含まれないものとしている．ただ，細目政令17条2項についての国土交通省のコメントは，「法令改善費用運用益損失額については，土地収用法第88条に基づき補償することになる」としている（用地ジャーナル2002年8月号5頁，田辺・制度93頁参照）．

3　運用益相当額の補償　行政実務は，これらの法令に基づく義務は「財産権に内在する負担」として通常受忍すべきものであり，また，法令改善費を補償するとすれば移転物件の価値の増加をもたらし不当である，との考え方に基づくものである．せいぜい，改善費用の支出時期が早まったことによる運用益相当額の補償を認めるにすぎない（法令施設改善費については，さしあたり，小高「移転補償の最近の課題」同・研究220頁以下，安本典夫「法令への不適合と買収補償」小高編・理論と実際164頁以下参照）．

3　既存不適格施設の場合と既存不適格でない施設の場合

この問題点について，文献の中には，既存不適格施設の場合と既存不適格でない施設の場合に分けて詳述するものがある（小澤・収用法下199頁以下，安本・前掲164頁以下）．本書においても，これに従って考察することにする．

1　既存不適格施設の場合

(1)　**判例の動向**　この点に関する著明な判例は，大阪地判平成4・6・26（行集43巻6＝7号847頁），その控訴審の大阪高判平成6・11・29（行集45巻10＝11巻1900頁），その上告審の最判平成11・1・22（判例自治203号78頁）である．

これは，土地の収用にににより製薬会社が工場を移転せざるをえなくなったが，医薬品の品質規制（GMP規制）に即した構造設備の改善費用の補償の要否が問題となった事案におけるものである．一審判決は，「既存不適格建物の移築に伴い，これを法令の規定に適合させるために改善すべきことは，既存不適格建物の所有権に内在する制約であり，既存不適格建物の所有者に等しく課された義務であるということができる．しかも，改善の結果は，財産的価値として所有者に帰属するのであって，改善のために要する費用（以下「法令改善費用」という.）の額自体を，被収用者の損失と認めることはできない．したがって，既存不適格建物の移転料を算定するに当たり，その移転を法的に可能なも

のとするための法令改善費用それ自体を，移転料に加算すべきであるということはできない．／もっとも，既存不適格建物といえども，従前は適法な建物として存立を認められていたものが，収用を原因として，その構造の改善を要することになったのであるから，改善時期が繰り上がったことによる損失，すなわち，物件移転時期から，社会通念上，収用なかりせば改善を必要としたであろう時期までの期間の法令改善費用の運用利益相当額については，収用によって，土地所有者が通常受ける損失として，土地収用法88条に基づき，その補償を要するものというべきである．原告は，平野工場が建築基準法等に適合しない点のある建物であることを指摘するに止まり，いかなる点において不適格建物であるのか，また，その法令改善費用の額について具体的主張しないので，右の観点から増額すべき補償金額を認定判断することはできないが，後記四に認定するように，収用に伴い支出を余儀なくされるものと認められる生産機能の回復に要する費用の運用益の補償を認めることによって，右の観点からする損失補償も十分に包摂するに足りるものというべきである」と判示している．

控訴審判決も同趣旨の判断をしており，上告審判決も，この原審判断を是認している．法令施設改善費用について，その改善費用自体の補償を否定しつつ，改善費用の支出時期が繰り上がった期間における運用利益相当額の補償を肯定したものである．この判例によれば，この場合の補償の根拠条文は，本条ではなく，88条ということになる．

(2) **学説の動向**　　通説は，法令施設改善費は補償の対象とならないと解している．しかし，これに対しては，基本的にはこれに従いながらも，若干の疑問を提起する見解も少なくない．

上記文献（小澤・収用法下199頁以下）によれば，①既存不適格施設の場合，例えば，防火地域の木造建築で建築基準法3条2項・3項の規定の適用を受けるもの（いわゆる既存不適格）が移転に伴い耐火構造とすることが求められるような場合には，移転に伴う施設の改善は既存不適格建築物を有する者に等しく課される義務であって，収用がその改善の動機となったにすぎないのであるから，改善費自体は補償の対象とすべきものではない．改善費自体を補償すると，被収用者の経済的・財産的価値を増嵩させる結果となり，不当である．②しかし，既存不適格とはいえ従前は適法であったものが収用を原因として耐用年数経過前に構造の改善が必要とされるのであるから，何らかの補償が必要である．建築基準法11条1項では，特定行政庁は，既存不適格建築物が公益上

著しい支障があると認める場合，その除却等を命ずることができ，この場合所在地市町村は通常生ずべき損害を補償しなければならない旨定められており，公益事業のための収用の場合には，この規定との均衡も考慮する必要がある．③補償額については，改善時期が繰り上がったことに伴う出費の増加分，すなわち，改善費用について，物件移転の時期から収用なかりせば改善を必要とされるであろう時期までの間にかかる金利負担分は，他の既存不適格建築物の所有者には生じない特別の負担であり，補償の対象とされるべきである，ということである（同旨，竹村・収用法と補償 525 頁）．

上記の小澤説は，法令施設改善費は補償の対象とはならないとの通説的立場に立ちつつも，建築基準法 11 条 1 項では，既存不適格建築物が公益上著しい支障があると認める場合の除却等について所在地市町村が通常生ずべき損害を補償しなければならないと定められていることを引き合いに出して，「公益事業のための収用の場合には，この規定との均衡も考慮する必要がある」と説いたものである．

そのほか，通説に対しては，早くから異論も説かれていたところである．すなわち，①被補償者が望んだわけではないこと，②建築基準法 11 条によると改善費用が補償されることもあること，③直ちに融資を受けることが困難な被補償者もいること，④損失補償には生活再建の理念によるきめ細かい対応が必要であること，などを挙げて，法令施設改善費を補償の対象としないことに疑問を呈する見解（田辺・要論 191 頁，同・制度 91～92 頁，西埜＝田辺・理論と実務 170 頁以下〔田辺執筆〕）がある．

(3) **判例・学説の検討**　上述のように，行政実務は否定的であり，判例も否定的であるが，それでも法令施設改善費用の先行投資期間の運用益相当額の補償を認めている．学説の動向も，これとほぼ同じであり，改善を必要とされる時期までにかかる金利負担分が補償されるべきであるとしている．

しかし，移転を強制しておきながら，既存不適格建物所有権に内在する制約であるとか，施設改善による建物の価値増加は所有者に帰属するとかの理由によって，施設改善費用の運用益相当額しか認められないというのは，損失補償の基本理念である公負担平等の原則に反するのではないかと思われる．所有権の内在的（社会的）制約として甘受させるべきものではないであろう．

2　既存不適格でない施設の場合

(1) **学説の動向**　上記の小澤説は，続けて，既存不適格でない施設の場合

について，次のように説いている．すなわち，①既存不適格ではない建築物や工場の一部が収用されたことにより，建蔽率違反や容積率違反となったり，工場立地法で要求されている敷地面積（同法4条・4条の2）に不足をきたすこととなるような場合には，これを「受忍すべきもの」とすることは許されない．②建築基準法については，平成16年の同法改正により，収用適格事業の施行による建築物の敷地面積の減少によって法令不適合となった場合には，既存不適格（同法3条2項）と同様に扱われることとなった（同法86条の9）．③しかし，こうした建物についても，将来建替え・修繕を行う場合には法令に適合するようにしなければならない，という負担がつくから，法令改善について特別の補償を考慮しなくてよいとはいえない（小澤・収用法下200〜201頁．同旨，竹村・収用法と補償525〜526頁）．

(2) **学説の検討**　この問題点については，上記の文献以外には詳論したものは見当たらない．上記の小澤説・竹村説が妥当であり，おそらく異論はないものと思われる．ただ，その場合の補償額の算定や補償の時期等については，なお検討すべき課題が残ることになる．

●5　公法上の制限に違反する物件の移転料

1　問題の所在

公法上の制限に違反する物件について移転料を補償すべきか否か，という問題がある．行政実務も学説も，補償が必要であると解している（積極説）．

2　行政実務の動向

行政実務は，かつては消極に解していた（消極説）が，その後，昭和33年8月13日付けの内閣法制局第一部長回答（計画局長宛）を契機として，積極説に転じている．任意買収の実務も同様である．

積極説をとる法制局第一部長回答の理由の要旨は，①公用制限（照会事案の場合は旧河川予定地制限令3条の制限）に違反して新築された工作物についても，国法上所有権その他の財産権の成立を認めるものとされている以上，このような工作物について所有権その他の財産権を有する者が当該敷地の収用に伴ってその工作物の移転を余儀なくされることによって生ずる損失について，明文の規定がないにもかかわらず，これに関する補償を否定することは許されるべきでないこと，②河川法の関係規定による措置とは関係なく，もっぱら，収用法

の規定に基づいて土地が収用される結果として，当該工作物の移転が必要とされるに至った場合について，河川法等の関係規定を適用すれば生ずるであろう事態を根拠として，本法に規定する移転料の補償を否認することは，法規の解釈に混迷をきたすことになるというべきであって，合理的な根拠をもつ見解と認めることはできないこと，にある（小澤・収用法下178～179頁，片桐裕「土地の収用に伴う公用制限違反の工作物の移転と移転料の補償」前田正道編『法制意見百選』301頁（ぎょうせい，1986年），河川事業補償研究会編『河川事業補償の法令実務』28～29頁（ぎょうせい，2008年），西埜＝田辺・理論と実務179頁〔田辺執筆〕等参照）

この点について，損失補償基準要綱24条（建物等の移転料）についての解説は，「公法上の制限に違反する物件について移転料を補償すべきかについては，財産権を有する者が公共事業のため移転を余儀なくされることによる損失について，明文の規定がなくこれの補償を否定することは許されないとする旨の内閣法制局の見解から，一般には補償すべきものと考える（昭和33年8月13日内閣法制局第一部長回答）」と説明している（損失補償基準要綱解説120頁）．

③ 学説の動向

学説の多数は，上記の法制局第一部長回答を支持している．「私見としても，右回答を妥当とする．もっとも，実務上の処理としては，まず，行政側で監督処分・除却命令・行政代執行等の措置をとって違反物件を除却すべきである」との見解（小澤・収用法下179頁）が，その代表的なものである．

④ 行政実務・学説の検討

行政実務と学説は，公法上の制限に違反する物件についても移転料の補償が必要である，と解する点でほぼ一致している．考え方は，次項の不法占拠物件に対する移転料と共通している．公法上の制限に違反するか否かは，収用・使用とは別の次元のものであり，本条も「収用し，又は使用する土地に物件があるときは」として，何ら条件を付していない．行政実務・学説の動向が支持されるべきであろう．

第2章　土地収用法関係

● 6　不法占拠物件に対する移転料

1　問題の所在

収用地・使用地に不法占拠者の所有する物件（不法占拠物件）がある場合に，それを移転させるについて補償が必要か否か，という問題がある．この移転料の補償要否については，学説は消極説と積極説に分かれている．

2　学説の動向

1　学説の分類　文献は，一般に，学説を消極説と積極説に分類しているが，このほか，制限的消極説を加える分類方法もある（学説の分類については，下山・国家補償法306〜307頁，小高・収用法423頁，田辺・要論176頁以下，安本・前掲（小高編・理論と実際）156頁以下等参照）．制限的消極説とは，不法占拠物件に対する移転補償の要否については，理論的には違法性の軽重や信義則等の観点から個々具体的に判断するほかなく，実務上はまず監督処分や公物管理権に基づき当該物件の撤去を行った後，収用または使用の裁決を申請すべきである，とする考え方である（鈴木＝高原編・収用法50講137頁〔松島諄吉執筆〕）．しかし，この制限的消極説は，補償要否の基準について具体的に提示するところがなく，学説としてはほとんど支持者がいないので，ここでは取り上げないことにする．

2　消極説　消極説は，およそ本権の認められない違法な占有者に対して移転料を支払うことは，法の一般原則の許さないところであり，補償する必要はない，と解する．消極説の代表的論者は，「不法占拠者，すなわち占有を適法ならしめる原因のない占有者に対しても，移転料を支払うべき旨を説く見解があるけれども，もともと本権とは別に，単なる占有権に対しては，収用の必要なく（……），したがって補償する必要もないのが建前である．占有そのものに対して補償する規定として，本条の移転料の規定を根拠とする者があるが，それは誤りであって，およそ本権のない違法な状態に対して移転料を支払うことは，法の一般原則の許さざるところである．本条による移転料請求権者に，不法占拠者を含ましめるなんらの根拠もない．本条の文言上『その物件の移転料を補償して，これを移転させなければならない．』とある趣旨に誤解があってはならない」と説いている（高田・収用法328頁．なお，松下・収用の実務217頁参照）．

第2節　土地収用法

3　積極説　これに対して，積極説は，土地の使用権の有無とは関係なく不法占拠物件も移転補償の対象になる，と解する（小高・収用法424頁，小澤・収用法下179頁，竹村・収用法と補償524〜525頁，西埜＝田辺・理論と実務175頁〔田辺執筆〕等）．その論拠は，①消極説は占有権に対する土地の補償金の否定と土地にある物件の移転料の補償の取扱いを同一視していること，②当該土地に物件が存在する以上，その物件を移転させなければならず，かつ「その土地にある物件に関して所有権その他の権利を有する者」は，関係人としての地位が与えられていること（8条3項），③消極説は法の一般原則をいうのみで，関係人についての規定や物件の移転義務を定めた規定など本法に特別の規定が設けられていることによる法の一般原則の変容ないし修正を考慮していないこと，などである．

3　行政実務の動向

行政実務は，前記の「公法上の制限に違反する物件の移転料」について述べたのと同様に，内閣法制局第一部長回答（昭和33年8月13日）に従って，移転料を補償している．

4　学説・行政実務の検討

本法8条3項は，「関係人」を定義して，「土地にある物件に関して所有権……を有する者」をいうとしており，その物件の存立根拠（権原）については何も規定していない．本条も，収用地・使用地に「物件があるときは，その物件の移転料を補償して，これを移転させなければならない．」と規定しているだけである．このことからすれば，不法占拠物件についても移転料を補償すべきであると解するのが素直な解釈である．積極説が支持されるべきであろう．

不法占拠物件の所有者は，土地に関する権原を有しないので，土地に関する補償は不要である．しかし，このことと不法占拠物件の移転料補償とは別個の問題である（西埜＝田辺・理論と実務180頁〔田辺執筆〕参照）．

●7　移転料の算定

1　概説

1　算定の基準　移転料の算定は，移転すべき建物その他の物件を土地から撤去して，これを他の場所に運搬し，その場所において元のとおりに復元す

るまでに必要な費用の額が基準とされる．したがって，移転料は，撤去費用，運搬費用および復元費用の合計額であるということになる（美濃部・原理352頁，高田・収用法331頁，小澤・収用法下180〜181頁等参照）．

　この費用を算定するについては，移転先地と移転方法が重要である．移転すべき場所は，残地に移転すべき場所の余裕があり，そこに移転することによって従来用いた目的に供することができる場合は，残地に移転するものと想定するのが最も合理的である．それができない場合には，一般通常人が採るであろうと想定される最も合理的な移転先が求められる．残地への移転は「構内移転」，残地外への移転は「構外移転」と呼ばれている．

　移転方法もまた，一般通常人が採るであろうと想定される最も合理的な方法が基準とされる．これらの基準によって算定される費用は，客観的標準であるから，被収用者の主観的な事情は斟酌されない（高田・収用法332頁，小澤・収用法下180〜181頁，竹村・収用法と補償519頁等参照）．

　2　判例・実務の動向　この点に関する裁判例としては，都市計画街路事業の一環として土地が収用されたが，収用裁決での補償額が低額であるとして増額請求がなされた事案において，浦和地判昭和61・9・28（判タ610号79頁）は，「その移転先及び移転方法は，物件所有者の主観的事情によらず，社会通念に照らし，客観的にみて合理的かつ妥当な場所及び方法を選定しなければならないと解するのが相当である」と判示している（同趣旨，新潟地判昭和59・5・14判時1172号38頁，神戸地判昭和61・4・30判例自治24号50頁，神戸地判平成9・2・24判例自治184号51頁等）．

　この点につき，細目政令17条1項は，法77条の物件（立木を除く）の移転料は，「当該物件を通常妥当と認められる移転先に，通常妥当と認められる移転方法によって移転するのに要する費用とする．」と定めている．損失補償基準要綱24条1項や用対連基準28条も，同趣旨の規定である．

2　建物の移転料

　1　再築工法等　用対連基準細則第15は平成元年4月に改正されたが，その1（6）は，移転方法の種別を，①再築工法，②曳家工法，③改造工法，④復元工法，⑤除却工法に分けている．これは，従来適用例が多かった移築工法を復元工法と名を変えて残しつつ，その適用範囲を局限し，原則的な移転工法として新たに再築工法を導入したものである（小澤・収用法下185頁参照）．

2 本条の移転と88条の通損補償の関係　なお，移転に伴う移転工事期間中の仮住居費，家財・道具類の運搬費用，営業休止による損失，家賃の減少等は，本条ではなく，88条による補償（通損補償）の対象となる．

3 立木の移転料
1 立木の移植方法等
(1) **移植補償と伐採補償**　庭木，果樹等の有用価値のある立木で，移植に適する立木については，移植を移転方法として想定して移転料が算定される（移植補償）．ここで移植補償というのは，掘起こし，運搬，植付け等に要する費用の補償である．

細目政令18条は，収用地・使用地に立木がある場合の補償について，「これを移植することが相当であると認められるときは，次に掲げる額を補償するものとする．」として，1号において「掘起し，運搬，植付けに要する費用その他の移植に通常要する費用」を，2号において「枯損による損失額その他の移植に伴い通常生ずる損失額」を規定している．また，同政令19条は，「用材用の立木の集団であって伐期に達していないもの」について，伐採補償を定めている．

損失補償基準要綱29条は，「土地等の取得又は土地等の使用に係る土地に立木がある場合において，これを移植することが相当であると認められるときは，掘起し，運搬，植付け等の移植に通常必要とする費用及び移植に伴う枯損等により通常生ずる損失を補償するものとする．」と規定して移植補償を，30条は，用材用立木についての伐採補償を定めている．

(2) **移植補償の問題点**　しかし，この移植補償については，文献において，移植に適する立木は多くないとして，次のような批判的な見解が説かれている（小澤・収用法下191頁）．すなわち，「大半の立木は，移植することが物理的には不可能でないとしても，技術的に困難であったり（例．巨木），不相当に多額の移植費がかかったりするのであり，社会的相当性の観点からみて，移植補償を行うことは適当とはいえない．したがって，立木所有者が伐採除却するか，又は起業者が取得して自ら伐採除却するという方法で立木補償を構成するのが妥当であると考えられる．」

2 移転料の算定　雑木等の価値の認められないものは土地と一体的に評価され，本条の補償の対象とされない．それ以外のものについては，移植に要

する費用または伐採補償が算定される．移植補償では，掘起し，運搬，植付け等に要する費用が算定され，伐採補償では，当該立木の対価を基準にして，これに伐採搬出に要する費用等を加えたものが算定される．

●8　補償の権利者・義務者

1　物件の所有者

　物件の移転義務を負う者は，物件所有者である．移転料の補償請求権は，本条前段の規定からは明らかではないが，後段の規定および78条，85条1項の規定等を考慮すると，物件の所有者にあると考えられる．補償の義務者は起業者である．

2　借家人による建物の増改築等の部分

　建物が賃貸されていて，借家人が建物に増改築や改装を加えた場合は，増改築や改装の部分は，経済的利用の独立性が認められない限り，民法242条の規定により，建物に付合するものとして，増改築等の部分に係る移転料は，借家人に対してではなくて，本体の建物所有者に対して建物移転料に含めて補償される．用対連基準細則第15第1項（7）は，「借家人が附加した造作又は増築部分であって建物の本体及び構成部分として建物に附合するものに係る移転料は，建物所有者に補償するものとする．」と規定している．これに対して，従前の建物からの独立性が認められる場合には，増改築等の部分に係る移転料は，借家人に対して補償されなければならない．

●9　全部移転料

1　全部移転の趣旨

　移転料の対象となる物件は，収用地・使用地上に存在するものに限定される．したがって，土地の一部が収用されて，物件が収用地と残地にまたがって存在することになる場合にも，原則としてそれを分割して，収用地上に存する部分だけを移転させれば足りるはずである．しかし，分割移転することによって従来の用法による利用価値を失い，全部移転によらなければ従来の用法に適合しない場合には，それによる損失を被収用者に受忍させるべき理由はないから，所有者の請求によってその全部を移転させ，全部の移転料を補償することができるようにすべきである．これが本条後段の趣旨である（高田・収用法333頁，

小高・収用法 427 頁，小澤・収用法下 204 頁，竹村・収用法と補償 526～527 頁等参照）．

2　全部移転の要件

　全部移転の要件は，①当該物件が土地の収用・使用により分割されること，②全部を移転しなければ従来利用していた目的に供することが著しく困難になること，の二つである．

　1　物件が分割されること　　ここでいう「分割」には，有形的・物理的な分割だけではなく，用途上・機能上の分割も含まれる．用途上・機能上の分割の例としては，①母屋は収用地上にあるが，茶室が残地上にある場合，②店舗は収用地上にあるが，倉庫や車庫が残地上にある場合，③建物は収用地上にあるが，庭木が残地上にある場合，などがある．

　用対連基準細則第 15 第 1 項 (3) は，「建物の移転に伴い，当該建物と一体の利用に供されていた他の建物等が残地に存することとなり，当該他の建物等を移転しなければ当該建物を従来利用していた目的に供することが著しく困難となる場合においては，建物の所有者の請求により，当該他の建物等を移転するのに要する費用を補償するものとする．」と規定している．

　なお，上記の解釈とは異なり，本条の「分割」を有形的・物理的分割に限定し，収用地外の建物等であっても収用地上の建物等と「利用上の不可分一体性」が認められる場合等の移転料は，本条ではなくて 88 条に基づくものと解する裁判例も散見される（前掲大阪地判平成 4・6・26，その控訴審の前掲大阪高判平成 6・11・29）．補償が認められるべきことについては同じであるが，全部移転の趣旨からすれば，本条の分割には，有形的・物理的な分割だけではなく，用途上・機能上の分割も含まれるものと解すべきであろう．

　2　従来利用していた目的に供することが著しく困難となること　　「従来」の意味については，収用・使用当時現実に利用している目的を意味するのか，現にその物の保有している利用価値を意味するのか，判例・学説上の対立がみられる．学説上は，現実の利用の意味ではなく，「現にその物の保有している利用価値」を意味すると解するもの（美濃部・原理 350 頁）があるが，判例，行政実務においては，収用・使用当時現実に利用している目的を意味し，将来の拡張計画等は参考とならないとされている．

　文献の中には，この美濃部説を基本的に支持しながらも，「全部の移転料を

補償する前提として，当該物件が客観的にみて利用価値を有していると認められることが不可欠なのであって，利用価値がないものについてはそもそも移転料の補償を要しないと解すべきである．……客観的に予定の意思が明確になっているときには全部の移転料の請求を認めるべきであろう」と説くもの（小澤・収用法下205〜206頁），『従来利用していた目的』とは，『その物が現に保有している利用価値』を意味すると解すべきことになる（美濃部350頁）．そうだとすると，『従来利用していた目的に供することが……』の文言は，『当該物件が保有する利用価値を維持することが……』と読み替えざるを得ない．このような弾力的な解釈に従うとすれば，『当該物件が保有する利用価値』は，時間的には過去から現在に至るもののみならず，将来にわたっても認められうることになる」と説くもの（竹村・収用法と補償527頁），などがある．

また，「供することが著しく困難となる」ことが要件とされている．絶対的不能のみならず，利用可能だが利用するには多大の不便や経費を要することも含む趣旨である．

損失補償法理からすれば，当然のことながら，正当な補償が必要である．収用・使用当時現実に利用していた目的だけではなく，将来的な利用価値をも含めて判断されなければ，被収用者の損失を完全に回復することができない．将来的に利用の予定が明確で，それが客観的に認識できるものであれば，「従来」の意味を弾力的に解釈すべきである．「著しく困難となる」の意味についても，同様に弾力的に解釈すべきであろう．

3 請求権者・請求の方法

全部移転の請求権を有する者は，当該物件の所有者である．物件の全部移転の請求は，収用委員会に対して意見書を提出することによって行う（87条）．

> **（移転困難な場合の収用請求権）**
> **第78条**
> 　前条の場合において，物件を移転することが著しく困難であるとき，又は物件を移転することに因つて従来利用していた目的に供することが著しく困難となるときは，その所有者は，その物件の収用を請求することができる．

1 本条の趣旨と要点

1 本条の趣旨

収用地・使用地上にある物件は，移転料を補償して移転させるのが原則である．しかし，物件を移転することが著しく困難であったり，あるいは，移転が容易であったとしても，移転したのでは物件の利用価値が喪失するような場合には，移転料の補償のみでは物件所有者の損失が完全に回復されるとは限らない．そこで，本条は，物件の所有者の利益を保護するために，物件の収用請求権を定めたものである．「収用請求」という文言が使用されているが，物件所有者に買取請求権を与えたものであり，拡張収用の一種であるといってよい．

本条の趣旨は，上記のように理解することができるが，仔細にみれば，これについては若干見解が分かれている．「国民経済的な利益と移転義務者の利益を考慮した規定」であると理解するもの（高田・収用法336頁，小高・収用法430頁，園部編・法律相談504頁〔大久保執筆〕）があるが，これに対しては，物件所有者の利益を保護したものであり，「国民経済の観点を持ち出すのは適当ではない」とする見解（小澤・収用法下210〜211頁，竹村・収用法と補償528〜529頁）がある．そのほか，「残地収用と同様に，所有者に完全な補償を受けしめることよりも，寧ろそのような物件は最早所有することを欲しないとする所有者の感情を満足せしめることをその目的とする」との見解（柳瀬・公用負担法195頁）もある．

損失補償基準要綱25条は，「建物等を移転することが著しく困難であるとき，又は建物等を移転することによつて従来利用していた目的に供することが著しく困難となるときは，当該建物等の所有者の請求により，当該建物等を取得するものとする．」と規定している．同要綱解説は，その趣旨について，「本条は，建物等の移転が物理的に又は機能的に困難である場合において，当該建物等の所有者から買取りの請求があるときは，当該建物等を取得することを規定したものであって，土地収用法第78条の規定と同趣旨である」と説明している（122頁）．

2 本条の要点

本条の要点は，本条の適用範囲，本条の要件である．前者については，若干学説上の対立がみられる．後者については，判例・学説上の対立は見当たらな

い.

●2　本条の適用範囲

　本条の適用範囲については,「前条の場合において」となっているが,この意味について,前条前段の場合に限るのか,それとも,後段の場合も含むのか,という問題がある.

　この点については,「『前条』とあるが,前条前段の移転すべき場合に限る.後段は移転義務がないから,本条の適用はない.後段の場合において移転困難または利用価値喪失があれば,よって生ずる損失は第 88 条において考慮せられる」との見解（高田・収用法 336 頁）がある.しかし,これに対しては,①前条後段の場合において,物件の残地上の部分につき移転困難または移転による利用価値喪失という事情があるときには,物件所有者は,全部移転料の補償のみによっては完全な救済を受けたこととならないから,これに代わる,またはこれに付加する何らかの補償措置が必要とされること,②前説は,残地上の部分については移転義務が存在しないことを理由として本条の適用はないとして,この補償措置を 88 条に求めているが,移転義務の不存在がなぜ本条の適用を排除すべき理由になるのか明らかではないこと,③本条の文理としても,「前条の場合において」とあるのみであって,本条の適用を前条前段の場合に限定する文言とはなっていないこと,などから,前条の場合とは 77 条の全文を指すと解する見解（足立頴一郎「収用の目的物」中川＝兼子・収用税金 74 頁,小澤・収用法下 211～212 頁,竹村・収用法と補償 530 頁）もある.後説の方が有力であり,本条の趣旨からすれば,後説を妥当と解すべきであろう.

●3　本条の要件

　本条の要件は,①物件を移転することが著しく困難であること,または,②物件を移転することによって従来利用していた目的に供することが著しく困難となること,である.

1　移転が著しく困難な場合

　本条にいう移転とは,物件の撤去・運搬・再現の全部の作業工程をいう（前述 279 頁参照）.移転が著しく困難であるか否かは,この一連の作業工程の全部または一部が著しく困難であるかどうかという観点から判断される.

「著しく困難である」とは，技術的にみて著しく困難である場合だけではなく，技術的には著しく困難であるとはいえないが，社会的相当性の観点からみて著しく困難な場合も含まれる．換言すれば，技術的観点からみて絶対的に移転不可能である場合だけではなく，移転は可能であるが，社会的相当性という観点からみて移転が妥当でない場合，すなわち，相対的に移転不可能である場合をも含んでいる．現在の建築技術の水準からすれば，絶対的に移転不可能となる例はほとんど考えられないから，移転が著しく困難である場合とは，通常，社会的相当性の観点からの移転不可能な場合を指しているものと解すべきである．それ故，物件の移転が困難であるという場合には，通常の例では移転料が高額で物件取得費を上回ることになり，その結果，79条の要件を満たすこともありうることになる（小高・収用法429頁，小澤・収用法下212～213頁，園部編・法律相談505頁〔大久保執筆〕，竹村・収用法と補償530～531頁等参照）．

移転が著しく困難な場合の例としては，一般に，鉄筋コンクリート造りの建物，レンガ造りの建物，巨木，井戸，地下倉庫等が挙げられている．

2 利用価値の喪失の場合

物件を移転することによって「従来利用していた目的に供することが著しく困難となるとき」とは，物件の撤去・運搬・再現は必ずしも困難ではないが，その物件は特定の地点に立地することによってのみ利用価値を有するものであって，他の場所へ移転したのでは，利用価値を喪失するような場合をいう．

移転による利用価値喪失の例としては，一般に，水車や埠頭の倉庫のように，特定の地点（河川や海岸の近く）でなければ機能しえないようなものが挙げられている．

● 4 請求権者・請求方法

1 請求権者

収用請求権者は，物件の所有者に限定されている．その趣旨は，残地収用の請求の場合と同様に，このような物件をもはや保有することを欲しない所有者の意思を満足させることにある．共有物件については，原則として共有者全員の同意が必要であり，帰属争いのある物件についても，係争当事者全員の同意が必要である．

収用請求するに当たっては，借家人等の賃借権者，抵当権者等の物件に関す

る所有権以外の権利者の同意は，必要とされていない．また，残地収用の場合と異なり，これらの権利者には，権利の存続請求権は認められていない．これらの者は，物件の収用により権利を喪失することになる（101条3項）が，これによって生ずる損失は，88条の通損補償の対象となる（小澤・収用法下215頁，竹村・収用法と補償532頁等参照）．

2　請求方法

収用請求は，収用委員会に意見書を提出することによって行う（87条）．

> **（移転料多額の場合の収用請求権）**
> **第79条**
> 　第77条の場合において，移転料が移転しなければならない物件に相当するものを取得するのに要する価格をこえるときは，起業者は，その物件の収用を請求することができる．

● 1　本条の趣旨と要点

1　本条の趣旨

本条は，起業者に物件の拡張収用の請求権を認めたものである．本法上の残地収用請求権（76条），物件収用請求権（78条）および土地の使用に代わる収用の請求権（81条）が，いずれも土地所有者等の被収用者側に認められた請求権であるのに対し，本条が定める収用請求権は，起業者側に認められたものである．

本条の立法理由は，①物件の移転料が取得価格を超えるときにも移転料を補償しなければならないものとすれば，起業者に過大な負担を課することとなり，不合理であること，②むしろ，起業者の責任でこれを除却した方が，起業者にとっては安上がりであり，国民経済的にみても合理的であること，③他方，物件所有者としても，移転料の補償を受けなくても，代替物件を取得するに足りる金額の補償を受けることができるのであれば，これでもって従前と同種同等の物件を取得することができるのであるから，起業者に物件を取得させることにしても過酷になるわけではないこと，などである（小高・収用法431〜432頁，小澤・収用法下217頁，竹村・収用法と補償532〜533頁等参照）．

損失補償基準要綱26条も，「建物等を移転させるものとして第24条の規定

により算定した補償額が第14条の規定により算定した当該建物等の正常な取引価格をこえるときは，当該建物等を取得することができるものとする．」と規定している．その趣旨について，損失補償基準要綱解説は，「本条は，建物等の移転料が当該建物等の正常な取引価格を超えるときは，当該建物等を取得することができる旨の規定であって，土地収用法第79条の規定と同趣旨である」と説明している（125頁）．

2 本条の要点

本条においては，まず，「移転料」の意義が問題となる．「第77条の場合において」となっており，この点については見解が分かれているが，77条後段の場合も含むものと解すべきことについては，前条の注解において検討済みである（前述294頁参照）．また，「相当するものを取得するのに要する価格」（取得価格）の意義も問題となる．これについては，若干学説上の対立がみられる．

2 移転料の意義

本条の「移転料」には，77条により算定される狭義の移転料のほか，移転に伴う仮住居費や休業補償等の通損補償も含まれる．

建物の移転料については，ここでいう「移転」とは曳家・改造・復元の工法を指し，再築・除却のような工法を含まないから，曳家・改造・復元を想定して算定されなければならない．移転料と取得費を比較する場合に，再築・除却のような工法によるものと比較するのは無意味であるからである（小澤・収用法下218頁，竹村・収用法と補償533頁等参照）．

立木の移転料については，移植を想定して算定される．立木取得費と77条の移転料（移植補償費）が比較されることになる．

3 取得価格の意義

1 学説の対立

「物件に相当するもの」とは，同種同等の代替物件を意味する．「取得するのに要する価格」とは，一般市場における客観的な取引価格を指しているが，問題となるのは，代替物件の取引市場が存在しない場合である．この場合にどのように解すべきかについては，いくつかの学説が対立している．

文献においては，学説は，①本条不適用説，②新設費説，③減耗分控除説，

④移転物件価格説に分類されている（小澤・収用法下 219〜220 頁．なお，竹村・収用法と補償 534〜535 頁参照）．本条不適用説は，既存の代替物件は存在しないのであるから，本条の適用の余地はなく，77 条の移転料を補償せざるをえない，と説く．新設費説は，「取得する」の意味を「既存代替物件の取得」だけではなく，「新設代替物件の取得」も含むものと広く解釈し，新設費も代替物件の取得費であるとして，移転料と新設費を比較すべきであるとする．減耗分控除説は，新設費説に立ちつつも，新設費をそのまま補償したのでは財産価値の増加をもたらすことになることから，新設費から移転すべき物件の耐用年数経過による減耗分を控除すべきであるとする．移転物件価格説は，「相当するものを取得するのに要する価格」という文理にはこだわらず，その文言のうちの「価格」のみを取り上げて，移転すべき物件自体の価格を各種の手法で評価し，それと移転料とを比較しようとする．

2　最近の学説

　学説はこのように対立しているが，最近の文献の中には，上記各学説を詳細に検討した上で，次のように説くものがある（小澤・収用法下 220 頁以下）．すなわち，市場性のない物件については，①現に住宅の用に供されている建物や現に営業の用に供されている建物と，②従前の生活・営業を保持する上で必ずしも必要とされない建物・工作物や立木の，二つの場合に分けて，次のように述べている．①の場合については，「これを収用する代わりに，建物所有者には，従前の生活・営業を保持させる見地から，現実に代替建物を取得させる必要があるので，新設費説を以って妥当とすべきでであろうが，この説によるときには，財産価値の増加を招くこととなるので問題があり，したがって減耗分控除説が妥当である．ただし，減耗分が控除されたのでは代替建物を建てることができないので，この控除分については起業者の責任において融資（融資のあっせんも含めて）を行うこととするとともに，従前建物の再建時期が早まったことによる利息相当額を補償することとすべきである（……）．この融資措置は本法の補償規定にはないので，裁決外で講ずるほかない」と説く．そして，②の場合については，「『相当するものを取得するのに要する』との文言には必ずしも拘泥すべきでなく，移転物件自体の価格を以って取得価格と考えてよい．立木について本条を適用した多数の裁決例は，おおむねこの考え方を採用している．この価格の評価方法として原価法や収益法がある．立木については，用

対連基準17条の規定が参考となる」と説く．

3 裁決例

現行法下の裁判例は見当たらないが，裁決例は相当数存在する．とりわけ，立木については，本条を適用するのが裁決例の大勢である（裁決例については，小澤・収用法下221頁以下参照）

4 学説の検討

主として問題となるのは，建物が生活の場や営業の場となっている場合である．これは，広い意味では「生活権補償」の問題でもある．本条の適用には慎重を期して，建物の相当価格を上回って移転料を補償することになってもやむをえない場合もあると解すべきであろう（園部編・法律相談506頁〔大久保執筆〕，土地収用法令研究会編・Q＆A261頁参照）．

4 補償の手続・訴えの提起

収用請求は，収用委員会に対する意見書の提出によって行う（87条）．本条の請求の認否に関する不服は損失補償についての不服であり，審査請求の理由とすることはできない（132条2項）．行訴法4条前段の形式的当事者訴訟でもって争うことになる（133条3項）．

> （物件の補償）
> 第80条
> 　前2条の規定によつて物件を収用する場合において，収用する物件に対しては，近傍同種の物件の取引価格等を考慮して，相当な価格をもつて補償しなければならない．

1 本条の趣旨と要点

1 本条の趣旨

本条は，78条，79条の規定により物件を収用する場合の物件の対価の算定方法について定めたものである．

物件収用には，6条に定める収用（本来的収用）と78条，79条の定める拡張収用の二つがある．6条の規定による物件収用の場合の対価補償額は，138条

1項で準用する71条の規定により事業認定告示時で価格固定されるが，本条の物件補償の算定時点は，73条の規定により明渡裁決時である（前述249頁参照）．

本条でいう「物件」とは，「物件の所有権」をいう．「物件」に係る権利には，所有権のほかに，借家権，賃借権等の用益権があるが，これらについては，本条の定めるところではなく，別途88条による通損補償の対象となる．また，抵当権，質権については，物件の所有権に対する補償と一括して算定される（小澤・収用法下226頁，竹村・収用法と補償537頁等参照）．

2 本条の要点

本条の要点は，「近傍同種の物件の取引価格」および「相当な価格」の意味である．判例・学説上の対立は見当たらない．

●2 近傍同種の物件の取引価格

「近傍同種の物件の取引価格」とは，近傍地域に取引市場が存在する物件については，当該物件と同種・同等の物件の取引価格をいう．71条の土地評価の場合と同様に，客観的な市場価格でもって補償することにより，同種の物件の取得を可能にする，というのがその趣旨である．取引市場が存在しない場合は，物件については，原則として，当該物件の新設費から減価償却相当額を控除した額でもって算定される．

この点については，用対連基準16条が参考となる．同条は，「近傍同種の建物その他の工作物の取引の事例がない場合においては，前条の規定にかかわらず，取得する建物その他の工作物に対しては，当該建物その他の工作物の推定再建設費を，取得時までの経過年数及び維持保存の状況に応じて減価した額をもつて補償するものとする．」と規定している．

●3 相当な価格

「相当な価格」を算定する当たっては，物件所有者の個人的事情や主観的感情を考慮すべきではない．このことは，土地評価の場合と同様である．細目政令7条は，「収用する立木，建物その他土地に定着する物件についての法第80条（……）及び法第138条第1項において準用する法第71条の相当な価格の算定については，第1条及び第2条の規定の例による．」と定めている．

第 10 款　原状回復困難な土地使用の補償等

　本款においては，80条の２（原状回復の困難な使用の補償）と81条（土地の使用に代る収用の請求）を，「原状回復困難な土地使用の補償等」としてまとめて考察する．

> **（原状回復の困難な使用の補償）**
> **第80条の２**
> 　① 　土地を使用する場合において，使用の方法が土地の形質を変更し，当該土地を原状に復することを困難にするものであるときは，これによって生ずる損失をも補償しなければならない．
> 　② 　前項の規定による土地又は土地に関する所有権以外の権利に対する補償金の額については，第71条の例による．

● 1 　本条の趣旨と要点

1 　本条の趣旨

　土地の使用が，土地の形質変更を伴うものである場合には，使用期間の満了後は，起業者は土地を原状に復して土地所有者に返還するのが原則である（105条２項）．しかし，土地の使用方法のいかんによっては原状に回復することが技術的，経済的に困難となる場合があり，このような場合には，起業者の原状回復義務の履行を期待することは事実上困難である．そこで，本条は，105条２項による措置に代えて，事前に裁決において，金銭により，回復困難による損失を補償すべき旨を定めたものである．本条は，直接的には土地所有者を救済することを目的とした規定であるが，起業者の救済の趣旨をも含むものである（小高・収用法435頁，小澤・収用法下228頁，竹村・収用法と補償538頁等参照）．

2 　本条の要点

　本条の要点は，「原状回復困難」の意味，損失補償額の算定等である．判例・学説上の対立は見当たらない．

●2　土地の形質変更等

1　使用の方法

「使用の方法」は，権利取得裁決において決定される（(48条1項1号)．「土地の形質を変更し，当該土地を原状に復することを困難にするものである」か否かは，もっぱらこの「使用の方法」に照らして判断される．

2　土地の形質の変更

「土地の形質」とは，土地の形状と品質をいい，その「変更」とは，土地の形状と品質を原状のものから他の形状・品質に変えることをいう．

3　原状回復困難

「原状に復することを困難にする」（原状回復困難）とは，技術的側面からみて不可能な場合だけではなく，原状回復に多額の経費を要するという経済的観点からみた場合をも指している．

原状回復困難の例としては，一般に，大量の捨土の用地として使用する場合，工事のための一時使用だが，地盤補強をするなどにより，農地としての土地の品質が変更される場合，大きな池やトンネルを掘削する場合等が挙げられている．

●3　損失補償額の算定

1　補償額算定方法

補償額は，使用前の状態における土地の評価額と，使用期間満了後における状態を想定した上での土地の評価額とを比較して，その差額で算定される．本条の規定に従って原状回復補償が行われる場合は，起業者は，105条2項の原状回復義務を負わないことになる．

2　価格固定

本条に規定する補償は，土地の使用に対する補償の一つの類型であるから，補償額は事業認定の告示の時点で価格固定される．したがって，その補償額は，事業認定告示時における使用前の土地の評価額と使用後の土地の評価額の価格差に，権利取得裁決の時までの物価の変動に応じた修正率を乗じて得た額とな

る．価格固定を受けるため，この補償は，前払請求の対象となる．

> **（土地の使用に代る収用の請求）**
> **第81条**
> ① 土地を使用する場合において，土地の使用が3年以上にわたるとき，土地の使用に因つて土地の形質を変更するとき，又は使用しようとする土地に土地所有者の所有する建物があるときは，土地所有者は，その土地の収用を請求することができる．但し，空間又は地下を使用する場合で，土地の通常の用法を妨げないときは，この限りでない．
> ② 前項の規定によつて収用の請求がされた土地に関して権利を有する関係人は，収用委員会に対して従前の権利の存続を請求することができる．
> ③ 前項の規定による請求があつた権利については，起業者がその権利の使用の裁決の申請をしたものとみなして，第1項の規定に基づく請求に係る裁決とあわせて裁決するものとする．

1　本条の趣旨と要点

1　本条の趣旨

土地収用は公共事業のために土地を強制的に取得する手法であるから，「収用」は事業に必要な範囲に限定されなければならない．しかし，土地の「使用」にとどめることがかえって土地所有者の利益を害する場合もないわけではなく，本条は，このような場合に，土地所有者に収用の請求権を付与し，土地所有者の利益を保護することにしたものである．この収用請求は，実質的には一種の買取請求であるが，法技術的要請から収用という法形式を採ったものであり，76条の残地収用の場合と同様である．

本条は，残地収用（76条），物件収用（78条，79条）と同様，拡張収用に関する規定である．ただ，本条の請求は，残地収用の請求の場合と異なり，「使用」から「収用」への質的内容の変更（内容的拡張）を求めるものである．この意味から，「完全収用の請求」と呼ばれている．また，この請求は，土地所有者の側からする収用請求であることに着目して「逆収用の請求」とも呼ばれている（高田・収用法340頁，小高・収用法436頁，小澤・収用法下232頁，竹村・収用法と補償541頁等参照）．

第2章　土地収用法関係

2　本条の要点

本条の要点は，収用請求の要件，請求権者，関係人の存続請求権等である．いずれの点についても，判例・学説上の対立は見当たらない．

●2　収用請求の要件

1　収用請求の3要件

収用請求の要件は，①土地の使用が3年以上にわたるとき，②土地の使用によって土地の形質を変更するとき，③土地所有者の建物があるとき，の三つである．これらのうちのいずれかに該当すれば，土地所有者は，使用に代わる収用の請求をすることができる．ただし，①ないし③のうちのいずれかの要件を具備した場合でも，④空間または地下を使用する場合で，それが土地の通常の用法を妨げないときは，収用請求権は認められない．

2　土地の使用が3年以上にわたるとき

3年の期間が経過してからではなく，使用の期間が3年以上にわたり予定されていることが要件のその一である．本条の請求方法を定めた87条の規定からすれば，土地の使用前に「使用に代る収用の請求」をすることができることになる．この点については，異論はみられない．

3　土地の使用によって土地の形質を変更するとき

この要件は，土地の使用の方法が土地の形質の変更を内容としているときをいい，必ずしも原状回復が困難であることを必要としない．どのような場合に変更に当たるのかは，必ずしも明確ではなく，判断基準を一律に示すことは困難であり，具体的な事例に即して判断せざるをえない（高田・収用法340頁，小高・収用法437頁，小澤・収用法下235頁，竹村・収用法と補償545頁等参照）．

具体的事例としては，一般に，土地の使用に際し，軟弱な地盤を強固にするために凝固剤を注入して土質の変化が予想される場合，工事用道路として使用するために盛土・切土をするような場合が挙げられている．

4　土地所有者の建物があるとき

使用しようとする土地に「土地所有者」の建物があるとき，が要件とされている．したがって，土地が賃貸され，当該土地に借地権者の建物がある場合は，

この建物所有者は収用請求をすることができない．土地の使用期間が3年未満であり，また，土地の形質変更がない場合であっても，そこに土地所有者の建物がある限り，収用請求が認められる．

5 空間または地下を使用する場合で，土地の通常の用法を妨げないとき

上記のうちのいずれかの要件に該当する場合であっても，空間または地下を使用する場合で，土地の「通常の用法」を妨げないときは，収用の請求をすることができない．「通常の用法」とは何であるかについては，その土地の利用の現況のみから判断すべきではなく，その周辺の土地利用状況，将来の利用可能性等を勘案して，社会通念によって判断される．

空間使用の典型例は架空送電線のための使用であり，地下使用の典型例は地下鉄のための使用である．これらの使用が地表の「通常の用法」を妨げないときは，収用の請求をすることができない（空間・地下の使用については，なお前述 245 頁以下参照）．

● 3 請求権者・請求方法等

1 請求権者

使用に代わる収用の請求権者は，土地所有者に限定される．関係人は，この請求権を有しない．また，この請求権を行使するについては，関係人の同意を要しない．この点では，残地収用の請求の場合と同様である．関係人に生じる不利益を回避するための措置は，2項が定めている．

2 請求方法

使用に代わる収用の請求は，収用委員会に対する意見書の提出によって行う（87条）．土地所有者は，土地の収用請求を前提にして，補償金の前払いを請求しようとするときは，あらかじめ，収用委員会に対して収用請求に係る意見書を提出しておかなければならない（46条の3，87条但書）．収用委員会は，請求の要件を満たしていると判断する場合には，収用の裁決をしなければならず，裁量権はないものと解されている．

3 収用の効果

収用請求による収用も，通常の「収用」であり，その法的効果も通常の収用と同様である．71条が適用され，土地価格は事業認定告示時で固定される．

●4 関係人の存続請求権

1 制度の趣旨

前述のように，土地所有者が使用に代わる収用請求をするに際しては，関係人の同意を要しないのであるが，土地所有者が収用の請求をし，収用の裁決がなされると，その土地に関する所有権以外の権利は消滅することになる（101条1項）．そこで，本条2項は，関係人に生じるこの不利益を回避するために，所有権以外の権利を有する者に権利を存続させるための請求権を与えた．

2 存続請求権者

存続請求権を有する者は，「土地に関して権利を有する関係人」である．権利の存続請求をすることができる者を土地に関する権利者に限定し，物件に関する権利者を除外しているのは，残地収用の場合とは異なり，使用地（本条により収用される土地）は，事業の用に供される土地であって，通常，その上にある物件の存続は，事業の執行を妨げる結果になるためである（小高・収用法438頁，小澤・収用法下241頁，竹村・収用法と補償547頁等参照）．

3 存続請求の方法・効果

1 存続請求の方法　存続請求は，収用委員会に意見書を提出することによって行う（87条）．明文の規定はないが，1項の収用の請求があったときは，収用委員会は，存続請求権行使の機会を与えるため，関係人にその旨を通知すべきである，と説かれている（小澤・収用法下242頁参照）．

存続請求がなされたときは，収用委員会はこれを認めなければならず，裁量の余地はない．

2 存続請求の効果　存続請求がなされ，これが認められたときは，その効果として存続請求をした関係人の権利は消滅せず，引き続き存続することになる．換言すれば，存続請求をした関係人の旧所有者に対する従前の権利または法律関係は消滅せずにそのまま存続し（101条1項但書），この存続する権利を起業者が使用するという法律構造となる．

存続請求があったときは，土地については収用の裁決が行われ，存続請求があった権利については，起業者が権利の使用の裁決の申請をしたものとみなして使用の裁決が行われる．「起業者がその権利の使用の裁決を申請したものとみなして」とは，5条の規定に基づく権利の使用の場合に準じて手続を進めるという趣旨である．

土地の収用の裁決と存続する権利の使用の裁決とは，本来別個の裁決であるが，「あわせて」というのは，裁決の時期を一致させることのほか，両裁決が内容的に整合が図られるべきであるとの趣旨も含んでいる．

第11款　現物補償

本款においては，82条（替地による補償），83条（耕地の造成），84条（工事の代行による補償），85条（移転の代行による補償），86条（宅地の造成）を，「現物補償」としてまとめて考察する．

> **（替地による補償）**
> **第82条**
> ① 土地所有者又は関係人（先取特権を有する者，質権者，抵当権者及び第8条第4項の規定により関係人に含まれる者を除く．以下この条及び第83条において同じ．）は，収用される土地又はその土地に関する所有権以外の権利に対する補償金の全部又は一部に代えて土地又は土地に関する所有権以外の権利（以下「替地」と総称する．）をもつて，損失を補償することを収用委員会に要求することができる．
> ② 土地所有者又は関係人が起業者の所有する特定の土地を指定して前項の規定による要求をした場合において，収用委員会は，その要求が相当であり，且つ，替地の譲渡が起業者の事業又は業務の執行に支障を及ぼさないと認めるときは，権利取得裁決において替地による損失の補償の裁決をすることができる．
> ③ 土地所有者又は関係人が土地を指定しないで，又は起業者の所有に属しない土地を指定して第1項の規定による要求をした場合において，収用委員会は，その要求が相当であると認めるときは，起業者に対して替地の提供を勧告することができる．
> ④ 前項の規定による勧告に基いて起業者が提供しようとする替地について，

第2章　土地収用法関係

> 土地所有者又は関係人が同意したときは、収用委員会は、替地による損失の補償の裁決をすることができる。
> ⑤　第3項の規定による勧告があつた場合において、国又は地方公共団体である起業者は、地方公共団体又は国の所有する土地で、公用又は公共用に供し、又は供するものと決定したもの以外のものであつて、且つ、替地として相当と認めるものがあるときは、その譲渡のあつ旋を収用委員会に申請することができる。
> ⑥　前項の規定による申請があつた場合において、収用委員会は、その申請を相当と認めるときは、国又は地方公共団体に対し、替地として相当と認めるものの譲渡を勧告することができる。
> ⑦　起業者が提供すべき替地は、土地の地目、地積、土性、水利、権利の内容等を総合的に勘案して、従前の土地又は土地に関する所有権以外の権利に照応するものでなければならない。

● 1　本条の趣旨と要点

1　本条の趣旨

　損失補償は、金銭補償によるのが原則であり（70条）、現物補償は例外であるが、本条は、その例外である現物補償の一種として替地による補償について定めたものである（前述107頁参照）。現物補償については、本条から86条までが規定しているが、本条はそれらの中で最も重要な規定である。

　本条は7項から構成されている。1項は通則的規定であり、替地要求権者、替地要求の根拠、替地の定義等を規定し、2項以下では、起業者所有の土地を指定して要求した場合と、土地を指定しないで、または起業者の所有しない土地を指定して要求した場合について規定し、7項は、従前の土地等と替地との照応の原則について規定している

　本条は、土地に関する用益権の収用について準用されているが、その他の土地に関する権利の収用・使用（5条）や物件の収用・使用（6条）、土石砂れきの収用（7条）には準用されていない（138条1項1号・2号）。

　なお、替地補償を請求することができるのは、土地収用（本来の収用のほか残地収用や土地の使用に代わる収用も含む）の場合に限定される。土地使用の場合には、この要求をすることができない。

2 本条の要点

本条の要点は，替地の意義，替地の要求権，「要求」と「請求」の異同，替地の要求の「相当性」等である．判例・学説上，若干見解が分かれているものがある．

● 2 要求と請求の異同

1 両者の相違

本法では，「要求」という用語は，「請求」という用語と区別して用いられている．すなわち，本章（第6章）中，拡張収用（76条，78条，79条，81条）や全部移転（77条後段）については「請求」の用語が用いられ，現物補償（82条から86条まで）については，「要求」の用語が用いられている．「要求」は，その求めに応ずるべきかどうかが収用委員会の裁量に任されている場合を，「請求」は，収用委員会に裁量の余地がない場合をいうと説明されている（高田・収用法343頁，小高・収用法440頁，竹村・収用法と補償552頁参照）．この用語法によれば，替地による補償の「要求」は，収用委員会の裁量に委ねられていることになる．

ただ，この点については，文献の中には，次のように説くものがある（小澤・収用法下249頁）．すなわち，「『請求』の場合，収用委員会が請求の要件の充足を認定する限りは必ずこれを認めなければならず，請求要件の充足を認定しながら請求を否認するようなことは『正当な補償』にもとることとなるが，他方，『要求』の場合にも，判例は，同様に解している（本条2項の「要求」に関する大阪高決昭和30・12・21行集6巻12号2963頁）ことからすれば，『請求』と『要求』には，請求又は要求を認める・認めないという効果裁量の面では差異はないのではなかろうか．しかし，請求又は要求の要件の認否に関する裁量判断の幅については両者に相当大きな差があり，本章各条で『請求』・『要求』の文言が使い分けられた理由は，ここにあると考えられる．」

2 両者における裁量の幅の広狭

高田説による説明は，おそらく立法者意思であったのではないかと思われる．しかし，「請求」の場合には裁量の余地がないと解するのは，言葉の意味としては，整合的ではないように思われる．両者の相違は，小澤説が説くように，裁量判断の幅の広狭であろう．

●3 替地の意義・替地要求権者

1 替地の意義等

1 替地の意義 「替地」は，土地に限定されず，地上権，借地権等の権利であってもよいが，性質上，土地の用益権でなければならない．建物や借家権等の物件または物件に関する権利は「替地」に該当しない（小澤・収用法下247～248頁，竹村・収用法と補償549～550頁等参照）．

「替地」として提供する土地は，原則として従前の土地と同種の権利内容を有することが必要である．従前の土地に対しては土地を，従前の地上権に対しては地上権を替地とするのが原則である．ただし，被収用者の同意があれば，従前の土地に対して地上権を，従前の地上権に対して土地を，それぞれ替地として裁決することも可能である，と解されている．

2 前払金受領との関係 補償金の支払請求をし，すでに前払金を受領している被収用者も，替地の要求をすることができる．替地の要求をしても，2項以下に定める要件からみて，果たして替地補償を受けることができるかどうかを見通すことはできないのであるから，これを受けることができない場合に備えて，前払金を請求しておくことには合理的理由があるからである．替地要求が認められる場合には，合わせて前払補償金の返還が裁決で示されることになる（小澤・収用法下250頁，竹村・収用法と補償552頁参照）．

2 替地要求権者

替地の要求権者は，土地所有者または土地に関する用益権者である．借家権者等物件に関する権利者も，「関係人」ではある（8条3項参照）が，1項，2項，7項の法文からすれば，替地要求をすることができるのは，土地についての権利者に限定され，物件に関する権利者はこの要求権を有しない．

土地に関する権利者であっても，担保物権者，仮登記権者，既登記の買戻権者，既登記の差押権者，既登記の仮差押権者は，替地要求権を持たないことが明記されている（1項括弧書き．1項にいう関係人は，8条3項のいう関係人よりも狭い）．これらの者は収用地を生活の本拠としたり，生計の基盤としているわけではないから，替地補償制度の趣旨からして，これらの者に替地要求権を与える必要はなく，金銭をもって補償すれば足りるからである（小澤・収用法下246頁，竹村・収用法と補償550～551頁等参照）．

● 4　対象となる補償金・補償金の算定時期

1　対象となる補償金

「収用される土地……に対する補償金」とされているから，それに限定され，加算金や過怠金（95 条 1 項）は含まれない．また，残地補償（74 条）や工事の費用の補償（75 条），移転料（77 条），通損補償（88 条）等も含まれない．

収用委員会は，「収用される土地又はその土地に関する所有権以外の権利に対する補償金」を超える評価額を有する替地を裁決することはできない．「補償金の全部又は一部に代えて」という文言が，そのことを示している．

2　補償金の算定時期

「収用される土地又はその土地に関する所有権以外の権利に対する補償金」という文言は，71 条と同じである．そこで，この補償金は，71 条の規定により算定される補償額，すなわち，価格固定を受けた額であると解すべきか否かについて，若干見解が対立している．積極説もないわけではないが，消極説の方が有力である．消極説は，替地補償の裁決がなされるときには支払請求の制度は実質的に意義を失うこと，公平の原則からすれば，収用地と替地の評価時点を一致させる必要があること，7 項に定められている照応の原則を考慮すべきであることなどから，消極に解すべきであると説いている（小澤・収用法下 248～249 頁，竹村・収用法と補償 551 頁等）．

● 5　替地要求の相当性等

1　2 項の要件

「起業者の所有する特定の土地を指定して替地の要求をした場合」に，収用委員会が替地の裁決をするには，次の二つの要件を満たしていることが必要である．その一は，替地要求の相当性であり，その二は，替地の譲渡が起業者の事業または業務の執行に支障を及ぼさないこと，である．

2　替地要求の相当性

1　相当性の意味

(1)　概説　「その要求が相当である」ときとは，被収用者側の事情に関する要件である．金銭補償によったのでは代替地の取得が困難であり，かつ，代

第2章　土地収用法関係

替地を現実に取得しなければ従前の生活・生計を保持しえないと客観的に認められるような特別な事情が存することをいう．換言すれば，金銭による補償では補償の完全を期することができない場合，あるいはまた，一般的交換価値のみをもっては見積もれない損失が多い場合等，土地所有者または関係人が替地による補償が行われなければ自己の今後の生活再建に重大な支障を来すことについての合理的な理由が存在する場合をいう（高田＝国宗・収用法246頁，小高・収用法442頁，小澤・収用法下250頁，竹村・収用法と補償553頁，松下・収用の実務296頁以下等参照）．

(2) **裁判例**　これに関する裁判例を二つ紹介することにする．長文にわたるが，いずれも「替地」についての論争点を総括している．

(i) **神戸地判平成6年**　神戸地判平成6・12・21（行集45巻12号2017頁）は，「替地による補償に関する事由により収用裁決の取消原因として主張することは許される」とした上で，次のよう判示している．「本件において，原告らの替地による補償要求が右に述べた要件を満たすか否かにつき検討するに，まず替地の要求が相当であること，すなわち金銭補償によったのでは代替地の取得が困難であり，かつ，代替地を現実に取得しなければ従前の生活・生計を保持し得ないと客観的に認められるような特段の事情が認められる場合でなければならないところ，原告らは右特段の事情について具体的に主張しておらず，右特段の事情を推認させるに足る証拠もない．／さらに，右1で認定した原告らと神戸市との間の交渉経緯及び合意内容等に照らしてみても，被告が原告らの替地補償を認めなかったことにつき，被告が有している裁量権を逸脱し又は濫用したとは認められない．／以上により，原告らの替地補償の要求を認めなかったことにつき，被告に裁量権の逸脱ないし濫用があったとする原告らの主張は採用することができない．」（控訴審の大阪高判平9・10・30行集48巻10号821頁も，原判決は相当であるとして控訴を棄却．なお，替地補償の要求が「損失補償に関する訴え」に当たるか否かについては，後述419頁以下参照）．

(ii) **神戸地判平成8年**　神戸地判平成8・8・7（判時1596号55頁）は，概略次のように判示している．①替地の要求が相当であるとは，被収用者側に，金銭補償によったのでは代替地の取得が困難であり，かつ，代替地を現実に取得しなければ従前の生活，生計を保持し得ないと客観的に認められる特段の事情の存する場合をいう．②替地による補償の要否の判断は，収用委員会の合理的裁量に委ねられているのであるが，右替地補償要求が認められた趣旨に照ら

せば，右の二つの要件を充足しているときには収用委員会は替地による補償の裁決をしなければならない。③133条にいう「損失の補償についての不服」とは，補償金額についての不服にとどまらず，広く，補償の方法についての不服も含み，起業者に対して損失補償金の給付に代えて替地の提供を求めることもできると解すべきである。④そこで，原告らの替地による補償要求が，「替地の要求が相当であること」，すなわち，金銭補償によったのでは代替地の取得が困難であり，かつ，代替地を現実に取得しなければ従前の生活，生計を保持し得ないと客観的に認められるような特段の事情が認められるか否かにつき検討する。⑤原告らは，同人らが替地として要求する土地の一部および同地に隣接する，すでに被告から本件土地の代替地として提供を受けた土地において，ゴルフ練習場およびその付属施設を建設する予定であり，同地の提供がなされなければ，原告らの計画するゴルフ練習場経営事業に支障を来すことになり，将来において，従前の生活，生計を維持できなくなるおそれがある旨を主張するが，そもそも，収用法が例外として替地補償要求を認めた趣旨に鑑みれば，将来予定する事業のための替地の要求は，代替地を現実に取得しなければ従前の生活，生計を保持し得ないと客観的に認められるような特段の事情が存する場合に該当せず，相当性は認められない。

2 照応の原則との関係　この「相当性」の中に直接7項の照応の原則を読み込む見解（高田＝国宗・収用法246頁，小高・収用法442頁）がある。しかし，最近の文献においては，「同項は，『起業者が提供すべき替地』との文理からみて，3項，4項の場合の原則を定めるものであり，本項に直接適用されるものではない」との見解（小澤・収用法下251頁。同旨，竹村・収用法と補償553頁）が有力になっている。ただし，この見解も，7項の趣旨は2項の場合にも斟酌されるべきことを否定するものではない。

③ 替地の譲渡が起業者の事業または業務の執行に支障を及ぼさないこと

　これは，起業者側の事情に関する要件である。「事業又は業務」というのは，事業の認定に係る事業自体に限定されず，広く他の事業・業務をも含む。指定に係る土地が現に事業の用に供されていなくても，将来事業の用に供される予定であることが客観的に認められるときには，起業者の事業・業務に支障を及ぼすことになる。

　「支障」を及ぼすか否かは，客観的な事実に基づいて判断される。その例と

して，職員の宿舎を設置する等の業務の執行に必要な計画に支障を来さないことが挙げられている（小高・収用法443頁参照）．

4 起業者の同意の不要性

3項・4項の場合と異なり，2項の場合には，起業者の同意は替地裁決の要件とされていない．したがって，起業者の意思に反しても替地の裁決をすることができる．同意を不要としたのは，被収用者側に替地を必要とする事情があり，他方，起業者側には替地の譲渡により格別事業・業務に支障が生じないからである．

5 収用委員会の替地裁決等

1　要件の充足と替地裁決　上記の二つの要件が充足されている場合には，収用委員会は権利取得裁決において替地による補償の裁決をしなければならない．「裁決をすることができる」となっているが，これは権限付与の意味であるにとどまり，裁量権を与える趣旨ではない．

裁判例をみると，前掲神戸地判平成6・12・21は，「替地による補償の要否の判断は，収用委員会の合理的裁量に委ねられているのであるが，右の二つの要件を充足しているときには収用委員会は替地による補償の裁決をしなければならないと解すべきである」と判示している．また，前掲神戸地判平成8・8・7も，「替地による補償の要否の判断は，収用委員会の合理的裁量に委ねられているのであるが，右替地補償要求が認められた趣旨に照らせば，右の二つの要件を充足しているときには収用委員会は替地による補償の裁決をしなければならず，起業者は，土地所有者からの土地収用法133条に基づく替地補償請求に対して，替地を提供しなければならないと解すべきである」と判示している．

2　替地の譲渡・引渡し　替地による補償は，48条1項2号の「損失の補償」に該当し，権利取得裁決において裁決される．この裁決がなされると，起業者は権利取得裁決で示された権利取得の時期までに替地の譲渡・引渡しをしなければならない（95条1項）．

第2節　土地収用法

● 6　3項の要件・勧告等

1　3項の要件

　3項は、起業者の所有する土地を指定しないで、または起業者の所有に属しない土地を指定して替地の要求をする場合についての規定である。この場合の要件は、替地要求の相当性と、照応の原則に適合していることである。前者については前述したところとほぼ同じである。照応の原則については、項を改めて考察することにする。

2　収用委員会の勧告

　収用委員会は、要件が充足していると認めるときは、起業者に対し替地の提供を勧告することができる。勧告するか否かは、収用委員会の裁量に任されている。

　裁判例をみると、神戸地判昭和59・3・14（判例自治10号56頁）は、「同条3項による収用委員会の起業者に対する替地の提供の勧告が、収用委員会において所有者等の替地の要求を相当であると認めるときに行われるものと規定されていること、所有者等の右要求が特定の土地を指定しないでも行えること及び法は損失補償の方法につき、金銭補償を原則としていること（法70条）に照らすならば、収用委員会の行う右勧告は、損失補償として金銭補償を行うだけに止まらず、これに代えて起業者に替地を提供させることが、公共の利益の増進と私有財産との調整を図るという法の目的（法1条）の実現のために必要であるかどうかを収用委員会において個別具体的な事案に則し、合目的的に判断した結果行われるべきものであるから、どのような場合に勧告を行うかは、収用委員会の裁量に委ねられているものと解するのが相当である。従って、収用委員会が右勧告をしなかったからといって、直ちに違法の問題が生じるものではない」と判示している。奈良地判平成7・10・25（判例自治153号81頁）も、ほぼ同趣旨である。

　なお、「勧告」は、一種の行政指導であり、法的拘束力を有しない行政上の事実行為である。

3　土地所有者・関係人の同意

　3項の替地要求の場合は、起業者の提供する替地が土地所有者または関係人

315

の要求に添うものであるか否か必ずしも明らかではない．そこで，4項は，起業者が提供しようとする替地が果たして土地所有者または関係人の要求に沿ったものか否かを確認するために，その同意を裁決の前提としたものである．

●7 起業者が国・地方公共団体である場合

1 5項・6項の趣旨

5項および6項は，起業者が国または地方公共団体である場合の規定である．3項による要求に基づく収用委員会の替地の勧告があるときに，国または地方公共団体である起業者に替地の提供を容易にするために設けられたものである．①起業者である国が地方公共団体に対する，また，②起業者である地方公共団体が国または他の地方公共団体に対する土地の譲渡のあっ旋を収用委員会に申請することができる．

2 あっ旋の対象となる土地

あっ旋の対象となる土地は，次の二つの要件を具備していなければならない．①「公用又は公共用に供し，又は供するものと決定したもの以外のもの」，すなわち，普通財産（国有財産法3条3項，地方自治法238条4項参照）であることを要する（行政財産については，松下・収用の実務291頁以下参照）．次に，②「替地として相当と認めるもの」，すなわち，7項に規定する「照応の原則」に適合し，かつ，替地要求者の要望に沿ったものであることを要する．

これらの要件を具備しているときは，収用委員会は，替地の譲渡を勧告することができる．勧告に強制力がないことは，3項の場合と同様である．

●8 照応の原則

7項は，「起業者が提供すべき替地」との文言からみて，3項の要求に対応した4項の提供についての原則を定めたものであり，2項の場合に直接適用される規定ではない（前述313頁．小澤・収用法下257～258頁，竹村・収用法と補償555頁参照）．替地の補償は，収用される土地等に対する金銭補償に代えて行われるものであるから，収用される土地等と替地との間で，権利の種類・内容等が同一性を保持している必要がある．そのため，土地の地目，地積，土性，水利，権利の内容等を総合的に勘案して，従前地と照応しているか否かが判断されることになる．これを「照応の原則」という．

（耕地の造成）
第83条
① 土地所有者又は関係人は，前条第1項の規定による要求をする場合において，収用される土地が耕作を目的とするものであるときは，その要求にあわせて，収用される土地又はその土地に関する所有権以外の権利に対する補償金に代る範囲内において，同条第7項の規定の趣旨により，替地となるべき土地について，起業者が耕地の造成を行うことを収用委員会に要求することができる．
② 収用委員会は，前項の規定による要求が相当であると認めるときは，権利取得裁決において工事の内容及び工事を完了すべき時期を定めて，耕地の造成による損失の補償を替地による損失の補償にあわせて裁決することができる．
③ 前項の場合において，起業者が国以外の者であるときは，収用委員会は，必要があると認めるときは，同時に起業者が耕地の造成のための担保を提供しなければならない旨の裁決をすることができる．
④ 前項の規定による担保は，収用委員会が相当と認める金銭又は有価証券を供託することによつて，提供するものとする．
⑤ 起業者が工事を完了すべき時期までに工事を完了しないときは，土地所有者又は関係人は，収用委員会の確認を得て前項の規定による担保の全部又は一部を取得する．この場合において，起業者は，収用委員会の確認を得て耕地の造成による損失の補償の義務を免かれるものとする．
⑥ 起業者は，工事を完了したときは，収用委員会の確認を得て第4項の規定による担保を取りもどすことができる．
⑦ 前2項の規定による担保の取得及び取りもどしに関する手続は，国土交通省令で定める．

1 本条の趣旨と要点

1 本条の趣旨

本条は，替地補償に付随して，耕地の造成を必要とする場合の補償方法について定めている．収用地を耕作目的に利用している被収用者にとっては，耕地以外の土地を替地として取得しても，耕作を続けるためには，替地を耕地に加工しなければならない．しかし，補償金をもってこの加工をすることは，設計

第2章　土地収用法関係

加工に関する知識が乏しく，また，請負業者の選定・確保等の面で困難な場合が予想される．そこで，本条は，替地補償に付随して，耕地造成による補償（現物補償の一種）の方法を定めたものである．1項は，要求権者，補償方法，要求の相手方等を，2項は裁決方法を，3項以下は，耕地の造成を確保するための担保について規定している（小高・収用法446頁，小澤・収用法下259頁，竹村・収用法と補償556頁等参照）．

なお，本条は，土地に関する用益権の収用について準用されているが，その他の権利の収用・使用，物件の収用・使用，土石砂れきの収用には準用されていない（138条1項参照）．これらの権利または物件については，現物補償をする必要性が少なく，代替の権利または物件の市場性が乏しいためである（小澤・収用法下789頁，竹村・収用法と補償807頁等参照）

2　本条の要点

本条の要点は，耕地造成を完了すべき時期，担保制度，収用委員会の「確認」の法的性質等である．いずれの点についても，判例・学説上の対立は見当たらない．

●2　要求権者・耕作の意義等

1　要求権者

要求権者は，土地所有者または関係人であるが，これは前条の替地要求権者と同じである．要求は，収用委員会に意見書を提出することによって行う（87条）．

2　耕作の意義

耕作とは，土地に労資を加え，肥培管理を行って作物を栽培することをいう．「土地が耕作を目的とするもの」とは，農地法にいう農地のことであり，田，畑，牧草栽培地等指している（農地法2条1項参照）．

3　替地要求との関係

耕地造成の要求は，替地要求に付随して行うことができる．替地要求と別個に独立して行うことはできない．「あわせて」とあるが，必ずしも替地の要求と同時であることを要せず，替地の要求より後であってもよい．

3　耕地の造成

1　耕地の造成の意義
「耕地の造成」とは，替地（耕地以外の土地）を耕地に加工することをいう．山林や牧草栽培地を畑に加工したり，畑を田に加工したりするのがその例である．

2　要求の相当性
要求の相当性は，①耕地造成の困難性，②土地または土地に関する所有権以外の権利に対する補償金の範囲内にあるか否か，③前条7項の趣旨（照応の原則）に沿ったものであるか否か，などの観点から判断される．

3　工事を完了すべき時期等
　1　工事を完了すべき時期　権利取得裁決において，替地につき「工事を完了すべき時期」が明示される．権利取得の時期とは別に「工事を完了すべき時期」を定めるべきこととされた理由は，①土地所有者は，権利取得の時期以後も明渡しの期限が到来するまでは，収用地において従前どおり耕作を続けることができること（101条の2），②耕作には季節性があるため，明渡しの期限が到来した後においてもしばらく農耕を必要としない時期が続くことがあり，早急な耕地造成を必ずしも必要としない場合があること，③耕地の造成工事に相当の時間を要する場合には，起業者にはとりあえず補償の中心をなす替地の譲渡・引渡し（95条1項）のみを実行させ，その後に耕地の造成工事を完了させるのが妥当であると考えられること，などにある（小澤・収用法下261頁，竹村・収用法と補償558頁参照）．

　2　造成義務不履行の場合　起業者は，裁決で定められた工事を完了すべき時期までに，耕地の造成をしなければならない（95条6項）が，この義務が履行されなくても，裁決が失効することはない（100条1項）．不履行に対しては，3項以下の担保に関する規定が適用される．

4　担保制度

1　制度の趣旨
　1　耕地造成義務の履行確保手段　3項以下に定める工事義務履行のため

の担保制度は，本法が「工事を完了すべき時期」と権利取得の時期とを分離し，そのために権利取得の時期を過ぎて耕地造成工事の完了時期を定める場合があり，その場合にも裁決の失効を来さないものとされているので，土地所有者等の利益を確保するために，耕地造成義務の履行確保の手段として設けられたものである．この担保制度は，工事の代行による補償や緊急使用の場合に準用されている（84 条 3 項，123 条 6 項）．

2 立法論的批判 国については，耕地造成の義務を履行しないということはないとの前提に立って，担保提供の対象から除外されている．国以外の起業者については，「必要があると認めるとき」に，担保提供の裁決をすることができる．したがって，担保提供の裁決がない場合には，耕地造成の履行を確保するための最終的な手段を欠くことになる．この点について，立案関係者は，担保提供が定められないときは，補償の後払いについて履行担保のない唯一の例外である（工事の代行および緊急使用について準用されている）が，これは，耕地造成による損失の補償は，土地所有者または関係人に有利な損失の補償であり，両当事者の信頼関係を前提とした裁決であるからである，と説明している（高田＝国宗・収用法 251〜252 頁．なお，小高・収用法 447 頁参照）．しかし，これに対しては，「起業者の補償義務の履行確保の手段を用意せずに裁決の効果を生ぜしめることは，公用収用制度の趣旨からみて，立法論として問題なしとしない」との批判的見解（小澤・収用法下 262 頁．なお，竹村・収用法と補償 558〜559 頁参照）がある．

2 担保の提供・供託

1 担保の提供 担保の提供は，収用委員会が相当と認める金銭または有価証券を権利取得の時期までに供託することによって行う．ここにいう「相当」とは，耕地造成義務が履行されない場合に，これを補塡するに足りる金額でなければならない．手数料および延滞損害金等をも含んで相当であることを要し，内容において有価証券の銘柄評価等が相当であることを要する，と解されている．

「有価証券」とは，財産権を表章する証券であって，その権利の行使・移転について証券の占有または移転を要するものをいう．手形，小切手，株券，債券，倉庫証券，船荷証券等である．

2 担保の供託 担保は，権利取得の時期までに供託しなければならない

(98条).この時期までに担保提供の義務を履行しないときには,裁決は失効する(100条1項).供託の方法については,99条が定めている.

3 担保の取得等

1 工事を完了しないとき　起業者が工事を完了すべき時期までに工事を完了しないときは,土地所有者または関係人は,収用委員会の確認を得て,担保の全部または一部を取得する.「工事を完了しないとき」とは,裁決において定められた「工事の内容」が実現されないときをいう.工事の未着手,着手しても未完成,完成しても不完全な場合も含まれる.

2 担保の取得　工事が完了しない場合は,土地所有者等は,供託されている担保の全部または一部を取得する.他方,起業者は,耕地の造成による損失補償義務を免れる.

3 担保の取戻し　起業者は,工事を完了したときは,提供していた担保の全部を取り戻すことができる.

4 収用委員会の「確認」

　工事未完了の場合の担保の取得について(5項前段),その場合の起業者の耕地造成による損失の補償義務免除について(5項後段),工事を完了した場合の担保の取戻しについて(6項),それぞれ「収用委員会の確認」を得ることが必要とされている.収用委員会の「確認」の法的性質については,一般に,耕地造成工事に関する事実を収用委員会が公の権威をもって確定する準法律行為的行政行為に当たる,と説明されている.収用委員会が確認したときは,土地所有者・関係人または起業者に確認証書を交付しなければならない(施行規則20条1項).

(工事の代行による補償)
第84条
　① 第75条の場合において,起業者,土地所有者又は関係人は,補償金の全部又は一部に代えて,起業者が当該工事を行うことを収用委員会に要求することができる.
　② 収用委員会は,前項の規定による要求が相当であると認めるときは,明渡裁決において工事の内容及び工事を完了すべき時期を定めて,工事の代行に

> よる損失の補償の裁決をすることができる．
> ③ 前条第3項から第7項までの規定は，前項の場合に準用する．この場合において，同条第3項及び第5項中「耕地の造成」とあるのは，「工事の代行」と読み替えるものとする．

●1 本条の趣旨と要点

1 本条の趣旨

　本条は，一団の土地の一部を収用または使用することによって残地に通路・みぞ・かき・さく・盛土・切土等の工事をする必要が生じ，その工事費の補償をする場合に（75条参照），補償金の全部または一部に代えて起業者が工事を行うことを内容とする補償について定めている．残地におけるみぞ・かき等の工事は本体工事と合わせて施工する方が経済的であり，工法上も合理的であることが多く，また，被収用者にとっても，請負業者の確保の困難性や工事に係る時間・労力等から解放されることから，起業者に工事の代行を求めることが有利であるという事情もある．本条は，両当事者の利便と工事経済の見地から認められた補償方法を定めたものである（高田・収用法348頁，小高・収用法450頁，小澤・収用法下266頁，竹村・収用法と補償560頁等参照）．

2 本条の要点

　本条の要点は，工事代行と補償金との関係，要求の「相当性」，工事代行義務の不履行があった場合の取扱い等である．いずれの点についても，判例・学説上の対立は見当たらない．

●2 要求権者・補償金等

1 要求権者

　上述のように，本条の補償は，両当事者の利便と工事経済の観点から認められた補償であるので，起業者と被収用者のいずれの側からでも要求することができる．この要求は，収用委員会に意見書を提出することによって行う（87条）．

2 工事代行と補償金との関係

本条の補償は，75条の工事に要する費用の範囲内で行えば足りる．75条の補償内容となる工事のうち，一部についても代行は可能である．この要求が認められたときは，起業者は代行する工事の範囲内において75条の金銭補償を免れる．

3 要求の「相当性」

要求の「相当性」は，工事施行の経済上・工法上の合理性，当事者双方の便宜性という観点から判断される．要求があったときは，収用委員会は，当事者双方の意向を聴取することが望ましいが，その意見に拘束されるものではない（小澤・収用法下267頁，竹村・収用法と補償561頁参照）．

4 工事代行義務の不履行

1 工事を完了すべき時期

収用委員会は，工事の代行について，明渡しの期限とは別に「工事を完了すべき時期」を裁決することができる．その理由は，①収用地・使用地の明渡しが行われた後でなければ75条の工事を実施することが物理的に不可能である場合があること（例えば，道路面と残地との間に高低差が生ずるため階段通路を設置しなければならなくなり，収用地における道路工事と切り離して，この階段通路を設置することは不可能であるような場合），②工事経済という本条の立法趣旨からみて，75条の工事は収用地・使用地が明け渡された後に実施される本体工事と併行して実施されるべき場合があること，である．したがって，「工事を完了すべき時期」は，一般には，明渡しの期限以後の時点に定められる（小澤・収用法下269～270頁，竹村・収用法と補償561頁参照）．

2 工事代行義務不履行の効果

工事代行の裁決により，起業者は「工事を完了すべき時期」までに工事の代行をしなければならない（97条2項，95条6項）．しかし，この義務の不履行は，直ちに明渡裁決の失効を来すものではない．裁決が失効するのは，裁決で担保の提供を命じられ，起業者が期限までにその提供をしない場合である（100条2項．担保制度については，83条の解説参照）．

工事代行義務の不履行があった場合には，土地所有者等は起業者が提供した

担保を取得する．この場合には，起業者は，収用委員会の確認を得て，工事の代行による損失の補償の義務を免れる（83条3項〜7項の準用）．

> **（移転の代行による補償）**
> **第85条**
> ① 第77条に規定する場合において，起業者又は物件の所有者は，移転料の補償に代えて，起業者が当該物件を移転することを収用委員会に要求することができる．
> ② 収用委員会は，前項の規定による要求が相当であると認めるときは，明渡裁決において移転の代行による損失の補償の裁決をすることができる．

1　本条の趣旨と要点

1　本条の趣旨

本条は，物件の移転料の補償（77条）に代わるものとして，移転の代行による補償につき定めたものである．その理由は，①移転工事を本体工事と一体として施行することが経済上・工法上合理的であること，②請負業者の確保の困難等の事情による移転作業の困難性・煩雑性から物件所有者を解放すること，などに求められている．この点では，工事代行補償の場合と同様である（高田＝国宗・収用法254頁，高田・収用法349頁，小高・収用法451頁，小澤・収用法下270頁，竹村・収用法と補償562頁等参照）．

2　本条の要点

本条の要点は，要求の「相当性」の意義，「移転」の意義，「移転料の補償に代えて」の意味，物件所有者が移転代行の提供の受領を拒んだ場合の代執行の可否等である．いずれの点についても，判例・学説上の対立は見当たらない．

2　要求権者・移転の意義等

1　要求権者

この要求権は，収用当事者双方の利便のために設けられたものであるので，起業者・物件の所有者の双方に与えられている．要求は，収用委員会に意見書を提出することによって行う（87条）．

2 移転の意義

「移転」とは，物件の撤去・運搬・再現という一連の過程をいう．撤去のみでは「移転」に当たらない．したがって，例えば，立木の伐採除却のようなものは，本条の対象とはならない（小澤・収用法下 271 頁，竹村・収用法と補償 562 頁参照）．

3 全部移転

77 条後段の場合にも本条の適用があり，この場合の代行は，物件全部の移転を内容とする．

3 移転料との関係

1 「移転料の補償に代えて」の意味

「移転料の補償に代えて」とは，82 条および 84 条の「補償の全部又は一部に代えて」，86 条の「補償の一部に代えて」，83 条の「補償金に代る範囲内において」の文言との対比上，「移転料の全部の補償に代えて」の意味である．また，ここにいう移転料は，77 条のいう移転料をいい，移転に伴って生ずる 88 条の損失を含まない．移転の代行に要する費用は，原則として，77 条の移転料の範囲内でなければならない．

2 移転料の意味

ここにいう「移転料」とは，「個々の物件ごとの移転料」という意味である．したがって，同一の所有者に属する二つ以上の物件がある場合には，本条による移転代行の場合と，所有者が移転料の補償を受けて自ら移転する場合とがありうる．

4 要求の相当性

1 相当性の判断基準

要求の相当性は，工事施行の経済上・工法上の合理性，起業者・被収用者の便宜，事業施行の緊急性，移転先が合理的な区域内のものか否か等を基準にして判断される．

2 裁決例

要求の相当性については，判例は見当たらないが，裁決例は，肯定例・否定例とも多数存在する（裁決例については，小澤・収用法下272頁以下，竹村・収用法と補償563頁参照）．

●5 移転代行義務と協力義務・受忍義務

1 移転代行義務

移転代行の明渡裁決がなされると，起業者は明渡しの期限までに移転の代行をすることを義務づけられる（97条1項）．ただ，移転の代行は，移転すべき物件の引渡しについて物件所有者の協力を要する性質のものであるから，起業者において移転の代行に必要な一切の準備を整えて，相手方の協力の催告をすれば，有効な移転の代行の提供となると解されている（高田＝国宗・収用法255頁，高田・収用法349頁，小高・収用法452頁，小澤・収用法下275頁，竹村・収用法と補償564頁等参照）．移転代行の裁決がなされると，起業者は移転代行の義務を負うので，移転料の支払義務はなくなる．

2 協力義務

元来移転義務を負うのは，物件所有者である．移転代行の裁決があったからといって，物件所有者は全く移転義務を免れるものではなく，起業者の行う移転の代行に協力する義務がある．

3 受忍義務

移転代行の裁決があった場合には，物件所有者は，起業者の移転作業を受忍する義務を負う．物件所有者が移転代行の提供の受領を拒んだときには，この義務の不履行に対して代執行を行うことができる（102条の2第2項）．

4 裁決の失効

起業者は，明渡しの期限までに移転の代行をしなければならない（97条1項）が，その実行には物件所有者の協力が不可欠である．しかし，その協力を得られないこともあるので，代行が完了しなくても裁決の失効を来すことにはならない．裁決の失効を来すのは，起業者が「物件の移転の代行の提供」をしない場合である（100条2項）．起業者がこの提供をしたにもかかわらず，物件

の所有者がこれに協力せず，提供の受領を拒んだために，期限までに移転の代行が完了しない場合には，裁決は失効しないものとされている．

> **（宅地の造成）**
> **第86条**
> ① 第77条の規定により建物を移転しようとする場合において，移転先の土地が宅地以外の土地であるときは，土地所有者又は関係人は，第71条，第72条，第74条，第80条の2及び第88条の規定による損失の補償の一部に代えて，起業者が宅地の造成を行うことを収用委員会に要求することができる．
> ② 収用委員会は，前項の規定による要求が相当であると認めるときは，権利取得裁決又は明渡裁決において工事の内容を定めて宅地の造成による損失の補償の裁決をすることができる．

1 本条の趣旨と要点

1 本条の趣旨

本条は，収用地・使用地上にある建物を移転しようとする場合に，移転先地が宅地以外の土地であるときの宅地の造成による補償について定めたものである．耕地造成（83条）の場合と，その趣旨は同じである．建物以外の物件の移転の場合には，本条は適用されない．

「建物」とは，建築基準法2条1号の「建築物」とほぼ同じである．木造，鉄筋コンクリート造，鉄骨造，レンガ造等がある．移転先の土地が特定していなければならない．「宅地以外の土地」とは，農地（田・畑等），山林，原野等をいう．

2 本条の要点

本条の要点は，要求権者，補償金との関係，宅地造成費の性質，要求の「相当性」，宅地造成の裁決等である．いずれの点についても，判例・学説上の対立は見当たらない．

2 要求権者

要求権者は，土地所有者または関係人であるが，建物を移転すべき者，すな

わち，建物所有者でなければならない．「関係人」とは，建物所有を目的とする土地の用益権者をいい，地上権者，賃借地権者等である．要求は，収用委員会に対する意見書の提出によって行う（87条）．

●3　補償金との関係

　宅地の造成費は，収用地の補償（71条），使用地の補償（72条），残地補償（74条），原状回復困難な使用の補償（80条の2），その他通損補償（88条）の範囲内で，これらの補償を転用して賄われる．この要求が認められたときは，造成に要する費用相当額が，これら各条の補償額から控除される．

　これに対して，残地工事費補償（75条），移転料補償（77条），物件補償（80条）は，それぞれが個別的に補償されるべき理由があるものとして，本条の宅地造成費に算入されていない．しかし，この点については，立法論としてではあるが，批判的な見解（小澤・収用法下277〜278頁，竹村・収用法と補償565頁）も説かれている．

●4　要求の「相当性」

　要求の「相当性」は，①被収用者が自ら宅地造成をすることの困難性，②建物を移転して再現することの妥当性，③宅地造成費の社会的妥当性，などの観点から判断される．耕地造成補償の場合とほぼ同様である．

●5　宅地造成義務・裁決の失効

1　宅地造成義務

　権利取得裁決または明渡裁決において宅地造成による補償の裁決があったときは，起業者は，権利取得の時期または明渡しの期限までに宅地の造成をしなければならない．

2　裁決の失効

　権利取得の時期または明渡しの期限までにこの工事が完了していなくても，この時期または期限までに宅地の造成の提供をしておけば，裁決は失効しない（100条1項）．移転の代行の場合と同様である．

第12款　請求・要求の方法

> （請求，要求の方法）
> 第87条
> 　第76条第1項及び第2項，第77条から第79条まで並びに第81条第1項及び第2項の規定による請求，第82条第1項，第83条第1項，第84条第1項，第85条第1項及び前条第1項の規定による要求は，第43条第1項（第47条の4第2項において準用する場合を含む．）若しくは第63条第2項の規定による意見書又は第65条第1項第1号の規定に基いて提出する意見書によつてしなければならない．ただし，第76条第1項及び第81条第1項の規定による請求は，第43条の縦覧期間前においても，その請求に係る意見書を収用委員会に提出することによつてすることができる．

● 1　本条の趣旨と要点

1　本条の趣旨
　本条は，損失の補償に関する一定の重要な意思表示は，「意見書」という厳格な方式により行うべきことを定めたものである．これは，損失補償の重要性を考慮して，その明確性を確保し，後の紛争を防止するためである．

2　本条の要点
　本条の要点は，請求と要求の区別，本条但書の趣旨等である．請求と要求の相違については，前述した（309頁）．その他の事項については，判例・学説上の対立は見当たらない．

● 2　請求・要求

1　請求・要求等の区別
　意見書によって行われるべき意思表示には，請求と要求の区別がある．また，被収用者が提出することができるもの，起業者が提出することのできるもの，両当事者が提出することができるものとの区別がある．

2 請 求

本法が「請求」について規定しているのは，残地収用の請求（76条1項），残地収用の請求があったときの権利の存続請求（76条2項），全部移転の請求（77条後段），移転困難な場合の物件収用の請求（78条），移転料多額の場合の物件収用の請求（79条），土地の使用に代わる収用の請求（81条1項），土地の使用にかわる収用の請求があったときの権利の存続請求（81条2項）である．

3 要 求

本法が「要求」について規定しているのは，替地による補償の要求（82条1項），耕地の造成の要求（83条1項），工事の代行の要求（84条1項），移転の代行の要求（85条1項），宅地の造成の要求（86条1項）である．

●3 意見書の提出

1 裁決申請書の縦覧期間内に提出する意見書

本法が規定しているのは，土地所有者および関係人等の意見書の提出（43条1項，47条の4第2項）である．

2 審理において提出する意見書

これには，自らの意思に基づいて提出するものと，収用委員会の命令により提出するものとがある．本法中，前者について規定していのは63条2項であり，これは両当事者のいずれからでも提出することができる．また，後者について規定しているのは65条1項1号であり，これは起業者に命じられることもあれば，被収用者に命じられることもある．

3 意見書の様式

意見書の様式については，別段の定めはない．被収用者が口頭によりこの請求または要求をするときは，収用委員会は，審理指揮によって意見書の提出を促すべきである（小澤・収用法下281頁，土地収用法令研究会編・Q＆A 278頁参照）．

●4 本条但書の趣旨

本条但書の規定は，1967（昭和42）年の改正により，補償金の支払請求制度

が創設されたことに伴って付加されたものである．土地所有者または関係人は，事業認定の告示がなされれば，裁決申請書の縦覧が開始される前であっても，起業者に対して支払請求をすることができる．そこで，残地収用の請求（76条1項）または土地の使用に代わる収用の請求（81条1項）をする場合においても，同様に，それを前提として「縦覧期間前においても」補償金の前払いの請求を行うことができるようにするために，この規定が設けられたものである（小澤・収用法下281～282頁，竹村・収用法と補償567頁参照）．

第13款　通常受ける損失の補償

（通常受ける損失の補償）
第88条
　第71条，第72条，第74条，第75条，第77条，第80条及び第80条の2に規定する損失の補償の外，離作料，営業上の損失，建物の移転による賃貸料の損失その他土地を収用し，又は使用することに因つて土地所有者又は関係人が通常受ける損失は，補償しなければならない．

1　本条の趣旨と要点

1　本条の趣旨

1　通損補償　本条は，「通常受ける損失の補償」（通損補償）について定めたものである．通損補償とは，権利対価補償とは別個に，土地の収用・使用等に通常付随して生ずる損失の補償をいう（通損補償については，「総論」の第7章「付随的損失の補償」，前述189頁以下参照）．

本法が定める損失補償の中心は，収用・使用に係る土地等の権利に対する補償（権利対価補償）である．しかし，収用・使用は，権利者の意思にかかわらず一方的にその財産権を強制的に取得または使用する手法であり，収用・使用される権利に対する補償さえ十分であればそれでよいというものではない．71条以下の各条項には，補償の対象とされるべき損失が類型的に定められているが，被収用者が受ける損失は，これらの条項に規定する損失に限定されるものではない．そこで，本条は，土地等の収用・使用によって被収用者が通常付随的に受けると考えられる損失を「通常受ける損失」（通損）として一般的に取り上げて，これを補償し，公負担平等の原則を貫徹しようとするものである

(小高・収用法456頁，小澤・収用法下282頁，竹村・収用法と補償568頁等参照).

2 事前補償 本条に基づく損失補償は，明渡裁決において判断される．補償額算定の時期は，明渡裁決の時である（73条）．

本条の補償は事前補償であるから，事後的に生ずる損失は，補償の対象にならない．しかし，事後的ではあっても，土地等の収用・使用に通常付随して生ずる損失も考えられないわけではない．このような損失は，本条の補償の直接的な対象にならないとしても，広義においては通常生ずる損失（通損）として，損失補償の性質を有するものと解すべきである．

なお，本条は，権利の収用・使用，物件の収用・使用，土石砂れきの収用の場合に準用されている（138条1項）．

2 本条の要点

本条の要点は，相当因果関係，受忍の範囲，期待利益の喪失，離作料の補償，営業上の損失の補償，家賃欠収の補償，生活権補償，精神的損失の補償，などである．これらのうち，精神的損失の補償と生活権補償については，すでに「総論」の第5章第5節「生活権補償」，第6節「精神的損失補償」において一般的に考察したが，ここでは88条の規定に即して，改めて考察することにする．

●2　「通常受ける損失」の意味

1 「通常受ける損失」の範囲

本条は，「第71条，第72条，第74条，第75条，第77条，第80条及び第80条の2に規定する損失の補償の外」と規定している．そこで，これらの条文に基づく損失の補償も「通常受ける損失」の中に含まれて全体を「通常受ける損失」と捉えるべきなのか，それとも，これらの条文に基づく損失の補償を除いたものを「通常受ける損失」と捉えるべきなのかという問題が生ずる．本条の見出しが「通常受ける損失」となっていることからすれば，後者の捉え方が妥当であろう（高田・正当な補償72～73頁・同・制度論222頁参照．なお，前述190頁参照）．

2 相当因果関係

1 損失補償における相当因果関係 「通常受ける損失」（通損）に該当す

るためには、まず、土地の収用・使用と相当因果関のある損失であることが必要である。収用・使用と相当因果関係にありながら、71条、72条等によっては補償されない損失のあることを予想して、それを対象にしているのが通損補償である。

ただ、ここでいう相当因果関係については、「本条の補償は事前補償という性格を持つものであるから、ここにいう因果関係とは、損害賠償の場合における不法行為と損害の発生との間の事実としての因果関係と異なり、原則として、損失の発生前において予見される因果関係である。すなわち、これは、土地の収用又は使用が行われれば当然一定の損失が生ずるであろうと予見される場合における、収用又は使用と損失の発生との間の関係を意味している」と説く見解（小澤・収用法下 283〜284 頁。同旨、竹村・収用法と補償 569〜570 頁）がある。これとほぼ同趣旨の判例として、製薬工場移転補償請求事件の大阪地判平成 4・6・26（行集 43 巻 6 = 7 号 847 頁）は、「原告は、明渡しによって被収用者が現に受けた損失のうち、収用と相当因果関係があるものと認められる損失をもって、『通常受ける損失』と理解すべきであると主張するけれども、土地収用法が、かかる損失を事後的に補償するとの立法政策を採用していないことは明らかであって、原告の右主張は採用できない」と判示している。

相当因果関係の意味が損害賠償と損失補償とで異なるということは、一見すると、もっともな考え方のように思われないでもない。しかし、仔細にみれば、「損失補償とは適法行為によって生じた損失の補償の公平な分担である」とする損失補償法理からすれば、たとえ事後的に生じた損失といえども、公負担平等原則によって調整されるべきものである。損失の発生が事前であるか事後であるかは、損失補償責任を左右するものではなく、相当因果関係の存否の基準は、損害賠償と損失補償とで、基本的には相違しないものと解すべきであろう。

2 判例の動向　　相当因果関係に関する判例としては、因果関係否定例であるが、東京高判昭和 38・10・30（行集 14 巻 10 号 1866 頁）がある。同判決は、農業廃止の補償等が争われた事案において、移転先に温室を移転すれば温室経営を継続することができるにもかかわらず、本人の自由意思によって移転先に移転せず、このために温室経営が廃止になるとしても、この損失は収用とは因果関係がない、と判示している。また、浦和地判昭和 61・3・28（判タ 610 号 79 頁）は、都市計画街路事業の一環として土地が収用されたが、収用裁決における補償額が低額であるとして増額請求がなされた事案において、「土地収用

法88条にいう土地所有者が土地の収用によって通常受ける損失とは，例えば収用により営業を廃止，休止あるいは営業規模の縮少を余儀なくされた場合の損失のように，収用によって生ずる付随的損失で，被収用者であれば何人でも通常の事情の下で当然に受けるであろうと考えられる客観的な経済上の損失をいうと解するのが相当であり，収用と相当因果関係のない損失や収用に伴い直接生ずる損失ではなく，単なる将来得ようとする期待利益は含まれないというべきである」と判示して，結論として，相当因果関係を否定している．

3 「通常」受ける損失

1 学説の動向　上述の相当因果関係は，別の表現をすれば，「『通常』受ける損失」であると言い換えることができる．「通常」受ける損失とは，被収用者であれば何人でも通常の事情の下で当然に受けるであろうと考えられる客観的な損失をいい，特別な事情の下で生ずる損失（特別損失）は含まれない．この点については，これまでの学説・判例はほぼ一致している（美濃部・原理358頁，渡辺・収用法論151頁，柳瀬・公用負担法293頁，高田・収用法364頁，小高・収用法457頁，小澤・収用法下285頁，竹村・収用法と補償570頁等参照）．

代表的所説として，美濃部説と柳瀬説を紹介しておくことにしよう（美濃部説については，高田・収用法354頁以下参照）．美濃部・原理358頁は，「其の他通常受くべき損失」との見出しの下で，「通常受くべき損失とは，通常の事情の下に於いて，言い換ふれば被収用者自身の個人的な特別の事情に基づくのではなく，客観的な社會的に觀て收用に基づき被収用者が受くべきことを思考せらるる人的な経濟的損失（persönlicher Schaden）を謂ふのである」と説いている．また，柳瀬・公用負担法293頁は，「その他収用に依って通常受ける損失の補償」との見出しの下で，「通常受ける損失とは，抽象的ではなく，具体的の意味で，即ち当該被収用者が現に受ける損失のうち，当該被収用者でなくとも，何人でもその場合被収用者の地位にある以上受けると認められる損失をいう」と説いている（なお，前述196頁参照）．

何が「通常損失」であり，何が「特別損失」であるのかは，結局，公負担平等の原則に照らして公共で負担すべき性質の損失であるか否かの観点に立って，社会通念により判断するほかはない，と解されている．また，通常受ける損失か否か，その損失額がいくらであるかの認定に当たっては，被収用者の年齢，性別，職業等の客観的事実としての人的要素も勘案すべきである，と解されて

いる（小澤・収用法下285頁，竹村・収用法と補償570頁等参照）．

2 判例の動向　判例としては，京都地判昭和24・1・11（行政裁判月報8号145頁），前掲浦和地判昭和61・3・28，輪中堤訴訟の名古屋地判昭和53・4・28（行集29巻4号889頁），その控訴審の名古屋高判昭和58・4・27（行集34巻4号660頁），その上告審の最判昭和63・1・21（訟月34巻8号1683頁），製薬会社の工場移転に伴う損失補償増額請求訴訟の前掲大阪地判平成4・6・26，その控訴審の大阪高判平成6・11・29（行集45巻10＝11号1900頁），その上告審の最判平成11・1・22（判例自治203号78頁）等がある．そのほか，最近のものとしては，東京地判平成28・5・19（判例自治421号72頁）がある．

これらのうち，いくつかを紹介すれば，浦和地判昭和61・3・28は，「土地収用法88条にいう土地所有者が土地の収用によって通常受ける損失とは，例えば収用により営業を廃止，休止あるいは営業規模の縮少を余儀なくされた場合の損失のように，収用によって生ずる付随的損失で，被収用者であれば何人でも通常の事情の下で当然に受けるであろうと考えられる客観的な経済上の損失をいうと解するのが相当であ〔る〕」と判示している．

また，最判昭和63・1・21は，「土地収用法88条にいう『通常受ける損失』とは，客観的社会的にみて収用に基づき被収用者が当然に受けるであろうと考えられる経済的・財産的な損失をいうと解するのが相当であって，経済的価値でない特殊な価値についてまで補償の対象とする趣旨ではないというべきである」と判示している．

さらに，大阪地判平成4・6・26は，「本件における主要な争点を検討する前提となる『通常受ける損失』（土地収用法88条）の意義について考察すると，『通常受ける損失』とは，裁決時点に存在する客観的事実を基礎として，客観的社会的にみて，明渡時期に，通常採用されるのであろう移転先，移転方法を採用して移転した場合に，被収用者が通常受けるであろうことが予想される損失を意味するものというべきである」と判示している．

4 受忍の範囲

1 学説の動向　さらに，損失は，被収用者の社会的受忍の範囲を超えるものでなければならない．社会的受忍の範囲内にあるものは，補償の対象とはならない．被収用者の不利益が軽微である場合にも，そのような損失は受忍の範囲内にあるものとして，一般に，補償の対象とはならないものと解されて

いる．受忍の範囲を超えるか否かは，具体的な事例に即して，社会通念に従って判断される．

受忍の範囲内にあるか否か，それに対する補償が本条に基づいて認められか否かが特に問題となるのは，精神的損失補償と生活権補償であるが，これについては項を改めて考察する．

2 判例の動向　これに関する裁判例としては，静岡地判昭和36・5・9（行集12巻5号1133頁），新潟地判昭和45・3・24（行集21巻3号578頁）がある．

このうち新潟地判昭和45・3・24を紹介すれば，道路法70条（道路の新設又は改築に伴う損失の補償）に関する事案においてであるが，次のように判示している．「道路法70条1項が，道路を新設し，または改築したことに因り，当該道路に面する土地について，通路，みぞ，かき，さくその他の工作物を新築し，増築し，修繕し，若しくは移転し，又は切土若しくは盛土をするやむを得ない必要があると認められる場合においては，道路管理者はこれらの工事をすることを必要とする者の請求により，これに要する費用の全部又は一部を補償しなければならないと規定したその趣旨は，道路の新設又は改築による損失は，それが不法行為に該当しないとしても，道路に関する工事に伴ってしばしば発生することが予想されるので，法が特に補償の範囲および方法を明らかにしたものであって，結局当該土地の従前の利用状況，道路の新設又は改築による当該土地の利用状況の変化の程度およびその態様，ならびに当該地上建物等の工作物の利用状況等諸般の事情を勘案し，右道路の新設または改築と当該土地の従前の用法による利用価値の減少との間に相当因果関係があり，かつ，右価値の減少が社会的に通常受忍すべき限度を超えるときは，損失を受けた者に本条による請求を認めた趣旨であると解するを相当とする．……道路法70条1項の趣旨が前説示の如きものである以上，その損失の補償についても，あらゆる損失を完全に補償するのではなく，社会的に通常受忍すべき範囲を超える場合，その超えた程度，態様等に応じて社会通念上相当と認められる限度でその損失の全部又は一部を補償することを以て足る趣旨であると解すべきである．」

5 「通常受ける損失」の種別

1 財産的損失と精神的損失　通常受ける損失は，大別すれば，財産的損失と精神的損失に分けることができる．この点では，損害賠償における損害の

種別とほぼ同様である（損害の種別については，加藤一郎『不法行為〔増補版〕』148頁以下（有斐閣，1986年），森島昭夫『不法行為法講義』330頁以下（有斐閣，1987年）等参照）．

財産的損失には，積極的損失と消極的損失がある．積極的損失とは，既存財産の滅失または減少をいい，消極的損失とは，得べかりし利益の喪失（期待利益の喪失）をいう．積極的損失は，さらに，既存利益そのものの滅失または減少と新たな費用の支出に細分される（高田・収用法358頁以下，小高・収用法458～459頁，小澤・収用法下287～288頁等参照）．

2　期待利益の喪失

(1)　**概説**　上述のように，期待利益の喪失，すなわち将来得べかりし利益の喪失も通常生ずる損失に含まれる．本条は，その例として，離作料，営業上の損失，建物の移転による賃貸料の損失を明定しているが，これらについては項を改めて考察することにして，ここでは，一般的に，期待利益の喪失を取り上げて検討することにする．

(2)　**学説の動向**　これに触れている学説をいくつか紹介しておこう．

美濃部・原理362頁は，期待利益の喪失について，「若し其の期待利益が土地の價格に影響しそれに依り地價を高むる原因を爲して居る場合には，それより生ずる損失に對する補償は，收用物件の價格又は殘地の損失の補償の中に含まるるもので，獨立に補償の原因となるものではないが，其の以外に於いて收用の目的物たる土地物件を保有することに依り，通常の事情の下に於いて或る經濟上の利得を爲し得べきことが確實に期待し得らるる場合に，收用に因り其の期待せらるる利得を失ふことは，通常受くべき損失として補償の原因となる」と説いて，期待利益の喪失に対して旧法54条（現行88条に相当する規定）に基づいて補償を認めた戦前の判例を挙げている．

また，高田・収用法361頁以下は，期待利益の喪失について比較的詳細に論じている．まず，「現存はしないが，将来得べかりし財産的利益を喪失した場合が，損失に当たりうるや否やである．これを期待利益の喪失という．この期待利益は将来の利益であり，換言すれば，『増加すべかりし財産の不増加』ともいいうる．……このように期待利益の喪失もまた損失たりうることはほぼ明らかであるが，この種の期待利益にも，確実なものと不確実なものとがあり，当該収用なかりせば確実に財産の増加したことを証明しうる場合に限るのか，或いは，当該収用なかりせば財産の増加することが普通なりとみとめられる場

合で足るか，という問題がある．しかし，この点はむしろ，別に，その期待利益の喪失が『通常受けるもの』の観念に当たるか否かに関することと考えられる」と説いて，「通常受ける損失」の観念の問題として捉えた上で（361～362頁），続けて次のように説いている（364頁以下）．「損失が将来得べかりし利益の喪失たる場合においては，現実にそれが失われたか否かをたしかめることが必ずしも可能とはいえないので，偶発性のものでないところの通常の事情の下では，その期待利益の喪失が一般的であるという程度の確実さを必要とし，そのような期待利益の喪失のみについて，これを補償すべきものと考うべきである．」「いかなるものをもって確実なる期待利益の喪失なりとすべきかは，具体の場合において，きわめて判定に苦しむ問題である．実際問題として，本来の規定の適用の際しばしば問題となり，議論の分かれ目となるところの多くは，この期待利益に関するものであるということができる．……確実性なるものを厳格に解釈したため，補償が実際上の結果に対して不足するという場合は，危険を被収用者側に負担せしめることとなるが，公平の理論に鑑み，ことに新憲法第29条の考え方を尊重して，補償を完全なものたらしめる見地に立てば，このような考え方には疑いが起こり，近時の考え方は，これに影響を受けて，漸次，この確実性を従前の考え方よりもゆるやかに解し，偶発性のものでなく，通常の事情の下でその利益の喪失が一般的であるという程度の確実性があれば，これを補償すべしとの考え方に進みつつあるように思われる．」（なお，同・正当な補償82頁以下，93頁以下，同・制度論235頁以下参照）．

さらに，小高・収用法459頁も，独立の項目としてではなく，「通常受ける損失」の項目の下においてであるが，「必ずしも既存財産の喪失または減少をきたす場合や新たに費用の支出を要する場合などの積極的損失に限定されず，いわゆる期待利益の喪失，すなわち将来得べかりし財産的利益の喪失も通常生ずる損失に含まれる．本条は，その例として，『離作料』，『営業上の損失』，『建物の移転による賃貸料の損失』を明規しているが，その他の場合でも，当事者の主観的な利益の見込みないし期待にとどまるときは論外であるが，期待利益の喪失が偶発的なものではなく，利益発生の可能性が社会通念からみて客観的に予測されるようなときには，その損失は補償される」と説いている．

(3) **判例の動向**　いずれも否定例であるが，前掲京都地判昭和24・1・11，前掲東京高判昭和38・10・30，前掲浦和地判昭和61・3・28，横浜地判平成13・3・28（判例自治218号55頁）等がある．

これらのうち，いくつかを紹介しておくことにしよう．京都地判昭和24・1・11は，中学校建設のため土地を収用された原告が，通常受ける損失として，離作料を算定するに当たり本件土地の見積蔬菜収穫高の3年分が相当であると主張したことに対して，「土地収用法第54条〔現行88条に相当する．筆者注〕に所謂通常受くべき損失とは土地収用に伴い直接生ずる損害をいうものであって，これを畑についていえば，収用によって収穫出来なくなった作付物の見積収穫高がこれに当り，将来右畑について得んとする期待利益の喪失若しくは右畑が住居に隣接する為，その耕作施肥収穫等につき便利を有し，又は右収用地に匹敵する土地の入手が困難であるが如き事情による損失は特別の事情に基く損失であって，その補償は請求し得ないものである」と判示している．
　また，浦和地判昭和61・3・28は，都市計画街路事業の一環として本件土地が収用されたが，本件土地上にあった建物を店舗に改造して株式の売買・金融・雑穀取引等の営業を計画していたところ，その営業をすることができなくなり，相当程度の純利益を得ることができたはずであるとして，同額の損失の補償を求めた事案において，88条の損失には単なる将来得ようとする期待利益は含まれないとして，原告らの主張する営業は「仮にあったとしても，単なる期待の域を出ないというべきであるから，その損失なるものも，本件収用により通常受けた損失であるとはとうてい認め難い」と判示している．
　因みに，収用委員会の裁決例をみると，「将来に損失が発生するとしても，それが単なる計画に過ぎないときは補償されない」として，建築計画に係る損失の補償が否定された事例がある（山口県収用委員会裁決平成27・7・8（土地収用裁決例集〔平成27年度版〕705頁））．

(4) 学説・判例の検討

(i) 学説について　　文献の中には，期待利益の喪失について特別の項目を設けないで，これを相当因果関係の問題として捉える立場（竹村・収用法と補償570頁），あるいは，「通常受ける損失」の問題として捉える立場（高田・収用法362頁，同・制度論225頁以下，小高・収用法459頁，小澤・収用法下283頁以下）がある．説明の仕方の問題であり，いずれであっても実質的にはそれほど相違するものではないが，説明の明確性・便宜性から，ここでは独立の項目を立てて考察することにする．
　この問題については，比較的早い段階から論議されていた．学説は，表現上の相違があるものの，期待利益の「確実性」を次第に緩やかに解するようにな

っている（鈴木＝高原編・収用法50講152頁〔松島諄吉執筆〕，宮田・国家責任法264～265頁等参照）．完全な補償という損失補償の制度趣旨からすれば，この学説動向に賛意が表されてよいであろう．

(ii) 判例について　前掲京都地判昭和24・1・11については，判例評釈において，「期待利益が保護さるべきことは，法88条（旧54条）が，収用の目的物の交換価値，残地につき生ずる損失，工事費用，移転料等のほかにも，なお，損失が生じうることを予想し，補償の範囲を拡大する規定である……ことからしても，当然のことであろう．問題は，確実な期待利益とそうでないものとの限界であり，これは『通常受ける』の解釈問題の一つであって，一般的規準を設定することは困難であるが，憲法29条の趣旨からしても，あまり厳格に解することには問題がある．……本件判旨は，農地の収用により農業経営が被る損失の補償について，きわめて消極的であり，収穫できなくなった作付物の見積収穫高は『通常受くべき損失』に当たるが，将来農地から得ようとする期待利益の喪失はこれに当たらないとしている．しかし，右に述べたような実定法及びその下における考え方の前進の結果，この判決は今日では全く時代おくれであり，同じ問題がおこれば異なる解釈がなさるべきであるし，なされるであろうことは，いうまでもない」との批判（金子宏「判解」土地収用判例百選73頁（1968年））がある．

この判例評釈が説くように，本判決は「通常受くべき損失」を厳格に解したものであって，損失補償制度の趣旨からすれば疑義の多いものである．浦和地判昭和61・3・28については，この程度の期待利益では通常受ける損失とはいえないであろうから，本判決の述べるところが妥当である．

期待利益の喪失が通損といえるか否かは，事案に即して個別具体的に判断されざるをえないが，学説の動向に従い，緩やかに判断されるべきであろう．

●3　離作料・営業上の損失の補償

1　離作料の補償

1　概説　離作料とは，農地（田，畑，採草地，放牧地等）の収用・使用により生ずる農業経営上の損失に対する補償をいう．これには，農業廃止の補償，農業休止の補償，農業経営規模縮小の補償の3種類がある（細目政令20条～22条，損失補償基準要綱34条～36条参照．細目政令20条は，「営業」の中に農業と漁業を含めている．なお，損失補償基準要綱36条は，「縮少」としているが，以下に

おいては「縮小」と表記する）．この離作料は，農地の対価補償等とは別に支払われるべき補償である．離作料は，農地を収用・使用する場合に通常生ずる損失の補償であり，一般に「農業補償」と呼ばれている（損失補償基準要綱第4章第4節参照．離作料の詳細については，小澤・収用法下288頁以下参照）．

2 農業廃止の補償

(1) **意義** 農業廃止の補償は，農地の収用・使用に伴い，通常，農業の継続が不可能となると認められる場合に行われる．農業の継続が不可能となると認められるか否かは，普通一般人の行動を予測して客観的に判断される．農地の経営面積の全部または相当割合が収用され，移転地先として選定される近傍市町村内に代替農地を取得することが客観的に著しく困難であると認められる場合がこれに当たる（小高・収用法460～461頁，小澤・収用法下290頁，竹村・収用法と補償572頁等参照）．替地補償（82条）が行われるときには，この補償は必要でない．

(2) **補償の内容** 補償の内容は，細目政令20条によれば，①農具等の売却損その他資産に関して通常生ずる損失額，②従業員を解雇するために必要となる解雇予告手当相当額，転業が相当であり，かつ，従業員を継続して雇用する必要があると認められる場合における転業に通常必要とする期間中の休業手当相当額，その他労働に関して通常生ずる損失額，③転業に通常必要とする期間中の従前の所得相当額（法人経営の場合は収益相当額）である（損失補償基準要綱34条，用対連基準46条も同趣旨）．

(3) **判例の動向** 裁判例としては，否定例であるが，次のようなものがある．前掲東京高判昭和38・10・30は，温室経営の廃止による損失の補償について，「控訴人は温室の移転場所……を所有しているのであるから，温室を同所に移転することができ，移転すれば従前の温室経営を継続することができる．従って，温室経営による収入を取得することが可能であるわけである．このように温室の移転先が現に存しながら移転せず，ために温室経営が廃止となるのは，控訴人の自由な意思によって生ずる結果であって，収用と因果関係がない．従って，温室廃止による損失は補償する必要はない」と判示している．

また，同じく否定例であるが，鹿児島地判昭和45・6・4（訟月16巻10号1191頁）は，収用により農業継続が不可能に近い状態となったとして得べかりし利益喪失の補償が求められた事案において，「原告は従前の畜産経営を残地において続行することが可能であったというべきであるから，その経営続行を

不可能であることを前提とする同原告の請求はその前提を欠き理由がない」と判示している．

3　農業休止の補償

(1)　**意義**　農業休止の補償は，農地の収用・使用に伴い通常農業を一時休止する必要があると認められるときに行われる．

(2)　**補償の内容**　補償の内容は，①通常農地を再取得するために必要とする期間中の固定的な経費等（公租公課，従業員に対する休業手当相当額），②その期間中の所得減（法人経営の場合は収益減）である（損失補償基準要綱35条，用対連基準47条参照）．通常農地を再取得するために必要な期間は，替地の取得の難易や再取得しようとする時期により異なってくるが，ほぼ1年を上限とされている（損失補償基準要綱解説162～163頁参照）．

(3)　**判例の動向**　判例としては，前掲静岡地判昭和36・5・9は，温室経営中止による損失の補償について，本件温室の移転に要する期間は60日あれば足りるとして，この期間中の損失の補償を認めている（控訴審の前掲東京高判昭和38・10・30も，前述のように温室廃止による損失の補償は否定したが，温室休業による損失の補償を認めている）．

4　農業の経営規模縮小の補償

(1)　**意義**　農業の経営規模縮小の補償は，農地の一部が収用・使用され，通常農業の経営規模を縮小しなければならないと認められるときに行われる．

(2)　**補償の内容**　補償の内容は，①資本および労働の過剰遊休化により通常生ずる損失額，②経営効率が低下することにより通常生ずる損失額である（損失補償基準要綱36条，用対連基準48条参照）．

5　農業補償の特例

(1)　**趣旨**　農地の宅地化が見込まれて，土地の価格が当該農地を利用して得られる平均純収益を資本還元した額を相当程度上回っている場合に，この農地の価格には，農業補償の全部または一部が含まれていると考えるべきかどうかという問題がある（小澤・収用法下289～290頁参照）．損失補償基準要綱37条（農業補償の特例）は，この点について，「前3条の場合において，現に宅地化が予想される農地等に関して農業補償に相当するものの全部又は一部の額が土地等の正常な取引価格に含まれていると認められるときは，前3条の規定にかかわらず，当該額を前3条に規定する額から控除した額をもって補償するものとする．」と規定している．細目政令23条（農業に関する補償の特例）と用対

連基準49条（農業補償の特例）も，同趣旨である．

　損失補償基準要綱解説は，「農地の価格が，当該農地を利用して得られる収益を資本還元した額を上回っている場合においては，農業補償に相当するもののほぼ全部が当該農地価格に含まれているともいえるので，このことが認められる場合には農業補償を行う必要はないと考える．農業補償に相当するものの一部が当該農地価格に含まれていると認められる場合には，その上回っている程度に応じて前3条の規定により算定した農業補償金額を減価すべきものと考える」と説いている（166頁）．

　(2)　**判例の動向**　　裁判例としては，鹿児島地判昭和47・6・4（判例集不登載．損失補償基準要綱解説167頁参照）がある．同判決は，収用土地（畑）は宅地としての価格をもって裁定されたもので，農地としての価格より20万円以上高く，これにいわゆる農地補償の趣旨を含めてあったこと，しかも，それは，経営規模縮小による補償額の算定より遥かに高額となっていることが認められるので，改めて，その補償の要がないというべきである，と判示している．

2　営業上の損失の補償

1　概　説

　(1)　**意義**　　公共事業の施行のための土地の収用・使用に伴い，被収用者に「営業上の損失」が生ずることがある．これに対する補償が営業上の損失の補償である．一般に，「営業補償」と呼ばれている（損失補償基準要綱第4章第3節参照）．営業上の損失は，収用地・使用地上の建物その他の工作物が営業の用に供されている場合に，その工作物の移転に伴って生ずる．営業補償には，①営業廃止の補償，②営業休止の補償，③営業規模縮小の補償の3種類がある（細目政令20条〜22条，損失補償基準要綱31条〜33条参照）．これらのうちで最も一般的であり，事例が多いのは，営業休止の補償である（営業補償については，全国建設研修センター・用地取得と補償389頁以下，公共用地補償研究会編著『明解営業補償の理論と実務』4頁以下（ぎょうせい，2014年）等参照）．

　(2)　**無許可営業**　　無許可営業（違法営業）についても営業補償を要するか否かという問題がある．文献の中には，学説を，①補償不要説，②具体的考察説（一律に論じることはできず，事実経過，違法性の種類や軽重，信義則などを考慮し，事案ごとに柔軟に解釈すべきであるとする考え方），③補償必要説，の三つの考え方に分類するもの（畠山武道「判解」街づくり・国づくり判例百選160頁（1989

年))がある.

この点に関する著明な事例としては,収用地上でお好焼き等の販売をしていたが,無許可であったため,許可を受けるべく改造等について努力したにもかかわらず,被告の収用担当職員から「改造してはならない」といわれたので,やむをえずそのまま営業を続けていたところ,収用委員会が無許可営業を理由に営業補償の一部しか認めなかったので増額請求したというものがある.大阪地判昭和46・6・24（行集22巻8=9号1244頁）は,被告の「お好焼き等の販売については,全く無許可であり,違法な営業であるから収用による損失補償の対象となる権利ではない」との主張に対して,「仮にもし本件収用が予定されていなかったら,原告としては本件建物を改造して,保健所長の許可を受け営業したであろうことが推認されるから,土地収用に伴う損失補償制度に照らし,被告のこの点の主張は採用し得ない」と判示している.

この事例はやや特殊なものであるが,そのほか,このような特殊な事情のない純然たる無許可営業の場合にも補償を要するかという問題もある.これについては,無許可物件または不法占拠物件に対しても移転料が補償されるべきであるとの考え方（77条の注解（前述287頁）参照）からすれば,原則として,積極的に解すべきこととなるが,社会的にその存在をおよそ肯認できないような業態は補償対象たりえないと解されている（河上正二「民法から見た土地収用と補償」広中俊雄先生古稀記念『民事法秩序の生成と展開』529頁（創文社,1996年),小澤・収用法下295頁参照.なお,兼子仁「判批」自治研究48巻10号175頁（1972年),安本典夫「法令への不適合と買収補償」小高編・理論と実際163頁,畠山・前掲160頁参照).

2 営業廃止の補償

(1) **意義** 営業廃止の補償は,土地等の収用・使用に伴い通常営業の継続が不能となると認められるときに行われる（細目政令20条,損失補償基準要綱31条,用対連基準43条参照).営業の継続が不能となる場合の例としては,一般に,①従来の営業場所から移転することにより営業自体を営むことができなくなる場合（例えば,法令上一定の要件の下でのみ許可される営業が,移転に伴いその要件を充たすことができなくなるような場合),②営業はできるがそれを継続していくことが著しく困難になる場合（例えば,土地と密着した「のれん」を有する営業で,他の土地へ移転することによりその「のれん」によって営業することが全く意味をなくするような場合),などが挙げられている（小高・収用法462頁

参照).損失補償基準要綱31条の趣旨については,「本条は,土地等を取得され,又は使用される者が従来の営業を継続していくことが通常客観的にみて不可能であると認められる場合,換言すれば,移転することにより従来の営業を廃止せざるを得ない場合の補償の対象及び補償額の算定基準について規定したものである」と説明されている(損失補償基準要綱解説151頁).

(2) **補償の要件**　具体的な補償要件については,用対連基準細則第26が参考となる.その1項は,「通常営業の継続が不能となると認められるときとは,営業所,店舗等が次の各号のいずれかに該当し,かつ,個別的な事情を調査の上,社会通念上当該営業所,店舗等の妥当な移転先がないと認められるときとする.」と規定している.各号をみると,①法令等により営業場所が限定され,または制限される業種に係る営業所等,②特定地に密着した有名店,③公有水面の占有を必要とする業種その他の物理的条件により営業場所が限定される業種に係る営業所等,④騒音,振動,臭気等を伴う業種その他の社会的条件により営業場所が限定される業種に係る営業所等,⑤生活共同体を営業基盤とする店舗等であって,当該生活共同体の外に移転することにより顧客の確保が特に困難になると認められるもの,となっている.

(3) **補償の内容**　補償の内容は,細目政令20条によれば,①独立した資産として取引される慣習のある営業の権利等の正常な取引価格,②機械器具・商品等の売却損その他資産に関して通常生ずる損失額,③従業員の解雇予告手当相当額,転業が相当であり,かつ,従業員を継続して雇用する必要があると認められる場合における転業に通常必要とする期間中の休業手当相当額その他労働に関して通常生ずる損失額,④転業に通常必要とする期間中の従前の収益(個人営業の場合は従前の所得)相当額,である.そのほか,損失補償基準要綱31条2項は,⑤解雇する従業員の離職者補償を定めている(用対連基準43条2項も同趣旨).

①については,「のれん」に対する補償が問題となる.「のれん」とは,土地や建物等の営業用資産とは独立に財産的価値の評価ができ,取引の対象となるものを指している(損失補償基準要綱解説151頁参照).

3　営業休止の補償

(1) **意義**　営業休止の補償は,土地等の収用・使用に伴い,営業の全部または一部を通常一時休止する必要があると認められるときに行われる(細目政令21条,損失補償基準要綱32条,用対連基準44条参照).前述のように,営業補

償の中では,最も一般的なものである.

(2) **補償の内容** 補償の内容は,細目政令21条1項によれば,①休業を通常必要とする期間中の営業用資産に対する公租公課その他の当該期間中においても発生する固定的な経費,従業員に対する休業手当相当額,②休業を通常必要とする期間中の収益の減少額,③休業することにより,または営業を行う場所を変更することにより,一時的に顧客を喪失することによって通常生ずる損失額(②に掲げるものを除く),④営業を行う場所の移転に伴い,輸送の際における商品・仕掛品等の減損,移転広告費その他移転に伴い通常生ずる損失額,である.

また,同条2項によれば,営業を休止することなく仮営業所において営業を継続することが通常必要かつ相当であると認められる場合の補償内容は,①仮営業所を新たに確保し,かつ,使用するのに通常要する費用,②仮営業所における営業であることにより生ずる収益の減少額,③営業を行う場所を変更することにより,一時的に顧客を喪失することによって通常生ずる損失額(②に掲げるものを除く),④移転に伴う輸送の際における商品・仕掛品等の減損,移転広告費その他移転に伴い通常生ずる損失額,である.通常休業を必要とする期間は,用対連基準細則第27第1項(一)では,準備期間等を考慮して「2か月の範囲内で相当と認める期間」とされている.

(3) **判例の動向** 通常休業を必要とする期間については,秋田地判昭和49・4・15(判時1012号62頁),その控訴審の仙台高秋田支判昭和53・2・27(判時1012号68頁)は2か月,福岡地判平成8・12・17(判例集不登載),その控訴審の福岡高判平成9・12・11(判例集不登載)は0.5か月,大阪地判昭和46・6・24(行集22巻8=9号1244頁)は2か月,前掲大阪地判平成4・6・26は2か月としている.

固定的経費等については,前掲大阪地判平成4・6・26は,工場の操業停止期間中の固定経費として,工場の減価償却費その他の製造経費,研究費,販売費,一般管理費を補償すべきであると判示したが,その控訴審の前掲大阪高判平成6・11・29は,これらは補償の対象とはならないと判示し,その上告審の前掲最判平成11・1・22は原審の判断を是認している.

4 営業規模縮小の補償

(1) **意義** 営業規模縮小の補償は,土地等の収用・使用に伴い,営業の規模を通常縮小しなければならないと認められるときに行われる.これは,一般

には，建物等が構内移転工法等により残地に規模を縮小して残存し，そこで営業が規模を縮小して継続される場合に，資産・労働の過剰化・遊休化により生ずる損失等を補償するものである．構外移転工法による移転が相当と認められるときは，規模縮小の補償の対象とはならず，休止または廃止の補償の対象となる（小澤・収用法下 302 頁参照）．

(2) **補償の内容** 補償の内容は，細目政令 22 条，損失補償基準要綱 33 条によれば，①規模が縮小されることによって不要となる固定資産の売却損，解雇予告手当相当額その他資本および労働の過剰遊休化により通常生ずる損失額，②経営効率が客観的に低下すると認められるときは，これにより通常生ずる損失額，③解雇する従業員に対する離職者補償，である．

③ 漁業経営上の損失の補償

公共事業の施行により，漁場における漁業権等の消滅または制限が行われることがある．この場合には，漁業経営上に生ずる損失の補償が必要となり，一般に「漁業補償」と呼ばれている．これには，農業補償や営業補償と同様に，漁業廃止の補償，漁業休止の補償，漁業の経営規模縮小の補償の 3 種類がある．細目政令 20 条～22 条は，「営業」の中に農業と漁業を含めて規定しているが，損失補償基準要綱の第 4 章第 5 節は「漁業権等の消滅又は制限により通常生ずる損失の補償」と題して，38 条（漁業廃止の補償），39 条（漁業休止の補償），40 条（漁業の経営規模縮少の補償）の規定を置いている．補償の内容は，前記の営業補償とほぼ同じであるから，ここでは説明を省略する（さしあたり，木村実「損失補償法の個別的問題——漁業関係」国家補償法大系④ 141 頁以下，全国建設研修センター・用地取得と補償 513 頁以下，園部編・法律相談 516 頁以下〔矢野勝久執筆〕，小高・買収と補償 214 頁以下参照．なお，後述 940 頁参照）．

● 4 建物の移転による賃貸料の損失の補償

１ 趣　旨

これは，賃貸の用に供している建物を移転する場合に，移転期間中は賃貸料を得ることができないことにより建物所有者等が被る損失を補償しようとするものである．「家賃減収補償」と呼ばれている．損失補償基準要綱では独立した補償項目として定められていないが，用対連基準 33 条や「国土交通省の公共用地の取得に伴う損失補償基準」（平成 13 年 1 月 16 日国土交通省訓令）36 条

では「家賃減収補償」として，独立した補償項目として扱われている．

建物が 78 条または 79 条の規定により収用される場合には，この損失については，建物の対価補償の中に含めて補償されるので，独立した補償を考慮する必要はない．また，建物の賃貸が業として営まれているときには，この損失に対する補償については，前述の「営業補償」として扱えば足りる（小澤・収用法下 303〜304 頁参照）．

2 補償内容

補償内容については，用対連基準 33 条が参考となる．これによれば，移転期間に応ずる賃貸料相当額から当該期間中の管理費相当額および修繕費相当額を控除した額が補償される．補償期間については，用対連基準細則第 17 の 2 第 4 項は，移転工法に応じた家賃を得ることができないと認められる期間にその前後の借家人の入退去の準備に要する期間として，前後各 1 か月を加えることができるものとしている．

3 家賃欠収補償の要否

1 問題の所在 「家賃欠収補償」とは，事業が予定されることに伴い，建物賃借人が賃借している建物を明渡裁決前に立退き，建物所有者が新たな賃借人を確保することができないために生ずる家賃収入の損失に対する補償をいう．問題は，このような場合に裁決申請前または裁決前において生ずる家賃の欠収を補償すべきか否かということである（小澤・収用法下 304 頁，松下・収用の実務 248 頁以下参照）．家賃減収補償に類似しているが，明渡裁決の申請前に立ち退いている点において相違している．

2 裁決例の動向 裁決例の多くは，家賃欠収補償の否定例である（裁決例の動向については，小澤・収用法下 304 頁以下参照）．福岡県収用委員会裁決平成 10・5・29（土地収用裁決例集〔平成 10 年度版〕1077 頁）は，起業者は任意交渉の際に家賃欠収を見積もっていたが，明渡裁決申請時に借家人はいないとして見積りから除外した事案において，「明渡裁決の申立て前に借家人が立ち退いたことによる家賃の欠収については，明渡裁決にともなう損失とは認められない」と説示している．また，長野県収用委員会裁決平成 7・7・27（土地収用裁決例集〔平成 7 年度版〕507 頁）は，駐車場の賃貸借契約の解消をめぐる事案において，「当該賃貸借契約の解除は，裁決申請以前に行われたものであり，

これに伴う損失は本件土地の収用によって生じたものとは認められないので土地所有者の申立てを採用することはできない」と説示している．同趣旨のものとして，福岡県収用委員会裁決平成6・11・9（土地収用裁決例集〔平成6年度版〕1448頁），和歌山県収用委員会裁決平成14・6・28（土地収用裁決例集〔平成14年度版〕1241頁），兵庫県収用委員会裁決平成15・11・4（土地収用裁決例集〔平成15年度版〕918頁），福岡県収用委員会裁決平成17・9・27（土地収用裁決例集〔平成17年度版〕1094頁），東京都収用委員会裁決平成28・1・29（土地収用裁決例集〔平成27年度版〕263頁）等がある．

これに対して，家賃欠収補償を認めた裁決例も散見される．兵庫県収用委員会裁決平成7・5・16（土地収用裁決例集〔平成7年度版〕749頁），兵庫県収用委員会裁決平成12・3・22（土地収用裁決例集〔平成11年度版〕490頁），兵庫県収用委員会裁決平成13・4・24（土地収用裁決例集〔平成13年度版〕1130頁），大阪府収用委員会裁決平成18・4・25（土地収用裁決例集〔平成18年度版〕847頁）等である．しかし，これらは，いずれも事業認定告示時以降のものについてである．それ以前の家賃欠収の補償を認めたものは，現在のところ存在しない．

3 事例検討

(1) 事案の概要　河川改修工事の計画があり，事業認定の告示より数年も前の時点で起業者（国）が事業完成予想図のパンフレットを配布し，住民説明会を実施したために，建物（貸しビル）に入居予定であった者が賃貸借契約の締結を拒否したり，すでに入居していた者が退去したりして，得られたはずの賃貸料を得られないことにより家賃欠収の損失を被ったとして建物所有者が損失補償請求をした事案がある．

(2) 収用委員会の裁決　上記の事案において，熊本県収用委員会裁決平成20・7・30（土地収用裁決例集〔平成20年度版〕1434頁）は，「法第88条の補償の対象とさるべき損失は，『収用または使用によって生じる付随的な損失で，被収用者であれば何人でも通常の事情の下で当然に受けるであろうと考えられる客観的な経済的損失をいい，特別な事情下で生じた損失を含まない』ということができ，収用または使用と相当因果関係をもつ損失補償でなければならない．／ところで，本収用案件の争点となったパンフレット配布や住民説明会の実施は，事業認定告示前の行為であって，収用または使用のための行為でないことはもちろんのこと，その準備のための行為でもない．／したがって，テナ

ントの退去及びそれに基づく銀行借入分の遅延損害金相当額について，収用との間に因果関係はなく，法第88条に基づく通常受ける損失の補償は認められない」と説示している．

(3) **一審判決**　一審の熊本地判平成24・4・13（判例集未登載）は，「事業認定の告示と本件パンフレットの配布等とは明らかに異なるものであり，そうである以上，仮に，事業認定の告示と相当因果関係のある損失が補償の対象となるとしても，本件パンフレットの配布等と相当因果関係のある損失までが補償の対象となるとはいえない．／また，他に，公平負担の観念に照らし，本件パンフレットの配布等と相当因果関係のある損失を補償の対象とすべき事情があるともいえず，本件パンフレットの配布等と相当因果関係のある損失を補償の対象とすべきとはいえない」と判示している．

(4) **控訴審判決**　控訴審の福岡高判平成24・11・22（判例集未登載）は，原審判決を是認しており，ほぼ同趣旨である．控訴審判決は，「〔本件パンフレットは〕改修工事の時期が一定の幅のあるものとして表示されているものと見るほかなく，改修工事の計画としてもいまだ確定的なものでない段階のものであると見ざるを得ない．……本件パンフレットと事業の認定の告示とでは，周知される改修工事の内容の確定の程度が全く異なるものであるし，これに付与される法的な効果も全く異なるものであって，伝播性ないし周知性の程度のみを取り上げてこれらを同一視することはできない」とした上で，次のように判示している．すなわち，「法88条にいう『土地所有者又は関係人が通常受ける損失』とは，客観的社会的に見て収用に基づき被収用者が当然に受けるであろうと考えられる経済的・財政的な損失をいうと解するのが相当であり，土地の収用と損失の発生との間に相当因果関係が認められなければならない．／そして，明渡裁決の時点で現に借家人がいないのであれば，賃料収入の喪失は収用自体を原因とするものではないと解することができるものの，事業認定の告示があると，起業地内の建物はいずれ移転を余儀なくされることがほぼ確定することになり，当該建物の借家人の立退きという事情が発生することは当然に予想されるから，これを実質的に見れば，この損失も収用と相当因果関係があると解する余地もある．しかし，そのように解したとしても，事業認定の告示に先立つ本件パンフレットの配布は，事業認定の告示とは質的に異なるものであって，これによって本件建物が撤去されることがほぼ確定したとまではいえないものであるから，仮にこれによって当該建物の借家人が立ち退いたとしても，

収用と相当因果関係があるものと認めることはできない.」

(5) 一審判決・控訴審判決の検討

(i) パンフレット配布一般と「本件パンフレット配布等」の区別　一審判決も控訴審判決も,「事業認定の告示は,事実行為に過ぎない本件パンフレットの配布等とは,性質的に明らかに異なるものといえる」ということを基軸として,本件パンフレットの配布等による損失について補償は不要である,と判示している.しかし,原告らも,パンフレットの配布等と事業認定が性質上同一であると主張しているわけではない.本件パンフレットの配布等が事実行為にすぎないのは,当然のことである.原告らが主張しているのは,本件パンフレットの配布等は,事実上,事業認定と同様の効果を有しており,実質的には事業認定に類似する影響力を有していたということである.

(ii) 事業計画一般の変更と「本件事業計画の変更」の区別　一審判決は,本件パンフレットの配布等により本件改修工事の内容が一般市民に周知されることにより,その是非について議論が生じ,その結果,本件事業の内容が変更されることも十分に考えられたと述べているが,本件事業に関する限り,すでに一般市民の意見は白川河川懇談会や河川整備検討委員会等においてほぼ集約されている.行政計画に変更は付き物であるとはいえ,すべてを十把一絡げにして論ずるというのでは,理論の精緻性に疑問が生ずることは避けられないであろう.

行政法学においては,「行政計画の変更と損失補償の要否」というテーマで論じられることが少なくない.行政計画はあくまで計画であって,その後の事情の変化等により計画が変更されることが少なくないが,その場合に計画を信頼して行動した者が被った損失が補償されるべきか否かという問題である(西埜・国賠法コメ454頁以下参照).しかし,本件事業計画でみる限り,計画の変更の可能性は,細部についてはともかく(例えば,景観や緑の保全等),その基本的部分についてはほとんど考えられないものであり,実質的には事業認定と同様な効果を有するものである.一審判決・控訴審判決の判断は,極めて形式的・表面的であり,実態・実質を軽視したものというべきである.そして,本件事業計画のこのような実態・実質を軽視した判断に基づいて,事業認定の告示と本件パンフレットの配布等の差異を過度に強調することにより,補償不要という誤った結論を導くことになったのである.

(iii) 法88条の解釈論　一審判決も控訴審判決も,家賃欠収は収用自体を

原因とするものではないとしながらも，事業認定の告示による損失も収用と相当因果関係があると解する余地がある，と説示している．これは，これまでの判例・裁決例が，明渡裁決の時点で現に借家人がいないのであれば，賃貸料収入の喪失は収用自体を原因とするものではないとしてきたこと（判例・裁決例の動向については，小澤・収用法下304頁以下参照）と対比すれば，一歩前進したものと評価することができる．

　文献においては，従来の判例・裁決例の動向を批判して，「しかし，この見方は，あまりにも形式的で厳格にすぎると思われる．事業認定の告示があると，起業地内の建物はいずれ移転を余儀なくされることが確定するから，借家人の立退き，新規入居者の確保困難という事情が発生することは当然予想される．社会通念からするならば，補償額の算定に当たって，少なくとも右の告示後におけるこうした事情は考慮すべきものであろう．事業認定の告示⇒裁決申請⇒権利取得裁決，あるいは，明渡裁決の申立て⇒明渡裁決と，収用手続が進行するにつれ，右の事情を考慮すべき度合が高まって行くと思われる．この損失は，事業損失類似の損失とみることができ，公平負担の見地からするならば，収用と因果関係があると客観的に認められる範囲において，補償されるべきものではなかろうか．そうしなければ，一般に，右のような場合，不法行為は成立せず，建物所有者は，損害賠償請求等の民事上の手段をとることは難しいから，救済されないことになる」との見解（小澤・収用法下305頁）が説かれていたところであり，前掲の両判決は，この見解に近いものである．

　しかし，上記の学説も，「熊本県収委平成20・7・30裁決は，事業認定の告示より数年も前の時点から起業者が事業完成予想図のパンフレットの配布や住民説明会を実施したためにテナントが退去したことによる家賃欠収と収用との因果関係を否認した」と説明している（小澤・収用法下306頁）．これは，本件を単に事例紹介しただけなのか，あるいは，それを超えて，熊本県収用委員会裁決を是認したものなのか，必ずしも判然としないが，おそらく後者ではないかと推認される．事業認定の告示の前に発生した損失までを88条に取り込もうとするものではないであろう．別の文献においても，「収用・使用の裁決前に発生している損失であっても，場合によっては，公平の原則という視点から，収用・使用に起因する損失であると認められるべき場合がありうる」と説くもの（竹村・収用法と補償570頁）があるが，この見解とても，事業認定の告示の前の損失までをも視野に入れたものではないように思われる．

本条は,「収用又は使用」によって「通常受ける損失の補償」を規定している。法文を形式的に読めば,「収用又は使用」とは,事業認定の告示に始まり明渡裁決によって終了する一連の行為を意味し,この収用または使用によって生じた通損のみが補償の対象となるのであり,本件パンフレットの配布等による損失は対象外になりそうである。しかし,前述のように,本件パンフレットの配布等は,実質的には事業認定の告示と同様の事実上の効果を有していたのであるから,88条を類推適用してもよい事例ではないかと思われる。

本件のような事案は,これまでにほとんど生じなかったものであり,文献においてもほとんど取り上げられていないものである。本条の立案者も,おそらく考慮しなかった事案ではないかと思われる。それ故,88条の解釈に際しては,「個々のケースごとに,公平負担の見地に立って,社会通念により判断すべきである」(小澤・収用法下306頁)ということになる。また,「公共用地の取得にあたっては,正当な補償を要する(憲法29条3項)ことが大前提であり,そのために法の定めがある。『収用に因る損失』を考えるに当たり常に念頭に置かれねばならないことは,この正当な補償とは何かという点である。公共用地の取得に当たっては,起業者は収用権を有するということを背景としており,土地所有者には事実上拒否の自由がないことの反面において,土地に対する対価補償のほか付帯的損失が補償されるということに留意しなければならない」との見解(松下・収用の実務260頁)もある。公負担平等の原則や正当な補償,完全な補償の見地からすれば,無補償での放置は許されず,同条の類推適用が肯定されるべきであろう。

● 5　その他の通損の補償

1　その他の通損の補償の類型

その他の通損の補償としては,動産移転料,仮住居等の使用に要する費用,借家人の受ける損失,改葬,移転雑費,立毛,特産物等の損失の補償がある。用対連基準31条以下,同基準細則第16以下に詳細な規定が置かれている。

これらのうち重要なのは,動産移転料補償,仮住居等の使用に関する費用の補償,借家人の受ける損失の補償である。以下,この三つを取り上げて考察する。

第 2 章　土地収用法関係

2　動産移転料補償

　移転補償の対象となる動産には，屋内動産とその他の一般の動産とがある．この点については，損失補償基準要綱や用対連基準の規定が参考となる．

　損失補償基準要綱 27 条は，「土地等の取得又は土地等の使用に伴い移転する動産に対する補償については，第 24 条第 1 項前段に規定する建物等の移転に係る補償の例による．」と規定している．また，用対連基準 31 条にも，同趣旨の規定が置かれており，同基準細則第 16 は，それを踏まえた上で，屋内動産とその他の一般動産に分けて，詳細に規定している．それによれば，屋内動産としては居住用家財，店頭商品，事務用什器等があり，これらの移転費は，建物の占有面積およびその収容状況を調査し，地域における標準的な一般貨物自動車の運賃により算定される（1 項）．一般動産としては木材，薪炭，石炭，砂利，庭石，鉄鋼，据付けをしていない機械器具等があり，これらの移転費は，品目，形状，寸法，容量，重量等を調査し，前項の例により算定される（2 項）．いずれの場合も，その実情に応じて，梱包費，積上げ・積卸し人夫賃等の特殊経費を加算することができる（3 項）．

3　仮住居等の使用に関する費用の補償

　細目政令 24 条は，「土地等の収用又は使用に係る土地にある建物に現に居住する者がある場合において，その者が仮住居を必要とするものと認められるときは，仮住居を新たに確保し，かつ，使用するのに通常要する費用を補償するものとする．」と規定している．また，損失補償基準要綱 28 条にも，同趣旨の規定が置かれている．

　「現に居住する者」とあるから，建物に現に居住していない者は，この補償請求権を有しない．これらの規定は，建物所有者が居住する建物を残地に移転する場合に適用するのが一般的であり，借家人が居住者である場合は，次の「借家人の受ける損失に対する補償」の問題となる（損失補償基準要綱解説 127～128 頁参照）．

　仮住居に要する費用は，仮住居建物の権利金等の一時金相当額と仮住居期間中の賃借料相当額の合計額である（損失補償基準要綱解説 128 頁参照）．このほか，用対連基準 32 条 2 項は，「土地等の取得又は使用に伴い移転する動産を他に一時保管する必要があると認められるときは，その保管に通常要する費用を補償するものとする．」と規定している（なお，用対連基準細則第 17 参照）．

4 借家人の受ける損失に対する補償

細目政令25条は,「土地等の収用又は使用に係る土地にある建物の全部又は一部を現に賃借する者がいる場合において,賃借の継続が通常不能となるものと認めるときは,次に掲げる額を補償するものとする.」と規定し,その1号は,「新たに従前の賃借の目的物に照応する物件を賃借するための契約を締結するのに通常要する費用」を,2号は,「前号の物件における居住又は営業を安定させるために通常必要と認められる期間中の当該物件の通常の賃借料のうち従前の賃借の目的物の賃借料の額を超える部分の額」を掲げている.損失補償基準要綱28条の2,用対連基準34条にも,同趣旨の規定が置かれている(なお,用対連基準細則第18参照).

賃借の継続が可能であると認められる場合は,この補償ではなくて,前記の仮住居に要する費用の補償がなされる.例えば,曳家による移転の場合は,従前の建物と移転後の建物とは同一性が保たれているため,借家契約は維持されることになる(損失補償基準要綱解説129頁参照).

●6 精神的損失補償

1 概 説

精神的損失補償とは,土地収用や任意買収に伴う精神的損失に対する補償をいう.精神的損失補償については,すでに「総論」の第5章「損失補償の内容」の第6節「精神的損失補償」において詳論した(前述126頁以下).そこでは,精神的損失補償の概念,その要否,その法的根拠,その補償額算定等に分けて考察した.ただ,そこでの考察は,一般的なものであったから,ここでは改めて,本法88条の規定に即して,同条の通損補償の対象となりうるか否かについて検討する.その際に参照する文献は,土地収用法の注釈書等を中心とする.判例・裁決例については,「総論」で紹介したものと重なるので,できる限り簡略な叙述にとどめることにしたい.

2 学説の動向

1 **高田説** 土地収用法の注釈書における説明を発行年順にみることにする(ただし,小澤・収用法は第3次改訂版を引用する).まず,高田=国宗・収用法262頁は,「精神上の適用については,本条の適用は消極./精神上の損失がそれにとどまらず,通常の場合財産上の出損を伴うとき,即ち無形の損失が

有形の損失になるときは積極．これ財産上の損失の一種である」と説いている．次に，高田・収用法362〜364頁は，より詳細に，次のように説いている．すなわち，①本法による補償の規定に照らしていえば，やはりここにいう88条の規定する「通常受ける損失」に該当するや否やに帰着する．②およそ社会生活は，なんらかの形で社会の構成員相互の協力がなければ，その円満な成立は不可能といわねばならない．したがって構成員は，相互に協力する道義的義務があり，その限りにおいて，それぞれ若干の犠牲を甘受せざるをえないが，その犠牲が不公平な場合には，これに対して公平の原則上適切な措置をとる必要がある．③しかし，あらゆる種類の犠牲を全部事細かに計算して，犠牲や負担の分担を全く平等にすることは，事実上不可能の場合が多いから，ごく軽微で一般的な負担については，構成員に対し社会的受忍義務なる観念を認め，それに属するものは，補償を要しないものと一般に解されている．④この考え方からすれば，単なる精神的苦痛の如きは，一般には，この社会的受忍義務に属する場合に当たり，補償を要しないとする通説の考え方は，一応理由のあるものと考えられ，この意味において，精神的損害は，原則として，補償を否定すべき場合が多い．⑤ただ，精神的苦痛がひいて病気その他の肉体的障害を伴い，財産上の実害を生ずるに至る場合は，これを補償すべきである．⑥先祖伝来の土地を去ることによって，先祖の祭をする等の出費を伴う如きもまた，財産上の出費としてこれを補償すべきであろう．

 2 小高説 小高・収用法458頁は，「通常受ける損失」の意味を解説する箇所において，「財産上の損失を意味し，原則として，精神上の損失を包含しない（徳島地判昭31・5・2行裁例集7巻11号2830頁，東京控判昭9・9・26新聞3779号13頁）」とした上で，「一般的には，財産権が侵害された場合にはそれによって多少の精神的苦痛を被ることがあっても，財産の損失が回復されれば，それをもって精神的苦痛も回復されたものとみるべきであるとされており（東京高判昭41・12・22時報474号20頁），その意味において精神的苦痛は社会的受忍義務に属し通常受ける損失に当たらないと考えられている（高田・新訂収用法363頁・364頁，実務研究会・収用と補償173頁，山田＝下出＝園部・法律相談427頁，鈴木＝高原・50講151頁）」と説いている．

 3 小澤説 小澤・収用法下318頁〜327頁は，公共用地審議会の答申・閣議了解・損失補償基準要綱・細目政令等の補償実務，判例・裁決例，学説を詳細に点検しながら，概略次のように説いている．①確かに，審議会答申前に

おいては、謝金や協力金等の名目で明確な算定根拠のないままの「把み金」としてこれが支払われる例が少なくなく、また、その額も起業者ごと、事業ごとでバラバラであったようであるから、答申のいうように、補償基準を明確化し、明朗化する必要はあった。②しかし、このことと、そもそも精神的損失に対する補償は一切必要としないとしてよいかどうかということとは全く別の問題である。③民法不法行為法の多数説・判例に従えば、祖先伝来の土地等特別の事情のある土地（主観的・感情的価値を有する土地）を違法な強制執行・違法な農地買収・詐欺等により所有権を喪失せしめられたり、あるいは、これを毀損・毀滅せしめられた場合には、精神上の損害の発生が認定され、これを填補するための慰謝料の請求が認められる余地がありうる。④そうだとすると、これと同じ特別の事情のある土地が収用されたときには、およそ精神的損害（損失）が全然発生しないとすることはできない。⑤財産的損失に対する補償を十分に行えば、それで損失の補償が完全に行われたということには必ずしもならない。⑥勿論、不法行為による場合と収用による場合では、侵害行為の違法、適法の差はあるが、特殊事情にある土地を喪失すること自体により生ずる精神的損害・損失に差はないはずである。⑦このように考えると、財産的損失に対する補償を行えば、それで損失の補償が完全に行われたとすることには必ずしもならない。⑧元来、損失補償というものは、被収用者が受けた特別の犠牲を公平負担の見地から填補しようとするものであり、そこからは、財産上の犠牲は填補するが、精神上の犠牲は填補しないという論を導き出すことはできないはずである。

小澤・収用法下は、上記のように述べた上で、次のように総括している（326～327頁）。「以上のように検討してくると、収用の場合にも、不法行為の場合の財産侵害による慰謝料の請求についての民法上の原則と並行的に考えるべきであって、収用の場合にも、原則として、財産的損失が補填されれば、これにより精神的損失も補填されるというべく、一般的には精神的損失に対する補償は必要としないといってよいのであるが、およそ精神的損失に対する補償は一切不要であるとまでする考え方はとれないのであり、特殊の場合には、例外的にこれを認むべき余地があるとしなければならない。いかなる場合にこれを認むべきかは、判例や裁決例の集積に待つほかないが、一応、被収用者の収用地に対して有する主観的・感情的価値が著しく高く、そのような価値感情を有することが社会的・客観的にみて肯定し、共感しうる場合がこれに当たると

4 竹村説 竹村・収用法と補償576頁は, 実務の推移を時間的経過をたどって説明した上で, 次のように説いている.「先に掲げた流れのなかの㋒〔公共用地審議会答申, 筆者注〕で, 精神的苦痛は『社会生活上受忍すべきものであって, 通常生ずる損失とは認めることができない』とする考え方には, 疑問なしとしない. 土地の収用・使用が公共事業のためとはいえ, 起業者の一方的な都合によるものであり, かつ, 被収用者が収用手続にやむを得ず引き込まれる側面に着目すると, それらに起因する精神的苦痛を社会生活上受忍すべきであるとし, そこに『通常生ずる損失』を認定し得ないとすることに対しては, 不法行為を原因とする慰謝料 (民法709条, 710条) の支払の場合に比較しても, 全く問題がないわけではないと考えられる. ／他方, 本条の規定に従えば, 確かに財産上の損失に係る文言のみが見受けられるが,『その他土地を収用し, 又は使用することに因つて土地所有者又は関係人が通常受ける損失』のなかに, 精神的苦痛に対する損失を読み込むことが全く不可能であるというわけではない. このように, 曖昧な解釈がなされる余地を残さないため, さらには, 精神的苦痛に対する損失補償を認めようとするには, 立法上で手当をする必要がある.」

③ 判例・裁決例の動向

1 判例の動向 先祖伝来の土地を失うことの精神的苦痛については, 高松高判昭和30・11・9 (行集6巻11号2519頁), 徳島地判昭和31・5・2 (行集7巻11号2830頁) がある. また, 転居による精神的苦痛については, 東京地判昭和58・3・28 (行集34巻3号543頁) がある. これらは, いずれも精神的損失補償の否定例である.

これに対して, 転居による精神的苦痛について, 代執行手続執行停止決定事件においてではあるが, 東京地決平成15・10・3 (判時1835号34頁) は, 精神的損失補償についての積極説に立脚し,「単なる財産的損害にすぎないとする相手方知事の主張は失当である」とした上で, 代執行により行訴法25条2項にいう回復困難な損害が生ずると認められる, と判示している. しかし, その抗告審においては, 一転して, 東京高決平成15・12・25 (訟月50巻8号2447頁) は, その精神的・肉体的負担も土地建物に対する金銭賠償により十分に塡補することができるとして,「本件明渡裁決の執行により相手方らが被る損害

は，その執行を停止することによる公共の福祉に対する影響の程度と衡量しても回復困難なものであるとは認められないから，本件明渡裁決の執行を停止することは相当でない」と判示している（最決平成16・3・16判例集不登載は，原審の判断を是認．前述129頁以下参照）．

2 裁決例の動向　精神的損失補償についての裁決例は少なくないが，いずれもこれを否定している．裁決例については，「総論」の第5章第6節において紹介した（前述133頁参照）が，そこで紹介したものは，大阪府収用委員会裁決昭和44・6・3（土地収用裁決例集〔昭和44年度版〕32頁），愛知県収用委員会裁決昭和45・12・21（土地収用裁決例集〔昭和45年度版〕593頁），大阪府収用委員会裁決昭和51・11・9（大阪府収用委員会・土地収用項目別裁決例集〔昭和48～59年度〕119頁），宮城県収用委員会裁決昭和60・6・17（土地収用裁決例集〔昭和60年度版〕79頁），愛知県収用委員会裁決昭和61・3・5（土地収用裁決例集〔昭和60年度版〕774頁），東京都収用委員会裁決昭和62・3・31（土地収用裁決例集〔昭和61年度版〕190頁）である．

　最近の裁決例としては，次のようなものがある（小澤・収用法下322頁参照）．起業者との折衝や起業者の行った工事での騒音，振動によって被った精神的損害についての補償の要求が否定された事例（東京都収用委員会裁決平成14・11・14土地収用裁決例集〔平成14年度版〕460頁），住居移転に伴い地域社会における人間関係の絆が喪失し，生活権の大半が失われたことにより精神的損失を被ったことに対する補償が否定された事例（愛知県収用委員会裁決平成15・8・6土地収用裁決例集〔平成15年度版〕687頁），書類の提出強要，夜間の折衝，管理組合の理事長とのやりとり等の用地交渉における精神的苦痛の補償が否定された事例（東京都収用委員会裁決平成16・12・16土地収用裁決例集〔平成16年度版〕239頁），収用手続における時間的・経済的・精神的損失の補償が否定された事例（京都府収用委員会裁決平成18・5・22土地収用裁決例集〔平成18年度版〕778頁），長年営業を行ってきた場所を離れる精神的苦痛に対する補償が否定された事例（大阪府収用委員会裁決平成19・1・16土地収用裁決例集〔平成18年度版〕939頁）等がある．これらはいずれも，「精神的損失に対する補償は，88条に規定する収用によって通常受ける損失に該当するものとは認められない」と説示している．

4 学説・判例等の検討

1 学説について　学説は，消極説（否定説）と積極説（肯定説）に大別される．しかし，消極説といえども，必ずしも精神的損失補償を全面的に否定するというわけではない．消極説を代表する高田説は，通説である消極説を一応是認した上で，「精神的損害は，原則として，補償を否定すべき場合が多い．ただ，精神的苦痛がひいて病気その他の肉体的障害を伴い，財産上の実害を生ずるに至るものなるときは，これを補償すべきである」と説いている．「財産上の実害を生ずるに至る」場合に限定してはいるが，例外的に精神的損失補償が認められる余地を残しているものといえそうである．また，小高説は，「精神的苦痛は社会的受忍義務に属し通常受ける損失に当たらないと考えられている」と説いて，前掲東京高判昭和41・12・22や高田・収用法363～364頁等を引用している．これは，消極説に立つ判例・学説を紹介しているだけで，小高説の真意自体は必ずしも明確にされているわけではない．

小澤説は，判例・学説を検討した上で，「原則として，財産的損失が補塡されれば，これにより精神的損失も補塡されるというべく，一般的には精神的損失に対する補償は必要としないといってよい」としながらも，「およそ精神的損失に対する補償は一切不要であるとまでする考え方はとれないのであり，特殊の場合には，例外的にこれを認むべき余地があるとしなければならない」と説いている．この説もまた，消極説に分類すべきか積極説に分類すべきか，迷うところであろう．

竹村説は，本条の通損の中に「精神的苦痛に対する損失を読み込むことが全く不可能であるというわけではない」としながらも，「このように，曖昧な解釈がなされる余地を残さないため，さらには，精神的苦痛に対する損失補償を認めようとするには，立法上で手当をする必要がある」と説いている．この説は，「全く不可能であるというわけではない」と説いて，積極説に親和的であるが，立法論の問題にしているようにも読み取れる．

このように，本条に関する解釈論としては，上記の注釈書でみる限り，全面的な否定説は見当たらないが，逆に，全面的な肯定説も見当たらない．学説を消極説・積極説（否定説・肯定説）の対立構造として把握するのは，不正確ということになる．ただ，おおよその傾向を示すものとして捉えることは可能であり，時代とともに消極説から積極説への学説の変遷を認めることができる．この傾向は，精神的損失補償に関する文献や行政法の教科書・体系書における

傾向と軌を一にするものである（前述127頁以下参照）.

　筆者は，以前に，本条（88条）該当性について，「同条は，『通常受ける損失』の補償を定めた規定である．通常受ける損失の中に精神的損失も含まれると解釈すれば，これが法律上の根拠となり得ることは明らかであろう．しかし，このためには，『損失』と『通常受ける』という二つの要件が充足されなければならない」とした上で，これらの要件について順次検討し，「このように考えてくると，財産的損失だけではなくて精神的損失の補償についても，土地収用法88条を法律上の根拠とすることは，解釈論的に不可能であるとはいえないであろう．このような解釈は，あるいは立法者意思に反するかもしれないが，同条が明文で精神的損失の補償を否定しておらず，また，補償を認めるべき合理的理由が存在する今日においては，解釈論としては，むしろ従来の考え方を維持することの方が難しいように思われる」と述べたことがある（西埜・損失補償262頁以下）．現在においても，この私見に変わりはない.

2　判例・裁決例について

(1)　**判例について**　　判例は，損失補償請求事件に関する最近のものは見当たらないが，圏央道あきる野ＩＣ代執行手続執行停止決定事件の前掲一審決定と控訴審決定が注目される．一審決定は積極説に近い立場，控訴審決定は消極説に近い立場に立って判示したものである．損失補償請求事件におけるものでないとはいえ，その争点についての実質的判断は，精神的損失補償請求事件におけるものとほぼ同じである．一審決定が「精神的損失の独自性」を肯定したのに対して，控訴審決定はこれを否定したものである．依然として，消極説優勢の傾向が認められる.

(2)　**裁決例について**　　裁決例は，最近のものも，依然として消極説に立脚している．しかし，その理由づけは，必ずしも詳細とはいえない．事案の解決に関する限り妥当なものもないわけではないが，概していえば，従来の判例・裁決例における本条の解釈論に囚われたものであり，そこから一歩も出ていないように見受けられる.

5　文化財的価値喪失の補償

1　概説
精神的損失補償の付論として，文化財的価値喪失に対する補償の要否について考察しておこう．文化財的価値喪失も，広義では精神的損失として捉えることができるからである（ただし，小澤・収用法下317頁は，「その

他」の損失の項目の下で説明しており,「精神的損失」と区別している).

これまで判例・学説上で論議されてきたのは,輪中堤訴訟をめぐってである.この問題点については,すでに「総論」第5章「損失補償の内容」の第6節において簡単に考察したところである（前述131頁）が,ここではより詳細に検討することにする.ただ,輪中堤訴訟以前に発刊された土地収用法の注釈書がこれに触れていないのは当然のことであるから,ここで取り上げる文献は前掲の注釈書に限定せず,他の著者の著書・論稿等をも参照することにする.

2 輪中堤訴訟の概要　本件の福原輪中堤は,木曽・長良・揖斐3河川の中下流域に築造された輪中堤の一つである.徳川時代初期に原告の祖先が私費を投じて造成し,その後維持・管理しながら代々所有してきたものである.旧河川法（明治29年）の施行に伴い,本件輪中堤は堤防敷に認定され,次いで河川附属物に認定されて無補償で私権が消滅したが,原告は,占用許可を受けて,引き続き占用してきた.ところが,長良川改修工事の必要から,昭和40年5月24日,建設省中部地方建設局長は,現行河川法75条2項4号に基づき同月31日限りで占用許可を取り消した.そこで,原告は,同年6月1日,専用許可の取消しに伴う損失補償について同局長と協議したが,不成立に終わったので,同月14日,愛知県収用委員会に損失補償の裁決の申請をした.本件訴訟は,原告が,この裁決による損失補償額を不服として,国を被告にして補償金の増額を請求したものである.

本件における主たる争点は,本件堤防の文化財的価値に対して損失補償が必要であるか否かである.一審の名古屋地判昭和53・4・28（行集29巻4号889頁）は消極に解したが,控訴審の名古屋高判昭和58・4・27（行集34巻4号660頁）は積極に解し,本件輪中堤の文化財的価値の損失は収用法88条の「通常受ける損失」に該当するとして,その補償額は本件堤防の所有権相当額の1割が相当であるとした.これに対して双方から上告がなされたが,上告審の前掲最判昭和63・1・21は,先にも紹介したが,次のように述べて,一審原告の主張を排斥した.

3 最高裁判決　文化財的価値の補償について,次のように判示している.すなわち,「土地収用法88条にいう『通常受ける損失』とは,客観的社会的にみて収用に基づき被収用者が当然に受けるであろうと考えられる経済的・財産的な損失をいうと解するのが相当であって,経済的価値でない特殊な価値についてまで補償の対象とする趣旨ではないというべきである.もとより,由緒あ

る書画，刀剣，工芸品等のように，その美術性・歴史性などのいわゆる文化財的価値なるものが，当該物件の取引価格に反映し，その市場価格を形成する一要素となる場合があることは否定できず，この場合には，かかる文化財的価値を反映した市場価格がその物件の補償されるべき相当な価格となることはいうまでもないが，これに対して，例えば，貝塚，古戦場，関跡などにみられるような，主としてそれによって国の歴史を理解し往時の生活・文化等を知り得るという意味での歴史的・学術的な価値は，特段の事情のない限り，当該土地の不動産としての経済的・財産的価値を何ら高めるものではなく，その市場価格の形成に影響を与えることはないというべきであって，このような意味での文化財的価値なるものは，それ自体経済的評価になじまないものとして，右土地収用法上損失補償の対象とはなり得ないと解するのが相当である.」

4 最高裁判決の検討

(1) **収用法の類推適用**　本件堤防敷等の占用許可取消処分に伴う損失については，河川法施行法19条によりなお旧河川法施行規程9条および10条が適用される結果，同規程10条により「相当ノ補償金」が下付されることになる.「相当ノ補償金」とは，明治35年の土木局長通牒によれば，土地相当の価格，すなわち所有権相当額のことである．この所有権相当額の算定方法については，本法（収用法）上の損失補償に関する諸規定が類推されるべきこととなるが，本法は71条，72条（現行71条）において，土地に対する損失補償は近傍類地の取引価格等を考慮して算定した相当な価格をもってなすべきことを定めるほか，別に88条において，土地を収用することによって土地所有者等が「通常受ける損失」をも補償すべきことを定めている.

(2) **通常受ける損失**　上告審においては，本件輪中堤の文化財的価値については争われていないので，次の問題は，この文化財的価値を72条（現行71条）で捉えるべきか，88条で捉えるべきか，ということである．文化財的価値がその物件の市場価格を高めている場合は，72条にいう「相当な価格」の中で文化財的価値も評価されるものと考えてよいから，それ以上に88条で補償する必要はない（宮崎良夫「判批」判評253号23頁（1980年），訟務局付検事の「座談会」訟月30巻1号別冊93頁（1984年）等参照）．しかし，本件の場合には，輪中堤の文化財的価値が当該物件の市場価格を高めているわけではないから，72条の「相当な価格」だけでは文化財的価値が全く評価されないことになる.

　ところで，本条（88条）が適用されるためには，その損失が「通常受ける損

失」に該当するものでなければならない．これまでは，一般に，通常受ける「損失」とは財産上の損失だけを意味し，精神的損失などを含まないものと解されてきた．したがって，本判決の考え方は，財産上の損失に限定してきた伝統的理論に基づくものであって，一見する限りでは，批判されるべき点はないように見受けられる．しかし，前述したように，「精神的損失」に対しても88条に基づいて補償されるべきであるとの見解（積極説＝肯定説）が強くなっている今日では，伝統的理論を無批判で受け入れることはできない．

(3) **文化財的価値と精神的損失** 文化財的価値の損失と精神的損失は同性質のものとはいえないが，財産上の損失ではないという点において共通性を有している．精神的損失の補償が肯定されることになれば，文化財的価値についてもなおさら補償が必要とされることになる．しかも，本件においては，輪中堤の文化財的価値の補償が問題となっているにしても，実質的には原告の祖先が代々維持・管理してきた輪中堤を失うことに伴う精神的苦痛の補償が問題となっているのである（山岸敬子「判批」自治研究61巻8号127頁（1985年），阿部泰隆「収用と補償の諸問題（下）」自治研究62巻12号11頁（1986年）参照）．

伝統的理論が財産上の損失に限定してきたのは，財産権補償中心の考え方に囚われていたためである．しかし，本条自体は，明文でもって財産上の損失に限定しているわけではない．精神的損失は社会的受忍義務の範囲内にあるとか，財産権補償が十分になされれば当然に回復されるはずであるなどという考え方は，必ずしも十分な論拠のある見解とはいえない．また，先祖伝来の土地等を失う者は通常精神的苦痛を感じるのではないかということも考え合わせれば，本条の中にこの種の損失を取り込むことは，解釈論として十分可能であろう（山岸「損失補償法の個別的問題—文化財関係」国家補償法大系④127頁，西埜・損失補償263頁参照．結論同旨，市川須美子「判解」街づくり・国づくり判例百選165頁（1989年））．

(4) **文化財的価値の補償** 文化財的価値は，経済的価値ではないが，経済的価値と同じく客観的な価値である（宮崎・前掲23頁参照）．それは，精神的損失以上に，通常受ける損失として捉えることができる．なるほど，本判決が指摘するように，文化財的価値については経済的評価になじまない面があることは否定できない．しかし，このことは，経済的評価が不可能であるということを意味するものではない．客観的価値が認められる以上は，何らかの方法で経済的評価は可能であろう．原判決が提示したのは，その一つの方法であった．

上告審判決は，概していえば，財産権補償中心の考え方に囚われたものである．それは伝統的理論に忠実ではあるが，伝統的理論それ自体が再検討を迫られている現在においては，説得力を有するものとはいえないであろう．

● 7　生活権補償

1　概　説

「総論」第 5 章「損失補償の内容」の第 5 節において，生活権補償について考察した（前述 110 頁以下）．そこでは，生活権補償の概念，生活権補償の必要性，生活権補償の法的根拠，生活権補償の種別・内容に分けて一般的に検討した．ここでは，改めて，本条の規定に即して，より具体的に検討することにする．

特に問題となるのは，生活権補償の法律上の根拠であり，生活権補償の法的根拠を本条に求めることができるか否かということである．とりわけ，論議されるのは，少数残存者や離職者が受ける損失を「通常受ける損失」として捉えることができるか否かということである．本法の注釈書でこの点に触れているものは極めて少ないので，それ以外の文献をも参照しながら，本条該当性について考察することにする．

なお，2001（平成 13）年改正により追加された 139 条の 2「生活再建のための措置」については，同条の解説の箇所で考察することにする（後述 409 頁以下）．

2　学説・判例の動向

1　学説の動向　　本条の中に少数残存者補償や離職者補償を取り込むことの可否については，学説は否定説と肯定説に分かれている．否定説が多数説であり，その代表的論者は，損失補償基準要綱は少数残存者補償と離職者補償を認めているとしつつも，「しかし，本法上は，これら二種類の補償については根拠がなく，立法論としてはともかくとして，解釈論としては，本法上このような補償を認める余地はない」と説いている（小澤・収用法下 332 頁）．

これに対して，最近は肯定説も有力に説かれ出している．文献の中には，「生活補償を目的として補償項目の充実を図ることが，たとえば土地収用法 88 条の補償の対象に該当するかどうかを合理的解釈により判定して，はじめて生活補償が正当な補償として認知されるものであると考えられる．また，この解

釈には，立法を待つことなく，法88条の解釈論により用対連基準および同細則を改正することによって容易に生活補償を全うすることができるという実務上のメリットもある」と説くもの（田辺＝海老原・用地買収107頁〔田辺執筆〕）がある．

　また，離職者補償については，「被収用者でない第三者に対して支払われる補償であるが，その法律上の根拠は，強いてこれを見つければ土地収用法88条の営業上の損失の補償に含めることができよう．すなわち営業上の損失の補償では，事業主に転業に通常必要とする期間中の従前の所得相当額を補償することになっており，したがって離職者に再就職に通常必要とする期間中の従前の賃金相当の範囲内で妥当と認められる額を補償することも，営業上の損失の補償の中に含めて考えられるのではないかと思う」と説くもの（高原・財産権175頁．同旨，松本仁「精神的損失・事業損失・生活補償」民商83巻1号94頁（1980年））がある．

2　判例の動向　生活権補償の本条該当性について直接判断した判例は，見当たらない．ただ，文化財的価値の補償要否が争われた前記の輪中堤訴訟の前掲最判昭和63・1・21は，生活権補償についてではないが，次のように判示しており，最高裁の考え方をある程度推測することができる．先にも引用したが，再掲しておくことにしよう．すなわち，「土地収用法88条にいう『通常受ける損失』とは，客観的社会的にみて収用に基づき被収用者が当然に受けるであろうと考えられる経済的・財産的な損失をいう解するのが相当であって，経済的価値でない特殊な価値についてまで補償の対象とする趣旨ではないというべきである．」

　裁判例をみると，東京地判昭和63・6・28（行集39巻5＝6号535頁），その控訴審の東京高判平成5・8・30（行集44巻8＝9号720頁）がある．一審判決は，「原告らの生活補償に関する主張は，憲法29条3項の正当な補償の内容として，財産の交換価値を中心とした補償のみでは従来の生活を維持することができない場合，生活権保障の観点から補償を加算すべきであるとの趣旨の主張と解されるが，憲法29条は，私有財産を財産権として，すなわち経済的な交換価値として保障しようとする規定であって，右の保障を通じて非財産権的性格を有する生活権が保障されることがあるにしても，生活権を直接保障する規定ではないから，右主張はこれをそのまま採用するわけにはいかない」と判示し，控訴審判決も，「控訴人らは，憲法25条を解釈原理とする同法29条3項

は交換価値的対価のみの補償を定めた規定ではなく，生存権的価値の補償をも要求しているのであって，生活権補償がなされないことは同法29条3項に違反すると主張するが，同法29条3項にいう正当な補償が財産的損失を経済的な交換価値として補償しようとするものであるから，主張するところの生存権的価値の補償をも含むものでないことは既に判示したとおりであり，控訴人らは行政実務上でも営業補償等の生活権補償を行っていることを指摘するが，右のような行政措置は，同法29条3項の補償とは別異な政策的配慮に基づくものと認めるのが相当であるから，主張は理由がない」と判示している．ここでも，もっぱら憲法29条3項の解釈論争がなされていて，88条該当性が争われていたわけではない．

裁決例をみると，生活権補償についてものは相当数存在するが，主として憲法29条3項に基づく補償の要否をめぐってのものであり，直接本条（88条）の該当性が争われたものではない．しかも，最近のものは見当たらない（小澤・収用法下333～334頁参照）．

3　学説・判例の検討

1　学説の検討　筆者は，かつて，少数残存者補償について「少数残存者の被る損失は重大な生活権の侵害であり，土地収用に付随して生ずるものであることを考慮すれば，この種の損失に対する補償について全く法的根拠が存在しないというのもおかしなことである．土地収用法88条は第三者補償の規定ではないが，少数残存者が受ける損失も『通常受ける損失』であるから，88条の類推適用が考えられてよいのではなかろうか」と述べたことがある（西埜・損失補償174～175頁）．そして，この理は，離職者補償についても同じく妥当する（同書176頁）．この私見は，20年以上も前のものであるが，現在においても変わっていない．前記肯定説が支持されるべきである．

2　判例の検討　判例の各事案は，憲法29条3項や25条に生活権補償が含まれるか否かが問われたものであり，直接本条（88条）の解釈が論争されたものではない．それに対する裁判例は，それに応答する形で，憲法29条3項や25条の解釈論を展開しており，本条の解釈論には直接触れていない．ただ，全体の流れを仔細にみれば，生活権補償は本条の通損補償に含まれないという考え方がその根底にあるように思われる．

本条の通損補償の規定は，憲法29条3項の「正当な補償」を具体化したも

第2章　土地収用法関係

のである．したがって，直接的には生活権補償の本条（88条）該当性が論議されるべきものではあるが，訴訟では本条該当性に疑問があるために，憲法29条3項に法的根拠を求めようとしたものであろう．

第14款　細目政令

> **（損失の補償に関する細目）**
> **第88条の2**
> 　第71条，第72条，第74条，第75条，第77条，第80条，第80条の2及び前条の規定の適用に関し必要な事項の細目は，政令で定める．

● 1　本条の趣旨と要点

1　本条の趣旨

　本条は，2001（平成13）年の改正により追加されたものである．前述したように（57頁参照），昭和37年の閣議了解「損失補償基準要綱の施行について」は，「この要綱は，収用委員会の裁決の場合においても基準となるものと認められる．」と規定していたが，この点については批判的見解が少なからず主張されていたところである．

　文献の中には，その批判的見解を次のように簡潔に要約したものがある（藤田宙靖「改正土地収用法をめぐる若干の考察」同『行政法の基礎理論〔下巻〕』359頁（有斐閣，2005年．初出2002年））．すなわち，「『損失補償基準要綱』は，閣議決定という形式上の重みを持っているが，法的性質としては，そもそも国家行政組織内部における内部基準にすぎず，法律や政令のように，国民の利益に対して直接に法的効力を持つものでは全くない．従って，この基準が，『収用委員会の裁決の場合においても基準となるものと認められる』といっても，収用委員会が，『この基準に従って裁決したのであるから適法かつ適正である』ということを，当事者や裁判所に対する関係で主張できるようなものではないのである．まして，『用対連基準』となれば，これは，起業者の団体の定めた内部基準であって，行政組織内部での行政規則としての性質すら持つものではない．」

　また，収用委員会は，都道府県の機関であって，国の機関ではなく，しかも職権行使の独立性を認められたものである．このような機関に対しては，国と

いえども，閣議決定（損失補償基準要綱）によって拘束することはできないはずである．これらの理由が，本条の追加の趣旨である（藤田・前掲359〜360頁，小澤・収用法下336〜337頁参照）．

本条の規定に基づき，「土地収用法第88条の2の細目等を定める政令」（平成14年政令248号）が制定された．この細目政令の制定に合わせて，閣議了解の「この要綱は，収用委員会の裁決の場合においても基準となるものと認められる」との一文は削除された．

2 本条の要点

本条の要点は，細目政令の規定対象と細目政令の内容である．判例・学説上の対立は見当たらない．

● 2 細目政令の規定対象・内容

1 細目政令の規定対象

本条に基づいて細目政令で定めることができるのは，71条以下の8か条の規定の適用に関する事項についてである．第6章第1節中であっても，損失補償に関する通則的規定（68条〜70条），拡張収用に関する規定（76条，78条，79条，81条），現物補償に関する規定（82条〜86条），請求・要求の方法に関する規定（87条）等のその他の規定については，政令委任の対象から除外されている（小澤・収用法下337頁，小高・買収と補償44頁以下等参照）．

2 細目政令の内容

細目政令の主たる内容を示せば，細目政令1条〜6条は，本法71条の適用に関するものであり，細目政令11条と12条は，本法72条の適用に関するものである．細目政令7条は，本法80条の適用に関するものであり，細目政令17条と18条は，本法77条の適用に関するものである．細目政令19条〜25条は，本法88条の適用に関するものである．細目政令26条は，本条に掲げる各条文に共通して適用される規定である．本法74条，75条，80条の2については，細目政令に該当条文は存在しない．

第2章　土地収用法関係

第 15 款　損失補償の制限

（損失補償の制限）
第 89 条
　①　土地所有者又は関係人は，第 26 条第 1 項の規定による事業の認定の告示の後において，土地の形質を変更し，工作物を新築し，改築し，増築し，若しくは大修繕し，又は物件を附加増置したときは，あらかじめこれについて都道府県知事の承認を得た場合を除くの外，これに関する損失の補償を請求することができない．
　②　土地の形質の変更，工作物の新築，改築，増築若しくは大修繕又は物件の附加増置がもつぱら補償の増加のみを目的とすると認められるときは，都道府県知事は，前項に規定する承認をしてはならない．
　③　土地の形質の変更について，土地所有者又は関係人が第 28 条の 3 第 1 項の規定による許可を受けたときは，第 1 項の規定による承認があったものとみなす．

● 1　本条の趣旨と要点

1　本条の趣旨

　本条は，事業認定の付随的効果として，事業認定告示後の起業地の形質の変更等に係る補償請求の制限について定めたものである．本条の趣旨について，製薬工場移転損失補償請求事件の大阪地判平成 4・6・26（行集 43 巻 6＝7 号 847 頁）は，次のように簡潔に説いている．すなわち，「土地収用法 89 条 1 項は，事業認定の付随的効果として，起業地について，事業に支障を及ぼすような土地の形質変更等を原則として禁止するとともに，当該行為をしようとする者は，特に都道府県知事の許可を受けなければならないことを定める．起業地といえども，それが収用されるまでは，本来自由な所有権の行使が認められるべきものである一方，起業地は事業認定によって事業の用に供されることが決定されたわけであるから，社会的又は国民経済的見地からすれば，事業に支障を及ぼすような行為は抑制されるべきものである．そこで，同条は，知事の判断によって，財産権行使の必要性と国民経済的見地からするその抑制の必要性との調整を図ることとしたのである．」（控訴審の大阪高判平成 6・11・29 行集 45

巻10＝11号1900頁も同趣旨．なお，小澤・収用法下340頁，竹村・収用法と補償580頁参照）．

2 本条の要点

本条の要点は，知事の承認を要する行為，承認・不承認の基準等である．本条の適用範囲については，判例・学説上，若干の対立がみられる．

●2 知事の承認を要する行為

1 承認を要する行為の範囲

知事の承認を要する1項所定の行為は，土地の形質変更，工作物の新築・改築・増築・大修繕，物件の附加増置である．

1 土地の形質変更 土地の「形質」とは，土地の形状・品質をいう．土地の形質の変更の例としては，山林・農地での宅地造成，池の埋立て，トンネルの掘削等がある．

2 工作物の新築・改築・増築・大修繕 工作物とは，人工の造作が加えられた物件で，土地に定着するものをいう．建築物がその典型例である．

3 物件の附加増置 ここにいう「物件」とは，「工作物」以外の物をいい，人工物のほか，自然物も含まれる（砂利の搬入，庭木の植付等）．

2 承認を要しない行為

1 通常の用法に従った維持管理 1項所定の行為には，土地または工作物・物件の通常の用法に従った維持管理や小修繕は含まれない．したがって，農業における稲や小豆等の作付けは1項の制限対象とならず，これに対する補償を請求することができる（高田・収用法387頁，小高・収用法468頁，小澤・収用法下343頁，竹村・収用法と補償582頁等参照）．

2 通常予測される物件の買換え・設置等 また，従前どおりの工場の操業を継続して行う上で，客観的社会的にみて通常予測される範囲の物件（機械・装置）の買換えや設置にも本条の制約は及ばない（小澤・収用法下343頁参照）．この点についての判例としては，前記の製薬工場移転損失補償請求事件がある．この訴訟においては，被告は，本件機械・装置は，いずれも事業認定の告示後に知事の承認を受けることなく設置されたものであるから，本条1項の趣旨に照らし，その移転料は補償対象たりえないと主張していた．一審の前

掲大阪地判平成4・6・26は，先に「本条の趣旨」の箇所でも引用したが，本条の趣旨についての説示に続いて，「右規定の趣旨からすれば，事業認定の効果の及ばない起業地外の土地の利用については，その付随的効果であるところの同条の制約が及ばないことはもちろん，起業地上の建物内への機械等物件の設置についても，それが，起業地そのものへの物件の設置に当たらない以上，同条の制約は及ばないものというべきである」と判示している．その控訴審の前掲大阪高判平成6・11・29も，同条の適用範囲について，「事業認定の付随的効果（権利制限の効果）が及ぶのは起業地内の行為に限定されるか（或いは起業地外の残地についても同条の適用があるか）は議論の存するところであるが，起業地外の残地についても同条の適用があるとしても（本件機械及び装置は，総て起業地外のC土地に存する物件である．）同条の規定の趣旨からすれば，物件の通常の用法に従った維持管理は同条の対象となる行為には当たらないことはもちろん，従前どおりの操業を継続していくうえで，客観的社会的にみて通常予測される範囲の物件（機械及び装置）の買い替えや設置についても，同条の制約は及ばないものというべきである」と判示している．

3 本条の適用範囲

前掲大阪高判平成6・11・29が指摘しているように，本条の適用範囲が起業地外の残地についても及ぶか否については，若干見解が分かれている．前掲大阪地判平成4・6・26やその控訴審の前掲大阪高判平成6・11・29は否定説に立っているが，学説上は肯定説が有力である（小澤・収用法下343～344頁，竹村・収用法と補償582頁参照）．

4 承認があったものとみなされる場合

本条3項の趣旨は，28条の3の規定による知事の「形質変更の許可」は，事業に支障を来す場合であっても，特別の理由により行われるものであるので，改めて1項の承認を受けることを必要としない，としたものである．

5 承認を得ずになした行為

28条の3の規定とは異なり（142条参照），本条は，行為自体を禁ずるものではない．したがって，承認を受けないで行った本項所定の行為に対して処罰することはできない．知事の承認は，補償請求をするための条件にすぎないか

● 3　知事の承認・不承認の基準

　当該行為が「もつぱら補償の増加のみを目的とすると認められるときは」，知事は承認してはならない．これ以外の場合の承認・不承認については，知事の裁量に委ねられている．承認・不承認の具体的基準については，①当該行為が土地等の通常の利用方法であるか否か，②権利者において当該行為を必要とする程度，③承認した場合に生ずる補償の増加額，④不承認とした場合における権利者側が受ける不利益の程度，⑤当該土地が公共事業のために必要となる時期，などを総合的に勘案して決すべきである，と解されている（高田・収用法388頁，小高・収用法469頁，小澤・収用法下344〜345頁，竹村・収用法と補償583頁等参照）．

第16款　起業利益との相殺の禁止

（起業利益との相殺の禁止）
第90条
　同一の土地所有者に属する一団の土地の一部を収用し，又は使用する場合において，当該土地を収用し，又は使用する事業の施行に因つて残地の価格が増加し，その他残地に利益が生ずることがあつても，その利益を収用又は使用に因つて生ずる損失と相殺してはならない．

● 1　本条の趣旨と要点

1　本条の趣旨

　本条は，残地補償（74条）について，事業の施行により残地に生じる起業利益と収用・使用による損失との相殺を禁ずることを定めたものである．その理由は，事業が施行されることによる起業利益は，被収用者以外の付近住民も享受するものであるにもかかわらず，残地に生ずる起業利益を収用・使用損失と相殺することを認めることになれば，被収用者のみを付近住民に比して不当に不利益に扱うことになるからである（小高・収用法471頁，藤田・土地法185頁以下，小澤・収用法下348頁，竹村・収用法と補償584頁等参照）

　旧法には本条のような規定がなかったため，相殺の可否については，積極説

第2章 土地収用法関係

と消極説が対立していた．学説の大多数は消極的に解していたが，判例は一貫して積極的に解していた．本条は，これを立法的に解決しようとしたものである（学説・判例の動向の詳細については，國宗正義『土地法立法原理』236頁以下（青林書院新社，1980年），小澤・収用法下347頁参照）．

2 本条の要点

本条の要点は，「残地に生ずる利益」の意味，「収用に因つて生ずる損失」の意味，残地に生ずる起業利益と事業損失の相殺の可否，残地に生ずる起業利益と残地に生ずる収用損失の相殺の可否，である．後二者は，学説・判例上の大きな対立点となっている．

●2 残地に生ずる利益・収用によって生ずる損失

1 残地に生ずる利益

収用地・使用地において事業が施行されることにより，残地に種々の利益（起業利益）が生ずることがある．例えば，事業の施行により周辺地の一般地価が上昇し，当該残地の価格も上昇する場合，あるいは，道路の新設に伴い，それまでは公道に面していなかった土地の残地が新たに公道に面することになり，交換価値・使用価値が増大する場合，などがその適例である（小澤・収用法下348〜349頁参照）．静岡地判平成11・4・22（訟月45巻9号1768頁）は，「収用によって接道条件が良くなったことにより残地に生じる利益は，本件においては，残地に損失が生じた被収用者以外の者，具体的には，残地に損失が生じなかった被収用者にも同様に生じるものであるから（弁論の全趣旨），法90条の『利益』に該当するというべきである．／したがって，右利益を残地に生じた損失と相殺することは，法90条により許されないというべきである」と判示している．

2 収用に因って生ずる損失

収用・使用によって生ずる損失とは，収用・使用の対価補償，残地補償，移転料，その他通損補償等全ての補償項目に係る損失をいう．本条は，残地に生ずる起業利益とこれらのいずれの損失との間においても相殺することを禁じている（高田・収用法390頁，小高・収用法471頁，小澤・収用法下349頁，竹村・収用法と補償584〜585頁等参照）．

● 3　残地に生ずる起業利益と事業損失との相殺の可否

1　問題の所在

　本条は，残地に生ずる起業利益を土地の収用・使用の対価補償等と相殺してはならないことを定めている．この点については明らかであるが，残地に利益と損失が同時に発生する場合に，この起業利益と事業損失を相殺することができるか否かについては，本条は明確にしておらず，これが大きな問題になっている．すなわち，この場合に，「残地に利益が生ずる」とは，この損失分を利益から差し引いた結果がプラスである場合をいうのか，それとも，この場合に損失分を差し引くこと自体もまた，本条の相殺禁止規定によって許されないのか，という問題である（藤田「判解」街づくり・国づくり判例百選156頁（1989年）参照）．

2　判例の動向

　この点についての著明な事案は，立体交差工事残地価格低下事件である．74条の注解においても紹介した（前述260頁）が，一般国道に面していた土地の一部が収用され，立体交差工事が行われたため，残地が架橋上の国道と接しないことになったことにより，自動車の出入や通行に支障が生じたとして，残地の価格低下等による損失の補償を求めた事案である．

　一審においては，残地の価格低下があったか否かが争われただけであった（秋田地判昭和49・4・15判時1012号62頁は，残地補償請求を一部認容）が，控訴審においては，90条の相殺禁止規定の適用が問題となった．控訴審の仙台高秋田支判昭和53・2・27（判時1012号68頁）は，「土地収用法第90条の起業利益との相殺の禁止の規定に牴触するものではないと解すべきである．けだし，一般に事業の施行により残地について利益と損失とが同時に発生する場合において，残地価格の減価分を利益を度外視して損失分のみを計算することによって算定することは，事実上不可能といわざるを得ない．したがって，残地の価格が減じたか否かは，実際問題として利益と損失とを総合して判断する以外に方法はなく，その結果利益と損失とは相殺されざるを得ないことになるが，土地収用法第90条の規定が，このようないわば観念上の相殺まで禁止し，右の不可能な損失の算定を強いる趣旨とは解されない」と判示した．

　その上告審の最判昭和55・4・18（裁判集民事129号575頁．以下，「最判昭和

55年」という）は，「本件に適用された土地収用法旧71条及び74条（昭和42年法律第74号による改正前のもの）のもとにおいて，残地補償の額は，収用裁決の時における当該残地の価格によって算定すべきものであるところ，当該事業の施行が残地の価格に及ぼす影響のうち利益と損失とを明確に区別することができない場合に，それらを総合的に勘案することは，同法90条の相殺禁止規定に抵触するものではないと解するのを相当とする」と判示して，原審の判断を是認している．

3 判例の検討

上記の最判昭和55年については，好意的な評釈もないではないが，やや批判的なものの方が多数である．

好意的なものとしては，「事業の施行により残地について利益と損失が同時に発生する場合には，残地価格の減価分を，利益を度外視して損失分のみを計算することによって算定することは，事実上不可能といわざるをえない．つまり，本件は，法90条が予定する事態とは事情が異なる場合であるということができる．そうすると，原審判決が述べるとおり，結果的には起業利益と損失とが相殺されざるをえないことになるのであるが，このことが法90条の解釈として是認されるかどうかが問題となる．この点について，原審はかかる観念上の相殺まで禁止していないと解し，本判決は，利益と損失を総合的に勘案することは相殺禁止規定に抵触しないと解して，同条に関する新しい解釈を示している．補償実務に対して影響の大きい先例と評することができる」と評価するもの（小高剛「判批」民商85巻2号152頁（1981年））がある．

これに対して，やや批判的なものとしては，まず，「当該事業の施行が残地の価格に及ぼす影響のうち利益と損失とを明確に区別することができない場合に」となっていることから，このことは逆に，明確に区別することができる場合には，それにもかかわらず両者を合算するならば本条違反となるということを意味するものであるか否か必ずしも明らかではないとして，もしこれが肯定されるものであるとすると，たまたま区別して算定することが可能であった場合と不可能であった場合とで生ずる負担の違いをどのように考えるべきか，という問題が指摘されている（藤田・土地法191頁，同・前掲（街づくり・国づくり判例百選）157頁）．また，「利益と損失とを明確に区別することができない場合」としていることを捉えて，鑑定評価理論からは区別することが可能であ

るとの批判，すなわち，「現在の不動産鑑定の手法からすれば一般的には必ずしも起業利益と事業損失との分割評価は不可能であるとはいえない」との批判（小澤・収用法下353頁），あるいは，学説・判例で理論が整理されず，混乱している最大の原因は「鑑定評価理論上で，その精度は別にしても，土地につき起業利益，起業損失，収用利益および収用損失を個別に鑑定評価することが可能であるにもかかわらず，先に掲げた学説・判例ならびに一般経済社会では，その理解に乏しいところにある」との批判（竹村・収用法と補償594頁）がある．

　評釈等における判例の評価を踏まえて，前掲最判昭和55年を検討すれば，起業利益と事業損失の分割評価が可能であるか否かがポイントとなっている．最判昭和55年（その原判決も）は，比較的無造作に不可能と判断したが，鑑定評価理論を十分に検討した上での帰結とは思われない．鑑定評価理論上で個別に評価が可能であるとすれば，最高裁判決の前提が崩れることになる．

　なお付言すれば，残地に生ずる事業損失に対する補償の要否については，74条（残地補償）の箇所で考察したように（253頁以下），消極説と積極説が対立している．本書は消極説に立っており，74条は収用損失に対する補償を定めたものであって，事業損失に対する補償を定めたものではない，と理解している．このような立場からすれば，残地に係る起業利益と残地に係る事業損失との相殺の可否という問題は，そもそも生じないことになる（この点を指摘するものとして，藤田・土地法194頁，同「判解」街づくり・国づくり判例百選157頁（1989年），瀬口芳広「判解」街づくり・国づくり判例百選155頁（1989年），小澤・収用法下355頁）．最高裁判決は，事業損失も残地補償の対象となりうることを当然の前提にしているようである（前述265頁参照）．

● 4　残地に生ずる起業利益と残地に生ずる収用損失との相殺の可否

1　問題の所在

　さらに問題となるのは，残地に生ずる起業利益と同じく残地に生ずる収用損失とを相殺することの可否である．残地に生ずる収用損失とは，残地の狭小化や不整形化による交換価値・利用価値の低下をいう．この点については，以前から学説・判例の対立していたところである．

2 学説・判例の動向

1 学説の動向 近時の文献をみると，次のような見解が説かれている．「起業利益と事業損失との相殺のみならず，さらに進んで，起業利益と残地に生ずる収用損失（収用による面積狭小化や不整形化等を原因とする残地価格の低下）との相殺まで認めるべきかとなると，前記の佐々木＝高田学説のように事実上これを認めてよいとするならば，収用損失は被収用者にのみ発生し，付近地住民には発生することはないのだから，今度は，付近地住民に比し被収用者を不当に不利益・不公平に扱うこととなり，とうてい容認できるものではない．……もし専ら被収用地の残地にのみ発生し付近地には発生しないような起業利益があるとすれば，そのような起業利益については収用損失との相殺が認められても不合理ではないだろう」（小澤・収用法下 353 頁以下．なお．竹村・収用法と補償 591 頁以下参照）．

2 判例の動向 下級審の裁判例の中には，残地に生ずる起業利益と収用損失との相殺は禁止されていると明言しているものが多い．建物・庭園の総合的美的均衡損傷事件において，東京高判昭和 36・11・30（行集 12 巻 11 号 2325 頁）は，「都市計画道路の開設によって残地に生ずる利益はいわゆる起業利益に該当し，土地収用法第 90 条は，残地について生ずる起業利益を収用によって生じた損失と相殺することはこれを禁止しているのであるから，収用による残地の損失の判定については右のような起業利益を斟酌することは許されないものと解するを相当する」と判示している（なお，前述 257 頁参照）．

また，バイパス建設に伴い生じた収用残地（形状劣化）の補償が争われた事案において，前掲静岡地判平成 11・4・22 は，「当裁判所は，本件で問題とされる各残地に生じる利益は法 90 条の『利益』に該当すると判断する．その理由は，以下のとおりである．／法 90 条……の立法趣旨は，事業の施行によって残地に価格の上昇等の利益が生じるような場合において，右利益をそのまま享受することができる者がいる一方で，右利益を奪われる者が生じるという事態は，右利益を奪われる者にとっては公平でないことから，かかる事態を生じさせないようにした点にあると解される．／そうだとすれば，残地に生じる利益が，残地に損失が生じた被収用者以外の者にも同様に生じるような場合には，右利益は，法 90 条の『利益』に該当すると解するのが相当である．なぜなら，右のような場合に利益と損失との相殺を許すとすれば，残地に損失が生じた被収用者にとっては公平でない事態が生じることになり，法 90 条の立法趣旨に

反するからである．／これを本件についてみると，収用によって接道条件が良くなったことにより残地に生じる利益は，本件においては，残地に損失が生じた被収用者以外の者，具体的には，残地に損失が生じなかった被収用者にも同様に生じるものであるから（弁論の全趣旨），法90条の『利益』に該当するというべきである」と判示している（本判決については，中嶋静夫『困難事例にみる用地取得・損失補償の実務』160頁以下（新日本法規，2017年）参照）．

3　学説・判例の検討

前掲東京高判昭和36・11・30については，別段問題はなさそうであるから，残りの前掲静岡地判平成11・4・22について検討することにしよう．同判決は，「残地に生じる利益が，残地に損失が生じた被収用者以外の者にも同様に生じるような場合には」と述べているから，残地に生じた利益が被収用者のみに生じている場合は別であり，このような場合には，逆に，相殺することが許されると解しているのではないかと思われる．本件において，被告（国）は，「法90条の立法趣旨に鑑みれば，同条で相殺が禁じられている起業利益とは，残地に限らず付近地にも同様に生じ，被収用者と付近地の住民がほぼ等しく享受する起業利益（以下，このような起業利益を『一般的利益』という．）を意味すると解すべきであって，残地のみに生じ，付近地一般には生じ得ず，土地評価上の一要因として別途把握することが可能な起業利益（以下，このような〔起業利益を〕『特別利益』という．）は，法90条で規定する起業利益に含まれないと解すべきである．／これを本件についてみると，……右各残地に生じる利益は，右各残地のみに生じ，付近地一般には生じ得ず，土地評価上の一要因として別途把握することが可能な起業利益であるから，右に述べたところの特別利益にあたる．／したがって，本件各残地の残地補償の算定にあたって，右のような利益を考慮しても，法90条には反しないというべきである」と主張していた．この主張は，前記の小澤説と軌を一にするものといってよい．

同判決で説示された事案をみる限り，残地に係る起業利益は本件残地のみに生じ，被収用者以外の者にも同様に生じるというものではなさそうである．事実認定の問題にも関連するが，静岡地判は，この被告の主張に対して的確に応答していないのではないかとの感がしないでもない．

第 17 款　補償請求者に関する特例

> （補償請求者に関する特例）
> 第 90 条の 2
> 　第 46 条の 2 第 1 項の規定による補償金の支払の請求があつた土地又は土地に関する所有権以外の権利については，第 71 条中「権利取得裁決の時」とあるのは，「第 46 条の 4 第 1 項の規定による支払期限」とする．

● 1　本条の趣旨と要点

1　本条の趣旨

　71 条は，物価スライドの期間を事業認定の告示の時から権利取得裁決の時までと定めている．本条はその特例であり，支払請求があった土地等の補償金の算定につき，スライド期間を補償金の支払期限までとしたものである．

　その趣旨は，補償金の支払請求をしなかった者との公平の観念に基づくものである．改正土地収用法解説によれば，「支払請求をした者について物価スライドを支払期限で打ち切る精神は，……公平の面から当然であり，被収用者としても以後の物価の上下は考慮の外である筈である」ということである（同書 102 頁）．

2　本条の要点

　本条の要点は，物価スライド期間である．判例・学説上の対立は見当たらない．

● 2　物価スライド期間

　補償金の支払請求があった土地または土地に関する所有権以外の権利については，物価スライド期間は，事業認定の告示の時（手続保留地については，手続開始の告示の時）から前払補償金の支払期限までの間である．支払期限は，起業者が支払請求を受けたときから 2 か月以内または裁決手続開始の登記がなされた日から 1 週間以内の，いずれか遅い日に到来する．

第18款　加算金・過怠金

本款においては，差額および加算金の裁決（90条の3）と過怠金の裁決（90条の4）を，「加算金・過怠金」としてまとめて考察する．

> **（差額及び加算金の裁決）**
> **第90条の3**
> ① 第46条の2第1項の規定による補償金の支払の請求があつた場合においては，収用委員会は，権利取得裁決において次に掲げる事項について裁決しなければならない．
> 　一　起業者が土地又は土地に関する所有権以外の権利に対する補償金として既に支払つた額を，その支払時期に応じて第71条に規定する政令で定める方法の例により算定した修正率によつて第46条の4第1項の規定による支払期限における価額に修正した額
> 　二　前条の規定により読み替えられた第71条の規定によつて算定した補償金の額と前号の額とに過不足があるときは，起業者が支払うべき補償金の残額及びその権利者又は起業者が返還を受けることができる額及びその債務者
> 　三　支払を遅滞した補償金に対する加算金
> ② 前項第3号に掲げる加算金の額は，第46条の4第1項の規定による支払を遅滞した金額について，その支払を遅滞した期間（裁決の時までに支払われなかつた金額については，裁決の時までの期間）の日数につき，次の各号に定めるところにより算定した額とする．
> 　一　遅滞額が前条の規定による補償金の額の2割以上である期間　年18.25パーセント
> 　二　遅滞額が前条の規定による補償金の額の2割未満1割以上である期間　年11パーセント
> 　三　遅滞額が前条の規定による補償金の額の1割未満である期間　年6.25パーセント

● 1　本条の趣旨と要点

1　本条の趣旨

本条は，補償金の支払請求があった場合に，起業者による前払額と収用委員

会の行う正当な裁決額との差額および支払遅滞額に係る加算金の裁決につき定めたものである．補償金支払制度は，土地価格固定制から被収用者を保護するための重要な制度であるから，この制度を実効性のあるものにするためには，起業者に前払金の額を正確に見積らせ，これを支払期限までに請求者に支払わせることを担保しておく必要がある．本条の加算金制度は，適正な前払いの実行を起業者に間接的に強制しようとするものである．

なお，場合によっては，前払額が過払いになり，その清算を必要とすることがある．本条は，その場合における起業者の救済についても定めている．

2 本条の要点

本条の要点は，過不足額の算定，加算金の算定等である．判例・学説上の対立は見当たらない．

●2 過不足額等

1 過不足額

収用委員会は，補償金の支払請求のあった土地等の補償金の額を 90 条の 2 に基づいて近傍類地の取引価格等を考慮して算定した事業認定の告示の時における相当な価格に，支払期限までの物価の変動に応ずる修正率を乗じて算定する．収用委員会は，このようにして算定した補償額（適正裁決額）と，起業者がすでに支払った既払額を支払時から支払期限までの間の物価修正を施したものとの間の過不足額を算定し，権利取得裁決においてその差額を明示する．支払済額の物価修正の方法については，細目政令付録の式が定めている．起業者が全く支払いをしていない場合は，既払補償金の額は零となる（小高・収用法 474 頁，小澤・収用法下 360 頁，竹村・収用法と補償 599 頁等参照）．

2 過払い

過払い（起業者が返還を受けることができる額）が生ずる事例としては，その主要なものを挙げれば，次のようなものがある（詳細については，小高・収用法 475 頁，小澤・収用法下 363〜364 頁，竹村・収用法と補償 601〜602 頁等参照）．①事業計画の変更に伴う起業地の縮小により，土地の一部が不用となったり，収用で申請した土地が使用で足りることになった場合，②法的規制が変更され，収用地が市街化区域から市街化調整区域に変更になった場合，③金銭による見

積補償がなされた後に，替地，耕地・宅地の造成の現物補償の裁決があった場合，④使用裁決において，起業者の申請した使用期間が短縮された場合，⑤残地収用の請求または土地の使用に代わる収用の請求に応じて前払いをした後に，これらの請求が裁決で否認された場合，などである．

なお，起業者が計算違いなどをして過払いした場合は，原則として返還を受けることはできないと解されている．その理由は，補償金支払請求制度は，請求者が前払金でもって代替地を取得することを予定したものであるから，後になって計算違いなどを理由に返還を求められたのでは，被収用者の利益を害することになるからである（小高・収用法475～476頁，小澤・収用法下364～365頁等参照）．

3 加算金

1 加算金の要件

加算金は，①支払いを遅滞した補償金があること，②支払いを遅滞したことについて起業者に正当な理由がないこと，の2要件を満たす場合に課される．起業者に正当な理由がある場合は，支払遅滞があったとはいえないから，加算金を課することはできない．

起業者に正当な理由がある場合の例としては，土地所有者が支払請求をした場合に，地上権者または土地所有者本人等が立入りを妨害したために，見積りが過小となったような場合が考えられる．ただ，この点については限定的に解すべきであって，権利関係が複雑であったため調査に手間取ったとか，補償金の支払請求が一時に集中したため処理に手間取ったというような理由では，支払遅滞の正当な理由とはいえず，加算金を免れることはできない（小高・収用法476頁，小澤・収用法下366頁，竹村・収用法と補償602～603頁等参照）．

2 加算金の算定

加算金は，遅滞額，遅滞日数および加算率の積をもって算定される．遅滞額は不足額であり，遅滞日数は，支払期限の翌日から権利取得裁決の日までの期間である．加算率は，正当補償額に占める遅滞額（遅滞率）の大小に応じて差が設けられている．遅滞額が1割未満である場合はそれほど高くはないが，2割を超えた場合は相当高い率となっている．

周辺の地価が法所定の加算率以上に高騰した場合に，被収用者はその差額に

第2章　土地収用法関係

ついて損害（損失）を被ることになる．そこで，このような場合に，被収用者は損害賠償を請求することができるか否かが問題となる．この点については，被収用者が高率の加算金を受けたとしても，周辺地の地価上昇率が加算率を上回る以上，補償金と加算金の合計額によっては代替地の取得が不可能となるから，この合計額をもって「正当な補償」とすることはできず，損害賠償請求が認められる余地がある，との見解（小澤・収用法下369頁）が説かれている（なお，竹村・収用法と補償604頁参照）．

なお，加算金について不服がある場合は，審査請求の理由とすることができず（132条2項），行訴法4条前段の形式的当事者訴訟によって争うことになる（133条3項）．

> **（過怠金の裁決）**
> **第90条の4**
> 　起業者が第39条第2項の規定による請求を受けた日から2週間以内に収用又は使用の裁決の申請をしなかつた場合においては，収用委員会は，権利取得裁決において，起業者が，土地所有者及び土地に関する所有権以外の権利を有する関係人に対し，それらの者が受けるべき補償金の額につき年18.25パーセントの割合により裁決の申請を怠つた期間の日数に応じて算定した過怠金を支払うべき旨の裁決をしなければならない．

● 1　本条の趣旨と要点

1　本条の趣旨

本条は，被収用者による裁決申請の請求がなされた場合に，起業者の裁決申請を間接的に強制するために，過怠金の裁決につき定めたものである．被収用者が，39条2項による裁決申請の請求をしているにもかかわらず，起業者が裁決申請を懈怠していると，裁決の時期が遅れることになり，特に補償金の支払請求が併せてなされている場合には，見積りによる補償金の支払期限の到来が遅くなり，権利者にとって不利益な結果が生じる．そこで，起業者の申請過怠に対して一種の制裁金を課することにより，起業者がすみやかに裁決申請することを促そうとするものである（小高・収用法477頁，小澤・収用法下370～371頁，竹村・収用法と補償604頁等参照）．

2 本条の要点

本条の要点は，過怠金の要件，過怠金の算定等である．いずれの点についても，判例・学説上の対立は見当たらない．

● 2　過怠金の要件

1 適法な裁決申請の請求

過怠金が課される要件としては，まず，適法な裁決申請の請求がなされていなければならない．裁決申請の請求は，書面による要式行為である（39条3項）．

2 請求を受けた日から 2 週間以内に裁決申請をしなかったこと

次の要件としては，「請求を受けた日から 2 週間以内に収用又は使用の裁決の申請をしなかつた場合」に課される．期間の計算については民法の規定による（135条，民法140条）．

3 裁決申請をしなかったことにつき起業者に正当な理由がないこと

裁決申請をしなかったことについて起業者に正当な理由があるときは，「怠つた」ことにはならない．正当な理由としては，天変地異のほか，起業者が請求者を権利者でないと判断したことに過失がなかった場合等が考えられる（小澤・収用法下372頁参照）．

4 権利取得裁決が行われるべき場合であること

過怠金は，権利取得裁決において判断される．起業者が裁決申請をしないで事業認定が失効したり，あるいは，裁決申請が却下されたような場合には，権利取得裁決がなされることはなく，したがって，過怠金の裁決がなされることもない．この場合は，これによって損失を被った土地所有者等は，92条の規定に基づいて補償を受けることができる（後述391頁参照）．

● 3　過怠金の支払いを受ける者・過怠金の算定

1 過怠金の支払いを受ける者

過怠金の裁決は，被収用者の全員に対してなされる．したがって，その効果は，裁決申請の請求をした者に限られず，請求に係る土地について権利を有す

る被収用者の全員に及ぶ．これは，請求に応ずる裁決申請は，請求者の権利についてのみ行われるべきものではなく，請求に係る土地について一括して行われるべきであるという特質に基づくものである（小澤・収用法下373頁，竹村・収用法と補償605頁等参照）．

2 過怠金の算定

過怠金は，補償金の額に年18.25パーセントの割合により算定される．この18.25パーセントという割合は，前条2項の加算率のうち最高のものと同じである．懈怠日数は，請求を受けた日から2週間を経過した日の翌日から起算し，起業者が裁決申請をした日までの期間である．

なお，過怠金の裁決について不服がある場合は，加算金についてと同様に，審査請求の理由とすることはできず（132条2項），行訴法4条前段の形式的当事者訴訟によって争うことになる（133条3項）．

第19款　測量，事業の廃止等による損失の補償

本款においては，①測量・調査等の準備段階における行為による損失の補償（91条），②事業認定後における事業の廃止・変更等による損失の補償（92条），③収用地・使用地の隣接地に対する「みぞかき補償」（93条）を，「測量，事業の廃止等による損失の補償」としてまとめて考察する．これらの損失は，土地等の収用・使用による収用損失そのものではないが，土地等の収用・使用から派生するものであり，公平の観点から補塡されるべきであるとされたものである．

91条～93条の損失の補償は，収用損失の補償が事前補償であるのに対して，原則として，事後補償（すでに発生した損失の補償）である（ただし，93条の定める補償は，事前補償であることもある）．

（測量，調査等による損失の補償）
第91条
① 第11条第3項，第14条又は第35条第1項の規定により土地又は工作物に立ち入つて測量し，調査し，障害物を伐採し，又は土地に試掘等を行うことに因つて損失を生じたときは，起業者は，損失を受けた者に対して，これを補償しなければならない．

> ② 前項の規定による損失の補償は，損失があつたことを知つた日から1年を経過した後においては，請求することができない．

1 本条の趣旨と要点

1 本条の趣旨

　本条は，事業の準備のため，または事業認定後における事業の準備や土地・物件調書の作成のため，土地・工作物に立ち入って測量・調査をし，障害物を伐除し，土地の試掘等を行うことによって損失が生じた場合の補償について定めたものである．本条に定める立入り等は「公用使用」に属するものではあるが，2条や6条による土地・物件の使用とは異なり，通常，侵害の程度は軽微で一時的なものにとどまり，また，すでに発生した損失に対する事後補償であることなどの特徴が認められるので，一般の土地等の使用とは区別して，独立の公用負担として定められている．

2 本条の要点

　本条の要点は，補償の性質，補償の要否，補償の内容（範囲），補償の権利者・義務者，除斥期間，補償の手続，訴えの提起等である．補償の性質と補償の内容については，若干見解の対立がみられるが，その他の点については，判例・学説上の対立は見当たらない．

2 補償の性質

1 学説の動向

　本条の補償の性質については，損失補償説と損害賠償説が対立している．損失補償説に立つものとしては，「適法なる行為によって生ずる損失である」との見解（高田・収用法393頁）が代表的なものである．これに対して，損害賠償説に立つものとしては，「立入権の行使は公用負担であるとしても，その補償については特別な説明が不可能ともいえず，また立入による損失も，損失補償の一般論をもって律すべきものともいえない．立入権による損失は，不法行為観念から構成しても，ほぼ同様の結論が得られるのではなかろうか」との見解（木村実「損失補償法の個別的問題—立入補償関係」国家補償法大系④174頁）が代表的なものである．

2 学説の検討

本書では，当初から予見・認容されていた範囲内のものを損失補償として捉えている．立入り・調査・測量等は，当初から予見・認容されていた範囲内のものであれば，ここでも損失補償説に立つべきことになる．しかし，これはいわば観点の相違にすぎず，どちらの考え方が説明上すっきりするかという程度の問題であって，それほど実益のあるものではない．

●3 補償の要否

補償が必要となるのは，立入り等によって損失が発生し，それが受忍限度を超えた場合である．どのような場合に受忍限度を超えたことになるのかは，社会通念に基づいて個別具体的に判断せざるをえない．立入り等に伴って受忍限度を超える損失が生ずることは，比較的少ないのではないかと思われる（小澤・収用法下377頁参照）．

なお，立入り等が違法になされた場合は，損失補償ではなく，損害賠償（国家賠償）の問題となる．

●4 補償の内容

1 通常生ずべき損失

本条では「損失」となっているだけであるが，これは「通常生ずべき損失」の意味であると解すべきである．都市計画法28条（土地の立入り等に伴う損失の補償）は，「通常生ずべき損失」と規定している．88条の通損補償は事前補償であり，本条の補償は事後補償であるが，補償の内容については，基本的に相違していないものと解すべきである．したがって，補償の範囲は，立入り等と相当因果関係がある範囲に限定される．

2 本法第6章第1節の類推適用の可否

1 学説の対立　補償の内容（範囲）については，明文の規定はないが，一般に，収用・使用の損失に関する本法第6章第1節の規定の基本的理論に関する部分が類推適用されると解されている．すなわち，「侵害される財産権についてはその一般的・客観的な価格をもって，補償権利者の具体的・主体的な事情に基づく損失についてはその権利主体の具体の事情に即し，かつ，通常という制限の下におけるある種の客観的な基準をもって，そのそれぞれの損失の

補償が図られなければならない」との見解（国宗正義「補償の種類と性質」中川＝兼子・収用税金201頁）がその代表的なものである（同旨，小高・収用法480頁，竹村・収用法と補償609頁）．

しかし，このような考え方に対しては異論がないわけではない．すなわち，「財産権の本体に直接関係する試掘等の場合は例外として，一般的な立入調査，あるいは障害物の伐除等では，その損失の補償にこのような原則が適用されるのであろうか」との疑問を呈した上で，立木の伐除に関して単純に立木の価格を算定している収用委員会の裁決例を挙げて，「測量・調査のための損失であれば，おそらく不法行為における慰謝料相当額になるのではなかろうか」と説くもの（木村・前掲174～175頁）がある．また，これに近い考え方に立って，「この問題は，結局，損失補償の根拠である公平負担の観念に照らして社会通念により決めるべきものである」とした上で，①立入り等は，本法2条・6条による土地・物件の使用の場合とは異なり，通常，侵害の程度は軽微で，一時的なものにとどまるから，これによる損失の補償を土地・物件の使用の場合に準じて処理することは必ずしも適切であるとはいえないこと，②本条が「損失を生じたとき」と規定して事後補償であることを明示していることからすると，補償対象となるのは現実に具体的に生じた損失に限定され，損害賠償の場合の損害額の認定と同様に考えるべきであること，③単に立ち入った上での測量・調査にとどまるときには，通常，侵害は極めて軽微であり，具体的な損失が生ずることはないと思われること，などの具体的基準をあげる見解（小澤・収用法下377頁）もある．

2　学説の検討　この問題については，後説の方が妥当であろう．公用使用ではあるが，一時的なものであるので，継続的な公用使用と同列に論ずるべきではない．ただ，後説は，本条の補償の性質を損害賠償として捉える立場に立っているので，その点にやや疑問が残るところである．損失補償説に立っても，十分説明できるのではないかと思われる．

5　補償の権利者・義務者

補償権利者は，「損失を受けた者」である．土地所有者・関係人に限定されない．現実に損失を受けた者であれば，単なる占有者であっても補償権利者となりうる．補償義務者は，起業者である．

●6 除斥期間

1 2項の趣旨

　本条による損失補償請求権は,「損失があつたことを知つた日から1年を経過」すると, 消滅する. 不法行為に基づく損害賠償請求権は, 損害および加害者を知った時から3年 (今次の債権法の改正後は, 生命・身体を害する不法行為については5年), 不法行為の時から20年で消滅する (民法724条, 724条の2) のに対して, 本条2項は, 特に1年の「除斥期間」を定めている. その趣旨は, 立案関係者によれば,「適法行為の損失補償であり, かつ, 簡易な手続と特別の執行方法を許している関係上, なるべく早く問題を解決するにある」ということである (高田・収用法394頁).

　しかし, これに対しては, 異論がないわけではない. すなわち, ①簡易な手続であることが何故に早期申請・早期確定を必要とするのか分明ではないこと, ②94条10項から12項までに特別の執行方法が予定されていることは, 裁決後の出訴期間の短縮の理由とはなりえても, 早期申請の理由とはなりえないこと, などを指摘した上で,「立法論の当否は別として, 早期確定の立法理由は起業者側の便宜に尽きる, と考えるほかないのではなかろうか」と説くもの (小澤・収用法下378頁) がある. ただ, いずれにしても, これが除斥期間を定めたものであることについては異論はない.

　因みに, 除斥期間を定めたものとしては, 本法93条2項, 河川法21条2項, 砂防法23条2項, 海岸法19条2項, 道路法70条2項等がある.

2 「知つた日」の意味

　「知つた日」とは, 現実に損失の発生を知った日をいう. 必ずしも侵害行為の具体的態様や損失額まで知る必要はない.

3 補償の請求

　補償の請求は, 損失を与えた起業者に対して行わなければならない. 必ずしも書面による必要はなく, 口頭でも行うことができる. 補償の具体的手続については, 94条が定めているので, 後述する (402頁以下参照).

　1年を経過した後は, 補償請求権は消滅する. ただし, 上述したように, これは補償請求権の除斥期間であるから, 違法性, 故意・過失が認められる場合

は，別途国賠法1条1項に基づいて損害賠償を請求するこができる．

> （事業の廃止又は変更等による損失の補償）
> 第92条
> 　① 　第26条第1項の規定による事業の認定の告示があつた後，起業者が事業の全部又は一部を廃止し，若しくは変更し，第29条若しくは第34条の6の規定によつて事業の認定が失効し，又は第100条の規定により裁決が失効したことに因つて土地所有者又は関係人が損失を受けたときは，起業者は，これを補償しなければならない．
> 　② 　前条第2項の規定は，前項の場合に準用する．

● 1 　本条の趣旨と要点

1 　本条の趣旨

　本条は，事業の廃止・変更，事業認定の失効および裁決の失効によって生じた損失の補償について定めている．

　事業認定の告示がなされると，被収用者は，土地の保全義務が課され（28条の3），土地利用の変更や工作物の新増築を中止せざるをえなくなる．また，裁決手続開始の登記の効果（45条の3）からして，被収用者は，土地等の譲渡・賃貸等も事実上できなくなる．このように，事業の廃止・変更等により，被収用者は種々の損失を被ることが予想される．本条は，このような場合に被収用者を救済するために，起業者に補償義務を課したものである．

　本条は，広い意味においては，「行政活動の変更と損失補償」に関わるものである．行政活動の変更に伴う損失補償の要否については，一般に明文の根拠規定がない場合が論議されているが，本条のように明文の規定が置かれているものも散見される（都市計画法52条の5，57条の6，60条の3等．後述465頁以下参照）．

2 　本条の要点

　本条の要点は，補償の性質，補償の要否，補償の内容（範囲），補償の権利者・義務者，除斥期間等である．補償の内容（範囲）については，前条で説明したこととほぼ同様の問題がある．除斥期間についても，前条で説明したことがほぼ当てはまるが，若干補足する必要がある．判例・学説が若干対立してい

る事項がある．

●2　補償の性質

本条の補償の性質については，損失補償説と損害賠償説が対立している．

1　損失補償説

損失補償説に立つのは，立案関係者の所説であり，次のように説いている．すなわち，「旧法においては，裁決の後は収用の手続より脱退の自由なく，常に収用の効果を発生せしめなければならず，従って裁決後の失効は，常に義務違反であり，損害賠償の問題であるとする見解が有力であった．／しかし，収用の手続は，各段階において，収用の必要がなくなったときは常にその手続からの脱退を認め，また，起業者が要求せられている手続その他の行為を怠ったときは常にその次の手続又は効果の発生を拒否している．即ち，収用の実質原因を常に具備し且つ起業者が手続その他の行為を怠らないときにのみ，法は，収用の効果を保証している．また，一方，本条の失効その他の損失補償は，故意・過失の証明を要件とせず，故意又は過失の証明のできない場合も含むことからして，必ずしもすべてを義務違反による損害賠償と考える必要はない．但し，不法行為の成立をきたす場合は決して少なくないが，それは，私法の問題であり，必ずしも本法の問題ではない．」（高田＝国宗・収用法 269 頁．同旨，小高・収用法 484 頁）．

また，最近の文献の中には，現行法は，収用・使用の「本質」または「手続の経済」に基づいて起業者の「収用手続からの脱退の自由」を認め，不法行為による損害賠償という構成を廃し，損失補償とした経緯に留意する必要がある，と説くもの（松尾・損失補償法理 189 頁）がある．

2　損害賠償説

これに対して，損害賠償説も有力に説かれている．その代表的な所説は，次のように説いている．すなわち，「本条は，『損失補償』という構成をとってはいるが，実質的には，不法行為による損害賠償について，違法性，故意過失の立証責任を免除するために，『損失補償』という構成がとられたにすぎないと考えるべきである．その意味で，本条は，実質的には，無過失賠償責任を法定したものと考えられる．起業者が事業を断念し収用を中止することは，それ自体をとらえると，全く自由であるといえようが，被収用者との関係においてこ

れをとらえると，決して自由だとするわけにはいかない．……事業認定後は，起業者と被収用者との間には，収用の完成を前提とした権利義務関係ないし信頼関係というべき特殊な関係が形成されるとみるべきである．収用の中止は，この関係を破壊するものであるから，本来そこに違法性を認むべきものであり……，本条は，このような一種の不法行為について，故意過失等の立証責任を免除し，被収用者が損害（損失）の発生・損害額の立証さえすれば，これを補塡すべきことを定めたものと考えられる．」（小澤・収用法下382頁．同旨，竹村・収用法と補償611頁以下，河上正二「民法から見た土地収用と補償」広中俊雄先生古稀記念『民事法秩序の生成と展開』510頁（創文社，1996年））．

3　学説の検討

このように学説の対立がみられるが，いわば観点の相違によるものであり，それほど実益のある議論ではない．ただ，理論的にみれば，本条の損失はあらかじめ予見され，認容されていた範囲内のものと考えられるから，損失補償の範疇に属するものと解するのが妥当であろう．

これは，「行政活動の変更と損失補償」の問題に近似しており，そこでも損失補償説と損害賠償説が対立している（西埜・国賠法コメ454頁以下参照）．上記の小澤説は，「被収用者との関係においてこれをとらえると」となっているから，これはおそらく相対的違法性説に立脚するものであろう．しかし，事業の廃止・変更が適法なのであれば，相手方との関係においても適法であるとして，損失補償の問題として処理するのが理論的整合性を有するのではないかと思われる．

ただ，このことは，事業の廃止・変更や事業認定の失効の場合には妥当するが，100条の規定により裁決が失効した場合にも同じようにいえるかということになると，一考を要するところである．権利取得の時期または明渡しの期限までに補償金の払渡し等をしないということになれば，このことまでをあらかじめ予見・認容していた範囲内と解することはできないであろう．この場合には，補償は「損害賠償」の性質を有するものといわざるをえない（小澤・収用法下382頁が，「違法性は，事業の廃止・変更又は事業認定の失効の場合よりも裁決の失効の場合の方が強い」と説いているのは，この限りにおいて妥当である）．したがって，本条の損失補償のすべてが「損失補償」の性質を有するということではなく，損失補償の性質を有するものと損害賠償の性質を有するものが併存し

ているということになる．また，事案によっては，事業の廃止・変更等に違法性が認められ，不法行為を構成するということもありうるであろう．

●3 補償の要否

1 法定事由

本条1項は，起業者が損失を補償しなければならない場合として，次の三つの場合を規定している．

1 事業認定告示後の事業の廃止・変更 その一は，事業認定の告示があった後に，起業者が事業の全部または一部を廃止し，または変更した場合である（30条）．事業認定の告示があれば，土地所有者等は，土地の保全義務を負い（28条の3），損失補償の制限を受ける（89条）．

2 事業認定の失効 その二は，29条または34条の6の規定により事業認定が失効した場合である．すなわち，①事業認定の告示後1年以内に裁決申請をしないとき（29条1項），②事業認定の告示後4年以内に明渡裁決の申立てをしないとき（同条2項），③手続保留地について事業認定の告示後3年以内に手続開始の申立てをしないとき（34条の6）には，事業認定は効力を失う．

3 補償金等の不払いによる裁決の失効 その三は，100条の規定により裁決が失効した場合である．すなわち，①起業者が権利取得の時期までに権利取得裁決に係る補償金等の払渡し等をしないときは，権利取得裁決はその効力を失い（100条1項），②起業者が明渡しの期限までに明渡裁決に係る補償金の払渡し等をしないときは，明渡裁決はその効力を失う（同条2項）．

2 法定事由以外の事由による事業認定等の失効

本条の定める事由以外の事由によっても，事業認定や裁決が失効する場合がある．事業認定に対する不服申立てや取消訴訟が提起されて，取消裁決や取消判決があったような場合である．このような場合には，たとえ損失（損害）が発生していたとしても，本条の問題ではなく，違法行為に基づく損害賠償の問題（国賠法1条1項に基づく国家賠償の問題）として扱われることになる．

●4 補償の内容

補償額の算定については，第6章第1節の基本原則を類推適用すべきであると解するのが通説である（国宗・前掲（中川＝兼子・収用税金）201頁，小高・収

用法484頁，鈴木＝高原・収用法50講155頁〔安達常太郎執筆〕等）。しかし，これに対して，第6章第1節の規定はあまり参考にならないとして，「本条の損失補償は，実質的には損害賠償であり，民法の不法行為による損害額の認定の方法に従うべきものである」との見解（小澤・収用法下385頁．同旨，竹村・収用法と補償613頁）も有力である．また，損失補償説の立場から，積極的損害として，①事業認定告示前に対象地上の建物建築等のための契約の維持，履行，事業認定後の契約解除によって生じた損害，②事業認定後に代替地を取得していたときの代替地の探索費用，事業の廃止・変更によって代替地が不要になった場合の売却損，それらの手続費用，③事業認定後に対象地上の物件移転の工事のために締結した請負契約等の解除費用などを，消極的損害として，①事業認定告示前に対象地上で事業が実施され，またはその計画が具体化していたが，それが一時中断したことによって生じた逸失利益，②賃貸用建物について裁決後に借家人が立ち退いたことによる家賃減収分などを挙げる見解（松尾・損失補償法理190頁）もある．

　これは，本条の補償の性質についての損失補償説と損害賠償説の対立の一場面である．前述のように，本条の補償の中には，損失補償の部分と損害賠償の部分が併存していると解すべきである．しかし，そうであるからといって，補償額の算定については，損失補償と損害賠償とで別異に解する必要はない．相当因果関係，特別の事情による損失，期待利益の喪失等の問題は，補償の性質についていずれの学説に立っても，基本的には同じように処理されるべきものであろう．

5　補償の権利者・義務者

　補償の権利者は，事業の廃止・変更，事業の認定の失効，裁決の失効によって損失を受けた土地所有者または関係人である．補償の義務者は起業者である．

6　除斥期間

1　制度の趣旨

　補償請求権は，損失があったことを知った日から1年が経過すると消滅する．前条2項と同様に，法律関係を早期に確定させるために，除斥期間を定めたものである．91条2項，93条2項にも同趣旨の規定が置かれている．

　「損失があつたことを知つた日」とは，損失の発生を現実に知った日をいう．

被収用者が，事業の廃止・変更，事業認定の失効および裁決の失効を知れば，通常は，損失の発生を知ったものと推定されてよいであろう．

2 損害賠償請求権の消滅時効・除斥期間

前述したように，100条の規定により裁決が失効した場合の補償は，損害賠償の性質を有する．この場合は，違法性や故意・過失の立証を要しないから，無過失損害賠償責任を定めたものである．

また，事案によっては，事業の廃止・変更や事業認定の失効にも違法性，故意・過失がが認められ，不法行為責任（国賠責任）を構成するということも考えられる．このような場合には，不法行為に基づく損害賠償請求権は，除斥期間の1年を経過した後も，一般の損害賠償請求と同様に，民法724条の消滅時効・除斥期間によって処理されることになる．

（収用し，又は使用する土地以外の土地に関する損失の補償）
第93条
① 土地を収用し，又は使用（第122条第1項又は第123条第1項の規定によつて使用する場合を含む．）して，その土地を事業の用に供することにより，当該土地及び残地以外の土地について，通路，溝，垣，さくその他の工作物を新築し，改築し，増築し，若しくは修繕し，又は盛土若しくは切土をする必要があると認められるときは，起業者は，これらの工事をすることを必要とする者の請求により，これに要する費用の全部又は一部を補償しなければならない．この場合において，起業者又は当該工事をすることを必要とする者は，補償金の全部又は一部に代えて，起業者が当該工事を行うことを要求することができる．
② 前項の規定による損失の補償は，事業に係る工事の完了の日から1年を経過した後においては，請求することができない．

● 1 本条の趣旨と要点

1 本条の趣旨

本条は，収用または使用する土地の隣接地に対し，当該土地の従前の用法に従った利用機能を維持するための工事費の補償を定めたものである．この補償は，「みぞかき補償」，あるいは「隣接地補償」と呼ばれているが，その内容か

らみると,「事業損失補償」の一種であり,また,土地所有者・関係人以外の者に対してなされることからすれば,「第三者補償」に属する.

損失補償基準要綱44条にも同趣旨の規定が置かれている.損失補償基準要綱解説は,「本条は,隣接土地等の従来の用法による利用価値を維持するために工事の必要がある場合,工事に要する費用を補償しようとするもので,土地収用法第93条の規定と同趣旨の規定である」と説明している (187頁).

本条にならって同趣旨の規定を置くものとして,河川法21条,海岸法19条,道路法70条等がある.

2 本条の要点

本条の要点は,補償の性質,75条と本条の相違点,原因行為,工事の必要性,補償の対象(範囲),補償請求権者,除斥期間等である.補償の性質をめぐる論争のほか,原因行為や補償の対象について若干判例・学説上の対立がみられる.

2 補償の性質

1 学説の動向

本条の補償の性質については,損失補償説と損害賠償説が対立している.

損失補償説に立つものとしては,「収用し又は使用して土地を事業の用に供することが,各段階において行政処分により適法であると認められている限りにおいて,その損失の発生は,不法行為による損害の発生と認められる論理上の余地が全然なく,異説はあるが,不法行為に基づく損害賠償の請求をなしうる可能性はない」との見解(高田=国宗・収用法271頁)が代表的なものである(同旨,高田・収用法396〜397頁,小高・収用法486〜487頁).

これに対して,「みぞかき補償と損害賠償との関係」についての考え方を,①事業の施行自体は適法行為であるから,本条の場合には不法行為が成立する余地がないが,本条は,特別の規定を設けて,政策的に補償することにしたものであると解する見解,②事業の施行自体は適法であっても,他人に損害を与えてよいわけではなく,本条は無過失損害賠償責任を定めたものであると解する見解,③本条の場合は,不法行為による損害賠償を含み,かつ,これよりも広く,不法行為が成立しない場合でも,特に,損失補償として政策的に補償を認めようとするものであると解する見解,の三つに分けた上で,③の考え方を

支持する立場（小澤・収用法下389〜390頁）がある（同旨，竹村・収用法と補償616〜617頁）．この立場は，必ずしも明確とはいえないが，一応，損害賠償説に分類できるのではないかと思われる．

2 学説の検討

本条の補償の性質をめぐる論争は，事業損失補償の性質をめぐる論争の一環である．事業損失補償の性質を損失補償であると解するのが本書の立場であるから（前述181頁参照），ここでも損失補償説が支持されるべきこととなる．あらかじめ予見され認容されている範囲内のものであれば，それに対する補償は損失補償の性質を有する．隣接地補償は，適法な侵害行為に通常付随する程度のものとして，適法行為による損失補償であると解すべきであろう．ただ，この論争は，理論的な説明についてのものであり，あまり実益のある論議ではない．

●3　75条と本条の相違点等

1 隣接地の意義

本条の補償は，75条の補償と区別されて，「隣接地補償」と呼ばれている．対象になるのは，収用地・使用地および残地以外の土地であるが，必ずしも収用地・使用地に直接隣接している必要はない．本条と同趣旨の損失補償基準要綱44条の規定について，損失補償基準要綱解説は，「本来（ママ）の規定による補償は，土地の取得等の場合においては，一般的には，起業地又は残地に隣接する土地が対象になるが，必ずしも隣接していなければ適用対象とならないことではない．本条では，取得した土地を事業の用に供することにより，残地以外の起業地周辺の土地が従来用いていた利用に支障が生じた場合に従来の用法を維持するための工事に要する費用のみを補償せんとするものであ〔る〕」と説いている（187〜188頁）．その意味で，「隣接地補償」という用語は，必ずしも正確な表現とはいえないとの指摘（小澤・収用法下392頁，竹村・収用法と補償618頁）があるが，ここでは，通称である「隣接地補償」という用語を使用しておくことにする．

2 75条との相違点

1　**補償請求権者**　　75条の補償請求権者は被収用者であるが，本条の補

償請求権者は第三者である．本条の補償が「第三者補償」と呼ばれているのは，このためである．

2　補償請求権者の請求　75条の補償については補償請求権者の請求を必要としないが，本条の補償については請求が必要とされている．その理由については，本条の補償は，その損失が外見上明らかではなく，起業者が予見できない場合が多いためである，と解されている．

3　事前補償・事後補償　75条の補償は事前補償であるが，本条の補償は事前補償または事後補償である．

4　補償の要件

1　その土地を事業の用に供すること

原因行為は，「その土地を事業の用に供すること」である．この意味については見解の対立があり，①工事の施行による収用地・使用地の物理的形状の変更に限定する見解，②物理的形状の変更のみならず，供用開始後における事態（例えば，自動車や電車の走行）も含める見解，③物理的形状の変更・供用開始後の事態のみならず，工事施行過程（工事中）も含める見解，に分かれている（小澤・収用法下393頁参照）．文献においては，この対立点について詳説して，（イ）本条2項の除斥期間の起算点が工事の完了日とされていることからみて，工事完了後の供用による不利益までもは本条の対象とは解されないこと，（ロ）供用開始後の事態は正確に予測し難いから，工事費の見積りが困難であること，（ハ）供用後の事態による不利益に対しては，多くの場合，本条に列記するような工事によって対応しうるものではないこと，（ニ）もし②説に立った場合，例えば道路や鉄道の騒音・振動の防止工事に対しても本条が適用されることとなるが，実際問題として，収用委員会は，その質的・量的事務処理能力からみて，このような問題の処理には適していないこと，などを挙げて，①説を支持するもの（小澤・収用法下394頁．同旨，竹村・収用法と補償617頁）がある．補償実務は，①説の立場に立っている．

2　工事の必要性

「必要があると認められるとき」とは，工事を行わなければ，隣接地等を従前の用法に従って維持・管理することができなくなる場合をいう．例えば，道路面と隣接地との間で高低差が発生するような場合である．「その土地を事業

の用供すること」と「工事の必要性」との間に，相当因果関係がなければならない．

3 警察法規違反の状態と補償の要否

　公共事業の施行により，隣接地上の既存施設が警察法規違反の状態になることがある．例えば，適法に維持管理されていた地下埋設のガソリンタンクが，国道の交差点に地下横断歩道が設置され，これとガソリンタンクが近接することになったため，このガソリンタンクが消防法10条4項および危険物の規制に関する政令13条に定める技術基準に違反する状態になったような場合である．このような場合には，ガソリンタンクを移設せざるをえないことになるが，この移設費用等について道路法70条に基づく損失補償が必要であるか否かが問題となる（道路法70条の損失補償については，前述67頁，後述955頁以下参照）．

　実際にこれが問題となった事案（ガソリンタンク移設事件）においては，一審の高松地判昭和54・2・27（行集30巻2号294頁），控訴審の高松高判昭和54・9・19（行集30巻9号1579頁）は，ともに移設費用の補償を認めたが，上告審の最判昭和58・2・18（民集37巻1号59頁）は，この種の損失は警察規制に基づく損失であって，道路法70条1項の定める補償の対象とはならない，と判示している．

●5 補償の内容・補償の請求・除斥期間

1 補償の内容

1 工事費　補償の対象となるのは，みぞかき等の工事費である．ただ，工事費といっても，直接の工事費に限定されない．仮住居に要する費用，動産移転料，移転雑費，仮営業所の設置費用等の工事に伴って間接的に必要となる費用も含まれる（小澤・収用法下397頁，竹村・収用法と補償618頁等参照）．

2 供用開始後の道路騒音等　補償は工事費に限定されるから，工事を必要としない利用価値または交換価値の減少は，本条の補償の対象にならない．また，補償の対象は工事費用であるため，地価の下落による損失や身体的・精神的被害も補償の対象とはならない．したがって，道路の供用開始後に騒音・振動が発生したとしても，その被害に対する補償は本条ではなくて，一般の損害賠償法理または損失補償法理によることになる．

第 **2** 節　土地収用法

2　補償の請求・工事代行の要求

1　補償の権利者・義務者　補償権利者（補償請求権者）は，隣接地等の土地所有者，借地権者，建物所有者，借家人等である．前述のように，これは第三者補償であり，75条との相違点である．補償義務者は起業者である．

2　請求　起業者の補償義務は，「請求」があってはじめて発生する．前述のように，これも75条との相違点である．この補償は事後請求が一般的であるが，工事着工前であっても，損失の発生が確実に予見できる場合には，事前であっても，この請求をすることができる．

3　請求の方法　請求は，起業者に対して行う．必ずしも文書による必要はなく，口頭でも行うことができる．

4　工事代行の要求　起業者による工事代行は，84条ないし86条の定める要求と同趣旨であり，当事者の便宜と工事経済を考慮したものである．この要求は，当事者のいずれからでもすることができ，口頭で行うこともできる．

5　補償義務不履行の場合　本条の補償義務の履行については，「権利取得裁決に係る補償の払渡又は供託等」について定めた95条の適用はなく，したがって，不履行の場合でも100条の規定による裁決の失効はないものと解されている．本条の補償は，請求によってはじめて発生するものであり，事後補償であることが一般的であるからである（小高・収用法489頁，竹村・収用法と補償619頁等参照）．

3　除斥期間

2項は，補償請求権の除斥期間を定めたものである．その趣旨は，補償に関する法律関係を早期に確定するということである（91条についての前述390頁参照）．

請求は，起業者に対して事業に係る工事完了の日から1年以内にしなければならない．「工事の完了の日」とは，実際に工事が完了した日をいう．したがって，道路についていえば，工事完了の告示の日（道路法施行令2条2項）を指すものではない．

第20款　損失補償の裁決手続

（前3条による損失の補償の裁決手続）
第94条
① 前3条の規定による損失の補償は，起業者と損失を受けた者（前条第1項に規定する工事をすることを必要とする者を含む．以下この条において同じ．）とが協議して定めなければならない．
② 前項の規定による協議が成立しないときは，起業者又は損失を受けた者は，収用委員会の裁決を申請することができる．
③ 前項の規定による裁決を申請しようとする者は，国土交通省令で定める様式に従い，左に掲げる事項を記載した裁決申請書を収用委員会に提出しなければならない．
　一　裁決申請者の氏名及び住所
　二　相手方の氏名及び住所
　三　事業の種類
　四　損失の事実
　五　損失の補償の見積及びその内訳
　六　協議の経過
④〜⑥　略
⑦ 収用委員会は，第2項の規定による裁決の申請がこの法律の規定に違反するときは，裁決をもつて申請を却下しなければならない．
⑧ 収用委員会は，前項の規定によつて申請を却下する場合を除くの外，損失の補償及び補償をすべき時期について裁決しなければならない．この場合において，収用委員会は，損失の補償については，裁決申請者及びその相手方が裁決申請書又は第6項において準用する第63条第2項の規定による意見書若しくは第6項において準用する第65条第1項第1号の規定に基いて提出する意見書によつて申し立てた範囲をこえて裁決してはならない．
⑨ 前項の規定による裁決に対して不服がある者は，第133条2項の規定にかかわらず，裁決書の正本の送達を受けた日から60日以内に，損失があつた土地の所在地の裁判所に対して訴えを提起しなければならない．
⑩ 前項の規定による訴えの提起がなかつたときは，第8項の規定によつてされた裁決は，強制執行に関しては，民事執行法（昭和54年法律第4

> 号）第22条第5号に掲げる債務名義とみなす．
> ⑪　前項の規定による債務名義についての執行文の付与は，収用委員会の会長が行う．民事執行法第29条後段の執行文及び文書の謄本の送達も，同様とする．
> ⑫　前項の規定による執行文付与に関する異議についての裁判は，収用委員会の所在地を管轄する地方裁判所においてする．

1　本条の趣旨と要点

1　本条の趣旨

　本条は，測量・調査等による損失の補償（91条），事業の廃止または変更等による補償（92条）および収用地・使用地以外の土地に関する損失の補償（93条）の裁決手続と裁決後の訴訟・強制執行手続について定めたものである．

　本法以外の法律において，本条の規定による「裁決の申請」をすることができる旨を定める例が多数見受けられる．例えば，都市計画法28条3項，52条の5第3項，景観法24条3項，都市再開発法97条4項，都市緑地法7条6項，都市公園法28条3項，土地区画整理法73条3項，古都保存法9条3項，道路法69条3項，70条4項，河川法21条4項，22条5項，57条3項等である．

2　本条の要点

　本条の要点は，裁決の申請，補償裁決，当事者主義，訴訟，強制執行等である．いずれの点についても，判例・学説上の対立は見当たらない．

　本条は，12項から構成されている．1項，2項，8項，9項を除けば，その他の項は比較的細かな規定内容である．それ故，ここでは，主要な事項に限定して考察することにする．

2　当事者の協議・収用委員会の裁決

1　当事者の協議

　裁決申請の前提として当事者の協議を必要としたのは，当事者の話合いによる自主的解決を期待したものである．協議は，損失の発生の有無，因果関係，補償額，補償方法，補償の時期等について行われる．協議が成立したときは，当事者間で私法上の契約が締結されたことになり，一般の民事契約の法理に従

って処理される．協議が成立しないときは，2項以下の手続に移行することになる．

2　「協議が成立しないとき」の意味

「協議が成立しないとき」とは，双方が協議したが合意に達しなかった場合，一方が協議の申出をしたのに対し，他方がこれに応じなかった場合，などをいう．当事者の従来の言動からみて，協議を行ってもその成立を見込むことができない場合であっても，協議を省略することはできない（小澤・収用法下406頁，竹村・収用法と補償623頁等参照）．

3　裁決前置主義

本条の協議および裁決を経ることなく，損失補償を求めて直接裁判所に出訴することはできない（判例・通説）．道路法70条についてであるが，大阪地判昭和33・7・15（下民集9巻7号1291頁）は，「協議及び収用委員会の裁決を経由せずに訴を提起することは許されないのであって，協議及び裁決を経ることが適法に出訴するための前提要件であると解しなければならない．そして土地の収用又は使用，それに伴う損失の補償等が行政の技術的専門的考慮を必要とし，行政的裁量の余地も多いために，なるべく当事者又は行政庁の自主的解決に委ねるのが公益の見地からも得策であり，当事者にとってもあながち不利益とはいえないことを考えれば右のように解するのが適当であ〔る〕」として，このことは国民の訴権を不当に制限するわけでもない，と判示している（同趣旨のものとして，東京地判昭和58・9・28行集34巻9号1651頁．判例の動向については，小澤・収用法下407頁参照）．

4　裁決申請手続

裁決申請書の様式は，施行規則23条，同別記様式第12に定められている．裁決申請書には，事業の種類，損失の事実，損失の補償の見積およびその内訳，協議の経過等の事項を記載することになっている．裁決申請書が適正な様式を欠いている場合は補正を命じられ，相当の期間内に補正されない場合は，収用委員会は裁決申請を却下する．

5　却下の裁決

収用委員会は，審理の結果，「裁決の申請がこの法律の規定に違反するとき」は，申請却下の裁決をしなければならない．裁決申請が「この法律の規定に違反するとき」とは，具体的には，①91条2項，92条2項，93条3項に定める除斥期間経過後の裁決申請，②協議を経ないでなされた裁決申請，③93条の規定による補償の請求として，工事以外の騒音・振動等による精神的，身体的損失に対する補償を求めての裁決申請，などである（小澤・収用法下409～410頁，竹村・収用法と補償625頁，土地収用法令研究会編・Q&A 305～306頁等参照）．

3　補償裁決

1　裁決事項

裁決すべき事項は，「損失の補償」および「補償をすべき時期」である．

1　損失の補償　「損失の補償」とは，金銭補償と現物補償のことである．金銭補償は補償金額をいい，現物補償は起業者が行う工事内容等をいう（前述106頁参照）．

2　補償をすべき時期　「補償をすべき時期」とは，補償義務の履行期限をいう．この期限は，土地の収用・使用のための裁決とは関係がなく，権利取得の時期または明渡しの期限に合わせる必要はない（小澤・収用法下411頁，竹村・収用法と補償625頁参照）．

2　当事者主義

損失の補償に関する事項は，私益的事項である．収用委員会は，当事者の申し立てた範囲を超えて裁決することはできない．本条8項後段の規定は，48条3項と同様の趣旨に立つものである．

なお，8項前段の規定において，「損失の補償」と「補償をすべき時期」とを書き分けており，「補償をすべき時期」については制限規定がないので，収用委員会は，当事者の申立てに拘束されない．

4　訴えの提起

9項は，損失補償に関する訴訟の一般原則である133条2項の特例について定めたものであり，特則的規定である（長崎地判昭和33・6・23行集9巻8号

第2章 土地収用法関係

1638頁参照)．

1 出訴期間

一般の収用・使用の裁決のうち損失の補償に関する訴えの出訴期間は，裁決書正本の送達を受けた日から6か月とされている（133条2項）．これに対して，本条9項はこれを60日に短縮しているが，これは，裁決に早期に執行力を発生させるためであると解されている．

2 裁判管轄

一般の収用・使用の裁決に係る当事者訴訟（133条2項）では，管轄裁判所は，被告の普通裁判籍所在地の裁判所または不動産所在地の裁判所の選択的管轄に属する．これに対して，本条の裁決については，「損失のあつた土地の所在地」の裁判所の専属管轄とされている．土地の所在地の裁判所とは，地方裁判所のことである．

●5 強制執行

1 民事執行法の特例

一般の収用・使用の裁決では，起業者が補償義務を履行しない場合には，裁決を失効させるという方法によって補償義務の履行を担保している．しかし，91条ないし93条の損失補償は，通常，事後補償であり，すでに加えられた損失に対する補償であるから，このような方法によることはできない．

そこで，本条は，9項の規定による訴えの提起がない場合には，起業者の補償義務の履行を民事執行法で定める強制執行の方法に委ねることにして，10項から12項までの規定において，民事執行法の特例を定めている．準司法的行政機関である収用委員会が慎重な手続を経て行った裁決に対し，「債務名義」としての効力を付与し，早期に債権確保が可能となるように，強制執行に着手する途を設けたものである．債務名義が付与されれば，補償権利者は，確定判決を得ることなく，直ちに強制執行手続に着手することができる．

2 執行文の付与

強制執行を行うためには，債務名義だけではなく，債務名義に執行文が付与されていなければならない．執行文の付与は，債務名義に執行力のあることを

第2節　土地収用法

公証し，それにより執行機関による執行が保証される．この執行文を付与する機関は，一般の民事執行では，判決については裁判所書記官，執行証書については公証人である（民事執行法26条1項）が，本条11項前段は，その特例として，収用委員会の会長がこれを付与するものとしている．

第21款　緊急に施行する必要がある事業等のための土地の使用

> （前2条の使用に因る損失の補償）
> 第124条
> ①　起業者は，第122条第1項の規定によつて土地の使用の許可を受け，若しくは市町村長に通知した場合，前条第2項の規定による使用の期間が満了した場合又は同条第5項の規定によつて使用の許可が失効した場合においては，土地を使用することに因つて生ずる損失を第6章第1節（第72条，第73条，第74条第2項，第78条，第79条，第80条の2第2項及び第81条を除く．）の規定によつて補償しなければならない．この場合において，損失の補償は，使用の時期の価格（土地又は土地に関する所有権以外の権利に対する損失の補償については，その土地及び近傍類地の地代及び借賃等を考慮して算定した使用の時期の価格）によつて算定しなければならない．
> ②　第94条（第6項を除く．）の規定は，前項の場合に準用する．……（以下，略）……
> ③　略

● 1　本条の趣旨と要点

1　本条の趣旨

　本条は，非常災害の際の土地の使用（122条）および緊急に施行する必要がある事業のための土地の使用（123条）によって生じた損失について，その補償の算定方法と決定手続について定めたものである．一般の収用・使用に対する補償が事前補償であるのに対して，本法第8章第3節（122条～124条）に定める土地の使用については事後補償となっているが，これは，事業の施行が緊急に必要とされており，事前に補償する時間的余裕がないためである．

407

122条は，非常災害時という特殊性のために，事業認定という公益的判断を経ていなくても，土地の緊急使用を行うことができることを定めている．これに類した規定は，災害対策基本法64条1項，河川法22条1項，水防法28条1項，道路法68条1項等にも置かれている．しかし，これらの規定による使用は，一時的・応急的な使用に限られており，比較的長期にわたって土地を使用する場合は，本法122条によらなければならない．

123条は，すでに裁決申請を行っている土地について緊急に事業を施行する必要がある場合における土地の使用について定めている．公共用地取得特別措置法20条の規定による緊急裁決の制度は，本条の緊急使用の制度と機能上類似している．

事後補償であるから価格固定制度の規定は適用されない．また，123条1項の使用の場合には，同条4項により，請求のあるときの見積補償額の払渡しが規定されている．

2 本条の要点

本条の要点は，事後補償，補償の時期，補償の内容（範囲），補償額算定の時期，補償の手続，訴えの提起等である．いずれの点についても，判例・学説上の対立は見当たらない．

●2 補償の時期

1 122条の使用の場合

補償の時期については，事後補償ではあるが，起業者は，使用期間の満了を待つことなく，許可を受け，または通知をした後，できるだけ速やかに補償のための協議を行う必要がある．122条は，123条4項（見積補償額の払渡し）に相当する規定を欠いているからである．

2 123条の使用の場合

起業者は，土地所有者からの請求があるときは，見積補償額を払い渡さなければならない（同条4項）．それ以外の場合は，起業者に担保を提供させること，使用期間は6か月であり，更新ができないことから，事後補償で足りると解されている．

● 3　補償の内容・補償額算定の時期

1　補償の内容

　補償の算定は，第6章第1節の規定に従って行われる（ただし，事柄の性質上，適用が排除されている規定がある）．その範囲は，緊急使用によって生じる損失のすべてである．起業者は，土地の使用料だけではなく，物件移転料その他の通常生ずる損失も補償しなければならない．

2　補償額算定の時期等

　損失の補償は，事後補償であり，一時的な使用に対する補償であるから，土地使用料については価格固定されない．「使用の時期」とは，使用の開始からその終期までを指し，使用期間の意味である．使用期間中に地価の騰落があるときは，その騰落に応じて算定される．

　使用期間は，非常災害の場合（122条）は，許可または通知において明示される．緊急事業施行の場合（123条）は，6か月であるが，その期間満了前に許可が失効するときは，その時点までである．

● 4　補償の手続

　補償の手続については，94条の規定が準用されており，当事者が協議して定めることとされている．協議が成立しないときは，収用委員会に裁決の申請をすることができ，収用委員会の裁決によって補償が決定される．

　なお，収用委員会の補償裁決を経ずに，直接裁判所に補償請求の訴えを提起することはできない（裁決前置主義．前述404頁参照）．

第22款　生活再建措置

> **（生活再建のための措置）**
> **第139条の2**
> ①　第26条第1項（第138条第1項において準用する場合を含む．）の規定によつて告示された事業に必要な土地等を提供することによつて生活の基礎を失うこととなる者は，その受ける対償と相まつて実施されることを必要とする場合においては，次に掲げる生活再建のための措置の実施のあつせん

第2章 土地収用法関係

> を起業者に申し出ることができる．
> 　一　宅地，開発して農地とすることが適当な土地その他の土地の取得に関すること．
> 　二　住宅，店舗その他の建物の取得に関すること．
> 　三　職業の紹介，指導又は訓練に関すること．
> ②　起業者は，前項の規定による申出があつた場合においては，事情の許す限り，当該申出に係る措置を講ずるように努めるものとする．

1　本条の趣旨と要点

1　本条の趣旨

1　生活再建の必要性　本条は，土地等の提供により生活の基礎を失うこととなる者の生活再建措置を講ずべき努力義務を起業者に課したものである．生活再建措置とは，補償金とは別個に，生活再建のためになされる各種の行政措置をいう．本書では，生活再建措置も生活権補償に含めて把握している（前述124頁以下参照）．本条は，2001（平成13）年の改正によって追加されたものである．

本条の趣旨について，立案関係者は，「本法に基づく損失の補償は，第70条の規定により金銭補償を原則とし，第82条等により替地による補償等の方法が限定的に認められるに止まる．このため，稀には金銭補償だけでは代替地の手当が難しい場合（金銭補償が不足ということよりも，時間的・地域的な困難に起因するものと思われる．）や，高齢者等の居住の確保が困難な場合も見られるところである．このように，自己の居住や事業用敷地等を公共事業に提供することによって生活の基礎を失うこととなる者に対しては，移転後の居住や事業活動がなるべく支障なく継続できるよう，また，生活の激変にできるだけ早期に対応できるよう，多様なニーズに対応したきめ細やかな対応が必要となっている」と説明している（土地収用法令研究会編・改正土地収用法解説242頁．なお，国土交通省総合政策局土地収用管理室監修＝土地収用法令研究会編『Ｑ＆Ａ土地収用法―平成13年改正のポイント―〔完全施行版〕』153頁（ぎょうせい，2002年．以下，「土地収用法令研究会編・平成13年改正のポイント」という）参照）．

2　土地等の取得の円滑化　文献の中には，本条の趣旨について，生活再建の支援のほか，「公益事業に必要な土地等の取得の円滑化」を挙げて，「土地

所有者等は，前記のような生活再建の困難さを予想するために，往々にして土地等の提供を渋り，その結果用地交渉が難航することになる．本条には，こうした事態に対応する趣旨もある」と説くもの（小澤・収用法下795〜796頁．なお，土地収用法令研究会編・平成13年改正のポイント153頁参照）もある．

3 本条に類する規定 本条に類する規定としては，公共用地取得特別措置法47条，都市計画法74条，国土開発幹線自動車道建設法9条等がある．規定ぶりが本条に最も類似するのは都市計画法74条であり，本条はこれにならったものであるといわれている．

2 本条の要点

本条の要点は，生活再建措置の法的性質，本条適用の要件，補償の内容（範囲），起業者の努力義務等である．起業者の努力義務については，判例・学説上，生活再建措置と生活権補償の関係をめぐって見解の対立がみられる．

2 生活再建措置の法的性質

生活再建措置の法的権利性については，肯定説と否定説が対立しており，否定説が判例・通説である（前述119頁参照）．「努めるものとする」という法文からすれば，消極的に解さざるをえないが，これは法律上の根拠を欠くということを意味するだけであって，憲法上の根拠については別に検討されなければならない（前述120頁以下参照）．

3 本条適用の要件

本条の適用の要件としては，①適用対象事業，②生活再建措置の対象者，③「その受ける対象と相まつて実施されることを必要とする場合」の意味が問題となる．

1 適用対象事業

適用対象事業は，事業認定の告示がなされた事業である．本法3条各号に該当する事業であっても，事業認定の告示がなされていなければ，本条は適用されない．しかし，現実には，3条各号該当事業のうち事業認定を受けるものの割合が極めて少ないことから，立法論としてではあるが，「本条の適用範囲を，事業認定の告示の有無を問うことなく，3条各号該当事業全体に拡大する，とすることも考えられる」との見解（小澤・収用法下797頁）が説かれている．

2 生活再建措置の対象者

　生活再建措置の対象者は，土地等を提供することによって「生活の基礎を失うこととなる者」である．「生活の基礎を失う」とは，立案関係者の説明によると，「従来の収入減の全部もしくは大部分が消滅し，又は収入減に著しい変更を来たす場合のほか，住宅，店舗などが消滅する場合などを含む」とされている（土地収用法令研究会編・平成13年改正のポイント156頁）．日常生活と職業生活の両面を含んでいる．

3 「対償と相まつて」の意味

　「その受ける対償と相まつて実施されることを必要とする場合」でなければならない．対償とは，15条の7第1項でいう「対償」と同義であり，対価・補償のことである．任意買収（任意取得）の場合は「対価」が，収用・使用の場合は「補償」がこれに当たる．

　土地等の提供者がこの対償だけでは生活の再建を図ることができない場合であることが必要である．具体的には，土地等の提供に伴って，生活を再建するためには，①代替地の取得，②代替建物の取得，③就業の転換を必要とするような事態になっている場合（小澤・収用法下798頁），あるいは，土地等の提供者が高齢者であり，自ら宅建業者を通じて移転先を探すことが困難な場合（土地収用法令研究会編・平成13年改正のポイント157頁），などが考えられる．

●4 補償の内容

　生活再建措置の内容（範囲）は，1項各号に掲げられているものである．1号では代替地の取得，2号では代替建物の取得，3号では職業の紹介・指導・訓練が定められている．

　本法の特例等について規定している公共用地取得特別措置法（昭和36年制定）は，すでにその47条において「生活再建等のための措置」を規定し，1項の1号から3号は全く同じ内容であるが，4号において「他に適当な土地がなかつたため環境が著しく不良な土地に住居を移した場合における環境の整備に関すること」を掲げていた．本条は平成13年改正によって追加された規定であるにもかかわらず，本条1項にはこの規定が欠けている．本法がこの措置を取り入れなかった理由は明確でなく，立法論としてはこの措置も掲げるべきであるとの見解（小澤・収用法下798頁）が説かれている．

措置対象者は，これらの措置についての「実施のあつせん」を起業者に申し出ることができる．後述するように，代替土地そのものを起業者に要求したり，起業者が職業訓練等を行うことを要求することができるということではない．

5 起業者の努力義務

1 「正当な補償」との関係

生活再建措置が憲法29条3項の「正当な補償」に含まれるか否かについては，立案関係者は，「当該生活再建のための措置のあっせんに努めることを起業者に義務付けることとするのは，社会政策的見地からの行政措置として必要であると考えられたためであり，憲法第29条第3項にいう正当な補償には含まれないものと考えられています」と説いている（土地収用法令研究会編・平成13年改正のポイント154頁）．正当な補償には含まれないから，起業者に努力義務を課したということである．

2 「実施のあつせん」の努力義務

起業者の努力義務の対象は，「当該申出に係る措置」であり，「生活再建のための措置の実施のあつせん」である．代替土地の取得や職業紹介等そのものではなく，「実施のあつせん」であることに注意しなければならない（土地収用法令研究会編・改正土地収用法の解説244頁，小澤・収用法下799頁参照）．もちろん，1項1号から3号に掲げる措置を起業者が自ら講ずることは可能であり，むしろその方が望ましいであろう．

第23款 審査請求

（審査請求の制限）
第132条
　① 次に掲げる処分については，審査請求をすることができない．
　　一 都道府県知事がした事業の認定の拒否
　　二 第122条第1項又は第123条第1項の規定による処分
　② 収用委員会の裁決についての審査請求においては，損失の補償（第90条の3の規定による加算金及び第90条の4の規定による過怠金を含む．以下第133条において同じ．）についての不服をその裁決についての不服

第2章　土地収用法関係

> の理由とすることができない．

● 1　本条の趣旨と要点

1　本条の趣旨

1　審査請求の制限　本条は，審査請求の制限について定めたものである．1項は損失補償に直接関係しないので，ここでは2項に限定して考察することにする．

2項は，収用委員会の裁決についての審査請求においては，損失の補償についての不服をその裁決についての不服の理由とすることができない，と規定している．2014（平成26）年の行政不服審査法の全部改正に伴い，本法第10章の題名が「不服申立て及び訴訟」から「審査請求及び訴訟」に改められ，本条の見出しも「不服申立ての制限」から「審査請求の制限」に改められた．本条1項の文言も，「行政不服審査法による不服申立て」から「審査請求」に変更された．

2　収用・使用の不服と損失補償の不服　収用委員会の権利取得裁決に対する不服は，収用・使用についての不服と損失の補償についての不服に分けられる．また，明渡裁決に対する不服も，明渡しについての不服と損失の補償についての不服に分けられる．いずれの裁決においても，前者の不服は公益事業の遂行に直接関係する公益的事項に関するものであるのに対して，後者の不服は被収用者と起業者の財産権に関する私益的事項に関するものである．

本法は，133条3項において，収用委員会の裁決のうち損失の補償に関する訴えは，「これを提起した者が起業者であるときは土地所有者又は関係人を，土地所有者又は関係人であるときは起業者を，それぞれ被告としなければならない．」と規定している．これは，行訴法4条前段の形式的当事者訴訟であることを明定したものであるから，それにもかかわらず損失の補償についても審査請求を認めることになれば，形式的当事者訴訟とした趣旨と矛盾することになる．

因みに，行政不服審査法7条1項5号は，「当事者間の法律関係を確認し，又は形成する処分で，法令の規定により当該処分に関する訴えにおいてその法律関係の当事者の一方を被告とすべきものと定められているもの」を適用除外

としている．これは，私益的事項については，利害関係を有する当事者間で解決させることが妥当であり，直ちに裁判所の判断を求めさせるのが適切であると考えられたためである（小澤・収用法下691頁，竹村・収用法と補償781〜782頁，宇賀克也『行政不服審査法の逐条解説〔第2版〕』45〜46頁（有斐閣，2017年）等参照）．

2 本条の要点

本条の要点は，「損失の補償についての不服」の意味である．これをめぐっては，数多くの裁判例と収用委員会の裁決例がある（判例と裁決例の動向については，小澤・収用法下692頁以下参照）．

2 「損失の補償についての不服」の意味

1 「損失の補償」の範囲

1 概説 判例・通説は，「損失の補償についての不服」には，単に補償金額についての不服だけではなくて，広く，補償の方法（金銭補償か現物補償か），補償の各項目の認定（残地補償の要否，営業補償の要否等），補償金額の算定時期等についての不服も含まれるものと解している（小澤・収用法下693頁以下，竹村・収用法と補償782頁以下等参照）．ただ，収用委員会の裁決の内容が公益的事項と私益的事項に区別されるとしても，損失補償に関する事項の中には公益的事項と私益的事項を併有するものもあり，その範囲は必ずしも鮮明とはいえない場合がある．問題となるものをいくつか取り上げて，判例・学説の動向をみておくことにしよう．

この点については，133条1項・2項の「損失の補償に関する訴え」でも同じく問題となる．説明が重なることになるが，判例・学説はそちらに関係するものが大半であるので，後に再度考察することにする

2 替地による補償の要求 判例・通説は，替地補償の要求は損失補償についてのものであると解している（後述419頁以下参照）．

3 残地補償の要否 長野地判平成10・7・31（判例自治190号95頁）は，「原告の指摘する残地補償の要否は，収用に伴う損失補償の範囲ないし額に関する事項であるから，これに関する不服を裁決自体の違法事由として主張することができないことは前判示の諸点に照らして明らかである」と説示している．

4 営業補償の要否 高知地判昭和58・3・24（訟月29巻9号1712頁）は，

第 2 章　土地収用法関係

「損失補償の訴の対象となるのは，損失補償の額，方法に関する不服のみならず，損失補償の原因たる損失の範囲に関する不服も含むと解すべきである」と説示している．

5　補償金の支払時期　被控訴人が補償額の支払時期についての不服申立ては損失の補償に関する訴えには該当しないと主張したことに対して，名古屋高判昭和 51・11・30（判時 857 号 71 頁）は，「損失の補償に関する訴えを被控訴人主張の如く限定的に解すべき法文の根拠も実質的な理由もないので，右主張は採用できない」と説示している．

6　権利者の誤認　判例は見当たらないが，文献においては，「不服を申し立てる者は，補償金の支払い（及び増額）を求める訴訟によって十分自己の目的を達しうるのであって，収用裁決の全体を取り消すべきものではない．したがって，前記（1）の趣旨からみて，権利者の誤認についての不服は『損失の補償についての不服』に当たると解すべきであろう．……当事者訴訟又は民事訴訟により解決する方が争訟経済上合理的である．さらに，48 条 4 項の規定からすれば，土地所有者及び関係人の氏名及び住所は同条 1 項 2 号（「損失の補償」）に該当する事項であることも，右の解釈の根拠となる」と説かれている（小澤・収用法下 695 頁．同旨，竹村・収用法と補償 783 頁）．

7　拡張収用　拡張収用，すなわち，残地収用の請求（76 条），移転困難な場合の物件収用の請求（78 条），移転料多額の場合の物件収用の請求（79 条），土地の使用に代わる収用の請求（81 条 1 項）に係る裁決についての不服が，「損失の補償」に当たるか否かという問題がある．判例・学説は分かれている（後述 421 頁以下参照）．

2　収用委員会の裁決に係る争訟手段の教示

2004（平成 16）年の行訴法の改正により，行政庁が取消訴訟または当事者訴訟を提起することができる処分または裁決をする場合に，当該処分または当該裁決の相手方に対し，取消訴訟等の提起に関する事項を教示することが義務づけられた（行訴法 46 条 1 項・3 項）．収用委員会の裁決に係る訴訟は複雑であるため，国土交通省は，「収用委員会の裁決に係る争訟手段の教示について」（平成 17 年 1 月 19 日国土交通省総合政策局総務課長から各都道府県収用委員会事務局長あて通知）を発し，「裁決書の正本の送達に当たっては，別添の例を参考とし，争訟手段の教示について遺漏なきよう，格段の配慮を期されたい」として，

次のような別添様式を提示している（なお，同年3月24日には，「『収用委員会の裁決に係る争訟手段の教示について（平成17年1月19日付け国総収第125号）』の取扱いについて」が発せられている）．

（別添様式）

　　　　　　　　　　　　　　　　　　　　　　　　○○年○○月○○日
　　　　　　　　　　　　　　　　　　　　　　　　○○収用委員会

　　　収用委員会の裁決に係る争訟手段について

　収用委員会の裁決のうち，損失の補償以外について不服がある場合には，裁決書の正本の送達を受けた日から3月以内に○○県（収用委員会の所属する都道府県）を被告として当該裁決の取消訴訟を提起することができます（土地収用法第133条第1項）．

　また，収用委員会の裁決のうち，損失の補償について不服がある場合には，裁決書の正本の送達を受けた日から6月以内に，起業者である○○（起業者に対して教示する場合には，「土地所有者又は関係人である○○」）を被告として損失の補償に関する訴え（当事者訴訟）を提起することができます（土地収用法第133条第2項及び第3項）．

　なお，損失の補償についての不服に関しては，当事者訴訟によってのみ争うことができ，審査請求（土地収用法第132条第2項）や，裁決の取消訴訟によって争うことはできないので注意してください．

　※　損失の補償についての不服とは，例えば，①損失補償額に不満がある場合，②残地補償について不服がある場合，③借地権の存否や土地所有権のの帰属に争いがあって，補償金の帰属先に不服がある場合，④収用・使用地又は建物等土地に付着する物件の面積の算定に不服がある場合等をいいます．以上のほか，土地収用法（第6章）には，損失の補償について詳しい定めがあります．

第24款 訴 訟

> （訴訟）
> 第133条
> ① 収用委員会の裁決に関する訴え（次項及び第3項に規定する損失の補償に関する訴えを除く．）は，裁決書の正本の送達を受けた日から3月の不変期間内に提起しなければならない．
> ② 収用委員会の裁決のうち損失の補償に関する訴えは，裁決書の正本の送達を受けた日から6月以内に提起しなければならない．
> ③ 前項の規定による訴えは，これを提起した者が起業者であるときは土地所有者又は関係人を，土地所有者又は関係人であるときは起業者を，それぞれ被告としなければならない．

1 本条の趣旨と要点

1 本条の趣旨

本条は，1項において，収用委員会の裁決に関する訴えの出訴期間を，2項と3項において，この裁決のうち損失の補償に関する訴えの出訴期間と当事者適格を定めたものである．

損失の補償に関する訴えに限定してみれば，私益的事項である損失の補償についての不服は，行訴法4条前段の形式的当事者訴訟によるべきことを定めたことになる．最判昭和58・9・8（裁判集民事139号457頁）は，本条の趣旨について，「土地収用法133条が収用裁決そのものに対する不服の訴えとは別個に損失補償に関する訴えを規定したのは，収用に伴う損失補償に関する争いは，収用そのものの適否とは別に起業者と被収用者との間で解決させることができるし，また，それが適当であるとの見地から，収用裁決中収用そのものに対する不服と損失補償に関する不服とをそれぞれ別個独立の手続で争わせることとし，後者の不服の訴えについては前者の不服の訴えと無関係に独立の出訴期間を設け，これにより，収用に伴う損失補償に関する紛争については，収用そのものの適否ないし効力の有無又はこれに関する争訟の帰すうとは切り離して，起業者と被収用者との間で早期に確定，解決させようとする趣旨に出たものと解される」と説示している．

第2節　土地収用法

　因みに，公法上の当事者訴訟のうち，実務上，その審理をめぐって問題が多いのは，損失補償関係訴訟である（司法研修所編『改訂行政事件訴訟の一般的問題に関する実務的研究』320頁（法曹会，2000年．以下，「司法研修所編・実務的研究」という）参照）．

2　本条の要点

　本条の要点は，2項と3項に限定してみれば，「損失の補償に関する訴え」の意味（範囲），損失の補償に関する訴えの性質，主観的予備的併合の可否，出訴期間，裁判管轄等である．「損失の補償」の意味（範囲）については，132条でも取り上げた（前述415頁以下）が，ここでも再度考察することにする．

● 2　「損失の補償に関する訴え」の意味

　132条について述べたところと若干重なるが，ここでは替地補償に関する訴えと拡張収用に関する訴えを取り上げることにする．

1　替地補償に関する訴え

　1　判例の動向　判例上は，替地補償の要求を「損失の補償に関する訴え」と捉えているものが多数であるが，否定的なものもある．

　(1)　**否定的裁判例**　替地補償に関する訴えは損失の補償に関するものではない，すなわち，収用裁決の取消原因ととして主張することができる，とする裁判例としては，神戸地判平成6・12・21（行集45巻12号2017頁）がある．同判決は，「替地による補償の要否の判断は，収用委員会の合理的裁量に委ねられているのであるが，右の二つの要件〔前述312頁参照，筆者注〕を充足しているときには収用委員会は替地による補償の裁決をしなければならないと解すべきである．／被告は，替地による補償も土地収用法上，損失補償の一形態であり，損失補償に関する事由をもって裁決の取消原因たる瑕疵とはすることができないことから，替地による補償に関する事由をもって，本件収用裁決の瑕疵とする主張は主張自体失当であるというが，右に述べたように収用委員会は，一定の場合には替地による補償をする義務があることからすれば，替地による補償に関する事由により収用裁決の取消原因として主張することは許されると解すべきである」と判示している（控訴審の大阪高判平成9・10・30行集48巻10号821頁は，原判決を相当であるとして控訴を棄却）．

　また，奈良地判平成7・10・25（判例自治153号81頁）は，82条3項の収用

委員会の勧告について,「収用委員会の行う右勧告は,補償金の全部又は一部に代えて起業者に替地を提供させることが,公共の利益の増進と私有財産との調整を図るという法の目的の実現のために必要であるかどうかを,収用委員会において個別具体的な事案に即して合目的に判断して行われるべきものであって,どのような場合に右勧告を行うかは,収用委員会の裁量に委ねられているものと解するのが相当である.したがって,収用委員会が右勧告を行わなかったことにつき,裁量権の逸脱又は濫用があったと認められる場合は格別,そうでない限りは,右勧告を行わなかったことから違法の問題を生じることはないものというべきである」と判示している.この判決もまた,替地補償要求に関する訴えは「損失の補償に関する訴え」には当たらないとの立場に立っているものと思われる.

(2) **肯定的裁判例** これに対して,裁判例の多くは,替地補償の要求に関する訴えは「損失の補償に関する訴え」に当たると解している.そのいくつかをみてみると,例えば,神戸地判昭和59・3・14(判例自治10号56頁)は,このことを当然の前提として,替地補償裁決の要件の存否について判断している(同趣旨,前掲奈良地判平成7・10・25).また,神戸地判平成8・8・7(判時1596号55頁)は,「133条にいう『損失の補償についての不服』とは,補償金額についての不服にとどまらず,広く,補償の方法についての不服も含み,起業者に対して損失補償金の給付に代えて替地の提供を求めることもできると解すべきであ〔る〕」と説示している.

2 学説の動向 学説も同様に,替地補償の要求を「損失の補償に関する訴え」と捉えているものが多数であるが,否定的なものもないわけではない.

(1) **否定的学説** 替地補償に関する訴えは損失の補償に関するものではない,すなわち,収用裁決の取消原因として主張することができる,とする見解としては,「損失補償の数額に直接つながるものでなければならない.例えば替地による補償が認められなかったことの不服などは,この訴えでは救済されないものと考える」と説くもの(藤井勲「損失補償の訴えに関する若干の問題」判タ243号42頁(1970年))がある.

(2) **肯定的学説** 肯定的見解としては,「替地による補償も,土地収用法上の損失補償の一形態であり,原則として金銭による補償と異別に取り扱う必要はない.替地裁決における替地の決定は,権利取得裁決における収用する土地の区域の決定とは異なり,私益的事項に関するものであり,替地は,損失補償

の一環として金銭とその法的性質を同じくするものである」と説くもの（土地収用法実務研究会編著『土地収用法一問一答』383頁（ぎょうせい，1985年）），「替地による補償（収用82）は，同法48条1項2号の損失補償そのものであるので，替地の適否は損失補償請求と解する．替地も損失補償の一環として金銭とその法的性質を同じくするものである」と説くもの（大場民男「損失補償請求訴訟の諸問題」国家補償法大系④211頁），「補償の問題を収用の効力と切り離して当事者間で解決するという損失補償の訴えの立法趣旨からいえば，替地補償の問題も，まさに当事者間での解決に適した事項といえよう」と説くもの（山田洋「判批」判評464号19頁（1997年）），などがある（なお，小澤・収用法下693～694頁，713頁，司法研修所編・実務的研究326頁参照）．

3 判例・学説の検討　このように判例・学説上，見解が分かれているが，被収用者の権利保護のためには，肯定的な立場に立って判断すべきである．替地要求は，土地所有者等が替地による補償が行われなければ自己の今後の生活再建に重大な支障を来すような場合になされるものであるから（前述312頁参照），私益的事項として，「損失補償」の範囲に属するものと解すべきであろう（なお，前述107頁参照）．

2 拡張収用に関する訴え

1 問題の所在　拡張収用，すなわち，残地収用の請求（76条），移転困難な場合の物件収用の請求（78条），移転料多額の場合の物件収用の請求（79条），土地の使用に代る収用の請求（81条1項）に係る裁決についての不服が，「損失の補償」についての不服に当たるか否かという問題がある．これらの拡張収用は，公益的事項にも関係しているのではないかとも考えられるからである．

2 判例の動向　判例は，損失補償についての不服に当たらないとする否定的なものしか見当たらない．

否定的判例として挙げることにはやや躊躇する面がないわけではないが，事例としては，次のようなものがある．すなわち，移転困難な場合の物件収用の請求に関する収用委員会の裁決について建設大臣（当時）に旧訴願法に基づいて訴願したところ，却下の裁決がなされたので，却下裁決取消訴訟を提起したという事案である．本法の旧129条2項は，「収用委員会の裁決に対して不服がある者は，……建設大臣に訴願することができる．但し，損失の補償（第76

第2章　土地収用法関係

条第1項，第78条及び第81条第1項の規定による請求に係る裁決を除く．）に関しては，訴願することができない．」と定めていた．一審の東京地判昭和35・8・3（行集11巻8号2382頁）は，「拡張収用は，その性質において収用の一種であるから，右裁決にさいしては収用自体に関する事項が決定されることは当然であり，本来収用自体に関する事項が訴願事項であること前記のとおりであるから，結局法第129条第2項但書括弧内の規定は，右裁決のうち収用自体に関する事項につき訴願をなしうる旨を注意的に規定したにとどまり，いわゆる拡張収用については本来損失補償の一場合ながらとくに法第133条の訴とは別個に全面的に訴願を許すことを定めたものではないと解すべきである．いわゆる拡張収用においても収用に関するものとその収用に伴う損失補償に関するものとに区別し得ることは一般の収用と同じであるが，その損失補償の点について，拡張収用の場合のみ一般と不服申立の方法を異にすべき実質的理由はなく，現に法第133条の訴は明文上第78条の請求に係る場合を除外していないのである．……これを要するに法第129条第2項但書括弧内の『裁決』とは法第78条の請求に係る裁決中損失補償に関する部分以外の事項をいい，損失補償に関してはその他の場合と同様訴願は許されず，法第133条の訴によってのみ不服申立をなしうると解するのが相当であって，被告がかかる理由から，原告の訴願事由中損失補償に関する部分は訴願事由に該当しないと判断し，これを却下したことは正当であり，この点に関し被告の裁決には何等の違法も存しないものといわなければならない」と判示した．控訴審の東京高判昭和36・7・17（行集12巻7号1562頁）は，原判決を相当として，控訴を棄却した．上告審の最判昭和37・9・18（民集16巻9号2030頁）は，「土地収用法129条2項但書括弧内の『第78条の規定による請求にかかる裁決』とは，原判決（その是認引用する第一審判決）のごとく，78条の拡張収用に関する収用委員会の裁決のうち収用の目的物についての裁決のみを指し，損失補償についての裁決は含まないものと解するのを相当とする」と判示して，原審の判断を是認している．

明確に否定的立場に立つものとしては，東京地判平成2・3・7（行集41巻3号379頁）がある．同判決は，「土地収用法133条1項〔現133条2項，筆者注〕所定の損失の補償に関する訴えは，裁決によって定められた収用の目的物を前提として，それに対する損失補償の額の適否を審査の対象とするものと解すべきであるから，残地を収用すべきか否かということは，右訴えの審理の対

象とはなり得ないものというべきである」と判示している（同趣旨のものとして，大阪地判平成20・8・22判例自治318号60頁）．

3　学説の動向　1962（昭和37）年の行政不服審査法の制定に伴い，同法4条1項5号との関係上，本法129条2項但書の規定が不要となり削除され，その結果括弧書きも削除された．ただ，現行の規定（本条）の下においても，多数説は，拡張収用は収用の目的物の決定にほかならないから，収用した場合の補償についての不服は格別として，拡張収用の要件の充足自体を争う場合には，審査請求をなしうると解している（柳瀬・公用負担法225頁，荒秀「収用に関する不服申立制度」中川＝兼子・収用税金291頁，竹村・収用法と補償783頁，田中真次「判解」土地収用判例百選83頁（1968年），利光大一「判解」街づくり・国づくり判例百選173頁（1989年），渡部吉隆「判解」最判解説民事篇〔昭和37年度〕367頁（1963年），司法研修所編・実務的研究325頁等）．

これに対して，「残地収用請求，移転困難な場合の収用請求，使用に代わる収用の請求，移転料多額の場合の収用請求の当否もまた，損失補償に関するものとして，本訴の対象となると考えて然るべきである」と説くもの（高田・収用法494頁），「本来，公益的裁決事項と私益的裁決事項を区別し，後者については当事者訴訟に委ねた主たる趣旨は，公共事業の執行に直接関係しない事項についての紛争が公共事業の執行に影響を与えることを回避することにある．そうすると，残地収用の請求の是非も，事業用地には関係しない紛争であり，むしろ，残地補償の延長上の問題であるから，私益的裁決事項とみて，当事者訴訟により処理すべきことになろう」と説くもの（宇賀・国家補償法494頁．なお，同「損失補償請求訴訟における若干の問題」判夕808号30〜31頁（1993年）参照），「元来，右の拡張収用は，事業遂行という公益上の必要に基づくものではなく，補償の一環であるという性格を持つものであり，その意味で公益的事項ではないのであるから，拡張収用に係る不服については，133条2項・3項の訴訟により司法救済を受けるのを適当とし，審査請求の理由となしえないと解すべきものである」と説くもの（小澤・収用法下697頁），などがある．

4　判例・学説の検討　このように，判例・学説上，見解が分かれている．拡張収用の請求が事業用地に関係しないものであることを考慮すれば，私益的事項に関するもの，すなわち損失補償に関する訴えとして扱われるべきではないかと思われる．このように解しても，被収用者の権利利益が格別害されるわけではないであろう．

第2章　土地収用法関係

●3　損失補償に関する訴えの性質

1　概　説

　損失補償についての訴えが当事者訴訟であることについては，ほぼ異論がない．ただ，その訴訟の性質をめぐって，形成訴訟説と確認・給付訴訟説が対立している（判例・学説の分類，動向，論拠については，さしあたり，小澤・収用法下704頁以下参照）．形成訴訟説は，損失補償に関する訴えを収用委員会の裁決で示された補償額の取消しまたは変更を求める抗告訴訟として捉えて，裁判所が損失補償についての裁決を取り消して，正当な補償額を確定し，具体的な損失補償請求権を形成するものである，と主張する．この説に立てば，当事者は裁決の取消しまたは変更の訴えを先行させなければならない．これに対して，確認・給付訴訟説は，損失補償請求権は憲法29条3項の規定に基づいて客観的に発生しているもので，収用委員会の裁決はこれを確認するにすぎず，損失補償の訴えも，すでに客観的に発生している補償額の確認ないしその給付を求める訴えである，と説く．この説に立てば，当事者は，裁決の取消しまたは変更の判決を求める必要はなく，直ちに裁決額と正当な補償額との差額の増減請求または過払補償金の返還請求をすれば足りる（被収用者の増額請求訴訟は給付訴訟，起業者の減額請求訴訟は確認訴訟）．判例・学説は分かれており，確認・給付訴訟説に立つものが多数であるが，最高裁事務総局行政局が形成訴訟説に立つことを公表しているために（公用負担執務資料70頁），形成訴訟説に立つ裁判例も少なくない．

2　判例の動向

　1　形成訴訟説に立つ裁判例　形成訴訟説に立つものをいくつかみれば，東京地判昭和60・12・19（判時1194号61頁）は，「原告らは，本訴請求の趣旨として，主位的に，被告に対し，本件裁決に示された損失補償額を上まわる分の金員の支払いを求め，予備的に，本訴裁決中の損失補償金額を決定した部分を右上まわる額へ変更すること及び被告に対し，右上まわる分の金員を支払うことを求めているところである．／法133条に基づく，損失補償金の増減額の請求は，権利取得裁決の主文に示された損失補償金額を変更することを目的とするものであるから，同条によって右請求に係る訴えが当事者訴訟とされていても，請求の趣旨としては，右裁決の一部変更を求め，その上で必要のある場

合には増差額分についての給付の訴えを併合提起すべきものというべきである．そうすると本訴請求の趣旨のうち主位的請求に係るものはこれを不適法として却下すべく，予備的請求に係る訴えについて，その請求の当否を判断すべきである」と判示している．

また，前掲東京地判平成2・3・7は，「行政処分たる収用委員会の裁決は，特定の土地等を収用することを決定すると同時に，その特定の土地等を収用することの補償として一定の金額を支払うべきことをも決定するものであるから，起業者が土地所有者等に支払うべき損失補償の額についても公定力を有するものというべきである．したがって，損失補償の額に不服があるとしてこれを争う者は，公定力を排除するために，裁決のうちの損失補償の額に関する部分の変更を求めなければならないのであり，これを求めることなく金額の給付のみを求める訴えは，土地収用法133条1項の予定する訴訟形式によらない訴えとして不適法であると解すべきである」と判示している．

そのほか，同趣旨のものとして，東京地判昭和42・4・25（行集18巻4号560頁），松江地判昭和45・3・25（行集21巻3号603頁），高知地判昭和58・12・22（行集35巻12号2339頁），その控訴審の高松高判昭和59・12・24（行集35巻12号2333頁）等がある．

2 確認・給付訴訟説に立つ裁判例　確認・給付訴訟説に立つものをいくつかみれば，東京地判昭和47・2・29（行集23巻1=2号69頁）は，「この訴訟は，処分庁たる収用委員会を被告とせず，被収用者と起業者とが当事者となって補償額の多寡を争うもので，形式的にはいわゆる当事者訴訟とされている．これは，損失補償の問題が，もっぱら被収用者と起業者の財産的利害に関係あるのみで，公益に関せず，その内容も損失の金銭的評価が中心であるため，この訴訟に公益の代表者としての収用委員会を関与させる必要がなく，むしろ補償額について直接利害関係のある実質上の当事者間でこれを争わせることが適当であるという理由による」とした上で，「収用委員会の裁決は，全体として一個の行政処分ではあるけれども，前記の理由から裁決事項のひとつとされたにすぎない補償額に関する部分についてまで，これを本来的な行政処分と同視して，その公定力を強調することは，決して十分な実質的根拠のあることではない．損失補償に関する裁決は，その内容からしても行政権固有の関心に基づく公益的判断としての実質を有せず，権限ある機関によって取り消されるまではその判断を尊重するという仕組みをとるのでなければ制度上不合理であると

いうような性質のものでもない点において，一般の行政処分とは大いに異なるところがあり，その通用性を確保しなければならない実質的基盤はほとんど存在しない」と判示している．

また，広島地判昭和49・5・15（判時762号22頁）は，「土地収用法第133条第2項にいう収用委員会の裁決のうち損失補償を求める訴えは行政処分としての収用委員会の裁決の一部取消の趣旨を含むことは明らかであるが，右訴えの究極の目的は収用委員会の裁決を取り消して再び収用委員会に裁決をさせるところにあるのではなく，むしろ直接この訴えにおいて当事者間における適正な補償額を最終的に確定するところにあるというべきである．そして，そもそも右損失補償請求権そのものは実体法規に補償に関する規定があるか否かに関係なく，補償すべき財産権の収用があった場合には憲法第29条第3項により当然に発生するものと解すべきである．したがって，収用委員会の損失補償に関する裁決部分はその数額を確認する性質を有するにすぎないものであり，また損失補償の訴えは既に客観的には確定している補償額の確認ないしはその給付を求める訴えであると解される．／右のように解する限り，損失補償の訴えにおいて必ずしも収用委員会の裁決を取消しもしくは変更する必要はなく，直ちに差額の給付を求めても違法ではないというべきである」と判示している．

さらに，神戸地判平成15・10・31（判例集不登載）は，「損失補償請求権は，収用等の補償原因事実が発生すれば，客観的に発生しているものであり，裁決は，損失補償額の見積額の提示にすぎず，土地収用法133条の立法趣旨からして，裁決の公定力は働かないものと解するのが相当である．それゆえ，土地収用法133条所定の損失補償請求の訴えは，判決主文で裁決の取消し，変更を掲げる必要はなく，客観的に発生している損失補償額と裁決で定められた補償額との差額金についての給付を命じれば足りると解する」と判示している．

そのほか，同趣旨のものとして，大阪地判昭和46・2・25（判時623号67頁），広島高判昭和49・7・31（行集25巻7号1039頁），長野地判昭和50・10・2（訟月21巻12号2532頁），名古屋高判昭和51・11・30（判時857号71頁），名古屋高判昭和58・4・27（行集34巻4号660頁）等がある．

3　最高裁の判例　最高裁の判例には，これまでは，この点について明示的に判断したものは存在せず，形成訴訟説に立つと思われるもの（最判昭和58・2・18民集37巻1号59頁）と，確認・給付訴訟説に立つと思われるもの（最判昭和48・10・18民集27巻9号1210頁）とがあり，このことから，「最高裁

判所は，形成訴訟説，確認・給付訴訟説のどちらか一方の立場に立つのではなく，どちらでもよいとしているように思われる」と説かれていた（小澤道一「損失補償の手続と救済手続（4・完）」自治研究64巻10号33頁（1988年））．最近の判例としては，小作権割合が争われた事件において，最判平成9・1・28（民集51巻1号147頁）は，「〔本法〕133条所定の損失補償に関する訴訟において，裁判所は，収用委員会の補償に関する認定判断に裁量権の逸脱濫用があるかどうかを審理判断するものではなく，証拠に基づき裁決時点における正当な補償額を客観的に認定し，裁決に定められた補償額が右認定額と異なるときは，裁決に定められた補償額を違法とし，正当な補償額を確定すべきものと解するのが相当である」と判示している．この最高裁判決は，必ずしも明示的ではないが，確認・給付訴訟説に近い立場に立っているものと理解することができる（阿部・再入門下69頁は，この最高裁判決は給付訴訟説と親和的である，と説いている．なお，南博方＝高橋滋＝市村陽典＝山本隆司編『条解行政事件訴訟法〔第4版〕』120頁（弘文堂，2014年〔山田洋執筆〕）参照．以下，「南＝高橋ほか編・条解」という）．しかし，公用負担訴訟実務147頁は，「〔この判決も〕いずれの説に立つのか明らかでない」と説いている．

3 学説の動向

1 形成訴訟説に立つもの　形成訴訟説に立つ代表的な所説をいくつかみると，①起業者が土地所有者に支払うべき損失補償の額は，すでに収用委員会の裁決という一つの行政処分によって公権的に確定されてしまっているいること，②このように公権的に確定された損失補償の額に不服があり，その確定された額以上の金額を起業者に対して請求するためには，まず，この確定された金額の変更を求めなければならないこと，③収用委員会の裁決という一つの行政処分によって公権的に確定された金額は，行政処分の効力を左右することのできる行政訴訟以外の手段では，その変更を求めることができないこと，などを論拠とするもの（宍戸達徳「公用負担関係事件の審理における二，三の問題」新・実務民訴講座⑩105～106頁），①実定法規がない場合にも憲法29条3項を直接の根拠として補償請求しうるということと，実定法が憲法29条3項に基づく損失補償請求権の具体的確定ないし行使方法を定めることとは，何ら矛盾するものではないこと，②これらをどうするかは，もっぱら立法政策の問題であること，③これらの決定ないし裁決は，所定期間内に訴えが提起されない限

りそれで確定し，補償額も不可争となるのであって，行政処分性ないし公定力を持たないものとする理由はないこと，④行政主体の決定が単なる補償見積り額の提示にすぎないと解したのでは，何故それが右のように補償額を確定する効力を有するのか説明がつかないこと，などを論拠とするもの（村上敬一「損失補償関係訴訟の諸問題」新・実務民訴講座⑩142～143頁）がある．

　形成訴訟説に立つものとしては，そのほか，高田・収用法494頁，金子順一「損失補償に関する訴訟」中野哲弘＝飯村敏明編『裁判実務大系㉙公用負担・建築関係訴訟法』345頁（青林書院，2000年），鈴木庸夫「当事者訴訟」雄川一郎＝塩野宏＝園部逸夫編『現代行政法大系5巻〔行政争訟II〕』100頁（有斐閣，1984年）等がある．

　形成訴訟説の論拠は，文献によって必ずしも一様ではなが，ほぼ一致しているのは，収用委員会の補償裁決は行政処分であり，これには公定力が生じているから，損失の補償に関する訴えも補償裁決の取消しまたは変更を求める訴訟（形成訴訟）でなければならない，ということにある．

2　確認・給付訴訟説に立つもの　　確認・給付訴訟説に立つ代表的所説をいくつかみると，①補償裁決は，起業者と被収用者との間で合意により補償額が決定されないために，収用委員会が両当事者に代わって民法上は許されない双方代理としてのレフェリー役を課せられているにすぎず，その本質は行政処分的なものではなく，そこに公定力的考え方をもってくることは妥当ではないこと，②そのためにこそ補償裁決につき収用委員会を被告とさせずに当事者間で争わせることとしたものであること，などを論拠とするもの（荒秀「収用訴訟」中川＝兼子・収用税金306～307頁），①当事者が出訴期間内に損失の補償に関する訴えを提起しない場合，収用委員会の補償裁決で定められたところが損失補償額として確定するという意味では，裁決は形成効果をもつ法行為であるが，当該訴訟においては，損失補償関係の権利・義務の主体が当事者として，客観的に存在する補償額をめぐって主張・立証をし，裁判所がその額を判断するのであること，②このような法の仕組みをみると，原告として，まず，裁決の取消しを求めなければならないという実際上の要請はないこと，③問題があるとすれば，裁決の効果を取り消さなければ，給付判決をなしえないという理論上の問題であるが，裁決の効果をどのようなものとするかは，もっぱら，必要に応じて立法者が定めるところであって，理論的に決まるものではないこと，④立法するに当たっては，ただ便宜的に仕組みを作るのではなく，関連法制度

との整合性を保ったものでなければならないが，ここでの問題について，裁決の効果としては，当事者が争わない限りでの形成効を認めたものとすることが，関連法制度である行政行為法制との関係から許されないものではないこと，などを論拠とするもの（塩野・行政法Ⅱ256頁）がある．

確認・給付訴訟説に立つもの，あるいは，それに親和的なものとして，そのほか，下山・国家補償法327頁以下，藤井・前掲（判タ243号）42頁，安本典夫「判批」立命館法学98号409頁（1971年），小高・収用法627頁，遠藤・実定行政法350頁，同・行政救済法48頁以下，宇賀・行政法概説Ⅱ373～374頁，阿部・解釈学Ⅱ323頁，中川丈久「行訴法4条前段の訴訟（いわゆる形式的当事者訴訟）について—土地収用法における損失補償訴訟の分析」小早川光郎先生古稀記念『現代行政法の構造と展開』523頁以下（有斐閣，2016年），村上裕章「判解」行政判例百選Ⅱ〔第7版〕431頁等がある．

確認・給付訴訟説の論拠は，文献によって一様ではないが，ほぼ一致しているのは，収用裁決の処分性が肯定されるとしても，それと公定力を直結させるべきではなく，法の仕組みからすれば，裁判所が直截に確認または給付について判断すれば足りる，ということにある．

4 判例・学説の検討

このように判例・学説上の対立がみられるが，いずれの見解に従っても，取消し・変更を求める訴えを不適法としたり，確認・給付を求める訴えを不適法とすべきではない．裁判例をみても，前掲松江地判昭和45・3・25は，形成訴訟説に立脚しながらも，「土地収用裁決に対し不服を申立てる土地所有者の利益を擁護するためには収用裁決取消請求を第一次的，損失補償金増額請求を第二次的とする訴えの主観的予備的併合を認める必要ないし実益があり，他方このような併合を認めても第二次的請求の被告である起業者に対し当事者公平の原則に反するほどの犠牲を強いるものではないから，かかる訴訟形式も許され適法であると解するのが相当である」と判示している．また，前掲東京地判昭和47・2・29は，確認・給付訴訟説に立脚しながらも，括弧書きにおいて，「右給付を求めずに裁決の変更のみを求めてきた場合や，右給付と合わせて裁決の変更を求めてきた場合でも，右変更の請求を補償額の確認を求める趣旨とみる余地があり，必らずしもこれを不適法として却下するに及ばない」と判示している（なお，大阪地判平成4・6・26行集43巻6＝7号847頁参照）．

第2章　土地収用法関係

　文献においては,「給付・確認訴訟か形成訴訟かという問題設定自体, 必ずしも生産的とはいえず, 典型的な給付・確認訴訟とも形成訴訟とも異なる独自の訴訟を立法政策により創出したとみれば足りるともいえよう」との見解（宇賀・行政法概説Ⅱ374頁）,「こうした区別は単なる形式の問題であり, 実際的な意味はない. キャッチボールの窓口論争あるいは救済不在の論争である」との見解（阿部・解釈学Ⅱ323頁）,「もともと, この問題は, 増減額訴訟の『請求の趣旨』において『裁決の変更を求める』旨を記載しなければ確認又は給付の請求をなしえないのか, という問題であり, 多分に訴訟技術上の（その意味では, 理論的にはともかくとして, 裁判を求める国民の側からすれば枝葉末節の）問題にすぎない. このような問題のために国民の裁判を受ける権利（憲法32条）の行使が妨げられるべきものではない」との見解（小澤・収用法下711頁）が説かれている. 請求の趣旨の書き方がどちらになっていても, 権利救済の途を閉ざさない方向で処理すべきことについては, 判例・学説はほぼ一致しているものと思われる（秋山・国家補償法211頁, 塩野宏「損失補償請求訴訟の性質」塩野宏＝原田尚彦『演習行政法〔新版〕』199頁（有斐閣, 1989年）, 阿部・前掲（判タ641号）13頁）, 福井秀夫「判批」判評465号17頁（1987年）, 司法研修所編・実務的研究327〜328頁, 竹村・収用法と補償787頁, 村上・前掲（行政判例百選Ⅱ〔第7版〕）431頁, 定塚誠編著『行政関係訴訟の実務』313頁（商事法務, 2015年〔家原尚秀執筆〕）, 中川・前掲510頁等参照）.

　したがって, この論争は, あまり実益のある論議ではないということになる. せいぜい, 損失補償額の算定について収用委員会の裁量を認めるか否かという問題について, 形成訴訟説は裁量を認める見解に結びつきやすいのに対して, 確認・給付訴訟説は裁量を否定する見解に結びつきやすい, ということはいえるかもしれない. しかし, 学説上は, 損失補償請求訴訟の性質の問題と収用委員会の裁量の問題とは別個の問題であるということで大体一致しているから（塩野・行政法Ⅱ257頁, 宇賀・国家補償法488頁, 別所幹之＝小林真弓「判批」判例自治105号120頁（1993年）, 福井・前掲15頁等参照）, この点についても実益はなさそうである.

●4　主観的予備的併合の可否

1　問題の所在

　被収用者は, 主位的請求として収用委員会の所属する都道府県を被告とする

裁決取消訴訟を，予備的請求として起業者を被告とする補償金増額請求訴訟を提起することができるか，という問題がある．併合が認められない場合には，被収用者は，裁決取消訴訟と補償金増額請求訴訟を別訴として，それぞれ出訴期間内に提起しておかなければならないことになるが，これでは訴訟追行のための経済的，時間的負担が大きくなるおそれがある．判例・学説上は，適法説（肯定説）と不適法説（否定説）が対立している．

主観的予備的併合の可否の問題は，行訴法上の一般的な問題であるが，ここでは，収用法上の問題に限定して考察する．

2 判例の動向
1 不適法説に立つもの

(1) **裁判例** 土地収用に関する事案ではなくて，所有権移転登記手続等請求事件においてであるが，最判昭和43・3・8（民集22巻3号551頁）は，主観的予備的併合は不適法であるとした原審の判断を正当であるとして是認している．原審の東京高判昭和42・7・4（判時518号53頁）は，「予備的請求の被告とされた者にとってはその請求の当否についての裁判がなされるか否かは他人間の訴訟の結果いかんによることとなるわけであって，応訴上著しく不安定，不利益な地位に置かれることになり，原告の保護に偏するものであるから，かかる訴訟形式は許されないものと解するのが相当であり，しかも併合された予備的請求はこれを分離するとそれ自体としては条件付訴として不適法なものになるといわなければならないのである．したがって，右請求は不適法として却下すべきである」と判示していた．

上記の最高裁判例は民事訴訟におけるものであるが，下級審の裁判例の中には，土地収用に関する事案においても，上記の最高裁判例を引用して，主観的予備的併合を不適法とするものがある．名古屋高判平成9・4・30（高民集50巻1号103頁）は，主位的に収用委員会を被告として収用裁決の取消しを求め，予備的に起業者である県を被告として替地補償を求めた事案において，「収用裁決取消訴訟に損失補償に関する訴訟を予備的に併合することを認めると，損失補償に関する紛争は，収用裁決取消訴訟の帰趨を待って判断されることになるから，同紛争を収用に関する争訟の帰趨とは切り離して早期に確定，解決させようとする同条〔133条，筆者注〕の趣旨に反することになり，起業者にとっても，損失補償に関する紛争を早期に確定，解決し，応訴の負担から解放さ

れる利益があるにもかかわらず，予備的被告とされることによって，その利益を不当に奪われることになる．そして，このような主観的予備的併合を認めなくても，両請求を別訴で提起し，又は並列的請求（単純併合）として併合提起することが法律上も事実上も可能であるから，原告が右両請求を併合提起した場合であっても，あえて予備的併合にする必然性はない」と判示している（一審の名古屋地判平成5・2・25行集44巻1＝2号74頁も同趣旨）．

また，同種の事案において，福岡地判平成10・3・27（判例自治191号72頁）は，より詳細に，「収用裁決取消訴訟の被告は国の機関としての地位に立って収用という国家事務を行う収用委員会であり，その裁決にかかる事務は国に帰属するのに対し，損失補償請求訴訟の被告は起業者とされているから，実質的に考えても主位的被告と予備的被告との間の同一性を認めることは困難であること，収用法133条が損失補償の適否を裁決取消訴訟とは別個独立に争い得るとした趣旨は，収用に伴う損失補償に関する紛争については，収用そのものの適否ないし効力の有無又はこれに関する争訟の帰趨とは切り離して，起業者と被収用者との間で早期に確定，解決させようとする趣旨に出たものと解されるところ，収用裁決取消訴訟に損失補償に関する訴訟を予備的に併合することを認めることは右趣旨に反し，起業者にとっても，損失補償に関する紛争を早期に確定，解決し，応訴の負担から解放される利益を奪われることになり，妥当でないこと，収用裁決取消訴訟と損失補償に関する訴えとでは中心的争点が異なることから，主観的予備的併合を認めることが必ずしも訴訟経済にかなうとはいえないこと，収用裁決の違法性と損失補償の額の増額の双方を主張しようとする当事者は，別訴を提起するなり，単純併合の形式で訴えを提起できることに鑑みれば，本件のような事例の場合に主観的予備的併合を認める必要性も合理性も存しないというべきである」と判示している．同趣旨のものとして，そのほか，長野地決昭和50・11・29（行集29巻2号145頁）がある．

(2) **裁判例の論拠**　不適法説に立つ裁判例の論拠は，①行政事件訴訟における訴えの併合については行訴法16条ないし20条等に規定があるが，それには訴えの主観的予備的併合の許否について何らの明示がなく，したがって，同法7条により民事訴訟の例によることになるが，民事訴訟において訴えの主観的予備的併合が不適法であることは最高裁判例（前掲最判昭和43・3・8）の示すところであり，行政事件訴訟においてもその例外ではないこと，②抗告訴訟と関連請求の関係にある国または地方公共団体に対する請求とが実質的に同一

であると解される場合には，抗告訴訟が容れられないときに備えて予備的に国または地方公共団体に対する請求を併合しても，実質的に客観的予備的と差異がなく，被告の地位が不利益，不安定なものになるとはいえず，このような場合には，主観的予備的併合を許容する余地がないではないが，収用裁決取消訴訟の被告は国の機関としての地位に立って収用という国家事務を行う収用委員会であり，その裁決にかかる事務は国に帰属するのに対し，損失補償請求訴訟の被告は起業者とされているから，実質的に考えても主位的被告と予備的被告との間の同一性を認めることは困難であること，③収用法133条が損失補償の適否を裁決取消訴訟とは別個独立に争えるとした趣旨は，収用に伴う損失補償に関する紛争については，収用そのものの適否ないし効力の有無またはこれに関する訴訟の帰趨とは切り離して，起業者と被収用者との間で早期に確定，解決させようとする趣旨に出たものと解されるところ，収用裁決取消訴訟に損失補償に関する訴訟を予備的に併合することを認めることはこの趣旨に反し，起業者にとっても，損失補償に関する紛争を早期に確定，解決し，応訴の負担から解放される利益を不当に奪われることになること，④収用裁決取消訴訟と損失補償に関する訴えとでは中心的争点が異なるから，主観的予備的併合を認めることが必ずしも訴訟経済に適うとはいえないこと，⑤主観的予備的併合を認めなくても，別訴を提起するなり，単純併合の形式で併合提起できること，などである．

2 適法説に立つもの

(1) **裁判例**　裁判例は，適法説に立つものの方が多いように見受けられる．まず，松江地判昭和45・3・25（行集21巻3号603頁）は，前掲最判昭和43・3・8は，一般の民事訴訟事件につき訴えの主観的予備的併合は不適法であると判示したものであるとして，「しかしながら，本件のように土地収用裁決取消請求を第一次的，損失補償金増額請求を第二次的とする主観的予備的併合については，一般の民事訴訟事件における主観的予備的併合の場合とは異なる特殊な事情が存するのであって，その特殊の事情を検討したうえで，その許否を決すべきものである」と説示した上で，概略次のように判示している．長文にわたるが，この問題点について的確に説示しているので，紹介することにしよう．①収用裁決取消請求と損失補償金増額請求との関係をみるに，両請求は理論上相排斥する関係にあって同時に両立しえず，前者が第一次的，後者が第二次的となるべきものであるが，かりに，後者を予備的とする訴えの併合が許さ

れないとすれば，土地所有者としては，まず収用裁決取消請求の訴えを提起し，その敗訴が確定したのち，損失補償金増額請求の訴えを提起するのが順序である．しかし，損失補償金増額請求の訴えの出訴期間は裁決書の正本の送達を受けた日から3月以内と定められている（収用法133条1項）ので，通常の場合収用裁決取消請求訴訟の判決が確定したときにはすでに右出訴期間が徒過していて，もはや損失補償金増額請求の訴えは提起できなくなっているはずである．この出訴期間を遵守しようとすれば，土地所有者としては一方で収用裁決取消請求の訴えを提起し，その結果を待たずに他方で別訴により損失補償金増額請求の訴えを提起しておかなければならないことになる．②そこで，収用裁決取消請求を第一次的，損失補償金増額請求を第二次的とする主観的予備的併合訴訟における場合と両請求が同時に別訴として訴訟になった場合とで，損失補償金増額請求の被告である起業者の地位の不安定不利益に差異があるかどうかを考えると，主観的予備的併合訴訟の場合，第二次被告の起業者は訴訟の当初から訴訟に関与しなければならないにもかかわらず，第一次の収用裁決取消請求が認容されれば，自己に対する損失補償金増額請求については判決を求めることができず，また収用裁決取消請求の認容判決が確定すれば，自己に対する右請求につき同意なくして訴訟係属を消滅させられることになり，その地位が不安定不利益であることは否定できない．しかしながら，別訴を提起すべきであるとの立場に立ったとしても，収用裁決取消請求訴訟の認容判決が確定すれば，かりに自己の訴訟につき判決が確定していたとしても，それは全く無意味な判決となり，また判決確定前であれば，その後の訴訟続行は全く不必要となるのであり，その地位が不安定不利益であることは，主観的予備的併合訴訟の場合において判決が得られず，また同意なくして訴訟係属を消滅させられることとの間に実質的な差異はない．③土地所有者が収用裁決取消と損失補償金増額をともに訴訟上請求しようとする場合には，両請求につき別々に訴えを提起させるよりも，損失補償金増額請求を第二次的とする主観的予備的併合の訴えを提起させることの方が，審理の重複を避け，かつ，不必要な審理をしないですむ点で訴訟経済に適い，また収用裁決取消判決と損失補償金増額判決の併存という裁判の矛盾抵触を避けることができ，さらに同一収用裁決に関する紛争をできるかぎり一挙に解決したいであろう土地所有者の意思にも合致することになるのであり，主観的予備的併合を認める必要ないし実益は少なくない．

また，広島地判昭和49・12・17（行集25巻12号1614頁）も同様に，①損失

補償金の増額を求めることは収用裁決が適法であることを前提とすることになるが，そのための訴訟を収用裁決取消訴訟に予備的に併合できないとすると，収用裁決と損失補償金のいずれにも不服がある者としては，損失補償金増額請求について出訴期間が裁決書正本送達の日から3か月以内と定められている関係上（収用法133条1項），たとえ収用裁決に取り消すべき瑕疵があっても収用裁決取消訴訟において敗訴する場合を慮って，他にその訴訟における主張と矛盾した主張を前提とした損失補償金増額請求訴訟を提起しておくことが必要となり，結果的には無用な訴訟の提起を強いたことになる場合が生ずるのに対し，予備的併合を認めればこのような弊害を生ずるおそれのないこと，②他方起業者についてみれば損失補償金増額請求の予備的併合を認めるとした場合，訴訟の当初から訴訟に関与しなければならないのに判決において主位的請求としての収用裁決取消請求が認容されれば自己に対する請求について判決を受けることができず，また主位的請求を認容する判決の確定により当然に相手方との間の訴訟係属がなくなり，訴訟上不安定な立場に立つことにはなるが，それは損失補償金増額請求について別訴が提起された場合でも収用裁決取消の判決が確定すれば別訴がその進行程度の如何に係わりなく無意味になることに想到すれば径庭はないものといって妨げないこと，③むしろ起業者としては収用裁決取消訴訟に参加しうる立場にあるから（行訴法22条1項），その訴訟において損失補償金の適否についての審判を受けることの方が利益に合するものとみられること，などからすると，「損失補償金増額請求の予備的併合を認めても，起業者に特段の不利益を課するわけではなく，当事者にとって利点も多いのであって，そのことの外に訴訟経済の点からみても，予備的併合を認めれば，審理の重複が避けられ訴訟促進に寄与することになり，ひいては一個の処分（裁決）をめぐる紛争を一挙に解決できるのであるから，一般の民事訴訟についてはともかく，本件のように収用裁決の取消と損失補償金の増額を求める場合には主観的予備的併合も許されるものと解するのが相当である」と判示している（控訴審の広島高判昭和51・3・1行集27巻3号297頁は，原審の判断を是認）。

同趣旨のものとして，そのほか，福岡地判平成4・3・24（訟月38巻9号1753頁），神戸地判平成6・10・26（判タ879号137頁），津地判平成7・9・21（判例自治149号75頁），神戸地判平成9・2・24（判例自治184号51頁）等がある。

(2) **裁判例の論拠**　適法説に立つ裁判例の論拠は，①主観的予備的併合を

否定すると, 収用裁決と損失補償裁決のいずれにも不服がある者は, 出訴期間との関係で収用裁決の取消訴訟と別個に損失補償請求訴訟を提起しなければならず, 無用の訴訟の提起を強いられること, ②主観的予備的併合を認めた場合には, 予備的請求の被告である起業者の地位が不安定となることは否定できないが, 損失補償請求訴訟が別個に提起された場合でも, 収用裁決取消しの判決が確定すれば, 別訴での審理, 判決は無意味となるのであるから, 応訴上の不安定さにほとんど差異がないこと, ③主観的予備的併合を認めた方が重複審理を避けることができ, 訴訟経済に適い, 判決の矛盾, 抵触を避けることができること, などである. 適法説の積極的論拠自体は, 無用の訴訟の提起の回避と訴訟経済であるが, いずれの裁判例も, 同時に, 不適法説からの批判にも丁寧に応答している.

3 学説の動向

学説も, 不適法説 (否定説) と適法説 (肯定説) に分かれている.

1 不適法説 不適法説としては, 「これらの積極説〔適法説, 筆者注〕を採った裁判例の事案〔前掲松江地判昭和 45・3・25, 前掲広島地判昭和 49・12・17, その控訴審の広島高判昭和 51・3・1, 筆者注〕については, そもそも 2 つの請求を単純に並立して請求すれば足りたのではないかと思われるものも少なくない. 例えば, 上記における土地収用裁決に関する事例についてみると, 当事者としては, 土地収用裁決の取消しを求めることが本来の目的であり, 損失補償金の増額は, 仮にそれが容れられない場合の第 2 次的な目的にすぎないとしても, 両請求を当初から並列的に求めることは何ら制限されておらず, むしろ, その方が, 土地収用法が, 損失の補償に関する不服を収用そのものに対する不服とは切り離して早期に解決することとしている趣旨にも沿うということができる. これらのことと, 仮に主観的予備的併合を許容した場合には, 上訴があったときの訴訟関係をどのように解するべきかなど解決困難な問題が存在することを考えれば, 少なくとも, このような場合に, あえて主観的予備的併合を許容する意義あるかは疑問である」との見解 (南＝高橋ほか編・条解 431 頁〔市村陽典執筆〕) が, その代表的なものである.

不適法説に立つものとしては, そのほか, 大場民男「損失補償請求訴訟の諸問題」国家補償法大系④ 224～225 頁, 時岡泰「審理手続」雄川一郎＝塩野宏＝園部逸夫編『現代行政法大系 5 巻〔行政争訟 II〕』159 頁 (有斐閣, 1984 年),

公用負担執務資料213頁，219頁，公用負担訴訟実務150頁，司法研修所編・実務的研究329〜330頁，定塚編著・前掲317頁〔家原執筆〕等がある．

不適法説の論拠は，前記の市村説が簡潔にまとめている．それによれば，①収用裁決の取消請求と損失補償増額請求を単純並立して請求すれば足りること，②その方が収用法が損失の補償に関する不服を収用そのものに対する不服と切り離して早期に解決することとしている趣旨にも沿うこと，③適法説に立った場合には，上訴があったときの訴訟関係をどのように解するかという難問があること，などである．

2 適法説　これに対して，適法説も有力に主張されている．適法説としては，「土地収用法133条が特に起業者を被告とするよう定め，出訴期間の制限を設けたことに着目したとき，この併合を認めることが，当事者の衡平に連がると考えるから，この併合を適法だとする〔4〕の判決〔前掲松江地判昭和45・3・25，筆者注〕や〔5〕の判決〔前掲広島地判昭和49・12・17，筆者注〕の理由には，説得力があり正当であると考える．そうして，この正当性は，起業者が，民間人の場合にも妥当する．つまり，法が特に起業者を被告とし，出訴期間の制限を設けた以上，原告の立場に立って，訴訟がやりやすい形態—主観的予備的併合—を認めるのが，法解釈学のポリシーとしてすぐれているのである」との見解（古崎慶長「行政訴訟上の主観的予備的併合について」同『国家賠償法研究』259頁（日本評論社，1985年．初出1982年））が，その代表的なものである．

適法説に立つものとしては，そのほか，阿部・解釈学Ⅱ323頁，金子・前掲（『裁判実務大系29巻』）352頁等がある．

適法説は，前掲松江地判昭和45・3・25，前掲広島地判昭和49・12・17の説示するところが妥当であるとするものであるが，その論拠は，当事者の衡平に繋がるということである（古崎・前掲259頁）．また，「適法説では起業者の地位を不安定・不利益にする」という不適法説からの批判については，「両請求が別訴の場合でも，裁決取消請求が認容されたときには，増額訴訟の判決は無意味なものとなり，または，増額訴訟の続行は不可能となるわけであるから，起業者の地位の不安定・不利益は，併合が認められた場合と異ならないのである．このような起業者の地位は，補償額が裁決において決定され，増額訴訟はこの裁決の有効性を前提としたものであることに由来するのであって，併合・別訴のいかんとは無関係なのである」との反論がなされている（小澤・収用法

3 民事訴訟法上の同時審判申出制度創設後の学説の状況　ただ，後述するように，民訴法の改正により，現在では訴訟実務上は，同時審判の申出によりほぼ処理されることになったため，これまでのような論争にはならないのではないかと思われる．文献をみると，「同時審判申出に係る共同訴訟（民訴41）という新たな併合形態が設けられ，この規定は，行政事件訴訟においても準用される（行訴7）から，併合されないまま審理判断された結果，判断が区々になり，原告が両方の被告に敗訴するといういわゆる両負けを招来する事態は，上記のような要件を備えた一定の場合については，防止することが可能となった．さらに，平成16年改正によって，取消訴訟の被告適格が改められた結果，実質的には同一の権利主体に対する請求であるにもかかわらず，形式上別々の被告に対する請求として構成せざるを得ない事態は大幅に減少した．その結果，主観的予備的併合を認めるべきか否かを論議する実益のある範囲も大きく縮小したということができる」と説くもの（南＝高橋ほか編・条解431～432頁〔市村執筆〕），「訴訟実務上は，従来主観的予備的併合を必要とされる場合は，大部分，同時審判申出による共同訴訟の形で処理されるであろう．そうすると，主観的予備的併合の可否を論ずる実益のあるケースは少なくなったといえよう」と説くもの（小澤・収用法下724頁），などがある．

4 判例・学説の検討

このように，判例・学説は適法説と不適法説にわかれている．判例主導で推移しており，学説はそれぞれの判例動向に沿って論述している．適法説に立つ裁判例は，前掲最判昭和43・3・8を意識しながらも，この最高裁判例は一般の民事訴訟事件についてのものであり，土地収用の場合は特殊な事情が存在するので，そのままの形では当てはまらないと解している．そして，その上で，不適法説からの批判に反論している．両説それぞれに相当な論拠があるが，当事者の衡平や訴訟経済という観点からすれば，適法説が支持されるべきであろう．ただ，後述のように，民訴法の改正により，同時審判の申出により処理されることになり，実際には，この問題はほぼ解消されることになるのではないかと思われる．

5 民事訴訟法の改正による同時審判

　1996（平成8）年の民訴法の改正により，その41条1項において，「共同被告の一方に対する訴訟の目的である権利と共同被告の他方に対する訴訟の目的である権利とが法律上併存し得ない関係にある場合において，原告の申出があったときは，弁論及び裁判は，分離しないでしなければならない．」と規定された．これにより，前記の問題はほぼ解消されることになったが，それでも学説上の対立が全面的になくなったというわけではない（金子・前掲（『裁判実務大系第29巻』）352頁，小澤・収用法下724頁，司法研修所編・実務的研究247頁，阿部・解釈学Ⅱ324頁参照）．

● 5 当事者適格

　損失の補償に関する訴えの当事者適格を有する者は，土地所有者・関係人と起業者である．

1 土地所有者・関係人

　損失の補償に関する訴えを提起することができるのは，土地所有者・関係人であるが，裁決の名宛人とされている土地所有者・関係人に限定されない．裁決の名宛人とされていない者でも，自己が裁決に係る土地についての所有者・関係人であると主張する者も，裁決の取消しを求めることなく，直接損失の補償に関する訴えを提起できるものと解されている（小澤・収用法下727頁，竹村・収用法と補償788頁等参照）．

2 起業者

　起業者は，権利・義務の帰属主体となりうる法人格を有するものでなければならない．行政機関には当事者適格はない．行政機関は権限を有するが，権利・義務の主体ではないからである（秋山・国家補償法211〜212頁，司法研修所編・実務的研究323頁等参照）．

　かつては国の機関委任事務制度があり，国の機関委任事務として行われる事業に関して，起業者は国なのか地方公共団体なのかについて議論があったが，地方自治法の改正により，国の機関委任事務制度が廃止された．これに代わって，法定受託事務制度が導入されたが，第一号法定受託事務も地方公共団体の事務とされており，この論議はほぼ解消されたものといってよい（小澤・収用

第2章　土地収用法関係

法上153頁参照).

　また，いわゆる官営公費事業（河川法59条，道路法49条等）のために収用が行われた場合に，損失補償に関する訴えの当事者適格を有するのは，事業主体である国であるのか，費用負担者である地方公共団体であるのかが問題となる．文献においては，この場合には国と地方公共団体のいずれもが当事者適格を有する，と説かれている（司法研修所編・実務的研究324頁）．

　なお，後述するように，行訴法の改正により「教示制度」が導入されたので，この点でも，原告が起業者（被告）を誤ることはなくなった．万が一被告を誤った場合でも，故意または重大な過失によらないで被告とすべき者を誤ったときは，裁判所は，原告の申立てにより，決定をもって，被告を変更することを許すことができる（行訴法40条2項，15条1項）．

● 6　出訴期間・裁判管轄等

1　出訴期間

　1　概説　損失の補償に関する訴えの出訴期間は，裁決書の送達を受けた日から6か月である．起算日については，初日は算入されない（初日不算入の原則）．この訴訟は「法令に出訴期間の定めがある」当事者訴訟であるので，正当な理由があるときは，その期間が経過した後であっても，提起することができる（行訴法40条1項）．

　なお，94条の補償裁決については，裁決書の正本の送達を受けた日から60日以内に出訴しなければならないとして，出訴期間の特則が設けられている（同条9項．前述405頁参照）．

　2　出訴期間経過後の損失補償請求訴訟　出訴期間に関連する訴訟として，収用裁決の取消訴訟とその関連請求として違法な裁決による損害の賠償請求訴訟を提起してから3年後に，損失補償に関する訴えが予備的に追加されたという事案がある．一審の大阪地判昭和53・4・13（判例集不登載）は，出訴期間経過後に提起された予備的請求の訴えは不適法であると判示したが，控訴審の大阪高判昭和54・6・28（判タ395号105頁）は，「収用委員会の裁決についての審査請求においては，損失補償についての不服をその裁決についての不服の理由とすることができないと定められている（土地収用法132条2項）のはそのためであり，したがって，収用委員会の裁決の取消を求める訴においても損失補償額の不当は裁決取消の理由にはならないのである．本件において，控訴

人が被控訴人委員会に対する主位的請求である裁決取消請求の請求原因として損失補償額についての不服を主張していないのはそのためであるにすぎず，だからといって，控訴人に損失補償額を争う意思がなかつたものと速断することはできない．むしろ，控訴人は，被控訴人市長に対する主位的請求において，裁決が違法であることを前提として被控訴人市長に対し裁決書記載の収用時期における本件土地の価格と主張する金額と実際の損失補償額との差額の支払を求めているのであって，この差額金の支払を求めている点に着目し，前認定の事実および弁論の全趣旨に照らすと，控訴人は右主位的請求の訴を提起した当時すでに被控訴人市長に対し実質的に右の損失補償額を争う意思を表明していたものと認めるに充分であり，控訴人が当初において被控訴人市長に対して損失補償額の増額という形で請求を構成しなかったのは裁決の違法を前提としていたからにすぎないものと認められ，本件土地収用手続以来の相手方当事者である被控訴人市長としては主位的請求の訴提起の当時において控訴人の右意思を看取しえたものと認められる．上記のとおり，損失補償に関する訴は起業者と被収用者間の問題に帰着し，それに関する出訴期間の定も，裁決処分の存在自体に関わるものではなく，ひっきょう右当事者間の法律関係の安定をはかるためのものにすぎないと解されるのであって，このようなところからすると，本件における予備的請求の訴は出訴期間が経過したのちに提起されているが，出訴期間の関係において，当初の主位的請求の訴提起の時から提訴されていたものと同様に取扱うのが，被収用者の意思に合致しその利益を保護するゆえんであり，そのように取扱っても格別起業者の利益その他法の安定を損うことがないことなどに照らして，相当であり，本件予備的請求の訴は出訴期間遵守の点において欠くるところがないと解すべきである」と判示して，適法であるとした．

これに対して，上告審の最判昭和58・9・8（裁判集民事139号457頁）は，予備的請求は主位的請求と訴訟物を異にしているから，特段の事情がない限り，本件追加的請求に係る訴えは出訴期間経過後に提起されたものとして不適法であるとして，「被上告人の前記主位的請求を目して損失補償額をそれ自体として争う趣旨を含むものとすることは到底できないから，右主位的請求において本件土地の収用時の時価と損失補償額との差額について請求がされていることを理由として，右主位的請求に係る訴えの提起の時に予備的請求である損失補償に関する訴えの提起があったと解すべき特段の事情があるとした原審の判断

3 判例に対する文献の評価　この上告審判決に対しては，被収用者は，収用裁決の取消訴訟を提起するときに損失補償を要求するのは矛盾するから，損失補償の請求をしないのであって，このような場合にも損失補償請求を出訴期間内にしなければならないとするのは，一般人には無理な要求であるとして，収用裁決の取消訴訟を提起した場合には，損失補償についても争ったものとみなして，損失補償の出訴期間は走らないと解すべきである，との批判（阿部泰隆「形式的当事者訴訟―土地収用法133条の損失補償請求訴訟について―」判タ641号10頁（1987年））がある．しかし，この最高裁判例に賛意を表する評釈も少なくない（古崎慶長「判批」判評304号16頁（1984年），時岡泰「判解」街づくり・国づくり判例百選178頁（1989年），大島崇志「判批」昭和58年行判解説462頁（1985年），定塚編著・前掲316頁〔家原執筆〕等）．

4 出訴期間経過後の増額請求訴訟　上記の事例とは異なり，2項の出訴期間経過後の増額請求訴訟は，訴訟物の変更には当たらないから許容される（小澤・収用法下727頁参照）．大阪地判平成4・6・26（行集43巻6＝7号847頁）は，「原告が，右請求の拡張の前後を通じて，本件裁決によって確定された損失補償の適否ないし本件収用に伴う損失補償請求権を訴訟物として，本件訴訟を維持追行していることは明らかであって，請求の拡張により，訴訟物に変更はない．右請求の拡張は，攻撃防御方法たる主張の追加及び変更に伴い，請求金額を増額したものにすぎない．このように，請求の拡張の前後を通じて，訴訟物が同一である本件においては，右拡張後の請求に係る訴えは，当初の訴え提起のときに提起されたものと同視することができるから，出訴期間の遵守に欠けるところはないものというべきである（最高裁判所昭和58年9月8日第一小法廷判決参照）」と判示している（控訴審の大阪高判平成6・11・29行集45巻10＝11号1900頁は，原審の判断を是認）．

2 裁判管轄

損失の補償に関する訴えは，当事者訴訟であるが，行訴法上，管轄の規定（12条）は当事者訴訟に準用されていない（41条）から，管轄については民訴法の定めるところによる（7条）．したがって，被告の所在地の地方裁判所の管轄に属し（民訴法4条1項），訴額を問わない（裁判所法24条1項，33条1項1号）．この訴えは，土地の収用等から生ずるものであり，したがって不動産に

第**2**節　土地収用法

関するものといえるから，当該土地の所在地の地方裁判所にも提起することができる（民訴法5条12号）．なお，94条の補償裁決についての訴えは，損失があった土地の所在地の裁判所の専属管轄とされている（同条9項．前述406頁参照）．

3　教　示

損失補償訴訟を提起する場合に，被告を誰にすべきか，いつまでに出訴すべきかなどについて，これまで必ずしも明確とはいえなかった．そこで，2004（平成16）年の改正行訴法は，その46条において，「取消訴訟等の提起に関する事項の教示」の規定を新設した．同条3項は，「行政庁は，当事者間の法律関係を確認し又は形成する処分又は裁決に関する訴訟で法令の規定によりその法律関係の当事者の一方を被告とするものを提起することができる処分又は裁決をする場合には，当該処分又は裁決の相手方に対し，次に掲げる事項を書面で教示しなければならない．」として，①当該訴訟の被告とすべき者，②当該訴訟の出訴期間を教示しなければならない，と規定している（なお，前述416頁参照）．

7　補償額についての審理判断の方法

1　問題の所在

損失補償訴訟において，裁判所が補償額について審理判断するに際しては，補償額について収用委員会に裁量が認められるか否かの問題がある．すなわち，収用委員会に合理的な範囲内で裁量が認められ，裁判所はその逸脱の有無だけを審理判断するのか（裁量肯定説．福岡高判平成元・8・31判時1349号38頁），それとも，収用委員会の裁量を認めないで，裁判所自身が補償額について客観的に審理判断するのか（裁量否定説），という問題である．通説は裁量否定説に立っており，裁判例の大勢も同じである．直接請求権発生説に立つ以上は，裁量否定説に結びつくのが自然であろう．

2　判例の動向

小作権割合が争われた事件において，最判平成9・1・28（民集51巻1号147頁）は，次のように判示して，裁量否定説に立つことを明確にしている．「〔土地収用〕法による補償金の額は，『相当な価格』（同法71条参照）等の不確定概

念をもって定められているものではあるが，右の観点から，通常人の経験則及び社会通念に従って，客観的に認定され得るものであり，かつ，認定すべきものであって，補償の範囲及びその額（以下，これらを「補償額」という．）の決定につき収用委員会に裁量権が認められるものと解することはできない．したがって，同法133条所定の損失補償に関する訴訟において，裁判所は，収用委員会の補償に関する認定判断に裁量権の逸脱濫用があるかどうかを判断するものではなく，証拠に基づき裁決時点における正当な補償額を客観的に認定し，裁決に定められた補償額が右認定額と異なるときは，裁決に定められた補償額を違法とし，正当な補償額を確定すべきものと解するのが相当である．」

3 判例の検討

もっとも，前掲最判平成9・1・28といえども，不動産価格の評価にある程度の幅があることを否定するものではないであろう．また，収用委員会の判断が合理的なものとして事実上尊重されることがあることを否定するものでもないであろう（川神裕「時の判例・最判平成9・1・28」ジュリ1116号124頁（1997年），中川丈久「判解」ジュリ1135号・平成9年度重判解説34頁（1998年），公用負担執務資料149頁，定塚編著・前掲317～318頁〔家原執筆〕等参照）．裁判例の中には，裁量否定説に立脚した上で，本件収用裁決の認定した更地価格と原審鑑定が算定した更地価格とは平方メートル当たりごくわずかの差（360円）があるにすぎず，不動産の価格がその性質上ある程度の幅をもつものであることからすれば，この程度の差は不動産の価格評価に伴って生じる誤差の範囲内であると考えるべきであり，本件収用裁決の認定額の正当性を左右するものではない，と判示しているものがある（大阪高判平成3・6・27行集42巻6＝7号1074頁．同趣旨，福岡地判昭和63・2・23判時1349号40頁，大津地判平成10・2・9判例自治177号73頁）．

第25款　執行不停止

> **（訴訟）**
> **134条**
> 　前条第2項及び3項の規定による訴えの提起は，事業の進行及び土地の収用又は使用を停止しない．

本条は，損失の補償に関する訴えを提起した場合でも，事業の進行や土地の収用・使用を停止しないとして，執行不停止の原則を定めたものである．これは，「前条の規定による訴えが私益的事項に係る損失補償に関するものであり，事業等を執行した後においても原状回復は常に可能であり，そのために公益上必要な事業の進行および目的物の収用または使用まで停止する必要性が認められないからである」（竹村・収用法と補償793頁．なお，柳瀬・公用負担法227頁，高田・収用法495～496頁，小高・収用法636頁，小澤・収用法下767～768頁等参照）．損失の補償に関する訴えは，元来収用委員会の裁決の効力を争うものではないから，いわば当然の事理を定めたものであり，本条は創設的規定ではなく，注意的規定であると解されている．

行訴法上では，執行不停止の原則を定める25条1項の規定は当事者訴訟に準用されていない（41条）．これは当事者訴訟の性質から執行不停止は当然の事理であると解された結果であるが，25条2項が一定の要件の下で執行停止を認めているのに対して，本条にはそのような規定はなく，絶対的執行不停止を定めたものである．

第3節　公共用地の取得に関する特別措置法

第1款　概　説

● 1　本法の趣旨

1　本法の沿革

1960（昭和35）年に建設省に公共用地取得制度調査会が設置され，建設大臣から「公共用地の取得困難な現状にかんがみ，その取得を一そう円滑かつ適正に行なうためには，いかなる制度上の改善を図るべきか．」との諮問を受けた．同調査会は，16回に及ぶ会議を重ねて，翌年3月に建設大臣に答申した．この答申を受けて法案が作成され，1961（昭和36）年6月，収用法の特例等について規定した「公共用地の取得に関する特別措置法」（公共用地取得特別措置法．以下，本節において，「本法」という）が制定された．

前記答申の骨子は，①収用法制定当時予想されなかった事態がしばしばみられるようになり，同法の運用の改善のみでは，国の緊要な施策遂行上の要請に

応えることが難しいので，特に公共性が高く，かつ，緊急に施行する必要がある事業に限定して，収用法の特例等として特別措置を講ずること，②見積補償金の支払い，現物補償，起業者の担保の提供，生活再建等の対策を講ずること，などであった．

収用法の改正ではなく，収用法の特例等を定める特別立法の形式が採られたのは，①収用法それ自体には，それほど欠陥があるとは考えられていないこと，②同法の改正は，かえって収用法全体の体系を乱すおそれがあること，③同法を改正するとすれば，相当の長期間を要すること，などの理由からである（川島博「公共用地の取得に関する特別措置法をめぐって」自治研究37巻8号121頁以下（1961年），志村精一「『公共用地の取得に関する特別措置法』解説」法時33巻8号32頁以下（1961年），青木勇「公共用地特例法案の政策的意義」法時33巻6号37頁以下（1961年），小澤・収用法上17頁以下等参照）．

2 緊急裁決制度の導入

本法の中心にあるのは，20条以下の「緊急裁決」の制度である．これは，収用法123条の「緊急に使用する必要がある事業のための土地の使用」と類似している（川島・前掲128頁，小澤・収用法下632頁参照）．しかし，収用法123条の緊急使用の制度は，緊急な災害防止の必要がある場合等の極めて特殊な事例を想定したものであって，使用の期間は6か月で，しかも更新することができず，土地の上にある建物等の物件の移転についての規定がないなど，緊急に施行することを要する事業の円滑な遂行を図るという点では，必ずしも有効とはいえないものであった．

● 2　本法の目的と構成

前記答申を受けて制定された本法は，1条において，「この法律は，土地等を収用し，又は使用することができる事業のうち，公共の利害に特に重大な関係があり，かつ，緊急に施行することを要する事業に必要な土地等の取得に関し，土地収用法（昭和26年法律第219号）の特例等について規定し，これらの事業の円滑な遂行と土地等の取得に伴う損失の適正な補償の確保を図ることを目的とする．」と規定している．そして，その上で，適用対象事業である「特定公共事業」の定義，事業の円滑な執行を図るための措置（緊急裁決等），適正な損失の補償を確保するための措置等について規定している．

本法でいう「特定公共事業」とは，道路（高速自動車国道・一般国道），鉄道，空港，都市交通，電話，治水・利水，電力の各事業で，国土交通大臣が社会資本整備審議会（当初は「公共用地審議会」）の議を経て認定したものである（2条，7条）．

第2款　損失補償

本款においては，緊急裁決（21条），補償裁決（30条），清算（33条），建物による補償（38条），現物給付（46条），生活再建等のための措置（47条）を，「損失補償」としてまとめて考察する．

(緊急裁決)
第21条
① 前条第1項の裁決（以下「緊急裁決」という．）においては，土地収用法第48条第1項各号及び第49条第1項各号に掲げる事項のうち，損失の補償に関するものについては，裁決の時までに収用委員会の審理に現われた意見書，鑑定の結果その他の資料に基づいて判断することができる程度において裁決すれば足りるものとする．ただし，損失の補償をすべきものと認められるにかかわらず，補償の方法又は金額について審理を尽くしていないものについては，概算見積りによる仮補償金（概算見積りによる同法第90の3第1項第3号に掲げる加算金及び同法第94条の4の規定による過怠金を含む．以下同じ．）を定めなければならない．
② 前項ただし書に規定するもののほか，なお審理を要すると認める事項については，裁決書の理由において，その旨を記載しなければならない．

(補償裁決)
第30条
① 収用委員会は，損失の補償に関する事項で緊急裁決の時までに審理を尽くさなかつたものについては，なお引き続き審理し，遅滞なく裁決しなければならない．
② 前項の規定による裁決（以下「補償裁決」という．）に関しては，この法律に特別の定めのあるものを除き，土地収用法中権利取得裁決又は明渡裁決に関する規定の適用があるものとする．ただし，同法第7章の規定は，補

償裁決のうち，その裁決で認められた同法第 76 条第 1 項又は第 81 条第 1 項の規定による請求に基づく収用に係る部分に関してのみ適用があるものとする．

（清　算）
第 33 条
　① 　補償裁決で定められた補償金額（土地収用法第 90 条の 3 第 1 項第 3 号に掲げる加算金の額及び同法第 94 条の 4 に規定する過怠金の額を含む．以下同じ．）と緊急裁決で定められた仮補償金の額とに差額があるとき，及び補償裁決により補償金の全部又は一部に代えて替地の提供，工事の代行その他の給付をすべき旨が定められたときは，起業者及び土地所有者又は関係人は，金銭をもつて清算しなければならない．
　② 　起業者又は土地所有者若しくは関係人は，補償裁決で定められた補償金額と緊急裁決で定められた仮補償金の額との差額につき，緊急裁決で定められた権利取得の時期又は明渡しの期限から前項の規定による清算金の支払の期限（その差額のうち，補償金の全部又は一部に代えて，替地が提供されるべき部分についてはその提供の期限，替地以外の給付がされるべき部分については補償裁決の時）までの期間について，年 6 分の利率により算定した利息を支払わなければならない．
　③ 　略

（建物による補償）
第 38 条
　① 　特定公共事業の用に供する土地にある建物の所有者は，その建物が収用される場合において，土地収用法第 82 条第 1 項の規定による要求をするときは，その建物に対する補償金の全部又は一部に代えて，その要求に基づいて提供される土地にある建物をもつて，損失を補償することを収用委員会に要求することができる．
　② 　特定公共事業の用に供する土地にある建物の賃借人（一時使用のため建物を賃借りした者を除く．）は，その建物が収用されるときは，その建物の賃借権に対する補償金の全部又は一部に代えて建物の賃借権をもつて，損失を補償することを収用委員会に要求することができる．

③　前2項の規定による要求及びその要求に基づいて提供される建物又は建物の賃借権に関しては，土地収用法第82条第1項の規定による要求及びその要求に基づいて提供される同項に規定する替地の例による．

(現物給付)
第46条
　特定公共事業に必要な土地等を提供する者がその対償として土地又は建物の提供，耕地又は宅地の造成その他金銭以外の方法による給付を要求した場合において，その要求が相当であると認められるときは，特定公共事業を施行する者は，事情の許す限り，その要求に応ずるよう努めなければならない．

(生活再建等のための措置)
第47条
① 特定公共事業に必要な土地等を提供することによつて生活の基礎を失うこととなる者は，前条の規定による要求をする場合において必要があるとき，又はその受ける対償と相まつて実施されることを必要とする場合においては，生活再建又は環境整備のための措置で次の各号に掲げるものの実施のあつせんを都道府県知事に申し出ることができる．
　一　宅地，開発して農地とすることが適当な土地その他の土地の取得に関すること．
　二　住宅，店舗その他の建物の取得に関すること．
　三　職業の紹介，指導又は訓練に関すること．
　四　他に適当な土地がなかつたため環境が著しく不良な土地に住居を移した場合における環境の整備に関すること．
② 前項の規定による申出は，政令で定めるところにより，書面でしなければならない．
③ 都道府県知事は，第1項の規定による申出があつた場合において，その申出が相当であると認めるときは，関係行政機関，関係市町村長（都の特別区の存する区域にあつては，関係特別区長），その申出をした者又はその代表者及び特定公共事業を施行する者と協議して，生活再建計画を作成するものとする．
④ 特定公共事業を施行する者は，生活再建計画のうち，特定公共事業に必要

な土地等を提供する者に対する対償となる事項を実施しなければならない．
　⑤　国及び地方公共団体は，法令及び予算の範囲内において，事情の許す限り，生活再建計画の実施に努めなければならない．

1　緊急裁決

1　21条の趣旨

　本法の目的である「事業の円滑な遂行」を図る上で最も重要な柱は，緊急裁決の制度（20条以下）である．20条1項は，「収用委員会は，特定公共事業に係る明渡裁決が遅延することによって事業の施行に支障を及ぼすおそれがある場合において，起業者の申立てがあつたときは，土地収用法第48条第1項各号及び第49条第1項各号に掲げる事項のうち，損失の補償に関するものでまだ審理を尽くしていないものがある場合においても，まだ権利取得裁決がされていないときは権利取得裁決及明渡裁決を，すでに権利取得裁決がされているときは明渡裁決をすることができる．」と規定している．緊急裁決の制度は，収用委員会における審理で最も長時間を要するのが被収用者の損失の補償額算定であることを考慮して，収用委員会において概算見積りによる仮補償金を定め，起業者がそれを支払うことを条件として収用の効果を発生させることにしたものである（川島・前掲130頁，小澤・収用法上17〜18頁参照）．

2　21条の要点

　本条の要点は，憲法29条3項適合性である．本条は，収用委員会が「概算見積りによる仮補償金」を定め，起業者がそれを支払うことを条件として収用の効果を発生させている．収用委員会が定める仮補償金の額が後に補償裁決（30条）において確定した補償額よりも少ない場合には，その差額分については後払いとなる．そこで，この後払いが憲法29条3項の規定に適合するか否かが問題となる．この問題点については，立案関係者は，「憲法でいう正当な補償は必ずしも前払いあるいは同時履行を絶対要件とはしないということは，わが国学者間の通説としても，また昭和24年の最高裁判所の判例においても認められており，なお，調査会の答申に対する各新聞の社説をはじめとする大方の世論，あるいは宮澤俊義教授が朝日新聞に寄稿された論説によっても，現在の事態においては特別な事業に限ってこの制度を適用することは違憲ではな

いことはもちろん，立法政策としても妥当であると強く支持されたことから，政府としてもあえてこの法制化にふみ切った次第である」と説明している（川島・前掲130頁．同旨，志村・前掲36頁．なお，第1部第8章「損失補償の支払い」（前述200頁以下）参照）．

なお，26条は，収用委員会が緊急裁決をする場合に，損失の補償義務の履行を確保するために必要と認めるときは，起業者に担保の提供を命ずることができると規定している．

● 2 補償裁決・清算

1 補償裁決

収用委員会は，緊急裁決が行われた際にまだ審理が尽くされていなかった「損失の補償に関する事項」について，引き続き審理し，速やかに補償金額を最終的に確定させるための補償裁決をしなければならない（30条1項）．補償裁決においては，起業者が裁決に基づく義務の履行を怠った場合に，過怠金を定めることができる（34条2項）．補償裁決は，これに対する訴えの提起がなかったときは，清算金および利息・過怠金の強制執行については債務名義とみなされる（37条1項）．

2 清　算

補償裁決で定められた補償金額と緊急裁決で定められた仮補償金の額との間に差額があったときは，当事者は金銭をもって清算しなければならない（33条1項）．この差額については，緊急裁決で定められた権利取得の時期または明渡の期限から清算金の支払いの期限までの期間について，年6分の利率によって計算した利息を支払わなければならない（同条2項）．

通常は，仮補償金の額の方が低いであろうから，起業者側が差額と利息を支払うことになるものと思われる．6分の利率は商事なみに相当高いものであるが，これよりも土地の値上がり率の方が高い場合には，「正当な補償」との関係で問題が出てくるおそれがある．この点については，立案関係者は，「補償金の算定の時期のずれは，権利者が仮補償金で代替地を購入しておけば，土地の値上りによる利益をうけることができるのであるから，純理論としては余り問題にするに及ばず，法定利率については，仮補償金の額が確定補償金の額にほぼ等しく，かつ補償裁決が遅滞なく行われるとすれば，商事なみの6分は相

当と解される」と説いている（志村・前掲37〜38頁）．

●3 現物給付・生活再建等の措置

1 現物補償・現物給付

収用法に規定されている替地の提供等のほか，現物補償として，仮住居の補償（23条），建物（住宅，店舗等）による補償（38条）について定めている．建物の居住者や所有者等からの要求がある場合は，収用委員会は，その要求が相当であると認めるときは，この補償を裁決することができる．

また，46条は，現物給付として，土地・建物の提供や耕地・宅地の造成等について定めている．この現物給付は，当事者間の任意協議による用地取得の場合においても適用されるものと解されている（川島・前掲131頁，志村・前掲38頁参照）．

2 生活再建等の措置

1 措置の対象者　47条は，生活再建等のための措置について定めている．特定公共事業に必要な土地等を提供することによって「生活の基礎」を失うこととなる者は，生活再建または環境整備のための措置で1項各号に掲げるものの「実施のあつせん」を都道府県知事に申し出ることができる．任意協議による用地取得の場合にも適用されることは，現物給付についてと同様である．

「生活の基礎を失うこととなる者」とは，収用法139条の2におけるものと同様である．従来の収入減の全部もしくは大部分を失い，収入減に著しい変更を受ける者，住宅，店舗などを失う者，などを指している（前述412頁参照）．

2 措置の内容　生活再建等の措置の内容は，①宅地，開発して農地とすることが適当な土地その他の土地の取得に関すること，②住宅，店舗その他の建物の取得に関すること，③職業の紹介，指導または訓練に関すること，④他に適当な土地がなかったため環境が著しく不良な土地に住居を移した場合における環境の整備に関すること，である．

3 生活再建計画　47条1項の申出は書面でしなければならない（同条2項）．この申出があった場合は，都道府県知事は，この申出が相当であると認めるときは，関係行政機関，関係市町村長，申出をした者，および特定公共事業の施行者と協議して，生活再建計画を作成する（同条2項）．国・地方公共団体は，法令および予算の範囲内において，事情の許す限り，生活再建計画の

実施に努めなければならない（同条5項）．

4 努力義務 47条1項は，「実施のあつせん」を都道府県知事に申し出ることができるとしている．「措置の実施」を申し出ることができるわけではない．また，生活再建計画の実施は，国・地方公共団体の努力義務とされている（同条5項）．

そこで，このような法制度の下で果たして実効性のある生活再建が行われうるかどうかが問題となる．立案関係者は，このような疑問について，「かような生活再建対策について，本法の規定では実効性がすくないとの批判があるが，かような問題は，むしろ，本法に規定しているように，公の話合いの場をつくり，協議の間に各方面の協力をえてすすむ方策が最も実情に則した措置であると考えられる」と説明している（志村・前掲38頁．同旨，川島・前掲131～132頁）．

第3章　都市計画法関係

第1節　概　説

1　都市計画法関係

　都市計画法関係として，ここでは，都市計画法，景観法，都市再開発法，土地区画整理法，都市緑地法，都市公園法における損失補償規定を取り上げる．景観法は，必ずしも都市計画のみに関係しているものではないが，一応，都市計画法関係に含めておくことにする．

　これらの法律は，都市の健全な発展と秩序ある整備，都市等における良好な景観の形成，都市における土地の合理的かつ健全な高度利用，健全な市街地の造成，都市における緑地の保全・緑地の推進，都市公園の健全な発達等を図るために，土地の所有者その他の権利者に種々の行為制限等を課している．行為制限等の態様は多様であるが，その中には受忍限度を超えるものが少なくない．そのために，各法律は，行為制限等によって損失を被った者に対する損失の補償を定めている．いずれも，憲法29条3項の趣旨を具体化したものである．

2　都市計画法関係における損失補償

　損失の補償を定めている諸法律を類型的にみると，①土地の収用・使用による損失の補償について定めているもの，②土地の測量調査・立入り等による損失の補償について定めているもの，③事業の廃止・変更による損失の補償を定めているものがあるほか，④土地の買取請求，⑤生活再建措置を定めているものもある．

　各法律における損失補償の規定は一様ではないが，それでも共通しているところも少なくない．内容的には重なる部分もあり，説明が重複することにもなるが，重なる部分はできるだけ簡潔に済ませることにしたい．また，本書の第1部「総論」で一般的に考察したところと重なる箇所が少なくないが，総論と各論を読み合わせることによって，新たにみえてくる問題点が少なくない．

第2節　都市計画法

第1款　概　説

●1　本法の趣旨

1　本法の沿革

　都市計画法の歴史は，1888（明治21）年の東京市区改正条例に始まるが，都市計画法という名称の法律が初めて制定されたのは1919（大正8）年である．この都市計画法では，「都市改造」と「都市基盤を備えた市街地形成」が中心的な課題として置かれていた．現行の都市計画法（以下，本節において「本法」という）は，旧法を廃止して，新たに1968（昭和43）年に制定された．本法は，昭和20年代から30年代後半にかけての高度経済成長，産業構造の変化，農村から都市への人口の急速な移動，都市問題の深刻化等に対応するために制定されたものである（安本典夫『都市法概説〔第3版〕』33〜34頁（法律文化社，2017年）参照）．

2　本法の目的と基本理念

　1　本法の目的　　本法は，1条において，本法の目的について，「都市計画の内容及びその決定手続，都市計画制限，都市計画事業その他都市計画に関し必要な事項を定めることにより，都市の健全な発展と秩序ある整備を図り，もつて国土の均衡ある発展と公共の福祉の増進に寄与することを目的とする．」と規定している．

　2　本法の基本理念　　本法は，2条において，都市計画の基本理念について，「都市計画は，農林漁業との健全な調和を図りつつ，健康で文化的な都市生活及び機能的な都市活動を確保すべきこと並びにこのためには適正な制限のもとに土地の合理的な利用が図られるべきことを基本理念として定めるものとする．」と規定している．この理念を具体化するものとして，都市計画基準（13条）が定められている．

3　都市計画運用指針

　都市計画に関しては，2000（平成12）年に，建設省都市局長通知「都市計画運用指針」が発せられている（現在においても，国土交通省より，その改正通知が発せられている）．都市計画制度の運用は，自治事務であり，各地方公共団体の責任において行われるべきものであるが，同指針は，「国として，今後，都市政策を進めていくうえで都市計画制度をどのように運用していくことが望ましいと考えているか，また，その具体の運用が，各制度の趣旨からして，どのような考え方の下でなされることを想定しているか等についての原則的な考え方を示し，これを各地方公共団体が必要な時期に必要な内容の都市計画を実際に決め得るよう，活用してもらいたいとの考えによるものである」と説明している．この運用指針は，地方自治法245条の4の規定に基づく「技術的な助言」の性質を有するものと位置づけられている（碓井・都市行政法精義Ⅰ116頁参照）．

4　本法の関連法令

　本法の関連法令としては，国土形成計画法，国土利用計画法，建築基準法，密集市街地整備法，土地区画整理法，景観法，都市緑地法，都市公園法，都市再開発法，環境基本法，文化財保護法，古都保存法等がある．

● 2　本法の構成

　上記の目的を達成するため，本法は，種々の仕組みを設けている．損失補償に関連するもので，その主要なものを次に取り上げることにする．

1　用語の定義

　1　都市計画　都市計画とは，都市の健全な発展と秩序ある整備を図るための土地利用，都市施設の整備および市街地開発事業に関する計画で，本法第2章の規定に従い定められたものをいう（4条1項）．

　2　都市計画区域・準都市計画区域　都市計画区域とは，5条の規定により指定された区域をいい，準都市計画区域とは，5条の2の規定により指定された区域をいう（4条2項）．都市計画は，この指定された区域内でのみ定められる．

　都道府県は，市または人口，就業者数その他の事項が政令で定める要件に該

当する町村の中心の市街地を含み，かつ，自然的および社会的条件並びに人口，土地利用，交通量その他国土交通省令で定める事項に関する現況および推移を勘案して，一体の都市として総合的に整備・開発・保全する必要がある区域を「都市計画区域」として指定することができる（5条1項）．

また，都道府県は，都市計画区域外の区域のうち，相当数の建築物その他の工作物（建築物等）の建築もしくは建設またはこれらの敷地の造成が現に行われ，または行われると見込まれる区域を含み，かつ，自然的および社会的条件，法律その他の法令による土地利用の規制の状況等を勘案して，そのまま放置すれば，将来における一体の都市としての整備，開発および保全に支障が生じるおそれがあると認められる一定の区域を「準都市計画区域」として指定することができる（5条の2第1項）．

3 都市施設・都市計画施設 都市施設とは，都市計画において定められるべき11条1項各号に掲げる施設をいう（4条5項）．道路，公園，水道，学校等である．これが都市計画において定められたときに，都市計画施設となる（4条6項）．

4 市街地開発事業・市街地開発事業等予定区域 市街地開発事業とは，12条1項各号に掲げる事業をいう（4条7項）．12条1項は，市街地開発事業として土地区画整理事業，新住宅市街地開発事業，工業団地造成事業，市街地再開発事業等を挙げている．

市街地開発事業等予定区域とは，12条の2第1項各号に掲げる予定区域をいう（4条8項）．12条の2第1項は，新住宅市街地開発事業の予定区域，工業団地造成事業の予定区域，新都市基盤整備事業の予定区域等を挙げている．

5 建築物・建築 建築物とは，建築基準法2条1号に定める建築物をいい，建築とは，建築基準法2条13号に定める建築をいう（4条10号）．

建築基準法2条1号は，建築物を「土地に定着する工作物のうち，屋根及び柱若しくは壁を有するもの……，これに附属する門若しくは塀，観覧のための工作物又は地下若しくは高架の工作物内に設ける事務所，店舗，興行場，倉庫その他これらに類する施設……をいい，建築設備を含むものとする．」と定義している．また，同法2条13号は，建築を「建築物を新築し，増築し，改築し，又は移転することをいう．」と定義している．

6 開発行為 開発行為とは，主として建築物の建築または特定工作物の建設の用に供する目的で行う土地の区画形質の変更をいう（4条12項）．

7 都市計画事業 　都市計画事業とは，都市計画施設の整備に関する事業および市街地開発事業をいう（4条15項）．

8 施行者 　施行者とは，都市計画事業を施行する者をいう（4条16項）．

2 都市計画

1 区域区分 　都市計画区域について無秩序な市街化を防止し，計画的な市街化を図るため必要があるときは，都市計画に，市街化区域と市街化調整区域との区分（区域区分）を定めることができる（7条1項）．市街化区域は，すでに市街化を形成している区域およびおおむね10年以内に優先的かつ計画的に市街化を図るべき区域である（同条2項）．市街化調整区域は，市街化を抑制すべき区域である（同条3項）．

2 地域地区 　都市計画区域については，地域，地区または街区を定めることができる（8条1項）．地域地区は，8条1項に列挙されている．都市計画区域について地域または地区を設定して，土地の利用を規制しようとするものであり，一般に，「ゾーニング」と呼ばれている．

3 都市計画制限等

1 開発行為の許可 　都市計画区域または準都市計画区域内において開発行為をしようとする者は，都市計画事業の施行として行う開発行為等の一定の行為を除いて，あらかじめ，国土交通省令で定めるところにより，都道府県知事（指定都市等の区域内にあっては，当該指定都市等の長）の許可を受けなければならない（29条）．

2 市街地開発事業等予定区域の区域内の建築等の制限 　市街地開発事業等予定区域に関する都市計画において定められた区域内において，土地の形質の変更を行い，または建築物の建築その他工作物の建設を行おうとする者は，通常の管理行為等の一定の行為を除いて，都道府県知事等（都道府県知事および市の区域内にあっては当該市の長．26条1項参照）の許可を受けなければならない（52条の2第1項）．

3 都市計画施設等の区域内における建築等の制限 　都市計画施設の区域または市街地開発事業の施行区域内において建築物の建築をしようとする者は，政令で定める軽易な行為等の一定の行為を除いて，国土交通省令で定めるところにより，都道府県知事等の許可を受けなければならない（53条1項）．

第3章　都市計画法関係

4　都市計画事業の認可等による規制　都市計画事業は，市町村が，都道府県知事（第1号法定受託事務として施行する場合にあっては，国土交通大臣）の認可を受けて施行する（59条1項）．都道府県は，市町村が施行することが困難または不適当な場合その他特別な事情がある場合においては，国土交通大臣の認可を受けて，都市計画事業を施行することができる（同条2項）．国の機関は，国土交通大臣の承認を受けて，国の利害に重大な関係を有する都市計画事業を施行することができる（同条3項）．国の機関，都道府県および市町村以外の者は，事業の施行に関して行政機関の免許，許可，認可等の処分を必要とする場合においてこれらの処分を受けているとき，その他特別な事情がある場合においては，都道府県知事の認可を受けて，都市計画事業を施行することができる（同条4項）．

5　都市計画事業地内の建築等の制限　都市計画事業の認可等の告示があった後においては，当該事業地内において，都市計画事業の施行の障害となるおそれがある土地の形質の変更もしくは建築物の建築その他工作物の建設を行い，または政令で定める移動の容易でない物件の設置もしくは堆積を行おうとする者は，都道府県知事等の許可を受けなければならない（65条1項）．

3　都市計画制限と損失補償

1　都市計画制限の種別

都市計画法には，上述のように，土地の利用規制を定めている条項が少なくない．一般に，都市計画制限と称されているが，その種類は多種多様であり，分類の仕方も一様ではない．

これには広義のものと狭義のものがある．広義の都市計画制限は，①市街化区域または市街化調整区域内の開発行為の規制，②地域地区内における建築等の規制，③狭義の都市計画制限に分類される．また，狭義の都市計画制限には，①市街地開発事業等予定区域内における建築等の規制（52条の2～52条の5），②都市計画施設等の区域内における建築等の規制（53条～57条の6），③都市計画事業認可・承認を受けた事業地内での建築等の規制（59条～75条．ただし，これを都市計画事業制限として，狭義の都市計画制限と区別する見解もある．野呂充「都市計画制限と損失補償」広島法学20巻2号255頁以下（1996年）参照），などがある．

460

2 財産権の内在的制約

これらの都市計画制限については，本法には制限それ自体に対する損失補償を定めた条項は見当たらない．その主たる理由は，一般に，規制の程度が重大ではないこと，財産権の内在的制約であること，買取請求が認められていること，などの点にあると考えられている（さしあたり，坂本武「損失補償法の個別的問題—都市計画関係」国家補償法大系④ 61頁以下，野呂・前掲260頁以下，渡井理佳子「都市計画法53条と損失補償の要否」法学研究81巻12号617頁以下（2008年），生田長人『都市法入門講義』229頁以下（信山社，2010年）等参照．裁判例については，東京地判昭和42・4・25行集18巻4号560頁，東京地判昭和47・2・29行集23巻1＝2号69頁等参照）．しかし，財産権の内在的制約から無補償を導くことについては，いくらかの疑問も指摘されているところである（杉村敏正「公用負担」公法研究29号131頁以下（1967年），遠藤博也『都市計画法50講〔改訂版〕』178頁以下（有斐閣，1980年），生田・前掲233頁以下，西埜・損失補償94頁以下等．なお，前述88頁参照）．

これに対して，都市計画の変更・廃止に伴う損失の補償について定めたものとしては，下記の3か条がある．同趣旨の規定は，密集市街地整備法286条にも置かれている．

4 本法上の損失補償規定

本法には損失補償を規定している条項が数か条ある（52条の5，57条の6，60条の3）．これらは，事業の廃止・変更による損失の補償を定めているものであるが，広義においては，「行政計画の変更による損失補償」の一類型として位置づけることができる（松尾・損失補償法理187頁以下参照）．

また，土地の立入りによる損失の補償を定めた規定がある（28条）．基本的な規定は収用法91条であるが，都市計画法関係の他の多くの法律においても，同様な規定が置かれている．

さらに，「土地の買取請求」または「土地の買取り」を定めている条項がある（52条の4，56条，57条の5，68条）．「土地の先買い」や「土地建物等の先買い」を定めている条項もある（52条の3，57条，57条の4，67条）．土地の買取りと土地の先買いは，言葉は似ているが，損失補償という観点からすれば，両者の趣旨は少なからず相違するから，ここでは先買いについては触れないことにする．先買い制度は，損失補償的機能というよりも，区域内の土地建物等

の投機的取引の事前防止を主たる目的としたものである（三橋壮吉『都市計画法〔特別法コンメンタール〕』250頁（第一法規，1973年），都市計画法制研究会編著『よくわかる都市計画法〔改訂版〕』225頁，233頁（ぎょうせい，2012年．以下，「都市計画法制研究会編著・よくわかる都市計画法」という）等参照）．

そのほか，生活再建措置を定めている規定もある（74条）．生活再建措置の法的性質については，前述した（117頁参照）．

第2款　土地立入り等に伴う損失の補償

> （土地の立入り等に伴う損失の補償）
> 第28条
> ①　国土交通大臣，都道府県又は市町村は，第25条第1項又は第26条第1項若しくは第3項の規定による行為により他人に損失を与えたときは，その損失を受けた者に対して，通常生ずべき損失を補償しなければならない．
> ②　前項の規定による損失の補償については，損失を与えた者と損失を受けた者とが協議しなければならない．
> ③　前項の規定による協議が成立しないときは，損失を与えた者又は損失を受けた者は，政令で定めるところにより，収用委員会に土地収用法（昭和26年法律第219号）第94条第2項の規定による裁決を申請することができる．

● 1　本条の趣旨と要点

1　本条の趣旨

本条は，国土交通大臣，都道府県知事または市町村長が，調査のための立入等（25条1項）や障害物の伐除・土地の試掘等（26条1項・3項）により他人に損失を与えたときは，その損失を受けた者に対して，通常生ずべき損失を補償すべき旨を定めたものである．

土地の立入り等による損失の補償について定めた基本的な規定は，収用法91条である．収用法以外の法律において立入補償を定めている条項については，収用法91条とほぼ同様に解することができる（木村実「損失補償法の個別的問題―立入補償関係」国家補償法大系④179頁参照．同条については，前述386頁以下参照）．

2　本条の要点

本条の要点は，補償の性質，補償の要否，補償の内容（範囲），補償の権利者・義務者，補償の手続，訴えの提起等である．補償の性質については，土地収用法91条について述べたことが，ここでも妥当する（前述387頁参照）．補償の性質を除いて，判例・学説上の対立は見当たらない．

2　補償の性質

収用法91条の補償については，「補償の性質」をめぐって損失補償説と損害賠償説が対立している．本条の補償については，表面上はそのような対立はみられないが，基本的にはおそらく，同様の議論がなされるものと思われる．

なお，本条の通損補償は，事後補償の性質を有する．すでに発生した損失の補償である．

3　補償の要否

補償が必要となるのは，土地の立入り等によって損失が生じた場合である．明文の規定があるわけではないが，その損失が受忍限度を超えていることが必要である．受忍限度を超えているか否かは，個別具体的に社会通念によって判断される．土地の立入り等によって受忍限度を超える損失が発生することは，比較的少ないのではないかと思われる．

4　補償の内容

収用法91条は，補償の内容（範囲）について何も述べていないが，本条は，「通常生ずべき損失」を補償しなければならないと規定している．しかし，このような法文上の差異が補償の内容について相違を来すとは考えられない．通損補償の範囲については，本書第1部「総論」の第7章「付随的損失の補償」において一般的に考察した（前述196頁以下参照）．

「通常生ずべき損失」とは，土地の立入り等の行為によって通常生ずべきものと社会通念上判断される損失であり，土地の立入り等と相当因果関係にある損失を意味する．文献の中には，例えば，測量が行われたために事業が行われることが予測され，土地にある物件の価格が低落したことによる損失は立入り等に伴う通常生ずべき損失には相当しない，と説くもの（都市計画協会編著『新都市計画法逐条解説』85頁（都市計画協会，1968年．以下，「都市計画協会編

著・逐条解説」という），三橋・前掲145頁）がある．なるほど，都市計画事業の認可・承認の前に行われた事業の準備のための立入り等により，事業が予測されて土地上の物件の価格が低下したとすれば，その損失は，立入り等それ自体によって生じたものとはいえない．しかし，都市計画事業と全く相当因果関係がないといえるかということになると，いくらかの疑問の余地があるように思われる．ただ，相当因果関係があり，補償が必要であるとしても，その場合の補償は，本条によるものではなく，憲法29条3項に基づくものであるか，あるいは「損失補償」ではなくて，「損害賠償」ということになるであろう．

●5 補償の手続・訴えの提起

1 補償の手続

1 当事者者の協議 損失補償については，損失を与えた者と損失を受けた者が協議して定める．収用委員会への裁決申請の前提として当事者の協議を必要としたのは，当事者の話合いによる自主的解決を期待したものである．この点では，収用法94条1項と同じ趣旨に基づくものである．協議は，損失の発生の有無，因果関係，補償額，補償方法，補償の時期等について行われる．協議が成立したときは，当事者間で私法上の契約が締結されたことになり，一般の民事契約の法理に従って処理されることになる（三橋・前掲145頁参照．なお，収用法94条についての説明（前述402頁以下）参照）．

2 収用委員会の裁決 協議が成立しないときは，当事者はいずれからでも，政令の定めるところにより，収用法94条2項の規定により収用委員会に裁決の申請をすることができる．「協議が成立しないとき」とは，双方が協議したが合意に達しなかった場合，一方が協議の申出をしたのに対し，他方がこれに応じなかった場合，などをいう．本条の協議および裁決を経ることなく，損失補償を求めて直接出訴することはできない（裁決前置主義）．その場合は，不適法として却下される．

3 除斥期間規定の不存在 収用法上には，立入り等による損失の補償については，同法91条2項に「損失があつたことを知つた日から1年を経過した後においては，請求することができない．」として，除斥期間の規定が置かれている．しかし，本条には，このような定めは置かれていない．したがって，民法167条の消滅時効の一般的規定によって処理されることになる（三橋・前掲145頁）が，このような相違の理由は，必ずしも定かではない．

2 訴えの提起

　収用委員会の裁決に不服がある場合に，裁判所に訴えを提起することができるか否かについては，本条にも本法の他の規定にも，別段の定めは置かれていない．しかし，法律上の争訟である以上，最終的には裁判所の判断を求めることができるはずである．この場合には，収用法133条の規定が適用ないし類推適用されるが，出訴期間については，収用法133条2項の特則を定めている同法94条9項の規定によらなければならない．94条2項の規定により収用委員会への裁決の申請が認められている以上，訴えの提起についても同条9項の規定が準用されるものと解釈すべきであろう（前述406頁，後述532頁参照）．したがって，収用委員会の裁決に不服がある者は，裁決書の正本の送達を受けた日から60日以内に，損失があった土地の所在地の裁判所に対して訴えを提起することができる．

第3款　計画変更に伴う損失の補償

　52条の5，57条の6，60条の3は，いずれも計画の変更に伴う損失の補償に関するものであるので，ここではこれら3か条についてまとめて考察することにする．

（損失の補償）
第52条の5
① 市街地開発事業等予定区域に関する都市計画に定められた区域が変更された場合において，その変更により当該市街地開発事業等予定区域の区域外となつた土地の所有者又は関係人のうちに当該都市計画が定められたことにより損失を受けた者があるときは，施行予定者が，市街地開発事業等予定区域に係る市街地開発事業又は都市施設に関する都市計画が定められなかつたため第12条の2第5項の規定により市街地開発事業等予定区域に関する都市計画がその効力を失つた場合において，当該市街地開発事業等予定区域の区域内の土地の所有者又は関係人のうちに当該都市計画が定められたことにより損失を受けた者があるときは，当該市街地開発事業等予定区域に係る市街地開発事業又は都市施設に関する都市計画の決定をすべき者が，それぞれその損失の補償をしなければならない．
② 前項の規定による損失の補償は，損失があつたことを知つた日から1年

を経過した後においては，請求することができない．
   ③　第28条第2項及び第3項の規定は，第1項の場合について準用する．

（損失の補償）
第57条の6
   ①　施行予定者が定められている市街地開発事業又は都市施設に関する都市計画についての第20条第1項の規定による告示の日から起算して2年を経過する日までの間に当該都市計画に定められた区域又は施行区域が変更された場合において，その変更により当該区域又は施行区域外となつた土地の所有者又は関係人のうちに当該都市計画が定められたことにより損失を受けた者があるときは，当該施行予定者は，その損失を補償しなければならない．
   ②　第52条の5第2項及び第3項の規定は，前項の場合について準用する．

（損失の補償）
第60条の3
   ①　前条第2項の規定による公告があつた場合において，当該都市計画施設の区域又は市街地開発事業の施行区域内の土地の所有者又は関係人のうちに当該都市計画が定められたことにより損失を受けた者があるときは，当該施行予定者は，その損失を補償しなければならない．
   ②　第52条の5第2項及び第3項の規定は，前項の場合について準用する．

1　各条の趣旨と要点

1　拘束的計画の変更と損失補償

　本法には都市計画が多用されているが，その計画が変更になったり廃止になったりした場合には，計画を信頼して行動していた者は思わぬ損失を被ることになる．このような場合の損失の補償を定めたのが上記の3か条である．

　この点について，文献においては，「個別的判断を待つまでもなく当然に損害補填をすべきものと認められる場合がある．規制効計画（拘束的計画）の場合，……そこで当該計画が変更され規制の根拠がなくなると，その変更のときまで規制されていたことによる損害が発生することがある．変更があった場合に，当初計画を信頼して行為した私人の主観的な信頼を保護するということで

第2節　都市計画法

はなく，それを超えて，そうせざるを得ない条件下での私人の強制された行為に対して（例えば建築等の行為ができなかったことに対して）関連損害（無駄な強制をされたことによる損害）を補塡するものである．ある計画の公益性に基づき規制を行ったのに，計画の変更によりその公益の実現目的がなくなり規制の根拠が喪失したのであるから，それは公共のために財産権を制限したこととして損失補償の法理が適用になる」と説かれている（西谷剛『実定行政計画法―プランニングと法』289～290頁（有斐閣，2003年）．なお，荒秀「土地利用規制と補償」行政法大系⑥272頁以下，碓井・都市行政法精義Ⅰ81頁，松尾・損失補償法理197頁参照）．

2　損失補償の趣旨

　これらの損失補償規定が置かれている理由は，ほぼ同様である．52条の5については，市街地開発事業等予定区域内においては，土地の形質の変更，建築物の建築，工作物の建設を制限しており，いわば法65条の事業制限なみの制限を課していることから，土地所有者および関係人の損失を救済するための制度を設けたものである（都市計画法制研究会編著・よくわかる都市計画法226頁，都市計画法令実務研究会編著『わかりやすい都市計画法の手引』862頁（新日本法規出版，加除式，2003年．以下，「都市計画法令実務研究会編著・手引」という），西谷・前掲289～290頁参照）．

　57条の6については，上記の52条の5の趣旨とほぼ同様である．施行予定者が定められている市街地開発事業または都市施設に関する都市計画においては，早期事業化のために相当に厳しい建築制限等が課されているためである（西谷・前掲290頁参照）．

　60条の3については，施行予定者が定められている都市計画施設の区域または市街地開発事業の施行区域内においては，事業制限なみの都市計画制限を課していることから，土地所有者および関係人の損失を救済するための制度を設けたものであり，52条の5の趣旨とほぼ同様である（都市計画法制研究会編著・よくわかる都市計画法254頁，荒・前掲280頁，西谷・前掲290頁参照）．

3　各条の要点

　各条の要点は，補償の要否，補償の内容（範囲），補償の権利者・義務者，補償の手続，訴えの提起，除斥期間等である．いずれについても，判例・学説

第3章　都市計画法関係

上の対立は見当たらない．いずれの条項についても要点は同じであるので，52条の5を中心にして考察する．

●2　市街地開発事業等予定区域に関する都市計画の区域の変更等

1　補償の要否

補償が必要となるのは，①市街地開発事業等予定区域に関する都市計画に定められた区域が変更され，その変更により当該市街地開発事業等予定区域の区域外となったことにより損失を受けた場合，②市街地開発事業等予定区域に係る市街地開発事業または都市施設に関する都市計画が定められなかったため市街地開発事業等予定区域に関する都市計画がその効力を失ったことにより損失を受けた場合，である．

2　補償の内容

損失補償の対象となる損失（補償の範囲）は，土地利用の制限に伴う損失である．通常生ずべき損失のみならず，特別の原因による損失であっても，補償義務者が当該特別の原因を予見し，または予見できる場合には，補償の対象となる（都市計画法制研究会編著・よくわかる都市計画法227頁参照）．

3　補償の権利者・義務者

補償権利者は，区域の変更等により損失を受けた者である．補償義務者は，上記①の場合は施行予定者であり，②の場合は当該市街地開発事業等予定区域に係る市街地開発事業または都市施設に関する都市計画を決定すべき者である．

4　補償の手続・訴えの提起

1　補償の手続　本条3項により，28条2項・3項が準用されている．したがって，損失補償について，損失を与えた者と損失を受けた者とが協議することになる．

協議が成立しない場合は，両当事者はいずれからでも，政令で定めるところにより，収用法94条2項の規定に基づいて，収用委員会に裁決の申請をすることができる．

2　訴えの提起　この収用委員会の裁決に不服である場合に，訴えを提起

することができるか否かについては，52条の5第3項および28条3項に別段の定めは置かれていない．しかし，法律上の争訟である以上，最終的には裁判所の判断を求めることができるはずである．この場合については，第2款で述べたことがそのまま当てはまる．

5 除斥期間

この損失の補償は，損失があったことを知った日から1年を経過した後は，請求することができない．これは，補償請求権の除斥期間を定めたものである．ただし，区域の変更等に違法性と故意・過失が認められる場合には，国賠法1条1項に基づいて，別途損害賠償の請求をすることができる．この場合には，不法行為に基づく損害賠償として，民法724条によって処理されることになる．

3 市街地開発事業・都市施設に関する都市計画の区域等の変更

補償の要否，補償の内容（範囲），補償の権利者・義務者，補償の手続，訴えの提起，除斥期間等については，上記の52条の5の場合とほぼ同じである．

4 都市計画事業の認可等の不申請

これについても，補償の要否，補償の内容（範囲），補償の権利者・義務者，補償の手続，訴えの提起，除斥期間等については，上記の52条の5の場合とほぼ同じである．

第4款　土地の買取請求・買取り

52条の4，56条，57条の5，68条は，いずれも土地の買取請求・買取りに関するものであるので，ここではこれら4か条についてまとめて考察する．

> （土地の買取請求）
> 第52条の4
> ① 市街地開発事業等予定区域に関する都市計画において定められた区域内の土地の所有者は，施行予定者に対し，国土交通省令で定めるところにより，当該土地を時価で買い取るべきことを請求することができる．ただし，当該土地が他人の権利の目的となつているとき，及び当該土地に建築物その他の

工作物又は立木に関する法律（明治 42 年法律第 22 号）第 1 条第 1 項に規定する立木があるときは，この限りでない．
② 前項の規定により買い取るべき土地の価格は，施行予定者と土地の所有者とが協議して定める．第 28 条第 3 項の規定は，この場合について準用する．
③ 前条第 5 項の規定は，第 1 項の規定により土地を買い取つた施行予定者について準用する．
④ 第 1 項の規定は，市街地開発事業等予定区域に係る市街地開発事業又は都市施設に関する都市計画についての第 20 条第 1 項の規定による告示があつた後は，当該告示に係る土地の区域内においては，適用しない．

（土地の買取り）
第 56 条
① 都道府県知事等（前条第 4 項の規定により，土地の買取りの申出の相手方として公告された者があるときは，その者）は，事業予定地内の土地の所有者から，同条第 1 項本文の規定により建築物の建築が許可されないときはその土地の利用に著しい支障を来すこととなることを理由として，当該土地を買い取るべき旨の申出があつた場合においては，特別の事情がない限り，当該土地を時価で買い取るものとする．
② 前項の規定による申出を受けた者は，遅滞なく，当該土地を買い取る旨又は買い取らない旨を当該土地の所有者に通知しなければならない．
③ 前条第 4 項の規定により土地の買取りの申出の相手方として公告された者は，前項の規定により土地を買い取らない旨の通知をしたときは，直ちに，その旨を都道府県知事等に通知しなければならない．
④ 略

（土地の買取請求）
第 57 条の 5
施行予定者が定められている都市計画施設の区域等内の土地の買取請求については，第 52 条の 4 第 1 項から第 3 項までの規定を準用する．

第 2 節　都市計画法

> （土地の買取請求）
> 第 68 条
> ①　事業地内の土地で，次条の規定により適用される土地収用法第 31 条の規定により収用の手続が保留されているものの所有者は，施行者に対し，国土交通省令で定めるところにより，当該土地を時価で買い取るべきことを請求することができる．ただし，当該土地が他人の権利の目的となつているとき，及び当該土地に建築物その他の工作物又は立木に関する法律第 1 条第 1 項に規定する立木があるときは，この限りでない．
> ②　前項の規定により買い取るべき土地の価額は，施行者と土地の所有者とが協議して定める．
> ③　第 28 条第 3 項の規定は，前項の場合について準用する．

1　各条の趣旨と要点

1　各条の趣旨

　上記の各条は，土地の買取請求と買取りを定めたものである．これらの条文は，損失補償を定めたものではないが，買取請求も買取りも損失補償と密接な関係を有し，損失補償の代替的機能を果たしている（前述 43 頁，144 頁参照）．

2　各条の要点

　各条の要点は，土地の買取請求と買取りの異同，買取価格等である．土地の買取りについては，買取りの要件や買取り拒否の場合の取扱いも問題となる．買取りについては，相当の事例があるものと思われるが，その実態は必ずしも定かではない．いずれの点についても，判例・学説上の対立は見当たらない．

2　土地の買取請求と買取り

1　買取請求と買取りの異同

　「土地の買取請求」を定めているのは，52 条の 4，57 条の 5，68 条であり，「土地の買取り」を定めているのは，56 条である．これをみれば，本法は「買取請求」と「買取り」を区別していることは明らかである．「買取請求」については，単に「当該土地を時価で買い取るべきことを請求することができる」となっているのに対して，「買取り」については，「建築物の建築が許可されな

471

第3章 都市計画法関係

いときはその土地の利用に著しい支障を来すこととなることを理由として，当該土地を買い取るべき旨の申出があつた場合においては，特別の事情がない限り，当該土地を時価で買い取るものとする．」となっている．

2 形成権と請求権

両者の相違点は，一般に，買取請求が形成権であるのに対して，買取りは，形成権ではなくて請求権である，と解されている．すなわち，買取請求の場合は，施行者には裁量の余地はないが，買取りの場合は，都道府県知事等に若干の裁量が認められているということである．しかし，このように明確に区別できるか否か，疑問の余地がないでもない（前述45頁参照）．

●3 土地の買取請求

1 買取請求の趣旨

土地の利用規制の程度が強い場合には，被規制者としては，損失補償よりも土地を買い取ってもらった方が救済になる場合がある．52条の4，57条の5および68条の規定に基づいて買取請求がなされた場合には，各条1項の但書に該当する場合を除いて，施行予定者または施行者はその請求を拒否することができない．買取請求権は，一種の形成権であると解されている．土地所有者の買取請求は，当該土地について売買契約が成立したのと同一の効果を生ずることになる（三橋・前掲330頁，都市計画協会編著・逐条解説157頁，都市計画法令実務研究会編・手引1022頁，都市計画法制研究会編著・よくわかる都市計画法226頁等参照）．

同じく買取請求であっても，その要件は各条によって異なっている．52条の4は，市街地開発事業予定区域内における土地の買取請求であり，57条の5は，施行予定者が定められている都市計画施設の区域等内の土地の買取請求である．68条は，事業地内の土地で収用法による収用の手続が保留されている土地の買取請求である．ただ，その趣旨は共通しており，土地所有者の保護と事業施行の円滑化，用地買収の円滑化である（三橋・前掲330頁，都市計画協会編著・逐条解説134頁，都市計画法令実務研究会編著・手引1021～1022頁，都市計画法制研究会編著・よくわかる都市計画法260～261頁等参照）．

2 買取請求権者

　買取請求権者は，52条の4および57条の5については，市街地開発事業等予定区域に関する都市計画において定められた区域内の土地の所有者であり，68条については，事業地内の土地で収用の手続が保留されているものの所有者である．ただし，いずれについても，当該土地が他人の権利の目的となっている場合，および当該土地に建築物その他の工作物または立木に関する法律1条1項に規定する立木がある場合は除かれる．

　52条の4第1項（57条の5による52条の4第1項の準用の場合を含む），68条1項の各但書は，簡単にいえば，土地の買取請求は更地に限られるということを規定したものである．その理由は，買取請求の対象である土地に所有権以外の権利が付いていたり，土地上に建築物や工作物等が存在する場合は，土地の買取り後の権利関係が複雑となって，事業の施行に支障を及ぼすことが予測されるためであり，このような場合には買取請求権を行使できないとしたものである（三橋・前掲331頁，都市計画法令実務研究会編著・手引1022頁参照）．

3 買い取るべき価格

1　価格についての当事者の協議　買い取るべき価格は「時価」であるが，時価については，施行予定者（52条の4第2項，57条の5）または施行者（68条2項）と土地の所有者とが協議して定める．

2　収用委員会の裁決　協議が成立しないときは，両当事者は，いずれからでも収用委員会に収用法94条2項の規定により裁決を申請することができる（28条3項参照）．この場合には，収用委員会が土地の価格を定めることになる．実務上は，不動産鑑定士による鑑定評価額が参考とされている（都市計画法令実務研究会編著・手引1023頁参照）．収用法94条2項については，同条の解説の箇所で考察した（前述403頁以下参照）．

3　訴えの提起　収用委員会の裁決に不服がある場合の訴えの提起については，本条にも本法の他の規定にも，明文の規定は置かれていない．しかし，本法28条3項の規定が準用され，収用法94条2項の規定による収用委員会への裁決の申請が認められる以上は，同条9項の規定に従い，裁決書の正本の送達を受けた日から60日以内に裁判所に訴えの提起をすることができるものと解すべきであろう（結論同旨，三橋・前掲332～333頁．なお，後述532頁参照）．

第3章　都市計画法関係

●4　土地の買取り

1　買取りの趣旨

　土地の買取りについては，56条が規定している．都市計画施設の区域内または市街地開発事業の施行区域内においては，建築物の建築が相当厳しく制限されているため，所有者の保護と用地買収の円滑化を図ったものである（三橋・前掲245頁，都市計画協会編著・逐条解説134頁参照）．

　都道府県知事等が「買取り」に応ずる義務があるのは，54条の許可基準に適合するにもかかわらず，不許可とした場合である．買取りの申出ができるのは，「土地の利用に著しい支障」を来す場合である．著しい支障を来す場合とは，その土地について社会通念上相当の土地利用をすることができない場合を指すが，具体的には個々のケースに応じて判断せざるをえない（三橋・前掲246頁参照）．この点については，「具体的判断にあたっていかなる要素が考慮されるのかは明確でない」との指摘（野呂・前掲（広島法学20巻2号）257頁）がある．

　都道府県知事等は，「特別の事情」がない限り当該土地を買い取らなければならない．本条にいう「特別な事情」とは，抵当権の設定，各種の利用権の設定等権利関係が複雑かつ不明瞭であって，単に土地の所有者のみを相手方として交渉を進めることができないような場合のことである（三橋・前掲246～247頁，都市計画法制研究会編著・よくわかる都市計画法232頁参照）．「特別な事情」の有無の判断については，都道府県知事等に裁量の余地があるのであり，この点において，「買取請求」との相違を認めることができる（荒・前掲（行政法大系⑥）286頁参照）．

2　買い取るべき価格

　買い取るべき価格は，「時価」である．近傍類地の取引価格等を考慮して算定した相当な価額である．不動産鑑定士その他土地の鑑定評価について特別の知識経験を有し，かつ，公正な判断をすることができる者に評価を依頼し，決定されたものが基準となる（三橋・前掲247頁，都市計画協会編著・逐条解説135～136頁，都市計画法制研究会編著・よくわかる都市計画法232頁参照）．

　しかし，「時価」について両当事者間に意見の相違がある場合には，価額の裁決を収用委員会に申請することができる旨の規定は置かれていない．都道府

県知事等の買取りの通知によって売買契約はすでに成立していると考えられるので，いずれかが契約を取り消すことも考えられるが，最終的には訴訟によって適正な価額を争うほかはない（都市計画法制研究会編著・よくわかる都市計画法231～232頁参照）．

3 買い取らない旨の通知と建築制限

「特別な事情」等によって買い取らない旨の通知をしたときは，55条1項但書の規定により，買い取らない旨の通知があった土地における建築物の建築については，53条1項の許可をしないことができなくなる．したがって，すでに不許可処分がなされている場合は，都道府県知事等は，直ちに不許可処分を撤回し，新たな許可処分を行うべきことを義務づけられる（三橋・前掲247頁，都市計画法制研究会編著・よくわかる都市計画法232頁参照）．

第5款　生活再建措置

（生活再建のための措置）
第74条
① 都市計画事業の施行に必要な土地等を提供したため生活の基礎を失うこととなる者は，その受ける補償と相まつて実施されることを必要とする場合においては，生活再建のための措置で次の各号に掲げるものの実施のあつせんを施行者に申し出ることができる．
一　宅地，開発して農地とすることが適当な土地その他の土地の取得に関すること．
二　住宅，店舗その他の建物の取得に関すること．
三　職業の紹介，指導又は訓練に関すること．
② 施行者は，前項の規定による申出があつた場合においては，事情の許す限り，当該申出に係る措置を講ずるように努めるものとする．

● 1　本条の趣旨と要点

1 本条の趣旨

本条は，土地等の提供により生活の基礎を失うこととなる者の生活再建措置を講ずべき努力義務を施行者に課したものである．生活再建措置とは，補償金

とは別個に，生活再建のためになされる各種の行政措置をいう．土地収用法139条の2や公共用地取得特別措置法47条と同趣旨である（前述409頁以下，449頁以下参照）．

　都市計画事業のために土地等を提供した者は，生活態様が急激に変化し，生活の基礎を失うような場合が予想される．このような場合に，施行者に対し，可能な限り生活再建のための措置を講ずべきことを義務づけたものである（三橋・前掲363頁，都市計画協会編著・逐条解説163頁，都市計画法令実務研究会編・手引1040頁参照）．

2　本条の要点

　本条の要点は，収用法139条の2や公共用地取得特別措置法47条と同じである．生活再建措置の法的性質，本条適用の要件，生活再建措置の内容，施行者の努力義務等である．生活再建措置の法的性質を除いて，判例・学説上の対立は見当たらない．

●2　生活再建措置の法的性質

　生活再建措置の法的権利性については，これを肯定する見解もないではないが，判例・行政実務上だけではなく，学説上でも否定的見解が多数である．「努めるものとする」という法文からすれば，筆者もまた否定的見解に与せざるをえない．しかし，このことは，法律上の根拠を欠くということを意味するにすぎず，憲法上の根拠については別個に検討しなければならない（この点については，前述120頁以下参照）．

●3　本条適用の要件・生活再建措置の内容

1　本条適用の要件

　本条適用の要件は，収用法139条の2や公共用地取得特別措置法47条と同じである．本条の適用対象事業は，都市計画事業である．生活再建措置の対象者は，土地等を提供することによって「生活の基礎を失うこととなる者」である．土地等の提供と相当因果関係がなければならない．これらの点については，収用法139条の2，公共用地取得特別措置法47条についての解説（前述411頁以下，452頁以下）を参照していただきたい．

2 生活再建措置の内容

生活再建措置の内容は，①宅地，開発して農地とすることが適当な土地その他の土地の取得に関すること，②住宅，店舗その他の建物の取得に関すること，③職業の紹介，指導または訓練に関すること，である．収用法139条の2と全く同じである（前述412頁参照）．

「生活再建」とは，必ずしも土地等を提供する前の生活と同じ類型の生活に復することに限定されず，異なった類型の生活を円滑に営むことができるようにすることも含まれる（三橋・前掲364頁参照）．

4 施行者の努力義務

施行者の努力義務は，生活再建のための措置の「実施のあつせん」である．生活再建措置そのものの実施の努力義務ではない．もちろん，1項1号から3号に掲げる措置を施行者が自ら講ずることは可能であり，むしろその方が望ましい．この点についても，収用法139条の2について述べたことがそのまま当てはまる（前述413頁参照）．

第3節　景観法

第1款　概説

1 本法の趣旨

1 本法の沿革

景観法（以下，本節において「本法」という）は，2004（平成16）年に制定された比較的新しい法律である．これに先行して制定されていた地方公共団体の景観に関する条例を踏まえて立法されたものであり，我が国で初めての景観に関する総合的な法律である（本法の沿革と内容については，国土交通省都市・地域整備局都市計画課監修＝景観法制研究会編『逐条解説景観法』9頁以下（ぎょうせい，2004年．以下，「景観法制研究会編・逐条解説」という），林俊行「景観法」ジュリ1276号80頁以下（2004年），澤井俊「景観緑三法①—景観に関する総合的法体系の整備」時の法令1738号6頁以下（2005年），小林正「景観法—特に農業・林業地域の景観保全・形式に留意して—」レファレンス669号6頁以下（2006年）参照）．

2 本法の目的と基本理念

1 本法の目的　本法1条は，「この法律は，我が国の都市，農山漁村等における良好な景観の形成を促進するため，景観計画の策定その他の施策を総合的に講ずることにより，美しく風格のある国土の形成，潤いのある豊かな生活環境の創造及び個性的で活力ある地域社会の実現を図り，もって国民生活の向上並びに国民経済及び地域社会の健全な発展に寄与することを目的とする．」と規定している．

2 本法の基本理念　本法2条は，「基本理念」と題して，次のような基本理念を掲げている．①良好な景観は，国民共通の資産として，現在および将来の国民がその恵沢を享受できるよう，その整備および保全が図られなければならないこと，②良好な景観は，人々の生活，経済活動等の調和を考慮して，適正な制限の下で土地利用がなされ，その整備および保全が図られなければならないこと，③良好な景観は，地域住民の意向を踏まえ，それぞれの地域の個性および特色の伸長に資するよう，その多様な形成が図られなければならないこと，④良好な景観の形成は，地域の活性化に資するよう，地方公共団体，事業者および住民により，その形成に向けて一体的に取り組まれるべきこと，⑤良好な景観の形成は，現にある良好な景観を保全することだけではなく，新たに良好な景観を創出するように行われなければならないこと，である．

3 「景観」の定義規定の不存在　本法は，上記ののような基本理念を掲げてはいるが，「景観」それ自体については何も定義していない．その理由については，良好な景観は地域ごとに異なるものであり，統一的な定義を置くと，かえって画一的な景観を生むおそれがあるという配慮によるものである，と説明されている（小林正「我が国の景観保全・形成法制」レファレンス672号51頁（2007年），高橋信隆編著『環境法講義〔第2版〕』325頁（信山社，2016年）参照）．

3 本法の関連法令

本法の関連法令としては，都市計画法，都市公園法，都市緑地法，建築基準法，都市の美観風致を維持するための樹木の保存に関する法律，自然公園法，自然環境保全法，国土形成計画法，文化財保護法，歴史まちづくり法，屋外広告物法，各地方公共団体の景観条例等がある（小林・前掲（レファレンス672号）50頁以下および62頁以下の表参照）．

第 **3** 節　景観法

● **2**　本法の構成

　上記の目的を達成するため，本法は，種々の仕組みを設けている．損失補償に関連するもので，その主要なものを次に取り上げることにする．

1　用語の定義
　1　景観行政団体　　景観行政団体とは，景観計画を策定する主体であり，具体的には，地方自治法 252 条の 19 第 1 項の指定都市，同法 252 条の 22 第 1 項の中核市，その他の区域にあっては都道府県をいう．ただし，指定都市および中核市以外の市町村であっても，都道府県に代わって本法第 2 章第 1 節から第 4 節まで，第 4 章および第 5 章の規定に基づく事務（景観行政事務）を処理するにつき，あらかじめ長が都道府県知事と協議し，その同意を得た区域については，当該市町村も含まれる（7 条 1 項，98 条）．

　景観行政団体という用語を用いている理由は，景観計画の策定に当たって，市町村，都道府県のいずれかのみの事務とすることなく，地方の実情に応じて，ともに事務を行うことができる仕組みとし，その上で，「市町村と都道府県による二重規制を避けるため，一つの地域について一元的に景観計画に基づく施策を実施する主体として，景観行政団体という主体を創設する」ためである（景観法制研究会編・逐条解説 25 頁，碓井・都市行政法精義 I 281 頁参照）．

　2　景観重要建造物　　景観重要建造物とは，景観計画区域内の良好な景観の形成に重要な建造物で国土交通省令で定める基準に該当するものとして景観行政団体の長によって指定されたものをいう（19 条 1 項）．本法施行規則 6 条は，その基準として，①地域の自然，歴史，文化等からみて，建造物の外観が景観上の特徴を有し，景観計画区域内の良好な景観の形成に重要なものであること，②道路その他の公共の場所から公衆によって容易に望見されるものであること，の二つを挙げている．

　3　景観重要樹木　　景観重要樹木とは，景観計画区域内の良好な景観に重要な樹木で国土交通省令で定める基準に該当するものとして景観行政団体の長によって指定されたものをいう（28 条 1 項）．

2　現状変更の規制・形態意匠の制限
　1　現状変更の規制　　22 条 1 項は，景観重要建造物について，「何人も，

景観行政団体の長の許可を受けなければ，景観重要建造物の増築，改築，移転若しくは除却，外観を変更することとなる修繕若しくは模様替又は色彩の変更をしてはならない．」と規定して，現状の変更を規制し，23条1項は，これに違反した者に対して原状回復を命ずることができるとしている．景観重要樹木についても同様である（32条1項）．

2 形態意匠の制限 70条1項は，市町村長は，建築物の形態意匠が景観地区における良好な景観の形成に著しく支障があると認める場合は，当該市町村の議会の同意を得た場合に限り，「当該建築物の所有者，管理者又は占有者に対して，相当の期限を定めて，当該建築物の改築，模様替，色彩の変更その他都市計画において定められた建築物の形態意匠の制限に適合するために必要な措置をとることを命ずることができる．」と規定して，形態意匠を制限している．

●3 本法上の損失補償規定

本法は，上記の各規制等に対応して，24条と70条において，損失の補償について定めている．

1 本法上の行為の規制

本法は，上記の規制以外にも種々の規制を定めているが，これらについては損失の補償が定められていない．上記以外の規制としては，本法の第2章第2節は，「行為の規制等」と題して，16条1項は，景観計画区域内において，建築物の新築・増築・改築・移転等（1号）や工作物の新設・増築・改築・移転等（2号）の行為をしようとする者は，あらかじめ，国土交通省令で定めるところにより，行為の種類，場所，設計または施行方法，着手予定日その他国土交通省令で定める事項を景観行政団体の長に届け出なければならない，と規定している．そしてその上で，17条は，景観行政団体の長は，良好な景観の形成のために必要があると認めるときは，特定届出対象行為（16条1項1号または2号の届出を要する行為のうち，当該景観行政団体の条例で定めるもの）について，景観計画に定められた建築物または工作物の形態意匠の制限に適合しないものをしようとする者，またはした者に対し，当該制限に適合させるため必要な限度において，当該行為に関し設計の変更その他の必要な措置をとることを命ずることができる（措置命令），と規定している（1項）．この処分は，16条

1項または2項の届出をした者に対しては，当該届出があった日から30日以内に限り，することができる（2項）．

　景観行政団体の長は，1項の処分に違反した者またはその者から当該建築物または工作物についての権利を承継した者に対して，相当の期限を定めて，景観計画に定められた建築物または工作物の形態意匠の制限に適合させるため必要な限度において，その原状回復を命じ，または原状回復が著しく困難である場合に，これに代わるべき必要な措置をとることを命ずることができる（5項）．

　さらに，景観行政団体の長は，景観行政団体の職員に，当該建築物の敷地もしくは当該工作物の存する土地に立ち入り，特定届出対象行為の実施状況を検査させ，もしくは特定届出対象行為が景観に及ぼす影響を調査させることができる（7項）．

2　財産権の内在的制約

　これらの規制による損失については，損失補償の規定は見当たらない．その理由は，おそらく，これらの制限は財産権に内在する社会的制約にすぎない，ということにあるのではないかと思われる．しかし，場合によれば，これらの規制による損失が受忍限度を超えて，特別の犠牲に該当することもありうるのではないかと思われるが，その場合には，直接憲法29条3項に基づいて補償請求することになるのであろう．

第2款　現状変更の規制による損失の補償

（損失の補償）
第24条
① 景観行政団体は，第22条第1項の許可を受けることができないために損失を受けた景観重要建造物の所有者に対して，通常生ずべき損失を補償する．ただし，当該許可の申請に係る行為をするについて，他の法律（法律に基づく命令及び条例を含む．）で行政庁の許可その他の処分を受けるべきことを定めているもの（当該許可その他の処分を受けることができないために損失を受けた者に対して，その損失を補償すべきことを定めているものを除く．）がある場合において，当該許可その他の処分の申請が却下されたとき，又は却下されるべき場合に該当する場合における当該許可の申請に係る行為

第3章　都市計画法関係

> については，この限りでない．
> ②　前項の規定による損失の補償については，景観行政団体の長と損失を受けた者が協議しなければならない．
> ③　前項の規定による協議が成立しない場合においては，景観行政団体の長又は損失を受けた者は，政令で定めるところにより，収用委員会に土地収用法（昭和26年法律第219号）第94条第2項の規定による裁決を申請することができる．

●1　本条の趣旨と要点

1　本条の趣旨

　上述したように，22条1項は，景観重要建造物について，「何人も，景観行政団体の長の許可を受けなければ，景観重要建造物の増築，改築，移転若しくは除却，外観を変更することとなる修繕若しくは模様替又は色彩の変更をしてはならない．」と規定して，相当に厳しい建築制限等を行っている．単なる内在的制約を超えて，特別の犠牲を与えることが予想されるため，22条1項の許可を受けることができないために損失を受けた景観重要建造物の所有者に対して，通常生ずべき損失を補償することを定めたものである．景観重要樹木についても，本条が準用されている（32条）．

2　本条の要点

　本条の要点は，補償の要否，補償の内容（範囲），補償の手続，訴えの提起等である．いずれの点についても，判例・学説上の対立は見当たらない．

●2　補償の要否

　次の要件に該当する場合には，補償は不要とされている．すなわち，当該許可の申請に係る行為が，他の法律（法律に基づく命令および条例を含む）で，行政庁の許可その他の処分を受けるべきことを定めているもの（当該許可その他の処分を受けることができないために損失を受けた者に対して，その損失を補償すべきことを定めているものを除く）がある場合において，当該許可その他の処分の申請が却下されたとき，または却下されるべき場合に該当するとき，である．許可の申請に係る行為をするについて，他の法律等による許可等を併せて受け

第 3 節　景観法

るべきであるとされ，他の法律等では許可が受けられないため損失を被った者に対してその損失を補償すべきものと定められていない場合には，本法と他の法律との衡平の観点から，本法においても補償は不要であるとされたものである（景観法制研究会編・逐条解説74頁参照）。都市緑地法10条にも同じような規定が置かれているが，異なるところもある（後述571頁参照）。

● 3　補償の内容

　景観行政団体は，22条1項の許可を受けることができないために損失を受けた景観重要建造物の所有者に対して，「通常生ずべき損失」を補償しなければならない。これは通損補償を定めたものである（通損補償については，前述189頁以下参照）。

　補償の内容は，通常生ずべき損失の補償である。通常生ずべき損失（通損）は，不許可と相当因果関係があり，現状変更が禁止されることにより，「通常の事情の下において，現実に受けた積極的な損失」があることを必要とする（景観法制研究会編・逐条解説75頁参照）。個人的な事情や特別の事情の下において生ずるものは含まれない。都市において土地の高度利用が可能である地域に存在する建造物を景観重要建造物として指定された場合には，高度利用に伴う利益を奪われることになるが，それによる利益の喪失を「通常生ずる損失」として捉えることができるかどうかは，当該地域における土地の通常の利用方法との比較により判断すべきであろう（碓井・都市行政法精義Ⅰ 293〜294頁参照）。

● 4　補償の手続・訴えの提起

1　補償の手続

　損失補償については，景観行政団体の長と損失を受けた者が協議して定める。協議の対象となるのは，損失の発生の有無，損失の内容，因果関係，補償額，補償時期等である。

　この協議が成立しない場合には，当事者はいずれからでも，政令で定めるところにより，収用委員会に収用法94条2項の規定による裁決を申請することができ，収用委員会の裁決によって補償が決定される。収用委員会の補償裁決を経ないで，直接裁判所に補償請求の訴えを提起することはできない（裁決前置主義。土地収用法94条2項の趣旨については，前述404頁参照）。

483

第3章　都市計画法関係

2　訴えの提起

　収用委員会の裁決に不服がある場合に裁判所に訴えを提起することができるか否かについては，本条にも本法の他の規定にも，明文の規定は置かれていない．しかし，法律上の争訟である以上，最終的には裁判所の判断を求めることができるはずである．この場合には，収用法133条の規定が適用ないし類推適用されるが，出訴期間については，収用法133条2項の特則を定めている同法94条9項の規定によらなければならない．同条2項の規定により収用委員会への裁決の申請が認められているのであるから，訴えの提起についても同条9項の規定が準用されるものと解釈すべきであろう（前述405頁，後述532頁参照）．したがって，収用委員会の裁決に不服がある者は，裁決書の正本の送達を受けた日から60日以内に，損失があった土地の所在地の裁判所に対して訴えを提起することができる．

第3款　形態意匠の制限による損失の補償

（形態意匠の制限に適合しない建築物に対する措置）
第70条
　①　市町村長は，前条第2項の規定により第62条から第68条までの規定の適用を受けない建築物について，その形態意匠が景観地区における良好な景観の形成に著しく支障があると認める場合においては，当該市町村の議会の同意を得た場合に限り，当該建築物の所有者，管理者又は占有者に対して，相当の期限を定めて，当該建築物の改築，模様替，色彩の変更その他都市計画において定められた建築物の形態意匠の制限に適合するために必要な措置をとることを命ずることができる．この場合においては，市町村は，当該命令に基づく措置によって通常生ずべき損害を時価によって補償しなければならない．
　②　前項の規定によって補償を受けることができる者は，その補償金額に不服がある場合においては，政令で定めるところにより，その決定の通知を受けた日から1月以内に土地収用法第94条第2項の規定による収用委員会の裁決を求めることができる．

1　本条の趣旨と要点

1　本条の趣旨

　本条は，景観地区内の「既存不適格建築物」に対する措置による損失の補償について定めたものである．景観地区に関する都市計画が定められ，または変更された際，現に存する建築物等は，69条2項により既存不適格の取扱いとなり，建築物の形態意匠の制限は適用されないことになる．しかし，良好な景観の形成の観点からは，新築の建築物だけではなく，既存の建築物についても，地域で定められた建築物の形態意匠の制限に適合することが望ましい．そこで，本条は，既存不適格の建築物について，その形態意匠が景観地区における良好な景観の形成に著しく支障があると認める場合においては，市町村長は，当該建築物の所有者等に対して，相当の期限を定めて，「当該建築物の改築，模様替，色彩の変更その他都市計画において定められた建築物の形態意匠の制限に適合するために必要な措置をとることを命ずることができる．」と規定している．

　これは，既存不適格建築物に対する形態制限を定めたものであるが，この制限によって建築物の所有者等が損失を被ることが予想されるので，本条1項後段は，併せて「通常生ずべき損害」の補償の規定を設けたものである（景観法制研究会編・逐条解説147頁参照）．本条による措置命令は，当該建築物の所有者等に必ずしも責任があるとはいえず，むしろ公共の利益のための特別の犠牲に当たることもありうる．損失（損害）の補償規定が置かれたのは，このためである．

　本条に類似した規定としては，建築基準法11条がある．同条1項も，「通常生ずべき損害」という用語を使用している．

2　本条の要点

　本条の要点は，補償の要否，補償の内容（範囲），補償の手続，訴えの提起等である．いずれの点についても，判例・学説上の対立は見当たらない．

2　補償の要否

　補償が必要となるのは，①「良好な景観の形成に著しい支障があると認める場合」，②市町村議会の同意を得た場合である．

①の要件については，著しい支障があると認められる場合とはどのような場合を指すのかは，必ずしも明確ではないが，具体的ケースごとに判断せざるをえない．市町村長のある程度の裁量に委ねざるをえないであろう．

②の市町村議会の同意を必要としたのは，当該市町村が補償の義務を負うためであるが，そのほかに，手続の慎重を期したためではないかと思われる．

● 3　補償の内容

1　通常生ずべき損害

「損害」となっているが，これは，おそらく，本来の意味での損失補償とは性質を異にし，結果責任の一種であるという理解に基づくものではないかと思われる．しかし，実質的にみれば，これもまた形態意匠の制限に伴う損失であり，予見・認容されたものであるから，「損失」の補償として位置づけることができる（宇賀・国家補償法392頁参照）．講学上の損失補償とほぼ同義であると解されるから，以下，このことを前提にして，損失の補償について考察することにする．

補償の内容は，「通常生ずべき損害（損失）」（通損）の補償である．形態意匠の制限と相当因果関係がなければならない．特別の事情の下で生じた損害（損失）は，原則として，補償の対象にはならない．この点については，これまで他の条項について説明してきたところとほぼ同じである（前述196頁，332頁等参照）．

2　通損の具体的内容

損害（損失）として考えられるものは，当該建築物の改築，模様替，色彩の変更等に要した費用である．補償の内容は，これらの工事に要した費用のうち「通常生ずべき損害」の補償であり，これは「時価」によって算定される．必ずしも工事費だけに限定されず，建築工事等に伴う仮住居費や物件移転料等も含まれるものと解すべきであろう．

3　建築基準法11条の補償規定

前述のように，本条の規定は，建築基準法11条とほぼ同じである．同条は，集団規定に関する既存不適格建築物についてのものである．同条の通損補償規定については，「これは違反建築物ではないのにかかわらず，公益上著しく支

障があると認めて除却等の措置をとるのであるから，財産権の剝奪，または当該財産権の本来の効用の発揮を妨げることになるような侵害で，かつ権利者の側にこれを受忍すべき理由がないので補償を要するものとしたのである」と説かれている（島田信次＝関哲夫『建築基準法体系〔第5次全訂新版〕』602頁（酒井書店，1991年））．また，同条の通損補償については，「土地収用の場合に準じて判断すべきであろう」と説かれている（荒秀＝関哲夫＝矢吹茂郎編著『改訂建築基準法』246頁〔第一法規，1990年〔荒執筆〕〕）．

●3 補償の手続・訴えの提起

1 補償の手続

損失補償の手続については，24条の規定とは異なり，当事者の協議は必要とされていない．補償額は，市町村長が定める．

市町村長が定めた補償額に不服がある場合は，政令で定めるところにより，その決定の通知を受けた日から1か月以内に収用法94条2項の規定に基づいて収用委員会に裁決の申請をすることができ，収用委員会の裁決によって補償額が決定される．収用委員会の補償裁決を経ないで，直接裁判所に補償請求の訴えを提起することはできない（裁決前置主義．収用法94条2項の趣旨については，前述404頁参照）．

2 訴えの提起

損失補償に関する収用委員会の裁決に不服がある場合に，裁判所に訴えを提起することができるか否かについては，本条にも本法の他の規定にも，明文の規定は置かれていない．この場合については，第2款で述べたことがそのまま当てはまる．

第3章　都市計画法関係

第4節　都市再開発法

第1款　概　説

● 1　本法の趣旨

1　本法の沿革
　昭和30年代の高度経済成長に伴い都市問題が深刻化してきた．既成市街地内部の低層過密，用途混在，密集市街地の公共施設不足といった問題に対応するために，不良市街地を改造して，計画的な再開発を進め，土地の健全な高度利用を図ることが緊要な課題となったのである．平面的過密利用の現状を立体的利用へ転換していくことが必要とされた．そこで，1961（昭和36）年の「公共施設の整備に関連する市街地の改造に関する法律」（市街地改造法）を経て，1969（昭和44）年に都市再開発法（以下，本節において「本法」という）が制定された（本法の沿革については，国土交通省都市・地域整備局市街地整備課課監修＝都市再開発法制研究会編著『改訂7版〔逐条解説〕都市再開発法解説』1頁以下（大成出版社，2010年．以下，「都市再開発法制研究会編著・逐条解説」という）参照）．

2　本法の目的
　本法は，既成市街地において建築物および建築敷地の整備並びに公共施設の整備を一体的に行う市街地再開発事業等について規定し，都市における土地の合理的かつ健全な高度利用と都市機能の更新とを図り，もって公共の福祉に寄与することを目的としている（1条）．

3　本法の関連法令
　本法の関連法令としては，都市計画法，土地区画整理法，都市再生特別措置法，独立行政法人都市再生機構法，密集市街地整備法等がある．これらのうち関連法令としてとりわけ重要なのは，都市計画法と土地区画整理法である．
　1　都市計画法との関係　本法は，広義の都市計画法体系の一部を構成し，本法に基づく市街地再開発事業は，都市の基本計画である都市計画の枠組みに

即してその一部として定められる（都市計画法12条参照）．都市計画法は，広義の都市計画法体系のいわば総則に当たり，都市再開発法は，市街地再開発促進区域，再開発地区計画および市街地再開発事業についての特則に相当するものである（建設省都市局都市再開発防災課監修＝都市再開発研究会編著『よくわかる都市再開発法』39頁（ぎょうせい，1996年．以下，「都市再開発研究会編著・よくわかる都市再開発法」という）参照）．

2 土地区画整理法との関係　土地区画整理法は，都市再開発法制の母体であり，都市再開発に関する法制の系譜は，土地区画整理に関する法制に遡るといわれている（都市再開発法制研究会編著・逐条解説8頁以下参照）．

　土地区画整理による市街地の整備は，土地の交換分合により，土地の利用効率の向上を図るとともに，余剰の土地を生み出して，街路・公園等の公共施設を整備するものであるから，それは一定の広さを持つ画地を前提にしている．土地区画整理事業には，公共用地や保留地を生み出すための減歩が避けられないが，都市の中心部において土地の細分化が進んできて，減歩後の土地には従来の建物が収まりきらなくなるような状況が生じてきた．このような状況を踏まえて，土地区画整理法93条に「宅地の立体化」の規定が置かれ，平面的な土地区画整理事業で初めて立体化の途が開かれた．しかし，この宅地の立体化の規定は，実際にはほとんど機能することがなかったので，この宅地の立体化の考え方を別の法律に移し替えて，一つの法体系として構成されたのが1961（昭和36）年の市街地改造法である．この市街地改造法を経て，本法が制定施行された（竹内藤男『都市再開発法』329頁以下（大成出版，1970年），都市再開発法制研究会編著・逐条解説8頁以下等参照）．

2　本法の構成

　上記の目的を達成するため，本法は，種々の仕組みを設けている．損失補償に関連するもので，その主要なものを次に取り上げることにする．

1　市街地再開発事業の意義

　本法は，市街地再開発事業について規定するものである．市街地再開発事業とは，市街地の土地の合理的かつ健全な高度利用と都市機能の更新とを図るため，都市計画法および本法で定めるところに従って行われる建築物および建築敷地の整備並びに公共施設の整備に関する事業並びにこれに附帯する事業をい

う．これには，第1種市街地再開発事業と第2種市街地再開発事業とがある（2条1号）．市街地再開発事業は，都市再開発の中核的事業手法として位置づけられている（都市再開発研究会編著・よくわかる都市再開発法5頁，都市再開発法制研究会編著・逐条解説32頁以下等参照）．

2　市街地再開発事業の種別

　第1種市街地再開発事業とは，事業の施行区域内の従前の土地，建物等に関する権利を，買収や収用によることなく，「権利変換」方式により，施設建築物（市街地再開発事業によって建築される建築物．再開発ビル）およびその敷地に関する権利に等価で変換する方式をいう．第2種市街地開発事業とは，「管理処分」方式により，いったん事業の施行地区内の土地，建物等を施行者が買収または収用し，買収または収用された者が希望すれば，その対価に代えて施設建築物およびその敷地に関する権利を付与する方式（管理処分手続）をいう．

　第1種市街地再開発事業は，比較的小規模な地区に適しており，第2種市街地再開発事業は，比較的大規模な地区に適している（都市再開発法制研究会編著・逐条解説33頁，都市再開発法制研究会編著『〔改訂版〕わかりやすい都市再開発法—制度の概要から税制まで—』110頁（大成出版社，2013年），碓井・都市行政法精義Ⅰ456〜457頁等参照）．

3　権利変換手続と管理処分手続

　第1種市街地再開発事業は，権利変換方式によって行われ，第2種市街地再開発事業は管理処分方式によって行われる．権利変換手続は，「立体的な区画整理事業」であるといわれている．

　次節の土地区画整理事業が「公用換地」の方式によるのに対して，都市再開発事業のうち第1種市街地再開発事業は「権利変換」の方式によって行われる．両者を合わせて「公用権利変換」と呼ばれている（さしあたり，田中・行政法下195頁以下，小高・行政法各論230頁以下参照）．第2種市街地再開発事業は管理処分手続によって行われ，権利変換手続によるものではないが，広義においては権利変換に含めて説明される（田中・行政法下204頁参照）．

　権利変換とは，市街地再開発事業の施行地区内の宅地，建物に関する権利を，新しく建築される建築物（再開発ビル）およびその敷地に関する権利に変換，移行する立体的換地の手法をいう．本法自体も，その第2章を「権利変換手

続」と題している．権利変換を希望しないで地区外に転出する者等に対しては，対価補償が支払われる．

3 本法上の損失補償規定

1 概　説

　本法上には，いくつかの損失補償規定が置かれている．①土地の立入り等に伴う損失の補償（63条），②補償金等（91条），③土地の明渡しに伴う損失補償（97条），④清算（104条，118条の24），⑤建築施設の部分による対償の給付（118条の11），である．そのほか，土地の買取りの規定（7条の6）もある．これらのうちには損失補償の性質を有するか否か若干疑問のあるものもないわけではないが，広い意味においては損失補償として捉えよいであろう．

2 91条補償と97条補償

　本法上の損失補償規定で特に重要なものは，第1種市街地再開発事業についての91条（補償金等）と97条（土地の明渡しに伴う損失補償）である．91条に基づく補償は「91条補償」と呼ばれ，97条に基づく補償は「97条補償」と呼ばれている．91条補償は，地区外転出者に対する対価補償であり，97条補償は，地区外転出者および再開発ビル入居者に対する，土地の明渡しに伴う通損補償である．

3 市街地再開発事業と生活再建措置の要否

　第1種市街地再開発事業については，都市計画法74条（生活再建のための措置）の規定は適用されない．これに対して，第2種市街地再開発事業については，同法同条が適用される（本法6条2項参照）．これは，第1種市街地再開発事業の場合は，権利変換それ自体が生活再建の機能を有しているのに対して，第2種市街地再開発事業の場合は，関係権利者全員がいったん施行地区外に転出するのが原則であり，他の都市計画事業と同様に生活再建措置が必要となるためである（朝長恒「再開発と損失補償」2頁参照．www.tanikan.co.jp/business/pdf/hosho_220517_02_4.pdf）．

4 土地の買取り

　そのほか，土地の買取りの規定が置かれている（7条の6）．建築規制が強い

ために土地の利用に支障をきたす場合に，一定の要件の下で土地の買取りが行われる．損失補償の代替的機能を果たしているものといってよい．

第2款 土地の買取り

（土地の買取り）
第7条の6
① 都道府県又は市町村は，建築許可権者に対し，第3項の規定による土地の買取りの申出の相手方として定めるべきことを申し出ることができる．
② 建築許可権者は，前項の規定による申出に基づき，次項の規定による土地の買取りの申出の相手方を定めるときは，国土交通省令で定めるところにより，その旨を公告しなければならない．
③ 建築許可権者（前項の規定により，土地の買取りの申出の相手方として公告された者があるときは，その者）は，市街地再開発促進区域内の土地の所有者から，第7条の4第1項の許可がされないときはその土地の利用に著しい支障を来すこととなることを理由として，当該土地を買い取るべき旨の申出があつたときは，特別の事情がない限り，当該土地を時価で買い取るものとする．
④ 前項の申出を受けた者は，遅滞なく，当該土地を買い取る旨又は買い取らない旨を当該土地の所有者に通知しなければならない．
⑤ 第2項の規定により土地の買取りの申出の相手方として公告された者は，前項の規定により土地を買い取らない旨の通知をしたときは，直ちに，その旨を建築許可権者に通知しなければならない．

● 1 本条の趣旨と要点

1 本条の趣旨

7条の4第1項は，市街地再開発促進区域内においては，建築基準法59条1項1号に該当する建築物の建築をしようとする者は，国土交通省令で定めるところにより，都道府県知事（市の区域内にあっては，当該市の長．「建築許可権者」という）の許可を受けなければならない，と規定している．また，7条の5第1項は，建築許可権者は，前条第1項の規定に違反した者があるときは，その者に対して，その違反を是正するため必要な措置を命ずることができると

規定している．このような建築規制があり，許可が得られないことによりその土地の利用に著しい支障をきたすことが予想されるので，「土地の買取り」の制度が設けられたものである．

なお，本条は，土地の買取りの規定であるから，建築物等の物件を買い取る必要はなく，積極的に物件の移転料を支払う義務はないものと解されている（都市再開発法制研究会編著・逐条解説138頁参照）．

2 本条の要点

本条の要点は，土地の買取りの要件，買い取るべき価格等である．いずれの点についても，判例・学説上の対立はなく，また，これまで述べてきたところとほぼ同じである（前述471頁等参照）．

2 土地の買取りの要件等

1 著しい支障

土地の買取りの要件は，「許可がされないときはその土地の利用に著しい支障を来すこととなるとき」である．この要件は，都市計画法56条1項と同じである．

都市計画法56条の規定については，土地所有者の買取りの申出は形成権ではないと解されている（前述472頁参照）．本条についても同様に解されるべきであり，「土地の利用に著しい支障を来すこととなる」かどうかについては，多少とも建築許可権者の裁量の余地があるものと思われる．ただ，その裁量の幅は極めて狭いものであり，「特別の事情」がある場合を除き，買取りの義務が生ずるのであり，買い取らない場合は許可をしなければならない（7条の4第2項）．

この点については，文献において，「買取り請求の理由としての不許可による『著しい支障』とは，不許可処分を受けた者が，その土地について社会通念上相当の土地利用をすることができないことをいい，具体的に個々のケースに応じて判断すべきである」と説かれている（都市再開発法制研究会編著・逐条解説138頁）．また，具体的に個々のケースに応じて「『土地の利用に著しい支障を来すこととなる』ことが買取りを行なう実質的要件であるのか，それとも土地所有者がそのような理由を挙げている以上，その理由の実質の存否に立ち入ることはせずに，特別の事情のない限り申出に応じなければならないのかが問

題となる．円滑な再開発の実現を図る趣旨から，理由の実質の存否にまで立ち入るべきではないと考えたい．もっとも，法 7 条の 6 第 4 項により『買い取らない旨』の通知を受けた土地についての法 7 条の 4 第 1 項の建築の許可申請に対しては許可をしなければならない（7 条の 4 第 2 項）というのであるから，知事は，許可又は買取りのいずれかの選択を迫られることになる」と説かれている（碓井・都市行政法精義 I 456 頁）．

2 特別の事情

「特別の事情」とは，立案関係者の説明によれば，「抵当権の設定，多種の利用権の設定等権利関係が複雑かつ不明瞭であって，単に土地の所有者のみを相手方として交渉を進め得ない場合等」を指している（都市再開発法制研究会編著・逐条解説 138 頁）．特別の事情の有無についても，建築許可権者に多少とも裁量の余地があるものと思われる．

●3 買い取るべき価格

買い取るべき価格は，「時価」である．近傍類地の取引価格等を考慮して算定した相当な価額である．通常は，不動産鑑定士の鑑定評価が基準とされる．

「時価」について当事者間で一致しない場合については，価額についての裁決を収用委員会に申請する規定は置かれていない．この点についても，都市計画法 56 条と同じである（前述 474 頁参照）．最終的には裁判所に増額請求訴訟を提起することができるものと解すべきであるが，その場合の訴訟は，行訴法 4 条後段の実質的当事者訴訟か，あるいは通常の民事訴訟になるのではないかと思われる．

第 3 款　土地の立入り等による損失の補償

（土地の立入り等に伴う損失の補償）
第 63 条
① 施行者となろうとする者若しくは組合を設立しようとする者又は施行者は，第 60 条第 1 項若しくは第 2 項又は第 61 条第 1 項若しくは第 3 項の規定による行為により他人に損失を与えたときは，その損失を受けた者に対して，通常生ずべき損失を補償しなければならない．

> ② 前項の規定による損失の補償については，損失を与えた者と損失を受けた者とが協議しなければならない．
> ③ 前項の規定による協議が成立しないときは，損失を与えた者又は損失を受けた者は，政令で定めるところにより，収用委員会に土地収用法（昭和26年法律第219号）第94条第2項の規定による裁決を申請することができる．

1　本条の趣旨と要点

1　本条の趣旨

　本法第3章第1節は「測量，調査等」と題して，施行者等に第1種市街地再開発事業の施行の準備または施行のために，60条は「測量及び調査のための土地の立入り等」の権限を，また，61条は「障害物の伐除及び土地の試掘等」の権限を付与している．本条は，このような測量・調査等に起因して生じた損失の補償を定めたものである．

　このような規定は，多くの法律の中に見出すことができるが，その基本的な規定は，収用法11条，14条，35条，91条である．同法91条は「測量，調査等に因る損失の補償」について定めている．本条をめぐる問題点は，収用法91条についてのものとほぼ同じである（前述387頁以下参照）．

　本条の補償の性質については，収用法91条についてと同様に，損害賠償と解する立場と損失補償と解する立場に分かれるものと思われる．しかし，いずれの立場に立っても，実質的的には大きな相違はないから，それほど実益のある論議にはならないであろう．

2　本条の要点

　本条の要点は，補償の要否，補償の内容（範囲），補償権利者・義務者，補償の手続，訴えの提起等である．いずれの点についても，判例・学説上の対立は見当たらない．

2　補償の要否

　補償が必要となるのは，測量・調査のための土地の立入り，障害物の伐除，土地の試掘等に起因して損失が生じた場合である．これらの行為による損失は，

通常は軽微で，受忍限度内にあるものと思われるが，受忍限度を超える場合は，特別の犠牲として補償されなければならない．受忍限度を超えているか否かは，個別具体的に社会通念によって判断される．

なお付言すれば，土地の立入り等に伴う損失については本条の規定があるが，次条（64条）の「測量のための標識の設置」については，補償規定が置かれていない．これは，「標識の設置自体は受忍の範囲内」と考えられているためである（都市再開発法制研究会編著・逐条解説340頁参照）．

●3　補償の内容

本条の補償は，一時的な公用使用に対する補償であり，事後補償である．補償の対象となるのは，立入り・調査・測量等と相当因果関係のある損失である．立入り・調査・測量等に伴って通常生ずべき損失が対象となる．この点については，これまで述べてきたところとほぼ同じである（前述388頁，463頁等参照）．

●4　補償の権利者・義務者

補償権利者は，「損失を受けた者」である．土地所有者や関係人に限定されず，現実に損失を受けた者であれば，単なる占有者であっても補償権利者となりうる．補償義務者は，施行者となろうとする者，組合を設立しようとする者，または施行者である．

●5　補償の手続・訴えの提起

1　補償の手続

補償額等については，損失を与えた者と損失を受けた者とが協議して定める．

協議が成立しない場合は，収用委員会に収用法94条2項の規定により裁決の申請をすることができる．立入り・測量・調査等に伴う損失の補償という実態には変わりがないので，便宜上収用法94条の手続を援用したものである（竹内藤男『都市再開発法』155頁（大成出版，1970年），都市再開発法制研究会編著・逐条解説338～339頁等参照）．

2　訴えの提起

収用委員会の裁決に不服がある場合に，裁判所に訴えの提起をすることがで

きるか否かについては，本条には明文の規定は置かれていない．しかし，法律上の争訟である限り，最終的には裁判所の判断を求めることができるはずである．ただ，91条や97条とは異なり，85条3項の規定が準用されていない．

この場合には，収用法133条の規定が適用ないし類推適用されるが，出訴期間については，収用法133条2項の特則を定めている同法94条9項の規定によるものと解すべきである．同条2項の規定による収用委員会への裁決の申請が認められているのであるから，訴えの提起についても同条9項の規定が準用されるものと解釈するのが自然であろう（前述405頁，後述532頁参照）．したがって，収用委員会の裁決に不服がある者は，裁決書の正本の送達を受けた日から60日以内に，損失があった土地の所在地の裁判所に対して訴えを提起することができる．

第4款　91条補償

(補償金等)
第91条
① 施行者は，施行地区内の宅地（指定宅地を除く．）若しくは建築物又はこれらに関する権利を有する者で，この法律の規定により，権利変換期日において当該権利を失い，かつ，当該権利に対応して，施設建築敷地若しくはその共有持分，施設建築物の一部等又は施設建築物の一部についての借家権を与えられないものに対し，その補償として，権利変換期日までに，第80条第1項の規定により算定した相当の価額に同項に規定する30日の期間を経過した日から権利変換計画の認可の公告の日までの物価の変動に応ずる修正率を乗じて得た額に，当該権利変換計画の認可の公告の日から補償金を支払う日までの期間につき年6パーセントの割合により算定した利息相当額を付してこれを支払わなければならない．この場合において，その修正率は，政令で定める方法によつて算定するものとする．
② 収用委員会は，前項の規定による補償を受けるべき者に対し第85条第1項の規定による裁決をする場合において，その裁決で定められた価額が前項に規定する相当の価額として施行者が支払つた額を超えるときは，次に掲げる額の合計額を支払うべき旨の裁決をあわせてしなければならない．
　一　その差額につき第80条第1項に規定する30日を経過した日から権

第3章　都市計画法関係

> 利変換計画の認可の公告の日までの前項に規定する物価の変動に応ずる修正率を乗じて得た額及び権利変換計画の認可の公告の日から権利変換期日までの間の同項に規定する利息相当額
> 　二　前号の額につき権利変換期日後その支払いを完了する日までの日数に応じ年14.5パーセントの割合による過怠金
> ③　土地収用法第94条第10項から第12項までの規定は，前項の裁決に関し，第85条第3項の規定による訴えの提起がなかつた場合に準用する．

1　本条の趣旨と要点

1　本条の趣旨

91条補償は，施行地区内の宅地もしくは建築物またはこれらに関する権利を有する者で，権利変換期日において当該権利を失い，かつ，当該権利に対応して，施設建築敷地もしくはその共有持ち分，施設建築物の一部等または施設建築物の一部についての借家権を与えられない者に対して行われる補償である．施行地区内の土地建物等の権利を有する者が，権利変換を希望しないで，地区外に転出する場合の対価補償である．事前補償であり，施行者は，権利変換期日までに補償金を支払わなければならない．

2　本条の要点

本条の要点は，補償の内容（範囲），補償の権利者・義務者，補償の手続，訴えの提起等である．いずれの点についても，判例・学説上の対立は見当たらない．

2　補償の内容

1　相当の価額等

補償の内容（範囲）は，80条1項の規定により算定した相当の価額に同項の規定する30日の期間を経過した日から権利変換計画の認可の公告の日までの物価の変動に応ずる修正率を乗じて得た額に，当該権利変換計画の認可の公告の日から補償金を支払う日までの期間につき年6パーセントの割合により算定した利息相当額を付したものである．これは，権利変換期日までに支払われなければならない．

2 利息相当額を付する理由

利息相当額を付する理由は，立案関係者の説明によれば，①第1種市街地再開発事業では，権利変換計画において全ての権利者の権利の帰趨を明らかにし，大量の権利を一挙に，かつ，公正に処理することとしており，権利変換期日に全ての権利が一挙に変換するとしていること，②補償が適正であることを担保するため，上級行政庁の認可を受けることが必要であるが，これも全体の権利の処理状況をみなければ適確公正であるかどうかを判断することができないので，権利変換計画の一部の認可ということを認めていないこと，③このようなすべての権利の一括処理ということは，第1種市街地再開発事業および権利変換手続の特性に由来するものであるので，権利の変換を希望せず金銭の給付を希望する者に対しても補償金の支払請求権（前払請求権）のようなものを認めていないこと，④しかし，例えば，施行地区内に宅地の所有者で権利の変換を希望しない旨の申出をした者は，多くの場合，他に移転先を求めなければならず，いったん他に移転する決心をしたならば，できるだけ早く移転先を確保したいと希望するであろうこと，⑤このような場合，第1種市街地再開発事業の施行地区内における権利の一括処理という観点からすれば，補償請求権を認めることはできないが，権利の変換を希望しない権利者の利益を害しないようにする必要があること，⑥そこで，権利の変換を希望しない旨の申出期間が経過した日において実質的に支払請求権が発生したものとして，年6%の利息相当額を付することにした，ということである（竹内・前掲250頁，都市再開発法制研究会編著・逐条解説448～449頁参照）．「利息相当額」となっているのは，形式的には，権利変換期日までは権利が失われていないからである．

なお，上記の補償のほかに，移転料や営業補償等の通常生ずる損失についても補償がなされるが，それは後述の97条補償の問題である．

3 宅地等の価額の算定基準

宅地等の価額は権利変換計画において定められるが，これは近傍類似の土地，近傍同種の建築物等の取引価格等を考慮して定められる（80条1項）．

●3 補償の権利者・義務者

補償権利者は，地区外転出者である．施行地区内に土地建物等の権利を有する者で，権利変換を希望しない者が，この補償を受けることができる．

具体的にいえば，①71条1項の規定により，施行地区内の宅地の所有者，その宅地の借地権者または施行地区内の土地に権原に基づき建築物を所有する者で，権利の変換を希望せず，自己の有する宅地，借地権または建築物に代えて金銭の給付を希望する旨を申し出た者，②71条3項の規定により，施行地区内の建築物にについて借家権を有する者で，借家権の取得を希望しない旨を申し出た者，③79条3項の規定により，床面積が著しく過小となるため施設建築物の一部等またはその施設建築物の一部についての借家権が与えられないように施行者が定めた者，④87条の規定により，権利変換期日において消滅する土地および建築物に関する権利を有する者で，借地権および借家権以外の権利者，である（竹内・前掲248～249頁，土地再開発法制研究会編著・逐条解説447～448頁参照）．

補償義務者は，施行者である．

●4 補償の手続・訴えの提起

1 補償の手続

1 権利変換計画における土地等の価額 　土地等の価額は，権利変換計画において定められる（73条1項3号・11号・12号）．土地等の権利者等は，これに対して施行者に意見書を提出することができる（83条2項）．意見書の提出があったときは，施行者は，その内容を審査し，その意見書に係る意見を採択すべきであると認めるときは権利変換計画に必要な修正を加え，採択すべきでないと認めるときはその旨を意見書を提出した者に通知しなければならない（同条3項）．

2 収用委員会への裁決申請 　意見書不採択の通知を受けた者は，その通知を受けた日から起算して30日以内に，収用委員会にその価額の裁決を申請することができる（85条1項）．裁決の申請は，事業の進行を停止しない（同条2項）．この場合には，収用法94条3項から8項までの規定が準用される（同条3項）．

収用委員会は，権利変換計画で定めた価額を超える額が相当であると判断した場合は，施行者に対して，その差額のほか，差額に対する年6パーセントの利息相当額と，差額および利息相当額の支払いが遅れたことに対する年14.5パーセントの過怠金を支払うべき旨の裁決をしなければならない．

2 訴えの提起

　収用委員会の裁決に不服がある者は，裁判所に訴え提起をすることができる．この場合は，収用法133条および134条の規定が準用される（85条3項，竹内・前掲250頁，土地再開発法制研究会編著・逐条解説427，449頁，小澤「損失補償の手続と救済手続（2）」自治研究64巻7号66〜67頁（1998年）参照）．この訴えは，行訴法4条前段の形式的当事者訴訟に当たる．

　都市計画法28条，52条の5，景観法24条，70条，本法63条等とは異なり，訴えの提起については，収用法94条9項ではなくて，収用法133条および134条の規定を準用する旨の明文の規定が置かれている．

　訴えの提起がなかったときは，収用委員会の裁決は，強制執行に関しては，債務名義とみなされる（本条3項，収用法94条10項〜12項）．

第5款　97条補償

（土地の明渡しに伴う損失補償）
第97条
① 施行者は，前条の規定による土地若しくは物件の引渡し又は物件の移転により同条第1項の土地の占有者及び物件に関し権利を有する者が通常受ける損失を補償しなければならない．
② 前項の規定による損失の補償額については，施行者と前条第1項の土地の占有者又は物件に関し権利を有する者とが協議しなければならない．
③ 施行者は，前条第2項の明渡しの期限までに第1項の規定による補償額を支払わなければならない．この場合において，その期限までに前項の協議が成立していないときは，審査委員の過半数の同意を得，又は市街地再開発審査会の議決を経て定めた金額を支払わなければならないものとし，その議決については，第79条第2項後段の規定を準用する．
④ 第2項の規定による協議が成立しないときは，施行者又は損失を受けた者は，収用委員会に土地収用法第94条第2項の規定による補償額の裁決を申請することができる．
⑤ 第85条第2項及び第3項，第91条第2項及び第3項，第92条並びに第93条の規定は，第2項の規定による損失の補償について準用する．

● 1　本条の趣旨と要点

1　本条の趣旨

　施行者は，権利変換期日後，第1種市街地再開発事業に係る工事のため必要があるときは，施行地区内の土地または当該土地にある物件を占有している者に対し，期限を定めて，土地の明渡しを求めることができる（96条1項）．また，明渡しの請求があった土地または当該土地にある物件を占有している者は，明渡しの期限までに，施行者に土地もしくは物件を引き渡し，または物件を移転しなければならない（同条3項）．このような土地の明渡しに伴って，関係権利者は種々の損失を被ることが予想される．本条は，そのような場合の損失の補償について定めたものである．

　本条の補償は，事前補償である．施行者は，明渡しの期限までに補償額を支払わなければならない．

2　本条の要点

　本条の要点は，補償の要否，補償の内容（範囲），補償の権利者・義務者，補償の手続，訴えの提起等である．いずれについても，判例・学説上の対立は見当たらない．

● 2　補償の要否

　補償が必要となるのは，土地の明渡しに伴って損失が生ずる場合である．どのような場合がこれに該当するかは，個別具体的に判断するほかはないが，次項（補償の内容）において取り上げているように，明渡しのために営業を休止するような場合をその一例として挙げることができる．

● 3　補償の内容

1　通常受ける損失の補償

　補償の内容は，「通常受ける損失」（通損）の補償である．本法は，63条では「通常生ずべき損失」という用語を使用し，本条では「通常受ける損失」という用語を使用しているが，別段使い分けをしているとは考えられない．ほぼ同義のものと捉えることができる．

　通損補償については，すでに「総論」の第7章「付随的損失の補償」におい

て，一般的に考察した（前述196頁以下）．本条に即していえば，「通常受ける損失」は，土地の明渡しと相当因果関係があることが必要であり，土地の明渡しに通常付随して生ずるものでなければならない．具体的には，物件の移転料，仮住居費用，移転雑費，家賃減収等のほか，営業補償も補償対象となる．

2　営業休止補償

　これらのうち特に問題になるのは，営業補償の中の営業休止補償である．これについては，建替え期間中に発生する損失として，営業休止期間中の損失，仮営業所の準備費用，仮営業期間中の収益減少等が考えられる．「土地収用法88条の2の細目等を定める政令」（細目政令）21条は，その1項において，①休業を通常必要とする期間中の収益の減少額，②休業することまたは営業所を変更することにより一時的に顧客を喪失することによって通常生ずる損失等を，その2項において，③仮営業所準備費用，④仮営業所における営業であることによる収益減少，⑤営業場所変更により一時的に顧客を喪失することによって通常生ずる損失，などを挙げている．

● 4　補償の権利者・義務者

　地区外転出者のみならず，施設建築物（再開発ビル）入居者も，補償権利者となる．これは，再開発ビル入居者にも，明渡しに伴って種々の損失が生ずるからであり，91条補償との相違点である．補償義務者は，施行者である．

● 5　補償の手続・訴えの提起

1　補償の手続

　1　当事者の協議　　補償額については，施行者と関係権利者とが協議して定める．施行者は，明渡しの期限までにこれを支払わなければならない．明渡しの期限までに協議が成立していない場合は，施行者が個人施行者または組合であるときは審査委員（7条の19，43条参照）の過半数の同意を得て，また，施行者が地方公共団体または独立行政法人都市再生機構等であるときは市街地再開発審査会（57条，59条参照）の議決を経て定めた金額を支払わなければならない．

　2　収用委員会の裁決　　協議が成立しないときは，施行者または損失を受けた者は，収用委員会に収用法94条2項の規定により補償額の裁決を申請す

ることができる．この場合には，収用法94条3項から8項までの規定が準用される（85条3項参照）．

収用委員会は，収用委員会が相当であると判断した補償金額が施行者が支払った補償金額を超えている場合は，その差額に対する利息相当額と過怠金の合計額を支払うべき旨の裁決を合わせてしなければならない（91条2項参照）．

2 訴えの提起

収用委員会の裁決に不服があるときは，裁判所に訴え提起をすることができる．この場合には，収用法133条および134条の規定が準用される（85条3項参照）．この訴えは，行訴法4条前段の形式的当事者訴訟に当たる．

訴えの提起がなかったときは，収用委員会の裁決は，強制執行に関しては，債務名義とみなされる（本条5項，収用法94条10項〜12項参照）．

第6款 清算等

(清算)
104条
① 前条第1項の規定により確定した施設建築敷地若しくはその共有持分，施設建築物の一部等又は個別利用区内の宅地若しくはその使用収益権の価額とこれを与えられた者がこれに対応する権利として有していた施行地区内の宅地，使用収益権又は建築物の価額とに差額があるときは，施行者は，その差額に相当する金額を徴収し，又は交付しなければならない．同項の規定により確定した施設建築敷地の地代の額と第88条第1項ただし書の規定により支払つた地代の概算額とに差額があるときも，同様とする．
② 略

(清算)
118条の24
① 前条第1項の規定により確定した従前の権利の価額と同項の規定により確定した建築施設の部分の価額とに差額があるときは，施行者は，その差額に相当する金額を徴収し，又は交付しなければならない．
② 略

第4節　都市再開発法

● 1　各条の趣旨と要点

1　104条の趣旨と要点

1　本条の趣旨　本法は，91条の「補償金等」の規定と区別して，104条，118条の24に「清算」の規定を置いている．したがって，清算の性質は損失補償ではないという捉え方をしているが，実質的には損失補償に近似し，損失補償にも関連するから，ここで併せて考察しておくことにする．

本条は，第1種市街地再開発事業における清算について，118条の24は，第2種市街地再開発事業における清算について定めたものである．

本条は，103条1項の規定により確定した価額と権利変換計画に記載されている従前の宅地，建築物等の価額とに差額があるときは，施行者は，その差額に相当する清算金を徴収し，または交付しなければならないことを定めたものである．同項の規定により確定した施設建築敷地の地代の額と権利変換期日以後建築工事完了の公告の日までに施行者が支払った地代の概算額との間に差額があるときも同様である．

2　本条の要点　本条の要点は，権利変換計画の手続，清算金の法的性質等である．清算金の法的性質については，本条については格別論議されていないが，土地区画整理法上の清算金の性質については，後述のように，判例・学説上の対立が見受けられる（543頁以下参照）．

2　118条の24の趣旨と要点

1　本条の趣旨　第2種市街地再開発事業の工事が完了したときは，施行者は，速やかに，当該事業に要した費用の額を確定し，建築施設の部分を取得した者の「従前の権利の価額」およびその取得した「建築施設の部分の価額」を確定しなければならない（118条の23第1項）．本条は，この従前の権利の価額と建築施設の部分の価額とに差額があるときに，施行者がその差額に相当する金額を徴収し，または交付しなければならないことを定めたものである．

2　本条の要点　本条の要点は，清算金の法的性質，従前の権利の価額の算定方法，建築施設の部分の価額の算定方法等である．清算金の法的性質については，104条について述べたところと同じである．

●2 施設建築物の一部等の価額等の確定と清算（第1種市街地再開発事業）

1 権利変換計画の手続

1 権利変換計画 施行者は，地区外転出等の申出の期限の経過後，遅滞なく，施行地区ごとに権利変換計画を定めなければならない（72条1項）．権利変換計画においては，従前の権利者の施行地区内に有する宅地，建築物等の価額（73条1項3号），従前の権利者に従前の宅地，建築物等に対応して与えられることとなる施設建設敷地もしくはその共有持ち分または施設建築物の一部等の価額の概算等（同条同項4号）が定められなければならない．

2 権利変換計画決定の基準 権利変換計画は，災害を防止し，衛生を向上し，その他居住条件を改善するとともに，施設建築物および施設建築敷地の合理的利用を図るように定めなければならず，また，関係権利者間の利害の衡平に十分の考慮を払って定められなければならない（74条2項）．

2 価額等の確定

施行者は，第1種市街地再開発事業の工事が完了したときは，すみやかに，当該事業に要した費用の額を確定するとともに，その確定した額および近傍類似の土地，近傍同種の建築物等の取引価格等を考慮して定める相当の価額を基準として，従前権利者に与えられる施設建築物の一部等の価額等を確定し，通知しなければならない（103条1項）．

3 清算

施行者は，上記の確定した価額と従前の権利の価額との間に差額があるときは，その差額に相当する金額を徴収（徴収清算金）し，または，交付（交付清算金）しなければならない（104条1項）．確定した施設建築敷地の地代の額と権利変換期日以後建築工事完了の公告の日までに施行者が支払った地代の概算額との間に差額がある場合も同様である．

●3 建築施設の部分等の価額等の確定と清算（第2種市街地再開発事業）

1 管理処分手続

1 管理処分計画　管理処分手続においては，施行者は，管理処分計画を定めなければならない（118条の6第1項）．管理処分計画には，建築施設の部分を譲り受けることとなる者が施行地区内に有する宅地，借地権または建築物およびその見積額並びにその者がその対償に代えて譲り受けることとなる建築施設の部分の明細およびその価額の概算額やその算定の「基準日」等が定められなければならない（118条の7第1項）．

2 管理処分計画の決定の基準　この「見積額」は，基準日における「近傍類似の土地，近傍同種の建築物又は近傍類似の土地に関する同種の権利の取引価格等を考慮して定める相当の価額」を基準として定められる．また，この「概算額」は，第2種市街地再開発事業に要する費用および「基準日における近傍類似の土地，近傍同種の建築物又は近傍同種の建築物に関する同種の権利の取引価格等を考慮して定める相当の価額」を基準として定められる（118条の9）．

なお，第1種市街地再開発事業における権利変換計画決定の基準（74条）が準用される（118条の10）．

2 価額等の確定

施行者は，第2種市街地再開発事業の工事が完了したときは，速やかに，建築施設の部分を取得した者がこれに対応するものとして有していた施行地区内の宅地，借地権もしくは建築物の価額（従前の権利の価額）およびその取得した建築施設の部分の価額等を確定し，これらの者にその確定した額を通知しなければならない（118条の23第1項）．

3 清　算

従前の権利の価額と建築施設の部分の価額とに差額があるときは，施行者は，その差額に相当する金額を徴収（徴収清算金）し，または交付（交付清算金）しなければならない．

●4　清算金交付の手続・訴えの提起

1　清算金交付の手続

　清算金の徴収については 106 条が規定しているが，清算金交付の手続については，105 条に「清算金の供託及び物上代位」の規定があるだけで，そのほかには別段の規定は置かれていない．したがって，特別の様式を必要とせず，清算金（差額）の交付が行われるものと思われる．

2　訴えの提起

　交付されるべき差額について不服がある場合に，不服申立てができるか否かについては，明文の規定は見当たらない．127 条（不服申立て）が審査請求することができない事項として挙げているものには該当しないが，128 条 1 項但書において，「権利変換に関する処分についての審査請求においては，権利変換計画に定められた宅地若しくは建築物又はこれらに関する権利の価額についての不服をその理由とすることができない．」と規定していることからすれば，交付清算金の額に不服である場合も，これを審査請求の理由とすることができないのではないかと思われる．したがって，不服申立てを経ずに，直ちに施行者を被告にして裁判所に差額の増額請求訴訟を提起することができるものと解すべきであろう．この場合の訴訟は，行訴法 4 条後段の実質的当事者訴訟に当たる．

第 7 款　建築施設の部分による対償の給付

（建築施設の部分による対償の給付）
第 118 条の 11
　①　管理処分計画において建築施設の部分を譲り受けることとなる者として定められた者（特定事業参加者を除く．以下「譲受け予定者」という．）に対しては，その者が施行地区内に有する宅地，借地権又は建築物が，契約に基づき，又は収用により，施行者に取得され，又は消滅するときは，その取得又は消滅につき施行者が払い渡すべき対償に代えて，この法律で定めるところにより当該建築施設の部分が給付されるものとする．
　②　前項の場合において，譲受け希望の申出をした者が第 118 条の 3 第 1

項の承認を受けないで施行地区内に有する宅地，借地権又は建築物を処分したことにより，2以上の者に建築施設の部分を譲り渡す必要が生じたときは，当該2以上の者に対しては，これらの処分がなかつたとすれば当該譲受け希望の申出をした者に譲り渡すべき建築施設の部分について，それぞれ対償の額に応ずる共有持分が給付されるものとする.
③ 土地収用法第100条の規定は，前2項に規定する対償に関しては，適用しない.
④ 略

1　本条の趣旨と要点

1　本条の趣旨

本条は，第2種市街地再開発事業において，事業の施行地区内の土地，建物等が買収または収用された者に対して，その者が希望すれば，補償金等の対償に代えて，その事業により整備される建築施設（再開発ビル）の部分が給付されることを定めたものである（管理処分手続）. これは，関係権利者が再開発ビルに入居できることを保証し，買収代金等を支払わずに建築施設の部分の給付による現物補償（代物弁済）を行うことにより，事業の円滑な施行を図ったものである（都市再開発法制研究会編著・逐条解説573頁参照）.

2　本条の要点

本条の要点は，対償の性質，管理処分手続，施行地区内の宅地等の処分をする場合の施行者の承認，収用法100条の規定の適用除外，対償の給付手続，訴えの提起等である. いずれの点についても，判例・学説上の対立は見当たらない.

損失補償については，あまり問題となる点は存在しない. 対償の性質は，損失補償であり，建築施設の部分が給付されるものであるから，現物補償の一種ということになる.

2　管理処分手続

管理処分手続については，本節第1款「概説」，第6款「清算等」において説明済みである.

3　施行者の承認

譲受け希望の申出をした者は，施行地区内に有する宅地等を処分するためには施行者の承認を要する（118条の3）．施行者の承認を要することとした理由は，「宅地等を2以上の者に処分したり，宅地等の一部を処分したりすると，2以上の者に建築施設の部分を譲り渡す必要が生じ，施行者はそれに応じて，管理処分計画を変更する必要が生じるからである」と説明されている（都市再開発法制研究会編著・逐条解説573頁）．

4　収用法100条の規定の適用除外

収用法100条の規定によれば，権利取得時期または明渡しの期限までに，権利取得裁決または明渡裁決において定められた補償金を支払わなければ，それらの裁決は失効するものとされている．第2種市街地再開発事業においては，補償金に代えて建築施設の部分等を給付することとしているので，この規定を適用しないこととしたものである（都市再開発法制研究会編著・逐条解説574頁参照）．

5　対償の給付手続・訴えの提起

1　対償の給付手続

給付手続については，別段の規定は置かれていないが，施行者と譲受け予定者との協議により行われるものと思われる．

2　訴えの提起

給付されるべき当該建築施設の部分について不服がある場合に，不服申立てができるか否か，また訴えを提起することができるか否かについては，明文の規定は見当たらない．この点については，第6款で述べたところと同じであるので，そちらを参照していただきたい．

第5節 土地区画整理法

第1款 概　説

1　本法の趣旨

1　本法の沿革

　土地区画整理に関する法制度は，1897（明治 30）年の「土地区画改良ニ係ル件」に始まり，1899（明治 32）年の耕地整理法を経て，1923（大正 12）年に特別都市計画法が制定された．この特別都市計画法 8 条 1 項は，1 割無償減歩を定めていたが，これが明治憲法 27 条に適合するか否かが問題となったことについては，後に述べるとおりである．1946（昭和 21）年制定の新特別都市計画法 16 条も，同様に無償減歩について規定していたため，同じく現行憲法 29 条との適合性が問題となり，同条項は改正された．これを引き継いで，1954（昭和 29）年に土地区画整理法（以下，本節において「本法」という）が制定され，同法施行令により新特別都市計画法は廃止された（本法の沿革については，岩見良太郎『土地区画整理の研究』3 頁以下（自治体研究社，1978 年），土地区画整理誌編集委員会編『土地区画整理のあゆみ―土地区画整理法施行 40 年記念』38 頁以下（日本土地区画整理協会，1996 年），簗瀬範彦「土地区画整理の制度形成に関する史的考察」土木学会論文集 70 巻 1 号 53 頁以下（2014 年）参照）．

2　本法の目的

　本法は，「土地区画整理事業」に関し，その施行者，施行方法，費用の負担等必要な事項を規定することにより，健全な市街地の造成を図り，もって公共の福祉の増進に資することを目的としている（1 条）．「土地区画整理事業」とは，都市計画区域内の土地について，公共施設の整備改善および宅地の利用の増進を図るために行われる土地の区画形質の変更および公共施設の新設・変更に関する事業をいう（2 条 1 項）．

　土地区画整理事業は，都市計画区域内の土地について行われる．土地区画整理事業は，市街地開発事業の一種であり，都市計画と密接な関係を有している．「土地区画整理は都市計画の母である」ともいわれている（渡部与四郎＝相澤正

第3章　都市計画法関係

昭『土地区画整理法の解説と運用〔土地区画整理実務講座第1巻〕』55～56頁（日本経営出版会，1978年）参照）．

3　公用換地

　土地区画整理事業は，一定の地区内における土地の区画を整理し，形質を変更し，強制的に土地所有権その他の土地に関する権利に交換分合その他の変更を加える作用である．これを公用換地という．前述の都市再開発法における権利変換と合わせて，公用権利変換と呼ばれている（前述8頁参照）．

　名古屋高判昭和40・12・20（判時444号73頁）は，公用換地について，「区画整理は権利の対象たる土地の区画形質に変更を加えながら，法の擬制により原則として土地の権利関係については変動を生ぜしめることがないのである．そして右土地の区画形質の変更については換地処分の方法を本質的手段としているのであり，これは，施行者が整理施行前の土地すなわち従前の土地各筆に対しこれに照応すべき整理施行後の土地すなわち換地の位置および範囲を指定する公法上の処分であり，結果的には権利の客体たる土地を強制的に変更せしめる点において物的公用負担の一種に属するということができる」と説示している．

4　土地区画整理の合憲性

1　土地区画整理事業に対する反対運動　　土地区画整理事業は，通常，減歩を伴うものであるが，この減歩をめぐって，これまでしばしば反対運動が展開されてきた．岩見・前掲3～4頁は，この事情について，次のように述べている．「区画整理ほど我が国の市街地形成に大きな影響を与えた都市計画手法はないであろう．まさに，区画整理が，"都市計画の母"とよばれる所以である．／しかし，一方，区画整理ほど住民の批判を浴び，抵抗をうけた都市計画手法もまたないであろう．／たとえば，戦前，大都市近郊で，さかんに実施された区画整理に対しては小作人が激しい抵抗を示したし，既成市街地における区画整理の嚆矢をなす震災復興区画整理事業も区画整理住民運動の洗礼をうけた．また，現在では，全国各地に区画整理住民運動が起こり，その全国組織が結成されるまでに至っている．」「区画整理においては常にそれによって利益をうける階級ないし階層と，逆に損失をうける階級・階層があり，いわばその階級的利害対立のもとに，区画整理は推進されてきたのである．」

2 学説の動向

(1) 岩見説　上記の文献66〜67頁は，続けて，「不動産資本的土地所有」と「生存権的土地所有」に区別して，次のように述べている．「生存権的土地所有は自らの生存を支えるための不可欠の要素として土地を所有し，自らそこで生活し使用している土地所有である．／土地区画整理の結果として彼らの目にうつるのは減歩のみである．しかも，彼らはこれを不動産資本的土地所有のように受益者負担としてうけとめることはできない．彼らにとって土地区画整理の施行による土地価値の増加という意味での受益は存在しないのも同然だからである．実際，多くの場合，これらの土地所有は自らの所有地を処分し，その受益を実現するという条件をもたないのである．」「彼らにとって減歩は純粋に土地の収奪，『自分たちの土地がタダ取りされること』（安藤元雄・松井和彦編『区画整理対策のすべて』昭48・11・9P112）以外の何ものでもない．生存権的土地所有にとって土地区画整理は土地収奪としてのみ現象するのである．」

(2) 渡辺説　この点については，別の著名な文献である渡辺洋三『土地と財産権』158頁以下（岩波書店，1977年）も，すでに次のように述べていた．「土地区画整理法の本質的構造は，住民の宅地利用のぎせいにおいて権力的に無償で公共用地を取得するためのものであり，それゆえに整理事業は，しばしば住民の反対運動の的となってきたのである．その公共施設が，真に当該地域の住民の生活利益に奉仕するものならば，市民は自らの宅地の提供を甘受することができるであろうが，たとえば大幅幹線道路のように地域住民の生活利益に関係ないのみならず，有害でさえあるようなものをつくるために，宅地を無償で提供させられるとするならば，住民の生活利益は二重のぎせいを受けることになる……．住民の土地利用，とりわけ生存権的土地利用（生活利益）を無視して開発を強行することを可能ならしめる本法の技術的構造について全面的に検討するためには一冊の書物を必要としようが，ここでは，そのうちの若干の問題を指摘するにとどめる．……あらかじめ結論を先取りしていうならば，このような法の考え方は，土地を所有権の対象としてしか考えず，しかも，土地の交換価値性のみに着目して，土地財産権を徹底して商品所有権たる土地所有権として把握するという発想に根拠を置いているのである．それゆえ，土地の権利の内容は，商品たる土地の価格＝地価に集約されることになり，整理前の権利と整理後の権利とは，地価さえ同じならば同じ権利内容であり，そこには損失もなく，したがって補償も必要でないという結論が導き出されるのであ

る．土地に依存しているさまざまの人間生活の具体的営みや，その営みを支えているさまざまの土地利用の実質は，かくて本法の視野には入らず，原則として切りすてられているのである．」

(3) **平野説**　さらに，平野謙『区画整理法は憲法違反』207～208頁（潮出版社，1978年）も，次のように説いている．「区画整理法第109条は宅地所有者の交換価値だけを問題にして，使用価値の損失という事実を最初からオミットしているけれども，大地主や不動産業者のように土地の交換価値だけを目的とするものはいざ知らず，私どものようにささやかな土地を手に入れたならば，収益や処分はすこしも考えずに，ひたすらその使用価値だけを問題とするものにとっては，100坪が70坪に減少すれば，使用価値の損失は誰の眼にも明らかだろう．この場合，私どものささやかな使用価値というのは，その土地に居住し，あるいは営業するにたるいわば最低限度のものを指すのであって，その使用価値は憲法25条に補償されたいわゆる生存権とほぼ同義のものといえるはずである．『すべて国民は，健康で文化的な最低限度の生活を営む権利を有する』という憲法第25条の条文は，個人の自由権という基本的人権を意味するよりも，むしろ個人の最低限度の生存権を保障するものだからである．その生存権の見地から，私どもの土地の使用価値を抹殺する区画整理法第109条は，違憲の疑いがある，といってもいいのではないか，と思う．」

3　無償減歩の憲法適合性

(1) **法令上の規定の推移**　現在においては，この論争は，減歩の憲法適合性の問題として具体化している．すなわち，減歩により土地面積が減ることになるが，それに対する損失補償が憲法29条3項に基づいて必要となるか否かという問題である（藤田・土地法165頁，231頁以下参照）．

この点については，すでに戦前においても，大正12年の特別都市計画法8条1項の1割無償減歩の規定が明治憲法27条に適合するか否かが問題になっていた．昭和21年の特別都市計画法16条も，1割5分の無償減歩を定めていた．ところが，昭和24年の「法務府調査意見局長官の意見」は，「特別都市計画法第16条第1項の規定に関し，憲法上疑義があると認められるので，当職はこれについて次のように意見を勧告する」として，その理由について述べた上で，結論として，「同条項を憲法に適合させるため適当な措置を採られることを勧告する」とした．この勧告を受けて，同条項は改正され，昭和29年の本法に引き継がれた（この経緯については，渡部＝相澤・前掲240～241頁〔相澤

執筆〕），伊東秀雄＝佐藤栄吉＝早田末吉＝和田武雄『移転補償・工事と登記・清算〔土地区画整理実務講座第4巻〕』220頁以下（日本経営出版会，1975年〔和田執筆〕），平野・前掲203頁以下等参照）．

(2) **疑問点の指摘**　この問題点について詳細に検討した論稿は，藤田宙靖「土地区画整理制度と財産権保障―いわゆる「無償減歩」をめぐって―」（同・土地法231頁以下に所収．初出1987年）である．同論稿は，都市の根幹的施設と支線的施設（宅地周り施設）に分けて，土地収用制度がもっぱら都市の根幹的・幹線的施設の建設のためにのみ用いられ，土地区画整理制度が支線的・宅地周り的施設の建設にのみ用いられることとされている限りにおいては憲法問題は生じないが，土地区画整理法120条（公共施設管理者の負担金）をみれば，必ずしもそのようにはなっておらず，無償減歩のあり方について再検討の必要性がある，と説いている．

(3) **合憲説**　学説上は，上記に引用の岩見説や渡辺説は，違憲と断定しているわけではないが，やや違憲説に傾斜しているのではないかと思われる．平野説も，憲法29条3項のほか，25条1項違反の疑いがあると述べている．

しかし，大部分の文献は，清算や減価補償金の制度を挙げて，合憲説を前提として論述している（原田尚彦「判解」土地収用判例百選139頁（1968年），下出義明編著『土地区画整理法50講』5頁〔由良範泰執筆〕，17頁〔遠藤浩執筆〕（有斐閣，1974年．以下，「下出編・50講」という），阿部・解釈学II393頁等参照）．とりわけ，渡部＝相澤・前掲書や伊藤ほか・前掲書は，建設省都市局の行政担当経験者等の執筆したものであり，当然のことながら合憲説に立って解説している．

合憲説の代表的所説としては，次のように説くものがある（下出義明『換地処分の研究〔改訂版〕』228頁（酒井書店，1979年））．すなわち，「それはひっきょう公共の福祉のために行われるものであるから，法が，整理事業が施行される場合に，右目的を達成するに必要な範囲内において，或は地方自治に或程度の制限を加え，或は施行地区内の宅地所有権及びその他の権利の行使を制約し，又はこれに変更を生ぜしめる旨を規定していても，そのことが憲法のいずれの規定にも反するものでないことは，憲法13条，22条，29条等の規定に照らして明らかである．唯右29条との関係において，私有財産たる権利が整理事業施行によって制限又は変更された場合に，これによる権利者の損害について補償を要するかどうか，補償を要すると認められる場合に，具体的になされた損

第3章　都市計画法関係

失補償が正当であるかどうかの問題が起こるに過ぎない.」

(4) **判例の動向**

(i) **最高裁の判例**　これが争われた訴訟としては, 大牟田市都市計画復興土地区画整理事業において, 国の機関としての大牟田市長が行った公共減歩に対して憲法29条3項に基づいて国に補償請求をした事案がある. 一審の福岡地大牟田支判昭和55・2・25（訟月26巻5号730頁）は, 「減歩それ自体については一般的に補償がなされない. これは, 一方では健全な市街地形成のためには, 土地所有者等の宅地の権利者が当然受忍すべき社会的制約であり（憲法29条2項の定め）, しかも, 土地区画整理事業によって宅地の利用価値は増加するのであるから, 地積が減縮しても, 宅地の利用価値に損失を与えることにならないからである」と説示した上で, 土地区画整理法上に清算金（94条）と減価補償金（109条）の制度が用意されていることことを指摘して, 請求を棄却した. 控訴審の福岡高判昭和55・6・17（訟月26巻9号1592頁）も, ほぼ同趣旨の判断をしている. 上告審の最判昭和56・3・19（訟月27巻6号1105頁）も, 「所論は, 要するに, 換地処分の結果いわゆる減歩が生じたこと自体をもって当然に減歩分に相当する土地の公用収用があり, その価額に相当する損失を被収用者に与えたものとして憲法29条3項の規定によりその補償義務が生ずるというにあるが, 右減歩によって直ちにその減歩分の土地の価額に相当する損失が生ずるわけではなく, また, 換地の結果補償されるべき損失が生じたと認められる場合については土地区画整理法上その補償措置が講じられていることは, 原判決の説示するとおりであり, 論旨は, ひつきよう, 独自の見解に立って原判決の不当をいうものにすぎず, 採用することができない」と述べて, 原審の判断を是認している.

(ii) **その後の裁判例**　その後の裁判例をみると, いずれも上記の最高裁判例に従っている. 減歩された土地は「土地の収用」に当たるから, 減歩された土地について実質上全く補償を要しないこととなっている土地区画整理法109条および減歩された者からも金員を徴収することができることとなっている同法94条は, 憲法29条3項に違反して無効であり, 長崎県知事が行った長崎戦災復興土地区画整理事業の事業計画に基づく換地指定と清算金を定める処分（本件処分）は憲法29条3項に違反して違法であるとして, 直接憲法29条3項に基づいて損失補償を請求した事案がある. 長崎地判昭和58・12・16（訟月30巻6号934頁）は, 「減歩それ自体によって直ちに財産権の侵害があった

ということはできない．なぜならば，このような土地の減歩は健全な市街地造成のために土地所有権者等が受忍すべき財産権に対する社会的制約であり，また，土地区画整理事業によって宅地の利用価値の増加が見込まれるのであるから，地積が減縮しても宅地の利用価値の増加により直ちにその交換価値に損失を与えることにはならないと考えられるからである」と説示した上で，清算金（94条）と減価補償金（109条）を挙げて，換地処分の結果補償されるべき損失が生じたとしても本法上に補償措置が講じられているとして，請求を棄却している（同日付けで下された換地処分取消等請求事件の判決（長崎地判昭和58・12・16訟月30巻6号994頁）も同趣旨である）．また，名古屋地判平成15・10・16（判例自治260号96頁）は，「かかる制約は財産権に内在するものというべきであって，これをもって直ちに憲法29条に違反するものとはいえない」として，上記の最判昭和56・3・19を引用している．

4　学説・判例の検討

(1)　**土地の生存権的側面の考慮**　　学説上は，前記のように，いくらかの見解の対立が認められるが，多くの文献は合憲であると解しており，筆者も合憲説に与している．ただ，その場合でも，土地区画整理をめぐる諸問題の解決は，土地財産権の生存権的側面に留意してなされるべきであると考えている．この点については，文献において，清算金制度の運用について，「施行地区内の大部分の宅地は，たとえ事業の施行によって利用増進がはかられ土地価格が上昇したとしても，土地を売却するということはなく，居住用としての土地利用であり，いわゆる生存権としての土地所有形態であるから，評価にあたっても生存権としての土地利用による収益または使用価値という点に着目して行うべきではないかと思うのである」と説くもの（伊東ほか・前掲208頁）があり，傾聴すべきであろう（なお，河合義和「公用換地ないし土地区画整理制度の諸問題」公法研究29号187頁以下（1967年）参照）．

(2)　**土地の交換価値に重点を置く判例動向について**　　判例の動向をみると，①地積が減縮しても宅地の利用価値の増加により，その交換価値に損失を与えることにはならならいこと，②損失が生じたと認められる場合については，清算金（94条）と減価補償金（109条）の制度が用意されていることなどから，減歩は憲法29条3項に違反しないと解している点で大体一致している．しかし，そこでは，もっぱら「土地の交換価値」に重点が置かれており，前記の「生存権的土地所有」については，ほとんど考慮されていないように見受けられ

る．その土地上で従前の生活を続けたいと考えている住民にとっては，交換価値が増加しても，それほどの受益があるわけではない．減歩そのものは，かえって生活の質の低下を招くおそれがある．

(3) **収用と区画整理の異同**　前掲最判昭和56・3・19についての判例評釈をみると，起業利益と損失の相殺に着目して，収用の場合には，残地に起業利益が生じても収用損失との相殺が禁じられているのに対して，減歩の場合には，換地に生じた起業利益との相殺が肯定されるのは，収用と土地区画整理の制度の趣旨が異なるからであり，したがって，「収用がもっぱら根幹的施設のためにのみ行われ，公共減歩がもっぱら支線的施設の建設のためにのみ行われるのであれば，起業利益の取扱いが異なるとしても，それは一応の合理性を有するとみることができよう」と説くものがある（宇賀克也「判解」街づくり・国づくり判例百選87頁（1989年）．なお，原田・前掲139頁，藤田・土地法165頁以下，235頁以下，同・総論608頁以下参照）．この見解によれば，無償減歩の制度が直ちに憲法29条3項に反するとはいえないが，根幹的施設建設のための無償減歩は，収用の場合との比較において憲法14条違反になる可能性は否定しえない，ということになる（なお，河合・前掲188頁，平野・前掲206〜207頁参照）．

5　本法の関連法令

本法の関連法令としては，都市計画法，都市再開発法，生産緑地法，土地改良法等がある．とりわけ，都市計画法，都市再開発法との関係が重要である（両者の関係については，さしあたり，国土交通省都市・地域整備局市街地整備課監修＝都市再開発法制研究会編著『改訂第7版〔逐条解説〕都市再開発法解説』8頁以下（大成出版社，2010年），五十嵐徹『土地区画整理の登記手続』5頁以下（日本加除出版，2014年．以下，「五十嵐・登記手続」という）参照）．

2　本法の構成

上記の目的を達成するため，本法は，種々の仕組みを設けている．損失補償に関連するもので，その主要なものを次に取り上げることにする．

1　用語の定義

1　土地区画整理事業　土地区画整理事業とは，都市計画区域内の土地について，公共施設の整備改善および宅地の利用の増進を図るため，本法の定め

るところに従って行われる土地の区画形質の変更および公共施設の新設または変更に関する事業をいう（2条1項）．

2　施行者　　施行者とは，土地区画整理事業を施行する者をいう（2条3項）．

3　施行地区　　施行地区とは，土地区画整理事業を施行する土地の区域をいう（同条4項）．

4　公共施設　　公共施設とは，道路，公園，広場，河川その他政令で定める公共の用に供する施設をいう（2条5項）．

5　宅地　　宅地とは，通常の意味での宅地だけではなく，公共施設の用に供されている国または地方公共団体の所有する土地以外の，個人の所有する土地のすべてをいう（2条6項）．

2　土地区画整理事業の施行者と事業計画

1　施行者　　土地区画整理事業の施行者となりうるのは，個人施行者（3条1項），土地区画整理組合（同条2項），区画整理会社（同条3項），都道府県または市町村（同条4項），国土交通大臣（同条5項），独立行政法人都市再生機構（3条の2），地方住宅供給公社（3条の3）である．

2　事業計画　　各施行者は，事業計画を定めなければならない（6条，16条，51条の4，54条，68条，71条の3）．事業計画においては，国土交通省令の定めるところにより，施行地区，設計の概要，事業施行期間および資金計画を定めなければならない（6条1項）．

3　換地計画

1　換地計画の決定・認可　　施行者は，施行地区内の宅地について換地処分を行うため，換地計画を定めなければならない．この場合において，施行者が個人施行者，組合，区画整理会社，市町村または都市再生機構等であるときは，国土交通省令で定めるところにより，その換地計画について都道府県知事の認可を受けなければならない（86条1項）．換地計画においては，国土交通省令の定めるところにより，換地設計，各種換地明細，各筆各種別清算金明細，保留地その他の特別の定めをする土地の明細を定めなければならない（87条1項）．

2　換地　　換地計画において換地を定める場合においては，換地および従

前の宅地の位置，地積，土質，水利，利用状況，環境等が照応するように定められなければならない（89条1項）．

3　清算金　換地または換地について権利の目的となるべき宅地もしくはその部分を定め，または定めない場合において，不均衡が生ずると認められるときは，土地の位置，地積，土質，水利，利用状況，環境等を総合的に考慮して，金銭により清算するものとし，換地計画においてその額を定めなければならない（94条）．

4　保留地　土地区画整理事業の換地計画においては，土地区画整理事業の施行の費用に充てるため，または規準，規約もしくは定款で定める目的のため，一定の土地を換地として定めないで，その土地を保留地として定めることができる（96条1項）．

4　換地処分

1　換地処分　換地処分は，関係権利者に換地計画において定められた関係事項を通知して行われる（103条1項）．換地処分は，換地計画に係る区域の全部について土地区画整理事業の工事が完了した後において，遅滞なく，しなければならない（同条2項）．

2　換地処分の公告　国土交通大臣は，換地処分をした場合においては，その旨を公告しなければならない．都道府県知事は，都道府県が換地処分をした場合，または個人施行者等から換地処分をした旨の届出があった場合において，換地処分があった旨の公告をしなければならない（同条4項）．この公告は，土地区画整理事業の施行上最も重要な公告である（国土交通省都市局市街地整備課監修＝土地区画整理法制研究会編著『逐条解説土地区画整理法〔第2次改訂版〕』399頁（ぎょうせい，2016年．以下，「土地区画整理法制研究会編著・逐条解説」という）参照）．

3　換地処分の効果　換地処分の公告があった場合においては，換地計画において定められた換地は，その公告ががあった日の翌日から従前の宅地とみなされるものとし，換地計画において換地を定めなかった従前の宅地について存する権利は，その公告があった日が終了した時において消滅する（104条1項）．

● 3 本法上の損失補償規定

　土地区画整理事業では，とりわけ減歩に対する補償の要否が問題となるが，本法は，原則として補償は不要であることを前提にしている．これは，地積が減縮しても，土地区画整理事業の結果，土地の利用価値が増加し，その交換価値に損失が生じない，という考え方に基づくものである．

　しかし，それでも，土地区画整理事業が施行される場合には，建築物等の移転・除却（77条），宅地の使用・収益の停止（100条），換地処分（104条）などにより，関係権利者が種々の損失を被ることが予想される．このような場合には，特別の犠牲として補償されなければならない（土地区画整理法上の損失補償規定を概観したものとして，都市整備研究会編『土地区画整理の移転と補償』99頁以下（理工図書株式会社，1970年）参照）．

　本法は，損失補償，あるいはそれに類似するものとして，いくつかの補償規定を置いている．①土地の立入り等に伴う損失の補償（73条），②移転等に伴う損失補償（78条），③仮換地の指定等に伴う損失の補償（101条），④減価補償金（109条），⑤清算金の徴収および交付（110条），である．これらの規定が損失補償を定めたものであるか否かについては，いくらか疑問の余地がないではないが，広い意味では損失補償に含めて理解してもよいであろう．

　76条は，建築行為等の制限を定めている．しかし，この制限に対しては，損失補償の規定は置かれていない．建築行為等の制限の必要性・合理性が認められるにしても，それと補償の要否とは別の問題である．おそらく社会的制約であり，受忍限度内であるという考え方が前提にあるのではないかと思われる（補償不要の理由について説いたものとして，下出・前掲（『換地処分の研究〔改訂版〕』）242～243頁）．

第2款　　土地の立入り等に伴う損失の補償

（土地の立入等に伴う損失の補償）
第73条
　① 国，都道府県，市町村若しくは機構等又は前条第1項後段に掲げる者は，同項又は同条第6項の規定による行為により他人に損失を与えた場合においては，その損失を受けた者に対して，通常生ずべき損失を補償しなければ

ならない．
② 前項の規定による損失の補償については，損失を与えた者と損失を受けた者が協議しなければならない．
③ 前項の規定による協議が成立しない場合においては，損失を与えた者又は損失を受けた者は，政令で定めるところにより，収用委員会に土地収用法（昭和26年法律第219号）第94条第2項の規定による裁決を申請することができる．
④ 略

1 本条の趣旨と要点

1 本条の趣旨

本条は，国，都道府県，市町村，都市再生機構，地方住宅供給公社，3条1項の規定により土地区画整理事業を施行しようとする者，個人施行者，組合を設立しようとする者，組合，3条3項の規定により土地区画整理事業を施行しようとする者，区画整理会社が，前条の規定に基づく測量・調査のための土地の立入りや，測量・調査の障害となる植物・かき・さく等の伐除によって損失を与えた場合に，その損失を受けた者に対して，通常生ずべき損失を補償すべきことを定めたものである．

2 本条の要点

本条の要点は，補償の性質，補償の要否，補償の対象，補償の内容（範囲），補償の権利者・義務者，補償の手続，訴えの提起等である．土地の立入り等に伴う損失の補償については，基本的な規定は収用法91条に置かれており，収用法91条について述べたことがほぼそのまま当てはまる（前述387頁参照）．

2 補償の性質

本条の補償は，すでに発生した損失に対する補償であり，事後補償である．補償の性質については，損害賠償説と損失補償説に分かれるが，当初から予見・認容されている範囲内の損失については，損失補償の性質を有するものと解すべきであろう．

●3 補償の要否

補償が必要となるのは，土地の立入り等によって受忍限度を超える損失が生じた場合である．受忍限度を超えているか否かは，個別具体的に社会通念によって判断されるが，土地の立入り等によって受忍限度を超える損失が発生することは，比較的少ないのではないかと思われる．

●4 補償の内容

補償の内容（範囲）は，「通常生ずべき損失」（通損）の補償である．通常生ずべき損失とは，土地の立入り等の行為によって通常生ずべきものと社会通念上判断される損失であり，土地の立入り等と相当因果関係にある損失を意味する．主観的事情，個人的事情は，原則として考慮されない．

土地の立入り等が違法である場合は，損失補償ではなくて損害賠償（国家賠償）の問題となる．

●5 補償の権利者・義務者

補償権利者は，土地の立入り等によって損失を受けた者である．補償義務者は，損失を与えた国，都道府県，市町村等である．

●6 補償の手続・訴えの提起

1 補償の手続

1 当事者間の協議 損失の補償については，損失を与えた者と損失を受けた者とが協議して定める．当事者の協議を必要としたのは，当事者の話合いによる自主的解決を期待したものである．協議は，損失の発生の有無，因果関係，補償額，補償方法，補償の時期等について行われる．協議が成立したときは，当事者間で私法上の契約が締結されたことになり，一般の民事契約の法理に従って処理される．

2 協議が成立しない場合 協議が成立しない場合は，当事者はいずれからでも，政令で定めるところにより，収用委員会に収用法94条2項の規定による裁決を申請することができる．裁決申請の手続については，施行令69条が定めており，それによれば，裁決を申請しようとする者は，国土交通省令で定める様式に従って，収用法94条3項に掲げられている事項（裁決申請者の氏

523

名・住所，相手方の氏名・住所，損失の事実，損失の補償の見積り・その内訳，協議の経過）を記載した裁決申請書を収用委員会に提出することになっている．

本条は，訴訟については何も規定していないが，次に述べるように，訴えを提起する場合は，収用委員会の裁決を経ておかなければならない（裁決前置主義）．

2 訴えの提起

収用委員会の裁決に不服がある場合に，裁判所に訴えの提起をすることができるか否かについては，本条には明文の規定は置かれていない．しかし，法律上の争訟である限り，最終的には裁判所の判断を求めることができるはずである．この場合には，収用法133条の規定が適用ないし類推適用されるが，出訴期間については，収用法133条2項の特則を定めている同法94条9項の規定によらなければならない．94条2項の規定による収用委員会への裁決の申請が認められているのであるから，訴えの提起についても同条9項の規定が準用されるものと解すべきであろう（前述405頁，後述531頁以下参照）．したがって，収用委員会の裁決に不服がある者は，裁決書の正本の送達を受けた日から60日以内に，損失があった土地の所在地の裁判所に対して訴えを提起することができる．

第3款　建築物等の移転・除却に伴う損失の補償

（移転等に伴う損失補償）
第78条
① 前条第1項の規定により施行者が建築物等を移転し，若しくは除却したことにより他人に損失を与えた場合又は同条第2項の照会を受けた者が自ら建築物等を移転し，若しくは除却したことによりその者が損失を受け，若しくは他人に損失を与えた場合においては，施行者（施行者が国土交通大臣である場合においては国．次項，第101条第1項から第3項まで及び第104第11項において同じ．）は，その損失を受けた者に対して，通常生ずべき損失を補償しなければならない．
② 前条第1項の規定により施行者が移転し，若しくは除却した建築物等又は同条第2項の照会を受けた者が自ら移転し，若しくは除却した建築物等

が，第76条第4項若しくは第5項，都市計画法第81条第1項若しくは第2項又は建築基準法（昭和25年法律第201号）第9条の規定により移転又は除却を命ぜられているものである場合においては，施行者は，前項の規定にかかわらず，これらの建築物等の所有者に対しては，移転又は除却により生じた損失を補償することを要しないものとし，前条第1項の規定によりこれらの建築物等を移転し，又は除却した場合におけるその移転又は除却に要した費用は，これらの建築物等の所有者から徴収することができるものとする．

③　第73条第2項から第4項までの規定は，第1項の規定による損失の補償について準用する．この場合において，同条第4項中「国土交通大臣，都道府県知事，市町村長若しくは機構理事長等又は前条第1項後段に掲げる者」とあるのは「施行者」と，「同項又は同条第6項」とあるのは「第77条第1項」と読み替えるものとする．

④〜⑥　略

1　本条の趣旨と要点

1　本条の趣旨

　77条は，1項において，施行者に，従前の宅地または公共施設の用に供する土地に存する建築物等の移転・除却の権限を与え，また，2項において，建築物等の所有者に自ら移転・除却する意思の有無を照会しなければならない旨規定している．本条1項は，施行者が建築物等を移転・除却したことにより（直接施行）他人に損失を与えた場合，または，建築物等の所有者が自ら移転・除却したことによりその者（建築物等の所有者）が損失を受けた場合，もしくは他人に損失を与えた場合に，施行者が通常生ずべき損失を補償しなければならないことを定めたものである．

　本条2項は，1項の例外として，移転・除却した建築物等が76条4項もしくは5項の規定により国土交通大臣もしくは都道府県知事から移転・除却を命ぜられている建築物等（違反建築物等），または都市計画法81条1項もしくは2項または建築基準法9条の規定により移転・除却を命ぜられている建築物等（違反建築物等）については，施行者は，その違反建築物等の所有者の受けた損失を補償する必要がないこと，むしろ，施行者は，それを移転・除却をしたと

きは，それに要した費用を建築物等の所有者から徴収することができることを定めたものである．単に法令違反であるとか，都市計画法や建築基準法に違反しているというだけでは足りず，移転・除却命令がなされていることが要件となっており，移転・除却命令が未だなされていない場合は，損失補償が必要となる（渡部＝相澤・前掲 204 頁参照）．

本条 1 項の補償の性質は，「損失を与えた場合」となっていることからすれば，事後補償である．

2 本条の要点

本条の要点は，補償の要否，補償の内容（範囲），補償の時期，補償の権利者・義務者，補償の手続，訴えの提起等である．補償の手続と訴えの提起については，本法の他の条項，あるいは本法以外の他の法律に規定されているものと基本的には同じであるが，本条については判例・裁判例が少なくない．

●2 補償の要否

1 違反建築物等の移転・除却

補償が必要となるのは，建築物等の移転・除却により損失が生じた場合である．違反建築物等の移転・除却による損失は，補償の対象とはならない．本人の責任において移転・除却すべきであるからである．

2 家賃減収補償の要否

補償契約締結時に賃借人がいない場合の家賃減収補償の要否が争われた事案において，大阪地判平成 27・4・9（判例自治 406 号 65 頁）は，次のように判示している．「土地区画整理事業は，換地処分による土地の分合を本質的手法とするものであって，区画整理の際に行われる補償は，特定の場所への移転補償としての性格を有しているから，損失を受ける者の従前地からの移転を離れて補償の対象を決することはできないというべきであり，少なくとも建築物等の移転等の前提としての従前地の明渡しの時期が具体的に明らかにされていない段階で土地区画整理法 78 条 1 項に定める補償内容が決せられるとは解されない以上，原告が被告に対して本件建物等の明渡しの時期を具体的に約した本件原告契約の締結以前において損失補償の対象を確定することができないから，本件原告契約の締結時において既に存在していない本件賃貸借契約を考慮して

第5節　土地区画整理法

家賃減収補償を観念することはできない．したがって，本件において家賃減収補償がされないとしても，原告の財産権を不当に侵害するものとはいえないから，憲法29条3項に違反するとは認められない．」

3　判例の動向とその検討

1　判例　裁判例としては，次のようなものがある．事案は，川崎都市計画事業復興土地区画整理事業の施行により，水路が埋め立てられて舗装道路にされ，該水路が擁塞されたことにより，本件土地における水稲の作付収穫が不能になったとして，被告（川崎市）の埋め立てた用水路敷は公共用地であり，水路自体も公共施設であるから，本件用水路の埋立行為は77条1項にいう公共施設の廃止に関する工事として，公共施設の用に供する土地に存する建築物等の除却に該当すると主張して，本条1項に基づき水稲耕作不能による損失の補償を請求したというものである．横浜地判昭和48・11・7（行集24巻11＝12号1217頁）は，次のように判示して，原告の請求を棄却している．すなわち，「土地区画整理法78条1項に定める『通常生ずべき損失』とは，当該土地上の建築物等について直接に何らかの正当な権利関係を有する者がその建築物等の移転，除却によって蒙る損失に限られ，右建築物等を事実上利用し得た立場にあったに過ぎない者がその建築物等の移転，除却によって受ける事実上の不利益は，これを包含しないものと解するのが相当である．／これを本件についてみれば，……昭和31年当時原告が本件水路に関し水利権等その利用権限を有していたことを窺わせるに足りる証拠はない．／してみれば，原告は本件水路について法律上の権利を有していたと認めるに足りる証拠はなく，事実上これを本件土地における水稲耕作に利用していたに過ぎない者であると考えられるから，本件土地区画整理事業実施に伴う本件水路の擁塞によって，原告が事実上これを利用できなくなって本件土地における水稲の耕作が不能となり，その結果たとえ何らかの損失を蒙ることがあったとしても，右損失は，前記土地区画整理法78条1項にいう『通常生ずべき損失』には該当しないものといわなければならない．」

2　判例の検討　上記の横浜地判昭和48・11・7は，水利権等の利用権を有しておらず，事実上本件用水路を利用していたにすぎないとして，水稲耕作不能による損失を「通常生ずべき損失」に該当しないと判断したものであるが，事実上の利用とはいえ，適法に本件用水路を利用して水稲耕作を行っていたの

であるから，用水路除却と水稲耕作不能による損失との間には相当因果関係が認められ余地がないわけではない．本判決は，「事実上の利用」（反射的利益）に過度に重点を置きすぎているのではないかと思われる．本判決の前記引用部分は，「土地区画整理法における損失補償の規定は，公用負担の公平化の見地から，右土地区画整理事業実施に伴って生じた損失のうち，格別に直接的，個別的な損失に対する補償を認めるにとどまり，その余の前述のような地域住民等が一般的に受ける不利益等は，健全な市街地の造成を図り，もって公共の福祉の増進に資することを目的とする土地区画整理事業の理念に照らし，これを甘受すべきものとしていると考えられる」との説示に続くものであるが，これは，土地区画整理事業に伴う一般的不利益は周辺地域住民等が無補償で受忍すべきであるとの考え方を基礎としたものである．土地区画整理事業には原則として補償は不要である，との考え方に強く傾斜しているのではないかと思われる．

●3 補償の内容・補償の時期

1 補償の内容

1 通常生ずべき損失 補償の内容（範囲）は，「通常生ずべき損失」（通損）の補償である．建築物等の移転・除却と相当因果関係にある損失が補償対象となる．建築物等の移転料は，従前地と仮換地との形状，距離，高低等の条件，建築物等の構造，規模，建築後の経過年数等から個別的に検討し，定められた工法に従って従前地から仮換地に移転する費用が算定される（伊東ほか・前掲54頁参照）．

「通常生ずべき損失」の補償については，「総論」の第7章「付随的損失の補償」で一般的に考察し（前述196頁以下），また，収用法88条の解説の箇所（332頁以下）でも考察した．そこで述べたことが，ほぼそのまま当てはまる．

2 具体的内容 施行者が移転・除却した場合には，移転については，移転の開始から終了までの建築物等の所有者の宿泊料，営業休止の損失等が通常生ずべき損失となる．除却については，除却物件の時価相当額，除却を直接の原因として生じた除却物件に関する私法上の権利関係の変動による損失（例えば，建物の賃貸借契約の消滅または解除により借家人が受けた損失）等が通常生ずべき損失となる．

また，建築物等の所有者が自ら移転・除却した場合には，その者が支出した

移転・除却に要した費用が通常生ずべき損失となり，上記の施行者が移転・除却した場合とほぼ同様である．所有者が，建築物等を除却した後に，新しい建築物等を取得（建築または買取り）した場合には，取得する建物その他の工作物については，除却した建物その他の工作物の推定再建費を，取得時までの経過年数および維持保存の状況に応じて減価した額が通常生ずべき損失となる（都市整備研究会編・前掲103頁以下，渡部＝相澤・前掲203頁，伊東ほか・前掲54頁以下，大場民男『条解・判例土地区画整理法』415頁（日本加除出版，2014年．以下，「大場・条解」という）等参照）．

3 用対連基準　この点については，用対連基準16条が参考となる．同基準が参考にされるべきことについて，盛岡地判平成24・2・10（判例自治368号71頁）は，建築物等の移転に伴う当事者間の補償契約の有効性が争われた事案において，「補償額の積算も『公共用地の取得に伴う損失補償基準』〔用対連基準，筆者注〕や『補償金算定標準書』等に則って行われたものであるから，こうした被告の対応は不当なものとはいえない」「本件補償契約は，上記1における認定事実のとおりの経過により，『公共用地の取得に伴う損失補償基準』や『補償金算定標準書』等によって算出された被告の提示額をもとに締結されたものであって，有効なものというべきであ〔る〕」と判示している．

2 補償の時期

補償金の支払い時期は，移転・除却が終了した時点である（事後補償）．しかし，実務においては，移転・除却の通知・照会がなされたときは，そのときから補償の請求ができ，任意協議，承諾というケースをとる扱いがなされているようである（都市整備研究会編・前掲100頁，伊東ほか・前掲65頁，渡部＝相澤・前掲203頁，大場民男『土地区画整理―その理論と実際』191頁（新日本法規出版，1995年）等参照）．

後述するように，補償について当事者の協議が成立しない場合は，収用委員会に裁決の申請をすることができ，この裁決に不服である場合は，さらに裁判所に訴えを提起することができる．この場合には，施行者は，裁決で示された補償金を供託しておくことになる（伊東ほか・前掲65頁参照）．

●4 補償の権利者・義務者

補償の権利者は，施行者が移転・除却した場合は，建築物等の所有者や借家

人等である．所有者が自ら移転・除却した場合でも，その所有者や借家人等が補償権利者となる．

補償義務者は，施行者である．施行者が国土交通大臣である場合は，国である．建築物等の所有者が自ら移転・除却し，その結果その者が損失を受けた場合でも，損失は土地区画整理事業の施行により発生したものであるから，施行者が補償義務者となる（渡部＝相澤・前掲 206 頁参照）．

●5 補償の手続・訴えの提起

1 補償の手続

1 当事者間の協議　補償の手続については，73 条 2 項から 4 項までの規定が準用される．したがって，まず，損失を与えた者（施行者）と損失を受けた者（建築物等の所有者等）とが協議しなければならない．協議の対象事項は，損失の発生の有無，因果関係，補償額，補償方法，補償の時期等である．協議が成立したときは，当事者間で私法上の補償契約が締結されたことになり，一般の民事契約の法理に従って処理されることになる．これらのことは，これまで述べてきたのとほぼ同様である．

前述のように，本条の補償は事後補償である．したがって，施行者が直接施行を行う前に補償協議を行っていて不成立の場合でも，直接施行によって生じた損失については，改めて協議を行う必要がある（都市整備研究会編・前掲 101 頁，伊東ほか・前掲 64 頁参照）．

2 収用委員会の裁決

(1) **裁決の申請**　協議が成立しないときは，当事者はいずれからでも，政令で定めるところにより，収用法 94 条 2 項の規定により収用委員会に裁決の申請をすることができる（詳細については，収用法 94 条の解説を参照していただきたい．前述 404 頁）．ただ，この補償は事後補償であるから，移転・除却の工事着工前には，裁決申請をすることができない（伊東ほか・前掲 64 頁参照）．

(2) **「協議が成立しない場合」の意味**　裁判例をみると，東京高判平成 5・10・18（判例自治 124 号 58 頁）は，「協議が成立しない場合」の意味について，「『協議が成立しない場合』とは，協議をしたが成立しなかった場合のほか，協議の申入れに対して相手方が協議自体に応じない場合も含まれるというべきである」と判示している．

また，協議が成立しない場合に当たらないとして，収用委員会の行った補償

裁決が取り消された事例がある．前掲盛岡地判平成 24・2・10 は，当事者間の協議に基づく本件補償契約は有効であるとして，「建築物等の移転等に伴う損失補償に関し，岩手県収用委員会に対して行う裁決の申請は，被告と原告らとの間の協議が成立しない場合にすることができるものである．そうすると，被告と原告らとの間で締結された本件補償契約が有効なものであれば，岩手県収用委員会は，裁決をもって損失補償額を定めることはできず，その申請を却下すべきものである．したがって，岩手県収用委員会が原告らのためにした平成 22 年 3 月 19 日付け損失補償裁決は，却下すべき申請について損失補償額を定めたものといわざるを得ないから，その損失補償額が正当なものか否かを問わず，取消を免れないものである」と判示している．

2 訴えの提起

1 裁決前置主義
次に述べるように，収用委員会の裁決に不服があるときは，最終的に裁判所の判断を求めることができると解すべきであるが，その場合でも，あらかじめ収用委員会の裁決を経ていなければならない．これを裁決前置主義という．裁決を経ないでなされた訴えは，不適法として却下される．

裁判例をみると，松山地判昭和 35・10・28（行集 11 巻 10 号 2974 頁）は，「原告が本訴において今治市土地区画整理事業の施行により移転すべき建築物等の占有者として土地区画整理法第 78 条に基き右移転により生ずる損失補償金を請求するものであることはその主張から明らかであるところ土地区画整理法は第 78 条第 1 項に定める損失補償に関する訴訟手続については別段の規定をおいていないが，同法第 78 条第 3 項において同法第 73 条第 2 項から第 4 項までの規定を準用し，損失補償については当事者で協議しなければならないとされ，協議が成立しない場合は土地収用法第 94 条第 2 項の規定による収用委員会の裁決を申請することができると定められ，其の裁決に不服ある者は同条第 9 項により一定の期間内に裁判所に提訴しなければならないとされている趣旨から考えると，土地区画整理法は第 78 条第 1 項の損失補償については，協議が成立しないからといっていきなり裁判所に出訴することを認めるものではなく，右の行政手続を経た後であることを要するものと解するのが相当である」として，訴えを不適法として却下している．

同趣旨のものとして，上記松山地判の控訴審の高松高判昭和 37・7・23（行集 13 巻 7 号 1342 頁），長崎地判昭和 58・12・16（訟月 30 巻 6 号 934 頁），浦和

地判平成2・7・13（判例自治83号82頁），その控訴審の東京高判平成5・10・18（判例自治124号58頁），東京地判平成5・2・26（判時1463号48頁），などがある．

ただ，考え方は同じであるにしても，上記裁判例の中には，不適法として却下しているものと請求を棄却しているものとの区別がある．これは，単に訴訟での請求の仕方，それに対する裁判所の対応の仕方等によるのではないかとも思われるが，前掲東京地判平成5・2・26は，「本件訴訟が，右の裁決を経ることなく提起され，土地収用法133条に定める訴えではないからといって，これが被告の主張するように不適法であると解することはできない」と説示して，本案の問題として処理している（裁判例の動向については，大場・条解417頁参照）．

2 訴えの提起の根拠規定

(1) 収用法上の規定　　収用委員会の裁決に不服がある場合に，裁判所に訴えを提起することができるか否かについては，本条には別段の定めは置かれていない．収用法94条2項に基づく収用委員会への裁決申請を定めているだけである．法律上の争訟である以上，最終的には裁判所の判断を求めることができるものと解すべきであるが，その法的根拠は必ずしも明確とはいえない．収用法133条が適用されるものと解すべきであるが，同法94条9項は，出訴期間について同法133条2項の特例を定めている．そこで，同法94条2項に基づく収用委員会への裁決申請を認めている場合に，その裁決に不服がある者の訴えの提起についても同条9項が準用されるか否かが問題となる．このことは，本条に関してだけではなく，94条2項に基づく収用委員会への裁決申請を定めている他の諸法律の条項（都市計画法28条3項，都市公園法28条3項，河川法22条5項，海岸法12条の2第3項，道路法69条3項等）についても，同じように問題となるところである．

この問題点については，収用法94条2項の規定による収用委員会への裁決申請を認めている以上は，同条9項の規定も準用されるとの見解が多数説である（高田・収用法494頁，村上敬一「損失補償関係訴訟の諸問題」新・実務民訴講座⑩139〜140頁，原・公物営造物法311頁，下出義明『換地処分の研究〔初版〕』109頁（酒井書店，1965年），小澤・収用法下404頁，同「損失補償の手続と救済手続（2）」自治研究64巻7号66〜67頁（1988年），大場・条解419頁等．都市整備研究会編・前掲101頁，伊東ほか・前掲64頁は，このことを当然視している）．都市

再開発法85条3項のような規定が置かれていないことをあわせ考えれば, 94条9項の規定が準用されるものと解すべきであろう.

　因みに, 大深度地下の公共的使用に関する特別措置法32条（事業区域の明渡しに伴う損失の補償）は, 2項において,「前項の規定による損失の補償は, 認可事業者と損失を受けた者とが協議して定めなければならない.」と規定し, 4項において,「第2項による協議が成立しないときは, 土地収用法第94条第2項から第12項までの規定を準用する.」と規定した上で, 5項において,「土地収用法第94条第9項の規定による訴え……の提起は, 事業の進行及び事業区域の使用を停止しない.」と明定している.

　(2)　**裁判例**　裁判例をみると, これが争点となった訴訟において, 長崎地判昭和33・6・23（行集9巻8号1638頁）は,「原告は, 土地区画整理法第73条第3項は土地収用法第94条第2項の規定による裁決申請を認めてはいるが, 第9項をも適用するとは言っていない. 第2項の適用があるからといってこれに付随する第3項以下の規定までも当然適用されるものではないと主張する. ／しかしながら, 土地収用法第94条は, 損失補償について, 起業者と損失を受けた者との協議が整わない場合の裁決申請の手続及びこの申請によって開始される収用委員会の裁決手続並びにこの裁決に対する不服申立の方法等に関する規定であって, 各項の規定はその規定の順序及び内容等から判断して, すべて一連の規定であることは疑いない. ／であるから, 当該土地収用法の規定によってなされる場合は勿論, 他の法律の規定によって準用される場合でも, 苟も同条第2項の規定にもとづく裁決申請がなされた以上, 爾後の裁決手続及びその効果等はすべて同条各項一連の規定によって律せられるものと言わねばならない. このことは, 例えば土地区画整理法が, それ自身の中に裁決手続に関する何等の規定を設けていないことに照らし明らかである」と判示している（同趣旨のものとして, 前掲松山地判昭和35・10・28, 前掲長崎地判昭和58・12・16, 前掲東京地判平成5・2・26等）.

　この裁判例によれば, 収用委員会の裁決に不服のある者は, 収用法94条9項の規定により, 裁決書の正本の送達を受けた日から60日以内に, 施行者（施行者が国土交通大臣である場合は国）を被告にして, 損失があった土地の所在地の裁判所（地方裁判所）に対して訴えを提起することができる. これは, 行訴法4条前段の形式的当事者訴訟の類型に当たる.

第3章　都市計画法関係

第4款　仮換地の指定等に伴う損失の補償

（仮換地の指定等に伴う補償）
第101条
① 従前の宅地の所有者及びその宅地について地上権，永小作権，賃借権その他の宅地を使用し，又は収益することができる権利を有する者が，第99条第2項の規定によりその仮換地について使用又は収益を開始することができる日を別に定められたため，従前の宅地について使用し，又は収益することができなくなつたことにより損失を受けた場合においては，施行者は，その損失を受けた者に対して，通常生ずべき損失を補償しなければならない．
② 仮換地の所有者及びその仮換地について地上権，永小作権，賃借権その他の土地を使用し，又は収益することができる権利を有する者が，第99条第3項の規定によりその仮換地を使用し，又は収益することができなくなつたことに因り損失を受けた場合においては，施行者は，その損失を受けた者に対して，通常生ずべき損失を補償しなければならない．
③ 従前の宅地の所有者及びその宅地について地上権，永小作権，賃借権その他の宅地を使用し，又は収益することができる権利を有する者が，第100条第2項の規定によりその従前の宅地を使用し，又は収益することができなくなつたことに因り損失を受けた場合においては，施行者は，その損失を受けた者に対して，通常生ずべき損失を補償しなければならない．
④ 第73条第2項及び第3項の規定は，前各項の規定による損失の補償について準用する．
⑤ 略

●1　本条の趣旨と要点

1　本条の趣旨

1　1項の趣旨　従前の宅地所有者およびその宅地について地上権等の使用収益権を有する者は，通常は，従前の宅地か仮換地のいずれかの土地を使用収益することができるはずである．ところが，仮換地の指定を受けて従前の宅地を使用収益することができなくなったにもかかわらず，その仮換地上に使用収益の障害となる物件が存するときその他特別の事情があるときは，その仮換

534

地ついて使用収益を開始することができる日を仮換地指定の効力発生の日とは別に定められ，その開始日が未だ至らないために，これによって権利者が損失を受けることが予想される．本条1項は，このような場合の損失補償について定めたものである（大場・条解557頁，土地区画整理法制研究会編著・逐条解説395〜396頁参照）．

宇都宮地判平成7・5・31（行集46巻4=5号578頁）は，本条の趣旨について，「仮換地指定処分により従前地の使用収益権を剥奪するとともに従前地に対応する仮換地についても別に使用収益開始日を定めるとされた後，右開始日を定めないで仮換地についての使用収益権を与えないことは，一時的にではあれ，権利を一方的に剥奪することになるから，かかる場合は特定の権利者に課される特別の犠牲と解され，法101条により補償を要するものとされている」と説示している．

2　2項の趣旨　　また，仮換地の指定があった場合に，その仮換地となった土地を従前使用収益していた者は，99条3項の規定により，その仮換地の指定の効力発生の日から，その仮換地となった土地を使用収益することができなくなるが，未だ自己に対して仮換地の指定がない場合には，これによって損失を受けることが予想される．本条2項は，このような場合の損失補償について定めたものである（大場・条解558頁，土地区画整理法制研究会編著・逐条解説391頁，五十嵐・登記手続29頁等参照）．

3　3項の趣旨　　さらに，従前の宅地の所有者およびその他の使用・収益権者が，100条2項の規定（換地不交付の場合の使用・収益の停止）により，従前の宅地を使用・収益ができなくなり，損失を被ることが予想される．本条3項は，このような場合の損失補償について定めたものである．ただ，換地不交付による使用収益停止の場合には，仮清算（102条）がなされることが多く，このときはその仮清算の範囲内で損失は減ずるものと解されている（土地区画整理法制研究会編著・逐条解説391頁，大場・条解559頁参照）．

4　4項の趣旨　　本条4項は，補償の手続について，73条2項（当事者の協議），3項（収用委員会への裁決申請）の準用を定めたものである．

2　本条の要点

本条の要点は，補償の要否，補償の内容（範囲），補償の権利者・義務者，補償の手続，訴えの提起等である．補償の手続については，73条2項・3項が

準用されているが，この点については，同条項の解説と同じであるので，ここでは繰り返さないことにする．

●2　補償の要否

1　概　説

補償が必要となるのは，本条各号によって異なるが，その点については，「本条の趣旨」の箇所で簡単に説明した．明文の規定があるわけではないが，受忍限度を超える損失が生じていることが必要である．

ただ，注意しなければならないのは，「損失を受けた場合において」となっていることである．この点については，「従前の使用収益を現実にできない場合で，かつ，仮換地の使用収益も現実にできないときに，法101条の損失補償請求権が発生する」と説かれている（大場「仮換地指定に伴う土地区画整理法101条の損失補償請求」判例自治401号109頁（2016年））．

2　判例の動向とその検討

1　補償肯定例　次のような裁判例がある．事案は，土地区画整理事業において，施行者が原告所有の従前地について仮換地の指定をしたが，使用収益開始日については別に定める旨の本件処分をしたまま，10年以上にわたり使用開始日を指定せず，従前地，仮換地の双方とも使用収益ができない状態が10年以上継続しているため，本条1項に基づき，その期間の賃料相当額の補償を求めたというものである．この訴訟において，被告（足利市）は，「公用制限を定める特別法には『通常生ずべき損失』を補償する旨の規定が置かれることが多いが，このような場合，いわゆる実損補填説がとられ，土地所有者が現実に受ける積極的な損失のみが通常損害になると解されており，将来の期待利益の喪失は含まないとされている．すなわち，当該公用制限により従前から現に行っていた土地利用が妨げられたために受けた損失だけが補償の対象となるのであって，法101条の補償もこれと同様に解されるべきものである」として，101条1項の損失補償は不要であると主張していた．

前掲宇都宮地判平成7・5・31は，次のように判示している．「本件従前地は，本件処分がなされた昭和49年当時，実際に使用収益されていなかったことが認められるが，かかる場合であっても従前地の所有者は，何時でもこれを使用収益し得た，すなわち，使用収益可能な状態にあったのであり，本件処分によ

り使用収益可能な状態から使用収益不能な状態になったことには変わりがないのであるから，従前地を実際に使用収益していなかった者に対しても補償を要するものと解するのが相当である」と判示している．そして，その上で，同判決は，補償の内容について，次のように述べている．「右の使用収益権が剝奪された場合の補償額は，当該従前地の地代又は借賃相当額（以下「相当額」という．）と解すべきであるが，当該地代相当額について，原告主張のように一般的制限の課されていない土地の地代相当額と同様に解することは，仮換地指定と同時に仮換地を使用収益できる者であっても，土地区画整理事業遂行のために使用収益権に対する一般的制限が課されていることと対比して権衡を失し，不合理であるから，地代相当額の算定に当たっても，当該従前地が土地区画整理事業の開始により課される一般的制限（建築制限等）によって，そもそも使用収益が制約されている土地であることを当然に考慮すべきである．……土地区画整理事業においては，一般公共事業と異なり，土地所有者も受益者として事業施行に伴う不利益について一定限度において受忍すべき義務があるため，借賃相当額を定めるに際しても，完全自由市場において成立する新規の正常地代又は借賃相当額を補償額とすることはできず，仮換地指定と同時に仮換地を使用収益できた場合の価格を前提として算定すべきことは前判示のとおりであるところ……，右によれば，新規賃料を基に借賃相当額を算定するすることはできないといわざるを得ない．」「本件における損失補償は，前記のとおり，土地区画整理事業の開始によって課される一般的制限によって，本来使用収益が制約されている土地を対象とするものであることを前提として，以上の損失補償の額をめぐる諸事情を総合考慮すれば，補償額は本件の全期間を通じて推定正常価格の年2パーセントとするのが相当である．」

2　補償否定例　次のような裁判例がある．事案は，土地区画整理事業の区域内に存する土地につき共有持分を有する原告が，同土地の使用収益ができなくなる日と，その仮換地を使用収益することができる日を別に定められたことにより，従前地および仮換地ともに使用収益することができない期間が生じたことにより損失が生じたとして，この損失の補償額について，原告を含めた共有者は，本件従前地で駐輪場やコインパーキングを営むつもりであったからこれを前提として補償額を算定すべきであると主張して，本条1項に基づいて損失補償額の増額等を求めたというものである．

東京地判平成24・1・27（判例集未登載）は，次のように判示している．「原

告からの裁決の申請を受けた参加行政庁〔東京都収用委員会，筆者注〕は，法101条1項の『通常生ずべき損失』について，……本件従前地が，使用収益を停止された時点で未利用地であり，駐輪場等として使用された実態がないことから，独自の利用目的の対価としての土地使用料ではなく，個別的な事情を考慮しない標準的な価格としての地代補償額を算出したことが認められる．……参加行政庁が，これらの〔1〕ないし〔3〕の鑑定〔不動産鑑定士3名による鑑定，筆者注〕の過程等に不合理な点が見られないことから，これらの鑑定結果の平均値である月額11万9700円をもって本件従前地の新規正常実質賃料と認定したことは合理的であり相当である．……本件従前地の使用収益が停止された時点において，およそ駐輪場あるいはコインパーキングなどとして利用されていた実態がなく，未利用地の状態であったのであるから，法101条1項にいう『通常生ずべき損失』として，このような何ら実現していない営業による利益を前提として補償を求めることはできないと言うべきである．」

3　裁判例の検討　補償肯定例の裁判例も否定の裁判例も，事案が異なるために結論が異なっているだけであり，考え方自体が異なっているというわけではない．肯定の裁判例も，補償の内容については制限的に解している．否定の裁判例も，期待利益を一般的に否定するものではないであろう．

●3　補償の内容

ここでも，補償の内容（範囲）は，「通常生ずべき損失」（通損）の補償である．従前の宅地を使用収益できなくなったことと相当因果関係がある損失が補償対象となる．「従前の宅地について使用し，又は収益することができなくなったことにより」被った損失となっているので，通常は従前地の地代相当額であると解されている（渡部＝相澤・前掲178頁参照）．また，行政実務担当者の編集した文献においては，「これは，このような事態に立ち至らなければ必要としなかったであろう臨時的な出費及び従前の宅地をそのまま使用収益していたならば得たであろう利益について，通常の相当因果関係の認められる損失の範囲に限って補償すべきであるとする趣旨である」と説かれている（土地区画整理法制研究会編・逐条解説396頁）．

本条1項の「通常生ずべき損失」の意味について，前掲東京地判平成24・1・27は，次のように説示している（なお，上記の裁判例も参照）．「ここにいう『通常生ずべき損失』とは，従前の宅地について使用又は収益することができ

なくなったことによって通常生じる損失，すなわち，仮換地も従前の宅地もいずれも使用又は収益ができないという事態が生じた場合に，その間に，従前の宅地をそのまま使用又は収益することができなくなったことにより通常生じる損失をいうと解される．」

4 　補償の権利者・義務者

　補償権利者は，従前の宅地の所有者等で従前の宅地について使用・収益ができなくなったことにより損失を受けた者である．補償義務者は，土地区画整理事業の施行者である．

5 　補償の手続・訴えの提起

　補償の手続については，73条2項および3項の規定が準用される．73条2項・3項については第2款で述べたので，そちらを参照していただきたい．訴えの提起についても同様である．

第5款　減価補償金・清算金

（減価補償金）
第109条
① 　第3条第4項若しくは第5項，第3条の2又は第3条の3の規定による施行者は，土地区画整理事業の施行により，土地区画整理事業の施行後の宅地の価額の総額が土地区画整理事業の施行前の宅地の価額の総額より減少した場合においては，その差額に相当する金額を，その公告があつた日における従前の宅地の所有者及びその宅地について地上権，永小作権，賃借権その他の宅地を使用し，又は収益することができる権利を有する者に対して，政令で定める基準に従い，減価補償金として交付しなければならない．
② 　施行者は，前項の規定による減価補償金を交付しようとする場合においては，各権利者別の交付額について，土地区画整理審議会の意見を聴かなければならない．

(清算金)
第94条
　換地又は換地について権利（処分の制限を含み，所有権及び地役権を含まない．以下この条において同じ．）の目的となるべき宅地若しくはその部分を定め，又は定めない場合において，不均衡が生ずると認められるときは，従前の宅地又はその宅地について存する権利の目的である宅地若しくはその部分及び換地若しくは換地について定める権利の目的となるべき宅地若しくはその部分又は第89条の4若しくは第91条第3項の規定により共有となるべきものとして定める土地の位置，地積，土質，水利，利用状況，環境等を総合的に考慮して，金銭により清算するものとし，換地計画においてその額を定めなければならない．この場合において，前条第1項，第2項，第4項又は第5項の規定により建築物の一部及びその建築物の存する土地の共有持分を与えるように定める宅地又は借地権については，当該建築物の一部及びその建築物の存する土地の位置，面積，利用状況，環境等をも考慮しなければならないものとする．

(清算金の徴収及び交付)
第110条
　①　施行者は，第103条第4項の公告があつた場合においては，第104条第8項の規定により確定した清算金を徴収し，又は交付しなければならない．この場合において，確定した清算金の額と第102条第1項の規定により徴収し，又は交付した仮清算金の額との間に差額があるときは，施行者は，その差額に相当する金額を徴収し，又は交付しなければならない．
　②　前項の規定により徴収し，又は交付すべき清算金は，政令で定めるところにより，利子を付して，分割徴収し，又は分割交付することができる．
　③～⑧　略

● 1　各条の趣旨と要点

1　109条の趣旨と要点

　1　本条の趣旨　土地区画整理事業施行後においては，原則として宅地の利用価値が増進し，宅地の価額は上昇するのであるが，公共施設の整備改善も併せて行われるので，これらの施設に充てる用地が多くなると，宅地の絶対量が減ってしまい，そのため施行地区全体としての宅地の価額の総額が事業施行

前に比べて減少することがある．この場合には，施行前後の宅地の価額の総額の差額に相当する金額分は，その施行地区全体の権利者にとって，事業の施行によって被った損失ということになる．本条は，このような場合に，土地区画整理事業の施行前の宅地の価額の総額と施行後の宅地の価額の総額の差額に相当する金額を，従前の宅地の所有者およびその宅地について地上権，永小作権等の使用収益権を有する者に対して，減価補償金として補償することを定めたものである（渡部＝相澤・前掲239頁，伊東ほか・前掲222頁等参照）．

2　本条の要点　本条の要点は，減価補償金の性質，減価補償金と清算金の関係・異同，減価補償金の算定方法・算定基準時等である．次に述べる清算金とは異なり，それほど判例・学説上の対立は見当たらない．

2 94条・110条の趣旨と要点

1　各条の趣旨　89条1項に「換地照応の原則」が定められていても，換地計画はごく限られた条件の中で作成されるため，従前の宅地と全く同一条件の換地を定めることは技術的に不可能である．ある程度の不均衡が生ずることはやむをえない．そこで，94条は，換地を定めた場合（換地を定めない場合も含む）において，不均衡が生ずると認められるときは，従前の宅地および換地の位置，地積，土質，水利，利用状況，環境等を総合的に考慮して，その不均衡を金銭で清算することを定めている（伊東ほか・前掲203頁，土地区画整理法制研究会編・逐条解説371頁，大場『縦横土地区画整理法下〔新版〕』247頁（一粒社，2000年．以下，「大場・縦横下」という）参照）．

110条1項は，94条の規定により換地計画において定められた清算金が103条4項の公告があった日の翌日において確定する（104条8項）ことを踏まえて，施行者は，この清算金を徴収し，または交付しなければならないことを，2項はその分割徴収・分割交付を，3項以下は徴収清算金の滞納者に対する督促の手続等を定めたものである．

2　各条の要点　各条の要点は，清算金の性質，清算金と減価補償金の関係・異同，清算金の算定方法・算定基準時等である．減価補償金とは異なり，清算金の性質，算定方法等については，判例・学説上，論争されている点が少なくない．

●2 減価補償金・清算金の性質

1 減価補償金の性質

1 学説の動向 減価補償金の性質が損失補償であることについては，学説上異論がない．文献においては，「土地区画整理事業の施行後の宅地の価額の総額が施行前の宅地の価額の総額より減少する場合は，宅地の所有者または使用収益権者に損失を与えるため，補償をしなければならない．その意味で，減価補償金が交付される土地区画整理事業は，宅地の一部を収用する事業と交換分合を行う事業とが合体したものということができ，この場合の法〔土地区画整理法，筆者注〕は，憲法29条2項および3項に関する法律であり，また，減価補償金は憲法29条3項の『正当な補償』金（損失補償金）である」と説かれている（渡部＝相澤・前掲242頁．同旨，伊東ほか・前掲222頁）．また，「この減価補償金の交付は，土地区画整理事業自体は適法なものであって，損害賠償ではなく，損失補償の性格を有するものである．そして，その交付請求権は公法上の権利である」と説くもの（大場・縦横下266頁）もある．

2 判例の動向 判例も減価補償金の性質を損失補償であると解している．例えば，名古屋高判昭和40・12・20（判時444号73頁）は，「土地区画整理法にいう減価補償金というのは，土地区画整理事業において市街地における道路公園等の公共施設が新設拡張される結果整理後の宅地の総地積が整理前のそれに比し相当減少し，そのため整理後の単位当りの宅地価額が上昇するにかかわらず，宅地全体の総価額において減少する場合が生ずるので，かような場合には換地処分は公平になされ，あるいは各個の権利者間の不公平は前記清算金の徴収，交付によって是正されて不均衡はなくても，宅地権利者は，なお，その全員の損失において宅地および権利の総価額の減少額を無償で収用されたのと同様の結果になり，したがって，これに対しなんらの補償を与えないことは憲法第29条に違反することになるので減価補償金を交付する必要があって規定されたものである」と説示している．

また，東京高判昭和48・12・24（判時735号54頁）は，「減価補償金を交付する趣旨は，右施行者の施行による区画整理事業においては，道路，公園等の公共施設の新設若しくは著しい拡張がある結果，整理後の宅地地積が施行地区の全体において整理前にくらべて減少し，整理後の宅地単価についてみれば，従前地のそれよりも上昇する場合であっても，宅地全体の総価額において減少

をきたし，その減少額が各宅地権利者の損失に帰することがあるためその損失の補償をはかることにある」と説示している．

同趣旨のものとして，そのほか，福岡地大牟田支判昭和55・2・25（訟月26巻5号730頁），その控訴審の福岡高判昭和55・6・17（訟月26巻9号1592頁），前掲長崎地判昭和58・12・16等がある．

3　学説・判例の検討

減価補償金の性質が損失補償であることについては，学説・判例は一致している．上記の学説・判例が説くように，減価補償金は，憲法29条3項の「正当な補償」に相当するものと解することができる．

ただ，実際に減価補償金が交付される例がどのくらいあるのかということになると，その例はほとんど存在しないようである．文献においては，「減価補償金が交付される土地区画整理事業は，施行地区内の関係権利者は一様に損失を被るので，関係権利者にとっては，あまり好ましい事業とはいえない場合がある．このような場合に，減価補償金相当額で施行地区内の宅地を買収し，これを公共施設用地に充当すれば施行地区内の関係権利者は損失を被むらずにすみ，むしろ宅地の利用増進を享受することができることとなる．そのため，最近の土地区画整理事業で事業計画上減価補償金が交付される見込みのものにあっては，減価補償金相当額で宅地を先行的に買収し，これを公共施設用地に充当しており，法第109条に基づき実際に減価補償金が交付された例はほとんどない」といわれている（渡部＝相澤・前掲245頁．なお，下出編・50講214頁〔榊原明治執筆〕参照）．

2　清算金の性質

1　判例・学説の対立点

清算金の性質については，見解が分かれている．まず，清算金は，従前の宅地と換地との不均衡を是正するためのもの，すなわち「縦の関係」を是正するためのものなのか，あるいは，換地相互間の不均衡を是正するためのもの，すなわち「横の関係」を是正するためのものなのか，それとも両者の性質を有するのかという論議がある．また，「交付清算金」の性質についても，これが損失補償の性質を有するものか否かが問題となる（渡辺＝相澤・前掲247頁以下，大場・縦横下247～248頁，同・条解508～509頁等参照）．判例主導で推移してきたので，まず判例の動向を概観し，その後に学説の動向を概観することにする．

第3章　都市計画法関係

2　縦の関係か横の関係か

(1) **判例の動向**　広島地判昭和57・4・28（訟月28巻7号1483頁）は，「土地区画整理事業における清算金は，換地相互間の不均衡を是正する目的を有するもので，従前の土地と換地との不均衡を是正することを直接の目的とするものではない」と判示している．

また，前掲長崎地判昭和58・12・16は，「具体的な土地区画整理事業においては，公益上の必要及び換地設計上の技術的理由から，換地相互間に若干の不均衡が生ずることはやむを得ないところであって，その不均衡を金銭でもって是正しようとするのが清算金の制度である」と判示している．

さらに，岡山地判平成3・10・29（判例自治98号54頁）は，より明確に，「法94条は，『換地……の目的となるべき宅地もしくはその部分を定め（る）場合において，不均衡を生じると認められるときは，……金銭により清算するものとし，換地計画においてその額を定めなければならない．……』と規定するのみで，その不均衡が何と何の間に生ずる場合を考慮しているのかについては明記していないが，土地区画整理事業が宅地の利用増進を図るためのものであること，宅地の利用増進は宅地についての権利を有する者が平等に受益する権利があること，そのような権利の見返りとして事業計画決定等の公告後は建築行為等を制限されること等を考慮すると，基本的には，実際上，換地処分によって生ずることの避け難い個々の宅地相互間の利用増進の不均衡の是正，即ち換地相互間の不均衡を衡平の趣旨から是正することを目的とした制度である」と判示している．

同趣旨のものとして，横浜地判昭和41・10・20（行集17巻10号1172頁），前掲東京高判昭和48・12・24，熊本地判昭和53・1・30（行集29巻1号61頁），その控訴審の福岡高判昭和55・4・22（行集31巻4号961頁），前掲福岡地大牟田支判昭和55・2・25，その控訴審の前掲福岡高判昭和55・6・17等がある．裁判例は，ほぼ一致して，清算は換地相互間の不均衡を是正するためのもの（横の関係）であると解している．

(2) **学説の動向**　まず，換地相互間の不均衡を是正するためのもの（横の関係）であると解する立場がある．代表的な所説を挙げれば，「換地不交付についても法〔土地区画整理法，筆者注〕は清算金で処理することを予定しているところから考えると，従前の宅地と換地との不均衡を是正するのが清算金のようにも解されるが，減価補償金との関連を考慮すると換地相互間の不均衡を是

正するのが清算金である」との見解（渡部＝相澤・前掲247頁，同旨，下出編・50講198頁〔喜多村治雄執筆〕，251頁〔辰巳和男執筆〕）がある．

次に，両者の性質を併有していると解する立場がある．代表的な所説を挙げれば，「清算金について耕地整理法から土地区画整理法まで沿革的に考察してみると，当初は換地相互間の不均衡の是正をはかるものであり，それが次第に従前の宅地と換地のとの不均衡の是正をはかるものに変遷してきたのではなかろうかと考えられる．……清算金は従前の宅地と換地との不均衡の是正のためのものであると考えられよう．しかしまた一方，事業の目的の一つとして宅地の利用増進をはかるという面をもあわせ持っているので，その点から考えるならば，清算金は換地相互間の不均衡の是正をはかるという性格をも持っていると考えられる」との見解（伊東ほか・前掲203頁以下），「換地は従前の土地の位置，地積，土質，水利，利用状況，環境等に照応するように定めなければならない（法89条1項）が，具体的な土地区画整理事業においては，公益上の必要及び換地設計上の技術的理由から，『従前の土地とその換地間』又は『換地相互間』に若干の不均衡が生ずることはやむをえない．その不均衡を金銭で是正しようとするのが清算金の制度である」との見解（大場・縦横下247頁），などがある（同旨，土地区画整理法制研究会編・逐条解説371頁）．

(3) **判例・学説の検討**　このように，判例上は，清算は換地相互間の不均衡を是正するためのものであるということでほぼ一致しているが，学説上は，若干見解が対立している．減価補償金との相違を考慮すれば，換地相互間の不均衡を是正するのが清算金であると解するのが妥当であろう．ただ，そうであるからといって，清算金は損失補償の性質を有さないということに直結するわけではない．清算金が損失補償の性質を有するか否かについては，改めて検討する必要がある．

3　損失補償か否か

(1) **判例の動向**　裁判例をみると，横浜地判昭和41・10・20（行集17巻10号1172頁）は，「事業施行地区内の宅地について換地処分の結果生ずる不公平を過不足なく公平ならしめるため，施行者は過不足額を，不当に利得した者から徴収し，損失を受けた者に交付し，もって金銭で清算しようとするものが清算金の制度である．／すると清算金の徴収は実質的にみて不当利得金の徴収であり，清算金の交付は実質において損失補償金の支払であるということができる」と判示している（同趣旨のものとして，熊本地判昭和53・1・30行集29巻1

また，前掲福岡高判昭和55・4・22は，清算金制度は換地相互間の不均衡を金銭でもって是正しようとするものであるとした上で，「換地不交付となった土地や創設換地された土地，また，適正化により増換地又は強減歩を受けた土地については，換地照応の原則の適用外にあって，著しく損失を受け又は利益を得るものであり，不均衡是正という前叙の清算の特質になじまないから，実質的には損失補償金の支払又は不当利得金の徴収として処理するのが相当である」と判示している（同趣旨のものとして，青森地判昭和58・1・18訟月29巻8号1543頁）。

　さらに，前掲長崎地判昭和58・12・16は，「94条は，換地がなされる場合に限らず，換地不指定の場合（法90条，91条3項，92条3項，95条6項）にも清算金による清算を要する旨規定しているけれども，この両者の場合における清算金はその性格を異にするものというべきである。すなわち，後者の場合については，本来照応の原則が適用される余地はなく，その権利者は公共事業たる土地区画整理事業遂行のために土地を提供したような結果になるから，交付される清算金は，実質的には土地の喪失に対する損失補償としての性格を有することになるのに対して，前者の場合の清算金は，土地区画整理事業の施行による宅地の利用増進という事業効果を当該施行地区内の宅地等の権利者に配分した場合に生ずる不均衡を是正するためのものであって，損失補償としての性格を有さないものと解されるからである」と判示している。

　この点について比較的詳細に説示しているのは，前掲岡山地判平成3・10・29である。同判決は，94条の清算金の制度は個々の宅地相互間の利用増進の不均衡を衡平の趣旨から是正することを目的としたものであるとした上で，「しかし，他方において，同条は，換地不交付の場合についても清算金を交付すべきことを定めていること，法109条は減価補償金について規定するが，減価補償金は土地区画整理事業施行後の宅地の総額が同事業施行前の宅地の価額の総額よりも減少した場合に交付されるものであって，宅地の総額については増加しながら当該個々の宅地の価額が換地処分前の宅地（以下「従前地」という。）の価額よりも減少した場合については適用されないこと，そのような場合には，当該価額の減少分については，公共施設の整備改善及び宅地の利用増進という政策的公共の目的のために当該所有者の財産権が供されたものと評価できるところ，土地区画整理法には，清算金以外にこのような場合を補償する

規定がなく，清算金として支払われることを法は予定していると考えられること，などに鑑みると，換地不交付の場合及び換地の交付はあったものの，その価値が従前地の価値に充たない場合には，従前地との差に相当する部分（以下「損失部分」という．）については，清算金がこれを補償するものであり，清算金は，憲法29条3項の『正当な補償』の要請に基づく損失補償としての性格を有するというべきである．したがって，清算金には，損失補償としての性格を有するもの（損失補償部分に対応するもの．以下「損失補償的清算金」という．）と，その性格を持たず，専ら，換地相互間の不均衡是正のみの趣旨を有する清算金（従前地の価値を越える部分に相当する．以下，「衡平的補償金」という．）の二種類が認められる」と判示している．同判決によれば，衡平的補償金は，憲法29条3項の要請に基づくものではなく，土地区画整理法が換地相互間の衡平を図るために立法政策的に認めたものということである（本判決が「衡平的補償金」として，これも「補償金」と称する点については，批判的な見解がある．大場民男「判批」判例自治105号（増刊号）123頁（1992年））．

そのほか，前掲福岡高判昭和55・6・17は，清算金の制度は「損失補償の趣旨をも含むもの」であり，減価補償金の制度は「損失補償の趣旨である」と判示している．

(2) **学説の動向**　文献の中には，学説を損失補償説と不均衡是正説に分類した上で，「現在では通常の換地の清算については不均衡是正説が判例・通説となっている」と説くもの（下村郁夫『土地区画整理事業の換地制度』234頁（信山社，2001年））がある．この学説の分類方法は，おおよその動向を示すものとしてはわかりやすいものであるが，清算金のすべてが不均衡是正であると解する立場はないようであるから，必ずしも正確な分類方法であるとはいえないように思われる．

また，文献の中には，下出義明『換地処分の研究〔改訂版〕』146頁（酒井書店，1979年）を引用して，「損失補償説的な理解が一般的であろうと思われる」とした上で，「そもそも損失補償とは，当該事業によって受益した社会一般が特別の犠牲を公平の見地から補填する制度であり，権利者相互間で事業利益の分配をめぐる調整を図る制度ではない．更に法の照応原則の建前は，損失補償が問題となるような『損失』の発生をそもそも予期していない．従って概念の正確な意味における損失補償説は，現行清算金制度の理解としては成立しないと言うべきであろう」と説くもの（棟居快行「判解」街づくり・国づくり判

例百選89頁（1989年））がある．

　学説上は，清算金のうち交付清算金は損失補償であるとする見解が多数である．下出義明『換地処分の研究〔改訂版〕』147頁（酒井書店，1979年）が，清算金の交付は実質的には損失補償金の交付であり，清算金の徴収は不当利得金の徴収である，としているのがその代表的所説である．

　この点についてより詳細に場合分けをして，①換地を定めない場合において不均衡が生ずると認められるときの不均衡是正の清算金，②創設換地（95条3項）の清算金，③増換地（91条4項，92条3項），強減歩（91条5項，62条4項）の場合の清算金，などに分けて，①は損失補償であり，②は受益者負担金であり，③は，増換地については受益者負担金，強減歩については損失補償である，と説く見解（大場・縦横下248～249頁）もある．

4　判例・学説の検討

(1) **判例の検討**　判例の動向としては，表現はそれぞれ異なるが，清算金を損失補償的清算金と衡平的清算金に分けて判断しているものが多数である．清算金の性質を一律に判断するのではなく，場合分けをして性質決定しようとするものであり，妥当なものと評価することができる．

(2) **学説の検討**　先に紹介したように，「損失補償説は，現行清算金制度の理解としては成立しない」との指摘があるが，清算金の中には，前掲岡山地判平成3・10・29が判示しているように，憲法29条3項の「正当な補償」の要請に基づくものもあるのであるから，損失補償説が全く成立しないとはいえないであろう．

3　減価補償金と清算金の異同

　減価補償金と清算金との異同は，上述するところからほぼ明らかであるが，それでも不鮮明な点もないではないから，両者の異同について明示している裁判例と文献をいくつかみておくことにしよう．

1　判例にみる両者の異同

両者の異同について説示している裁判例をみると，先にも紹介したが，前掲名古屋高判昭和40・12・20は，「土地区画整理法にいう減価補償金というのは，土地区画整理事業において市街地における道路公園等の公共施設が新設拡張される結果整理後の宅地の総地積が整理前のそれに比し相当減少し，そのため整理後の単位当りの宅地価額が上昇するにかかわらず，宅地全体の総価額において減少する場合が生ずるので，かような場合

には換地処分は公平になされ，あるいは各個の権利者間の不公平は前記清算金の徴収，交付によって是正されて不均衡はなくても，宅地権利者は，なお，その全員の損失において宅地および権利の総価額の減少額を無償で収用されたのと同様の結果になり，したがって，これに対しなんらの補償を与えないことは憲法29条に違反することになるので減価補償金を交付する必要があって規定されたものである」と判示している．

次に，これもまた先に紹介したが，前掲岡山地判平成3・10・29は，「同条〔94条，筆者注〕は，換地不交付の場合についても清算金を交付すべきことを定めていること，法109条は減価補償金について規定するが，減価補償金は土地区画整理事業施行後の宅地の総額が同事業施行前の宅地の価額の総額よりも減少した場合に交付されるものであって，宅地の総額については増加しながら当該個々の宅地の価額が換地処分前の宅地（以下「従前地」という．）の価額よりも減少した場合については適用されないこと，そのような場合には，当該価額の減少分については，公共施設の整備改善及び宅地の利用増進という政策的公共の目的のために当該所有者の財産権が供されたものと評価できるところ，土地区画整理法には，清算金以外にこのような場合を補償する規定がなく，清算金として支払われることを法は予定していると考えられる」と判示している．

そのほか，同趣旨のものとして，前掲横浜地判昭和41・10・20，前掲東京高判昭和48・12・24等がある．

2 学説にみる両者の異同 両者の異同についての文献の説明をみると，「法第94条の規定による清算金のみでは，施行地区内の関係権利者全般の従前地上の権利の価格を確保することができない．清算は，関係権利者相互間の利害の不均衡の是正をなすことを目的とするものであり，宅地の総額が減少した場合には，減少した額の範囲内でしか調整できないからである．／そこで本条〔109条，筆者注〕は，国土交通大臣，地方公共団体及び機構等が施行者である場合について，減価補償金の制度を規定している」と説くもの（土地区画整理法制研究会編・逐条解説408頁），「減価補償金は，事業の施行によって施行後の宅地の総価額が施行前の宅地の総価額より減少した場合に，その差額として交付されるものであるから，事業の施行によって生じた損害を補償するものである．これに対して，清算金は個々の宅地またはそれに存する地上権とか賃借権等の使用収益権について事業の施行によって生じた不均衡の是正つまりいいかえるならば個々の権利者が受ける損害または利益の公平をはかることを目的と

するとともに，また一方権利者相互間における損害または利益の公平をもはかることを目的としているのである．それゆえに，権利者にとって，減価補償金の交付と清算金の徴収交付の両方が行われてはじめてその財産権の価値の保障がなされたといえるのである」と説くもの（伊東ほか・前掲223頁），「清算金も減価補償金も土地区画整理事業によって生ずるものであるが，清算金は，個々の宅地について，他の換地との不均衡ないし換地と従前地の価格の不均衡の是正を目的とし，これらの土地の個別比較によって算定されるのに対し，減価補償金は地区全体に生ずる損失の補償を図るものであ〔る〕」と説くもの（大場・条解602頁．同旨，下出編・50講199頁〔喜多村治雄執筆〕），などがある．

3 判例・学説の検討 判例・学説は，減価補償金は，事業の施行によって施行後の宅地の総価額が施行前の宅地の総価額より減少した場合に，その差額として交付されるものであり，清算金は，権利者相互間の利害の不均衡の是正を目的とするものである，という点で大体一致している．減価補償金と清算金の制度趣旨の相違からすれば，判例・学説の動向には賛意が表されてよいであろう．

●3 減価補償金と清算金の算定方法・算定基準時等

1 減価補償金の算定方法・算定基準時

1 算定方法 減価補償金は，施行令60条2項が定める交付基準により，事業施行前の宅地またはその宅地について存した使用収益権の価額に一律の減価率を乗じて算定される（土地区画整理法制研究会編・逐条解説409頁，伊東ほか・前掲222頁，大場・条解602頁等参照）．

2 算定基準時 必ずしも明確とはいえないが，事業施行後の宅地の価額が施行前のものより減少した場合，その旨の公告が換地処分の公告（103条4項）に合わせて行われる（109条1項，施行令60条1項）ので，その公告の時が，減価補償金の個別算定の基準時と解されている（大場・縦横下269～270頁参照）．

2 清算金の算定方法・算定基準時

1 算定方法

(1) **比例清算方式と差額清算方式** 清算金は，換地計画においてその額が定められるが，従前の宅地等の位置，地積，土質，水利，利用状況，環境等を総合的に考慮して金銭により清算される．

算定方法としては，比例清算方式と差額清算方式の二つがある．比例清算方式とは，従前の宅地の価額の総額と換地の価額の総額との比を従前の宅地の価額に乗ずるものであり，差額清算方式とは，従前の宅地の評定価格と換地の評定価格との差額を清算金額とするものである（大場・縦横下 243 頁，下村・前掲 230～231 頁参照）．

　清算金制度を「換地相互間の不均衡是正」の制度とみる立場に立てば，清算金の算定方法は比例清算方式となり，従前の宅地と換地との不均衡是正の制度とみる立場に立てば，清算金の算定方法は差額清算方式となる．権利者にとっては比例清算方式の方が有利であり，こちらの方が宅地の利用増進という土地区画整理法の目的に合致している，と解されている（渡部＝相澤・前掲 248～249 頁参照）．

　(2) 判例の動向　　前掲横浜地判昭和 41・10・20 は，横浜市の土地区画整理事業宅地評価要綱には清算は比例清算方式によることが定められており，被告はこれに従ってこの方式を採用したものであるとした上で，「被告が本件清算金の算出に用いた比例清算方式は要するに，換地処分後の宅地全体の価格の従前の宅地全体の価格に対する割合を求め，右割合を従前の宅地各筆に乗ずることにより，従前の宅地各筆に対し最も公平に与えられるべき換地各筆の価格を算出するという方式であることは明らかであり，従って被告が右方式を用いたこと自体は，前記のように宅地の評価を前提として清算金の算出に当り当然なすべきことであるから適正であるというべく，この点につき何ら違法はない」と判示している．また，青森地判昭和 58・1・18（訟月 29 巻 8 号 1543 頁）も，「本件清算金が不均衡是正調整金としての性質を有するものとすれば，その算定にあたってはいわゆる比例清算方式を採用するのが相当である」と判示している．

2　算出方法

(1) 達観式評価法と路線価式評価法　　清算金の算定に当たっては，いずれにしても宅地の評価が基礎となる．土地区画整理事業の宅地評価方法には，達観式評価法と路線価式評価法がある（下出・前掲（『換地処分の研究〔初版〕』）178 頁以下参照）．達観式評価法とは，鑑定する者の多年の経験や知識を基にして，宅地の実際の状況をみてその価格を評価する方法である．これに対して，路線価式評価法とは，「宅地の価格を求めるにあたって，まず街路に面した標準的な宅地の価格，すなわち路線価を想定し，これを各街路に沿って布設し，次に

具体的な宅地につき標準的な宅地と異った個別的属性に応じてこの路線価を修正することにより，その価格を求めようとするものであり，宅地としての利用価値を街路，接近，宅地の三係数に分解し，それぞれごとに各条件を客観的数値表により計算する方法」である（前掲福岡高判昭和55・4・22）．

(2) **判例・学説の動向**

(i) **判例の動向** 前掲横浜地判昭和41・10・20は，「〔路線価式評価法は〕路線価の定め方及び画地の特殊性に基づく修正方法が適正になされるなら，最も理論的科学的な評価方法であると認めることができる」と判示している．また，前掲福岡高判昭和55・4・22は，「路線価式土地評価方法は，土地区画整理事業施行地区内における各宅地の相対的価格差及びそれらの宅地の右事業前後の相対的価格差を，各宅地の有している条件あるいは将来有することになる条件と関連づけて，統一的かつ合理的に秩序立てて把握せんとする方法で，その科学性は広く認められていて，固定資産，相続財産の評価等にも採用されており，……土地区画整理における清算金の算定のための土地の評価について右の方式によることは，土地区画整理法94条の趣旨にかなう合理的な方法というべきである」と判示している（一審の熊本地判昭和53・1・30行集29巻1号61頁も同趣旨）．さらに，前掲広島地判昭和57・4・28は，「被告が採用した路線価式評価法は，本件事業のように広汎な面積について迅速かつ公平な土地の評価を行うのに適した方式であり，右路線価の算定につき合理性が保障される限り，それは科学的合理的な土地評価方法の一つであると考えられる」と判示している．

そのほか，同趣旨のものとして，前掲青森地判昭和58・1・18，前掲長崎地判昭和58・12・16等があり，最近のものとして大阪地判平成22・1・21（判例自治338号68頁）がある．

(ii) **学説の動向** 学説は，この点について論じているものは極めて少ない．達観式評価法は，事業施行地区内の多数の宅地について評価するのに多くの鑑定専門家と長期間を必要とすることから，あまり適切な方法とはいえないと説き，また，路線価式評価法に批判的というほどではないが，ややこれと視点を異にする立場に立って，「施行地区内の大部分の宅地は，たとえ事業の施行によって利用増進がはかられ土地価格が上昇したとしても，土地を売却するということはなく，居住用としての土地利用であり，いわゆる生存権としての土地所有形態であるから，評価にあたっても生存権としての土地利用による収益ま

たは使用価値という点に着目して行なうべきではないかと思う」と説くもの（伊東ほか・前掲207〜208頁）がある．

(iii) **算出方法についての施行者の裁量**　なお，付言すれば，清算金の算出については，施行者の裁量を認めている裁判例が少なくない．例えば，前掲大阪地判平成22・1・21は，「換地評価・清算金算定の方法に社会通念上不合理な点はなく，裁量権の範囲内のもので適法である」と判示している．また，名古屋地判平成25・9・26（判例自治389号56頁）は，より詳細に，「土地区画整理法上，土地区画整理事業の施行者が定めるべき土地評価基準の内容について具体的な定めは置かれておらず，これを施行者の合理的な裁量に委ねているものと考えられるから，土地評価基準の内容が当該事業の内容等に照らして社会通念上不合理なものでなく，それに従って清算金の算定が行われている限りは，裁量権の範囲内のものとして違法の問題は生じないというべきである」と判示している．

3　算定基準時

(1) **判例の動向**　裁判例をみると，鹿児島地判昭和44・4・7（訟月15巻5号552頁）は，清算金の支払いは実質的に損失補償にほかならないと解した上で，換地不指定の場合の清算金について，「本件の場合，換地は全く交付されなかったのであるから，特段の定めがない以上清算金額は，換地不指定が決定された時点（所有権を喪失した時点）において，本件土地を区画整理前の状態において算定した客観的な取引価格に一致するものでなければならない」と判示している．

また，前掲広島地判昭和57・4・28は，清算金は換地相互間の不均衡を是正するものであると解した上で，「清算金算定の基礎となる右各評価額は，多数の権利者に対する取扱いを最も公平かつ合理的に行うためには，土地区画整理事業の施行に伴って生じた宅地の利用価値の増進の度合いの不均衡が明確となった時期を基準として算定される必要がある．即ち，土地区画整理事業の概成時においてはほぼ各仮換地について利用増進の度合が顕現化し，その後は時の経過とともに土地区画整理事業以外の要因によって各宅地の利用状況も変わり，評価の要素も変わってくると考えられるので，評価から土地区画整理事業以外の要因を排除する意味において，右概成時をもって清算金算定の基準時とすることがむしろ合理的である」と判示している（同趣旨，前掲青森地判昭和58・1・18）．

第 **3** 章　都市計画法関係

　さらに，前掲岡山地判平成 3・10・29 は，清算金を衡平的補償金と損失補償的清算金に分けた上で，衡平的補償金については，「〔これは〕憲法 29 条 3 項の要請に基づくものではなく，土地区画整理法が換地相互間の衡平を図るために立法政策的に認めたものと解すべきである．したがって，同法の目的の実現と右政策目的との兼合いを考慮のうえ，合理性の認められる時点を基準時と解することが許されるというべきである．／この見地から検討すると，被告の主張するように，土地区画整理事業の施行地区内においては，工事概成時には大部分の仮換地について使用収益が開始されており，将来の換地としての利用価値の増進度が充分に予見されること（いわば，換地相互間の利用増進が顕在化したといえる．），時の経過とともに土地区画整理事業以外の要因により土地の利用状況も変動するため，これを極力排除して土地を評価する必要があることなどが認められ，これらの事情に着目して，指数単価の評価に当たっても工事概成時を基準とすることは，合理性を肯定できるというべきである」とし，損失補償的清算金については，「損失部分については，土地区画整理事業の政策的，公共の目的のために，被処分者〔本件は，清算金額決定処分取消請求事件である．筆者注〕がその財産権を提供したと評価できるのであるから，処分の前後を通じて被処分者の財産価値を等しくならしめるような補償をすべきであり，金銭をもって補償する場合には，近傍において，右価値減少分に相当する同等の代替地を取得することをうるに足りる金額の補償を要求されるべきである．／被処分者は，公告日翌日に従前地の所有権を喪失し，換地の所有権を取得すること，公告日翌日をもって清算金を請求する権利を取得すること……を考慮すると，損失補償的清算金については，公告日翌日をもって指数単価算定の基準日とすることが要求されるというべきである．……この点につき，被告は，公告日翌日をもって基準日としたのでは，手続上清算金の算定が困難である旨主張するが，換地照応の原則のもとでは損失補償的清算金の支払いは例外的事例とすべきであること，事前に公告日の価額を予測して処理することが全て不可能と認めるに足りる証拠はないこと，仮に公告日まで長年月の経過が予想され価額の予測が不可能だとしても，施行者としては，仮清算の手続を採ることにより不都合を回避できること，そして右結論が憲法上の要請に基づくものであること，などに鑑みると，右主張をもって，前記結論を左右することはできない」と判示している．

(2) **学説の動向**　　文献をみると，清算金を，①損失補償の性質を有しない

交付精算金・徴収清算金と②損失補償の性質を有する交付清算金に分けて、①については、「土地区画整理事業の施行地区内においては、工事が概成するとほぼ各仮換地について利用増進の度合いが顕現化することとなる。これを別の面からみると工事が概成し、ほとんどすべての仮換地について使用収益が開始され、時が経過すると土地区画整理事業以外の要因により土地の利用状況も変わり、評価の要素も変わってくるので、評価に土地区画整理事業以外の要因を排除する意味において、工事が概成した時点で評価するのが合理的といえる。工事概成時と換地処分時が異なるときは、できれば仮清算を実施することが望ましいが、仮清算をしなかった場合は工事概成時から換地処分時までの物価スライド等による時点修正が必要となる場合もあろう」と説き、②については、「換地不交付の清算金のうち、従前の宅地の価額に相当するものについては、換地処分時の価格でなければならないものと解する。……なお、工事概成時の時価とした場合は、工事概成時からは法101条3項の補償は打ち切り、工事概成時から換地処分時までの物価スライド等による時点修正が必要である。工事概成時において時価により仮清算した場合は特に問題はない」と説くもの（渡部＝相澤・前掲251～252頁）がある。

(3) **判例・学説の検討**　判例・学説は、ほぼ一致している。前述のように、清算金は損失補償的清算金と衡平的補償金に分けられるから、算定基準時も、それに応じて区別して判断されるべきである。したがって、損失補償的清算金の算定基準時は換地処分公告日翌日であり、衡平的補償金の算定基準時は工事概成時であるということになる。

3　減価補償金と清算金との相殺

　減価補償金の交付と清算金の徴収交付の両方が行われることがある。111条1項は、「施行者は、施行地区内の宅地又は宅地について存する権利について清算金又は減価補償金を交付すべき場合において、その交付を受けるべき者から徴収すべき清算金があるときは、その者から徴収すべき清算金とその者に交付すべき清算金又は減価補償金と相殺することができる。」と規定している。これは、施行者の清算金の徴収交付の事務を簡素化するための規定である（ただし、112条1項で一定の制限を定めている）。

　清算金の徴収は、権利単位ではなく、権利者単位で行われる。したがって、この相殺は、施行地区内に一人が複数の宅地またはそれに存する複数の権利を

持っている場合には，交付清算金と徴収清算金，または減価補償金と徴収清算金との間でも行うことができる（伊東ほか・前掲227頁，土地区画整理法制研究会編・逐条解説420頁，大場・条解614頁等参照）．

● 4　減価補償金と清算金の権利者・義務者

1　減価補償金の権利者・義務者

1　権利者　減価補償金の補償権利者は，施行後の宅地価額の総額が施行前（従前）の宅地価額の総額よりも減少した旨の公告があった日における，従前の宅地の所有者およびその宅地について使用収益権を有している者である．施行後の宅地価額の総額が施行前の宅地価額の総額より減少した旨の公告は，換地処分の公告に合わせて行われることになっている（施行令60条1項）ので，具体的には，換地処分の公告があった日現在における従前の宅地の所有者またはその宅地について使用収益権を有している者ということになる．したがって，90条，91条3項，92条3項，95条6項により換地不交付となる者，換地不交付に伴い使用収益権が消滅する者，過小借地のために借地権の指定がなされなかった者も，補償権利者に含まれることになる（渡部＝相澤・前掲244頁参照）．

2　義務者　減価補償金の補償義務者は，施行者のうち都道府県・市町村（3条4項），国土交通大臣（3条5項），独立行政法人都市再生機構（3条の2），地方住宅供給公社（3条の3）である．施行者が個人または組合の場合は除かれているが，これは，①施行地区内の宅地の一部を収用するのと同様であるので，土地区画整理事業の施行をみだりに認めるべきでないこと，②個人または組合が施行する場合には，公共施設の整備改善よりも宅地の利用増進を主たる目的としている場合が多く，施行後の宅地の価額総額が施行前のそれより減少するようなことはないであろうこと，③組合施行の場合における3分の2以上の宅地所有者等の同意（18条）を得ることも困難であろうと思われること，などからである（渡部＝相澤・前掲244頁，大場・条解603頁参照）．施行者が国土交通大臣である場合は，当然のことながら，補償義務の主体は国となる．

2　清算金の権利者・義務者

1　交付清算金の権利者・義務者　清算金は換地相互間の不均衡の是正のためのものであるから，交付清算金の権利者は換地処分公告時の権利者であり，義務者は施行者（すべての施行者）である．

2 所有権移転があった場合の権利者

(1) **問題の所在**　換地処分の確定後，換地につき売買による所有権移転があった場合に，換地に関する清算交付金請求権も移転するのか否かという問題がある．

(2) **判例の動向**　これが争点となった事案として，原告が未払いの清算金の交付を訴求したことに対し，施行者（被告）が所有権の移転に伴い原告の清算金交付請求権は本法129条により訴外会社に移転したと主張して争った清算金交付請求事件がある．

一審の大分地判昭和44・9・8（高民集23巻3号493頁）は，次のように判示して，原告の請求を一部認容している．「清算金の交付の実質は損害補償金の支払いであり，即ち，本件についていえば，原告が換地処分確定により，従前の土地より価格の低い換地を取得することになるので，原告自身が，換地の所有権以外において，被告にたいして，取得した損失補償請求権が，本件清算金交付請求権であり，換地に固着した属地的な権利ではないから，換地の所有権の移転に随伴すべき理由はない．即ち，原告が，換地の処分の確定……後である昭和41年3月4日に訴外ナショナル商事株式会社に換地を売渡したからといって，法律上当然に，原告の被告にたいする清算金交付請求権が訴外会社に移転することはあり得ない．若し，被告の主張するが如くであれば，従前の土地より価格の低い土地が換地として交付せられたために，その差額が清算金として交付せられるのに，その価格の低い土地を売払えば，清算金を受くる権利まで失うことになり，全く道理に合わないことになる．」控訴審の福岡高判昭和45・8・27（高民集23巻3号486頁）も，ほぼ同趣旨の判断をしている．

上告審の最判昭和48・12・21（民集27巻11号1649頁．以下，「最判昭和48年」という）は，次のように判示して，原審の判断を是認している．「このような場合，被上告人の取得した清算交付金請求権は，売買当事者間において右清算交付金の帰属について特段の合意がなされないかぎり，売買の当事者間における関係のみならず，整理事業施行者に対する関係でも，買主たる右訴外会社に移転しないものと解するのが相当である．けだし，清算金に関する権利義務は，土地区画整理法103条4項の公告があり，換地についての所有権が確定するとともに，整理事業施行者とそのときにおける換地所有者との間に確定的に発生するものであって（同法104条，110条1項），事後，土地所有権の移転に伴い当然輾転する性質のものではないからである．もしこれと反対に解する

とすれば，土地の売買代金は土地自体の価値によって決せられるのが通常であって，換地についても同様であるから，後日清算交付金が交付される場合においては，売主は価値の高い従前地の代りに入手した価値の低い換地を安い時価で売渡したのに交付金は買主が取得することとなり，また，清算金が徴収される場合においては，買主の損失において売主が不当に利益を受けることになり，いずれの場合も著しい不公平を生ずるものといわなければならない．したがって，土地区画整理法 129 条の規定が，換地処分発効後換地が譲渡された場合における清算金の交付の関係については適用がない旨の原判決は，正当として是認することができ，原判決に所論の違法は認められない．」

同趣旨のものとして，東京地判昭和 47・11・27（判時 689 号 64 頁），その控訴審の前掲東京高判昭和 48・12・24 がある．

(3) **判例の検討**　戦前の大審院および行政裁判所の判例は，この問題について，交付清算金の権利義務は買主（譲受人）に帰属すると解していた．しかし，これに対して，学説の多くは，少なくとも換地処分の認可・告示があった後は，清算金の権利義務は換地所有権の移転に伴って当然には移転しないと解していた（下出編・50 講 201～202 頁〔喜多村治雄執筆〕参照）．

前掲最判昭和 48 年より前に，最高裁判例としてすでに最判昭和 37・12・26（民集 16 巻 12 号 2544 頁）がある．同判決は，「原判決が確定した事実によると，上告人代理人波木佐一（……）と被上告人の代理人中村信雄との間において昭和 27 年 8 月 9 日本件売買契約を締結するに際し，当時すでに本件換地予定地が指定されており，かつ従前の土地は道路となっていたので，右換地予定地を売買の目的となし，現場に臨み，特価を坪当り約 4,000 円と見積り，右予定地の面積 78 坪余を約 80 坪と解して代金 32 万円と定めたものであり，当当事者双方とも換地清算交付金についてはなんらの特約もなすことなく，しかも右換地予定地はその変更なく予定どおり換地として認可されたというのである．このような場合には，本件売買の当事者間における関係では，買主たる上告人は，売買の目的物となっていた換地後の土地所有権を取得するのみにて足り，本件清算交付金は売主たる被上告人に帰属すべきものと解するのが至当である．されば，右と同趣旨の見解に基づく原判決は正当として是認すべきであり，論旨引用の判例は，本件に適切でない」と判示していた．この最高裁判例は，戦前の大審院や行政裁判所の判例を実質的に変更したのではないかと解されるが，判例変更を明言しておらず，また，「売買の当事者間における関係では」とし

ていることから，施行者との関係ではなお従前の判例を変更したものではないと解する余地がなかったわけではない（林信一「判解」土地収用判例百選169頁（1968年）参照）．前掲最判昭和48年は，特段の合意がなされない限り，売買の当事者間における関係のみならず，施行者に対する関係においても買主に移転しないとしたものであり，前掲最判昭和37・12・26をさらに一歩前進させたものと評価することができる（下出編・50講203頁〔喜多村執筆〕参照）．

　最判昭和48年は，「売買当事者間において右清算交付金の帰属について特段の合意がなされないかぎり」と説示している．したがって，「特段の合意」，すなわち「明示の合意」があれば，これに従うことになる．ただ，現実には，明示の合意がなされていない場合が少なくないのではないかと思われる（下出編・50講200頁〔喜多村執筆〕参照）．明示の合意がなければ，交付清算金の権利者は売主（従前の権利者）であると解すべきことになる（最判昭和48年の前に，この見解を理論づけたものとして，下出・前掲（『換地処分の研究〔初版〕』）266～267頁）がある）．

　3　徴収清算金の義務者・権利者　徴収清算金の義務者は利得を得た者であり，権利者は施行者（すべての施行者）である．

5　補償の手続・訴えの提起

1　補償の手続

　1　減価補償金の手続　109条2項は，施行者が減価補償金を交付しようとする場合には，各権利者の交付額について，土地区画整理審議会の意見を聴かなければならない，と定めている．これは，施行者の恣意を排除しようとする趣旨である．

　減価した旨の公告は，換地処分の公告と合わせて行われる（109条1項，施行令60条1項参照）．減価補償金は，各権利者ごとに個別算定される．土地区画整理審議会の意見を聴いて決定した各権利者別の交付額の通知については，本法上には明文上の規定は置かれていないが，実務上は一般に，減価補償金通知を換地処分通知書に同封して送付しているとのことである（伊東ほか・前掲223頁，大場・縦横下270頁等参照）．

　2　清算金の手続　清算金額については，換地計画において，「各筆各権利別清算金明細」が定められる（87条1項）．仮清算（102条）が行われた場合は，換地処分により清算金が確定するが，仮清算金と清算金との間に差額があ

第3章　都市計画法関係

るときは，施行者はこれを徴収または交付して清算しなければならない（110条1項）．徴収しまたは交付すべき清算金は，政令で定めるところにより，利子を付して，分割徴収し，または分割交付することができる．ただし，交付清算金のうち損失補償的清算金の性質を有するものについては，減価補償金と同様に，憲法29条3項との関係で，分割交付するには疑問の余地がある（渡部＝相澤・前掲250～251頁参照．ただし，分割交付に伴う遅延利息が附加して支払われる制度になっていれば，正当な補償が行われたみることができるとの見解もある．下出・前掲（『換地処分の研究〔改訂版〕』）154頁）．

　なお，前述したように，清算金と減価補償金との相殺が，一定の場合を除き，認められている（111条参照）．

2　訴えの提起

　交付清算金や減価補償金の金額が過少であるとして，その増額を求めるためには，どのようにすべきであろうか．本法には，収用法133条のような規定は置かれていないので，増額についての不服申立てや訴訟の可否については，解釈によって決することになる（下出編・50講253頁〔辰巳和男執筆〕参照）．

　前述のように，減価補償金と交付清算金の性質は，憲法29条3項の規定に基づく損失補償である．交付清算金や減価補償金の増額を求める場合には，処分の取消し・変更を求めるまでもなく，行訴法4条後段の実質的当事者訴訟として，直ちに裁判所に訴えを提起することができる（下出編・50講254頁〔辰巳執筆〕参照）．

第6節　都市緑地法

第1款　概　説

●1　本法の趣旨

1　本法の沿革

　都市における緑地の保全と緑化の推進を図るために，1973（昭和48）年に都市緑地保全法が制定された．同法1条は，「この法律は，都市における緑地の保全及び緑化の推進に関し必要な事項を定めることにより，都市公園法（昭和

31 年法律第 79 号）その他の都市における自然的環境の整備を目的とする法律と相まつて，良好な都市環境の形成を図り，もつて健康で文化的な都市生活の確保に寄与することを目的とする．」と規定していた．同法は，緑地保全地区制度と緑化協定制度を創設することにより，この法の目的を達成しようとするものであった（同法の概要については，市川一朗「都市緑地保全法の概要」自治研究 49 巻 12 号 59 頁以下（1973 年）参照）．

その後，都市における緑地の保全，緑化や都市公園の整備を一層推進し，良好な都市環境の形成を図るため，2004（平成 16）年の都市緑地保全法等の一部を改正する法律施行に伴い，都市緑地保全法の法律名が都市緑地法（以下，本節において「本法」という）に改称された．2017（平成 29）年には，都市の緑空間を民間の知恵や活力を生かしながら保全・活用していくために，本法の一部改正が行われている．

2 本法の目的

都市においては，緑地の保全と緑化が重要な課題であるが，そのための基本的な法律が本法である．本法は，その 1 条に目的規定を置いているが，その法文は都市緑地保全法の前記 1 条と全く同じである．しかし，その内容面においては，基本計画の記載事項に都市公園の整備の方針等の追加，緑地保全地域の指定，地区計画の活用等について規定するなど，新たな措置を講じている．

3 本法の関連法令

本法の関連法令としては，環境基本法，景観法，都市計画法，都市公園法，首都圏近郊緑地保全法，近畿圏の保全区域の整備に関する法律，生産緑地法等がある．

2 本法の構成

上記の目的を達成するために，本法は，種々の仕組みを設けている．損失補償に関連するもので，その主要なものを次に取上げることにする（本法の概要については，碓井・都市行政法精義 I 324 頁以下参照）．

1 用語の定義

1 　緑地　　緑地とは，「樹林地，草地，水辺地，岩石若しくはその状況がこれらに類する土地（農地であるものを含む．）が，単独で若しくは一体となつ

て，又はこれらに隣接している土地が，これらと一体となつて，良好な自然的環境を形成しているもの」を指している（3条1項）．

　2　緑地保全・緑化推進法人　　本法第7章は，「緑地保全・緑化推進法人」と題して，69条において同法人の「指定」について規定している．その1項は，「市町村長は，特定非営利活動促進法（平成10年法律第7号）第2条第2項に規定する特定非営利活動法人，一般社団法人若しくは一般財団法人その他の営利を目的としない法人又は都市における緑地の保全及び緑化の推進を図ることを目的とする会社であつて，次条各号に掲げる業務を適正かつ確実に行うことができると認められるものを，その申請により，緑地保全・緑化推進法人（以下「推進法人」という．）として指定することができる．」と規定し，70条は，その「業務」として，管理協定に基づく緑地の管理，市民緑地の設置・管理，都市計画区域内の緑地の買取りおよび買い取った緑地の保全，認定緑化施設の管理，緑地の保全・緑化の推進に関する必要な助言・指導，緑地の保全・緑化の推進に関する調査・研究，などを掲げている．

2　基本計画の策定

　市町村は，「緑地の保全及び緑化の推進に関する基本計画」を定めることができる（4条1項）．この基本計画の策定は，市町村の任意とされている．基本計画には，緑地の保全および緑化の目標，緑地の保全および緑化の推進のための施策に関する事項，地方公共団体の設置に係る都市公園の整備・管理の方針その他緑地の保全および緑化の推進の方針に関する事項，特別緑地保全地区内の緑地の保全に関する事項等が定められる（4条2項）．基本計画は，環境基本計画や景観計画等に適合したものでなければならない（4条3項）．

3　緑地保全地域の設定

　緑地保全の施策の基本となるのは，都市計画に「緑地保全地域」を定めることである（碓井・都市行政法精義Ⅰ327頁参照）．都市計画区域または準都市計画区域内の緑地で，①無秩序な市街地化の防止または公害もしくは災害の防止のため適正に保全する必要があるもの，②地域住民の健全な生活環境を確保するため適正に保全する必要があるもの，のいずれかに該当する相当規模の土地の区域について，都市計画に緑地保全地域を定めることができる（5条）．

第6節 都市緑地法

4 緑地保全計画の策定

緑地保全地域に関する都市計画が定められた場合においては，都道府県（市の区域内にあっては当該市．以下「都道府県等」という）は，当該緑地保全地域内の緑地の保全に関する計画（緑地保全計画）を定めなければならない（6条1項）．

5 緑地保全地域内における行為の届出・禁止等

緑地保全地域（特別緑地保全地区および地区計画等緑地保全条例により制限を受ける区域を除く）内において，一定の行為をしようとする者は，あらかじめ，都道府県知事（市の区域内にあっては，当該市の市長．以下「都道府県知事等」という）にその旨を届け出なければならない．一定の行為とは，①建築物その他の工作物の新築・改築・増築，②宅地の造成，土地の開墾，土石の採取，鉱物の採掘その他の土地の形質の変更，③木竹の伐採，④水面の埋立て・干拓，⑤以上のほか，当該緑地の保全に影響を及ぼすおそれのある行為で政令で定めるもの，である（8条1項）．

都道府県知事等は，緑地保全地域内において上記の届出を要する行為をしようとする者またはした者に対して，当該緑地の保全のために必要があると認めるときは，その必要な限度において，緑地保全計画で定める基準に従い，当該行為を禁止，制限し，または必要な措置をとるべき旨を命ずることができる（8条2項）．この命令に違反した者がある場合には，その者またはその者から当該土地，建築物その他の工作物もしくは物件についての権利を承継した者に対して，相当の期限を定めて，当該緑地の保全に対する障害を排除するため必要な限度において，その原状回復を命じ，または原状回復が著しく困難である場合に，これに代わるべき必要な措置をとるべき旨を命ずることができる（9条1項）．

6 特別緑地保全地区の設定

都市計画区域内の緑地で，①無秩序な市街地化の防止，公害または災害の防止等のため必要な遮断地帯，緩衝地帯または避難遅滞として適切な位置，規模および形態を有するもの，②神社，寺院等の建造物，遺跡等と一体となって，または伝承もしくは風俗慣習と結び付いて当該地域において伝統的または文化的意義を有するもの，③風致または景観が優れていること，または動植物の生

息地または生育地として適正に保全する必要があることのいずれかに該当し，かつ，当該地域の住民の健全な生活環境を確保するため必要なもの，のいずれかに該当する土地の区域については，都市計画に「特別緑地保全地区」を定めることができる（12条1項）．

特別緑地保全地区内においては，一定の行為（8条1項の行為と同じ）をするについては，都道府県知事等の許可を受けなければならない（14条1項）．許可の申請があった場合には，都道府県知事等は，当該申請に係る行為が当該緑地の保全上支障があると認めるときは，許可をしてはならない（14条2項）．緑地保全地域内における行為については，8条1項は届出を義務づけているが，特別緑地保全地区内における行為に関しては，許可制を採用して，より厳しい規制を加えている．違反した者に対しては，9条の原状回復命令の規定が準用される（15条）

7 地区計画等緑地保全条例の制定

市町村は，条例で，地区計画等の区域内において，当該区域内における14条1項各号に掲げる行為について，市町村長の許可を受けなければならないこととすることができる（20条1項）．この地区計画等緑地保全条例は，地区計画等において地区整備計画等に現に存する樹林地，草地等で良好な居住環境を確保するために必要なものの保全に関する事項が定められている場合に，市町村が，条例を定めることにより，特別緑地保全地区と同等の行為規制を行うことを可能にする制度である（日本公園緑地協会編『公園緑地マニュアル〔平成22年度版〕』266頁（日本公園緑地協会，2010年），碓井・都市行政法精義Ⅰ336頁参照）．

地区計画等緑地保全条例には，原状回復等を命ずることができる旨を定めることができる（22条）．

●3 本法上の損失補償規定

緑地保全地域等においては，前述のように，種々の行為制限が課されており，これに対して損失補償の規定が置かれている．①標識の設置等に伴う損失の補償（7条，13条，21条），②行為制限に伴う損失の補償（10条，16条），③土地の買入れ（17条），である．

第2款　標識の設置等に伴う損失の補償

(標識の設置等)
第7条
　① 都道府県等は，緑地保全地域に関する都市計画が定められたときは，その区域内における標識の設置その他の適切な方法により，その区域が緑地保全地域である旨を明示しなければならない．
　② 緑地保全地域内の土地の所有者又は占有者は，正当な理由がない限り，前項の標識の設置を拒み，又は妨げてはならない．
　③ 何人も，第1項の規定により設けられた標識を設置者の承諾を得ないで移転し，若しくは除却し，又は汚損し，若しくは損壊してはならない．
　④ 都道府県等は，第1項の規定による行為 (緑地保全地域内における標識の設置に係るものに限る.) により損失を受けた者がある場合においては，その損失を受けた者に対して，通常生ずべき損失を補償する．
　⑤ 前項の規定による損失の補償については，都道府県知事 (市の区域内にあつては，当該市の長. 以下「都道府県知事等」という.) と損失を受けた者が協議しなければならない．
　⑥ 前項の規定による協議が成立しない場合においては，都道府県知事等又は損失を受けた者は，政令で定めるところにより，収用委員会に土地収用法 (昭和26年法律第219号) 第94条第2項の規定による裁決を申請することができる．

(標識の設置等についての準用)
第13条
　第7条の規定は，特別緑地保全地区に関する都市計画が定められた場合について準用する．この場合において，同条第1項中「緑地保全地域である」とあるのは「特別緑地保全地区である」と，同条第2項及び第4項中「緑地保全地域」とあるのは「特別緑地保全地区」と読み替えるものとする．

(標識の設置等についての準用)
第21条
　第7条の規定は，地区計画等緑地保全条例が定められた場合について準用す

> る．（以下，略）

● 1　各条の趣旨と要点

　13条と21条は，7条を準用しているので，7条の趣旨と要点を中心に考察する．

1　7条の趣旨

　都道府県等は，緑地保全地域または特別緑地保全地区に関する都市計画が定められたときは，当該地域が行為制限を課されている地域または地区であることを周知させるために，その地域が緑地保全地域または特別緑地保全地区である旨を明示することを義務づけられる．明示する方法は，当該地域・地区内に標識を設置する方法や，インターネットの利用などが考えられる．この場合，その地域が緑地保全地域または特別緑地保全地区であることを第三者が容易に認識できるようにしなければならない（国土交通省都市局「都市緑地法運用指針」（平成16年12月．最終改正平成29年6月15日．以下，「運用指針」という）参照）．

　当該地域・地区内に標識を設置する場合には，通常，土地が必要となる．土地の所有者等は，標識の設置により，土地の使用・収益が害されたりして損失を被ることがある．7条，13条は，これに対する損失の補償を定めたものである．21条も同趣旨であり，地区計画等緑地保全条例が定められ，条例の趣旨を周知させるために標識の設置等を義務づけている場合には，7条の規定が準用される．

　この補償は，「損失を受けた者がある場合」となっているから，事後補償の性質を有する．

　同趣旨の規定は，自然公園法（62条，64条），自然環境保全法（31条，33条），測量法（18条，20条）等にも置かれている．

2　7条の要点

　7条の要点は，補償の要否，補償の内容（範囲），補償の権利者・義務者，補償の手続，訴えの提起等である．いずれの点についても，判例・学説上の対立は見当たない．

● 2　補償の要否

　7条も，7条を準用する13条，21条も，補償要否の基準については何も定めていないが，受忍限度を超えていなければならないことは当然である．標識の設置等について規定している諸法律の中には，損失の補償について定めていないものもあるから（例えば，都市再開発法64条，土地区画整理法81条等），本法が損失の補償を定めているということは，標識の設置等に伴い受忍限度を超えて特別の犠牲を与えることもありうるということであろう．ただ，通常は，損失が軽微で，受忍限度内にあるとされる場合が多いのではないかと思われる．

● 3　補償の内容

1　通常生ずべき損失の補償

　補償の内容（範囲）は，「通常生ずべき損失」（通損）の補償である．「通常」生ずべき損失とは，通常の事情の下で当然に受けるあろうと考えられる客観的な損失をいい，特別な事情の下で生ずる損失は含まれない．この点については，すでに，第1部「総論」の第7章「付随的損失の補償」（前述196頁以下）において一般的に考察した．ここでの通常生ずべき損失は，標識の設置等に通常付随して生ずる損失であり，標識の設置等と相当因果関係がなければならない．

2　標識の設置等による損失

　「標識の設置等」とは，標識の設置のほか，インターネットの利用等，都道府県等が地域の実情に応じて適切と考えられる方法をいう（都市緑地法運用指針参照）．損失の発生が予想されるのは，通常は標識の設置行為によるものである．標識を設置するには土地が必要となるが，標識の設置により当該土地の利用が妨げられることになり，それによって使用・収益上の損失が発生することがありうる．ただ，標識の設置に要する場所は，通常はそれほど広い面積を必要とするものではないから，通常生ずべき損失は僅少である場合が多いであろう．損失の補償は，地代相当額ということになるものと思われる．

● 4　補償の手続・訴えの提起

1　補償の手続

　損失の補償については，都道府県知事等と損失を受けた者とが協議して定め

第3章　都市計画法関係

る．協議の対象となる事項は，損失の発生の有無，因果関係，補償額，補償方法，補償時期等である．協議が成立したときは，当事者間で私法上の補償契約が締結されたことになり，一般の民事契約の法理に従って処理されることになる．これらのことは，これまで述べてきたのとほぼ同様である（前述523頁等参照）．

協議が成立しない場合は，当事者はいずれからでも，政令で定めるところにより，収用法94条2項の規定により収用委員会に裁決の申請をすることができる（収用法94条については，前述402頁以下参照）．

2　訴えの提起

収用委員会の裁決に不服がある場合に，裁判所に訴えを提起することができるか否かについては，本条にも本法の他の規定にも，別段の定めは置かれていない．しかし，法律上の争訟である限り，最終的には裁判所の判断を求めることができるはずである．この場合には，収用法133条の規定が適用ないし類推適用されるが，出訴期間については，収用法133条2項の特則を定めている同法94条9項の規定によらなければならない．同条2項の規定により収用委員会への裁決の申請が認められているのであるから，訴えの提起についても同条9項の規定が準用されるものと解釈すべきであろう（前述405頁，531頁以下参照）．したがって，収用委員会の裁決に不服がある者は，裁決書の正本の送達を受けた日から60日以内に，損失があった土地の所在地の裁判所に訴えを提起することができる．

第3款　行為制限に伴う損失の補償

（損失の補償）
第10条
① 都道府県等は，第8条第2項の規定による処分を受けたため損失を受けた者がある場合においては，その損失を受けた者に対して，通常生ずべき損失を補償する．ただし，次の各号のいずれかに該当する場合における当該処分に係る行為については，この限りでない．
　一　第8条第1項の届出に係る行為をするについて，他に，行政庁の許可その他の処分を受けるべきことを定めている法律（法律に基づく命令及び

条例を含むものとし，当該許可その他の処分を受けることができないため損失を受けた者に対して，その損失を補償すべきことを定めているものを除く．）がある場合において，当該許可その他の処分の申請が却下されたとき，又は却下されるべき場合に該当するとき．
二　第8条第1項の届出に係る行為が，次に掲げるものであると認められるとき．
　　イ　都市計画法による開発許可を受けた開発行為により確保された緑地その他これに準ずるものとして政令で定める緑地の保全に支障を及ぼす行為
　　ロ　イに掲げるもののほか，社会通念上緑地保全地域に関する都市計画が定められた趣旨に著しく反する行為
② 　第7条第5項及び第6項の規定は，前項本文の規定による損失の補償について準用する．

（損失の補償についての準用）
第16条
　第10条の規定は，第14条第1項の許可を受けることができないため損失を受けた者がある場合について準用する．この場合において，第10条第1項第1号及び第2号中「第8条第1項の届出」とあるのは「第14条第1項の許可の申請」と，同号ロ中「緑地保全地域」とあるのは「特別緑地保全地区」と読み替えるものとする．

（損失の補償についての準用）
第23条
　第10条の規定は，地区計画等緑地保全条例による許可を受けることができないため損失を受けた者がある場合について準用する．（以下，略）

● 1　各条の趣旨と要点

　16条と23条は，10条を準用しているので，10条の趣旨と要点を中心に考察する．

1 10条の趣旨

　緑地保全地域は，緑地の保全を図るため5条各号に掲げる要件に該当する良好な自然的環境を形成している地域が指定され，その規制の内容も行為の禁止を命ずることができるなど，実質的には土地利用が相当程度制限されることがある．それによって生じた損失は，特別の犠牲に該当し，それを補償することが社会通念上公平であると解される（市川・前掲69頁参照）．そこで，本条は，都道府県等が，行為の禁止等の命令を受けたために損失を受けた者に対して，通常生ずべき損失を補償すべきことを定めたものである．

　特別緑地保全地区は，緑地の保全を図るため12条1項各号に掲げる要件に該当する良好な自然的環境を形成している地域が指定され，その規制の内容も緑地を良好な状態で保全しようとする趣旨から原状変更行為を実質的に相当程度制限されることがある．そこで，都道府県等は，行為の許可を受けることができないために損失を受けた者に対して，通常生ずべき損失を補償しなければならない（16条）．

　地区計画等緑地保全条例による制限は，特別緑地保全地区と同等の行為規制である．そこで，条例による行為の許可を受けることができないために損失を受けた者に対して，市町村は，通常生ずべき損失を補償しなければならない（23条）．

　ただし，いずれの場合にも，一定の要件に該当するときは，損失の補償は必要でないとされている．

2 10条の要点

　本条の要点は，補償の要否，補償の内容（範囲），損失補償が不要とされる場合の要件，補償の手続，訴えの提起等である．補償の手続については，7条5項・6項が準用されているから，7条について述べたところと同じである．

●2　補償の要否

1 補償不要の要件

　次のいずれかに該当する場合は，損失の補償は不要とされる．①8条1項の届出に係る行為をするについて，他に，行政庁の許可その他の処分を受けるべきことを定めている法律（法律に基づく命令及び条例を含むものとし，当該許可その他の処分を受けることができないため損失を受けた者に対して，その損失を補償

すべきことを定めているものを除く）がある場合において，当該許可その他の処分の申請が却下されたとき，または却下されるべき場合に該当するとき，②8条1項の届出に係る行為が次に掲げるものであると認められるとき，すなわち，（イ）都市計画法による開発許可を受けた開発行為により確保された緑地その他これに準ずるものとして政令で定める緑地の保全に支障を及ぼす行為，（ロ）このほか，社会通念上緑地保全地域に関する都市計画が定められた趣旨に著しく反する行為，である．

この要件は，景観法24条1項とほぼ同じである（前述482頁参照）が，異なるところもある．

2 都市計画が定められた趣旨に著しく反する行為

1 基準の不明確性 本条1項2号ロによれば，8条1項の届出に係る行為が「社会通念上緑地保全地域に関する都市計画が定められた趣旨に著しく反する」場合には，補償は不要である．この趣旨は理解できないでもないが，どのような場合がこれに該当するのか，必ずしも明確ではない．「社会通念」が判断基準にされているから，これによって客観性を確保しようとするもののようであるが，社会通念は立場によって相違することもありうる．文献の中には，「『都市計画が定められた趣旨に著しく反する』という程度の判断の難しさがあると同時に，そのような程度問題によって，損失補償がゼロになるかどうかが左右されることに素朴な疑問がある．オール・オア・ナッシングの発想でよいのであろうか」と説くもの（碓井・都市行政法精義Ⅰ330〜331頁）があり，傾聴すべきである．

2 申請権の濫用法理 このような補償不要の考え方は，自然公園法等における開発不許可補償についての「申請権の濫用」の理論と同じ発想ではないかと思われる．現に，自然公園法上の不許可補償についての裁判例（後述653頁以下参照）をみると，申請権の濫用法理の適用について，都市緑地保全法7条1項を類推しているものがある．例えば，東京高判昭和63・4・20（行集39巻3＝4号281頁）は，次のように説示している．「因みに，都市緑地保全法7条1項や古都における歴史的風土の保存に関する特別措置法9条1項には，許可の申請に係る行為が社会通念上緑地保全地区又は特別保全地区に関する都市計画が定められた趣旨に著しく反すると認められるときには，その申請が不許可となったことによって受けた損失の補償を要しない旨の規定が設けられてい

るが，法〔自然公園法，筆者注〕にはそのような明文の規定は存在しない．しかしながら，都市緑地保全法等における右規定は，立法の趣旨，目的から見て当然の事理を明文で確認したものにすぎないと解されるれから，法による許可申請の場合についても，同様に解するのが相当である．」都市緑地法運用指針は，「補償金目あての行為」を例示しているが，補償金目当てであるか否かは主観的な側面があるから，必ずしも明確とはいえないであろう．

このような条項の下では，財産権制限の目的の妥当性が補償の要否を分けるおそれがある．しかし，制限の目的の妥当性・合理性は，本来補償の要否とは区別して捉えられるべきものである．

現実に本条に基づく損失補償の請求がどのくらい存在し，1項2号ロにより補償が否定された事例があるのか否かは定かではないが，一般的にみれば，この条項には疑問を禁じえない．

●3 補償の内容

1 通常生ずべき損失の補償

補償の内容（範囲）は，「通常生ずべき損失」（通損）の補償である．「通常」生ずべき損失とは，前述の標識の設置等について同様に，通常の事情の下で当然に受けるあろうと考えられる客観的な損失をいい，特別な事情の下で生ずる損失は含まれない．

通常生ずべき損失は，8条2項の規定による処分（建築物その他の工作物の新築・改築・増築，宅地の造成，土地の開墾，木竹の伐採等の禁止・制限等）を受けたために生じた損失であり，当該処分と相当因果関係がなければならない．

2 具体的な補償の内容

8条2項の規定による処分を受けた者が通常被る損失（通損）として，具体的にどのようなものがあるのかは，必ずしも明確ではない．本法立案者の説明によれば，許可されうるものと思って事前に行った測量・設計等に要した費用，家屋の改築を禁止されたため従前の営業が継続できなくなったために被った損失等がこれに該当するが，緑地保全地域等に指定されて土地の利用価値が下がり，そのため地価が下落したような場合はこれに該当しない，と解されている（市川・前掲69頁参照）．

● 4　補償の手続・訴えの提起

1　補償の手続

　7条5項の準用により，損失の補償については，都道府県等と損失を受けた者とが協議して定める．協議が成立しない場合は，当事者はいずれからでも，政令で定めるところにより，収用法94条2項の規定により収用委員会に裁決の申請をすることができる．

2　訴えの提起

　収用委員会の裁決に不服がある場合に，訴えを提起することができるか否かについては，準用される7条6項は何も規定していない．しかし，前述したように，収用法94条9項の規定を準用して，裁決書の正本の送達を受けた日から60日以内に，損失があった土地の所在地の地方裁判所に訴えを提起することができるものと解すべきであろう（前述531頁以下参照）．

第4款　土地の買入れ

（土地の買入れ）
第17条
　① 　都道府県等は，特別緑地保全地区内の土地で当該緑地の保全上必要があると認めるものについて，その所有者から第14条第1項の許可を受けることができないためその土地の利用に著しい支障を来すこととなることにより当該土地を買い入れるべき旨の申出があつた場合においては，第3項の規定による買入れが行われる場合を除き，これを買い入れるものとする．
　② 　前項の規定による申出があつたときは，都道府県知事にあつては当該土地の買入れを希望する町村又は第69条第1項の規定により指定された緑地保全・緑化推進法人（第70条第1号ハに掲げる業務を行うものに限る．以下この条及び次条において単に「緑地保全・緑化推進法人」という．）を，市長にあつては当該土地の買入れを希望する都道府県又は緑地保全・緑化推進法人を，当該土地の買入れの相手方として定めることができる．
　③ 　前項の場合においては，土地の買入れの相手方として定められた都道府県，町村又は緑地保全・緑化推進法人が，当該土地を買い入れるものとする．

> ④ 第1項又は前項の規定による買入れをする場合における土地の価額は，時価によるものとする．

1 本条の趣旨と要点

1 本条の趣旨

本条は，特別緑地保全地区内の土地で，その所有者から14条1項の許可を受けることができないためその土地の利用に著しい支障を来すとして当該土地の買入れの申出があった場合に，都道府県等がこれを買い入れることを定めたものである．これは，被規制者としては，損失補償よりも土地を買い取ってもらった方が救済になる場合があり，都道府県等としても，行為の規制によるよりも，土地所有権自体を取得した方が緑地の保全に都合がよいためである（市川・前掲70頁，前述144頁参照）．

土地の買入れについて規定しているものとしては，そのほかに，都市計画法52条の4，56条，都市再開発法7条の6，首都圏近郊緑地保全法4条，特定空港周辺特別措置法8条，周辺整備法5条等がある．

2 本条の要点

本条の要点は，買入れの要件，買入れの相手方，買入れの価格等である．土地の買入れについては，これと近似したものとして「土地の買取り」や「土地の買取請求」があり，これらとの異同が問題となる．

2 土地の買入れの要件

1 緑地の保全上必要があると認められるもの

「保全上必要があると認められる」とは，行為の規制のみでは管理の万全を期することが困難であり，地方公共団体が土地所有権を取得していなければ保全できないと認められる場合である（都市緑地法運用指針参照）．

2 所有者からの申出

「その所有者から」となっているので，買入れの申出を行うことができるのは，当該土地の所有者のみである．当該土地の借地権者等が許可を受けること

ができない場合は，これに該当しない．

3 当該土地の利用に著しい支障を来すこととなること

当該土地の所有者が，当該「土地の利用に著しい支障を来す」場合であることが必要とされる．都市緑地法運用指針では，「土地の利用に著しい支障を来すこととなる」かどうかを判断するに当たっては，「当該土地の社会的な利用価値（土地柄）からみて，利用が限定されており，通常は，誰でも申請行為と類似の利用をするであろうと思われるような場合を客観的に判断することがのぞましい」とされている．

4 買入れの相手方

買入れの主体は，都道府県等であり，3項に該当する場合は，都道府県，町村，緑地保全・緑化推進法人である．

3 買入れについての裁量

買入れの申出があり，上記の要件を充足している場合に，都道府県等は買入れに応じなければならないかどうかについて，明文の定めは置かれていない．買入れの申出は，「買取請求」（例えば，都市計画法52条の4）とは異なり，一般に，形成権ではないと説かれている（前述45頁，472頁参照）から，買い入れるか否かについては，裁量の余地があることになる．ただ，都市計画法56条1項や都市再開発法7条の6第3項等が「特別の事情がない限り」となっているのに対して，本条1項にはそのような文言は置かれていない．裁量の余地があるとしても，それは極めて狭いものであり，通常は買い入れる義務があるものと解すべきであろう．

4 買入れの価額

1 時価

買入れをする場合の土地の価額は，「時価」によるものとされている．時価とは，近傍類地の取引価格等を考慮して算定した相当な価格をいう．通常は，不動産鑑定士の鑑定評価が基準とされる（市川・前掲71頁参照）．

買入れ制度の存在により，都道府県等は，最終的な買入れを念頭において，特別緑地保存地区を定めることになる．このため，十分な財政的措置の裏付け

を得られないときは，特別緑地保全地区の指定に踏み切れない事情がある，といわれている（生田長人『都市法入門講義』308 頁（信山社，2010 年），碓井・都市行政法精義Ⅰ335 頁参照）．

2 時価についての争い

時価について当事者間で一致しない場合については，価額の裁決を収用委員会に申請することができるとする旨の規定は置かれていない．この点については，都市計画法 56 条や都市再開発法 7 条の 6 等と同じである．最終的には，訴訟によって適正な価額を争うほかはない．

第 7 節　都市公園法

第 1 款　概　説

1　本法の趣旨

1 本法の沿革

都市公園の計画・建設に関する法制は，1873（明治 6）年の太政官布告に始まるが，その後長らく本格的な法制度が構築されることはなかった．立法化がなされたのは，戦後の都市公園の荒廃に直面して，都市公園に関する法制度の整備が緊要な課題となったためであり，これに対処するために，1956（昭和 31）年に都市公園法（以下，本節において「本法」という）が制定された（都市公園法の沿革については，内山正雄「都市公園法成立経緯管見」造園雑誌 46 巻 3 号 215 頁以下（1983 年）参照）．

2 本法の目的

本法は，都市公園の設置および管理に関する基準等を定めて，都市公園の健全な発達を図り，もって公共の福祉の増進に資することを目的とする（1 条）．後掲の国土交通省都市局の「都市公園法運用指針」は，本法の改正等を受けて作成されたものであるが，本法の趣旨に関連して，「都市公園は，人々のレクリエーションの空間となるほか，良好な都市景観の形成，都市環境の改善，都市の防災性の向上，生物多様性の確保，豊かな地域づくりに資する交流の空間

など多様な機能を有する都市の根幹的な施設である．/しかし，我が国における都市公園をはじめとする都市の緑とオープンスペースの整備水準は依然として不足している状況にあることから，これらを効果的，効率的に確保し，増加させていくことが必要である」と述べている（「都市公園法運用指針」の第2版（平成24年4月））．

本法は，典型的な都市施設法である．都市公園・公園施設の設置基準，都市公園の占用許可，立体都市公園，公園管理者の監督等について定めている．国の設置に係る都市公園における行為の禁止，条例で規定する事項等についても定めている．

3 本法の関連法令

本法の関連法令としては，都市計画法，土地区画整理法，都市緑地法，自然公園法，森林法，文化財保護法，児童福祉法等がある．

都市計画法11条1項は，都市施設の種類を14号にわたり定めているが，その一つに「公園，緑地，広場，墓園その他の公共空地」を掲げている（同項2号）．また，都市緑地法は，市町村は緑地の保全および緑化の推進に関する「基本計画」を定めることができるものとし，その基本計画においては「地方公共団体の設置に係る都市公園の整備の方針その他保全すべき緑地の確保及び緑化の推進の方針に関する事項」を定めるものとしている（同法4条1項，2項3号）．

本法は，都市計画法や都市緑地法等と合わせて，都市計画に関する法体系の一環として考察される必要がある．

2 本法の構成

上記の目的を達成するために，本法は，種々の仕組みを設けている．損失補償に関連するもので，その主要なものを次に取り上げることにする（本法の概要については，碓井・都市行政法精義Ⅰ528頁以下参照）．

1 用語の定義

1 都市公園 都市公園とは，次に掲げる公園または緑地で，その設置者である地方公共団体または国が当該公園または緑地に設ける公園施設を含む，とされている（2条1項）．①都市計画法上の都市計画施設である公園または緑地で地方公共団体が設置するもの，および地方公共団体が都市計画区域内にお

いて設置する公園または緑地，②次に掲げる公園または緑地で国が設置するもの．（イ）一の都府県の区域を超えるような広域の見地から設置する都市計画施設である公園または緑地，（ロ）国家的記念事業として，または我が国固有の優れた文化的資産の保存および活用を図るため閣議の決定を経て設置する都市計画施設である公園または緑地，である．

これによれば，地方公共団体が都市計画区域内において設置する公園または緑地は広く都市公園に含まれるが，それ以外は，いずれも都市計画施設であることが要件とされている．ただし，自然公園法との調整を図るために，同法の規定により決定された国立公園または国定公園に関する公園計画に基づいて設けられる施設（国立公園または国定公園の施設）たる公園または緑地，および同法の規定により国立公園または国定公園の区域内に指定される集団施設地区たる公園または緑地は，都市公園に含まれないものとされている（2条3項．碓井・都市行政法精義Ⅰ528頁参照）．

2　公園施設　公園施設とは，都市公園の効用を全うするため当該都市公園に設けられる次に掲げる施設をいう．①園路および広場，②植栽，花壇，噴水その他の修景施設で政令で定めるもの，③休憩所，ベンチその他の休養施設で政令で定めるもの，④ぶらんこ，滑り台，砂場その他の遊戯施設で政令で定めるもの，⑤野球場，陸上競技場，水泳プールその他の運動施設で政令で定めるもの，⑥植物園，動物園，野外劇場その他の教養施設で政令で定めるもの，⑦売店，駐車場，便所その他の便益施設で政令で定めるもの，⑧門，さく，管理事務所その他の管理施設で政令で定めるもの，⑨前各号に掲げるもののほか，都市公園の効用を全うする施設で政令で定めるもの，である．

2　都市公園の設置・管理

1　都市公園の設置　都市公園は，それをを管理することとなる者が，当該都市公園の供用を開始するに当たり都市公園の区域その他政令で定める事項を公告することにより設置される（2条の2）．

2　都市公園の管理　都市公園の管理は，地方公共団体の設置に係るものは当該地方公共団体が，国の設置に係るものは国土交通大臣が行う（2条の3）．

3　公園管理者以外の者の公園施設の設置等　都市公園を管理する者（公園管理者）以外の者は，都市公園に公園施設を設け，管理しようとするときは，条例（国の設置に係る都市公園にあっては，国土交通省令）で定める事項を記載

した申請書を公園管理者に提出して，その許可を受けなければならない（5条1項）．公園管理者は，次のいずれかに該当する場合に限り，許可をすることができる．①当該公園管理者が自ら設け，管理することが不適当または困難であると認められるもの，②当該公園管理者以外の者が設け，管理することが当該都市公園の機能の増進に資すると認められるもの，である（同条2項）．

4 都市公園の占用の許可 都市公園に公園施設以外の工作物その他の物件または施設を設けて都市公園を占用しようとするときは，公園管理者の許可を受けなければならない（6条1項）．

5 国の設置に係る都市公園における行為の禁止等 国の設置に係る都市公園においては，何人も，みだりに次に掲げる行為をしてはならない．①都市公園を損傷し，または汚損すること，②竹木を伐採し，または植物を採取すること，③土石，竹木等の物件を堆積すること，④そのほか，公衆の都市公園の利用に著しい支障を及ぼすおそれのある行為で政令で定めるもの，である（11条）．

また，国の設置に係る都市公園において次の各号に掲げる行為をしようとするときは，国土交通省令で定めるところにより，公園管理者の許可を受けなければならない．①物品を販売し，または頒布すること，②競技会，集会，展示会その他これらに類する催しのために都市公園の全部または一部を独占して利用すること，③そのほか，都市公園の管理上支障を及ぼすおそれのある行為で政令で定めるもの，である（12条1項）．

6 立体都市公園・公園保全立体区域 公園管理者は，都市公園の存する地域の状況を勘案し，適正かつ合理的な土地利用の促進を図るため必要があると認めるときは，都市公園の区域を空間または地下について下限を定めたもの（立体的区域）とすることができる（20条）．また，公園管理者は，立体都市公園について，当該立体都市公園の構造を保全するため必要があると認めるときは，その立体的区域に接する一定の範囲の空間または地下を，公園保全立体区域として指定することができる（25条1項）．

公園保全立体区域内にある土地・竹木・建築物その他の工作物の所有者または占有者は，その土地・竹木・建築物その他の工作物が立体都市公園の構造に損害を及ぼすおそれがあると認められる場合は，その損害を防止するための施設を設け，その他その損害を防止するため必要な措置を講じなければならない（26条1項）．

第3章　都市計画法関係

この立体的都市公園の制度は，土地の有効利用と都市公園の効率的な整備のために，都市公園と他の施設との立体的利用を可能にするためのものである（公園緑地行政研究会編『概説新しい都市緑地法・都市公園法』24頁（ぎょうせい，2005年），碓井・都市行政法精義Ⅰ544頁以下参照）．

●3　都市公園法運用指針

都市公園については，本法31条（都市公園の行政又は技術に関する勧告等）に基づく助言の一環として，国土交通省都市局の「都市公園法運用指針」（第1版は平成16年12月．現在は，第3版（平成29年6月））が作成されている．この運用指針は，「都市公園制度の趣旨や意図，法の円滑かつ適切な運用を図るに当たって望ましい運用のあり方やその際の留意事項等について原則的な考え方を示すことで，地方公共団体や地方整備局が都市公園の整備及び管理を行う際の参考に資すること」を目的としたものであるが，損失補償については何も触れていない．

●4　本法上の損失補償規定

本法で損失の補償について定めているのは，28条のみである．これは，公園管理者（地方公共団体の設置に係る都市公園にあっては当該地方公共団体，国の設置に係る都市公園にあっては国土交通大臣．2条の3参照）の監督処分によって損失を受けた場合の補償を定めた規定である．

前述のように，本法は，11条と12条において，「国の設置に係る都市公園における行為の禁止等」について定めている．しかし，これらの行為制限による損失の補償については，別段の定めは置かれていない．これは，おそらく，この程度の行為制限は財産権の内在的制約であり，無補償で受忍すべき範囲内にあるということであろう．

本法は，また，前述のように，26条において，「公園保全立体区域における行為の制限」について定めている．しかし，これらの制限についても損失補償の規定は置かれていない．おそらく，これもまた受忍限度内にあるということであろう．さらに，27条の「監督処分」についても，その1項による損失については補償の定めは置かれていないが，これは本人に責めに帰すべき事由があるということでる．

なお，行政財産の使用不許可による損失の補償については，国有財産法19

条や地方自治法238条の4においても問題となる．そこでの問題状況は，本法上のものとほぼ同じである（後述1008頁以下，1012頁参照．なお，奥宮京子＝高橋哲也「行政財産の使用権は『対等な権利』にあらず？」判例自治414号8頁（2017年）参照）．

第2款　監督処分に伴う損失の補償

> （監督処分に伴う損失の補償）
> 第28条
> ① 公園管理者は，この法律の規定による許可を受けた者が前条第2項の規定により処分をされ，又は必要な措置を命ぜられたことによつて損失を受けたときは，その者に対し通常受けるべき損失を補償しなければならない．
> ② 前項の規定による損失の補償については，公園管理者と損失を受けた者とが協議して定める．
> ③ 前項の規定による協議が成立しないときは，公園管理者は，自己の見積つた金額を損失を受けた者に支払わなければならない．この場合において，当該金額について不服がある者は，政令で定めるところにより，補償金額の支払を受けた日から30日以内に収用委員会に土地収用法（昭和26年法律第219号）第94条の規定による裁決を申請することができる．
> ④ 公園管理者は，第1項の規定による補償の原因となつた損失が前条第2項第3号の規定により処分をし，又は必要な措置を命じたことによるものであるときは，当該補償金額を当該理由を生じさせた者に負担させることができる．

● 1　本条の趣旨と要点

1　本条の趣旨

27条（監督処分）は，その2項において，公園管理者は，次の各号のいずれかに該当する場合には，本法の規定による許可を受けた者に対して，前項に規定する処分（許可の取消し等）をし，または同項に規定する必要な措置を命ずることができるとして，そのような場合として，①都市公園に関する工事のためやむを得ない必要が生じた場合（1号），②都市公園の保全または公衆の都市公園の利用に著しい支障が生じた場合（2号），③前2号に掲げる場合のほか，

都市公園の管理上の理由以外の理由に基づく公益上やむを得ない必要が生じた場合（3号）を掲げている．本条は，この27条2項の規定を受けて，許可の取消しの処分等を受けた者がこれによって損失を受けたときに，公園管理者が通常受けるべき損失を補償すべきことを定めたものである．

本条と同趣旨の規定は，道路法72条，河川法76条，海岸法12条の2等にも置かれている．

2 本条の要点

本条の要点は，補償の要否，補償の内容（範囲），補償の権利者・義務者，補償の手続，訴えの提起等である．

そのほかに重要な争点として，「公園施設設置管理更新拒否と損失補償の要否」という問題がある．これについては判例があり，見解の分かれるところである．これは，「行政行為の撤回と損失補償の要否」にも関連する問題である（さしあたり，宇賀・国家補償法419頁以下，横田光平「許可等の撤回と損失補償」行政法の争点166〜167頁参照）．これは，また，補償の内容（範囲）に関連する問題でもある．

●2 公園施設設置管理更新拒否と損失補償の要否

1 公園管理者以外の者が設置する公園施設

1 公園管理者の許可　公園管理者以外の者（第三者）が設置する公園施設としては，売店，レストラン等がある．先にも触れたが，5条1項は，公園管理者以外の者が都市公園に公園施設を設置・管理しようとするときは，条例（国の設置に係る都市公園にあっては国土交通省令）で定める事項を記載した申請書を提出して公園管理者の許可を受けなければならないと規定し，同条2項は，公園管理者は，次のいずれかに該当する場合に限り，前項の許可をすることができるとして，①当該公園管理者が自ら設置・管理することが不適当または困難であると認められるもの，②当該公園管理者以外の者が設置・管理することが当該都市公園の機能の増進に資すると認められるもの，を掲げている．そして，この設置・管理の期間は，10年を超えることができず，これを更新するときの期間についても，同様である（同条3項）．

2 都市公園法運用指針　前掲の「都市公園法運用指針〔第3版〕」は，5条の趣旨について，次のように述べている．「都市公園は，一般公衆の自由な

利用に供することを目的として設置される公共施設であるため，公園管理者である地方公共団体又は国が公園施設を自ら設け，かつ，自ら管理することを原則としてきたところであるが，公園施設の中には，売店，飲食店等公園管理者が自ら経営することが不適当なものや，専門性その他の理由により公園管理者が自ら設け又は管理することが困難な施設もあること，一方で都市公園の自由利用の原則から，公園管理者以外の者（以下……「第三者」という.）による公園施設の設置又は管理を無制限に許可することはできないことを考慮し，法第5条において『公園管理者が自ら設置又は管理することが不適当又は困難であると認められるもの』に限って第三者に公園施設の設置又は管理を許可してきたところである./しかしながら，環境やレクリエーションに対する国民のニーズの多様化，社会貢献に対する意識の高まり等を背景とした公園施設の設置や管理への地域住民等多様な主体の参画ニーズに対応するためには，地域の住民団体や民間事業者等多様な主体が，より主体的に自らの判断に基づき，都市公園の整備と管理を行えるようにすることが必要である．このため，平成16年の法改正により，法5条において，『当該都市公園の機能の増進に資する』場合についても，第三者に対し公園施設の設置又は管理を許可することができる旨，規定されたところである．」

2　許可についての裁量

このように，公園管理者以外の者も，公園管理者の許可を得て，公園施設を設置・管理することができるのであるが，この許可をするか否かについては，公園管理者に広い裁量があると解されている．秋田地判昭和47・4・3（判時665号49頁）は，「都市公園法5条2項に基づく公園施設の設置許可は講学上にいわゆる公物使用権の特許の性質を有し，許可するかどうかは公園管理者の自由裁量に属するものと解すべきである」と説示している．

問題は，更新の申請に対する許可・不許可についても，同様に公園管理者の広い裁量に委ねられるか否かということである．これが争われた訴訟がいくつか存在するが，緑地公園ゴルフ場管理更新不許可処分取消等請求事件において，横浜地判昭和53・9・27（判時920号95頁）は，一般論として，次のように判示している．「公園管理者以外の者に公園施設の設置または管理を許可するか否かは，都公法5条1項所定の要件（当該公園施設が，公園管理者自らが設置または管理することが不適当または困難であると認められるものであること．）の存す

る範囲内で公園管理者の合理的な裁量に委ねられているということができる．／しかし，右の許可に付せられた期間の満了に際し，これを更新するか否かについては，右の許可期間の定めが，当該公園施設の設置または管理許可の趣旨，目的に照らして不相当に短期のものである場合は，『正当な事由』のないかぎり，相当の期間が経過するまでは，公園管理者において右期間の更新が，それ相当の制約のもとに予定されていたものと解するのが相当である．」前掲秋田地判昭和 47・4・3 も，同趣旨のことを述べている．

3 更新拒否と補償の要否

現実にしばしば問題となるのは，許可の更新が許否された場合にも損失補償が必要となるか否かである．本条 1 項は，許可の取消し等による損失の補償を定めたものであるが，この規定が更新不許可（更新拒否）処分の場合にも準用（類推適用）されるべきか否かが問題となる．裁判例の中には，一般論として，「本件公園施設のような公園施設につき管理許可によって与えられた使用権は，それが期間の定めのある場合であれば，期間の満了によって当然に消滅するものと解するよりほかなく，使用権者は公園管理者に対して損失の補償を求めることはできない」と判示するもの（大阪城公園施設管理不許可損失補償請求事件の大阪地判平成 27・5・29 判例自治 406 号 54 頁）があるが，このように単純に解することができるか否か，やや疑問の残るところであろう．

4 緑地公園ゴルフ場管理更新不許可処分取消等請求事件

1 事案の概要　　これが問題なったのは，緑地公園ゴルフ場管理更新不許可処分取消等請求事件である．原告は，川崎市の都市公園の生田緑地内の土地を戦後ゴルフ場として造成し，経営してきて，昭和 32 年 4 月 1 日以降は本法 5 条 2 項の規定に基づき川崎市長の管理許可を得ていたが，昭和 42 年に川崎市長から更新不許可処分を受けたため，その取消しや損失補償等を求めて出訴した．

2 判決　　ここでは，損失補償についての判示部分のみを紹介する．前掲横浜地判昭和 53・9・27 は，「本件更新不許可処分は，実質的には，都公法 11 条 2 項〔現 27 条 2 項，筆者注〕の『公益上の必要の発生』を理由とする本件ゴルフ場管理許可期間中における取消（撤回）に準ずるべきであるから，右処分により倶楽部側が受けた損失については，同法 12 条 1 項〔現 28 条 1 項，筆者

注〕の規定を類推適用し，市は倶楽部側に対し『通常受けるべき損失』に該当する範囲の補償をすべきものと解するを相当とする」と判示している．

● 3　補償の内容

1　「通常受けるべき損失」の補償

補償の内容（範囲）は，「通常受けるべき損失」（通損）の補償である．通常受けるべき損失とは，「通常生ずべき損失」と同義であり，監督処分（許可の取消し等）と相当因果関係にある損失である．この点については，これまで述べてきたところが，ほぼそのまま当てはまる（前述196頁以下，332頁，463頁等参照）．

2　判例の動向

「通常受けるべき損失」の範囲が争われたいくつかの訴訟の判例動向をみることにしよう．損失補償の要否にも関連する判例動向である．

1　緑地公園ゴルフ場管理更新不許可処分取消等請求事件

(1)　**事案の概要**　事案の概要は，上述したとおりである．前掲横浜地判昭和53・9・27の説示するところによれば，本件ゴルフ場は，本法所定の公園施設として一定の効用を果たしてきたにしても，ゴルフ場は，本来その土地利用の態様等からして公園施設としては極めて変則的，例外的な形態のものであり，川崎市の人口激増，公害問題の深刻化，都市公園増設の必要性の増大等に鑑みれば，本件ゴルフ場を廃止し，この用地を一般市民の散策・休息の場として，その自由な利用に供し，これを都市公園本来の在るべき姿に近づけてその効用を十分に発揮させようとする現実の差し迫った必要性が存したことは明らかであるから，本件更新不許可処分には市長の裁量権行使の違法は認められない，ということである．

(2)　**判決の概要**　前掲横浜地判昭和53・9・27は，本件損失補償の請求は不適法なものとはいえないとした上で（この点については，後述する），12条1項（現28条1項）を類推適用して，通常受けるべき損失の範囲について，次のように判示している．「損失補償の制度は，行政上の適法行為によって私人に生じる損失のうち，当該私人においてこれを受忍すべき範囲を超える『特別の犠牲』について，公平負担の見地からこれを調整しようとするものであり，都公法12条1項が『許可を受けた者が同法11条2項の規定により監督処分を発

動されたことにより受けた損失のうち「通常受けるべき損失」についてのみ補償を要する』旨を規定しているのも右の趣旨を表したものであるということができる。/そして，当該損失が，右の『通常受けるべき損失』に該当するか否かを考慮するについては，都公法5条2項に基づく公園施設の設置あるいは管理の許可のごときいわゆる公物使用の特許にあっては，その撤回（本件にあっては，更新の不許可）は，右特許により私人に対し特別に付与された権益を剥奪するとしても，当該私人をこれにより一般人と同様の地位に引戻すものに過ぎず，またそもそも右の如き特許使用の関係は，当初より都公法所定の公益上の必要が生じた場合は，公園管理者において右許可を取消（撤回）することにより，一方的に終了せしめられるとの制約の下に成立しているものであって（都公法12条1項），全く偶発的に剥奪せしめられる公用収用のごとき場合とは，自ずからその利益状況を異にするものであることを前提にすべきものである。」「都公法11条2項，同条1項によれば，本件のごとき公園施設の管理許可は，『公益上やむを得ない必要が生じた場合』は，公園管理者において，いつでも，これを取消（撤回）することができる（なお同法5条1項，2項参照）のである。換言すれば，右管理許可により付与された管理権は，それ自体右の公益上の必要が生じたときには，撤回されるという制約が内在しているものとして与えられているのであるから，右許可を受けた者は，当該公園施設につき右の公益上の必要が生じたときは，原則上，受忍の範囲内として，公園管理者に対し右管理権を保有する実質的理由を喪失し，かつ，右管理者の右許可の取消（撤回）により右権利は消滅するに至るものと解するのが相当である。従って，特別の事情がないかぎり，右管理許可を取消（撤回）された者は，右管理権自体の消滅という損失を受けたとしても，都公法12条1項所定の『通常受けるべき損失』に該当せず，これが補償を求めることはできないというべきである（最高裁昭和49年2月5日判決，民集28巻1号1頁参照）。」

同判決は，このように述べた上で，本件には「特別の事情」が認められるとして，当該土地はゴルフ場側の寄与なくしては現在のごとく確保・維持・形成できなかったものである以上，この寄与分の未償却部分として，現在評価額を基礎にし，かつ，本件更新不許可処分時に遡及推計して9億円を損失補償として認めるのが相当であるとし，そのほか，ゴルフ用地上の建物等（クラブハウス等）の収去費用をも通常受けるべき損失として認容している。

2 大阪城公園施設管理更新不許可損失補償請求事件

(1) **事案の概要**　原告は, 大阪城公園において, 平成8年4月1日から期間を1年または3年として公園施設の管理許可を受けて, 売店・食堂を経営してきた. 原告が, 平成25年1月30日付けで, 期間を平成25年4月1日から平成26年3月31日までの1年間の本件公園施設の管理許可申請 (更新許可申請) をしたところ, 大阪市長はこの更新の申請に対して不許可処分をした. そこで, 原告は, 同年5月2日, 本件公園施設を明け渡した上で, 大阪市に対して, 本件不許可処分は期間の定めのない管理許可の撤回と同視できるものであり, 本法28条の適用もしくは類推適用, または国有財産法19条, 24条の類推適用により, 被告は原告に対して損失補償すべきであるとして, 4000万円余の損失補償を訴求した.

(2) **判決の概要**　前掲大阪地判平成27・5・29は, 最判昭和49・2・5 (民集28巻1号1頁) を引用して, 次のように判示している.「上記使用権は, それが期間の定めのない場合であっても, 当該公園施設本来の用途又は目的上の必要を生じたときはその時点において原則として消滅すべきものであり, また, 権利自体に上記のような制約が内在しているものとして付与されているものとみるのが相当であって, 使用権者は公園管理者に対して当該使用権喪失について損失の補償を求めることはできないが, 使用権者が管理許可を受けるに当たりその対価の支払をしているが当該公園施設の使用収益により上記対価を償却するに足りないと認められる期間内に当該公園施設に上記の必要を生じたとか, 使用許可に際し別段の定めがされている等により, 公園施設についての上記の必要にかかわらず使用権者がなお当該使用権を保有する実質的理由を有すると認めるに足りる特別の事情が存する場合には, 例外的に, 公園管理者に対して当該使用権喪失について損失の補償を求めることができると解すべきである (最高裁昭和49年2月5日第三小法廷判決・民集28巻1号1頁参照).」

同判決は, このような一般論を展開した上で, 結論として,「原告に対する本件公園施設の管理許可は, 仮に開始当初は実質的に期間の定めのないものと解する余地があったとしても, 遅くとも, 平成24年4月1日付けで本件公園施設の管理許可がされた時点では, 実質的に期間の定めのなかったものということはできず, 期間を1年とされていたものというべきであって (なお, 本件不許可処分に公益的理由があったか否かは, 上記判断を直ちに左右するものではない.), 本件公園施設の管理許可は, その期間の終期である平成25年3月31日

の経過をもって期間の満了によって当然に消滅するのであり，本件不許可処分を管理許可の撤回と同視することはできないから，原告は，公園管理者である被告に対して，損失の補償を求めることはできないというべきである」と判示している（本判決については，奥宮＝高橋・前掲 6 頁以下参照）．

3 その他の関連判例 そのほか，本条に直接関連するものではないが，使用権喪失に対する補償の要否，補償の内容に関する判例として，次のようなものがある．東京都築地中央卸売市場使用許可撤回事件（前掲最判昭和 49・2・5），道路占用許可取消損失補償請求事件（東京地判昭和 47・8・28 判時 691 号 40 頁），河川敷ゴルフ場占用許可取消損害賠償請求事件（東京高判昭和 51・4・28 判時 828 号 46 頁）等であるが，これらについては，第 11 章の「国有財産法・地方自治法関係」で詳説する（1003 頁以下参照）．

3 学説の動向

　授益的行政行為の撤回による損失に対して補償が必要であるか否かの問題については，かつての通説は，公用収用に準じて，憲法 29 条 3 項に従って「正当な補償」を必要とすると解していた（田中・行政法上 155 頁以下，今村・国家補償法 65 頁，原・公物営造物法 310 頁，兼子仁『行政法総論』219 頁（筑摩書房，1983 年）等参照）．しかし，問題意識は必ずしも明確なものではなく，一般的概説的に説かれていたにすぎなかった．そこでいう「正当な補償」の内容については，ほとんど論議されていなかったのである．ところが，東京都中央卸売市場事件の控訴審判決（東京高判昭和 44・3・27 高民集 22 巻 1 号 181 頁）を契機にして，多くの判例評釈等が公刊されるようになった．

　学説は，使用権喪失自体に対する補償（権利対価補償）を否定する動向にあるが，東京都築地中央卸売市場使用許可撤回事件の前掲最判昭和 49・2・5 の評価に関するものが大半であるので，第 11 章の「国有財産法・地方自治法関係」で詳説することにする（後述 1024 頁以下参照）．

●4 補償の権利者・義務者

　補償権利者は，公園管理者の当該監督処分（許可の取消し等）によって損失を受けた者である．補償義務者は 監督処分を行った公園管理者（地方公共団体の設置に係るものについては当該地方公共団体，国の設置に係るものについては国土交通大臣の属する国）である．

● 5 補償の手続・訴えの提起

1 補償の手続

1 当事者の協議 損失の補償については，公園管理者と損失を受けた者とが協議して定める．協議の対象となるのは，損失の発生の有無，損失の内容（範囲），因果関係，補償額，補償時期等である．

前掲の緑地公園ゴルフ場管理更新不許可処分取消等請求事件においては，「協議」が行われていなかった．この点について，前掲横浜地判昭53・9・27は，市側に「協議」や「見積り金額の支払」をなす意思が全くなかったので，この手続の不履行であるとはいえず，損失補償請求を不適法とする理由にはならない，と判示している．

2 協議が成立しない場合 協議が成立しない場合は，公園管理者は，自己の見積もった金額を損失を受けた者に支払わなければならない．

上記の見積額に不服のある者は，政令で定めるところにより，補償金額の支払いを受けた日から30日以内に収用委員会に収用法94条の規定による裁決を申請することができる．本条3項は，収用法の「第94条の規定による裁決を申請することができると」しているだけで，これまで取り上げてきた他の法律の条項，例えば，都市緑地法7条6項が「第94条第2項の規定による裁決を申請することができる」と規定しているのと，若干相違している．これが，手続上の相違を意味するのか否かは必ずしも定かではないが，おそらく内容的には同じ趣旨ではないかと思われる．

2 訴えの提起

1 訴えの提起の可否 収用委員会の裁決に不服がある場合に，裁判所に訴えを提起することができるか否かについては，本条にも本法の他の規定にも，明文の規定は置かれていない．収用委員会に収用法94条の規定による裁決を申請することができる，と規定しているだけである．しかし，これまで度々説いてきたように，法律上の争訟である限り，最終的には裁判所の判断を求めることができるはずである．この場合には，収用法133条の規定が適用ないし類推適用されるが，出訴期間については，133条2項の特則を定めている同法94条9項の規定によらなければならない．94条（2項）の規定による収用委員会への裁決の申請が認められているのであるから，訴えの提起についても同条9

項の規定が準用されるものと解すべきであろう（前述532頁以下参照）．したがって，裁決書の正本の送達を受けた日から60日以内に，損失があった土地の所在地の裁判所に対して訴えを提起することができる．

2 裁決前置主義 訴えを提起するについて収用委員会の裁決を経ていなければならないか否かについては，これまで説いてきたように，裁決前置主義が採られていると解するのが，判例・学説の大勢である．

ところが，先に紹介した緑地公園ゴルフ場管理更新不許可処分取消等請求事件の前掲横浜地判昭和53・9・27は，次のように述べて，裁決を経ていない本件損失補償請求を不適法なものとはいえない，と判示している．「なお，収用委員会の裁決を経由していない点である．右都公法12条3項のように単に『裁決を申請することができる』旨規定しているに過ぎない場合においても，これを『裁決を申請しなければならない』と読み換え，裁決を経由することを出訴の適法要件と解すべきかは問題である．しかし，本件の場合，明文を欠き，都公法12条1項の規定を類推し，倶楽部側に対する損失補償を認めようとするものであって，右の法律解釈（右請求権の存否自体）が周知されているとはいい難いのであるから，本件においても右裁決を経ることを要するとなせば，倶楽部側に無用の時間を空費させる虞れがなきにしもあらず，収用委員会の裁決を経由していない本件損失補償の請求を不適法なものということはできないと解するのが相当である．」

裁決を経ていない訴えの提起を不適法として却下すべきか否かについては，他の法律でも若干争いのあるところである（前述531頁参照）が，裁判例の多くは出訴の適法要件であると解している．本条のように，収用法の「第94条の規定による裁決を申請することができる」とだけ規定しているにすぎないような場合には，いずれの解釈が妥当であるか疑問の余地がないわけではないが，収用法94条の趣旨からすれば，このような規定の場合においても裁決前置主義が採られているものと解釈すべきではないかと思われる．

第4章　農地法関係

第1節　概　説

● 1　農地法関係

　農地法関係として，ここでは，農地法と土地改良法を取り上げる．いずれも農業生産の増大を目的にしたものである．

　農地は，国内の農業生産の基礎であり，貴重な資源である．そのためには，農地の転用制限や買収，農地の改良・開発等が必要となる．

● 2　農地法関係における損失補償

　上記の法律は，農地の国による買収，あるいは，換地処分に伴う権利関係の変動等について規定している．これらによる損失に対しては，「対価」あるいは「清算」という用語を使用しており，「補償」という用語を使用しているのは，農地法49条5項と土地改良法53条の8第1項のみである．しかし，対価も清算も，その性質は損失補償であると理解することができる．

第2節　農地法

第1款　概　説

● 1　本法の趣旨

[1]　本法の沿革

　農地法（以下，本節において「本法」という）は，戦後の農地改革による自作農体制を確立するために1952（昭和27）年に制定された．本法は，農地改革の成果を維持して，耕作者の地位の安定と農業生産力の増進を図ろうとするものであった（加藤一郎『農業法』115～116頁（有斐閣，1985年）参照）．農業に関

第**4**章　農地法関係

する法体系の基本法としての地位を占めている．

2　本法の目的

　本法の究極の目的は，耕作者の地位の安定と国内の農業生産の増大を図ることにある．1条は，次のように規定している．「この法律は，国内の農業生産の基盤である農地が現在及び将来における国民のための限られた資源であり，かつ，地域における貴重な資源であることにかんがみ，耕作者自らによる農地の所有が果たしてきている重要な役割も踏まえつつ，農地を農地以外のものにすることを規制するとともに，農地を効率的に利用する耕作者による地域との調和に配慮した農地についての権利の取得を促進し，及び農地の利用関係を調整し，並びに農地の農業上の利用を確保するための措置を講ずることにより，耕作者の地位の安定と国内の農業生産の増大を図り，もつて国民に対する食料の安定供給の確保に資することを目的とする．」

3　運用上の配慮

　63条の2は，本法の「運用上の配慮」として，次のように規定している．「この法律の運用に当たつては，我が国の農業が家族農業経営，法人による農業経営等の経営形態が異なる農業者や様々な経営規模の農業者など多様な農業者により，及びその連携の下に担われていること等を踏まえ，農業の経営形態，経営規模等についての農業者の主体的な判断に基づく様々な農業に関する取組を尊重するとともに，地域における貴重な資源である農地が地域との調和を図りつつ農業上有効に利用されるよう配慮しなければならない．」

4　本法の関連法令

　本法の関連法令としては，土地改良法，農山漁村活性化法，食料・農業・農村基本法，生産緑地法，農業災害補償法，農業振興地域の整備に関する法律等がある．

●2　本法の構成

　上記の目的を達成するため，本法は，種々の仕組みを設けている．損失補償に関連するもので，その主要なものを次に取り上げることにする．

第 **2** 節　農地法

1　用語の定義
1　農地・採草放牧地　　農地とは，耕作の目的に供される土地をいう．採草放牧地とは，農地以外の土地で，主として耕作または養畜の事業のための採草または家畜の放牧の目的に供されるものをいう（2条1項）．農地・採草放牧地を定義することによって，権利移動や転用制限の適用範囲を画している（加藤・前掲118頁参照）．採草放牧地は，農地と一応区別されているが，農地に準じて扱われている．

2　農地所有適格法人　　農地所有適格法人とは，農事組合法人，株式会社，持分会社で，事業要件・法人形態要件・構成員要件・業務執行役員要件等の要件を全て満たしているものをいう（2条3項）．

2　権利移動・転用の制限等
1　農地・採草放牧地の権利移動の制限　　農地または採草放牧地について所有権を移転し，または地上権，永小作権，質権，使用貸借による権利，賃借権もしくはその他の使用および収益を目的とする権利を設定し，もしくは移転する場合には，一定の場合を除いて，政令で定めるところにより，当事者が農業委員会の許可を受けなければならない（3条1項）．

2　農地の転用の制限　　農地を農地以外のものにする者は，一定の場合を除いて，都道府県知事（農地または採草放牧地の農業上の効率的かつ総合的な利用の確保に関する施策の実施状況を考慮して農林水産大臣が指定する市町村（指定市町村）の区域内にあっては，指定市町村の長．以下「都道府県知事等」という）の許可を受けなければならない（4条1項）．

3　農地または採草放牧地の転用のための権利移動の制限　　農地を農地以外のものにするため，または採草放牧地を採草放牧地以外のもの（農地を除く）にするため，これらの土地について3条1項本文に掲げる権利を設定し，または移転する場合には，一定の場合を除いて，当事者が都道府県知事等の許可を受けなければならない（5条1項）．

3　国の買収
農地所有適格法人が農地所有適格法人でなくなった場合において，その法人もしくはその一般承継人が所有する農地もしくは採草放牧地があるとき，またはその法人およびその一般承継人以外の者が所有する農地もしくは採草放牧地

でその法人もしくはその一般承継人の耕作もしくは養畜の事業に供されているものがあるときは，一定の場合を除いて，国がこれを買収する（7条1項）．

この7条1項の規定による農地買収制度の趣旨について，「農地法関係事務に係る処理基準について」（農林水産事務次官通知・平成12年6月1日（構改B第404号），最近改正平成28年8月16日（経営第1242号））は，「法第7条第1項の規定による農地等の買収は，農地所有適格法人の要件を充足しない法人が農地等を所有し，又は利用し続けるという状態を解消するための措置である．／このため，同項にいう農地所有適格法人でなくなったかについては，ある特定の時点をとらえて判断するのではなく，農地所有適格法人の要件を再び充足することが困難であり，当該要件を欠いた状態のまま，農地等を所有し，又は利用し続けると認められるかによって判断するものとする．したがって，理事等のうちその法人の常時従事者たる構成員が占める割合が一時的に過半でなくなった場合等，農地所有適格法人の要件を再び充足すると見込まれる場合は，農地所有適格法人でなくなった場合との取扱いは行わないものとする」（別紙1第8・2）と説明している（なお，宮崎直己『設例農地法入門』49頁（新日本法規，2010年）参照）．

3 本法上の損失補償規定

本法は，損失補償について，農地・採草放牧地の買収の「対価」（10条），付帯施設の買収の場合の10条の準用（12条），立入調査による「通常生ずべき損失の補償」（49条5項）の規定を設けている．

第2款　農地の買収の対価

（対価）
第10条
① 前条第1項第3号の対価は，政令で定めるところにより算出した額とする．
② 買収すべき農地若しくは採草放牧地の上に先取特権，質権若しくは抵当権がある場合又はその農地若しくは採草放牧地につき所有権に関する仮登記上の権利若しくは仮処分の執行に係る権利がある場合には，これらの権利を有する者から第8条第2項の期間内に，その対価を供託しないでもよい旨の

> 申出があつたときを除いて、国は、その対価を供託しなければならない。
> ③　略
> ④　略

1　本条の趣旨と要点

1　本条の趣旨

　本条は、農地を買収する場合の「対価」について定めたものである。

　農業委員会は、7条1項の規定により国が農地または採草放牧地を買収すべき場合には、遅滞なく、農地・採草放牧地の所有者の氏名・住所、農地・採草放牧地の所在・面積等を記載した関係書類を農林水産大臣に送付しなければならない（8条1項）。そして、農林水産大臣は、送付された関係書類に記載されたところに従い、遅滞なく、次に掲げる事項を記載した買収令書を作成し、これをその農地・採草放牧地の所有者に、その謄本をその農業委員会に交付しなければならない（9条1項）。買収令書に記載すべき事項として、買収の期日、対価、対価の支払いの方法等が挙げられている。

2　本条の要点

　本条の要点は、対価の性質、対価の内容（範囲）、対価の権利者・義務者、対価の手続、訴えの提起等である。いずれの点についても、判例・学説上の対立は見当たらない。

2　対価の性質

　本法では、補償ではなくて、「対価」という用語が使用されている（本条のほか、9条、11条、53条、55条）。そこで、この「対価」が損失補償と性質を異にするものであるか否かが問題となる（前述31頁参照）。この点については、詳論したものは見当たらないが、一般に、農地法上の対価は「講学上の損失補償を意味する」と説かれている（宇賀・国家補償法392頁。なお、下山・国家補償法266頁参照）。

3　対価の内容

　本条1項によれば、対価は「政令で定めるところにより算出した額」とされ

ている.

　そこで，施行令をみると，18条は，1項において，「法第9条第1項第3号の対価は，買収すべき農地又は採草放牧地の近傍の地域で自然的，社会的，経済的諸条件からみてその農業事情がその土地に係る農業事情と類似すると認められる一定の区域内における農地又は採草放牧地（所有権に基づいて耕作又は養畜の目的に供されているものに限る．以下この項において「近傍類似農地等」という．）についての耕作又は養畜の事業に供するための取引（……）の事例が収集できるときは，当該事例における取引価格にその取引が行われた事情，時期等に応じて適正な補正を加えた価格を基準とし，当該近傍類似農地等及び買収すべき農地又は採草放牧地に関する次に掲げる事項を総合的に比較考量し，必要に応じて次項各号に掲げる事項をも参考にして，算出するものとする．」と規定し，総合的に比較考量すべき事項として，①位置，②形状，③環境，④収益性，⑤そのほか，一般の取引における価格形成上の諸要素，を挙げている．また，2項において，「前項の対価は，同項に規定する事例が収集できないときは，次に掲げる事項のいずれかを基礎とし，適宜その他の事項を勘案して，算出するものとする．」と規定し，①借賃，地代，小作料等の収益から推定されるその土地の価格，②買収すべき農地または採草放牧地の所有者がその土地の取得および改良または保全のため支出した金額，③その土地についての固定資産税評価額その他の課税の場合の評価額，を挙げている．

●4　対価の権利者・義務者

　対価の権利者は，農地・採草放牧地の所有者であるが，当該農地・採草放牧地の上に先取特権，質権，抵当権を有する者は，供託された対価に対してその権利を行使することができる（11条2項）．対価の義務者は国である．

●5　対価の手続・訴えの提起

1　対価の手続

　国が買収令書に記載された買収の期日までにその買収令書に記載された対価の支払いまたは供託をしたときは，その期日に，その農地または採草放牧地の上にある先取特権，質権，抵当権等は消滅し，その農地また採草放牧地についての所有権に関する仮処分の執行は効力を失い，その農地または採草放牧地の所有権は国が取得する（11条1項）．国が買収令書に記載された支払いまたは

供託をしないときは，その買収令書は失効する（同条3項）．

2 訴えの提起

買収令書の交付（9条1項）の裁定についての審査請求においては，その「対価」の額についての不服をその処分についての不服の理由とすることができない（53条1項）．その代わり，9条に規定する対価に不服がある者は，対価に係る処分のあった日から6か月以内に，国を被告にして増額請求訴訟提起することができる（55条1項・2項）．この訴訟は，行訴法4条前段の形式的当事者訴訟に当たる．

第3款 立入調査に伴う損失の補償

> **（立入調査）**
> **第49条**
> ① 農林水産大臣，都道府県知事又は指定市町村の長は，この法律による買収その他の処分をするため必要があるときは，その職員に他人の土地又は工作物に立ち入つて調査させ，測量させ，又は調査若しくは測量の障害となる竹木その他の物を除去させ，若しくは移転させることができる．
> ②～④ 略
> ⑤ 国又は都道府県等は，第1項の土地又は工作物の所有者又は占有者が同項の規定による調査，測量又は物件の除去若しくは移転によつて損失を受けた場合には，政令で定めるところにより，その者に対し，通常生ずべき損失を補償する．
> ⑥ 略

1 本条の趣旨と要点

1 本条の趣旨

本条は，農林水産大臣または都道府県知事等に，買収その他の処分をするため必要があるときに，その職員に他人の土地または工作物へ立ち入って，調査・測量をし，または調査・測量の障害となる竹木等を除去・移転する権限を与えるとともに，それによって生じた損失の補償について定めたものである．収用法91条をはじめとして，多くの他の法律が定めている立入補償の規定と

第4章 農地法関係

ほぼ同趣旨のものである．

2 本条の要点

本条の要点は，補償の要否，補償の内容（範囲），補償の権利者・義務者，補償の手続，訴えの提起等である．収用法91条等の規定についてとほぼ同様である．

●2 補償の要否

補償が必要となるのは，調査・測量，物件の除去・移転によって受忍限度を超えた損失を被った場合である．立入調査等に伴う損失は，通常は軽微で，受忍限度内にとどまる場合が多いのではないかと思われる．

●3 補償の内容

補償の対象は，「通常生ずべき損失」（通損）である．立入調査等と相当因果関係がなければならない．この点についても，これまで収用法91条をはじめとする諸法律の該当規定について述べてきたところとほぼ同様である（前述388頁等参照）．

●4 補償の権利者・義務者

補償権利者は，調査・測量，物件の除却・移転によって損失を受けた者である．補償義務者は，国または都道府県等である（施行令31条参照）．

●5 補償の手続・訴えの提起

1 補償の手続

補償の手続については，特段の規定は置かれていない．損失を受けた者と国または都道府県等と協議して定めることになるものと思われる．

2 訴えの提起

訴えの提起についても，特段の規定は置かれていない．しかし，最終的には裁判所の判断を求めることができるものと解すべきである．したがって，当事者間での協議が整わなければ，国または都道府県等を被告にして増額請求訴訟を提起することができる．この場合の訴訟は，行訴法4条後段の実質的当事者

訴訟に当たる．

第3節　土地改良法

第1款　概　説

● 1　本法の趣旨

1　本法の沿革

　土地改良に関する法制度は，1899（明治32）年の耕地整理法によって確立された．この法律においては，耕地整理とは，耕地の利用を増進する目的をもってその所有者が共同して土地の交換・分合，区画形状の変更，道路・畦・溝渠の変更廃置を行うことをいう，とされていた（同法1条）．交換分合による分散所有地の集団化，区画の正形化，道路の直線化等による既耕地の耕作の改良が意図されていた．

　しかし，このような「耕地整理」によって生産力を増進させることは，小規模な水田経営の多い我が国では極めて困難であった．また，この法律においては，土地改良，特に灌漑排水設備の新設改良は主目的とされていなかった．生産力を増進させるために，灌漑排水の設計や暗渠の埋設を推進するための法改正が明治38年，42年，大正3年，同8年，昭和6年，同22年に相次いで行われたが，いずれも抜本的な改正には至らなかった．そこで，戦後の復興過程における食糧問題の解決を視野に置きつつ，1949（昭和24）年に耕地整理法に代わって土地改良法（以下，本節において「本法」という）が制定された．本法は，制定後も，昭和28年，32年，39年，47年，59年，平成3年，13年等，しばしば大きな改正を受けている（本法の沿革については，農地局監修『土地改良法解説』3頁以下（全国土地改良事業団体連合会，1965年．以下，「農地局監修・解説」という）参照）．

2　本法の目的

　本法は，1条において，「目的及び原則」と題して，「①この法律は，農用地の改良，開発，保全及び集団化に関する事業を適正かつ円滑に実施するために必要な事項を定めて，農業生産の基盤の整備及び開発を図り，もつて農業の生

産性の向上，農業総生産の増大，農業生産の選択的拡大及び農業構造の改善に資することを目的とする．②土地改良事業の施行に当たつては，その事業は，環境との調和に配慮しつつ，国土資源の総合的な開発及び保全に資するとともに国民経済の発展に適合するものでなければならない．」と規定している．農業の生産性の向上，農業総生産の増大，農業生産の選択的拡大および農業構造の改善を目的として掲げている．2項の「環境との調和への配慮」は，平成13年改正によって盛り込まれたものである．

③ 本法の関連法令

本法の関連法令としては，農地法，土地区画整理法，都市計画法，農山漁村活性化法，食料・農業・農村基本法，農業災害補償法，生産緑地法等がある．本法は，土地区画整理法と極めて類似した仕組みを設けている．

●2 本法の構成

上記の目的を達成するため，本法は種々の仕組みを設けている．損失補償に関連するもので，その主要なものを次に取り上げることにする．

① 用語の定義

1 農用地 農用地とは，耕作の目的または主として家畜の放牧の目的もしくは養畜の業務のための採草の目的に供される土地をいう（2条1項）．

2 土地改良事業 土地改良事業とは，本法により行う次に掲げる事業をいう．①農業用用排水施設，農業用道路その他農用地の保全または利用上必要な施設（土地改良施設）の新設・管理・廃止・変更，②区画整理，③農用地の造成，④埋立て・干拓，⑤農用地・土地改良施設の災害復旧，⑥農用地に関する権利並びにその農用地の利用上必要な土地に関する権利，農業用施設に関する権利および水の使用に関する権利の「交換分合」，⑦その他農用地の改良・保全のため必要な事業，である（2条2項）．

3 土地改良区 土地改良区とは，本法に基づき，一定の地区内で土地改良事業を行うことを目的として設立される法人をいう（5条以下，13条）．名称独占が認められている（14条）．

4 利害関係人 利害関係人とは，当該土地改良事業に関係のある土地またはその土地に定着する物件の所有者，当該土地改良事業に関係のある水面につき漁業権または入漁権を有する者その他これらの土地，物件または権利に関

し権利を有する者をいう（9条1項）．

2 土地改良事業の主体
　土地改良事業の主体は，土地改良区，国，都道府県，市町村，農業協同組合，農業協同組合連合会，農地利用集積円滑化団体，農地中間管理機構，3条に規定する資格を有する者，である．本法は，土地改良区の行う土地改良事業を中心にして規定している（5条〜84条）．

3 土地改良長期計画の作成
　農林水産大臣は，土地改良事業の計画的な実施に資するため，食料・農業・農村政策審議会の意見を聴いて，政令で定めるところにより，土地改良事業に関する長期の計画（土地改良長期計画）の案を作成し，閣議の決定を経て，その概要を公表しなければならない（4条の2第1項・第5項）．

4 土地改良区の換地計画
　1 換地計画の決定・認可　土地改良区は，その行う土地改良事業につき，その事業の性質上必要があるときは，当該土地改良事業の施行に係る地域につき，換地計画を定め，都道府県知事の認可を受けなければならない（52条1項）．
　2 換地計画　換地計画においては，農林水産省令の定めるところにより，次の事項を定めなければならない．①換地設計，②各筆換地明細，③清算金明細，④換地を定めない土地その他特別の定めをする土地の明細，⑤その他農林水産省令で定める事項，である（52条の5）．また，換地計画においては，当該換地および従前の土地について，農林水産省令の定めるところにより，それぞれその用途，地積，土性，水利，傾斜，温度その他の自然的条件および利用条件を総合的に勘案して，当該換地が従前の土地に照応するように定められなければならない（53条1項2号）．
　3 換地処分　本法は，換地処分についての定義規定を置いていない．そこで，文献においては，換地処分の定義についての諸説を検討した上で，「換地計画に係る区域の工事前の土地（従前の土地）について，一斉に，その土地の所有者及びその土地の上に存在する権利の権利者に対し，従前の土地に代えて，区画形質の変更された土地（換地）を終局的に指定する行政庁の処分であ

り，それによって，換地は従前の土地とみなされ，従前の土地について存する権利は消滅するが，換地について従前の土地に有したと同一の権利を取得せしめること」と定義しているものがある（大場民男『新版土地改良法換地下』326頁（一粒社，1990年．以下，「大場・土地改良法換地下」という））．

換地処分は，当該換地計画に係る土地につき5条7項に掲げる権利を有する者に対し，その換地計画において定められた関係事項を通知して行われる（54条1項）．換地処分は，当該換地計画に係る地域の全部について当該土地改良事業の工事が完了した後に，遅滞なく行わなければならない（同条2項）．

4 換地処分の効果および清算金　換地処分があった旨の都道府県知事の公告があった場合には，当該換地計画に定める換地は，その公告のあった日の翌日から従前の土地とみなされ，その換地計画において換地を定めなかった従前の土地について存する権利は，その公告のあった日限り消滅する（54条の2第1項）．換地計画において定められた清算金は，換地処分の公告があった日の翌日において確定する（同条4項）．

5　交換分合

1　交換分合の意義と実施主体　交換分合とは，土地の区画形質を変更しないで，土地の所有権やその他の権利を移転し，または設定して，土地の集団化を図ることをいう．前記の「換地処分」も土地の集団化を図るものであるが，換地処分は，区画形質の変更を伴って権利の移動を行うものであるのに対して，交換分合は，区画形質の変更を行わないで権利の移動のみを行うものである．両者は，この点において相違する（大場・土地改良法換地下465頁，細田進『Q＆A土地改良の理論と登記実務〔改訂版〕』21頁以下（日本加除出版，2012年．以下，「細田・Q＆A」という）参照）．

交換分合を行うことができるのは，農業委員会，土地改良区，農業協同組合，農地利用集積円滑化団体，農地中間管理機構，市町村である（97条，99条，100条）．

なお，付言すれば，最判昭和35・12・21（民集14巻14号3157頁）は，交換分合は憲法29条3項に違反しない，と判示している．

2　農業委員会の行う交換分合計画　権原に基づき耕作または養畜の業務を営む者2人以上が，農林水産省令の定めるところにより，これらの者が耕作または養畜の目的に供している農用地を含む一定の農用地を定め，その農用地

について所有権，地上権，永小作権，質権，賃借権，使用貸借による権利またはその他の使用および収益を目的とする権利を有する者の2分の1以上の同意を得てその一定の農用地に関し2条2項6号に掲げる事業（交換分合）を行うべきことを請求した場合において，その農用地が1の市町村の区域内にある場合にあっては当該農業委員会が，その農用地が2以上の市町村の区域にわたる場合にあっては当該関係農業委員会がその協議により，その請求を相当と認めるときは，その農用地に関し交換分合を行うため交換分合計画を定める（97条1項）．上記の請求がない場合においても，特に必要があると認めるときは，交換分合すべき農用地が1の市町村の区域内にある場合にあっては当該農業委員会が，その農用地が2以上の市町村の区域にわたる場合にあっては当該関係農業委員会がその協議により，農林水産省令の定めるところにより，交換分合を行うべき農用地および交換分合計画の概要を公告し，その農用地について同項に掲げる権利を有する者の2分の1以上の同意を得て，その農用地につき交換分合計画を定めることができる（同条2項）．

　農業委員会または関係農業委員会は，遅滞なく当該交換分合計画について都道府県知事の認可を受けなければならない（98条8項）．都道府県知事は，この認可をしたときは，遅滞なくその旨を公告しなければならない（98条10項）．

3　土地改良区の行う交換分合
土地改良区は交換分合を行おうとする場合には，交換分合計画を定め，都道府県知事の認可を受けなければならない（99条1項）．都道府県知事は，この認可をしたときは，遅滞なくその旨を公告しなければならない（同条12項）．

4　農業協同組合等，市町村の行う交換分合計画
農業協同組合等や市町村の行う交換分合計画についても，同趣旨の規定が置かれている（100条，100条の2）．

5　交換分合計画の定め方
交換分合計画は，耕作または養畜の業務を営む者の農用地の集団化その他農業構造の改善に資するように定めなければならない（101条1項）．

　農用地の所有権についての交換分合については，交換分合計画により所有者が取得すべき農用地および失うべき農用地並びに所有権の移転の時期を定めなければならない（102条1項）．この場合において，所有者の取得すべきすべての農用地と失うべきすべての農用地とは，用途，地積，土性，水利，傾斜，温度その他の自然条件および利用条件を，農林水産省令の定めるところにより，

総合的に勘案して，おおむね同等でなければならない（同条2項）．また，所有者が取得すべきすべての農用地は，その地積および価格において，その者が失うべきすべての農用地に比べて2割以上の増減があってはならない（同条3項）．さらに，所有者が取得すべき農用地および失うべき農用地の用途，地積，土性，水利，傾斜，温度その他の自然条件および利用条件を農林水産省令の定めるところにより総合的に勘案して相殺することができない部分がある場合には，金銭による清算をするものとし，その額並びに支払いの方法および時期を定めなければならない（同条4項）．

6 交換分合の効果 都道府県知事による交換分合計画の認可の公告があったときは，その公告があった交換分合計画の定めるところにより，所有権が移転し，先取特権，質権，抵当権，地上権，永小作権，賃借権，使用貸借による権利もしくはその他の使用もしくは収益を目的とする権利（地役権を除く）が設定され，または地役権が設定され，もしくは消滅する（106条1項）．前項の規定により先取特権，質権，抵当権，地上権，永小作権，賃借権，使用貸借による権利またはその他の使用もしくは収益を目的とする権利（地役権を除く）が設定された場合には，これに照応する従前の権利は，原則として，これらの権利の設定された時において消滅する（同条2項）．

7 清算金 都道府県知事による交換分合計画の認可の公告があったときは，農業委員会，土地改良区，農業協同組合，市町村等は，その公告があった交換分合計画の定めるところに従い，清算金を支払わなければならない（108条1項）．また，これらの者は，清算金を徴収することができる（同条2項）．

●3 本法上の損失補償規定

本法は，損失補償，あるいはそれに類似するものとして，いくつかの補償規定を置いている．これらの規定の中には損失補償を定めたものであるか否か，いくらか疑問の余地があるものもあるが，広い意味では損失補償に含めて理解してもよいであろう．

本法上の損失補償規定としては，①換地を定めない場合等の清算・仮清算（53条の2の2，53条の2の3），②一時利用地の指定等に伴う補償（53条の8），③換地処分の清算金（54条の2，54条の3），④交換分合の清算金（108条），⑤測量・検査等による損失の補償（118条），⑥障害物の移転等による損失の補償（119条），⑦急迫の際の使用等に伴う損失の補償（120条），⑧土地改良事業に

よる損失の補償（122条），などがある．ここでは，これらのうち①②④⑤⑥⑧を取り上げて考察することにする．

第2款　換地を定めない場合等の清算・仮清算

（換地を定めない場合等の特例）
第53条の2の2
　①　換地計画においては，従前の土地の所有者の申出又は同意があつた場合には，その申出又は同意に係る従前の土地については，地積を特に減じて換地を定め，又は換地を定めないことができる．この場合において，その地積を特に減じて換地を定め，又は換地を定めない土地について地上権，永小作権，質権，賃借権，使用貸借による権利又はその他の使用及び収益を目的とする権利を有する者があるときは，土地改良区は，地積を特に減じて換地を定め，又は換地を定めないことについてこれらの者の同意を得なければならない．
　②　前項前段の場合には，金銭による清算をするものとし，当該換地計画においてその額並びに支払及び徴収の方法及び時期を定めなければならない．
　③　第1項の規定により従前の土地について地積を特に減じて換地を定め，又は換地を定めない場合において，その従前の土地の全部又は一部につき先取特権，質権又は抵当権があるときは，前項の規定により換地計画において清算金を定めるに当たつて，当該権利の及ぶべき清算金の額を併せて定めなければならない．

● 1　本条の趣旨と要点

1　本条の趣旨

本条は，農用地の集団化や農業構造の改善の見地から必要があり，土地の所有者等の了承がある場合に，換地計画において地積を特に減じて換地を定め，または換地を定めないことができること，その場合には，金銭による清算をすべきこと，およびその額，支払の方法・時期等について定めたものである（農地局監修・解説146～147頁参照）．

2　本条の要点

本条の要点は，清算金の性質，清算金の額，清算金の支払時期，清算金の支

払手続，訴えの提起等である．いずれの点についても，判例・学説上の対立は見当たらないが，土地区画整理法におけるのとは異なり，これについて論じている文献は極めて少ない．

●2　清算金の性質

　清算金のうち，支払い清算金は，地積を減じて換地が定められた場合と換地を定められなかった場合に支払われるものである．これが損失補償の性質を有することは明らかである．不換地に対応する従前の土地または地積を特に減じられた部分に対応する従前の土地を，実質的に売買したのと同様であるからである（大場・土地改良法換地下 159 頁参照）．

　裁判例をみると，本条の清算金についてというよりも，本法上の清算金一般についてではあるが，前橋地判昭和 61・9・25（行集 37 巻 9 号 1143 頁）は，次のように説示している．「土地改良法に規定する清算金の制度目的が換地処分にほとんど不可避的に伴う不均衡の是正を図るにあることは既述のとおりであるが，これを具体的に言えば，従前地の評定価額とこれに対応する換地の評定価額とを対比し，換地指定により損失を受けた権利者に対しては損失補償金を交付し，逆に利益を受けた権利者からは不当利得金を徴するものである．」

●3　清算金の額・支払時期等

1　清算金

　清算金の額は，換地計画において定められる（52 条の 5）．この額は，都道府県知事による換地処分の公告があった日の翌日に確定する（54 条の 2 第 4 項）．しかし，清算の前提となる従前地および換地の評定価額をどの時点を基準時として算定すべきかについては何も規定されていない．裁判例をみると，換地指定処分取消請求事件におけるものではあるが，前掲前橋地判昭和 61・9・25 が次のように説示しており，参考となる．すなわち，「土地改良工事が概成すれば多くは一時利用地の指定処分がなされ，これによって改良工事による土地の増価が顕在化するとともに，一時利用地の指定はそのまま換地の指定へと移行するのが一般であるから，工事概成（ないしは一時利用地の指定処分）の時点を捉えて土地評価を実施しても，権利者間の不均衡の是正という制度目的は十分に達しうると考えられる．」

　支払時期も，換地計画において定められる（53 条の 2 の 2 第 2 項）．支払い清

算金が損失補償の性質を有することを考慮すれば，この支払時期は，換地処分の公告があった後直ちに支払われるように定められるべきである．54条の3が，「土地改良区は，……公告があつた場合には，……確定した清算金を徴収し，又は支払わなければならない．」と規定しているのも，この趣旨であろう．

2 仮清算金

土地改良区を含めて土地改良事業を行う者は，一定の条件を満たす場合には，換地計画を定める前に，地積を特に減じて定め，または換地を定めない土地として指定することができる（53条の2の3第1項，89条の2第3項，96条，96条の4第1項）．この場合には，仮に算出した仮清算金を支払うことができる（同条3項）．仮清算金を支払うことによって，不換地や特別減歩の申出・同意を誘因ないし推進するという機能を果たしている（大場・土地改良法換地下161頁参照）．

4 清算金の支払手続

清算金の支払手続（支払い方法）も，換地計画において定められる（53条の2の2第2項）．本法は，「清算は金銭による」と定めているのみで，その他については換地計画に委ねている（53条の2の2第2項）．

5 訴えの提起

土地改良区の定める換地計画における清算金の額に不服のある者は，これをどのようにして争うことができるかについては，本法には明文の定が置かれていない．法律上の争訟である限りは，最終的には裁判所の判断を求めることができるものと解すべきである．この場合の訴訟は，行訴法4条後段の実質的当事者訴訟に当たる．

第3款 一時利用地の指定等に伴う損失の補償

（一時利用地の指定等に伴う補償等）
第53条の8
① 第53条の5第1項の規定により一時利用地が指定された場合において，その一時利用地若しくは従前の土地につき第5条第7項に掲げる権利を有

する者がその指定によつて損失を受けたとき，又は第53条の6第1項の規定により同項に規定する従前の土地の全部若しくは一部につき使用し及び収益することが停止された場合において，その全部若しくは一部の土地につき第5条第7項に掲げる権利を有する者がその停止によつて損失を受けたときは，土地改良区は，その損失を受けた者に対して，通常生ずべき損失を補償しなければならない．
② 第53条の5第1項の規定により一時利用地が指定された場合において，従前の土地につき第5条第7項に掲げる権利を有する者がその指定によつて利益を受けるときは，土地改良区は，その利益を受ける者から，その利益に相当する額の金銭を徴収することができる．
③ 土地改良区は，第53条の5第1項の規定により一時利用地を指定した場合又は第53条の6第1項の規定により同項に規定する従前の土地の全部若しくは一部につき使用し及び収益することを停止させた場合において，必要があると認めるときは，政令の定めるところにより，第53条第2項又は第53条の2の2第2項（第53条の3第3項及び第53条の3の2第2項において準用する場合を含む．）に定めるところに準じて仮に算出した仮清算金を，清算金の徴収又は支払いの方法に準ずる方法により徴収し又は支払うことができる．

● 1　本条の趣旨と要点

1　本条の趣旨

　土地改良区は，換地処分を行う前において，土地改良事業の工事のため必要がある場合または土地改良事業に係る換地計画に基づき換地処分を行うにつき必要がある場合には，その土地改良事業の施行に係る地域内の土地につき，従前の土地に代わるべき一時利用地を指定することができる（53条の5第1項）．
　一時利用地の指定は，5条7項に掲げる権利（所有権，地上権，永小作権，質権，賃借権，使用貸借による権利等）を有する者に対し，一時利用地の使用開始の日を通知することによって行われる（同条3項）．この一時利用地が指定されたときは，従前の土地につき5条7項に掲げる権利を有する者は，使用開始の日から換地処分の公告がある日まで，一時利用地を従前と同一の条件により使用・収益することができる．ただし，従前の土地については使用・収益する

第3節　土地改良法

ことができない（同条4項・5項）．

　また，土地改良区は，換地処分を行う前において，土地改良事業工事のため必要があるある場合には，換地計画において換地を定めないこととされる従前の土地につき5条7項に掲げる権利を有する者に対し，期日を定めて，その期日からその土地の全部または一部について使用しおよび収益することを停止させることができる（53条の6）．

　本条は，これらの規定により一時利用地が指定された場合において，その一時利用地もしくは従前の土地につき5条7項に掲げる権利を有する者が，その指定によって損失を受けたとき，または，換地処分を行う前において，従前の土地の全部もしくは一部につき使用・収益することが停止された場合に5条7項に掲げる権利を有する者がそれによって損失を受けたとき，土地改良区がその損失を補償すべきこと，および仮清算金の徴収・支払いについて定めたものである．

　本条の規定は，国または都道府県の行う土地改良事業，農業協同組合等の行う土地改良事業，市町村の行う土地改良事業についても準用されている（89条の2第8項，96条，96条の4第1項）．

2　本条の要点

　本条の要点は，補償の要否，補償の内容，補償の権利者・義務者，補償の手続，訴えの提起等である．いずれの点についても，判例・学説上の対立は見当たらない．

2　補償の要否

1　一時利用地の指定による損失の補償

　補償が必要となるのは，まず，一時利用地の指定がなされたことによってその一時利用地または従前の土地につき5条7項に掲げる権利を有する者が損失を受けた場合である．一時利用地の指定があり，一時利用地を従前と同様の方法により使用・収益することができることになるとはいっても，常に一時利用地の使用・収益の内容が従前のものと等しいか，それ以上というわけではないから，損失を被ることがありうる（農地局監修・解説155〜156頁，大場民男『新版土地改良法換地上』394頁（一粒社，1989年．以下，「大場・土地改良法換地上」という）参照）．また，権利者は一時利用地の指定を受けるのが通例であるが，

609

中には一時利用の指定を受けない場合もありうる（大場・土地改良法換地上393頁参照）。さらに，従前の土地の使用・収益をすることができなくなったにもかかわらず，一時利用地の使用・収益ができないことが起こりうる，ともいわれている（大場・土地改良法換地上393頁参照）。

2 使用・収益の停止による損失の補償

また，換地処分を行う前において，従前の土地の使用・収益が停止されたことによってその土地につき5条7項に掲げる権利を有する者が損失を受けた場合にも補償が必要となる。使用・収益が停止される土地は将来換地を定められないものであり，実質的に売買が行われたものと考えてよいから，この場合に補償が必要となるのは当然のことである（農地局監修・解説156頁，大場・土地改良法換地上392頁，同・土地改良法換地下161頁参照）。

●3 補償の内容

1 通常生ずべき損失

補償の対象は，「通常生ずべき損失」（通損）である。一時利用地の指定や使用収益の停止と相当因果関係がなければならない。この点については，これまで他の法条について述べてきたところとほぼ同様である。

2 判例の動向

この点についての裁判例を次に二つみておくことにしよう。これは，損失補償の要否にも関連するものである。

1 岡山地高梁支判昭和44年 岡山地高梁支判昭和44・11・25（判時611号77頁）は，一時利用地の利用不能を理由にして，96条により準用される53条の8に基づいて損失の補償が請求された事案において，「通常生ずべき損失」について，次のように判示している。「法53条の8の損失補償の定めは，従前の土地につき所有権その他の諸権利を有する者が，一時利用地の指定に伴い，権利の行使を一定期間停止されるとか，従前の土地の面積に比し一時利用地のそれが甚だしく減少するなど，特別の犠牲を負うに至ることがあることを予期し，そのような場合にはその権利者に対しては土地改良事業の完了をまつまでもなくその以前においても，早急に調整的補償をし，もって，それら諸権利者が蒙る損失を敏速に補償すべきことを定めたものと解されるのである。／

法53条の8にいうところの『一時利用地の指定によって』受ける『通常生ずべき損失』の意義内容も，このような法の趣旨に則して決しなければならないが，そうだとすれば，右にいう『通常生ずべき損失』とは，一時利用地の指定の直接の効果として発生し，権利の行使が一定期間停止されるとか，従前の土地に比し面積が甚だしく減少するなど，その損失の生ずることが明白であり，当該被指定者でなくとも何人でもその被指定者の地位にある以上当然に受けると認められる損失に限られるものと言うべきであり，これに反し，一時利用地の指定の間接的ないし附随的な効果として発生する損失や，その生ずることが必ずしも明白とは言えない損失，さらには当該被指定者の特殊・個人的・主観的な理由により受けると認められる損失は含まれないと解するのが相当である。」同判決は，このように述べた上で，結論として，「原告の主張するところの損失は，ひっきょう一時利用地の指定の直接の効果として発生したものではなく，個人的，主観的理由により発生したものと言う外はないから，結局法53条の8に定める損失には当たらないと言わなければならない」と判示している。

2 仙台高判昭和52年　また，仙台高判昭和52・1・20（行集28巻1＝2号1頁）は，一時利用地の交換価値の減少を理由として，本条に基づき損失の補償が請求された事案において，次のように判示して補償請求を斥けている（一審の盛岡地判昭和49・2・12行集28巻1＝2号13頁は，請求を一部認容していた）。すなわち，「一時利用地の指定の基準は，換地計画の基準と同様に従前の土地の用途，地積，土性，水利，傾斜，温度その他の自然的条件及び利用条件を総合的に勘案して，従前の土地に照応すべきこととされている（同法53条の5，53条1項）としても，その指定地を将来そのまゝ換地とするための処分ではなく，存続期間の法定された一時的な使用収益を許容するものにすぎない。右一時利用地が，後に換地とされる処分があったとしても一時利用地の右性質に代わりはない。／それ故に，右基準により評価した結果，一時利用地の交換価額が減少することがあったとしても，ただそれのみに止まって，現実に損失を発生させる要因となっていないときは，その損失を補償すべき理由が存しないというべきである（かかる評価額の補償は，終局処分である換地処分においてなされるものである）。また，損失補償の制度は，適法行為に基づく特別の犠牲に対し，全体的な負担公平の見地より利益の調整を図ろうとするものであるから，右損失のうち本人に特別の犠牲を強いるものにかぎられると解すべきである。

かようにして，土地改良法53条の8にいわゆる通常生ずべき損失とは，現実かつ特別の損失をいうものと解するのが相当である.」

3 補償額の算定

補償額の算定については，本法60条，収用法72条が参考になる（大場・土地改良法換地上394〜395頁参照）．

●4 補償の権利者・義務者

補償権利者は，一時利用地の指定によって損失を受けた5条7項に掲げる権利を有する者，または使用・収益の停止によって損失を受けた5条7項に掲げる権利を有する者である．補償義務者は，土地改良区である（土地改良区の行う土地改良事業について）．

●5 補償の手続・訴えの提起

1 補償の手続

補償の手続については，別段の定めは置かれていない．損失を受けた者と土地改良区とが協議して定めるものと思われる．仮清算金については，清算金の徴収または支払いの方法に準ずるものとされている．

2 訴えの提起

訴えの提起についても，別段の定めは置かれていない．しかし，法律上の争訟である限り，最終的には裁判所の判断を求めることができるものと解すべきである．この場合の訴訟は，行訴法4条後段の実質的当事者訴訟に当たる．

第4款 交換分合の清算金

> （清算金）
> 第108条
> ① 第98条第10項又は第99条第12項の規定による公告があつたときは，農業委員会，土地改良区，農業協同組合，農地利用集積円滑化団体，農地中間管理機構又は市町村は，その公告があつた交換分合計画の定めるところに従い清算金を支払わなければならない．

> ② 前項の場合には，同項の者は，当該交換分合計画の定めるところに従い清算金を徴収することができる．
> ③ 農業委員会は，農業協同組合に対し，政令の定めるところにより，前2項の規定による清算金の支払及び徴収を委任することができる．

● 1　本条の趣旨と要点

1　本条の趣旨

　本条は，交換分合の実施主体（農業委員会，土地改良区，農業協同組合，農地利用集積円滑化団体，農地中間管理機構，市町村）が交換分合により損失を受ける者に対して清算金を支払うべきこと，利益を受ける者から清算金を徴収することができること，農業委員会が交換分合の実施主体である場合には，農業協同組合に清算金の支払い・徴収の事務を委任することができることを定めたものである．

2　本条の要点

　本条の要点は，清算金の性質，清算金の額・支払方法・支払時期，清算金の権利者・義務者，清算金の手続，訴えの提起等である．いずれの点についても，判例・学説上の対立は見当たらない．

● 2　清算金の性質

　交換分合計画において，交換分合により所有者が取得すべき農用地および失うべき農用地が定められる．所有権についての交換分合計画においては，所有者の取得すべきすべての農用地と失うべきすべての農用地とは，用途，地積，土性，水利，傾斜等の自然的条件および利用条件を総合的に勘案して概ね同等であるように定められなければならない（102条2項）．しかし，現実には相殺できない部分が出ることは避けられないので，交換分合計画において，金銭による清算が定められる．この場合の清算金のうち，支払い清算金は損失補償の性質を有し，徴収清算金は不当利得の返還の性質を有する．

　所有者の同意を得た場合には，同等ではない交換分合や2割以上減少の交換分合も認められる．この場合の清算が損失補償に当たることは，説明するまでもない．

●3　清算金の額・支払方法・支払時期

清算金の額，支払方法，支払時期については，交換分合計画において定められる．

●4　清算金の権利者・義務者

支払清算金の権利者は，交換分合により相殺することのできない部分（差額）の出る者である．支払義務者は，交換分合の実施主体である．

●5　清算金の手続・訴えの提起

1　清算金の手続

清算金の額，支払方法，支払時期については，交換分合計画において定められる（102条4項）．

2　訴えの提起

清算金の額について不服がある者が，増額請求訴訟を提起することができるか否かについては，本法には別段の定めは置かれていない．しかし，法律上の争訟である限りは，最終的には裁判所の判断を求めることができるものと解すべきである．この場合の訴訟は，行訴法4条後段の実質的当事者訴訟に当たる．

第5款　測量・検査等による損失の補償

（測量，検査又は簿書の閲覧等の手続）
第118条
　① 次に掲げる者は，土地改良事業に関し土地等の調査をするため必要がある場合には，あらかじめ土地の占有者に通知して，その必要の限度内において，他人の土地に立ち入つて測量し，又は検査することができる．
　　一　国，都道府県又は市町村の職員
　　二　土地改良区又は連合会の役職員
　　三　農業委員会の委員又は農業委員会の事務に従事する者
　　四　略
　　五　第5条第1項，第95条第1項若しくは第100条第1項の認可の申

請又は第85条第1項若しくは第85条の4第1項の規定による申請をしようとする者
② ～ ④　略
⑤　第1項の場合には，同項第1号の国，都道府県若しくは市町村，同項第2号の土地改良区若しくは連合会，同項第3号の農業委員会，同項第4号の土地改良事業を行う第3条に規定する資格を有する者，農業協同組合，農業協同組合連合会，農地利用集積円滑化団体若しくは農地中間管理機構又は同項第5号の者は，同項に掲げる行為によつて通常生ずべき損失を補償しなければならない．
⑥　略

1　本条の趣旨と要点

1　本条の趣旨

本条は，土地改良事業に関し，土地等の調査をするため必要がある場合に，国・都道府県・市町村等の職員等が他人の土地に立ち入って測量・検査をすることができること，それによって損失を与えた場合には，国・都道府県・市町村等が通常生ずべき損失を補償すべきことを定めたものである．立入調査等に伴う損失の補償について定めた基本的規定は，収用法91条であり，本条の趣旨もそれとほぼ同様である（前述386頁以下参照）．

2　本条の要点

本条の要点は，補償の要否，補償の内容（範囲），補償の権利者・義務者，補償の手続，訴えの提起等である．いずれの点についても，判例・学説上の対立は見当たらない．

2　補償の要否

補償が必要となるのは，土地等の測量・検査をするために，国，都道府県，市町村，土地改良区等の職員等が他人の土地に立ち入って測量・検査をし，それによって損失を与えた場合である．収用法91条と同趣旨であり，測量・調査による損失が受忍限度を超えたものであることが必要である．現実には，受忍限度を超える損失が生ずることは少ないのではないかと思われる．

測量・検査のための立入りは，土地改良事業に関係があれば，施行地域の内外を問わない．また，土地改良事業計画の概要の作成や確定の前後を問わない（農地局監修・解説 322～323 頁参照）．

測量・検査は，「その必要の限度内」に限定される．したがって，これを超えれば違法となり，国家賠償の問題となる．

●3 補償の内容

補償の対象は，「通常生ずべき損失」（通損）である．測量・検査と相当因果関係がなければならない．この点については，これまで述べてきた他の法条についてのものとほぼ同様である．

●4 補償の権利者・義務者

補償の権利者は，測量・検査によって損失を受けた者である．土地改良事業の施行地域の外にある土地の権利者が損失を受けた場合は，この者も含まれる．補償の義務者は，国，都道府県，市町村，土地改良区等である．

●5 補償の手続・訴えの提起

1 補償の手続

補償の手続については，121 条が規定している．それによれば，まず，損失を補償すべき者と損失を受けた者とが協議しなければならない（同条 1 項）．次いで，この協議が成立しない場合は，当事者のいずれからでも，政令に定めるところにより，収用委員会に収用法 94 条 2 項の規定による裁決を申請することができる（同条 2 項）．「裁決を申請することができる」となっているが，訴えを提起する場合には，裁決を経ていなければならないという趣旨であろう（裁決前置主義）．

2 訴えの提起

収用委員会の裁決に不服である場合に，訴えを提起して争うことができるか否かについては，本法に別段の規定は置かれていない．しかし，法律上の争訟である限りは，最終的に裁判所の判断を求めることができるはずである．この場合には，収用法 133 条の規定が適用ないし類推適用されるが，出訴期間については，収用法 133 条 2 項の特則を定めている同法 94 条 9 項の規定によらな

ければならない．同条 2 項の規定により収用委員会への裁決の申請が認められているのであるから，訴えの提起についても同条 9 項の規定が準用されるものと解釈すべきであろう（前述 405 頁，532 頁以下参照）．したがって，収用委員会の裁決に不服がある者は，裁決書の正本の送達を受けた日から 60 日以内に，損失があった土地の所在地の裁判所に訴えを提起することができる．

第 6 款　障害物の移転等による損失の補償

> （障害物の移転等）
> 第 119 条
>   国，都道府県，市町村又は土地改良区は，土地改良事業の施行のため必要がある場合には，その必要の限度内において，その施行に係る地域内にある物件でその事業の障害となるものを移転し，除去し，又は取りこわすことができる．但し，これによって通常生ずべき損失を補償しなければならない．

● 1　本条の趣旨と要点

1　本条の趣旨

　本条は，国，都道府県，市町村，土地改良区が施行地域内にある物件で土地改良事業の障害となるものを移転し，除去し，取り壊すことができること，これによって損失が生じた場合には，通常生ずべき損失を補償すべきことを定めたものである．前述の 118 条の規定とほぼ同じ趣旨によるものである．

2　本条の要点

　本条の要点は，補償の要否，補償の内容（範囲），補償の権利者・義務者，補償の手続，訴えの提起等である．いずれの点についても，判例・学説上の対立は見当たらない．内容的には，前述の 118 条について述べたところとほぼ同じである．

● 2　補償の要否

　補償が必要となるのは，国，都道府県，市町村，土地改良区が行う土地改良事業の施行に障害となる物件の移転・除去等による損失である．それ以外の事業主体には，移転等の権限が認められていない．118 条の土地への立入りとは

異なり，物件の移転・除去等は比較的大きな損失をもたらすことが多いため，権限の主体を限定したのではないかと思われる．

物件の移転・除去等による損失が受忍限度を超えているか否かの判断は，土地への立入りとは異なり，それほど困難ではないが，物件の移転・除去等は「その必要の限度内」にとどまらなければならない．これを超えれば違法となり，国家賠償の問題となる．

なお，ここでいう「物件」とは，動産のみであって，建物その他の土地の定着物は含まないものと解されている（農地局監修・解説323頁参照）．

●3　補償の内容

補償の対象は，「通常生ずべき損失」（通損）である．物件の移転・除去等と相当因果関係がなければならない．この点については，これまで他の法条について述べてきたところとほぼ同様である．

●4　補償の権利者・義務者

補償権利者は，物件の移転・除去等によって損失を受けた者である．補償の義務者は，土地改良事業の施行主体である国，都道府県，市町村，土地改良区である．

●5　補償の手続・訴えの提起

補償の手続についても訴えの提起についても，118条について述べたところがそのまま当てはまるので，そちらを参照していただきたい．

第7款　土地改良事業による損失の補償

> （土地改良事業に係る損失補償）
> 第122条
> 　① 土地改良事業を行う者は，その事業の利害関係人がその事業によつて通常受けるべき損失を補償しなければならない．
> 　② 第10条第3項，第48条第11項（第95条の2第3項において準用する場合を含む．），第87条第5項（第87条の2第10項，第87条の3第7項，第87条の4第4項（第96条の4第1項において準用する

> 場合を含む.), 第88条第6項, 第10項, 第13項, 第18項及び第19項（第96条の4第1項において準用する場合を含む.）, 第96条の2第7項並びに第96条の3第5項において準用する場合を含む.), 第95条第4項, 第98条第10項又は第99条第12項（第100条の2第2項（第111条において準用する場合を含む.）及び第111条において準用する場合を含む.）の規定による公告があつた後において土地の形質を変更し, 工作物の新築, 改築若しくは修繕をし, 又は物件を付加し若しくは増置した場合には, これについての損失は, 補償しなくてもよい. ただし, 都道府県知事の許可を受けてこれらの行為をした場合には, この限りでない.

1　本条の趣旨と要点

1　本条の趣旨

　本条は，土地改良事業によって利害関係人（9条1項参照）が損失を受けた場合に，土地改良事業施行者（事業主体）が補償責任を負うべきことを定めたものである．

　測量・検査による損失や障害物の除去等による損失については，前述したような補償規定がある．しかし，それら以外の場合にも，利害関係人が損失を被ることが予想されないではない．本条は，利害関係人の損失を広く救済し，憲法29条3項の趣旨を徹底しようとするものである．

2　本条の要点

　本条の要点は，補償の要否，補償の内容（範囲），補償の権利者・義務者，補償の手続，訴えの提起等である．いずれの点についても，判例・学説上の対立は見当たらない．

2　補償の要否

　補償が必要となるのは，利害関係人が土地改良事業の施行によって損失を受けた場合である．事業の施行と直接関係がなければ，補償を受けることはできない．また，損失は，受忍限度を超えたものでなければならない．どの程度であれば受忍限度を超えたことになるのかは，明確な基準があるわけではなく，個別具体的に社会通念によって判断せざるをえない．

土地改良事業計画が確定し，都道府県知事または農林水産大臣の公告があった後に，土地の形質の変更，工作物の新築・改築・修繕，物件の付加・増置をした場合は，これについての損失は，あらかじめ都道府県知事の許可を受けて行った場合でなければ，補償されることはない．利害関係人が土地改良事業が施行されることを知りながら，これらの行為を行ったものであるからである．

●3 補償の内容

補償の対象は，「通常受けるべき損失」（通損）である．土地改良事業と相当因果関係がなければならない．この点については，これまで他の法条について述べてきたところとほぼ同様である．

●4 補償の権利者・義務者

補償権利者は，損失を受けた利害関係人である．補償義務者は，土地改良事業を行う者（事業主体）である．

●5 補償の手続・訴えの提起

1 補償の手続

測量・検査による損失や障害物の移転・除去等による損失については，121条に補償手続に関する規定が置かれているが，本条の規定する損失については，別段の定めは置かれていない．この相違の理由は，必ずしも定かではない．

しかし，損失補償の規定がある以上，何らかの補償手続を経なければならないことは，測量・検査や障害物の移転除去等の場合と同じである．121条についてと同様に，当事者の協議がなされるものと思われるが，収用委員会への裁決申請の規定がないので，協議が成立しない場合でも，収用委員会に裁決の申請をすることはできない．

2 訴えの提起

訴えの提起についても，別段の定めは置かれていない．しかし，法律上の争訟である限り，最終的には裁判所の判断を求めることができるものと解すべきである．したがって，当事者の協議が成立しない場合には，利害関係人は，当該土地改良事業の主体を被告にして，直ちに裁判所に損失補償請求訴訟を提起することができる．この場合の訴訟は，行訴法4条後段の実質的当事者訴訟に

当たる.

第5章　自然環境保全法関係

第1節　概　説

●1　自然環境保全法関係

　自然環境保全法関係として，ここでは，自然環境保全法，自然公園法，森林法，鳥獣の保護及び管理並びに狩猟の適正化に関する法律（鳥獣保護管理法），絶滅のおそれのある野生動植物の種の保存に関する法律（種の保存法）における損失補償規定を取り上げる．これらの法律は，自然環境の保全，優れた自然の風景地の保護，森林の保続培養，鳥獣の保護・管理，野生動植物の種の保存等を図ることにより，生物の多様性を確保し，国民が自然環境の恵沢を享受することを目的としたものである．

　自然環境の保全等は，国民生活にとって極めて重要な課題である．自然環境保全法は，同法の究極の目的として，「もつて現在及び将来の国民の健康で文化的な生活の確保に寄与することを目的とする．」と規定している．また，多くの法律は，「生物の多様性の確保」をその目的規定の中に盛り込んでいる（自然保護を「生物多様性の保全」という視点から取り組むべきことについては，さしあたり，畠山武道『自然保護法講義〔第2版〕』50頁以下（北大図書刊行会，2004年），高橋信隆編著『環境法講義〔第2版〕』295頁以下（信山社，2016年）参照）．上記の目的を達成するために，これらの法律は，種々の行為制限等を定めている．

　自然環境保全法関係の法令は，一般に，一定の地区を保護区として指定し，その地区内の開発等の行為を規制するという手法を採用している．これは，ゾーニング制と呼ばれているものである（さしあたり，高橋編著・前掲304頁参照）．

●2　自然環境保全法関係における損失補償

　自然環境保全法関係の法律の中には，損失補償規定を設けているものが少なくない．各法律の規定により一定の地区において行為制限等が課されているた

め，これによって損失が発生することが予想される．そのため，「通常生ずべき損失」の補償規定が置かれている．

　各法律における損失補償の規定は一様ではないが，それでも共通しているところも少なくない．内容的には重なる部分もあり，説明が重複することにもなるが，重なる部分はできるだけ簡潔に済ませることにしたい．また，本書の「総論」の第4章「損失補償の要否」や第5章「損失補償の内容」で一般的に考察したところと重なる箇所もあるが，総論と各論を合わせ読むことによって，新たにみえてくる問題点が少なくない．

第2節　自然環境保全法

第1款　概　説

● 1　本法の趣旨

1　本法の沿革

　自然保護に関する主要な法律としては，1957（昭和32）年制定の自然公園法（次節で考察）がある．しかし，同法の中心にある自然公園制度は，自然の風景地を国民のレクリエーションの場として捉えて，その保護と利用の増進を図ろうとするものであり，自然環境の保全自体を直接の目的とするものではなく，自然保護という面については一定の限界があった．また，国土の開発が進むにつれて，各地で自然環境破壊の問題が生じてきて，地方公共団体が個別に自然環境保全条例を制定する動きが相次いだが，根拠となる法律がないため，その規制力が弱く，法律の制定が要望された．そこで，1972（昭和47）年に，自然環境保全を総合的かつ強力に推進するための中心的な法律として自然環境保全法（以下，本節において「本法」という）が制定された（本法の沿革については，環境庁自然保護局企画調整課編『自然環境保全法の解説』1頁以下（中央法規出版，1974年．以下，「環境庁自然保護局企画調整課編・解説」という），原田尚彦「自然環境保全立法の生成と展開」ジュリ増刊総合特集『開発と保全―自然・文化財・歴史的環境』108頁以下（1976年），小高剛「自然環境保全法と自然公園法」ジュリ増刊総合特集『開発と保全―自然・文化財・歴史的環境』116頁以下（1976年），高橋編著・前掲303頁参照）．

本法は，当初，自然公園法等の自然保護関係法律を統合して，総合的な自然保護法として制定するというのが環境庁の原案であった．しかし，環境庁と林野庁等の他省庁との調整が難航したため，やむをえず，自然公園法等とは別建ての法律となったものである（小林正「我が国の景観保全・形成法制」レファレンス 672 号 49～50 頁（2007 年），北村喜宣『環境法〔第 4 版〕』545 頁（弘文堂，2017 年）等参照）．

2 本法の目的

　本法は，自然環境保全法関係の基本的な法律である．1 条は，本法の目的について，「自然環境を保全することが特に必要な区域等の生物多様性の確保その他の自然環境の適正な保全を総合的に推進することにより，広く国民が自然環境の恵沢を享受するとともに，将来の国民にこれを継承できるようにし，もつて現在及び将来の国民の健康で文化的な生活の確保に寄与することを目的とする．」と規定している．本法は，また，自然公園法その他の自然環境の保全を目的とする法律と相まって，自然環境の適正な保全を総合的に推進することを目的としている（環境省「自然環境保全法の運用について」（各都道府県知事宛自然保護局長通知・昭和 49 年 6 月 10 日環自企第 317 号．改定平成 2 年 11 月 30 日環自企第 640 号）参照）．

3 財産権尊重条項

　本法 3 条は，「財産権の尊重及び他の公益との調整」と題して，「自然環境の保全に当たつては，関係者の所有権その他の財産権を尊重するとともに，国土の保全その他の公益との調整に留意しなければならない．」と規定している．「関係者の所有権その他の財産権」とは，所有権のほか賃借権，地上権，地役権，鉱業権，採石権，入会権，漁業権等の一切の経済的利益を含むものと解されている（環境庁自然保護局企画調整課編・解説 115 頁参照）．憲法 29 条の財産権の尊重と行為制限等との調整を図るべきことを定めたものであり，損失補償の要否について検討するに際して，一つの視点となるものである．

　この財産権尊重条項については，自然公園法 3 条，種の保存法 3 条等にも置かれているが，この条項については，保護区の指定の障害となっており，「この条項が自然保護法の政策目標としての『生物多様性の保全』と矛盾していないかのどうか，厳しく検討が加えられ，その存廃が議論されるべきであろう」

との批判的な評価をする立場がある（高橋編著・前掲316頁）．

4 本法の関連法令

本法の関連法令としては，自然公園法，森林法，生物多様性基本法，鳥獣保護管理法，種の保存法，環境基本法等がある．これらのうち，とりわけ，本法と自然公園法との関係が重要である（両法の関係については，原田・前掲108頁以下，小高・前掲116頁以下，北村・前掲545頁等参照）．

5 本法と自然公園法その他の自然環境保全を目的とする法律との関係

1 自然環境保全基本方針　本法に基づく自然環境保全地域等と自然公園公園法等に基づく各種の地域との関係・調整について，環境省の「自然環境保全基本方針」（昭和48年11月6日総理府告示30号）は，次のように述べている．

「自然環境の適正な保全を総合的に推進するためには，自然環境保全法に基づく3種の地域のみならず，自然公園その他の自然環境保全を目的とする法律に基づく各種の地域の指定が促進され，それらの保全が積極的に図られなければならないが，その際の自然環境保全地域等と他の地域との調整は，おおむね次のとおり行うものとする．

(1) 原生自然環境保全地域は，それが保有する自然環境の重要性にかんがみ，現に自然公園，その他自然環境保全を目的とする法律に基づく地域に含まれているものであつても，自然公園としての利用等からも十分検討し，厳正に保全を図るべきものにつき指定するものとする．

(2) 自然環境保全地域及び都道府県自然環境保全地域は，自然公園の区域外において指定するものとする．ただし，現に都道府県立自然公園の区域に含まれているすぐれた自然の地域にあつては，当該地域の自然の特質，周辺の自然的社会的条件を検討し，場合により，関係都道府県と十分協議のうえ自然環境保全地域へ移行させるものとする．

(3) 都市計画区域においては，自然環境保全地域と都道府県自然環境保全地域の指定は，原則として市街化区域については行わないものとし，その他の区域については良好な都市環境の形成を目的とする緑地保全地区と重複しないようにする等の調整を図りつつ行うものとする．」

2 自然環境保全法の運用について　また，前掲「自然環境保全法の運用について」（各都道府県知事宛自然保護局長通知．昭和49年6月10日，平成2年

11月30日改定)は,原生自然環境保全地域・自然環境保全地域と自然公園の性格上の相違について,次のように述べている.

「原生自然環境保全地域及び自然環境保全地域は,自然環境を適正に保全し,将来の国民に継承していくという性格の地域であり,すぐれた自然の風景地を保護するとともにその利用の増進を図るという性格の地域である自然公園とは,その性格を異にする./このため,法附則第7条により加えられた自然公園法第40条の2の規定及び法第22条2項の規定により各々は重複しないこととされた.したがつて法の運用に当たつては,原生自然環境保全地域及び自然環境保全地域の有する性格に特段の配慮を払い,法の適正な運用を図られたい.」

2　本法の構成

上記の目的を達成するため,本法は,種々の仕組みを設けている.損失補償に関連するもので,その主要なものを次に取り上げることにする.

1　自然環境保全基本方針の策定

国は,自然環境の保全を図るために,「自然環境保全基本方針」を定めなければならない(12条1項).自然環境保全基本方針には,①自然環境の保全に関する基本構想,②原生自然環境保全地域および自然環境保全地域の指定その他これらの地域に係る生物多様性の確保その他の自然環境の保全に関する施策に関する基本的な事項,③都道府県自然環境保全地域の指定の基準その他その地域に係る生物多様性の確保その他の自然環境の保全に関する施策の基準に関する基本的な事項,④その他自然環境の保全に関する重要事項等が定められる(同条2項).環境大臣は,自然環境保全基本方針の案を作成する場合には,あらかじめ,中央環境審議会(以下,「審議会」という)の意見を聴かなければならず,閣議の決定があったときは,遅滞なく,自然環境保全基本方針を公表しなければならない(同条3項~5項).

上記の「自然環境保全基本方針」は,昭和48年11月6日に,総理府告示第30号として公布されている.そこでは,第1部「自然環境の保全に関する基本構想」と第2部「自然環境保全地域等に関する基本的事項」に分けて,12条2項が定める事項について述べられている.

2　原生自然環境保全地域の指定等

1　原生自然環境保全地域の指定
環境大臣は,その区域における自然環

境が人の活動によって影響を受けることなく原生の状態を維持しており、かつ、政令で定める面積以上の面積を有する土地の区域であって、国または地方公共団体が所有するもの（国公有地。森林法により指定された保安林を除く）のうち、当該自然環境を保全することが特に必要なものを「原生自然環境保全地域」として指定することができる（14条1項）。

2　指定の手続　環境大臣は、原生自然環境保全地域の指定をしようとするときは、あらかじめ、関係都道府県知事および審議会の意見を聴かなければならず、また、当該区域内の土地を、国が所有する場合には当該土地を所管する行政機関の長の、地方公共団体が所有する場合には当該地方公共団体の同意を得なければならない（14条2項・3項）。環境大臣は、原生自然環境保全地域を指定する場合には、その旨およびその区域を官報で公示しなければならない（同条4項）。原生自然環境保全地域に関する保全計画は、環境大臣が関係都道府県知事および審議会の意見を聴いて決定する（15条1項）。環境大臣は、原生自然環境保全地域に関する保全計画を決定したときは、その概要を官報で公表し、一般の閲覧に供しなければならない（同条2項）。

3　行為制限　原生自然環境保全地域内においては、次の行為をするについては、環境大臣が学術研究その他公益上の事由により許可した場合等の一定の場合を除いて、行為制限が課されている（17条1項・5項）。①建築物その他の工作物の新築・改築・増築、②宅地の造成、土地の開墾、その他土地の形質の変更、③鉱物の掘削、土石の採取、④水面の埋立て・干拓、⑤河川・湖沼等の水位または水量の増減、⑥木竹の伐採・損傷、⑦木竹以外の植物の採取・損傷、落葉・落枝の採取、⑧木竹の植栽、⑨木竹以外の植物の植栽、植物の種子をまくこと、⑩動物の捕獲・殺傷、動物の卵の採取・損傷、⑪動物を放つこと、⑫火入れ、たき火、⑬廃棄物の投棄・放置、⑭屋外における物の集積・貯蔵、⑮車馬・動力船の使用、航空機の着陸、⑯その他原生自然環境保全地域における自然環境の保全に影響を及ぼすおそれがある行為で政令で定めるもの、である。

4　自然公園の区域との調整　原生自然環境保全地域の区域は、国立公園または国定公園の区域に含まれないものとされている（自然公園法71条）。

3　自然環境保全地域の指定等

1　自然環境保全地域の指定　環境大臣は、原生自然環境保全地域以外の

区域で次のいずれかに該当するもののうち，自然的社会的条件からみてその区域における自然環境を保全することが特に必要なものを「自然環境保全地域」として指定することができる（22条1項）．①高山性植生または亜高山性植生が相当部分を占める森林または草原の区域でその面積が政令で定める面積以上のもの，②優れた天然林が相当部分を占める森林の区域でその面積が政令で定める面積以上のもの，③地形もしくは地質が特異であり，または特異な自然の現象が生じている土地の区域およびこれと一体となって自然環境を形成している土地の区域でその面積が政令で定める面積以上のもの，④その区域内に生存する動植物を含む自然環境が優れた状態を維持している海岸，湖沼，湿原または河川の区域でその面積が政令で定める面積以上のもの，⑤その海域内に生存する熱帯魚，さんご，海藻その他の動植物を含む自然環境が優れた状態を維持している海域でその面積が政令で定める面積以上のもの，⑥植物の自生地，野生動物の生息地その他の政令で定める土地の区域でその区域における自然環境が上記の区域における自然環境に相当する程度を維持しているもののうち，その面積が政令で定める面積以上のもの，である．

2 指定の手続　環境大臣は，自然環境保全地域の指定をしようとするときは，あらかじめ，関係地方公共団体の長および審議会の意見を聴かなければならない（22条3項）．また，環境大臣は，その案を2週間公衆の縦覧に供しなければならず（同条4項），当該区域に係る住民および利害関係人は，縦覧期間満了の日までに縦覧に供された案について環境大臣に意見書を提出することができる（同条5項）．必要と認めたときは，公聴会を開催するものとされている（同条6項）．

3 保全計画　環境大臣は，「自然環境保全地域に関する保全計画」（自然環境保全地域における自然環境の保全のための規制または事業に関する計画）を決定する（23条1項）．保全計画には，①保全すべき自然環境の特質その他当該地域における自然環境の保全に関する基本的な事項，②当該地域における自然環境の特質に即して，特に保全を図るべき土地の区域（特別地区）または特に保全を図るべき海域（海域特別地区）の指定に関する事項，③当該地域における自然環境の保全のための規制に関する事項，④当該地域における自然環境の保全のための事業に関する事項が定められる（同条2項）．

4 特別地区の指定と行為制限　環境大臣は，自然環境保全地域に関する保全計画に基づいて，その区域内に「特別地区」を指定することができる（25

条1項）．特別地区内においては，次に掲げる行為は，非常災害のための応急措置等の一定の行為を除いて，環境大臣の許可を受けなければならない（同条4項・10項）．①原生自然環境保全地域内での行為制限として規定されている上述の①〜⑤に掲げる行為，②木竹を伐採すること，③環境大臣が指定する区域内において木竹を損傷すること，④環境大臣が指定する区域内において当該区域が本来の生育地でない植物で，当該区域における自然環境の保全に影響を及ぼすおそれがあるものとして環境大臣が指定するものを植栽し，または当該植物の種をまくこと，⑤環境大臣が指定する区域内において当該区域が本来の生育地でない動物で，当該区域における自然環境の保全に影響を及ぼすおそれがあるものとして環境大臣が指定するものを放つこと，⑥環境大臣が指定する湖沼または湿原およびこれらの周辺1キロメートルの区域内において当該湖沼もしくは湿原またはこれらに流水が流入する水域もしくは水路に汚水または廃水を排水設備を設けて排出すること，⑦道路，広場，田，畑，牧場および宅地以外の地域のうち環境大臣が指定する区域内における車馬・動力船の使用，航空機の着陸，⑧その他特別地区における自然環境の保全に影響を及ぼすおそれがある行為で政令で定めるもの，である．

この許可基準について，前記「自然環境保全法の運用について」は，「特別地区および海中特別地区は，自然環境保全地域の核心的な地域であるので，特別地区及び海中特別地区〔海域特別地区．法改正により改称．筆者注〕における自然環境の保全に与える影響をできるだけ少なくするよう適切な許可の運用を行うことが必要であるので，その許可基準は，行為の種類，形態等の別にできるだけ具体的，かつ明確な基準を定めることにした」と述べて，特別地区と海中（海域）特別地区の許可基準について具体的な基準を提示している．

5　その他の地区の指定と行為制限　そのほか，環境大臣は，「野生動植物保護地区」（26条），「海域特別地区」（27条），「普通地区」（28条）を指定することができる．野生動植物保護地区，海域特別地区においては，一定の行為について行為制限が課されており，また，普通地区においては，一定の行為について届出が義務づけられている．

6　実地調査　環境大臣は自然環境保全地域の指定，自然環境保全地域に関する保全計画の決定，自然環境保全地域に関する保全事業の執行等に関し，環境大臣以外の国の機関または地方公共団体の長は自然環境保全地域に関する保全事業の執行に関し，実地調査のため必要があるときは，それぞれの職員に，

他人の土地に立ち入り，標識を設置させ，測量させ，または実地調査の障害となる木竹，かき・さく等を伐採させ，もしくは除去させることができる（31条1項）．

7　自然公園の区域との調整　自然公園法2条1号の規定する自然公園（国立公園，国定公園および都道府県立自然公園）の区域は，自然環境保全地域の区域に含まれないものとされている（22条2項）．

8　配慮　自然環境保全地域に関する規定の適用に当たっては，当該地域に係る住民の農林漁業等の生業の安定および福祉の向上に配慮しなければならない（35条）．

4　都道府県自然環境保全地域の指定等

1　都道府県自然環境保全地域の指定　都道府県は，条例で定めるところにより，その区域における自然環境が自然環境保全地域に準ずる土地の区域で，その区域の周辺の自然的社会的諸条件からみて当該自然環境を保全することが特に必要なものを「都道府県自然環境保全地域」として指定することができる（45条1項）．

2　行為制限　都道府県は，都道府県自然環境保全地域における自然環境を保全するため，条例で定めるところにより，その区域内に「特別地区」を指定し，かつ，特別地区内および都道府県自然環境保全地域の区域のうち特別地区に含まれない区域内における行為につき，それぞれ自然環境保全地域の特別地区または普通地区における行為に関する第4章第2節の規定による規制の範囲内において，必要な規制を定めることができる（46条1項）．

3　実地調査　都道府県は，条例で，都道府県自然環境保全地域に関し実地調査のため必要がある場合に，都道府県知事が31条の規定の例によりその職員に他人の土地に立ち入り，同条1項に規定する標識の設置その他の行為をさせることができる旨を定めることができる（47条）．

4　自然公園の区域との調整　自然公園法2条1号に規定する自然公園（国立公園，国定公園および都道府県立自然公園）の区域は，都道府県自然環境保全地域の区域に含まれないものとされている（45条2項）．

●3　本法上の損失補償規定

本法は，自然環境保全地域内と都道府県自然環境保全地域内においては，上

記のような行為制限を定める一方，これによって損失を受けた者に対して，通常生ずべき損失を補償することを定めている（33条1項，48条）．これは，公用制限に伴う損失の補償について定めたものである．しかし，前記の「自然環境保全基本方針」も「自然環境保全法の運用について」も，損失補償については何も述べていない．

実地調査のための土地の立入り，測量等によって受けた損失に対しても，通常生ずべき損失を補償することを定めている（33条4項，48条）．これは，公用使用によって生じた損失の補償を定めたものである．

原生自然環境保全地域内の行為制限については，損失補償の規定は置かれていない．これは，原生自然環境保全地域の趣旨に照らして，規制の程度は受忍限度内にあるということであろう．

第2款　自然環境保全地域内の行為制限等による損失の補償

（損失の補償）
第33条
① 国は，第25条第4項，第26条第3項第7号若しくは第27条第3項の許可を得ることができないため，第25条第5項，第26条第4項若しくは第27条第4項において準用する第17条第2項の規定により許可に条件を付されたため，又は第28条第2項の規定による処分を受けたため損失を受けた者に対して，通常生ずべき損失を補償する．
② 前項の補償を受けようとする者は，環境大臣にこれを請求しなければならない．
③ 環境大臣は，前項の規定による請求を受けたときは，補償すべき金額を決定し，当該請求者にこれを通知しなければならない．
④ 国は自然環境保全地域の指定若しくはその区域の拡張，自然環境保全地域に関する保全計画の決定若しくは変更又は国が行なう自然環境保全地域に関する保全事業の執行に関し，地方公共団体は当該地方公共団体が行なう自然環境保全地域に関する保全事業の執行に関し，第31条第1項の規定による当該職員の行為によつて損失を受けた者に対して，通常生ずべき損失を補償する．

> ⑤ 第2項及び第3項の規定は，前項の規定による損失の補償について準用する．この場合において，第2項及び第3項中「環境大臣」とあるのは，「第31条第1項に規定する実地調査に関する事務を所掌する大臣又は地方公共団体の長」と読み替えるものとする．

1 本条の趣旨と要点

1 本条の趣旨

　自然環境保全地域内の特別地区，野生動植物保護地区，海域特別地区，普通地区においては，前述のような行為制限が課されている．本条は，これらの行為制限によって損失を受けた者に対して，通常生ずべき損失を補償することを定めたものである．許可を得られなかったことにより，あるいは，許可に条件を付されたことにより，さらには，届出がなされた場合に，届出に係る行為の禁止・制限，必要な措置の命令を受けたことにより損失が生じた場合に，通常生ずべき損失を補償すべきことを定めている．

　原生自然環境保全地域内の行為制限とは異なり，自然環境保全地域内の行為制限によっては，受忍限度を超える損失が発生することが予想される．この損失は特別の犠牲に該当し，憲法29条3項の趣旨に照らして，補償されなければならない．本条は，単なる政策上の補償ではなくて，憲法上の補償を定めたものである（環境庁自然保護局企画調整課編・解説313頁参照）．

　実地調査に伴う損失についても，本条でまとめて規定されている．自然公園法でも同じである（同法64条）．

2 本条の要点

　本条の要点は，補償の要否，補償の内容（範囲），補償の権利者・義務者，補償の手続，訴えの提起等である．とりわけ，明文の補償規定が置かれているものの，補償が必要となるのはどのような場合であるのか，その要否の基準が改めて問題となる．また，補償が必要であるとされても，その補償の内容も問題となるところであろう．ただ，これらの問題が具体的に争われるのは，主として自然公園法上の行為制限による損失の補償についてであるから，これについては次節において詳論することにする．

第5章 自然環境保全法関係

●2 補償の要否

1 補償の要件

損失の補償が必要となるのは，①特別地区において行為の許可が得られないこと，②野生動植物保護地区において指定野生動植物の捕獲等の許可が得られないこと，③海域特別地区において行為の許可が得られないこと，④これらの許可に際して条件が付されたこと，⑤普通地区において届出に係る行為の禁止・制限または必要な措置を命ぜられたこと，⑤実地調査のため国または地方公共団体の職員による立入り・測量等が行われたこと，によって損失が生じた場合である．

2 補償要否の基準

上記の①～⑤のいずれかによって損失が発生しても，それが受忍限度内であれば補償は不要である．補償が必要となるには，損失が受忍限度を超えて，特別の犠牲に当たることが必要である．ただ，どの程度の損失であれば受忍限度を超えることになるのかは，必ずしも明確とはいえない．後述する自然公園法に関する判例動向からすれば，上記の不許可等による損失のほとんどは，財産権の内在的制約であり，受忍限度内にあるということになるのではないかと思われる．「自然環境保全基本方針」や「「自然環境保全法の運用について」」が，いずれも損失補償に触れていないということは，おそらく行政実務は補償に消極的な態度を示しているのではないかと推測することができる．

しかし，損失補償の規定があるにもかかわらず，個別具体的事案において，その損失が受忍限度内にあるというためには，慎重な考慮を要するところである．損失補償の規定を設けたのは，憲法29条3項の趣旨に基づいたものであり，単なる政策的な補償ではないことからすれば，不許可等によって生じた損失を内在的制約であるとして，その補償を否定することは，本条の趣旨に反する場合もあるのではないかと考えられる．仮に，本条に基づく損失の補償を否定するのであれば，むしろ，次に述べる「通常生ずべき損失」に該当する「損失」が未だ生じていないという論理によるべきであろう．

3 実地調査に伴う損失補償の要否

本条4項は，31条1項の規定による国または地方公共団体の職員による実

地調査のための土地の立入り，標識の設置，測量，木竹の伐採等による損失の補償を定めている．これらの行為によって生じた損失の補償の要否については，他の諸法律における立入り等に伴う損失の補償と同様であり，受忍限度を超えているか否かが補償要否の基準となる．基本的な規定は，収用法 91 条である（前述 387 頁以下参照）．

● 3　補償の内容

1　通常生ずべき損失の補償

1　「通常生ずべき損失」の意味　ここでいう「通常生ずべき損失」（通損）とは，行為制限等に通常付随して生ずる損失をいう．不許可処分等を受けた者の主観的，個別的事情による損失は，特別の事情によるものとして排除される（前述 196 頁参照）．行為制限等と相当因果関係がなければならない．

50 年ほど前に刊行された解説書であるが，環境庁自然保護局企画調整課編『自然公園法の解説』272 頁（中央法規出版，1977 年）は，次のように説明している．この解説は，自然公園法についてのものであるが，本条の通損についても当てはまるものといってよい．すなわち，「『通常生ずべき損失』とは，通常の事情のもとにおいて生ずる損失であって，個人的な事情，偶発的な事情等特別の事情に基づく損失は含まれないものである．即ち，『通常生ずべき』とは，不許可等の処分と相当因果関係にあるものとの意味であって，本項の損失は，これらの相当因果関係あるものに限定して補償されるものである．」

2　実地調査に伴う損失の補償内容　31 条 1 項の実地調査のための土地の立入り，標識の設置，測量，木竹の伐採等による損失の補償内容は，実損を対象とすれば足りる．不許可補償と比較すれば，その確定は，それほど困難な作業ではないであろう．

2　正当な補償

1　完全な補償　財産権の制限（公用制限）に対しても，それが本質的制限である場合には，憲法 29 条 3 項の「正当な補償」が必要となる．しかし，これまでは，財産権剥奪の場合の補償の内容を中心に論議されてきており，財産権制限の場合の補償の内容については，あまり論議されてこなかった．理論的には，ここでもまた完全な補償が必要であるが，財産権剥奪の場合と比較して特殊性があるために，その具体的内容の確定は一層困難な作業である（前述

●●頁以下参照）．

2 学説・判例の動向　学説・判例は，もっぱら自然公園法上の不許可補償の事例をめぐって論議されている．本法（自然環境保全法）上の不許可補償については，これまで事例がなかったためか，ほとんど論議されてこなかった．

ただ，事情は，次節の自然公園法におけるものとほぼ同じであるから，判例・学説は，相当因果関係説，地価低落説，実損補塡説，地代説等に分かれるものと思われる．したがって，補償の内容については，次節において詳説することにする．

●4　補償の権利者・義務者

補償権利者は，行為制限等により損失を受けた者である．補償義務者は，国または地方公共団体である．

●5　補償の手続

1　環境大臣への補償請求

補償を受けようとする者は，環境大臣に対して補償の請求をしなければならない．補償の請求は，①請求者の氏名・住所，②補償請求の理由，③補償請求額の総額およびその内訳を記載した請求書を提出することによって行う（施行規則31条）．

2　環境大臣の補償額決定

これを受けて，環境大臣は，補償すべき金額を決定し，当該請求者に通知しなければならない．

損失補償の手続は，実定法上必ずしも統一されているとはいえない（さしあたり，小澤道一「損失補償の手続と救済手続(1)―その不統一と問題点」自治研究64巻5号45頁以下（1988年）参照）が，本条の補償手続は，補償義務者による補償決定の類型に属する．

3　実地調査に伴う損失の補償

実地調査（31条）に伴う損失の補償についても同様であり，実地調査に関する事務を所掌する大臣または地方公共団体の長に補償請求をし，当該大臣または地方公共団体の長が補償すべき金額を決定する．

第3款　訴えの提起

> (訴えの提起)
> **第34条**
> ①　前条第3項(同条第5項において準用する場合を含む.)の規定による決定に不服がある者は,その通知を受けた日から6月以内に訴えをもつて補償すべき金額の増額を請求することができる.
> ②　前項の訴えにおいては,国又は地方公共団体を被告とする.

● 1　本条の趣旨と要点

1　本条の趣旨

　本条は,前条の規定により補償請求した者が,環境大臣(実地調査については,その事務を所掌する大臣または地方公共団体の長)の決定した補償額に不服がある場合に,増額請求の訴えを提起することができることを定めたものである.

　収用法や都市計画法,土地区画整理法等が定める当事者の協議,協議が成立しない場合の収用委員会への裁決申請(収用法94条,都市計画法28条,土地区画整理法73条等)の手続規定は,本法には置かれていない.したがって,収用委員会の裁決を経ることなく,直ちに裁判所に訴えを提起することができる.また,補償金額決定の取消しまたは変更ではなくて,直ちに補償額の増額を請求することができる.訴えの提起について明文で規定したものであり,比較的珍しい立法例である.

　本条による訴訟は,行訴法4条前段の形式的当事者訴訟に当たる.

2　本条の要点

　本条の要点は,被告適格,出訴期間,管轄裁判所等である.いずれの点についても,判例・学説上の対立は見当たらない.これらについては,自然公園法64条の箇所で改めて詳説する.

●2　訴えの提起

1　被告適格

環境大臣の決定した補償金額に不服がある者は，その通知を受けた日から6か月以内に，国を被告にして増額請求の訴えを提起することができる．

実地調査に伴う損失の補償金額に不服がある者も，その通知を受けた日から6か月以内に，国または地方公共団体を被告にして増額請求の訴えを提起することができる．

2　出訴期間・裁判管轄

出訴期間は，環境大臣等の通知を受けた日から6か月以内である．初日は算入しない．

本条による訴訟は当事者訴訟であり，そのうちの形式的当事者訴訟であるが，行訴法の裁判管轄の規定（12条）は，当事者訴訟に準用されていない（41条）．裁判管轄については，民訴法の定めるところによることになる（同法7条）．したがって，被告の所在地の地方裁判所の管轄に属し（民訴法4条1項），訴額を問わない（裁判所法24条1項，33条1項1号）．この訴えは，土地の利用制限等から生ずる損失の補償を求めるものであり，不動産に関するものであるから，当該土地の所在地の地方裁判所にも提起することができる（民訴法5条12号．なお，収用法94条9項参照）．

第4款　都道府県自然環境保全地域内の行為制限等による損失の補償

（損失の補償）
第48条
　都道府県は，第46条第1項の規定に基づく条例の規定による処分又は前条の規定に基づく条例の規定による当該職員の行為によつて損失を受けた者に対して，通常生ずべき損失を補償しなければならない．

第 2 節　自然環境保全法

1　本条の趣旨と要点

1　本条の趣旨

　都道府県は，都道府県自然環境保全地域における自然環境を保全するため，条例で定めるところにより，その区域内に特別地区を指定し，かつ，特別地区内および都道府県自然環境保全地域の区域のうち特別地区に含まれない区域内における行為につき，それぞれ自然環境保全地域の特別地区または普通地区における行為に関する第 4 章第 2 節の規定による規制の範囲内において必要な規制を定めることができる（46 条 1 項）．また，都道府県は，条例で定めるところにより，都道府県自然環境保全地域に関し実地調査のため必要がある場合に，都道府県知事が 31 条の規定の例によりその職員に他人の土地に立ち入り，同条 1 項に規定する標識の設置その他の行為をさせることができる（47 条）．

　本条は，これらの行為制限等により損失が生じた場合に，損失を受けた者に対して通常生ずべき損失を補償すべきことを定めたものである．

　なお，前述の 33 条が「補償する．」と規定しているのに対し，本条は「補償しなければならない．」と規定している．この点について，立案関係者は，「前者は国自ら補償する旨を規定したものであるのに対し，後者は国が法律で都道府県に補償の義務を課したものであることによる」と説明している（環境庁自然保護局企画調整課編・解説 347 頁）．

2　本条の要点

　本条の要点は，補償の要否，補償の内容（範囲），補償の権利者・義務者，補償の手続，訴えの提起等である．いずれの点についても，判例・学説上の対立は見当たらない．

2　補償の要否・内容，補償の権利者・義務者

1　補償の要否・内容

　補償の要否，補償の内容（範囲）は，33 条について前述したところとほぼ同じである．

2　補償の権利者・義務者

　補償権利者は，条例の規定による処分によって損失を受けた者，または実地

第5章　自然環境保全法関係

調査等に当たる職員の行為によって損失を受けた者である．補償義務者は，都道府県である．

●3　補償の手続・訴えの提起

1　補償の手続

補償の手続については，別段の規定は置かれていない．33条の準用もなされていない．おそらく，条例の定めに委ねているものと思われる（環境庁自然保護局企画調整課編・解説347～348頁参照）．

条例をみると，例えば，新潟県自然環境保全条例（昭和48年4月2日）は，41条（損失の補償）において，次のように定めている．

① 県は，第17条第4項若しくは第18条第3項第6号の許可を得ることができないため，第17条第5項（第18条第4項において準用する場合を含む．）の規定により許可に条件を付せられたため，又は第19条第2項若しくは第24条第2項の規定による処分を受けたため損失を受けた者に対して，通常生ずべき損失を補償する．

② 県は，自然環境保全地域及び緑地環境保全地域の指定若しくはその区域の拡張，自然環境保全地域に関する保全計画及び緑地環境保全地域に関する保全計画の決定若しくは変更又は県が行う自然環境保全地域に関する保全事業及び緑地環境保全地域に関する保全事業の執行に関し，前条第1項の規定による当該職員の行為によつて損失を受けた者に対して，通常生ずべき損失を補償する．

新潟県自然環境保全条例は，このように定めているが，具体的な手続については特段の規定を置いていない．施行規則にも手続規定は見当たらない．

2　訴えの提起

訴えの提起についても，34条は準用されていない．その理由については，「訴訟手続については条例事項になじまないため，訴えをもって補償すべき金額の増額を請求することができる旨の規定（法34条参照）は，条例においては設けることはできないこととされている」と説明されている（環境庁自然保護局企画調整課編・解説348頁）．

34条が環境大臣の補償金額決定に対して増額請求の訴えを提起することができると規定していることを考慮すれば，本条についても，不服がある者は地

方公共団体を被告にして増額請求の訴えを提起することができるものと解すべきである．ただ，明文の規定が置かれているわけではないから，訴訟の類型としては，当事者訴訟のうちの実質的当事者訴訟になるのではないかとも思われるが，あえて自然環境保全地域内の行為制限等と区別すべき必要はなく，同じく形式的当事者訴訟と解してもよいであろう．

第3節　自然公園法

第1款　概　説

● 1　本法の趣旨

1　本法の沿革

自然公園法制は，1931（昭和6）年の国立公園法の制定により基礎が築かれ，戦後，1949（昭和24）年の国立公園法の改正を経て，1957（昭和32）年に，同法を廃止して，自然公園法（以下，本節において「本法」という）が制定された．本法の制定により，国立公園・国定公園・都道府県立自然公園という現在の自然公園体系が確立された（本法の沿革については，さしあたり，山村恒年『自然保護の法と戦略〔第2版〕』97頁以下（有斐閣，1994年），北村喜宣『環境法〔第4版〕』542頁以下（弘文堂，2017年）参照）．

2　本法の目的

自然公園法は，1条において，「この法律は，優れた自然の風景地を保護するとともに，その利用の増進を図ることにより，国民の保健，休養及び教化に資するとともに，生物の多様性の確保に寄与することを目的とする．」と規定している．法の目的に「生物の多様性の確保に寄与する」ことが追加されたのは，2009（平成21）年の改正によるものである．

3　財産権尊重条項

4条は，「財産権の尊重及び他の公益との調整」と題して，「この法律の適用に当たつては，自然環境保全法（昭和47年法律第85号）第3条で定めるところによるほか，関係者の所有権，鉱業権その他の財産権を尊重するとともに，

国土の開発その他の公益との調整に留意しなければならない.」と規定している. この財産権尊重条項は, 自然環境保全法 3 条のほか文化財保護法 4 条 3 項等にも置かれている（前述 625 頁, 後述 776 頁参照).

この財産権尊重条項について, 文献の中には,「自然公園法は, その 3 条で財産権尊重の原則をこと更に明示していることからもうかがわれるように, 全体として, 旧時代的な財産権絶対の思想の片鱗を宿しているものということができるが, この点, 根本思想を社会国家的なものに切り換えることが必要であろう」と説くもの (成田頼明＝荒秀＝原田尚彦「自然公園法における公用制限と補償（3・完)」補償研究 1968 年 9 月号 69 頁) がある.

4 自然公園法と自然環境保全法

1 性格上の相違 本法は, 自然環境保全法と並んで, 自然保護を目的とする基本的な法律である.

両法は, 区域を指定して行為制限等を課する点において, 規制の構造に共通するところがあるが, その性格において相違する点もある. 先にも紹介したが (前述 626 頁), 環境省の「自然環境保全法の運用について」は, 次のように述べている.「原生自然環境保全地域及び自然環境保全地域は, 自然環境を適正に保全し, 将来の国民に継承していくという性格の地域であり, すぐれた自然の風景地を保護するとともにその利用の増進を図るという性格の地域である自然公園とは, その性格を異にする.」

2 区域指定の重複の禁止 同じ土地が両法により重複して区域指定されることはない. 本法は, 71 条（原生自然環境保全地域との関係）において,「自然環境保全法第 14 条第 1 項の規定により指定された原生自然環境保全地域の区域は, 国立公園又は国定公園の区域に含まれないものとする.」と規定している. また, 自然環境保全法は, 22 条（指定）2 項において,「自然公園法第 2 条第 1 号に規定する自然公園の区域は, 自然環境保全区域に含まれないものとする.」と規定し, 45 条（都道府県自然環境保全地域の指定）2 項において,「自然公園法第 2 条第 1 号に規定する自然公園の区域は, 都道府県自然環境保全地域の区域に含まれないものとする.」と規定している.

5 本法の関連法令

本法の関連法令としては, 自然環境保全法, 都市公園法, 森林法, 採石法,

生物多様性基本法，環境基本法等がある．

6 本法に基づく許可申請と許可の実態

1 運用実態 本法は，国立公園や国定公園の風致を維持するために，後述のような種々の行為制限等を定めており，不許可の場合の損失補償についても定めている．また，後掲の不許可補償に関する裁判例をみると，許可申請をしても不許可となる場合が少なくないのではないか，との感がしないでもない．

しかし，現実には，許可申請に対して，そのほとんどが許可されているのが実態である．文献においては，「こうした実態は，環境庁の出先機関である国立公園管理事務所や都道府県担当部局の職員による事前の行政指導に対して申請者が理解を示し，無理のない範囲内で申請している例が少なくないこと，あるいは私権との調整が困難な場合には『特定民有地買上げ制度』が存在することなどもその要因となっている」ことが指摘されている（原田尚彦「公用制限における補償基準―古都保存法・自然公園法の補償を中心として―」公法研究29号177〜178頁（1967年）．なお，鏑木伸一「損失補償法の個別的問題―自然公園・自然環境保全関係」国家補償法大系④ 77頁，磯部力「判解」街づくり・国づくり判例百選213頁（1989年），宇賀克也「公用制限と損失補償（上）―自然公園法を中心として」ジュリ944号120〜121頁（1989年），小祝慶紀「自然公園法の損失補償制度―損失補償制度の要否基準をめぐる法と経済―」國士舘法學38号45頁（2006年），高橋滋「判解」環境法判例百選〔第2版〕181頁（2011年），北村・前掲573〜574頁等参照）．これは，許可申請に対して，計画の場所，規模，方法等について事前の行政指導がなされ，申請者がこの行政指導に従って計画を変更し，申請のし直しをして，これを行政当局が許可することが多いためではないかと思われる．

2 運用実態の理由 このような本法の運用実態からすれば，現実に不許可補償がなされる事例はほとんど存在しないのではないかと思われる．行政指導に応じての許可申請であるにしても，それに対して許可がなされる理由は，①損失補償請求に応ずるには莫大な財政的負担を負うことになるため，損失補償の請求を回避しようとする行政の姿勢がみられること，②補償すべき損失の範囲が明確でないこと，③補償の支払い方法が明確でないこと，などにあるのではないかと推測することができる（小祝・前掲49〜50頁が，文献における理由づけを要約している）．

このような運用実態をどのように評価すべきかは，一つの重要な問題であるが，それには，まず本法に基づく補償の要否の基準が明確にされなければならない．行政実務は，本法の補償条項の適切な解釈に従うべきであろう．

● 2　本法の構成

上記の目的を達成するため，本法は，種々の仕組みを設けている．損失補償に関連するもので，その主要なものを次に取り上げることにする．

1　用語の定義

1　自然公園　国立公園，国定公園および都道府県立自然公園をいう（2条1号）．

2　国立公園　我が国の風景を代表するに足りる傑出した自然の風景地（海域の景観地を含む）であって，環境大臣が所定の手続を経て指定するものをいう（2条2号）．

3　国定公園　国立公園に準ずる優れた自然の風景地であって，環境大臣が所定の手続を経て指定するものをいう（2条3項）．

4　都道府県立自然公園　優れた自然の風景地であって，都道府県が条例の定めるところにより指定するものをいう（2条4号）．

2　国立公園・国定公園の指定等

1　指定の手続　国立公園は，環境大臣が，関係都道府県および中央環境審議会（以下，「審議会」という）の意見を聴き，区域を定めて指定する（5条1項）．国定公園は，環境大臣が，関係都道府県の申出により，審議会の意見を聴き，区域を定めて指定する（同条2項）．指定対象地は，国有地・公有地に限らず，民有地も含まれる．環境大臣は，国立公園または国定公園を指定する場合には，その趣旨・区域を官報で公示しなければならない（同条3項）．

2　公園計画の決定　公園計画とは，国立公園または国定公園の保護・利用のための規制または事業に関する計画をいう（2条5号）．国立公園に関する公園計画は，環境大臣が，関係都道府県および審議会の意見を聴いて決定する（7条1項）．国定公園に関する公園計画は，環境大臣が，関係都道府県の申出により，審議会の意見を聴いて決定する（同条2項）．環境大臣は，公園計画を決定したときは，その概要を官報で公示し，一般の閲覧に供しなければならない（同条3項）．

第3節　自然公園法

3　公園事業の決定　公園事業とは，公園計画に基づいて執行する事業であって，国立公園または国定公園の保護・利用のための施設で政令で定めるもの（道路，橋，広場，避難小屋，休憩所，展望施設，案内所等）に関するものをいう（2条6号）。国立公園に関する公園事業（国立公園事業）は，環境大臣が，審議会の意見を聴いて決定し（9条1項），国定公園に関する公園事業（国定公園事業）は，都道府県知事が決定する（同条2項）が，それぞれその概要を公示しなければならない（同条3項・4項）。

③　特別地域の指定等

1　特別地域の指定　環境大臣は国立公園について，都道府県知事は国定公園について，当該公園の風致を維持するため，公園計画に基づいて，その区域（海域を除く）内に「特別地域」を指定することができる（20条1項）。指定する場合には，環境大臣または都道府県知事は，官報または都道府県の公報で，その趣旨・区域を公示しなければならない（同条2項）。

2　特別地域内の行為制限　特別地域（特別保護地区を除く）内においては，次に掲げる行為は，非常災害のために必要な応急措置等の一定の行為を除いて，原則として，国立公園にあっては環境大臣の，国定公園にあっては都道府県知事の許可を受けなければ，してはならない（同条3項・8項・9項）。①工作物の新築・改築・増築，②木竹の伐採，③環境大臣が指定する区域内における木竹の損傷，④鉱物の掘採，土石の採取，⑤河川・湖沼等の水位または水量の増減，⑥環境大臣が指定する湖沼・湿原およびこれらの周辺1キロメートルの区域内において当該湖沼・湿原またはこれらに流水が流入する水域・水路に汚水・廃水を排水設備を設けて排出すること，⑦広告物その他これに類する物の掲出・設置，広告その他これに類するものの工作物等での表示，⑧屋外における土石その他環境大臣が指定する物の集積・貯蔵，⑨水面の埋立て・干拓，⑩土地の開墾，その他土地の形状の変更，⑪高山植物その他の植物で環境大臣が指定するものの採取・損傷，⑫環境大臣が指定する区域内において当該区域が本来の生育地でない植物で，当該区域における風致の維持に影響を及ぼすおそれがあるものとして環境大臣が指定するものの植栽，当該植物の種蒔き，⑬山岳に生息する動物その他の動物で環境大臣が指定するものの捕獲・殺傷，当該動物の卵の採取・損傷，⑭環境大臣が指定する区域内において当該区域が本来の生息地でない動物で，当該区域における風致の維持に影響を及ぼすおそれ

があるものとして環境大臣が指定するものを放つこと，⑮屋根・壁面・塀・橋・鉄塔・送水管その他これらに類するものの色彩の変更，⑯湿原その他これに類する地域のうち環境大臣が指定する区域内へ当該区域ごとに指定する期間内の立入り，⑰道路・広場・田・畑・牧場および宅地以外の地域のうち環境大臣が指定する区域内における車馬・動力船の使用，航空機の着陸，⑱上記に掲げるもののほか，特別地域における風致の維持に影響を及ぼすおそれがある行為で政令で定めるもの，である．

4 特別保護地区の指定等

1 特別保護地区の指定 環境大臣は国立公園について，都道府県知事は国定公園について，当該公園の景観を維持するため，特に必要があるときは，公園計画に基づいて，特別地域内に「特別保護地区」を指定することができる（21条1項）．指定する場合には，環境大臣または都道府県知事は，官報または都道府県の公報で，その趣旨・区域を公示しなければならない（同条2項）．

2 特別保護地区内の行為制限 特別保護地区内においては，次に掲げる行為は，非常災害のために必要な応急措置等の一定の行為を除いて，原則として，国立公園にあっては環境大臣の，国定公園にあっては都道府県知事の許可を受けなければ，してはならない（21条3項・8項）．①特別地域内の行為制限の項目として上述した①②④～⑦⑨⑩⑮⑯の行為，②木竹の損傷，③木竹の植栽，④動物を放つこと，⑤屋外における物の集積・貯蔵，⑥火入れ・たき火，⑦木竹以外の植物の採取・損傷，落葉・落枝の採取，⑧木竹以外の植物の植栽，植物の種蒔き，⑨動物の捕獲・殺傷，動物の卵の採取・損傷，⑩道路・広場以外の地域内における車馬・動力船の使用，航空機の着陸，⑪そのほか，特別保護地区における景観の維持に影響を及ぼすおそれがある行為で政令で定めるもの，である．

5 海域公園地区の指定等

1 海域公園地区の指定 環境大臣は国立公園について，都道府県知事は国定公園について，当該公園の海域の景観を維持するため，公園計画に基づいて，その区域の海域内に「海域公園地区」を指定することができる（22条1項）．指定する場合には，環境大臣または都道府県知事は，官報または都道府県の公報で，その趣旨・区域を公示しなければならない（同条2項）．

第**3**節　自然公園法

2　海域公園地区内における行為制限　海域公園地区内においては，次に掲げる行為は，非常災害のために必要な応急措置等の一定の行為を除いて，原則として，国立公園にあっては環境大臣の，国定公園にあっては都道府県知事の許可を受けなければ，してはならない（22条3項・8項）．①工作物の新築・改築・増築，鉱物の掘採，土石の採取，広告物その他これに類する物の掲出・設置，広告その他これに類するものの工作物等での表示，②環境大臣が指定する区域内における熱帯魚・さんご・海藻その他の動植物で，当該区域ごとに環境大臣が農林水産大臣の同意を得て指定するものの捕獲・殺傷・採取・損傷，③海面の埋立て・干拓，④海底の形状の変更，⑤物の係留，⑥汚水・排水を排水設備を設けて排出すること，⑦環境大臣が指定する区域内において当該区域ごとに指定する期間内の動力船使用，⑧その他，海域公園地区における景観の維持に影響を及ぼすおそれがある行為で政令で定めるもの，である．

6　普通地域

1　普通地域の意義　普通地域とは，国立公園または国定公園の区域のうち特別地域および海域公園地区に含まれない区域をいう（33条1項）．

2　普通地域内における行為制限　普通地域内においては，次に掲げる行為は，一定の行為を除いて，原則として，国立公園にあっては環境大臣に対し，国定公園にあっては都道府県知事に対し，環境省令で定めるところにより，行為の種類，場所，施行方法および着手予定日その他環境省令で定める事項を届け出なければならない（33条1項・7項）．①その規模が環境省令で定める基準を超える工作物の新築・改築・増築，②特別地域内の河川，湖沼等の水位・水量に増減を及ぼさせること，③広告物その他これに類する物の掲出・設置，広告その他これに類するものの工作物等での表示，④水面の埋立て・干拓，⑤鉱物の掘採，土石の採取（海域内においては，海域公園地区の周辺1キロメートルの当該海域公園地区に接続する海域内においてする場合に限る），⑥土地の形状の変更，⑦海底の形状の変更（海域公園地区の周辺1キロメートルの当該海域公園地区に接続する海域内においてする場合に限る），である．届出をした者は，その届出をした日から起算して30日を経過した後でなければ，当該届出に係る行為に着手してはならない（同条5項）．

また，環境大臣は国立公園について，都道府県知事は国定公園について，当該公園の風景を保護するために必要があると認めるときは，普通地域内におい

て上記の届出を要する行為をしようとする者またはした者に対して，その風景を保護するために必要な限度において，当該行為を禁止もしくは制限し，または必要な措置を執るべき旨を命ずることができる（同条2項）．

7 都道府県立自然公園

1 特別地域・利用調整地区の指定 都道府県は，条例の定めるところにより，都道府県立自然公園の風致を維持するため，その区域内に「特別地域」を，都道府県立自然公園の風致の維持とその適正な利用を図るため，特別地域内に「利用調整地区」を指定することができる（73条1項）．

2 特別地域・利用調整地区等における行為制限 都道府県は，特別地域内，利用調整地区内および当該都道府県立自然公園の区域のうち特別地域に含まれない区域内における行為につき，それぞれ国立公園の特別地域，利用調整地区または普通地域内における行為に関する本法第2章第4節の規定による規制の範囲内において，条例で必要な規制を定めることができる（73条1項）．

●3 本法上の損失補償規定

本法は，上記の行為制限等による損失について，いくつかの補償規定を設けている．①国立公園，国定公園における行為制限等による損失の補償（64条1項），②都道府県立自然公園における行為制限等による損失の補償（77条），③国立公園・国定公園における実地調査による損失の補償（64条4項），④都道府県立自然公園における実地調査による損失の補償（77条），である．いずれも，憲法29条3項の趣旨を具体化したものである．

第2款　国立公園・国定公園内の行為制限等による損失の補償

> **（損失の補償）**
> **第64条**
> ① 国は国立公園について，都道府県は国定公園について，第20条第3項，第21条第3項若しくは第22条第3項の許可を得ることができないため，第32条の規定により許可に条件を付されたため，又は第33条第2項の規定による処分を受けたため損失を受けた者に対して，通常生ずべき損失を

補償する．
② 前項の規定による補償を受けようとする者は，国に係る当該補償については環境大臣に，都道府県に係る当該補償については都道府県知事にこれを請求しなければならない．
③ 環境大臣又は都道府県知事は，前項の規定による請求を受けたときは，補償すべき金額を決定し，当該請求者にこれを通知しなければならない．
④ 国又は都道府県は，第62条第1項の規定によるそれぞれの当該職員の行為によつて損失を受けた者に対して，通常生ずべき損失を補償する．
⑤ 第2項及び第3項の規定は，前項の規定による損失の補償について準用する．この場合において，第2項及び第3項中「環境大臣」とあるのは，「第62条第1項に規定する実地調査に関する事務を所掌する大臣」と読み替えるものとする．

1 本条の趣旨と要点

1 本条の趣旨

　国立公園または国定公園の区域内の特別地域，特別保護地区，海域公園地区，普通地域においては，前述のような行為制限が課されている．本条は，これらの行為制限等によって損失を受けた者に対して，通常生ずべき損失を補償することを定めたものである．許可を得られなかったことにより，あるいは，許可に条件を付されたことにより，さらには，届出がなされた場合に，届出に係る行為の禁止・制限，必要な措置の命令を受けたことにより損失が生じた場合に，通常生ずべき損失を補償すべきことを定めたものである．憲法29条3項の趣旨を具体化した規定である．

　実地調査に伴う損失についても，本条でまとめて規定されている．これは，前述の自然環境保全法と同様である（同法33条）．

2 本条の要点

　本条の要点は，補償の要否，補償の内容（範囲），補償の権利者・義務者，補償の手続等である．自然環境保全法におけるのと同様に，とりわけ，補償の要否が問題となる．裁判例がいくつか存在するが，いずれも補償を否定している．また，必要とされた場合に，その補償の内容（範囲）も問題となり，判

第5章　自然環境保全法関係

例・学説上の対立がみられる．

そのほか，基本的な問題点として，本条の補償の性質をめぐるものがある．本条に基づく補償は，「憲法上の補償」であるのか，それとも「政策上の補償」にすぎないのか，という問題である．

●2　補償の性質

1　学説・判例の動向

1　学説の動向　本条に基づく補償の性質をめぐって，政策上の補償説と憲法上の補償説が対立している．そのほか，憲法上の補償と政策上の補償の両者の性質を併有しているとの見解（北村・前掲572頁）もあるが，この見解も政策上の補償説の一種として捉えることができる．

(1)　**政策上の補償説**　政策上の補償説に立つものとしては，原田説がその代表的所説である．すでに早い段階において，成田頼明＝荒秀＝原田尚彦「自然公園法における公用制限と補償(2)」補償研究1968年7月号27頁は，「自然公園法35条の補償が，憲法29条3項の要請に従う補償であるかどうかはともかくとして」と結論を留保しながらも，論稿自体は政策上の補償説に強く傾斜した内容であった．この考え方は，現在では，原田・要論に明確な形でみることができる．同書274頁は，「土地の計画的利用のために定立された面的な利用制限には，もはや憲法上も補償は不要であるとの解釈を確立して，補償を定めた法律の規定を整理するとともに，反面，個別事業のために局所的個別的に課された公用制限には，補償を確実かつ適正に実施していくべきである．運用されもしない補償規定を数多く法令中に存続しておくのは，まさに羊頭狗肉で，国民の誤解を生む．法治国にとっては，むしろ有害である」と説いている．これは，政策上の補償説に立脚するものと位置づけることができる．

行政実務もまた，政策上の補償説に立脚しているのではないかと思われる．そのことは，訴訟における被告国の主張の中に垣間見ることができる．例えば，後掲の室生赤目青山国定公園不許可補償請求事件においては，被告国は，「法〔自然公園法，筆者注〕の土地利用制限は，都市計画法，建築基準法の土地利用制限に近いものであって，土地収用法にいう通常損失とは性格が異なる．このような実定法全体を合理的に解釈すれば，法35条〔現64条，筆者注〕の補償は，いわゆる講学上の損失補償ではなく，ただ不許可処分等によって予期せざる経費等が必要となり，あるいは従前の方法による土地利用ができなくなり，

土地の収奪に等しい損失が発生した場合等にこれを補償する特殊な補償制度ということができる」と主張している（東京地判昭和61・3・17行集37巻3号294頁参照．鳥海国定公園不許可補償請求事件においても，被告国は，ほぼ同趣旨の主張をしている．秋田地判昭和62・5・11訟月34巻1号41頁参照）．被告国の主張は，補償の内容について実損補塡（補償）説に立脚するものであるが，これは政策上の補償説に基づくものと理解することができる（高木光「判批」自治研究63巻8号115頁（1987年）参照）．

(2) **憲法上の補償説**　憲法上の補償説に立つものとしては，今村説がその代表的所説である．政策上の補償説を批判して，次のように説いている（今村成和「文化財保護と補償問題」同『人権叢説』232頁（有斐閣，1980年．初出1973年））．「論者〔政策上の補償説の主張者，筆者注〕は，この議論を，土地の所有者その他の権利者が，土地利用に対する総合的コントロールに服さなければならない現代社会の現状を念頭において展開しているのであるが，このようなコントロールは，土地の恣意的な利用が社会生活の調和を乱す結果となることを防ぐためのものである限り，土地利用権に内在する社会的拘束といってよい．しかしそれは，土地の利用を社会的要求と調和させるという意味においてであって，土地利用の自由を全く奪うにひとしい結果となるような規制は，補償なくしては行い得ないし，ある土地を公共の用に供するという観点からの制限も同様といわなくてはならぬ．／又，この議論は，『高い程度の公共性』ということを，『財産権に内在する制約』と認めるべきことの根拠として挙げているが，それは，利用制限の根拠ではあっても，補償の要否とは関係のないことであろう．」

また，環境庁自然保護局企画調整課編『自然公園法の解説』267頁（中央法規出版，1977年．以下，「環境庁自然保護局企画調整課編・自然公園法の解説」という）は，「本条は，憲法第29条第3項に基づく規定であって，本法の実施により，損失を受けた者に対する損失補償及びこれに関する手続を定めたものである」と説明している（ただ，前述したように，その後の訴訟における被告国の主張をみると，行政実務上の見解が変遷しているように思われる）．

2　判例の動向　後掲の裁判例は，必ずしも明確とはいえないものもないではないが，いずれも本条による損失の補償は，憲法上の補償を定めたものであると解している（高木・前掲（自治研究63巻8号）114頁，宇賀・行政法概説Ⅱ510頁参照）．このことを明確に述べているのは，東京地判平成2・9・18（行集

41巻9号1471頁）である．同判決は，「法35条1項〔現64条1項，筆者注〕は，要許可行為について許可を得ることができないために損失を受けた者に対して通常生ずべき損失を補償する旨を規定しているが，この規定は，右のような法に定める利用行為の制限が，その態様いかんによっては，財産権の内在的制約を超え，特定の者に対して特別な犠牲を強いることとなる場合があることから，憲法29条3項の趣旨に基づく損失補償を法律上具体化したものであると解すべきである」と判示している（同趣旨，東京地判昭和60・1・30行集36巻1号42頁）．

2 学説・判例の検討

学説上は憲法上の補償説が多数説であり，判例も一応憲法上の補償説に立脚している．国立公園または国定公園の区域内の特別地域等における行為制限によって特別の犠牲に相当する損失の発生がある場合には，これに対して「正当な補償」がなされるべきである．本条は，憲法29条3項の趣旨を具体化したものと解すべきであろう．単なる政策上の補償を規定したにすぎないということになれば，現実に補償されることがますますなくなるのではないかと危惧される．

3 事後補償

本条の補償は，事後補償である．補償が必要となるのは，「損失を受けた」こと，すなわち，現実に具体的な損失が発生している場合である（環境庁自然保護局企画調整課編・自然公園法の解説271頁参照）．この点において，収用法88条の「通常受ける損失」と相違する（前述332頁参照）．

●3 補償の要否

1 補償要否の基準

補償要否の基準については，「総論」の第4章「損失補償の要否」において一般的に考察した（前述65頁以下）．ここでは，本法上の損失補償に焦点を当てて検討することにする．

1977（昭和52）年刊行の環境庁自然保護局企画調整課編・自然公園法の解説（269～270頁）は，「どのような場合に『特別の犠牲』といえるかは非常に困難な問題である．学説の多くは，『財産権に内在する社会的制約を超える場合に

は特別の犠牲と解される』とするが，どの程度の犠牲をもつて社会的制約を超えるとするかは学説も必ずしも明確にはしていない」と述べた上で，田中二郎の形式的基準・実質的基準総合説を紹介している．

前述のように，通損補償の規定は憲法 29 条 3 項に基づくものであるが，個別具体的事案における行為制限等が財産権の社会的（内在的）制約の範囲内であれば，それによる損失は特別の犠牲に当たらず，補償は不要である．しかし，特別地区等における行為制限等は，工作物の新築・改築・増築，木竹の伐採，土石の採取等の基本的な土地利用等を制限しており，それは，土地所有者等の利益のためではなくて，公共の利益のために行われるものである．一般論としては，そこに財産権の本質的制限の存在を否定することは困難であろう（西埜・損失補償 100 頁以下参照）．

文献においては，「土地所有権の制約が単に利用可能性の制限に止まる場合については，比較的無造作に，〝公共の福祉の為の已むを得ない制限〟ないし〝財産権の内在的（社会的）制約〟として，少くとも憲法上の損失補償の必要を否定する傾向が強い」と説くもの（藤田・土地法 150 頁），あるいは，この藤田説を引用した上で，「藤田の指摘するとおり，このような荒っぽい公共の福祉論は，憲法解釈論としては何の役にも立たない」と説くもの（渡辺・財産権論 203 頁）がある．傾聴すべき見解である．

2 判例の動向

自然公園法上の不許可補償に関する判例の動向については，すでに「総論」の第 4 章「損失補償の要否」において，その一部を紹介した（前述 78 頁以下）．ここでは，それらをも含めて，より詳細に紹介することにする．いずれの裁判例も，昭和 50 年代から 60 年代にかけてのものであり，最近のものは見当たらない．

1 瀬戸内海国立公園不許可補償請求事件　原告は，瀬戸内海国立公園の特別地域に指定されている地区内に山林を所有し，同山林内の石材採取の許可申請をしたが，不許可処分がなされたため，本法 35 条（現 64 条）に基づいて国に対して損失補償の請求をしたところ，補償すべき金額は零円であるとの決定がなされたので，36 条（現 65 条）に基づいて国を被告にして損失補償金増額請求訴訟を提起したという事案である．東京地判昭和 57・5・31（行集 33 巻 5 号 1138 頁．以下「①判決」という）は，結論において，同法 35 条 1 項の「通

第5章 自然環境保全法関係

常生ずべき損失」を受けたとは認められず，また，本件許可申請は社会通念上特別地域指定の趣旨に著しく反し，申請権の濫用というべきであるとして請求を棄却したが，損失補償要否の基準については，次のように判示している．

「公共の福祉のため財産権に対し法律上規制が加えられ，これによりその権利主体が不利益を受けることがあるとしても，それが財産権に内在する社会的制約と認められる程度の制限であれば，これを受忍すべきものであり，補償を求めることは許されないというべきである．したがって，憲法29条3項により補償を請求できるのは，公共のためにする財産権の制限が社会生活上一般に受忍すべきものとされる限度を超え，特定の人に対し特別の財産上の犠牲を強いるものである場合に限られると解される．」「公園法は，わが国の風景を代表するに足りる傑出した自然の風景地であって，環境庁長官が指定するものを国立公園（同法2条2号），国立公園に準ずるすぐれた自然の風景地であって，同長官が指定するものを国定公園とし（同法2条3号），さらに同長官は，国立公園及び国定公園の地域内に特別地域（同法17条），特別保護地区（同法18条），海中公園地区（同法18条の2）を指定することができ，これらの地域等又はこれらの地域等には含まれない普通地域（同法20条）においては，風致・景観を維持するため，その制限の強弱に差異はあるものの権利の行使を制限する公用制限の規定を設けている（同法17条3項・18条3項・18条の2第3項・19条・20条2項）．これによれば，特別地域，特別保護地区，海中公園地区内において土石等の採取その他一定の利用行為をするについて環境庁長官又は都道府県知事の許可を受けることを要し，許可が得られなければ，当該利用行為が制限されることとなる．右のような利用行為の制限は，自然の風景地を保護し，その利用の増進を図るという公園法の行政目的のために課されるものであり，その制限の態様いかんによっては当該財産権の本質的内容を侵害することもありうることであり，また，当該財産権の効用とは無関係に偶然に課される制限であることを否定することは困難である．そうすると，同法に定める利用行為の制限を全て所有権の内在的制約とし，土地所有者は当然にこれを受忍すべき義務があるとみることは相当でない．同法35条1項が要許可行為について許可を得ることができない場合について通常生ずべき損失を補償すべき旨規定したのは，右のような趣旨によるものと解される．したがって，同項が土地の収用，権利のはく奪その他実質的にこれと同視しうる場合にのみ補償を要する規定であると解することは相当でないし，また，従前の利用方法に変更がない場合に

は補償を要しないということもできない．よって，被告の右の主張は採用することができない．」

2　室生赤目青山国定公園不許可補償請求事件　上記の事案とほぼ同じである．原告は，室生赤目青山国定公園の特別地域に指定されている地区内に山林を所有し，同山林内の石材採取の許可申請をしたが，不許可処分がなされたため，本法35条（現64条）に基づいて国に対して損失補償の請求をしたところ，補償すべき金額は零円であるとの決定がなされたので，36条（現65条）に基づいて国を被告にして損失補償金増額請求訴訟を提起したという事案である．前掲東京地判昭和61・3・17（以下，「②判決」という）は，結論において，本件における土石採取の制限は何人も受忍すべき財産権の内在的制約の範囲内にあるから補償を要しないとしたが，損失補償要否の基準については，次のように判示している．

「憲法29条3項は，『私有財産は，正当な補償の下に，これを公共のために用ひることができる．』と規定して，公共の利益のために私有財産を収用し又は使用する場合には正当な補償を要することを定めているが，他方，同条2項は，『財産権の内容は，公共の福祉に適合するやうに，法律でこれを定める．』と規定し，また，憲法12条は，『この憲法が国民に保障する自由及び権利は……国民は，これを濫用してはならないのであつて，常に公共の福祉のためにこれを利用する責任を負ふ．』と規定している．これらの規定の趣旨にかんがみると，公共の福祉のために財産権の行使に対して法律上の規制が加えられ，これによってその財産権についてある種の制限が生じたとしても，その制限が，当該財産権の本来の性質ないし目的に応じてその財産権が公共の福祉に適合するようにその内容を定めることによって生じたものである場合には，右制限は，当該財産権に内在する社会的制約の具体化にほかならないから，これによって生じた損失についてはこれを補償することを要しないものというべきである．」「法及び自然環境保全法がこのように規定する趣旨は，ひっきょう，景観に富んだ美しい自然は国民全体のかけがえのない財産であり，このような自然をそのまま後世に残すことが国をはじめ地方公共団体等の責務であることを宣明するにあるものと解されるから，自然公園におけるすぐれた風致及び景観を保護しこれを美しいままに維持することは，特に国土の開発と自然の保護との調和が要請されている今日において，右の法の趣旨に合致し極めて高い公共性を有するものというべきであって，これをもって財産権の内容を定めるにつき

顧慮されるべき公共の福祉というに妨げないものと解するのが相当である．他方，自然公園内にあってすぐれた風致及び景観を有する土地の所有者に対して，その土地所有権の行使につき右のような公共の福祉を実現するために必要でかつ合理的な範囲内の制限を加えることは，その土地が自然公園内にあり，すぐれた風致及び景観をもつものとして存在し，利用されてきたという当該財産権本来の性質に応じてその財産権の内容を定めるものというべきである．そうすると，右のように自然公園内におけるすぐれた風致及び景観を保護するために必要でかつ合理的な範囲内において制限を加えることは，当該土地所有権自体に内在する社会的制約の具体化であるということができるから，このような制限によって生ずる損失は，これを補償することを要しないものといわなければならない．」

その控訴審の東京高判昭和63・4・20（行集39巻3＝4号281頁．以下，「③判決」という）は，次のように説示して，原審の判断は結論において相当であるとしている．

「法17条1項による特別地域の指定がなされた場合には，その特別地域内に存在する土地の所有者等は，法17条3項所定の特定の行為をするためには同条項所定の許可を受けなければならないという一般的な土地の利用制限を受けるほかに，自然公園の風致の維持という行政目的の達成のために，その土地の使用，収益を特別地域指定の趣旨に反しない限度で行なわなければならないという一般的な制限をも受けるものと解すべきである．そして，このような土地の使用，収益の制限も，土地の所有権等に内在する制約にとどまるものと解するのが相当であるから，社会一般の通念上，特別地域指定の趣旨に著しく反することが明らかな土地の使用，収益行為は，右指定自体が解除されない限り，許可される余地のないものであって，土地の所有者等がそのような土地の使用，収益行為を目的とする許可申請をあえてしたとしても，当然に不許可となるべきものである．従って，このような特別地域指定の趣旨に著しく反することが明らかな土地の使用，収益行為を目的とする許可申請は，もともと法が予定していないものであって，許可申請の濫用というべきであるから，その結果不許可となった場合には，それによって受けた損失はその補償を要しないものというべきである．（もし，このような場合にまで損失の補償をしなければならないとすれば，単にその補償の取得のみを目的とする許可申請が続出するおそれがあり，その弊害は重大なものとなるであろう．）／因みに，都市緑地保全法7条1項や古

都における歴史的風土の保存に関する特別措置法9条1項には，許可の申請に係る行為が社会通念上緑地保全地区又は特別保全地区に関する都市計画が定められた趣旨に著しく反すると認められるときには，その申請が不許可となったことによって受けた損失の補償を要しない旨の規定が設けられているが，法〔自然公園法，筆者注〕にはそのような明文の規定は存在しない．しかしながら，都市緑地保全法等における右規定は，立法の趣旨，目的から見て当然の事理を明文で確認したものにすぎないと解されるから，法による許可申請の場合についても，同様に解するのが相当である．」「以上要するに，土地の現地形を大幅に改変するおそれがあると認められる，露天掘りによる土石の採取行為は，国立公園又は国定公園の特別地域内においては（仮にそれが第三種特別地域内であっても），公園の風致を破壊するおそれのある行為として，法17条3項による許可を受けられない可能性が強いものであり，特にその土石の採取行為が大規模なものであって，公園の風致の維持に重大な影響を及ぼすと認められるような場合には，そのような行為は，社会一般の通念上，特別地域指定の趣旨に著しく反することが明らかな行為であるといわざるをえないから，そのような行為を目的とする許可申請は，許可申請の濫用として，当然に不許可になるべきものと解すべきである．」

3　鳥海国定公園不許可補償請求事件　　原告は，鳥海国定公園の特別地域内に立木を所有していたが，その一部を伐採するために，秋田県知事に立木伐採許可申請をしたところ，不許可処分がなされたので，本法35条（現64条）に基づいて環境庁長官に損失補償の請求をした．しかし，環境庁長官が補償すべき金額を零円と決定したため，36条（現65条）に基づいて，国を被告にして損失補償金増額請求訴訟を提起したという事案である．秋田地判昭和62・5・11（訟月34巻1号41頁．以下，「④判決」という）は，立木伐採許可申請は申請権の濫用に当たるとして請求を棄却したが，損失補償要否の基準については，次のように判示している．

「憲法29条2項は『財産権の内容は公共の福祉に適合するように法律で定める．』と規定し，同法12条は『国民はこの憲法が国民に保障する権利を濫用してはならないのであつて，常に公共の福祉のためにこれを利用する責任を負う．』と規定し，もって，財産権は公共の福祉に適合する限度で保障されるものであること，すなわち，財産権は公共の福祉による内在的制約を受けることを明らかにしている．したがって，法令により個人の財産権を制約したとして

第5章　自然環境保全法関係

も，それが公共の福祉により求められる財産権の内在的制約の範囲内であるならば，国民はこれを受忍すべきものとされ，補償を要するものではないと解される．/したがって，申請人が自然公園法17条3項による国定公園特別地域内における立木伐採許可を受けることができないため，右財産権の行使が制限されたとしても，同法35条2項の損失補償を求められるのは，公共の福祉のためにする右財産権の制限が社会生活一般に受忍すべきものとされる限度を超え，特定の人に特別の財産上の犠牲を強いる場合に限られるものと解される．また，財産権は濫用してはならないのであるから，右立木伐採許可申請において，その申請人の目的，動機，また，許可申請に係る行為の内容等から見て，そもそも許可申請に係る行為が，自然公園法の趣旨，目的にかんがみ社会通念上特別地域指定の趣旨に著しく反し，自然公園法の趣旨を没却するものであると認められるとき，すなわち，許可申請自体が申請権の濫用に当たる場合は，同法35条2項の損失補償の請求をすることができないものというべきである．この点については自然公園法には明文の規定が設けられていないが，都市緑地保全法7条1項2号，古都における歴史的風土の保存に関する特別措置法9条1項2号には明文の規定がおかれており，同じ自然保護関連法として同様に解されるべきである．」「右認定事実によれば，原告の右各伐採許可申請は，許可を受けた地域の立木を現実に伐採することを目的としてなされたものではなく，不許可になった際の損失補償を目的としてなされたものであり，また，右各伐採許可申請に対し不許可になった地域は一定の基準のもとで伐採が許可される第二種特別地域であるところ，原告は右申請の担当課である秋田県自然公園課から右基準に従った指導を受けながら，あえて不許可にしかならない広範囲にわたる立木を皆伐の方法により伐採するという内容の申請をしたもので，申請どおり国定公園の特別地域のうち第二種特別地域内の立木153・80ヘクタールもの広範囲にわたる立木が皆伐の方法で伐採されると，鳥海山中腹の広大な天然樹海の一部に自然と人為との不調和が出現し，鳥海山西麓の鳥海ブルーライン沿いの特にすぐれた自然景観が著しく損なわれ，しかも，伐採後のこれら植生の回復は容易に行われず，回復まで非常に長い年月を必要とするものと予想されるのであるから，国定公園の特別地域に指定された目的を根底から失わしめる状態が実現されることになるものである．/してみれば，原告の各伐採許可申請はその目的，内容からみて，自然公園法の特別地域指定の趣旨に著しく反するものとして社会通念上到底容認されないことが明かであり，申請権の濫

用に当たるものといわざるをえず，したがって，各伐採許可申請が不許可になっても，これに対し損失補償をすることを要しないというべきである．」

その控訴審の仙台高判平成元・7・26（訟月36巻1号167頁）は，原審の判断をほぼ是認している．

4 富士箱根伊豆国立公園不許可補償請求事件 原告は，富士箱根伊豆国立公園の特別地域内に土地を所有しており，その土地上に別荘を新築するために静岡県知事に工作物の新築許可申請をしたところ，不許可処分を受けたので，環境庁長官に対して本法35条（現64条）に基づいて損失補償の請求した．しかし，同長官は補償すべき金額を零円とするとの決定をしたので，36条（現65条）に基づいて国を被告にして損失補償金増額請求訴訟を提起したという事案である．東京地判平成2・9・18（行集41巻9号1471頁．以下，「⑤判決」という）は，次のように判示して，請求を棄却している．

「憲法は，29条1項において，財産権の不可侵を規定するとともに，同条2項において，財産権の不可侵の原則も絶対的なものではなく，公共の福祉に適合するよう法律で制限しうることを規定し，また，12条，13条において，基本的人権といえども，いかなる場合にも絶対的に無制約のものではなく，公共の福祉という限界が存することを明らかにしている．右各規定の趣旨に鑑みると，私有財産を公共のために用いる場合には，正当な補償を要する旨定めている憲法29条3項により補償を要するのは，公共の利益のための財産権の制限が社会生活上一般に受忍すべきものとされる限度，すなわち財産権の内在的制約を超えて，特定の者に特別の犠牲を強いる場合に限られるものであり，公共の福祉のため財産権に対し法律上規制が加えられ，これによりその権利主体が不利益を受けたとしても，それが財産権の内在的制約と認められる範囲内の制限であれば，補償を求めることはできないというべきである．」「法35条1項は，要許可行為について許可を得ることができないために損失を受けた者に対して通常生ずべき損失を補償する旨を規定しているが，この規定は，右のような法に定める利用行為の制限が，その態様いかんによっては，財産権の内在的制約を超え，特定の者に対して特別な犠牲を強いることとなる場合があることから，憲法29条3項の趣旨に基づく損失補償を法律上具体化したものであると解すべきである．／したがって，原告は，本件不許可決定により受けた本件土地の利用行為の制限（本件建物の建築の制限）が財産権の内在的制約の範囲を超えて特別の犠牲に当たる場合でなければ，損失の補償を求めることができ

ないというべきところ，本件不許可処分による制限が特別の犠牲に当たるか否かは，本件土地を含む周辺一帯の地域の風致・景観がどの程度保護すべきものであるか，また，本件建物が建築された場合に風致・景観にどのような影響を与えるか，さらに，本件不許可処分により本件土地を従前の用途に従って利用し，あるいは従前の状況から客観的に予想され得る用途に従って利用することが不可能ないし著しく困難となるか否か等の事情を総合勘案して判断すべきである．」「阿弥陀山の山頂から岬の突端までの地域は，本公園の伊豆地区内におけるすぐれた風景地であり，その風致・景観を維持し保存する必要性は極めて高いというべきところ，もし本件申請が許可されれば，本件建物の建築及びその関連行為により同地域の自然の原始性は害されることとなり，その周辺での主要利用地点である弓ケ浜からの眺望も害される可能性が高いなど，現在の風致・景観は著しく毀損されることになるというべきである．また，同地域は，第二次世界大戦中に海軍の基地として一部が利用されたほか特段の利用がされることなく原生林のまま放置され，現在に至るまで別荘等の居宅は全く存在しない地域であり，しかも，本件土地は，樹木の繁茂する急斜面であって，道路も通じておらず，上下水道，電力等の供給もされていないのであるから，原告がこれを別荘用地とする意図で購入したものであるとしても，これまで別荘用地として利用されていなかったことは勿論，客観的にみて別荘用地として利用されることが全く予想されていなかった土地であるといわざるをえない．／これらの事情を総合勘案すると，本件不許可処分による本件建物の建築の制限は，国立公園内におけるすぐれた風致・景観を保護するために必要かつ合理的な範囲内の制限として，社会生活上一般に受忍すべき財産権の内在的制約の範囲内にあり，これによって生ずる損失は，これを補償することを要しないものといわなければならない．」

③ 判例の検討

1 財産権に内在する社会的制約　上記の裁判例は，本法に基づく行為制限は一般に財産権に内在する社会的制約であるが，これを超えて特別の犠牲を課する場合には損失補償が必要であり，本条1項はこれを法定したものである，という点で大体一致している．ただ，各判決間には，財産権に内在する社会的制約の範囲について，いくらかの相違が認められる．

財産権に内在する社会的制約の範囲を比較的広く捉えているのは，②③⑤判

決である．しかし，これらの判決のように，公共の福祉を実現するために必要でかつ合理的な範囲内の制限を加えることは当該土地所有権自体に内在する社会的制約の範囲内であるから補償は不要である，という考え方には疑問を払拭することができない．制限の必要性・合理性を根拠に補償を不要とする見解については，ドイツにおいて批判的見解が少なくなく（西埜・損失補償65頁以下参照），我が国においても，②判決に対して同様の疑義が表明されていることに注目すべきである．又坂常人は，次のように批判している（又坂「判批」判評340号25頁（1987年）．同旨，藤村和夫「土地利用規制と損失補償―自然公園法に関する裁判例の紹介―」季刊環境研究64号85頁（1987年））．「自然環境の維持保全が極めて高度の公共性を有することはいうまでもないが，それによって課される制限が自然公園内土地所有権にとって偶然的かつ外的な侵害であることも否定できないのであって，『高度の』公共性があるからといって，直ちに当該制限が『当該財産権の内在的制約』の範囲内にあるとは言えないのではないか．……自然公園法上の制限には場合によっては財産権の本質的内容を損ねるようなものもあると考えられるし，また制限の必要性や合理性を当該制限の違法性ないし違憲性の判断基準として用いるのならともかく，損失補償の要否基準として用いることには，根本的な疑義が生ずることになろう．」

このような批判は，②判決の控訴審判決である③判決についても同じように当てはまる．③判決の考え方によれば，果たして補償が認められる場合がありうるのか否か，疑問とならざるをえない（原田「判解」ジュリ935号・昭和63年度重判解説48頁（1989年），宇賀「公用制限と損失補償（上）」ジュリ944号123頁（1989年），西埜・損失補償79頁等参照）．

2 財産権の効用・財産権本来の性質とは何か　自然公園内における土地の行為制限について，①判決は，「当該財産権の効用とは無関係に偶然に課される制限であることを否定することは困難である」と述べており，また，②判決は，「当該財産権本来の性質に応じてその財産権の内容を定めるものというべきである」と述べている．この判示部分からは，今村説や松島説（前述71頁参照）の影響を窺うことができる．したがって，ここでもまた，「財産権の効用」とは何か，「財産権本来の性質」とは何か，が問題とされなければならない．現に，②判決は，この種の制限を「その土地が自然公園内にあり，すぐれた風致及び景観をもつものとして存在し，利用されてきたという当該財産権本来の性質に応じてその財産権の内容を定めるもの」であると理解しているの

661

であり，①判決とは異なり，当該財産権の効用とは無関係に偶然に課される制限であるとは考えていないのである．②判決においては，この種の制限は，まさに「財産権の本来の性質ないし目的」に適合させるための制限として性格づけられている．

このように，「財産権の効用」あるいは「財産権本来の性質」とはいっても，そこに何を想定するかは決して一様とはいえない．②判決のように，制限の必要性・合理性から「財産権本来の性質」が決められることになれば，財産権の保障は著しく弱められてしまう．「財産権の効用」あるいは「財産権本来の性質」という言葉を使用するに当たっては，その言葉に潜在している危険性に留意しなければならない．

②判決には，ドイツの判例法における「状況拘束性」の理論（前述80頁以下参照）の影響を認めることができる．状況拘束性は補償不要を導くための基準であるが，これに対するドイツでの学説上の批判には傾聴すべき点が少なくない（西埜・損失補償65頁以下参照）．状況拘束性の理論を持ち出すに当たっては，その機能と射程を明確にしておくべきである．

3 地域社会の特性　裁判例の中には，「地域社会の特性」に言及しているものがある．③判決であるが，同判決は，「付言するに，その所有者による土地の使用，収益，処分は原則として自由であるかのごとく一般に誤解されがちであるが，土地は本来社会的共同生活の基盤をなす公共的性格の強い財産であって，その存在する地域社会の特性に応じた内在的制約に服すべきものであり，その所有者といえども，その存在する地域社会の特性に則して制定された法令の制限内でのみこれを自由に使用，収益，処分することが許されるにすぎないのである（民法206条，207条参照）」と判示している．これは，先に紹介した遠藤説（前述72頁参照）に近い考え方を採用したものである．

4 現状の固定（凍結）と補償の要否　②判決は，また，当該制限が財産権の内在的制約の範囲内にあることの理由の一つとして，「原告は造林を業とするものであって，本件申請はその営業のために必要なものとは認められない」ことを付け加えている．これは，おそらく，当該制限は従前の利用方法に変更を加えるものではないということを意味するものであろう．現状を固定（凍結）するにすぎない場合には補償は不要であるとの考え方は，学説上もしばしば主張されており，相当に説得力を有しているものといってよい．

しかし，これに対しては，裁判例の中には批判的なものもある．①判決は，

第3節　自然公園法

被告国が「原告の本件山林の利用は，薪炭林として一部が利用されていたにすぎず，自然林のまま放置されていたのであるから，本件山林からの採石は，通常の利用方法ではなく，採石制限は従来の利用方法を変更するものでもない」として，補償は不要であると主張したことに対して，「従前の利用方法に変更がない場合には補償を要しないということもできない」と判示している．また，自然公園法上の不許可補償事例ではないが，森林法に基づく保安林および文化財保護法に基づく史跡名勝に各指定されている土地につき石材採取の申請が不許可とされたので，森林法35条の規定に基づき国に対して損失補償の請求がなされた事案において，津地判昭和 52・3・11（訟月 23 巻 3 号 516 頁）も，被告国が「不許可は，現在の利用に対して新たな犠牲を負わせるものではなく，不許可にかかわらず現在の利用状態を継続することは自由」であるから受忍すべき範囲内にある主張したことに対して，「これをそのままの姿で保存して現状を変更しないことが国民すべての責務であることは解せられ〔ない〕」と判示している（後述 689 以下参照）．

現状を固定（凍結）するにすぎない場合であっても，従前の利用方法の中に財産権者の意図が必ずしも100％実現されていたわけではない（美濃部・原理321 頁以下，柳瀬・公用負担法 282 頁参照）．将来の計画として企図していた合理的な利用方法が実現不可能となる場合もありうるのである．従前の利用方法に変更を加えるか否かだけが補償要否の基準にされるべきではないであろう．

5　申請権の濫用論　①③④判決は，財産権の内在的（社会的）制約論のほかに，申請権の濫用論を適用して補償不要の結論を導いている．一見する限り，比較的受け入れられやすい考え方であると思われないでもない．しかし，仔細にみれば，申請権の濫用に当たる理由として挙げられているものは，結局は，財産権の社会的制約に当たることの説明であると理解できるものである．例えば，③判決は，「本件申請は，……許可申請の濫用というべきものであったと解されるから，このような申請に基づいてなされた本件不許可決定による本件山林の公用制限は，本公園の特別地域の指定自体によって生じる公用制限の範囲内にとどまるものであって，本件山林の所有権に内在する制約の範囲を超えるものではないと解すべきである」と述べているが，この説示部分は，申請権の濫用論を適用しながらも本質的には内在的制約論で処理していることを示すものである（「訟務座談会」訟月 34 巻 1 号別冊 166 頁以下（1988 年）におけるF氏の発言，阿部・国家補償法286頁，戸波江二「判解」街づくり・国づくり判例

663

第5章　自然環境保全法関係

百選219頁（1989年），宇賀「公用制限と損失補償（下）—自然公園法を中心として」ジュリ945号90頁（1989年）参照．不許可による制約が財産権に内在する社会的制約であれば補償は不要なのであるから，ことさらに申請権の濫用論を持ち出す必要はないであろう（前掲「訟務座談会」訟月34巻1号別冊165頁以下，川上勝己「判批」自治研究60巻4号143～144頁（1984年），飯村敏明「判批」民研371号47頁以下（1988年），田中浩「判批」ひろば44巻2号75頁（1991年），戸波・前掲（街づくり・国づくり判例百選）219頁，宇賀・前掲（ジュリ945号）90～91頁，同「判批」自治研究66巻4号124頁（1990年）等参照）．自然公園法上には，都市緑地保全法7条1項2号（現・都市緑地法10条1項2号）や古都保存法9条1項2号のような明文の規定が置かれていないことを考慮すれば，なおさらである（藤村・前掲86頁参照）．

　また，申請権の濫用に当たる理由として挙げられているものは，不許可処分の適法理由を述べているにすぎないのではないかとも思われる．しかし，不許可処分が適法であることと補償の要否は別個の問題であるから，適法行為であるからといって補償が不要となるものではない．

　ただし，これらの申請権の濫用論を採用している裁判例より以前に，すでに文献の中には申請権の濫用論を説くものがあった．成田頼明＝荒秀＝原田尚彦「自然公園法における公用制限と補償（3・完）」補償研究1968年9月号60頁である．同論稿は，緑地保全法や古都保存法には，許可の申請に係る行為が社会通念上，当該地域地区の指定の趣旨に著しく反するときは，不許可処分によって生じた損失については補償請求することができないとの規定が置かれていることを指摘した上で，次のように説いていた．「自然公園法には，このような明文の規定はおかれていないけれども，同様に解してよいと思われる．けだし，このような許可申請は，補償をめあてとする申請権の濫用とみてよいからである．すなわち，自然公園法上の特別地域および特別保護地区は，本来，厚生大臣が国立公園または国定公園の風致・景観を保全し維持するために，とくに必要があると認めて指定した地域地区であるから，その地域地区内の土地所有権は，このような行政目的を達成するために必要な一般的制限を受けており，関係権利者は，このような行政目的達成のために協力する義務を負っているのであるから，地域地区指定の趣旨を没却するような社会通念に反する許可申請権は，当初から認められていないのであり，これをあえてすることは，もっぱら補償をねらった申請権の濫用というほかはないと考えられる．」

6 不許可処分の適法性と補償の要否

これまでにも繰り返して述べてきたように（前述66頁，83頁等参照），不許可処分の適法性と補償の要否は別個の問題である．たとえ不許可処分が適法であるとしても，そのことから直ちに補償不要の結論が導かれるものではないから，補償の要否については改めて検討されなければならない．前掲の裁判例は，①判決を除いて，②～⑤判決は，いずれも不許可処分の適法性の判断がそのまま補償不要の判断に結びついているかのような様相を呈している．また，①判決は申請権の濫用論を適用しているが，これとても結局は，原告の許可申請は申請権の濫用であり，不許可処分は適法であるということであるから，実質的にはそれほど相違しているわけではない．

この点については，②判決の事案において，原告側は，「公共の福祉のため法をもって，国民の私有財産を制限することは正当であり，本件の財産権（生産手段たる土地）の国家による制限は正当なものと認め，原告は，この国家の裁定に服する．しかしこの制約と，制約をなした場合の補償とは，別個のものである．……被告の主張は，この財産権の制限と，これに対する補償とを混同しており是認することは出来ない」と主張していた．これは，上記の意味において，妥当な主張というべきであろう．

7 通常生ずべき損失の有無

(1) **補償の要否と通損の有無**　本条は，「通常生ずべき損失」（通損）を補償することを定めている．したがって，補償の要否は，不許可処分によって「通常生ずべき損失」を受けたか否かが基準とされるべきである．通損については，一般に，補償の内容（範囲）の問題として論じられているが，補償の要否についても問題となり，公用制限においては，むしろ，第一次的には補償要否の問題として扱われるべきものであろう．

(2) **判例の動向とその検討**　①判決は，「通常生ずべき損失」の内容について検討して，原告側が相当因果関係説に近い考え方に立って主張し，被告側が実損補塡（補償）説に立って主張したことに対して，いずれの主張も排斥して，地価低落説に立っている．②判決は，原告側の相当因果関係説に立っての主張を排斥し，被告側の実損補塡（補償）説に立っての主張を容れている．

上記の二つの判決を比較すれば，「通常生ずべき損失」についてより明解なのは②判決である．実損補塡（補償）説に立っての説示であり，実損補塡（補償）説自体については，疑義がないわけではない（西埜・損失補償152頁参照）

が,「通常生ずべき損失」の意義については,傾聴すべき点が少なくない（後述671頁参照).

「通常生ずべき損失」の意義は,これまで通損補償の規定を設けている他の多くの法律について考察したところとほぼ同じである.行為制限等に通常随伴すると思われる損失であり,行為制限等と相当因果関係のあるものに限定される.所有権者等の個人的・主観的な事情は,原則として考慮されない.環境庁自然保護局企画調整課編・自然公園法の解説272頁は,「『通常生ずべき損失』とは,通常の事情のもとにおいて生ずる損失であつて,個人的な事情,偶発的な事情等特別の事情に基づく損失は含まれないものである.即ち,『通常生ずべき』とは,不許可等の処分と相当因果関係にあるものとの意味であって,本項の損失は,これらの相当因果関係あるものに限定して補償されるものである」と説いている.

このような視点から,上記各裁判例をみることにする.①判決は,本件山林の地価が低落したとは認められないとして,通損の発生を否定している.②判決は,原告の土石採取計画は技術的にみてかなり困難であり,成功するか甚だ疑問であること,原告は造林を業とするものであり,本件申請はその営業のために必要なものとは認められないこと,などから通損の発生を否定している.③判決,④判決は,通損については何も触れていない.⑤判決は,通損について直接触れてはいないが,「本件土地は,樹木の繁茂する急斜面であって,道路も通じておらず,上下水道,電力等の供給もされていないのであるから,原告がこれを別荘用地とする意図で購入したものであるとしても,これまで別荘用地として利用されていなかったことは勿論,客観的にみて別荘用地として利用されることが全く予想されていなかった土地であるといわざるをえない」と説示していることから推測すれば,通損は発生していないと考えているのではないかと思われる.

(3) **通損の発生の否定** 前掲津地判昭和52・3・11は,森林法上の不許可補償に関するものではあるが,最も明瞭な形で通損について説示している.自然公園法上の不許可補償について考察するに際しても,大いに参考にされるべきであろう.同判決は,「本件土地からの花こう岩の採取,販売は,経済的に採算にあわないことが認められる」として,原告は不許可処分により損失を被っているということはできない,と判示している.

ここでの結論は,要するに,補償を否定するのであれば,財産権に内在する

社会的拘束の範囲内であるとか，申請権の濫用であるとかではなくて，不許可によって「通常生ずべき損失が発生していない」という理論的筋道をとるべきであるということである（結論同旨，川上・前掲（自治研究 60 巻 4 号）143 頁）．前掲裁判例の各事案をみれば，いずれにおいても通損が発生していないと考えることができる．請求棄却という結論は同じであるが，①〜⑤判決の考え方は，最初から補償否定の結論が見え隠れしているものといってよい．

この意味において，前掲①判決の事案において，被告国が，実損補塡（補償）説に立って，「原告には土石採取の許可を得て採石を行ったならば得たであろう利益は存しない．すなわち，本件山林における庭石としての採石の対象は，16,100 トンの安山岩であり，そのうち搬出可能な転石は 8,700 トンであるところ，これを全て採石する場合の収入は 7227 万円と見込まれる．これに対し採石，搬出及び販売の経費については，人件費，報酬，集材機，車両経費等から積算すると全体で 1 億 4427 万余円となり差引 7200 万余円の欠損となることが明らかであるから，原告には逸失利益も存しない」と主張しているのは，この限りにおいて，妥当なものと評価することができる．

この問題は，「期待利益の喪失」が通損に当たるか否かという問題の一場面でもある．期待利益の喪失については，それが確実性の高いものであれば通損に当たる，との見解が有力である（前述 337 頁以下参照）．上記の各事例における期待利益は，通損に当たらないものと解すべきであろう．

4 特別地域等の指定と損失補償

1 指定による損失の補償　本条は，国立公園・国定公園内の特別地域等における行為制限等によって生じた損失の補償について定めたものであって，特別地域の指定それ自体による損失の補償を定めたものではない．この点において，森林法 35 条が保安林の指定による損失の補償を定めているのと相違する．

2 判例の動向　裁判例をみると，前掲東京高判昭和 63・4・20 は，「法 17 条 1 項〔現 20 条 1 項，筆者注〕に基づき，公園の風致を維持する目的で特別地域の指定がなされた場合には，その指定自体によって生じる土地の公用制限は，都市計画法や建築基準法等に基づく土地の利用制限と同様に，土地所有権等に内在する制約にとどまるものというべきである．従って，特別地域内に存在する土地の所有者等が右指定自体によって受ける損失は，社会一般の通念上，

これを当然に受忍すべき範囲内のものと解するのが相当であるから，憲法29条3項の趣旨に照らしても，その損失はこれを補償することを要しないものというべきである」と判示している．また，損失補償請求事件ではなくて，指定処分無効確認等請求事件におけるものではあるが，広島高岡山支判昭和55・10・21（訟月27巻1号185頁）も，「法17条3項〔現20条3項，筆者注〕の許可を得ることができないか法19条〔現32条，筆者注〕の規定により許可に条件が付されるかすることによって損失を蒙った場合には，法35条〔現64条，筆者注〕により通常生ずべき損失の補償を求められるのであるから，法は土地所有者に対し損失の発生が具体化した段階においてその補償の途を用意しているのであり，本件特別地域指定が行われたというだけでは右の段階に至っているということはできない．そうであるとすれば，法が特別地域の指定それ自体による損失の補償を考慮していないからといって憲法29条に違反するものとはいえず，したがって本件特別地域指定処分に違法があるということはできない」と判示している．

東京高判昭和63・4・20の前記説示について，判例評釈の中には，「地域指定補償と不許可補償の間にそれほど重大な相違を認めてよいかは疑問である．法が不許可補償をとっているのは，不許可処分がなされたときに，はじめて地域指定にともなう土地の利用制限の効果が顕在化してくるものと理解して，その段階で損失を確定し，補償額を具体的に算定しようとしているのであり，公用制限自体にともなう損失の補償を否定する趣旨と解するのは妥当でない」と批判的なもの（原田・前掲「判解」（ジュリ935号・昭和63年度重判解説）49頁（1989年））がある．

●4　補償の内容

1　概　説

1　学説の対立状況　補償の内容（範囲）については，すでに「総論」の第5章「損失補償の内容」において考察済みである（前述141頁以下）が，ここでは本条に即して，より具体的に検討することにする．補償の内容は，「通常生ずべき損失」の補償であるが，上述のように，補償要否の基準と重なるところがある．

学説・判例は，一般に，①相当因果関係説，②地価低落説，③実損補塡（補償）説，④地代説，に分類されている（学説・判例の分類と動向については，原

田「公用制限における補償基準」公法研究29号179頁以下（1967年），同・要論276〜277頁，成田頼明＝荒秀＝原田尚彦「自然公園法における公用制限と補償(2)」補償研究1968年7月号24頁以下，小高・行政法各論229〜230頁，同「自然環境保全法と自然公園法」ジュリ総合特集『開発と保全』120頁（有斐閣，1976年），荒『建築基準法論(II)』302〜303頁（ぎょうせい，1987頁），鏑木・前掲81頁，阿部・国家補償法283頁以下，同・解釈学Ⅱ411頁以下，高木・前掲「判批」（自治研究63巻8号）111頁以下，宇賀・国家補償法461頁以下，塩野・行政法Ⅱ377頁，芝池・救済法講義212〜213頁，安本『都市法概説〔第3版〕』387〜388頁（法律文化社，2017年），野呂「警察制限・公用制限と損失補償」行政法の争点165頁，西埜・損失補償141頁以下等参照）。各学説の内容については，すでに紹介済みであるので，ここでは繰り返さない（前述142頁以下。なお，西埜・損失補償142頁以下参照）。

　学説・判例は，一応，このように分類されるが，具体的事案において補償を肯定した裁判例がないため，論議は抽象的であり，学説はいずれもその内容が十分固まっているとはいえない状況にある。また，学説相互間に対立といえるほどのものが存在するのか否か，必ずしも明確とはいえない面もある。

　2　具体的な損失　　具体的な損失としては，環境庁自然保護局企画調整課編・自然公園法の解説271頁によれば，鉱物の採掘が不許可になった場合に，すでに支払った登録税，地質調査費，伐期齢に達した木竹の伐採が不許可になった場合に，当該木竹を伐採すれば得られたであろう利益に対する金利相当分，などが考えられる。しかし，20条6項によれば，「既に当該行為に着手している者は，……引き続き当該行為をすることができる。」のであるから，どのような場合に具体的損失が生ずるのか，具体例を想定することは極めて困難であろう（宇賀・前掲（ジュリ944号）123頁参照）。

2　学説・判例等の動向

　1　学説・行政実務の動向　　学説上は，地価低落説がやや有力であり，実損補填（補償）説は行政実務家，あるいは訴訟における被告国の指定代理人によって主張されている。

　訴訟における国の主張をみると，前掲①判決の事案において，被告国は，「公園法35条の補償は，いわゆる講学上の損失補償ではなく，不許可処分等によって予期せざる費用が必要となり，あるいは従前の土地利用方法ができなく

なり，土地の収奪に等しい損失が発生した場合等にこれを補償する特殊な補償制度ということができる．したがって，同条の通常損失の範囲は，特定の土地の利用行為が制限ないし禁止されたため，土地利用者が現実に予期しない出損を余儀なくされた場合に，その積極的かつ現実的な出費のみを補償すれば足りるとする『実損補償説』によって決定するのが妥当である」と主張している．

また，前掲の④判決の事案においても，被告国は，「自然公園法35条の損失補償は，いわゆる講学上の損害賠償ではなく，不許可処分等によって土地，立木の権利者等に予想せざる経費が必要になり，あるいは従前の土地，立木利用ができなくなり土地，立木の収奪に等しい損失が発生した場合等に，これを補償することを目的とした特殊な補償制度である．したがって，同条が補償の対象としている通常生ずべき損失とは，自然公園法の行為制限により立木所有者等が現実に出損を余儀なくされた場合の積極的かつ現実的な出費のうち，通常予想されるとみられるもののみをいうものと解すべきである．本件地域においては，現在立木の伐採は行われておらず，立木の伐採が制限されたとしても，それは現在の立木の生立状況を変更させるものではなく，また，立木の伐採が制限されたことに伴い，原告が直接無駄な経費を出費した事実はなく，したがって，現実的，具体的な財産上の損失を生じせしめたことはないので，原告には同法の通常の損失は生じていない．原告が主張している損失は立木伐採の許可申請が許可されれば得られたであろう木材の販売による得べかりし利益であり，かかる主観的な計画や思惑等によって大きく左右される損失は自然公園法35条1項にいう通常生ずべき損失には当たらない」と主張している．そのほか，②判決の事案においても，被告国はほぼ同趣旨の主張している．

2　判例の動向　すでに前記「通常生ずべき損失の有無」の項目の下でも紹介したが，ここでも再度取り上げることにする．損失補償の内容（範囲）について示説しているのは，前掲の①判決と②判決である．

①判決は，「通常生ずべき損失」の内容について検討して，原告側が相当因果関係説に近い考え方に立って主張し，被告側が実損補償説に立って主張したことに対して，いずれの主張も排斥して，次のように判示している．「土地の利用制限に対する損失補償は，土地の利用価値の低下が土地所有者にいかなる損失を及ぼしたかを客観的に評価し，補償すべきものであるが，土地の利用価値の低下は，結局利用制限によって生じた地価の低下に反映されるから，公園法の不許可補償は，当該不許可決定に伴う土地の利用制限が地価の低落をもた

らしたか否かを客観的に算定し、それを補償の基準とするほかはないと解するのが相当である。」これは地価低落説に立ったものである。

②判決は、原告側の相当因果関係説に立っての主張を排斥し、被告側の実損補償（補塡）説に立っての主張を容れて、次のように判示している。「ここにいう『通常生ずべき損失』とは、前記の趣旨から、自然公園内にある土地の所有権に内在する社会的制約を超えて特別の犠牲として当該財産権に加えられた制限によって生ずる損失、例えば、自然公園として指定される以前の当該土地の用途と連続性を有しあるいはその従前の用途からみて予測することが可能であるような当該土地の利用行為を制限されたことによって生ずる損失、当該利用行為に基づく現状の変更が、その土地が自然公園として指定されている趣旨と調和させることが技術的に可能な程度にとどまるものであるにもかかわらず、その利用行為を制限されたことによって生ずる損失、その他離作料、物件移転費等予期しない出費を現実に余儀なくされた場合におけるその積極的かつ現実的な出費による損失等を指すものと解するのが相当である。」

3 学説・判例等の検討

1 学説間の相違　前述のように、各学説間の相違は必ずしも明確なものではない。先にも紹介したが、文献の中には次のように説くものがあり、傾聴すべきである（阿部・解釈学Ⅱ 415頁。なお、宇賀・前掲（ジュリ945号）92頁参照）。すなわち、「一般理論として相当因果関係説か、他の説かというよりも、相当因果関係のある適切な範囲は何かという問題提起をすべきで、それは場合により逸失利益であり、地価低落分であり、実損であるということになる。あるいはこの3つは場合によっては同じものになることもあろう。」一応このように考えられるにしても、それでも各学説間には微妙な相違も感じられる。

筆者は、拙著『損失補償の要否と内容』において、判例を含めての各学説の問題点を検討したことがある（同書152頁以下）。そこでは、「相当因果関係説の再検討」と題して、結論として、相当因果関係説が妥当であると主張した。そこで説いたことは、ここでは繰り返さないので、拙著の該当箇所を参照していただきたい。

2 学説・判例等の検討

(1) **相当因果関係説に対する批判の内容**　相当因果関係説に対する学説からの主たる批判は、補償額が土地所有者の主観的意図や思惑によって大きく左右

されることになり，場合によっては法外な額になることも予想されるという点にある．この点については，裁判例も同じであり，①判決は，原告が相当因果関係説に依拠して主張したことに対して，「損失補償は，土地所有者の受けた経済的不利益の全てを補償の対象とするものではないのであって，原告の主張によれば，土地所有者の主観的意図ないし土地利用計画いかんにより補償額が大幅に左右されることになり，また場合によっては，土地利用制限の補償額が地価をも上廻る不合理な結果となりかねない．したがって，原告の主張は，公用制限に伴う補償額の客観的基準として適切でないことが明らかであるから，採用することはできない」と判示している．また，②判決も，原告が相当因果関係説に依拠して主張したことに対して，「損失補償の制度は，不法行為によって生じた損害を補塡するいわゆる損害賠償の制度と異なり，適法な公権力の行使によって生じた私有財産権への侵害を客観的に評価してこれを補塡することを目的とするものであるから，損失補償については，適法な公権力の行使による侵害の結果生じることのあるべき経済的損害のすべてを補償することを建前とするものではないというべきであり，殊に，前記のとおり，当該財産権に内在する社会的制約の具体化である財産権の制限による損失は，損失補償制度の埒外にあるものというべきであるから，原告の主張は理由がない．のみならず，原告の主張によれば，補償の額は申請の却下等によって土地所有者が蒙る損害を中心として決定されるべきものというのであるから，土地所有者の主観的な意図ないし計画によりその補償額が大きく左右され，場合によっては，土地利用制限に対する補償額が当該土地の時価をはるかに上廻る不合理な結果を生ずることになって妥当でない」と判示している．

(2) **相当因果関係説に対する誤解**　しかし，これは明らかに相当因果関係説についての誤解に基づくものである．相当因果関係説の真意は，あくまでも不許可処分等と「相当因果関係」にある損失を意味しているということであって，土地所有者の主観的な意図や思惑は，原則として考慮されないものである．②判決の事案において，被告国は，相当因果関係説を「行政庁により土地の利用方法が制限されたため，土地所有者が蒙ることになった損失のうち，利用制限行為と相当因果関係にあると認められるものの全部を損失とみる考え方」であると定義しているが，この定義自体に疑問はないとしても，被告国の批判は，おそらく，「相当因果関係」ではなくて，「全部の損失」という部分にあるのではないかと思われる．しかし，このような捉え方自体が大いに疑問となるので

あり，もし原告も相当因果関係説をこのように理解していたのであれば，これもまた誤解に基づくものである．①判決も②判決も，原告の依拠したと思われる相当因果関係説を排斥しているが，仔細にみれば，両判決もまた，相当因果関係説の真意を誤解しているのではないかと思われる．

②判決は，原告の依拠した相当因果関係説を排斥する理由の一つとして，「損失補償の制度は，不法行為によって生じた損害を補塡するいわゆる損害賠償の制度と異な〔る〕」ことを挙げている（このような見解は，原田・前掲（公法研究29号）179頁，小高・前掲（ジュリ増刊『総合特集・開発と保全』）120頁，宮崎賢「損失補償の目的と内容」不動産鑑定1988年9月号29頁等においても説かれている）．しかし，損失補償と損害賠償の範囲についてのこのような差異は，決して自明のものではない．むしろ，その範囲は基本的には相違しないものと解すべきであろう（高木・前掲（自治研究63巻8号）111～112頁，福井秀夫「憲法29条3項に基づく『正当な補償』の概念——損失補償と損害賠償における『対価補償』・『通常生じる損失に係る補償』の異同」宇賀克也責任編集『行政法研究』19号3頁以下（信山社，2017年），西埜・損失補償153頁以下，同・予防接種196頁以下参照）．現に，本法の解説書においても，本条の通損補償については，「『通常生ずべき』とは，通常の事情のもとにおいて生ずる損失であつて，個人的な事情，偶発的な事情等特別の事情に基づく損失は含まれないものである．即ち，『通常生ずべき』とは，不許可等の処分と相当因果関係にあるものとの意味であって，本項の損失は，これらの相当因果関係にあるものに限定して補償されるものである」と説かれており（環境庁自然保護局企画調整課編・自然公園法の解説272頁），損失補償と損害賠償の範囲についての相違は，格別意識されていない．

(3) 収用法88条の「通常受ける損失の補償」　収用法88条の「通常受ける損失の補償」の範囲についてみれば，文献においては，次のように説かれている（高田・収用法364頁．なお，同・制度論232頁参照）．「補償の対象となるのは，『通常受ける』ものに限定せられる．それは，収用に基づいて被収用者が受ける損失であって，しかも通常の事情の下において生ずるものであり，特別の事情に基づく損失を含まない．その損失が特別の事情に基づくや否やの判断の基準をいかに考うべきであるかというと，損失が既存財産の減少をきたしまたは新たなる経費の支出を要する場合にあっては，収用とそれらの損失との間に相当因果関係のあるものに限定して補償するのが妥当である．けだし，損失

補償の制度が，一方の蒙った損害を他方に填補せしめて，公平の原理を貫く制度である以上は，填補すべき損失の範囲はやはり，普通に予想される因果関係の範囲に限定し，それをこえる損害までことごとく補償すべしとすることは，因果関係を無限にみとめることとなり，かえって公平の原理に反することとなるからである.」

なるほど，文献の中には，「本条〔収用法88条，筆者注〕の補償は事前補償という性格を持つものである．ここにいう因果関係とは，損害賠償の場合における不法行為と損害の発生との間の事実としての因果関係とは異なり，原則として，損失の発生前において予見される因果関係である．すなわち，これは，土地の収用又は使用が行われれば当然一定の損失が生ずるであろうと予見される場合における，収用又は使用と損失の発生との間の関係を意味している」と説くもの（小澤・収用法下283〜284頁）がある．しかし，これは，事前補償と事後補償の相違を強調しすぎるものである．本条の補償が事後補償であるからといって，相当因果関係にある損失の範囲については，基本的には事前補償と同様に考えてよいであろう．収用法88条の通損補償の範囲が相当因果関係によって画されるのであれば，財産権制限の場合の損失補償の範囲についても，これと異なる扱いをする理由は見出しがたい．

●5 補償の手続

1 補償の請求

補償を受けようとする者は，国に係る当該補償については環境大臣に，都道府県に係る当該補償については都道府県知事に補償の請求をしなければならない．補償の請求は，①氏名・名称および住所，②補償請求の理由，③補償請求額の総額およびその内訳を記載した補償請求書を提出することによって行う（施行規則17条）.

2 補償金額の決定

環境大臣または都道府県知事は，この請求を受けたときは，補償すべき金額を決定し，当該請求者にこれを通知する．損失補償の手続は，実定法上必ずしも統一されているとはいえないが，本条の補償手続は，補償義務者による補償決定の類型に属する（さしあたり，小澤道一「損失補償の手続と救済手続(1)―その不統一と問題点」自治研究64巻5号45頁以下（1988年）参照）.

③ 実地調査に伴う損失の補償

　実地調査（62条）に伴う損失の補償についても同様であり，実地調査に関する事務を所掌する大臣または都道府県知事に補償請求をし，当該大臣または都道府県知事が補償すべき金額を決定する．

第3款　訴えの提起

> （訴えの提起）
> 第65条
> 　① 前条第3項（同条第5項において準用する場合を含む．）の規定による決定に不服がある者は，その通知を受けた日から6月以内に訴えをもつて補償すべき金額の増額を請求することができる．
> 　② 前項の訴えにおいては，国又は都道府県を被告とする．

● 1　本条の趣旨と要点

① 本条の趣旨

　本条は，前条の規定により補償請求した者が，環境大臣（実地調査については，その事務を所掌する大臣）または都道府県知事が決定した補償金額に不服がある場合に，増額請求の訴えを提起することができることを定めたものである．

　収用法や都市計画法，土地区画整理法等が定める当事者の協議，協議が成立しない場合の収用委員会への裁決申請（収用法94条，都市計画法28条，土地区画整理法73条等）の手続規定は，本法には置かれていない．したがって，収用委員会の裁決を経ることなく，直ちに裁判所に訴えを提起することができる．また，補償金額決定の取消しまたは変更ではなくて，直ちに補償額の増額を請求することができる．

　本条による訴訟は，行訴法4条前段の形式的当事者訴訟に当たる．これと同様の規定は，前述の自然環境保全法にも置かれている（同法34条）．

② 本条の要点

　本条の要点は，出訴期間，管轄裁判所等である．いずれの点についても，判例・学説上の対立は見当たらない．

第5章　自然環境保全法関係

●2　訴えの提起

1　被告適格

環境大臣または都道府県知事の決定した補償金額に不服がある者は，その通知を受けた日から6か月以内に，国または都道府県を被告にして増額請求の訴えを提起することができる．

実地調査に伴う損失の補償金額に不服がある者も，同じく，その通知を受けた日から6月以内に，国または都道府県を被告にして増額請求の訴えを提起することができる．

2　出訴期間・裁判管轄

1　出訴期間　出訴期間は，環境大臣（実地調査については，その事務を所掌する大臣）または都道府県知事の補償金額決定通知を受けた日から6か月以内である．初日は算入しない．

本条1項の改正前は，「通知を受けた日から起算して3箇月以内」となっており，「通知を受けた日」が初日として算入される規定になっていた．行訴法14条（出訴期間）の改正に合わせて，初日不算入の原則が採用され，出訴期間も6か月に延長されたものである．

2　裁判管轄　本条による訴訟は当事者訴訟であり，そのうちの形式的当事者訴訟である．行訴法の裁判管轄の規定（12条）は，当事者訴訟には準用されていない（41条参照）ので，裁判管轄については，民訴法の定めるところによることになる（7条）．したがって，被告の所在地の地方裁判所の管轄に属し（民訴法4条1項），訴額を問わない（裁判所法24条1項，33条1項1号）．

この訴えは，土地の利用制限等から生ずる損失の補償を求めるものであり，不動産に関するものであるから，当該土地の所在地の地方裁判所にも提起することができる（民訴法5条12号．なお，収用法94条9項参照）．

3　直接憲法29条3項に基づく補償請求の可否

1　問題の所在　個別実定法上に損失補償の規定が欠けている場合については，最大判昭和43・11・27（刑集22巻12号1402頁）が，河川附近地制限令4条2号による制限について，「同条に損失補償に関する規定がないからといって，同条があらゆる場合について一切の損失補償を全く否定する趣旨とまで

676

は解されず，……別途，直接憲法29条3項を根拠にして，補償請求をする余地が全くないわけではない」と判示して以来，このような考え方が判例・通説となっている．ただ，これは補償規定が欠けている場合のことであって，補償規定がある場合についてまで同じことがいえるというわけではない．補償規定がある場合に，この手続を経ずに，直接憲法29条3項に基づいて補償請求することができるか否かについては，一考を要するところである．

2 判例・学説の動向 この点についての判例をみると，本法（自然公園法）17条3項の許可を得られなかったことによる損失について，35条，36条（現64条，65条）の規定による手続を経ずに直接憲法29条3項の規定に基づいて損失補償の請求がなされた事案がある．一審の東京地判昭和60・1・30（行集36巻1号42頁），控訴審の東京高判昭和60・8・28（判時1177号49頁）は，ともにこの訴えを不適法とした．上告審の最判昭和62・9・22（裁判集民事151号685頁）は，「同法35条，36条に，憲法29条3項の趣旨に基づく特別の規定が設けられている以上，その補償請求は，もっぱら右規定所定の手続によってすべきであって，それによらずに直接国に対し補償を求める訴えは不適法というべきである」として，原審の判断を是認している．学説上も，このような見解が多数である（村上敬一「損失補償関係訴訟の諸問題」新・実務民訴講座⑩135頁以下，磯部力「判解」街づくり・国づくり判例百選213頁（1989年），宇賀・前掲（ジュリ944号）119頁等参照）．

第4款　都道府県立自然公園内の行為制限等による損失の補償

（損失の補償）
第77条
　都道府県は，第73条第1項の規定に基づく条例の規定による処分又は前条の規定に基づく条例の規定による当該職員の行為によつて損失を受けた者に対して，通常生ずべき損失を補償しなければならない．

● 1 本条の趣旨と要点

1 本条の趣旨
　本条は，都道府県立自然公園内の行為制限と実地調査による損失について，

通常生ずべき損失の補償を定めたものである．国立公園や国定公園内の行為制限等による損失の補償を定めた規定と，ほぼ同趣旨である．

2 本条の要点

本条の要点は，補償の要否，補償の内容（範囲），補償の権利者・義務者，補償の手続，訴えの提起等であるが，これらの点については，国立公園や国定公園について述べたところが，ほぼそのまま当てはまる．

●2 補償の要否・内容・手続・訴えの提起等

1 補償の要否・内容

補償の要否や補償の内容（範囲）は，64条について前述したところとほぼ同じである．

2 補償の権利者・義務者

補償権利者は，条例の規定による処分または実地調査に当たる職員の行為によって損失を受けた者である．補償義務者は，都道府県である．

3 補償の手続・訴えの提起

1 補償の手続 補償の手続については，別段の規定は置かれていない．64条の準用もなされていない．おそらく，条例の定めに委ねているものと思われる．

条例をみると，例えば，新潟県立自然公園条例は，その20条（損失補償）において，次のように定めている．

① 県は，第12条第3項の許可を得ることができないため，第13条の規定により許可に条件を付せられたため，又は第14条第2項の規定による処分を受けたため損失を受けた者に対して，通常生ずべき損失を補償する．

② 県は，自然公園の指定，公園計画若しくは公園事業の決定又は公園事業の執行に関し，第19条第1項の規定による当該職員の行為によって損失を受けた者に対して，通常生ずべき損失を補償する．

③ 前2項の規定による補償を受けようとする者は，別に定めるところにより知事にこれを請求しなければならない．

④ 知事は，前項の規定による請求を受けたときは，補償すべき金額を決定

し，当該請求者にこれを通知しなければならない．

これをみれば，本法64条とほぼ同趣旨の規定が置かれていることがわかる．

2 訴えの提起 訴えの提起についても65条は準用されていない．しかし，65条が環境大臣（実地調査については，その事務を所掌する大臣）または都道府県知事の補償金額決定に対して増額請求の訴えを提起することができると規定している以上は，本条についても，不服がある者は都道府県に対して増額請求の訴えを提起することができるものと解すべきであろう．そもそも，現行憲法下においては，一切の法律上の争訟について出訴しうるのであるから，本法に明文の規定があるか否かにかかわらず，増額請求の訴えを提起することができるはずである（環境庁自然保護局企画調整課編・自然公園法の解説276頁参照）．この訴訟は，行訴法4条後段の実質的当事者訴訟に当たる．

第4節　森林法

第1款　概　説

● 1　本法の趣旨

1　本法の沿革

　森林法は，森林行政の基本的な法律である．森林法制の歴史は古く，1987（明治30）年の森林法に始まり，1907（明治40）年の森林法を経て，1951（昭和26）年に現行の森林法（以下，この節において「本法」という）が制定された（本法の沿革については，日出英輔『森林法』3頁以下（第一法規，1973年．以下，「日出・森林法」という），森林・林業基本政策研究会編著『解説森林法〔改訂版〕』1頁以下（大成出版社，2017年．以下，「森林・林業基本政策研究会編著・解説」という）参照）．本法と河川法，砂防法を合わせて，制定当時，「治水三法」と呼ばれていた．

2　本法の目的

　本法は，森林の保続培養と森林生産力の増進を目的としている．1条は，「この法律は，森林計画，保安林その他の森林に関する基本的事項を定めて，森林の保続培養と森林生産力の増進を図り，もつて国土の保全と国民経済の発

第 5 章　自然環境保全法関係

展とに資することを目的とする.」と規定している.

3　本法の関連法令

本法の関連法令として重要なものは,森林・林業基本法である.同法は,森林・林業施策の宣言法と呼ばれており,森林・林業に関する施策についての「基本理念」と「その実現を図るのに基本となる事項」を定めている(1条).基本理念として,「森林の有する多面的機能の発揮」(2条)と「林業の持続的かつ健全な発展」(3条)を挙げている.本法(森林法)4条1項は,「農林水産大臣は,政令で定めるところにより,森林・林業基本法(昭和39年法律第161号)第11条第1項の基本計画に即し,……全国森林計画をたてなければならない.」と定めている.そのほか,関連法令として,河川法,砂防法,自然環境保全法,自然公園法,環境基本法,森林病害虫等防除法等がある.

4　本法に基づく損失補償の実態

自然環境保全法や自然公園法については,損失補償がなされた事例はほぼ皆無に近いのに対して,本法上の損失補償については,多くの損失補償の事例がある(赤木壮「損失補償法の個別的問題—森林法関係」国家補償法大系④ 106 頁以下,日出・森林法 127 頁以下,稲本洋之助＝真砂泰輔編『土地法の基礎』315 頁(青林書院新社,1978 年〔畠山武道執筆〕),村瀬房之助「森林・緑地における損失補償の実態について—緑地保全地区と保安林を対象として」九大演報 72 号 97 頁以下(1995 年)参照).

2　本法の構成

上記の目的を達成するため,本法は,種々の仕組みを設けている.損失補償に関連するもので,その主要なものを次に取り上げることにする.

1　用語の定義

1　森林　森林とは,①木竹が集団して生育している土地およびその土地の上にある立木竹,②上記の土地のほか,木竹の集団的な生育に供される土地をいう(ただし,主として農地または住宅地もしくはこれに準ずる土地として使用される土地およびこれらの上にある立木竹を除く.2条1項).

2　森林所有者・森林所有者等　森林所有者とは,権原に基づき森林の土

地の上に木竹を所有し，および育成することができる者をいう（2条2項）．

　森林所有者等とは，森林所有者その他権原に基づき森林の立木竹の使用または収益をする者をいう（10条の7）．

　3　国有林・民有林　　国有林とは，国が森林所有者である森林をいうが，そのほか，国有林野の管理運営に関する法律10条1号に規定する分収林である森林も含まれる．分収林については，国以外の者である分収造林契約の相手方も森林所有者であるため，観念の重複を整理する見地から，本法の適用についてはこれを国有林の範疇に含ませることとして，民有林と区分することとしたものである（森林・林業基本政策研究会編著・解説41頁参照）．民有林とは，国有林以外の森林をいい（2条3項），私有林のほか公有林も含まれる．

2　森林計画等

　1　全国森林計画　　全国森林計画は，国レベルの森林計画である．農林水産大臣は，政令で定めるところにより，森林・林業基本法11条1項の基本計画に即し，かつ，保安施設の整備の状況等を勘案して，全国の森林につき，5年ごとに，15年を1期とする全国森林計画を立てなければならない（4条1項）．全国森林計画は，①森林の整備・保全の目標，その他森林の整備・保全に関する基本的な事項，②森林の立木竹の伐採に関する事項，③造林に関する事項等を，地勢その他の条件を勘案して定められる（同条2項）．全国森林計画は，環境基本法15条1項の規定による環境基本計画と調和するものでなければならない（同条4項）

　農林水産大臣は，全国森林計画を立て，またはこれを変更しようとするときは，環境大臣その他関係行政機関の長に協議し，林政審議会および都道府県知事の意見を聴き，閣議の決定を経て，遅滞なく，その概要を公表するとともに，当該計画を環境大臣その他関係行政機関の長および都道府県知事に通知しなければならない（4条8項～10項）．

　2　地域森林計画　　地域森林計画は，都道府県レベルの森林計画である．都道府県知事は，全国森林計画に即して，「森林計画区」（森林計画区は，農林水産大臣が，都道府県知事の意見を聴き，地勢その他の条件を勘案し，主として流域別に都道府県の区域を分けて定める（7条1項））別に，その森林計画区に係る「民有林」につき，5年ごとに，その計画を立てる年の翌年4月1日以降10年を1期とする地域森林計画を立てなければならない．地域森林計画においては，

①その対象とする森林の区域，②森林の有する機能別の森林の整備・保全の目標，その他森林の整備・保全に関する基本的な事項，③伐採立木材積その他森林の立木竹の伐採に関する事項等が定められる（5条1項・2項）．

都道府県知事は，地域森林計画を立て，または変更しようとするときは，あらかじめ，農林水産省令で定めるところにより，その旨を公告し，当該地域森林計画の案を公衆の縦覧に供しなければならない．公告があったときは，当該地域森林計画の案に意見がある者は，当該都道府県知事に意見を申し立てることができる．都道府県知事は，都道府県森林審議会および関係市町村長の意見を聴かなければならず，また，農林水産大臣に協議しなければならない．都道府県知事は，地域森林計画を立て，またはこれを変更したときは，遅滞なく，これを公表するとともに，関係市町村長に通知し，かつ，農林水産大臣に報告しなければならない（6条1項～7項）．

3 市町村森林整備計画　市町村森林整備計画は，市町村レベルの森林計画である．市町村は，その区域内にある地域森林計画の対象となっている「民有林」につき，5年ごとに，当該民有林の属する森林計画区に係る地域森林計画の計画期間の始期をその計画期間の始期とし，10年を1期とする市町村森林整備計画を立てなければならない．市町村森林整備計画においては，①伐採，造林，保育その他森林の整備に関する基本的事項，②立木の標準伐期齢，立木の伐採の標準的な方法その他森林の立木竹の伐採に関する事項，③造林樹種，造林の標準的な方法その他造林に関する事項等が定められる（10条の5第1項・第2項）．

市町村および市町村の長は，市町村森林整備計画の案を作成しようとするときは，森林および林業に関し学識経験を有する者の意見を聴くなど，都道府県の地域森林計画の策定手続とほぼ同様の手続を経なければならない（10条の5第6項～第10項）．

4 森林経営計画　森林所有者等が，森林の施業および保護について自発的に作成する計画である．以前は「森林施業計画」と呼ばれていたが，法改正により，現在では「森林経営計画」となっている．

森林所有者または森林所有者から森林の経営の委託を受けた者は，自らが森林の経営を行う森林であってこれを一体として整備することを相当とするものとして政令で定める基準に適合するものにつき，単独でまたは共同して，農林水産省令で定めるところにより，5年を1期とする森林の経営に関する計画

（森林経営計画）を作成し，これを当該森林の所在地の属する市町村の長に提出して，当該森林経営計画が適当であるかどうかにつき認定を求めることができる（11条1項）．森林経営計画には，①森林経営に関する長期の方針，②伐採時期，伐採面積，造林時期，造林面積，造林樹種，造林方法などの事項を記載しなければならない（同条2項）．市町村の長は，認定の請求があった場合において，所定の要件をすべて満たすときは，当該森林経営計画が適当である旨の認定をする（同条5項）．

3 保安施設
1 保安林
(1) **保安林制度** 　森林は，水源のかん養，山地災害の防止，自然環境の保全，公衆の保健等の多面にわたる公益的な機能を有している．保安林制度は，このような森林の中で，特に重要な機能を果たしている森林を，国や都道府県が保安林に指定し，森林所有者等に種々の行為制限等を課することによって，森林の機能の維持を図ろうとするものである．保安林には，水源かん養保安林，土砂流出防備保安林，暴風保安林，風致保安林，保健保安林等の17種類がある．

(2) **保安林の指定** 　農林水産大臣は，次に掲げる目的を達成するため必要があるときは，森林（民有林にあっては，重要流域内に存するものに限る）を保安林として指定することができる（指定しようとする森林が民有林である場合は，①～③まで）．①水源のかん養，②土砂流出の防備，③土砂崩壊の防備，④飛砂の防備，⑤風害・水害・潮害・干害・雪害・霧害の防備，⑥なだれ・落石の危険防止，⑦火災の防備，⑧魚つき，⑨航行の目標の保存，⑩公衆の保健，⑪名所・旧跡の風致の保存，である（25条1項）．

都道府県知事は，上記①～③までに掲げる目的を達成するため必要があるときは，重要流域以外の流域内に存する民有林を保安林として指定することができる（25条の2第1項）．また，都道府県知事は，上記④～⑪までに掲げる目的を達成するため必要があるときは，民有林を保安林として指定することができる（同条2項）．

農林水産大臣または都道府県知事は，保安林の指定または解除をしようとするときは，所定の手続を踏まなければならない（29条～33条）．

(3) **保安林における行為制限等** 　保安林においては，火災，風水害その他の非常災害に際し緊急の用に供する必要がある場合等の一定の場合を除いて，原

則として，都道府県知事の許可を受けなければ立木を伐採してはならない（34条1項）．また，保安林においては，火災，風水害その他の非常災害に際し緊急の用に供する必要がある場合等の一定の場合を除いて，都道府県知事の許可を受けなければ，立竹を伐採し，立木を損傷し，家畜を放牧し，下草・落葉・落枝を採取し，または土石もしくは樹根の採掘，開墾その他の土地の形質を変更する行為をしてはならない（同条2項）．

保安林においては，当該保安林に係る指定施業要件（立木の伐採の方法および限度並びに立木を伐採した後において当該伐採跡地について行う必要のある植栽の方法，期間および樹種）に定める立木の伐採の方法に適合し，かつ，当該指定施業要件に定める伐採の限度を超えない範囲内において択伐による立木の伐採（人工植栽に係る森林の立木の伐採に限る）をしようとする者は，一定の場合を除いて，あらかじめ，都道府県知事に森林の所在場所，伐採立木材積，伐採方法その他農林水産省令で定める事項を記載した択伐の届出書を提出しなければならない（34条の2）．

森林所有者等が保安林の立木を伐採した場合には，当該保安林に係る森林所有者は，当該保安林に係る指定施業要件として定められている植栽の方法，期間および樹種に関する定めに従い，当該伐採跡地について植栽をしなければならない（34条の4）．

2 保安施設地区

(1) **保安施設地区の指定**　農林水産大臣は，25条1項1号から7号（前掲①〜⑦）までに掲げる目的を達成するため，国が森林の造成事業または森林の造成もしくは維持に必要な事業（保安施設事業）を行う必要があると認めるときは，所定の手続を経て，その事業を行うのに必要な限度において，森林または原野その他の土地を「保安施設地区」として指定することができる（41条1項）．また，農林水産大臣は，保安施設事業を都道府県が行う必要があると認めて都道府県知事から申請があった場合において，その申請を相当と認めるときは，その事業を行うのに必要な限度において，森林または原野その他の土地を保安施設地区として指定することができる（同条3項）．保安施設地区においては，保安林に関する規定が準用される（44条）．

(2) **受忍義務**　保安施設地区の土地の所有者その他その土地に関し権利を有する者（関係人）は，国または都道府県が，その保安施設地区において，その指定の有効期間内に行う造林，森林土木事業その他の「保安施設事業の実施

行為」並びにその期間内およびその期間満了後10年以内に行う「保安施設事業に係る施設の維持管理行為」を拒んではならない（45条1項）．

保安施設事業の実施行為には，造林，ダム工，積工，水路工等の事業のほか，事業所・資材置場の建設，資材運搬のための道路の開設等も含まれる．また，保安施設事業に係る施設の維持管理行為には，保安施設事業によって設置された施設，例えば，立木，ダム，護岸，水路等の点検・修理その他の維持管理行為が含まれる（赤木・前掲112頁，森林・林業基本政策研究会編著・解説431頁参照）．

4 土地の使用等

1 立入り調査等　森林所有者等は，森林施業に関する測量または実地調査のため必要があるときは，市町村の長の許可を受けて，他人の土地に立ち入り，または測量もしくは実地調査の支障となる立木竹を伐採することができる（49条1項）．また，森林所有者等は，森林に重大な損害を与えるおそれのある害虫，獣類，菌類またはウイルスが森林に発生し，または発生するおそれがある場合において，その駆除または予防のため必要があるときは，市長村の長の許可を受けて，他人の土地に立ち入ることができる（同条6項）．

2 使用権設定の裁定等　森林から木材，竹材もしくは薪炭を搬出し，または林道，木材集積場その他森林施業に必要な設備をする者は，その搬出または設備のため他人の土地を使用することが必要かつ適当であって，他の土地をもって代えることが著しく困難であるときは，その土地を管轄する都道府県知事の認可を受けて，その土地の所有者に対し，これを使用する権利（使用権）の設定に関する協議を求めることができる（50条1項）．協議が整わず，または協議をすることができないときは，前記の認可を受けた者は，使用権の設定に関し，都道府県知事の裁定を申請することができる（51条）．都道府県知事は，所定の手続を経て裁定し，遅滞なく，その旨をその裁定の申請者および申請に係る土地の所有者および関係人に通知するとともに，これを公示しなければならない（53条）．協議が整った場合には，使用権を設定すべき旨の裁定があったものとみなされる（57条）．

3 収用　使用権が設定された場合において，その土地の使用が3年以上にわたるとき，またはその使用権の行使によって土地の形質が変更されるときは，土地の所有者は，その土地につき使用権を有する者に対し，その土地の収

用に関する協議を求めることができる．この場合において，土地の一部が収用されることによって残地を従来用いていた目的に供することが著しく困難となるときは，その土地の所有者は，その全部の収用に関する協議を求めることができる（55条1項）．協議が整わず，または協議することができないときは，都道府県知事の裁定を求めることができる．都道府県知事は，所定の手続を経て裁定し，遅滞なく，その旨をその裁定の申請者および申請に係る土地の所有者および関係人に通知するとともに，これを公示しなければならない（55条2項，4項）．協議が整った場合には，収用すべき旨の裁定があったものとみなされる（57条）．

●3　本法上の損失補償規定

本法は，多数の損失補償規定を設けている．①保安林の指定による損失の補償（35条），②要整備森林（造林，保育，伐採その他の森林施業を早急に実施する必要があると認められる森林．39条の4第1項1号参照）における保安施設事業の実施による損失の補償（39条の7第2項），③保安施設地区において受忍義務を課されたことに伴う損失の補償（45条2項），④立入調査等による損失の補償（49条5項，50条6項），⑤土地の収用・使用によって受ける損失の補償（58条），⑥使用の廃止による損失の補償（59条1項），⑦流送木竹のための立入りによる損失の補償（67条），⑧立入調査等による損失の補償（188条6項），である．いずれも，憲法29条3項の趣旨を具体化したものであるが，最も重要なのは，保安林の指定による損失の補償である．以下においては，これらの損失補償規定のうち，①③⑤⑧について考察することにする．

●4　共有林分割制限規定違憲判決

1　事案の概要

損失補償に直接関係するものではないが，森林法上の重要な事件であるので，ここで簡単に紹介しておくことにしよう．共有林分割等請求事件である．本法の旧186条は，共有森林について持分価格2分の1以下の共有者に民法256条1項所定の分割請求権を否定していたが，これが憲法29条に違反するか否かが争われたものである．一審の静岡地判昭和53・10・31（民集41巻3号444頁参照），控訴審の東京高判昭和59・4・25（民集41巻3号469頁参照）はともに，森林法旧186条を合憲と判断した．

2 最高裁判決

これに対して，上告審の最判昭和 62・4・22（民集 41 巻 3 号 408 頁）は，次のように判示して，原判決中上告人敗訴の部分を破棄し，原審に差し戻している．

「森林法 186 条が共有森林につき持分価格 2 分の 1 以下の共有者に民法 256 条 1 項所定の分割請求権を否定しているのは，森林法 186 条の立法目的との関係において，合理性と必要性のいずれをも肯定することのできないことが明らかであって，この点に関する立法府の判断は，その合理的裁量の範囲を超えるものであるといわなければならない．したがって，同条は，憲法 29 条 2 項に違反し，無効というべきであるから，共有森林につき持分価格 2 分の 1 以下の共有者についても民法 256 条 1 項本文の適用があるものというべきである．」

なお，本判決後，東京高裁で和解が成立し，また，旧 186 条は法改正により削除された（本判決については，さしあたり，巻美矢紀「判解」憲法判例百選Ⅰ〔第 6 版〕214 頁（2013 年）参照）．

第 2 款　保安林の指定による損失の補償

> **（損失補償）**
> **第 35 条**
> 　国又は都道府県は，政令で定めるところにより，保安林として指定された森林の森林所有者その他権原に基づきその森林の立木竹又は土地の使用又は収益をする者に対し，保安林の指定によりその者が通常受けるべき損失を補償しなければならない．

● 1　本条の趣旨と要点

1　本条の趣旨

保安林の指定により，前記のような行為制限等が課されることになる．これは一種の公用制限であり，これによる損失は特別の犠牲として補償されなければならない．本条は，保安林の指定により損失を受けた者に対して通常受けるべき損失を補償することを定めたものであり，憲法 29 条 3 項の趣旨を具体化したものである（赤木・前掲 108 頁，森林・林業基本政策研究会編著・解説 357～358 頁，日出・森林法 127 頁等参照）．

2 本条の要点

本条の要点は，補償の要否，補償の内容（範囲），補償の権利者・義務者，受益者負担，補償の手続，訴えの提起等である．補償の要否については，自然環境保全法や自然公園法と類似の問題状況にある．補償の内容（範囲）については，学説と実務の対立がみられる．

●2 補償の要否

1 内在的（社会的）制約

補償が必要となるのは，保安林の指定により，森林そのものに内在する社会的制約を超えて特別の犠牲を強要される場合である（森林・林業基本政策研究会編著・解説 359 頁参照）．ただ，前述の自然環境保全法や自然公園法におけるのとは異なり，本条については，補償の要否が問題となることはそれほど多くはない．保安林の指定により立木の伐採等が禁止されることになれば，それによって損失が発生することが明確である場合が多いからである．

それでも，損失補償請求事件において，被告国が，内在的（社会的）制約論に近い考え方に立脚して，補償は不要であると主張した事例がある．後掲の津地判の事案において，被告国は，「本件土地は，木津川を境にし，対面には巨岩奇石で形成されている笠置山を臨み，同山の山容は松，杉で包まれ，頂上には後醍醐天皇行宮遺蹟笠置寺の名所，旧跡が存し，桜，紅葉等四季折々の風物に恵まれた風光明媚な場所に位置しているところ，原告は，旧森林法，史蹟名勝天然記（ママ）念物保存法により保安林，史蹟名勝に指定され，すでに公法上の制限ないし拘束を受けている本件土地を取得したにすぎないから，右制限ないし拘束を受忍すべきものであり，補償を要しない」と主張していた．これに対して，後掲津地判は，「本件土地からの花こう岩の採取が禁止されるということは，本件土地所有権に内在する社会的制約を超えた特別の負担というべきであるから，被告の右主張は採るをえない」と判示している．

2 石材採取不許可による損失

実際の損失補償は，「保安林の指定による損失補償及び受益者負担に関する要綱」（昭和 34 年 12 月 11 日農林事務次官通達．以下，「保安林損失補償等要綱」という）に従って行われてきた．保安林損失補償等要綱によれば，補償の対象となるのは，保安林の「立木」（標準伐期齢以上のものに限る）である．そこで，

第4節　森林法

　後掲の津地判の事案においては，原告が石材採取不許可による損失の補償を求めたことに対して，被告国は，「右条項〔森林法35条，筆者注〕の通常受けるべき損失とは，立木たる林産物の産生の保護，育成を図る森林法の趣旨からみて，伐期に達した立木の伐採ができないことに基因する損失につきるもので，石材採取ができなくなったことによる損失はこれに含まれないから，原告の主張は失当である」と反論した．

　この被告国の主張に対して，津地判昭和52・3・11（訟月23巻3号516頁）は，「森林法35条の現実の運用面においては，一定の立木のみが補償の対象となっていることは明らかであるが（保安林の指定による損失補償及び受益者負担に関する要綱参照），しかしながら，同条の規定を立木のみに限定して解しなければならない根拠に乏しいので，被告の右主張は採用することができない」と判示している．

③　判例の動向

　裁判例としては，1件しか見当たらない．したがって，判例の動向といえるほどのものではないが，とりあえず，この1件についてみておくことにしよう．

　森林法に基づく保安林および文化財保護法に基づく史跡名勝に各指定されている土地につき石材採取の不許可処分がなされたので，森林法35条の規定に基づき国に対して損失補償の請求がなされた事案において，前掲津地判昭和52・3・11は，結論において，本件土地からの石材採取は経済的に採算が合わず，不許可処分によって通常生ずべき損失が発生しているとはいえないとして請求を棄却したが，補償要否の基準については，次のように説示している．

　「本件土地は，歴史上，文化上由緒ある名勝の地である点に価値を有すると同時に，前記優白質花こう岩等を埋蔵している点に財産的価値を有しており，前記風致保安林，史蹟名勝の指定により前者の価値を保護するために，本件土地につき現状変更が禁止されるときは，本件土地から花こう岩を採取することが殆んど不可能となり，右の如き利用制限は，土地の有効利用を本質とする本件土地所有権に対する重大な制約となるものと解され，A〔訴訟承継前の原告，筆者注〕が石材業者ないしこれを業とする会社の経営者であって，かつて花こう岩の採取をしたことがあることを合わせ考えると，右制約は，歴史上，文化上由緒ある名勝の地を保護，保存するという社会，公共の利益のために，本件土地所有権に一般に受忍を要求される以上の特別の負担を課しているものとい

うべきであり，これによってAに損失を及ぼしているときには，森林法35条の規定に照らし，または憲法29条の規定により正当な補償を受けるものと解するのが相当である．」「被告は，史蹟名勝たる財産権はそれ自体の内に現状を変更してはならないという社会的拘束を内在させている旨主張する．／しかしながら，本件土地が史蹟名勝としてのみ価値があり，他に何らの財産的価値のないような場合は格別，本件土地には後記のとおりその内部に多量の花こう岩を埋蔵していることが窺われ，また前記の事実から採石を目的として取引がなされたものと推認される本件土地についてまで，これをそのままの姿で保存して現状を変更しないことが国民すべての責務であることは解せられず，前示したところによれば，本件土地からの花こう岩の採取が禁止されるということは，本件土地所有権に内在する社会的制約を超えた特別の負担というべきであるから，被告の右主張は採るをえない．」

4 判例の検討

前掲津地判昭和52・3・11は，被告国が「不許可は，現在の利用に対して新たな犠牲を負わせるものではなく，不許可にかかわらず現在の利用状態を継続することは自由」であるから受忍すべき範囲内にあると主張したことに対して，「これをそのままの姿で保存して現状を変更しないことが国民すべての責務であることは解せられ〔ない〕」と判示している．現状を固定するにすぎない場合であっても，従前の利用方法の中には財産権者の意図が必ずしも100パーセント実現されていたわけではない．将来の計画として企図していたことが実現不可能となる場合もありうるのである．従前の利用方法に変更を加えるか否かだけが補償要否の基準にされるべきではない（前述662頁以下参照）．この意味において，津地判の説示には賛意が表されてよいであろう．

●3 補償の内容

1 通常受けるべき損失の補償

補償の内容（範囲）は，「通常受けるべき損失」（通損）の補償である．本条では「通常受けるべき損失」，45条2項，188条6項では「通常生ずべき損失」，58条4項では「通常受ける損失」となっているが，これらはほぼ同義のものと理解してよいであろう．

通常受けるべき損失とは，保安林の指定と相当因果関係にある損失のことで

あり，保安林の指定に伴って生ずるすべての損失を指すものではない．通常受けるべき損失であるか否かは，森林の所有者等の主観的，個人的事情によってではなくて，社会通念に従って判断される（森林・林業基本政策研究会編著・解説 360 頁，日出・森林法 128 頁参照）．

2　保安林損失補償等要綱

　実際には，補償額等は，これまでは，保安林損失補償等要綱に従って決定されてきている．ここでは詳細な説明は省略し，骨子のみを示すことにする．赤木・前掲 109 頁は，次のように簡潔にまとめているので，引用することにしよう（なお，日出・森林法 128 頁以下参照）．すなわち，「保安林損失補償要綱においては，『保安林の指定により通常受けるべき損失』について，当該指定により中止又は変更せざるを得なくなる森林の使用収益は，通常その林業的利用の形態であることから，伐採規制による損失を通常受けるべき損失ととらえ，補償を行うとの考え方に立っている．そして，その額については，森林施業による持続的所得獲得が保安林の指定により中断し，あるいは不能になるという面に着目し，いわば資産凍結を受けることに対し利子相当額を補償するという方式を採用している．」

3　都道府県の「保安林の指定による損失補償に関する要綱」

　都道府県は，国の保安林損失補償等要綱に従って，それぞれ保安林損失補償要綱を定めている．例えば，「新潟県保安林の指定による損失補償に関する要綱」は，その 1 条において，「この要綱は，森林法（昭和 26 年法律第 249 号．以下「法」という．）第 25 条第 1 項第 4 号以下に掲げる目的を達成するために実施される保安林の指定によって生ずる損失について，法第 35 条及び同法施行令（昭和 26 年政令第 276 号）第 5 条の規定により県が行う損失の補償（以下「補償」という．）を適正に実施するため，保安林の指定によって生ずる損失の補償の額の算定方法及び補償の請求の手続について定めるものとする．」と規定している．そして，2 条において，補償の対象を「保安林の立木（標準伐期齢以上のものに限る）」とし，3 条において，「補償は金銭をもって行うものとし，次条の規定により算定される毎年の補償の額を交付するものとする．」と規定している．

4 補償の対象

　国の保安林損失補償等要綱も，都道府県の保安林損失補償要綱も，補償の対象を保安林の「立木」（標準伐期齢以上のもの）に限定している．したがって，先に紹介した事案におけるような石材採取の不許可による損失は，補償の対象とされていない．

　当然のことながら，要綱自体は法令ではない．前掲津地判昭和52・3・11が説示しているように，本条の規定を立木のみに限定して解釈しなければならない根拠は薄弱である．結論としての補償の要否は別にして，最初から立木以外のものを除外すべきではないであろう（西埜「判解」街づくり・国づくり判例百選223頁（1989年）参照）．

●4　補償の権利者・義務者，受益者負担

1 補償の権利者・義務者

　補償権利者は，保安林として指定された森林の森林所有者その他権原に基づきその森林の立木竹または土地の使用・収益をする者で，保安林の指定によって通常受けるべき損失を被った者である．補償義務者は，農林水産大臣の指定に係るものについては国，都道府県知事の指定に係るものについては都道府県である．

2 受益者負担

　本条は，国または都道府県の損失補償義務を定めたものであるが，他方において保安林の指定によって特定の者が利益を受けることも予想される．そこで，国または都道府県は，保安林の指定によって利益を受ける地方公共団体その他の者に，その受ける利益の限度において，本条（35条）の規定により補償すべき金額の全部または一部を負担させることができる，とされている（36条1項）．これは，公平の原則に基づくものである（赤木・前掲110頁，森林・林業基本政策研究会編著・解説363頁参照）．

　受益者として，保安林損失補償等要綱は，その保安林の指定によって利益を受ける物件（道路，鉄道，発電施設，用水施設その他の施設，農地，森林その他の土地，漁業権およびその他これらに類するもの）の所有者その他権原に基づき使用・収益をする者を挙げている．受益者の負担額は，その保安林の指定によって受ける利益の限度以下で，かつ，国または都道府県が支出する損失補償金以

下の額である．ただし，このような規定があるにもかかわらず，実際には，受益者負担がなされた事例はないといわれている（赤木・前掲110頁，森林・林業基本政策研究会編著・解説363頁参照）．

●5 補償の手続・訴えの提起

1 補償の手続

1 補償の請求 補償の手続については，本法は明文の定めを置いていないが，行政実務上は，保安林損失補償等要綱や都道府県の保安林損失補償要綱に従って行われている．それによれば，まず，補償を受けようとする森林所有者等は，毎年の補償の額について，その翌年の1月31日までに，補償請求書，損失額算定書および森林所有者等であることを証する書面を農林水産大臣または都道府県知事に提出して請求するものとされている．

2 補償額の決定 農林水産大臣または都道府県知事は，上記の補償請求書等の提出があったときは，遅滞なく，予備調査書および評価調査書を作成の上，補償の要否および補償すべき場合にはその補償額を決定する．農林水産大臣または都道府県知事は，補償すべきものと決定した場合にはその補償額を，補償すべきものではないと決定した場合にはその旨およびその理由を，補償の請求をした者に対して通知するものとされている．

3 補償金の支払時期 補償金の支払時期は，本条によれば，保安林に指定された時点ということになりそうであるが，保安林損失補償等要綱や都道府県の保安林損失補償要綱では，上述の所定の手続を経た上で，金銭をもって毎年行うものとされている．

2 訴えの提起

農林水産大臣または都道府県知事の決定，すなわち，補償すべきではないとの決定または補償金額についての決定に不服がある場合に，森林所有者等がこれを争うことができるか否かについては，本法上には何らの規定も置かれていない（ただし，第4章の規定による都道府県知事の裁定については，60条に規定が置かれている．後述699頁参照）．収用委員会に裁決の申請ができるという規定も見当たらない．

法律上の争訟である以上は，明文の規定の存否にかかわらず，最終的には裁判所の判断を仰ぐことができるはずである．したがって，直ちに裁判所に損失

補償請求訴訟を提起することができるものと解すべきであろう．この訴訟は，行訴法4条後段の実質的当事者訴訟に当たる．

第3款　保安施設地区における受忍義務に伴う損失の補償

> **（受忍義務）**
> **45条2項**
> ① 保安施設地区の土地の所有者その他その土地に関し権利を有する者（以下この節において「関係人」という．）は，国又は都道府県が，その保安施設地区において，その指定の有効期間内に行う造林，森林土木事業その他の保安施設事業の実施行為並びにその期間内及びその期間満了後10年以内に行う保安施設事業に係る施設の維持管理行為を拒んではならない．
> ② 国又は都道府県は，その行つた前項の行為により損失を受けた関係人に対し，通常生ずべき損失を補償しなければならない．

1　本条の趣旨と要点

1　本条の趣旨

本条は，1項の規定により受忍義務を課された関係人が，これによって損失を受けた場合に，通常生ずべき損失を補償することを定めたものである．憲法29条3項の趣旨を具体化したものである（日出・森林法151頁参照）．

2　本条の要点

本条の要点は，補償の要否，補償の内容（範囲），補償の権利者・義務者，補償の手続，訴えの提起等である．35条について述べたところが，ほぼそのまま当てはまる．いずれの点についても，判例・学説上の対立は見当たらない．

2　補償の要否

補償が必要となるのは，受忍限度を超えた場合である．どのような場合に受忍限度を超えたこととなるのかは，個別具体的に社会通念によって判断するほかはない．

●3　補償の内容

補償の内容(範囲)は,「通常生ずべき損失」(通損)である.保安施設事業の実施行為等と相当因果関係がなければならないことは,35条の場合と同様である.

●4　補償の権利者・義務者

補償権利者は,「関係人」,すなわち,保安施設地区の土地の所有者,地上権者,賃借権者等のその土地に関し権利を有する者である.補償義務者は,国が行った行為については国,都道府県が行った行為については都道府県である.

●5　補償の手続・訴えの提起

1　補償の手続

補償の手続については,本法には何らの規定も置かれていない.おそらく,35条について述べたのとほぼ同様の手続を経るものと思われる.したがって,損失を受けた者は,農林水産大臣または都道府県知事に補償の請求をし,農林水産大臣または都道府県知事が補償の要否と補償額を決定するということになるものと思われる.

2　訴えの提起

訴えの提起についても,35条について述べたところとほぼ同じである.

第4款　土地の収用・使用によって受ける損失の補償

(損失補償)
58条
① 土地の使用又は収用によつてその土地の所有者及び関係人が受ける損失は,土地を使用し,又は収用する者が補償しなければならない.
② 土地の一部を使用し,又は収用することによつて,残地の価格が減じ,その他残地に関して損失が生ずるときは,その損失を補償しなければならない.
③ 土地の一部を使用し,又は収用することによつて,残地に通路,みぞ,か

> きその他の工作物の新築，改築，増築若しくは修繕又は盛土若しくは切土をする必要が生ずるときは，これに要する費用を補償しなければならない．
> ④ 前２項に規定する補償の外，土地を使用し，又は収用することによつてその土地の所有者又は関係人が通常受ける損失は，補償しなければならない．
> ⑤ 土地の所有者又は関係人が，第50条第５項の規定による都道府県知事の通知があつた後に土地の形質を変更し，工作物の新築，改築，増築若しくは大修繕をし，又は物件を付加し若しくは増置したときは，これについての損失は，補償しなくてもよい．ただし，あらかじめ都道府県知事の承認を受けてこれらの行為をしたときは，この限りでない．

1 本条の趣旨と要点

1 本条の趣旨

　森林から木材，竹材，薪炭を搬出し，または林道，木材集積場その他森林施業に必要な設備をするに際し，他人の土地を使用せざるをえない場合には，所定の手続を経た上で，他人の土地を使用する権利（使用権）が設定されることがある．また，使用権が設定された場合でも，その土地の使用が長期にわたるとき，またはその使用権の行使によって土地の形質が変更されるときは，その土地の一部または全部が収用されることがある．

　土地の使用・収用による損失のほか，これらの行為によって，その土地の所有者および関係人が種々の損失を受けることが予想される．これらの損失も特別の犠牲に該当するため，本条は，このような場合の損失の補償についても定めている．残地補償，通路・みぞ・かきその他の工作物の新築・改築・増築等が必要になった場合の工事費用の補償，その他通常受ける損失の補償である．

2 本条の要点

　本条の要点は，補償の内容（範囲），補償の権利者・義務者，補償の手続，訴えの提起等である．補償の内容については，収用法におけるのとほぼ同様の問題がある（ただし，収用法の規定が一般的に準用されるわけではない．64条参照）．補償の手続については，別段の規定は置かれていないが，訴えの提起（訴訟）については，１か条が割かれている（60条）．いずれの点についても，判例・学説上の対立は見当たらない．

●2　補償の要否

補償が必要となるのは，使用権が設定され，土地の使用・収用がなされた場合，使用権の行使によって土地の形質が変更された場合，その他通損が発生した場合である．

ただし，土地の所有者または関係人が，50条5項の規定による都道府県知事の通知があった後に土地の形質を変更し，工作物の新築・改築・増築もしくは大修繕をし，または物件を付加・増置したときは，あらかじめ都道府県知事の承認を受けていた場合を除いて，これについての損失は補償されない．収用法89条（損失補償の制限）とほぼ同じ趣旨に基づくものである（前述370頁以下参照）．

●3　補償の内容

1　土地の使用・収用による損失

まず，土地の使用・収用によってその土地の所有者および関係人が受ける損失が補償されなければならない．これについては，収用法71条，72条が参考になる（前述231頁以下参照）．すなわち，使用権の設定の場合は，近傍類地の地代および借賃等を考慮し，収用の場合は，近傍類地の取引価格等を考慮して算定される（赤木・前掲116頁参照）．

2　残地補償

1　残地価格の減少等の補償　土地の一部を使用し，または収用することによって，残地の価格が減じ，その他残地に関して損失が生ずるときは，その損失が補償される．これは，収用法74条1項とほぼ同趣旨の規定である（前述250頁以下参照）．「その他残地に関して損失が生ずるとき」とは，同法74条1項については，「『その他残地に関する損失』としては利用価値の減少，管理費の増加等が考えられるが，評価上，この損失は，結局のところ，右の『残地価格の減少』に反映され，吸収されると考えられる」と説かれている（小澤・収用法下125頁）．森林法の解説書においても，本条の「その他残地に関しての損失」について，「残地及びその上に存する物件の利用価値の減少，管理費用の増加，残地にある工作物の移転のための費用等を指す」と説かれている（森林・林業基本政策研究会編著・解説468頁）．

2 通路・みぞ・かき等の工事費用の補償

土地の一部の使用・収用によって，残地に通路・みぞ・かきその他の工作物の新築・改築・増築・修繕または盛土・切土をする必要が生ずるときは，それに要する工事費用が補償される．これも，収用法 75 条とほぼ同趣旨の規定である（前述 265 頁以下参照）．

3 通常受ける損失の補償

上記の補償のほか，土地の使用・収用によって土地の所有者または関係人が「通常受ける損失」（通損）が補償される．収用法 88 条とほぼ同趣旨の規定である（前述 331 頁以下参照）．

通常受ける損失とは，土地の使用・収用に通常付随して生ずる損失であり，土地の収用・使用と相当因果関係にある損失をいう．その範囲は，社会通念によって判断される．具体的には，事業を休止することによる損失，事業のための施設の移転に要する費用，土地または地上物件の使用料を徴収できなくなることに伴う損失等が挙げられている（森林・林業基本政策研究会編著・解説 468 頁参照）．

●4 補償の権利者・義務者

補償権利者は，その土地の使用・収用によって損失を受ける土地の所有者および関係人である．補償義務者は，当該土地を使用し，または収用する者である．

●5 補償の手続・訴えの提起

1 補償の手続

使用権の設定については，他人の土地を使用しようとする者は，都道府県知事の認可を受けて，土地の所有者等と協議することになり（50条1項），補償金の額や支払時期・方法については，この協議において定められる．協議が整わない場合は，認可を受けた者は，都道府県知事の裁定を申請することができる（51条）．都道府県知事が使用権を設定すべき旨の裁定をするに際しては，使用権を設定すべき土地の所在，使用権の存続期間等に関する事項とともに，「補償金の額並びにその支払の時期及び方法」に関する事項が定められる（53条1項）．

2 訴えの提起

190条に「不服申立て」の規定が置かれている．しかし，都道府県知事の裁定についての審査請求においては，損失の補償金の額についての不服をその裁定についての不服の理由とすることができない（同条3項）．その代わり，裁定の通知を受けた日から60日以内に，直ちに裁判所に訴えを提起することができる（60条）．出訴期間が60日とされているのは，事業実施の都合等から権利関係を早期に画定する必要があるためである（森林・林業基本政策研究会編著・解説474頁参照）．なお，初日は算入されない．

この場合には，補償金の増額請求をするときは50条1項の認可を受けた者を，減額の請求をするときは土地の所有者または関係人を被告としなければならない（60条）．この訴訟は，行訴法4条前段の形式的当事者訴訟に当たる．

第5款　立入調査等に伴う損失の補償

（立入調査等）
188条
① 農林水産大臣，都道府県知事又は市町村の長は，この法律の施行のため必要があるときは，森林所有者等からその施業の状況に関する報告を徴することができる．
② 農林水産大臣，都道府県知事又は市町村の長は，この法律の施行のため必要があるときは，当該職員又はその委任した者に，他人の森林に立ち入つて，測量又は実地調査をさせることができる．
③ 農林水産大臣，都道府県知事又は市町村の長は，この法律の施行のため必要があるときは，当該職員に，他人の森林に立ち入つて，標識を建設させ，又は前項の測量若しくは実地調査若しくは標識建設の支障となる立木竹を伐採させることができる．
④ 略
⑤ 略
⑥ 国，都道府県又は市町村は，第2項又は第3項の規定による処分によつて損失を受けた者に対し，通常生ずべき損失を補償しなければならない．

第5章　自然環境保全法関係

●1　本条の趣旨と要点

1　本条の趣旨

　本条は，立入調査等に伴う損失の補償等について定めたものである．立入調査等に伴う損失の補償については，本法は，49条においてもほぼ同趣旨の規定を設けているが，これは森林所有者等が行う立入調査等を対象としている．本条は，これとは異なり，農林水産大臣，都道府県知事または市町村の長が，その職員に行わせた立入調査等を対象としたものである．

2　本条の要点

　本条の要点は，補償の要否，補償の内容（範囲），補償の権利者・義務者，補償の手続，訴えの提起等である．いずれの点についても，判例・学説上の対立は見当たらない．

●2　補償の要否

1　受忍限度を超えること

　補償が必要となるのは，本法施行のため必要があるときに，当該職員が他人の森林に立ち入って，測量，実地調査，標識の建設をし，またはこれらの支障となる立木竹を伐採し，これによって損失を与えた場合である．通常受忍すべき程度の些細な損失は，補償の対象とならない．

2　標識建設

　本条3項は，標識建設を挙げているが，同じく標識設置については39条も規定している．同条1項は，「都道府県知事は，民有林について保安林の指定があつたときは，その保安林の区域内にこれを表示する標識を設置しなければならない．この場合において，保安林の森林所有者は，その設置を拒み，又は妨げてはならない．」と規定している．しかし，これに伴う損失の補償については，何らの定めも置かれていない．標識の設置に伴って損失が生ずるとしても，それは些細なものであって，補償なしで受忍すべきであるということであるかもしれないが，そうであれば，本条についても同じことがいえるのではないかと思われる．もっとも，本条のいう標識については，「設置」ではなく，「建設」となっているから，同じく「標識」ではあっても，規模が異なり，多

700

くの面積等が必要となることが補償の理由となっているのかもしれない．ただ，いずれにしても，補償の規定が欠けていても直接憲法29条3項に基づいて補償請求できるとの判例・通説からすれば，それほど議論すべき問題ではない．

●3 補償の内容

補償の内容（範囲）は，「通常生ずべき損失」（通損）の補償である．これまで他の条項について述べてきたのと同様に，立入調査等と相当因果関係にある損失である．それは，主観的，個人的事情によってではなく，客観的に社会通念によって判断される．

●4 補償の権利者・義務者

補償権利者は，立入調査等によって損失を受けた者である．補償義務者は，当該職員等の属する国，都道府県または市町村である．

●5 補償の手続・訴えの提起

1 補償の手続

補償の手続については，第4章「土地の使用」とは異なり，別段の規定は置かれていない．おそらく，損失を受けた者が農林水産大臣，都道府県知事または市町村の長に補償の請求をし，これらの行政庁が補償の要否，補償金額等について決定するという手続をとるものと思われる．

2 訴えの提起

訴えの提起についても，第4章「土地の使用」とは異なり，別段の規定は置かれていない．しかし，法律上の争訟である以上は，最終的に裁判所の判断を求めることができるはずである．農林水産大臣，都道府県知事または市町村の長の補償の要否，補償金額等の決定に不服がある者は，直ちに増額請求訴訟を提起することができるものと解すべきである．この場合の訴訟は，行訴法4条後段の実質的当事者訴訟に当たる．

第 5 章　自然環境保全法関係

第 5 節　鳥獣保護管理法

第 1 款　概　説

● 1　本法の趣旨

1　本法の沿革

　鳥獣の保護及び管理並びに狩猟の適正化に関する法律（鳥獣保護管理法．以下，本節において「本法」という）は，自然環境保全関係法令の中では最も古い歴史を有している．1985（明治28）年の狩猟法に始まり，1918（大正7）年の「鳥獣保護及狩猟ニ関スル法律」，2002（平成14）年の「鳥獣の保護及び狩猟の適正化に関する法律」を経て，2014（平成26）年に，従来からの鳥獣の「保護」だけではなく，鳥獣の「管理」が新たに追加されて，現在の法律名になっている（鳥獣保護法制の経緯・変遷については，江口博行「鳥獣の保護及び狩猟の適正化に関する法律の改正（鳥獣保護管理法）について」大塚直責任編集『環境法研究』4号156頁以下（信山社，2016年）参照）．

2　本法の目的

　本法1条は，「この法律は，鳥獣の保護及び管理を図るための事業を実施するとともに，猟具の使用に係る危険を予防することにより，鳥獣の保護及び管理並びに狩猟の適正化を図り，もって生物の多様性の確保（生態系の保護を含む．以下同じ．），生活環境の保全及び農林水産業の健全な発展に寄与することを通じて，自然環境の恵沢を享受できる国民生活の確保及び地域社会の健全な発展に資することを目的とする．」と規定している．鳥獣の保護・管理，狩猟の適正化，生物多様性の確保が本法の主たる目的である．「生物多様性の確保」は，2002（平成14）年の改正で付け加えられたものである．

3　本法の関連法令

　本法の関連法令としては，環境基本法，自然環境保全法，自然公園法，生物多様性基本法，種の保存法，鳥獣による農林水産業等に係る被害の防止のための特別措置に関する法律等がある．

● 2　本法の構成

上記の目的を達成するため，本法は，種々の仕組みを設けている．損失補償に関連するもので，その主要なものを次に取り上げることにする．

1　用語の定義

1　鳥獣　鳥獣とは，鳥類または哺乳類に属する野生動物をいう（2条1項）．ネズミ・モグラ類，海棲哺乳類も「鳥獣」に含まれるが，ドブネズミ等の環境衛生の維持に重大な支障を及ぼすおそれのある鳥獣，イルカ，オットセイ，クジラ等の水産関係法令により捕獲等について適切な保護管理等がなされている鳥獣は，本法の適用除外とされている（80条1項．鳥獣保護管理研究会編著『鳥獣保護法の解説〔改訂版〕』24～25頁（大成出版社，2008年．以下，「鳥獣保護研究会編著・解説」という）参照）．

2　鳥獣の「保護」　鳥獣の「保護」とは，生物の多様性の確保，生活環境の保全または農林水産業の健全な発展を図る観点から，その生息数を適正な水準に増加させ，もしくはその生息地を適正な範囲に拡大させること，またはその生息数の水準およびその生息地の範囲を維持することをいう（2条2項）．

3　鳥獣の「管理」　鳥獣の「管理」とは，生物の多様性の確保，生活環境の保全または農林水産業の健全な発展を図る観点から，その生息数を適正な水準に減少させ，またはその生息地を適正な範囲に縮小させることをいう（2条3項）．

2　基本指針の作成等

1　基本指針　環境大臣は，鳥獣の保護および管理を図るための事業（鳥獣保護管理事業）を実施するための基本的な指針（基本指針）を定める（3条1項）．基本指針には，鳥獣保護管理事業の実施に関する基本的事項等が定められる（同条2項）．環境大臣は，基本指針を定め，またはこれを変更しようとするときは，あらかじめ，農林水産大臣に協議するとともに，中央環境審議会の意見を聴かなければならない（同条3項）．環境大臣は，基本指針を定め，または変更したときは，遅滞なく，これを公表するとともに，都道府県知事に通知しなければならない（同条4項）．

2　鳥獣保護管理事業計画　都道府県知事は，基本指針に即して，当該都

道府県知事が行う鳥獣保護管理事業の実施に関する計画（鳥獣保護管理事業計画）を定める（4条1項）．鳥獣保護管理事業計画には，鳥獣保護管理事業計画の計画期間に関する事項，鳥獣保護管理事業の実施体制に関する事項等が定められる（同条2項）．都道府県知事は，鳥獣保護管理事業計画を定め，またはこれを変更しようとするときは，あらかじめ，自然環境保全法51条の規定により設置される審議会その他の合議制の機関の意見を聴かなければならない（同条4項）．都道府県知事は，鳥獣保護管理事業計画を定め，または変更したときは，遅滞なく，これを公表するよう努めるとともに，環境大臣に報告しなければならない（同条5項）．

③ 鳥獣保護管理事業の実施
1 鳥獣の捕獲等または鳥類の卵の採取等の規制等　鳥獣保護管理事業の実施として，まず，鳥獣の捕獲等および鳥類の卵の採取等が規制される（8条以下）．

2 鳥獣の飼養・販売等の規制　次に，鳥獣の飼養，販売等が規制される（19条以下）．

④ 鳥獣保護区
1 鳥獣保護区の指定　環境大臣または都道府県知事は，鳥獣の種類その他鳥獣の生息の状況を勘案して当該鳥獣の保護を図るため特に必要があると認めるときは，それぞれ次に掲げる区域を「鳥獣保護区」として指定することができる．①環境大臣にあっては，国際的または全国的な鳥獣の保護のため重要と認める区域，②都道府県知事にあっては，当該都道府県の区域内の鳥獣の保護のため重要と認める区域であって，上記①に掲げる区域以外の区域，である（28条1項）．

鳥獣保護区の指定または変更は，鳥獣保護区の名称，区域，存続期間および当該鳥獣保護区の保護に関する指針を定めて行われる（28条2項）．環境大臣または都道府県知事は，指定をし，またはその変更をしようとするときは，あらかじめ，関係地方公共団体の意見を聴かなければならない（同条3項）．

2 鳥獣保護区における規制　鳥獣保護区の区域内の土地または木竹に関し所有権その他の権利を有する者は，正当な理由がない限り，環境大臣または都道府県知事が当該土地または木竹に鳥獣の生息および繁殖に必要な営巣，給

水，給餌等の施設を設けることを拒んではならない（28条11項）．

5 特別保護地区

1 特別保護地区の指定 環境大臣または都道府県知事は，それぞれ鳥獣保護区の区域内で鳥獣の保護または鳥獣の生息地の保護を図るため特に必要があると認める区域を「特別保護地区」として指定し，または変更することができる（29条1項～4項）．

2 特別保護地区における行為制限 特別保護地区の区域内においては，次に掲げる行為は，一定の行為を除いて，原則として，環境大臣が指定する特別保護地区（国指定特別保護地区）にあっては環境大臣の，都道府県知事が指定する特別保護地区（都道府県指定特別保護地区）にあっては都道府県知事の許可を受けなければ，してはならない．①建築物その他の工作物の新築・改築・増築，②水面の埋立て・干拓，③木竹の伐採，④上記の①～③に掲げるもののほか，鳥獣の保護に影響を及ぼす行為として政令で定めるもの，である．（29条7項）．環境大臣または都道府県知事は，鳥獣の保護または鳥獣の生息地の保護を図るため必要があると認めるときは，許可に条件を付することができる（同条10項）．

3 本法上の損失補償規定

　本法は，損失補償については，鳥獣保護区・特別保護地区における行為制限等による損失について定めているのみである（32条）．実地調査のための立入りについては，「土地の所有者又は占有者は，正当な理由がない限り，第1項の規定による立入りを拒み，又は妨げてはならない．」と規定しているだけで，損失補償の規定を置いていない（31条）．75条の「報告徴収及び立検査等」についても，損失補償の規定は見当たらない．これは，おそらく，これらの行為により損失が生じたとしても，それは軽微なものであり，受忍の範囲内であるとの考慮によるものと思われる．ただ，いずれにしても，直接憲法29条3項に基づいて補償請求することができるとの判例・通説の立場に立てば，それほど論議すべき問題ではないであろう．

第2款　鳥獣保護区等における行為制限等による損失の補償

(損失補償)
第32条
① 国は国指定鳥獣保護区について，都道府県知事は都道府県指定鳥獣保護区について，第28条第11項の規定により施設を設置されたため，第29条第7項の許可を受けることができないため，又は同条第10項の規定により条件を付されたため損失を受けた者に対し，通常生ずべき損失の補償をする．
② 前項の補償を受けようとする者は，環境大臣又は都道府県知事にその請求をしなければならない．
③ 環境大臣又は都道府県知事は，前項の請求を受けたときは，補償すべき金額を決定し，その請求をした者に通知しなければならない．
④ 前項の規定による金額の決定に不服がある者は，同項の規定による通知を受けた日から6月を経過する日までの間に，訴えをもってその増額の請求をすることができる．
⑤ 前項の訴えにおいては，国又は都道府県を被告とする．

● 1　本条の趣旨と要点

1　本条の趣旨

本条は，鳥獣保護区，特別保護地区において行為制限等が課されたことに伴い損失を受けた者に対して，国または都道府県が通常生ずべき損失を補償することを定めたものである．これは，憲法29条3項の趣旨を具体化したものである．

2　本条の要点

本条の要点は，補償の要否，補償の内容（範囲），補償の権利者・義務者，補償の手続，訴えの提起等である．いずれの点についても，判例・学説上の対立は見当たない．

2　補償の要否

補償責任が生ずるのは，①鳥獣保護区において，当該土地または木竹に鳥獣の生息および繁殖に必要な営巣，給水，給餌等の施設を設置したことにより損失が生じた場合，②特別保護地区において，建築物その他の工作物の新築・改築・増築等について環境大臣または都道府県知事の許可を受けることができないことにより損失が生じた場合，③上記の許可に条件が付されたことにより損失が生じた場合，である．

明文の規定があるわけではないが，いずれの場合においても，損失が受忍限度を超えていることが必要である．受忍限度を超えているか否かは，個別具体的に社会通念によって判断されるが，通常は財産権の内在的制約内にあるとして，受忍限度を超えないものと判断されるのではないかと思われる．

3　補償の内容

補償の内容（範囲）は，「通常生ずべき損失」（通損）の補償である．損失は行為制限等と相当因果関係にあるものに限定され，主観的，個人的事情は，原則として考慮されない（鳥獣保護管理研究会編著・解説144頁参照）．この点については，これまで述べてきた他の法条におけるのとほぼ同じである．

4　補償の権利者・義務者

補償権利者は，行為制限等により損失を受けた者である．補償義務者は，国指定鳥獣保護区については国，都道府県指定鳥獣保護区については都道府県である．

5　補償の手続・訴えの提起

1　補償の手続

補償の請求は，環境大臣または都道府県知事に，請求者の住所・氏名，補償請求の理由，補償請求額の総額およびその内訳を記載した請求書を提出して行う（施行規則40条）．

環境大臣または都道府県知事は，補償の請求を受けたときは，補償すべきか否か，補償する場合にはその金額を決定し，請求した者に通知しなければならない．

2 訴えの提起

訴えの提起については，明文の規定が置かれている．環境大臣または都道府県知事の補償金額の決定（零円の場合も含む）に不服がある者は，その通知を受けた日から6か月を経過する日までの間に，国または都道府県を被告にして増額請求の訴えを提起することができる．これは，行訴法4条前段の形式的当事者訴訟に当たる．

第6節　種の保存法

第1款　概　説

1　本法の趣旨

1 本法の沿革

絶滅のおそれのある野生動植物の種の保存に関する法律（種の保存法．以下，本節において「本法」という）は，「絶滅のおそれのある野生動植物譲渡規制等に関する法律」（1987年）と「特殊鳥類の譲渡等の規制に関する法律」（1972年）を廃止・統合して，国内外の野生動植物の種の保存を体系的に図ることを目的に，1992（平成4）年に制定された．

2 本法の目的

本法1条は，「この法律は，野生動植物が，生態系の重要な構成要素であるだけでなく，自然環境の重要な一部として人類の豊かな生活に欠かすことのできないものであることに鑑み，絶滅のおそれのある野生動植物の種の保存を図ることにより，生物の多様性を確保するとともに，良好な自然環境を保全し，もって現在及び将来の国民の健康で文化的な生活の確保に寄与することを目的とする．」と規定している．希少野生動植物の種の保存と生物多様性の確保が，その主要な目的である．

3 財産権尊重条項

本法は，自然環境保全法3条，自然公園法4条等と同様に，財産権尊重条項を設けている．3条は，「財産権の尊重等」と題して，「この法律の適用に当た

っては，関係者の所有権その他の財産権を尊重し，住民の生活の安定及び福祉の維持向上に配慮し，並びに国土の保全その他の公益との調整に留意しなければならない.」と規定している.

4 本法の関連法令
　本法の関連法令としては，環境基本法，自然環境保全法，自然公園法，鳥獣保護管理法，生物多様性基本法，絶滅のおそれのある野生動植物の種の国際取引に関する条約（ワシントン条約）等がある.

●2　本法の構成
　上記の目的を達成するため，本法は，種々の仕組みを設けている．損失補償に関連するもので，その主要なものを次に取り上げることにする．

1 用語の定義
　1　絶滅のおそれ　「絶滅のおそれ」とは，野生動植物の種について，種の存続に支障を来す程度にその種の個体の数が著しく少ないこと，その種の個体の数が著しく減少しつつあること，その種の個体の主要な生息地または生育地が消滅しつつあること，その種の個体の生息または生育の環境が著しく悪化しつつあることその他のその種の存続に支障を来す事情があることをいう（4条1項）．

　2　希少野生動植物　希少野生動植物種とは，国内希少野生動植物種，国際希少野生動植物種および緊急指定種をいう（4条2項）．

　(1) **国内希少野生動植物種**　国内希少野生動植物種とは，その個体が本邦に生息しまたは生育する絶滅のおそれのある野生動植物の種であって，政令で定めるものをいう（4条3項）．

　(2) **国際希少野生動植物種**　国際希少動植物種とは，国際的に協力して種の保存を図ることとされている絶滅のおそれのある野生動植物の種（国内希少野生動植物種を除く）であって，政令で定めるものをいう（4条4項）．

　(3) **緊急指定種**　緊急指定種とは，国内希少野生動植物種および国際希少野生動植物種以外の野生動植物の種の保存を特に緊急に図る必要があると認めるときに，環境大臣がその種を緊急指定種として指定するものをいう（5条1項）．

2 希少野生動植物種保存基本方針の作成・公表

1 基本方針の作成　環境大臣は，中央環境審議会の意見を聴いて，希少野生動植物種の保存のための基本方針（希少野生動植物種保存基本方針）の案を作成し，これについて閣議の決定を求める（6条1項）．この基本方針には，絶滅のおそれのある野生動植物の種の保存に関する基本構想，希少野生動植物種の選定に関する基本的な事項など，絶滅のおそれのある野生動植物の種の保存に関する重要事項が定められる（同条2項）．環境大臣は，希少野生動植物種保存基本方針について閣議の決定があったときは，遅滞なく，これを公表しなければならない（同条3項）．

2 希少野生動植物種保存基本方針　この基本方針は，1992（平成4）年12月11日に，「希少野生動植物種保存基本方針」（総務省告示第24号）として公表されている．同基本方針は，冒頭において，次のように述べている．「野生動植物は，人類の生存の基盤である生態系の基本的構成要素であり，日光，大気，水，土とあいまって，物質循環やエネルギーの流れを担うとともに，その多様性によって生態系のバランスを維持している．野生動植物はまた，食料，衣料，医薬品等の資源として利用されるほか，学術研究，芸術，文化の対象として，さらに生活に潤いや安らぎをもたらす存在として，人類の豊かな生活に欠かすことのできない役割を果たしている．／野生動植物の世界は，生態系，生物群集，個体群，種等様々なレベルで成り立っており，それぞれのレベルでその多様性を保護する必要があるが，中でも種は，野生動植物の世界における基本単位であり，その保存は極めて重要である．／しかし，今日，様々な人間活動による圧迫に起因し，多くの種が絶滅し，また，絶滅のおそれのある種が数多く生じている．種の絶滅は野生動植物の多様性を低下させ，生態系のバランスを変化させるおそれがあるばかりでなく，人類が享受することができる様々な恩恵を永久に消失させる．現在と将来の人類の豊かな生活を確保するために，人為の影響による野生動植物の種の絶滅の防止に緊急に取り組むことが求められている．」

3 個体の捕獲・譲渡の規制

　国内希少野生動植物等の生きている個体は，その捕獲・採取等が，一定の場合を除いて禁止される（9条）．また，希少野生動植物種の個体等は，その譲渡等も，一定の場合を除いて禁止される（12条）．

4　生息地等の保護に関する規制

1　生息地等保護区の指定
環境大臣は，国内希少野生動植物種の保存のため必要があると認めるときは，その個体の生息地または生育地およびこれらと一体的にその保護を図る必要がある区域であって，その個体の分布状況および生態その他の個体の生息または生育の状況を勘案してその国内希少野生動植物種の保存のため重要と認めるものを，「生息地等保護区」として指定することができる（36条1項）。この指定は，指定の区域，指定に係る国内希少野生動植物種および指定の区域の保護に関する指針を定めて行われる（同条2項）。指定をするときは，環境大臣は，所定の手続を経た上で，指定をする旨，指定の区域，指定に係る国内希少動植物種および指定の区域の保護に関する指針を官報で公示しなければならない（同条3項〜7項）。

2　管理地区

(1)　**管理地区の指定**　環境大臣は，所定の手続を経た上で，生息地等保護区の区域内で国内希少野生動植物種の保存のため特に必要があると認める区域を「管理地区」として指定することができる（37条1項〜3項）。

(2)　**行為制限**　管理地区の区域内においては，次に掲げる行為は，非常災害に対する必要な応急措置としての行為等一定の行為を除いて，原則として，環境大臣の許可を受けなければしてはならない。①建築物その他の工作物の新築・改築・増築，②宅地の造成，土地の開墾，その他土地（水底を含む）の形質の変更，③鉱物の採掘，土石の採取，④水面の埋立て・干拓，⑤河川，湖沼等の水位・水量の増減，⑥木竹の伐採，⑦国内希少野生動植物種の個体の生息・生育に必要なものとして環境大臣が指定する野生動植物の種の個体その他の物の捕獲等，⑧管理地区の区域内の湖沼，湿原であって環境大臣が指定するもの，またはこれらに流入する水域，水路に汚水または廃水の排水設備の設置・排出，⑨道路，広場，田，畑，牧場および宅地の区域以外の環境大臣が指定する区域内における車馬・動力船の使用，航空機の着陸，⑩上記⑦により環境大臣が指定した野生動植物の種の個体その他の物以外の野生動植物の種の個体その他の物の捕獲等，⑪国内希少野生動植物種の個体の生息・生育に支障を及ぼすおそれのある動植物の種として環境大臣が指定するものの個体を放ち，植栽し，その種子を播くこと，⑫国内希少野生動植物種の個体の生息・生育に支障を及ぼすおそれのあるものとして環境大臣が指定する物質の散布，⑬火入れ，たき火，⑭国内希少野生動植物種の個体の生息・生育に支障を及ぼすおそ

れのある方法として環境大臣が定める方法によるその個体の観察,である（37条4項・9項）.環境大臣は,国内希少野生動植物種の保存のため必要があると認めるときは,その必要の限度において,この許可に条件を付することができる（同条7項）.

3 立入制限地区 環境大臣は,所定の手続を経た上で,管理地区の区域内で国内希少野生動植物種の個体の生息・生育のため特にその保護を図る必要があると認める場所を,「立入制限地区」として指定することができる（38条1項・2項・5項）.何人も,環境大臣が定める期間内は,非常災害に対する必要な応急措置としての行為をするための立入り等一定の場合を除いて,立入制限地区の区域内に立ち入ってはならない（同条4項）.

4 監視地区 生息地等保護区の区域で管理地区の区域に属さない部分（監視地区）の区域内において,37条4項1号から5号までに掲げる行為（管理地区の区域内の行為制限に掲げた上記①から⑤の行為）をしようとする者は,非常災害に対する必要な応急措置としての行為等一定の行為を除いて,あらかじめ,環境大臣に環境省令で定める事項を届け出なければならない（39条1項）.環境大臣は,届出があった場合において,届出に係る行為が36条2項の指針に適合しないものであるときは,届出をした者に対し,届出に係る行為をすることを禁止し,もしくは制限し,または必要な措置をとるべきことを命ずることができる（同条2項）.

●3 本法上の損失補償規定

本法は,損失補償については,管理地区等における行為制限等による損失について定めているのみである（44条）.実地調査のための立入りについては,「土地の所有者又は占有者は,正当な理由がない限り,第1項の規定による立入りを拒み,又は妨げてはならない.」と規定しているだけで,損失補償の規定は置かれていない（42条）.19条の「報告徴収及び立入検査」,27条の「報告及び立入検査」についても,損失補償の規定は見当たらない.これは,おそらく,これらの行為により損失が生じたとしても,それは軽微なものであり,受忍の範囲内であるとの考慮によるものと思われる.ただ,いずれにしても,直接憲法29条3項に基づいて補償請求することができるとの判例・通説の立場からすれば,それほど論議すべき問題ではないであろう.

第2款　管理地区等における行為制限等による損失の補償

（損失の補償）
第44条
① 国は，第37条第4項の許可を受けることができないため，同条第7項の規定により条件を付されたため又は第39条第2項の規定による命令をされたため損失を受けた者に対し，通常生ずべき損失の補償をする．
② 前項の補償を受けようとする者は，環境大臣にその請求をしなければならない．
③ 環境大臣は，前項の請求を受けたときは，補償をすべき金額を決定し，その請求をした者に通知しなければならない．
④ 前項の規定による金額の決定に不服がある者は，同項の規定による通知を受けた日から6月を経過する日までの間に，訴えをもってその増額の請求をすることができる．
⑤ 前項の訴えにおいては，国を被告とする．

1　本条の趣旨と要点

1　本条の趣旨

本条は，管理地区等における行為制限により損失を受けた者に対して，国が通常生ずべき損失を補償すべきことを定めたものである．鳥獣保護管理法等における損失補償の規定と同趣旨であり，憲法29条3項の趣旨を具体化したものである．

2　本条の要点

本条の要点は，補償の要否，補償の内容（範囲），補償の権利者・義務者，補償の手続，訴えの提起等である．鳥獣保護管理法におけるのとほぼ同様である．いずれの点についても，判例・学説上の対立は見当たらない．

2　補償の要否

補償責任が生ずるのは，①管理地区において，建築物その他の工作物の新

築・改築・増築，宅地の造成・開墾等の許可を受けることができないため損失が生じた場合，②許可に条件が付されたことにより損失が生じた場合，③監視地区において，届出に係る行為が指針に適合しないとして，当該行為の禁止・制限がなされ，または必要な措置をとるべきことを命じられたため損失が生じた場合，である．

いずれの場合においても，損失が受忍限度を超えていることが必要である．通常は，財産権の内在的制約として，受忍限度内にあるものと判断されるのではないかと思われる．

●3　補償の内容

補償の対象は，「通常生ずべき損失」（通損）である．損失は，行為制限等と相当因果関係にあるものに限定され，主観的，個人的事情は，原則として考慮されない．この点については，これまで他の法条について述べてきたところとほぼ同じである．

●4　補償の権利者・義務者

補償権利者は，管理地区において工作物の新築・増築等の許可を受けることができないため損失を被った者，許可に条件を付されたことにより損失を被った者，監視地区において届出に係る行為が制限・禁止等されたため損失を被った者である．補償義務者は国である．

●5　補償の手続・訴えの提起

1　補償の手続

補償の請求は，環境大臣に，請求者の住所・氏名，補償請求の理由，補償請求額の総額およびその内訳を記載した請求書を提出して行う（施行規則32条）．

環境大臣または都道府県知事は，補償の請求を受けたときは，補償すべきか否か，補償する場合にはその金額を決定し，請求した者に通知しなければならない．

2　訴えの提起

訴えの提起については，明文の規定が置かれている．環境大臣の補償金額の決定に不服がある者は，その通知を受けた日から6か月を経過する日までの間

第6節　種の保存法

に，国を被告にして増額請求の訴えを提起することができる．これは，行訴法4条前段の形式的当事者に当たる．

第6章　空港騒音防止法関係

第1節　概　説

1　空港騒音防止法関係

　空港騒音防止法関係として，ここでは，公共用飛行場周辺における航空機騒音による障害の防止等に関する法律（航空機騒音防止法）と特定空港周辺航空機騒音対策特別措置法（特定空港周辺特別措置法）における損失補償規定を取り上げる．これらの法律は，いずれも航空機騒音による障害の防止を主目的にしたものである．

　空港の供用は，ある程度の騒音をもたらすものである．本来であれば，それは通常の受忍限度内にとどまるべきものである．しかし，現在の技術水準からすれば，騒音を通常の受忍限度内にとどめることは困難である．通常の受忍限度を超えても，「特別の受忍限度」内にとどまる限りは，公共性の故に，受忍されざるをえない．この点については，すでに「総論」の第6章「事業損失補償」において述べたところである（前述163頁以下参照）．

　通常の受忍限度を超え，特別の受忍限度内にある騒音被害には，損失補償がなされなければならない．しかし，それをも超える騒音被害は違法であり，損害賠償と差止め請求が認められるべきである．

2　空港騒音防止法関係における損失補償

　上記の法律は，空港騒音による被害を救済するために，いくつかの損失補償規定を設けている．各法律における損失補償の規定は，必ずしも一様とはいえないが，共通するところも少なくない．移転補償，土地の買入れ等である．

第6章 空港騒音防止法関係

第2節　航空機騒音防止法

第1款　概　説

●1　本法の趣旨

1　本法の沿革

　騒音について一般的に定めた法律として，1968（昭和43）年の騒音規制法がある．この法律は，騒音の発生源ごとに，工場・事業場騒音，建設作業騒音，自動車騒音，深夜営業騒音等について必要な規制を定めたものである．しかし，騒音の発生源は多様であり，騒音規制法による規制のみでは十分とはいえない．そこで，騒音規制法とは別に，航空機騒音については，1967（昭和42）年に航空機騒音防止法（以下，本節において「本法」という）が，幹線道路騒音については，1980（昭和55）年に沿道整備法が制定されるなど，騒音については多くの法律が制定されることになった．本法は，空港騒音防止についての基本的な法律である．

2　本法の目的

　本法1条は，「この法律は，公共用飛行場の周辺における航空機の騒音により生ずる障害の防止，航空機の離着陸のひん繁な実施により生ずる損失の補償その他必要な措置について定めることにより，関係住民の生活の安定及び福祉の向上に寄与することを目的とする．」と規定している．
　目的規定の中に，すでに「損失の補償」が盛り込まれていることに注目すべきである．騒音被害に対する補償について，比較的詳細な規定を置いているのは，はこのためであろう．

3　本法の関連法令

　本法の関連法令としては，騒音規制法，特定空港周辺特別措置法，周辺整備法等がある．

● 2 本法の構成

上記の目的を達成するため，本法は，種々の仕組みを設けている．損失補償に関連するもので，その主要なものを次に取り上げることにする．

1 用語の定義

1 特定飛行場　本法は，「特定飛行場」からの騒音を中心にして，その騒音の防止について規定している．そこで，最初に，「特定飛行場」の意義を明確にしている．2条は，特定飛行場を「この法律において『特定飛行場』とは，国土交通大臣が設置する公共用飛行場であつて，当該飛行場における航空機の離陸又は着陸の頻繁な実施により生ずる騒音等による障害が著しいと認めて政令で指定するもの並びに成田国際空港及び大阪国際空港をいう．」と定義している．施行令1条によれば，特定飛行場として，函館空港，仙台空港，東京国際空港，新潟空港，松山空港，高知空港，福岡空港，熊本空港，大分空港，宮崎空港，鹿児島空港，那覇空港が指定されている．

2 第一種区域・第二種区域・第三種区域　第一種区域とは，政令の定めるところにより，航空機の騒音により生ずる障害が著しいと認めて国土交通大臣が指定する特定飛行場の周辺の区域をいい（8条の2），第二種区域とは，政令で定めるところにより，第一種区域のうち航空機の騒音により生ずる障害が特に著しいと認めて国土交通大臣が指定する区域をいう（9条1項）．第三種区域とは，政令で定めるところにより，第二種区域のうち新たに航空機の騒音による障害が発生することを防止し，あわせてその周辺における生活環境の改善に資する必要があると認めて国土交通大臣が指定する区域をいう（9条の2第1項）．

第一種区域・第二種区域・第三種区域の指定は，「時間帯補正等価騒音レベル（当該飛行場において離着陸する航空機による騒音の影響度をその騒音の強度，発生の回数および時間帯その他の事項を考慮して国土交通省令で定める算定方法で算定した値）が，その区域の種類ごとに国土交通省令で定める値以上である区域を基準として行われる（施行令6条）．施行規則によれば，第一種区域にあっては62デシベル，第二種区域にあっては72デシベル，第三種区域にあっては76デシベルとなっている．

2 航空機騒音による障害の防止等

1 特定飛行場の設置者および使用者の責務 特定飛行場の設置者（国土交通大臣）は，本法の規定による措置，航空機の騒音により生ずる障害の防止に必要な施設の整備等を行うことにより，また，航空機の離陸または着陸のため特定飛行場を使用する者は，航空機の航行の方法の改善，特定飛行場の設置者が行う措置に要する費用の負担等を行うことにより，ともに特定飛行場の周辺における航空機の騒音により生ずる障害の防止等に努めなければならない（4条）。

2 住宅の騒音防止工事の助成 特定飛行場の設置者は，政令で定めるところにより，航空機の騒音により生ずる障害が著しいと認めて国土交通大臣が指定する特定飛行場の周辺の区域（第一種区域）に当該指定の際現に所在する住宅（人の居住の用に供する建物または建物の部分）について，その所有者または当該住宅に関する所有権以外の権利を有する者が航空機の騒音により生ずる障害を防止し，または軽減するため必要な工事を行うときは，その工事に関し助成の措置を行う（8条の2）。

3 緑地帯等の整備 特定飛行場の設置者は，政令で定めるところにより第二種区域のうち新たに航空機の騒音による障害が発生することを防止し，あわせてその周辺における生活環境の改善に資する必要があると認めて国土交通大臣が指定する区域（第三種区域）に所在する土地で前条2項の規定により買い入れたものが緑地帯その他の緩衝地帯として整備されるよう必要な措置をとらなければならない（9条の2第1項）。また，特定飛行場の設置者は，前項の土地以外の第三種区域に所在する土地についても，できる限り，緑地帯その他の緩衝地帯として整備されるよう適当な措置をとらなければならない（同条2項）。

4 空港周辺整備計画の策定 空港法4条1項各号に掲げる空港であり，その周辺地域について第一種区域が指定されている特定飛行場で，当該第一種区域が市街化されているため，その区域について，新たに航空機の騒音による障害が発生することを防止し，または航空機の騒音により生ずる障害を軽減し，あわせて生活環境の改善に資するための計画的な整備を促進する必要があると認められるものは，政令で周辺整備空港として指定する（9条の3第1項）。前項の指定があったときは，当該周辺整備空港に係る第一種区域を管轄する都道府県知事は，当該周辺整備空港の設置者と協議し，その同意を得て，おおむね

次に掲げる事項について空港周辺整備計画を策定しなければならない．①緑地帯その他の緩衝地帯とするための整備，その他航空機の騒音によりその機能が害されるおそれの少ない施設の用に供するための整備を行うため第一種区域に所在する土地の取得に関する事項，②第一種区域内から住居を移転する者の住宅等の用に供する土地の取得および造成その他前号に掲げる事項の実施を促進するための措置に関する事項，などについてである（同条2項）．

3 空港周辺整備機構の設置

空港周辺整備機構とは，周辺整備空港の周辺地域において空港周辺整備計画を実施する等により，その地域における航空機の騒音により生ずる障害の防止および軽減を図り，併せて生活環境の改善に資することを目的として設置されるものである（20条）．当初は，大阪国際空港周辺整備機構と福岡空港周辺整備機構が設置されたが，その後，両機構は空港周辺整備機構として統合され，大阪国際空港事業本部と福岡空港事業本部が設置された．さらに，2003（平成15）年には独立行政法人空港周辺整備機構（機構）が発足した．2012（平成24）年には，関西国際空港と大阪国際空港の経営統合を受けて，大阪国際空港事業本部の業務については，新関西国際空港株式会社へ継承されている（機構のホームページ参照）．

機構の業務は，①空港周辺整備計画に基づき，緑地帯その他の緩衝地帯の造成，管理および譲渡を行うこと，②空港周辺整備計画に基づき，航空機の騒音によりその機能が害されるおそれの少ない施設の用に供する土地の造成・管理・譲渡を行うこと，③周辺整備空港に係る8条の2に規定する工事に関し助成を行うこと，④周辺整備空港の設置者の委託により，9条1項の規定による建物等の移転・除却により生ずる損失の補償および同条2項の規定による土地の買入れに関する事務を行うこと，⑤上記に掲げる業務に附帯する業務を行うこと，である（28条1項）．

● 3 本法上の損失補償規定

本法は，比較的多くの損失補償に関する規定を設けている．①移転の補償，土地の買入れ（9条），②農業等の経営上の損失補償（10条），③損失補償の手続（11～13条，16条），④訴えの提起（14条，15条，17条）の諸規定である．

そのほか，住宅の騒音防止工事の助成（8条の2），学校等の騒音防止工事の

助成（5条），共同利用施設の助成（6条）も，広い意味では損失補償に属するものと捉えることができる．ただ，損失補償とは若干性質を異にする側面もあり，また，紙面の制約もあるので，ここでは触れないことにする．

第2款　移転の補償・土地の買入れ

（移転の補償等）
第9条
① 特定飛行場の設置者は，政令で定めるところにより第一種区域のうち航空機の騒音により生ずる障害が特に著しいと認めて国土交通大臣が指定する区域（以下「第二種区域」という．）に当該指定の際現に所在する建物，立木竹その他土地に定着する物件（以下「建物等」という．）の所有者が当該建物等を第二種区域以外の地域に移転し，又は除却するときは，当該建物等の所有者及び当該建物等に関する所有権以外の権利を有する者に対し，政令で定めるところにより，予算の範囲内において，当該移転又は除却により通常生ずべき損失を補償することができる．
② 特定飛行場の設置者は，政令で定めるところにより，第二種区域に所在する土地の所有者が当該土地の買入れを申し出るときは，予算の範囲内において，当該土地を買い入れることができる．
③ 略

●1　本条の趣旨と要点

1　本条の趣旨

本条は，第二種区域に所在する建物等の所有者が，当該建物等を第二種区域以外の地域に移転し，または除却した場合に，特定飛行場の設置者が，当該移転または除却により通常生ずべき損失を補償することを定めたものである．あわせて，当該土地の買入れについても定めている．

第二種区域は，第一種区域のうち航空機の騒音による障害が特に著しい区域であり，住宅の騒音防止工事では障害を回避できないような場合も十分予想される．そこで，このような場合に，建物等の所有者が建物等を第二種区域以外の地域に移転し，または除却することを選択できるようにし，また，当該土地の所有者が当該土地の買入れを希望した場合には，買い入れることができるよ

うにしたものである．

2 本条の要点
本条の要点は，補償の要否，補償の内容（範囲），補償の権利者・義務者，補償の手続，訴えの提起等である．いずれの点についても，判例・学説上の対立は見当たらない．

2 補償の要否

1 第二種区域の指定の際に現に所在する建物等を所有すること
補償を受けるためには，第二種区域に指定の際に現に所在する建物等を所有していることが必要である．指定後に所在することになった物等を所有することになっても，補償の対象とはならない．当該土地が障害の特に著しい区域として第二種区域に指定されていることを承知の上で，建物等が新築されているからである．

2 補償するか否かの裁量
本条1項は，「損失を補償することができる」と規定しているだけであり，「損失を補償しなければならない」とはなっていない．この文言からすれば，補償するか否かについては，特定飛行場の設置者の裁量的判断に委ねられていることになる．「予算の範囲内において」という文言も，このことを示している．立法者は，本条の補償を政策上の補償に近い性質のものと把握しているのではないかと思われる．

ただ，解釈論としてはこのように理解せざるをえないにしても，補償の要否が裁量によるということであれば，補償は極めて不安定なものになる．騒音による障害が特に著しいとして第二種区域に指定されているわけであり，公共性の故に「特別の受忍限度」内にあるとしても，その損失は特別の犠牲として補償されるべき性質のものである．単なる政策上の補償とは異なるものであるから，立法論的には問題があるように思われる．

3 土地の買入れ
当該土地の買入れについても，法文では「予算の範囲内において」「買い入れることができる」となっており，裁量に委ねられている．しかし，買入れの

「申し出」があれば，原則としてこれに応ずべきものと解すべきであろう．仮に，このような理解が解釈論の域を超えているとしても，少なくとも立法論的には疑問のある規定というべきである．繰り返しにはなるが，騒音による障害が特に著しいとして第二種区域に指定しておきながら，裁量により土地の買入れの申し出を拒否するということになれば，その間の整合性を説明することは困難であろう．

買入れの対象となる土地は，①第三種区域にあっては，すべての土地，②第二種区域のうち第三種区域以外の区域に所在する土地にあっては，宅地（指定の際に宅地であるものに限る），および移転補償を受ける者が，従来利用していた目的に供することが著しく困難となる土地，のいずれかに該当する場合に限定される（施行令8条，機構のホームページ参照）．

●3　補償の内容

1　「通常生ずべき損失」の補償

補償の対象となるのは，建物等の移転・除却により「通常生ずべき損失」（通損）である．この点については，これまで他の法条について述べてきたところとほぼ同じである．当該移転・除却と相当因果関係がなければならない．

機構のホームページをみると，移転補償関係として，建物（附帯設備を含む）の移転料，工作物（門，塀等）の移転料，立木竹の移転料，動産（家財道具等）の移転料，移転雑費（法令上の手数料，交通通信費等），営業補償（移転期間中，営業を休止する場合の損失補償），が挙げられている．

2　土地の買入れ価格

買入れ価格は，土地の代金である．問題は，この代金をどのようにして算定するかである．特定空港周辺特別措置法8条2項では「時価」となっているが，本条2項にはそのような定めは置かれていない．

第二種区域は航空機の騒音による障害が特に著しいと認められる区域である．地価は，相当下がっているものと思われるから，この低下した地価を基準にして土地代金が算定されたのでは，経済的にみて転居することが困難となることが予想される．騒音地域からの転出を容易にするためには，地価低下分の補償が必要である（西埜「騒音による地価の低下と補償の要否」日本土地環境学会誌2号52頁以下（1995年）参照）．福岡空港騒音訴訟の福岡地判昭和63・12・16

（訟月35巻12号2197頁）が次のように判示しているのが，ここでの参考になる．すなわち，「移転補償は，航空機騒音被害から免れるには最も効果的な方策であるが，同対策は，必ずしもその進展をみていないといわざるを得ない．その理由として，前記のように移転補償金は，『公共用地の取得に伴う損失補償基準要綱』に基づいて算定されるところ，同要綱は，近傍類似の価格を基準とするが，移転対象区域の地価は，福岡市周辺地域においては比較的廉価であるため，移転補償金が低くならざるを得ないところにその一因があると考えられる．」

4　補償の権利者・義務者

補償権利者は，移転または除却により損失を被っ当該建物等の所有者および当該建物等に関する所有権以外の権利を有する者である．補償義務者は，当該特定飛行場の設置者の属する国である．

5　補償の手続・訴えの提起

1　補償の手続

10条の農業等の営業上の損失補償については，11条以下に比較的詳細な規定が置かれている．しかし，本条（9条）の損失補償については，補償手続の規定が見当たらない．これは，本条1項が「損失を補償することができる．」と規定しているのに対して，10条1項が「損失を補償する．」と規定していることの相違を反映しているものであろう．土地の買入れについても，手続規定は見当たらない．実際には，補償権利者が補償の申請をし，補償義務者が補償の要否や補償内容等を決定するという手続がとられるものと思われる．

機構のホームページをみると，移転補償の流れは，補償権利者が申請をし，それを機構が受理して，調査・測量をし，補償金を決定して提示するということになっている．

2　訴えの提起

訴えの提起についても，10条の農業等の経営上の損失補償については14条，15条に比較的詳細な規定が置かれているのに対して，本条（9条）の補償については何らの定めも置かれていない．これもまた，補償の手続についてと同様に，両条における補償の性質上の相違に由来するものであろう．しかし，最終

的に裁判所の判断を求めることができるのは当然であるから，特定飛行場の設置者の属する国を被告にして補償請求訴訟を提起することができるものと解すべきである．その場合の訴訟は，行訴法4条後段の実質的当事者訴訟に当たる．

第3款　農業等の経営上の損失の補償

> （損失補償）
> 第10条
>   ①　特定飛行場の設置者は，政令で定めるところにより，当該飛行場における航空機の離陸又は着陸のひん繁な実施により，従来適法に農業その他政令で定める事業を営んでいた者がその事業の経営上損失をこうむつたときは，その損失を補償する．
>   ②　前項の規定により補償する損失は，通常生ずべき損失とする．

●1　本条の趣旨と要点

1　本条の趣旨

本条は，特定飛行場における頻繁な航空機の離着陸によって，従来そこで農業その他政令で定める事業を営んでいた者が事業経営上の損失を被った場合に，特定飛行場の設置者が通常生ずべき損失を補償することを定めたものである．政令で定める事業は「漁業」とされている（施行令9条）．

2　本条の要点

本条の要点は，補償の要否，補償の内容（範囲），補償の権利者・義務者，補償の手続，訴えの提起等である．補償の手続と訴えの提起については，次条以下に明文の規定が置かれている．

●2　補償の要否

1　航空機の離着陸の頻繁な実施によること

損失が航空機の頻繁な実施により発生したことが必要である．どの程度が頻繁であるかは，個別具体的に社会通念によって判断されるが，これは因果関係にも関わることであり，因果関係が認められれば，それほど重要な要件ではないであろう．

2　特別の受忍限度

通常の受忍限度を超えていても,「特別の受忍限度」内にとどまっている限り, それは適法な侵害によるものと解すべきである（前述163頁参照）. 本条は, この特別の受忍限度内における損失を対象にしたものである. 特別の受忍限度を超えた場合は, 損害賠償（国家賠償）の問題となり, 差止めも認められなければならない.

3　事業経営上の損失

従来適法に農業, 漁業の事業を営んでいた者が, その事業経営上に, 通常の受忍限度を超えた損失が発生したことが必要である. どの程度を超えればこの要件を満たすかは, 個別具体的に社会通念によって判断される. 違法に事業を営んでいた場合には, 補償の対象とはならない.

農業経営上の損失としては, 畜産業を営んでいる者が, 航空機の騒音や振動により, 飼育している家畜, 例えば, 乳牛の搾乳量が減ったような場合が考えられる. また, 漁業経営上の損失としては, 航空機の騒音・振動により, 漁獲量が減ったというような場合が考えられる. これは, 従前の収穫量等との比較によって客観的に判断できる場合が多いのではないかと思われる.

●3　補償の内容

1　「通常生ずべき損失」の補償

補償の対象は,「通常生ずべき損失」（通損）である. この点については, これまで述べてきた他の法条のものとほぼ同じである. 航空機の頻繁な離着陸と相当因果関係がなければならない.

2　具体的な損失

先にも述べたが, 農業経営上の損失についていえば, 畜産業を営んでいる者が, 航空機の騒音や振動により, 飼育している家畜, 例えば, 乳牛の搾乳量が減ったような場合には, その減少分の時価相当額, また, 漁業経営上の損失についていえば, 航空機の騒音・振動により漁獲量が減ったとような場合には, その減少分の時価相当額ということになる.

本条は,「損失をこうむつたときは」と規定していから, 過去の分ということになる. したがって, 毎年, 補償の申請をしなければならないということに

なりそうである．しかし，航空機の騒音・振動による損失は，将来的にも継続して発生することが高い確率で予想される．このような場合には，補償額をどのようにして算定するかが問題となる．

●4　補償の権利者・義務者

補償権利者は，事業経営上の損失を被った者である．補償の義務者は，特定飛行場の設置者の属する国である．

●5　補償の手続・訴えの提起

1　補償の手続

1　損失補償の申請　本法は，補償の手続について，比較的詳細な規定を置いている．それによれば，補償の手続は，①損失の補償（成田国際空港または大阪国際空港に係るものを除く）を受けようとする者は，国土交通省令で定めるところにより，その者の住所地を管轄する都道府県知事を経由して，損失補償申請書を国土交通大臣に提出する（11条1項），②都道府県知事は，申請書の内容について意見があるときは，その意見を記載した書面を当該申請書に添えて，これを国土交通大臣に送付する（同条2項），③国土交通大臣は，この申請書を受理したときは，補償すべき損失の有無および損失を補償すべき場合には補償の額を決定し，遅滞なく，これを都道府県知事を経由して当該申請者に通知する（同条3項），という流れになっている．

2　異議の申出　申請に対する国土交通大臣の決定に不服がある者は，通知を受けた日の翌日から起算して3か月以内に，国土交通省令で定めるところにより，国土交通大臣に対して異議を申し出ることができる（12条1項）．申出があったときは，国土交通大臣は，その申出のあった日の翌日から起算して30日以内に，改めて補償すべき損失の有無および損失を補償すべき場合には補償金の額を決定し，これを申出人に通知しなければならない（同条2項）．

3　補償金の交付　政府（国）は，異議の申出がないときは，申出期間の満了の日の翌日から起算して30日以内に，異議の申出があった場合において改めて決定があったときは，その通知の日の翌日から起算して30日以内に，補償を受けるべき者に対し，当該補償金を交付しなければならない（13条）．

4　不服申立て前置主義　不服申立て前置主義が採用されている（15条）．したがって，訴えを提起する前に，異議の申出に対する決定を経ていなければ

ならない．不服申立て前置制度は，自衛隊法105条等にも置かれているが，極めてめずらしい立法例である（小澤「損失補償の手続と救済手続（1）」自治研究64巻5号51頁以下（1988年），宇賀「損失補償の行政手続（3・完）」自治研究69巻3号40～41頁（1993年）参照）．

2　訴えの提起

　11条3項または12条2項の規定による国土交通大臣の決定に不服がある者は，その決定の通知を受けた日から6か月以内に，国を被告として増額請求訴訟を提起することができる（14条）．この訴訟は，行訴法4条前段の形式的当事者訴訟に当たる．

第4款　成田国際空港・大阪国際空港に係る損失補償

（成田国際空港又は大阪国際空港に係る損失補償の手続等）
第16条
　①　成田国際空港又は大阪国際空港に係る第10条の規定による損失の補償については，当事者間の協議により定める．協議が調わないとき，又は協議することができないときは，当事者は，国土交通大臣の裁定を申請することができる．
　②　国土交通大臣は，前項の規定による裁定の申請を受理したときは，その旨を他の当事者に通知し，期間を指定して答弁書を提出する機会を与えなければならない．
　③　国土交通大臣は，第1項の裁定をしたときは，遅滞なく，その旨を当事者に通知しなければならない．
　④　損失の補償をすべき旨を定める裁定においては，補償金の額並びにその支払の時期及び方法を定めなければならない．

（同）
第17条
　①　前条第1項の裁定のうち補償金の額について不服のある者は，その裁定の通知を受けた日から6月以内に，訴えをもつてその金額の増減を請求す

> ることができる.
> ②　前項の訴えにおいては，他の当事者を被告とする.
> ③　前条第1項の裁定についての審査請求においては，補償金の額についての不服をその裁定についての不服の理由とすることができない.
> ④　前条第1項の裁定のうち補償金の額について不服がある者は，第1項の規定によることによつてのみ争うことができる.

1　各条の趣旨と要点

1　各条の趣旨

　16条は，成田国際空港または大阪国際空港に係る損失の補償の手続を，17条は，訴えの提起について定めている．10条の規定による損失補償については，11条において成田国際空港と大阪国際空港についての補償手続が除外されているので，本条において両空港について補償手続等を定めたものである．

　両空港は，設置主体の民営化により，株式会社となっている．成田国際空港についてみれば，成田国際空港株式会社法条1条は，「成田国際空港株式会社（以下「会社」という.）は，成田国際空港の設置及び管理を効率的に行うこと等により，航空輸送の利用者の利便の向上を図り，もって航空の総合的な発達に資するとともに，我が国の産業，観光等の国際競争力の強化に寄与することを目的とする株式会社とする.」と規定している．

2　各条の要点

　16条の要点は，補償の手続，審査請求の制限である．17条の要点は，出訴期間，被告適格，審査請求の制限である．補償の要否，補償の内容（範囲），補償の権利者・義務者については，補償義務者が空港の設置主体である会社となるほかは，10条の「損失の補償」について述べたところとほぼ同じである．

2　補償の手続

1　当事者の協議

　補償については，まず，当事者（損失を被った者と会社）が協議する．協議が成立しない場合，または協議することができない場合は，当事者はいずれからでも，国土交通大臣に裁定を申請することができる．

前述した11条の手続とは異なり,「当事者の協議」の手続を定めているのは,設置主体が民間の会社であり,会社が移転補償や土地の買入れを行うからである（成田国際空港株式会社法5条（事業の範囲）1項4号ハ参照）.

2 国土交通大臣の裁定

　国土交通大臣は,裁定の申請を受理したときは,その旨を他の当事者に通知し,期間を指定して答弁書を提出する機会を与えなければならない.

　国土交通大臣は,裁定をしたときは,遅滞なく,その旨を当事者に通知しなければならず,補償すべき旨を定める裁定においては,補償金の額並びにその支払いの時期・方法を定めなければならない.

3 審査請求の制限

　裁定についての審査請求においては,補償金の額についての不服をその裁定についての不服の理由とすることはできない（17条3項）.「補償金の額」となっていることからすれば,損失の補償に関する事項であっても,それ以外の支払時期・方法については審査請求の対象となるということであろう.

● 3 訴えの提起

　国土交通大臣の裁定のうち「補償金の額」について不服のある者は,審査請求を経ずに,その裁定の通知を受けた日から6か月以内に,他の当事者を被告としてその増減の請求訴訟を提起することができる（17条1項・4項）.

第3節　特定空港周辺特別措置法

第1款　概　説

● 1　本法の趣旨

1 本法の沿革

　前記の航空機騒音防止法は,航空機騒音により生ずる障害の防止を目的としたものである.しかし,これだけでは,騒音対策としては十分なものとはいえない.そこで,航空機騒音対策として特に必要な空港を「特定空港」として指

定し，そこを中心にして特別の対策規定を設ける法律として，1978（昭和53）年に，新たに特定空港周辺航空機騒音対策特別措置法（特定空港周辺特別措置法．以下，本節において「本法」という）が制定された．

2 本法の目的

本法は，1条において，「この法律は，特定空港の周辺について，航空機騒音対策基本方針の策定，土地利用に関する規制その他の特別の措置を講ずることにより，航空機の騒音により生ずる障害を防止し，あわせて適正かつ合理的な土地利用を図ることを目的とする．」と規定している．

3 本法の関連法令

本法の関連法令としては，都市計画法，航空法，航空機騒音防止法，周辺整備法等がある．

2 本法の構成

上記の目的を達成するため，本法は，種々の仕組みを設けている．損失補償に関連するもので，その主要なものを次に取り上げることにする．

1 特定空港の指定等

空港法4条1項等に掲げる空港であって，おおむね10年後においてその周辺の広範囲な地域にわたり航空機の著しい騒音が及ぶこととなり，かつ，その地域において宅地化が進むと予想されるため，その周辺について航空機の騒音により生ずる障害を防止し，あわせて適正かつ合理的な土地利用を図る必要があると認められるものを政令で「特定空港」として指定する（2条1項）．施行令1条は，特定空港として「成田国際空港」を指定している．

特定空港の指定があったときは，当該特定空港の設置者（成田国際空港株式会社）は，国土交通省令で定めるところにより，おおむね十年後における当該特定空港の施設の概要，当該特定空港の周辺で航空機の著しい騒音が及ぶこととなる地域および当該地域における航空機の騒音の程度並びに当該特定空港の設置者が講ずる航空機の騒音により生ずる障害の防止のための措置の概要を示して，当該地域を管轄する都道府県知事に対し，「航空機騒音対策基本方針」を定めるべきことを要請しなければならない（2条2項）．

第 **3** 節　特定空港周辺特別措置法

2　航空機騒音対策基本方針
　都道府県知事は，特定空港の設置者から前記の要請があったときは，政令で定めるところにより，特定空港の周辺で航空機の著しい騒音が及ぶこととなる地域およびこれと一体的に土地利用を図るべき地域について，航空機騒音対策基本方針（基本方針）を定めなければならない．基本方針においては，①航空機騒音障害防止地区および航空機騒音障害防止特別地区の位置および区域に関する基本的事項，②航空機の騒音により生ずる障害の防止に配意した土地利用に関する基本的事項が定められる（3条1項・2項）．

3　航空機騒音障害防止地区・航空機騒音障害防止特別地区
　1　**都市計画での定め**　特定空港の周辺で都市計画法5条の規定により指定された都市計画区域内の地域においては，基本方針に基づいて，都市計画に航空機騒音障害防止地区および航空機騒音障害防止特別地区を定めることができる（4条1項・2項）．航空機騒音障害防止地区は，航空機の著しい騒音が及ぶこととなる地域について定められ，航空機騒音障害防止特別地区は，航空機騒音障害防止地区のうち航空機の特に著しい騒音が及ぶこととなる地域について定められる（4条3項・4項）．
　2　**建築の制限等**　航空機騒音障害防止地区（航空機騒音障害防止特別地区を除く）内において次に掲げる建築物の建築をしようとする場合においては，当該建築物は，政令で定めるところにより，防音上有効な構造としなければならない．①学校教育法1条に規定する学校，②医療法1条の5第1項に規定する病院，③住宅，④そのほかこれらの建築物に類する建築物で政令で定めるもの，である（5条1項）．
　また，航空機騒音障害防止特別地区内においては，上記①〜④に掲げる建築物の建築をしてはならない．ただし，都道府県知事が，公益上やむをえないと認め，または航空機騒音障害防止特別地区以外の地域に建築をすることが困難もしくは著しく不適当であると認めて許可した場合は，この限りでない（同条2項）．この建築制限の規定は，建築物の用途を変更して上記の建築物のいずれかとしようとする場合について準用される（同条5項）．

●**3**　本法上の損失補償規定

　本法は，数か条にわたり損失補償等の規定を設けている．①建築制限等によ

る損失の補償（7条），②土地の買入れ（8条），③移転の補償等（9条），である．前述の航空機騒音防止法におけるものと比較すると，ほぼ同趣旨の規定もあるが，補償の手続については簡単な規定しかなく，訴えの提起については全く規定がない．

第2款　建築の制限等による損失の補償

（損失の補償）
第7条
　①　特定空港の設置者は，航空機騒音障害防止特別地区内の土地について第5条第2項（同条第5項において準用する場合を含む．）の規定による用益の制限により通常生ずべき損失を，当該土地の所有者その他の権原を有する者に対し，補償しなければならない．
　②　前項の規定による損失の補償については，特定空港の設置者と当該土地の所有者その他の権原を有する者とが協議しなければならない．
　③　前項の規定による協議が成立しない場合においては，特定空港の設置者又は当該土地の所有者その他の権原を有する者は，政令で定めるところにより，収用委員会に土地収用法（昭和26年法律第219号）第94条第2項の規定による裁決を申請することができる．

●1　本条の趣旨と要点

1　本条の趣旨

本条は，航空機騒音障害防止特別地区内での建築制限等によって生じた損失の補償とその手続について定めたものである．航空機騒音障害防止特別地区は，前述したように，航空機騒音障害防止地区のうち航空機の特に著しい騒音が及ぶ地域である．

2　本条の要点

本条の要点は，補償の要否，補償の内容（範囲），補償の権利者・義務者，補償の手続，訴えの提起等である．

2　補償の要否

1　受忍限度を超えること
　航空機騒音障害防止特別地区内においては，一定の場合を除いて，建築物の建築が禁止される．しかし，航空機騒音障害防止特別地区が定められたからといって，そこでの建築の禁止による損失のすべてが補償の対象となるわけではない．後述の移転補償等を考慮すれば，本条の補償が必要となるのは，受忍限度を超えている場合であろう．

2　具体的事例
　どのような場合にこの受忍限度を超えることになるのかは，極めて判断の難しい問題である．具体的事例としては，建築を計画して，建築設計事務所や建設工務店に相談し，建築計画が具体的に相当程度進んでいたような場合が考えられるが，5条4項は「航空機騒音障害防止特別地区に関する都市計画が定められた際既に着手していた建築については，第2項の規定は適用しない．」と規定している．

3　補償の内容
　補償の対象は，用益の制限により「通常生ずべき損失」（通損）である．建築物の建築の禁止と相当因果関係がなければならない．建築の禁止により通常どのような損失が生ずるかは，必ずしも明確とはいえないが，この点については，他の法条について述べたところとほぼ同様である．

4　補償の権利者・義務者
　補償の権利者は，当該土地の所有者その他その土地に権原を有する者である．補償の義務者は，特定空港の設置者である．特定空港として指定されているのは成田国際空港であるから，同空港の設置者である成田国際空港株式会社が補償義務者となる．

5　補償の手続・訴えの提起

1　補償の手続
　補償については，特定空港の設置者と当該土地の所有者その他の権原を有す

る者とが協議して定める．

　協議が成立しない場合は，当事者はいずれからでも，政令の定めるところにより，収用委員会に収用法94条の2項の規定による裁決を申請することができる．施行令7条によれば，裁決を申請しようとする者は，収用法94条3項に掲げる事項（裁決申請者の氏名・住所，相手方の氏名・住所，損失の事実，損失の補償の見積り・内訳，協議の経過）を記載した裁決申請書を収用委員会に提出しなければならない．

2　訴えの提起

　収用委員会の裁決に不服がある場合の訴えの提起については，本条は何も規定していない．本法の他の規定にも別段の規定は置かれていない．しかし，裁決に不服があれば，最終的に裁判所の判断を求めることができるのは当然である．この場合には，収用法133条の規定が適用ないし類推適用されるが，出訴期間については，収用法133条2項の特則を定めている同法94条9項の規定によらなければならない．94条2項の規定により収用委員会への裁決の申請が認められているのであるから，訴えの提起についても同条9項の規定が準用されるものと解すべきであろう（前述532頁以下参照）．したがって，収用委員会の裁決に不服がある者は，裁決書の正本の送達を受けた日から60日以内に，損失があった土地の所在地の裁判所に訴えを提起することができる．

第3款　土地の買入れ

（土地の買入れ）
第8条
　①　特定空港の設置者は，航空機騒音障害防止特別地区内の土地の所有者から第5条第2項（同条第5項において準用する場合を含む．）の規定による用益の制限のため当該土地の利用に著しい支障をきたすこととなることにより当該土地を特定空港の設置者において買い入れるべき旨の申出があつた場合においては，当該土地を買い入れるものとする．
　②　前項の規定による買入れをする場合における土地の価額は，時価によるものとする．

1　本条の趣旨と要点

1　本条の趣旨

　本条は，航空機騒音障害防止特別地区内の土地の所有者から，5条2項の規定による用益の制限のため当該土地の利用に著しい支障を来すことになるとして買入れの申出があったときは，特定空港の設置者がこれを買い入れることを定めたものである．

　同趣旨の規定は，周辺整備法（5条），沿道整備法（11条），都市緑地法（17条），首都圏近郊緑地保全法（4条）等にも置かれている．

2　本条の要点

　本条の要点は，買入れの要件，買入れの価額等である．前述の航空機騒音防止法9条2項（土地の買入れ）の規定と比較すると，いくらかの相違点を認めることができる．

2　土地の買入れの要件

1　当該土地の利用に著しい支障を来すこととなること

　5条2項の規定による用益の制限により，当該土地の利用に著しい支障を来すこととなる場合であることが必要である．土地の利用に「著しい支障」を来すとはどのような場合なのかは，必ずしも明確ではないが，個別具体的に社会通念によって判断するほかはない．

2　買入れについての裁量

　法文では，買入れの申出があった場合には「買い入れるものとする」となっている．買入れに応じなければならないのかどうかについては，必ずしも明確ではない．「買入れの申出」は，「買取請求」とは異なり，一般に，形成権ではないと解されているから（前述45頁，471頁以下等参照），買い入れるか否かについては，裁量の余地があることになる．ただ，本条には買入れを制限するような文言は何ら置かれていないから，裁量の余地があるとしても，それは極めて狭いものであり，通常は買い入れる義務があるものと解すべきであろう．そのことは，本法9条2項や航空機騒音防止法9条2項が，「予算の範囲内において」当該土地を買い入れることができると規定しているのに対して，本条に

はそのような文言がなく，また，「土地を買い入れるものとする．」となっていることからも理由づけることができる．

●3　買入れの価額

1　時　価

買入れをする場合の土地の価額は，「時価」によるものとされている．時価とは，近傍類地の取引価格等を考慮して算定した相当な価格をいう．通常は，不動産鑑定士の鑑定評価が基準とされる．

2　時価についての争い

時価について当事者間で一致しない場合については，価額の裁決を収用委員会に申請することができるとする旨の規定は置かれていない．この点については，都市計画法56条，都市緑地法17条，都市再開発法7条の6等と同じである．最終的には，訴訟によって適正な価額を争うほかはない．

第4款　移転の補償・土地の買入れ

(移転の補償等)
第9条
① 特定空港の設置者は，航空機騒音障害防止特別地区に関する都市計画が定められた際現に当該航空機騒音障害防止特別地区に所在する第5条第1項各号に掲げる建築物及び当該建築物と一体として利用されている当該建築物以外の建築物，立木竹その他土地に定着する物件(以下「建築物等」という．)の所有者が当該建築物等を航空機騒音障害防止特別地区以外の地域に移転し，又は除却するときは，当該建築物等の所有者その他の権原を有する者に対し，予算の範囲内において，当該移転又は除却により通常生ずべき損失を補償することができる．
② 特定空港の設置者は，前条第1項の規定による買入れをする場合のほか，政令で定めるところにより，前項の規定による補償を受けることとなる者からその者の所有に属する土地で航空機騒音障害防止特別地区に所在するものの買入れの申出があつた場合においては，予算の範囲内において，当該土地を買い入れることができる．

第3節　特定空港周辺特別措置法

1　本条の趣旨と要点

1　本条の趣旨

　本条は，航空機騒音障害防止特別地区に所在する建築物等の所有者が当該建築物等を航空機騒音障害特別地区以外の地域に移転し，または除却する場合に，特定空港の設置者が，当該建築物等の所有者その他の権原を有する者に対して，移転または除却により通常生ずべき損失を補償すべきことを定めたものである．あわせて，当該土地の買入れについても定めている．

　航空機騒音障害防止特別地区は，航空機騒音障害防止地区のうち航空機の特に著しい騒音が及ぶこととなる地域として定められるものである．建築物等のの所有者が，当該建築物を特別地区以外に移転し，または除却することを選択できるようにし，また，所有者が当該土地の買入れを希望した場合には，買い入れることができるようにしたものである．

2　本条の要点

　本条の要点は，補償の要否，補償の内容（範囲），補償の権利者・義務者，補償の手続，訴えの提起等である．いずれの点についても，判例・学説上の対立は見当たらない．

2　補償の要否

1　都市計画が定められた際現に所在する建築物等

　補償を受けるためには，航空機騒音障害防止特別地区に関する都市計画が定められた際現に航空機騒音障害防止特別地区に所在する建築物等を所有していることが必要である．その後に建築物等を所有することになっても，補償の対象とはならない．当該土地が航空機の著しい騒音が及ぶこととなる地域として定められていることを承知の上で，建築物等を取得しているからである．

2　補償するか否かの裁量

　本条1項は，「損失を補償することができる」と規定しているだけであり，「損失を補償しなければならない」とはなっていない．この文言からすれば，補償するか否かについては，特定空港の設置者の裁量的判断に委ねられていることになる．「予算の範囲内において」という文言も，このことを示している．

立法者は，本条の補償を政策上の補償に近い性質のものと把握しているのではないかと思われる．この点では，航空機騒音防止法9条1項とほぼ同じである（前述723頁参照）．

ただ，解釈論としては，このように理解せざるをえないにしても，補償の要否が裁量によるということであれば，補償は極めて不安定なものになる．航空機の特に著しい騒音が及ぶ地域として定められているわけであり，公共性の故に「特別の受忍限度」内にあるとしても，本来その損失は特別の犠牲として補償されるべき性質のものである．単なる政策上の補償とは異なるものであるから，立法論的には問題があるように思われる．

3 土地の買入れ

当該土地の買入れについては，8条の規定による買入れとは異なり，「予算の範囲内において」「買い入れることができる」とされている．また，8条の「用益の制限のため当該土地の利用に著しい支障をきたすこととなる」という要件は，本条には設けられていない．買い入れるか否かについては，広い裁量に委ねられているという趣旨であろう．

なお，施行令8条によれば，買い入れる土地は，①移転補償に係る建築物等の所在する土地，②移転補償を受ける者が，従来利用していた目的に供することが著しく困難となる土地，である．

●3 補償の内容

1 「通常生ずべき損失」の補償

補償の対象は，建物等の移転・除却により「通常生ずべき損失」（通損）である．当該移転・除却と相当因果関係がなければならないことは，これまで他の法条について述べてきたところとほぼ同じである．

2 土地の買入れ価格

買入れ価格は，土地の代金である．問題は，この代金をどのようにして算定するかである．8条2項では「時価」となっているが，本条2項にはそのような定めは置かれていない．

航空機騒音障害防止特別地区は，航空機騒音障害防止地区のうち航空機の特に著しい騒音が及ぶこととなる地域として定められたものである．地価は，相

当下がっているものと思われるから，この低下した地価を基準にして土地代金が算定されたのでは，経済的にみて転居することが困難となることが予想される．この地域からの転出を容易にするためには，地価低下分の補償が必要であろう（西埜・前掲（日本土地環境学会誌 2 号）52 頁以下参照．なお，前述 724 頁）．

●4　補償の権利者・義務者

補償権利者は，当該建築物等の所有者その他の権原を有するものである．補償義務者は，当該特定空港の設置者（成田国際空港株式会社）である．土地の買入れについても，同様である．

●5　補償の手続・訴えの提起

1　補償の手続

7 条の「用益制限による損失の補償」とは異なり，本条の「移転補償」については，補償手続の規定が見当たらない．これは，7 条 1 項が「補償しなければならない」と規定しているのに対して，本条 1 項が「予算の範囲内において」「損失を補償することができる．」と規定していることに由来するものであろう．実際には，補償権利者が補償の申請をし，補償義務者が補償の要否や補償内容等を決定するという手続がとられるものと思われる．土地の買入れについても，ほぼ同様である．

2　訴えの提起

訴えの提起については，7 条の補償についても規定がないのであるから，本条の補償について規定がないのはやむをえないところである．最終的には裁判所の判断を求めることができるものと解すべきである．土地の買入れについても，ほぼ同様である．

第7章　自衛隊・駐留アメリカ合衆国軍隊法関係

第1節　概　説

1　自衛隊・駐留アメリカ合衆国軍隊法関係

　自衛隊・駐留アメリカ合衆国軍隊法関係として，ここでは，①自衛隊法，②防衛施設周辺の生活環境の整備等に関する法律（周辺整備法），③日本国に駐留するアメリカ合衆国軍隊等の行為による特別損失の補償に関する法律（米軍特別損失補償法），④日本国とアメリカ合衆国との間の相互協力及び安全保障条約に基づき日本国にあるアメリカ合衆国の軍隊の水面の使用に伴う漁船の操業制限等に関する法律（米軍漁船操業制限法）を取り上げる．

2　自衛隊・駐留アメリカ合衆国軍隊法関係における損失補償

　これらの法律は，いずれも自衛隊または駐留アメリカ合衆国軍隊の行為等により農業や漁業等を営んでいた者が事業経営上の損失を被った場合に，その補償について定めている．ただ，その補償原因は一様ではなく，種々のものがある．自衛隊の訓練のための漁船の操業制限等に伴う損失の補償，航空機の頻繁な離着陸等に伴う損失の補償，アメリカ合衆国軍隊の水面使用に伴う漁船の操業制限による損失の補償，などである．

第7章 自衛隊・駐留アメリカ合衆国軍隊法関係

第2節　自衛隊法

第1款　概　説

● 1　本法の趣旨

1　本法の沿革

　自衛隊法（以下，本節において「本法」という）の沿革をみると，1950（昭和25）年の警察予備隊令に始まり，1952（昭和27）年の保安庁法を経て，1954（昭和29）年に本法が制定された．

2　本法の目的

　本法は，1条において，「この法律は，自衛隊の任務，自衛隊の部隊の組織及び編成，自衛隊の行動及び権限，隊員の身分取扱等を定めることを目的とする．」と規定している．

3　本法の関連法令

　本法の関連法令としては，防衛省設置法，国家安全保障会議設置法，周辺整備法，国民保護法等がある．

● 2　本法の構成

　上記の目的を達成するため，本法は種々の仕組みを設けている．損失補償に関連するもので，その主要なものを次に取り上げることにする．

1　自衛隊の任務

　自衛隊は，我が国の平和と独立を守り，国の安全を保つため，我が国を防衛することを主たる任務とし，必要に応じ，公共の秩序の維持に当たることを任務とする（3条1項）．自衛隊は，そのほか，上記の主たる任務の遂行に支障を生じない限度において，かつ，武力による威嚇または武力の行使に当たらない範囲において，次に掲げる活動であって，別に法律で定めるところにより自衛隊が実施することとされるものを行うことを任務とする．①我が国の平和および安全に重要な影響を与える事態に対応して行う我が国の平和および安全の確

保に資する活動，②国際連合を中心とした国際平和のための取組みへの寄与その他の国際協力の推進を通じて我が国を含む国際社会の平和および安全の維持に資する活動，である（同条2項）．

2 防衛出動

内閣総理大臣は，次に掲げる事態に際して，我が国を防衛するため必要があると認める場合には，自衛隊の全部または一部の出動を命ずることができる．この場合においては，武力攻撃事態法9条の定めるところにより，国会の承認を得なければならない．①我が国に対する外部からの武力攻撃が発生した事態または我が国に対する外部からの武力攻撃が発生する明白な危険が切迫していると認められるに至った事態，②我が国と密接な関係にある他国に対する武力攻撃が発生し，これにより我が国の存立が脅かされ，国民の生命，自由および幸福追求の権利が根底から覆される明白な危険がある事態，である（76条1項）．

3 防御施設構築の措置

防衛大臣は，事態が緊迫し，76条1項（上記①に係る部分に限る）の規定による防衛出動命令が発せられることが予測される場合において，同項の規定により出動を命ぜられた自衛隊の部隊を展開させることが見込まれ，かつ，防備をあらかじめ強化しておく必要があると認める地域（展開予定地域）があるときは，内閣総理大臣の承認を得た上，その範囲を定めて，自衛隊の部隊等に当該展開予定地域内において陣地その他の防御のための施設（防御施設）を構築する措置を命ずることができる（77条の2）．

● 3 本法上の損失補償規定

本法上には，いくつかの損失補償に関する規定が置かれている．①防衛出動時における物資の収用等（103条），②展開予定地域内の土地の使用等（103条の2），③訓練のための漁船の操業の制限または禁止による損失の補償（105条），である．このほか，④自衛隊が設置する飛行場について，航空法49条から51条までの規定（物件の制限等）が準用される（107条）ので，航空法上の損失の補償もある．これらの中で重要なのは③であるので，これを中心にして考察する．①と②については，条文を示した上で，簡単に解説するにとどめる．④に

ついては，自衛隊法特有のものではないので，ここでは触れないことにする．

第2款　防衛出動時における物資の収用等

(防衛出動時における物資の収用等)
第103条
① 第76条第1項（第1号に係る部分に限る．以下この条において同じ．）の規定により自衛隊が出動を命ぜられ，当該自衛隊の行動に係る地域において自衛隊の任務遂行上必要があると認められる場合には，都道府県知事は，防衛大臣又は政令で定める者の要請に基づき，病院，診療所その他政令で定める施設（以下この条において「施設」という．）を管理し，土地，家屋若しくは物資（以下この条において「土地等」という．）を使用し，物資の生産，集荷，販売，配給，保管若しくは輸送を業とする者に対してその取り扱う物資の保管を命じ，又はこれらの物資を収用することができる．ただし，事態に照らし緊急を要すると認めるときは，防衛大臣又は政令で定める者は，都道府県知事に通知した上で，自らこれらの権限を行うことができる．

② 第76条第1項の規定により自衛隊が出動を命ぜられた場合においては，当該自衛隊の行動に係る地域以外の地域においても，都道府県知事は，防衛大臣又は政令で定める者の要請に基づき，自衛隊の任務遂行上特に必要があると認めるときは，防衛大臣が告示して定めた地域内に限り，施設の管理，土地等の使用若しくは物資の収用を行い，又は取扱物資の保管命令を発し，また，当該地域内にある医療，土木建築工事又は輸送を業とする者に対して，当該地域内においてこれらの者が現に従事している医療，土木建築工事又は輸送の業務と同種の業務で防衛大臣又は政令で定める者が指定したものに従事することを命ずることができる．

③ 前2項の規定により土地を使用する場合において，当該土地の上にある立木その他土地に定着する物件（家屋を除く．以下「立木等」という．）が自衛隊の任務遂行の妨げとなると認められるときは，都道府県知事（第1項ただし書の場合にあつては，同項ただし書の防衛大臣又は政令で定める者．次項，第7項，第13項及び第14項において同じ．）は，第1項の規定の例により，当該立木等を移転することができる．この場合において，事態に照らし移転が著しく困難であると認めるときは，同項の規定の例により，

第2節　自衛隊法

当該立木等を処分することができる．
④　第1項の規定により家屋を使用する場合において，自衛隊の任務遂行上やむを得ない必要があると認められるときは，都道府県知事は，同項の規定の例により，その必要な限度において，当該家屋の形状を変更することができる．
⑤～⑨　略
⑩　都道府県（第1項ただし書の場合にあつては，国）は，第1項から第4項までの規定による処分（第2項の規定による業務従事命令を除く．）が行われたときは，当該処分により通常生ずべき損失を補償しなければならない．
⑪　都道府県は，第2項の規定による業務従事命令により業務に従事した者に対して，政令で定める基準に従い，その実費を弁償しなければならない．
⑫　都道府県は，第2項の規定による業務従事命令により業務に従事した者がそのため死亡し，負傷し，若しくは疾病にかかり，又は障害の状態となつたときは，政令で定めるところにより，その者又はその者の遺族若しくは被扶養者がこれらの原因によつて受ける損害を補償しなければならない．
⑬～⑱　略
⑲　第1項から第4項まで，第6項，第7項及び第10項から第15項までの規定の実施に要する費用は，国庫の負担とする．

1　本条の趣旨と要点

1　本条の趣旨

本条は，自衛隊が防衛出動を命じられた場合における土地・物資等の使用・収用等に伴う損失の補償と業務従事命令により業務に従事した民間人が受けた損害の補償について定めたものである．

2　本条の要点

本条の要点は，補償の性質，補償の要否，補償の内容（範囲），補償の権利者・義務者，補償の手続，訴えの提起等である．業務従事命令に基づく死亡・負傷等に対する損害補償の性質を除いては，判例・学説上の対立は見当たらない．

●2　補償の性質

　土地等の使用・収用等に伴う損失の補償については，これが損失補償の性質を有することは明確である．これに対して，業務従事命令に従い業務に従事した者が，それによって死亡・負傷等の損害を被った場合については，これに対する補償の性質が損失補償か損害賠償か，あるいはそれらとは別のものであるかについては，いくらかの見解の対立があるのではないかと思われる．本条12項が「損害の補償」という用語を使用していることを考慮すれば，損失補償でも損害賠償でもなく，結果責任または公法上の危険責任を定めたものと解するのが妥当であろう（前述37頁参照）．

●3　補償の要否

1　土地等の使用・収用等

　防衛出動時における土地等の使用や物資の収用等に伴って損失が生じた場合に，収用法等における土地等の収用・使用と比較して，その手続に顕著な差異はあるものの，補償の要否自体には格別相違は認められない．通常は，受忍限度を超えているものと思われる．立木等の移転についても，同様である．

2　業務従事命令による損失・損害

　医療・土木建築工事・輸送を業とする者が業務従事命令により業務に従事した場合には，都道府県がその実費を補償する．その要否は，それほど問題とはならない．業務従事命令に従い業務に従事した者が，それによって死亡・負傷等の損害を被ったときは，その損害が補償されるが，この場合の要否も比較的明確である．

●4　補償の内容

1　土地等の使用等・物資の収用等に伴う損失の補償

　補償の対象は，当該処分により「通常生ずべき損失」（通損）である．当該処分と相当因果関係がなければならない．補償額の算定については，収用法の規定が参考にされてよい．

2 業務従事命令に基づく業務従事者の生命・身体被害の補償

施行令140条によれば，損害の補償の内容については，災害救助法施行令7条～16条が準用される．それによれば，療養補償，休業補償，障害補償，遺族補償，葬祭補償，打切補償となっている．

● 5 補償の権利者・義務者

1 土地等の使用・収用等に伴う損失の補償

これについての補償権利者は，土地等の所有者等である．補償義務者は，都道府県または国である．ただし，土地の使用等の補償に要する費用は，国庫の負担とされている．

2 業務従事命令に基づく業務従事者の生命・身体被害の補償

これについては，補償権利者は，負傷・疾病・障害の場合は当該業務に従事した者であり，死亡の場合はその遺族である．補償義務者は，都道府県である．ただし，補償の実施に要する費用は，国庫の負担とされている．

● 6 補償の手続・訴えの提起

1 補償の手続

土地等の使用・収用等に伴う損失の補償の手続については，本条にも本法の他の規定にも何らの定めも置かれていない．施行令137条（物資の収用等による損失の補償の申請手続）によれば，損失の補償を受けようとする者は，損失補償申請書を，本条1項本文または2項から4項までの規定による場合にあっては当該処分を行った都道府県知事に，当該処分が同条1項ただし書の規定による場合にあっては防衛大臣に提出し，都道府県知事または防衛大臣は，損失補償申請書を受理したときは，補償すべき損失の有無および損失を補償すべき場合には補償の額を決定し，遅滞なくこれを当該申請をした者に通知しなければならない，とされている．

業務命令に基づいて業務に従事した者が受けた損害の補償についても，本法には別段の規定は置かれていない．施行令141条（損害補償の申請手続）によれば，損害の補償を受けようとする者は，損害補償申請書を当該業務従事命令を発した都道府県知事に提出し，都道府県知事は，損害補償申請書を受理したときは，補償すべき損害の有無および損害を補償すべき場合には補償の額を決

定し，遅滞なくこれを当該申請をした者に通知しなければならない，とされている．

2 訴えの提起

訴えの提起についても，本条・本法には何らの定めも置かれていない．しかし，都道府県知事または防衛大臣の決定した補償額に不服であれば，最終的には，裁判所の判断を求めることができるものと解すべきである．被告は，都道府県または国であり，行訴法4条後段の実質的当事者訴訟に当たる．

第3款　展開予定地域内の土地の使用等

（展開予定地域内の土地の使用等）
第103条の2
　① 　第77条の2の規定による措置を命ぜられた自衛隊の部隊等の任務遂行上必要があると認められるときは，都道府県知事は，展開予定地域内において，防衛大臣又は政令で定める者の要請に基づき，土地を使用することができる．
　② 　前項の規定により土地を使用する場合において，立木等が自衛隊の任務遂行の妨げとなると認められるときは，都道府県知事は，同項の規定の例により，当該立木等を移転することができる．この場合において，事態に照らし移転が著しく困難であると認めるときは，同項の規定の例により，当該立木等を処分することができる．
　③ 　前条第7項から第10項まで及び第17項から第19項までの規定は前2項の規定により土地を使用し，又は立木等を移転し，若しくは処分する場合について，同条第6項，第13項，第15項及び第16項の規定は第1項の規定により土地を使用する場合について準用する．この場合において，前条第6項中「第76条第1項の規定により出動を命ぜられた自衛隊」とあるのは，「第77条の2の規定による措置を命ぜられた自衛隊の部隊等」と読み替えるものとする．
　④ 　略

● 1 本条の趣旨と要点

1 本条の趣旨

本条は，展開予定地域内の土地の使用等とそれに伴う損失の補償について定めたものである．その趣旨は，業務従事命令の場合を除いて，防衛出動時における物資の収用等（103条）と同じである．土地の使用に対する補償も，立木等の移転・処分に対する補償も，適法行為に基づく損失補償の性質を有する．

2 本条の要点

本条の要点は，補償の要否，補償の内容（範囲），補償の権利者・義務者，補償の手続，訴えの提起等である．いずれの点についても，判例・学説上の対立は見当たらない．

● 2 補償の要否

補償が必要となるのは，損失が受忍限度を超え，特別の犠牲に当たる場合である．土地の使用が受忍限度を超えることは多いであろうが，立木等の処分が受忍限度を超えるような場合は，比較的少ないのではないかと思われる．

● 3 補償の内容

補償の対象は，「通常生ずべき損失」（通損）である．土地の使用等と相当因果関係がなければならない．103条10項が準用される．

● 4 補償の権利者・義務者

補償の権利者は，土地の使用等により損失を受けた者である．補償の義務者は，都道府県（場合によっては国）である．ただし，補償の実施に要する費用は，国庫の負担とされている（103条19項の準用）．

● 5 補償の手続・訴えの提起

補償の手続についても訴えの提起についても，本条・本法に何らの定めも置かれていないことは，前記の「防衛出動時における物資の収用等」について同様である．そこで述べたことがそのまま当てはまるので，ここでは繰り返さない．

第4款 訓練のための漁船の操業の制限または禁止による損失の補償

(訓練のための漁船の操業の制限又は禁止)
第105条
① 防衛大臣は，自衛隊の行う訓練及び試験研究のため水面を使用する必要があるときは，農林水産大臣及び関係都道府県知事の意見を聴き，一定の区域及び期間を定めて，漁船の操業を制限し，又は禁止することができる．
② 国は，前項の規定による制限又は禁止により，当該区域において従来適法に漁業を営んでいた者が漁業経営上こうむつた損失を補償する．
③ 前項の規定により補償する損失は，通常生ずべき損失とする．
④ 前2項の規定による損失の補償を受けようとする者は，その者の住所地を管轄する都道府県知事を経由して，損失補償申請書を防衛大臣に提出しなければならない．
⑤ 都道府県知事は，前項の申請書を受理したときは，その意見を記載した書面を当該申請書に添えて，これを防衛大臣に送付しなければならない．
⑥ 防衛大臣は，前項の書類を受理したときは，補償すべき損失の有無及び損失を補償すべき場合には補償の額を決定し，遅滞なくこれを都道府県知事を経由して当該申請者に通知しなければならない．
⑦ 前項の規定による決定に不服がある者は，同項の通知を受けた日の翌日から起算して3月以内に，防衛大臣に対して異議を申し出ることができる．
⑧ 防衛大臣は，前項の規定による申出があつたときは，その申出のあつた日から30日以内に，改めて補償すべき損失の有無及び損失を補償すべき場合には補償の額を決定し，これを申出人に通知しなければならない．
⑨ 第6項又は前項の規定により決定された補償金の額に不服がある者は，その決定を知つた日から6月以内に訴えをもつてその増額を請求することができる．
⑩ 前項の訴においては，国を被告とする．
⑪ 第6項の規定による決定に不服がある者は，第7項及び第9項の規定によることによつてのみ争うことができる．
⑫ 前各項に定めるもののほか，第2項の規定による損失の補償の実施に関し必要な事項は，政令で定める．

● 1 本条の趣旨と要点

1 本条の趣旨
　本条は，防衛大臣が自衛隊の行う訓練等のために水面の使用の制限・禁止をすることができること，それによって漁業経営上の損失が発生した場合には，国が補償責任を負うこと，その場合の補償の手続，訴えの提起等について定めたものである．

2 本条の要点
　本条の要点は，補償の要否，補償の内容（範囲），補償の権利者・義務者，補償の手続，訴えの提起等である．前述した103条や103条の2の規定に基づく補償と比較すると，補償の手続と訴えの提起について詳細な規定を設けている点に特色がみられる．

● 2 補償の要否

1 一定の区域・期間での損失の発生
　補償が必要となるのは，防衛大臣が定めた漁船の操業の制限・禁止の区域と期間において損失が発生した場合である．一定の区域・期間の外で発生した損失は補償の対象とはならない．ただ，直接憲法29条3項に基づいて補償請求することは可能であろう．

2 従来適法に漁業を営んでいたこと
　次に，従来適法に漁業を営んでいた者が漁業経営上の損失を被ったことが必要である．違法操業を行っていた者が損失を被っても，補償の対象とならないのは当然である．

3 受忍限度を超えること
　さらに，損失が受忍限度を超えることが必要である．受忍限度をどこに設定するかは困難な問題であるが，操業の制限・禁止による漁獲量の減少等を基準にして判断されるものと思われる．

● 3 補償の内容

補償の対象は，「通常生ずべき損失」（通損）である．操業の制限・禁止と相当因果関係がなければならない．この点については，これまで他の法条について述べてきたところとほぼ同様である．

補償の内容（範囲）は，具体的には，操業の制限・禁止による漁獲量の減少，他の漁場で漁をする場合の出費（燃料費の増加等）等であるが，従前のものと比較して算出されるものと思われる．

● 4 補償の権利者・義務者

補償権利者は，操業の制限・禁止により損失を被った者である．補償義務者は国である．

● 5 補償の手続・訴えの提起

1 補償の手続

1 損失補償の申請 補償手続の流れは，次のようになっている．①補償を受けようとする者は，その者の住所地を管轄する都道府県知事を経由して，損失補償申請書を防衛大臣に提出する．②都道府県知事は，この申請書を受理したときは，その意見を記載した書面を当該申請書に添えて，これを防衛大臣に送付する．③防衛大臣は，これらの書面を受理したときは，補償すべき損失の有無および損失を補償すべき場合には補償の額を決定し，遅滞なく，これを都道府県知事を経由して当該申請者に通知する．

2 異議の申出 防衛大臣のこの決定に不服がある者は，通知を受けた日の翌日から起算して3か月以内に，防衛大臣に対して異議を申し出ることができる．防衛大臣は，異議の申出があったときは，その申出のあった日から30日以内に，改めて補償すべき損失の有無および補償すべき場合には補償の額を決定し，これを申出人に通知しなければならない．

3 不服申立て前置主義 不服申立て前置主義が採用されている．したがって，訴えを提起する前に，異議の申出に対する決定を経ていなければならない．不服申立て前置制度は，航空機騒音防止法12条や周辺整備法15条等にも置かれている（前述728頁参照）が，極めてめずらしい立法例である（小澤「損失補償の手続と救済手続（1）」自治研究64巻5号51頁以下（1988年），宇賀「損失

補償の行政手続（3・完）」自治研究69巻3号40〜41頁（1993年）参照）．

2　訴えの提起
「補償金の額」についての防衛大臣の決定に不服がある者は，その決定を知った日から6か月以内に，国を被告として増額請求訴訟を提起することができる．この訴訟は，行訴法4条前段の形式的当事者訴訟に当たる．

第3節　周辺整備法

第1款　概　説

1　本法の趣旨

1　本法の沿革
対日平和条約の発効後，基地問題が大きな政治的・社会的な問題となってきた．すでに1952（昭和27）年に米軍漁船操業制限法が，1953（昭和28）年に米軍特別損失補償法が制定されていたが，これらは米軍の行為による損失の補償について規定していたにすぎず，また，各種の被害の総合的な救済を目指したものでもなかった．防衛施設周辺に居住する住民は，日常的に航空機の騒音や射撃演習等による被害に曝されており，国の総合的な対策による民生の安定が緊要な課題となった．そこで，住民の被る不利益の軽減や生活環境の改善等を盛り込んだ法律として，1974（昭和49）年に，防衛施設周辺の生活環境の整備等に関する法律（周辺整備法．以下，本節において「本法」という）が制定された．

2　本法の目的
本法は，その1条において，「この法律は，自衛隊等の行為又は防衛施設の設置若しくは運用により生ずる障害の防止等のため防衛施設周辺地域の生活環境等の整備について必要な措置を講ずるとともに，自衛隊の特定の行為により生ずる損失を補償することにより，関係住民の生活の安定及び福祉の向上に寄与することを目的とする．」と規定している．
国民生活の安定と福祉の向上が目的とされていることに注目すべきである．

また，目的規定の中に，すでに「損失の補償」が盛り込まれていることにも注目すべきである．損失の補償について比較的詳細な規定が置かれているのは，このためであろう．この点では，航空機騒音防止法と同趣旨である（前述718頁参照）．

3 本法の関連法令

本法の関連法令としては，航空機騒音防止法，自衛隊法，米軍特別損失補償法等がある．

2 本法の構成

上記の目的を達成するため，本法は種々の仕組みを設けている．損失補償に関連するもので，その主要なものを次に取り上げることにする．

1 用語の定義

1　自衛隊等　自衛隊等とは，自衛隊法に規定する自衛隊または日米安全保障条約に基づき日本国にあるアメリカ合衆国の軍隊をいう（2条1項）．

2　防衛施設　防衛施設とは，自衛隊の施設または日米安全保障条約6条に基づく施設および区域並びに日米地位協定2条1項の施設および区域をいう（2条2項）．

3　第一種区域・第二種区域・第三種区域　第一種区域とは，自衛隊等の航空機の離着陸等の頻繁な実施により生ずる音響に起因する障害が著しいと認めて防衛大臣が指定する防衛施設の周辺の区域をいう（4条）．第二種区域とは，第一種区域のうち航空機の離着陸等の頻繁な実施により生ずる音響に起因する障害が特に著しいと認めて防衛大臣が指定する区域をいう（5条1項）．第三種区域とは，第二種区域のうち航空機の離着陸等の頻繁な実施により生ずる音響に起因する障害が新たに発生することを防止し，あわせてその周辺における生活環境の改善に資する必要があると認めて防衛大臣が指定する区域をいう（6条1項）．

第一種区域・第二種区域・第三種区域の指定は，自衛隊等の航空機の離着陸等の頻繁な実施により生ずる音響の影響度をその音響の強度，その音響の発生の回数および時刻等を考慮して防衛省令で定める算定方法で算定した値が，その区域の種類ごとに防衛省令で定める値以上である区域を基準として行われる（施行令8条）．防衛省令で定める値は，一種区域にあっては62デシベル，第

二種区域にあっては73デシベル，第三種区域にあっては76デシベルとされている（施行規則2条）．

2 防衛施設周辺の生活環境等の整備

1 住宅の防音工事の助成　国は，政令で定めるところにより，第一種区域に当該指定の際に現に所在する住宅について，その所有者または当該住宅に関する所有権以外の権利を有する者が，その障害を防止し，または軽減するため必要な工事を行うときは，その工事に関し助成の措置を行う（4条）．

2 緑地帯の整備等　国は，政令で定めるところにより，第三種区域に所在する土地で5条2項の規定により買い入れたものが緑地帯その他の緩衝地帯として整備されるよう必要な措置をとる（6条1項）．また，国は，前項の土地以外の第三種区域に所在する土地についても，できる限り，緑地帯その他の緩衝地帯として整備されるよう適当な措置をとる（同条2項）．

3 特定防衛施設周辺整備調整交付金　防衛大臣は，次に掲げる防衛施設のうち，その設置または運用がその周辺地域における生活環境またはその周辺地域の開発に及ぼす影響の程度および範囲その他の事情を考慮し，当該周辺地域を管轄する市町村がその区域内において行う公共用の施設の整備またはその他の生活環境の改善もしくは開発の円滑な実施に寄与する事業について特に配慮する必要があると認められる防衛施設があるときは，当該防衛施設を「特定防衛施設」として，また，当該市町村を「特定防衛施設関連市町村」として，それぞれ指定することができる．①ターボジェット発動機を有する航空機の離着陸が実施される飛行場，②砲撃または航空機による射撃もしくは爆撃が実施される演習場，③港湾，④その他政令で定める施設，である（9条1項）．

国は，特定防衛施設関連市町村に対し，政令で定める公共用の施設の整備またはその他の生活環境の改善もしくは開発の円滑な実施に寄与する事業であって政令で定めるものを行うための費用に充てさせるため，特定防衛施設の面積，運用の態様等を考慮して政令で定めるところにより，予算の範囲内において，特定防衛施設周辺整備調整交付金を交付することができる（同条2項）．

●3 本法上の損失補償規定

本法は，比較的多くの損失補償に関する規定を設けている．①移転の補償，土地の買入れ（5条），②農業・漁業等の経営上の損失の補償（13条），③損失

補償の手続（14〜16条），④訴えの提起（17条，18条）の諸規定である．前述の航空機騒音防止法におけるものとほぼ同趣旨の規定である．第3章を「損失の補償」と題している点も，一つの特色であるといってよい．

そのほか，住宅の防音工事の助成（4条）や学校等の障害防止工事の助成（3条）も，広い意味では損失補償に属するものと捉えることができる．ただ，損失補償とは若干性質を異にする側面もあり，また，紙面の制約もあるので，ここでは触れないことにする．

第2款　移転の補償・土地の買入れ

（移転の補償等）
第5条
① 国は，政令で定めるところにより第一種区域のうち航空機の離陸，着陸等のひん繁な実施により生ずる音響に起因する障害が特に著しいと認めて防衛大臣が指定する区域（以下「第二種区域」という．）に当該指定の際現に所在する建物，立木竹その他土地に定着する物件（以下「建物等」という．）の所有者が当該建物等を第二種区域以外の区域に移転し，又は除却するときは，当該建物等の所有者及び当該建物等に関する所有権以外の権利を有する者に対し，政令で定めるところにより，予算の範囲内において，当該移転又は除却により通常生ずべき損失を補償することができる．
② 国は，政令で定めるところにより，第二種区域に所在する土地の所有者が当該土地の買入れを申し出るときは，予算の範囲内において，当該土地を買い入れることができる．
③ 国は，地方公共団体その他の者が第二種区域内から住居を移転する者の住宅等の用に供する土地に係る道路，水道，排水施設その他の公共施設を整備するときは，予算の範囲内において，その整備に関し助成の措置を採ることができる．

● 1　本条の趣旨と要点

1　本条の趣旨

本条は，第二種区域に所在する建物等の所有者が，当該建物等を第二種区域以外の区域に移転し，または除却した場合に，国が当該移転または除却により

通常生ずべき損失を補償をすることを定めたものである．あわせて，当該土地の買入れと，移転する者の住宅等の用に供する土地に係る道路等の公共施設の整備に対する国の助成措置についても定めている．

第二種区域は，第一種区域のうち航空機により生ずる音響に起因する障害が特に著しい区域であり，住宅の防音工事では障害を回避できないような場合も十分予想される．このような場合には，建物等の所有者が建物等を第二種区域以外の区域に移転し，または除却することを選択できるようにし，また，当該土地の所有者が当該土地の買入れを希望した場合には，買い入れることができるようにしたものである．

2 本条の要点

本条の要点は，補償の要否，補償の内容（範囲），補償の権利者・義務者，補償の手続，訴えの提起等である．いずれの点についても，判例・学説上の対立は見当たらない．前述の航空機騒音防止法におけるものとほぼ同じである（前述722頁以下参照）ので，ここでは要点のみを述べるにとどめる．

2 補償の要否

1 第二種区域の指定の際に現に建物等を所有すること

補償を受けるためには，第二種区域に指定の際に現に所在する建物等を所有していることが必要である．指定後に新築された建物等を所有していても，補償の対象にはならない．当該土地が音響に起因する障害が特に著しい区域として第二種区域に指定されていることを承知の上で，建物等が新築されているからである．

2 補償するか否かの裁量

本条1項は，「予算の範囲内において，……損失を補償することができる．」と規定している．補償の要否は，裁量に委ねられているものと解釈せざるをえない．立法者は，本条の補償を政策上の補償に近い性質のものと理解しているのではないかと思われる．

3 土地の買入れ

土地の買入れについても，本条2項は，「予算の範囲内において，当該土地

を買い入れることができる.」規定している. ここでも, 買い入れるか否かは, 裁量に委ねられているものと思われる.

4 補償の実態

補償の実態は, 必ずしも明確ではないが, 例えば, 嘉手納飛行場の周辺についてみると, 嘉手納基地爆音訴訟の那覇地沖縄支判平成29・2・23（判時2340号3頁）によれば,「被告は, 本件飛行場周辺において, 昭和50年度から平成22年度までに約80億2834万円の移転の補償等を行い……」ということである.

また, 厚木基地第4次訴訟の東京高判平成27・7・30（判時2277号13頁）は, 厚木飛行場周辺における本法の実施状況について, 次のように判示している.「第一審被告は, 厚木飛行場周辺において, 移転措置及び移転跡地の緑地帯整備（環境整備法5条, 6条）や住宅防音工事に対する助成措置（同法4条）のほか, 学校等の防音助成等, 住宅防音工事以外の防音対策や, 騒音用電話機の設置に対する補助, テレビ受信料の助成措置等のその他の周辺対策を行っている. ／移転措置は, 75W以上の地域全体において実施され, かつ, 移転先が容易に見つかり, 十分な補償が得られるのであれば, 有効な対策といえるが, 現実には, 対象となる地域は90W以上の地域（第二種区域及び第三種区域）に限られ, 補償が行われるのも建物等の所有者が当該建物等を移転し又は除却するときに限られている（環境整備法5条, 環境整備法施行令8条, 旧環境整備法施行規則2条）. そして, 住民の希望にかなった移転先の確保は容易ではなく, 補償額も十分とはいえない.」（なお, 上告審の最判平成28・12・8民集70巻8号1833頁参照）.

●3 補償の内容

1 移転・除却の費用

補償の対象となるのは, 建物等の移転・除却により「通常生ずべき損失」（通損）である. 当該移転・除却と相当因果関係がなければならない.

具体的には, 建物等の移転・除却に要する費用である. 建物の移転料, 工作物の移転料, 立木竹の移転料, 動産（家財道具等）の移転料等である. 場合によれば, 営業を休止する場合の営業補償が必要となることもありうる. 除却の場合は, 除却に要する費用が対象となる.

2 土地の買入れ価格

買入れ価格は，土地の代金である．問題は，この代金をどのようにして算定するかである．特定空港周辺特別措置法8条2項では「時価」となっているが，本条にはそのような規定は置かれていない．

第二種区域は，音響に起因する障害が特に著しいとして指定された区域であるから，地価は，相当に下がっているものと思われる．この低下した地価を基準として算定されたのでは，経済的にみて転居することが困難となる．地下低下分の補償が必要なところであるが，「予算の範囲内において，当該土地を買い入れることができる．」という法文からすれば，解釈論としては難しいかもしれない．

●4 補償の権利者・義務者

補償権利者は，当該建物等の所有者および当該建物等に関する所有権以外の権利を有する者である．補償義務者は国である．土地の買入れについても同様である．

●5 補償の手続・訴えの提起

補償の手続や訴えの提起については，航空機騒音防止法9条におけるのとほぼ同じであるので，そちらを参照していただきたい（前述725頁）．

第3款　農業・林業・漁業等の経営上の損失の補償

（損失補償）
第13条
　① 自衛隊の次に掲げる行為により，従来適法に農業，林業，漁業その他政令で定める事業を営んでいた者がその事業の経営上損失を受けたときは，国がその損失を補償する．
　　一　航空機の離陸，着陸等のひん繁な実施，機甲車両その他重車両のひん繁な使用又は艦船若しくは舟艇のひん繁な使用で政令で定めるもの
　　二　射撃，爆撃その他火薬類の使用のひん繁な実施で政令で定めるもの
　　三　その他政令で定める行為
　② 前項の規定は，他の法律により国が損害賠償又は損失補償の責めに任ずべ

き損失については，適用しない.
　③　第1項の規定により補償する損失は，通常生ずべき損失とする.

●1　本条の趣旨と要点

1　本条の趣旨

　本条は，自衛隊の行為（1項1〜3号に掲げる行為）により，農業・林業・漁業その他政令で定める事業を営んでいた者が，その事業の経営上損失を受けたときに，国が通常生ずべき損失を補償することを定めたものである.

2　本条の要点

　本条の要点は，補償の要否，補償の内容（範囲），補償の権利者・義務者，補償の手続，訴えの提起等である．補償の手続と訴えの提起については，次条以下に明文の規定が置かれている．前述の航空機騒音防止法におけるものとほぼ同じである（前述726頁以下参照）ので，ここでは要点のみを述べるにとどめる．

●2　補償の要否

1　自衛隊の行為によること

　損失が自衛隊の行為（1項1〜3号に掲げる行為）により発生したことが必要である．施行令17条は，「法第13条第1項第1号及び第2号の政令で定める行為は，農業，林業又は漁業の実施を著しく困難にする行為とする．ただし，航空機の離陸，着陸等のひん繁な実施に係る行為にあつては，農業又は漁業が，飛行場の進入表面若しくは転移表面の投影面と一致する区域内又は航空機による射撃若しくは爆撃の用に供する演習場の周辺で防衛大臣が定める区域内において行われる場合に限る．」と規定している．

2　特別の受忍限度

　通常の受忍限度を超えていても，「特別の受忍限度」内にとどまっている限り，それは適法な侵害によるものと解すべきである（前述168頁以下参照）．本条は，この特別の受忍限度内における損失を対象にしたものである．特別の受

忍限度を超えた場合は，損害賠償（国家賠償）の問題となり，差止めも認められなければならない．

3 事業経営上の損失

従来適法に農業，林業，漁業等の事業を営んでいた者が，通常の受忍限度を超えて事業経営上の損失を受けたことが必要である．違法に事業を営んでいた場合は，たとえ損失が生じたとしても，補償の対象とならない．

● 3　補償の内容

1 「通常生ずべき損失」の補償

補償の対象は，「通常生ずべき損失」（通損）である．自衛隊の行為と相当因果関係がなければならない．この点については，これまで他の法条について説明したところとほぼ同じである．

2 具体的な損失

農業経営上の損失としては，音響障害等による酪農業の収入減少が，林業経営上の損失としては，射撃等の実施による植林作業の支障等が，漁業上の損失としては，音響障害や射撃等の実施により漁獲量の減少や防潜網設置による漁業被害等が考えられる．

本条は，「経営上損失を受けたときは」と規定しているから，過去の分ということになる．しかし，自衛隊の行為は今後も継続して行われるであろうから，このような場合に，毎年補償申請しなければならないということになれば，補償権利者としては大変な負担を負わされることになる．補償実務上は，適切な対処がなされているものと思われるが，その詳細は定かでない．

● 4　補償の権利者・義務者

補償の権利者は，事業経営上の損失を被った者である．補償義務者は国である．

● 5　補償の手続・訴えの提起

1 補償の手続

1　損失補償の申請　　本法は，前述の航空機騒音防止法11条以下や自衛

隊法105条におけるのと同様に，補償の手続について比較的詳細な規定を設けている．①損失の補償を受けようとする者は，防衛省令で定めるところにより，その者の住所の所在地を管轄する市町村長（特別区の区長を含む）を経由して，損失補償申請書を防衛大臣に提出する（14条1項），②市町村長は，申請書を受理したときは，その意見を記載した書面を当該申請書に添えて，これを防衛大臣に送付する（同条2項），③防衛大臣は，この書類を受理したときは，補償すべき損失の有無および損失を補償すべき場合には補償の額を決定し，遅滞なくこれを市町村長を経由して当該申請者に通知する（同条3項），という流れになっている．

2　異議の申出　申請に対する防衛大臣の決定に不服がある者は，通知を受けた日の翌日から起算して3か月以内に，防衛省令で定める手続に従い，防衛大臣に対して異議を申し出ることができる（15条1項）．申出があったときは，防衛大臣は，その申出のあった日の翌日から30日以内に改めて補償すべき損失の有無および損失を補償すべき場合には補償の額を決定し，これを申出人に通知しなければならない（同条2項）．

3　補償金の交付　国は，異議の申出がないときは，申出期間の満了の日から30日以内に，異議の申出があった場合において改めて決定があったときは，その通知の日から30日以内に，補償を受けるべき者に対し，当該補償金を交付しなければならない（16条）．

4　不服申立て前置主義　不服申立て前置主義が採用されている（18条）．したがって，訴えを提起する前に，異議の申出に対する決定を経ていなければならない．不服申立て前置制度は，航空機騒音防止法15条や自衛隊法105条等にも置かれているが，極めて珍しい立法例である（小澤「損失補償の手続と救済手続（1）」自治研究64巻5号51頁以下（1988年），宇賀「損失補償の行政手続（3完）」自治研究69巻3号40〜41頁（1993年）等参照）．

2　訴えの提起

14条3項または15条2項の規定による決定に不服がある者は，その決定の通知を受けた日から6か月以内に，国を被告として増額請求訴訟を提起することができる（17条）．この訴訟は，行訴法4条前段の形式的当事者訴訟に当たる．

第4節　米軍特別損失補償法

第1款　概　説

● 1　本法の趣旨

1　本法の沿革と目的

　日本国に駐留するアメリカ合衆国軍隊等の行為による特別損失の補償等に関する法律（米軍特別損失補償法．以下，本節において「本法」という）は，米軍の一定の行為を原因とする農業，林業，漁業等の事業経営上に生じた損失に対する国の補償責任を定めたものである．平和条約発効後の基地問題に対処するために，1953（昭和28）年に制定された．もっぱら損失補償について規定している．全文8か条で構成されている．

2　本法の関連法令

　本法の関連法令としては，米軍用地特措法，米軍漁船操業制限法，周辺整備法等がある．

● 2　本法の構成

　全文で8か条しかないが，すべて損失補償に関する規定で構成されている．損失補償についての基本的な規定（1条），補償の申請手続（2条），異議の申出（3条），補償金の交付（4条），増額請求の訴え（5条），訴訟の方式（6条），アメリカ合衆国軍隊等および自衛隊の航空機以外の航空機の離着陸に対する適用（7条），事務の区分（8条）である．

第2款　損失の補償

（損失の補償）
第1条
　① 日本国とアメリカ合衆国との間の相互協力及び安全保障条約に基づき日本国にあるアメリカ合衆国軍隊又は日本国における国際連合の軍隊の地位に関

する協定に基き日本国内にある国際連合の軍隊（以下「アメリカ合衆国軍隊等」と総称する．）の左に掲げる行為により，従来適法に農業，林業，漁業又は政令で定めるその他の事業を営んでいた者がその事業の経営上損失をこうむつたときは，国がその損失を補償する．
　一　防潜網その他の水中工作物の設置若しくは維持，水面の利用上必要な施設であつて政令で定めるものの除去，損壊若しくは変更又は水質の汚毒，障がい物の遺棄その他水面の利用を著しく阻害する行為であつて政令で定めるもの
　二　防風施設，防砂施設，防災施設その他農地，牧野若しくは林野等の利用上必要な施設であつて政令で定めるものの除去，損壊若しくは変更又は農地，牧野若しくは林野等の利用を著しく阻害する行為であつて政令で定めるもの
　三　その他政令で定める行為
② 前項の規定は，他の法律により国が損害賠償又は損失補償の責に任ずべき損失については，適用しない．
③ 第1項の規定により補償する損失は，通常生ずべき損失とする．

● 1　本条の趣旨と要点

1　本条の趣旨

　本条は，日本国にあるアメリカ合衆国軍隊または国際連合の軍隊（アメリカ合衆国軍隊等．現実にはアメリカ合衆国軍隊であるから，以下「米軍」という）の行為により，農業，林業，漁業または政令で定めるその他の事業（学校教育，船舶運航，医療保健等の事業．施行令1条）の事業経営上の損失が生じた場合に，国が通常生ずべき損失を補償すべきことを定めたものである．前述の周辺整備法13条とほぼ同趣旨の規定である．

2　本条の要点

　本条の要点は，補償の要否，補償の内容（範囲），補償の権利者・義務者，補償の手続，訴えの提起等である．いずれの点についても，判例・学説上の対立は見当たらない．補償の手続と訴えの提起については，次条以下に明文の規定が置かれている．

● 2　補償の要否

1　米軍の一定の行為による損失
　損失が，1項各号に掲げる米軍の行為によって発生したことが必要である．

2　特別の受忍限度
　通常の受忍限度を超えても，「特別の受忍限度」内にとどまっている限り，それは適法な侵害によるものと解すべきである（前述163頁参照）．本条は，この特別の受忍限度内における損失を対象にしたものである．特別の受忍限度を超えた場合は，損害賠償（国家賠償）の問題となり，差止めも認められなければならない．

3　事業経営上の損失
　従来適法に農業，林業，漁業等の事業を営んでいた者が，その事業経営上に，通常の受忍限度を超えた損失が発生したことが必要である．どの程度を超えればこの要件を満たすかは，平年の所得額との比較によって判断される．違法に事業を営んでいた場合は，たとえ損失が生じたとしても，補償の対象とはならない．

● 3　補償の内容

1　「通常生ずべき損失」の補償
　補償の対象は，「通常生ずべき損失」（通損）である．この点については，これまで述べてきた他の法条のものとほぼ同じである．1項各号に掲げる米軍の行為と相当因果関係がなければならない．

2　具体的な損失
　農業経営上の損失としては，酪農業を営んでいる者が，米軍の射撃・砲撃等の頻繁な実施により，乳牛の搾乳量が減少したり，水源・水路が損壊し，農地の浸水または渇水を来すような場合が考えられる．また，林業経営上の損失としては，射撃・砲撃等により，森林の樹木が損傷を受けたり，森林作業に支障を来すような場合が考えられる．さらに，漁業経営上の損失としては，防潜網等の水中工作物の設置により，漁獲量が減少するような場合が考えられる．そ

のほか，学校・病院等が，航空機の頻繁な離着陸や射撃・砲撃等の頻繁な実施により，事業経営上の損失（防音工事費の増加，利用者の減少等）を被るようなことが考えられる（施行令3～6条参照）．

このような損失をどのように算定するかについては，必ずしも明確な基準があるわけではない．補償実務上，どのようにして算定しているのか定かではないが，従前の平均的な収入等と比較して，その減少分が補償対象となるのではないかと思われる．

● 4　補償の権利者・義務者

補償権利者は，事業経営上の損失を被った者である．補償義務者は国である．

● 5　補償の手続・訴えの提起

1　補償の手続

1　損失補償の申請　本法は，補償の手続について，比較的詳細な規定を設けている．周辺整備法14条以下，航空機騒音防止法11条以下とほぼ同じである．

それによれば，補償の手続は，①損失の補償を受けようとする者は，防衛省令の定めるところにより，その者の住所の所在地を管轄する市町村長（特別区の区長を含む）を経由して，損失補償申請書を防衛大臣に提出する（2条1項），②市町村長は，申請書を受理したときは，その意見を記載した書面を当該申請書に添えて，これを防衛大臣に送付する（同条2項），③防衛大臣は，この書類を受理したときは，補償すべき損失の有無および損失を補償すべき場合には，補償の額を決定し，遅滞なくこれを市町村長を経由して当該申請者に通知する（同条3項），という流れになっている．

2　異議の申出　申請に対する防衛大臣の決定に不服がある者は，通知を受けた日の翌日から起算して3か月以内に，防衛省令で定める手続に従い，防衛大臣に対して異議を申し出ることができる（3条1項）．申出があったときは，防衛大臣は，その申出のあった日から30日以内に，改めて補償すべき損失の有無および損失を補償すべき場合には，補償の額を決定し，これを申出人に通知しなければならない（同条2項）．

3　補償金の交付　政府（国）は，異議の申出がないときは，申出期間の満了の日から30日以内に，異議の申出があった場合において改めて決定があ

ったときは，その通知の日から30日以内に，補償を受けるべき者に対し，当該補償金を交付しなければならない（4条）．

4 不服申立て前置主義 不服申立て前置主義が採用されている（6条）．したがって，訴えを提起する前に，異議の申出に対する決定を経ていなければならない．不服申立て前置制度は，航空機騒音防止法15条，自衛隊法105条，周辺整備法15条等にも置かれているが，極めて珍しい立法例である（小澤「損失補償の手続と救済手続（1）」自治研究64巻5号51頁（1988年），宇賀「損失補償の行政手続（3完）」自治研究69巻3号40〜41頁（1993年）等参照）．

2 訴えの提起

2条3項または3条2項の規定による防衛大臣の決定に不服がある者は，その決定の通知を受けた日から6か月以内に，国を被告として増額請求訴訟を提起することができる（5条）．この訴訟は，行訴法4条前段の形式的当事者訴訟に当たる．

第5節　米軍漁船操業制限法

第1款　概　説

1　本法の趣旨

1　本法の沿革と目的

日本国とアメリカ合衆国との間の相互協力及び安全保障条約に基づき日本国にあるアメリカ合衆国の軍隊の水面の使用に伴う漁船の操業制限等に関する法律（米軍漁船操業制限法．以下，本節において「本法」という）も，平和条約発効後の基地問題に対処するために，1952（昭和27）年に制定されたものである．米軍特別損失補償法と異なる点は，本法は，もっぱら米軍が水面を使用する場合の漁船の操業の制限・禁止とそれによる損失の補償について定めていることである．1条は，「漁船の操業の制限又は禁止」と題して，「防衛大臣は，日本国とアメリカ合衆国との間の相互協力及び安全保障条約に基づき日本国にあるアメリカ合衆国の陸軍，空軍又は海軍が水面を使用する場合において，必要があるときは，農林水産大臣の意見をきき，一定の区域及び期間を定めて，漁船

の操業を制限し，又は禁止することができる．」と規定している．

2 本法の関連法令

本条の関連法令としては，米軍用地特措法，米軍特別損失補償法，周辺整備法，自衛隊法等がある．

2 本法の構成

本法は，全文8か条で構成されている．漁船の操業の制限・禁止（1条），損失の補償（2条），損失の補償の申請手続（3条），異議の申出（4条），補償金の交付（5条），増額請求の訴え（6条），訴訟の方式（7条），事務の区分（8条）である．前述の米軍特別損失補償法とほぼ同じである．

第2款　損失の補償

（損失の補償）
第2条
　① 国は，前条の規定による制限又は禁止により，当該区域において従来適法に漁業を営んでいた者が漁業経営上こうむつた損失を補償する．
　② 前項の規定により補償する損失は，通常生ずべき損失とする．

1 本条の趣旨と要点

1 本条の趣旨

本条は，米軍が水面を使用するため，漁船の操業を制限または禁止されたことにより漁業経営上の損失が生じた場合に，国が通常生ずべき損失を補償すべきことを定めたものである．

2 本条の要点

本条の要点は，補償の要否，補償の内容（範囲），補償の権利者・義務者，補償の手続，訴えの提起等である．いずれの点についても，判例・学説上の対立は見当たらない．補償の手続と訴えの提起については，次条以下に明文の規定が置かれている．前述の米軍特別損失補償法とほぼ同じである．

● 2 補償の要否

1 漁船の操業の制限等による損失

損失が，米軍による水面使用のため，漁船の操業の制限・禁止によって生じたことが必要である．

通常の受忍限度を超えても，「特別の受忍限度」内にとどまっている限り，それは適法な侵害によるものと解すべきである（前述163頁参照）．本条は，この特別の受忍限度内における損失を対象にしたものである．特別の受忍限度を超えた場合は，損害賠償（国家賠償）の問題となり，差止めも認められなければならない．

2 漁業経営上の損失

従来適法に漁業を営んでいた者が，その漁業経営上に，通常の受忍限度を超えた損失が発生したことが必要である．どの程度を超えればこの要件を満たすかは，平年の漁業所得額との比較等によって判断される．

なお，違法に事業を営んでいた場合には，たとえ損失が生じても，補償の対象とはならない．

● 3 補償の内容

1 「通常生ずべき損失」の補償

補償の対象は，「通常生ずべき損失」（通損）である．漁船の操業の制限・禁止と相当因果関係がなければならない．この点については，これまで述べてきた他の法条のものとほぼ同じである．

2 具体的な損失

具体的な損失としては，漁業所得が減少することが予想される．本法に基づいて，「損失補償額の決定等に関する実施規程」（昭和27年総理府訓令第2号）が発せられている．それによれば，許可漁業または自由漁業についての損失補償は，1条の操業の制限・禁止の期間内における平年漁業所得額（制限・禁止がなかったならば通常得られたであろう漁業粗収入額から通常要したであろう経営費を控除した額）から実際の漁業所得額（漁業粗収入額から経営費を控除した額）を差し引いた額の8割，となっている．

●4　補償の権利者・義務者

補償権利者は，漁業経営上の損失を被った者である．補償義務者は国である．

●5　補償の手続・訴えの提起

1　補償の手続

1　損失補償の申請　本法は，補償の手続について，比較的詳細な規定を設けている．周辺整備法14条以下，航空機騒音防止法11条以下，米軍特別損失補償法2条以下とほぼ同じである．

それによれば，補償の手続は，①損失の補償を受けようとする者は，防衛省令の定めるところにより，その者の住所の所在地を管轄する都道府県知事を経由して，損失補償申請書を防衛大臣に提出する（3条1項），②都道府県知事は，申請書を受理したときは，その意見を記載した書面を当該申請書に添えて，これを防衛大臣に送付する（同条2項），③防衛大臣は，この書類を受理したときは，補償すべき損失の有無および損失を補償すべき場合には，補償の額を決定し，遅滞なくこれを都道府県知事を経由して当該申請者に通知する（同条3項），という流れになっている．

2　異議の申出　申請に対する防衛大臣の決定に不服がある者は，通知を受けた日の翌日から起算して3か月以内に，防衛省令で定める手続に従い，防衛大臣に対して異議を申し出ることができる（4条1項）．申出があったときは，防衛大臣は，その申出のあった日から30日以内に，改めて補償すべき損失の有無および損失を補償すべき場合には補償の額を決定し，これを申出人に通知しなければならない（同条2項）．

3　補償金の交付　政府（国）は，異議の申出がないときは，申出期間の満了の日から30日以内に，異議の申出があった場合において改めて決定があったときは，その通知の日から30日以内に，補償を受けるべき者に対し，当該補償金を交付する（5条）．

4　不服申立て前置主義　不服申立て前置主義が採用されている（7条）．したがって，訴えを提起する前に，異議の申出に対する決定を経ていなければならない．不服申立て前置制度は，航空機騒音防止法15条，自衛隊法105条，周辺整備法15条，米軍特別損失補償法6条等にも置かれているが，極めて珍しい立法例である（小澤「損失補償の手続と救済手続（1）」自治研究64巻5号51

頁以下（1988 年），宇賀「損失補償の行政手続（3 完）」自治研究 69 巻 3 号 40〜41 頁（1993 年）等参照).

2 訴えの提起

　3 条 3 項または 4 条 2 項の規定による防衛大臣の決定に不服がある者は，その決定を知った日から 6 か月以内に，国を被告として増額請求訴訟を提起することができる（6 条).　この訴訟は，行訴法 4 条前段の形式的当事者訴訟に当たる.

第8章　文化財保護法関係

第1節　概　説

1　文化財保護法関係

　文化財保護法関係として，ここでは，文化財保護法と古都における歴史的風土の保存に関する特別措置法（古都保存法）における損失補償規定を取り上げる．これらの法律は，文化財や歴史的風土を保存することにより，国民の文化的向上発展に寄与することを目的としたものである．

　文化財等の保存は，現在生存している国民のためだけではなく，後世の国民のためにも極めて重要である．しかし，現実には，開発等により貴重な文化財等が破壊され，滅失している．埋蔵文化財の破壊がその適例である．文化的資産として国民が長くその恵沢を享受できるようにするためには，私有のものであっても，その管理・処分に強い規制等を加えざるをえない．

2　文化財保護法関係における損失補償

　文化財は貴重な国民的財産であるから，行政がそれを保護するために種々の規制等を行うことは当然であるが，それが財産権の侵害をもたらす場合には，損失補償の要否や補償額が問題となる．上記の法律はいずれも，規制等による損失に対して，「通常生ずべき損失」を補償すべき旨の規定を設けている．とりわけ，文化財保護法には多くの補償規定が置かれている．これらはすべて，憲法29条3項の趣旨を具体化したものである．

　補償規定は一様ではないが，それでも共通しているところも少なくない．内容的には重なる部分もあり，説明が重複することにもなるが，重なる部分はできるだけ簡潔に済ませることにしたい．また，本書の「総論」で一般的に考察したところと重なる箇所もあるが，総論と各論を合わせ読むことによって，新たにみえてくる問題点もある．

第2節　文化財保護法

第1款　概　説

● 1　本法の趣旨

1　本法の沿革

　文化財の保護に関する法制度は，戦前においても，1871（明治4）年の古器旧物保存方，1897（明治30）年の古社寺保存法，1919（大正8）年の史蹟名勝天然紀念物保存法，1929（昭和4）年の国宝保存法，1933（昭和8）年の「重要美術品等ノ保存ニ関スル法律」等が制定されていた（文化財保護法の沿革については，内田新「文化財保護法概説（3）」自治研究58巻9号13頁以下（1982年），中村賢二郎『わかりやすい文化財保護制度の解説』14頁以下（ぎょうせい，2007年．以下，「中村・解説」という）参照）．文化財保護法（以下，本節において「本法」という）は，1949（昭和24）年1月の法隆寺金堂の火災をきっかけにして，1950（昭和25）年に，文化財の保護に関する総合的な法律として，議員立法により制定されたものである．

2　本法の目的

　本法は，1条において，「この法律は，文化財を保存し，且つ，その活用を図り，もつて国民の文化的向上に資するとともに，世界文化の進歩に貢献することを目的とする．」と規定し，また，4条1項において，「一般国民は，政府及び地方公共団体がこの法律の目的を達成するために行う措置に誠実に協力しなければならない．」と規定している．

3　財産権尊重条項

　他方，本法は，「第1章総則」の4条3項において，「政府及び地方公共団体は，この法律の施行に当つて関係者の所有権その他の財産権を尊重しなければならない．」ことを，また，111条1項において，「文部科学大臣又は都道府県の教育委員会は，第109条第1項若しくは第2項の規定による指定〔史跡名勝天然記念物・特別史跡名勝天然記念物の指定，筆者注〕又は前条第1項の規定に

よる仮指定を行うに当たつては，特に，関係者の所有権，鉱業権その他の財産権を尊重するとともに，国土の開発その他の公益との調整に留意しなければならない．」ことを定めている（111条1項は，125条4項において準用されている）．さらに，141条1項は，「文部科学大臣は，第134条第1項の規定による選定〔重要文化的景観の選定，筆者注〕を行うに当たつては，特に，関係者の所有権，鉱業権その他の財産権を尊重するとともに，国土の開発その他の公益との調整及び農林水産業その他の地域における産業との調和に留意しなければならない．」と規定している．そのほか，131条1項において，実地調査に当たる者に関して，文化庁長官は「当該土地の所有者，占有者その他の関係者に対し，著しい損害を及ぼすおそれのある措置は，させてはならない．」と規定している．この財産権尊重条項は，自然環境保全法3条や自然公園法4条等にも置かれている（前述625頁，641頁参照）．

この財産権尊重条項については，文献の中には，この条項は現行憲法制定後比較的近い時点での立法であるとして，「今日では文化財が広く一般国民の共通の文化遺産であること及びとくに文化財が所在する地域住民の生活環境を構成する重要な要素であることを軸に，文化財保護と財産権その他の私権との調和を図る立場に立って本項を解釈すべきである」と説くもの（内田「文化財保護法概説・各論（2）」自治研究59巻7号48～49頁（1983年））がある．

4 本法の関連法令

本法の関連法令としては，景観法，古都保存法，明日香法，歴史まちづくり法，美術品の美術館における公開の促進に関する法律，美術品損害補償法等がある（詳細については，内田「文化財保護法概説（2）」自治研究58巻7号63頁以下（1982年）参照）．

これらのうち，景観法との関連についてみれば，本法は，「文化財の定義」の条項において，文化財の一種として「地域における人々の生活又は生業及び当該地域の風土により形成された景観地で我が国民の生活又は生業の理解のため欠くことのできないもの（以下「文化的景観」という．）」を挙げている（2条1項5号）．また，本法は，その第8章を「重要文化的景観」と題して，重要文化的景観の選定について，「文部科学大臣は，都道府県又は市町村の申出に基づき，当該都道府県又は市町村が定める景観法（平成16年法律第110号）第8条第2項第1号に規定する景観計画区域又は同法第61条第1項に規定する景

観地区内にある文化的景観であつて，文部科学省令で定める基準に照らして当該都道府県又は市町村がその保存のため必要な措置を講じているもののうち特に重要なものを重要文化的景観として選定することができる.」と規定している（134条1項．本法と景観法との関連については，さしあたり，中村・解説167頁以下参照）.

● 2　本法の構成

上記の目的を達成するため，本法は，種々の仕組みを設けている．損失補償に関連するもので，その主要なものを次に取り上げることにする.

1　用語の定義

1　文化財　文化財とは，次に掲げるものをいう（2条）．①建造物，絵画，彫刻，工芸品，書跡，典籍，古文書その他の有形の文化的所産で我が国にとって歴史上または芸術上価値の高いもの並びに考古資料およびその他の学術上価値の高い歴史資料（有形文化財），②演劇，音楽，工芸技術その他の無形の文化的所産で我が国にとって歴史上または芸術上価値の高いもの（無形文化財），③衣食住，生業，信仰，年中行事等に関する風俗慣習，民俗芸能，民俗技術およびこれらに用いられる衣服，器具，家屋その他の物件で我が国民の生活の推移の理解のため欠くことのできないもの（民俗文化財），④貝づか，古墳，都城跡，城跡，旧宅その他の遺跡で我が国にとって歴史上または学術上価値の高いもの，庭園，橋梁，峡谷，海浜，山岳その他の名勝地で我が国にとって芸術上または観賞上価値の高いもの並びに動物，植物および地質鉱物で我が国にとって学術上価値の高いもの（記念物），⑤地域における人々の生活または生業および当該地域の風土により形成された景観地で我が国民の生活または生業の理解のため欠くことのできないもの（文化的景観），⑥周囲の環境と一体をなして歴史的風致を形成している伝統的な建造物群で価値の高いもの（伝統的建造物群），である（詳細については，内田「文化財保護法概説（1）」自治研究58巻4号43頁以下（1982年），同「文化財保護法概説・各論（1）」自治研究59巻4号60頁以下（1983年）参照）.

2　重要文化財・国宝　重要文化財とは，有形文化財のうち，文部科学大臣が重要なものとして指定したものをいう（27条1項）．国宝とは，重要文化財のうち，文部科学大臣が，世界文化の見地から価値の高いもので，「たぐいない国民の宝たるもの」として指定したものをいう（同条2項）.

3 登録有形文化財 登録有形文化財とは，重要文化財以外の有形文化財のうち，文部科学大臣が，その文化財としての価値に鑑み保存および活用のための措置が特に必要とされるものとして文化財登録原簿に登録したものをいう（57条1項）。

4 埋蔵文化財 埋蔵文化財とは，土地に埋蔵されている文化財をいう（92条1項）。

5 史跡名勝天然記念物 史跡名勝天然記念物とは，記念物のうち，文部科学大臣が，重要なものとして指定したものをいう（109条1項）。

6 特別史跡名勝天然記念物 特別史跡名勝天然記念物とは，史跡名勝天然記念物のうち，文部科学大臣が，特に重要なものとして指定したものをいう。これには，特別史跡，特別名勝，特別天然記念物がある（109条2項）。

7 重要文化的景観 重要文化的景観とは，都道府県または市町村の申出に基づき，当該都道府県または市町村が景観法の規定により定めた景観計画区域または景観地区内にある文化的景観であって，文部科学省令で定める基準に照らして当該都道府県または市町村がその保存のため必要な措置を講じているもののうち，特に重要なものとして文部科学大臣が選定したものをいう（134条1項）。

8 伝統的建造物群保存地区・重要伝統的建造物群保存地区 伝統的建造物群保存地区とは，伝統的建造物群およびこれと一体をなしてその価値を形成している環境を保存するため，市町村が定める地区をいう（142条）。重要伝統的建造物群保存地区とは，市町村の申出に基づき，伝統的建造物群保存地区の区域の全部または一部で，我が国にとってその価値が特に高いものとして文部科学大臣が選定したものをいう（144条1項）。

2 重要文化財の管理・保護・公開・調査
1 管理
(1) **所有者の責務等** 文化庁長官は，重要文化財の所有者に対し，重要文化財の管理に関し必要な指示をすることができる（30条）。重要文化財の所有者は，本法並びにこれに基づいて発する文部科学省令および文化庁長官の指示に従い，重要文化財を管理しなければならない（31条1項）。重要文化財の所有者は，特別の事情があるときは，適当な者を自己に代わり当該重要文化財の管理の責に任ずべき者（管理責任者）に選任することができる（同条2項）。重

要文化財につき，所有者が判明しない場合，または所有者もしくは管理責任者による管理が著しく困難もしくは不適当であると明らかに認められる場合には，文化庁長官は，適当な地方公共団体その他の法人（管理団体）を指定して，当該重要文化財の保存のため必要な管理を行わせることができる（32条の2第1項）．

(2) **滅失・き損等** 重要文化財の全部または一部が滅失し，き損し，亡失したとき，あるいは盗難にあったときは，所有者（管理責任者，管理団体）は，所定の書面をもって，その事実を知った日から10日以内に文化庁長官に届け出なければならない（33条）．

(3) **所在の変更** 重要文化財の所在の場所を変更しようとするときは，重要文化財の所有者（管理責任者，管理団体）は，原則として，所定の書面をもって，所在の場所を変更しようとする日の20日前までに文化庁長官に届け出なければならない（34条）．

2 保 護

(1) **修理** 重要文化財の修理は，所有者（管理団体）が行う（34条の2，34条の3）．

(2) **管理・修理の補助** 重要文化財の管理・修理につき多額の経費を要し，重要文化財の所有者または管理団体がその負担に堪えない場合その他特別の事情がある場合には，政府は，その経費の一部に充てさせるため，重要文化財の所有者または管理団体に対し補助金を交付することができる（35条1項）．

(3) **管理・修理に関する命令・勧告** 重要文化財を管理する者が不適任なため，または管理が適当でないため重要文化財が滅失し，き損し，あるいは盗難のおそれがあると認めるときは，文化庁長官は，所有者，管理責任者または管理団体に対し，重要文化財の管理をする者の選任または変更，管理方法の改善，防火施設その他の保存施設の設置その他管理に関し必要な措置を命じ，または勧告することができる（36条1項）．

また，文化庁長官は，国宝がき損している場合において，その保存のため必要があると認めるときは，所有者または管理団体に対し，その修理について必要な命令または勧告をすることができる（37条1項）．国宝以外の重要文化財についても同様である（同条2項）．

さらに，文化庁長官は，次に掲げる場合においては，国宝につき自ら修理を行い，または滅失，き損，盗難の防止の措置をすることができる．①所有者，

管理責任者または管理団体が上記の命令に従わないとき，②国宝がき損している場合，または滅失，き損，盗難のおそれがある場合において，所有者，管理責任者または管理団体に修理または滅失，き損，盗難の防止の措置をさせることが適当でないと認められるとき，である（38条1項）．

(4) **現状変更等の制限**　重要文化財に関しその現状を変更し，またはその保存に影響を及ぼす行為をしようとするときは，文化庁長官の許可を受けなければならない．ただし，現状の変更については，維持の措置または非常災害のために必要な応急措置を執る場合，保存に影響を及ぼす行為については，影響の軽微である場合は，この限りでない（43条1項）．文化庁長官は，許可を与える場合において，その許可の条件として，現状の変更または保存に影響を及ぼす行為に関し必要な指示をすることができる（同条3項）．許可を受けた者が許可の条件に従わなかったときは，文化庁長官は，許可に係る現状の変更もしくは保存に影響を及ぼす行為の停止を命じ，または許可を取り消すことができる（同条4項）．

(5) **修理の届出等**　重要文化財を修理しようとするときは，所有者または管理団体は，一定の場合を除いて，修理に着手しようとする日の30日前までに，文部科学省令の定めるところにより，文化庁長官にその旨を届け出なければならない（43条の2第1項）．重要文化財の保護上必要があると認めるときは，文化庁長官は，届出に係る重要文化財の修理に関し，技術的な指導と助言を与えることができる（同条2項）．

(6) **輸出の禁止**　重要文化財は，輸出してはならない．ただし，文化庁長官が文化の国際的交流その他の事由により特に必要と認めて許可した場合は，この限りでない（44条）．

(7) **環境保全**　文化庁長官は，重要文化財の保存のため必要があると認めるときは，地域を定めて一定の行為を制限・禁止し，または必要な施設をすることを命ずることができる（45条1項）．

(8) **国に対する売渡しの申出**　重要文化財を有償で譲り渡そうとする者は，譲渡の相手方，予定対価の額その他所定の事項を記載した書面をもって，まず文化庁長官に国に対する売渡しの申出をしなければならない（46条1項）．売渡しの申出のあった後30日以内に文化庁長官が当該重要文化財を国において買い取るべき旨の通知をしたときは，申出書に記載された予定対価の額に相当する代金で，売買が成立したものとみなされる（46条1項・4項）．

3 公　開

(1) **文化庁長官による公開**　文化庁長官は，重要文化財の所有者（管理団体）に対し，1年以内の期間を限って，国立博物館（独立行政法人国立文化財機構が設置する博物館）その他の施設において，文化庁長官の行う公開の用に供するため，重要文化財を出品することを勧告することができる（48条1項）．また，文化庁長官は，国庫が管理または修理につき，その費用の全部もしくは一部を負担し，または補助金を交付した重要文化財の所有者（管理団体）に対し，1年以内の期間を限って，国立博物館その他の施設において，文化庁長官の行う公開の用に供するため，当該重要文化財を出品することを命ずることができる（同条2項）．さらに，文化庁長官は，出品を命じた場合において必要があると認めるときは，1年以内の期間を限って，出品の期間を更新することができる．ただし，引き続き5年を超えてはならない（同条3項）．出品の命令または期間の更新があったときは，重要文化財の所有者または管理団体は，その重要文化財を出品しなければならない（同条4項）．

(2) **所有者等による公開**　文化庁長官は，重要文化財の所有者または管理団体に対し，3か月以内の期間を限って，重要文化財の公開を勧告することができる．(51条1項)．また，文化庁長官は，国庫が管理，修理または買取りにつき，その費用の全部もしくは一部を負担し，または補助金を交付した重要文化財の所有者または管理団体に対し，3か月以内の期間を限って，その公開を命ずることができる（同条2項）．さらに，文化庁長官は，重要文化財の所有者または管理団体に対し，公開に係る重要文化財の管理に関し必要な指示をすることができ，所有者または管理団体がこの指示に従わない場合には，公開の停止または中止を命ずることができる（同条4項・5項）．

4 調　査

(1) **報告の徴収**　文化庁長官は，必要があると認めるときは，重要文化財の所有者（管理責任者，管理団体）に対し，重要文化財の現状・管理・修理，環境保全の状況につき報告を求めることができる（54条）．

(2) **実地調査**　文化庁長官は，次に掲げる場合において，上記の報告によってもなお重要文化財に関する状況を確認することができず，かつ，その確認のため他に方法がないと認めるときは，調査に当たる者を定め，その所在する場所に立ち入って，その現状・管理・修理，環境保全の状況につき，実地調査をさせることができる（55条1項）．①重要文化財に関し現状の変更または保

存に影響を及ぼす行為につき許可の申請があったとき，②重要文化財がき損しているとき，またはその現状もしくは所在の場所につき変更があったとき，③重要文化財が滅失し，き損し，または盗難のおそれのあるとき，④特別の事情により改めて国宝または重要文化財としての価値を鑑査する必要があるとき，である。

3 埋蔵文化財の発掘

1 調査のための発掘に関する届出・停止命令等 埋蔵文化財の調査のため土地を発掘しようとする者は，一定の場合を除いて，所定の事項を記載した書面をもって，発掘に着手しようとする日の30日前までに文化庁長官に届け出なければならない（92条1項）。文化庁長官は，埋蔵文化財の保護上特に必要があると認めるときは，届出に係る発掘に関し必要な事項および報告書の提出を指示し，またはその発掘の禁止・停止・中止を命ずることができる（同条2項）。

2 周知の埋蔵文化財包蔵地の発掘に関する届出および指示 土木工事その他埋蔵文化財の調査以外の目的で，貝づか，古墳その他埋蔵文化財を包蔵する土地として周知されている土地（周知の埋蔵文化財包蔵地）を発掘しようとする場合にも，所定の事項を記載した書面をもって60日前までに文化庁長官に届け出なければならない（93条1項）。文化庁長官は，埋蔵文化財の保護上特に必要があると認めるときは，届出に係る発掘に関し，当該発掘前における埋蔵文化財の記録の作成のための発掘調査の実施その他の必要な事項を指示することができる（同条2項）。

3 遺跡の不時発見に関する届出・停止命令等 土地の所有者または占有者が出土品の出土等により貝づか，住居跡，古墳その他遺跡と認められるものを発掘したときは，92条1項の規定による調査に当たって発見した場合を除き，原則として，その現状を変更することなく，遅滞なく，所定の事項を記載した書面をもって，その旨を文化庁長官に届け出なければならない（96条1項）。文化庁長官は，届出があった場合において，当該届出に係る遺跡が重要なものであり，かつ，その保護のため調査を行う必要があると認めるときは，その土地の所有者または占有者に対し，期間および区域を定めて，3か月を超えない範囲で，その現状を変更することとなるような行為の停止または禁止を命ずることができる（同条2項）。

4 史跡名勝天然記念物

1 管理団体による管理・復旧　史跡名勝天然記念物につき，所有者がいないか，判明しない場合，または，所有者もしくは所有者が選任した管理責任者による管理が著しく困難もしくは不適当であると明らかに認められる場合には，文化庁長官は，適当な地方公共団体その他の法人（管理団体）を指定して，当該史跡名勝天然記念物の保存のため必要な管理・復旧（当該史跡名勝天然記念物の保存のため必要な施設，設備その他の物件で当該史跡名勝天然記念物の所有者の所有または管理に属するものの管理・復旧を含む）を行わせることができる（113条1項）。

管理団体は，所定の基準により，史跡名勝天然記念物の管理に必要な標識，説明板，境界標，囲いその他の施設を設置しなければならない（115条1項）。史跡名勝天然記念物の所有者または占有者は，正当な理由がなければ，管理団体が行う管理・復旧または管理・復旧のため必要な措置を拒み，妨げ，または忌避してはならない（同条4項）。

2 管理に関する命令・勧告　文化庁長官は，管理が適当でないため史跡名勝天然記念物が滅失，き損，衰亡または盗難のおそれがあると認めるときは，管理団体，所有者または管理責任者に対し，管理方法の改善，保存施設の設置その他管理に関し必要な措置を命じ，または勧告することができる（121条1項）。

3 復旧に関する命令・勧告　文化庁長官は，特別史跡名勝天然記念物がき損または衰亡している場合において，その保存のため必要があると認めるときは，管理団体または所有者に対し，その復旧について必要な命令・勧告をすることができる（122条1項）。

4 文化庁長官による特別史跡名勝天然記念物の復旧等の施行　文化庁長官は，次に掲げるいずれかに該当する場合においては，特別史跡名勝天然記念物につき自ら復旧を行い，または滅失，き損，衰亡もしくは盗難の防止の措置をすることができる。①管理団体，所有者または管理責任者が，上記の命令に従わない場合，②特別史跡名勝天然記念物がき損，もしくは衰亡している場合，または滅失，き損，衰亡，盗難のおそれのある場合において，管理団体，所有者または管理責任者に復旧，滅失，衰亡，盗難の防止の措置をさせることが適当でないと認められるとき，である（123条1項）。

5 現状変更等の制限および原状回復の命令　史跡名勝天然記念物に関し

その現状を変更し，またはその保存に影響を及ぼす行為をしようとするときは，非常災害のために必要な応急措置を執る場合等一定の場合を除いて，文化庁長官の許可を受けなければならない（125条1項）．文化庁長官は，許可を与える場合において，その許可の条件として現状の変更または保存に影響を及ぼす行為に関し必要な指示をすることができる（同条3項，43条3項）．許可を受けた者が許可の条件に従わなかったときは，文化庁長官は，許可に係る現状の変更・保存に影響を及ぼす行為の停止を命じ，または許可を取り消すことができる（125条3項，43条4項）．許可を受けず，または許可の条件に従わないで，史跡名勝天然記念物の現状を変更し，またはその保存に影響を及ぼす行為をした者に対しては，文化庁長官は，原状回復を命ずることができる（125条7項）．

6 環境保全 文化庁長官は，史跡名勝天然記念物の保存のため必要があると認めるときは，地域を定めて一定の行為を制限・禁止し，または必要な施設をすることを命ずることができる（128条1項）．

7 保存のための調査 文化庁長官は，必要があると認めるときは，管理団体，所有者または管理責任者に対し，史跡名勝天然記念物の現状や環境保全の状況等につき報告を求めることができる（130条1項）．また，文化庁長官は，次に掲げるいずれかに該当する場合において，上記の報告によってもなお史跡名勝天然記念物に関する状況を確認することができず，かつ，その確認のため他に方法がないと認めるときは，調査に当たる者を定め，その所在する土地またはその隣接地に立ち入って，その現状や環境保全の状況等につき実地調査および土地の発掘，障害物の除却その他調査のため必要な措置をさせることができる．①史跡名勝天然記念物に関する現状変更または保存に影響を及ぼす行為の許可の申請があったとき，②史跡名勝天然記念物がき損し，または衰亡しているとき，③史跡名勝天然記念物に滅失，き損，衰亡，盗難のおそれのあるとき，④特別の事情により，改めて特別史跡名勝天然記念物または史跡名勝天然記念物としての価値を調査する必要があるとき，である．ただし，当該土地の所有者，占有者その他の関係者に対し，著しい損害を及ぼすおそれのある措置はさせてはならない（131条1項）．

5 地方公共団体および教育委員会

1 教育委員会が処理する事務 文化庁長官の権限に属する事務の全部または一部は，政令で定めるところにより，都道府県または市の教育委員会が行

うことができる（184条1項）．

2 都道府県または市の損失補償責任　都道府県または市の教育委員会が文化庁長官の権限に属する事務の全部または一部について行った一定の事務（当該事務が地方自治法2条8項に規定する自治事務である場合に限る）により損失を受けた者に対しては，当該都道府県または市が，その通常生ずべき損失を補償する（184条4項）．

●3 本法上の損失補償規定

1 補償条項

　本法は，極めて多数の損失補償条項を有している．①国宝の修理または措置によって損失を受けた場合の補償（41条1項），②重要文化財の現状変更等の制限による損失の補償（43条5項），③重要文化財の環境保全による損失の補償（45条2項），④重要文化財の公開による損失の補償（52条1項），⑤重要文化財の保存のための調査による損失の補償（55条3項），⑥重要有形民俗文化財の公開による損失の補償（85条による52条の準用），⑦埋蔵文化財（遺跡）の現状変更行為の停止・禁止による損失の補償（96条9項），⑧史跡名勝天然記念物の管理・復旧による損失の補償（117条1項），⑨文化庁長官による特別史跡名勝天然記念物の復旧による損失の補償（123条1項），⑩史跡名勝天然記念物の現状変更等の制限による損失の補償（125条5項），⑪史跡名勝天然記念物の保存のための行為制限等による損失の補償（128条2項），⑫史跡名勝天然物の保存のための実地調査等による損失の補償（131条2項），である．ここでは上記の補償条項のうち，特に重要と思われる①②④⑦⑩⑪に限定して考察することにする．

　いずれも，憲法29条3項の趣旨を具体化したものである．文献においては，この点について，「重要文化財や史跡名勝天然記念物の保存や環境保全のための制限は，当該財産権が従来有していた本来の社会的機能とは無関係に偶然に課せられるものであり，これによって財産上の損失を生じる場合には補償が与えられてしかるべきである」と説かれている（秋山・国家補償法170頁）．

　本法の各条項における損失の補償の性質は，「損失を補償する」と規定していることからすれば，損失補償であると解されるが，昭和50年の改正前は「損害の補償」という用語が使用されていた．現在においても，「損害を補償する」と規定している法律もある．美術品損害補償法は，その1条において，

「この法律は，展覧会の主催者が展覧会のために借り受けた美術品に損害が生じた場合に，政府が当該損害を補償する制度を設けることにより，国民が美術品を鑑賞する機会の拡大に資する展覧会の開催を支援し，もって文化の発展に寄与することを目的とする.」と規定している．ただ，「損害の補償」という用語を使用しているからといって，そのことから直ちに，昭和50年の改正前の本法や美術品損害補償法が，補償の性質を損失補償ではないと解しているということにはならないであろう（前述37頁参照）．

2 重要文化財等の買取り

1 重要文化財の国に対する売渡しの申出　前述のように，46条は，重要文化財の「国に対する売渡しの申出」について規定している．重要文化財を有償で譲り渡そうとする者は，譲渡の相手方，予定対価の額等を記載した書面をもって，まず文化庁長官に国に対する売渡しの申出をしなければならない．売渡しの申出のあった後30日以内に文化庁長官が当該重要文化財を国において買い取るべき旨の通知をしたときは，申出書に記載された予定対価の額に相当する代金で売買が成立したものとみなされる．これは，一種の「買取り」を規定したものである．本書の「総論」の第4章第3節「財産権の制限と損失補償の要否」，第5章第8節「財産権の制限と正当な補償」で説明したように（前述45頁，144頁参照），買取りは損失補償の代替的機能を有するものであり，広い意味では損失補償に該当するものといってよい．

2 買取りに対する国の補助　46条の2および129条は，管理団体（地方公共団体その他の法人）による買取りに対する国の補助について規定している．管理団体が重要文化財や史跡名勝天然物の指定に係る土地等を買い取る場合に，国がその買取りに要する経費の一部を補助することができるということである．買取りそれ自体を規定しているわけではないが，地方公共団体等が重要文化財や土地等を買い取ることができることを当然の前提にしているものといってよい．これもまた，広い意味では，損失補償に関連するものである．

　1957（昭和50）年の法改正前の平城京事件（後述811頁参照）においては，すでに土地買上げについて具体的な交渉が行われていた．文献においては，「これは，補償の方式としては，買取補償……にほかならないもので，本件の場合に最も適した方法であるが，このことはまさに，本件現状変更の制限が補償を要する場合であることを如実に示している」と説くもの（今村「文化財保

護と補償問題」同・人権叢説244頁（初出1975年））があった．

第2款　国宝の修理等による損失の補償

> （文化庁長官による国宝の修理等の施行）
> 41条
> ① 第38条第1項の規定による修理又は措置によつて損失を受けた者に対しては，国は，その通常生ずべき損失を補償する．
> ② 前項の補償の額は，文化庁長官が決定する．
> ③ 前項の規定による補償額に不服のある者は，訴えをもつてその増額を請求することができる．ただし，前項の補償の決定の通知を受けた日から6箇月を経過したときは，この限りでない．
> ④ 前項の訴えにおいては，国を被告とする．

1　本条の趣旨と要点

1　本条の趣旨

本条は，国宝について，文化庁長官が自ら修理を行い，または滅失，き損もしくは盗難の防止の措置をしたことにより損失（直接施行による損失）が生じた場合に，国宝に内在する社会的制約を超えて所有者等に特別の犠牲を負わせるものであるとして，国がそれを補償すべき旨を定めたものである（内田「文化財保護法概説・各論（5）」自治研究59巻12号36頁（1983年）参照）．

2　本条の要点

本条の要点は，補償の性質，補償の要否，補償の内容（範囲），補償の権利者・義務者，補償の手続，訴えの提起等である．補償の性質を除いては，判例・学説上の対立は見当たらない．

2　補償の性質

1　結果責任説

本条に基づく補償の性質については，文献の中には，これを結果責任であると解する見解が有力である．「『損害』の発生は，いわば結果的現象なのであって，法の意図したところではない．だから，これに対する『補償』をもって一

種の無過失責任と解する説もあるが、これは必ずしも正確ではない。行為の適法・違法や行為者の故意・過失の有無を問うことなく、結果の発生に対し責任を負うこととなっている点において、違法無過失の行為に対する損害賠償とは区別されるべき性質のものである」と説くもの（今村・人権叢説234〜235頁）、「この場合の『損失補償』の性格について、文化財保護法は特段の定めをしていない。つまり、損害を生じた以上、国の行為は違法であり、それ故、ここでの補償は無過失損害賠償であるとみるか、行為それ自体に着目して瑕疵がない以上、適法行為に基づくのであるから、むしろ損失補償の系列に属するとみるかは、法文による限りでは明らかでない。ただ、かかる場合に立法をするときには、損害賠償か損失補償かにこだわる理由は必ずしもないわけであって、文化財の修繕、陳列という公益目的と私人の財産権の保護との調整的立法として、その合理性が認められればよいことになる。そして、このように、行為の違法・適法を問題にしない立法を結果責任を認めたものとして整理することも可能である」と説くもの（塩野・行政法Ⅱ383頁）、などがある。

2 損失補償説

しかし、国宝の修理等は技術的に極めて難しく、国宝の修理等により損失が発生する場合があることは、あらかじめ予見・認容されていたものと理解することもできる。この場合の補償は、損失補償の範疇に位置づけられてもよいであろう（内田・前掲（自治研究59巻12号）37〜38頁参照）。

●3 補償の要否

補償が必要となるのは、文化庁長官が自ら国宝の修理等を行い、これによって損失が生じた場合である。しかし、国宝の修理等によって損失が生じた場合とはどのような場合なのかは、必ずしも明確とはいえない。具体的事例が見当たらないため詳論できないが、おそらく実際に補償がなされた事例がないか、あったとしても極めてわずかではないかと思われる（1983年の時点においてではあるが、内田・前掲（自治研究59巻12号）36頁は、41条1項の規定について、「今日まで適用された事例もなく、理論的解明も十分でなく、不明な点が少なくない」と説いている）。

補償要否の基準については、本条は何も規定していないが、「国宝、重要文化財又は重要有形民俗文化財の出品又は公開に起因する損失の補償に関する規

則」(昭和27年3月29日文化財保護委員会規則第6号．以下,「文化財保護委員会規則」という) が参考になる．この規則は, 文化庁長官による公開等による損失の補償について定めたものであるが, そこでは, 国宝等の滅失, き損が挙げられている (同規則4条). 国宝の修理等による場合は, 滅失は考えられないから, き損が補償要否の基準とされるのではないかと思われる. 修理やき損等防止措置によって, かえってき損されてしまうというのもおかしなことではあるが, 国宝の修理等については, 高度の技術を必要とする上に, 予想外のことも起こりうるであろうから, そのような事態も考えられないではない．

●4　補償の内容

補償の内容（範囲）は,「通常生ずべき損失」（通損）の補償である. 国宝の修理等と相当因果関係にある損失でなければならない. 相当因果関係があるか否かは, 個別具体的に社会通念によって客観的に判断される. 個人的, 主観的事情は考慮されない. この点では, これまで他の法条について述べてきたところとほぼ同じである.

前記の文化財保護委員会規則によれば, 国宝等の公開によるき損については, き損の箇所の修理に要する経費等が挙げられている (同規則4条).

●5　補償の権利者・義務者

補償権利者は, 修理または盗難等の防止措置によって損失を受けた者である. 補償義務者は国である.

●6　補償の手続・訴えの提起

① 補償の手続

1　補償の請求　本条は, 補償の手続について,「補償の額は, 文化庁長官が決定する.」と規定しているだけであり, 補償の請求の手続等については何も定めていない. 施行令や施行規則をみても, 別段の定めは置かれていない. ただ, 前記の文化財保護委員会規則によれば, 補償の請求は, 補償を受けようとする理由, 補償金の額として希望する金額, この金額算出の基礎等を記載した損失補償請求書を文化庁長官に提出することによって行うものとされている (同規則1条).

2　補償額の決定　請求書の提出があったときは, 文化庁長官は, 審査の

上，補償を行うか否かをすみやかに決定し，補償を行うことを決定したときは，補償金の額を定め，支払いの方法，支払いの時期その他必要な事項とともに，これを補償を受けるべき者に通知しなければならない．補償を行わないことを決定したときは，その理由を付して，その旨を請求書の提出者に通知するものとされている（文化財保護委員会規則 2 条参照）．

2 訴えの提起

1 増額請求訴訟 文化庁長官の補償額の決定（補償額零の決定も含む）に不服のあるものは，直ちに増額請求の訴えを提起することができる．法律上の争訟である以上，最終的に裁判所の判断を求めることができるのは当然のことである．被告は国であり，これは，行訴法 4 条前段の形式的当事者訴訟に当たる．

2 出訴期間・管轄裁判所

(1) **出訴期間** 出訴期間は，補償の決定の通知を受けた日から 6 か月である．初日は算入しない．

(2) **管轄裁判所** 本条による訴訟は形式的当事者訴訟であるが，行訴法の裁判管轄の規定（12条）は，当事者訴訟に準用されていない（41条）．裁判管轄については，民訴法の定めるところによることになる（同法 7 条）．したがって，被告の所在地の地方裁判所の管轄に属し（民訴法 4 条 1 項），訴額を問わない（裁判所法 24 条 1 項，33 条 1 項 1 号）．

第 3 款　重要文化財の現状変更等の制限による損失の補償

> （現状変更等の制限）
> **43条**
> ① 重要文化財に関しその現状を変更し，又はその保存に影響を及ぼす行為をしようとするときは，文化庁長官の許可を受けなければならない．ただし，現状の変更については維持の措置又は非常災害のために必要な応急措置を執る場合，保存に影響を及ぼす行為については影響の軽微である場合は，この限りでない．
> ② 前項但書に規定する維持の措置の範囲は，文部科学省令で定める．

③ 文化庁長官は，第1項の許可を与える場合において，その許可の条件として同項の現状の変更又は保存に影響を及ぼす行為に関し必要な指示をすることができる．
④ 第1項の許可を受けた者が前項の許可の条件に従わなかつたときは，文化庁長官は，許可に係る現状の変更若しくは保存に影響を及ぼす行為の停止を命じ，又は許可を取り消すことができる．
⑤ 第1項の許可を受けることができなかつたことにより，又は第3項の許可の条件を付せられたことによつて損失を受けた者に対しては，国は，その通常生ずべき損失を補償する．
⑥ 前項の場合には，第41条第2項から第4項までの規定を準用する．

● 1　本条の趣旨と要点

1　本条の趣旨

　本条は，重要文化財の現状の変更等の制限と，それによって生じた損失の補償について定めたものである．損失の補償についての規定は，1975（昭和50）年の改正によって追加されたものであり，それ以前には，補償規定が置かれていなかった．

　1975（昭和50）年の改正前まで補償規定が置かれていなかった理由としては，次の2点が考えられる（今村・人権叢説229頁，秋山・国家補償法171頁参照）．すなわち，①文化財は貴重な国民的財産であるから，その所有者はそれを公共のために大切に保存すべき社会的責務を負っており，したがってその現状を維持すべきことは，当該財産権に内在する社会的拘束であること，②現状変更の制限に伴う損失は，受忍可能な消極的損失にすぎないこと，である．しかし，このような考え方には批判的な見解が強く（今村・人権叢説229頁以下），昭和50年の法改正によって本条の損失補償規定が挿入されることになった．

2　本条の要点

　本条の要点は，補償の要否，補償の内容（範囲），補償の権利者・義務者，補償の手続，訴えの提起等である．いずれの点についても，判例・学説上の対立は見当たらない．

2 補償の要否

1 法改正の理由

1975（昭和50）年の法改正の原動力の一つとなったのは，今村成和の「文化財の保護とは，人類の遺産を後の世代に引き継ぐことであり，その意味で，われわれの重大な社会的責任であるが，このことは，それに伴う負担を，当該財産権の所有者個人に押しつけることを正当化するものではない」との所説（今村・人権叢説244頁）ではないかと思われる．要するに，文化財保護のための現状変更の制限そのものは合憲であるにしても，そのことと補償の要否とは別の問題であるということである．

2 補償が必要となる場合

本条に基づいて補償が必要となるのは，①重要文化財について現状の変更等をしようとして文化庁長官に許可の申請をしたが，不許可となったことにより損失を受けた場合，②許可に条件が付されたことにより損失を受けた場合，である．

本条と同時に改正された史跡名勝天然記念物の現状変更等の制限による損失の補償（80条5項，現125条5項）については，現状の変更や保存に影響を及ぼす行為を想定することは，それほど困難ではない．これに対して，本条の重要文化財の現状を変更したり，保存に影響を及ぼす行為とはどのような行為を指すのか，それが不許可になることによりどのような損失が生ずるのかは，必ずしも明確とはいえない．

重要文化財の現状変更等を制限することは，重要文化財の保護のために必要であり，一般国民はこれに誠実に協力しなければならない（4条1項）．しかし，このことと補償の要否とは別個の問題であるから，受忍限度を超える特別の犠牲に対しては補償されなければならない．

3 補償の内容

1 「通常生ずべき損失」の補償

補償の対象となるのは，「通常生ずべき損失」（通損）である．不許可等と相当因果関係にある損失であり，個別具体的に社会通念によって客観的に判断される．主観的，個人的事情は，原則として考慮されない．この点については，

第8章　文化財保護法関係

他の法条についてこれまで述べてきたところとほぼ同じである．

2　「通常生ずべき損失」の発生事例

重要文化財に関してその現状を変更し，またはその保存に影響を及ぼす行為をしようとして不許可になった場合に，これによって通常生ずる損失とは，具体的にどのようなものがあるのか，想定することは必ずしも容易ではない．例えば，重要文化財である建造物を自宅として使用している場合に，不便を解消するための改築が不許可になったときは，建設会社に支払うべき改築の設計料等が損失として考えられる．

●4　補償の権利者・義務者

補償権利者は，許可を受けることができなかったことにより，また許可に条件を付されたことによって損失を受けた者である．補償義務者は国である．

●5　補償の手続・訴えの提起

補償の手続については41条2項が，訴えの提起については同条3項・4項が準用されている．41条については，第2款「国宝の修理等による損失の補償」で解説したので（前述790頁），そちらを参照していただきたい．

第4款　重要文化財の公開による損失の補償

> （損失の補償）
> 第52条
> ①　第48条又は第51条第1項，第2項若しくは第3項の規定により出品し，又は公開したことに起因して当該重要文化財が滅失し，又はき損したときは，国は，その重要文化財の所有者に対し，その通常生ずべき損失を補償する．ただし，重要文化財が所有者，管理責任者又は管理団体の責に帰すべき事由によつて滅失し，又はき損した場合は，この限りでない．
> ②　前項の場合には，41条第2項から第4項までの規定を準用する．

1　本条の趣旨と要点

1　本条の趣旨

　本条は，重要文化財の文化庁長官による公開と所有者等による公開の用に供するために出品・公開したことに起因して生じた損失の補償について定めたものである．所有者等による公開は，自主公開の一種であるが，文化庁長官の指示や公開の停止・中止命令が規定され，管理・修理等につき国庫負担とすることができるとされていることなどから，国の損失補償責任が定められている（内田「文化財保護法概説・各論(8)」自治研究60巻4号52頁（1984年）参照）．本条の損失補償については，前記の「文化財保護委員会規則」が制定されている．

2　本条の要点

　本条の要点は，補償の性質，補償の要否，補償の内容（範囲），補償の権利者・義務者，補償の手続，訴えの提起等である．補償の性質については，本条の補償を損失補償と捉えるか否かについて若干の論議はあるが，これについては前述したところとほぼ同様であるので，ここでは触れないことにする（前述788頁参照）．その他の点については，判例・学説上の対立は見当たらない．

2　補償の要否

1　補償が必要となる場合

　補償が必要となるのは，文化庁長官が国立博物館等において自ら行う重要文化財の公開の用に供するために，その所有者（管理団体がある場合は，その者）に出品することを勧告・命令し，または，所有者等による公開を勧告し，これに応じて所有者等が出品・公開したところ，出品・公開に起因して当該重要文化財が滅失またはき損した場合である．

　出品・公開に起因して重要文化財が滅失・毀損するという事態は，十分予想できるものである．そして，滅失，き損すれば，それが財産権の内在的（社会的）制約で，受忍限度内であるといえないことは明らかである．前記の文化財保護委員会規則が戦後早い段階で制定されたのは，このためであろう．

　重要文化財の滅失・き損が所有者等の責に帰する事由による場合には，補償責任は生じない．この場合は，所有者等の側に責められるべき事由があるので

第8章 文化財保護法関係

あるから，当然の規定ではあるが，文化庁長官の出品・公開の勧告または命令に端を発しているのであるから，所有者等の「責に帰すべき事由」の有無については，慎重に判断されるべきであろう．

2 地震・テロに起因する場合

重要文化財の滅失・き損が地震やテロに起因する場合については，本法には特段の規定はない．不可抗力によるものとして免責されるか否かが問題となる．

この点については，本法の立案関係者は予見可能性のない損失は補償しないとしている（竹内敏夫＝岸田実『文化財保護法詳説』143頁（刀江書院, 1950年））が，これに対して「『出品・公開に起因する』ことが要件とされているに止まるから，出品・公開をしていなければ，そのような事態は生じなかったであろうといえる限り，滅失毀損の直接の原因は，天災不可抗力であってもよい」との見解（今村・人権叢説235頁），「第52条は，出品又は公開に起因する損害を広く補償の対象とする趣旨の規定であり，かつ国宝保存法第9条と異なり不可抗力による損害の塡補を行わない旨を明示しているのではないから，予測不可能な災害や観客の行為による損害も塡補すると解するのが妥当である」との見解（内田「文化財保護法概説・各論（8）」自治研究60巻4号65頁（1984年））が有力である．

なお，付言すれば，美術品損害補償法は，地震による損害その他の政令で定める損害を「特定損害」と称して，補償契約による政府の補償は，特定損害に該当する補償対象損害の額の合計額が政令で定める額を超える場合は，その超える額の限度（補償上限額あり）で行うものとしている（4条1項2号）．同法施行令によれば，補償上限額は950億円とされており（1条），特定損害は，地震もしくは噴火またはテロリズムの行為によって生じた損害とされている（2条）．

● 3 補償の内容

1 「通常生ずべき損失」の補償

補償の内容（範囲）は，「通常生ずべき損失」（通損）の補償である．重要文化財の出品・公開と相当因果関係にある損失でなければならない．相当因果関係があるか否かは，個別具体的に社会通念によって客観的に判断される．個人的，主観的事情は考慮されない．この点では，これまで他の法条について述べてきたところとほぼ同じである．

2　滅失・き損

　補償の対象となるのは，重要文化財の「滅失またはき損」による「通常生ずべき損失」である．文化財保護委員会規則によれば，①滅失した場合は，当該重要文化財の時価に相当する金額を，②き損した場合は，き損の箇所の修理のために必要と認められる経費および当該重要文化財のき損前の時価と修理後の時価の差額との合計額に相当する金額（当該重要文化財のき損の状況により，これを修理することが不適当または不可能であると認められるときは，き損前の時価とき損後の時価との差額に相当する金額）を基準として算定される（4条1項）．文化庁長官は，この基準により定められるべき補償金の額が当該滅失またはき損により通常生ずべき損失を補償するに足りないと認めるときは，その額を超えて補償金の額を定めることができる（同条2項）．

3　重要文化財の時価

　このように，滅失の場合もき損の場合も，「時価」が補償金額の算定基準とされている．そのこと自体は別段問題とならないが，そもそも重要文化財の時価はどのようにして決定されるのかについては，疑問がないわけではない．重要文化財は通常取引の対象となるわけではないから，社会通念によって客観的に判断されるとはいっても，取引事例が乏しければ，具体的に時価を見積もることは困難ではないかと思われる．

　文献の中には次のように説くもの（山岸敬子「損失補償法の個別的問題—文化財関係」国家補償法大系④ 122〜123頁）があり，参考になる．すなわち，「当該文化財的価値の客観性は，だれが，どのような基準で判定するのだろうか．文化財的価値に関する判断は，その性質上，判断権者の主観によるところが大きい．……当該文化財的価値が客観的なものであるとして，しかし，その補償額の算定は，困難を伴うことが予想される．何故ならば，万人が認める客観的な文化財的価値であっても，その取引価格は主観的であり，評価する者によって差があることが考えられるからである．」同様に，文化財的価値の価格評価の可能性に疑義を呈するもの（小高・研究60頁）もある．

　因みに，用対連基準7条は，重要文化財ではなく，「特殊な土地に対する補償」についてではあるが，「文化財保護法（昭和25年法律第214号）等により指定された特殊な土地等の取得又は土地等の使用の場合において，この基準の規定によりがたいときは，その実情に応じて適正に補償するものとする．」と

規定している．この条項について，損失補償基準要綱解説は，「この場合においても，このような特殊な土地等について主観的価値を認めるものではなく，あくまでも交換的価値，生産的価値等の経済価値以外の客観的価値をも実情に応じて必要なデータの集積によって，金銭に換算評価する趣旨であることを留意すべきである」と説いている（49頁）．

●4　補償の権利者・義務者

補償権利者は，き損・滅失した重要文化財の所有者である．補償義務者は国である．

●5　補償の手続・訴えの提起

補償の手続については41条2項が，訴えの提起については同条3項・4項が準用されている．41条については，第2款で解説したので，そちらを参照していただきたい．

第5款　埋蔵文化財の現状変更行為の制限等による損失の補償

（遺跡の発見に関する届出，停止命令等）
第96条
　① 土地の所有者又は占有者が出土品の出土等により貝づか，住居跡，古墳その他遺跡と認められるものを発見したときは，第92条第1項の規定による調査に当たつて発見した場合を除き，その現状を変更することなく，遅滞なく，文部科学省令の定める事項を記載した書面をもつて，その旨を文化庁長官に届け出なければならない．ただし，非常災害のために必要な応急措置を執る場合は，その限度において，その現状を変更することを妨げない．
　② 文化庁長官は，前項の届出があつた場合において，当該届出に係る遺跡が重要なものであり，かつ，その保護のため調査を行う必要があると認めるときは，その土地の所有者又は占有者に対し，期間及び区域を定めて，その現状を変更することとなるような行為の停止又は禁止を命ずることができる．ただし，その期間は，3月を超えることができない．
　③〜⑧　略

⑨　第2項の命令によつて損失を受けた者に対しては，国は，その通常生ずべき損失を補償する．
⑩　前項の場合には，第41条第2項から第4項までの規定を準用する．

1　本条の趣旨と要点

1　本条の趣旨

　土木工事，砂利採取，自然崩壊等によって偶然に遺跡が発見されることがある．本条は，遺跡が発見された場合の文化庁長官による現状変更の停止・禁止命令等と，これによる損失の補償について定めたものである．93条が「周知の埋蔵文化財包蔵地」における土木工事等のための発掘について届出義務を規定しているのに対して，本条は，これ以外の土地において遺跡を発見した場合（不時発見）の規定である．93条に損失補償の規定がなく，本条に損失補償の規定がある理由は，「周知の包蔵地であることによって60日前の事前の届出があり，これに基づいて事実上開発行為者と行政側で対応について調整が行われることで不時発見の場合と条件が違っている」ことにある，と説明されている（中村・解説151頁）．

2　本条の要点

　本条の要点は，補償の要否，補償の内容（範囲），補償の権利者・義務者，補償の手続，訴えの提起等である．補償の手続と訴えの提起については，41条2項～4項の規定が準用されている．補償の要否については，本条では規定されていないが，「発掘調査費用の負担」が問題となる．発掘調査費用の負担を除いては，判例・学説上の対立は見当たらない．

2　補償の要否

1　遺跡調査のための現状変更停止命令等

　補償が必要となるのは，遺跡調査のため現状を変更することとなるような行為の停止・禁止命令によって損失を受けた場合である．現状変更行為の停止・禁止命令によって損失が生ずる場合としては，土木工事等の遅延による損失（損害）が考えられる．利息相当分や工事の遅れによる営業利益の減少等である．

第 8 章　文化財保護法関係

2　受忍限度

　本条の補償条項に基づいて実際に補償がなされた事例があるのかどうか，あるとすればどのくらいあるのか，その補償の実態は必ずしも明確ではない．おそらく，補償の実例は皆無に近いのではないかと思われる．その理由は，現状変更停止命令等が出された事例がほとんど存在しないということと（内田新「文化財保護法概説・各論 (15)」自治研究 61 巻 3 号 41 頁（1985 年）参照），現状変更停止期間は 3 か月であり，期間延長が許されるものの，その場合でも通算して 6 か月を超えることができないのであり，この程度の期間内の現状変更停止は受忍義務の限度内にあると考えられていること，などによるものであろう．
　現状変更停止命令等が出された事例がほとんど存在しない理由は，停止命令等を出す前に，行政指導によって現状変更停止要請を受諾させているからである（1981 年の日本土地法学会のシンポジウムにおける椎名慎太郎の発言参照（日本土地法学会編『環境アセスメント・埋蔵文化財と法〔土地問題双書 16〕』) 165 頁（有斐閣，1982 年))．しかし，行政指導に任意に従ったにせよ，現状変更停止等によって損失を被っている以上は，それに対する補償を必要とするというのが論理的帰結であろう．また，上記の期間内の現状変更停止等が受忍義務の限度内にあるというのは，必ずしも理解容易なものではない．確かに，現状変更停止命令等によって受ける損失が軽微である場合もあるであろうから，その場合には損失補償は不要である．しかし，相当の損失を受けることも予想されないではないから，その場合には通損補償がなされなければならないはずである．通損補償規定があるにもかかわらず，補償がなされていないということであれば，補償規定の存在理由が問われなければならない．

3　発掘調査費用の負担

1　問題の所在　埋蔵文化財の発掘調査費用の負担も，広い意味では損失補償に関連する問題である．しかし，これについては，本法上ではまだ立法的整備がなされておらず，行政実務上は，行政指導により原因者負担主義が採られているという状態である．このような法状態の下では，土木工事等の遅延を回避するために，届出をしないで工事を実施し，遺跡等を破壊してしまうような事態になるのではないかと憂慮される（1981 年の日本土地法学会のシンポジウムにおける華山謙の発言参照（日本土地法学会編・前掲 164 頁))．直接本条に関係する問題とはいえないが，関連する問題として，ここで取り上げることにする．

2　周知の埋蔵文化財包蔵地における発掘調査費用と損失補償

(1)　周知の埋蔵文化財包蔵地の発掘調査費用の負担　　93条1項（旧57条の2第1項）は，土木工事等のために周知の埋蔵文化財包蔵地を発掘しようとする場合には，60日前までに文化庁長官に届け出なければならないことを，同条2項は，届出があった場合には，文化庁長官は発掘調査の実施等を指示することができることを規定している．法文上はこのようになっているが，実際には，届出がなされる前に，事業計画を知った時点で地方公共団体の担当職員が事業者側と折衝を重ねて，事前調査等について了解をとりつけ，事前調査が終了した段階で発掘届が出されるという取扱いになっている（椎名慎太郎「埋蔵文化財保護法制の構造と問題点」日本土地法学会編・前掲98頁参照）．

遺跡保護のための調査に要する費用の負担については，地方公共団体による発掘の経費に対する国の補助（99条4項）を除いて，特段の規定は置かれていない．行政実務上は，行政指導（旧57条の2第2項（現93条1項）および「埋蔵文化財関係の事務処理の迅速適正化について」（昭和56年2月7日付け文化庁次長通知）に基づく）によって事業者負担（原因者負担）として発掘調査が行われている（椎名・前掲104頁，内田「文化財保護法解説・各論（13）」自治研究60巻12号40頁（1984年），同「文化財保護法概説・各論（55）」自治研究68巻10号58頁以下（1992年），重松成美「埋蔵文化財包蔵地における発掘調査費の補償について」月刊用地1991年5月号28頁，西川卓秀「埋蔵文化財発掘調査費用原因者負担主義が土地利用に与える影響の研究」政策研究大学院大学『まちづくりプログラム』5頁以下（2015年）等参照）．

原因者負担制度は，1960年代に文化財保護委員会が当時の日本道路公団や日本住宅公団等の公共的開発事業主体と交わした覚書による方式を民間開発事業者にも準用したことから生まれた「慣行」である（椎名・前掲105頁，中村賢二郎『文化財保護制度概説』146頁（ぎょうせい，1999年．以下，「中村・概説」という）参照）が，原因者負担主義を採ることの理由は必ずしも明確なものではない．この理由について，文献の中には，次のように説くもの（内田・前掲（自治研究68巻10号）60頁）がある．すなわち，「原因者負担の論理は，周知の埋蔵文化財包蔵地の開発につき，現行法制が土地利用の自由を前提とするのに対し，これを根本的に修正するとみるべき保護思想に拠り，開発＝埋蔵文化財の破壊ととらえ，これは本来制限又は禁止されるべきものであって，やむをえない理由により開発事業を施行する場合は，当該事業の施行（予定）者が財

産権に内在する社会的制約として，保護の実施の代替的措置としての発掘調査の実施並びに記録の作成を中心とする措置を行うべきであるとすると解されるのである.」

しかし，発掘調査によって原因者が利益を得る場合は極めてまれであり，通常は調査費用は損失として発生することになる．その損失は，埋蔵文化財の発掘調査という公益の実現のために生じたものである．しかも，損失は，発掘調査費用の負担だけではなく，工事期間の延長に伴う各種の経済的負担（例えば，金利負担）という形でも生じうるのである（1981年の日本土地法学会のシンポジウムにおける華山謙の発言参照（日本土地法学会編・前掲164頁））．

(2) **府中市発掘調査費用負担損害賠償請求事件**　これに関する著明な事例を一つ紹介しておくことにしよう（判例の動向については，西川・前掲6～7頁参照）．原告は，3階建ビルの建替工事をしようとしたところ，その敷地が埋蔵文化財包蔵地であったため，東京都府中市の教育委員会の行政指導により工事を中止し，発掘調査をすることになり，その発掘調査を専門機関（遺跡調査会）に委託した．発掘調査に要した費用は約116万円であり，原因者負担として原告がこれを負担しなければならないことになった．そこで，原告は，事業者に費用を負担させるような行政指導は違法であるとして，国賠法1条1項に基づいて市に対して，調査費用のほか工事中断による損害を加えて合計約309万円の損害賠償を求める訴訟を提起した，という事案である．これは，損害賠償請求事件ではあるが，損失補償の問題としても参考になる事例である．

一審の東京地判昭和58・5・26（判例集不登載）は，市の行政指導に違法性はないとして請求を棄却した．控訴審の東京高判昭和60・10・9（判時1167号16頁）は，次のように判示して，原判決を是認している（確定．本判決の評釈として，原田尚彦「判批」ジュリ853号63頁（1896年），椎名「判批」法時58巻5号102頁（1986年），鈴木庸夫「判批」法教65号72頁（1986年），千葉勇夫「判批」判評326号38頁（1986年），須藤典明「判批」ひろば39巻5号55頁（1986年）等がある）．

「埋蔵文化財が，わが国の歴史，文化などの正しい理解のために欠くことのできない貴重な国民的財産であり，これを公共のために適切に保存すべきものであることはいうまでもないところであり，このような見地から，埋蔵文化財包蔵地の利用が一定の制約を受けることは，公共の福祉による制約として埋蔵文化財包蔵地に内在するものというべきである．文化財保護法は，埋蔵文化財

包蔵地に内在する右のような公共的制約にかんがみ、周知の埋蔵文化財包蔵地において土木工事を行う場合には発掘届出をなすべきことを義務付けるとともに、埋蔵文化財の保護上特に必要がある場合には、届出に係る発掘に関し必要な事項を指示することができることを規定しているものであり（同法57条の2〔現93条、筆者注〕）、右の指示は、埋蔵文化財包蔵地の発掘を許容することを前提とした上で、土木工事等により貴重な遺跡が破壊され、あるいは遺物が散逸するのを未然に防止するなど埋蔵文化財の保護上必要な措置を講ずるため、発掘者に対して一定の事項を指示するものであって、埋蔵文化財包蔵地における土木工事によって埋蔵文化財が破壊される場合には、埋蔵文化財の保存に代わる次善の策として、その記録を保存するために発掘調査を指示することは埋蔵文化財保護の見地からみて適切な措置というべきである。したがって、右のような発掘調査の指示がなされることによって、発掘者がある程度の経済的負担を負う結果になるとしても、それが文化財保護法の趣旨を逸脱した不当に過大なものでない以上、原因者たる発掘者において受忍すべきものというべきである。」

(3) **東京高判昭和60年判決の問題点**　　上記の事案は国賠法に基づく損害賠償請求事件ではあるが、損失補償請求事件として提起されていても、結論としてはほぼ同じような判断がなされたのではないかと思われる。同判決の骨子は、埋蔵文化財包蔵地の利用が一定の制約を受けることは公共の福祉による制約として埋蔵文化財包蔵地に内在するものであるから、経済的負担が本法の趣旨を逸脱した不当に過大なものでない限り、発掘者がそれを負う結果になるとしても、それは原因者たる発掘者において受忍すべきものである、ということにある。なるほど、損失の程度が軽微であれば、原因者がこれを負担することは受忍の限度内であるといってよい。しかし、発掘調査費用は相当の金額になるのが通常であるから、軽微といえる場合は極めてまれであろう。現に、本件においては116万円ほどかかっているのであり、この金額が「不当に過大なものとはいえない」というのは、社会通念に従った判断とは到底いえないものである（ただし、「工事の規模などよりみて、原告の負担がとりわけ過大だとはみなしえない」との見解（原田・前掲（ジュリ853号）66頁）もある。「不当に過大」の意味については、内田・前掲（自治研究68巻10号）69〜70頁参照）。

(4) **原因者負担制度の問題点**　　原因者負担の法的根拠としては、本法99条2項が挙げられている。しかし、これはあくまで任意の協力を求めるものであ

って，法的拘束力を有するものではない．また，仮にこれを法的根拠として認めたとしても，その場合には，憲法29条3項との整合性が問われることになる．もっとも，このことは，明文で原因者負担を法定したとしても，同じであろう．

前掲東京高判昭和60・10・9の判示するところによれば，「調査に要する費用は，原因者負担の見地から当該事業者負担とされているが，個人あるいは零細な企業が自己の用に供する建物を建築するような場合には通常地方公共団体が負担することとされている」とのことである．このような慣行であれば，前述の疑義はいくらかは解消するが，原因者負担主義が原則とされていることには変わりないから，依然として疑問が残ることになる（椎名『遺跡保存を考える』118頁以下（岩波書店，1994年）参照）．

実際にどのように処理されているのかは，実態調査をしなければ正確なところは不明であるが，文献においては，次のような事例が紹介されている．都市計画事業による道路拡幅のため神社の樹木・大鳥居等を残地に移転する工事を行うことになったが，この神社の境内地全体が埋蔵文化財包蔵地に指定されていたため，発掘調査が行われ，その費用負担が問題となった．本件は，相手方が個人あるいは零細な企業でなかったため，原因者負担の原則からすれば，当該神社の負担とされるべきところであったが，最終的には，「発掘調査費用は，土地収用に伴う通常生じる損失と判断し，当該神社に対し，調査費用を補償した」というものであった（重松・前掲26頁以下参照）．

(5) 「原因者負担」の用語の問題点　　原因者負担主義は，自然環境保全法37条や自然公園法59条等に明文で採用されている．それ故，本法に明文の規定はないにしても，類推して同じように解釈されるべきである，という見解があるかもしれない．しかし，これらの法条における原因者負担は，「その事業を必要ならしめる原因たる行為をなす者で，この場合に課せられる特別負担を普通に原因者負担と称する」という性質のものであり（柳瀬・公用負担法57頁），原因者に負担させることにそれなりの理由が認められるものである．これに対して，埋蔵文化財の発掘調査における原因者負担にあっては，原因者に負担させる理由は薄弱である．

そこで，文献においては，「原因者負担」という用語の使用は疑問であるとして，「それは『原因者負担』ではなく，土地の所有権者が土地の利用・開発に際して負うところの，危険の予防・回避義務に由来するもののようにおもわ

れる．いわば環境アセスメントの実施義務に類似した責務であるとみるのである」との見解（原田・前掲（ジュリ853号）67頁），あるいは，原因者負担で説明するよりも，文化遺産保存に関する特殊条理として裏付ける方が妥当であるとして，「この負担の原則は，遺跡や歴史的環境というような文化遺産が，それの存在する土地の所有権など経済的処分権とは別の価値をもち，土地所有者といえどもこれを勝手に処分してはならないという法理に裏付けられている．……いいかえれば，土地のもっている経済的価値とは別に環境的，文化的価値があり，それは土地所有者だけのものではないということである．遺跡がそれを包蔵する土地の経済的利用によって破壊されざるを得ないとしても，遺跡のもっている文化的価値は土地所有者だけのものではなく，国民共通のものであるから，これを記録という形で救い出す作業の費用は，その原因をなした事業者が一定限度までは負担するのが当然である」との見解（椎名「遺跡の危機と遺跡調査費用負担制度」山梨学院大学法学論集27号21頁（1993年．なお，同「発掘調査における費用負担問題」都市問題2013年9月号56頁以下参照）が説かれている．

　文献の中には，これを詳論して，開発事業者の発掘調査経費負担について，「関係者，就中文化庁の関係者が意図するところは，開発事業施行（予定）者＝埋蔵文化財の破壊（予定）者を記録保存の実施を必要ならしめる行為を行うもの（原因者）と把握し，その者が自ら，又はその者の責任と費用の負担において他の適当なものが発掘調査を行うべきであるとする記録保存を容認する保護思想に拠り，行政指導又は他の国の機関との協議その他の関係機関等との調整のための誘導・説得の論理を構成するところにあると理解すべきであろう」と述べた上で，自然公園法や河川法，道路法等における原因者負担を「原因者負担金」と称して，これと区別して，両者の相違点を指摘するもの（内田・前掲（自治研究68巻10号）58頁以下）もある．

　(6)　**原因者負担制度と財産権の保障**　　この問題は，財産権の保障（憲法29条）と密接に関係している．埋蔵文化財は，貴重な国民的財産であり，埋蔵文化財を包蔵する土地の所有者等は，埋蔵文化財を公共のために保存するよう努力しなければならない（本法4条2項）．しかし，他方では，政府・地方公共団体は，関係者の所有権その他の財産権を尊重しなければならない（同条3項）．文化財保護法のこのような規定は，文化財保護の要請と財産権尊重の要請が衝突することを予想して，文化財保護における公益と私益の調整を図ろうとした

第8章　文化財保護法関係

ものである（前述 776 頁参照）．

(7) **内在的制約説とその批判的検討**　しかし，論者によって重点の置き方が必ずしも一様ではない．文献をみると，例えば，初期のものであるが，次のように説くものがある．「文化財は所有者にとって他の一般財産と異なる意味を持つ貴重な財産であるが，同時にまたそれは上述した通り国民文化にとってなくてはならない重要な意義を持ち，この意味においてこれは単なる私有物ではなく，いわば国民的財産たるものということができる．所有者は，この貴重な国民的財産たる文化財を公共のために，国民に代って保存管理する責任と光栄を自覚し，細心の注意を払ってこれに当り，単なる私有物として独占することなく，その文化的活用に積極的熱意を持つことを本法は求めているのである．」（竹内＝岸田・前掲（『文化財保護法詳説』）77 頁）．

これは，国民の責務の面を強調したものであるが，その後の文献においても，これに近い見解が説かれている．その代表的なものをいくつか紹介すれば，「近年土地が他の財産とは違う公共性の強い財産であるとの認識が強くなるとともに，土地に関する諸種の権利を限定的に考える傾向が強くなっている．こうした事情の変化を考慮に入れてこの条文を解釈すべきであろう」との見解（椎名『精説文化財保護法』104 頁（新日本法規，1977 年）），「いわゆる原因者負担の原則は，ある土地が埋蔵文化財を包蔵しているのはその土地本来の属性であり，土地利用に当たって埋蔵文化財を破壊したり文化財としての保存，活用が不可能な状態にしてしまう場合には，最低限度その埋蔵文化財の記録を（破壊される埋蔵文化財のかわりとして）保存する措置をとることが，あたかも地質や地耐力の調査，軟弱地盤における特別な工法等が開発事業に不可欠であるのと同様に，不可欠の措置であることおよび保護の立場からは，埋蔵文化財は，破壊が許されないのはもちろんその調査も学術的動機によって計画されるまで行わないのが最も望ましいものであることを是認することにより成り立っている」との見解（和田勝彦「文化財保護制度概説」児玉幸多＝仲野浩編『文化財保護の実務〔上巻〕』166 頁（柏書房，1979 年）），「常識的にみても，埋蔵文化財は国民的財産である．であるから，これを包蔵する土地を開発しようとする者が，ある範囲でその保存と散逸防止のために調査等を行う責務をもつのは，いわば財産権に内在する制約であると解される」との見解（原田・前掲（ジュリ 853 号）66 頁），などがある．

このような考え方によれば，埋蔵文化財包蔵地の利用規制は，いわば「財産

権の内在的制約」であり，土地所有権等がある程度制限されるのはやむをえないということになる．府中市発掘調査費用負担損害賠償請求事件の前掲東京高判昭和 60・10・9 も，「埋蔵文化財包蔵地の利用が一定の制約を受けることは，公共の福祉による制約として埋蔵文化財包蔵地に内在するものというべきである」と判示していたところである．埋蔵文化財が国民的財産であることを考慮すれば，このような考え方にも一理あることは確かであろう．

しかし，埋蔵文化財のために包蔵地の利用規制が肯認されるべきであるとしても，それが財産権の内在的制約であるといえるか否かは，疑問のあるところである．内在的制約論は，無補償で財産権の規制を正当化する理論であるが，土地に埋蔵文化財が包蔵されていることが何故に内在的制約となるのか，その理由は必ずしも明確ではない．

(8) **原因者負担制度の適用制限説とその批判的検討**　それ故，前記の諸見解においても，原因者負担制度の適用を制限せざるをえないことになる．例えば，「埋蔵文化財の発掘調査は，文化財の発見・保存という，いわば国民的財産の確保・増大のために実施される作業である．であるから，そのための負担が，無定量に特定の土地所有者に課されるのは，不公平である．事業者が発掘調査のために負う経済的負担が，地権者として社会通念上受忍すべき限度をこえると認められるに至った場合には，これを土地所有権の内在的制約の範囲をこえる『特別の犠牲』と認め，その損失につき公費による補塡がなされねばならない」との見解（原田・前掲（ジュリ 853 号）68 頁），あるいは，「遺跡がそれを包蔵する土地の経済的利用によって破壊されざるを得ないとしても，遺跡のもっている文化的価値は土地所有者だけのものではなく，国民共通の財産であるから，これを記録という形で救い出す作業の費用は，その原因をなした事業者が一定限度までは負担するのが当然である．…〔しかし〕緊急調査においては，原因となった開発事業の種類や規模とは関係なく，多額の費用がかかることも当然ながらある．これを無制限に事業者に負担させることはできないはずである．そして，広く人類全体の利益のために行われる学術研究の経費は，一般的財源で負担するのが当然ともいえる．つまり，事業者負担は一定限度までで，その限度を越える部分は公費で負担する必要があるということになる」との見解（椎名・前掲（山梨学院大学法学論集 27 号）21 頁以下），などが説かれている．

原因者負担制度を制限しようとする見解は，憲法の財産権保障という視点からみて，妥当なものと評価することができる．しかし，ここまで原因者負担制

度を修正することになれば，実質的には原因者負担制度を否定するのと大差がないことになる．むしろ，原則的には，原因者負担制度を否定した上で，軽微な損失については受忍の限度内として土地所有者に負担させるという見解の方が，財産権保障との整合性を維持できるように思われる．

●3　補償の内容

1　「通常生ずべき損失」の補償

補償の内容（範囲）は，「通常生ずべき損失」（通損）の補償である．遺跡の現状変更・禁止と相当因果関係にある損失でなければならない．相当因果関係があるか否かは，個別具体的に社会通念によって客観的に判断される．個人的，主観的事情は考慮されない．この点では，これまで他の法条について述べてきたところとほぼ同じである．

2　工事の遅延等による損失

通常生ずべき損失としては，土木工事の遅延による損失（例えば，金利負担）や工事の遅延による営業利益の減少等が考えられる．しかし，現実には，前述したように，補償の実例は皆無に近い．

●4　補償の権利者・義務者

補償権利者は，現状変更行為の停止・禁止によって損失を受けた者である．補償義務者は国である．

●5　補償の手続・訴えの提起

補償の手続については，41条2項が，訴えの提起については同条3項・4項が準用される．41条については，第2款で考察したので，そちらを参照していただきたい．

第6款　史跡名勝天然記念物の現状変更の制限等による損失の補償

(現状変更等の制限及び原状回復の命令)
第125条
① 史跡名勝天然記念物に関しその現状を変更し，又はその保存に影響を及ぼす行為をしようとするときは，文化庁長官の許可を受けなければならない．ただし，現状変更については維持の措置又は非常災害のために必要な応急措置を執る場合，保存に影響を及ぼす行為については影響の軽微である場合は，この限りでない．
② 前項ただし書に規定する維持の措置の範囲は，文部科学省令で定める．
③ 第1項の規定による許可を与える場合には，第43条第3項の規定を，第1項の規定による許可を受けた者には，同条第4項の規定を準用する．
④ 第1項の規定による処分には，第111条第1項の規定を準用する．
⑤ 第1項の許可を受けることができなかつたことにより，又は第3項で準用する第43条第3項の許可の条件を付せられたことによつて損失を受けた者に対しては，国は，その通常生ずべき損失を補償する．
⑥ 前項の場合には，第41条第2項から第4項までの規定を準用する．
⑦ 略

1　本条の趣旨と要点

1　本条の趣旨

　本条は，史跡名勝天然記念物の現状を変更したり，その保存に影響を及ぼす行為をしようとする場合には文化庁長官の許可を受けなければならないことと，それが不許可になったり，許可に条件が付されたことによって損失が生じた場合には，通常生ずべき損失を補償すべきことを定めたものである．現状変更行為とは，現状に物理的変更を加える行為（建物の建築，開発行為等）をいい，保存に影響を及ぼす行為とは，物理的に現状に変更を及ぼすものではないが，文化財保護の見地からみて将来にわたり支障を来す行為をいう（奈良地判昭和48・6・4訟月19巻8号99頁）．本条の補償条項は，1975（昭和50）年の法改正により追加されたものであるが，この改正は，平城京事件（後述）を契機とし

たものである．

2　本条の要点

本条の要点は，補償の要否，補償の内容（範囲），補償の権利者・義務者，補償の手続，訴えの提起等である．補償の要否については，昭和50年の法改正により補償条項が追加されたものの，要否の基準についてはいまだに論争されている．その他の点については，判例・学説上の対立は見当たらない．補償の手続，訴えの提起については，41条2項～4項が準用されている．

●2　補償の要否

1　補償が必要となる場合

補償が必要となるのは，不許可によって，または許可に条件が付されたことによって損失が生じた場合である．損失が受忍限度内であれば，内在的制約として本条の規定によっても補償は不要であるが，受忍限度内であるか否かについては，慎重な判断が必要である．単なる内在的制約論では済まされない．

2　行政指導の実態

法改正により明文で法的根拠が設けられたにもかかわらず，現実にほとんど補償された事例がない．その理由は，現状変更等の計画段階または都道府県等の教育委員会に現状変更等の申請がなされた段階で行政指導が行われ，保護に配慮した計画変更や計画の中止を含む調整が行われるため，これらの調整を踏まえて変更された計画に基づき現状変更の許可申請がなされた場合には，現実にはそのほとんどが許可されるからである，といわれている（中村・概説114頁参照）．

しかし，行政指導に従ったことと補償の要否は，本来別個の問題である．行政指導に従って計画変更を行い，許可されたにしても，通常はやむをえず行政指導に従っただけであろうから，財産権者の犠牲の上で史跡名勝天然記念物が保存されるという状況は，不許可の場合とそれほど異ならない（椎名・前掲『遺跡保存を考える』）127頁参照）．土地は，現状変更等の制限により，その評価額が低下する場合が少なくないのである（中村・概説115頁参照）．

補償規定がありながら補償事例がないということであれば，ここでもまた補償規定自体の存在理由が問われることになる．史跡名勝天然記念物の保存に重

要な公益が認められるにしても，その公益のために特定個人の財産権が犠牲にされてよいはずはないから，補償規定が存することには問題はない．問題があるとすれば，それは，補償規定が存するにもかかわらず，現実には補償しないような運用を行っている行政実務の在り方であろう．補償のための予算がないからであるとすれば，予算上の措置を講じることが緊要な課題であるが，そのためにも損失補償の重要性が認識されなければならない．

3 判例の動向
1 平城京事件
(1) **事案の概要**　損失補償請求事件ではないが，損失補償の要否が争点の一つとなっていた著名な事件として平城京事件がある．特別史跡平城宮跡に含まれる土地の上に本法80条1項（現125条1項）の規定による許可を受けずに住宅（貸家）を建築したため，文化庁長官から同条5項（現125条7項）の規定に基づいて建物の撤去（原状回復）を命じられた者が，この処分の取消しを求めた原状回復命令取消請求事件である．

(2) **判決**　一審の前掲奈良地判昭和48・6・4は，本件建物の建築は現状変更行為に該当するとした上で，被告（文化庁長官）の行った処分は適法であるとして請求を棄却した．そこで，一審原告は，控訴審において新たに，古都保存法や自然公園法等には不許可補償の規定があるが，本条はこのような規定を欠いており，憲法29条に違反し違憲無効である，と主張した．控訴審の大阪高判昭和49・9・11（訟月20巻12号87頁）は，原審の判断をほぼ是認して控訴を棄却した上で，補償要否の基準について次のように付加している．

「原告は，原告所有の本件土地は，文化財保護の名の下に，土地利用の自由を奪われ，所有権の内容を空虚なものと化せしめており，かかる規制は補償なくしては行ない得ないと主張する．なるほど文化財保護法もしくはこれに基く文化庁長官の指示命令により特別史跡の土地所有権に対し現状変更行為が禁止されるときは，田，畑，草地その他従来の土地使用関係（原審における原告本人尋問の結果によれば本件土地は従前は田であった．）以外の使用目的をもってする権利行使の自由が制限されることにより消極的損害が生ずる可能性があるが，土地所有者に対する不作為義務を課する規範の設定は，まずもって文化財を構成する財産権自体に内在する社会的制約の反映というべきであるから，この程度の使用制限があっても，必ずしも常に損失補償を要すると解すべきではない．

811

もっともこれにより土地の有効利用を本質とする土地所有権の内容が形骸化するおそれがある程度にまで，社会的制約を超える特別の負担を課するときは，所論のとおり損失補償の要否が検討されなければならない．けれども，元来土地は，国土を形成する物体として，これを対象とする権利は公共の福祉に適合するように法律をもっていかようにでもその内容を定められるべきものであり，文化財保護法が前叙の目的をもって文化財の現状変更行為を禁止したからといって，そのゆえに，直ちに違憲の法律ということはできない．同法により土地所有権行使の自由が，著るしく制限され事実上剥奪される場合であれば，土地所有権者は，憲法29条3項により直接国に対し正当な補償を請求し得べきであるから，法80条1項が現状変更行為を禁止する代償として，補償の規定をおかなかったからといって，これをもって違憲無効の法律ということはできない.」

上告審の最判昭和50・4・11（訟月21巻6号1294頁）は，次のように述べて原審の判断を是認し，上告を棄却している．

「公共のためにする財産権の制限が一般的に当然受忍すべきものとされる制限の範囲をこえ，特定の人に対し特別の犠牲を課したものである場合には，これについて損失補償を認めた規定がなくても，直接憲法29条3項を根拠として補償請求をすることができないわけではなく，右損失補償に関する規定を欠くからといって，財産権の制限を定めた法規自体を直ちに違憲無効というべきでないことは，当裁判所大法廷判例（昭和37年（あ）第2922号同43年11月27日判決・刑集22巻12号1402頁）の趣旨とするところである．そして，史蹟名勝天然記念物に関しその現状変更を制限した文化財保護法80条は，右制限によって生じた損失につきあらゆる場合に一切の損失補償を否定する趣旨のものとは解されないから，その損失補償に関する規定を欠くことをもって，直ちに同条を違憲無効とすることはできない.」

(3) **判例の検討**　前掲最判昭和50・4・11は控訴審判決を是認したものであるから，前掲大阪高判昭和49・9・11を中心にして検討することにする．同判決は，先に紹介したように，「土地所有権の内容が形骸化するおそれがある程度」にまで制限が及ぶ場合には，損失補償の要否について検討されなければならないと述べているが，同時に，「元来土地は，国土を形成する物体として，これを対象とする権利は公共の福祉に適合するように法律をもっていかようにでもその内容を定められるべきであ〔る〕」とも述べている．このような

視点が,「土地所有者に対する不作為義務を課する規範の設定は, まずもって文化財を構成する財産権自体に内在する社会的制約の反映というべきである」との考え方に結びついているのである.

しかし, 文化財保護のために土地の利用制限が必要であり, この種の制限が憲法に違反するものではないとしても, そのことと補償の要否は別個の問題である. 文化財保護のための制限が積極的な公益目的から出ている以上は, 単に財産権に内在する社会的制約であるとして済ますことはできないであろう. 判例評釈等の中には,「たしかに, 指定前からの用法は続けることができるのだから, それで満足している限りは, 損失もない, といってよいだろう. しかし, 本件の場合がそうであるように, 従来農地であったものを, 宅地化すれば, より大きな収益を挙げうるという状況が生じてきたときに, それが妨げられて実現できない, というのは, 積極的な損失と実質的に異なるところのない損失なのである」との批判 (今村・人権叢説 243 頁. 同旨, 仁平先麿「判批」國士舘法學 6 号 184 頁以下 (1974 年)) がある. また,「本来, 個人の私有財産権に属する私物を, 国民全体の共同財産たる文化遺産として保存するためにその私権の行使を制限・禁止することは, 公用収用と, ことがらの性質は全く同じであるから, 補償を必要とすることは当然のことである」と説くもの (渡辺・財産権論 214 頁) もある. いずれも傾聴すべき見解である.

大阪高判昭和 49・9・11 の補償要否基準論についてはこのような疑問があるが, ただ, 同判決の結論については賛意が表されてよいであろう. 直接憲法 29 条 3 項に基づく補償請求の可能性に言及するまでもなく, 本件においては, 被告は原告に対し自主的撤去の要請と, その撤去費用の国側負担の申入れをし, さらに本件土地の買上げについても具体的な交渉を進めていたということであるから, 実質的には損失の補償に相当するものを提示していたものと考えることができる.

2 森林法・文化財保護法損失補償請求事件

(1) **事案の概要**　森林法上の損失補償の箇所でも紹介した (前述 689 頁) が, 本件は文化財保護法上の事件でもあるので, 再度取り上げることにする.

事案は, 森林法に基づく保安林および文化財保護法に基づく史跡名勝に各指定されている土地につき石材採取の不許可処分がなされたので, 森林法 35 条と文化財保護法 81 条 2 項の類推適用 (昭和 50 年の法改正による 80 条 5 項 (現 125 条 5 項) の追加以前の事件であるため) に基づき国に対して損失補償の請求

(2) **判決** 津地判昭和 52・3・11（訟月 23 巻 3 号 516 頁）は, 結論において, 本件土地からの石材採取は経済的に採算が合わず, 不許可処分によって「通常生ずべき損失」が発生しているとはいえないとして, 請求を棄却したが, 補償要否の基準については, 次のように判示している（本法に関する箇所のみ紹介する）．「本件土地が史跡名勝としてのみ価値があり, 他に何らの財産的価値のないような場合は格別, 本件土地には後記のとおりその内部に多量の花こう岩を埋蔵していることが窺われ, また前記の事実から採石を目的として取引がなされたものと推認される本件土地についてまで, これをそのままの姿で保存して現状を変更しないことが国民すべての責務であることは解せられず, 前説示したところによれば, 本件土地からの花こう岩の採取が禁止されるということは, 本件土地所有権に内在する社会的制約を越えた特別の負担というべきであるから, 被告の右主張は採るをえない．」

(3) **判例の検討** 前掲津地判昭和 52・3・11 は, 被告国が「不許可は, 現在の利用に対して新たな犠牲を負わせるものではなく, 不許可にかかわらず現在の利用状態を継続することは自由」であるから受忍すべき範囲内にある, と主張したことに対して,「これをそのままの姿で保存して現状を変更しないことが国民すべての責務であることは解せられ〔ない〕」と判示したものである．これは, いわば当然のことを述べたものであるが, 自然公園法上の損失補償請求事件の裁判例でみたように（前述 653 頁以下参照）, 原状を固定するにすぎない場合には補償は不要であるとするものが多い中では, 注目すべき裁判例であると評価することができる．

● 3　補償の内容

1 「通常生ずべき損失」の補償

補償の内容は,「通常生ずべき損失」（通損）の補償である．史跡名勝天然記念物の現状変更の制限・禁止と相当因果関係にある損失でなければならない．相当因果関係があるか否かは, 個別具体的に社会通念によって客観的に判断される．個人的, 主観的事情は考慮されない．この点では, これまで他の法条について述べてきたところとほぼ同じである．

2 「通常生ずべき損失」の発生事例

　史跡名勝天然記念物に関してその現状を変更し，またはその保存に影響を及ぼす行為をしようとして不許可になった場合に，これによって通常生ずる損失とは，具体的にどのようなものがあるのか，想定することは必ずしも容易ではない．前掲の平城京事件を素材にして考えてみると，前掲大阪高判昭和49・9・11も，当該土地の従前の使用目的（当該土地は従前は田であった）以外の使用目的による権利行使が制限されることにより，「消極的損害」が生ずる可能性を認めている．ただ，同判決は，この程度の使用制限があっても，それは財産権自体に内在する社会的制約の範囲内の反映であり，補償を要しないと説示している．しかし，土地を従前の使用目的に従って利用できる限り補償は不要であるというのは，一種の状況拘束性の理論による考え方であり，状況拘束性の理論に疑問があることは，先に指摘したとおりである（前述82頁以下．なお，今村・人権叢説243頁参照）．消極的損害（逸失利益），あるいは期待利益といえども，当該土地の将来計画が不合理でなければ，補償の対象となりうるものと解すべきである．場合によれば，地価の低下も予想されるから，地価の低下分が補償の対象にされることもありうるであろう．

●4　補償の権利者・義務者

　補償権利者は，許可を受けることができなかったことにより，または許可に条件を付せられたことにより損失を受けた者である．補償義務者は国である．

●5　補償の手続・訴えの提起

　補償の手続については，41条2項が，訴えの提起については同条3項・4項が準用されている．41条については，第2款で解説したので，そちらを参照していただきたい．

第7款　史跡名勝天然記念物の保存のための行為制限等による損失の補償

> （環境保全）
> 第128条
> 　① 文化庁長官は，史跡名勝天然記念物の保存のため必要があると認めるとき

第 8 章　文化財保護法関係

> は，地域を定めて一定の行為を制限し，若しくは禁止し，又は必要な施設を することを命ずることができる．
> ②　前項の規定による処分によつて損失を受けた者に対しては，国は，その通常生ずべき損失を補償する．
> ③　第 1 項の規定による制限又は禁止に違反した者には，第 125 条第 7 項の規定を，前項の場合には，第 41 条第 2 項から第 4 項までの規定を準用する．

● 1　本条の趣旨と要点

1　本条の趣旨

本条は，史跡名勝天然記念物の保存のための行為制限等と，それによる損失の補償について定めたものである．本条における行為制限等は，史跡名勝天然記念物それ自体の現状変更の規制ではなく，その環境を保全するための土地利用制限である．

2　本条の要点

本条の要点は，補償の要否，補償の内容（範囲），補償の権利者・義務者，補償の手続，訴えの提起等である．補償の要否については，具体的に論じられてはいないが，自然環境保全法や自然公園法等と同様の問題状況にあるのではないかと思われる．補償の手続と訴えの提起については，41 条 2 項〜 4 項が準用されている．いずれの点についても，判例・学説上の対立は見当たらない．

● 2　補償の要否

この補償については，文献において，「重要文化財や史跡名勝天然記念物の保存や環境保全のための制限は，当該財産権が従来有していた本来の社会的機能とは無関係に偶然に課せられるものであり，これによって財産上の損失を生じる場合には補償が与えられてしかるべきである．……この補償は，当該財産権の効用とは無関係の，いわば外在的な理由に基づく制限に対するものであって，憲法上補償を要する場合にあたるものといえよう」と説かれている（秋山・国家補償法 170 〜 171 頁．なお，重要文化財の環境保全についてであるが，今村・制度研究 31 頁参照）．

補償が必要となるのは，史跡名勝天然記念物の保存のため，地域を定めて一定の行為が制限・禁止され，または必要な施設をすることを命じられたことによって損失が生じた場合である．財産権に内在する社会的制約を超えた損失であることを要するが，ここでもまた，その範囲を超えているか否かの基準について論議されるものと思われる．

3　補償の内容

1　「通常生ずべき損失」の補償

　補償の内容（範囲）は，「通常生ずべき損失」（通損）の補償である．史跡名勝天然記念物保存のための行為制限等と相当因果関係にある損失でなければならない．相当因果関係があるか否かは，個別具体的に社会通念によって客観的に判断される．個人的，主観的事情は考慮されない．この点では，これまで他の法条について述べてきたところとほぼ同じである．

2　「通常生ずべき損失」の発生事例

　補償の実例が見当たらないので，通常生ずべき損失としてどのようなものがあるかは，必ずしも明確ではない．「地域」には史跡名勝天然記念物の周辺の土地も含まれるから，周辺の土地の権利者が行為制限等によって被った損失が補償の対象となる（今村・人権叢説230頁）が，将来計画による期待利益が補償されるためには，その計画がある程度確実で外部においても予期されるものであることを要するであろう．

4　補償の権利者・義務者

　補償権利者は，一定の行為の制限・禁止を受け，または必要な施設の設置を命ぜられることにより損失を被った者である．補償義務者は国である．

5　補償の手続・訴えの提起

　補償の手続については，41条2項が，訴えの提起については同条3項・4項が準用される．41条については，第2款で解説したので，そちらを参照していただきたい．

第3節　古都保存法

第1款　概説

●1　本法の趣旨

1　本法の沿革

　古都における歴史的風土の保存に関する特別措置法（古都保存法. 本節においては, 以下「本法」という）は, 乱開発から鎌倉や京都等の古都を守ろうとする市民運動を背景として, 1966（昭和41）年に議員立法として制定された. 古都における歴史的風土を保存するために, 歴史的風土地区の指定, 地区内の開発行使の制限, 土地所有者への損失補償等について定めたものである.

2　本法の目的

　本法は, 1条において,「この法律は, わが国固有の文化的資産として国民がひとしくその恵沢を享受し, 後代の国民に継承されるべき古都における歴史的風土を保存するために国等において講ずべき特別の措置を定め, もつて国土愛の高揚に資するとともに, ひろく文化の向上発展に寄与することを目的とする.」と規定している.

3　本法の関連法令

　本法の関連法令としては, 文化財保護法, 明日香法, 歴史まちづくり法, 都市計画法等がある. 明日香法は, 古都保存法の理念を維持しながらも, 住民の生活環境の向上という新たな視点を加味して, 古都保存法の特例および国等において講ずべき特別の措置を定めることを目的として制定されたものである.

●2　本法の構成

　本法は, 上記の目的を達成するため, 種々の仕組みを設けている. 損失補償に関係するもので, その主要なものを次に取り上げることにする.

1　用語の定義

　1　**古都**　　古都とは, 我が国往時の政治, 文化の中心等として歴史上重要

な地位を有する京都市，奈良市，鎌倉市および政令で定めるその他の市町村をいう（2条1項）．現在，政令により，8市1町1村が古都に指定されている．

2 歴史的風土　歴史的風土とは，我が国の歴史上意義を有する建造物，遺跡等が周囲の自然的環境と一体をなして古都における伝統と文化を具現し，形成している土地の状況をいう（2条2項）．

2 歴史的風土保存区域

1 歴史的風土保存区域の指定　国土交通大臣は，所定の手続を経て，古都における歴史的風土を保存するために必要な土地の区域を「歴史的風土保存区域」として指定することができる（4条1項）．

2 歴史的風土保存区域内での行為制限　歴史的風土保存区域（特別保存地区を除く）内においては，次に掲げる行為をしようとする者は，非常災害のために必要な応急措置等を除いて，政令で定めるところにより，あらかじめ府県知事（指定都市においては市長．以下同じ）に届け出なければならない（7条1項）．①建築物その他の工作物の新築・改築・増築，②宅地の造成，土地の開墾その他の土地の形質の変更，③木竹の伐採，④土石類の採取，⑤そのほか，歴史的風土の保存に影響を及ぼすおそれのある行為で政令で定めるもの，である．

府県知事は，上記の届出があった場合において，歴史的風土の保存のため必要があると認めるときは，当該届出をした者に対して，必要な助言・勧告をすることができる（同条2項）．

3 歴史的風土保存計画

1 歴史的風土保存計画の決定　国土交通大臣は，歴史的風土保存区域の指定をしたときは，所定の手続を経て，当該歴史的風土保存区域について，歴史的風土の保存に関する計画（歴史的風土保存計画）を決定しなければならない（5条1項）．

2 歴史的風土保存計画に定めるべき事項　歴史的風土保存計画には，次の事項が定められる．①歴史的風土保存区域内における行為の規制その他歴史的風土の維持保存に関する事項，②歴史的風土の保存に関連して必要とされる施設の整備に関する事項，③「歴史的風土特別保存地区」（6条参照）の指定の基準に関する事項，④土地の買入れに関する事項，である（5条2項）．

4 歴史的風土特別保存地区

1 特別保存地区の定め　府県知事は，歴史的風土保存区域内において，歴史的風土の保存上，当該歴史的風土保存区域の枢要な部分を構成している地域について，歴史的風土保存計画に定める基準に基づき，都市計画に「歴史的風土特別保存地区」（特別保存地区．都市計画法8条1項10号参照）を定めることができる（6条1項）．

2 特別保存地区内の行為制限　特別保存地区内においては，次に掲げる行為は，非常災害のため必要な応急措置として行う行為等を除いて，府県知事の許可を受けなければならない．①建築物その他の工作物の新築・改築・増築，②宅地の造成，土地の開墾その他の土地の形質の変更，③木竹の伐採，④土石類の採取，⑤建築物その他の工作物の色彩の変更，⑥屋外広告物の表示・掲出，⑦そのほか，歴史的風土の保存に影響を及ぼすおそれのある行為で政令で定めるもの，である（8条1項）．この許可には，歴史的風土を保存するため必要な限度において，期限その他の条件を付することができる（同条5項）．府県知事は，歴史的風土の保存のため必要があると認めるときは，許可を受けず，または許可に付された条件に違反した者に対して，その保存のため必要な限度において，原状回復を命じ，または原状回復が著しく困難である場合に，これに代わるべき必要な措置をとるべき旨を命ずることができる（同条6項）．

●3　本法上の損失補償規定

1 損失補償条項

本法は，損失補償については，9条において特別保存地区内の行為制限による損失の補償について定めているほか，11条において「土地の買入れ」について規定している．ここでの土地の買入れは，損失補償の代替的機能を果たすものといってよい．

2 土地の立入り等による損失補償条項の不存在

本法は，18条において「報告，立入調査」について規定している．同条は，その1項において，府県知事は歴史的風土の保存のため必要があると認めるときは，要許可行為の実施状況等について報告を求めることができることを，その2項において，府県知事は許可権限を行使するため必要があると認めるときは，その職員をして特別保存地区内の土地に立ち入り，その状況を調査させ，

または要許可行為の実施状況を調査させることができることを規定している．しかし，立入調査等による損失については，補償の規定が見当たらない．前述の文化財保護法上の実地調査による損失については補償規定が置かれている（同法55条3項，131条2項）のに対して，本法上に補償規定が置かれていないことの理由は，必ずしも明確とはいえない．本条による立入調査によっては損失は発生しないか，発生しても軽微で受忍限度内にあるという考慮からかもしれない．ただ，いずれにしても，直接憲法29条3項に基づいて補償の請求ができるとの判例・通説の立場からすれば，それほど実益のある論議ではないであろう．

3　国による費用の負担および補助

　国は，損失の補償および土地の買入れに要する費用については，政令で定めるところにより，その一部を負担する（14条1項）．

第2款　特別保存地区内における行為制限による損失の補償

（損失の補償）
第9条
① 前条第1項の許可を得ることができないため損失を受けた者がある場合においては，府県は，その損失を受けた者に対して通常生ずべき損失を補償しなければならない．ただし，次の各号の一に該当する場合における当該許可の申請に係る行為については，この限りでない．
一　前条第1項の許可の申請に係る行為について，第10条に規定する法律（これに基づく命令を含む．以下この号において同じ．）の規定により許可を必要とされている場合において，当該法律の規定により不許可の処分がなされたとき．
二　前条第1項の許可の申請に係る行為が社会通念上特別保存地区に関する都市計画が定められた趣旨に著しく反すると認められるとき．
② 前項の規定による損失の補償については，府県知事と損失を受けた者とが協議しなければならない．
③ 前項の規定による協議が成立しない場合においては，府県知事又は損失を

受けた者は，政令で定めるところにより，収用委員会に土地収用法（昭和26年法律第219号）第94条の規定による裁決を申請することができる．

●1　本条の趣旨と要点

1　本条の趣旨

本条は，特別保存地区内における行為制限によって生じた損失について，府県（指定都市においては市．以下同じ）が通常生ずべき損失を補償すべきことを定めたものである．いわゆる不許可補償の規定であり，憲法29条3項の趣旨を具体化したものである．

2　本条の要点

本条の要点は，補償の要否，補償の内容（範囲），補償の権利者・義務者，補償の手続，訴えの提起等である．いずれの点についても，判例・学説上の対立は見当たらない．

●2　補償の要否

1　補償が必要な場合

補償が必要となるのは，特別保存地区での要許可行為について不許可になり，それによって損失が生じた場合である．

2　補償が不要な場合

ただし，次のいずれかに該当する場合には，補償は不要とされる．すなわち，①許可の申請に係る行為について，10条に規定する法律（これに基づく命令を含む）の規定により許可を必要とされている場合において，当該法律の規定により不許可の処分がなされたとき，②許可の申請に係る行為が社会通念上特別保存地区に関する都市計画が定められた趣旨に著しく反すると認められるとき，である．同種の規定は，景観法24条や都市緑地法10条にも見出すことができる．

上記のうち，やや問題となるのは②の場合についてである．この趣旨は理解できないでもないが，どのような場合がこれに該当するのか，必ずしも明確で

はない．「社会通念」が判断基準とされているから，これによって客観性を確保しようとするもののようであるが，社会通念は立場によって相違することもありうるのである．

このような補償不要の考え方は，自然公園法等における開発不許可補償についての「申請権の濫用」の理論と発想を同じくするものである．現に，自然公園法上の不許可補償についての裁判例（前述653頁以下参照）をみると，申請権の濫用法理を適用するに当たり，本法（古都保存法）9条1項2号を類推適用しているものがある（東京地判昭和57・5・31行集33巻5号1138頁，東京高判昭和63・4・20行集39巻3＝4号281頁）．申請権の濫用法理の問題点については，前述したところを参照していただきたい（663頁）．

3 補償の実態

補償の規定が置かれているが，実際に本条に基づいて補償された事例があるのかどうか，あるとしてどのくらいあるのかは，必ずしも定かではない．おそらく，皆無に近いのではないかと思われる．その理由としては，①行政指導により計画が中止・変更されていること，②補償よりも，次に説明する「土地の買入れ」の方が，問題の解決に有効であること，などが考えられる．

3 補償の内容

1 「通常生ずべき損失」の補償

補償の内容（範囲）は，「通常生ずべき損失」（通損）の補償である．不許可と相当因果関係にある損失でなければならない．相当因果関係があるか否かは，個別具体的に社会通念によって客観的に判断される．個人的，主観的事情は考慮されない．この点では，これまで他の法条について述べてきたところとほぼ同じである．

2 「通常生ずべき損失」の具体的事例

補償の実例が見当たらないので，通常生ずべき損失としてどのようなものがあるかは，必ずしも明確ではない．住宅の新築・改築・増築を計画していたが不許可になった場合を例にとれば，建築計画作成に要した費用（例えば，建築工務店に支払った図面作成等の諸費用）が考えられる．しかし，8条1項但書は，「当該特別保存地区に関する都市計画が定められた際すでに着手している行

為」は除外すると規定しているので，現実に損失が発生することは稀ではないかと思われる．

3 国による費用の負担

本条による損失の補償について，14条1項は，「国は，第9条の規定による損失の補償及び第11条の規定による土地の買入れに要する費用については，政令で定めるところにより，その一部を負担する．」と規定している．本法施行令10条は，「国が法第14条第1項の規定により負担する金額は，法第9条の規定による損失の補償又は法第11条の規定による土地の買入れに要する費用の額に10分の7（第二種歴史的風土保存地区にあつては，2分の1）を乗じて得た額とする．」と規定している．

●4 補償の権利者・義務者

補償権利者は，許可を得ることができないことにより損失を受けた者である．補償義務者は府県（指定都市においては市）である．

●5 補償の手続・訴えの提起

1 補償の手続

1 当事者の協議 損失の補償については，府県知事（指定都市にあっては市長）と損失を受けた者が協議して定める．協議の対象となるのは，損失の発生の有無，因果関係，補償額，補償の方法，補償の時期等である．協議が成立すれば，当事者間で私法上の契約が締結されたことになり，一般の民事契約の法理に従って処理されることになる（収用法94条についての前述403頁参照）．

2 収用委員会の裁決 協議が成立しない場合は，当事者はいずれからでも，政令の定めるところにより，収用法94条（2項）の規定により収用委員会に裁決の申請をすることができる．裁決の申請は，申請者の氏名・住所，相手方の氏名・住所，損失の事実，損失の補償の見積額・内訳等を記載した裁決申請書を収用委員会に提出することにより行う．本条の協議および裁決を経ることなく，補償を求めて直接出訴することはできない（裁決前置主義）．

2 訴えの提起

収用委員会の裁決に不服がある場合に，裁判所に訴えを提起することができ

るか否かについては，本条に別段の定めは置かれていない．本条は，収用法94条の規定による収用委員会への裁決申請について定めているだけである．しかし，法律上の争訟である限り，最終的には裁判所の判断を求めることができるはずである．この場合には，収用法133条の規定が適用ないし類推適用されるが，出訴期間については，収用法133条2項の特則を定めている同法94条9項の規定によらなければならない．94条2項の規定により収用委員会への裁決の申請が認めれているのであるから，訴えの提起についても同条9項の規定が準用されるものと解すべきであろう（前述532頁参照）．したがって，収用委員会の裁決に不服がある者は，裁決書の正本の送達を受けた日から60日以内に，損失があった土地の所在地の裁判所に訴えを提起することができる．

第3款　特別保存地区内の土地の買入れ

（土地の買入れ）
第11条
　①　府県は，特別保存地区内の土地で歴史的風土の保存上必要があると認めるものについて，当該土地の所有者から第8条第1項の許可を得ることができないためその土地の利用に著しい支障をきたすこととなることにより当該土地を府県において買い入れるべき旨の申出があつた場合においては，当該土地を買い入れるものとする．
　②　前項の規定による買入れをする場合における土地の価額は，時価によるものとし，政令で定めるところにより，評価基準に基づいて計算しなければならない．

● 1　本条の趣旨と要点

1　本条の趣旨

　本条は，特別保存地区内の土地で歴史的風土の保存上必要があると認めるものについて，府県（指定都市にあっては市．以下同じ）がその土地を買い入れる場合の手続と価額について定めたものである．これまで述べてきたように（前述43頁等参照），土地の買入れは，損失補償の代替的機能を有するものである．類似の規定は，都市緑地法17条，都市再開発法7条の6等にも置かれている．

2 本条の要点

本条の要点は、買入れの要件・手続、買入れ価額等である。いずれの点についても、判例・学説上の対立は見当たらない。

●2 土地の買入れの要件・手続

1 買入れの要件

1 歴史的風土の保存上必要がある土地　買入れの対象となる土地は、特別保存地区内の土地で、歴史的風土の保存上必要があると認める土地である。保存上必要であるか否かは、府県が判断することになる。

2 8条1項の許可を得ることができないこと　「当該土地の所有者から」となっているので、当該土地の借地権者等が許可を受けることができない場合は、これに該当しない。買入れの申出を行うことができるのは、当該土地の所有者のみである。

3 土地の利用の著しい支障　許可を得ることができないため、その土地の利用に著しい支障を来すこととなることが要件とされている。土地の利用に著しい支障を来す場合としては、従来利用していた目的に供することは可能であるが、それには極めて多くの不便を受忍しなければならないような場合、あるいは、従来利用していた目的に供するためには多額の費用を要するような場合が考えられる。

2 買入れの手続

1 買入れの申出　土地の買入れは、当該土地所有者からの買入れの申出により行われる。申出の相手方は府県である。

2 買入れについての裁量　上記の要件を充足し、買入れの申出があった場合に、府県が買入れに応じなければならないかどうかについては、必ずしも定かではない。買入れの申出は、「買取請求」（例えば、都市計画法52条の4）とは異なり、一般に、形成権ではないと解されているから、買い入れるか否かについては、裁量の余地があることになる（前述45頁、472頁参照）。ただ、都市計画法56条1項や都市再開発法7条の6第3項等が「土地の買取り」について、「特別の事情がない限り」となっているのに対して、本条1項にはそのような文言は置かれていない。裁量の余地があるとしても、それは極めて狭いものであり、通常は買い入れる義務があるものと解すべきであろう。

3　買入れの価額

1　時　価

　買入れの価額は,「時価」であり,政令で定める評価基準に基づいて算定される. 施行令によれば, これは, 近傍類地の取引価額等を考慮して算定した相当な価額であり, 価額を算定するに当たっては, 不動産鑑定士その他の土地の鑑定評価について特別の知識経験を有し, かつ, 公正な判断をすることができる者に評価させなければならない（施行令9条）.

2　時価についての争い

　時価について当事者間の協議で一致しない場合については, 価額の裁決を収用委員会に申請できるとする規定は置かれていない. この点については, 都市計画法56条や都市再開発法7条の6, 都市緑地法17条等と同じである. 最終的には, 訴訟で争うほかはない.

3　国庫負担額

　国は, 土地の買入れに要する費用について, 政令で定めるところにより, その一部を負担する（14条1項）. 施行令によれば, 国の負担する金額は, 土地の買入れに要する費用の額に10分の7（第二種歴史的風土保存地区にあつては, 2分の1）を乗じて得た額とされている（施行令10条）.

4　買入れの実態

本条に基づく買入れは, 多くの古都において実施されている. 例えば, 京都市では, 平成28年度末現在, 特別保存地区2,861 haのうち286 haが買い入れられている（京都市ウェブサイト）.

第9章　災害防止法関係

第1節　概　説

1　災害防止法関係

　災害防止法関係として，ここでは，災害対策基本法，消防法，水防法，河川法，砂防法，海岸法，宅地造成等規制法，地すべり等防止法，急傾斜地法，土砂災害防止法における損失補償規定を取り上げる．これらの法律は，いずれも災害の防止や国土の保全を主目的にしたものである．

　そのほか，本章においては，道路法上の損失補償規定についても考察する．道路法自体は災害防止を目的としたものではないが，非常災害時における土地の一次使用等による損失の補償について定めている（69条）．また，同法は，「道路の新設又は改築に伴う損失の補償」についても定めており（70条），これについては著明な判例もあるので，便宜上，ここで取り上げることにしたい．

　災害の防止は，国民の生命・身体の保護のためには必須のものである．憲法が保障する国民の幸福追求権（憲法13条）は，あらゆる災害の危険から国民を保護することによって実現される．そのためには，国民の財産権が収用・使用され，あるいはその行使が制限されてもやむをえない．しかし，それによって特定の国民が特別の犠牲を被った場合には，その損失に対しては，「正当な補償」がなされなければならない．これもまた，憲法29条3項が命じているところである．

2　災害防止法関係における損失補償

　上記の諸法律は，災害防止のために国民の財産等に対する種々の規制権限を定めているが，他方では，それによる損失に対する補償をも定めている．各法律における損失補償の規定は一様ではないが，それでも共通しているところも少なくない．共通する補償条項としては，①土地の立入り補償，②応急公用負担補償，③災害防止業務に従事した者が死亡・負傷した場合等の補償等につい

てである．①と②の補償は「通常生ずべき損失の補償」であり，③の補償は，死亡・負傷等による「損害の補償」である．

災害防止法関係の法律の中には，不許可になった場合の損失補償の規定を設けていないものが多い．また，規制権限の行使による場合も，損失補償の規定を設けていないものが少なくない．これは，おそらく，不許可は災害防止のためであり，規制権限の行使も災害防止のためであるから，それによる損失は内在的制約として受忍限度内にあるということによるものと思われる（小高・行政法各論223頁，生田長人「土地利用と防災」論究ジュリ『特集・土地法の制度設計』48～49頁（2015年）参照）．

第2節　災害対策基本法

第1款　概　説

● 1　本法の趣旨

1　本法の沿革

我が国は，地震や台風等，自然災害の多い国である．戦後においても，昭和南海地震，カスリーン台風，福井地震等の大きな自然災害が相次いで発生した．災害対策基本法（以下，本節において「本法」という）は，1959（昭和34）年9月の伊勢湾台風被害を契機として，1961（昭和36）年に制定された．それまでの各種の災害特例法を一本化しようとしたものである（防災行政研究会編『逐条解説災害対策基本法〔第3次改訂版〕』1頁以下（ぎょうせい，2016年．以下，「防災行政研究会編・逐条解説」という），津久井進『大災害と法』11頁，32頁（岩波書店，2012年）参照）．

2　本法の目的

本法は，災害防止対策についての基本を定めたものである．災害防止対策については，消防法，水防法，河川法，砂防法等の多数の法律が定めているが，本法は，それらの法律に対する一般法としての地位を有している（防災行政研究会編・逐条解説404頁参照）．

1条は，「この法律は，国土並びに国民の生命，身体及び財産を災害から保

護するため，防災に関し，基本理念を定め，国，地方公共団体及びその他の公共機関を通じて必要な体制を確立し，責任の所在を明確にするとともに，防災計画の作成，災害予防，災害応急対策，災害復旧及び防災に関する財政金融措置その他必要な災害対策の基本を定めることにより，総合的かつ計画的な防災行政の整備及び推進を図り，もつて社会の秩序の維持と公共の福祉の確保に資することを目的とする．」と規定している．

3 基本理念

　本法は，災害対策の基本理念として，次の事項を掲げている（2条の2）．①我が国の自然的特性に鑑み，人口，産業その他の社会経済情勢の変化を踏まえ，災害の発生を常に想定するとともに，災害が発生した場合における被害の最小化およびその迅速な回復を図ること，②国，地方公共団体およびその他の公共機関の適切な役割分担および相互の連携協力を確保するとともに，これと併せて，住民一人一人が自ら行う防災活動および自主防災組織（住民の隣保協同の精神に基づく自発的な防災組織）その他の地域における多様な主体が自発的に行う防災活動を促進すること，③災害に備えるための措置を適切に組み合わせて一体的に講ずること並びに科学的知見および過去の災害から得られた教訓を踏まえて絶えず改善を図ること，④災害の発生直後その他必要な情報を収集することが困難なときであっても，できる限り的確に災害の状況を把握し，これに基づき人材，物資その他の必要な資源を適切に配分することにより，人の生命および身体を最も優先して保護すること，⑤被災者による主体的な取組を阻害することのないよう配慮しつつ，被災者の年齢，性別，障害の有無その他の被災者の事情を踏まえ，その時期に応じて適切に被災者を援護すること，⑥災害が発生したときは，速やかに，施設の復旧および被災者の援護を図り，災害からの復興を図ること，である．

4 本法の関連法令

　本法の関連法令は多数にのぼる．災害救助法，河川法，海岸法，砂防法，消防法，水防法，地すべり等防止法，急傾斜地法等のほか，最近の大規模災害の発生を契機に，土砂災害防止法，津波防災地域づくりに関する法律，大規模災害からの復興に関する法律等が制定されている．

●2　本法の構成

上記の目的を達成するため，本法は，種々の仕組みを設けている．損失補償に関連するもので，その主要なものを次に取り上げることにする．

1 用語の定義

1　災害　　災害とは，暴風，竜巻，豪雨，豪雪，洪水，崖崩れ，土石流，高潮，地震，津波，噴火，地滑りその他の異常な自然現象または大規模な火事もしくは爆発その他その及ぼす被害の程度においてこれらに類する政令で定める原因により生ずる被害をいう（2条1号）．

2　防災　　防災とは，災害を未然に防止し，災害が発生した場合における被害の拡大を防ぎ，および災害の復旧を図ることをいう（同条2号）．

3　指定行政機関　　指定行政機関とは，次に掲げる機関で内閣総理大臣が指定するものをいう．①内閣府，宮内庁並びに内閣府設置法49条1項および2項に規定する機関並びに国家行政組織法3条2項に規定する機関，②内閣府設置法37条および54条並びに宮内庁法16条1項並びに国家行政組織法8条に規定する機関，③内閣府設置法39条および55条並びに宮内庁法16条2項並びに国家行政組織法8条の2に規定する機関，④内閣府設置法40条および56条並びに国家行政組織法8条の3に規定する機関，である（同条3号）．

4　指定地方行政機関　　指定地方行政機関とは，指定行政機関の地方支分部局その他の国の地方行政機関で，内閣総理大臣が指定するものをいう（同条4号）．

5　指定公共機関　　指定公共機関とは，独立行政法人（独立行政法人通則法2条1項に規定する独立行政法人），日本銀行，日本赤十字社，日本放送協会その他の公共的機関および電気，ガス，輸送，通信その他の公益的事業を営む法人で，内閣総理大臣が指定するものをいう（同条5号）．

6　指定地方公共機関　　指定地方公共機関とは，地方独立行政法人（地方独立行政法人法2条1項に規定する地方独立行政法人）および港湾法4条1項の港務局，土地改良法5条1項の土地改良区その他の公共的施設の管理者並びに都道府県の地域において電気，ガス，輸送，通信その他の公益的事業を営む法人で，当該都道府県知事が指定するものをいう（同条6項）．

7　防災計画　　防災計画とは，防災基本計画および防災業務計画並びに地域防災計画をいう（同条7号）．

8　防災基本計画　防災基本計画とは，中央防災会議（内閣府に置かれる．その所掌事務・組織等については，11条〜13条参照）が作成する防災に関する基本的な計画をいう（同条8号）．
　9　防災業務計画　防災業務計画とは，指定行政機関の長または指定公共機関が防災基本計画に基づきその所掌事務または業務について作成する防災に関する計画をいう（同条9号）．
　10　地域防災計画　地域防災計画とは，一定地域に係る防災に関する計画で，次に掲げるものをいう．①都道府県地域防災計画，②市町村地域防災計画，③都道府県相互間地域防災計画（2以上の都道府県の区域の全部または一部にわたる地域につき，都道府県防災会議の協議会が作成するもの），④市町村相互間地域防災計画（2以上の市町村の区域の全部または一部にわたる地域につき，市町村防災会議の協議会が作成するもの），である（同条10号）．
　11　災害予防責任者　災害予防責任者とは，指定行政機関の長および指定地方行政機関の長，地方公共団体の長その他の執行機関，指定公共機関および指定地方公共機関，公共的団体並びに防災上重要な施設の管理者をいう（47条1項）．

2　防災計画

　1　防災基本計画の作成・公表等　中央防災会議は，防災基本計画を作成・修正したときは，すみやかにこれを内閣総理大臣に報告し，指定行政機関の長，都道府県知事および指定公共機関に通知するとともに，その要旨を公表しなければならない（34条）．
　2　防災基本計画に定める事項　防災基本計画は，次の事項について定められる．①防災に関する総合的かつ長期的な計画，②防災業務計画および地域防災計画において重点を置くべき事項，③そのほか，防災業務計画および地域防災計画の作成の基準となるべき事項で，中央防災会議が必要と認めるもの，である（35条1項）．
　3　指定行政機関の防災業務計画　指定行政機関の長は，防災基本計画に基づき，その所掌事務に関し，防災業務計画を作成し，および毎年防災業務計画に検討を加え，必要があると認めるときは，これを修正しなければならない（36条1項）．指定行政機関の長は，防災業務計画を作成・修正したときは，すみやかにこれを内閣総理大臣に報告し，並びに都道府県知事および関係指定公

共機関に通知するとともに，その要旨を公表しなければならない（同条2項）．防災業務計画は，次の事項について定められる．①所掌事務について，防災に関しとるべき措置，②そのほか，所掌事務に関し地域防災計画の作成の基準となるべき事項，である（37条1項）．

4　指定公共機関の防災業務計画　指定公共機関は，防災基本計画に基づき，その業務に関し，防災業務計画を作成し，および毎年防災業務計画に検討を加え，必要があると認めるときは，これを修正しなければならない（39条1項）．指定公共機関は，防災業務計画を作成・修正したときは，すみやかに当該指定公共機関を所管する大臣を経由して内閣総理大臣に報告し，および関係都道府県知事に通知するとともに，その要旨を公表しなければならない（同条2項）．

5　都道府県地域防災計画・市町村地域防災計画　都道府県防災会議および市町村防災会議（市町村防災会議を設置しない市町村にあっては，当該市町村の長）は，それぞれ，防災基本計画に基づき，当該地域に係る地域防災計画を作成し，および毎年その地域防災計画に検討を加え，必要があると認めるときは，これを修正しなければならない（40条1項，42条1項）．

3　災害予防

1　災害予防およびその実施責任　災害予防は，次に掲げる事項について，災害の発生・拡大を未然に防止するために行われる．①防災に関する組織の整備に関する事項，②防災に関する教育・訓練に関する事項，③防災に関する物資および資材の備蓄・整備・点検に関する事項，④防災に関する施設および設備の整備・点検に関する事項，⑤災害が発生した場合における相互応援の円滑な実施および民間の団体の協力の確保のためにあらかじめ講ずべき措置に関する事項，⑥要配慮者（高齢者，障害者，乳幼児その他の特に配慮を要する者．8条2項15号参照）の生命・身体を災害から保護するためにあらかじめ講ずべき措置に関する事項，⑦そのほか，災害が発生した場合における災害応急対策の実施の支障となるべき状態等の改善に関する事項，である（46条1項）．

指定行政機関の長等，災害予防の実施について責任を有する者は，法令または防災計画の定めるところにより，災害予防を実施しなければならない（同条2項）．

2　防災に関する組織の整備義務　災害予防責任者は，法令または防災計

画の定めるところにより，それぞれ，その所掌事務または業務について，災害を予測し，予報し，または災害に関する情報を迅速に伝達するため必要な組織を整備するとともに，絶えずその改善に努めなければならない（47条1項）。

3　防災教育の実施　　災害予防責任者は，法令または防災計画の定めるところにより，それぞれまたは他の災害予防責任者と共同して，その所掌事務または業務について，防災教育の実施に努めなければならない（47条の2第1項）。

4　防災訓練義務　　災害予防責任者は，法令または防災計画の定めるところにより，それぞれまたは他の災害予防責任者と共同して，防災訓練を行わなければならない（48条1項）。

5　防災に必要な物資および資材の備蓄等の義務　　災害予防責任者は，法令または防災計画の定めるところにより，その所掌事務または業務に係る災害応急対策または災害復旧に必要な物資および資材の備蓄・整備・点検，またはその管理に属する防災に関する施設および設備の整備・点検をしなければならない（49条）。

6　指定緊急避難場所の指定　　市町村長は，防災施設の整備の状況，地形・地質その他の状況を総合的に勘案し，必要があると認めるときは，災害が発生し，または発生するおそれがある場合における円滑かつ迅速な避難のための立退きの確保を図るため，政令で定める基準に適合する施設または場所を，洪水，津波その他の政令で定める異常な現象の種類ごとに，指定緊急避難場所として指定しなければならない（49条の4第1項）。

4　災害応急対策

1　災害応急対策およびその実施責任　　災害応急対策は，次に掲げる事項について，災害が発生し，または発生するおそれがある場合に災害の発生を防御し，または応急的救助を行う等災害の拡大を防止するために行われる。①警報の発令および伝達並びに避難の勧告または指示に関する事項，②消防，水防その他の応急措置に関する事項，③被災者の救難，救助その他保護に関する事項，④災害を受けた児童・生徒の応急の教育に関する事項，⑤施設・設備の応急の復旧に関する事項，⑥廃棄物の処理および清掃，防疫その他の生活環境の保全および公衆衛生に関する事項，⑦犯罪の予防，交通の規制その他災害地における社会秩序の維持に関する事項，⑧緊急輸送の確保に関する事項，⑨その

ほか，災害の発生の防御または拡大の防止のための措置に関する事項，である（50条1項）．指定行政機関の長等は，法令または防災計画の定めるところにより，災害応急対策に従事する者の安全の確保に十分に配慮して，災害応急対策を実施しなければならない（同条2項）．

2 市町村長の事前措置等 市町村長は，災害が発生するおそれがあるときは，災害が発生した場合においてその災害を拡大させるおそれがあると認められる設備または物件の占有者，所有者または管理者に対し，災害の拡大を防止するため必要な限度において，当該設備または物件の除去，保安その他必要な措置をとることを指示することができる（59条1項）．

3 応急措置等

(1) **市町村の応急措置** 市町村長は，当該市町村の地域に係る災害が発生し，またはまさに発生しようとしているときは，法令または地域防災計画の定めるところにより，消防，水防，救助その他災害の発生を防禦し，または災害の拡大を防止するために必要な応急措置（応急措置）をすみやかに実施しなければならない（62条1項）．

災害が発生し，またはまさに発生しようとしている場合において，人の生命・身体に対する危険を防止するため特に必要があると認めるときは，市町村長は，警戒区域を設定し，災害応急対策に従事する者以外の者に対して当該区域への立入りの制限・禁止，または当該区域からの退去を命ずることができる（63条1項）．この場合において，市町村長もしくはその委任を受けて市町村長の職権を行使する市町村の職員が現場にいないとき，またはこれらの者から要求があったときは，警察官または海上保安官は，市町村長の職権を行使することができる（同条2項）．

市町村長は，当該市町村の地域に係る災害が発生し，またはまさに発生しようとしている場合において，応急措置を実施するため緊急の必要があると認めるときは，政令で定めるところにより，当該市町村の区域内の他人の土地，建物その他の工作物を一時使用し，または土石，竹木その他の物件を使用し，もしくは収用することができる（64条1項）．また，現場の災害を受けた工作物等で当該応急措置の実施の支障となるものの除去その他必要な措置をとることができる（同条2項）．この規定は，市町村長や市町村長の職権を行使することができる者がその場にいない場合に限り，災害派遣を命ぜられた部隊等の自衛官の職務の執行について準用される（同条8項）．

市町村長は，当該市町村の地域に係る災害が発生し，またはまさに発生しようとしている場合において，応急措置を実施するため緊急の必要があると認めるときは，当該市町村の区域内の住民または当該応急措置を実施すべき現場にある者を当該応急措置の業務に従事させることができる（65条1項）。

(2) **都道府県の応急措置**　都道府県知事は，当該都道府県の地域に係る災害が発生し，またはまさに発生しようとしているときは，法令または地域防災計画の定めるところにより，その所掌事務に係る応急措置をすみやかに実施しなければならない．この場合において，都道府県知事は，その区域内の市町村の実施する応急措置が的確かつ円滑に行われることとなるように努めなければならない（70条1項）。

　都道府県知事は，当該都道府県の地域に係る災害が発生した場合において，50条1項4号から9号に掲げる事項（前記「災害応急対策」の「災害応急対策およびその実施責任」の項参照）について応急措置を実施するため特に必要があると認めるときは，災害救助法7条から10条までの規定の例により，従事命令，協力命令もしくは保管命令を発し，施設，土地，家屋もしくは物資を管理し，使用し，もしくは収用し，またはその職員に施設，土地，家屋もしくは物資の所在する場所もしくは物資を保管させる場所に立ち入り検査をさせ，もしくは物資を保管させた者から必要な報告を取ることができる（71条1項）。

　都道府県知事は，当該都道府県の区域内の市町村の実施する応急措置が的確かつ円滑に行われるようにするため特に必要があると認めるときは，市町村長に対し，応急措置の実施について必要な指示をし，または他の市町村長を応援すべきことを指示することができる（72条1項）。

　都道府県知事は，当該都道府県の地域に係る災害が発生した場合において，当該災害の発生により市町村がその全部または大部分の事務を行うことができなくなったときは，当該市町村の市町村長が実施すべき応急措置の全部または一部を当該市町村長に代わって実施しなければならない（73条1項）。

(3) **災害時における車両の移動等**

(i) **警察官の権限**　警察官は，通行禁止区域等において，車両その他の物件が緊急通行車両の通行の妨害となることにより災害応急対策の実施に著しい支障が生じるおそれがあると認めるときは，当該車両その他の物件の占有者，所有者または管理者に対し，当該車両その他の物件を付近の道路外の場所へ移動することその他当該通行禁止区域等における緊急通行車両の円滑な通行を確

第**9**章　災害防止法関係

保するため必要な措置をとることを命ずることができる（76条の3第1項）．この措置をとることを命ぜられた者が当該措置をとらないとき，またはその命令の相手方が現場にいないため当該措置をとることを命ずることができないときは，警察官は，自ら当該措置をとることができる．この場合において，警察官は，当該措置をとるためやむをえない限度において，当該措置に係る車両その他の物件を破損することができる（同条2項）．この規定は，警察官がその場にいないときに限り，災害派遣を命ぜられた部隊等の自衛官と消防吏員について準用される（同条3項・4項）．

(ii)　**道路管理者等の権限**　　道路管理者等は，その管理する道路の存する都道府県またはこれに隣接しもしくは近接する都道府県の地域に係る災害が発生した場合において，道路における車両の通行が停止・停滞し，車両その他の物件が緊急通行車両の通行の妨害となることにより災害応急対策の実施に著しい支障が生じるおそれがあり，かつ，緊急通行車両の通行を確保するため緊急の必要があると認めるときは，政令で定めるところにより，その管理する道路についてその区間を指定して，当該車両その他の物件の占有者，所有者または管理者（車両等の占有者等）に対し，当該車両その他の物件を付近の道路外の場所へ移動することその他当該指定をした道路の区間における緊急車両の通行を確保するため必要な措置をとることを命ずることができる（76条の6第1項）．

次に掲げる場合においては，道路管理者等は，自ら上記の措置をとることができる．①上記の措置を命ぜられた者が，当該措置をとらない場合，②道路管理者等が，上記の命令の相手方が現場にいないため，措置をとることを命ずことができない場合，③道路管理者等が，道路の状況その他の事情により車両等の占有者等に上記の措置をとらせることができないと認めて，この命令をしないこととした場合，である（同条3項）．

道路管理者等は，上記の措置をとるためやむをえない必要があるときは，その必要な限度において，他人の土地を一時使用し，または竹木その他の障害物を処分することができる（同条4項）．

(4)　**指定行政機関の長等による収用等**　　災害が発生した場合において，50条1項4号から9号までに掲げた事項（前記「災害応急対策」の「災害応急対策およびその実施責任」の項参照）について応急措置を実施するため特に必要があると認めるときは，指定行政機関の長および指定地方行政機関の長は，防災業務計画の定めるところにより，当該応急措置の実施に必要な物資の生産，集荷，

販売，配給，保管もしくは輸送を業とする者に対し，その取り扱う物資の保管を命じ，または当該応急措置の実施に必要な物資を収用することができる（78条1項）．

●3 本法上の損失補償規定

本法は，数か条にわたり損失補償等の規定を設けている．①応急公用負担等による損失の補償（82条），②災害時における緊急車両の通行の妨げとなる車両等の破損に対する補償（同じく82条），③応急措置の業務に従事した者に対する損害の補償（84条），である．応急公用負担についの規定は，水防法28条，消防法29条等にも置かれているが，本法上の規定はそれらの法律上の規定に対する一般法としての地位を有している．

第2款　応急公用負担等による損失の補償

（損失補償等）
第82条
① 国又は地方公共団体（港務局を含む。）は，第64条第1項（同条第8項において準用する場合を含む.），同条第7項において同条第1項の場合について準用する第63条第2項，第71条，第76条の3第2項後段（同条第3項及び第4項において準用する場合を含む.），第76条の6第3項後段若しくは第4項又は第78条第1項の規定による処分が行われたときは，それぞれ，当該処分により通常生ずべき損失を補償しなければならない．
② 機構又は地方道路公社は，第76条の6第5項又は第8項の規定により同条第3項後段又は第4項の規定による処分が行われたときは，前項の規定にかかわらず，それぞれ，当該処分により通常生ずべき損失を補償しなければならない．
③ 都道府県は，第71条の規定による従事命令により応急措置の業務に従事した者に対して，政令で定める基準に従い，その実費を弁償しなければならない．

1　本条の趣旨と要点

1　本条の趣旨

　本条は，災害が発生し，またはまさに発生しようとしている場合に，市町村長等による応急公用負担等の処分（64条）等によって損失を受けた者に対して，国または地方公共団体等が通常生ずべき損失を補償すべきことと，都道府県知事の従事命令等により従事した者に対して都道府県が実費を弁償しなければならないことを定めたものである．応急公用負担である一時的使用は，非常災害に際し，その防止または救護のために行われるもので，許可または認可を要せず，法律の規定に基づいて当然に行われる法定負担である（柳瀬・公用負担法126頁参照）．

　災害時における応急公用負担の規定は，消防法29条，水防法28条等の諸規定おいても設けられているが，本条の市町村長の応急公用負担の権限は，それらの諸法で規定された応急公用負担の権限と比べて一般的な権限であり，諸法における応急公用負担の規定は，本法64条の特別規定として優先的に適用される（防災行政研究会編・逐条解説404頁参照）．

2　本条の要点

　本条の要点は，補償の性質，補償の要否，補償の内容（範囲），補償の権利者・義務者，災害予防等に対する費用の負担，補償の手続，訴えの提起等である．補償の手続と訴えの提起については，本法に明文の規定はない．

2　補償の性質

　本条は種々の場合について損失の補償を定めているが，その法的性質は，いずれも適法行為に基づく損失補償の性質を有している．また，応急公用負担等は，「緊急の必要があるとき」に行われるものであるから，補償は事後補償となる．

3　補償の要否

1　補償が必要な場合

　補償が必要となるのは，①市町村長の応急公用負担等の処分（64条1項）によって損失が生じた場合，②市町村長もしくはその委任を受けて市町村長の職

権を行使する市町村の職員が現場にいないとき，またはこれらの者から要求があったときに，警察官または海上保安官が市町村長の職権を行使し（64条7項，63条），これにより損失が生じた場合，③都道府県知事の従事命令等（71条）によって損失が生じた場合，④警察官（警察官がその場にいない場合に限り，災害派遣を命ぜられた自衛官，消防吏員に準用）による緊急車両の通行の妨害となる車両等の破損（76条の3第2項～第4項）によって損失が生じた場合，⑤道路管理者による車両等の破損（76条の6第3項）によって損失が生じた場合，⑥他人の土地の一時使用や竹木その他の障害物の処分（76条の6第4項）によって損失が生じた場合，⑦指定行政機関の長等による応急措置に実施に必要な物資の収用等（78条1項）によって損失が生じた場合，⑦機構（独立行政法人日本高速道路保有・債務返済機構）または地方道路公社による車両等の破損（76条の6第5項・第8項）によって損失が生じた場合，などである（なお，防災行政研究会編・逐条解説513頁以下参照）．

2 補償が必要でない場合

このように，本条1項は，補償が必要となる場合を列記している．一応，補償が必要な場合と必要でない場合を分けてはいるが，同じような事例でありながら補償が必要とされないことの理由については，必ずしも明解でない場合もある．例えば，同じく応急公用負担であるかのようにみえても，市町村長が，応急措置を実施するため緊急の必要があると認めて，現場の災害を受けた工作物等で当該応急措置の実施の支障となるものの除去その他必要な措置をし，これによって損失が生じても，これに対する補償の規定は置かれていない．その理由については，「本項の規定により除去その他必要な措置をとった工作物等については，その工作物等が災害現場にあるものであること，災害を受けたものであること，障害となっているものであること，除去したものの保管規定があることから，損失補償の必要性を認めず，補償についての規定はない」（防災行政研究会編・逐条解説406頁），「国民の一般的な負担又は財産権そのものに内在する社会的制約に対しては損失補償はなされない．例えば，第64条第2項の規定に基づく市町村長の工作物等の除去その他必要な措置については，当該工作物が除去以前にすでに災害を受けたものであること，応急措置の実施の障害となっていること等の理由により損失補償の対象としていない」（同書・510頁）と説明されている．

また，市町村長の事前措置等の指示（59条）による損失についても，補償の定めは置かれていない。その理由については，「第59条に基づく市町村長の事前措置等の指示については，災害を拡大させるおそれがあると認められる設備又は物件を占有し，所有し又は管理するものが災害の拡大を防止するため必要な限度において，当該設備又は物件を除去し，保安その他必要な措置をとることは，財産権に内在する当然の義務と考えられ，損失補償の対象としていない」と説かれている（防災行政研究会編・逐条解説510頁）。しかし，これまで適法に物件等を占有・所有等してきたにもかかわらず，いかに災害拡大防止のためとはいえ，それは財産権に内在する社会的制約であり，無補償でその物件の除去等がなされるというのは，やや粗雑な考え方というべきであろう。ただ，この問題は，直接憲法29条3項に基づいて補償請求できると解する判例・学説の下では，それほど大きな争点ではない。

●4　補償の内容

1　「通常生ずべき損失」の補償

補償の内容（範囲）は，「通常生ずべき損失」（通損）の補償である。通常生ずべき損失とは，社会通念上，一般的な事情の下において生ずると思われる損失のことである。応急負担等と損失の発生の間に相当因果関係がなければならない。この点では，これまで他の法条について述べてきたところとほぼ同じである。

2　補償の具体的内容

通常生ずべき損失としては，文献においては，物そのものが滅失破損したことによる損失額，保管のため新たに支出した費用，保管を命ぜられなければ当然得られたであろう利益等が挙げられている（防災行政研究会編・逐条解説511頁）。

●5　補償の権利者・義務者

1　補償権利者

補償権利者は，応急公用負担等の処分によって損失を受けた者である。

2 補償義務者

　補償義務者は，それぞれの場合に応じて国，地方公共団体，機構または地方道路公社である．それらのうち，いくらか紛らわしいと思われるものをみておくことにしよう．

　1　都道府県知事の権限に属する事務を市町村長が行う場合　71条2項により，市町村長が都道府県知事の従事命令等の権限に属する事務を行った場合の補償義務者は，都道府県知事が自ら事務を行った場合と同様に，都道府県が補償義務者となる（防災行政研究会編・逐条解説510頁参照）．

　2　道路管理者が車両その他の物件を破損した場合　道路管理者が，76条3項の規定に基づいて車両その他の物件を破損した場合は，当該道路の道路管理者である国または地方公共団体が補償責任を負わなければならない．ただし，会社管理高速道路または公社管理高速道路においてこれらの措置を行う場合は，それぞれ機構または地方道路公社が補償責任を負わなければならない（82条2項，防災行政研究会編・逐条解説510～511頁参照）．

●6　災害予防等に対する費用の負担

1 都道府県の実費弁償

　本条3項は，都道府県知事の従事命令により応急措置の業務に従事した者に対して，都道府県が実費の弁償をしなければならないことを定めている．損失補償そのものではないが，実質的には損失補償に近いものとして，ここで取り上げておくことにする．

　実費弁償の詳細については，本法施行令35条が規定している．同規定は実費弁償の基準について，①災害救助法施行令4条1号から4号までに掲げる医師その他の者（医師等）に対しては，応急措置の業務に従事した時間に応じ，手当を支給するものとする．②前号の手当の支給額は，当該業務に係る従事命令を発した都道府県知事の統轄する都道府県の常勤の職員で当該業務に従事した医師等に相当するものの給与を考慮して定めるものとする．③医師等が，一日につき8時間を超えて業務に従事したときは，1号の規定にかかわらず，その8時間を超える時間につき割増手当を，業務に従事するため一時その住所または居所を離れて旅行するときは，旅費を，それぞれ支給するものとする．④前号の割増手当または旅費の支給額は，1号の手当の支給額を基礎とし，当該業務に係る従事命令を発した都道府県知事の統轄する都道府県の常勤の職員で

当該業務に従事した医師等に相当するものに支給される時間外勤務手当または旅費の算定の例に準じて算定するものとする．⑤災害救助法施行令4条5号から10号までに掲げる業者およびその従業者（土木業者または建築業者およびこれらの者の従事者，鉄道事業者およびその従業者，自動車運送業者およびその従事者等）に対する実費弁償は，当該業務に従事するため通常要する費用を当該業者に支給して行うものとする，と規定している．

　市町村長が，71条2項の規定により行った従事命令による実費弁償は，都道府県知事が自ら行った場合と同様に，都道府県が負担することになる（防災行政研究会編・逐条解説511頁参照）．

2　実費弁償がない場合

　市町村長が，65条1項の規定に基づき，当該市町村の区域内の住民または応急措置の現場にある者を応急措置の業務に従事させた場合，あるいは都道府県知事が，71条1項の規定に基づき，応急措置を要する者およびその近隣の者に対して発した「協力命令」の場合については，実費弁償の対象とされていない．その理由として，「これは，災害時の緊急の必要に基づく短時間であり，住民，現場にあるもの，近隣の者等としては，当然協力すべき性質の負担として特に実費弁償の規定を設けなかったものである」と説明されている（防災行政研究会編・逐条解説511～512頁）．

●7　補償の手続・訴えの提起

1　補償の手続

　本法は，損失補償等の必要性については本条で規定しているものの，その手続については何も規定していない．そのため，どのような手続に従って損失補償がなされるべきかは明確でない．実際上は，補償義務者が補償の決定を行い，これを補償権利者に交付するという形式が採られるものと思われる（後述875頁等参照）．

2　訴えの提起

　訴えの提起についても，本法は何も規定していない．損失補償の要否や補償額に不満があれば，法律上の争訟である限り，最終的には，損失補償請求訴訟を提起して裁判所の判断を求めることができるはずである．この訴訟は，行訴

第 2 節　災害対策基本法

法 4 条後段の実質的当事者訴訟に当たる．

第 3 款　応急措置業務従事者に対する損害補償

（応急措置の業務に従事した者に対する損害補償）
84 条
①　市町村長又は警察官，海上保安官若しくは災害派遣を命ぜられた部隊等の自衛官が，第 65 条第 1 項（同条第 3 項において準用する場合を含む．）の規定又は同条第 2 項において準用する第 63 条第 2 項の規定により，当該市町村の区域内の住民又は応急措置を実施すべき現場にある者を応急措置の業務に従事させた場合において，当該業務に従事した者がそのため死亡し，負傷し，若しくは疾病にかかり，又は障害の状態となつたときは，当該市町村は，政令で定める基準に従い，条例で定めるところにより，その者又はその者の遺族若しくは被扶養者がこれらの原因によつて受ける損害を補償しなければならない．
②　都道府県は，第 71 条の規定による従事命令により応急措置の業務に従事した者がそのため死亡し，負傷し，若しくは疾病にかかり，又は障害の状態となつたときは，政令で定める基準に従い，条例で定めるところにより，その者又はその者の遺族若しくは被扶養者がこれらの原因によつて受ける損害を補償しなければならない．

● 1　本条の趣旨と要点

1　本条の趣旨

　本条は，市町村長または都道府県知事が付近住民や現場にある者を応急措置の業務に従事させた場合において，当該業務に従事した者が死亡・負傷し，疾病にかかり，または障害の状態となったときに，市町村または都道府県が，その者または遺族，被扶養者がこれによって受ける損害を補償すべきことを定めたものである．82 条 1 項が物的応急公用負担の場合における損失補償を規定しているのに対して，本条は，人的応急公用負担の場合における死亡，負傷等による損害補償について規定している（柳瀬・公用負担法 78〜79 頁，防災行政研究会編・逐条解説 520 頁参照）．

2 本条の要点

本条の要点は，補償の性質，補償の要否，補償の内容（範囲），補償の権利者・義務者，補償の手続，訴えの提起等である．

●2 補償の性質

1 損害補償

82条が「損失補償」を定めているのに対して，本条は「損害補償」を定めている．そこで，損失補償と損害補償の異同が問題となる．損害補償という用語を使用しているものとしては，水防法45条，消防法36条の3，新型インフルエンザ等対策特別措置法63条，国民保護法160条等がある（前述34頁以下参照）．

2 損失補償と損害補償の異同

損失補償と損害補償を区別して規定している諸法律をみると，原則として，損失補償の対象が財産的損失であるのに対して，損害補償の対象は生命・身体的被害になっている．財産権は公共の福祉のために意図的に侵害することができるが，生命・身体は，いかに公共の福祉のためとはいえ意図的に侵害することはできない．この場合の損害は，従事命令によって形成された特別の危険状態から生じたものであるから，補償の性質は，損失補償ではなく，公法上の危険責任または結果責任の性質を有するものと解すべきである（前述37頁参照）．

●3 補償の要否

1 補償が必要となる場合

補償が必要となるのは，市町村長または警察官，海上保安官もしくは災害派遣された部隊等の自衛官が，65条1項等の規定に基づいて，当該市町村の区域内の住民または応急措置を実施すべき現場にある者を応急措置の業務に従事させた場合において，当該業務に従事した者が死亡・負傷・障害等の損害を受けた場合である．

また，都道府県知事が71条の規定に基づいて発した従事命令により応急措置の業務に従事した者が死亡・負傷・障害等の損害を受けた場合にも，補償が必要となる．

2 補償が必要とされない場合

都道府県知事は，従事命令のほか，「協力命令」を発することもできる（71条）．協力命令については，災害救助法8条は，「都道府県知事は，救助を要する者及びその近隣の者を救助に関する業務に協力させることができる．」と規定している．しかし，この協力命令に協力した者が死亡・負傷・障害等の損害を受けた場合については，補償の規定は置かれていない（防災行政研究会編・逐条解説526頁参照）．

しかし，従事命令の場合と協力命令の場合とでこのような差異を設けることの理由は，必ずしも明確とはいえない．また，緊急時において，従事命令と協力命令の区別が明確になされうるのかという疑問もないではない．消防法36条の3第1項は，同法35条の10第1項の規定による救急業務に協力した者についても，損害補償責任を負うべきことを規定しているのである．

4 補償の内容

1 政令で定める基準

市町村は，「政令で定める基準に従い，条例で定めるところにより」損害を補償しなければならない．「政令で定める基準」については，施行令36条1項は，「法第84条第1項に規定する損害補償の基準は，非常勤消防団員等に係る損害補償の基準を定める政令（昭和31年政令第335号）中消防法（昭和23年法律第186号）第25条第1項若しくは第2項（これらの規定を同法第36条第8項において準用する場合を含む．）若しくは第29条第5項（同法第30条の2及び第36条第8項において準用する場合を含む．）の規定により消防作業に従事した者，同法第35条の10第1項の規定により救急業務に協力した者又は水防法（昭和24年法律第193号）第24条の規定により水防に従事した者に係る損害補償の規定の定めるとおりとする．」と規定している．

また，都道府県も，「政令で定める基準に従い，条例で定めるところにより」損害を補償しなければならない．「政令で定める基準」については，施行令36条2項は，「法第84条第2項に規定する損害補償の基準は，災害救助法施行令中扶助金に係る規定の定めるとおりとする．」と規定している．

2 補償の種類

政令で定める基準は，上記のように，市町村と都道府県とで若干相違してい

るが，補償の内容（範囲）については，大まかにみれば，療養補償，休業補償，障害補償，遺族補償，葬祭補償等が支給される点でほぼ共通している．

●5 補償の権利者・義務者

1 補償権利者

補償権利者は，負傷・疾病・障害の場合は当人であり，死亡の場合はその者の遺族または被扶養者である．

2 補償義務者

補償義務者は，市町村または都道府県である．

警察官，海上保安官または災害派遣を命ぜられた部隊等の自衛官が応急措置の業務に従事させたものが死亡・負傷し，疾病にかかり，または障害の状態となったときは，市町村が補償責任を負う．警察官，海上保安官，自衛官の発する従事命令は，市町村長もしくはその委任を受けて市町村長の職権を行使する市町村の職員が現場にいないとき，またはこれらの者から要求があったときに行うものである（63条2項，65条2項参照）からである．

なお，水難等により人の生命に危険が及び，または及ぼうとしている場合に，自らの危険をかえりみず，職務によらないで人命の救助に当たった者が災害を受けたときは，「警察官の職務に協力援助した者の災害給付に関する法律」が優先適用され，国または都道府県が同法および同法施行令の定める内容の災害給付を行うことになる．また，海難救助その他天災事変の際の人命もしくは財産の救助の職務を執行中の海上保安官がその職務執行上の必要により援助を求めた場合その他これに協力援助することが相当と認められる場合に，職務によらないでこれに協力援助した者が，そのため災害を受けたときは，「海上保安官に協力援助した者等の災害給付に関する法律」が優先適用され，国が同法および同法施行令の定める内容の災害給付を行うことになる（防災行政研究会編・逐条解説520頁参照）．これらの災害給付の法的性質は，結果責任または公法上の危険責任である（西埜・概説283頁参照）．

●6 補償の手続・訴えの提起

補償の手続と訴えの提起については，本法に特別の規定は設けられていない．82条について述べたところがそのまま当てはまる．

第3節　消防法

第1款　概　説

● 1　本法の趣旨

1　本法の沿革
　我が国の消防は，明治期以来，長らく警察機構の中に位置づけられてきたが，戦後，GHQ の指導により，消防は警察から分離された．現行憲法の制定と地方自治法の制定，1947（昭和22）年の消防組織法の制定と相次いで，自治体消防へと移行した．消防法（以下，本節において「本法」という）は，このような状況の中で，1948（昭和23）年に制定されたが，従前の鎮火中心のものから火災予防を重視する法制へと転換した．

2　本法の目的
　本法は，1条において，「この法律は，火災を予防し，警戒し及び鎮圧し，国民の生命，身体及び財産を火災から保護するとともに，火災又は地震等の災害による被害を軽減するほか，災害等による傷病者の搬送を適切に行い，もつて安寧秩序を保持し，社会公共の福祉の増進に資することを目的とする．」と規定している．火災の消火活動のみならず，様々な災害による被害の軽減や救急救助活動等を対象としている（消防基本法制研究会編著『逐条解説消防法〔第5版〕』2頁（東京法令出版，2014年．以下，「消防基本法制研究会編著・逐条解説」という）参照）．

3　本法の関連法令
　本法の関連法令としては，消防組織法，災害対策基本法，災害救助法，河川法，水防法，砂防法，地すべり等防止法，急傾斜地法，宅地造成等規制法等がある．

● 2　本法の構成
　上記の目的を達成するため，本法は，種々の仕組みを設けている．損失補償

に関連するもので、その主要なものを次に取り上げることにする。

1 用語の定義

1 防火対象物 防火対象物とは、山林または舟車、船きょ（船渠）もしくはふ頭に繋留された船舶、建築物その他の工作物もしくはこれらに属する物をいう（2条2項）。「船きょ」とは、ドックのことである。

2 消防対象物 消防対象物とは、山林または舟車、船きょもしくはふ頭に係留された船舶、建築物その他の工作物または物件をいう（2条3項）。

防火対象物と消防対象物との相違は、前者が、火災予防行政の主たる対象となるものとして定義されているのに対して、後者は、消防活動の対象となる可能性のあるものすべてを包摂する幅広い概念として定義されている、と説かれている（消防基本法制研究会編著・逐条解説10頁以下参照）。「これらに属する物」と「物件」は、内容上相違するというわけである。

3 関係者 関係者とは、防火対象物または消防対象物の所有者、管理者または占有者をいう（2条4項）。通常は、同一人が所有者、管理者および占有者の地位のすべてまたはその二つを併有する場合が多い（消防基本法制研究会編著・逐条解説14頁参照）。

4 消防隊 消防隊とは、消防器具を装備した消防吏員もしくは消防団員の一隊または消防組織法30条3項の規定による都道府県の航空消防隊をいう（2条8項）。

2 火災予防のための規制権限

1 消防職員等の立入検査・質問 消防長または消防署長は、火災予防のために必要があるときは、関係者に対して資料の提出を命じ、もしくは報告を求め、または当該消防職員（消防本部を置かない市町村においては、当該市町村の消防事務に従事する職員または常勤の消防団員）にあらゆる仕事場、工場もしくは公衆の出入する場所その他の関係のある場所に立ち入って、消防対象物の位置、構造、設備および管理の状況を検査させ、もしくは関係のある者に質問させることができる。ただし、個人の住居は、関係者の承諾を得た場合または火災発生のおそれが著しく大であるため、特に緊急の必要がある場合でなければ、立ち入らせてはならない（4条1項）。

消防長または消防署長は、火災予防のため特に必要があるときは、消防対象物および期日または期間を指定して、当該管轄区域内の消防団員（消防本部を

置かない市町村においては,非常勤の消防団員に限る)に前条(4条)1項の立入りおよび検査または質問をさせることができる(4条の2第1項).

2 防火対象物の改修等の命令　消防長または消防署長は,防火対象物の位置,構造,設備または管理の状況について,火災の予防に危険であると認める場合,消火,避難その他の消防の活動に支障になると認める場合,火災が発生したならば人命に危険であると認める場合その他火災の予防上必要があると認める場合には,権原を有する関係者(特に緊急の必要があると認める場合においては,関係者および工事の請負人または現場管理者)に対し,当該防火対象物の改修,移転,除去,工事の停止または中止その他の必要な措置をなすべきことを命ずることができる.ただし,建築物その他の工作物で,それが他の法令により建築,増築,改築または移築の許可または認可を受け,その後事情の変更していないものについては,この限りでない(5条1項).

3 防火対象物の使用禁止等の命令　消防長または消防署長は,防火対象物の位置,構造,設備または管理の状況について次のいずれかに該当する場合には,権原を有する関係者に対し,当該防火対象物の使用の禁止,停止または制限を命ずることができる.①5条1項,5条の3第1項,8条3項・4項,8条の2第5項・第6項,8条の2の5第3項または17条の4第1項・第2項の規定により必要な措置が命ぜられたにもかかわらず,その措置が履行されず,履行されても十分でなく,またはその措置の履行について期限が付されている場合にあっては履行されても当該期限までに完了する見込みがないため,引き続き,火災の予防に危険であると認める場合,消火,避難その他の消防の活動に支障になると認める場合または火災が発生したならば人命に危険であると認める場合,②5条1項,5条の3第1項,8条3項・4項,8条の2第5項・第6項,8条の2の5第3項または17条の4第1項・第2項の規定による命令によっては,火災の予防の危険,消火,避難その他の消防の活動の支障または火災が発生した場合における人命の危険を除去することができないと認める場合,である(5条の2第1項).

● 3　本法上の損失補償規定

1　損失補償の規定があるもの

　本法は,いくつかの条項において損失補償の規定を設けている.①防火対象物の改修等の命令が判決によって取り消された場合に,当該命令によって生じ

た損失の補償（6条2項～5項），②消火・延焼の防止，人命救助のために緊急の必要がある場合の消防対象物や土地の使用・処分等による損失の補償（29条3項），③消防作業や救急業務に従事した者が死亡し，負傷し，疾病にかかり，または障害の状態となった場合の損害の補償（36条の3），である．

2 損失補償が予定されていないもの

1 立入検査と受忍限度　本法上には，立入検査の規定がいくつか設けられている．4条の2，13条の16，16条の5，21条の14，21条の16の7，34条である．しかし，いずれについても損失補償の規定は置かれていない．これは，おそらく，この程度の損失は，受忍限度内にあるということによるものであろう（関東一『消防法の研究〔第2版〕』49頁以下（近代消防社，2010年．以下，「関・消防法の研究」という）は，立入検査権について詳説しているが，国家賠償との関係については触れているものの，損失補償との関係については何も述べていない）．

2 消防用設備等の設置義務　17条1項・2項の規定により，消防用設備等については政令または市町村条例（基準法令）で定める技術上の基準に従って設置し，維持しなければならないが，この基準法令は，社会事情の変転，科学技術の進歩等によって，変更されることが少なくない．しかし，基準法令の変更に伴って消防用設備等を当該変更後の基準法令で定める技術上の基準に常に適合させなければならないとすれば，そのため防火対象物の構造に変更を加える必要が生じ，関係者に大きな経済的負担を強いるおそれがある．そこで，17条の2の5は，この点に配慮して，既存防火対象物については，原則として従前の規定を適用する（現行基準法令の適用除外）とした上で，その例外として，火災の発生の際，人命等の危険性が特に高い防火対象物の消防用設備等に係る場合などには，新たな規定を適用することとして，消防用設備等の設置義務と関係者の経済的負担との調整を図っている（消防基本法制研究会編著・逐条解説545～546頁，関・消防法の研究503頁以下等参照）．17条の2の5第2項4号は，例外に当たるものとして，百貨店，旅館，病院，地下街，複合用途防火対象物その他多数の者が出入するものとして政令で定めるもの（特定防火対象物）を挙げている．したがって，特定防火対象物の消防用設備等（例えば，スプリンクラー設備の設置）については，常に新しい基準法令に従って設置されなければならないことになる（17条の2の5第4号は，昭和47年の大阪千日デパ

ート火災，昭和 48 年の熊本大洋デパート火災などを契機として，昭和 49 年の法改正により追加されたものである）．

　しかし，本法には，このような場合についての損失補償の規定が置かれていない．そこで，合法的に建築された既存の防火対象物に対し何らの補償もなく消用用設備等の設置を義務づける消防法の規定は，憲法 29 条 3 項に違反し，また，既存の特定防火対象物に対してのみ規制を強化するのは，憲法 14 条 1 項の平等・公平の原則に違反するのではないか，との疑問が出てくることになる．これに対する解答としては，次のような理由を挙げて，憲法 29 条 3 項，14 条 1 項違反には当たらない，とする見解（関・消防法の研究 512 頁）が有力である．すなわち，①特定防火対象物については，いったん火災が発生した場合，避難が困難であり，人命危険度が極めて高いという社会的危険性が内在しており，公共の秩序・安全に危険ないし脅威を与える存在となっていること，②このような社会的危険性を顕在化させている建物所有者等に対し，その者の本来の権利制限内に立ち返ることを命じたものにすぎず，何らその者の権利を侵害するものではなく，憲法 29 条 2 項にいう「公共の福祉」に適合するように財産権の内容を定めた場合に該当すること，③それは，関係者に相当な経済的負担を余儀なくさせるものではあるが，既存防火対象物における消防用設備等の工事費が新設時のそれに比較して概ね 50 パーセント増程度であること，④改正消防法附則 6 項が，国および地方公共団体は「必要な資金のあつせん，技術的な助言その他の措置を講ずるよう努めるものとする．」として，金融上の措置等により円滑な消防用設備等の設置を誘導し，また，その設置者に対しては税制面でも優遇措置を講じていること，などである．

　要するに，この程度の規制は，財産権に内在する社会的制約であるから補償を要しない，ということである．多数の者が出入する特定防火対象物は，いったん火災が発生すれば人命を害する危険性が極めて高いものであること，そのような危険性の特に高いものをあえて所有・管理する者は，無補償で設置を義務づけられてもやむをえないこと，などを考慮すれば，上記文献の説くところが妥当なところであろう．

第2款　防火対象物の改修・使用禁止等による損失の補償

（取消訴訟の出訴期間・損失補償）
第6条
① 第5条第1項，第5条の2第1項又は第5条の3第1項の規定による命令又はその命令についての審査請求に対する裁決の取消しの訴えは，その命令又は裁決を受けた日から30日を経過したときは，提起することができない．ただし，正当な理由があるときは，この限りでない．
② 第5条第1項又は第5条の2第1項の規定による命令を取り消す旨の判決があつた場合においては，当該命令によつて生じた損失に対しては，時価によりこれを補償するものとする．
③ 第5条第1項又は第5条の2第1項に規定する防火対象物の位置，構造，設備又は管理の状況がこの法律若しくはこの法律に基づく命令又はその他の法令に違反していないときは，前項の規定にかかわらず，それぞれ第5条第1項又は第5条の2第1項の規定による命令によつて生じた損失に対しては，時価によりこれを補償するものとする．
④ 前2項の規定による補償に要する費用は，当該市町村の負担とする．

● 1　本条の趣旨と要点

1　本条の趣旨

本条1項は，防火対象物の改修・使用禁止等の命令，またはその命令についての審査請求に対する裁決の取消しの訴えについて，その命令または裁決を受けた日から30日を経過した時は提起することができないとして，出訴期間の特例を設けて，防火対象物に関する係争事件の速やかな解決を期したものである（消防基本法制研究会編著・逐条解説94〜95頁参照）．

本条2項は，防火対象物の改修・使用禁止等の命令が火災予防上の必要性から緊急迅速に発動されるため，それが違法に発動されることをを予測した上で，その際に生じた損失に対して，無過失で補償すべきことを定めたものである．

本条3項は，防火対象物の位置，構造設備または管理の状況が適法な状態にあるときに，防火対象物の改修・使用禁止等の命令によって生じた損失を補償

すべきことを定めたものである．本条2項が，5条1項または5条の2第1項による命令の違法性を理由として判決で取り消された場合の損害賠償について規定したものであるのに対して，本条3項は，防火対象物の位置，構造，設備または管理の状況が適法である場合に損失補償を命じたものであり，両者は対照的な規定である（消防基本法制研究会編・逐条解説102頁参照）．

本条4項は，2項・3項による補償の費用負担者は当該市町村であることを定めたものである．

2 本条の要点

本条の要点は，補償の性質，補償の要否，補償の内容（範囲），補償の権利者・義務者，補償の手続，訴えの提起等である．いずれの点についても，判例・学説上の対立は見当たらない．

なお，ここでは，損失補償を中心に考察し，1項の取消訴訟の出訴期間については触れないことにする．

2 補償の性質

1 2項の補償の性質

学説上は，一般に，無過失賠償責任を定めたものであると解されている．その代表的所説としては，「これは，行政庁の命令や決定が性質上早急になされる必要があり，行為の適法・違法を慎重に検討して行われるものではないために，これらの行為についての故意・過失という行為者の主観的要素を一切問わないことにし，ただ，その行為が事後的に取り消されることによって結果的に違法な加害行為となることで認められる一種の無過失賠償責任を定めたものである」との見解（秋山・国家補償法228頁）を挙げることができる（同旨のものとして，小高剛「公用制限と損失補償」法学雑誌28巻3＝4号474〜475頁（1982年），塩野・行政法Ⅱ382頁，消防基本法制研究会編・逐条解説98頁以下．なお，仲野武志「帝国憲法・現憲法下の官吏責任・国家責任」同『法治国原理と公法学の課題』359〜360頁（弘文堂，2018年．初出2016年）参照）．

2 3項の補償の性質

3項の補償の性質については，文献においてあまり論議されていないが，消防基本法制研究会編著・逐条解説103〜104頁は，次のように詳論している．

すなわち,「本条第3項の本旨とするところは,他の法令の許可又は認可を受けて建造した防火対象物で,年数の経過によって老朽化し,若しくは周囲の状況の変化によって事情が変更し,又は消防用設備等の古い基準が適用されているものについて,火災危険性又は人命に対する危険性が生じた場合,たとえ当該防火対象物が消防法等の防火に関する規定に照らして適法なものであっても,消防長又は消防署長が法第5条第1項又は第5条の2第1項による命令を発する必要が生ずるので,このような特別の場合に,法第5条第1項又は第5条の2第1項の適法な権限行使を可能にしようとすることにある.したがって,本条第3項は,適法な行政行為によって損失を与えた場合の補償について規定したものとみるべきであり,消防長又は消防署長の命令が違法である場合には,本項の適用はない,と解する.」要するに,3項の補償の性質は損失補償であり,2項の補償とは性質を異にするということである.おそらく,異論はないものと思われる.

●3 補償の要否

1 2項の補償の要件

補償責任が発生するのは,5条1項または5条の2第1項の規定による命令を取り消す旨の判決が確定した場合である.前述のように,2項の補償は無過失責任を定めたものであるから,過失の立証は不要である.

2 3項の補償の要件

1 防火対象物の状況が適法であること 2項の補償とは異なり,3項の補償については,防火対象物の位置,構造,設備または管理の状況が,「この法律若しくはこの法律に基づく命令又はその他の法令」に違反していないことが要件とされる.「この法律に基づく命令」には,消防法施行令,消防法施行規則,危険物の規制に関する政令,危険物の規制に関する規則のほか,本法の特別の委任に基づいて制定された市町村火災予防条例の該当条項が含まれ,「その他の法令」には,建築基準法等の防火に関する法令の規定と,市町村火災予防条例のうち本法の特別の委任に基づかず,地方自治法14条に基づいて定められた部分が含まれるものと解されている(消防基本法制研究会編著・逐条解説102頁参照).

2 「前項の規定にかかわらず」の意味 「前項の規定にかかわらず」とは,

2項のような取消判決を要件としていないという意味である（消防基本法制研究会編著・逐条解説103頁参照）.

● 4 補償の内容

1 2項の補償内容

1 命令によって生じた損失　補償の内容（範囲）は，「当該命令によつて生じた損失」である．すなわち，防火対象物の関係者が命令を履行したことによって生じた損失（損害）であり，命令の履行と相当因果関係にある損失である．具体的には，防火対象物の改修費，移転費，除去費，使用禁止・停止期間中の賃貸料，工事の停止・中止による遅延利息，当該期間における営業上の損失（得べかりし利益），精神的苦痛に対する慰謝料等が対象となる（消防基本法制研究会編著・逐条解説101頁参照）.

2 時価　補償額は，時価により算定される．時価とは，一般の取引価格をいう．その物について取引市場があれば，その市場における取引価格が時価である．

3 時価の基準時　時価の算定は，命令の取消判決が確定した時点が基準となるのか，それとも命令の履行時が基準となるのか，必ずしも明確ではない．文献の中には，消防長等に故意過失がある場合の賠償義務は，判決による命令の取消しがなくても，防火対象物の関係者が当該命令を履行した時点において既に成立しているから，この場合の時価は当該命令を履行した際の時価であるとしつつ，「無過失の場合と，故意又は過失の場合とを区別して，それぞれ違った時点の時価によって賠償することは，およそ本条の意図するところであるとは解し難い．したがって，故意又は過失がなかった場合も，同じく，本条の時価は，命令の履行時，すなわち，損害の発生時の時価である」と説くもの（消防基本法制研究会編著・逐条解説101～102頁）がある．命令の履行時にはすでに損害が発生していることを考慮すれば，命令の履行時が基準とされるべきであろう．法文の文言にも適合する．

2 3項の補償内容

3項の補償についても，2項について述べたところがほぼそのまま妥当する．補償額は時価により算定され，時価の基準時は，「命令によつて生じた損失」となっているから，命令の履行時である．

●5　補償の権利者・義務者

補償権利者は，2項・3項とも，防火対象物の改修命令や使用禁止命令等を受け，これによって損失を受けた者である．補償義務者は，当該命令を発した消防長または消防署長の属する市町村である．

●6　補償の手続・訴えの提起

1　補償の手続

本条は，補償の手続については何も定めていない．実際上は，補償の要否，補償額等について当事者の協議によって定められるものと思われる．

2　訴えの提起

当事者の協議によって補償の要否，補償額等が定まらない場合は，最終的には裁判所の判断を求めることができる．本法上には明文の規定はないが，法律上の争訟である以上，そのように解さざるをえない．この場合の訴訟は，行訴法4条後段の実質的当事者訴訟に当たる．

第3款　破壊消防による損失の補償

> （土地の使用・処分・使用制限等）
> 第29条
> ①　消防吏員又は消防団員は，消火若しくは延焼の防止又は人命の救助のために必要があるときは，火災が発生せんとし，又は発生した消防対象物及びこれらのものの在る土地を使用し，処分し又はその使用を制限することができる．
> ②　消防長若しくは消防署長又は消防本部を置かない市町村においては消防団の長は，火勢，気象の状況その他周囲の事情から合理的に判断して延焼防止のためやむを得ないと認めるときは，延焼の虞がある消防対象物及びこれらのものの在る土地を使用し，処分し又はその使用を制限することができる．
> ③　消防長若しくは消防署長又は消防本部を置かない市町村においては消防団の長は，消火若しくは延焼の防止又は人命の救助のために緊急の必要があるときは，前2項に規定する消防対象物及び土地以外の消防対象物及び土地

を使用し，処分し又はその使用を制限することができる．この場合においては，そのために損害を受けた者からその損失の補償の要求があるときは，時価により，その損失を補償するものとする．
④　前項の規定による補償に要する費用は，当該市町村の負担とする．
⑤　消防吏員又は消防団員は緊急の必要があるときは，火災の現場附近に在る者を消火若しくは延焼の防止又は人命の救助その他の消防作業に従事させることができる．

1　本条の趣旨と要点

1　本条の趣旨

　本条は破壊消防の法的根拠と損失の補償について規定したものである．破壊消防とは，消防活動に当たり建築物等を破壊することによって消火する消火方法を指し（奥田義雄「破壊消防と賠償問題（上）」近代消防昭和44年9月号20頁参照），行政上の即時強制の一種とされている．本条のいう「処分」がこれに該当する．

　本条によれば，処分（破壊）が，火災が発生しようとし，または発生した消防対象物に対するものである場合（1項），または，延焼のおそれがある消防対象物に対するものである場合（2項）には補償を要しないが，これらの消防対象物以外の消防対象物に対してなされたもので，延焼の防止等のために緊急の必要があるときになされた場合には，補償しなければならない（3項）．

　本条は，そのほか，補償に要する費用の負担者は市町村であること，消防吏員または消防団員は，緊急の必要があるときは，火災の現場付近にある者を消防作業に従事させることができることを定めている．

2　本条の要点

　本条の要点は，補償の性質，補償の要否，補償の内容（範囲），補償の権利者・義務者，補償の手続，訴えの提起等である．補償の要件を除いて，判例・学説上の対立は見当たらない．

　5項は，緊急の必要があるときは，消防吏員または消防団員が火災の現場付近にある者を消防作業に従事させることができる旨を定めている．これにより死亡・負傷等をした者については，36条の3が損害の補償について定めてい

る．それ故，この点については，36条の3についての考察の際に取り上げることにして，ここでは触れないことにする（後述865頁以下参照）．

● 2　補償の性質

3項の補償の性質については，若干見解の対立がある．憲法29条3項の趣旨に基づく損失補償である解する見解が多数である．ただ，3項は「損害を受けた者」という表現をしており，一般の損失補償とは若干性質を異にするものと捉えているのではないかと思われる．

● 3　補償の要否

1　補償の論拠
1　学説の動向

(1)　**1項・2項の場合の無補償の理由**　1項・2項の場合には補償を要しないが，3項の場合には補償が必要である．消防対象物の処分（破壊）は財産権の剥奪に相当するから，無補償で受忍すべきであるというためには，それなりの理由が必要である．

これは，一般には，警察責任の原則から説明されている．すなわち，公共に危険な状態を生ぜしめた者には，その状態を除去すべき責任があるから，その状態を除去するための警察権の発動によって損失が生じたとしても，警察責任者として当然受忍すべきであり，これはいわば財産権に内在する制約である，ということである（田中・賠償補償232頁，今村・国家補償法57頁，田上穣治『警察法〔増補版〕』67〜68頁，111〜112頁（有斐閣，1978年），宇賀・国家補償法401頁，宮田・国家責任法242頁，奥田・前掲23頁，松尾・損失補償法21頁等）．

また，上記の理由のほかに，燃焼中またはまさに燃えようとしている消防対象物は，実質的価値をその時点で失っており，また延焼のおそれのある消防対象物も，その実質的価値が低下しているから，補償は不要であるとの理由を付加する見解もある（宇賀・国家補償法402頁，奥田・前掲23頁，松島諄吉「適法な警察権の発動による財産上の損失に対する補償について」阪大法学74号49頁（1970年），原田尚彦「即時強制にともなう補償の特質」時の法令502号44頁（1964年），同・要論271〜272頁等）．

(2)　**3項の場合の補償の理由**　3項の場合は，1項・2項の場合と異なり，消防対象物自体は延焼のおそれがないのであるから，権利者の側に受忍すべき

理由があるとはいえない．この場合の補償の論拠については，①損失が生じた場合には，これに対して補償することは正義公平の要求するところである（田中・賠償補償232頁），②補償は，処分の適法違法にかかわらず，即時強制の結果生じるすべての損害について，公権力主体が即時強制権限を持つことの代償として負担する結果責任である（原田・前掲（時の法令502号）46頁），③3項の建物等は，警察違反の状態にないにもかかわらず破壊されるわけであるから，補償が必要となる（宇賀・国家補償法402頁），④3項の消防対象物は，放置しても火災が発生しないはずのものであるから，その所有者等としては，自己と直接関係のない消防目的のために，財産等について損失を受けることとなるものであり，これに対して補償を行うことは憲法29条3項の趣旨に沿うものである（松島・前掲51頁，今村・制度研究72頁，消防基本法制研究会編著・逐条解説820頁），などと説かれている（学説の分類については，松尾・損失補償法21〜22頁参照）．

2 判例の動向　判例として，最判昭和47・5・30（民集26巻4号851頁）が著明である（この最高裁判決については，さしあたり，宇賀克也「判解」行政判例百選II〔第7版〕504頁参照）．

(1) **事案の概要**　昭和33年1月17日早朝，岐阜県のY村にあるA建物（旅館）から出火し，火はA建物から北方に次第に延焼し，B建物に移った．B建物の北方には道路沿いに多くの建物が隣接して建ち並び，劇場，銀行，ガソリンスタンド等があり，商店住家も稠密であった．火災当時の気象状況は，気温氷点下6度くらい，風速は北ないし北々東の方向へ4ないし6メートルあり，40センチほどの積雪があった．Y村の消防団長Kは，延焼を防止するためには破壊消防によるほかに方法がないと判断し，付近にあったブルドーザによって各建物を順次破壊した．しかし，B建物より北方への延焼は，結果的には少数にとどまった．そこで，破壊された建物の所有者Xら（原告・控訴人・被上告人）が，Y村（被告・被控訴人・上告人）に対して，国賠法1条1項に基づく損害賠償と予備的に本条3項に基づき損失補償を訴求した．

(2) **一審判決・控訴審判決**　一審の岐阜地判昭和40・4・12（民集26巻4号868頁参照）は，本件破壊消防行為は本条2項に基づく適法行為であるとして，いずれの請求も棄却した．そこで，原告らのうち3名が控訴したところ，名古屋高判昭和44・3・25（判時560号40頁）は，予備的請求の一部を認容した．

控訴審判決は，本条2項と3項の関係について，次のように説示している．

第9章　災害防止法関係

「わが憲法29条は，財産権の不可侵の原則を宣明するとともに財産権の内容については，公共の福祉に適合するように法律で定めることとし，正当な補償の下にのみこれを公共のために用いることができるものとしている．消防法29条は，まさに憲法の右規定をうけて，火災における消防活動については，延焼の防止等のために緊急の必要があるときは，いわゆる火元以外の家屋でもその破壊等の処分が許されるが，これによる損失は補償されねばならぬ旨定め（同条第3項），ただ火勢その他の周囲の事情から合理的に判断して延焼防止のため家屋の破壊等がやむをえない場合に限り，損失補償を要しないものとしている（同条第2項）．すなわち，損失補償の下に許される破壊消防は，火災における延焼防止のための緊急性をもって足るが，無補償による破壊消防は延焼防止のための唯一の手段たる意味における不可避性を必要とし，しかもそれが火勢その他あらゆる周囲の事情を加味した事後の冷静にして厳密な『合理的判断』からも是認される場合に限られるものと解しなければならない．」「前記によれば，ロ，ニ，ヌの各建物の破壊には，消防団長であるKが延焼の防止のため緊急の必要からなしたものであり，右のような破壊消防活動によって控訴人等が蒙った損害については，被控訴人において消防法第29条第3，第4項により同控訴人等に補償すべき義務があるものといわなければならない．」

　(3)　**上告審判決**　　上告審の前掲最判昭和47・5・30は，次のように判示して，上告を棄却した．「火災の際の消防活動により損害を受けた者がその損失の補償を請求しうるためには，当該処分等が，火災が発生しようとし，もしくは発生し，または延焼のおそれがある消防対象物およびこれらのもののある土地以外の消防対象物および土地に対しなされたものであり，かつ，右処分等が消火もしくは延焼の防止または人命の救助のために緊急の必要があるときになされたものであることを要するものといわなければならない．／ところで，これを本件についてみるに，……本件破壊消防活動の行われた当時も右図面表示のロ，ニ，ヌの建物自体は必ずしも延焼のおそれがあったとはいえないが，B建物から北に連なる建物への延焼を防止するために右ロ，ニ，ヌの建物を破壊する緊急の必要があったものであることは明らかである．してみれば，K消防団長が右建物を破壊したことは消防法29条3項による適法な行為ではあるが，そのために損害を受けた被上告人らは右法条によりその損失の補償を請求することができるものといわなければならない．」

　3　学説・判例の検討　　1項・2項の場合には補償は不要であり，3項の

場合には補償が必要であることの論拠については，前述のように，学説上は説明の相違が認められるが，これは表現上の相違にすぎず，見解が対立しているというほどのものではない．3項の場合には，延焼のおそれがない建物等を，消火や延焼防止，人命救助のために緊急の必要があるときに破壊するものであるから，憲法29条3項の趣旨に基づいて補償が必要となるのである．

前掲最判昭和47・5・30は，3項の補償の論拠については，特別言及していないが，原審の判断をほぼ是認しているものと思われる．判例評釈等においては，批判的なものは見当たらない．

問題があるとすれば，上記の学説・判例についてではなくて，具体的事案において1項・2項を適用すべき場合なのか，3項を適用すべき場合なのか，判断の難しい場合もありうるということである．上記判例の基礎にある事案においては，Y村は，本件破壊消防行為は2項に基づく正当な行為であると主張していたのであるが，最判昭和47・5・30は，消防長等の意思にかかわらず，裁判所が客観的にみていずれの条項に該当するかを判断しようとしたものである（宇賀・前掲（行政判例百選Ⅱ〔第7版〕）505頁参照．なお，松尾・損失補償法23〜24頁参照）．しかし，これに対しては，実務書において，次のように説かれている（消防基本法制研究会編著・逐条解説820〜821頁）．すなわち，「例えば，諸条件を合理的に判断して本条第2項の処分をしたところ，その後の風向きの変化等により，結果的には放置しても延焼しなかったと認められるときに，その処分は本条第3項の処分であったとして，損失の補償をすべきであるか否かという疑問が生じ得る．しかし，権限を行使した段階においては，少なくとも『周囲の事情から判断して延焼防止のためやむを得ない』と認められたのであり，かつ，処分をしたのは，『延焼のおそれのある消防対象物及びこれらのものの在る土地』なのであるから，本条第2項の要件を完全に満たすことになり，市町村は損失を補償する義務はないと解する．」

2 補償の要件

1 前2項に規定する消防対象物・土地以外の消防対象物・土地 3項の補償の対象となるのは，破壊の対象が1項・2項に規定する消防対象物および土地以外の消防対象物および土地である．

1項は，火災が発生せんとし，または発生した消防対象物等の使用，処分または使用の制限を対象としている．2項は，延焼のおそれがある消防対象物お

よびこれらのものの在る土地を対象としている．

2 使用・処分・使用制限　「使用」とは，消防対象物等の財産権の内容に変更を加えることなくして，一時的にこれを用いることをいう．消防吏員または消防団員は使用の権限を取得し，所有者，管理者等がこの権限の行使を受忍する義務を負うことになる．これに対して，「処分」とは，財産権の現状，性質等に破壊その他の事実上の変更を加えることを含んでいる（消防基本法制研究会編著・逐条解説818頁参照）．「使用の制限」とは，所有者，管理者等が自らの使用を制限されることをいう．

3 消火・延焼の防止・人命救助のための緊急の必要　消火もしくは延焼の防止または人命の救助のために「緊急の必要」があるときに行われたことが必要である．実務書においては，1項における「必要」については，当該権限を行使することが消火，延焼の防止または人命の救助のために「有効」なものであれば足りるが，3項における「緊急の必要」については，消火，延焼の防止または人命の救助のためには当該権限を行使する以外に方法がなく，しかも，即刻当該措置をとらなければ，重大な結果を招く状態にあることが要求される，と説かれている（消防基本法制研究会編著・逐条解説819～820頁）．

● 4　補償の内容

1　時　価

損失の補償は，「時価」により行われる．時価とは，「その時々において，一般にその物が取引されている実際の価格」をいう（消防基本法制研究会編著・逐条解説821頁参照）．時価の算定基準時は，原則として，処分等が行われた時点である．

2　時価と「通常生ずべき損失」の補償

本条3項は，「時価により，その損失を補償する．」と規定している．他方，災害対策基本法82条1項は，「通常生ずべき損失を補償しなければならない．」と規定している．同じく応急公用負担についてであるが，両者に相違があるのか否かは，必ずしも定かではない．災害対策基本法82条は，見出しは「損失補償等」となっていて，応急公用負担だけではなくてその他の場合も含めて広く補償の対象としているために，時価ではなくて「通常生ずべき損失の補償」の用語を使用したのかもしれない．ただ，実際上は，応急公用負担に関

する限り，両者間の相違はほとんどないのではないかと思われる．

5　補償の権利者・義務者

　補償権利者は，1項・2項に規定する消防対象物および土地以外の消防対象物および土地の使用，処分または使用制限によって損害を受けた者である．補償義務者は，当該市町村である．4項は，「補償に要する費用は，当該市町村の負担とする．」と規定しているが，これは，市町村がその区域における消防の責任を有する（消防組織法6条参照）からである．

6　補償の手続・訴えの提起

1　補償の手続

　3項は，「損害を受けた者からその損失の補償の要求があるときは，時価により，その損失を補償する．」と規定しているだけで，その手続について何も定めていない．実際上は，補償の請求があれば，補償義務者が補償の決定を行い，これを補償権利者に交付するという形式がとられるものと思われる．

2　訴えの提起

　本法上には，訴えの提起についての規定が見当たらない．しかし，補償義務者の決定した補償額に不服である者は，当然，裁判所に訴えを提起することができるはずである．この訴訟は，行訴法4条後段の実質的当事者訴訟に当たる．

第4款　消防従事者の災害補償

第36条の3
（消防従事者の災害補償）
　① 第25条第2項（第36条第8項において準用する場合を含む．）又は第29条第5項（第30条の2及び第36条第8項において準用する場合を含む．）の規定により，消火若しくは延焼の防止若しくは人命の救助その他の消防作業に従事した者又は第35条の10第1項の規定により市町村が行う救急業務に協力した者が，そのため死亡し，負傷し，若しくは疾病にかかり又は障害の状態となつた場合においては，市町村は，政令で定める基準に従い条例の定めるところにより，その者又はその者の遺族がこれらの原

因によつて受ける損害を補償しなければならない．
② 消防対象物が構造上区分された数個の部分で独立して住居，店舗，事務所又は倉庫その他建物としての用途に供することができるもの（以下この条において「専有部分」という．）がある建築物その他の工作物であり，かつ，専有部分において火災が発生した場合であつて，第25条第1項の規定により，消火若しくは延焼の防止又は人命の救助に従事した者のうち，次に掲げる者以外の者が，そのため死亡し，負傷し，若しくは疾病にかかり又は障害の状態となつたときも，前項と同様とする．
　一　火災が発生した専有部分の各部分の所有者，管理者，占有者その他の総務省令で定める者
　二　火災が発生した専有部分の各部分及び当該各部分以外の部分を，一の者が，総務省令で定めるところにより，住居，店舗，事務所又は倉庫その他建物としての用途に一体として供している場合には，これらの用途に一体として供されている専有部分の各部分の所有者，管理者，占有者その他の総務省令で定める者（前号に掲げる者を除く．）
③ 第1項の規定は，都道府県が行う救急業務に協力した者について準用する．

1　本条の趣旨と要点

1　本条の趣旨

　本条は，消防吏員等の従事命令や協力要請により一般民間人が消防作業に従事し，または救急業務に協力したことによって受けた損害の補償について定めたものである．

　消防作業または救急業務の遂行に当たって一般民間人の協力が必要な場合があるが，これらの作業・業務は，従事者や協力者の生命・身体を危険に曝すおそれがある．損害が発生した場合にこれを補償することは，正義・公平の原則の要請するところである（消防基本法制研究会編著・逐条解説948頁参照）．

2　本条の要点

　本条の要点は，損害補償の性質，補償の要否，補償の内容（範囲），補償の権利者・義務者，補償の手続，訴えの提起等である．補償の手続と訴えの提起

については，29条3項の損失補償について述べたところとほぼ同じである．

2 損害補償の性質

1 損害の補償
　6条2項・3項が「損失補償」としているのに対して，本条1項は「損害補償」としている．そこで，損失補償と損害補償の異同が問題となる．本条のほか，損害補償という用語を使用しているものとしては，災害対策基本法84条，水防法45条，新型インフルエンザ等対策特別措置法63条，国民保護法160条等がある（前述34頁参照）．

2 損失補償と損害補償の異同
　このように，同一の法律の中で損失補償と損害補償という異なった用語が使用されているということは，両者が性質を異にするものであるということが前提にされているものといってよい．
　そこで，この点について考えてみれば，「損失補償」の対象が財産的損失であるのに対して，「損害補償」の対象は，一般に生命・身体的被害である．このように，主として，被害対象の相違により，両者が区別されているのではないかと思われる（前述36頁参照）．財産は，憲法29条3項が規定するように，「私有財産は，正当な補償の下に，これを公共のために用ひることができる．」ものであるが，生命・身体は，本来，たとえ公共のためといえども，これを用いることはできないものである．しかし，それでも，緊急事態の場合には，一般民間人も災害の防止に協力することは，当然要請されるところである．
　消防従事者の被った生命・身体的被害に対する補償は，したがって，言葉の厳密な意味においては，損失補償ではない．その性質は，損害（損失）が緊急事態において特別に形成された危険状態から生じたものであることを考えれば，公法上の危険責任または結果責任であると解すべきであろう（関・消防法の研究804頁以下，前述37頁参照）．

3 補償の要否

1 1項の場合
　1 火災現場付近に在る者が消火作業等に協力した場合　火災現場付近に在る者は，当該消防対象物関係者等の行う消火作業等に協力しなければならな

い（25条2項）が，そのために死亡・負傷等した場合は，その損害が補償される．

2 消防吏員等からの従事命令等によって消防作業に従事した場合　29条5項は，消防吏員等は，「緊急の必要があるとき」は，「火災の現場附近に在る者」を消防作業等に従事させることができる旨定めている．消防作業等に従事した者が，そのために死亡・負傷等した場合には，その損害が補償される．当該消防対象物の関係者等であっても，消防隊到着以後，現場付近にいて，消防吏員等から29条5項により消防作業に従事することを求められたときは，補償の対象となる（消防基本法制研究会編著・逐条解説949頁参照）．

3 水災を除く他の災害に際し協力・従事した場合　水災を除く他の災害（暴風，竜巻，崖崩れ，土石流，地震，津波等）に際して，協力し作業に従事した者が，そのために死亡・負傷等した場合には，その損害が補償される（36条8項，36条の3第1項参照）．

4 救急隊員から救急業務に協力することを求められた場合　救急隊員（消防職員等）は，緊急の必要があるときは，傷病者の発生した現場付近に在る者に対し，救急業務に協力することを求めることができる（35条の10）．この救急業務に協力した者が，そのために死亡・負傷等した場合には，その損害が補償される．

2 2項の場合

1 2項の趣旨　25条1項は，「火災が発生したときは，当該消防対象物の関係者その他総務省令で定める者は，消防隊が火災の現場に到着するまで消火若しくは延焼の防止又は人命の救助を行わなければならない．」として，当該消防対象物の関係者等の消火義務を規定しているが，関係者等が消火等の作業中に被った損害については，補償の規定はない．これは，関係者等が消火等の義務を果たすことは当然であると考えられるからである．

しかし，消火義務者であっても，消防対象物の構造等によっては，2項の消火等の協力者の立場に類似し，補償の対象とすることが公平の観点からみて望ましい者もいないわけではない．そこで，1994（平成6）年の改正により，消火義務者であっても，一定の場合に補償の対象とされることになった（消防基本法制研究会編著・逐条解説798頁，952～953頁参照）．

2 補償が必要な場合　補償が必要となるのは，消防対象物が，構造上区

分された数個の部分で独立して住居，店舗，事務所または倉庫その他建物としての用途に供することができるもの（専有部分）がある建築物その他の工作物（マンション，雑居ビル等）であり，かつ，専有部分において火災が発生した場合であって，25条1項の消火義務により消火等に従事した者のうち，次に掲げる者以外の者が死亡・負傷等により損害を被った場合である．①火災が発生した専有部分の各部分の所有者，管理者，占有者その他の総務省令で定める者，②火災が発生した専有部分の各部分および当該各部分以外の部分を①の者が，総務省令で定めるところにより，住居，店舗，事務所または倉庫その他建物としての用途に一体として供している場合には，これらの用途に一体として供されている専有部分の各部分の所有者，管理者，占有者その他の総務省令で定める者（①に掲げる者を除く），である（なお，施行規則52条参照）．

4　補償の内容

1　損害補償の基準

　損害の補償は，政令で定める基準に従い条例で定めるところにより，行われる．市町村は，損害の補償を行うために条例を制定しなければならず，その条例は，政令で定める基準に従わなければならない．この基準を示す政令として，「非常勤消防団員等に係る損害補償の基準を定める政令」が定められている．

2　損害補償の種類

　上記の基準を定める政令によれば，損害補償の種類は，次のようになっている．①療養補償，②休業補償，③傷病補償年金，④障害補償，⑤介護補償，⑥遺族補償，⑦葬祭補償，である．条例は，損害補償の種類については，この政令の基準に従わなければならないが，損害の補償金額については，政令の基準を最低限度として，これを上回る場合でも，全国的にみて著しく均衡を失しない程度であれば，許容されるものと解されている（消防基本法制研究会編著・逐条解説951頁参照）．

5　補償の権利者・義務者

1　補償権利者

　損害補償権利者は，被災者またはその遺族である．被災者本人には療養補償，休業補償，傷病補償年金，障害補償，介護補償が，遺族には遺族補償が，葬祭

第9章　災害防止法関係

を行う者には葬祭補償が，それぞれ支給される．

2　補償義務者

　補償義務者は，消防作業等に従事した者が損害を受けた地を管轄する市町村である（消防基本法制研究会編著・逐条解説950頁参照）．

　なお，大規模な災害等が発生した場合，当該市町村にとって損害補償を行うことが財政的に著しく過大な負担となることがありうるので，このような事態に備えて，危険負担の分散を図るため，「消防団員等公務災害補償等責任共済等に関する法律」が制定され，災害補償に関する市町村の共済制度として機能している（消防基本法制研究会編著・逐条解説950頁参照）．

● 6　補償の手続・訴えの提起

　補償の手続と訴えの提起については，本法29条3項の損失補償について述べたところとほぼ同じであるので，ここでは繰り返さない．

第4節　水防法

第1款　概　説

● 1　本法の趣旨

1　本法の沿革

　1948（昭和23）年の消防法に続いて，1949（昭和24）年に水防法（以下，本節において「本法」という）が制定された．水防は，当初は消防の任務として規定され，消防法や消防組織法の適用を受けていたが，水防と消防の本質上の相違が認識されて，消防法とは別に本法が制定された．本法は，制定後，全国各地での集中豪雨等による水災に対応するため数次の改正を経ている（水防法の沿革については，国宗正義＝粟屋敏信『水防法』22頁以下（港出版合作社，1955年．以下，「国宗＝粟屋・水防法」という），水防法研究会編著『逐条解説水防法〔第2次改訂版〕』1頁以下（ぎょうせい，2016年．以下，「水防法研究会編著・逐条解説」という）参照）．

第 **4** 節　水防法

2　本法の目的

本法は，1 条において，「洪水，雨水出水，津波又は高潮に際し，水災を警戒し，防御し，及びこれによる被害を軽減し，もつて公共の安全を保持することを目的とする．」と規定している．2011（平成 23）年の改正で，「目的規定」の中に「津波」が，2015（平成 27）年の改正で，同じく「雨水出水」が目的規定の中に明確化された．

3　水防と消防

水防と消防は，災害の防御という点において共通する性質を有しており，両者の区別が必ずしも明確でない面がある．消防法 36 条 8 項は，火災警報や消火の活動に関する諸規定を「水災を除く他の災害」について準用することとしている．「水災を除く他の災害」としては，暴風，竜巻，豪雨，豪雪，崖崩れ，土石流，地震，噴火等が考えられる（消防基本法制研究会編著『逐条解説消防法〔第 5 版〕』937 頁（東京法令出版，2014 年）参照）．また，本法 50 条は，「消防事務との調整」と題して，「水防管理者は，水防事務と水防事務以外の消防事務とが競合する場合の措置について，あらかじめ市町村長と協議しておかなければならない．」と規定している．さらに，5 条 3 項は，「水防団及び消防機関は，水防に関しては水防管理者の所轄の下に行動する．」規定している．

4　本法の関連法令

本法の関連法令としては，災害対策基本法，災害救助法，消防法，河川法，海岸法，特定都市河川浸水被害対策法，津波防災地域づくりに関する法律等がある．

● 2　本法の構成

上記の目的を達成するため，本法は，種々の仕組みを設けている．損失補償に関連するもので，その主要なものを次に取り上げることにする．

1　用語の定義

1　雨水出水　雨水出水とは，一時的に大量の降雨が生じた場合において，下水道その他の排水施設に当該雨水を排除できないこと，または下水道その他の排水施設から河川その他の公共の水域もしくは海域に当該雨水を排除できないことによる出水をいう（2 条 1 項）．

2 水防管理団体　水防管理団体とは，3条の規定により水防の責任を有する市町村（特別区を含む）または水防に関する事務を共同に処理する市町村の組合（水防事務組合）もしくは水害予防組合をいう（2条2項）．

水防事務組合とは，地形の状況により，市町村が単独で水防責任を果たすことが著しく困難または不適当であると認められる場合において，関係市町村が，洪水，雨水出水，津波または高潮による被害の共通性を勘案して，共同して水防を行う区域を定めて設置するものである（3条の2）．水害予防組合とは，1908（明治41）年の水害予防組合法に基づいて設置された公共組合であるが，1958（昭和33）年の本法改正により，水防事務組合への移行が進み，現在ではその数は大幅に減少している（水防法研究会編著・逐条解説32頁以下参照）．

3 水防管理者　水防管理者とは，水防管理団体である市町村の長，水防事務組合の管理者もしくは長，および水害予防組合の管理者をいう（2条3項）．

4 消防機関　消防機関とは，消防組織法9条に規定する消防の機関をいう（2条4項）．具体的には，消防本部，消防署および消防団である．

5 消防機関の長　消防機関の長とは，消防本部を置く市町村にあっては消防長を，消防本部を置かない市町村にあっては消防団の長をいう（2条5項）．

6 水防計画　水防計画とは，水防上必要な監視，警戒，通信，連絡，輸送およびダムまたは水門もしくは閘門の操作，水防のための水防団，消防機関および水防協力団体の活動，一の水防管理団体と他の水防管理団体との間における協力および応援，水防のための活動に必要な河川管理者の協力並びに水防に必要な器具・資材および設備の整備・運用に関する計画をいう（2条6項）．

7 水防警報　水防警報とは，洪水，津波または高潮によって災害が発生するおそれがあるとき，水防を行う必要がある旨を警告して行う発表をいう（2条8項）．

2 水防組織

1 市町村の水防責任　市町村は，その区域における水防を十分に果たす責任を有する．ただし，水防事務組合が水防を行う区域および水害予防組合の区域については，この限りでない（3条）．

2 都道府県の水防責任　都道府県は，その区域における水防管理団体が行う水防が十分に行われるように確保すべき責任を有する（3条の6）．

3 水防団　水防管理団体は，水防事務を処理するため，水防団を置くこ

とができる（5条1項）．水防団および消防機関は，水防に関しては水防管理者の所轄の下に行動する（同条3項）．水防団は，水防団長および水防団員をもって組織する（6条1項）．

3 居住者等の水防義務

水防管理者，水防団長または消防機関の長は，水防のためやむをえない必要があるときは，当該水防管理団体の区域内に居住する者，または水防の現場にある者をして水防に従事させることができる（24条）．

● 3　本法上の損失補償規定

本法は数か条にわたり損失（損害）の補償規定を設けている．①応急公用負担による損失の補償（28条），②公務災害補償（6条の2），③水防従事者に対する災害補償（45条），である．補償の性質は，必ずしも一様ではない．

第2款　応急公用負担による損失の補償

> **（公用負担）**
> **第28条**
> ① 水防のため緊急の必要があるときは，水防管理者，水防団長又は消防機関の長は，水防の現場において，必要な土地を一時使用し，土石，竹木その他の資材を使用し，若しくは収用し，車両その他の運搬用機器若しくは排水用機器を使用し，又は工作物その他の障害物を処分することができる．
> ② 前項に規定する場合において，水防管理者から委任を受けた者は，水防の現場において，必要な土地を一時使用し，土石，竹木その他の資材を使用し，又は車両その他の運搬用機器若しくは排水用機器を使用することができる．
> ③ 水防管理団体は，前2項の規定により損失を受けた者に対し，時価によりその損失を補償しなければならない．

● 1　本条の趣旨と要点

1 本条の趣旨

本条は，緊急時における物的公用負担について定めたものである．これによる損失が特別の犠牲に該当する場合には，3項に基づき損失の補償がなされる

ことになる．憲法29条3項の趣旨を具体化したものである．災害対策基本法64条とほぼ同趣旨の規定である．

2 本条の要点

　本条の要点は，補償の要否，補償の内容（範囲），補償の権利者・義務者，補償の手続，訴えの提起等である．いずれの点についても，判例・学説上の対立は見当たらない．本条の補償の性質が損失補償であることについては，ほぼ異論がない．

●2 補償の要否

1 水防のため緊急の必要があるとき

　補償が必要となるのは，使用・収用が，「水防のため緊急の必要があるとき」に行われた場合である．水防のため緊急の必要があるときとは，洪水，雨水出水，津波または高潮により堤防等が決壊の危険にさらされているような場合である（水防法研究会編著・逐条解説131頁参照）．

2 土地の使用，土石・竹木その他の資材の使用・収用等

　補償が必要となる次の要件は，水防の現場において，土地の一時使用や土石・竹木その他の資材の使用・収用，車両その他の運搬用機器・排水用機器の使用，または工作物その他の障害物の処分が行われた場合である．「使用」とは，土地，土石，竹木等の所有権を移転することなく，その物の用法に従って一時的にこれを用いることをいい，「収用」とは，それらの物の所有権を強制的に剥奪することをいう．土石，竹木その他の資材は，水防上は消費される性質のものであるから，通常は収用されることになる．「工作物その他の障害物の処分」とは，水防に支障のある家屋その他の建築物，立竹木等の物件を破壊したり除却したりすることをいう（国宗＝粟屋・水防法156～157頁，水防法研究会編著・逐条解説143頁参照）．

3 受忍限度を超えること

　明文の規定があるわけではないが，当然のことながら，損失が受忍限度を超えていることが必要である．受忍限度内であれば，社会的制約として補償は不要である．受忍限度内であるか否かは，個別具体的に社会通念に従って判断さ

● 3　補償の内容

1　時　価
　補償の内容（範囲）は，「時価」である．消防法29条3項と同趣旨である．消防法29条3項の「時価」については，「その時々において，一般にその物が取引されている実際の価格」をいうと説かれている．時価の算定基準時は，原則として，処分等が行われた時点である（消防基本法制研究会編著『逐条解説消防法〔第5版〕』821頁（東京法令出版，2014年）参照．なお，前述864頁参照）．

2　損失の範囲
　対象となる損失は，処分等と相当因果関係がなければならない．文献においては，損失とは，「土地その他の物の使用権又は物自体の価額に限られず，収用又は使用の結果，所有者又は占有者において必要とした工作物の築造，修繕等の措置に要する費用等の一切を含むと解すべきである」と説かれている（水防法研究会編著・逐条解説143～144頁）．

● 4　補償の権利者・義務者

　補償権利者は，土地の一時使用，土石・竹木その他の資材の使用・収用等により損失を受けた者である．補償義務者は，水防管理団体である．水防管理団体とは，前述したように，市町村，水防事務組合，水害予防組合を指す．
　なお，費用負担および補助については，一連の規定（41条～44条）が置かれている．

● 5　補償の手続・訴えの提起

1　補償の手続
　本法および本条には，補償の手続についての規定は置かれていない．消防法29条3項では，「損害を受けた者からその損失の補償の要求があるときは」となっているが，本条にはそのような文言は見当たらない．しかし，実際には，本条の補償についても，損失を受けた者からの要求があり，それに対して市町村等が補償の要否・補償額等を決定するという手続を踏むものと思われる．

2 訴えの提起

本法および本条には,訴えの提起についても別段の規定は置かれていない.最終的には,裁判所の判断を求めることができるものと解すべきである.この場合の訴訟は,行訴法4条後段の実質的当事者訴訟に当たる.

第3款 公務災害補償

(公務災害補償)
6条の2
① 水防団長又は水防団員が公務により死亡し,負傷し,若しくは病気にかかり,又は公務による負傷若しくは病気により死亡し,若しくは障害の状態となつたときは,当該水防団長又は水防団員の属する水防管理団体は,政令で定める基準に従い,市町村又は水防事務組合にあつては条例で,水害予防組合にあつては組合会の議決で定めるところにより,その者又はその者の遺族がこれらの原因によつて受ける損害を補償しなければならない.
② 前項の場合においては,水防管理団体は,当該水防団長若しくは水防団員又はその者の遺族の福祉に関して必要な事業を行うように努めなければならない.

●1 本条の趣旨と要点

1 本条の趣旨

本条は,水防団長または水防団員の公務災害補償について定めたものである.水防団長と水防団員には常勤の者と非常勤の者とがいるが,市町村または水防事務組合の常勤の水防団長または水防団員は,地方公務員法の一般職に属する地方公務員であり,地方公務員法45条,地方公務員災害補償法や一般職に属する公務員に適用される条例が適用されるから,本条は,そのことを念のために確認したにすぎない.本条は,むしろ,非常勤の水防団長または水防団員(特別職)の公務災害補償,および地方公務員法の適用のない水害予防組合の常勤の水防団長または水防団員の公務災害補償について規定している点に意義を有する(国宗=粟屋・水防法96〜97頁,水防法研究会編著・逐条解説55〜56頁参照).

なお,消防組織法は,非常勤消防団員に対する公務災害補償について,24

条1項で,「消防団員で非常勤のものが公務により死亡し,負傷し,若しくは疾病にかかり,又は公務による負傷若しくは疾病により死亡し,若しくは障害の状態となつた場合においては,市町村は,政令で定める基準に従い条例で定めるところにより,その消防団員又はその者の遺族がこれらの原因によって受ける損害を補償しなければならない.」として,本条(水防法6条の2)と同趣旨の規定を置いている.

2 本条の要点

本条の要点は,補償の性質,補償の要否,補償の内容(範囲),補償の権利者・義務者,補償の手続,訴えの提起等である.いずれの点についても,判例・学説上の対立は見当たらない.

公務員に対する災害補償については,国家公務員法93条,地方公務員法45条,国家公務員災害補償法,地方公務員災害補償法等が一般的に規定している.本条もその一環であり,これらの一般的規定に準ずるものである.本条の公務災害補償の規定は水防法の規定中に盛り込まれているが,格別特異な点があるわけではないので,ここでは簡単に説明するにとどめる.

2 補償の性質

公務災害補償の性質については,文献をみると,公務員に対する災害補償を定める法令として,国家公務員災害補償法,地方公務員法45条等のほか,本条(水防法6条の2)を挙げた上で,「公務災害補償は,社会保障制度としては,労働者災害補償制度と異なる所はないが,後者が社会保険の一種であるのに対し,前者は,国が危険責任を負担することによって,実質的には同一の機能を営むのである」と説くもの(今村・国家補償法131頁),「これらの災害補償制度は,国や公共団体が公務達成の必要上,公務員や一般人を潜在的危険状態に置いたことから生じた損害についての無過失責任を負担するもので,本来の趣旨は危険責任の考え方に基づくものである」と説くもの(秋山・国家補償法231頁),あるいは,「公務災害補償制度(……)は公務員の公務上のまたは通勤による災害に対する補償を定めている.これは公務員を公務達成のために潜在的な危険状態に置いたことを理由とする危険責任とされる」と説くもの(阿部・国家補償法325頁),などがある.これらの見解によれば,公務災害補償は「損失補償」ではなくて,「危険責任に基づく無過失責任」,あるいは「結果責任」

の性質を有するということになる．私見によれば，特別の危険状態に置いたことによる「公法上の危険責任」を定めたものということになる（公法上の危険責任については，西埜・概説268頁以下参照）．

本条は，「損害を補償」という用語を使用している．このことからすれば，本来の意味における「損失補償」と区別して捉えているものと思われる．

●3 補償の要否

「公務」によることが必要である．ここでいう「公務」とは，水防に関連するすべての公務をいう．実際の水防活動だけではなく，水防訓練に従事すること，水防事務を処理すること，水防の用務のため出張することも含むものと解されている（国宗＝粟屋・水防法97頁，水防法研究会編著・逐条解説56頁参照）．

●4 補償の内容

1 相当因果関係

損害は，公務と相当因果関係がなければならない．相当因果関係とは，事実的因果関係のある損害のうち，どの範囲までのものを賠償させるかという観点から，その賠償範囲を画定するための因果関係である．一般的には，民法416条の「通常損害」を基準にして判断され，「特別損害」については，特別の事情を予見することができた場合に限り相当因果関係が肯定される．

2 一般的基準

補償の内容についての一般的基準は，国家公務員災害補償法，地方公務員災害補償法，条例（市町村消防団員等公務災害補償条例），非常勤消防団員等に係る損害補償の基準を定める政令等によって規定されている．

3 補償の種類

補償の内容を地方公務員災害補償法25条や基準を定める政令でみると，補償の種類として，①療養補償，②休業補償，③傷病補償年金，④障害補償，⑤障害補償年金，⑥障害補償一時金，⑦介護補償，⑧遺族補償，⑨遺族補償年金，⑩遺族補償一時金，⑪葬祭補償，となっている．

● 5　補償の権利者・義務者

1　補償権利者
　補償権利者は，公務により死亡・負傷・病気の罹患等をした者またはその遺族である．

2　補償義務者
　補償義務者は，当該水防団長または水防団員の属する水防管理団体である．「属する」とは，その身分関係を有するという意味である．したがって，23条の規定に基づいて他の水防管理者等に応援要請があり，他の水防管理者等が応援に赴いて水防に従事したところ，その水防団長または水防団員が死亡・負傷等した場合でも，補償責任を負うのは応援要請をした水防管理団体ではなく，応援に赴いて死亡・負傷した水防団長または水防団員の属する水防管理団体ということになる．ただし，23条3項により，「応援のために要する費用は，当該応援を求めた水防管理団体が負担するものとする．」とされており，この費用の中に損害補償に要する費用も含まれているものと理解すれば，均衡が保たれていることになる（国宗＝粟屋・水防法97～98頁，水防法研究会編著・逐条解説56～57頁参照）．

● 6　補償の手続・訴えの提起

　補償の手続と訴えの提起については，国家公務員災害補償法や地方公務員災害補償法等に規定が置かれている．これを地方公務員災害補償法でみると，25条2項は，「前項各号（第3号を除く．）に掲げる補償は，当該補償を受けるべき職員若しくは遺族又は葬祭を行う者の請求に基づいて行う．」と規定した上で，51条以下において，不服申立ておよび訴訟について規定している．この一連の規定は，地方公務員の災害補償に関するものであるので，ここではこれ以上の説明は省略することにする．

第9章 災害防止法関係

第4款　水防従事者に対する災害補償

> （第24条の規定により水防に従事した者に対する災害補償）
> 第45条
> 　第24条の規定により水防に従事した者が水防に従事したことにより死亡し，負傷し，若しくは病気にかかり，又は水防に従事したことによる負傷若しくは病気により死亡し，若しくは障害の状態となつたときは，当該水防管理団体は，政令で定める基準に従い，市町村又は水防事務組合にあつては条例で，水害予防組合にあつては組合会の議決で定めるところにより，その者又はその者の遺族がこれらの原因によつて受ける損害を補償しなければならない．

●1　本条の趣旨と要点

1　本条の趣旨

　本条は，24条の規定により水防に従事した者が，それにより死亡・負傷等した場合に，当該水防管理団体が損害の補償責任を負うべきことを定めたものである．

　本条は，6条の2が定める水防団長または水防団員の公務災害補償と類似しているが，6条の2が労働者の業務上の病気または災害について雇主の責任を定めたものであるのに対して，本条は，そのような関係のない，一般民間人の災害補償等について定めたものである（水防法研究会編著・逐条解説183頁参照）．

2　本条の要点

　本条の要点は，補償の性質，補償の要否，補償の内容（範囲），補償の権利者・義務者，補償の手続，訴えの提起等である．補償の性質を除いて，判例・学説上の対立は見当たらない．

●2　補償の性質

1　学説の対立

　本条の補償の性質については，損失補償説と結果責任説（または公法上の危険責任説）が対立している．損失補償説は，「水防という公共の目的のために第24条の規定に基づいて私人に対して特別の犠牲又は奉仕を要求しなければ

ならない場合が生ずるのは，国家の統治作用の社会的機能として，国土の保全，国民の保護という面から避けがたいことであろう．しかし，このような特別の犠牲に対しては，全体的な公平の見地からその損害に対して調節的補償をするのが当然である．本条の補償は，私権に対して加えられる特別偶然の損失を全体の負担において調節するための技術的形式である」として，行政上の適法行為に基づく損失補償であると説く（水防法研究会編著・逐条解説183頁．なお，国宗＝粟屋・水防法189頁参照）．これに対して，結果責任説は，前述の公務災害補償についてほぼ同様に，「国や公共団体が公務達成の必要上，公務員や一般人を潜在的危険状態に置いたことから生じた損害についての無過失責任を負担するもので本来の趣旨は危険責任の考え方に基づくものである」と解して，結果責任（その中の危険責任）を定めたものである，と解する（秋山・国家補償法231頁．なお，今村・国家補償法131頁参照）．

2 「損害」の補償

本条は，損失ではなくて「損害の補償」という用語を使用している．損失補償説に対する疑問は，この「損害」の補償という文言からも出てくることになる．「損害」という用語を使用したのは，通常の「適法行為に基づく損失補償」とは異なるということからではないか思われる．したがって，結果責任説が妥当であると解するが，結果責任の中にも種々のものがあり，本条の場合は，国・公共団体が形成した特別の危険状態から損害が発生しものであるから，「公法上の危険責任」の性質を有するものと解すべきであろう．

●3 補償の要否

補償が必要となるのは，24条の規定により水防に従事した場合である．24条は，水防管理者，水防団長または消防機関の長は，水防のためやむをえない必要があるときは，当該水防管理団体の区域内に居住する者，または水防の現場にある者を水防に従事させることができる，と規定している．

●4 補償の内容

1 相当因果関係

水防に従事したことと損害の発生との間に相当因果関係がなければならない．この点については，前述したところと同じであるので，ここでは繰り返さない

（前述 878 頁参照）．

2　補償の一般的基準

補償の一般的基準は，政令で定める基準に従い，市町村または事務組合にあっては条例で，水害予防組合にあっては組合会の議決で定めるところによる．

3　補償の種類

補償の種類については，条例（水防又は応急措置の業務に従事した者の損害補償に関する条例）で，一般に，「非常勤消防団員等に係る損害補償の基準を定める政令」（昭和31年政令第335号）に定められているものの例による，とされている．基準を定める政令1条によれば，損害補償の種類は，①療養補償，②休業補償，③傷病補償年金，④障害補償（障害補償年金，障害補償一時金），⑤介護補償，⑥遺族補償（遺族補償年金，遺族補償一時金），⑦葬祭補償，となっている．

●5　補償の権利者・義務者

補償権利者は，水防に従事したことにより負傷等の損害を受けた者であり，死亡の場合はその者の遺族である．補償義務者は，公務災害補償（6条の2）の場合とは異なり，当該水防管理団体（その水防について責任を有する水防管理団体）である（国宗＝粟屋・水防法190頁，水防法研究会編著・逐条解説183〜184頁参照）．

●6　補償の手続・訴えの提起

1　補償の手続

本条および本法には，補償の手続について定めた規定はない．ただ，条例をみると，例えば，目黒区の「水防又は応急措置の業務に従事した者の損害補償に関する条例」によれば，①区長は，損害補償を受けるべき者に対して，その者がこの条例によって損害補償を受ける権利を有する旨を速やかに通知し（2条），②損害補償を受けようとする者は，規則で定めるところにより，区長に申請する（4条），ものとされている．その後は，おそらく，両当事者の協議を経るものと思われる．

2 訴えの提起

訴えの提起についても，本条および本法には規定が置かれていない．最終的には，裁判所の判断を求めることができるものと解すべきである．この場合の訴訟は，行訴法4条後段の実質的当事者訴訟に当たる．

第5節　河川法

第1款　概　説

● 1　本法の趣旨

1 本法の沿革

河川法（旧河川法）が制定されたのは1896（明治29）年である．これにより我が国で最初の河川管理についての体系的な法制度が整備された．旧河川法は，中央集権的な色彩が強く，また，水害の防止（治水）に重点を置いたものであった（河川法の沿革については，河川法研究会編著『改訂版[逐条解説]河川法解説』4頁以下（大成出版社，2006年．以下，「河川法研究会編著・逐条解説」という），河川法令研究会編著『よくわかる河川法〔第3次改訂版〕』2頁以下（ぎょうせい，2018年．以下，「河川法令研究会編著・よくわかる河川法」という）参照）．当時，河川法と森林法，砂防法を合わせて，「治水三法」と呼ばれていた．

旧河川法は，制定以来，約70年間にわたって，河川行政の基本法として適用されてきた．しかし，その間に，社会経済の発展に伴って水力発電や工業用水道等の河川水の利用が増大し，従来の治水を中心とする法制度では十分に対応できなくなってきた．そのため，旧河川法の全面的な見直しが必要となり，1964（昭和39）年に旧河川法が廃止されて現行の河川法（新河川法．以下，「本法」という）が制定された．本法は，河川の管理に関する基本法である（河川法研究会編著・逐条解説1頁参照）．

2 本法の目的

本法は，1条において，「この法律は，河川について，洪水，津波，高潮等による災害の発生が防止され，河川が適正に利用され，流水の正常な機能が維持され，及び河川環境の整備と保全がされるようにこれを総合的に管理するこ

とにより，国土の保全と開発に寄与し，もつて公共の安全を保持し，かつ，公共の福祉を増進することを目的とする.」と規定している.「河川環境の整備」は，1997（平成9）年の改正で追加されたものであり，河川の生態系や植生の保護・育成も新たに河川管理の目的とされるようになった.

③ 河川管理の原則等

本法2条は，「河川管理の原則等」と題して，1項で「河川は，公共用物であつて，その保全，利用その他の管理は，前条の目的が達成されるように適正に行なわれなければならない.」と規定し，2項で「河川の流水は，私権の目的となることができない.」と規定している.

上記のように，河川は「公共用物」とされている.「公共用物」とは「公物」の一種であって，直接に一般公衆の共同利用に供されているものをいう.河川のほか，道路，公園，海岸等は，自然公物としての公共用物に属する（河川法令研究会編著・よくわかる河川法78頁，河川法研究会編著・逐条解説2頁等参照）.

④ 本法の関連法令

本法の関連法令としては，森林法，砂防法，海岸法，災害対策基本法，水防法，特定多目的ダム法，特定都市河川浸水被害対策法，公有水面埋立法等がある.

●2 本法の構成

上記の目的を達成するため，本法は，種々の仕組みを設けている．損失補償に関連するもので，その主要なものを次に取り上げることにする．

① 用語の定義

1 河川 河川とは，公共の水流および水面をいう（4条1項）．公共の水面とは，湖沼等の自然水面および一般公共のために設置された人工水面（洪水調整池等）を指している．社会通念上は，河川と湖沼は区別されているが，両者は，一般的に物理的な形態を異にするのみで，その本質において何ら異なるものではなく，河川管理の見地からすれば，これらを一体として把握することが必要であると考えられている（河川法研究会編著・逐条解説2頁参照）．

2 河川の種別・河川管理施設 本法における河川とは，一級河川および

二級河川をいい，これらの河川に係る河川管理施設を含んでいる．「河川管理施設」とは，ダム，堰，水門，堤防，護岸，床止め，樹林帯（堤防またはダム貯水池に沿って設置された帯状の樹林で，堤防またはダム貯水池の治水上または利水上の機能を維持し，または増進する効用を有するもの）その他河川の流水によって生ずる公利を増進し，または公害を除却し，もしくは軽減する効用を有する施設をいう（3条）．

3 一級河川・二級河川

(1) **一級河川** 一級河川とは，国土保全上または国民経済上特に重要な水系で政令（河川法第4条第1項の水系を指定する政令）で指定したもの（一級水系）に係る河川で国土交通大臣が指定したものをいう（4条1項）．国土交通大臣は，一級河川を指定しようとするときは，あらかじめ，関係行政機関の長に協議するとともに，社会資本整備審議会および関係都道府県知事の意見を聴かなければならない（同条3項）．ここでいう「国土保全上」とは，洪水，高潮等の災害が発生した場合に想定される人命，財産の被害が大きく，この防止が国家的見地からみて治水上極めて重要であるということを意味している．また，「国民経済上」とは，上水道，工業用水道，灌漑，発電等，河川の利用の影響度が一地方の経済にとどまらず，国家的見地からみて極めて大きいものであるということを意味している（河川法令研究会編著・よくわかる河川法12頁参照）．

(2) **二級河川** 二級河川とは，一級河川の水系以外の水系で公共の利害に重要な関係があるものに係る河川で，都道府県知事が指定したものをいう（5条1項）．都道府県知事は，二級河川を指定しようとする場合に，当該河川が他の都府県との境界に係るものであるときは，当該他の都府県知事に協議しなければならず（同条2項），また，あらかじめ，関係市町村長の意見を聴かなければならない（同条4項）．

4 準用河川・普通河川

(1) **準用河川** 準用河川とは，一級河川および二級河川以外の河川で，市町村長が指定したものをいう（100条1項）．準用河川については，本法中二級河川に関する規定（政令で定める規定を除く）が準用される．

(2) **普通河川** 普通河川とは，一級河川，二級河川および準用河川以外の河川をいう（100条の2第1項）．普通河川については，本法の適用も準用もなされない．普通河川は，従前，その敷地は国有財産とされ，国有財産法の規定に基づき，都道府県知事により機関委任事務として財産管理の事務が行われて

きたが，機能管理の事務の面については，住民福祉の観点から，事実上市町村が行ってきた．しかし，普通河川から水害が発生したような場合に，誰が国賠法2条1項に基づいて賠償責任を負うべきかという問題があり，訴訟においてもしばしば争点となっていた．いわゆる「法定外公共用物と賠償責任者」という問題である．ただ，この問題点については，機関委任事務が廃止され，法定外公共用物の所有権が国から市町村に譲渡する手続が整備された現在では，このような問題が生ずることはなくなるものと思われる（塩野宏「法定外公共物法制の改革」同『法治主義の諸相』492頁以下（有斐閣，2001年．初出1999年），公共用財産管理研究会編『法定外公共物の譲与』1頁以下（ぎょうせい，2001年），河川法令研究会編著・よくわかる河川法9頁以下，西埜・国賠法コメ1090頁以下参照）．

5 河川区域 河川区域とは，次に掲げる区域をいう．①河川の流水が継続して存する土地および地形，草木の生茂の状況その他その状況が河川の流水が継続して存する土地に類する状況を呈している土地（河岸の土地を含み，洪水その他異常な天然現象により一時的に当該状況を呈している土地を除く）（一号地），②河川管理施設の敷地である土地の区域（二号地），③堤外の土地（政令で定めるこれに類する土地および政令で定める遊水地を含む）の区域のうち，①に掲げる区域と一体として管理を行う必要があるものとして河川管理者が指定した区域（三号地），である．河川区域は，河川の縦の長さである河川の区間に対して，河川の横の幅を示すものであり，河川区域を定める趣旨は，行為制限が及ぶ区域を明らかにすることにある（河川法令研究会編著・よくわかる河川法17頁参照）．

6 河川工事 河川工事とは，河川の流水によって生ずる公利を増進し，または公害を除却・軽減するために河川について行う工事をいう（8条）．

7 高規格堤防・高規格堤防特別区域 高規格堤防とは，河川管理施設である堤防のうち，その敷地である土地の区域内の大部分の土地が通常の利用に供されても計画高水流量を超える流量の洪水の作用に対して耐えることができる規格構造を有する堤防をいう（6条2項）．河川管理者は，高規格堤防については，その敷地である土地の区域のうち通常の利用に供することができる土地の区域を高規格堤防特別区域として指定することができる（同条同項）．

第 5 節　河川法

2　河川の管理

1　河川管理者　河川を管理する者を河川管理者という（7条）。原則として，一級河川の管理は国土交通大臣が行い（9条1項），二級河川の管理は都道府県知事が行う（10条1項）。

2　河川整備基本方針　河川管理者は，その管理する河川について，計画高水流量その他当該河川の河川工事および河川の維持（河川の整備）についての基本となるべき方針に関する事項（河川整備基本方針）を定めておかなければならない（16条1項）。河川整備基本方針は，水害発生の状況，水資源の利用の現況および開発並びに河川環境の状況を考慮し，かつ，国土形成計画および環境基本計画との調整を図って，政令で定めるところにより，水系ごとに，その水系に係る河川の総合的管理が確保できるように定められなければならない（同条2項）。

国土交通大臣は，河川整備基本方針を定めようとするときは，あらかじめ，社会資本整備審議会の意見を聴かなければならない（同条3項）。都道府県知事は，河川整備基本方針を定めようとする場合に，当該都道府県知事が統括する都道府県に都道府県河川審議会が置かれているときは，あらかじめ，当該都道府県河川審議会の意見を聴かなければならない（同条4項）。

3　河川整備計画　河川管理者は，河川整備基本方針に沿って計画的に河川の整備を実施すべき区間について，当該河川の整備に関する計画（河川整備計画）を定めておかなければならない（16条の2第1項）。河川整備計画は，河川整備基本方針に即し，かつ，公害防止計画が定められている地域に存する河川にあっては当該公害防止計画との調整を図って，政令で定めるところにより，当該河川の総合的な管理が確保できるように定められなければならない（同条2項）。

河川管理者は，河川整備計画の案を作成しようとする場合に，必要があると認めるときは，河川に関して学識経験を有する者の意見を聴かなければならず（16条の2第3項），また，必要があると認めるときは，公聴会の開催等関係住民の意見を反映させるために必要な措置を講じなければならない（同条4項）。さらに，河川管理者は，河川整備計画を定めようとするときは，あらかじめ，政令で定めるところにより，関係都道府県知事または関係市町村長の意見を聴かなければならない（同条5項）。

4　流水の占用の許可・登録　河川の流水を占用しようとする者は，国土

交通省令で定めるところにより，河川管理者の許可を受けなければならない．ただし，次条（23条の2）に規定する発電のために河川の流水を占用しようとする場合は，この限りでない（23条）．

23条の許可を受けた水利使用（流水の占用または26条1項に規定する工作物で流水の占用のためのものの新築・改築）のために取水した流水その他これに類する流水として政令で定めるもののみを利用する発電のために河川の流水を占用しようとする者は，国土交通省令で定めるところにより，河川管理者の登録を受けなければならない（23条の2）．

5 工作物の新築等の許可 河川区域内の土地において工作物を新築・改築・除却しようとする者は，国土交通省令で定めるところにより，河川管理者の許可を受けなければならない（26条1項）．

6 河川保全区域における行為の制限 河川管理者は，河岸または河川管理施設（樹林帯を除く）を保全するため必要があると認めるときは，河川区域に隣接する一定の区域を「河川保全区域」として指定することができる（54条1項）．国土交通大臣は，河川保全区域を指定しようとするときは，あらかじめ，関係都道府県知事の意見を聴かなければならない（同条2項）．

河川保全区域内において，次に掲げる行為をしようとする者は，国土交通省令で定めるところにより，一定の行為を除いて，河川管理者の許可を受けなければならない．①土地の掘削，盛土または切土その他土地の形状を変更する行為，②工作物の新築・改築，である（55条1項）．

7 河川予定地における行為の制限 河川管理者は，河川工事を施行するため必要があると認めるときは，河川工事の施行により新たに河川区域内の土地となるべき土地を「河川予定地」として指定することができる（56条1項）．河川管理者は，河川予定地を指定するときは，国土交通省令で定めるところにより，その旨を公示しなければならない（同条3項）．

河川予定地において次に掲げる行為をしようとする者は，国土交通省令で定めるところにより，一定の行為を除いて，河川管理者の許可を受けなければならない．①土地の掘削，盛土または切土その他の形状を変更する行為，②工作物の新築・改築，である（57条1項）．

3 河川立体区域・河川予定立体区域

1 河川立体区域の指定 河川管理者は，河川管理施設が，地下に設けら

れたもの，建物その他の工作物内に設けられたもの，または洪水時の流水を貯留する空間を確保するためのもので柱もしくは壁およびこれらによって支えられる人工地盤から成る構造を有するものである場合において，当該河川管理施設の存する地域の状況を勘案し，適正かつ合理的な土地利用の確保を図るため必要があると認めるときは，6条1項の規定にかかわらず，当該河川管理施設に係る河川区域を地下または空間について一定の範囲を定めた立体的な区域（河川立体区域）として指定することができる（58条の2第1項）．河川管理者は，河川立体区域を指定するときは，国土交通省令で定めるところにより，その旨を公示しなければならない（同条2項）．

2　河川予定立体区域の指定　河川管理者は，河川工事を施行するため必要があると認めるときは，河川工事の施行により新たに河川立体区域として指定すべき地下または空間を「河川予定立体区域」として指定することができる（58条の5第1項）．河川管理者は，河川予定立体区域を指定するときは，国土交通省令で定めるところにより，その旨を公示しなければならない（同条3項）．

3　河川予定立体区域における行為制限　河川予定立体区域内において，次に掲げる行為をしようとする者は，国土交通省令で定めるところにより，一定の行為を除いて，河川管理者の許可を受けなければならない．①土地の掘削，盛土，切土その他土地の形状を変更する行為，②工作物の新築・改築，である（58条の6第1項）．

4　河川管理者の監督処分
1　被処分者側に責に帰すべき事由がある場合　河川管理者は，次のいずれかに該当する者に対して，本法もしくは本法に基づく政令もしくは都道府県の条例の規定によって与えた許可・登録・承認の取消し，変更，その効力の停止，その条件の変更，新たな条件の付加等をすることができる．①本法もしくは本法に基づく政令もしくは都道府県の条例の規定もしくはこれらの規定に基づく処分に違反した者，その者の一般承継人もしくはその者から当該違反に係る工作物や土地を譲り受けた者，または当該違反した者から賃貸借その他により当該違反に係る工作物や土地を使用する権利を取得した者，②本法または本法に基づく政令もしくは都道府県の条例の規定による許可・登録・承認に付した条件に違反している者，③詐欺その他不正な手段により，本法または本法に

基づく政令もしくは都道府県の条例の規定による許可・登録・承認を受けた者，である（75条1項）．

2　被処分者側に責に帰すべき事由がない場合　河川管理者は，次のいずれかに該当する場合においては，本法または本法に基づく政令もしくは都道府県の条例の規定による許可・登録・承認を受けた者に対し，前項（75条1項）に規定する処分をすることができる．①許可・登録・承認に係る工事その他の行為につき，またはこれらに係る事業を営むことにつき，他の法令の規定による行政庁の許可または認可その他の処分を受けることを必要とする場合において，これらの処分を受けることができなかったとき，またはこれらの処分が取り消され，若しくは効力を失ったとき，②許可・登録・承認に係る工事その他の行為またはこれらに係る事業の全部または一部の廃止があったとき，③洪水，津波，高潮その他の天然現象により河川の状況が変化したことにより，許可・登録・承認に係る工事その他の行為が河川管理上著しい支障を生ずることとなったとき，④河川工事のためやむをえない必要があるとき，⑤そのほか，公益上やむをえない必要があるとき，である（75条2項）．

3　本法上の損失補償規定

本法は，多数の損失補償規定を有している．①工事の施行に伴う損失の補償（21条），②洪水時等における緊急措置に伴う損失の補償（22条），③高規格堤防の他人の土地における原状回復措置等による損失の補償（22条の3），④水利使用の許可等に係る損失の補償（41条，42条），⑤河川予定地における行為制限に伴う損失の補償（57条），⑥河川予定立体区域における行為制限に伴う損失の補償（58条の6），⑦監督処分に伴う損失の補償（76条），⑧立入り等に伴う損失の補償（89条），である．

第2款　工事の施行に伴う損失の補償

（工事の施行に伴う損失の補償）
第21条
　①　土地収用法（昭和26年法律第219号）第93条第1項の規定による場合を除き，河川工事の施行により，当該河川に面する土地について，通路，みぞ，かき，さくその他の施設若しくは工作物を新築し，増築し，修繕し，

若しくは移転し，又は盛土若しくは切土をするやむを得ない必要があると認められる場合においては，河川管理者（当該河川工事を河川管理者以外の者が行なうものであるときは，その者．以下この条において同じ．）は，これらの工事をすることを必要とする者（以下この条において，「損失を受けた者」という．）の請求により，これに要する費用の全部又は一部を補償しなければならない．この場合において，河川管理者又は損失を受けた者は，補償金の全部又は一部に代えて河川管理者が当該工事を施行することを要求することができる．
② 前項の規定による損失の補償は，河川工事の完了の日から1年を経過した後においては，請求することができない．
③ 第1項の規定による損失の補償については，河川管理者と損失を受けた者とが協議しなければならない．
④ 前項の規定による協議が成立しない場合においては，河川管理者又は損失を受けた者は，政令で定めるところにより，収用委員会に土地収用法第94条の規定による裁決を申請することができる．

1　本条の趣旨と要点

1　本条の趣旨

　本条は，河川工事の施行により，当該河川に面する土地について，通路・みぞ・かき・さくその他の施設もしくは工作物の新築・増築・修繕・移転，盛土・切土をする必要が生じた場合に，河川管理者がこれらの工事に要する費用の全部または一部を補償すること（みぞかき補償）を定めたものである．収用法93条と同じ趣旨に基づくものである（前述396頁以下参照）が，土地収用により用地を取得して河川工事を行う場合のほかに本条を設けた理由は，河川工事の施行によりしばしば発生することが予想される事例について，工事の円滑な施行を図り，また，補償の迅速な実施を確保するため，補償の範囲や方法を明らかにし，同時に権利関係の速やかな安定を図ろうとしたものである（河川法研究会編著・逐条解説115頁，河川法令研究会編著・よくわかる河川法68頁参照）．

2　本条の要点

本条の要点は，補償の性質，補償の要否，補償の内容（範囲），除斥期間，補償の権利者・義務者，補償の手続，訴えの提起等である．いずれの点についても，判例・学説上の対立は見当たらない．

●2　補償の性質

本条による補償は，一種の事業損失に対する補償である．事前補償であることもあれば，事後補償であることもある．河川工事により受忍限度を超えた特別の犠牲を与えるものであり，憲法29条3項の趣旨を具体化したものである（事業損失補償の性質については，前述176頁以下参照）．

●3　補償の要否

補償が必要となるのは，本条1項に列挙されている工事を施行する「やむを得ない必要」がある場合である．どのような場合がこれに当たるかについては，「個々具体の場合について，社会通念に従い，通常受忍すべき範囲をこえるか否かによって決定される」と説かれている（河川法研究会編著・逐条解説115頁）．

●4　補償の内容

1　工事に要する費用の全部または一部

補償の内容（範囲）は，通路等の工事に要する費用の全部または一部である．必ずしも費用の全額が補償されるわけではなく，当該工事を必要とする施設または土地等の機能回復に要する費用に限定される（河川法研究会編著・逐条解説116頁参照）．改良工事，超過工事の場合は，改良・超過部分は補償されず，工事費の一部が補償されるにとどまる．

2　工事の代行による補償

損失を受けた者は，補償金の交付を受けて自ら工事を施行するよりも，河川管理者にその全部または一部を施行させることが便宜な場合が多い．また，河川管理者としても，当該工事の施行は，その必要を生ぜしめた本体工事と併せて施行する方が経済的で工法上も合理的であることが多い．この理由から，本条は，損失を受けた者と河川管理者のいずれからでも，補償金に代えて工事の

施行を要求することができるものとしている（河川法研究会編著・逐条解説116頁参照）．収用法93条の趣旨とほぼ同じである（前述397頁参照）．

5　除斥期間

　損失の補償は，河川工事の完了の日から1年を経過した後においては，請求することができない．これは除斥期間を定めたものである．基本的な規定は収用法93条2項であるが，これにならって同趣旨の規定が海岸法19条2項，道路法70条2項等にも置かれている．

　除斥期間を設けた理由については，文献の中には，「損失を受けた者が河川工事の施行による損失の発生を認めることが容易であ〔る〕」ことをその理由の一つに挙げるもの（河川法研究会編著・逐条解説116頁）がある．しかし，そのようにいえるか否かはやや疑問である．おそらく，河川管理者の便宜を考慮して，法律関係の早期確定を図るというのがその趣旨ではないかと思われる（河川事業補償研究会編『河川事業補償の法令実務』17頁（ぎょうせい，2008年．以下，「河川事業補償研究会編・河川事業補償」という）参照）．

　「工事の完了の日」とは，収用法93条2項と同様に，事実として工事が完了した日をいい，完了または供用開始について法令による手続がとられた日ではない（小澤・収用法下400頁，前述401頁参照）．

6　補償の権利者・義務者

　補償権利者は，通路等の工事をすることを必要とする者（損失を受けた者）である．

　補償義務者は，河川管理者である．当該河川工事を河川管理者以外の者が行う場合は，その者である．河川管理者以外の者が行う工事としては，境界に係る二級河川について他の都道府県知事が行う工事（11条），市町村長の行う工事（16条の3），兼用工作物について他の管理者が行う工事（17条），工事原因者が行う工事（18条）がある．

7　補償の手続・訴えの提起

1　補償の手続

　1　請求　損失を受けた者の「請求により」補償がなされる．本条1項の補償規定のほかには，本法上の補償規定にこのような規定は置かれておらず，

第9章　災害防止法関係

「河川管理者は、……損失を補償しなければならない」とされているだけである。このように区別した理由については、「通路、みぞ、かき等の設置や盛土、切土等を必要とする損失の発生は、必ずしも河川管理者がこれを確知することが期待できないからである」と説かれている（河川法研究会編著・逐条解説116頁）。

　2　当事者の協議　損失の補償については、まず、河川管理者と損失を受けた者とが協議して決定する。協議が成立しない場合は、当事者はいずれからでも、政令で定めるところにより、収用委員会に収用法94条の規定による裁決を申請することができる。裁決を申請しようとする者は、裁決申請者の氏名・住所、相手方の氏名・住所、損失の事実、損失の補償の見積り・その内訳、協議の経過等を記載した裁決申請書を収用委員会に提出しなければならない（収用法94条3項）。

　3　収用委員会の裁決　収用委員会は、裁決の申請が収用法の規定に違反し却下する場合を除いて、損失の補償および補償すべき時期について裁決する（収用法94条7項・8項）。

2　訴えの提起

　本条4項は、収用委員会に収用法94条（2項）の規定による裁決の申請をすることができると規定するのみで、裁決に不服である場合の訴訟の可否については何も規定していない。しかし、法律上の争訟である限り、最終的には裁判所の判断を求めることができるはずである。この場合には、収用法133条の規定が適用ないし類推適用されるが、出訴期間については、同法133条2項の特則を定めている同法94条9項の規定によるものと解すべきであろう。したがって、裁決書の正本の送達を受けた日から60日以内に、河川管理者を被告にして損失があった土地の所在地の裁判所に対して訴えを提起することができる（前述405頁、532頁以下参照）。

第5節　河川法

第3款　洪水時等における緊急措置に伴う損失の補償

（洪水時における緊急措置）
第22条
① 洪水，津波，高潮等による危険が切迫した場合において，水災を防御し，又はこれによる被害を軽減する措置をとるため緊急の必要があるときは，河川管理者は，その現場において，必要な土地を使用し，土石，竹木その他の資材を使用し，若しくは収用し，車両その他の運搬具若しくは器具を使用し，又は工作物その他の障害物を処分することができる．
② 河川管理者は，前項に規定する措置をとるため緊急の必要があるときは，その附近に居住する者又はその現場にある者を当該業務に従事させることができる．
③ 河川管理者は，第1項の規定による収用，使用又は処分により損失を受けた者があるときは，その者に対して，通常生ずべき損失を補償しなければならない．
④ 前項の規定による損失の補償については，河川管理者と損失を受けた者とが協議しなければならない．
⑤ 前項の規定による協議が成立しない場合においては，河川管理者は，自己の見積つた金額を損失を受けた者に支払わなければならない．この場合において，当該金額について不服がある者は，政令で定めるところにより，補償金の支払を受けた日から30日以内に，収用委員会に土地収用法第94条の規定による裁決を申請することができる．
⑥ 第2項の規定により業務に従事した者が当該業務に従事したことにより死亡し，負傷し，若しくは病気にかかり，又は当該業務に従事したことによる負傷若しくは病気により死亡し，若しくは障害の状態となつたときは，河川管理者は，政令で定めるところにより，その者又はその者の遺族若しくは被扶養者がこれらの原因によつて受ける損害を補償しなければならない．

● 1　本条の趣旨と要点

1　本条の趣旨

本条は，緊急の必要がある場合に，河川管理者に物的公用負担と人的公用負

担を課する権限を与え，また，これにより損失（損害）を受けた者がいるときは，これに対し通常生ずべき損失を補償すべきことを定めたものである．

同趣旨の規定は，災害対策基本法 64 条，65 条，82 条，水防法 24 条，28 条，45 条等にも置かれている（前述 839 頁，873 頁参照）．ただ，本法は，水災の防御という目的の点においては，災害対策基本法や水防法と共通しているが，公物管理の観点からの規制である点において，これらと相違している（河川法研究会編著・逐条解説 122 頁参照）．また，災害対策基本法や水防法は数か条にまたがって規定しているが，本条は 1 か条にまとめて規定している．

2　本条の要点

本条の要点は，補償の性質，補償の要否，補償の内容（範囲），補償の権利者・義務者，補償の手続，訴えの提起等である．補償の性質について若干見解が分かれているが，それ以外については，判例・学説上の対立は見当たらない．

●2　補償の性質

1　損失補償

1 項は，応急公用負担について定めたものであり，それに対する 3 項の補償の性質は，損失補償である（美濃部・公用負担法 102〜103 頁，柳瀬・公用負担法 126 頁参照）．

2　結果責任または公法上の危険責任

2 項は，人的公用負担について定めたものであるが，人的公用負担そのものについては補償の規定はない．

これに対して，6 項は，付近居住者等が緊急時に業務に従事し，死亡・負傷等した場合の「損害の補償」について定めている．「損失」ではなくて「損害」としているのは，災害対策基本法や水防法等と同じである．これは，補償の性質は「適法行為に基づく損失補償」ではないということを考慮したものである．学説上は，結果責任としての危険責任，あるいは特別の危険状態を形成したことに対する公法上の危険責任に位置づけるものが多いが，この点については，災害対策基本法や水防法の箇所で説明したところと同じであるので，ここでは繰り返さない（前述 846 頁，881 頁参照）．

第 5 節　河川法

● 3　補償の要否

1　収用・使用・処分による損失の発生

補償が必要となるのは，緊急の必要があるときに，必要な土地を使用し，土石・竹木その他の資材を使用・収用し，車両その他の運搬具・器具を使用し，または工作物その他の障害物を処分することによって損失が発生した場合である．収用とは，強制的に所有権等を取得することをいう．使用とは，所有権を取得することなく，その物を用いることをいい，必要がなくなれば，所有権者等に返還される．処分とは，工作物等をその用法に従って用いずに，移動・破棄等してその現状を変更することをいう（河川法研究会編著・逐条解説119～120頁参照）．

2　業務に従事したことに起因する損害の発生

人的公用負担そのものについては，補償の必要はない．その理由は，「付近の居住者は多く水防活動によって直接被害を免れる者であり，また現場にある者は，本来協力義務を負うものである」と考えられるからである（河川法研究会編著・逐条解説120頁参照）．これに対して，業務従事命令によって災害防止業務に従事した者が，これに起因して死亡・負傷等した場合には，これによって受ける「損害」が補償される．

● 4　補償の内容

1　通常生ずべき損失の補償

物的公用負担に対する補償の内容（範囲）は，「通常生ずべき損失」（通損）の補償である．これは，これまで取り上げてきた他の法条におけるものとほぼ同じである．収用・使用・処分と相当因果関係がなければならない．

2　損害補償の種類

災害防止業務に従事した者が死亡・負傷等した場合には，これによって受ける「損害」が補償される．施行令14条（洪水時等における緊急措置に係る損害補償の額等）は，「法第22条第6項に規定する損害補償は，非常勤消防団員等に係る損害補償の基準を定める政令（昭和31年政令第335号）中水防法（昭和24年法律第193号）第24条の規定により水防に従事した者に係る損害補償の

基準を定める規定の例に準じて行うものとし，この場合における手続その他必要な事項は，国土交通省令で定める.」と規定している．それによれば，補償の種類は，①療養補償，②休業補償，③傷病補償年金，④障害補償，⑤介護補償，⑥遺族補償，⑦葬祭補償，となっている．

●5　補償の権利者・義務者

物的公用負担による損失については，補償権利者は，収用・使用・処分により損失を受けた者である．補償義務者は，河川管理者である．

災害防止業務従事者の損害については，補償権利者は，負傷・病気等により損害を受けた者であり，死亡の場合はその者の遺族または被扶養者である．補償義務者は，河川管理者である．

●6　補償の手続・訴えの提起

① 補償の手続

1　物的公用負担による損失の補償　補償については，まず，河川管理者と損失を受けた者とが協議して定める．協議が成立しない場合は，河川管理者は，自己の見積った金額を支払わなければならない．この金額に不服がある者は，政令で定めるところにより，補償金の支払いを受けた日から30日以内に，収用委員会に収用法94条（2項）の規定による裁決を申請することができる．

2　災害防止業務従事者の損害の補償　これについては，上記の物的公用負担についての補償手続とは異なり，当事者の協議等の規定は置かれていない．「河川管理者は，……補償しなければならない．」となっているだけであり，補償については河川管理者が決定するということになっている．その理由は，文献をみると，損害の補償については，詳細かつ厳密な基準が定められ，また，請求手続も完備し，河川管理者の裁量によるところがほとんどなく，協議によるものとしなくても，損害を受けた者の保護に欠けるところがないからである，と説明されている（河川法研究会編著・逐条解説121頁，河川法令研究会編著・よくわかる河川法69頁）．

② 訴えの提起

1　物的公用負担による損失の補償　前記21条の工事の施行による損失の補償」と同様に，補償の手続については，収用法94条（2項）の規定による

収用委員会への裁決申請を規定しているが，訴えの提起については何も規定していない．しかし，裁決に対して不服がある者は，法律上の争訟である限りは，最終的に裁判所の判断を求めことができるはずである．この点については，第2款で述べたことがそのまま当てはまる．

2　災害防止業務従事者の損害の補償　前述のように，当事者の協議を要することなく，河川管理者が決定するものとされており，収用法94条の規定による収用委員会への裁決申請も予定されていない．しかし，そうであるからといって，河川管理者による補償決定について不服がある者が，これについて一切争うことができないというのは不合理である．法律上の争訟である以上，この場合は，直ちに訴えを提起することができるものと解すべきであろう．この場合の訴訟類型は，行訴法4条後段の実質的当事者訴訟に当たる．

第4款　高規格堤防における原状回復措置等による損失の補償

（高規格堤防の他人の土地における原状回復措置等）
第22条の3
① 河川管理者又はその命じた者若しくはその委任を受けた者は，高規格堤防特別区域内における高規格堤防の部分が損傷し，又は損傷するおそれがあり，河川管理上著しい支障が生ずると認められる場合においては，他人の土地において，その支障を除去するために必要な限度において，その高規格堤防の部分を原状に回復する措置又はその原状回復若しくは保全のために必要な地盤の修補，物件の除却その他の措置（以下「原状回復措置等」という．）をとることができる．
② 前項の規定により他人の土地において原状回復措置等をとろうとする場合においては，あらかじめ，当該土地の所有者及び占有者に通知して，その意見を聴かなければならない．
③ 略
④ 略
⑤ 河川管理者は，第1項の規定による原状回復措置等により損失を受けた者があるときは，その者に対して，通常生ずべき損失を補償しなければならない．

⑥　第22条第４項及び第５項の規定は，前項の規定による損失の補償について準用する。

1　本条の趣旨と要点

1　本条の趣旨

本条は，高規格堤防特別区域内にある高規格堤防の部分が損傷し，または損傷するおそれがあり，河川管理上著しい支障が生ずると認められる場合に，河川管理者（またはその命じた者もしくはその委任を受けた者）が，他人の土地において，その高規格堤防の部分を原状に回復する措置等をすることができること，およびその措置等により損失が生じた場合に，通常生ずべき損失を補償すべきことを定めたものである。これは，高規格堤防が損傷し，または損傷するおそれがあるにもかかわらず，これを放置することになれば，高規格堤防の背後には人口，資産等が高密度に集積しているのであるから，河川管理上著しい支障が生ずるおそれがあるためである（河川法研究会編著・解説123頁参照）。

「その命じた者」とは，具体的には，国土交通大臣が河川管理者である場合は国土交通省の職員であり，都道府県知事が河川管理者である場合は都道府県の職員である。また，「その委任を受けた者」とは，河川管理者と原状回復措置等を行うことについて私法上の契約を締結した請負業者等をいう（河川法研究会編著・解説124頁参照）。

2　本条の要点

本条の要点は，補償の要否，補償の内容（範囲），補償の権利者・義務者，補償の手続，訴えの提起等である。いずれの点についても，判例・学説上の対立は見当たらない。

2　補償の要否

1　原状回復措置等による損失の発生

補償が必要となるのは，河川管理上著しい支障が生ずると認められる場合に，他人の土地において，その支障を除却するために必要な限度において，高規格堤防の部分を原状に回復する措置，またはその現状回復もしくは保全のために

必要な地盤の補修，物件の除却その他の措置（原状回復措置等）が行われ，それにより損失が発生した場合である．

2 受忍限度を超えること
　高規格堤防の原状回復措置等は，公益性の高いものであり，通常は受忍限度内にあるのではないかと思われる．しかし，いかに公益性が高いとしても，受忍限度を超えて，特別の犠牲を課する結果になることも予想されないではない．

●3 補償の内容

1 通常生ずべき損失
　補償の対象は，「通常生ずべき損失」（通損）である．これは，これまでに述べてきた他の法条とほぼ同じである．原状回復措置等と相当因果関係がなければならない．

2 具体的損失
　具体的事例としては，一般に，原状回復措置等のために必要となる立木の移植，あるいは工作物の移設に要する費用等が挙げられている（河川法研究会編著・解説126頁，河川事業補償研究会編・河川事業補償18頁参照）．

●4 補償の権利者・義務者
　補償権利者は，原状回復措置等によって損失を受けた者である．補償義務者は，河川管理者である．

●5 補償の手続・訴えの提起

1 補償の手続
　22条4項および5項が準用されている．第3款の「物的公用負担による損失の補償」について述べたところがそのまま当てはまるので，ここでは繰り返さない．

2 訴えの提起
　訴えの提起についても同様であり，「物的公用負担による損失の補償」について説いたところがそのまま当てはまる（前述898頁参照）．

第5款　水利使用の許可等に係る損失の補償

(水利使用の許可等に係る損失の補償)
第41条
　水利使用に関する第23条若しくは第26条第1項の許可又は第23条の2の登録により損失を受ける者があるときは，当該水利使用に関する許可又は登録を受けた者がその損失を補償しなければならない．

(損失の補償の協議等)
第42条
① 前条の規定による損失の補償で関係河川使用者に係るものについては，水利使用の許可を受けた者と関係河川使用者とが協議しなければならない．
② 前項の規定による協議が成立しない場合においては，当事者は，政令で定めるところにより，河川管理者の裁定を求めることができる．
③ 河川管理者は，前項の裁定をする場合において，損失の補償として，損失防止施設を設置すべき旨の関係河川使用者の要求があり，かつ，水利使用の許可を受けた者の意見をきいてその要求を相当と認めるときは，損失防止施設の機能，規模，構造，設置場所等を定めて，当該水利使用の許可を受けた者が損失防止施設を設置すべき旨の裁定をすることができる．
④ 河川管理者は，第2項の裁定をしようとする場合においては，あらかじめ，関係河川使用者が当該河川の使用を行なう土地の所在する都道府県の収用委員会の意見をきかなければならない．
⑤ 第2項の裁定に不服がある者は，その裁定があつた日から60日以内に，訴えをもつてその変更を請求することができる．
⑥ 前項の訴えにおいては，当事者の他の一方を被告としなければならない．
⑦ 第5項の規定による訴えの提起は，水利使用及び当該水利使用に係る事業の実施を妨げない．

● 1　各条の趣旨と要点

1 各条の趣旨

　41条は，水利使用の許可により損失が生じた場合の補償責任を定めたものである．許可された水利使用であり，適法な水利使用であっても，それによっ

て損失を受けた者がある場合には，当該水利使用の許可を受けた者が補償責任を負うべきことを定めたものである．憲法29条3項の趣旨を具体化したものである．

42条は，補償の手続等を定めたものである．当事者の協議，河川管理者の裁定，訴えの提起，執行の不停止等について規定している．執行不停止についての規定を設けているのは，比較的珍しい立法例である．

2　各条の要点

41条の要点は，補償の性質，補償の要否，補償の内容（範囲），補償の権利者・義務者等である．

42条の要点は，当事者の協議，河川管理者の裁定，収用委員会の意見聴取，補償の手続，訴えの提起，執行不停止等である．

●2　補償の性質

補償の性質が「損失補償」であることについては，ほぼ異論がない．文献においては，「その損失の補償は，いわゆる適法行為に基づく損失補償の一種である」と説かれている（河川法研究会編著・逐条解説277頁）．

●3　補償の要否

水利使用に関する許可または登録により損失が生ずることが必要である．23条の許可は，いわゆる「特許使用」であり，26条1項の許可は，いわゆる「許可使用」である（河川法令研究会編著・よくわかる河川法79頁以下参照）．

なお，許可に基づく水利使用が他の者が権原を有する土地等を利用して行われるものであるときは，許可を受けた者は，買収その他の手段により，その土地等について権原を取得しない限り，当該水利使用を行うことができない．その許可は，その権原を取得することなしに当該水利使用を行うことを認めたものではないからである．したがって，その場合における他の者に生じる損失は，本条に規定する「水利使用に関する第26条第1項の許可による損失」に該当しない（河川法研究会編著・逐条解説278頁参照）．

●4 補償の内容

1 通常生ずべき損失の補償

41条自体は，単に「損失」と規定しているだけであるが，ここでいう「損失」とは，「通常生ずべき損失」（通損）を意味するものと解すべきである．それは，許可された水利使用と相当因果関係がなければならない（河川法研究会編著・逐条解説278頁参照）．

なお，文献においては，次項で述べる損失防止施設の設置が容易であり，関係河川使用者が受ける損失を金銭で補償するよりも経済的である場合（例えば，当該水利使用による農作物の減収を金銭で補償するよりも，水路の底張り，堰のかさ上げ等を行って農作物の減収が生じないようにする）には，「関係河川使用者」（38条参照）から金銭で補償すべき旨の要求があるときは，当該施設を設置した場合に要する費用を補償すれば足りる，と説かれている（河川法研究会編著・逐条解説278頁）．

2 損失防止施設の設置

損失の補償は，原則として金銭でなされるべきであるが，場合によっては，損失防止施設を設置することにした方が経済的，合理的であることもある．そこで，42条3項は，河川管理者は，損失の補償として，当該水利使用の許可を受けた者が損失防止施設を設置すべき旨の裁定をすることができると規定している．ただ，関係河川使用者の受ける損失の範囲内で当該損失を防止するのに必要な損失防止施設を設置することは困難であり，往々にして水利使用の許可を受けた者に過大の義務を課することになりやすい．そのため，損失防止施設を設置すべき旨の裁定は，関係河川使用者の要求があっても，水利使用の許可を受けた者の意見を聴いた上で，その要求を相当と認めるときに限って，行うことができるものとされている（河川法研究会編著・逐条解説282頁参照）．

●5 補償の権利者・義務者

補償権利者は，水利使用の許可等によって損失を受けた者である．通常は関係河川使用者であるが，関係河川使用者以外の者であることもありうる（河川法研究会編著・逐条解説278頁参照）．補償義務者は，当該水利使用に関する許可・登録を受けた者である．

●6 補償の手続・訴えの提起

1 補償の手続

1 当事者の協議 関係河川使用者に係る損失の補償については，水利使用の許可を受けた者と関係河川使用者とが協議して定める．

2 河川管理者の裁定 協議が成立しない場合は，当事者はいずれからでも，政令で定めるところにより，河川管理者に対し裁定を求めることができる．「協議が成立しない場合」とは，適法な協議がなされたが合意に達しなかった場合のほか，33条（許可等に基づく地位の承継）の規定により許可に基づく地位を承継した者が不明であるような場合も含まれる（河川法研究会編著・逐条解説281頁参照）．

裁定の申請は，次に掲げる事項を記載した裁定申請書を河川管理者に提出して行う．①裁定申請者の氏名・住所，②相手方の氏名・住所，③損失の事実，④損失の補償の見積り・その内容，⑤協議の経過，⑥裁定申請の年月日等である（施行令22条）．

3 収用委員会の意見聴取 河川管理者は，上記の裁定をしようとする場合は，あらかじめ，関係河川使用者が当該河川の使用を行う土地の所在する都道府県の収用委員会の意見を聴かなければならない（この種の補償手続については，宇賀「損失補償の行政手続(2)」自治研究69巻2号42頁（1993年）参照）．

2 訴えの提起

1 訴えの提起 河川管理者の裁定に不服がある者は，その裁定があった日から60日以内に，訴えをもってその変更を請求することができる．この訴えにおいては，当事者の一方を被告としなければならない．行訴法4条前段の形式的当事者訴訟に当たる．

2 執行不停止 この訴えの提起は，水利使用および当該水利使用に係る事業の実施を妨げない．損失の補償に関する訴えは，許可処分の効力そのものを争うものではないから，執行の不停止は訴訟提起者の権利を侵害するものではない，というのがその理由である（河川法研究会編著・逐条解説283頁参照）．収用法134条も同趣旨のことを定めているが，同条については，「損失補償に関する訴えは，収用委員会の裁決の有効性を前提とするものであり，この効力を争うものではない……から，本条の規定は，当然の事理を定めたものであ

る」と説かれている（小澤・収用法下767頁）．

第6款　河川予定地における行為制限に伴う損失の補償

> （河川予定地における行為の制限）
> 第57条
> ①　河川予定地において，次の各号の一に掲げる行為をしようとする者は，国土交通省令で定めるところにより，河川管理者の許可を受けなければならない．ただし，政令で定める行為については，この限りでない．
> 　一　土地の掘さく，盛土又は切土その他土地の形状を変更する行為
> 　二　工作物の新築又は改築
> ②　河川管理者は，前項の規定による制限により損失を受けた者がある場合においては，その者に対して，通常生ずべき損失を補償しなければならない．
> ③　第22条第4項及び第5項の規定は前項の規定による損失の補償について，……中略……準用する．

●1　本条の趣旨と要点

1　本条の趣旨

本条は，河川予定地において一定の行為をしようとする者は河川管理者の許可を受けなければならないこと，その許可が受けられないことにより損失を被った者がいる場合には，河川管理者が通常生ずべき損失を補償すべきことを定めたものである．

2　本条の要点

本条の要点は，補償の要否，補償の内容（範囲），補償の権利者・義務者，補償の手続，訴えの提起等である．いずれの点についても，判例・学説上の対立は見当たらない．

●2　補償の要否

1　補償の根拠

河川区域や河川保全区域内においても行為制限がなされているが，この行為

制限については，本条とは異なり，損失補償の規定は置かれていない（55 条参照）．その理由については，「〔これは〕公共の福祉の見地からする財産権の比較的一般的な制限であって，河川保全区域内の所有者等に対し特別な犠牲を強いるものではなく，また，公物の付近に存するという河川保全区域内の土地の特殊性から，この程度の制限は，その土地の所有者等が受忍すべき範囲内のものであると解せられるからである」と説かれている（河川法研究会編著・逐条解説 352 頁．なお，河川法令研究会編著・よくわかる河川法 176 頁，河川事業補償研究会編・河川事業補償 19 頁，稲本洋之助＝真砂泰輔編『土地法の基礎』320 頁（青林書院新社，1978 年〔山村恒年執筆〕）参照）．

　これに対して，本条においては補償の規定が置かれている．この区別の理由については，河川区域や河川保全区域における行為の制限は，それぞれその区域内の土地の特殊性を考慮した警察制限に類似する比較的一般的な財産権の制限であるのに対して，河川予定地は，河川管理者が将来公物とすることを決定したものであるというにすぎず，そこに存する財産権には，河川工事の施行に支障が生じないようこれを用いなければならないという内在的制約があるわけではなく，河川予定地として指定された土地に存する財産権に対する特別の制限であり，憲法 29 条 3 項の趣旨からして補償されなければならない，と説かれている（河川法研究会編著・逐条解説 359 頁）．

2　許可を得られないため損失を受けたこと

　補償を要するのは，河川管理者の許可が得られないことにより損失を受けた場合である．文献においては，その事例として，住宅建築準備中に，その敷地が河川予定地として指定され，工作物の新築について前項の許可を申請をしたところ，河川管理者の許可を得られなかった場合が挙げられている（河川法研究会編著・逐条解説 359 頁，河川法令研究会編著・よくわかる河川法 177 頁）．

●3　補償の内容

　補償の対象は，「通常生ずべき損失」（通損）である．これについては，これまで他の法条について述べてきたところとほぼ同じである．不許可と損失の間に相当因果関係がなばならない．上記の事例に即して考えれば，住宅建設の準備に要した設計料等がこれに当たるものと思われる．

●4　補償の権利者・義務者

補償権利者は，不許可により損失を受けた者である．補償義務者は，河川管理者である．

●5　補償の手続・訴えの提起

補償の手続については，22条4項・5項が準用されている．同条項については，第3款で説明済みである．

訴えの提起については規定されていないが，この点についても，第2款，第3款で説明したところがそのまま当てはまる．

第7款　河川予定立体区域における行為制限に伴う損失の補償

（河川予定立体区域における行為の制限）
第58条の6
①　河川予定立体区域内において，次に掲げる行為をしようとする者は，国土交通省令で定めるところにより，河川管理者の許可を受けなければならない．ただし，政令で定める行為については，この限りでない．
　一　土地の掘削，盛土，切土その他土地の形状を変更する行為
　二　工作物の新築又は改築
②　河川管理者は，前項の規定による制限により損失を受けた者がある場合においては，その者に対して，通常生ずべき損失を補償しなければならない．
③　第22条第4項及び第5項の規定は前項の規定による損失の補償について，……中略……準用する．

●1　本条の趣旨と要点

1　本条の趣旨

本条は，河川予定立体区域内においては，一定の行為を除いて，土地の形状の変更や工作物の新築・改築等について河川管理者の許可を受けなければならないこと，その許可を得られないため損失を受けた者がいる場合には，河川管理者が通常生ずべき損失を補償すべきことを定めたものである．

2 本条の要点

本条の要点は，補償の要否，補償の内容（範囲），補償の権利者・義務者，補償の手続，訴えの提起等である．前款の「河川予定地における行為の制限」についてほぼ同じである．いずれの点についても，判例・学説上の対立は見当たらない．

●2 補償の要否

1 補償の根拠

河川保全立体区域においても行為制限がなされているが，この行為制限については，補償の規定が置かれていない（58条の4参照）のに対して，本条の河川予定立体区域については補償の規定が置かれている．その理由は，河川立体区域や河川保全立体区域における行為の制限は財産権に内在する社会的制約にすぎないのに対して，河川予定立体区域における行為の制限は，河川予定立体区域として指定された区域の財産権に対する公共の福祉の見地からする特別の制限であると解されるためである．文献においては，「河川予定立体区域は，一定の地下又は空間について，河川管理者が将来公物とすることを決定したものであるというに過ぎず，そこに存する財産権には，河川工事の施行に支障を生じないようこれを用いなければならないという内在的制約が存するわけではないことから，河川予定立体区域における行為の制限は，河川予定立体区域として指定された地下又は空間に存する財産権に対する特別の制限となる」と説明されている（河川法研究会編著・逐条解説383頁）．

2 許可を得られないため損失を受けたこと

補償を要するのは，河川管理者の許可が得られないことにより損失を受けた場合である．文献においては，その事例として，住宅の建築準備中に，その敷地の地下が河川予定立体区域として指定されたため，杭打設のための許可が得られなかった場合が挙げられている（河川法研究会編著・逐条解説383頁）．

●3 補償の内容

補償の対象は，「通常生ずべき損失」（通損）である．これについては，これまで他の法条について述べてきたものとほぼ同じである．不許可と損失の間に相当因果関係がなければならない．上記の事例に即して考えれば，住宅建設の準

備に要した設計料等がこれに当たるものと思われる．

●4 補償の権利者・義務者

補償権利者は，不許可により損失を受けたものである．補償義務者は，河川管理者である．

●5 補償の手続・訴えの提起

補償の手続については，22条4項・5項が準用されている．同条項については，第3款で説明済みである．

訴えの提起については規定されていないが，この点については，第2款，第3款で説明したところがそのまま当てはまる．

第8款　監督処分に伴う損失の補償

（監督処分に伴う損失の補償等）
第76条
① 河川管理者は，前条第2項第4号又は第5号に該当することにより同項の規定による処分をした場合において，当該処分により損失を受けた者があるときは，その者に対して通常生ずべき損失を補償しなければならない．ただし，水利使用に関し23条若しくは第26条第1項の許可又は第23条の2の登録を受けた者が，第41条の規定によりその損失を補償する場合は，この限りでない．
② 第22条第4項及び第5項の規定は，前項の規定による損失の補償について準用する．
③ 河川管理者は，第1項の規定により河川管理者が補償すべき損失が，前条第2項第5号に該当するものとして同項の規定による処分があつたことによるものである場合においては，当該補償金額を当該理由を生じさせた者に負担させることができる．

●1 本条の趣旨と要点

1 本条の趣旨

本条は，河川管理者の監督処分により，いったん与えられた許可，登録，承

認の取消し・変更，効力停止，条件の変更，新たな条件の付加，工事その他の行為の中止，工作物の改築・除却等が命ぜられ，これにより損失が生じた場合に，河川管理者が通常生ずべき損失を補償すべきことを定めたものである．海岸法12条の2，道路法71条等にも，同趣旨の規定が置かれている．

2 本条の要点

本条の要点は，補償の要否，補償の内容（範囲），補償の権利者・義務者，補償の手続，訴えの提起，補償義務の転換等である．いずれの点についても，判例・学説上の対立は見当たらない．

2 補償の要否

1 補償が必要となる場合とその根拠

監督処分による損失に対して補償が必要となるのは，監督処分が，①河川工事のためやむをえない必要があるときに行われた場合，②そのほか，公益上やむをえない必要があるときに行われた場合，である．この場合の補償の根拠については，被処分者に対して許可・承認を受けた地位に伴う内在的制約の範囲を超えた特別の負担を課そうとするのであるから，憲法29条3項の精神からいっても当然のことである，と説かれている（河川法研究会編著・逐条解説457頁．同旨，河川法令研究会編著・よくわかる河川法242頁）．

2 補償が必要とならない場合とその根拠

上記以外の場合には，補償の規定がない．その理由として，①被処分者の側に責に帰すべき事由があること（75条1項），②河川法上許可を得た地位を維持する実益がなく，許可の取消し等の監督処分がなされても損失は生じないこと（同条2項1号），③被処分者側に責に帰すべき事由があるわけではないが，洪水等の天然現象によって河川の状況が変化し，工事その他の行為が河川管理上著しい支障を生ずることになったのであるから，許可の取消し等の監督処分がなされても，それは当初の許可等に当然内在しており，受忍の範囲内であること（同条2項3号），が挙げられている（河川法研究会編著・逐条解説457頁，河川法令研究会編著・よくわかる河川法233頁以下参照）．

●3　補償の内容

1　通常生ずべき損失

　補償の対象は,「通常生ずべき損失」(通損) である. 監督処分と相当因果関係がなければならない. この点については, 他の法条についてこれまでに述べてきたところとほぼ同じである.

2　具体的な損失

　具体的な補償額の算定は, 許可等に際しての当事者の意思, 許可等の性質・目的, 河川の利用の仕方, 占用料等を考慮して決定されることになる (河川法研究会編著・逐条解説 457 頁, 河川法令研究会編著・よくわかる河川法 243 頁参照). ここでは, 使用権の喪失自体に対する補償と付随的損失の補償に分けて検討することにする. 主として問題となるのは, 使用権の喪失自体に対する補償である. これは, 損失補償の要否にも関連する問題である.

1　使用権の喪失自体に対する補償

(1)　**学説・実務の動向**　文献をみると,「河川敷の占用については, 河川敷が本来河川の流路を形成して, 洪水を安全に流下させ, 洪水による被害を除却し, 又は軽減するという治水目的に供せられているものであって, 河川敷を利用する権利は治水等の河川管理上の制約を前提とする不安定な権利であり, 権利そのものに独立の価値を認めることができない (土地収用法第 71 条の近傍類似の取引価格が存在しない) ものと思われる. 河川敷を利用する権利はその面から制約を受ける不安定な権利として権利そのものに独立の価値を認めることはできないものと思われる. 従って, 河川敷を利用する権利そのものに対しては補償を要しない」と説くもの (河川法研究会編著・逐条解説 458 頁) がある. この文献は行政実務家の執筆したものであることからすると, 行政実務の動向もほぼこれと同じではないかと思われる.

(2)　**判例の動向**　この点に関する事案としては, 河川敷ゴルフ場占用許可取消損害賠償請求事件がある.

(i)　**事案の概要**　東北新幹線を建設するため橋梁敷地と工事用地が必要になり, ゴルフ場用地として占用許可がなされていた河川区域内の土地の一部の占用許可が取り消されたので, 河川法 76 条に基づいて損失補償の請求がなされた. 本件において使用許可が取り消されたのは, ゴルフ場のための占用許可

面積の全体の5%にすぎず，しかも，その代わりに代替地を占用許可されていた．一審の東京地判昭和49・11・27（判例集不登載）は，請求を棄却した．

(ii) **控訴審判決**　控訴審の東京高判昭和51・4・28（判時828号46頁）は，東京都築地中央卸売市場使用許可撤回事件の最判昭和49・2・5（民集28巻1号1頁．以下「最判昭和49年」という．本判決については，後述1019頁以下参照）を引用しつつ，次のように述べて控訴を棄却している．「河川区域内の土地について占用許可がされた場合，その占用許可による使用権の性質について考えてみるに，河川区域内の土地は，河川の流路を形成して，流水を安全に流下させ，洪水による被害を除却または軽減させるという治水目的に供せられるものであり，かつ，公共用物として本来一般公衆の自由な使用に供せられるべきものであるから（河川法1，2，3条），占用許可による使用権は，河川区域内の土地という右土地の用途に伴う制約を当然に受けるべき不安定な権利であり，その占用許可の目的がゴルフ場として使用することを認めるような場合であっても，長期間の使用権を認めるものではなく，河川法75条2項に該当するような事由が生じたときには，使用権が消滅すべきものであり，また，権利自体に右のような制約が内在しているものとみるべきである（占用許可にあたり，占用の目的にそぐわない6か月，1か年または3か年という短期の期間が設定されている場合，関係者間でかかる短期間で使用権が消滅することを諒承しているとはいえず，それは河川管理者側の事務処理の都合上定められたものと解されるので，それは，期間について定めがないものというべきであり，右短期の期間の更新の拒絶は，占用許可の取消と解される．）．それで，河川法75条1項に基づき占用許可が取消された場合も，全く予期に反するような短期間で使用権が消滅させられたような特別の事情がないかぎり，使用権の喪失についての損害，原状回復に関する費用の損害，設置した施設の移転，修復に関する損害等について補償を求めることはできないものというべきである（行政財産の使用許可の取消と損失補償の関係について，最高裁第三小法廷昭和49年2月5日判決・民集28巻1号1頁）．」

(3) **学説・実務・判例の検討**　学説上は，最判昭和49年にやや批判的なものもないではないが，これを積極的に評価するものが多数である（後述1024頁参照）．行政実務やその後の裁判例も，最判昭和49年に従っている．前掲東京高判昭和51・4・28も，最判昭和49年を引用して，これに従っている．

最判昭和49年は，「特別な事情」がある場合には例外を認めている．前掲東京高判昭和51・4・28も，先に紹介したように，「河川法75条1項に基づき占

第9章 災害防止法関係

用許可が取消された場合も,全く予期に反するような短期間で使用権が消滅させられたような特別の事情がないかぎり,使用権の喪失についての損害,原状回復に関する費用の損害,設置した施設の移転,修復に関する損害等について補償を求めることはできない」と判示している.そして,その上で,同判決は,特別の事情の有無について検討して,「本件の場合に,右認定事実によると,本件用地の占用許可は,昭和38年10月から昭和47年9月30日まで約9年間も継続しており,占用許可の更新を認めなかった内容も,公共性の高い事業といえる東北新幹線の新利根川橋梁建設用地に供するためであり,その範囲も,ゴルフコースの一部変更を余儀なくするものではあるが,それは占用許可の面積428,908平方メートルの内の21,917平方メートルにとどまるものであり,控訴人が国(河川管理者)に対して補償を求めうるような右特別事情があったとは認められない」と判示している(「特別の事情」の有無については,なお,河川法研究会編著・逐条解説459頁参照).

2 付随的損失に対する補償 最判昭和49年に従い,使用権の喪失自体に対する補償は必要でないと解したとしても,付随的損失についても補償が不要であると解すべきか否かは,別の問題である.最判昭和49年は,この点については何も触れていないが,下級審の裁判例の中には,付随的損失の補償を肯定しているものが散見される(河川法関係に関する事案のものではないので,ここでは紹介しない.後述1028頁以下参照).

前掲東京高判昭和51・4・28は,使用権の喪失自体の補償を否定したほか,先に紹介したように,原状回復に要する費用,設置した施設の移転・修復に要する費用等についても補償を求めることはできない,と判示している.同判決は,損害賠償請求事件におけるものではあるが,付随的損失の補償も否定する考え方に立っているのではないかと思われる.

最判昭和49年は,前述のように,付随的損失の補償については触れていないが,それを否定する趣旨とは思われない.特別の事情がある場合には権利対価補償が必要であると述べていることからすれば,むしろ,付随的損失の補償を認める方向にあるのではないかと思われる(後述1029頁参照).文献においても,「収用の場合に準じ,営業補償の必要があるのではないかと考えられるが,その額は占用施設の償却残,転業に必要な一定期間の営業収益の補償等おのずから限度があると思われる」と説かれている(河川法研究会編著・逐条解説458頁).

● 4　補償の権利者・義務者

補償権利者は，当該監督処分により損失を受けた者である．補償義務者は，河川管理者である．

● 5　補償の手続・訴えの提起

1　補償の手続

22条4項・5項の規定が準用されている．したがって，第3款で述べたことがそのまま当てはまる．

2　訴えの提起

補償の手続については，収用法94条の規定による収用委員会への裁決申請を規定しているが，訴えの提起については何も規定していない．「第94条の規定による裁決の申請」としているだけである．しかし，法律上の争訟である限りは，最終的には裁判所の判断を求めることができるものと解すべきである．この点については，第2款，第3款で述べたことがそのまま当てはまる．

● 6　補償義務の転換

3項は，補償義務の転換の規定である．監督処分の事由が，河川工事以外の「公益上やむを得ない必要」（75条2項5号）による場合は，当該補償金を当該理由を生じさせた者に転嫁して負担させようとするものである．例えば，道路橋を設けるために，既存の河川敷占用者に対して占用許可の取消しを行い，そのために損失を受けた者がある場合に，まず河川管理者が当該損失を受けた者と協議して補償金を定め（損失を受けた者と当該理由を生じさせた者とが直接協議して定めるのではない），後にその補償金を道路橋を架ける必要のある者に負担させるという事例が考えられる．負担の衡平と補償手続の簡便化を図ったものである（河川法研究会編著・逐条解説459～460頁，河川法令研究会編著・よくわかる河川法243頁参照）．

第9款　立入り等に伴う損失の補償

（調査，工事等のための立入り等）
第89条
① 国土交通大臣若しくは都道府県知事又はその命じた者若しくはその委任を受けた者は，一級河川，二級河川，河川区域，河川保全区域，河川予定地，河川保全立体区域若しくは河川予定立体区域の指定のための調査又は河川工事，河川の維持その他河川の管理を行うためやむを得ない必要がある場合においては，他人の占有する土地に立ち入り，又は特別の用途のない他人の土地を材料置場若しくは作業場として一時使用することができる．
②～⑦　略
⑧ 国土交通大臣又は都道府県知事は，第1項の規定による処分により損失を受けた者がある場合においては，その者に対して，通常生ずべき損失を補償しなければならない．
⑨ 第22条第4項及び第5項の規定は，前項の規定による損失の補償について準用する．

● 1　本条の趣旨と要点

1　本条の趣旨

　本条は，国土交通大臣もしくは都道府県知事またはその命じた者もしくはその委任を受けた者が，一級河川等の指定のため調査や河川の管理のため，他人の占有する土地へ立ち入り，または材料置場等として他人の土地の一時使用をすることができること，およびそれらによる通常生ずべき損失を補償すべきことを定めたものである．「命じた者」とは，河川に関する事務の執行について国土交通大臣等から本条の業務を行うように命令を受けた者（国または都道府県の職員）をいい，「委任を受けた者」とは，国土交通大臣等と立入調査等について私法上の契約を締結した測量会社の職員等をいう（河川法研究会編著・逐条解説482頁参照）．

2　本条の要点

　本条の要点は，補償の要否，補償の内容（範囲），補償の権利者・義務者，

補償の手続，訴えの提起等である．これまでに述べてきたのとほぼ同様であり，いずれの点についても，判例・学説上の対立は見当たらない．

●2 補償の要否

1 受忍限度を超えること

補償が必要となるのは，調査，工事等のための立入り等によって損失が発生した場合である．立入調査等による補償について定めている基本的な規定は，収用法91条であるが，同条の補償については，「単に立ち入ったうえでの測量・調査にとどまるときには，通常，侵害は極めて軽微であり，具体的な損失が生ずることはないものと思われる」と説かれている（小澤・収用法下377頁．なお，前述388頁参照）．本条の補償についても，他人の土地を資材置場等として一時使用するような場合を除いては，受忍限度内とされることが多いものと思われる．

2 判例の動向

裁判例としては，県が発注した河川工事で発破を使用し，付近の養鰻池で冬眠中の鰻が大量へい死したので，県が養鰻池の経営者に損失補償したところ，住民らがこの公金支出は違法であるとして住民訴訟を提起したという事案におけるものがある．神戸地判昭和61・10・29（判タ637号99頁）は，次のように判示している．「関係法規の規定をみるのに，都道府県知事又はその命じた者若しくはその委任を受けた者は，一級河川，二級河川の河川工事を行なうためやむを得ない必要がある場合においては，他人の占有する土地に立入ることができ（同法89条1項），都道府県知事は，右の規定による処分により損失を受けた者がある場合においては，その者に対して，通常生ずべき損失を補償しなければならない旨（同条8項）定めている．本件のように，工事の際の発破による衝撃，振動を工事現場から被告森崎らの占有する本件養鰻池に伝播させることは，工事関係者を工事現場から本件養鰻池内に立ち入らせるのと同視することができるし，また，立入りによる損失が補償されるのであるから，まして立ち入り以上に大きな損失を与える本件の場合にその補償をすることは，先に説示したとおり憲法29条3項の趣旨にも合致することを考えると，前示河川法89条1項にいう立ち入りとは，河川工事のためやむを得ない発破の使用により衝撃，振動を他人の占有する土地に伝播させ，右他人に特別の犠牲とし

て重大な損失を与えることをも含むものと解すべきである.」

本条の適用が争点の一つとなったものとしては,そのほか,津地判平成23・5・26(判例自治351号67頁),その控訴審の名古屋高判平成23・11・30(判例自治366号26頁.前述10頁参照)がある.

●3　補償の内容

補償の対象は,「通常生ずべき損失」(通損)である.立入り等と相当因果関係がなければならない.この点については,他の法条についてこれまでに述べてきたところとほぼ同じである.

一時使用の補償額の算定については,収用法72条の規定が参考となる.「その土地及び近傍類地の地代及び借賃」が算定基準となるものと思われる.

●4　補償の権利者・義務者

補償権利者は,調査,工事等のための立入り等によって損失を受けた者である.補償義務者は,国土交通大臣が所属する国または都道府県知事が所属する都道府県である.

●5　補償の手続・訴えの提起

1　補償の手続

22条4項・5項の規定が準用されている.したがって,第3款で述べたことがそのまま当てはまる.

2　訴えの提起

補償の手続については,収用法94条(2項)の規定による収用委員会への裁決申請を規定しているが,裁決に不服の場合についての訴えの提起については何も規定していない.しかし,法律上の争訟である限りは,最終的には裁判所の判断を求めることができるものと解すべきある.この点については,第2款,第3款で述べたことがそのまま当てはまる.

第6節　砂防法

第1款　概　説

● 1　本法の趣旨

1　本法の沿革

　砂防法（以下，本節において「本法」という）は，河川法，森林法と合わせて治水三法と呼ばれている（治水三法については，栗島明康「砂防法制定の経緯及び意義について―明治中期における国土保全法制の形成―」砂防学会誌66巻5号85頁以下（2014年）参照）．河川法は1896（明治29）年に，森林法と本法は1897（明治30）年に制定された．河川法，森林法は，戦後，新たな河川法，森林法として制定されたが，本法は，戦後も，わずかな改正が施されただけで，ほぼそのままの形で120年間現行法令として存続しており，極めて珍しい法律となっている（本法の沿革については，建設省河川研究会編『砂防法〔河川全集第6巻〕』16頁以下（港出版合作社，1959年．以下，「建設省河川研究会編・砂防法」という），建設省河川局砂防法研究会編『逐条砂防法』13頁以下（全国加除法令出版，1972年．以下，「建設省河川局砂防法研究会編・逐条砂防法」という）参照）．ただ，本法制定に至る経緯に関しては，河川法や森林法に比較して不明な部分が多いといわれている（栗島・前掲76頁以下参照）．

　因みに，本法は，執行罰に関する規定（36条）を有している唯一の法律としても著明である（塩野『行政法Ⅰ〔第6版〕』262頁（有斐閣，2015年），宇賀『行政法概説Ⅰ〔第6版〕』224頁（有斐閣，2017年）等参照）．

2　本法の目的

　本法は，上記のように，1897（明治30）年に制定されたものであり，目的規定を置いていないが，1条，2条，3条，3条の2，4条において，「治水上砂防ノ為」と規定している．このことからすれば，河川法や森林法だけでは治水対策が十分でなく，砂防施設・砂防工事が必要であるとして，本法が制定されたものと考えられる（栗島・前掲85頁参照）．

第9章　災害防止法関係

3　本法の関連法令

本法の関連法令としては，河川法，森林法，災害対策基本法，土砂災害防止法，地すべり等防止法，急傾斜地法等がある（本法と森林法，河川法，地すべり等防止法，急傾斜地法との関係については，建設省河川局砂防法研究会編・逐条砂防法33頁以下参照）．

●2　本法の構成

上記の目的を達成するため，本法は，種々の仕組みを設けている．損失補償に関連するもので，その主要なものを次に取り上げることにする．

1　用語の定義

1　砂防設備・砂防工事　砂防設備とは，国土交通大臣の指定した土地において治水上砂防のために施設するものをいい，砂防工事とは，砂防設備のために施行する作業をいう（1条）．

2　指定土地　砂防設備を要する土地，または本法により治水上砂防のため一定の行為を禁止または制限すべきものとして国土交通大臣が指定した土地をいう（2条．一般に「砂防指定地」と呼ばれている）．

2　土地の利用制限等

1　一定の行為の禁止・制限　指定土地においては，都道府県知事は，治水上砂防のため一定の行為を禁止または制限することができる（4条1項）．他の都道府県の利益を保全するため必要となる場合，または利害関係が一つの都道府県にとどまらない場合は，国土交通大臣がこの職権を行使することができる（同条2項）．

2　公用負担　都道府県知事は，砂防工事のため必要な場合は，管内の土地または森林の所有者に対して，土石，砂礫，芝草，竹木および運搬具を供給させることができる（22条）．

3　立入権等　砂防のため必要な場合は，行政庁は指定土地またはこれに隣接する土地に立ち入り，またはその土地を材料置場等に供し，やむをえざるときは，その土地にある障害物を除却することができる（23条1項）．

●3　本法上の損失補償規定

本法は，1897（明治30）年に制定され，その後も大きな改正がなされていな

いために官治的色彩が強く，財産権の保障や損失補償についての配慮がかけている面がある（建設省河川研究会編・砂防法19頁以下，建設省河川局砂防法研究会編・逐条砂防法31頁参照）が，それでもいくつかの損失補償の規定を設けている．①公用負担に伴う損失の補償（22条），②立入等に伴う損失の補償，③補償金に関する訴訟（43条），である．

本法に基づく砂防指定土地（砂防指定地）への編入については，損失補償の規定が置かれていない．これは，指定それ自体に伴う行為の禁止・制限は受忍限度内にあり，補償の必要はないと考えられたためである（建設省河川局砂防法研究会編・逐条砂防法60頁，込田義和「砂防事業用地の取扱いについて」国土交通省北陸地方整備局・平成27年度事業研究発表会（Adobe PDF. www.hrr.mlit.go.jp/library/happyoukai/h27/F/F15.pdf）参照）．

第2款　公用負担に伴う損失の補償

（土地・森林の所有者の公用負担）
第22条
　砂防工事ノ為必要ナルトキハ都道府県知事ハ管内ノ土地若ハ森林ノ所有者ニ命シ補償金トシテ時価相当ノ金額ヲ下付シテ其ノ所有ニ係ル土石，砂礫，芝草，竹木及運搬具ヲ供給セシムルコトヲ得但シ時価ニ関シテ協議整ハサルトキ又ハ所有者不明ナルトキ若ハ其ノ所在不明ナルトキハ都道府県知事ハ相当ト認ムル金額ヲ供託シテ本条ノ供給ヲナサシムルコトヲ得

1　本条の趣旨と要点

1　本条の趣旨
本条は，砂防工事に必要な場合に，都道府県知事が管内の土地所有者または森林所有者に命じてその所有に係る土石，砂礫等を供給させることができること（第1号法定受託事務），その場合に損失の補償をすべきことを定めたものであり，公用負担の規定である．補償の性質は，適法行為に基づく損失補償である．

2　本条の要点
本条の要点は，補償の要否，補償の内容（範囲），補償の権利者・義務者，

第9章　災害防止法関係

補償の手続，訴えの提起等である．いずれの点についても，判例・学説上の対立は見当たらない．

●2　補償の要否

補償が必要となるのは，砂防工事のため必要となる土石，砂礫等を供給させる場合である．土石，砂礫等の供給は公用負担であり，通常は受忍限度を超えて特別の犠牲を課することになる．砂防工事についてのこのような権限を認めたのは，山間僻地の工事など交通不便な場合が多いという特殊性に基づくものであると説明されている（建設省河川研究会編・砂防法154頁参照）．

●3　補償の内容

補償の内容（範囲）は，土石，砂礫等の時価相当の金額である．「時価」とは，その物が一般取引市場において取引される場合の実際の価格をいう．正常な取引価格であり，損失補償基準要綱16条が参考になる．同条は，1項において「取得する土地収用法第7条に掲げる土石砂れきに対しては，正常な取引価格をもつて補償するものとする．」と規定し，2項において「前項の正常な取引価格は，近傍類地に属する土石砂れきの取引価格を基準とし，これらの土石砂れき及び取得する土石砂れきの品質その他一般の取引における価格形成上の諸要素を総合的に比較考量して算定するものとする．」と規定している．算定の基準時は，供給させられる時点である．

運搬具については，必ずしも所有権まで取得する必要はなく，賃借する場合もあり，この場合は，賃料相当額ということになる（建設省河川研究会編・砂防法156頁，建設省河川局砂防法研究会編・逐条砂防法177頁参照）．

●4　補償の権利者・義務者

補償権利者は，土石，砂礫等の所有者である．補償義務者は，当該都道府県知事の属する都道府県である（26条）．本条の事務は第1号法定受託事務である（45条）が，これも地方公共団体の事務であるから，補償義務者は都道府県である．

第 6 節　砂防法

● 5　補償の手続・訴えの提起

1　補償の手続
「時価ニ関シテ協議整ハサルトキ」となっているので，都道府県知事が補償金として提示した時価相当額に不満がある場合は，まず当事者の協議がなされることになる．そして，協議不成立の場合は，都道府県知事は，相当と認める金額を供託することができる．

2　訴えの提起
訴えの提起については，43条が規定している．43条については，後に項を改めて考察する．

第 3 款　立入り等に伴う損失の補償

（立入権等）
第 23 条
① 砂防ノ為必要ナルトキハ行政庁ハ第2条ニ依リ国土交通大臣ノ指定シタル土地又ハ之ニ鄰接スル土地ニ立入リ又ハ其ノ土地ヲ材料置場等ニ供シ又ハ已ムヲ得サルトキハ其ノ土地ニ現在スル障害物ヲ除却スルコトヲ得
② 前項ノ適用ニ依リ損害ヲ受ケタル者ハ使用若ハ除却ノ後 3 箇月以内ニ補償金ヲ請求スルコトヲ得

● 1　本条の趣旨と要点

1　本条の趣旨
本条は，立入り等に伴う損失の補償と除斥期間について定めたものである．土地の立入り等による損失の補償については，収用法91条をはじめとして，多くの法律において規定されている．除斥期間については，収用法91条2項にも規定が置かれている．

2　本条の要点
本条の要点は，補償の性質，補償の要否，補償の内容（範囲），補償の権利者・義務者，除斥期間，補償の手続，訴えの提起等である．補償の性質を除い

て，判例・学説上の対立は見当たらない．

●2 補償の性質

本条の補償の性質については，収用法91条におけるのと同様に，損失補償説と損害賠償説が対立するものと思われる（前述387頁参照）．立入等が当初から予見・認容されていた範囲内のものであれば，損失補償説が支持されるべきであろう．

「損害」となっているが，これは本法制定当時の用語に従ったまでではないかと思われる．「損失」とは異なる意味を持たせているものではないであろう．収用法91条2項は，「損失」という用語を使用している．

なお，本条の補償は，「損害ヲ受ケタル者」となっていることからも明らかなように，事後補償である．

●3 補償の要否

補償が必要となるのは，立入り等によって損害（損失）が発生した場合である．損失は，受忍限度を超えたものでなければならない．立入り等による損失は，一般に軽微なものであるが，土地を材料置場等に供する場合には，その損失は必ずしも軽微とはいえないであろう．

●4 補償の内容

補償の内容（範囲）については，本条2項は「補償金」といっているだけで，その内容については何も述べていない．収用法91も「損失」の補償といっているだけである．しかし，他の法律の規定をみると，例えば，都市計画法28条（土地の立入り等に伴う損失の補償）は「通常生ずべき損失」と規定している．ここでいう「補償金」は，立入り等によって「通常生ずべき損失」の補償（通損補償）の意味であると解すべきである．したがって，立入り等と相当因果関係がなければならない．

●5 補償の権利者・義務者

補償権利者は，立入り等によって損失を受けたものである．補償義務者は，都道府県，市町村，市町村組合，水利組合である（26条．建設省河川局砂防法研究会編・逐条砂防法186頁参照）．本条の事務は第1号法定受託事務である

第6節　砂防法

(45条) が，これも地方公共団体の事務であるから，補償義務者は都道府県等の地方公共団体である．

● 6　除斥期間

損害（損失）の補償請求は，3か月以内にしなければならない．「使用若ハ除却ノ後3箇月以内」となっているが，損失のあった日から3か月以内と解すべきであろう．これは，除斥期間を定めたものであり，早期画定を図ったものである（収用法91条2項の除斥期間については，前述390頁参照）．

● 7　補償の手続・訴えの提起

補償の手続については，損失を受けた者が「補償金」を請求する，と規定しているだけである．その後は，22条が規定しているような協議がなされ，協議が成立しない場合は，都道府県知事等が相当と認める金額を供託することになる．

訴えの提起については，43条が規定している．43条については，次に項を改めて考察する．

第4款　補償金額に関する訴訟

（補償金額に関する訴訟）
43条
　① 　第22条又ハ第23条ニ依リ下付スベキ補償金額ニ対シ不服アル者ハ行政庁ニ於テ補償金額ノ通知ヲナシタル日ヨリ6箇月以内ニ訴ヲ以テ其ノ増額ヲ請求スルコトヲ得
　② 　前項ノ訴ニ於テハ都道府県ヲ以テ被告トス但シ国土交通大臣ノ管理スル砂防設備又ハ其ノ施行スル工事ニ係ルモノニ在リテハ国ヲ以テ被告トス

● 1　本条の趣旨と要点

1　本条の趣旨

本条は，22条または23条の規定により支払われる補償金額に不服がある場合に，増額請求訴訟を提起して争うことができることと，その出訴期間および被告適格について定めたものである．

2　本条の要点

本条の要点は，出訴期間，被告適格，裁判管轄等である．いずれの点についても，判例・学説上の対立は見当たらない．

●2　出訴期間・被告適格・裁判管轄

1　出訴期間

出訴期間は，補償金額の通知をした日から 6 か月である．

2　被告適格

被告は，都道府県であるが，国土交通大臣の管理する砂防設備またはその施行する工事に係るものについては，国である．

3　裁判管轄

本条は，裁判管轄については何も規定していない．この訴訟は行訴法 4 条の当事者訴訟（形式的当事者訴訟）に当たるが，行訴法上，管轄の規定（12 条）は当事者訴訟に準用されていない（41 条）から，管轄については民訴法の定めるところによる（7 条）．したがって，被告の所在地の地方裁判所の管轄に属し（民訴法 4 条 1 項），訴額を問わない（裁判所法 24 条 1 号，33 条 1 項 1 号）．また，この訴えは，不動産に関するものでもあるから，当該土地の所在地の地方裁判所にも提起することができる（民訴法 5 条 12 号）．

第 7 節　海岸法

第 1 款　概　説

●1　本法の趣旨

1　本法の沿革

海岸も，河川と同様に，自然の状態で公共の用に供される自然公物である．しかし，河川については早い段階から河川法による管理が行われてきたが，海岸の管理については統一的な法律がなく，建設省，農林省，運輸省等の行政機関が国有財産法，港湾法，漁港法，地方公共団体の条例等により，断片的に規

制していたにすぎなかった．そこで，海岸の管理主体，海岸における行為の制限，海岸保全区域，損失補償，費用負担等を定める総合的な法律として，1956（昭和31）年に，海岸法（以下，本節において「本法」という）が制定された（本法の沿革については，建設省河川研究会編『海岸法』15頁以下（港出版合作社，1957年．以下，「建設省河川研究会編・海岸法」という），花田祥一「海岸法改正について」CDIT（一般財団法人沿岸技術研究センター機関誌）42号10頁以下（2014年）参照）．

2　本法の目的

本法は，1条において，「この法律は，津波，高潮，波浪その他海水又は地盤の変動による被害から海岸を防護するとともに，海岸環境の整備と保全及び公衆の海岸の適正な利用を図り，もつて国土の保全に資することを目的とする．」と規定している．海岸の防護，海岸環境の整備・保全，公衆の海岸の適正な利用を目的としており，究極的な目的は，「国土の保全」に資することにある．

3　本法の関連法令

本法の関連法令としては，水防法，河川法，砂防法，津波防災地域づくりに関する法律，災害対策基本法等がある．

2　本法の構成

上記の目的を達成するため，本法は，種々の仕組みを設けている．損失補償に関連するもので，その主要なものを次に取り上げることにする．

1　用語の定義

　1　海岸保全区域　　海岸保全区域とは，都道府県知事が，海水または地盤の変動による被害から海岸を防護するため海岸保全施設の設置その他の管理を行う必要があると認めて，防護すべき海岸に係る一定の区域として指定したものをいう（3条1項）．海岸保全区域のみが，本法の適用対象となる．

　2　海岸保全施設　　海岸保全施設とは，海岸保全区域内にある堤防，突堤，護岸，胸壁，離岸堤，砂浜その他海水の侵入または海水による浸食を防止するための施設をいう（2条1項）．

　3　公共海岸・一般公共海岸区域　　公共海岸とは，国または地方公共団体

が所有する公共の用に供されている海岸の土地およびこれと一体として管理を行う必要があるものとして都道府県知事が指定し，公示した低潮線までの水面をいい，一般公共海岸区域とは，公共海岸の区域のうち海岸保全区域以外の区域をいう（2条2項）。

4　海岸管理者　海岸管理者とは，海岸保全区域および一般公共海岸区域（海岸保全区域等）について，本法の規定によりその管理を行うべき者をいう（2条3項。なお，5条1項・2項参照）。

2 海岸保全区域に関する管理

1　管理者　海岸保全区域の管理は，当該海岸保全区域の存する地域を統括する都道府県知事が行う（5条1項）。市町村長が管理することが適当であると認められる海岸保全区域で都道府県知事が指定したものについては，当該海岸保全区域の存する市町村の長がその管理を行う（同条2項）。国土保全上極めて重要な海岸保全区域の管理は，主務大臣が行う（37条の2）。

2　海岸保全区域の占用の許可　海岸管理者以外の者が海岸保全区域内において，海岸保全施設以外の施設または工作物（他の施設等）を設けて当該海岸保全区域を占用しようとするときは，主務省令で定めるところにより，海岸管理者の許可を受けなければならない（7条1項）。

3　海岸保全区域における行為の制限　海岸保全区域内において，次に掲げる行為をしようとする者は，一定の行為を除いて，主務省令で定めるところにより，河川管理者の許可を受けなければならない。①土石（砂を含む）の採取，②水面または公共海岸の土地以外の土地における他の施設等の新設・改築，③土地の掘削，盛土，その他政令で定める行為，である（8条1項）。

また，何人も，海岸保全区域内において，みだりに次に掲げる行為をしてはならない。①海岸管理者が管理する海岸保全施設その他の施設または工作物（海岸保全施設等）の損傷・汚損，②油その他の通常の管理行為による処理が困難なものとして主務省令で定めるものによる海岸の汚損，③自動車，船舶その他の物件で海岸管理者が指定したものを入れ，または放置すること，④その他海岸の保全に著しい支障を及ぼすおそれのある行為で政令で定めるもの，である（8条の2第1項）。

4　監督処分　海岸管理者は，次に掲げる者に対して，その許可の取消し，条件の変更，その行為の中止，他の施設等の改築・移転・除却，他の施設等に

より生ずべき海岸の保全上の障害を予防するために必要な施設をすること，もしくは原状回復を命ずることができる．①7条1項，8条1項，8条の2第1項の規定に違反した者，②7条1項または8条1項の規定による許可に付した条件に違反した者，③偽りその他不正な手段により7条1項または8条1項の規定による許可を受けた者，である（12条1項）．

また，海岸管理者は，次に掲げる場合には，7条1項または8条1項の規定による許可を受けた者に対し，12条1項の規定する許可の取消し等の処分をし，または同項に規定する必要な措置を命ずることができる．①海岸保全施設に関する工事のためやむをえない必要が生じたとき，②海岸の保全上著しい支障が生じたとき，③海岸の保全上の理由以外の理由に基づく公益上やむをえない必要が生じたとき，である（12条2項）．

5　海岸管理者のその他の権限　上記のほか，本法は，海岸管理者の権限として，他の管理者（海岸管理者以外の海岸保全施設の管理者．14条の3第1項参照）の管理する操作施設（水門等の操作を伴う施設．14条の2第1項参照）に関する監督（21条の2，21条の3），漁業権の取消し等（22条1項），災害時における緊急措置（23条1項）等について定めている．

3　本法上の損失補償規定

本法は，損失補償について，いくつかの規定を設けている．①監督処分に伴う損失の補償（12条の2），②土地の立入り等による損失の補償（18条），③海岸保全施設の新設・改良に伴う損失の補償（19条），④他の管理者の管理する操作施設に関する監督に伴う損失の補償（21条の3第3項），⑤漁業権の取消し等に伴う損失の補償（22条2項），⑥災害時における緊急措置に伴う損失の補償（23条3項），である．②の立入り等による損失の補償は，これまでに述べてきた他の法条におけるものとほぼ同じであるので，ここではこれを除いて考察することにする．

第2款　監督処分に伴う損失の補償

（損失補償）
第12条の2
　①　海岸管理者は，前条第2項の規定による処分又は命令により損失を受け

第9章　災害防止法関係

た者に対し通常生ずべき損失を補償しなければならない．
②　前項の規定による損失の補償については，海岸管理者と損失を受けた者とが協議しなければならない．③　前項の規定による協議が成立しない場合においては，海岸管理者は，自己の見積つた金額を損失を受けた者に支払わなければならない．この場合において，当該金額について不服がある者は，政令で定めるところにより，補償金の支払を受けた日から30日以内に収用委員会に土地収用法（昭和26年法律第219号）第94条の規定による裁決を申請することができる．
④　海岸管理者は，第1項の規定による補償の原因となつた損失が前条第2項第3号の規定による処分又は命令によるものであるときは，当該補償金額を当該理由を生じさせた者に負担させることができる．

● 1　本条の趣旨と要点

1　本条の趣旨

　本条は，海岸管理者の監督上の処分または命令（監督処分等）により，いったん与えられた許可の取消し，その条件の変更，その行為の中止，他の施設等の改築・移転・除却，他の施設等により生ずべき海岸の保全上の障害を予防するために必要な施設の設置もしくは原状回復が命じられ，これにより損失が生じた場合に，海岸管理者が通常生ずべき損失を補償すべきことを定めたものである．憲法29条3項の趣旨を具体化したものであり，都市公園法28条，河川法76条，道路法72条等と同趣旨の規定である（前述910頁等参照）．

2　本条の要点

　本条の要点は，補償の要否，補償の内容（範囲），補償の権利者・義務者，補償の手続，訴えの提起，補償義務の転換等である．いずれの点についても，判例・学説上の対立は見当たらない．

● 2　補償の要否

1　補償が必要となる場合とその根拠

　監督処分等による損失に対して補償が必要となるのは，監督処分等が，①海岸保全施設に関する工事のためやむをえない必要が生じたとき，②海岸の保全

上著しい支障が生じたとき，③海岸の保全上の理由以外の理由に基づく公益上やむをえない必要が生じたとき，である（12条2項）．これらの場合の補償の根拠は，監督処分等は公益上の理由から行われるものであるが，内在的制約の範囲を超えて特別の犠牲を課することになるためである（建設省河川研究会編・海岸法83頁参照）．

2 補償が必要とならない場合とその論拠

上記の①〜③以外の場合（12条1項）には，補償の規定がない．これは，これらの場合には，被処分者の側に責に帰すべき事由があるからである．

3 占用期間満了後の許可の更新拒否と補償の要否

占用期間が満了した後に，許可の更新申請が許否された場合に，補償が必要であるか否かという問題がある．この問題については，期間満了後は補償は一切不要であるという考え方もありうるが，使用権の喪失自体に対する補償は不要であるとしても，それ以外の付随的損失については，補償が必要となることもあるのではないかと思われる．文献においては，大分以前のものではあるが，「更新の許否は，全くの新規の許可申請の却下の場合と異なり，公益上の必要性に基づく許可の取消に準じて考えるべきものであ〔る〕」とした上で，占用許可を受けて飲食店や土産物店等を経営している者の占用を継続しうる期待権をそのまま消滅させることは許されず，明文の規定は存在しないにしても，本条の趣旨を類推すべきである，と説くものがある（成田頼明「海岸保全区域の占用許可の取消等と損失補償」自治実務セミナー4巻6号43頁（1965年），同「海岸保全区域の占用許可の取消等と損失補償」山内一夫＝雄川一郎編『演習行政法』105頁（良書普及会，1972年）．なお，前述584頁，後述961頁等参照）．

●3 補償の内容

1 通常生ずべき損失

補償の対象は，「通常生ずべき損失」（通損）である．監督処分等と相当因果関係がなければならない．この点については，他の法条についてこれまでに述べてきたところとほぼ同じである．

2 具体的損失

通損補償が必要であるとしても，前述のように，使用権の喪失自体に対する補償までが必要であるかが問題となる．例えば，8条1項の許可を得て，土石を採取していた者が，その許可の取消し等に伴って損失を被った場合に，その使用権の喪失に対しても補償請求することができるか否かということである．この点については，河川法76条についてと同様の法状況となり，そこで述べたのとほぼ同様のことが当てはまるものと思われるので，そちらを参照していただきたい（前述912頁以下）．

●4 補償の権利者・義務者

補償権利者は，監督処分等により損失を受けた者である．補償義務者は，海岸管理者（正確には，海岸管理者の属する地方公共団体または国．以下同じ）である．

●5 補償の手続・訴えの提起

1 補償の手続

まず，海岸管理者と損失を受けた者が協議して定める．協議が成立しない場合は，海岸管理者は，自己の見積もった金額を支払わなければならない．この金額に不服がある者は，政令で定めるところにより，補償金の支払いを受けた日から30日以内に，収用委員会に収用法94条の規定による裁決を申請することができる．

施行令4条によれば，収用法94条の規定による裁決を申請しようとする者は，主務省令で定める様式に従い，裁決申請者の氏名・住所，相手方の氏名・住所，損失の事実，損失の補償の見積り・その内容，協議の経過を記載した裁決申請書を収用委員会に提出しなければならない．

2 訴えの提起

補償の手続については，収用法94条（2項）の規定による収用委員会への裁決申請を規定しているが，訴えの提起については何も規定していない．「第94条の規定による裁決の申請」としているだけである．しかし，法律上の争訟である限り，最終的には裁判所の判断を求めることができるはずである．この場合には，収用法133条の規定が適用ないし類推適用されるが，出訴期間につい

ては，収用法133条2項の特則を定めている同法94条9項の規定によらなければならない．94条2項の規定により収用委員会への裁決の申請が認められているのであるから，訴えの提起についても同条9項の規定が準用されるものと解すべきであろう（前述531頁以下参照）．したがって，収用委員会の裁決に不服がある者は，裁決書の正本の送達を受けた日から60日以内に，損失があった土地の所在地の裁判所に訴えを提起することができる．

6 補償義務の転換

4項は，補償義務の転換の規定である．監督処分等の事由が，河川工事以外の「公益上やむを得ない必要」（12条2項3号）による場合は，当該補償金額を当該理由を生じさせた者に転嫁して負担させようとするものである．負担の公平と補償手続の簡便化を図ったものである．本条に基づく補償の責任者は海岸管理者であり，本項に該当する場合にも一応海岸管理者が補償するが，その後に原因者に対して求償するという仕組みである（建設省河川研究会編・海岸法87頁参照）．

第3款　海岸保全施設の新設または改良に伴う損失の補償

（海岸保全施設の新設又は改良に伴う損失補償）
第19条
① 土地収用法第93条第1項の規定による場合を除き，海岸管理者が海岸保全施設を新設し，又は改良したことにより，当該海岸保全施設に面する土地又は水面について，通路，みぞ，かき，さくその他の施設若しくは工作物を新築し，増築し，修繕し，若しくは移転し，又は盛土若しくは切土をするやむを得ない必要があると認められる場合においては，海岸管理者は，これらの工事をすることを必要とする者（以下この条において「損失を受けた者」という．）の請求により，これに要する費用の全部又は一部を補償しなければならない．この場合において，海岸管理者又は損失を受けた者は，補償金の全部又は一部に代えて，海岸管理者が当該工事を施行することを要求することができる．
② 前項の規定による損失の補償は，海岸保全施設に関する工事の完了の日か

ら1年を経過した後においては，請求することができない．
③　第1項の規定による損失の補償については，海岸管理者と損失を受けた者とが協議しなければならない．
④　前項の規定による協議が成立しない場合においては，海岸管理者又は損失を受けた者は，政令で定めるところにより，収用委員会に土地収用法第94条の規定による裁決を申請することができる．

1　本条の趣旨と要点

1　本条の趣旨

　本条は，海岸保全施設の新設・改良により，当該海岸保全施設に面する土地または水面について，通路・みぞ・かき・さくその他の施設もしくは工作物の新築・増築・修繕・移転，盛土・切土をする必要が生じた場合に，海岸管理者がこれらの工事に要する費用の全部または一部を補償（みぞかき補償）すべきことを定めたものである．収用法93条の規定と同じ趣旨に基づくものであるが，土地収用により用地を取得して海岸保全施設の新設・改良工事を行う場合のほかに本条を設けた理由は，海岸保全施設の新設・改良工事の施行によりしばしば発生することが予想される事例について，工事の円滑な施行を図り，また，補償の迅速な実施を確保し，権利関係の速やかな安定を図ろうとしたものと解されている．河川法21条にも同趣旨の規定が置かれている（前述890頁以下参照）．

2　本条の要点

　本条の要点は，補償の性質，補償の要否，補償の内容（範囲），除斥期間，補償の権利者・義務者，補償の手続，訴えの提起等である．いずれの点についても，判例・学説上の対立は見当たらない．

2　補償の性質

　本条による補償は，一種の事業損失に対する補償であり，第三者補償でもある．また，事前補償であることもあれば，事後補償であることもある．受忍すべき限度を超えた特別の犠牲を与えるものであり，憲法29条3項の趣旨を具体化したものである（事業損失補償の性質については，前述176頁以下参照）．

3 補償の要否

補償が必要となるのは、用地取得を必要としないが、通路・みぞ・かき等の工事を施行する「やむを得ない必要」がある場合である。どのような場合がこれに当たるかは、社会通念に従い個々具体的に判断されることになるが、受忍限度を超える場合には、通常、この要件は充足されるものと解すべきであろう。例えば、当該工事により、道路と住宅との間に高低差が生じ、車を出し入れさせることができなくなったような場合には、車を出し入れできるような何らかの工事が必要となる。

4 補償の内容

補償の内容（範囲）は、通路・みぞ・かき等の工事に要する費用の全部または一部である。工事が改良工事になる場合は、改良分は補償されない（建設省河川研究会編・海岸法104頁参照）。海岸保全施設の新設・改良と相当因果関係がなければならない。

また、補償金に代えて、工事の施行を要求することも認められる。海岸管理者側にとっても損失を受ける側にとっても、工事の代行による現物補償の方が都合のよいことが想定されるためである。この要求は、海岸管理と損失を受けた者のいずれからでもすることができる。これらの点については、河川法21条について述べたところと同様である（前述892頁参照）。

5 除斥期間

この点についても、河川法21条について述べたところがそのまま当てはまる（前述893頁参照）。

6 補償の権利者・義務者

補償権利者は、これらの工事をすることを必要とする者（損失を受けた者）である。補償義務者は、海岸管理者である。

7 補償の手続・訴えの提起

補償の手続と訴えの提起については、河川法21条や第2款で述べたところと同じである。

第4款　他の管理者の管理する操作施設に関する監督に伴う損失の補償

(他の管理者の管理する操作施設に関する監督)
21条の3
① 海岸管理者は，他の管理者が，その管理する操作施設について，前条第1項又は第2項の規定による勧告に従わない場合において，これを放置すれば津波，高潮等による著しい被害が生ずるおそれがあると認められるときは，その被害の防止のため必要であり，かつ，当該操作施設の管理の状況その他の状況からみて相当であると認められる限度において，当該他の管理者に対し，相当の猶予期限を付けて，当該操作施設の開口部の閉塞その他当該操作施設を含む海岸保全施設の管理につき必要な措置を命ずることができる．
② 海岸管理者は，他の管理者が，その管理する操作施設について，前条第3項の規定による勧告に従わない場合において，これを放置すれば津波，高潮等による著しい被害が生ずるおそれがあると認められるときは，その被害の防止のため必要であり，かつ，当該操作施設の管理の状況その他の状況からみて相当であると認められる限度において，当該他の管理者に対し前項に規定する措置を命ずることができる．
③ 海岸管理者は，前項の規定による命令により損失を受けた者に対し通常生ずべき損失を補償しなければならない．
④ 第12条の2第2項及び第3項の規定は，前項の場合について準用する．

● 1　本条の趣旨と要点

1　本条の趣旨

　本条は，他の管理者（海岸管理者以外の海岸保全施設の管理者）の管理する操作施設（水門等の操作を伴う施設）について，他の管理者が河川管理者の勧告に従わない場合に，河川管理者は他の管理者に対して操作施設の開口部の閉塞その他操作施設を含む海岸保全施設の管理につき必要な措置を命ずることができること，この命令によって損失を受けた者に対して通常生ずべき損失を補償すべきことを定めたものである．

2 本条の要点

本条の要点は，補償の要否，補償の内容（範囲），補償の権利者・義務者，補償の手続，訴えの提起等である．いずれの点についても，判例・学説上の対立は見当たらない．

●2 補償の要否

1 補償が必要となる場合とその根拠

海岸管理者は，他の管理者が管理する操作施設について，海岸の状況の変化その他当該海岸に関する特別の事情により，海岸管理者の承認を受けた操作規程によっては津波，高潮等による被害を防止することが困難であると認められるときは，当該承認を受けた他の管理者に対し，当該操作規程を変更することを勧告することができる（21条の2第3項）．そして，他の管理者がこの勧告に従わない場合において，これを放置すれば津波，高潮による著しい被害が生ずるおそれがあると認められるときは，その被害の防止のため必要であり，かつ，当該操作施設の管理の状況からみて相当であると認められる限度において，当該他の管理者に対し，当該操作施設の開口部の閉塞その他当該操作施設を含む海岸保全施設の管理につき必要な措置を命ずることができる．

補償が必要となるのは，河川管理者のこの命令によって損失が発生した場合である．勧告の理由は他の管理者の責に帰すべき事由ではなく，勧告に従わないことは違法とはいえないから，命令により生じた損失は，受忍限度を超え，特別の犠牲を課すことになるからである．

2 補償が必要とならない場合とその根拠

これに対し，21条の2第1項・第2項に基づく勧告は，他の管理者の責に帰すべき事由によるものである．したがって，勧告に従わない場合に河川管理者の命令により損失が生じたとしても，無補償で受忍すべきものである．

●3 補償の内容

補償の対象は，「通常生ずべき損失」（通損）である．海岸管理者の命令と相当因果関係がなければならない．この点については，これまでに他の法条について述べてきたところとほぼ同じである．

● 4　補償の権利者・義務者

補償権利者は，海岸管理者の命令により損失を受けた者である．命令を受けた者は「他の管理者」であるが，3項では「損失を受けた者」となっている．補償義務者は，海岸管理者である．

● 5　補償の手続・訴えの提起

1　補償の手続

補償の手続については，12条の2第2項・第3項が準用されている．これについては，第2款で説明したので，ここでは繰り返さない．

2　訴えの提起

明文の規定は置かれていないが，この点についても，第2款で述べたことがそのまま当てはまる．

第5款　漁業権の取消し等に伴う損失の補償

（漁業権の取消等及び損失補償）
第22条
① 都道府県知事は，海岸管理者の申請があつた場合において，海岸保全施設に関する工事を行うため特に必要があるときは，海岸保全区域内の水面に設定されている漁業権を取り消し，変更し，又はその行使の停止を命じなければならない．
② 海岸管理者は，前項の規定による漁業権の取消，変更又はその行使の停止によつて生じた損失を当該漁業権者に対し補償しなければならない．
③ 漁業法（昭和24年法律第267号）第39条第7項から第15項まで（公益上の必要による漁業権の変更，取消又は行使の停止）の規定は，前項の規定による損失の補償について準用する．この場合において，同条第10項，第11項及び第13項中「都道府県」とあるのは，「海岸管理者」と読み替えるものとする．

第**7**節　海岸法

● 1　本条の趣旨と要点

1　本条の趣旨

　本条は，海岸管理者の要請があり，海岸保全施設に関する工事を行うため特に必要がある場合に，都道府県知事は海岸保全区域内の水面に設定されている漁業権の取消し・変更，またはその行使の停止を命じなければならないこと，海岸管理者は，これによって生じた損失を当該漁業権者に対し補償しなければならないことを定めたものである．

　漁業法39条1項も，「漁業調整，船舶の航行，てい泊，けい留，水底電線の敷設その他公益上必要があると認めるときは，都道府県知事は，漁業権を変更し，取り消し，又はその行使の停止を命ずることができる．」と規定している．これとは別に本条を設けた理由は，本法の立案関係者の説明によれば，「海岸保全施設に関する工事を行うためには漁業権の取消等を行わなければならない場合が多いから，漁業法第39条の規定のようにその処分を都道府県知事の自由裁量にまかせておくことは適当でないということ及び漁業権者に対して損失の補償をする者について漁業法の特例を設ける必要があるということの二つの理由によるものである」ということである（建設省河川研究会編・海岸法111頁）．

2　本条の要点

　本条の要点は，補償の要否，補償の内容（範囲），補償の権利者・義務者，補償の手続，訴えの提起等である．いずれの点についても，判例・学説上の対立は見当たらない．

● 2　補償の要否

　補償が必要となるのは，漁業権の取消し・変更，その行使の停止によって損失が生じた場合である．受忍限度を超えたものでなければならないが，その判断は比較的容易であろう．通常は，受忍限度を超えているものと思われる．

● 3　補償の内容

1　「通常生ずべき損失」の補償

　本条2項は，取消し・変更等の処分によって生じた「損失」としているだけ

であるが，これは「通常生ずべき損失」を指している．漁業法39条6項は，「都道府県は，第1項の規定による漁業権の変更若しくは取消し又はその行使の停止によつて生じた損失を当該漁業権者に対し補償しなければならない．」と規定し，その7項は，「前項の規定により補償すべき損失は，同項の処分によつて通常生ずべき損失とする．」と規定している．したがって，取消し・変更等の処分と相当因果関係がなければならない．

2 漁業廃止・休止・経営規模縮少の補償

漁業権の取消し・変更等により通常生ずべき損失は，漁業廃止の補償，漁業休止の補償，漁業の経営規模縮小の補償に分けられる．漁業廃止の補償は，漁業権等の消滅または制限に伴い通常漁業の継続が不能となると認められときに行われるものであり，漁業休止の補償は，漁業権等の消滅または制限に伴い通常漁業を一時休止する必要があると認められるときに行われるものである．漁業の経営規模縮小の補償は，漁業権等の消滅または制限に伴い通常漁業の経営規模を縮少しなければならないと認められるときに行われるものである（損失補償基準要綱38条～40条参照．前述347頁参照）．

●4 補償の権利者・義務者

補償権利者は，当該漁業権者である．共同漁業権（漁業法6条1項・2項参照）について，漁業協同組合であるのか，その組合員であるのかが問題となるが，補償金は漁業協同組合に帰属するというのが判例である（最判平成元・7・13民集43巻7号866頁．前述223頁参照）．補償義務者は，海岸管理者である．

●5 補償の手続・訴えの提起

1 補償の手続

本条3項により，漁業法39条7項～15項が準用されている．漁業法39条8項をみると，「第6項の補償金額は，都道府県知事が海区漁業調整委員会の意見を聴いて決定する．」となっている．行政庁が補償金額を決定し，当該漁業権者に提示するという仕組みが採られている．当事者の協議については規定されていないが，実際には協議を経るものと思われる．

2 訴えの提起

訴えの提起については，漁業法39条は，9項において「前項の補償金額に不服がある者は，その決定の通知を受けた日から6月以内に，訴えをもつてその増額を請求することができる．」と規定し，10項において「前項の訴えにおいては，都道府県を被告とする．」と規定している．行訴法4条前段の形式的当事者訴訟によることになる．

第6款　災害時における緊急措置に伴う損失の補償

（災害時における緊急措置）
第23条
① 津波，高潮等の発生のおそれがあり，これによる被害を防止する措置をとるため緊急の必要があるときは，海岸管理者は，その現場において，必要な土地を使用し，土石，竹木その他の資材を使用し，若しくは収用し，車両その他の運搬具若しくは器具を使用し，又は工作物その他の障害物を処分することができる．
② 海岸管理者は，前項に規定する措置をとるため緊急の必要があるときは，その付近に居住する者又はその現場にある者を当該業務に従事させることができる．
③ 海岸管理者は，第1項の規定による収用，使用又は処分により損失を受けた者に対し通常生ずべき損失を補償しなければならない．
④ 第12条の2第2項及び第3項の規定は，前項の場合について準用する．
⑤ 第2項の規定により業務に従事した者が当該業務に従事したことにより死亡し，負傷し，若しくは病気にかかり，又は当該業務に従事したことによる負傷若しくは病気により死亡し，若しくは障害の状態となつたときは，海岸管理者は，政令で定めるところにより，その者又はその者の遺族若しくは被扶養者がこれらの原因によつて受ける損害を補償しなければならない．

● 1　本条の趣旨と要点

1 本条の趣旨

本条は，緊急時における物的公用負担とそれによる損失の補償，および付近居住者等を防災業務に従事させることができること，それによる損害を補償す

第**9**章　災害防止法関係

べきことを定めたものである．憲法29条3項や14条1項の趣旨を具体化したものである．災害対策基本法64条，65条，82条，84条，水防法24条，28条，45条等と同趣旨の規定であるが，1か条にまとめられている．

2　本条の要点

本条の要点は，補償の性質，補償の要否，補償の内容（範囲），補償の権利者・義務者，補償の手続，訴えの提起等である．補償の性質を除いて，判例・学説上の対立は見当たらない．

●2　補償の性質

物的公用負担による損失の補償が損失補償の性質を有することについては，ほぼ異論がない．

これに対して，人的公用負担（付近居住者等の防災業務従事）による「損害の補償」の性質については，損失補償説と結果責任説（または公法上の危険責任説）の対立がある．この問題については，水防法45条の補償についてとほぼ同様である（前述880頁参照）．

●3　補償の要否

1　物的公用負担の場合

1　津波・高潮等による被害防止のため緊急の必要があるとき　補償が必要となるのは，使用・収用が，「津波，高潮等の発生のおそれがあり，これによる被害を防止するため緊急の必要があるとき」に行われたものである場合である．津波，高潮等による被害を防止するため緊急の必要があるときとは，津波，高潮等により堤防，突堤，護岸，胸壁等が損壊の危険にさらされている場合である．

2　土地の使用，土石・竹木その他の資材の使用・収用等の場合　補償が必要となる次の要件は，被害発生のおそれのある現場において，土地の一時使用や土石・竹木その他の資材の使用・収用，車両その他の運搬具・器具の使用，または工作物その他の障害物の処分が行われたときである．「使用」とは，土地，土石，竹木等の所有権を移転することなく，その物の用法に従って一時的にこれを用いることをいい，「収用」とは，それらの物の所有権を強制的に剥奪することをいう．「工作物その他の障害物の処分」とは，被害防止に支障の

ある家屋その他の建築物，立竹木等の物件を破壊したり除却したりすることをいう（水防法 28 条と同じであるので，前述 874 頁参照）．

3 受忍限度を超えること　法文に規定されてはいないが，当然のことながら，損失が受忍限度を超えていることが必要である．受忍限度内であれば，社会的制約として補償は不要である．受忍限度内であるか否かは，個別具体的に社会通念に従って判断される．

2　人的公用負担の場合

補償が必要となるのは，海岸管理者が，緊急の必要があるときに付近居住者または現場にいる者を防災業務に従事させ，従事した者がこれにより死亡・負傷等した場合である．

4　補償の内容

1　物的公用負担の補償

物的公用負担については，補償の対象は「通常生ずべき損失」（通損）である．物的公用負担と相当因果関係がなければならない．消防法 29 条 3 項や水防法 28 条 3 項では「時価」によるものとされているが，実質的にはこれとほぼ相違がないものと思われる（前述 864 頁，875 頁参照）．

2　防災業務従事者の災害補償

海岸法施行令 5 条は，「法第 23 条第 5 項の規定による損害補償は，非常勤消防団員等に係る損害補償の基準を定める政令（昭和 31 年政令第 335 号）中水防法（昭和 24 年法律第 193 号）第 24 条の規定により水防に従事した者に係る損害補償の基準を定める規定の例により行うものとし，この場合における手続その他必要な事項は，主務省令で定める．」と規定している．この基準を定める政令 1 条によれば，損害補償の種類は，①療養補償，②休業補償，③傷病補償年金，④障害補償（障害補償年金，障害補償一時金），⑤介護補償，⑥遺族補償（遺族補償年金，遺族補償一時金），⑦葬祭補償，となっている．

5　補償の権利者・義務者

1　物的公用負担の補償

補償権利者は，土地，土石，竹木等の所有者等である．補償義務者は，海岸

第9章 災害防止法関係

管理者である.

2 防災業務従事者の災害補償
補償権利者は，防災業務に従事して負傷等の損害を被った者であり，死亡の場合はその者の遺族または被扶養者である．補償義務者は，海岸管理者である．

●6 補償の手続・訴えの提起

1 補償の手続
1 物的公用負担による損失の補償　物的公用負担による損失の補償については，12条の2第2項・第3項が準用されている．

したがって，まず，海岸管理者と損失を受けた者が協議して定める．協議が成立しない場合は，海岸管理者は，自己の見積もった金額を支払わなければならない．この金額に不服がある者は，政令で定めるところにより，補償金の支払いを受けた日から30日以内に，収用委員会に収用法94条（2項）の規定による裁決を申請することができる．

2 防災業務従事者の災害補償　この場合の損害補償の手続については，本条に別段の定めは置かれていない．施行令5条は，「この場合における手続その他必要な事項は，主務省令で定める．」と規定している．施行規則7条の2は，1項において，損害の補償を受けようとする者は，別記様式による請求書を海岸管理者に提出しなければならないと規定し，4項において，海岸管理者は，請求書を受理したときは，これを審査し，補償の可否並びに補償する場合における補償金の額および支給の方法を決定し，これらを請求者に通知しなければならないと規定している．

2 訴えの提起
1 物的公用負担による損失の補償　収用委員会の裁決に不服である場合に，増額請求訴訟を提起することができるか否かについては，本条は何も定めていない．12条の2について前述したところがそのまま当てはまる（前述932頁参照）．

2 防災業務従事者の災害補償　この場合についても，本条には別段の規定は置かれていない．最終的には，裁判所の判断を求めることができるものと解すべきである．この場合の訴訟は，行訴法4条後段の実質的当事者訴訟に当

たる.

第8節　道路法

第1款　概　説

● 1　本法の趣旨

1　本法の沿革

　道路については，明治時代において法制定の動きがあり，1896（明治29）年に「公共道路法案」が帝国議会に上程された．しかし，この法案は，委任命令で規定すべき条文が多すぎるということで，成立しなかった．道路法（旧道路法）が成立したのは1919（大正8）年である．旧道路法においては，道路の法律上の性格が明確にされ，行政庁が道路として認定した道路はすべて国の営造物とされた．旧道路法は，その後長く道路行政の基幹とされたが，戦後における民主主義的変革や地方公共団体の地位の変化等に伴って公物の管理方式について根本的な変革を迫られ，1952（昭和27）年に旧道路法の全面改正が行われて，現行の道路法（以下，本節において「本法」という）が制定された（本法の沿革については，道路法令研究会編著『道路法解説〔改訂5版〕』5頁以下（大成出版社，2017年．以下，「道路法令研究会編著・解説」という）参照）．

2　本法の目的

　本法は，1条において，「この法律は，道路網の整備を図るため，道路に関して，路線の指定及び認定，管理，構造，保全，費用の負担区分等に関する事項を定め，もつて交通の発達に寄与し，公共の福祉を増進することを目的とする．」と規定している．この目的規定をみてもわかるように，本法は，直接的には道路網の整備を図ることを目的にしたものであり，災害防止を主目的にしたものではない．しかし，68条は「非常災害時における土地の一時使用等」について規定しており，69条はその場合の損失の補償について規定している．したがって，ここでは，本法も災害防止法関係に含めて，その損失補償規定について考察することにする．

3 本法の関連法令

　本法の関連法令としては，高速自動車国道法，沿道整備法，都市計画法等があるが，本法を災害防止法関係の中で捉えれば，関連法令は，それほど多くはない．本法中の損失補償関係規定の中には，水防法，河川法，海岸法等の中の損失補償規定と類似するものがある．

●2　本法の構成

　上記の目的を達成するため，本法は，種々の仕組みを設けている．損失補償に関連するもので，その主要なものを次に取り上げることにする．

1 用語の定義

　1　道路　　道路とは，一般交通の用に供する道をいい，これには高速自動車国道，一般国道，都道府県道，市町村道の区別がある（2条1項，3条）．高速自動車国道については，本法に定めるもののほか，別に法律で定める（3条の2．高速自動車国道法4条1項参照）．

　2　一般国道　　一般国道（国道）とは，高速自動車国道と併せて全国的な幹線道路網を構成し，重要都市を連絡する道路で，政令でその路線を指定したものをいう（5条1項）．

　3　都道府県道　　都道府県道とは，地方的な幹線道路網を構成し，主要地等を連絡し，都道府県知事がその路線を認定したものをいう（7条1項）．

　4　市町村道　　市町村道とは，市町村の区域内に存する道路で，市町村長がその路線を認定したものをいう（8条1項）．

2 道路の管理

　1　国道の管理者　　国道の新設または改築は，国土交通大臣が行う．ただし，工事の規模が小であるものその他政令で定める特別の事情により都道府県がその工事を施行することが適当であると認められるものについては，その工事に係る路線の部分の存する都道府県が行う（12条）．このほか，国道の維持，修繕，公共土木施設災害復旧事業費国庫負担法の規定の適用を受ける災害復旧事業（災害復旧）その他の管理は，政令で指定する区間（指定区間）内については国土交通大臣が行い，その他の部分については都道府県がその路線の当該都道府県の区域内に存する部分について行う（13条1項）．国土交通大臣は，政令で定めるところにより，指定区間内の国道の維持，修繕および災害復旧以

外の管理を当該部分の存する都道府県または指定市が行うこととすることができる（同条2項）．

2　都道府県道の管理者　都道府県道の管理は，その路線の存する都道府県が行う（15条）．

3　市町村道の管理者　市町村道の管理は，その路線の存する市町村が行う（16条1項）．

3　道路の占用の許可

道路に次のいずれかに掲げる工作物，物件または施設を設け，継続して道路を使用しようとする場合においては，道路管理者の許可を受けなければならない．①電柱，電線，変圧塔，郵便差出箱，公衆電話所，広告塔その他これらに類する工作物，②水管，下水道管，ガス管その他これらに類する物件，③鉄道，軌道その他これらに類する施設，④歩廊，雪よけその他これらに類する施設，⑤地下街，地下室，通路，浄化槽その他これらに類する施設，⑥露店，商品置場その他これらに類する施設，⑦上記に掲げるものを除くほか，道路の構造または交通に支障を及ぼすおそれのある工作物，物件または施設で政令で定めるもの，である（32条1項）．

4　道路管理者の監督処分

道路管理者は，次に掲げるいずれかに該当する者に対して，本法もしくは本法に基づく命令の規定によって与えた許可・承認・認定の取消し，その効力の停止，その条件の変更，行為または工事の中止，道路に存する工作物等の物件の改築・移転・除却，当該工作物等の物件により生ずべき損害を予防するために必要な施設をすること，または道路の原状回復を命ずることができる．①本法もしくは本法に基づく命令の規定またはこれらの規定に基づく処分に違反している者，②本法または本法に基づく命令の規定による許可または承認に付した条件に違反している者，③詐偽その他不正な手段により本法または本法に基づく命令の規定による許可・承認・認定を受けた者，である（71条1項）．

道路管理者は，次に掲げるいずれかに該当する場合においては，本法または本法に基づく命令の規定による許可・承認・認定を受けた者に対し，前項に規定する処分をし，または措置を命ずることができる．①道路に関する工事のためやむを得ない必要が生じた場合，②道路の構造または交通に著しい支障が生

じた場合，③そのほか，道路の管理上の事由以外の事由に基づく公益上やむを得ない必要が生じた場合，である（71条2項）．

●3　本法上の損失補償規定

本法上には，損失補償についての規定がいくつか置かれている．①非常災害時における土地の一時使用等に伴う損失の補償（69条），②道路の新設または改廃に伴う損失の補償（70条），③監督処分に伴う損失の補償（72条），④道路予定区域内の行為制限による損失の補償（91条），である．

第2款　非常災害時における土地の一時使用等に伴う損失の補償

（損失の補償）
第69条
　①　道路管理者は，第66条又は前条の規定による処分に因り損失を受けた者に対して，通常生ずべき損失を補償しなければならない．
　②　前項の規定による損失の補償については，道路管理者と損失を受けた者とが協議しなければならない．
　③　前項の規定による協議が成立しない場合においては，道路管理者は，自己の見積つた金額を損失を受けた者に支払わなければならない．この場合において，当該金額について不服がある者は，政令で定めるところにより，補償金額の支払を受けた日から1月以内に収用委員会に土地収用法（昭和26年法律第219号）第94条の規定による裁決を申請することができる．

●1　本条の趣旨と要点

1　本条の趣旨

本条は，土地の立入り等に伴う損失の補償と，非常災害時における土地の一時使用等に伴う損失の補償について定めたものである．前者は災害防止法関係のものではないが，損失の補償という点で共通しているので，まとめて規定したものである．

66条は，「他人の土地の立入り又は一時使用」について規定している．また，68条は，「非常災害時における土地の一時使用等」について規定している．

「使用」とは，土地・土石・竹木等の所有権に変更を加えないでそれらを用いることをいい，「収用」とは，強制的に所有権を剥奪することをいう。「処分」とは，土石・竹木等をその用法に従って用いずに，その現状や性質に事実上の変更を加えることをいう（道路法令研究会編著・解説623～624頁参照）。

2 本条の要点

本条の要点は，補償の要否，補償の内容（範囲），補償の権利者・義務者，補償の手続，訴えの提起等である。いずれの点についても，判例・学説上の対立は見当たらない。土地の立入り等の場合と非常災害時の場合とで異なる点もあるので，一応分けて考察することにしよう。

● 2 補償の要否

1 土地の立入り・一時使用に伴う損失の補償

補償が必要となるのは，道路管理者またはその命じた者もしくはその委任を受けた者が，道路に関する調査等のためやむをえない必要がある場合に，他人の土地に立ち入り，または特別の用途のない土地を材料置場等として一時使用し，これに伴い損失が生じた場合である。「命じた者」とは，道路管理者から立入調査等の業務を行うように命令を受けた者（国土交通省の職員または地方公共団体の職員）をいい，「委任を受けた者」とは，立入調査等について私法上の契約を締結した測量会社の職員等をいう（道路法令研究会編著・解説610頁参照）。

立入り調査等による損失は，通常は軽微なものである。補償が必要となるのは，立入り調査等に伴い受忍限度を超える損失が生じた場合である。立入調査等に伴う損失の補償については，収用法91条が基本的な規定であり，同条の規定の解釈が参考となる（前述386頁以下参照）。

2 非常災害時における土地の一時使用等に伴う損失の補償

68条1項は物的公用負担について，2項は人的公用負担について定めている。まず，物的公用負担について補償が必要となるのは，道路に関する非常災害のためやむをえない必要がある場合に，災害の現場において必要な土地を一時使用し，または土石・竹木その他の物件を使用し，収用し，もしくは処分したことに起因して損失が発生した場合である。応急公用負担による損失の補償であ

り，災害対策基本法64条，82条，水防法28条，河川法22条，海岸法23条等と同趣旨である．この場合も受忍限度を超えていることが必要である．ただ，土地の立入り等の場合とは異なり，受忍限度を超えているか否かの判断は，比較的容易ではないかと思われる．

次に，人的公用負担については，68条2項は，「道路管理者は，非常災害に因り道路の構造又は交通に対する危険を防止するためやむを得ないと認められる場合においては，災害の現場に在る者又はその付近に居住する者を防ぎよに従事させることができる．」と規定している．しかし，これに起因する損失については，物的公用負担による場合と同様の取扱いをしており，特別の規定を置いていない．その理由は定かではないが，あくまでも財産上の損失の発生を念頭においており，付近居住者等を道路災害の復旧工事に従事させても，火災や水害等の場合と異なり，死傷等の身体生命に関わるような被害が発生することはないものと考えられたのであろうか．現実には何らかの方法で救済がなされるであろうが，身体・生命に関わる被害の発生も予想できないわけではないから，消防法36条の3，水防法45条，河川法22条6項等と同趣旨の規定が必要ではないかと思われる．

●3　補償の内容

補償の内容（範囲）は，立入り等の場合も非常災害時の場合も，「通常生ずべき損失」（通損）の補償である．相当因果関係が認められなければならないことは，これまでに述べてきた他の法条におけるのと同じである．

●4　補償の権利者・義務者

補償権利者は，損失を受けた者である．必ずしも処分の相手方である必要はなく，第三者でもよい．補償義務者は，道路管理者であるが，この場合の「道路管理者」は，道路管理の主体としての道路管理者（18条1項）ではなく，費用負担者としての道路管理者である（49条参照．道路法令研究会編著・解説626頁参照．国道については，国土交通大臣の属する国．以下同じ）．

●5　補償の手続・訴えの提起

1　補償の手続

まず，道路管理者と損失を受けた者が協議して定める．協議の内容は，損失

の有無・程度，補償金額，支払い時期，支払い方法等である．
　協議が成立しない場合は，道路管理者は，自己の見積もった金額を支払わなければならない．この金額に不服がある者は，政令で定めるところにより，補償金の支払いを受けた日から1月以内に，収用委員会に収用法94条の規定による裁決を申請することができる．河川法22条5項，海岸法12条の2第3項等と同趣旨の規定である．
　収用法94条の規定による裁決を申請しようとする者は，国土交通省令で定める様式に従い，裁決申請者の氏名・住所，相手方の氏名・住所，損失の事実，損失の補償の見積り・その内容，協議の経過を記載した裁決申請書を収用委員会に提出しなければならない（施行令36条）．

2　訴えの提起

　補償の手続については，上述のように，収用法94条の規定による収用委員会への裁決申請を規定しているが，訴えの提起については何も規定していない．しかし，法律上の争訟である以上，最終的には裁判所の判断を求めることができるはずである．この場合には，収用法133条の規定が適用ないし類推適用されるが，出訴期間については，同法133条2項の特則を定めている同法94条9項の規定によるものと解すべきであろう．したがって，裁決書の正本の送達を受けた日から60日以内に，河川管理者を被告にして損失があった土地の所在地の裁判所に対して訴えを提起することができる（前述405頁，531頁以下参照）．この訴訟は，行訴法4条前段の形式的当事者訴訟に当たる（道路法令研究会編著・解説627頁参照）．

第3款　道路の新設または改廃に伴う損失の補償

（道路の新設又は改廃に伴う損失の補償）
第70条
　① 土地収用法第93条第1項の規定による場合の外，道路を新設し，又は改築したことに因り，当該道路に面する土地について，通路，みぞ，かき，さくその他の工作物を新築し，増築し，修繕し，若しくは移転し，又は切土若しくは盛土をするやむを得ない必要があると認められる場合においては，道路管理者は，これらの工事をすることを必要とする者（以下「損失を受け

第9章　災害防止法関係

> た者」という．）の請求により，これに要する費用の全部又は一部を補償しなければならない．この場合において，道路管理者又は損失を受けた者は，補償金の全部又は一部に代えて，道路管理者が当該工事を行うことを要求することができる．
> ②　前項の規定による損失の補償は，道路に関する工事の完了の日から1年を経過した後においては，請求することができない．
> ③　第1項の規定による損失の補償については，道路管理者と損失を受けた者とが協議しなければならない．
> ④　前項の規定による協議が成立しない場合においては，道路管理者又は損失を受けた者は，政令で定めるところにより，収用委員会に土地収用法第94条の規定による裁決を申請することができる．

●1　本条の趣旨と要点

1　本条の趣旨

　本条は，道路の新設・改築により，当該道路に面する土地について，通路・みぞ・かき・さくその他の工作物の新築・増築・修繕・移転，切土・盛土をする必要が生じた場合に，道路管理者がこれらの工事のに要する費用の全部または一部を補償（みぞかき補償）をすることを定めたものである．収用法93条と同じ趣旨に基づく規定である（前述396頁以下参照）が，土地収用により用地を取得して道路の新設・改築工事を行う場合のほかに本条を設けた理由は，道路の新設・改築工事の施行によりしばしば発生することが予想される事例について，工事の円滑な施行を図り，また，補償の迅速な実施を確保するため，補償の範囲や方法を明らかにし，同時に権利関係の速やかな安定を図ろうとしたものである（道路法令研究会編著・解説630頁，前述891頁参照）．河川法21条，海岸法19条，地すべり等防止法17条，急傾斜地法18条等にも同趣旨の規定が置かれている．

　裁判例をみると，大分以前のものではあるが，新潟地判昭和45・3・24（行集21巻3号578頁）は，本条の趣旨について，次のように説示している．「〔道路法70条1項の〕趣旨は，道路の新設又は改築による損失は，それが不法行為に該当しないとしても，道路に関する工事に伴ってしばしば発生することが予想されるので，法が特に補償の範囲および方法を明らかにしたものであ

〔る〕.」

2　本条の要点

　本条の要点は，補償の性質，補償の要否，補償の内容（範囲），除斥期間，補償の権利者・義務者，補償の手続，訴えの提起等である．いずれの点についても，判例・学説上の対立は見当たらない．ただ，本条については，地下ガソリンタンク移設事件があり，最高裁の著明な判例をめぐって評価が分かれている．

● 2　補償の性質

　本条による補償は，一種の事業損失に対する補償であり，第三者補償である．事前補償であることもあれば，事後補償であることもある．受忍限度を超えた特別の犠牲を課するものであり，憲法29条3項の趣旨を具体化したものである（地下ガソリンタンク移設事件の後掲高松地判昭和54・2・27参照．事業損失補償の性質については，前述176頁以下参照．なお，収用法93条についての前述396頁以下参照）．

● 3　補償の要否

1　やむをえない必要

　補償が必要となるのは，用地取得を必要としないが，通路・みぞ・かき等の工事を施行する「やむを得ない必要」がある場合である．どのような場合がこれに当たるかは，社会通念に従い個別具体的に判断されることになるが，受忍限度を超える場合は，通常，この要件は充足されるものと解すべきであろう．例えば，当該工事により，道路と宅地との間に高低差が生じ，車を出入りさせることが困難となるような場合には，傾斜を付けるなど，車が出入りできるような何らかの工事が必要となる（道路法令研究会編著・解説631頁参照）．

　前掲新潟地判昭和45・3・24は，そのような事案におけるものであるが，補償の要否について，「結局当該土地の従前の利用状況，道路の新設又は改築による当該土地の利用状況の変化の程度およびその態様，ならびに当該地上建物等の工作物の利用状況等諸般の事情を勘案し，右道路の新設または改築と当該土地の従前の用法による利用価値の減少との間に相当因果関係があり，かつ，右価値の減少が社会的に通常受忍すべき限度を超えるときは，損失を受けた者

に本条による請求を認めた趣旨であると解するを相当とする」と判示している．

2 地下ガソリンタンク移設事件

補償の要否に関する具体的事例としては，地下ガソリンタンク移設事件が著名である．そこでは，本条の補償は，道路工事によって生じた物理的障害（例えば，高低差）に基づく損失のみを対象とするか，警察法規上の規制による損失をも対象とするかが争点となったが，この訴訟については，後に項を改めて考察することにする（なお，前述 67 頁以下参照）．

●4 補償の内容

補償の内容（範囲）は，通路・みぞ・かき等の工事に要する費用の全部または一部である．補償工事が改良工事，超過工事となる場合は，改良，超過分は補償されず，一部の補償となる（道路法令研究会編著・解説 631 頁参照）．道路の新設・改築と相当因果関係がなければならない．

補償金に代えて，工事の施行を要求することも認められる．これは，道路管理者側としては，道路工事と併せて施行する方が都合がよい場合があり，損失を受ける側としても，現物で補償されることを望むことが想定されるためである．この要求は，道路管理者または損失を受けた者のいずれからでもすることができる．

具体的にみれば，例えば，上述の道路と宅地との間に高低差が生じた事例については，車の出入りが可能となるような工事費の補償，あるいは工事の代行による現物補償が行われることになる．ただ，その補償の範囲については，前掲新潟地判昭和 45・3・24 は，高低差による損失の発生を認めた上で，「あらゆる損失を完全に補償するのではなく，社会的に通常受忍すべき範囲を超える場合，その超えた程度，態様等に応じて社会通念上相当と認められる限度でその損失の全部又は一部を補償することを以て足る趣旨である」と説示して，宅地の盛土と建物の嵩上げの請求を斥けている．

これらの点については，河川法 21 条や海岸法 19 条についてとほぼ同様である（前述 892 頁，935 頁参照）．

●5 除斥期間

2 項は，補償請求権の除斥期間を定めたものである．その趣旨は，補償に関

する法律関係を早期に確定することにある．補償の請求は，工事が完了してから1年以内にしなければならない．「工事の完了の日」とは，実際に工事が完了した日をいう（収用法93条についての前述401頁参照）．基本的な規定は収用法93条2項であるが，それにならって同趣旨の規定が河川法21条2項，海岸法19条2項等にも置かれている．

6　補償の権利者・義務者

補償権利者は，これらの工事を必要とするもの（損失を受けた者）である．補償義務者は，道路管理者である．この点については，別段の問題はない．

7　補償の手続・訴えの提起

1　補償の手続

補償の手続については，河川法21条について述べたところとほぼ同じである（前述893頁参照）．補償は，まず，損失を受けた者の請求に始まり，次いで，道路管理者と損失を受けた者とが協議して定める．協議が成立しない場合は，当事者はいずれからでも，政令で定めるところにより，収用委員会に収用法94条の規定による裁決を申請することができる．裁決申請手続については，施行令36条が定めており，裁決申請者の氏名・住所，相手方の氏名・住所，損失の事実，損失の見積り・その内容，協議の経過を記載した裁決申請書を収用委員会に提出することになっている．

2　訴えの提起

訴えの提起についても，河川法21条について述べたところとほぼ同じである（前述894頁参照）．また，第2款で述べたところと同じであるので，ここでは繰り返さない（なお，前述531頁以下参照）．

8　地下ガソリンタンク移設事件

1　事案の概要

事案の概要，判例の動向等については，すでに「総論」の第4章「損失補償の要否」（67頁以下）において述べたところであるが，本条に関する著明な事案であるので，ここで再度取り上げて，考察することにする．

本事案は，ガソリンタンク（地下タンク）に近接して国が国道に地下道を新

955

第 **9** 章　災害防止法関係

設し，そのために，消防法上の規制（地下貯蔵タンクは，地下鉄または地下トンネルから水平距離10メートル以内の区域には設置できないとの規制）により，ガソリンタンクの経営者がその地下タンクを移設しなければならなくなった．そこで，移設した後，国（四国建設局）に対し，本条1項に基づいて移設工事費の補償を請求したが，当該移設工事は損失補償の対象とならないとの回答を得たので，収用委員会に裁決の申請をしたところ，損失補償金を支払うべき旨の裁決がなされたので，国がその裁決の取消しと損失補償支払義務の不存在の確認を求めて出訴したというものである（損失補償裁決取消等請求事件）．本件訴訟においては，本条がこのような場合をも補償の対象としているか否かが大きな争点となった．

2　判　決

1　一審判決・控訴審判決　　一審の高松地判昭和54・2・27（行集30巻2号294頁）は，本条1項に基づいて補償を認めた．控訴審の高松高判昭和54・9・19（行集30巻9号1579頁）は，一審判決を全面的に引用して，国の控訴を棄却した．

一審判決は，次のように判示している．「同規定〔70条1項，筆者注〕は憲法29条3項の保障する損失補償制度の一つであり，公共事業としての道路の新設又は改築によって，当該道路に面した土地所有者にみぞ，かき，さくの設置等土地使用上の損失を与えた場合，その損失が道路の新設ないし改築と相当因果関係にあり，かつ，本人に損失を負担させることが社会通念上，受忍の限度を超えていると認められるときは，道路管理者において損失の補償をなすべきことを定めたものと解するのが相当である．そして，右法意に鑑みると，同条は，道路の新設又は改築に起因する損失として，みぞ，かき，さく，その他の工作物の設置，移転等道路面と隣接土地間の高低差など物理的障害に基づく損失を例示として挙げるが，単に物理的障害だけでなく，法規制上の障害に基づく損失もまた，同条による補償の対象に含まれると解すべきである．けだし，公共のためにする財産権の制限が社会生活上一般に受忍すべきものとされる限度を超え，特定の人に対し特別の財産上の犠牲を強いるものである場合に，これに対し補償することが損失補償制度の趣旨目的と解されるべきものであるところ，公共事業による特別の犠牲が，物理的障害による場合と法規制上の障害による場合とで，損失を受ける者にとってはなんら変わるところはなく，後者

の場合をことさら損失補償の対象から除外する合理的理由を見出し難いからである.」

2　上告審判決　しかし，上告審の最判昭和58・2・18（民集37巻1号59頁）は，次のように判示して破棄自判し，損失補償請求を斥けた．「道路法70条1項の規定は，道路の新設又は改築のための工事の施行によって当該道路とその隣接地との間に高低差が生ずるなど土地の形状の変更が生じた結果として，隣接地の用益又は管理に障害を来し，従前の用法に従ってその用益又は管理を維持，継続していくためには，用益上の利便又は境界の保全等の管理の必要上当該道路の従前の形状に応じて設置されていた通路，みぞ，かき，さくその他これに類する工作物を増築，修繕若しくは移転し，これらの工作物を新たに設置し，又は切土若しくは盛土をするやむを得ない必要があると認められる場合において，道路管理者は，これに要する費用の全部又は一部を補償しなければならないものとしたものであって，その補償の対象は，道路工事の施行による土地の形状の変更を直接の原因として生じた隣接地の用益又は管理上の障害を除去するためにやむを得ない必要があってした前記工作物の新築，増築，修繕若しくは移転又は切土若しくは盛土の工事に起因する損失に限られると解するのが相当である．したがって，警察法規が一定の危険物の保管場所等につき保安物件との間に一定の離隔距離を保持すべきことなどを内容とする技術上の基準を定めている場合において，道路工事の施行の結果，警察違反の状態を生じ，危険物保有者が右技術上の基準に適合するように工作物の移転等を余儀なくされ，これによって損失を被ったとしても，それは道路工事の施行によって警察規制に基づく損失がたまたま現実化するに至ったものにすぎず，このような損失は，道路法70条1項の定める補償の対象には属しないものというべきである．」

3　学説の動向

1　肯定的見解　この最判昭和58・2・18については，一般に賛意が表されている．その理由は，①本条は，収用法93条に準拠して設けられたものであり，収用法上の「みぞかき補償」の範囲を超えて道路の隣接地に危険物が存在することにより課される消防法上の警察規制に基づく損失をも補償の対象とする趣旨ではないこと，②消防法12条1項，危険物の規制に関する政令13条1号，危険物の規制に関する規則23条によれば，地下タンクの保有者に対し

ては，地下道のみならず，地下鉄，地下トンネル，地下街の設置の場合にも離隔距離維持義務が課されており，一審判決・控訴審判決のように解することになれば，道路法上の道路たる地下道のみが補償対象となってしまい，不均衡であること，③損失は，直接的には警察規制によって生ずるものであるから，これに対する補償の要否は，当該警察規制の根拠となる警察法規の規定・解釈により決せられるべきものであるが，関連消防法令にはタンク移設工事による損失を補償する規定がないこと，④危険物の設置者は，その物を安全な状態で保持すべき警察責任を有しており，状況の変化によって「警察違反の状態」が生じた場合には，それを解消するのに要する費用を自ら負担すべきことは当然であること，などである（原田尚彦「判解」ジュリ 815 号・昭和 58 年度重判解説 46 頁（1984 年），阿部・国家補償法 271 頁，村上敬一「判解」曹時 40 巻 6 号 913 頁以下（1988 年），鈴木芳夫「判批」昭和 54 年行判解説 416 頁以下（1981 年），村上義弘「判批」判評 260 号 2 頁以下（1980 年），宇賀「判解」法教 33 号 96 頁（1983 年），同「判解」行政判例百選 II〔第 3 版〕322 頁（1993 年），同・国家補償法 403～404 頁，小澤道一「判解」行政判例百選 II〔第 4 版〕346 頁（1999 年），桑原勇進「判解」行政判例百選 II〔第 7 版〕507 頁，芝池・読本 436 頁等参照）.

2 批判的見解　しかし，これに対して，やや批判的な見解もないわけではない．「たしかに，公害発生源に対する汚染者負担原則（P.P.P.）や先住権否定の考えからして，危険・公害等の発生源には周囲の状況変化，法令基準の変更にかかわらず，常時自己負担で危険・公害等防止のための基準を遵守すべき義務をおっていると一応一般的にはいうことができる．しかしながら，土地収用に際し移転先において法令改善費用の補償の要否が論議され，少なくとも利子分の補償は必要とする考えが有力であること，また，さきの監督処分にもとづく損失の補償がとうぜんとされていること，さらに，本件規制基準における離隔距離は敷地境界線からではなく地下鉄または地下トンネルからであって，タンク設置時において適法なものとして許可されたものであり，かつ，これらの施設建設が当時予測できなかったと認定されたことなどに照らすと，補償を肯定した原審判断も十分成り立つ余地がある」との見解（遠藤・実定行政法 255～256 頁．なお，同・スケッチ 209 頁参照），「政令ができる前にすでに設置されていたものに対して，後から離隔距離をとるように命ずることが果たしてできるんであろうかという疑問が生じます」との見解（阿部泰隆＝森本宏『消防行政の法律問題』195 頁（全国加除法令出版，1985 年〔阿部発言〕）），「状態責任を負う

者は，周囲に必要な空間を予め確保しておくべしとすることは理解しうるとしても，本件道路のように土地収用によってでも接近しうるものについては，これに予め対処する方法がなく，公平の観点からすると，この場合の費用は道路管理者側が負担するのが合理的なようにも思われる」との見解（塩野・行政法II 363 頁），「警察違反状態がその行為によってつくり出された場合にまで，個人が無償で違反状態を解消しなければならない義務を負うと無条件でいい切れるのかについては，疑問が残る」との見解（小高「いわゆる『みぞ・かき補償』について」同・研究 212 頁（初出 1986 年）），などがある．

4 判例・学説の検討

1 判例・通説に対する疑問　判例・通説は，従来は何ら法的支障なく設置されていたものが，新たに近接して地下道が建設されたことによって移設を余儀なくされた場合にも，警察規制に基づく損失が「たまたま現実化するに至ったにすぎない」として，このような警察規制は内在的制約にすぎないと解するものである．しかし，これまで適法に地下タンクを設置し，営業していたにもかかわらず，何故に無補償で移転しなければならないのか，その理由は必ずしも明確とはいえない．一審判決も控訴審判決も補償を認めていたのであり，補償を肯定することにも相当の理由があるものといってよい．判例・通説が述べているように，本条は警察規制による損失までも対象とするものではないと解さざるをえないにしても，そのことから直ちに，無補償でよいということにはならないのではないかと思われる．

2 憲法 29 条 3 項の趣旨　そこで，最高裁判例を支持する文献も，憲法 29 条 3 項に基づく損失補償の可能性を検討している．そして，その上で，危険物の所有者等に課される離隔距離維持義務は財産権に内在する社会的制約であるとして，憲法上の補償をも否定している．

しかし，許可を得て適法にタンクを設置していたにもかかわらず，国道に地下道が設置されることにより移設を余儀なくされたものであり，タンク設置者は思わぬ損失を被ったものである．いかに状態責任の問題であるとしても，これを無補償で済ますことには疑問を禁じえない．そのような事態の発生を回避したいのであれば最初からそのことを考慮して地下タンクを設置すべきであったというのは，設置者に対していささか酷というべきである．憲法 29 条 3 項の趣旨からすれば，移設費用が補償されるべきであろう．文献においては，

第9章　災害防止法関係

「道路法70条が直接に適用されないにしても，平穏無事な土地利用が公共の安全という理由で事後的に禁止されるのであるから，憲法29条3項による補償を認めるなど，工夫すべきではなかったか」との見解（阿部・解釈学II 424頁．同旨，曽和俊文「損失補償(1)損失補償法の基本構造」法教424号77頁（2016年），松尾・損失補償法218頁）が説かれている．一審判決，控訴審判決が補償を認めたのは，道路法70条の解釈としてはやや無理があるにしても，その背後には憲法29条3項の趣旨が影響しているのではないかと思われる（この点を指摘するものとして，原田・前掲（ジュリ815号）45頁，曽和・前掲77頁，桑原・前掲507頁）．

第4款　監督処分に伴う損失の補償

（監督処分に伴う損失の補償等）
第72条
① 道路管理者は，第24条又は第32条第1項若しくは第3項の規定による承認又は許可を受けた者が前条第2項第2号又は第3号の規定による処分によつて通常受けるべき損失を補償しなければならない．
② 第69条第2項及び第3項の規定は，前項の場合について準用する．
③ 道路管理者は，第1項の規定による補償の原因となつた損失が前条第2項第3号の規定による処分に因るものである場合においては，当該補償金額を当該事由を生じさせた者に負担させることができる．

● 1　本条の趣旨と要点

1　本条の趣旨

本条は，道路管理者の監督処分により，いったん与えられた承認，許可が公益上の理由等により取り消され，これにより損失が生じた場合に，道路管理者が通常受けるべき損失を補償すべきことを定めたものである．河川法76条，海岸法12条の2等においても，同趣旨の規定が置かれている．

2　本条の要点

本条の要点は，補償の要否，補償の内容（範囲），補償の権利者・義務者，補償の手続，訴えの提起，補償義務の転換等である．いずれの点についても，

2 補償の要否

1 補償が必要となる場合とその論拠

　道路管理者の監督処分については，71条が1項と2項に分けて規定している．1項は被処分者側に責められるべき事由がある場合についてであり，2項は責められるべき事由のない場合についてである．

　監督処分による損失に対して補償が必要となるのは，24条または32条1項・3項の規定による承認（道路管理者以外の者の行う工事の承認）または許可（道路の占用の許可）が，①道路の構造または交通に著しい支障が生じた場合，②そのほか，道路の管理上の事由以外の事由に基づく公益上やむをえない必要が生じた場合に取消し等の処分を受けたときである．この場合の補償の根拠は，被処分者に対して内在的制約を超えて，特別の犠牲を課することになる，ということにある．

2 補償が必要とならない場合とその根拠

　上記①②以外の場合には，補償の規定がない．その理由は，被処分者側に責に帰すべき事由があるためである．ただ，本条1項は，補償が必要となる場合として71条2項の第2号と第3号のみを挙げており，第1号の「道路に関する工事のためやむを得ない必要が生じた場合」を除外している．なぜ除外しているのか，その理由は必ずしも定かではないが，行政実務家の執筆した文献においては，「あらゆる場合に補償を不要とし，あるいはこれを禁ずる趣旨ではなく，種々の事例があり得るため一律に損失補償の義務を課さなかったものと解すべきである」と説かれている（道路法令研究会編著・解説642頁）．

3 補償の内容

1 通常生ずべき損失

　補償の対象は，「通常生ずべき損失」（通損）である．監督処分と相当因果関係がなければならない．この点については，他の法条についてこれまで述べてきたところとほぼ同じである．ただ，どの範囲が通常生ずべき損失であるかは，具体的事案においては必ずしも明確ではない．

第**9**章　災害防止法関係

2　具体的損失

　通常生ずべき損失としては，具体的には，占用物件の除却費，移設費，復旧費等が考えられる（道路法令研究会編著・解説643頁参照）．そのほか営業補償も考えられるが，これについては，「移転等に伴う営業補償については，相当因果関係の判断上，損失と認定される場合は少ないであろう」と説かれている（道路法令研究会編著・解説643頁）．

　これらの通損補償が必要であるとしても，使用権の喪失自体に対する補償までが必要であるかが問題となる．河川法76条についてと同様の問題状況となるので，そこで述べたのとほぼ同様のことが当てはまるのではないかと思われる（前述912頁以下参照）．

　この点に関する訴訟として，道路占用許可取消損失補償請求事件がある．原告は本件道路の占用許可を受けて映画館を経営していたが，被告（東京都）が首都高速道路第4号線工事のため当該占用許可の更新を拒否したので，使用権喪失に対し正当な補償をすべきであるとして出訴したという事案である．一審の東京地判昭和47・8・28（判時691号40頁），控訴審の東京高判昭和49・2・28（東京都法務資料14巻1号15頁）は，ともに占用権自体の剝奪は通常受ける損失には当たらないと判示した．上告審の最判昭和52・2・24（東京都法務資料17巻1号6頁）は，次のように判示して，原審の判断を是認している．「原審が適法に確定した事実関係のもとにおいては，被上告人の上告人に対する本件土地使用期間の更新拒絶が上告人に特別の犠牲を課するものとは認め難く，かつ，右使用権自体の喪失は道路法72条1項にいう通常受けるべき損失にあたらず，損失補償の対象にならないとする原審の判断は，正当として是認することができる（最高裁昭和44年（オ）第628号同49年2月5日第三小法廷判決・民集28巻1号1頁参照）．」ただ，これは占用権自体の喪失による損失についての判示であって，付随的な損失に対する補償までを否定するものではない．一審判決は，通常生ずべき損失として，建物撤去，移転先の調査に要した費用，営業中止により被った損失等を挙げている（控訴審判決，上告審判決もこれを否定していないものと思われる．なお，詳細については，後述1022頁以下参照）．

● **4**　補償の権利者・義務者

　補償権利者は，監督処分により損失を受けた者である．補償義務者は，道路管理者である．

5 補償の手続・訴えの提起

補償の手続については，69条2項・3項が準用されている．したがって，69条の解説で述べた箇所を参照していただきたい．

訴えの提起については何も規定されていないが，法律上の争訟である以上，最終的には裁判所の判断を求めることができるものと解すべきである．この点についても，69条の解説で述べたところと同じであるので，そちらを参照していただきたい．

6 補償義務の転換

本条3項は，補償義務の転換について定めたものである．文献においては，その具体例として，空港の建設に伴って近傍の占用物件を除去する必要が生じた場合の空港設置者，地下鉄の昇降口工事のため占用物件の移転が必要となった場合の地下鉄設置者等を挙げた上で，「この場合においては，損失補償額の決定は道路管理者が自ら行い，被処分者に対しても道路管理者が先ず補償した後に，当該第三者に求償することになるのであって，第三者が直接被処分者との交渉の当事者になるものではない」と説かれている（道路法令研究会編著・解説643頁）．河川法76条3項，海岸法12条の2等と同趣旨規定であり，負担の公平と補償手続の簡便化を図ったものである（前述915頁，933頁参照）．

第5款　道路予定区域内の行為制限による損失の補償

（道路予定区域）
第91条
① 第18条第1項の規定により道路の区域が決定された後道路の供用が開始されるまでの間は，何人も，道路管理者（国土交通大臣が自ら道路の新設又は改築を行う場合における国土交通大臣を含む．以下この条及び第96条第3項後段において同じ．）が当該区域についての土地に関する権原を取得する前においても，道路管理者の許可を受けなければ，当該区域内において土地の形質を変更し，工作物を新築し，改築し，増築し，若しくは大修繕し，又は物件を付加増置してはならない．

> ② 略
> ③ 第1項の規定による制限により損失を受ける者がある場合においては，道路管理者は，その者に対して通常受けるべき損失を補償しなければならない．
> ④ 第69条第2項及び第3項の規定は，前項の規定による損失の補償について準用する．

●1 本条の趣旨と要点

1 本条の趣旨

　本条は，道路の区域が決定された後，道路の供用が開始されるまでの間は，道路管理者が当該区域についての土地に関する権原を取得する前においても，道路管理者の許可を受けなければ土地の形質の変更，工作物の新築・改築・増築等をしてはならないこと，これらの行為制限により損失を被った者がいる場合には，道路管理者が通常受けるべき損失を補償しなければならないことを定めたものである．本条は，道路が供用開始されるまでの間における予定公物としての制限を定めたものであるが，1項は道路管理者が権原を取得するまでの間における道路の区域内の制限を，2項は権原を取得してから供用を開始するまでの間における道路予定区域の制限を定めている（道路法令研究会編著・解説692〜693頁参照）．

2 本条の要点

　本条の要点は，補償の要否，補償の内容（範囲），補償の権利者・義務者，補償の手続，訴えの提起等である．いずれの点についても，判例・学説上の対立は見当たらない．

●2 補償の要否

1 権原を取得する前

　補償が必要となるのは，道路の区域が決定された後，道路管理者が道路の区域についての土地に関する権原を取得する前においても，当該区域内における土地の形質の変更，工作物の新築・改築・増築・大修繕，物件の付加増置が制限されるが，これにより損失を受ける場合である．受忍限度を超えて，特別の

犠牲を与えることになるからであり，3項は憲法29条3項の趣旨を具体化したものである．

本条に関する裁判例としては，岡山地判平成14・2・19（判例自治230号90頁）がある．次のように判示している．「道路法91条3項による損失補償は，同条1項が，同法18条1項の規定により道路の区域が決定された後道路の供用が開始されるまでの間は，何人も，道路管理者が当該区域内にある土地について権原を取得する前においても，道路管理者の許可を受けなければ，当該土地の形質を変更し，工作物を新築し，改築し，増築し，若しくは大修繕し，又は物件を付加増置してはならない旨規定しているのを受け，この制限により損失を受ける者がある場合に，その者に対する損失補償を規定したものであるところ，本件土地の一部を対象区域内に含む都市計画道路については，いまだ道路の指定がなされ，又は路線の認定がなされておらず，このため，道路管理者による道路の区域が決定されていないのであるから，道路法91条3項を根拠とする損失補償請求は，主張自体失当であって，原告の請求は理由がない．」

2 損失を受ける者

「損失を受ける者」とは，建物の新築等について許可が得られなかったために損失を受けた者をいう．文献においては，住宅建築準備中に，その敷地が道路の区域として決定されたため，許可が得られなかったような場合が，その例として挙げられている（道路法令研究会編著・解説695頁）．

3 補償の内容

補償の内容（範囲）は，「通常受けるべき損失」（通損）の補償である．行為制限等と相当因果関係がなければならない．具体的には，例えば，上記の例でいえば，住宅の新築を予定していたが，許可が得られないため断念せざるをえなくなるような場合に，建設会社に支払うべき設計料等が考えられる．

4 補償の権利者・義務者

補償の権利者は，行為制限により損失を受ける者である．補償権利者は，道路管理者である．

第9章　災害防止法関係

●5　補償の手続・訴えの提起

補償の手続については，69条2項・3項が準用される．したがって，69条の解説で述べた箇所を参照していただきたい．

訴えの提起については何も規定されていないが，これについても69条の解説で述べたところと同じであるので，そちらを参照していただきたい．

第9節　その他の災害防止法

第1款　概　説

上記の災害防止法関係の法律のほかにも，多数の災害防止法関係の法律が存在し，それぞれ損失補償の規定を有している．ここではそのうち，「その他の災害防止法」として，宅地造成等規制法，地すべり等防止法，急傾斜地法，土砂災害防止法を取り上げて，それらにおける損失補償規定をまとめて概観することにする．

第2款　土地の立入り等に伴う損失の補償

●1　宅地造成等規制法

（土地の立入り等に伴う損失の補償）
第7条
① 都道府県（指定都市又は中核市の区域内の土地については，それぞれ指定都市又は中核市．以下この条及び第9条において同じ．）は，第4条第1項又は第5条第1項若しくは第3項の規定による行為により他人に損失を与えた場合においては，その損失を受けた者に対して，通常生ずべき損失を補償しなければならない．
② 前項の規定による損失の補償については，都道府県と損失を受けた者が協議しなければならない．
③ 前項の規定による協議が成立しない場合においては，都道府県又は損失を受けた者は，政令で定めるところにより，収用委員会に土地収用法（昭和

26年法律第219号）第94条第2項の規定による裁決を申請することができる．

2　地すべり等防止法

（調査のための立入）
第6条
① 主務大臣又はその命を受けた職員若しくはその委任を受けた者は，前条の調査のためやむを得ない必要があるときは，他人の占有する土地に立ち入り，又は特別の用途のない他人の土地を材料置場若しくは作業場として一時使用することができる．
②〜⑦　略
⑧ 国は，第1項の規定による立入又は一時使用により損失を受けた者に対し，通常生ずべき損失を補償しなければならない．
⑨ 前項の規定による損失の補償については，国と損失を受けた者とが協議しなければならない．
⑩ 前項の規定による協議が成立しない場合においては，国は，自己の見積った金額を損失を受けた者に支払わなければならない．この場合において，当該金額について不服がある者は，政令で定めるところにより，補償金の支払を受けた日から30日以内に収用委員会に土地収用法（昭和26年法律第219号）第94条の規定による裁決を申請することができる．
⑪　略

3　急傾斜地法

（調査のための立入り）
第5条
① 都道府県知事又はその命じた者若しくは委任した者は，前条の調査のためにやむを得ない必要があるときは，他人の占有する土地に立ち入り，又は特別の用途のない他人の土地を材料置場若しくは作業場として一時使用するこ

とができる．
② 〜 ⑦　略
⑧　都道府県は，第1項の規定による立入り又は一時使用により損失を受けた者がある場合においては，その者に対して，通常生ずべき損失を補償しなければならない．
⑨　前項の規定による損失の補償については，都道府県と損失を受けた者とが協議しなければならない．
⑩　前項の規定による協議が成立しない場合においては，都道府県は，自己の見積つた金額を損失を受けた者に支払わなければならない．この場合において，当該金額について不服のある者は，政令で定めるところにより，補償金の支払を受けた日から30以内に，収用委員会に土地収用法（昭和26年法律第219号）第94条の規定による裁決を申請することができる．

（土地の立入り等）
第17条
①　都道府県知事又はその命じた者若しくは委任した者は，都道府県営工事のためにやむを得ない必要があるときは，他人の占有する土地に立ち入り，又は特別の用途のない他人の土地を材料置場若しくは作業場として一時使用することができる．
②　第5条第2項から第10項までの規定は，前項の場合について準用する．

●4　土砂災害防止法

（基礎調査のための土地の立入り等）
第5条
①　都道府県知事又はその命じた者若しくは委任した者は，基礎調査のためにやむを得ない必要があるときは，その必要な限度において，他人の占有する土地に立ち入り，又は特別の用途のない他人の土地を作業場として一時使用することができる．
② 〜 ⑦　略
⑧　都道府県は，第1項の規定による立入り又は一時使用により損失を受け

た者がある場合においては，その者に対して，通常生ずべき損失を補償しなければならない．
⑨　前項の規定による損失の補償については，都道府県と損失を受けた者とが協議しなければならない．
⑩　前項の規定による協議が成立しない場合においては，都道府県は，自己の見積もった金額を損失を受けた者に支払わなければならない．この場合において，当該金額について不服のある者は，政令で定めるところにより，補償金の支払を受けた日から30日以内に，収用委員会に土地収用法（昭和26年法律第219号）第94条第2項の規定による裁決を申請することができる．

（緊急調査のための土地の立入り等）
第30条
①　都道府県知事若しくは国土交通大臣又はこれらの命じた者若しくは委任した者は，緊急調査のためにやむを得ない必要があるときは，これらの必要な限度において，他人の占有する土地に立ち入り，又は特別の用途のない他人の土地を作業場として一時使用することができる．
②　第5条（第1項及び第4項を除く．）の規定は，前項の規定による立入り及び一時使用について準用する．この場合において，同条第8項から第10項までの規定中「都道府県」とあるのは，「都道府県又は国」と読み替えるものとする．

5　立入り等に伴う損失の補償

1　補償の要否・補償の内容等

　上記の諸法律における損失補償規定は，いずれも土地の立入り等に伴う損失の補償について定めたものである．法文に若干の表現上の差異があるものの，内容上はほぼ同じである．憲法29条3項の趣旨を具体化したものである．
　立入りに伴う損失の補償については，収用法91条が基本的な規定である．本章の第2節から第8節において取り上げた諸法律の中にも，土地の立入り等に伴う損失の補償の規定が置かれている．本節で取り上げた上記の規定についても，前述したところがほぼそのまま当てはまる．したがって，補償の要否，

第9章　災害防止法関係

補償の内容（範囲），補償の権利者・義務者については，改めて説明するほどの問題点は存在しない．

2　補償の手続・訴えの提起

1　補償の手続　補償の手続については，まず，都道府県または国と損失を受けた者が協議して定める．協議の内容は，損失の有無・程度，補償金額，支払い時期，支払い方法等である．協議が成立しない場合は，次に，都道府県または国は，自己の見積もった金額を支払わなければならない．この金額に不服がある場合は，さらに，政令で定めるところにより，補償金の支払いを受けた日から30日以内に，収用委員会に収用法94条（2項）の規定による裁決を申請することができる．ただ，この一連の手続については，宅地造成等規制法7条には，他の三つの法律とは異なり，自己の見積りによる補償金額の支払いが規定されていないが，その理由は定かではない．

2　訴えの提起　上記のいずれの法律も，収用法94条（2項）の規定による裁決の申請をすることができると規定するのみで，訴訟については何も規定していない．しかし，法律上の争訟である限り，最終的には裁判所の判断を求めることができるはずである．この場合には，収用法133条の規定が適用ないし類推適用されるが，出訴期間については，同法133条2項の特則を定めている同法94条9項の規定によるものと解すべきであろう．したがって，裁決書の正本の送達を受けた日から60日以内に，河川管理者を被告にして損失があった土地の所在地の裁判所に対して訴えを提起することができる（前述405頁，532頁参照）．この訴訟は，行訴法4条前段の形式的当事者訴訟に当たる．

第3款　みぞかき補償

●1　地すべり等防止法

（地すべり防止工事に伴う損失補償）
第17条
　①　土地収用法第93条第1項の規定による場合を除き，都道府県知事が地すべり防止工事を施行したことにより，当該地すべり防止工事を施行した土地に面する土地について，通路，みぞ，かき，さくその他の施設若しくは工

作物を新築し，増築し，修繕し，若しくは移転し，又は盛土若しくは切土を
するやむを得ない必要があると認められる場合においては，当該都道府県知
事の統括する都道府県は，これらの工事をすることを必要とする者（以下こ
の条において「損失を受けた者」という.）の請求により，これに要する費
用の全部又は一部を補償しなければならない．この場合において，当該都道
府県知事の統括する都道府県又は損失を受けた者は，補償金の全部又は一部
に代えて，当該都道府県知事が当該工事を施行することを要求することがで
きる．
② 前項の規定による損失の補償は，当該地すべり防止工事の完了の日から
１年を経過した後においては，請求することができない．
③ 第１項の規定による損失の補償については，当該都道府県知事の統括す
る都道府県と損失を受けた者とが協議しなければならない．
④ 前項の規定による協議が成立しない場合においては，当該都道府県知事の
統括する都道府県又は損失を受けた者は，政令で定めるところにより，収用
委員会に土地収用法第 94 条の規定による裁決を申請することができる．

2 急傾斜地法

（急傾斜地崩壊防止工事に伴う損失の補償）
第 18 条
① 土地収用法第 93 条第 1 項の規定による場合を除き，都道府県営工事を
施行したことにより，当該都道府県営工事を施行した土地に面する土地に
ついて，通路，みぞ，かき，さくその他の施設若しくは工作物を新築し，増築
し，修繕し，若しくは移転し，又は盛土若しくは切土をするやむを得ない必
要があると認められる場合においては，都道府県は，これらの工事をするこ
とを必要とする者（以下この条において「損失を受けた者」という.）の請
求により，これに要する費用の全部又は一部を補償しなければならない．こ
の場合において，都道府県又は損失を受けた者は，補償金の全部又は一部に
代えて，都道府県が当該工事を施行することを要求することができる．
② 前項の規定による損失の補償は，都道府県営工事の完了の日から１年を
経過した後においては，請求することができない．

第**9**章　災害防止法関係

> ③　第1項の規定による損失の補償については，都道府県と損失を受けた者とが協議しなければならない．
> ④　前項の規定による協議が成立しない場合においては，都道府県又は損失を受けた者は，政令で定めるところにより，収用委員会に土地収用法第94条の規定による裁決を申請することができる．

●3　みぞかき補償についての諸問題

　上記の各法条は，「みぞかき補償」について定めたものである．みぞかき補償についての基本的規定は，収用法93条であり，上記各法条はこれと同じ趣旨に基づくものであるが，土地収用により用地を取得して地すべり防止工事や急傾斜地崩壊防止工事を行う場合のほかに，本条を設けた理由は，この種の工事の施行によりしばしば発生することが予想される事例について，工事の円滑な施行を図り，また，補償の迅速な実施を確保するため，補償の範囲や方法を明らかにし，同時に権利関係の速やかな安定を図ろうとしたものである．同趣旨の規定は，河川法21条，海岸法19条等にも置かれている．したがって，補償の性質，補償の要否，補償の内容（範囲），除斥期間，補償の権利者・義務者，補償の手続，訴えの提起等については，収用法93条や河川法21条，海岸法19条について述べたところとほぼ同じである（前述396頁以下，890頁以下等参照）．

第**4**款　地すべり等防止法上の監督処分

> **（監督処分及び損失補償）**
> 第21条
> ①　都道府県知事は，次の各号の一に該当する者に対して，その許可を取り消し，若しくはその条件を変更し，又はその行為の中止，他の施設等の改築，移転若しくは除却，他の施設等により生ずべき地すべりを防止するために必要な施設をすること若しくは原状回復を命ずることができる．
> 　一　第18条第1項の規定に違反した者
> 　二　第18条第1項の許可に附した条件に違反した者
> 　三　偽りその他不正な手段により第18条第1項の許可を受けた者

② 都道府県知事は，次の各号の一に該当する場合においては，第18条第1項の許可を受けた者に対し，前項に規定する処分をし，又は同項に規定する必要な措置を命ずることができる．
　一　地すべり防止工事のためやむを得ない必要が生じたとき．
　二　地すべりの防止上著しい支障が生じたとき．
　三　地すべりの防止上の理由以外の理由に基く公益上やむを得ない必要が生じたとき．
③ 都道府県知事の統括する都道府県は，前項の規定による処分又は命令により損失を受けた者に対し通常生ずべき損失を補償しなければならない．
④ 第6条第9項及び第10項の規定は，前項の補償について準用する．この場合において，同条第9項及び第10項中「国」とあるのは，「都道府県知事の統括する都道府県」と読み替えるものとする．
⑤ 都道府県知事の統括する都道府県は，第3項の規定による補償の原因となつた損失が，第2項第3号の規定による処分又は命令によるものであるときは，当該補償金額を当該理由を生じさせた者に負担させることができる．

1　本条の趣旨と要点

1　本条の趣旨

　本条は，都道府県知事の監督処分により，いったん与えられた許可の取消し，その条件の変更，その行為の中止，他の施設等の改築・移転・除却，他の施設等により生ずべき地すべりを防止するために必要な施設の設置もしくは原状回復を命じられ，これにより損失が生じた場合に，都道府県が通常生ずべき損失を補償すべきことを定めたものである．被処分者の側に責に帰すべき事由がない場合であり，内在的制約を超えて特別の犠牲を課するため，憲法29条3項の趣旨に基づく損失補償が必要となる．河川法76条，海岸法12条の2，道路法72条等と同趣旨の規定である．

2　本条の要点

　本条の要点は，補償の要否，補償の内容（範囲），補償の権利者・義務者，補償の手続，訴えの提起，補償義務の転換等である．河川法76条等と同様であり，内容上も河川法76条等について述べたところとほぼ同様であるので，

第**9**章　災害防止法関係

そちらを参照していただきたい（前述 910 頁以下，929 頁以下，960 頁以下参照）．

●2　宅地造成等規制法等における監督処分

　宅地造成等規制法 14 条，急傾斜地法 8 条，土砂災害防止法 21 条にも「監督処分」の規定が置かれているが，損失補償についての規定は見当たらない．これらの法条に基づく監督処分は，被処分者の側に責めに帰すべき事由が認められる場合であり，損失補償の必要がない場合であるが，上記の地すべり等防止法 21 条とは異なり，公益上の必要等からの監督処分の規定が置かれていない．その理由は必ずしも明確ではないが，これらの法条における監督処分は，事柄の性質上，公益上の必要等から行われることは想定されないということによるものであろうか．ただ，いずれにしても，直接憲法 29 条 3 項に基づいて損失補償の請求をすることができるとの判例・通説の立場からすれば，それほど大きな問題ではない．

第10章　伝染病予防法関係

第1節　概　説

1　伝染病予防法関係

　伝染病予防法関係として，ここでは，家畜伝染病予防法，狂犬病予防法，植物防疫法における損失補償規定を取り上げる．これらの法律は，いずれも伝染病の予防を目的にしたものであるが，各種の規制に伴う損失の補償についても規定している．

　なお，予防接種法や新型インフルエンザ等対策特別措置法にも補償給付の規定が置かれているが，上記の諸法律におけるものとは若干性質を異にしており，また紙幅の制約もあるので，ここでは取り上げないことにする（予防接種法上の補償給付については，前述22頁以下参照）．

2　伝染病予防関係における損失補償

1　規制措置と補償

　上記の諸法律は，伝染病の予防のために国民の財産に対する種々の規制措置や国民の義務履行について定めているが，他方では，それによる損失に対する補償も定めている．各法律における損失補償の規定は必ずしも一様ではないが，それでも共通しているところも少なくない．

2　旧伝染病予防法と感染症予防法

　1　旧伝染病予防法　　1897（明治30）年制定の伝染病予防法（旧伝染病予防法）19条の2は，1項において，都道府県知事による伝染病毒に汚染した建物の処分について規定し，2項において，「前項ノ場合ニ於テハ損害ヲ受ケタル建物ノ所有者ニ手当金ヲ交付スヘシ」と規定していた．この手当金の性質については，政策上の補償説と憲法上の補償説が対立していた．

　政策上の補償説の代表的所説は今村説であり，「警察違反の状態を除去すべ

975

きことは，財産権に課せられた内在的制約によるものと認むべきであるから，これらの補償は，憲法上の保障の範囲外において，立法政策的考慮により認められたものと解すべきである」と説いている（今村・国家補償法57頁）．これに対して，憲法上の補償説の代表的所説は田中説であり，「警察違反の状態の発生が当事者の責に帰すべき場合であっても，それに対して加え得べき財産権の制限には，当然，一定の限度（いわゆる比例原則による限度）が認められるべきであって，その限度を超える財産の制限まで，財産権に課せられる内在的制約と認め，補償を要しないことが許されると解すべきかどうか甚だ疑わしい．かような見地からすれば，その限度を超える財産権の制約に対する補償は，単なる立法政策的考慮に基いて恩恵的に与えられるものではなく，憲法上，必要な補償を定めたものと解すべきではないかと思われる」と説いている（田中二郎「紹介」国家学会雑誌72巻11号1022頁（1958年）．なお，同・賠償補償260頁参照．憲法上の補償説に立つものとして，そのほか，高辻正巳「財産権についての一考察」自治研究38巻4号11頁（1962年）参照）．

　このように，旧伝染病予防法19条の2の手当金（補償）の性質をめぐって学説上の対立があるが，政策上の補償であると解するのが多数説である（下山・国家補償法267頁，橋本公亘「憲法上の補償と政策上の補償」争点177頁，阿部・国家補償法261頁等）．補償の理由としては，「伝染病毒に汚染された建物等が処分されなければならないというのは，その者にとっては，一種の災害に外ならないから，これに対して補償を認めるのである．従って，それは憲法上の要求に基づくものではなく，立法政策的考慮によるものであるが，その理由を臆測すれば，公衆衛生又は家畜衛生の為めに必要なこの種の処分が，円滑に遂行，実現されることに役立たせる為めではあるまいか．その外，社会政策，農業政策的考慮も働いていることであろうと思われる」と説かれている（今村・制度研究73頁．なお，阿部・国家補償法261頁参照）．

2　感染症予防法　旧伝染病予防法は，1897（明治30）年に制定され，その後長らく，感染症予防のための基本法として，その使命を果たしてきた．しかし，感染症を取り巻く状況は，医学・医療の進歩，衛生水準・国民の健康・衛生意識の向上等に伴い，大きく変化してきた．また，国際交流の進展や航空機による迅速かつ大量の輸送等に伴い，短時間のうちに病原体が我が国に持ち込まれる危険性が増大してきた．さらに，戦後は，国民の人権意識が向上し，行政の公正透明性への要請が急速に高まってきた．このような状況の変化は，

伝染病予防法を基軸とした従来の感染症対策では限界があることを明らかにした．

そこで，これらの状況の変化に対応した新たな感染症対策が必要であるとして，1998（平成10）年に「感染症の予防及び感染症の患者に対する医療に関する法律」（感染症予防法）が制定された．そして，これに伴い，旧伝染病予防法，性病予防法，後天性免疫不全症候群の予防に関する法律（エイズ予防法）が廃止された（感染症予防法の制定経緯については，厚生労働省健康局結核感染症課監修『詳解感染症の予防及び感染症の患者に対する医療に関する法律〔4訂版〕』3頁以下（中央法規出版，2016年）参照）．結核予防法も，2006（平成18）年の感染症予防法の改正で本法に統合され，廃止されている．

3 手当金（補償）の廃止　ところが，感染症予防法には，旧伝染病予防法19条の2に対応する規定が置かれていない．手当金（補償）の制度が廃止されたということである．この事情については，立案者は，旧伝染病予防法19条の2は「特別の政策的考慮」から設けられたものであるとした上で，「感染症の病原体に汚染された物件は，財産的な価値がないことから，憲法上損失補償は要求されないものである．……本法に基づき消毒等がなされるのは，感染症の病原体に汚染され，又は汚染された疑いがある物件等であり，必ずしも憲法第29条第3項の対象となるものばかりではない．……以上のことから，本法においては，損失補償規定は設けられず，必要な場合には，直接憲法第29条第3項に基づき補償が行われることとなる」と説明している（感染症法研究会編『詳解感染症の予防及び感染症の患者に対する医療に関する法律』111頁（中央法規出版，2000年））．また，文献においては，「立法実務も今村説に従っていると解される．近年でも，（廃）伝染病予防法19条の2の手当金，（廃）結核予防法31条2項の損失補償は感染症予防及び感染症の患者に対する医療に関する法律（平成10年）には継承されず（32条2項及び29条1項），今村説の影響が看取できる」と説明されている（福永実「国家補償による救済」現代行政法講座編集委員会編『現代行政法講座Ⅱ〔行政手続と行政救済〕』293頁（日本評論社，2015年）．なお，須藤陽子『行政強制と行政調査』174頁（法律文化社，2014年）参照）．

第2節　家畜伝染病予防法

第1款　概　説

●1　本法の趣旨

1　本法の沿革

　家畜伝染病予防法は，我が国の家畜防疫に関する基本法である．家畜防疫制度については，1876（明治9）年の疫牛処分仮条例，1886（明治19）年の獣類伝染病予防規則，1896（明治29）年の獣疫予防法を経て，1922（大正11）年に旧家畜伝染病予防法が制定された．戦後は，1951（昭和26）年に，旧法に代わって現行の家畜伝染病予防法（以下，本節において「本法」という）が制定され，その後10回ほどの改正がなされている．改正の中で重要なのは，宮崎県での口蹄疫や複数県での高病原性鳥インフルエンザの発生状況を踏まえた2011（平成23）年の改正である．そこでは，①国と都道府県との役割分担，②家畜の所有者の衛生管理の強化，③患畜・疑似患畜とは別に一定症状を呈している家畜を発見した場合の届出，④口蹄疫のまん延を防止するため，まだ感染していない家畜について殺処分した場合の全額補償，などについて改正が行われた（本法の沿革については，杉浦勝明「家畜伝染病予防法改正の変遷」日本獣医史学雑誌50号1頁以下（2013年）参照）．

2　本法の目的

　本法は，1条において，「この法律は，家畜の伝染性疾患（寄生虫病を含む．以下同じ．）の発生を予防し，及びまん延を防止することにより，畜産の振興を図ることを目的とする．」と規定している．

3　本法の関連法令

　本法の関連法令としては，口蹄疫対策特別措置法（平成24年3月31日までの時限立法．この法律の概要については，小林宏和「口蹄疫への迅速かつ的確な対処とまん延防止に向けて」時の法令1864号6頁以下（2010年）参照），狂犬病予防法，植物防疫法等がある．

●2 本法の構成

上記の目的を達成するため，本法は，種々の仕組みを設けている．損失補償に関連するもので，その主要なものを次に取り上げることにする．

1 用語の定義

1 家畜伝染病　家畜伝染病の定義について，伝染性疾病を表にして個別に列記して，「次の表の上欄に掲げる伝染性疾病であつてそれぞれ相当下欄に掲げる家畜及び当該伝染性疾病ごとに政令で定めるその他の家畜についてのものをいう．」と規定している（2条1項）．そこで掲記されている疾病の種類の代表的なものとしては，牛疫（牛，めん羊，山羊，豚），口蹄疫（牛，めん羊，山羊，豚），狂犬病（牛，馬，めん羊，山羊，豚），伝達性海綿状脳症，豚コレラ（豚），高病原性鳥インフルエンザ（鶏，あひる，うずら），低病原性鳥インフルエンザ（鶏，あひる，うずら），などがある．

2 患畜・疑似患畜　患畜とは，家畜伝染病にかかっている家畜をいい，疑似患畜とは，患畜である疑いがある家畜および牛疫，牛肺疫，口蹄疫，狂犬病，豚コレラ，アフリカ豚コレラ，高病原性鳥インフルエンザまたは低病原性鳥インフルエンザの病原体に触れたため，または触れた疑いがあるため，患畜となるおそれがある家畜をいう（2条2項）．

3 家畜防疫員　本法に規定する事務に従事させるため，当該都道府県の職員で獣医師である者の中から当該都道府県知事により任命された者をいう（53条3項）．

2 家畜伝染病のまん延の防止

1 患畜等の届出義務　家畜が患畜または疑似患畜となったことを発見したときは，当該家畜を診断し，またはその死体を検案した獣医師（獣医師による診断または検案を受けていない家畜またはその死体についてはその所有者）は，農林水産省令で定める手続に従い，遅滞なく，当該家畜またはその死体の所在地を管轄する都道府県知事にその旨を届け出なければならない（13条1項）．

2 隔離の義務　患畜または疑似患畜の所有者は，遅滞なく，当該家畜を隔離しなければならない（14条1項）．

3 と殺の義務　次に掲げる家畜の所有者は，家畜防疫員の指示に従い，直ちに当該家畜を殺さなければならない．牛疫，牛肺疫，口蹄疫，豚コレラ，

第10章 伝染病予防法関係

アフリカ豚コレラ，高病原性鳥インフルエンザ，低病原性鳥インフルエンザの患畜または疑似患畜である（16条1項）．家畜防疫員は，一定の場合を除いて，家畜伝染病のまん延を防止するため緊急の必要があるときは，上記の家畜について，指示に代えて自らこれを殺すことができる（同条3項）．

4 患畜等以外の家畜（指定家畜）の殺処分 農林水産大臣は，口蹄疫がまん延し，またはまん延するおそれがある場合において，上記の規定により講じられる措置のみによってはそのまん延の防止が困難であり，その急速かつ広範囲なまん延を防止するため，口蹄疫の患畜および疑似患畜（患畜等）以外の家畜であってもこれを殺すことがやむをえないと認めるときは，患畜等以外の家畜を殺す必要がある地域を「指定地域」として，また，当該指定地域において殺す必要がある家畜（患畜等を除く）を「指定家畜」として，それぞれ指定することができる（17条の2第1項）．指定地域および指定家畜の指定があったときは，当該指定地域を管轄する都道府県知事は，当該指定地域内において指定家畜を所有する者に対し，期限を定めて，当該指定家畜を殺すべき旨を命ずることができる（同条5項）．この命令を受けた者がその命令に従わないとき，または指定家畜の所有者もしくはその所在が知れないためこの命令をすることができない場合において緊急の必要があるときは，都道府県知事は，家畜防疫員に当該指定家畜を殺させることができる（同条6項）．

5 死体の償却等の義務 牛疫，口蹄疫，狂犬病，高病原性鳥インフルエンザ等の死体の所有者は，家畜防疫員が農林水産省令で定める基準に基づいてする指示に従い，遅滞なく，当該死体を償却し，または埋却しなければならない（21条1項）．

6 汚染物品の焼却等の義務 家畜伝染病の病原体により汚染し，または汚染したおそれがある物品の所有者は，家畜防疫員が農林水産省令で定める基準に基づいてする指示に従い，遅滞なく，当該物品を焼却し，埋却し，または消毒しなければならない（23条1項）．

7 畜舎等の消毒の義務 患畜もしくは疑似患畜またはこれらの死体の所在した畜舎，船舶，車両その他これに準ずる施設（要消毒畜舎等）は，家畜防疫員が農林水産省令で定める基準に基づいてする指示に従い，その所有者が消毒しなければならない（25条1項）．

8 家畜等の移動の制限 都道府県知事は，家畜伝染病のまん延を防止するため必要があるときは，規則を定め，一定種類の家畜，その死体または家畜

伝染病の病原体を広げるおそれのある物品の当該都道府県の区域内での移動，当該都道府県内への移入または当該都道府県外への移出を禁止し，または制限することができる（32条1項）．また，農林水産大臣も，同様に，農林水産省令の定めるところにより，区域を指定し，一定種類の家畜，その死体または家畜伝染病の病原体を広げるおそれがある物品の当該区域外への移出を禁止し，または制限することができる（同条2項）．

3　本法上の損失補償規定

本法上には，損失補償規定として，手当金（58条）と指定家畜に係る補償金等（60条の2）が置かれている．

第2款　手当金の交付

（手当金）
第58条
① 国は，次に掲げる動物又は物品の所有者（第17条の規定により殺すべき旨を命ぜられた家畜については，その命令のあつた時における当該家畜の所有者）に対し，それぞれ当該各号に定める額（当該動物の死体が利用価値を有する場合には，その評価額を当該各号に定める額から差し引いて得た額）を手当金として交付する．ただし，家畜の伝染性疾病の発生を予防し，又はまん延を防止するために必要な措置を講じなかつた者その他の農林水産省令で定める者に対しては，農林水産省令の定めるところにより，この項本文の規定により交付すべき手当金の全部若しくは一部を交付せず，又はこの項本文の規定により交付した手当金の全部若しくは一部を返還させるものとする．
　一　第16条又は第17条の規定により殺された患畜（次号に該当するものを除く．）にあつては，患畜となる前における当該家畜の評価額（その額が，家畜の種類ごとに，標準的な資質を有する家畜の売買取引において通常成立すると認められる取引価額を下らない範囲内において政令で定める額を超えるときは，当該政令で定める額とする．次項第1号において同じ．）の3分の1
　二　ブルセラ病，結核病，ヨーネ病又は馬伝染性貧血にかかつたため第17

条の規定により殺された患畜にあつては，同条の命令があつた時における当該家畜の評価額（その額が家畜の種類ごとに前号の政令で定める額を超えるときは，当該政令で定める額とする．）の5分の4
　三　第16条，第17条又は第20条第1項の規定により殺された疑似患畜にあつては，疑似患畜となる前における当該家畜の評価額の5分の4
　四　第4条の2第3項若しくは第5項，第5条第1項，第6条第1項，第31条第1項又は第46条第2項若しくは第3項の規定による検査，注射，薬浴又は投薬を行つたため死亡した動物又は死産し，若しくは流産した動物の胎児にあつては，当該検査，注射，薬浴又は投薬の時における当該動物の評価額又は死産若しくは流産をする前における当該胎児の評価額の全額
　五　第23条（同条第1項ただし書の場合を除く．次項第3号において同じ．）の規定により焼却し，又は埋却した物品にあつては，焼却又は埋却前における当該物品の評価額の5分の4
② 国は，次に掲げる家畜又は物品の所有者に対し，前項の手当金のほか，それぞれ当該各号に定める額を特別手当金として交付する．ただし，第16条第1項第1号に規定する家畜伝染病の発生を予防し，又はまん延を防止するために必要な措置を講じなかつた者その他の農林水産省令で定める者に対しては，農林水産省令の定めるところにより，この項本文の規定により交付すべき特別手当金の全部若しくは一部を交付せず，又はこの項本文の規定により交付した特別手当金の全部若しくは一部を返還させるものとする．
　一　第16条の規定により殺された患畜にあつては，患畜となる前における当該家畜の評価額の3分の2
　二　第16条の規定により殺された疑似患畜にあつては，疑似患畜となる前における当該家畜の評価額の5分の1
　三　第16条第1項第1号に規定する家畜伝染病の病原体により汚染し，又は汚染したおそれがあるため第23条の規定により焼却し，又は埋却した物品にあつては，焼却又は埋却前における当該物品の評価額の5分の1
③ 略
④ 農林水産大臣は，第1項及び第2項に掲げる動物，死体，胎児又は物品の評価額を決定するには，関係都道府県知事の意見を聴かなければならない．

> ⑤ 都道府県知事は，農林水産大臣に前項の意見を具申するには，農林水産省令の定めるところにより，あらかじめ選定した3人以上の評価人の意見を聴かなければならない．

●1 本条の趣旨と要点

1 本条の趣旨
　本条は，殺処分を受けた患畜等の所有者に対して「手当金」および「特別手当金」を交付することを定めたものである．手当金・特別手当金の額については，類型ごとに算定方法を定めている．

2 本条の要点
　本条の要点は，手当金（特別手当金を含めて）の法的性質，手当金の内容，手当金の権利者・義務者，手当金交付の手続，訴えの提起等である．とりわけ，手当金の法的性質については，見解が分かれている．この点については，第1部「総論」の第4章「損失補償の要否」の箇所でいくらかの検討をした（前述63頁以下参照）．

●2 手当金の性質

1 政策上の補償
　1　学説の動向　　学説は，一般に，家畜が伝染性疾患に罹患したこと自体は所有者の責任ではないにしても，すでに罹患した家畜の殺処分を受忍することは所有者としての社会的責任に属すると解している．そして，その上で，本条に基づく手当金の規定は，殺処分を円滑に実施するという考慮に加えて，所有者の生活を安定させようとする立法政策的考慮によるもの（政策上の補償）であると解している（今村・国家補償法57頁，同・制度研究73頁，下山・国家補償法267頁，橋本・前掲177頁，阿部・解釈学Ⅱ382頁等参照．なお，前述20頁，63頁参照）．
　本条は，「補償」という用語ではなくて，「手当金」「特別手当金」という用語を使用している．60条の2が「指定家畜に係る補償金等」となっていることからすれば，おそらく本来の意味での損失補償ではないという趣旨を含んでいるものと思われる．

2 判例の動向　判例も同様に，本条の手当金の性質を政策上の補償であると解している．裁判例としては，次のような事案がある．原告会社の保有する肉牛に口蹄疫の感染が疑われ，検査の結果，2頭が患畜，残り全部が疑似患畜と診断されたため，当該2頭を含む飼養牛全頭705頭が本法に基づいてと殺され，また，汚染物品が焼却された．原告会社に対しては，本条（改正前）1項に基づいて疑似患畜および汚染物品の評価額の5分の4の手当金しか交付されなかったため，憲法29条3項に基づいて損失全部の完全な補償を請求した，というものである．原告が憲法上の補償説に立って主張したのに対して，被告（国）は政策上の補償説に立って反論した．

札幌地判平成14・12・19（判例集不登載）は，次のように判示している．やや長文にわたるが，政策上の補償であることを簡潔に説明しているので，引用しておくことにしよう．すなわち，「憲法29条3項の規定による損失補償は，適法な侵害に対して公平な負担の理念から損失を塡補しようとするものであるから，損失補償を要するのは，損失を受けた者がその損失を負担することが公平に反する場合，すなわち，侵害が私有財産に内在する制約を超え，損失が特定の個人に対して特別の犠牲を強いる場合である．／法律によって，財産権が規制を受けることとされている場合であっても，規制を受ける財産権の側に規制を受ける原因が存する場合，すなわち，規制を受ける私有財産に公共の秩序や安全を害する危険が存在する場合は，その規制は当該財産の所有者が当然に受忍すべきものであり，損失の補償を要しないというべきである．なぜなら，当該法律が財産権を規制しているのは，当該財産権に公共の秩序や安全を害する危険が存在することから，危険を放置することを財産権の行使として許さず，危険を除去しようとするためであって，この制約は危険が存在する当該財産権が当然に受けるべき制約であるし，規制による損失は特別の犠牲を強いるものではないからである．／予防法16条は，口蹄疫の患畜又は疑似患畜について，その所有者がと殺を行わなければならない旨規定する．この規定は，口蹄疫が極めて強い伝染力を有することから，口蹄疫の患畜・疑似患畜の所有者がそれを保有し続けることが，他の家畜への口蹄疫の感染という公共の秩序や安全に対する危険をもたらす蓋然性が高いことに鑑み，その危険を除去するために規定されたものと解するのが相当である．／予防法23条1項が，家畜伝染病の病原体により汚染し，又は汚染したおそれがある物品につき，その所有者に埋却等の義務を課していることも，同様の趣旨と解すべきである．／このように，

予防法16条に基づき，家畜の所有者が口蹄疫の患畜又は疑似患畜のと殺を強いられ，同法23条1項に基づき，家畜伝染病の病原体に汚染し又は汚染したおそれのある物品の埋却等を強いられることは，公共の安全を脅かす危険性の高い財産に内在する制約であって，その損失は特別の犠牲を強いるものではないから，憲法29条3項による補償の対象にはならないと解すべきである.」

　また，家畜伝染病予防違反事件（刑事事件）においてではあるが，札幌高判昭和50・11・27（刑事裁判月報7巻11＝12号900頁）も，次のように判示している.「右手当金は，正常な状態にある馬の処分に対して交付されるものではなく，殺処分を命じられた伝貧馬に交付される筋合のものである．そして，伝貧が治療不可能で自然治癒の証明もない馬の難病で，放置すれば他にまん延して多大の被害を与えるおそれのあるものである以上，伝貧と判定された馬の所有者は，まん延防止のため必要と認められる場合，公益上その馬を殺してでも被害が他に及ぶことを防止する責務を負うものというべきである．従つて同法17条1項の殺処分命令の対象たる馬が真実伝貧の患畜であるかぎり，補償の有無，程度にかかわらず，憲法29条1項，3項違反を論ずる余地はないものというべきである.」

　さらに，チクロ使用禁止事件においては，損害賠償のほか損失補償も請求されたが，東京地判昭和52・6・27（訟月23巻6号1073頁）は，特別の政策的考慮に基づき補償を認めた立法例の一つとして，家畜伝染病予防法58条（本条）を挙げている．

　上記の裁判例は，「政策上の補償」という用語を使用しているわけではない．しかし，憲法29条3項の補償の対象とはならないと述べているのであるから，政策上の補償説に立脚しているものと捉えることができる．

3　学説・判例の検討　本法の2011（平成23）年改正により，手当金のほか，特別手当金として，疑似患畜について評価額の5分の1，汚染物品についても評価額の5分の1が交付されることになった．したがって，現在では，疑似患畜となる前における当該家畜の評価額の全額，また，汚染物品の焼却・埋却前における当該物品の評価額の全額が交付されることになる．しかし，これによっても，本条に基づく手当金等が憲法上の補償となったわけではない．依然として，手当金等の性質をめぐって，政策上の補償か憲法上の補償かの論争が続いている．

　飼養している家畜が伝染病に罹患し，あるいは罹患が疑われるようになった

ことについては，通常は，当該家畜の所有者の責任とはいえないであろう．しかし，疑似患畜と診断された以上，それが殺されたとしても，財産権に内在する社会的制約として受忍すべき範囲内であると解さざるをえない．ただ，上述のように，政策上の補償であるにしても，現在では疑似患畜となる前の評価額の全額が補償されるようになっているから，訴訟で本条の補償の性質が争点となることはないのではないかと思われる．

●3　手当金・特別手当金の内容

1　補償の内容

手当金を補償として捉えると，補償の内容（範囲）は，類型によって相違する．その主要なものでみれば，患畜にあっては患畜となる前における当該家畜の評価額の3分の1，疑似患畜にあっては疑似患畜となる前における当該家畜の評価額の5分の4，汚染物品にあっては焼却前における当該物品の評価額の5分の4である．

2011（平成23）年の改正により，手当金に加えて，特別手当金が交付されることになった．特別手当金の内容も，類型によって相違するが，その主要なものでみれば，患畜にあっては患畜になる前における当該家畜の評価額の3分の2，疑似患畜にあっては疑似患畜となる前における当該家畜の5分の1，汚染物品にあっては焼却前における当該物品の評価額の5分の1である．

したがって，手当金と特別手当金を合計すれば，患畜・疑似患畜となる前の評価額の全額，汚染物品の焼却前の評価額の全額が交付されることになる．

なお，手当金についても特別手当金についても，家畜の伝染性疾病の発生予防やまん延防止のために必要な措置を講じなかった者等は，農林水産省令の定めるところにより，その全部もしくは一部が交付されず，すでに交付されている場合には，その全部もしくは一部の返還が命ぜられることがある．

2　間接的な被害

本条による補償は，殺処分による直接被害を対象にするものである．事業停止による機会損失等に対してまで補償されるわけではない．そこで，「事業停止による機会損失など間接的な被害を含めた全体的な補償制度は，現実には家畜防疫互助事業や融資制度などとのポリシー・ミックスで考える必要がある」との指摘がなされている（山口道利『家畜感染症の経済分析—損失軽減のあり方と

補償制度』57頁（昭和堂，2015年）．同旨，福永・前掲299頁．なお，口蹄疫対策特別措置法上の生活再建措置については，小林・前掲22頁参照）．

4 手当金の権利者・義務者

手当金の権利者は患畜等の所有者であり，義務者は国である．

5 手当金等の交付の手続・訴えの提起

1 手当金等の交付の手続

手当金等の交付の手続については，本法には明文の規定は置かれていない．本条は，国が所有者に対し58条1項・2項各号に定める額を手当金，特別手当金として交付する，と定めるのみである．おそらく，所有者の申請に基づき，国が交付するという手続をとるものと思われる．

2 訴えの提起

交付された手当金等の金額に不服がある場合に，これに対して訴えを提起することができるか否かについても，本法には別段の規定は置かれていない．国を被告に行訴法4条後段の実質的当事者訴訟として，増額請求訴訟を提起することができるものと解すべきであろう．

第3款 指定家畜に係る補償金等

> （指定家畜に係る補償金等）
> 第60条の2
> ① 国は，その所有する指定家畜を第17条の2第5項の規定による命令に従つて殺し，又は同条第6項の規定により殺されたために損失を受けた者に対し，その生産に要する費用その他の通常生ずべき損失として政令で定める損失を補償しなければならない．
> ② 国は，第21条第1項の規定により焼却し，又は埋却した指定家畜の死体の所有者に対し，焼却又は埋却に要した費用の全額を交付する．
> ③ 前2項に定めるもののほか，指定家畜に係る損失の補償及び費用の負担に関し必要な事項は，政令で定める．

第10章　伝染病予防法関係

●1　本条の趣旨と要点

1　本条の趣旨

　口蹄疫の急速かつ広範囲なまん延を防止するため，口蹄疫の患畜および疑似患畜（患畜等）以外の家畜であっても，これを殺すことがやむをえないと認めるときは，農林水産大臣は，地域を指定し，殺す必要がある家畜を指定家畜として指定することができる．この「指定地域」および「指定家畜」の指定があったときは，当該指定地域を管轄する都道府県知事は，当該指定地域内において指定家畜を所有する者に対し，期限を定めて，当該指定家畜を殺すべき旨を命ずることができ，この命令を受けた者がその命令に従わない場合などには，家畜防疫員に当該指定家畜を殺させることができる（17条の2第1項・第5項・第6項）．本条は，これによって損失を受けた指定家畜の所有者に対する国の補償責任を定めたものである．

　また，指定家畜の死体の所有者は，遅滞なく，当該死体を焼却・埋却しなければならない（21条1項3号）．本条は，その場合に，国が焼却・埋却に要した費用の全額を負担する旨をあわせて定めている．

　本条は，2011（平成23）年の改正により追加されたものである．前述の58条とは異なり，患畜等以外の家畜（指定家畜）の殺処分による損失の補償を定めたものである．患畜等以外の殺処分による損失は，財産権に内在する社会的制約を超えるものであるから，特別の犠牲として，憲法29条3項の趣旨を具体化したものである．

2　本条の要点

　本条の要点は，補償金等の性質，補償の内容（範囲），補償金等の権利者・義務者，補償の手続，訴えの提起等である．

●2　補償金等の性質

　本条は，上述したように，口蹄疫の患畜・疑似患畜（患畜等）以外の家畜（指定家畜）を口蹄疫の急速かつ広範囲なまん延を防止するためやむをえないとして殺処分した場合の補償を定めたものである．補償の性質は，適法行為に基づく損失補償であり，憲法29条3項の趣旨を具体化したものである（小林・前掲16～17頁参照）．58条の手当金等とは異なり，単なる政策上の補償で

はない.

　本条に関するものではなく，口蹄疫対策特別措置法に関するものであるが，宮崎地判平成 26・4・23（判例自治 394 号 55 頁）は，次のように判示している．口蹄疫対策特別措置法（6 条 1 項・9 項）は，本法（17 条の 2 第 5 項，60 条の 2）と同趣旨の規定を設けていた．すなわち，「法は，憲法 29 条 3 項の趣旨に照らし，家畜が殺処分を受けたことによって損失を受けた所有者が，当該家畜の客観的評価額に相当する損失補てんを受けることができるという権利を有することを確認する一方で，口蹄疫のまん延を防止するため，迅速に予防的殺処分を実施しつつ，当該家畜の所有者に迅速に損失の補てんを受けさせるという手続的な要請に基づき，都道府県知事による当該家畜の評価額の決定や補てん金の交付手続といった事実行為を規定したものと解される．」

3　補償の内容

1　通常生ずべき損失

　補償の内容（範囲）は，「その生産に要する費用その他通常生ずべき損失として政令で定める損失」の補償である．施行令 10 条（補償の対象となる損失等）によれば，政令で定める損失は，指定家畜について農林水産大臣が定める評価額であり（1 項），国は，その所有する指定家畜を 17 条の 2 第 5 項の規定による命令に従って殺したために損失を受けた者に対し，補償金を交付する場合には，当該命令の日から当該指定家畜が殺された日までに要した飼料費その他の農林水産省令で定める費用に相当する額を当該補償金とあわせて交付するものとされている．

　また，焼却・埋却した指定家畜の死体の所有者に対しては，焼却・埋却に要した費用の全額が交付される．

2　裁判例

　本条に直接関連するものではないが，前掲宮崎地判平成 26・4・23 は，種雄牛の評価額について，導入金額，育成費用額，供用経過期間予定販売額等を考慮して算定しており，本条の補償額算定に際しても参考となる．

4　補償金等の権利者・義務者

　補償金等の権利者は，指定家畜の殺処分によって損失を受けた所有者である．

補償義務者は国である．

●5 補償の手続・訴えの提起

本法に補償の手続，訴えの提起についての規定が置かれていないことは，58条の手当金等について前述したところと同じである．

第3節　狂犬病予防法

第1款　概　説

●1 本法の趣旨

1 本法の沿革

　狂犬病の予防に関する法制度は，1881（明治14）年の畜犬取締規則，1892（明治25）年の獣疫予防法，1922（大正11）年の旧家畜伝染病予防法等を経て，1950（昭和25）年に狂犬病予防（以下，本節において「本法」という）が制定された．旧家畜伝染病予防法においては，狂犬病が家畜伝染病の一つとして位置づけられていたが，本法が単独法として制定されたことに伴い，1951（昭和26）年の家畜伝染病予防法においては，「犬」の狂犬病は家畜伝染病の種類の中から除外された．現行家畜伝染病予防法は，2条1項において，狂犬病の家畜の種類として，「牛，馬，めん羊，山羊，豚」としており，「犬」を除いている．

2 本法の目的

　本法は，1条において，「この法律は，狂犬病の発生を予防し，そのまん延を防止し，及びこれを撲滅することにより，公衆衛生の向上及び公共の福祉の増進を図ることを目的とする．」と規定している．

3 本法の関連法令

　本法の関連法令とは，家畜伝染病予防法，犬等の輸出入検疫規則等がある．

2 本法の構成

上記の目的を達成するため，本法は，種々の仕組みを設けている．損失補償に関連するもので，その主要なものを次に取り上げることにする．

1 適用範囲

本法は，犬の狂犬病を主たる対象としているが，そのほかに，猫その他の動物（牛，馬，めん羊，山羊，豚，鶏およびあひるを除く）であって，狂犬病を人に感染させるおそれが高いものとして政令で定めるものの狂犬病にも，本法の一部が適用される（2条1項2号）．犬と猫その他2条1項2号に掲げる動物をあわせて「犬等」という（7条1項）．

2 狂犬病予防員

都道府県知事（政令市にあっては市長）は，当該都道府県の職員で獣医師である者の中から狂犬病予防員（予防員）を任命しなければならない（3条1項）．

3 通常措置

1 登録 犬の所有者は，犬を取得した日から30日以内に，厚生労働省令の定めるところにより，その犬の所在地を管轄する市町村長に犬の登録を申請しなければならない（4条1項）．

2 予防注射 犬の所有者は，その犬について，厚生労働省令の定めるところにより，狂犬病の予防注射を毎年1回受けさせなければならない（5条1項）．

3 抑留 予防員は，登録を受けず，もしくは鑑札を着けず，または予防注射を受けず，もしくは注射済票を着けていない犬があると認めたときは，これを抑留しなければならない（6条1項）．

4 狂犬病発生時の措置

1 届出義務 狂犬病にかかった犬等もしくは狂犬病にかかった疑いのある犬等またはこれらの犬等にかまれた犬等については，これを診断し，またはその死体を検案した獣医師は，厚生労働省令の定めるところにより，直ちに，その犬等の所在地を管轄する保健所長にその旨を届け出なければならない．ただし，獣医師の診断または検案を受けていない場合は，その犬の所有者がこれ

をしなければならない（8条1項）．

2 隔離義務　届出を受けた犬等を診断した獣医師またはその所有者は，直ちに，その犬等を隔離しなければならない．ただし，人命に危険があって緊急やむをえないときは，これを殺すことができる（9条1項）．

3 その他の措置　そのほか，検診・予防注射（13条），病性鑑定のための措置（14条），けい留されていない犬の抑留（18条），けい留されていない犬の薬殺（18条の2）等の措置についても規定している．

●3　本法上の損失補償規定

本法上には，損失補償規定として，登録を受けず，鑑札を付けず，予防注射も受けていない犬が抑留された場合の予防員による殺処分に対する「損害の補償」を定める規定（6条10項）が置かれている．同規定は，病性鑑定のための措置としてとられた殺処分，けい留されていない犬の抑留措置にも準用されている（14条2項，18条2項）．

第2款　損害の補償

（抑留）
第6条
① 予防員は，第4条に規定する登録を受けず，若しくは鑑札を着けず，又は第5条に規定する予防注射を受けず，若しくは注射済票を着けていない犬があると認めたときは，これを抑留しなければならない．

②〜⑥　略

⑦ 予防員は，第1項の規定により犬を抑留したときは，所有者の知れているものについてはその所有者にこれを引き取るべき旨を通知し，所有者の知れていないものについてはその犬を捕獲した場所を管轄する市町村長にその旨を通知しなければならない．

⑧ 市町村長は，前項の規定による通知を受けたときは，その旨を2日間公示しなければならない．

⑨ 第7項の通知を受け取つた後又は前項の公示期間満了の後1日以内に所有者がその犬を引き取らないときは，予防員は，政令の定めるところにより，これを処分することができる．但し，やむを得ない事由によりこの期間内に

引き取ることができない所有者が，その旨及び相当の期間内に引き取るべき旨を申し出たときは，その申し出た期間が経過するまでは，処分することができない．
⑩　前項の場合において，都道府県は，その処分によつて損害を受けた所有者に通常生ずべき損害を補償する．

（病性鑑定のための措置）
第14条
①　予防員は，政令の定めるところにより，病性鑑定のため必要があるときは，都道府県知事の許可を受けて，犬等の死体を解剖し，又は解剖のため狂犬病にかかつた犬等を殺すことができる．
②　前項の場合においては，第6条第10項の規定を準用する．

（けい留されていない犬の抑留）
第18条
①　都道府県知事は，狂犬病のまん延の防止及び撲滅のため必要と認めるときは，予防員をして第10条の規定によるけい留の命令が発せられているにかかわらずけい留されていない犬を抑留させることができる．
②　前項の場合には，第6条第2項から第10項までの規定を準用する．

14条2項および18条2項は，6条10項を準用しているので，6条10項を中心にして考察する．

● 1　本条の趣旨と要点

1　本条の趣旨
本条（6条10項）は，登録を受けず，鑑札を付けず，予防注射も受けていない犬が抑留された場合の予防員による殺処分に対する「損害の補償」を定めたものである．

2　本条の要点
本条の要点は，損害補償の性質，補償の内容（範囲），補償の権利者・義務者，補償の手続，訴えの提起等である．

●2 損害補償の性質

1 政策上の補償

　学説上は，本条の補償の性質についてほとんど論じられていないが，おそらく，政策上の補償と解しているものと思われる（福永実「国家補償による救済」現代行政法講座編集委員会編『現代行政法講座Ⅱ〔行政手続と行政救済〕』293 頁（日本評論社，2015 年）参照）．そのことは，旧伝染病予防法 19 条の 2 第 2 項や家畜伝染病予防法 58 条に基づく補償（手当金等）を政策上の補償と解していることから推測することができる．そもそも，登録をせず，鑑札も着けず，予防注射も受けず，注射済票も着けていない犬の処分であり，たとえ狂犬病に罹患しておらず，また罹患の疑いのない犬であっても，これを処分されることは社会的制約として受忍すべきものであろう．本来憲法上の補償の対象となるものではないと解すべきである．

2 損害補償と損失補償の異同

　本条は，「損害を補償する」と規定して，「損失」ではなくて「損害」という用語を使用している．しかし，処分自体は適法であると捉えるべきであるから，ここで損害という用語を使用しているのは，被害法益が通常の財産権とは少し異なるということを考慮したからではないかと思われる．

●3 補償の内容

1 通常生ずべき損害

　補償の内容（範囲）は，「通常生ずべき損害」の補償である．処分と相当因果関係がなければならない．政策上の補償であるにしても，法律上明記されている以上は，これまでに他の法条について述べてきたころとほぼ同じである．

2 具体的内容

　施行令 5 条（処分前の評価）は，「予防員は，法第 6 条第 9 項（法第 18 条第 2 項において準用する場合を含む．）の規定によつて犬を処分し，又は法第 14 条第 1 項の規定によつて犬若しくは第 1 条に規定する動物を殺す場合には，あらかじめ，適当な評価人 3 人以上にその犬若しくは同条に規定する動物を評価させておかなければならない．」と規定している．したがって，この評価によって，

具体的な補償額が算定されることになる．

● 4　補償の権利者・義務者

補償権利者は処分された犬の所有者であり，補償義務者は都道府県（または指定都市，中核市，特別区．25条参照）である．

● 5　補償の手続・訴えの提起

1　補償の手続

補償の手続については，本条にも本法の他の規定にも明文の規定は置かれておらず，施行令にも施行規則にも明文の規定は置かれていないが，地方公共団体の取扱い規則には手続規定が置かれているものがある．例えば，横浜市の「狂犬病予防法施行取扱規則」をみると，その12条は，「法第6条第10項の規定により損害の補償を受けようとする所有者は，損害補償申請書（第13号様式）を市長に提出しなければならない．」と規定し，10条は，「施行令第5条の規定により評価人が犬又は施行令第1条に規定する動物を評価したときは，評価人全員の合議により評価書（第8号様式）を作成し予防員に提出しなければならない．」と規定している．

2　訴えの提起

本法は，訴えの提起についても何も規定していない．政策上の補償ではあるが，通常の損失補償請求と同様に，行訴法4条後段の実質的当事者訴訟を提起することができるものと解すべきであろう．

第4節　植物防疫法

第1款　概　説

● 1　本法の趣旨

1　本法の沿革

植物防疫法制の歴史をみると，1914（大正3）年の輸出入植物取締法に始まり，戦後の1948（昭和23）年の輸出入植物検疫法を経て，1950（昭和25）年に

植物防疫法（以下，本節において「本法」という）が制定された．

植物検疫については，輸入検疫と国内検疫が区別されるが，戦前は，輸入検疫については輸出入植物取締法が，国内検疫については害虫駆除予防法が規定していた．しかし，戦後は両者の一本化が検討され，GHQ の指示もあって，本法として統一されたものである（加藤一郎『農業法』301〜302 頁（有斐閣，1985 年），植物防疫所「植物検疫 100 年の歩み」病害虫情報 105 号 1 頁以下（2015 年）参照）．

2 本法の目的

本法は，1 条において，「この法律は，輸出入植物及び国内植物を検疫し，並びに植物に有害な動植物を駆除し，及びそのまん延を防止し，もつて農業生産の安全及び助長を図ることを目的とする．」と規定している．

3 本法の関連法令

本法の関連法令としては，森林病害虫等防除法，家畜伝染病予防法，食品衛生法，国際植物防疫条約等がある．

2 本法の構成

上記の目的を達成するため，本法は，種々の仕組みを設けている．損失補償に関連するもので，その主要なものを次に取り上げることにする．

1 用語の定義

1 植物 植物とは，顕花植物，しだ類またはせんたい類に属する植物（その部分，種子，果実およびむしろ，こもその他これに準ずる加工品を含む）で，次の「有害植物」を除くものをいう（2 条 1 項）．

2 有害植物 有害植物とは，真菌，粘菌，細菌，寄生植物およびウイルスであって，直接または間接に有用な植物を害するものをいう（2 条 2 項）．

3 有害動物 有害動物とは，昆虫，だに等の節足動物，線虫その他の無脊椎動物または脊椎動物であって，有用な植物を害するものをいう（2 条 3 項）．

4 植物防疫官 本法に規定する検疫または防除に従事させるため，農林水産省に置かれる職員をいう（3 条 1 項）．

2 国際植物検疫

1 輸入の制限 輸入する植物およびその容器包装は，輸出国の政府機関により発行され，かつ，その検査の結果，検疫有害動植物（まん延した場合に有用な植物に損害を与えるおそれがある有害動物または有害植物であって，農林水産省令で定めるもの．5条の2第1項参照）が付着していないことを確かめ，または信ずる旨を記載した検査証明書またはその写しを添付してあるものでなければ，原則として輸入してはならない（6条1項）．

2 輸入の禁止 何人も，輸入禁止品（検疫有害動植物等）を輸入してはならない（7条1項）．

3 輸出植物の検査 輸入国がその輸入につき輸出国の検査証明を必要としている植物およびその容器包装を輸出しようとする者は，当該植物および容器包装につき，植物防疫官から，それが当該輸入国の要求に適合していることについての検査を受け，これに合格しなければ，これを輸出してはならない（10条1項）．

3 国内植物検疫

1 国内検疫 農林水産大臣は，新たに国内に侵入し，またはすでに国内の一部に存在している有害動物もしくは有害植物のまん延を防止するため，検疫を実施する（12条）．

2 種苗の検査 農林水産大臣の指定する繁殖の用に供する植物（指定種苗）を生産する者（種苗生産者）は，毎年その生産する指定種苗について，その栽培地において栽培中に，植物防疫官の検査を受けなければならない（13条1項）．植物防疫官は，検査の結果，指定種苗に農林水産大臣の指定する有害動物および有害植物がないと認めたときは，当該種苗生産者に対して，合格証明書を交付しなければならない（同条3項）．指定種苗は，この合格証明書または植物防疫官の発行するその謄本もしくは抄本を添付してあるものでなければ，譲渡し，譲渡を委託し，または当該検査を受けた栽培地の属する都道府県の区域外に移出してはならない（同条4項）．

3 廃棄処分 植物防疫官は，上記に違反して譲渡され，譲渡を委託され，または移出された指定種苗を所持している者に対して，その廃棄を命じ，または自らこれを廃棄することができる（14条）．

4 緊急排除

1 防除 新たに国内に侵入し，もしくはすでに国内の一部に存在している有害動物もしくは有害植物がまん延して有用な植物に重大な損害を与えるおそれがある場合，または有害動物もしくは有害植物により有用な植物の輸出が阻害されるおそれがある場合において，これを駆除し，またはそのまん延を防止するため必要があるときは，農林水産大臣は，第4章の規定により，防除を行う（17条1項）．防除をするには，その30日前までに，防除を行う区域・期間，有害動物・有害植物の種類，防除の内容等を告示しなければならない（同条2項）．

2 防除の内容 農林水産大臣は，防除を行うため必要な限度において，次に掲げる命令をすることができる．①有害動物または有害植物が付着し，または付着するおそれがある植物を栽培する者に対し，当該植物の栽培を制限し，または禁止すること，②有害動物または有害植物が付着し，または付着しているおそれがある植物または容器包装の譲渡または移動を制限し，または禁止すること，③有害動物または有害植物が付着し，または付着しているおそれがある植物または容器包装を所有し，または管理する者に対し，当該植物または容器包装の消毒，除去，廃棄等の措置を命ずること，④有害動物または有害植物が付着し，または付着しているおそれがある農機具，運搬用具等の物品または倉庫等の施設を所有し，または管理する者に対し，その消毒等の措置を命ずること，である（18条1項）．緊急に防除を行う必要があるため，あらかじめ告示をするいとまがないときは，農林水産大臣は，その必要の限度において，告示をしないで，上記の命令をし，または植物防疫官に有害動物もしくは有害植物が付着し，もしくは付着しているおそれがある植物もしくは容器包装の消毒，除去，廃棄等の措置をさせることができる（同条2項）．

3 本法上の損失補償規定

本法上には，損失補償規定として，①防除による損失の補償（20条）と，②それを準用している植物防疫官の権限（4条3項）がある．

第2款　防除による損失の補償

（損失補償）
第20条
① 国は，第18条の処分により損失を受けた者に対し，その処分により通常生ずべき損失を補償しなければならない．
② 前項の規定により補償を受けようとする者は，補償を受けようとする見積額を記載した申請書を農林水産大臣に提出しなければならない．
③ 農林水産大臣は，前項の申請があつたときは，遅滞なく，補償すべき金額を決定し，当該申請人に通知しなければならない．
④ 農林水産大臣は，前項の規定により補償金額を決定するには，少くとも1人の農業者を含む3人の評価人をその区域から選び，その意見を徴しなければならない．
⑤ 第1項の規定による補償を伴うべき処分は，これによつて必要となる補償金の総額が国会の議決を経た予算の金額をこえない範囲内でしなければならない．
⑥ 第3項の補償金額の決定に不服がある者は，その決定の通知を受けた日から6箇月以内に，訴えをもつてその増額を請求することができる．
⑦ 前項の訴えにおいては，国を被告とする．

1　本条の趣旨と要点

1　本条の趣旨

本条は，有害動物・有害植物が付着し，または付着しているおそれがある植物または容器包装の消毒・除去・破棄等の措置等による損失の補償を定めたものである．その趣旨は，家畜伝染病法における患畜・疑似患畜の殺処分による損失の補償（手当金）とほぼ同じである．森林病害虫等防除法8条にも，同趣旨の規定が置かれている．

2　本条の要点

本条の要点は，補償の性質，補償の要否，補償の内容（範囲），補償の権利者・義務者，補償の手続，訴えの提起等である．

●2　補償の性質

　本条は「損失の補償」としているが，その補償の性質については，一般に，政策上の補償であると解されている（福永実「国家補償による救済」現代行政法講座編集委員会編『現代行政法講座Ⅱ〔行政手続と行政救済〕』293頁（日本評論社，2015年）参照）．そのことは，5項の規定からも推測することができる．防除の内容は，有害動物・有害植物が付着し，または付着しているおそれがある植物・容器包装の消毒・除去・破棄の措置等であり，それは本来財産権に内在する社会的制約として，受忍限度内にあるものと解すべきであろう．

●3　補償の内容

　補償の内容（範囲）は，防除処分により「通常生ずべき損失」（通損）の補償である．政策上の補償ではあるが，補償が明文で規定されている以上，その解釈については，一般の損失補償と相違しないものと解すべきである．したがって，防除処分と相当因果関係がなければならない．

●4　補償の権利者・義務者

　補償権利者は防除処分により損失を受けた者であり，補償義務者は国である．

●5　補償の手続・訴えの提起

　本条は，補償の手続と訴えの提起については，比較的詳細な規定を設けている．

1　補償の手続

　本条は，補償の手続について，2項～4項において規定している．それによれば，補償を受けようとする者は，補償の見積額を記載した申請書を農林水産大臣に提出し，この申請があったときは，農林水産大臣は，遅滞なく，補償すべき金額を決定して，当該申請人に通知しなければならない．農林水産大臣は，補償金額を決定するには，あらかじめ，少なくとも1人の農業者を含む3人の評価人をその区域から選び，その意見を徴しなければならない．

2　訴えの提起

　訴えの提起については，6項・7項が規定している．それによれば，農林水

産大臣の決定した補償金額に不服がある者は，その決定の通知を受けた日から6か月以内に，増額請求訴訟を提起することができる．この訴えにおいては，国を被告とする．これは，行訴法4条前段の形式的当事者訴訟に当たる．

第 11 章　国有財産法・地方自治法関係

第 1 節　概　説

●1　国有財産法・地方自治法関係

　ここでは，国有財産法と地方自治法における損失補償規定について考察する．これまでに各論において取り上げた諸法律と比べると，分野別の損失補償としてはやや影が薄くなるが，両法においても損失補償に関する規定が置かれており，重要度において劣らないものと思われる．国有財産法，地方自治法上の損失補償規定が問題となった著明な事件としては，東京都築地中央卸売場使用許可撤回事件がある．

●2　国有財産法・地方自治法関係における損失補償

　国有財産法にも地方自治法にも，損失補償の規定が置かれている．いずれも，普通財産の貸付契約の解除に伴う損失の補償（国有財産法 24 条，地方自治法 238 条の 5），行政財産の貸付け等による使用収益関係の消滅に伴う損失の補償（国有財産法 19 条，地方自治法 238 条の 4）について定めている．国有財産法には，そのほか，行政財産の目的外使用許可についての 24 条の準用規定（19 条），他人の土地への立入りに伴う損失の補償を定めた規定（31 条の 2）もある．

第 11 章　国有財産法・地方自治法関係

第 2 節　国有財産法

第 1 款　概　説

●1　本法の地位

　国有財産法（以下，本節において「本法」という）は，国有財産の管理・処分に関する基本法である．国の財産管理法のうち，現金会計については会計法が，動産会計については物品管理法が，債権会計については国の債権の管理等に関する法律がそれぞれ所要の規定をしているが，本法は，これらの法律と並んで，不動産を中心とした会計に関する分野を担当している（中村稔編『平成 27 年改訂国有財産法精解』7 頁（大蔵財務協会，2015 年．以下，「中村編・精解」という）参照）．

　本法は，1 条において，「この法律の趣旨」と題して，「国有財産の取得，維持，保存及び運用（以下「管理」という．）並びに処分については，他の法律に特別の定めのある場合を除くほか，この法律の定めるところによる．」と規定している．これは，本法が国有財産の管理・処分に関する基本法であることを示すものである．

●2　本法の構成

　上記の趣旨を達成するため，本法は種々の仕組みを設けている．損失補償に関連するもので，その主要なものを次に取り上げることにする．

1　国有財産の範囲

　国有財産とは，国の負担において国有となった財産または法令の規定により，もしくは寄附により国有となった財産であって次に掲げるものをいう．①不動産，②船舶，浮標，浮桟橋，浮きドック，航空機，③上記①②に掲げる不動産および動産の従物，④地上権，地役権，鉱業権その他これらに準ずる権利，⑤特許権，著作権，商標権，実用新案権その他これらに準ずる権利，⑥株式，新株予約権，社債，地方債，信託の受益権およびこれらに準ずるもの，出資による権利，である（2 条 1 項）．

2 国有財産の分類

1 行政財産と普通財産の区別　本法は、国有財産を行政財産と普通財産に区別している（3条）。本法の解説書においては、「前者〔行政財産、筆者注〕はいわゆる国有の公物であり、その法律関係は公法関係であって原則として私法の適用がないのに対し、後者〔普通財産、筆者注〕はいわゆる国有の私物であり、これを規律する法律関係は私法関係である。国有財産法はこの区別に対応して管理及び処分の機関、管理及び処分の態様等をしゅん別する構成を貫いている。このことがまず、国有財産法の構成上特筆されるべき点である」と説かれている（中村編・精解12頁）。

2 区別の基準　行政財産とは、公用財産、公共用財産、皇室用財産、森林経営用財産をいい（3条2項）、普通財産とは、行政財産以外の一切の国有財産をいう（同条3項）。

3 本法上の損失補償規定

本法上には、いくつかの損失補償に関する規定が置かれている。①普通財産の貸付契約の解除に伴う損失の補償（24条）、②行政財産の貸付け等についての24条の準用（19条）、③普通財産を貸付け以外の方法で使用または収益させる場合の24条の準用（26条）、④行政財産の目的外使用許可により使用・収益させる場合の24条の準用（19条）、⑤他人の土地への立入りに伴う損失の補償（31条の2）、である。②③④は①の準用なので、ここでは①と⑤を中心にして考察する。

第2款　普通財産の貸付契約の解除に伴う損失の補償

（貸付契約の解除）
第24条
　①　普通財産を貸し付けた場合において、その貸付期間中に国又は公共団体において公共用、公用又は公益事業の用に供するため必要を生じたときは、当該財産を所管する各省各庁の長は、その契約を解除することができる。
　②　前項の規定により契約を解除した場合においては、借受人は、これによつて生じた損失につき当該財産を所管する各省各庁の長に対し、その補償を求

第 11 章　国有財産法・地方自治法関係

めることができる．

●1　本条の趣旨と要点

1　本条の趣旨

　本条は，普通財産を貸し付けた場合において，その貸付期間中に国または公共団体において公共用，公用または公益事業の用に供する必要が生じたときに，国がその契約を解除することができること，それに伴って損失が生じた場合に国が補償責任を負うべきことを定めたものである．この損失の補償は，憲法 29 条 3 項の趣旨を具体化したものである．

　本条は，普通財産を貸し付けている場合の規定であるが，行政財産を用途・目的を妨げない限度で貸付け等をしている場合，行政財産を用途・目的を妨げない限度で使用・収益を許可する場合，および普通財産を貸付け以外の方法により使用または収益させる場合にも準用される（19 条，26 条）．

2　本条の要点

　本条の要点は，補償の要否，補償の内容（範囲），補償の権利者・義務者，補償の手続，訴えの提起等である．補償の内容を除いては，判例・学説上の対立は見当たらない．

●2　補償の要否

　補償が必要になるのは，当該普通財産を公共用，公用，公益事業に供する必要から貸付契約がその貸付期間中に解除された場合である．貸付期間（21 条）が満了した後に，更新を希望しても更新されないこともありうるが，その場合の損失については，別段の規定が置かれていない．補償対象にはならないというのが立法者意思ではないかと思われるが，場合によれば，更新の拒否であっても，補償の要否が問題になることもありうるであろう．

　なお，貸付契約の解除が違法であれば，損失補償ではなく，国家賠償の問題となる．この点についての著明な判例は，最判平成 18・2・7（民集 60 巻 2 号 401 頁）である．国有財産ではなく，また普通財産でもなく，公有財産のうちの行政財産（公立の学校施設）の目的外使用の不許可が争われた呉市学校施設使用不許可事件におけるものであるが，本条についても参考となる．公有財産

● 3 補償の内容

1 契約の解除によって生じた損失

　補償の対象となるのは，契約の解除によって生じた損失である．「通常生ずべき損失」という文言は使用されていないが，おそらく内容的には同じものと思われる．したがって，契約の解除と相当因果関係がなければならない（中村編・精解 526 頁参照）．

2 補償の具体的内容

　1 使用権の喪失に対する補償　補償の対象が通常受けるべき損失であるとしても，その具体的内容は必ずしも明確とはいえない．借受人は，貸付契約によって適法に当該普通財産，例えば土地を使用することができる一種の使用権（賃借権等）を取得することになる．契約の解除によってその使用権を喪失することになるが，問題は，使用権の喪失自体による損失も補償対象となるか否かである．

　普通財産ではなくて行政財産に関するものであり，また，本条の解釈について直接争われたものでもないが，本条にも密接に関連するものとして，東京都築地中央卸売市場使用許可撤回事件がある．この訴訟では使用権の喪失自体の損失補償（権利対価補償）が主たる争点となっていた．最判昭和 49・2・5（民集 28 巻 1 号 1 頁．以下，「最判昭和 49 年」という）は，使用権の喪失自体に対する補償を否定する立場に立った上で，本件はなお審理を尽くす必要があるとして，原審に差し戻している．この最高裁判決については，次節において紹介・分析することにする（後述 1019 頁以下参照）．

　上記の最判昭和 49 年については，評釈等において賛否両論がある（後述 1024 頁以下参照）が，最判昭和 49 年以降は，裁判例はこの最高裁判例に従っている．

　2 付随的損失の補償　最判昭和 49 年は，使用権の喪失自体に対する補償を否定したが，付随的損失の補償の要否については，直接触れていない．しかし，「特別の事情」がある場合には権利対価補償が必要であると説示しているところからすれば，付随的損失については補償を認める方向にあるのではな

いかと思われる（後述1029頁参照）．

いかに公共用等のため必要であるとしても，貸付契約の解除によって借受人が受ける損失は特別の犠牲であり，憲法29条3項の趣旨からしても補償されるべきである．付随的損失の補償を否定する理由は見当たらない．

付随的損失としては，具体的には，建物・工作物の移転費，動産（家財等）の移転費，営業休止中の営業損失等が考えられる．

3 普通財産と行政財産とでの異同の有無 最判昭和49年とそれに従う裁判例は，行政財産に関する事案についてのものである．しかし，この問題点については，行政財産と普通財産とで相違するものではない．19条は，本条（24条）を準用している．

●4 補償の権利者・義務者

補償権利者は借受人である．補償義務者は，各省各庁の長が所属する国である．

●5 補償の手続・訴えの提起

1 補償の手続

借受人は，まず，当該財産を所管する各省各庁の長に対して補償を請求する．この請求があったときは，各省各庁の長は，会計検査院の審査に付することができる（25条1項）．各省各庁の長は，会計検査院の審査結果の通知を受けたときは，その通知のあった判定に基づき，適当な措置をとらなければならない（同条2項）．これは，独立的な地位を有する会計検査院の審査に付した方が公正を確保することができるとの考慮によるものである（中村編・精解529頁参照）．

ただ，すべての場合に会計検査院の審査に付さなければならないというわけではなく，各省各庁の長が請求を妥当であるとして損失補償を認めた場合，あるいは，明らかに損失補償が不要であると考えた場合には，会計検査院の審査に付する必要はないものと解されている（中村編・精解530頁参照）．

2 訴えの提起

各省各庁の長が示した損失の補償額に不服がある場合に，訴えを提起できるか否かについては，本条にも本法にも別段の定めは置かれていない．しかし，

最終的には，裁判所の判断を求めることができるのは当然であるから，国を被告にして増額請求訴訟を提起することができるものと解すべきである．この場合の訴訟は，行訴法4条後段の実質的当事者訴訟に当たる．

第3款　土地の立入りに伴う損失の補償

> （他人の土地への立入り）
> 第31条の2
> ①　各省各庁の長は，その所管に属する国有財産の調査又は測量を行うためやむを得ない必要があるときは，その所属の職員を他人の占有する土地に立ち入らせることができる．
> ②～④　略
> ⑤　各省各庁の長は，第1項の規定による立入りにより損失を受けた者に対し，通常生ずべき損失を補償しなければならない．

1　本条の趣旨と要点

1　本条の趣旨

本条は，国有財産の調査・測量のために他人の土地に立ち入ることができること，それにより損失が生じた場合には，国が通常生ずべき損失を補償すべきことを定めたものである．

土地の立入りに伴う損失の補償についての基本的な規定は，収用法91条（測量，調査等に因る損失の補償）である．これまで述べてきたように，多くの法律において同趣旨の規定が置かれており，本条もその例の一つである．

2　本条の要点

本条の要点は，補償の要否，補償の内容（範囲），補償の権利者・義務者，補償の手続，訴えの提起等である．収用法91条や他の諸法律における該当条文におけるものとほぼ同様の問題状況にあり，本条に特有の問題は存在しない．いずれの点についても，判例・学説上の対立は見当たらない．

そのほか，補償の性質についても問題となるが，この点については，収用法91条について述べたところを参照していただきたい（前述387頁参照）．

● 2　補償の要否

補償が必要となるのは，受忍限度を超えて特別の犠牲を与えた場合である．立入りに伴う損失は，通常は軽微であるから，無補償で受忍すべき場合が多いのではないかと思われる．

なお，土地の立入りが違法であれば，国賠法1条1項に基づく損害賠償の問題となる．

● 3　補償の内容

補償の対象は，「通常生ずべき損失」（通損）である．立入りと相当因果関係がなければならない．この点については，これまで述べてきた他の法条におけるものとほぼ同様である．

● 4　補償の権利者・義務者

補償権利者は，立入りにより損失を受けた者である．補償義務者は国である．「各省各庁の長は，……損失を補償しなければならない．」となっているが，各省各庁の長は権利義務の主体ではないから，この場合は，各省各庁の長が属する国ということになる．

● 5　補償の手続・訴えの提起

1　補償の手続

補償の手続については，別段の規定は置かれていない．実務家の執筆した解説書においては，「各省各庁の長が補償金額を決定しようとするときは，まず損失を受けた者と協議するが，協議が成立しなかったときには，各省各庁の長が自己の見積った金額をもって決定する」と説かれている（中村編・精解718頁）．

2　訴えの提起

訴えの提起についても，別段の規定は置かれていない．しかし，各省各庁の長が見積もった補償金額に不服であれば，最終的に裁判所の判断求めることができるのは当然のことである．国を被告にして，増額請求訴訟を提起することができるものと解すべきである．これは，行訴法4条後段の実質的当事者訴訟

に当たる.

第3節　地方自治法

第1款　概　説

● 1　本法の地位

　地方自治法（以下，本節において「本法」という）は，地方自治制度に関する基本法である．本法の概要については，ここでわざわざ紙面を割いて説明するまでもない．300か条近くある条項のうち，損失補償について規定しているのはわずかな条項であるから，それのみを取り上げて，若干の解説を試みることにする．

● 2　公有財産の意義と分類

① 公有財産

　公有財産とは，普通地方公共団体の所有に属する財産のうち，次に掲げるものをいう．①不動産，②船舶，浮標，浮桟橋および浮ドック並びに航空機，③上記に掲げる不動産および動産の従物，④地上権，地役権，鉱業権その他これらに準ずる権利，⑤特許権，著作権，商標権，実用新案権その他これらに準ずる権利，⑥株式，社債，地方債および国債その他これらに準ずる権利，⑦出資による権利，⑧財産の信託の受益権，である（238条1項）.

② 行政財産と普通財産

　公有財産は，行政財産と普通財産に分類される．行政財産とは，普通地方公共団体において公用または公共用に供し，または供することと決定した財産をいい，普通財産とは，行政財産以外の一切の公有財産をいう（238条3項・4項）．

● 3　本法上の損失補償規定

　本法上の損失補償規定は，238条の5第5項（普通財産の貸付けの解除による損失の補償）と238条の4第5項（行政財産の貸付けの解除による損失の補償）で

ある．後者は 238 条の 5 第 5 項の規定の準用であるから，ここでは前者を中心にして考察することにする．

本法上については，上述のように，行政財産の貸付契約の解除による損失については 238 条の 5 第 5 項の規定が準用されているが，行政財産の目的外使用許可（238 条の 4 第 7 項）の取消し（撤回．同条 9 項）による損失については，同条同項は準用されていない．このために，国有財産法 19 条，24 条の類推適用が問題になる．

第 2 款　普通財産の貸付契約の解除に伴う損失の補償

（普通財産の管理及び処分）
第 238 条の 5
　① 　普通財産は，これを貸し付け，交換し，売り払い，譲与し，若しくは出資の目的とし，又はこれに私権を設定することができる．
　② 　普通財産である土地（その土地の定着物を含む．）は，当該普通地方公共団体を受益者として政令で定める信託の目的により，これを信託することができる．
　③ 　略
　④ 　普通財産を貸し付けた場合において，その貸付期間中に国，地方公共団体その他公共団体において公用又は公共用に供するため必要を生じたときは，普通地方公共団体の長は，その契約を解除することができる．
　⑤ 　前項の規定により契約を解除した場合においては，借受人は，これによつて生じた損失につきその補償を求めることができる．
　⑥ 　普通地方公共団体の長が一定の用途並びにその用途に供しなければならない期日及び期間を指定して普通財産を貸し付けた場合において，借受人が指定された期日を経過してもなおこれをその用途に供せず，又はこれをその用途に供した後指定された期間内にその用途を廃止したときは，当該普通地方公共団体の長は，その契約を解除することができる．
　⑦ 　第 4 項及び第 5 項の規定は貸付け以外の方法により普通財産を使用させる場合に，前項の規定は普通財産を売り払い，又は譲与する場合に準用する．
　⑧ 　略

⑨ 略

1 本条の趣旨と要点

1 本条の趣旨

本条は，普通財産の管理・処分に関する基本的事項を定めたものであるが，損失補償を中心にしてみれば，普通財産の貸付契約の解除によって借受人が損失を被った場合に，当該普通地方公共団体がその損失を補償すべきことを定めたものである．公有財産管理上の公益優先の原則と私権保護の原則との調整が図られている（松本英昭『新版逐条地方自治法〔第9次改訂版〕』1015頁（学陽書房，2017年．以下，「松本・逐条地方自治法」という）参照）．前述の国有財産法24条の規定と同趣旨である．

本条は，普通財産を貸し付けている場合の規定であるが，行政財産を用途・目的を妨げない限度で貸付け等をしている場合にも準用される（238条の4第5項）．

2 本条の要点

本条の要点は，補償の要否，補償の内容（範囲），補償の権利者・義務者，補償の手続，訴えの提起等である．補償の内容を除いては，判例・学説上の対立は見当たらない．

2 補償の要否

1 概 説

補償が必要になるのは，当該普通財産を公用または公共用に供する必要から貸付契約が「その貸付期間中に」解除された場合である．貸付け期間が満了した後に，更新を希望しても更新されないこともありうるが，その場合の損失については，別段の規定が置かれていない．補償対象にはならないというのが立法者意思ではないかと思われるが，場合によっては，更新の拒否であっても，補償の要否が問題になることも考えられないではない．

なお，貸付契約の解除が違法であれば，損失補償ではなく，損害賠償（国家賠償）の問題となる．普通財産ではなく，行政財産（公立の学校施設）の目的

外使用の不許可が争われた呉市学校施設使用不許可事件においてではあるが，最判平成 18・2・7（民集 60 巻 2 号 401 頁）は，「本件中学校及びその周辺の学校や地域に混乱を招き，児童生徒に教育上悪影響を与え，学校教育に支障を来すことが予想されるとの理由で行われた本件不許可処分は，重視すべきでない考慮要素を重視するなど，考慮した事項に対する評価が明らかに合理性を欠いており，他方，当該考慮すべき事項を十分考慮しておらず，その結果，社会通念に照らし著しく妥当性を欠いたものということができる．そうすると，原審の採る立証責任論等は是認することができないものの，本件不許可処分が裁量権を逸脱したものであるとした原審の判断は，結論において是認することができる」と判示している．

2 判例の動向とその検討

1 判例の動向　普通財産ではなくて行政財産の使用許可に関するものであるが，次のようなものがある．

(1) **補償否定例**　補償の要否についての否定例としては，市営と畜場（食肉センター）の廃止に当たり市が利用業者等に対してした支援金の支出が違法であるとして住民らが提起した住民訴訟において，最判平成 22・2・23（裁判集民事 233 号 55 頁）は，次のように判示している．損失補償に関する部分だけを紹介しておくことにする．「国有財産法は，普通財産を貸し付け，その貸付期間中に契約を解除した場合の損失補償を規定し（同法 24 条 2 項），これを行政財産に準用しているところ（同法 19 条），同規定は地方公共団体の行政財産の使用許可の場合に類推適用されることがあるとしても（最高裁昭和 44 年（オ）第 628 号同 49 年 2 月 5 日第三小法廷判決・民集 28 巻 1 号 1 頁参照），前記事実関係等によれば，行政財産である本件と畜場の利用資格に制限はなく，利用業者又はと殺業務従事者らと市との間に委託契約，雇用契約等の継続的契約関係はないというのであるから，単に利用業者等が本件と畜場を事実上，独占的に使用する状況が継続していたという事情をもって，その使用関係を国有財産法 19 条，24 条 2 項を類推適用すべき継続的な使用関係と同視することはできない．」「上記のとおり，利用業者等は，市と継続的契約関係になく，本件と畜場を事実上独占的に使用していたにとどまるのであるから，利用業者等がこれにより享受してきた利益は，基本的には本件と畜場が公共の用に供されたことの反射的利益にとどまるものと考えられる．そして，前記事実関係等によれば，

本件と畜場は，と畜場法施行令の改正等に伴い必要となる施設の新築が実現困難であるためにやむなく廃止されたのであり，そのことによる不利益は住民が等しく受忍すべきものであるから，利用業者等が本件と畜場を利用し得なくなったという不利益は，憲法29条3項による損失補償を要する特別の犠牲には当たらないというべきである．」

(2) **補償肯定例**　補償肯定例としては，次のようなものがある．千葉市が，中央卸売市場が手狭になったため，新市場を建設し，昭和54年10月，旧市場から新市場にA青果会社等を入場させたが，55年3月に，A青果会社に入場交付金（補助金）と補償金を支払ったので，住民らが，当該支出は違法であるとして住民らが提起した住民訴訟におけるものである．一審の千葉地判昭和62・11・9（行集42巻6=7号1290頁）は，「国有財産法19条，24条の各規定によれば，国有の行政財産について使用許可を得た者は，その許可が所定の事由により取り消された場合，これによる損失の補償を求めることができる．このことに照らせば，被告市の行政財産の利用関係についても，右の規定を，推して適用するのが相当であり，旧市場施設の使用許可を得ていたA青果は，被告市に対して損失の補償を請求することができるものということができる」と判示している．その控訴審の東京高判平成3・7・30（行集42巻6=7号1253頁）も，原判決をほぼ是認した上で，最判昭和49年を引用して，補償金について概略次のように判示している．①本件のように，地方公共団体が中央卸売市場を移転した場合に，旧市場施設の使用指定を受けていた卸売業者が自己の費用で設置しまたは取得した設備，備品等のうち新市場に移転できないものに対する補償の要否に関しては，卸売市場法やその付属法令には明文の規定は置かれていない．②地方自治法は，地方公共団体の普通財産の貸付けおよび一定の場合に許される行政財産たる土地についての貸付けまたは地上権の設定については，その貸付期間中に公用または公共用に供するための必要により貸付契約を解除したときに，使用者に対する損失補償を認めている（238条の5第4項，238条の4第2項）が，行政財産の目的外使用許可の取消し（238条の4第4項・6項）について補償を認めた規定はない．③しかし，国有財産法は，普通財産の貸付けについて地方自治法238条の5第4項と同旨の規定を設けて損失補償を認めている（24条2項）一方，行政財産の目的外使用許可（18条3項）による使用についてもこの規定を準用しているのであり（19条），損失補償の要否について，国有の行政財産の使用許可の場合と公有の行政財産の使用許可

の場合とを別異に取り扱うべき合理的理由は見出し難いから，公有の行政財産の目的外使用許可の取消しの場合にも，国有財産法のこの規定の類推適用により損失補償を求めることができる場合があると解すべきである（最高裁昭和49年2月5日判決・民集28巻1号1頁参照）．④公益上の必要に基づく市場の移転に伴い，卸売業者が使用する市場施設の指定が変更された結果，旧市場において卸売業者が設置しまたは取得した設備，備品等に生じたいわゆる付随損失については，憲法29条の趣旨と公平の原則に照らし，前記国有財産法19条，24条により行政財産の目的外使用の許可が取り消された場合に認められる損失補償と同様の補償を求めることができる．

2 判例の検討　一応，補償否定例と補償肯定例に分けて紹介したが，事案が相違しているだけで，補償要否の基準が異なっているということではなさそうである．前述したように，本法には，行政財産の貸付け等の契約解除による損失については補償の規定が置かれている（238条の4第5項による238条の5第5項の準用）が，行政財産の使用許可の取消し（撤回）による損失については補償の規定は置かれていない．しかし，補償要否の基準は，上記の判例が説示しているように，国有財産と公有財産とで相違するものではないであろう．使用権自体に対する補償はともかくとして，少なくとも付随的損失に対しては補償を要するものと解すべきである．

前掲最判平成22・2・23は，利用業者等が享受した利益は「反射的利益」にすぎず，施設の廃止による不利益は憲法29条3項による補償を要する特別の犠牲には当たらない，と判示している．しかし，簡単に反射的利益論により補償不要の結論を導くことには疑問を禁じえない．控訴審の福岡高判平成17・11・30（判例自治279号88頁）は，「本件においては，上記のとおり，市は，ほぼ一定の利用業者が食肉センターを長期間にわたって利用し，生計を立ててきた経緯と実態，地域の産業であると殺業ないし食肉供給業の振興とこれに従事する者の職業の安定を図る目的で，同和対策事業の一環として，食肉センター施設を全体的に整備拡充する施策を実施してきたことに照らすと，利用業者及びと殺業従事者らは，具体的な契約等に基づいて継続的に食肉センターを利用する権利を有するものではないとしても，食肉センターを継続して利用することについて，保護を受けるべき法的利益を有するに至っていたものと認めるのが相当であ〔る〕」と判示しているのであり，こちらの方が説得力を有しているのではないかと思われる（最判平成22・2・23については，仲野武志「判

批」法学 74 巻 3 号 76 頁（2010 年），野呂充「判批」民商 143 巻 4＝5 号 500 頁（2011 年），宮森征司「判批」自治研究 88 巻 8 号 143 頁（2012 年），宇賀・行政法概説 II 515 頁等参照）．

●3　補償の内容

1　契約の解除によって生じた損失

補償の対象となるのは，契約の解除によって生じた損失である．「通常生ずべき損失」という文言は使用されていないが，おそらく内容的には同じものと思われる．したがって，契約の解除と相当因果関係がなければならない（松本・逐条地方自治法 1015 頁参照）．

2　補償の具体的内容

補償の対象が通常受けるべき損失であるとしても，その具体的内容は必ずしも明確とはいえない．借受人は，貸付契約によって適法に当該普通財産，例えば土地を使用することができる一種の使用権（賃借権等）を取得することになる．問題は，契約の解除によってその使用権を喪失することになるとしても，使用権の喪失自体による損失も補償の対象となるか否かである．

3　判例の動向

普通財産ではなくて行政財産の使用許可に関するものであり，また，本条の解釈について直接争われたものでもないが，本条にも密接に関連する判例として，次のようなものがある．

1　東京都築地中央卸売市場使用許可撤回事件（その 1）

(1) 事案の概要　原告（会社）は，昭和 21 年に，東京都が開設した築地の中央卸売市場内にある土地（行政財産，1,800 坪）について，使用期間の定めなしに，使用目的をクラブ，レストラン，喫茶等の事業を営むため建物を建築所有することとして，使用を許可された．昭和 22 年に，そのうちの 756 坪が進駐軍に接収された．原告は，相当の費用を投じて，当時荒廃していた当該敷地を整地して，昭和 24 年に，残余の 1044 坪の一部に木造瓦葺平屋建店舗一棟建坪 55 坪を建築し，翌年から喫茶店等の営業を営むようになったが，1044 坪のうちその余の部分については未使用のまま放置していた．ところが，朝鮮戦争が勃発した昭和 25 年頃から中央卸売市場への入荷量が急激に増大し，市場施

第 11 章　国有財産法・地方自治法関係

設の拡充が必要になったため，東京都は，昭和32年6月，1044坪のうち960坪につきに使用許可を撤回し，同年9月に，行政代執行を実施した．そこで，原告は，東京都に対して，使用許可の取消しによる損失の補償と行政代執行による損害の賠償を求めて出訴した．ここでは，損失補償の問題についてのみ取り上げることにする．

(2) **判　決**
(i) **一審判決**　　一審の東京地判昭和39・10・5（判タ170号234頁）は，「原告の本件土地の使用権については，一旦許可が与えられた以上，原告に有形の利益が認められ原告主張のように財産権と認めることが適当であるから，被告の右使用権を失わしめる行為が公益上の必要性に基づいた適法のものであったとしても，その結果原告に対し特別の犠牲を負わせるものであるならば，憲法29条3項の規定により被告は原告に対しその損害を補償すべき義務がある．右義務は国有財産法19条，24条2項の類推によっても，或は地方自治法238条の5の立法趣旨に照らしてみても認めることができるものである．／そこで右の補償額について考えてみるに，被告の使用取消処分により原，被告間の使用関係が解消した時の土地使用権の評価によるのが民法上の解除による損害賠償との権衡上からも最も適当である．……そして右評価については単純な借地権の価格ではなく，土地の使用関係の性質，……使用の制約，……原告の使用状況等を総合して判断すべきである」と判示したが，結論において，「しかしながら右基準に照らしても本件補償額は全証拠によっても明らかではなく，その立証は不十分といわねばならない．／従って原告の主張はこの点において理由がない」として，請求を棄却した．
(ii) **控訴審判決**　　控訴審の東京高判昭和44・3・27（高民集22巻1号181頁）は，本件土地は，いわゆる公有財産のうち行政財産に属するものと認めるのが相当であるとした上で，「被控訴人は，行政財産においては，普通財産と異なり，使用を許可するのは例外的な場合に限られ，公益上必要が生ずれば，いつでも使用を終了せしめうる制約が使用許可に内在するのであるから，本件使用許可の取消しにより損失補償の義務はないと主張する．現行の地方自治法238条の5第3項〔現5項，筆者注〕によれば，普通財産については，貸付期間中に契約を解除された場合，借受人はよって生じた損失の補償を求めることができると明記されているのに対し，同法238条の4第5項〔現9項，筆者注〕は，行政財産の使用を許可した場合において，公用若しくは公共用に供す

るため必要を生じたとき，又は許可の条件に違反する行為があると認めるときは，普通公共団体の長（中略）は，その許可を取り消すことができると規定し，損失補償の要否については，何ら触れるところがない．このことは，一見被控訴人の主張を裏付けるもののごとくである．しかし，憲法29条3項に，『私有財産は，正当な補償の下に，これを公共のために用ひることができる．』と規定するのは，いわゆるプログラム規定ではなく，もし使用許可の取消しにより，財産上の犠牲が一般的に当然に受忍すべき制限の範囲をこえ，特別の犠牲を課したものとみられる場合には，直接憲法29条3項を根拠に補償の請求をすることができるものと解するのが相当である．（最高裁昭和37年（あ）第2,922号，昭和43年11月27日大法廷判決参照）．」「960坪の回収は，個別的に控訴会社だけを対象としてなされたものであり，社会通念に照らしても，右取消しないし回収（侵害）は当然に受忍すべき制限の範囲を越えないものとはとうてい云えないから，控訴人に特別の犠牲を負わしめるものであることは明らかである．したがって，被控訴人は控訴人に対し正当な補償をなすべき義務がある．／控訴人は，右使用許可の取消しにより，960坪の土地を使用することができなくなったのであるから，これによって控訴人に生じた損害が補償の対象とされるべきであることは疑いを容れない．すなわち，右土地の使用権の喪失という積極的損害が補償されるべきである」と判示して，本件使用価値の価額を更地価格の60％とし，約1億円を「正当な補償」として認めている．

　(iii) **上告審判決**　　上告審の最判昭和49・2・5（民集28巻1号1頁．以下，「最判昭和49年」という）は，次のように判示して，原判決を破棄し，原審に差し戻した．長文にわたるが，重要な説示であるので，引用しておくことにしよう．

　① **国有財産法の類推適用**　　「本件取消を理由とする損失補償に関する法律および都条例についてみるに，本件取消がされた当時（昭和32年6月29日）の地方自治法および都条例にはこれに関する規定を見出すことができない．しかし，当時の国有財産法は，すでに，普通財産を貸し付けた場合における貸付期間中の契約解除による損失補償の規定をもうけ（同法24条），これを行政財産に準用していた（同法19条）ところ，国有であれ都有であれ，行政財産に差等はなく，公平の原則からしても国有財産法の右規定は都有行政財産の使用許可の場合にこれを類推適用すべきものと解するのが相当であって，これは憲法29条3項の趣旨にも合致するところである．そして，また，右規定は，貸付

期間中の解除に関するものであるが，期間の定めのない場合であっても使用許可の目的，内容ないし条件に照らし一応の使用予定期間を認めうるときは，これを期間の定めのある場合と別異に扱う理由がないから，この場合にも前記規定の類推適用が肯定されてしかるべきである．もっとも，昭和38年法律第99号によって改正された地方自治法238条の4および5は普通財産について補償の規定をもうけているだけで，行政財産についてこれをもうけていないが，そのことは，いまだ前記類推適用を否定する根拠にはならないと解される．そして，原判決の前記判示によれば，本件使用許可は期間を定めないものではあるが建物所有を目的とするというのであるから，前叙のところに従い右類推適用が肯定されるべきである．したがって，本件損失補償については，これを直接憲法29条3項にもとづいて論ずるまでもないのである.」

② **使用権の内在的制約**　「前記国有財産法24条2項は『これに因つて生じた損失』につき補償すべきことを定めているが，使用許可の取消に際して使用権者に損失が生じても，使用権者においてその損失を受忍すべきときは，右の損失は同条のいう補償を必要とする損失には当たらないと解すべきところ，原判決の前記判示によれば，被上告人は，上告人から上告人所有の行政財産たる土地につき使用期間を定めないで使用の許可を受けていたが，当該行政財産本来の用途または目的上の必要が生じて右使用許可が取り消されたものということができる．このような公有行政財産たる土地は，その所有者たる地方公共団体の行政活動の物的基礎であるから，その性質上行政財産本来の用途または目的のために利用されるべきものであって，これにつき私人の利用を許す場合にその利用上の法律関係をいかなるものにするかは，立法政策に委ねられているところと解される．……したがって，本件のような都有行政財産たる土地につき使用許可によって与えられた使用権は，それが期間の定めのない場合であれば，当該行政財産本来の用途または目的上の必要を生じたときはその時点において原則として消滅すべきものであり，また，権利自体に右のような制約が内在しているものとして付与されているものとみるのが相当である．すなわち，当該行政財産に右の必要を生じたときに右使用権が消滅することを余儀なくされるのは，ひっきょう使用権自体に内在する前記のような制約に由来するものということができるから，右使用権者は，行政財産に右の必要を生じたときは，原則として，地方公共団体に対しもはや当該使用権を保有する実質的理由を失うに至るのであって，その例外は，使用権者が使用許可を受けるに当たりその

対価の支払いをしているが当該行政財産の使用収益により右対価を償却するに足りないと認められる期間内に当該行政財産に右の必要を生じたとか，使用許可に際し別段の定めがされている等により，行政財産についての右の必要にかかわらず使用権者がなお当該使用権を保有する実質的理由を有すると認めるに足りる特別の事情が存する場合に限られるというべきである。」

同判決は，このように述べた上で，「被上告人が本件取消により土地使用権の喪失という積極的損失を受け，この損失につき補償を必要とするとした原判決の判断は，さらに首肯しうべき事情のないかぎり，これを是認することができないのである」と判示し，本件は前叙の観点からなお審理を尽くす必要があるとして，原審に差し戻している。

2 東京都築地中央卸売市場使用許可撤回事件（その2）

(1) **事案の概要**　原告は，市場関係の運送会社であるが，東京都中央卸売市場の土地等を駐車場用として期間の定めなく使用許可を受けて使用していたところ，東京都は市場の狭隘化に伴う効率的運営の必要からこの使用許可を取り消したので（被告東京都は更新拒絶であると主張している），東京都に対して許可の取消し（更新拒絶）による損失の補償を求めて出訴した（上記その1と同じく築地市場に関するものであるが，事案が異なる）。

(2) **一審判決**　一審の東京地判昭和47・3・17（判例集不登載）は，使用許可の更新拒絶は使用目的違反を理由とするものであるから損失補償の問題は生じない，として請求を棄却した。

(3) **控訴審判決**　控訴審の東京高判昭和50・7・14（判時791号81頁）は，本件物件の使用の法律関係は「行政財産の使用許可」であることについて当事者間に争いがないとして，前掲最判昭和49年を参照しながら，概略次のように判示している。①行政財産について使用許可が取り消された場合は，右使用権は借地権と異なり本来行政財産に由来する内在的な制約を伴っている。②行政財産の使用許可の取消しに基づく法律関係は，これを借地権または借家権の更新拒絶，解約申入（借地法4条，6条，借家法2条）と比較してみると，両者は制度の構成を異にしており，後者の場合には，拒絶ないし解約理由としての正当事由が厳格に絞られていて，正当事由を充足する事実がなければ借地権または借家権の消滅が正当視されないことになっていて，私権間の調整が図られている。これに対して，前者の場合には，行政財産の上に使用権を設定するものであり，公共の必要があるときには原則として使用権を消滅させることが

できるが，それは，公共の使用を理由としていったん付与した使用許可を取り消し，公共の利益のために個人の利益（財産権）を犠牲にするものであるので，取消しに伴ない相手方に特別の犠牲を強いるような場合には，これに対して全体的な公平負担の見地から正当な補償を行い利益調節を行うべきものとし，これによって右法律関係の変動を正当視しようとしている．特別の犠牲がある場合には，右取消しによる使用権の価値相当の損失補償を求めることができるものというべきである．③特別の犠牲の例としては，使用権者が使用許可を受けるにあたりその対価の支払いをしているが当該行政財産の使用収益により右対価を償却するに足りないと認められる期間内に右取消しがされたとき，その他経済上使用権の設定の対価と評価されるような経済的負担をしたにもかかわらず，その投下資本が回収されていない場合，使用許可にあたり別段の定めがされている場合等が挙げられるが，このような使用権の経済的価値の評価をどうすべきかは困難な問題であり，また，その全額を補償すべきか一部で足りるかは各具体的事情によって異なるものといえる．④もっとも，右使用許可の取消しによって使用権の価値そのもの以外の損失，例えば，建物・工作物の移転費，営業損失，整地費等について損失を受けているときには，その損失について補償を求めることができるものと考える．

同判決は，このように説示した上で，物件（建物）補償と営業補償を認めたが，立退補償については，「控訴人の右使用権は使用許可の取消により消滅に帰しているのであり，そして，右使用権の消滅による使用権の経済的価値相当の損失は，行政財産の使用権に内在する制約として特別の事情のないかぎり補償を求めることはできない」として否定している．

(4) **上告審判決**　上告審の最判昭和 51・9・6（東京都法務資料 16 巻 3 号 23 頁）は，「使用許可の取消により損失補償義務を負う旨の原審の判断は，その適法に確定した事実関係において正当として是認することができ，原判決に所論の違法はない」として，原審の判断を是認し，上告を棄却している（なお，宇賀・国家補償法 425〜426 頁参照）．

3　道路占用許可取消損失補償請求事件

(1) **事案の概要**　原告（会社）は，本件道路の占用許可を受けて映画館を経営していたが，被告（東京都）が首都高速道路第 4 号線築造工事のため当該占用許可の更新を行わなかったので，使用権は財産権であり，使用権喪失に対し，正当な補償をなすべきであるとして出訴した．

第3節　地方自治法

(2) **一審判決**　一審の東京地判昭和47・8・28（判時691号40頁）は，概略次のように判示している．①道路占用許可のごとき公物使用の特許による使用権は，公益の必要が生じた場合は何時でも一方的に行政主体において消滅させうるという内在的制約がある．②実際に許可が取り消されて原状回復を命ぜられた場合には，公物使用者側に偶発的な損失を生ずる場合があり，この場合には，憲法29条3項の趣旨からして，補償をなすことを要するものと解すべきである．③しかし，この補償の範囲については，被許可者に通常生ずべき損害に限るとするのが，行政財産使用許可取消しの性質に合致するといえる．道路法72条の規定も，このような趣旨から規定されたものと解すべきである．④この通常生ずべき損害とは，本件のごとく使用権に基づき映画館営業を行っている場合には，使用権の内在的制約から，最大限，建物撤去，移転先の調査に要した費用，営業中止により被った損失，使用権行使のために投下した資本の回収未了等のごとき損失をいうものと解するのが相当である．⑤本件使用権自体は，もともと一般取引市場で成立する適正な対価を支払わず，いわば恩恵的に付与されたものであること，また転貸譲渡も禁止され，使用目的も限定されていること，許可を取り消された場合，権利自体は当然に消滅するのであって，これが「特別の犠牲」に当たるかは疑問であること，本件使用権の経済的側面としての本件土地の使用料についても，一般市場で成立する賃料と比較しても著しく低廉であること，などからすれば，通常生ずべき損失の対象とならないと解するのが相当である．

(3) **控訴審判決**　控訴審の東京高判昭和49・2・28（東京都法務資料14巻1号15頁）は，次のように判示して，控訴を棄却している．「本件における道路占用権の剥奪は公用収用の場合とその利益喪失の状態を異にし控訴人の享有していた権利自由の剥奪は控訴人に『特別の犠牲』を課するものとは認め難いから控訴人は，占用権の剥奪に伴い生ずる損害について，公用収用の場合と同等の補償を求めることはできないものというべきである．本件の場合，占用権の剥奪によって占用権者が通常受ける損失の補償がなされるべきことは言を俟たないが，右通常受ける損失の中には占用権自体が含まれないことについては本件占用権の性格上右権利に内在する制約として甘受すべきものと解するのを相当とする．」

(4) **上告審判決**　上告審の最判昭和52・2・24（東京都法務資料17巻1号6頁）は，次のように判示して，原審の判断を是認し，上告を棄却している．

1023

第 11 章　国有財産法・地方自治法関係

「原審が適法に確定した事実関係のもとにおいては，被上告人の上告人に対する本件土地使用期間の更新拒絶が上告人に特別の犠牲を課するものとは認め難く，かつ，右使用権自体の喪失は道路法 72 条 1 項にいう通常受けるべき損失にあたらず，損失補償の対象にならないとする原審の判断は，正当として是認することができる（最高裁昭和 44 年（オ）第 628 号同 49 年 2 月 5 日第三小法廷判決・民集 28 巻 1 号 1 頁参照）。」

4　学説の動向

1　従前の通説　　授益的行政行為の撤回による損失に対して補償が必要であるか否かの問題については，かつての通説は，公用収用に準じて，憲法 29 条 3 項に従って「正当な補償」を必要とすると解していた（田中・行政法上 155 頁以下，今村・国家補償法 65 頁，原・公物営造物法 310 頁，兼子仁『行政法総論』219 頁（筑摩書房，1983 年）等参照）。

2　最判昭和 49 年の評価

(1)　**積極的な評価**　　前掲東京高判昭和 44・3・27 は，当時の通説に従って使用権に対する権利対価補償を肯定したが，これに対しては評釈等において厳しい批判がなされていた（原田尚彦「判批」判評 127 号 12 頁（1969 年），阿部泰隆「行政財産の使用許可の撤回と損失補償」ジュリ 435 号 77 頁以下（1969 年）等参照）。上告審判決である最判昭和 49 年は，一転してこれを否定したものであるが，最判昭和 49 については，賛意を表するものが多数である（原田「判解」ジュリ 590 号・昭和 49 年度重判解説 43 頁以下（1975 年），阿部「判解」行政判例百選 I〔第 2 版〕198 頁（1987 年），同・国家補償法 295 頁，宇賀克也「判解」地方自治判例百選〔第 3 版〕96～97 頁（2003 年），同・行政法概説 II 513～514 頁，松本・逐条地方自治法 1008 頁等）。

その理由は，すでに控訴審判決に対する批判として前掲の原田説や阿部説が説いていたところと重なるが，次のような点にある（前掲東京地判昭和 47・8・28 が簡潔にまとめている）。①行政財産は公益のために一般に供用される状態に置かれるのを原則とすべきであって，私人に占用許可されるのは，例外的で一時的なものでなければならなず，使用が許可された場合でも，当該財産をその本来の用に供する必要が生じたときは，何時でも返還しなければならないという内在的制約を伴っており，転貸譲渡も許されず，使用目的も限定されている。この点において，使用許可の取消しの場合と，当該財産とは無関係な外在的必

要から生じる公用収用や公用制限の場合とで相違している．②行政財産の使用関係は，その実体をみれば，民事の賃貸借関係と変わりはない．民事の賃貸借関係においても，貸主側の正当事由その他の事情によって一方的に賃貸借関係が解除される場合には，契約締結に当たり権利金の授受があったような特別の事情のない限りは，使用権自体に対する補償が貸主から借主にへ支払われるわけではなく，このことは，行政財産の使用関係が公益のために一方的に解消される場合にも同様に考えられてよい（ただし，この理由づけについては，行政財産の使用権を借地権とパラレルに考えることに疑問を示す見解もある．遠藤・スケッチ 259 頁，同・実定行政法 257 頁，宇賀・国家補償法 422 頁，同・行政法概説 II 513 頁等参照）．③公共団体から低廉な使用料で土地を借り受けていながら，解約に際しては更地価格の何割かの補償金を得ることができるということになれば，血税の無駄使いになる．その上，補償を恐れて，本来の目的に供する必要がある場合であるにもかかわらず，使用許可の取消し（撤回）をすることを躊躇させ，行政財産の管理に重大な支障をもたらすことになりかねない．

(2) **消極的な評価**　これに対して，最判昭和 49 年にやや批判的な評釈等もないわけではない．代表的な所説としては，遠藤・スケッチ 259〜260 頁がある．学説を消極説と積極説に分けて，積極説の立論を次のようにまとめた上で，積極説を支持している．「このような消極説に対しては，①国有財産法 24 条や地方自治法 238 条の 5 第 2 項（なお，国財 19 条，自治 238 条の 4 第 2 項参照）において，使用許可取消事由とされている公益上の理由は必ずしも当該行政財産本来の用に供する場合に限定されていないため，つねに当該行政財産に内在的なものとばかりとはいえないこと，②借地法，借家法において正当事由の存在は借地期間満了に加えて要求されるものであって，期間満了前の許可取消（解除）をも予定している行政財産の場合には，そのアナロギーが成り立ちがたいこと，③市民感情，納税者感情だけから客観的に経済的価値を有するものを無補償で一方的に否定しさるのはやはり憲法 29 条 3 項の趣旨に反することなどから，補償が必要であるとする積極説の立場がある（松島諄吉・遠藤＝阿部編『講義行政法 II〔行政救済法〕』70 頁，広岡＝田中舘＝遠藤編『行政法学の基礎知識(2)』515 頁など）．積極説が妥当と考えられる．」

また，別の視点から最判昭和 49 年に批判的なものもある．「本判決は例外的にではあるが行政財産使用権自体の損失補償の可能性を認めているのであるから，通説と同じく行政財産使用許可の撤回を公用収用の一場合と見ているとい

うことができ，前述の理由〔使用許可の撤回は，実質は契約の解除であるということ．筆者注〕により賛成しがたい」との評価である（関哲夫「判批」国家補償法大系④307頁）．そのほか，「使用関係の制度的実態と経済的残存価値によっては再検討されなければならない」との評価もある（兼子・行政法学166頁）．

5 判例・学説の検討

1 使用権喪失自体に対する補償について　最判昭和49年以前においても，先に紹介したように，前掲東京地判昭和47・8・28は，「本件使用権自体は，もともと一般取引市場で成立する適正な対価を支払わず，いわば恩恵的に付与されたものであること，公益上の理由があればいつでも剥奪されうる内在的制約を伴うこと，また転貸譲渡も禁止され，使用目的も限定されていることから，一般の借地権の如く半永久的な利用権化しているのとは異なること，許可を取り消された場合，右権利自体当然に消滅するのであって，これが『特別の犠牲』に当たるというべきか疑問であること，本件使用権の経済的側面としての本件土地の使用料についても，被告の計算法に基づくと，昭和44年11月当時1ヶ月1平方メートル当り45円余に過ぎず，一般市場で成立する資料と比較しても著しく低廉であること等からすれば，右の通常生ずべき損害の対象とならぬと解するのが相当である．従って，本件使用権自体の損失補償を求める原告の主張は失当である」と判示していた．最判昭和49年以降は，裁判例はこの最高裁判例に従っている．

2 特別の事情　ただ，最判昭和49年は，「特別の事情」がある場合には例外を認めている．緑地公園ゴルフ場管理更新不許可処分取消等請求事件の横浜地判昭和53・9・27（判時920号95頁）は，この最高裁判例に従って，使用権喪失自体の補償を否定しつつも，特別の事情として，倶楽部側が当該土地について農地解放を免れるために関係機関に陳情説得に当たったこと，反対運動をする耕作農民の説得に努め，離作補償料のほとんどを負担したことなどを挙げて，「いずれにせよ結果的には右倶楽部側の寄与なくしては現在の如く確保・維持・形成できなかった右買戻地である以上，右寄与分のうち未償却分として，右現在評価額を基礎にし，かつ，本件更新不許可処分時に遡及推計して9億円を損失補償として認めるのを相当とする」と判示している（前述585頁参照）．

　学説も，その理由は少しずつ異なるものの，大半が結論において最判昭和

49 年を支持している．もっとも積極説といえども，仔細にみれば，使用権喪失自体に対する補償を全面的に認めようとするものではなく，一定の限定を付していることに注意しなければならない．前掲の遠藤説は，続けて，「しかし，一般に取引の対象となり転々譲渡される事態を元来予定していない行政財産の使用権にあっては，その価額を取引事例方式や収益還元方式によって評価することは妥当でない．第三の，いわゆる原価方式によるべきであろう．この点で，最高裁判決が，例外として補償がみとめられるべき場合として，特約がある場合のほか，対価を償却していない場合をあげていることは，結局，これに近い考えをとるものとして是認できるであろう」と説いているのである（遠藤・スケッチ260頁．なお，同・実定行政法257頁参照）．

3 行政財産本来の用途または目的 最判昭和49年は，「当該行政財産本来の用途または目的上の必要を生じたとき」は，使用権は原則として消滅し，使用権自体にこのような制約が内在している，と述べている．前掲東京高判昭和50・7・14も，最判昭和49年を引用して，「行政財産について本来の用途または目的上の必要が生じ使用許可が取消された場合」は使用権は喪失するが，これは，使用権は本来行政財産に由来する内在的な制約を伴っているからである，と述べている．この表現からすれば，最判昭和49年の射程は，行政財産の本来の用途または目的上の必要から許可が取り消される場合に限定され，それとは異なる別の公益上の必要から許可が取り消された場合には及ばないことになるようにも思われる．そこで，当該行政財産本来の用途または目的に供するための許可の取消し（撤回）と，それとは別の公共目的に供されるための許可の取消しとで差異が生ずるか否かということが問題となる（宇賀・国家補償法424～425頁参照）．

この点についての裁判例をみると，東京高判昭和51・4・28（判時828号46頁）の事案は，東北新幹線の橋梁建設用地に供するために河川敷地の占用許可が取り消されたものであり，河川敷地本来の用途または目的上の必要からなされたものではなかった．しかし，同判決は，最判昭和49年を引用しながらも，「河川区域内の土地という右土地の用途に伴う制約を当然に受けるべき」であると述べるだけで，格別区別して判断していない．

最判昭和49年の調査官解説は，「右判決は，本件のごとき使用権は，当該行政財産本来の用途または目的上の必要があれば，その時点において原則として消滅すべきものとして付与されているものと解される，としている．使用権の

性質がこのようなものであれば，本件は，撤回という外的事由によって権利が消滅したというより，その権利に内在する事由によって消滅したものとみることができる」と解説している（川口冨男「判解」ジュリ562号65頁（1974年））．最判昭和49年が本件を内在的事由によるものであると解していることは明らかであるが，それとは別の外在的事由による場合については，必ずしも明確ではない．本件においては，使用許可の取消しは，「当該行政財産の本来の用途又は目的上の必要から生じた」ことは明確であったために，このような表現をしたまでであり，おそらく，両場合を意識的に区別して判断したものではないようにも思われる．

　この問題点について，文献の中には，「しかし，当該行政財産本来の用途又は目的と無関係に，およそ公益一般の必要が生じたときにも，使用権が消滅すべき制約を内在させていると言い切ってよいかには疑問が残る．また，いかなる場合にも，権利対価補償が不要と解すると，土地収用法5条3項が河川の敷地を利用する権利について，明示的に規定していることが意味を失うことになる．／使用権は，当該行政財産本来の用途又は目的に供する必要が生じたときには消滅すべき解除条件つき又は不確定期限つきの権利であるとしても，当該行政財産本来の用途又は目的と無関係な公益上の必要が生じた場合にも消滅すべき解除条件又は不確定期限を付されているとは当然にはいえないであろう．／したがって，占用を許可した公物管理者以外の第三者の事情により当該許可の撤回が必要になったときは，権利対価補償が必要と解すべきという考え方も成立しえないわけではないと思われる」と説くもの（宇賀・国家補償法425頁．なお，同・行政法概説Ⅱ514頁参照）がある．また，「この〔最判昭和49年，筆者注〕理由は，その行政財産に固有の理由以外の公益上の理由による撤回には妥当しない」と説くもの（遠藤・実定行政法257頁）もある．

4　付随的損失に対する補償

(1)　**裁判例の動向**　最判昭和49年に従い，使用権の喪失自体に対する補償は必要ではないと解したとしても，付随的損失についても補償が不要であると解すべきか否は，別の問題である．最判昭和49年は，この点については何も触れていないが，下級審の裁判例の中には，付随的損失の補償を肯定しているものが散見される．

　前掲東京高判昭和50・7・14は，使用権の喪失自体に対する補償を否定したが，付随的損失については，「使用許可の取消によって使用権の価値そのもの

以外の損失，たとえば，建物・工作物の移転費，営業損失，整地費等について損失を受けているときには，その損失について補償を求めることができるものと考える（右最高裁判決参照）」と判示して，立退補償は否定したものの，物件（建物）補償と営業補償を認めている（上告審の前掲最判昭和51・9・6は，原審の判断を是認）．また，前掲東京地判昭和47・8・28は，使用権の喪失自体に対する補償を否定しながらも，許可が取り消されて原状回復が命じられた場合には，公物使用者側に偶発的な損失を生ずることは避け難く，これをその者だけに負担させるのは社会通念上の受忍義務の範囲を超える場合があるから，憲法29条3項の趣旨からしてもこれを補償すべきであり，この補償の範囲については被許可者に通常生ずべき損害に限定され，道路法72条の規定もこの趣旨から規定されたものであるとして，「通常生ずべき損害とは，本件のごとく使用権に基づき映画館営業を行っている場合には，右使用権の内在的制約から，最大限，建物撤去，移転先の調査に要した費用，営業中止により被った損失，右使用権行使の為に投下した資本の回収未了等の如き損失をいうものと解するのが相当である」と判示している．さらに，前掲横浜地判昭和53・9・27は，建物価額に相当する損失と建物収去費用を「通常受けるべき損失」に該当すると判示している．そのほか，住民訴訟（千葉市中央卸売市場移転住民訴訟）においてではあるが，前掲東京高判平成3・7・30は，「公益上の必要に基づく市場の移転に伴い卸売業者が使用する市場施設の指定が変更された結果，旧市場において卸売業者が設置し又は取得した設備，備品等に生じたいわゆる付随損失については，憲法29条の趣旨と公平の原則に照らし，前記国有財産法19条，24条により行政財産の目的外使用の許可が取り消された場合に認められる損失補償と同様の補償を求めることができるものと解するのが相当である」と判示している．

(2) **最判昭和49年と付随的損失の補償**　最判昭和49年は，付随的損失の補償については触れていないものの，それを否定する趣旨とは思われない．特別の事情がある場合には権利対価補償が必要であると述べていることからすれば，むしろ，付随的損失の補償を認める方向にあるのではないかと思われる（藤田宙靖「判解」地方自治判例百選〔第2版〕175頁（1993年），宇賀・国家補償法427頁，同「判解」地方自治判例百選〔第3版〕97頁（2003年），野田崇「判解」行政判例百選Ⅰ〔第7版〕183頁等参照．ただし，関・前掲304頁は，本判決は通損補償については判断を示していない，と説いている）．現に前掲最判昭和51・

9・6は，付随的損失の補償を認めた原審の判断を是認している．このことからすれば，判例は，付随的損失の補償を肯定する動向にあるものといってよい．学説も，付随的損失の補償を肯定する動向にある（原田・前掲（ジュリ 590 号・昭和 49 年度重判解説）46 頁，宇賀・国家補償法 427 頁，阿部・国家補償法 296 頁，下山瑛二「判批」民商 71 巻 6 号 1118 頁（1975 年），野田・前掲 183 頁，横田光平「許可等の撤回と損失補償」行政法の争点 167 頁等参照）．

●4　補償の権利者・義務者

補償権利者は，当該普通財産の借受人である．補償義務者は，当該普通公共団体の長が所属する地方公共団体である．

●5　補償の手続・訴えの提起

1　補償の手続

補償の手続については，特段の規定は置かれていない．本条 5 項が「補償を求めることができる．」と規定しているところからすれば，損失を受けた借受人が当該普通地方公共団体に補償の申請をし，当事者間で補償の要否，補償の金額等について協議をすることになるものと思われる．

2　訴えの提起

訴えの提起についても，何も規定されていない．補償金額に不服であれば，最終的には裁判所の判断を求めることができるものと解すべきである．この場合の訴訟は，行訴法 4 条後段の実質的当事者訴訟に当たる．

事項索引

あ
明渡裁決　248
　　——時価格算定主義　248
　　——事項　265
　　——の対象となる補償項目　249
明日香法　45, 777
厚木基地訴訟　158
厚木基地第1次訴訟　152, 160
厚木基地第2次訴訟　155
厚木基地第4次訴訟　151, 153, 162, 167, 185
尼崎公害訴訟　151

い
異議の申出　728, 754, 764, 768, 772
意見書　296
　　——の提出　274, 299, 305, 306, 322, 324, 330
　　——の様式　330
違憲無効説　53
移植補償　289
遺跡調査のための現状変更停止命令　799
遺跡の不時発見　783
一時的使用　7
一時利用地の指定　608
　　——による損失の補償　609
一級河川　885, 916
一般公共海岸区域　927
一般国道　946
一般取引価格　108, 231
移転義務　278
移転困難な場合の収用請求権　292
移転困難な場合の物件収用の請求　421
移転雑費　353
移転主義　276, 277
　　——の問題点　276
移転等に伴う損失補償　524
移転の意義　279, 325
移転の代行による補償　107, 249, 324
移転の補償　184, 193, 722, 738, 758
移転料多額の場合の収用請求権　296
移転料多額の場合の物件収用の請求　421

移転料の算定　287
移転料の補償　249, 275
違反建築物等　525
違法行為に基づく損害賠償　13
違法性段階説　162, 163, 165, 168

う
雨水出水　871
訴えの提起　215, 405, 465, 484, 496, 501, 504, 524, 531, 568, 589, 597, 616, 620, 637, 640, 675, 693, 699, 708, 714, 725, 729, 731, 736, 755, 764, 769, 773, 791, 824, 844, 858, 894, 898, 905, 941, 944, 951, 970, 987, 995, 1000, 1008, 1010
運用益相当額の補償　198, 281

え
営業規模縮小の補償　346
営業休止の補償　345, 503
営業上の損失補償　193, 343, 725
営業廃止の補償　344
営業補償　343, 347
沿道整備法　31, 45, 172, 718, 946

お
応急公用負担　840, 864, 896
　　——による損失の補償　839, 873
応急措置　836
　　——業務従事者に対する損害補償　845
応急負担　7
大阪空港騒音公害訴訟　52, 150, 155, 156, 158, 176
大阪国際空港　730
大阪城公園施設管理更新不許可損失補償請求事件　587
屋外広告物法　478

か
海域公園地区　647, 649
海域特別地区　630, 633
買入れの価額　575, 738, 827

1031

事項索引

海岸管理者　928, 930, 932, 934, 937, 939
海岸法　38, 209, 926
海岸保全区域　927
　──の占用の許可　928
海岸保全施設　927, 934
海上保安官に協力援助した者等の災害給付に関する法律　848
買取請求・買入れ・買取りの異同　145, 471
買い取るべき価格　473, 474, 494
開発行為　458
替地による補償　107, 307
替地の意義　310
替地補償に関する訴え　419
替地要求権者　310
拡張収用　268, 293, 296, 303, 416
　──に関する訴え　421
確認・給付訴訟説　424, 428
学問上の損失補償概念　30
加算金　381, 383
河川　884
　──管理施設　885
　──管理者　887, 893, 895, 898
　──管理者の監督処分　889
　──管理者の裁定　905
　──区域　886
　──工事　886, 888, 891, 907
　──整備基本方針　887
　──整備計画　887
　──の管理　887
　──保全区域　888
　──予定地　888, 906
　──予定地における行為制限に伴う損失の補償　906
　──予定立体区域　889, 908
　──予定立体区域における行為制限に伴う損失の補償　908
　──立体区域　888
河川敷ゴルフ場占用許可取消損害賠償請求事件　588
河川法　10, 37, 51, 52, 172, 178, 209, 211, 363, 883, 955
ガソリンタンク移設事件　→地下ガソリンタンク移設事件

過怠金　384
過大補償　102
家畜伝染病　979
家畜伝染病予防法　20, 63, 209, 978
家畜防疫員　979
仮清算金　607, 612
官営公費事業　440
環境基本法　457, 626, 643, 680
関係河川使用者　904
関係者　850, 868
関係人　222, 252, 267, 271, 272, 287, 439, 694
　──の存続請求権　272, 306
監視地区　712
完全収用の請求　303
感染症予防法　63, 976
幹線道路騒音　718
完全な補償　104, 141, 210, 353, 635
完全補償説　97, 98, 101, 103, 210
完全補償の原則　210
換地　519
　──計画　519, 601
　──照応の原則　541
　──処分　520, 601, 608
患畜・疑似患畜　979
鑑定価格　29
鑑定評価理論　376
監督処分に伴う損失の補償　581, 910, 929, 960
管理処分計画　507
管理処分手続　490, 507, 509
管理責任者　779
管理団体　780, 784
管理地区　711, 713

き

機関委任事務　222, 439, 885
起業者　221, 439
　──適格　222
企業誘致政策変更訴訟　22
起業利益　108, 231, 232, 373
　──との相殺の禁止　373
希少野生動植物　709
　──種保存基本方針　710
既存不適格施設　198, 281, 485

事項索引

期待利益の喪失　191, 337, 395
逆収用の請求　303
急傾斜地法　831, 849, 967, 971
狭義の財産権補償　108
狭義の生活権補償　111, 122
狭義の付随的損失　189
狂犬病予防員　991
狂犬病予防法　20, 209, 990
教示　416, 443
行政計画の変更による損失補償　18, 21, 351, 391, 461
行政行為の撤回と損失補償の要否　582
行政財産　1005, 1008, 1011, 1014, 1017
行政財産の使用不許可による損失の補償　580, 1012
行政財産本来の用途または目的　1027
強制執行　406
行政指導　17, 85, 315, 643, 800, 810
行政不服審査法　414
業務従事命令による損失・損害　748, 749
共有林分割制限規定違憲判決　686
許可使用　903
漁業休止の補償　347
漁業経営上の損失の補償　347, 727, 753, 771
漁業権の取消し等に伴う損失の補償　938
漁業者に対する補償　223
漁業廃止・休止・経営規模縮少の補償　347, 940
漁業法　939, 941
漁業補償　347
緊急裁決　200, 408, 446, 450
緊急使用　235
金銭の支払方法　205, 230
金銭補償　105, 106, 229, 308
　　――の原則　106, 205, 229
近傍類地　238

く

区域区分　459
空間・地下の使用　245, 246
空港周辺整備機構　721
空港周辺整備計画　720
空港騒音　717

　　――防止法関係　209, 217, 717
国の買収　593
区別不要説　176, 180, 182
呉市学校施設使用不許可事件　1014

け

計画担保責任　21, 22
計画保障責任　21
景観行政団体　479, 483
景観重要建造物　479, 482
景観重要樹木　479, 482
景観条例　478
景観法　37, 39, 477, 777
警察官の職務に協力援助した者の災害給付に関する法律　848
警察制限　66, 69, 907
　　――と公用制限の相対性　67
　　――と補償の要否　66
形式的基準　71
形式的基準・実質的基準総合説　71, 73
形式的当事者訴訟　299, 386, 418, 501, 504, 533, 597, 637, 638, 675, 699, 708, 729, 755, 764, 769, 773, 791, 905, 926, 941, 951, 970, 1001
刑事補償　4, 11, 12, 18, 25
　　――法　25
形成権　472
形成訴訟説　424, 427
継続的使用　7
形態意匠の制限による損失の補償　484
結果責任　4, 11, 16, 18, 31, 33, 37, 211, 486, 748, 846, 867, 877, 896
　　――説　23, 26, 176, 180, 181, 788, 880
原因者負担　801, 804
　　――制度の問題点　803
圏央道あきる野IC代執行手続執行停止決定事件　129, 361
減価補償金　8, 515, 517, 539
　　――と清算金との相殺　555
　　――と清算金の異同　548
　　――の算定方法　550
　　――の性質　542
原状回復の困難な場合の使用の補償　249, 301
現状の固定（凍結）　662

1033

事 項 索 引

原生自然環境保全地域　627
建築基準法　31, 62, 327, 457, 458, 486
建築物　458
現物給付　452
現物補償　105, 106, 213, 229, 230, 307, 308, 452, 509
憲法29条3項　8, 10, 15, 23, 48, 53, 61, 63, 65, 66, 78, 91, 92, 97, 116, 118, 122, 138, 141, 174, 199, 202, 210, 212, 234, 241, 367, 450, 516, 633, 649, 653, 705, 775, 860, 863, 903, 907, 934, 959, 988
　——に基づく補償請求の可否　676
憲法上の根拠　53, 120, 137, 173, 175
憲法上の補償　20, 64, 187, 985
　——説　650, 651, 975
権利取得裁決　248, 382
権利対価補償　98, 105, 108, 189, 210, 331, 588, 1028
権利変換　490
　——計画　506
　——手続　490

こ

高圧送電線下の地価低下　186
公益的事項　415
公園管理者　581, 582, 588
公園施設　578
　——設置管理更新拒否　582
講学上の損失補償　4, 30, 38, 595
交換分合　602, 613
高規格堤防　886, 899
　——特別区域　886
広義の財産権補償　108
広義の生活権補償　111
広義の付随的損失　190
公共海岸　927
公共事業の中止　22
公共施設　519
公共性　159, 161, 162, 169
公共補償　4
公共用地取得特別措置法　42, 51, 200, 209, 219, 227, 408, 411, 445
公共用地審議会答申　132, 178, 280, 356

公共用物　884
航空機騒音　718
　——障害防止地区　733
　——障害防止特別地区　733, 734, 737, 739
　——対策基本方針　733
　——防止法　41, 45, 172, 184, 209, 718
航空法　745
公権力性　14, 17, 28, 29
工事の完了の日　401, 893
工事の代行による補償　107, 249, 321, 892, 935
工事の必要性　266, 399
工事費用の補償　249, 265, 698
高速自動車国道法　946
耕地整理法　599
耕地の造成による補償　107, 249, 317, 319
口蹄疫対策特別措置法　978, 989
公負担平等の原則　16, 211, 331, 334, 353
公物管理　896
公物制限　7
公法上の危険責任　4, 11, 18, 33, 37, 211, 748, 846, 867, 878, 896
　——説　23, 26, 880
公法上の制限に違反する物件の移転料　284, 287
公法上の損失補償　11, 189
公務災害補償　876
公有財産　1011
公有水面埋立法　884
公有地の拡大の推進に関する法律　44, 94
公用換地　490, 512
公用権利変換　5, 8, 61, 490, 512
公用収用　5, 8, 12, 17, 29, 61
公用使用　5, 6, 8, 61, 387
公用制限　5, 7, 8, 12, 61, 66, 85, 95, 635
　——と補償の要否　67, 193
公用負担　4, 920
　——の概念　4
　——の種別　5, 61
合理的根拠　48
国際植物検疫　997
国際植物防疫条約　996
国定公園　631, 644, 649
　——事業　645

1034

事項索引

国道43号線騒音公害訴訟　52, 151, 161, 162, 176
国道高架化店舗顧客減少事件　262
国道の管理者　946
国土開発幹線自動車道建設法　43, 411
国土形成計画法　457, 478
国土交通省訓令　265, 347
国土利用計画法　44, 94, 457
国内植物検疫　997
国賠法2条　52, 175
国宝の修理等による損失の補償　788
国民保護法　34, 35, 211, 744
国有財産の範囲　1004
国有財産の分類　1005
国有財産法　209, 580, 1004
　──の類推適用　1019
国有林　681
国立公園　631, 644, 649
　──事業　645
湖沼水質保全特別措置法　39
国家公務員災害補償法　877, 879
国家公務員法　877
国家責任　11
国家補償　10, 26, 211
古典的収用概念　199
古都保存法　39, 45, 51, 66, 209, 818
個別主義　224
個別払いの原則　205, 224
小松基地訴訟　161
小松基地第3次・第4次訴訟　156

さ

災害　832
　──応急対策　835
　──救助法　831, 847, 849, 871
　──対策基本法　34, 37, 209, 211, 830
　──防止法関係　209, 217, 829
　──予防　834
　──予防責任者　833
裁決時主義　231
裁決二分主義　248
裁決の失効　326, 328
裁決前置主義　404, 464, 483, 487, 531, 590, 824

最広義の生活権補償　110
最広義の付随的損失　190
財産権尊重条項　625, 641, 708, 776
財産権に内在する社会的制約　660, 842, 853, 909
財産権の効用　661, 662
財産権の制限　39, 61, 65, 141, 635
財産権の内在的制約　69, 70, 78, 461, 481, 714, 806
財産権の剥奪　38, 61, 62, 97, 98, 210
財産権の本来的機能　72, 76
財産権の本来の効用　74
財産権の本来の社会的効用　71, 77
財産権補償　64, 97, 105, 108, 116, 135, 149, 210, 213, 364
財産権保障説　48, 49
財産権本来の性質　661, 662
財産的損失　165, 166, 169, 182, 336
採石法　642
採草放牧地　593
再築工法　288
裁判管轄　406, 442, 638, 676, 926
細目政令　234, 236, 238, 244, 245, 288, 289, 342, 344, 346, 347, 354, 368
　──の規定対象　369
　──の内容　369
差止請求　9, 151, 717, 727, 771
砂防工事　920, 922
砂防設備　920
砂防法　209, 919
残地収用　268, 303
　──請求権　267, 271, 296, 421
　──の法的性質　269
　──の要件　270
残地に生ずる事業損失　147, 149, 253, 375
残地補償　108, 109, 193, 249, 373, 415, 697
　──の要件　251

し

自衛隊・駐留アメリカ合衆国軍隊法関係　209, 217, 743
自衛隊法　40, 154, 209, 744
私益的事項　405, 415, 418, 421

1035

事項索引

時価　473, 474, 494, 575, 738, 797, 827, 857, 864, 875, 922
市街化調整区域　88
市街地開発事業　458, 469, 511
　　──等予定区域　458, 468
市街地再開発事業　458, 488
　　──の意義　489
　　──の種別　490
市街地再開発促進区域　492
事業経営上の損失　727, 763, 767
事業者負担　801
事業損失の概念　147
事業損失の種別　165
事業損失の性質　149
事業損失補償　9, 18, 40, 97, 105, 140, 147, 193, 214, 224
　　──の憲法上の根拠　56
　　──の法的根拠　172
　　──の法的性質　176
　　──の法律上の根拠　52
　　──の要否　147, 168, 250
事業認定時価格固定主義　231, 242
事業の廃止又は変更等による損失の補償　391
事後補償　204, 387, 399, 408, 496, 522, 526, 529, 652
自作農創設特別措置法　101
市場価格主義　236
地すべり等防止法　66, 831, 849, 967, 970
　　──上の監督処分　972
史跡名勝天然記念物　779, 784, 793, 809, 816
自然環境保全基本方針　626, 627
自然環境保全地域　628, 633
自然環境保全法　39, 66, 189, 209, 212, 624, 642
　　──関係　209, 623
　　──の運用について　625, 626, 630, 642
自然公園　628, 631, 644
　　──法　39, 51, 78, 80, 93, 189, 197, 209, 212, 217, 625, 641
自然公物　884
事前補償　199, 332, 399, 498
市町村道　946, 947
執行不停止　444, 905
実質的基準説　71

実質的当事者訴訟　508, 560, 612, 620, 679, 694, 701, 726, 750, 845, 858, 865, 899, 987, 995, 1009
実損補填（補償）説　142, 636, 668, 669
実定損失補償法の体系　209
実定損失補償法の類型　209
実定法上の損失補償概念　30
指定家畜　987, 988
指定行政機関　832
指定公共機関　832
指定地方行政機関　832
指定地方公共機関　832
指定土地　920
私的効用説　74, 81
市道区域決定処分取消請求事件　92
支払時期　199, 202
地盤変動　173
社会通念　212, 224, 345, 463, 496, 694, 726, 823
社会的効用　71
社会的制約　→財産権の内在的制約
借家人の受ける損失に対する補償　353, 355
臭気　149
従前の利用方法　88
住宅等の防音施設工事費の助成　184, 720, 757
周知の埋蔵文化財包蔵地　783, 801
周辺整備空港　720
周辺整備法　40, 45, 172, 209, 755
収用委員会　330, 368, 382, 404, 407, 443, 450
　　──の「確認」　321
　　──の意見聴取　905
　　──の勧告　315
　　──の裁決　402, 414, 416, 425, 464, 473, 483, 496, 500, 503, 523, 530, 573, 589, 736, 894, 915, 918, 932, 944, 951
収用主義　277
収用請求の要件　304
収用損失　148, 254, 377
重要伝統的建造物群保存地区　779
収用物件の補償　249
重要文化財・国宝　778
重要文化財等の買取り　787
重要文化財の管理・保護・公開・調査　779
重要文化財の時価　797
重要文化的景観　779

事項索引

受益者負担　692
主観的予備的併合　58, 59, 430
出訴期間　406, 440, 638, 676, 791, 926
受忍義務　147, 161, 165, 326, 684, 694
　　──の法的根拠　150, 152, 165
受忍限度の二段階的構成　168
種の保存法　209
準用河川　885
照応の原則　313, 316
状況拘束性　80, 90
　　──の問題点　82
　　──の理論　80, 815
消極説　254, 263, 284, 286, 360, 374, 377
消極的制限　66
使用権の喪失に対する補償　588, 912, 932, 962, 1007, 1026
使用権の内在的制約　1020
少数残存者補償　18, 117, 119, 123, 365, 367
消防機関　872
消防従事者の災害補償　865
消防組織法　849, 870
消防隊　850
消防対象物　850, 863
消防法　30, 36, 37, 51, 64, 209, 211, 849
消防用設備等の設置義務　852
条理　212
食品衛生法　62, 996
植物　996
　　──防疫官　996
　　──防疫法　20, 209, 995
食料・農業・農村基本法　592, 600
食糧管理法違反被告事件　200
除斥期間　390, 395, 401, 469, 893, 925, 935, 954
新型インフルエンザ等対策特別措置法　10, 34, 35, 211, 975
審査請求　299, 413
　　──の可否　269
　　──の制限　413, 731
申請権濫用の法理　80, 571, 663, 823
身体的被害　165, 167
薪炭生産者補償　122
人的公用負担　5, 15, 845, 895, 897, 942, 949
振動　149

審理判断の方法　443
森林　680
森林・林業基本法　680
森林計画　681
森林所有者　680
森林病害虫等防除法　20, 680, 996
森林法　39, 93, 209, 679, 813

す

水源地域対策特別措置法　42, 118
水質汚濁　149
水防管理者　872
水防管理団体　872, 875, 879, 882
水防計画　872
水防従事者に対する災害補償　880
水防組織　872
水防と消防　871
水防法　37, 51, 209, 211, 870
水利使用の許可等に係る損失の補償　902

せ

生活権補償　15, 41, 97, 105, 110, 149, 193, 195, 210, 214, 224, 299, 365, 410
　　──の概念　110
　　──の憲法上の根拠　55, 120
　　──の合理的根拠　50
　　──の種別　122
　　──の必要性　112
　　──の法的根拠　117, 365
　　──の要否　64
生活再建措置　51, 124, 409, 475, 491
　　──規定の倫理的規定性　117
　　──の種別　124
　　──の内容　452, 476
　　──の法的権利性　119
　　──の法的性質　411, 476
生活費補償　122
正義・公平の原則　211
請求・要求等の区別　329
請求・要求の方法　329
制限的消極説　286
制限の期間　88, 90, 93
制限の程度　88, 93

1037

事 項 索 引

制限の必要性　90
制限の目的　88
政策上の補償　4, 18, 19, 63, 117, 187, 723, 976, 983, 985, 994, 1000
　——説　650, 975
清算　448, 451, 504, 506, 515
清算金　8, 517, 520, 539, 604, 606
　——の算定方法　550
　——の性質　543, 606, 613
生産緑地法　592, 600
精神的損失　336
　——の独自性　134, 137, 361
精神的損失補償　15, 97, 105, 126, 132, 149, 193, 195, 210, 214, 224, 355
　——の概念　126
　——の憲法上の根拠　56, 138
　——の合理的根拠　50
　——の必要性　127
　——の法的根拠　52, 135
　——の補償額算定　139
　——の要否　65
精神的被害　165, 166, 169
　——の補償額算定　184
　——の補償の法的根拠　174
生息地等保護区　711
正当な補償　55, 97, 98, 104, 116, 122, 124, 141, 145, 199, 202, 210, 213, 250, 353, 413, 635, 1024
生物多様性基本法　626, 643, 709
生物多様性の確保　576, 623, 625, 702, 708
製薬工場移転損失補償請求事件　370
政令で定める基準　847, 869, 882
積極説　255, 263, 284, 287, 360, 373, 377
積極的制限　66
折衷説　97, 98, 101, 210, 256
絶滅のおそれ　709
　——のある野生動植物の種の国際取引に関する条約（ワシントン条約）　709
瀬戸内海国立公園不許可補償請求事件　78, 653
先祖伝来の土地を失うことの精神的苦痛　129, 358
全部移転　325
　——の趣旨　290
　——の要件　291

　——料　290
占用期間満了後の許可の更新拒否と補償の要否　931

そ

騒音　149, 184
　——規制法　718
相殺の可否　377
相当因果関係　196, 332, 464, 483, 618, 635, 695, 724, 751, 857, 875, 878, 881, 897, 931, 961, 965, 1017
相当因果関係説　142, 636, 668, 671, 672
　——の妥当性　144
相当な価格　236, 243, 300
相当補償説　97, 98, 100, 101, 103, 210
ゾーニング制　623
即時強制　861
測量・検査等による損失の補償　614
訴訟　405, 418, 925
租税優遇措置　95
その他の通損の補償　353
損害の補償
損害賠償　9, 13, 19, 151, 163, 164, 170, 727, 771, 1013
　——説　22, 23, 176, 177, 180, 387, 392, 397, 522
　——と損失補償の区別　9, 14
　——と損失補償の相対化　9, 13, 18, 147, 182
損害補償　10, 33, 34, 748, 846, 992
　——と損失補償の異同　34, 846, 867, 994
　——の性質　867, 994
損失の補償に関する訴え　419
損失の補償に関する細目　368
損失の補償についての不服　415
損失防止施設の設置　904
損失補償概念　28, 30
　——の3要素　12
　——の拡張動向　12, 13
　——の揺らぎ　12
損失補償基準要綱　29, 47, 57, 60, 109, 114, 119, 132, 174, 177, 186, 190, 192, 196, 223, 225, 229, 231, 232, 235, 239, 243, 244, 250, 265, 276, 280, 285, 293, 344, 347, 354, 365, 397, 922

事項索引

──の施行について　57, 135, 137, 368
損失補償説　22, 23, 26, 176, 179, 181, 387, 392, 397, 522, 789, 880
損失補償と損害賠償の区別　→損害補償と損失補償の区別
損失補償に関する訴えの性質　424
損失補償の外延　18
損失補償の概念　3, 4, 12, 147, 150
損失補償の義務者　221
損失補償の具体的内容　104
損失補償の合理的根拠　16
損失補償の根拠　47
損失補償の実態　216, 680
損失補償の支払い　199
損失補償の支払方法　224
損失補償の制限　370
損失補償の代替的機能　94
損失補償の内容　97
損失補償の方法　228
損失補償の類似概念　9
損失補償要否の基準　61, 65, 86, 212

た
第1種市街地再開発事業　8, 490, 505
第2種市街地再開発事業　490, 505, 509
第一種区域・第二種区域・第三種区域　719, 756
対価　38, 595
──の性質　595
──の手続　596
大規模災害からの復興に関する法律　831
代位主義　224
第三者補償　18, 40, 397, 399, 934, 953
──の性質　19
大深度地下使用と補償の要否　246
大深度地下の公共的使用に関する特別措置法　247
大都市地域における住宅及び住宅地の供給の促進に関する特別措置法　43
宅地造成等規制法　66, 849, 966
宅地の造成　327
──による補償　107, 249
立入制限地区　712

立入調査等に伴う損失の補償　193, 462, 494, 521, 597, 699, 916, 923, 948, 966, 969
立木　279
──の移植方法　289
──の移転料　289
建物　279, 327, 348
──の移転による賃貸料の損失の補償　347
──の移転補償　172, 288
他の管理者　936
担保制度　319

ち
地域社会の特性　662
地域地区　88, 459
地域的制約性　73, 76
地域的特性　72, 76, 90
地域防災計画　833
地下ガソリンタンク移設事件　67, 955
地価公示法　236
地下使用　246
地下水位の低下　149, 166, 173, 183
地価低下分の補償　184
地価低落説　142, 636, 668, 669, 671
地区計画等緑地保全条例　564, 570
チクロ使用禁止事件　70, 985
知事の承認　371, 373
治水三法　883, 919
地代説　142, 636, 668
地表の使用　244
地方公務員災害補償法　877, 879
地方公務員法　877
地方自治法　209, 1011
鳥獣　703
──保護管理法　39, 209, 702
──保護区　704
直接請求権発生説　53, 54

つ
通常受ける損失　332, 334, 363
──の補償　135, 249, 275, 331, 502, 585, 673, 690, 698, 965
通常生ずべき損害　486
──の補償　994

1039

事項索引

通常生ずべき損失　463, 598, 610, 618, 751, 901, 912, 931, 961, 989
　　――の補償　463, 523, 528, 567, 572, 635, 707, 724, 727, 740, 763, 767, 771, 790, 793, 796, 808, 814, 817, 823, 842, 897, 904, 924, 939, 1000
　　――の有無　665
通常の受忍限度　164, 168, 169, 717
津波防災地域づくりに関する法律　831, 871, 927

て

手当金　63, 977, 983, 986
　　――の交付　981
　　――の性質　983
適法行為に基づく損失補償　11, 13, 840
適法説　433, 437
転居による精神的苦痛　129, 358
天恵物補償　122
点検委員会の「見直しの視点等」　132, 177
点検委員会の見解　115, 116
電源開発要綱　114, 116, 119, 122, 124, 132
伝染病予防法　63, 975
　　――関係　209, 975
伝統的建造物群保存地区　779
伝統的な損失補償概念　4, 11～13, 18
電波障害　173, 183

と

東京都築地中央卸売市場使用許可撤回事件　588, 1007, 1017
動産移転料補償　354
当事者主義　405
当事者適格　439
当事者の協議　403, 464, 473, 503, 523, 530, 589, 730, 824, 894, 905, 923
道路　946
　　――管理者　838, 950, 960, 962, 965
　　――管理者の監督処分　947
　　――建設土留擁壁設置残地価格減少事件　258
　　――占用許可取消損失補償請求事件　588, 1022
　　――と敷地の高低差　149
　　――の新設または改廃に伴う損失の補償　951
　　――の夜間照明　185
　　――法　52, 67, 172, 209, 336, 400, 945
　　――面と隣接地との間で高低差　399
　　――予定区域　963
　　――予定区域内の行為制限による損失の補償　963
特定空港　731
　　――周辺特別措置法　41, 45, 184, 209, 731
特定多目的ダム法　884
特定都市河川浸水被害対策法　871, 884
特定飛行場　719
特定防火対象物　852
特別史跡名勝天然記念物　779
特別地域　645, 648, 649
　　――等の指定と損失補償　667
特別地区　629, 633
特別手当金　63, 985, 986
特別の犠牲　11, 13, 14, 62, 64, 71, 84, 168, 186, 652, 688
特別の事情　46, 474, 494, 1026
特別の受忍限度　161, 163, 165, 168, 170, 717, 727, 762, 767
特別保護地区　646, 649, 705
特別保存地区　822, 825
　　――内における行為制限による損失の補償　821
特別緑地保全地区　95, 563, 570
徳山ダム建設差止訴訟　117, 120
独立行政法人空港周辺整備機構　721
都市計画　457, 511
　　――運用指針　457
　　――区域　511
　　――区域・準都市計画区域　457
　　――事業　91, 459
　　――事業の認可　460, 469
　　――施設　467
　　――制限　85, 88, 459
　　――制限と損失補償　460
　　――制限の種別　85, 460
　　――道路区域内ホテル増改築制限事件　90

1040

事項索引

都市計画法　39, 43, 44, 51, 85, 209, 217, 388, 411, 456, 488, 577
　──関係　209, 455
都市公園　577
　──の管理　578
　──の占用の許可　579
都市公園法　209, 576
　──運用指針　580, 582
都市再開発法　8, 46, 209, 488
都市施設　469
　──・都市計画施設　458
　──法　577
土砂災害防止法　831, 968
都市緑地法　39, 45, 51, 95, 209, 560, 577
土地改良区　600, 608
　──の換地計画　601
　──の交換分合　603
土地改良事業　600, 615, 619
　──による損失の補償　618
　──の主体　601
土地改良法　209, 212, 599
土地基本法　90
土地区画整理事業　8, 511, 518
　──の施行者　519
土地区画整理の合憲性　512
土地区画整理法　8, 209, 212, 217, 489, 511
土地収用法　3, 39, 42, 51, 52, 103, 109, 119, 135, 137, 140, 172, 189, 197, 205, 209, 212〜214, 217, 219, 355, 1028
　──関係　209, 219
　──上の事前補償　204
　──第88条の2の細目等を定める政令　369
土地所有者　222, 439
土地の買入れ　45, 573, 723, 736, 740, 759, 825
　──価格　724, 740, 761
土地の買取り　44, 94, 474, 492
土地の買取請求　43, 214, 469, 472
土地の買取請求・買取り・買入れの異同　45
土地の買取制度　144
土地の状況　88
土地の使用に代る収用の請求　296, 303, 421
特許使用　903, 1023
都道府県自然環境保全地域　631, 639

都道府県道　946
　──の管理者　947
都道府県立自然公園　631, 644, 648, 677
鳥海国定公園不許可補償請求事件　657

な

内在的制約　→財産権の内在的制約
　──説　806
　──と社会的制約　69
　──論　69, 87
内部基準　57, 58, 60
名古屋南部公害訴訟　151
奈良県ため池保全条例事件　66
成田空港訴訟　100, 200
成田国際空港　730
生業補償　122

に

新潟空港訴訟　152
二級河川　885, 916
日照阻害　149, 167, 173, 183
任意取得　12, 17, 28, 57
任意買収　4, 12, 14, 17, 27, 28, 57, 97, 109, 206, 232
　──の対価　27

の

農業・林業・漁業等の経営上の損失の補償　761
農業休止の補償　342
農業災害補償法　592, 600
農業振興地域の整備に関する法律　592
農業等の経営上の損失の補償　726
農業の経営規模縮小の補償　342
農業廃止の補償　341
農業補償　341, 347
　──の特例　342
農山漁村活性化法　31, 592, 600
農地　593
　──改革　99, 102, 591
　──所有適格法人　593
　──の転用の制限　593
　──の買収の対価　101, 104, 594

1041

事項索引

——買収　594
——法　31, 38, 209, 591
——法関係　209, 591
のれん　344

は

排気ガス　149
買収対価　14, 31, 38, 99, 102
バイパス新設による旧沿道者の損失　187
破壊消防　31, 64, 859
　　——による損失の補償　858
発掘調査費用の負担　799, 800
伐採補償　289
発電用施設周辺地域整備法　43
反射的利益　224
　　——の享受者　223
　　——論　170, 171, 1016

ひ

美観地区　89
被規制者の受ける利益　88
被告適格　222, 638, 676, 926
被収用者　217, 222, 236, 239, 254, 330, 379, 382, 384, 423, 430
美術品損害補償法　34, 777, 796
美術品の美術館における公開の促進に関する法律　777
非常勤消防団員等に係る損害補償の基準を定める政令　878, 897, 943
標識建設　700
標識の設置　635
　　——等に伴う損失の補償　565
平等負担・財産権保障・生活権保障説　48, 50
平等負担・財産権保障説　48, 49
平等負担説　48
琵琶湖総合開発特別措置法　43

ふ

風致地区　89
不許可処分の適法性と補償の要否　665
不許可補償　141, 653
複数基準による総合的判断　88
富士箱根伊豆国立公園不許可補償請求事件　79, 659
付随的損失　189
　　——の補償　97, 105, 106, 109, 149, 189, 210, 214, 331, 914, 962, 1007, 1028
　　——補償の種類　192
　　——補償の必要性　194
　　——補償の法的性質　194
負担制限　7, 8
府中市発掘調査費用負担損害賠償請求事件　802
普通河川　885
普通財産　1005, 1008, 1011, 1014, 1017
　　——の貸付契約の解除に伴う損失の補償　1005, 1012
普通地域　647, 649
普通地区　630, 633
物価スライド期間　380
物価スライド制　234
物件　300, 371, 618
　　——移転料補償等　275, 324
　　——収用　296, 303
　　——の意義　278
物的応急公用負担　845
物的公用負担　5, 8, 512, 873, 895, 897, 941, 949
不適法説　431, 436
不動産鑑定評価基準　237
不服申立て前置主義　728, 754, 764, 769, 772
不法占拠物件に対する移転料　286
プロイセン憲法9条　199
文化財　778
　　——的価値喪失の補償　361
　　——的価値と精神の損失　364
　　——的価値の補償　364
　　——的価値を失う精神的苦痛　131
　　——保護委員会規則　790
　　——保護法　31, 37, 84, 209, 776
　　——保護法関係　209, 775

へ

米軍漁船操業制限法　40, 209, 212, 769
米軍楚辺通信所用地等暫定使用訴訟　201
米軍特別損失補償法　41, 209, 765
米軍用地特措法　38, 43, 201

1042

事項索引

平城京事件　811

ほ

保安施設　683
　　——地区　684, 694
保安林　683, 687, 688
　　——損失補償等要綱　688, 691
　　——の指定による損失の補償　687
防衛施設　756
防衛出動時における物資の収用等　746
防音工事費の助成　52, 172
防火対象物　850
防災　832
　　——基本計画　833
　　——業務計画　833
　　——業務従事者に対する災害補償　943
　　——計画　832, 833
法定受託事務　222, 922, 924
法律上の根拠　47, 51, 135, 172
法令施設改善費の補償　197, 279
補償基準　47
補償義務の転換　915, 933, 963, 973
補償金支払請求制度　204, 241
補償金の払渡し　204
補償裁決　405, 440, 447, 451
補償請求者に関する特例　380
補償の実態　760, 823
補償の種類　847, 869, 878, 882, 897, 943
補償の性質　21, 23, 25, 387, 392, 397, 463, 495,
　　522, 650, 748, 788, 840, 846, 855, 860, 880, 892,
　　896, 903, 924, 934, 942, 953, 1000
補償の手続　215, 409, 464, 468, 483, 487, 496,
　　500, 503, 523, 530, 559, 567, 589, 616, 620, 640,
　　674, 678, 693, 698, 701, 707, 714, 725, 728, 730,
　　735, 741, 749, 754, 763, 768, 772, 790, 824, 844,
　　858, 893, 898, 905, 940, 944, 950, 970, 995,
　　1000, 1008, 1010
保留地　520
本質的制限　88, 90, 97, 635
本質的内容　88
本州四国連絡橋の建設に伴う一般旅客定期航路事
　　業等に関する特別措置法　20, 187
本来の意味における損失補償　3, 4, 12, 16, 26

ま

埋蔵文化財　779
　　——の現状変更行為の制限等による損失の補償
　　84, 798
　　——の発掘　783

み

みぞかき補償　18, 21, 40, 52, 109, 149, 172, 178,
　　182, 263, 386, 396, 891, 934, 952, 957, 970, 972
密集市街地整備法　31, 457
民事執行法の特例　406
民事訴訟法上の同時審判申出制度創設　438
民有林　681

む

無過失損害賠償説　26
無過失賠償責任　855
無許可営業　343
無償減歩の憲法適合性　514
室生赤目青山国定公園不許可補償請求事件
　　79, 655

も

目的背反説　76, 81
盛岡市道区域決定処分取消等請求事件　87

や

野生動植物保護地区　630, 633
家賃欠収補償　348
家賃減収補償　347, 526

ゆ

有害植物　996
有害動物　996
輸出入植物検疫法　995

よ

要求と請求の異同　309
要求の相当性　311, 323, 325, 328
用対連基準　29, 47, 57, 109, 177, 231, 239, 265,
　　267, 280, 300, 342, 344, 347, 353, 354, 529
　　——細則　29, 244, 267, 279, 288, 345, 346
用対連の「申し合せ」　173, 184

1043

事項索引

用対連の見直しの視点　177
横田基地騒音第1次・第2次訴訟　167
予定公物　964
予防接種事故集団訴訟　14, 15, 54, 138
予防接種事故補償　4, 11, 13, 18, 22
予防接種法　11, 22, 975

り

離作料の補償　340
離職者補償　18, 117, 119, 124, 365, 367
立体交差工事残地価格低下事件　260, 375
立体都市公園・公園保全立体区域　579
立法指針説　53
流水の占用の許可　887
利用調整地区　648
緑地　561
緑地公園ゴルフ場管理更新不許可処分取消等請求
　　事件　584

緑地保全・緑化推進法人　562
緑地保全地域　562, 570
臨時大深度地下利用調査会　247
隣接地補償　396, 398

れ

歴史的風土　819
　　――特別保存地区　820
　　――保存区域　819
歴史まちづくり法　45, 777

ろ

路線価式評価法　551

わ

輪中堤　131
　　――訴訟　136, 362, 366

判例索引

最高裁判所

最大判昭和 24・7・13 刑集 3 巻 8 号 1286 頁	200〜202
最大判昭和 28・12・23 民集 7 巻 13 号 1523 頁	99, 100, 102〜104
最大判昭和 30・10・26 民集 9 巻 11 号 1690 頁	99
最判昭和 35・12・21 民集 14 巻 14 号 3157 頁	602
最判昭和 37・9・18 民集 16 巻 9 号 2030 頁	422
最判昭和 37・12・26 民集 16 巻 12 号 2544 頁	558, 559
最大判昭和 38・6・26 刑集 17 巻 5 号 521 頁	66
最判昭和 43・3・8 民集 22 巻 3 号 551 頁	431〜433, 438
最大判昭和 43・11・27 刑集 22 巻 12 号 1402 頁	53, 54, 676, 812
最判昭和 47・5・30 民集 26 巻 4 号 851 頁	64, 861〜863
最判昭和 48・10・18 民集 27 巻 9 号 1210 頁	99, 100, 103, 104, 143, 239, 240, 426
最判昭和 48・12・21 民集 27 巻 11 号 1649 頁	557〜559
最判昭和 49・2・5 民集 28 巻 1 号 1 頁	586〜588, 913, 914, 962, 1007, 1008, 1014〜1016, 1019, 1024〜1029
最判昭和 50・3・13 裁判集民事 114 号 343 頁	54
最判昭和 50・4・11 訟月 21 巻 6 号 1294 頁	54, 812
最判昭和 51・9・6 東京都法務資料 16 巻 3 号 23 頁	1022, 1029
最判昭和 52・2・24 東京都法務資料 17 巻 1 号 6 頁	962, 1023
最判昭和 55・4・18 裁判集民事 129 号 575 頁	261, 265, 375〜377
最判昭和 56・1・27 民集 35 巻 1 号 35 頁	22
最判昭和 56・3・19 訟月 27 巻 6 号 1105 頁	516, 517
最大判昭和 56・12・16 民集 35 巻 10 号 1369 頁	52, 150, 155, 156, 158, 175
最判昭和 57・2・5 民集 36 巻 2 号 127 頁	70
最判昭和 58・2・18 民集 37 巻 1 号 59 頁	68, 400, 426, 957
最判昭和 58・9・8 裁判集民事 139 号 457 頁	418, 441
最判昭和 62・4・22 民集 41 巻 3 号 408 頁	687
最判昭和 62・9・22 裁判集民事 151 号 685 頁	54, 677
最判昭和 63・1・21 訟月 34 巻 8 号 1683 頁	131, 136, 335, 366
最判平成元・2・17 民集 43 巻 2 号 56 頁	153, 158, 160
最判平成 5・2・25 民集 47 巻 2 号 643 頁	152, 155, 159, 160
最判平成 7・7・7 民集 49 巻 7 号 1870 頁	52, 151, 162, 175
最判平成 9・1・28 民集 51 巻 1 号 147 頁	100, 240, 427, 443, 444
最判平成 11・1・22 判例自治 203 号 78 頁	198, 281, 335, 346
最判平成 14・6・11 民集 56 巻 5 号 958 頁	100, 103, 104, 109, 204, 232, 241

判例索引

最判平成 15・11・27 民集 57 巻 10 号 1665 頁 ……………………………………… 201
最判平成 15・12・4 訟月 50 巻 10 号 2952 頁 ……………………………… 100, 200, 203
最決平成 16・3・16 判例集不登載 ……………………………………………………… 359
最判平成 17・11・1 裁判集民事 218 号 187 頁 ……………………………………… 87, 92
最判平成 18・2・7 民集 60 巻 2 号 401 頁 ………………………………………… 1006, 1014
最判平成 22・2・23 裁判集民事 233 号 55 頁 ……………………………… 54, 1014, 1016
最判平成 28・12・8 裁判集民事 254 号 35 頁 ………………………………………… 150, 167
最判平成 28・12・8 民集 70 巻 8 号 1833 頁 …………………………………… 151, 154, 760

高等裁判所

東京控判昭和 9・9・26 新聞 3779 号 13 頁 ……………………………………………… 356
高松高判昭和 30・11・9 行集 6 巻 11 号 2519 頁 ……………………………………… 129, 358
東京高判昭和 36・7・17 行集 12 巻 7 号 1562 頁 ……………………………………… 422
東京高判昭和 36・11・30 行集 12 巻 11 号 2325 頁 …………………………… 258, 378, 379
高松高判昭和 37・7・23 行集 13 巻 7 号 1342 頁 ……………………………………… 531
東京高判昭和 38・10・30 行集 14 巻 10 号 1866 頁 ……………………… 333, 338, 341, 342
大阪高判昭和 39・11・9 下民集 15 巻 11 号 2641 頁 ………………………………… 237
名古屋高判昭和 40・12・20 判時 444 号 73 頁 ……………………………… 512, 542, 548
東京高判昭和 41・12・22 判時 474 号 20 頁 ……………………………………… 356, 360
東京高判昭和 42・7・4 判時 518 号 53 頁 ……………………………………………… 431
名古屋高判昭和 44・3・25 判時 560 号 40 頁 …………………………………………… 861
東京高判昭和 44・3・27 高民集 22 巻 1 号 181 頁 ………………………… 588, 1018, 1024
福岡高判昭和 45・8・27 高民集 23 巻 3 号 486 頁 …………………………………… 557
東京高判昭和 48・12・24 判時 735 号 54 頁 ………………………………… 542, 544, 549, 558
東京高判昭和 49・2・28 東京都法務資料 14 巻 1 号 15 頁 …………………… 962, 1023
広島高判昭和 49・7・31 行集 25 巻 7 号 1039 頁 ……………………………………… 426
大阪高判昭和 49・9・11 訟月 20 巻 12 号 87 頁 ……………………………… 54, 811〜813, 815
大阪高判昭和 49・9・13 行集 25 巻 8＝9 号 1116 頁 ……………………… 258, 263〜265
東京高判昭和 50・7・14 判時 791 号 81 頁 ………………………………… 1021, 1027, 1028
札幌高判昭和 50・11・27 刑事裁判月報 7 巻 11＝12 号 900 頁 ……………………… 985
広島高判昭和 51・3・1 行集 27 巻 3 号 297 頁 ………………………………… 435, 436
東京高判昭和 51・4・28 判時 828 号 46 頁 ………………………… 588, 913, 914, 1027
名古屋高判昭和 51・11・30 判時 857 号 71 頁 ……………………………… 416, 426
仙台高判昭和 52・1・20 行集 28 巻 1＝2 号 1 頁 ……………………………………… 611
仙台高秋田支判昭和 53・2・27 判時 1012 号 68 頁 ……………………… 261, 263, 346, 375
東京高判昭和 53・11・27 訟月 24 巻 12 号 2650 頁 …………………………………… 70
大阪高判昭和 54・6・28 判タ 395 号 105 頁 ……………………………………………… 440
高松高判昭和 54・9・19 行集 30 巻 9 号 1579 頁 ………………………… 68, 400, 956
福岡高判昭和 55・4・22 行集 31 巻 4 号 961 頁 …………………………… 544, 546, 552

判 例 索 引

福岡高判昭和 55・6・17 訟月 26 巻 9 号 1592 頁	516, 543, 544, 547
東京高判昭和 55・9・17 判時 982 号 122 頁	70, 71
広島高判岡山支判昭和 55・10・21 訟月 27 巻 1 号 185 頁	668
名古屋高判昭和 58・4・27 行集 34 巻 4 号 660 頁	131, 136, 335, 362, 426
東京高判昭和 59・4・25 民集 41 巻 3 号 469 頁	686
高松高判昭和 59・12・24 行集 35 巻 12 号 2333 頁	425
東京高判昭和 60・8・28 判時 1177 号 49 頁	677
東京高判昭和 60・10・9 判時 1167 号 16 頁	802, 804, 807
東京高判昭和 62・7・15 訟月 34 巻 11 号 2115 頁	167, 168
東京高判昭和 63・4・20 行集 39 巻 3 = 4 号 281 頁	571, 656, 660〜663, 665〜668, 823
仙台高判平成元・7・26 訟月 36 巻 1 号 167 頁	659
福岡高判平成元・8・31 判時 1349 号 38 頁	443
大阪高判平成 3・6・27 行集 42 巻 6 = 7 号 1074 頁	444
東京高判平成 3・7・30 行集 42 巻 6 = 7 号 1253 頁	1015, 1029
大阪高判平成 4・2・20 訟月 39 巻 3 号 349 頁	151, 162
東京高判平成 4・12・18 高民集 45 巻 3 号 212 頁	15, 24
東京高判平成 5・8・30 行集 44 巻 8 = 9 号 720 頁	120, 200, 366
東京高判平成 5・10・18 判例自治 124 号 58 頁	530, 532
大阪高判平成 6・11・29 行集 45 巻 10 = 11 号 1900 頁	198, 281, 291, 335, 346, 370, 372, 442
名古屋高判平成 9・4・30 高民集 50 巻 1 号 103 頁	431
大阪高判平成 9・10・30 行集 48 巻 10 号 821 頁	312, 419
福岡高判平成 9・12・11 判例集不登載	346
福岡高宮崎支判平成 12・4・25 判例集不登載	56, 171, 174
広島高判平成 13・3・29 訟月 49 巻 4 号 1101 頁	16
仙台高判平成 14・5・30 判例集不登載	87, 92
東京高決平成 15・12・25 訟月 50 巻 8 号 2447 頁	131, 358
福岡高判平成 17・11・30 判例自治 279 号 88 頁	1016
名古屋高判平成 23・11・30 判例自治 366 号 26 頁	10, 178, 918
福岡高判平成 24・11・22 判例未登載	350
東京高判平成 27・7・30 判時 2277 号 13 頁	151, 153, 160, 162, 166, 167, 760
東京高判平成 27・7・30 判時 2277 号 84 頁	150

地方裁判所

京都地判昭和 24・1・11 行政裁判月報 8 号 145 頁	335, 338〜340
徳島地判昭和 31・5・2 行集 7 巻 11 号 2830 頁	129, 356, 358
長崎地判昭和 33・6・23 行集 9 巻 8 号 1638 頁	533
大阪地判昭和 33・7・15 下民集 9 巻 7 号 1291 頁	404
東京地判昭和 34・3・25 判時 180 号 9 頁	53
東京地判昭和 35・7・19 行集 11 巻 7 号 2052 頁	257

判 例 索 引

東京地判昭和35・8・3行集11巻8号2382頁	422
松山地判昭和35・10・28行集11巻10号2974頁	531, 533
静岡地判昭和36・5・9行集12巻5号1133頁	336, 342
東京地判昭和39・10・5判タ170号234頁	1018
岐阜地判昭和40・4・12民集26巻4号868頁	861
横浜地判昭和41・10・20行集17巻10号1172頁	544, 545, 549, 551, 552
東京地判昭和42・4・25行集18巻4号560頁	86, 425, 461
鹿児島地判昭和44・4・7訟月15巻5号552頁	553
大分地判昭和44・9・8高民集23巻3号493頁	557
岡山地高梁支判昭和44・11・25判時611号77頁	610
新潟地判昭和45・3・24行集21巻3号578頁	336, 952〜954
松江地判昭和45・3・25行集21巻3号603頁	266, 425, 433, 436, 437
鹿児島地判昭和45・6・4訟月16巻10号1191頁	222, 341
大阪地判昭和46・2・25判時623号67頁	426
大阪地判昭和46・6・24行集22巻8=9号1244頁	344, 346
東京地判昭和47・2・29行集23巻1=2号69頁	86, 425, 461
東京地判昭和47・3・17判例集不登載	1021
秋田地判昭和47・4・3判時665号49頁	583, 584
鹿児島地判昭和47・6・4判例集不登載	343
東京地判昭和47・8・28判時691号40頁	588, 962, 1023, 1026, 1029
東京地判昭和47・11・27判時689号64頁	558
京都地判昭和48・1・26訟月20巻1号12頁	54, 58
奈良地判昭和48・6・4訟月19巻8号99頁	809, 811
大阪地判昭和48・7・5行集25巻8=9号1123頁	238, 258
横浜地判昭和48・11・7行集24巻11=12号1217頁	527
盛岡地判昭和49・2・12行集28巻1=2号13頁	611
秋田地判昭和49・4・15判時1012号62頁	183, 260, 346, 375
広島地判昭和49・5・15判時762号22頁	109, 232, 426
東京地判昭和49・11・27判例集不登載	913
広島地判昭和49・12・17行集25巻12号1614頁	232, 434, 436, 437
名古屋地判昭和49・12・23判時777号37頁	246
長野地判昭和50・10・2訟月21巻12号2532頁	426
長野地決昭和50・11・29行集29巻2号145頁	432
津地判昭和52・3・11訟月23巻3号516頁	663, 666, 689, 690, 814
大阪地判昭和52・4・26行集28巻4号354頁	240
東京地判昭和52・6・27訟月23巻6号1073頁	70, 985
熊本地判昭和53・1・30行集29巻1号61頁	544, 545, 552
広島地判昭和53・2・27判タ369号277頁	97
大阪地判昭和53・4・13判例集不登載	440

判 例 索 引

名古屋地判昭和 53・4・28 行集 29 巻 4 号 889 頁……………………………………………………335, 362
横浜地判昭和 53・9・27 判時 920 号 95 頁………………………………583〜585, 590, 1026, 1029
静岡地判昭和 53・10・31 民集 41 巻 3 号 444 頁………………………………………………………686
高松地判昭和 54・2・27 行集 30 巻 2 号 294 頁……………………………………67, 400, 953, 956
岐阜地判昭和 55・2・25 行集 31 巻 2 号 184 頁………………………………………………117, 120
福岡地大牟田支判昭和 55・2・25 訟月 26 巻 5 号 730 頁……………………………50, 516, 543, 544
広島地判昭和 57・4・28 訟月 28 巻 7 号 1483 頁………………………………………544, 552, 553
東京地判昭和 57・5・31 行集 33 巻 5 号 1138 頁……………75, 78, 80, 143, 653, 660〜663, 665〜667, 669, 670, 672, 673, 823
青森地判昭和 58・1・18 訟月 29 巻 8 号 1543 頁…………………………………………546, 551〜553
高知地判昭和 58・3・24 訟月 29 巻 9 号 1712 頁………………………………………………………415
東京地判昭和 58・3・28 行集 34 巻 3 号 543 頁………………………………………………129, 358
東京地判昭和 58・5・26 判例集不登載………………………………………………………………802
東京地判昭和 58・9・28 行集 34 巻 9 号 1651 頁……………………………………………………404
長崎地判昭和 58・12・16 訟月 30 巻 6 号 934 頁…………………………516, 531, 533〜544, 552
長崎地判昭和 58・12・16 訟月 30 巻 6 号 994 頁……………………………………………………517
高知地判昭和 58・12・22 行集 35 巻 12 号 2339 頁…………………………………………………425
東京地判昭和 59・3・7 ジュリ 836 号判例カード 149 事件，151 事件………………………………171
神戸地判昭和 59・3・14 判例自治 10 号 56 頁…………………………………………………315, 420
新潟地判昭和 59・5・14 判時 1172 号 38 頁…………………………………………………………288
東京地判昭和 59・5・18 訟月 30 巻 11 号 2011 頁………………………………14, 15, 23, 24, 54, 138
東京地判昭和 60・1・30 行集 36 巻 1 号 42 頁…………………………………………………652, 677
名古屋地判昭和 60・10・31 訟月 32 巻 8 号 1629 頁…………………………………………………14, 24
東京地判昭和 60・12・19 判時 1194 号 61 頁…………………………………………………………424
山口地判昭和 61・3・13 訟月 32 巻 12 号 2756 頁……………………………………………………54
東京地判昭和 61・3・17 行集 37 巻 3 号 294 頁………79, 80, 143, 651, 655, 660〜662, 665〜667, 670〜673
浦和地判昭和 61・3・28 判タ 610 号 79 頁……………………………………………333, 335, 338〜340
神戸地判昭和 61・4・30 判例自治 24 号 50 頁………………………………………………………288
神戸地判昭和 61・7・17 訟月 33 巻 6 号 1313 頁……………………………………………………151
前橋地判昭和 61・9・25 行集 37 巻 9 号 1143 頁……………………………………………………606
浦和地判昭和 61・9・28 判タ 610 号 79 頁……………………………………………………………288
神戸地判昭和 61・10・29 判タ 637 号 99 頁……………………………………………………9, 917
秋田地判昭和 62・5・11 訟月 34 巻 1 号 41 頁………………………651, 657, 660, 663, 665〜667, 670
大阪地判昭和 62・9・30 訟月 34 巻 9 号 1767 頁………………………………………………14, 23, 138
千葉地判昭和 62・11・9 行集 42 巻 6＝7 号 1290 頁………………………………………………1015
福岡地判昭和 63・2・23 判時 1349 号 40 頁…………………………………………………………444
東京地判昭和 63・6・28 行集 39 巻 5＝6 号 535 頁………………109, 116, 120, 200, 225, 228, 232, 366
福岡地判平成元・4・18 判時 1313 号 17 頁……………………………………………………14, 23, 138
東京地判平成 2・3・7 行集 41 巻 3 号 379 頁…………………………………………………422, 425

1049

判例索引

浦和地判平成 2・7・13 判例自治 83 号 82 頁	531
東京地判平成 2・9・18 行集 41 巻 9 号 1471 頁	79, 80, 651, 659, 660, 665〜667
金沢地判平成 3・3・13 訟月 37 巻 10 号 1789 頁	151, 161, 162
岡山地判平成 3・10・29 判例自治 98 号 54 頁	544, 546, 549, 554
福岡地判平成 4・3・24 訟月 38 巻 9 号 1753 頁	58, 435
金沢地判平成 4・4・24 行集 43 巻 4 号 651 頁	170, 171, 262
大阪地判平成 4・6・26 行集 43 巻 6 = 7 号 847 頁	198, 281, 291, 333, 335, 346, 370, 372, 429, 442
東京地判平成 4・11・27 判例自治 110 号 87 頁	59
横浜地判平成 4・12・21 訟月 47 巻 3 号 452 頁	151, 155
名古屋地判平成 5・2・25 行集 44 巻 1 = 2 号 74 頁	432
東京地判平成 5・2・26 判時 1463 号 48 頁	532, 533
名古屋高金沢支判平成 5・4・26 行集 44 巻 4 = 5 号 363 頁	148, 262
神戸地判平成 6・10・26 判タ 879 号 137 頁	435
神戸地判平成 6・12・21 行集 45 巻 12 号 2017 頁	312, 314, 419
京都地判平成 7・5・12 判例自治 142 号 47 頁	29
宇都宮地判平成 7・5・31 行集 46 巻 4 = 5 号 578 頁	535, 536
津地判平成 7・9・21 判例自治 149 号 75 頁	435
奈良地判平成 7・10・25 判例自治 153 号 81 頁	315, 419, 420
神戸地判平成 8・8・7 判時 1596 号 55 頁	106, 107, 230, 231, 312, 420
福岡地判平成 8・12・17 判例集不登載	346
神戸地判平成 9・2・24 判例自治 184 号 51 頁	288, 435
東京地判平成 9・2・27 判例自治 167 号 70 頁	109, 232
大津地判平成 10・2・9 判例自治 177 号 73 頁	59, 444
福岡地判平成 10・3・27 判例自治 191 号 72 頁	432
長野地判平成 10・7・31 判例自治 190 号 95 頁	415
横浜地川崎支判平成 10・8・5 訟月 45 巻 12 号 2135 頁	161
静岡地判平成 11・4・22 訟月 45 巻 9 号 1768 頁	374, 378, 379
鹿児島地判平成 11・4・30 判タ 1026 号 149 頁	56, 149, 170, 171, 174
神戸地判平成 12・1・31 訟月 47 巻 8 号 2041 頁	151
名古屋地判平成 12・11・27 訟月 48 巻 2 号 163 頁	151
横浜地判平成 13・3・28 判例自治 218 号 55 頁	338
盛岡地判平成 13・9・28 判例集不登載	87, 92
岡山地判平成 14・2・19 判例自治 230 号 90 頁	57, 91, 965
金沢地判平成 14・3・6 訟月 49 巻 1 号 1 頁	151, 156
東京地判平成 14・11・28 判タ 1114 号 93 頁	15
札幌地判平成 14・12・19 判例集不登載	984
東京地判平成 15・4・9 判時 1819 号 24 頁	16
東京地決平成 15・10・3 判時 1835 号 34 頁	130, 135, 358
名古屋地判平成 15・10・16 判例自治 260 号 96 頁	517

判 例 索 引

神戸地判平成 15・10・31 判例集不登載 426
神戸地判平成 16・1・20 判例集不登載 20
鹿児島地判平成 19・4・25 判時 1972 号 126 頁 52
大阪地判平成 20・8・22 判例自治 318 号 60 頁 59, 240, 423
大阪地判平成 22・1・21 判例自治 338 号 68 頁 552, 553
大阪地判平成 22・4・16 判例自治 338 号 74 頁 59
津地判平成 23・5・26 判例自治 351 号 67 頁 918
東京地判平成 24・1・27 判例集未登載 537, 538
盛岡地判平成 24・2・10 判例自治 368 号 71 頁 529, 531
熊本地判平成 24・4・13 判例集未登載 350
名古屋地判平成 25・9・26 判例自治 389 号 56 頁 553
宮崎地判平成 26・4・23 判例自治 394 号 55 頁 989
横浜地判平成 26・5・21 判時 2277 号 38 頁 151, 153, 162, 185
東京地判平成 26・5・21 判時 2277 号 123 頁 166
大阪地判平成 27・4・9 判例自治 406 号 65 頁 526
大阪地判平成 27・5・29 判例自治 406 号 54 頁 584, 587
東京地判平成 28・5・19 判例自治 421 号 72 頁 59, 335
那覇地沖縄支判平成 29・2・23 判時 2340 号 3 頁 760

裁決例索引

大阪府収用委員会裁決昭和44・6・3 土地収用裁決例集〔昭和44年度版〕32頁……………133, 136, 359
愛知県収用委員会裁決昭和45・12・21 土地収用裁決例集〔昭和45年度版〕593頁…………133, 136, 359
愛知県収用委員会裁決昭和46・8・31 土地収用裁決例集〔昭和46年度版〕562頁…………………121
大阪府収用委員会裁決昭和51・11・9 大阪府収用委員会・土地収用項目別裁決例集〔昭和48〜59年度〕119頁……………………………………………………………………………133, 136, 359
宮城県収用委員会裁決昭和60・6・17 土地収用裁決例集〔昭和60年度版〕79頁…………134, 136, 359
愛知県収用委員会裁決昭和61・3・5 土地収用裁決例集〔昭和60年度版〕774頁…………134, 136, 359
徳島県収用委員会裁決昭和61・8・25 土地収用裁決例集〔昭和61年度版〕934頁……………………121
東京都収用委員会裁決昭和62・3・31 土地収用裁決例集〔昭和61年度版〕190頁…………134, 136, 359
福岡県収用委員会裁決平成6・11・9 土地収用裁決例集〔平成6年度版〕1448頁…………………349
兵庫県収用委員会裁決平成7・5・16 土地収用裁決例集〔平成7年度版〕749頁……………………349
長野県収用委員会裁決平成7・7・27 土地収用裁決例集〔平成7年度版〕507頁……………………348
福岡県収用委員会裁決平成10・5・29 土地収用裁決例集〔平成10年度版〕1077頁…………………348
兵庫県収用委員会裁決平成12・3・22 土地収用裁決例集〔平成11年度版〕490頁…………………349
兵庫県収用委員会裁決平成13・4・24 土地収用裁決例集〔平成13年度版〕1130頁…………………349
和歌山県収用委員会裁決平成14・6・28 土地収用裁決例集〔平成14年度版〕1241頁………………349
東京都収用委員会裁決平成14・11・14 土地収用裁決例集〔平成14年度版〕460頁…………136, 359
愛知県収用委員会裁決平成15・8・6 土地収用裁決例集〔平成15年度版〕687頁……………………359
兵庫県収用委員会裁決平成15・11・4 土地収用裁決例集〔平成15年度版〕918頁…………………349
東京都収用委員会裁決平成16・12・16 土地収用裁決例集〔平成16年度版〕239頁…………………359
福岡県収用委員会裁決平成17・9・27 土地収用裁決例集〔平成17年度版〕1094頁…………………349
大阪府収用委員会裁決平成18・4・25 土地収用裁決例集〔平成18年度版〕847頁…………………349
京都府収用委員会裁決平成18・5・22 土地収用裁決例集〔平成18年度版〕778頁…………134, 136, 359
大阪府収用委員会裁決平成19・1・16 土地収用裁決例集〔平成18年度版〕939頁……………………359
熊本県収用委員会裁決平成20・7・30 土地収用裁決例集〔平成20年度版〕1434頁……………349, 352
山口県収用委員会裁決平成27・7・8 土地収用裁決例集〔平成27年度版〕705頁……………………339
東京都収用委員会裁決平成28・1・29 土地収用裁決例集〔平成27年度版〕263頁…………………349

著者紹介

1965年3月　明治大学法学部卒業
1970年3月　青山学院大学大学院法学研究科博士課程単位取得退学
1970年4月　東邦大学一般教養科専任講師
1974年6月　法学博士（青山学院大学）
1981年4月　新潟大学法学部助教授
1984年4月　同　教授
2004年4月　明治大学法科大学院教授
2013年3月　同大学退職
2004年4月　弁護士登録（新潟県弁護士会）
2008年6月　新潟大学名誉教授

主要著書

『公法上の危険責任論』（東洋館出版社、1975年）
『国家賠償責任と違法性』（一粒社、1987年）
『損失補償の要否と内容』（一粒社、1991年）
『予防接種と法』（一粒社、1995年）
『国家賠償法（注釈法律学全集）』（青林書院、1997年）
『損失補償法』（一粒社、2000年、共著）
『新潟の戦後補償』（新潟日報事業社、2002年）
『詳解損失補償の理論と実務』（プログレス、2005年、共著）
『国家補償法概説』（勁草書房、2008年）
『国家賠償法コンメンタール　第2版』（勁草書房、2014年）

損失補償法コンメンタール

2018年8月20日　第1版第1刷発行

著　者　西埜　　章
　　　　　　にしの　　あきら

発行者　井　村　寿　人

発行所　株式会社　勁　草　書　房
　　　　　　　　　　けい　そう

112-0005　東京都文京区水道 2-1-1　振替 00150-2-175253
　　　　（編集）電話 03-3815-5277／FAX 03-3814-6968
　　　　（営業）電話 03-3814-6861／FAX 03-3814-6854
三秀舎・牧製本

©NISHINO Akira　2018

ISBN978-4-326-40359-2　　Printed in Japan

JCOPY ＜(社)出版者著作権管理機構　委託出版物＞
本書の無断複写は著作権法上での例外を除き禁じられています。
複写される場合は、そのつど事前に、(社)出版者著作権管理機構
（電話 03-3513-6969、FAX 03-3513-6979、e-mail: info@jcopy.or.jp）
の許諾を得てください。

＊落丁本・乱丁本はお取替いたします。

http://www.keisoshobo.co.jp

姉妹書

西埜　章　　　　　　　　　　　　　　A5 判 17000 円

国家賠償法コンメンタール　第 2 版

適正な実務運用への指針を示し、現時点での理論的到達点を明確にした最新かつ本格的な逐条解説書。

本書の特色

- 膨大な判例・学説群を精緻に整理・分析・評価する。
- 総論（一般的理論の考察）だけではなく、各論（具体的類型の考察）にも多くの解説をする。
- 論争項目をほぼ網羅しており、現時点での判例・学説の到達点を明示する。
- クロスレファレンスを付して、関連問題を多角的に把握できる。
- 裁判実務・行政実務等に対する解釈指針を提示して理論と実務の架橋を図る。
- これまであまり触れられなかった訴訟上の問題点についても相当の目配りをする。
- 単独著者ならではの一貫した解説であるため内容に統一性がある。

西埜　章　　　　　　　　　　　　　　A5 判 3500 円

国家補償法概説

現在の法の水準を明解に示し、全体像を簡潔に概説する。

武貞稔彦　　　　　　　　　　　　　　A5 判 3400 円

開発介入と補償――ダム立ち退きをめぐる開発と正義論

――――――――――――――――――――――― 勁草書房

＊表示価格は 2018 年 8 月現在、消費税は含まれておりません。